NTC's
Compact
Dutch
and
English
Dictionary

NTC Publishing Group

Library of Congress Cataloging-in-Publication Data

NTC's compact Dutch and English dictionary.
    p.   cm.
  ISBN 0-8442-8351-7 (hardbound)
  ISBN 0-8442-0101-4 (softbound)
    1. English language—Dictionaries—Dutch.   2. Dutch language—
Dictionaries—English. I. NTC Publishing Group.
PF640.N73   1998
439.31'321—dc21   97-48917
                                               CIP

This edition published 1998 by NTC Publishing Group
A division of NTC/Contemporary Publishing Group, Inc.
4255 West Touhy Avenue, Lincolnwood (Chicago), Illinois 60712-1975 U.S.A.
Copyright © 1996 by Het Spectrum B.V., Utrecht
Printed in the United States of America
International Standard Book Number: 0-8442-8351-7 (hardbound)
                                    0-8442-0101-4 (softbound)
13 14 DOH 15

Contents

English-Dutch

List of Abbreviations . . . 5

Special Symbols . . . 6

English-Dutch Dictionary . . . 7

Dutch-English

Lijst van afkortingen . . . 5

Bijzondere tekens . . . 6

Dutch-English Dictionary . . . 7

List of Abbreviations

aanw vnw	demonstrative pronoun	on ww	intransitive verb
AE	American English	onb vnw	indefinite pronoun
anat.	anatomy	onp ww	impersonal verb
archit.	architecture	onv ww	non-conjugable verb
betr vnw	relative pronoun	overtr. trap	superlative
bez vnw	possessive pronoun	ov ww	transitive verb
bijv.	for example	p.	person
bijw	adverb	pej.	pejorative
bio.	biology	pers vnw	noun
bnw	adjective	plantk.	botany
chem.	chemistry	pol.	politics
comp.	computer science	rel.	religion
econ.	economics	scherts	mocking
ev	singular	sl.	slang
fig.	figurative	s.o.	someone
form.	formal	s.th.	something
foto.	photography	taalk.	linguistics
geb. wijs	imperative	techn.	technology
geo.	geography	telecom.	telecommunication
gesch.	history	telw	numeral
hand.	commerce	tw	interjection
hww	auxiliary verb	typ.	typography
inf.	informal	uitr vnw	exclamation
iron.	ironic	vergr. trap	comparative degree
jur.	legal	verl tijd	past tense
kind.	children's language	vero.	antiquated
kww	copula; linking verb	volt. deelw.	past participle
lit.	literature	voorv.	prefix
luchtv.	aviation	vr. vrn	interrogative pronoun
lw	article		
m.b.t.	pertaining to	vulg.	vulgar
med.	medical	vw	conjunction
mil.	military	vz	preposition
muz.	music	wisk.	mathematics
mv	plural	wkd vnw	reflexive pronoun
neol.	neologism	wkg vnw	reciprocal pronoun
		ww	verb

Special Symbols

Entry words are printed in bold-faced type.

•	The translations of an entry word are organized according to meaning. Each of the meanings is indicated with a dot. Prepositions in the foreign language that lead to a difference in meaning when combined with an entry word also appear following a dot (and in parentheses).
<....>	Each specification of a translation, descriptions of specialty fields, and descriptions of style are enclosed in pointed brackets.
[...]	Grammatical categories are in square brackets.
/.../	Grammatical information appears between slashes.
★	Example sentences are preceded by an asterisk.
I,II etc.	Descriptions of grammatical categories (nouns, adjectives, types of verbs, etc.) are preceded by Roman numerals.
~	A tilde replaces the entry word.
/	A slash separates words that are mutually interchangeable.
↑	This sign indicates that the translation is more formal than the translated word or example.
↓	This sign indicates that the translation is less formal than the translated word or example.
≈	This sign indicates that the translation is an approximation of the translated word or example; an exact translation cannot be given in this case.

A

a [lw] een

abandon [ov ww] opgeven, verlaten

abandoned [bnw] • losbandig
• verlaten

abase [ov ww] verlagen, vernederen

abate [ov ww] verlagen <v. prijs>, doen afnemen

abbess [znw] abdis

abbey [znw] abdij

abbot [znw] abt

abbreviate [ov ww] af-/be-/verkorten

abbreviation [znw] afkorting

abdicate [ov ww] aftreden, afstand doen van troon

abdomen [znw] (onder)buik

abdominal [bnw] in/van de onderbuik

abduct [ov ww] ontvoeren, afvoeren

aberrant [bnw] abnormaal, afwijkend, afdwalend

aberration [znw] • afwijking • misstap

abet [ov ww] ophitsen, aanstoken

abhor [ov ww] verfoeien

abhorrence [znw] afschuw

abide I [ov ww] • verdragen
• af-/verwachten II [on ww]
• overblijven, vertoeven • verblijven, wonen • (~ by) trouw blijven aan, z. schikken naar, z. houden aan

ability [znw] bekwaamheid, bevoegdheid

abject [bnw] • rampzalig • verachtelijk

abjure [ov ww] afzweren

ablaze [bijw] in vlammen, gloeiend

able [bnw] in staat, bekwaam, bevoegd

ably [bijw] in staat, bekwaam, bevoegd

abnormal [bnw] • onregelmatig
• abnormaal, afwijkend

abnormality [znw]
• onregelmatigheid • afwijking

aboard [bijw + vz] • aan boord (v.)
• langszij

abode I [ww] verl.tijd + volt.deelw.
→ abide II [znw] verblijf, woonplaats

abolish [ov ww] afschaffen

abominable [bnw] verfoeilijk

abominate [ov ww] verfoeien

abomination [znw] gruwel

abort [ov ww] • ontijdig bevallen
• (vroegtijdig) afbreken
• verschrompelen • doen mislukken

abortion [znw] • miskraam • abortus provocatus

abortive [bnw] • ontijdig • mislukt

abound [on ww] • overvloedig zijn
• wemelen • (~ in/with) rijk zijn aan, wemelen van

about [bijw + vz] • om(trent), over • in de buurt (v.) • in het rond • ongeveer

above I [znw] bovengenoemde/ -staande II [bnw] bovengenoemd
III [vz] boven, over

abrasion [znw] • schaafwond
• afschuring

abrasive [bnw] • schurend, krassend
• ruw, scherp

abreast [bijw] naast elkaar

abridge [ov ww] be-/verkorten

abrogate [ov ww] afschaffen, intrekken

absence [znw] afwezigheid

absent I [wkd ww] afwezig zijn
II [bnw] afwezig

absentee [znw] afwezige

absolute [bnw] onvoorwaardelijk, absoluut

absolution [znw] absolutie, vergiffenis

absolve [ov ww] vergeven
• (~ from/of) vrijspreken van

absorb [ov ww] • absorberen • geheel in beslag nemen • in z. opnemen

absorbent [bnw] absorberend

abstain [on ww] • (~ from) z. onthouden v.

abstemious [bnw] matig

abstention, abstinence [znw] onthouding

abstract I [znw] overzicht, uittreksel
II [bnw] • abstract • theoretisch

abstracted [bnw] *verstrooid, in gedachten verzonken*
abstraction [znw] • *abstractie* • *afleiding* • *ontvreemding*
abundance [znw] *overvloed*
abundant [bnw] *overvloedig*
abuse I [ov ww] • *misbruiken* • *uitschelden* II [znw] • *misbruik* • *scheldwoorden*
abyss [znw] • *afgrond* • *hel, bodemloze put*
academic I [znw] *academicus* II [bnw] • *academisch* • *theoretisch* • *nuchter*
academy [znw] • *academie, onderwijsinrichting* • *instituut voor speciaal vak* • *genootschap*
accelerate [ov + on ww] *versnellen*
accelerator [znw] *gaspedaal*
accent I [ov ww] *nadruk leggen op* II [znw] • *klemtoon* • *stembuiging, uitspraak*
accentuate [ov ww] • *accentueren* • *verergeren*
accept [ov + on ww] *aannemen/-vaarden*
acceptable [bnw] • *acceptabel* • *welkom*
acceptance [znw] • *gunstige ontvangst* • *accept*
access I [ov ww] *z. toegang verschaffen tot* II [znw] *vlaag*
accessible [bnw] *toegankelijk*
accession [znw] • *troonsbestijging* • *toegang* • *toename*
accident [znw] • *toeval* • *ongeluk*
accidental [bnw] *toevallig*
acclimatize [ov + on ww] *acclimatiseren, wennen aan*
accommodating [bnw] *inschikkelijk, coulant*
accommodation [znw] *accomodatie*
accompaniment [znw] *begeleiding*
accompany [ov ww] *vergezellen, begeleiden* • (~ **with**) *vergezeld doen gaan v.*
accomplice [znw] *medeplichtige*
accomplish [ov ww] *volbrengen*

accomplished [bnw] • *volleerd* • *voldongen* • *volkomen* • *begaafd, (veelzijdig) getalenteerd*
accomplishment [znw] • *prestatie* • *talent* • *vaardigheid*
accord [ov ww] • *overeenstemmen* • *verlenen*
accordingly [bijw] *dienovereenkomstig, derhalve*
account I [ov ww] • *rekenen* • *beschouwen als* • (~ **for**) *verantwoorden, verklaren* II [znw] • *rekenschap* • *rekening* • *belang* • *verslag* • *kostenraming* • *(vaste) klant, opdrachtgever*
accountable [bnw] • *verantwoordelijk* • *verklaarbaar* • *aansprakelijk*
accredit [ov ww] *officieel erkennen* • (~ **to**) *geloof hechten aan, toeschrijven aan*
accrue I [ov ww] *doen aangroeien, kweken* II [on ww] *aangroeien*
accumulate [ov + on ww] (z.) *ophopen, verzamelen*
accumulation [znw] • *verzameling* • *op(een)hoping*
accumulative [bnw] (z.) *opstapelend*
accuracy [znw] *nauwkeurigheid*
accurate [bnw] *nauwkeurig*
accusal, accusation [znw] • *beschuldiging* • *aanklacht*
accuse [ov ww] *beschuldigen, aanklagen*
accustom [ov ww] *wennen* • (~ **to**) *wennen aan*
ace [znw] • *aas* <v. kaarten> • *uitblinker* <in competitie> • *ace* <tennis>
acerbity [znw] *wrangheid, bitterheid*
ache I [on ww] • *pijn lijden, pijn doen* • *hunkeren* II [znw] *(voortdurende) pijn*
achieve [ov ww] *volbrengen, bereiken*
achievement [znw] *succes, prestatie*
acid I [znw] • *zuur* • <sl.> *LSD* II [bnw] • *scherp* • *zuur*
acknowledge [ov + on ww] • *erkennen, bevestigen* • *beantwoorden* <v. groet>

acme [znw] *toppunt*
acorn [znw] *eikel*
acoustic(al) [bnw] *gehoor/geluid betreffend, akoestisch*
acquaintance [znw] • *kennis* <persoon> • *bekendheid* • *kennismaking*
acquiesce [on ww] *berusten* • (~ *in*) *instemmen met*
acquire [ov ww] • *verwerven* • *aanleren*
acquisitive [bnw] *hebzuchtig*
acquit [ov ww] *vrijspreken*
acquittal [znw] • *vrijspraak* • *vervulling*
acre [znw] *4000 m²*
acreage [znw] *oppervlakte*
acrid [bnw] • *bijtend* • *bitter*
acrimonious [bnw] *bits, boos*
acrimony [znw] • *bitsheid* • *boosheid*
acrobat [znw] *acrobaat*
acrobatics [mv] *acrobatiek*
across [bijw] • *kruiselings* • *aan/naar de overzijde* • *dwars (over)*
act I [on ww] • *optreden* • *handelen* • *werken* • *acteren* • (~ (up)on) *handelen volgens* • (~ up) <inf.> z. *aanstellen, slecht functioneren* • (~ up to) *handelen volgens* II [znw] • *handeling, daad* • *wet* • *bedrijf* <toneel> • *nummer* <variété>
acting I [znw] *het acteren* II [bnw] *waarnemend*
action [znw] • *handeling, werking* • *mechaniek* • *gevecht* • <jur.> *proces*
activate [ov ww] *aanzetten, activeren*
active [bnw] • *actief* • *werkzaam* • *werkend* • *levendig*
activity [znw] *werk(zaamheid), bedrijvigheid*
actor [znw] *acteur*
actress [znw] *actrice*
actual [bnw] *(daad)werkelijk, feitelijk*
actuality [znw] *werkelijkheid*
actually [bijw] • *zowaar* • *eigenlijk*
acute [bnw] • *acuut* • *scherpzinnig* • *dringend* • *scherp* <hoek>

adage [znw] *gezegde*
adamant, adamantine [bnw] *onvermurwbaar*
adapt [ov + on ww] • (~ from...to) *bewerken van(uit)...naar* • (~ to) *aanpassen aan*
adaptable [bnw] *aanpasbaar*
addict [znw] *verslaafde*
addiction [znw] *verslaving*
addictive [bnw] *verslavend*
addition [znw] • *vermeerdering* • *toevoeging*
additional [bnw] *aanvullend*
additive I [znw] *toevoeging* II [bnw] *toevoegend*
address I [ov ww] • *toespreken, aanspreken* • *adresseren* II [znw] • *adres* • *toespraak* • *behendigheid*
addressee [znw] *geadresseerde*
adept I [znw] *deskundige* II [bnw] *ingewijd*
adequacy [znw] *geschiktheid*
adequate [bnw] • *voldoende* • *geschikt*
adhere [on ww] *(aan)kleven* • (~ to) *trouw blijven aan, vastplakken aan*
adherent I [znw] *aanhanger* II [bnw] *aanklevend*
adhesive [znw] *kleefmiddel*
adjective [znw] *bijvoeglijk naamwoord*
adjoin I [ov ww] *bijvoegen* II [on ww] *grenzen aan*
adjourn I [ov ww] *verdagen* II [on ww] *op reces gaan*
adjournment [znw] • *verdaging* • *onderbreking*
adjunct I [znw] • *toevoegsel* • *onderdeel* • <taalk.> *bepaling* II [bnw] *toegevoegd*
adjust [ov + on ww] *schikken, regelen, afstellen* <v. apparatuur> • (~ to) *aanpassen aan*
adjustable [bnw] *verstelbaar*
adjustment [znw] *regeling, instelling, aanpassing*
administer [ov ww] • *beheren* • *toedienen* <v. medicijnen> • *uitvoeren* <v. wet>

administration [znw] • administratie
• regering • ministerie • uitvoering
administrative [bnw] • administratief
• ministerieel
administrator [znw] • administrateur
• executeur, curator
admirable [bnw] bewonderenswaardig
admiral [znw] admiraal
admire [ov ww] bewonderen
admirer [znw] bewonderaar, aanbidder
admissible [bnw] geoorloofd
admission [znw] • erkenning
• toegang, toelating
admit [ov ww] • binnenlaten • toestaan
• erkennen • (~ to) toelaten
admittance [znw] toegang
admittedly [bijw] toegegeven
admonish [ov ww] aanmanen,
vermanen
ado [znw] drukte
adolescence [znw] puberteit
adolescent I [znw] puber II [bnw]
opgroeiend
adopt [ov ww] aan-/op-/overnemen
adorable [bnw] aanbiddelijk, schattig
adoration [znw] aanbidding
adore [ov ww] aanbidden
adorn [ov ww] versieren
adroit [bnw] handig
adult I [znw] volwassene II [bnw]
volwassen
adulterate [ov ww] vervalsen
adulterer [znw] overspelige man
adulteress [znw] overspelige vrouw
adultery [znw] overspel
advance [ov + on ww] • vooruitbrengen
• vervroegen • voorschieten • verhogen
• vorderen • naderen • opdrukken
• stijgen
advanced [bnw] geavanceerd, gevorderd
advancement [znw] • bevordering
• vervroeging • vooruitgang • voorschot
advantage [znw] voordeel
advantageous [bnw] voordelig
adventure [znw] • avontuur • risico
• speculatie

adventurer [znw] • avonturier
• speculant
adversary [znw] tegenstander
adverse [bnw] • ongunstig • vijandig
adversity [znw] tegenspoed
advert [znw] advertentie
advertise I [ov ww] • adverteren
• aankondigen II [on ww] reclame
maken
advertisement [znw] • advertentie
• aankondiging
advertiser [znw] • advertentieblad
• adverteerder
advertising [znw] reclame
advice [znw] • raad • bericht
advisable [bnw] raadzaam
advise [ov + on ww] raad geven
adviser [znw] adviseur, raadgever
advisory [bnw] adviserend
advocacy [znw] voorspraak, verdediging
advocate I [ov ww] voorstaan,
aanbevelen II [znw] • verdediger
• voorstander
aerial I [znw] antenne II [bnw] lucht-,
luchtig
aerobatics [znw] stuntvliegen,
luchtacrobatiek
aeroplane [znw] vliegtuig
afar [bijw] in de verte
affable [bnw] minzaam
affair [znw] • zaak, kwestie • ding
• buitenechtelijke verhouding
affect [ov ww] • voorwenden
• aantasten • beïnvloeden • (ont)roeren
affectation [znw] aanstellerij
affected [bnw] • aanstellerig
• betrokken • getroffen
affecting [bnw] aandoenlijk
affection [znw] • genegenheid,
tederheid • aandoening ‹ziekte›
affectionate [bnw] • aanhankelijk
• hartelijk
affinity [znw] verwantschap
affirmative I [znw] bevestiging
II [bnw] bevestigend
affix I [ov ww] • (~ on/to) aanhechten,

toevoegen **II** [znw]
achter-/in-/voorvoegsel
afflict [ov ww] *teisteren, kwellen*
affluence [znw] *rijkdom*
affluent I [znw] *zijrivier* II [bnw]
overvloedig
afford [ov ww] • *verschaffen* • z.
veroorloven
affront I [ov ww] • *beledigen* • *tarten*
II [znw] *belediging*
afloat [bijw] • *drijvend* • *in volle gang*
afraid [bnw] *bang*
afresh [bijw] • *opnieuw* • *v. voren af aan*
African I [znw] *Afrikaan(se)* II [bnw]
Afrikaans
after I [bijw] • *nadat* • *daarna, later*
II [vz] • *na, achter, achterna* • *naar*
‹volgens›
afternoon [znw] *namiddag*
afterwards [bijw] *naderhand, daarna*
again [bijw] • *weer* • *daarentegen*
against [vz] *tegen(over)*
agape [bijw] *met open mond* ‹v.
verbazing›
age I [on ww] *ouder worden, verouderen*
II [znw] • *ouderdom* • *tijdperk* • *eeuw*
aged [bnw] *bejaard*
agency [znw] • *bureau, agentschap*
• *bemiddeling*
agenda [znw] • *agenda* ‹v.
vergadering› • *werkprogram*
agent [znw] *vertegenwoordiger,*
tussenpersoon
aggravate [ov ww] *(ver)ergeren*
aggregate I [ov ww] • z. *verenigen*
• *bedragen* II [znw] • *aggregaat*
• *totaal* • *verzameling* III [bnw]
gezamenlijk
aggression [znw] • *aanval* • *agressie*
• *strijdlust*
aggressive [bnw] • *strijdlustig*
• *ondernemend, actief, dynamisch*
aghast [bnw + bijw] *onthutst,*
ontzet
agile [bnw] *vlug en lenig*
agitate [ov ww] • *beroeren, opwinden*

• *opruien*
agitator [znw] *opruier*
ago I [znw] *verleden* II [bijw] *geleden*
agonize [on ww] • *kwellen* • *gekweld*
worden • (~ **over**) z. *suf piekeren over*
agonized [bnw] *doodsbenauwd*
agonizing [bnw] *kwellend,*
hartverscheurend
agony [znw] • *foltering* • *(doods)angst*
agrarian I [znw] *agrariër* II [bnw]
m.b.t. grondbezit/landbouw, agrarisch
agree [on ww] *afspreken* • (~ **on**) *het*
eens zijn over • (~ **to**) *toestemmen in,*
goedkeuren • (~ **with**)
overeenstemmen met
agreeable [bnw] *aangenaam*
agreement [znw] • *overeenstemming*
• *contract, afspraak*
agricultural [bnw] *v. landbouw*
agriculture [znw] *landbouw*
ahead [bijw] • *in het vooruitzicht*
• *vooruit* • *vóór*
aid I [ov ww] *helpen* II [znw] *hulp,*
helper
ailment [znw] *kwaal*
ain't ‹vulg.› [samentr.]
/am/are/has/have/is not/ → **be,**
have
air I [ov ww] *uitlaten, luchten* II [znw]
• *lucht* • *melodie* • *houding*
airing [znw] • *uiting, bekendmaking*
• *het luchten, het drogen* • *wandeling,*
ritje
airmail [znw] *luchtpost*
airy [bnw] • *vluchtig* • *luchtig*
aisle [znw] • *zijbeuk* • *gangpad*
ajar [bijw] • *op een kier* • *knorrig*
alacrity [znw] • *levendigheid*
• *bereidwilligheid*
alarm I [ov ww] • *alarmeren*
• *verontrusten* II [znw] • *alarm*
• *schrik, ontsteltenis* • *wekker*
alarming [bnw] *verontrustend,*
alarmerend
Albanian I [znw] *het Albanees* II [bnw]
Albanees

albeit [bijw] zij het, al is het dan,
ofschoon
album [znw] • album • langspeelplaat,
cd
alchemy [znw] alchemie
alcoholic I [znw] alcoholist II [bnw]
alcoholhoudend, alcoholisch
alcoholism [znw] alcoholisme,
drankzucht
ale [znw] bier
alert I [znw] luchtalarm II [bnw]
waakzaam, kwiek
Algerian I [znw] Algerijn II [bnw]
Algerijns
alien I [znw] • niet genaturaliseerde
vreemdeling • buitenaards wezen
II [bnw] • buitenlands
• weerzinwekkend
alienate [ov ww] vervreemden
alight I [on ww] • afstijgen
• uitstappen • landen II [bijw]
• verlicht • brandend
align [on ww] (z.) richten, verbinden
alignment [znw] • richting • opstelling
alike [bijw] • hetzelfde • gelijk,
gelijkend op
alimentary [bnw] voedings-
alimony [znw] alimentatie, onderhoud
alive [bijw] in leven
all I [bnw] • al(le) • geheel II [onb vnw]
• alle(n) • alles • het enige III [bijw]
helemaal
allay [ov ww] • verminderen • tot
bedaren brengen
allegation [znw] bewering, aantijging
allege [ov ww] beweren
allegiance [znw] (eed v.) trouw
allergic [bnw] • allergisch • afkerig
allergy [znw] • allergie • afkeer
alleviate [ov ww] verzachten, verlichten
alley [znw] • steeg • kegelbaan • pad
alliance [znw] • verbond • huwelijk
• verwantschap
allied [bnw] • geallieerd • verbonden
allocate [ov ww] toewijzen
allocation [znw] toewijzing

allotment [znw] • aandeel
• volkstuintje
allow [ov ww] • erkennen • toelaten,
toestaan • (~ for) rekening houden met
allowance [znw] • compensatie,
toegeving • toelage • vergoeding,
tegemoetkoming ‹kosten›
alloy [ov ww] legéren
allure [ov ww] aanlokken
alluring [bnw] aanlokkelijk
allusion [znw] toespeling
ally [ov ww] • verbinden • bondgenoot
almanac [znw] almanak
almighty [bnw] almachtig
almond [znw] amandel
almost [bijw] bijna
alms [mv] aalmoes, aalmoezen
aloft [bijw] (om)hoog
along [vz] langs
alongside [vz] langszij
aloof [bnw + bijw] op een afstand,
gereserveerd
aloud [bijw] hardop
alphabet [znw] alfabet
alpine [bnw] alpen-, berg-
already [bijw] reeds, al(weer)
Alsatian [znw] • Elzasser • Duitse
herder
also [bijw] ook, bovendien
altar [znw] altaar
alteration [znw] wijziging,
verandering
altercation [znw] woordenwisseling
alternate I [on ww] afwisselen II [bnw]
afwisselend, verwisselend
alternative [znw] alternatief
although [bijw] ofschoon
altitude [znw] hoogte
alto [znw] alt(viool), altstem
altogether [bijw] helemaal, in alle
opzichten
always [bijw] altijd
am [ww] → be
amalgamate [ov ww] • samenstellen
• verenigen
amass [ov ww] vergaren

amaze [ov ww] *verbazen*
amazement [znw] *verbazing*
amazing [bnw] *verbazingwekkend*
ambassador [znw] *ambassadeur,*
afgezant
amber I [znw] *barnsteen* II [bnw]
• *vaalgeel* • *oranje* <verkeerslicht>
ambiguous [bnw] *dubbelzinnig*
ambition [znw] • *eerzucht* • *streven,*
ideaal
ambitious [bnw] • *eerzuchtig* • *groots,*
grootscheeps
ambush I [ov ww] *in hinderlaag laten*
lopen/vallen II [on ww] *in hinderlaag*
liggen III [znw] *hinderlaag*
amenable [bnw] *handelbaar*
amend [ov ww] • *wijzigen* • z.
(ver)beteren
amendment [znw] *amendement*
American I [znw] *Amerikaan* II [bnw]
Amerikaans
amiable [bnw] *beminnelijk*
amicable [bnw] *vriendschappelijk*
amiss [bnw + bijw] *verkeerd, te onpas*
ammunition, ammo [znw]
(am)munitie
amnesia [znw] *geheugenverlies*
amnesty [znw] *amnestie*
amorous [bnw] • *verliefdheid* • *liefdes-*
amount I [on ww] • (~ to) *bedragen,*
gelijk staan met II [znw] • *bedrag*
• *grootte, hoeveelheid, mate* • *omvang*
amphibian I [znw] • *amfibie,*
tweeslachtig dier
• *amfibievliegtuig/-voertuig* II [bnw]
tweeslachtig, amfibieachtig
amphibious [bnw] *tweeslachtig,*
amfibisch
ample [bnw] • *ruim* • *uitvoerig*
• *overvloedig*
ampler [znw] *merklap*
amplifier [znw] *versterker*
amplify [ov + on ww] *versterken*
amputate [ov + on ww] *amputeren,*
afzetten
amuse [ov ww] *vermaken, aangenaam*

bezighouden
amusement [znw] *plezier*
amusing [bnw] *amusant, vermakelijk*
an [lw] • *een* • *één*
anaemia [znw] • *bloedarmoede*
• *lusteloosheid*
anaemic [bnw] • *bloedarm* • *lusteloos*
anaesthesia [znw] *narcose, verdoving*
anaesthetic I [znw] *verdovingsmiddel*
II [bnw] *verdovend*
anal [bnw] *aars-, anaal*
analyse [ov ww] *ontbinden, ontleden*
analysis [znw] • *analyse*
• *(psycho)analyse*
analyst [znw] • *analist*
• *(psycho)analyticus*
anarchy [znw] *anarchie*
anathema [znw] *banvloek*
anatomical [bnw] *anatomisch*
anatomy [znw] • *anatomie* • *ontleding*
ancestral [bnw] • *voorouderlijk*
• *prototypisch*
ancestry [znw] • *voorouders* • *afkomst*
anchor I [ov + on ww] *(ver)ankeren*
II [znw] • *anker* • *steun*
anchorage [znw] • *ligplaats*
• *verankering* • *steun* <fig.>
anchoret, anchorite [znw] *kluizenaar*
anchovy [znw] *ansjovis*
ancient I [znw] *grijsaard* II [bnw] (zeer)
oud
ancillary I [znw] *assistent* II [bnw]
• *ondergeschikt* • *hulp-*
and [vw] *en*
anemone [znw] *anemoon*
anew [bijw] *opnieuw*
angel [znw] • *engel* • *schat*
anger I [ov + on ww] *boos maken*
II [znw] *toorn*
angle I [ov ww] *hengelen* • (~ for) *iets*
proberen te bereiken II [znw] • *hoek*
• *gezichtspunt*
angler [znw] *hengelaar*
angry [bnw] • *boos* • *dreigend* • *pijnlijk*
ontstoken
anguish [znw] • *zielensmart* • *angst*

• pijn

anguished [bnw] gekweld, vol angst, vol smart

angular [bnw] • hoekig • nukkig

animal I [znw] dier II [bnw] dierlijk

animate I [ov ww] bezielen II [bnw] levend

animation [znw] levendigheid

animosity [znw] vijandigheid

aniseed [znw] anijszaad(je)

ankle [znw] enkel

annals [mv] annalen

annex I [ov ww] aanhechten, annexeren II [znw] annexe • aanhangsel • bijgebouw

annihilate [ov ww] vernietigen

anniversary [znw] verjaardag, (jaarlijkse) gedenkdag

annotate [ov + on ww] aantekeningen maken van

announce [ov ww] aankondigen, omroepen

announcement [znw] aankondiging

announcer [znw] aankondiger, omroeper

annoy [ov + on ww] • ergeren • lastig vallen

annoyance [znw] ergernis

annoying [bnw] hinderlijk, vervelend

annual I [znw] • eenjarige plant • jaargetijde • jaarboekje II [bnw] jaarlijks

annul [ov ww] tenietdoen

anoint [ov ww] zalven, inwrijven

anonymity [znw] anonimiteit, naamloosheid

anonymous [bnw] anoniem, naamloos

another [onb vnw] • een ander • een tweede • nog een

answer I [ov + on ww] • (be)antwoorden (aan) • z. verantwoorden voor • (~ back) een brutaal antwoord geven • (~ for) instaan voor, boeten voor • (~ to) antwoorden op II [znw] antwoord

ant [znw] mier

antecedent [bnw] voorafgaand

antelope [znw] antilope(leer)

antenna [znw] • antenne • voelspriet

anthem [znw] beurtzang

anthology [znw] bloemlezing

anthropology [znw] antropologie, leer v.d. mens

anticipate [ov ww] • vóór zijn, vooruitlopen op • verwachten • voorzien

antipathetic [bnw] antipathiek

antipathy [znw] antipathie, afkeer

antiquarian I [znw] • oudheidkundige • antiquaar II [bnw] oudheidkundig

antiquated [bnw] verouderd

antique [znw] antiek voorwerp

antiquity [znw] • de oudheid • antiquiteit

antithesis [znw] tegenstelling

antler [znw] tak van gewei

anvil [znw] aambeeld

anxiety [znw] • bezorgdheid • verlangen • angst

anxious [bnw] • bezorgd • verontrust • verlangend

any [onb vnw] • enig • ieder • soms ook

anyhow [bijw] hoe dan ook, in ieder geval

anyone [onb vnw] • iemand • wie dan ook, iedereen

anything [onb vnw] • iets • wat dan ook, alles

anyway [bijw] in ieder geval, toch

apart [bnw + bijw] • apart • uit elkaar • terzijde

apartment [znw] • vertrek • <AE> appartement

apathetic [bnw] lusteloos

apathy [znw] apathie, lusteloosheid

ape I [ov ww] na-apen II [znw] staartloze aap

apiece [bijw] per stuk

aplomb [znw] zelfverzekerheid

apologetic [bnw] verontschuldigend

apologize [on ww] z. verontschuldigen

apology [znw] verontschuldiging

apoplexy [znw] beroerte

apostle [znw] *apostel*
apostolic [bnw] *apostolisch*
apostrophe [znw] ‹taalk.› *apostrof*
appal, appall [ov ww] *ontzetten*
apparatus [znw] • *hulpmiddelen*
• *apparaat*
apparent [bnw] • *ogenschijnlijk*
• *duidelijk* • *blijkbaar*
apparition [znw] *spook(verschijning)*
appeal I [on ww] • *in beroep gaan*
• *spreken tot* ‹fig.› • (~ to) *beroep doen*
op, z. beroepen op, aantrekkingskracht
uitoefenen II [znw]
• *aantrekkingskracht* • *beroep*
appealing [bnw] • *smekend*
• *aantrekkelijk*
appease [ov ww] • *verzoenen* • *sussen*
append [ov ww] *bijvoegen*
appendage [znw] *bijvoegsel*
appendicitis [znw]
blindedarmontsteking
appendix [znw] • *aanhangsel* • ‹med.›
appendix
appetite [znw] *eetlust*
appetizer [znw] • *aperitief*
• *voorgerecht*
appetizing [bnw] • *smakelijk* • *de*
eetlust opwekkend
applaud I [ov ww] *toejuichen*
II [on ww] *applaudisseren*
applause [znw] *applaus*
apple [znw] *appel*
applicable [bnw] • *toepasselijk*
• *doelmatig*
applicant [znw] *sollicitant*
application [znw] • *toepassing*
• *sollicitatie* • *aanvraag* • *toewijding*
applied [bnw] *toegepast*
apply [on ww] *doen/leggen op* • (~ for)
solliciteren naar, aanvragen • (~ to)
van toepassing zijn op, toepassen op, z.
wenden tot
appoint [ov ww] • *vaststellen*
• *aanstellen*
apposite [bnw] • *passend* • *adrem*
appraise [ov ww] • *schatten*

• *waarderen*
appreciable [bnw] • *schatbaar*
• *merkbaar*
appreciate [ov ww] • *waarderen*
• *inzien* • *beoordelen* • *verhogen in*
koers/prijs
appreciation [znw] • *waardering*
• *beoordeling*
appreciative [bnw] • *goedkeurend*
• *erkentelijk*
apprehend [ov ww] *aanhouden*
apprehensive [bnw] • *ongerust*
• *intelligent*
apprentice I [ov ww] *in de leer*
doen/nemen • (~ to) *in de leer doen bij*
II [znw] *leerjongen*
apprenticeship [znw] • *leerlingschap*
• *leerjaren*
approach I [ov ww] • *aanpakken*
• *(be)naderen* II [znw] • *(be)nadering*
• *aanpak* • *opzet*
approbation [znw] *goedkeuring*
appropriate I [ov ww] *z. toe-eigenen*
II [bnw] • *geschikt* • *passend*
approval [znw] *goedkeuring*
approve [on ww] *akkoord gaan* • (~ of)
goedkeuren
approximate I [ov ww] *(be)naderen*
II [bnw] *bij benadering (aangegeven)*
apricot [znw] *abrikoos(kleurig)*
apt [bnw] • *geneigd* • *gevat* • *bekwaam*
aquatic [bnw] *water-*
Arab I [znw] *Arabier* II [bnw] *Arabisch*
Arabic [bnw] *Arabisch*
arable [bnw] *bebouwbaar*
arbiter [znw] *scheidsrechter*
arbitrate I [ov ww] *beslissen* II [on ww]
als scheidsrechter optreden
arbitration [znw] *arbitrage*
arbitrator [znw] *scheidsrechter*
arbour [znw] *beschutte tuin*
arc [znw] *(cirkel)boog*
arcade [znw] • *galerij*
• *speelautomatenhul*
arch I [on ww] *(zich) welven* II [znw]
• *boog* • *gewelf* III [bnw] *schalks*

archaeology [znw] archeologie,
oudheidkunde
archer [znw] boogschutter
archery [znw] • boogschieten • pijl en
boog
archipelago [znw] archipel
architectural [bnw] bouwkundig
architecture [znw] architectuur,
bouwkunde
ardent [bnw] • vurig • ijverig
ardour [znw] • gloed • vuur
arduous [bnw] • steil • inspannend
are [ww] → be
area [znw] • oppervlakte • gebied
• souterrain
argue [on ww] • betogen • debatteren
• ruzie maken • bewijzen
argument [znw] • betoog
• woordentwist • argument
arid [bnw] dor, droog
arise [on ww] • z. voordoen • opstaan,
verrijzen • (~ from) voortkomen uit,
ontstaan uit
aristocracy [znw] aristocratie, adel
arithmetic [znw] rekenkunde
arm I [ov ww] bewapenen II [on ww] z.
wapenen III [znw] • tak • arm
armadillo [znw] gordeldier
armed [bnw] • gewapend
• uit-/toegerust
armistice [znw] wapenstilstand
armour I [ov ww] • pantseren
• wapenen II [znw] • bepantsering
• tanks • wapenrusting • harnas
• duikerpak
armourer [znw] • wapensmid
• wapenmeester
armoury [znw] wapenzaal
army [znw] • leger • menigte
aromatic [bnw] geurig
arose [ww] verl. tijd → arise
around I [bijw] • rondom • in de buurt
II [vz] • rond(om) • om...heen
arouse [ov ww] (op)wekken
arrangement [znw] • regeling
• afspraak • <muz.> arrangement

array I [ov ww] • opstellen • uitdossen
II [znw] • kledertooi • mars-/slagorde
• stoet, rij
arrest I [ov ww] • arresteren
• tegenhouden, stuiten II [znw]
• stilstand • arrest(atie)
arrival [znw] • aankomst
• aangekomene
arrive [on ww] aankomen, arriveren
arrogance [znw] arrogantie,
aanmatiging
arrow [znw] pijl
arse <vulg.> [znw] • achterste, gat
• klootzak
arsenal [znw] kruithuis
arsenic [znw] arsenicum
arson [znw] brandstichting
art I [ww] → be II [znw] • kunst • list
• vaardigheid
artefact [znw] kunstproduct
arterial [bnw] v.d. slagader
artery [znw] • slagader • verkeersader
artful [bnw] • listig • gekunsteld
• kundig
arthritis [znw] artritis, jicht,
gewrichtsontsteking
artichoke [znw] artisjok
article I [ov ww] • in de leer doen
• aanklacht indienen • (~ to) in de leer
doen bij II [znw] • artikel • statuut
• <taalk.> lidwoord
artifact [znw] → artefact
artifice [znw] list, kunstgreep
artificial [bnw] • kunstmatig
• gekunsteld
artillery [znw] artillerie, geschut
artisan [znw] handwerksman
artist [znw] • artiest • kunstenaar
artistic [bnw] artistiek
artistry [znw] kunstenaarschap,
kunstenaarstalent, kunstzinnigheid
artless [bnw] • ongekunsteld • naïef
• onhandig
arty [bnw] • te mooi
• pseudo-/quasi-artistiek
as I [bijw] zo II [vw] • (zo)als

• *aangezien* • *naarmate* • *terwijl*
asbestos [znw] *asbest*
ascend [ov ww] • *(be)stijgen*
• *teruggaan* ‹in de geschiedenis›
ascendancy, ascendency [znw]
overwicht
ascendant, ascendent I [znw]
• *overwicht, ascendant* • *voorouder*
II [bnw] • *stijgend* • *dominant*
ascent [znw] • *be-/opstijging* • *helling*
• *opkomst*
ascertain [ov ww] • *vaststellen* • *te
weten komen*
ash [znw] • *as* • *es* ‹boom›
ashamed [bnw] *beschaamd*
ashen [bnw] • *asgrauw* • *doodsbleek*
ashore [bijw] *aan land*
Asian, Asiatic I [znw] *Aziaat* II [bnw]
Aziatisch
aside I [znw] • *terzijde* ‹toneel›
• *terloops gemaakte opmerking*
II [bijw] *terzijde*
ask [ov + on ww] *vragen* • *(~ after)
vragen naar* • *(~ for) vragen om,
uitlokken* • *(~ out) uitnodigen*
askance [bijw] • *achterdochtig* • *van
terzijde*
askew [bijw] *scheef*
asleep [bnw + bijw] *in slaap*
aspect [znw] • *gezichtspunt* • *aanblik*
• *ligging*
aspen [znw] • *esp* • *ratelpopulier*
asperity ‹form.› [znw] • *ongeduldige
strengheid* • *ruwheid* • *guurheid*
• *scherpheid*
aspirant I [znw] *kandidaat* II [bnw]
strevend, eerzuchtig
aspiration [znw] *streven*
aspire [on ww] • *streven* • *(ver)rijzen*
aspirin [znw] *aspirine*
ass [znw] • *ezel* • ‹AE vulg.› —> **arse**
assail [ov ww] *bestormen, aanvallen*
assailant [znw] *aanvaller*
assassin [znw] *sluipmoordenaar*
assassinate [ov ww] *vermoorden*
assault I [ov ww] • *aanvallen*

• *bestormen* II [znw] • *aanval*
• *bestorming* • *aanranding*
assemble I [ov ww] • *monteren*
• *verzamelen* II [on ww] *bijeenkomen,
z. verzamelen*
assembly [znw] • *montage*
• *vergadering* • *verzameling*
assent I [on ww] *instemmen* • *(~ to)
instemmen met* II [znw] *instemming*
assert [ov ww] • *beweren* • *laten gelden*
assertive [bnw] • *aanmatigend*
• *zelfbewust* • *bevestigend*
assess [ov ww] • *vaststellen* • *belasten*
• *waarderen, beoordelen* • *schatten*
assessment [znw] • *schatting*
• *beoordeling* ‹v. (school)werk›,
waardering • *aanslag*
assessor [znw] *taxateur*
asset [znw] • *aanwinst* • *voordeel,
pluspunt* • *geschiktheid* • ‹econ.›
creditpost
assiduous [bnw] *vlijtig*
assign [ov ww] • *overdragen*
• *toewijzen* • *opgeven*
assignation [znw] • *afspraak*
• *toewijzing*
assignment [znw] • *opdracht* • *opgave*
• ‹AE› *benoeming*
assimilate I [ov ww] • *gelijk maken*
• *opnemen* II [on ww] • *opgenomen
worden* • *gelijk worden*
assist [ov ww] • *bijstaan* • *hulp
verlenen* • *(~ at) (iets) bijwonen*
assistance [znw] *hulp, steun*
assistant I [znw] • *assistent* • *bediende*
II [in samenst.] *adjunct-*
associate I [on ww] (z.) *verenigen*
• *(~ with) omgaan met* II [znw]
• *compagnon, deelgenoot* • *metgezel,
collega* III [bnw] • *verbonden*
• *begeleidend* • *mede-*
association [znw] • *vereniging*
• *samenwerking*
assorted [bnw] • *bij elkaar passend*
• *gemengd*
assortment [znw] • *assortiment*

• *sortering*
assume [ov ww] • *aannemen*
• *veronderstellen* • *op zich nemen* • z.
aanmatigen
assumption [znw] • *veronderstelling*
• *vermoeden* • *aanneming* <v. ambt>
• *overname* <v. macht>
assurance [znw] • *zekerheid*
• *verzekering* • *zelfvertrouwen*
astonish [ov ww] *verbazen*
astonishing [bnw] *verbazingwekkend*
astonishment [znw] *(stomme)*
verbazing
astound [ov ww] • *zeer verbazen*
• *ontstellen*
astray [bnw] *op een dwaalspoor, op het*
slechte/verkeerde pad
astride [bijw] *schrijlings*
astrologer [znw] *astroloog,*
sterrenwichelaar
astrology [znw] *astrologie,*
sterrenwichelarij
astronomer [znw] *astronoom,*
sterrenkundige
astronomy [znw] *astronomie,*
sterrenkunde
asylum [znw] *asiel* <ook politiek>,
gesticht
at [vz] • *met* • *aan* • *bij* • *om* • *in* • *tegen*
ate [ww] verl. tijd → **eat**
atheism [znw] *atheïsme*
athlete [znw] *atleet*
athletic [bnw] *atletisch*
atmosphere [znw] • *atmosfeer* • *sfeer*
atom [znw] • *atoom* • *greintje*
atomic [bnw] *atoom-*
atonement [znw] *verzoening*
atrocious [bnw] • *gruwelijk* • *slecht*
atrocity [znw] *wreedheid*
attach [on ww] • *verbinden, aansluiten*
• *(aan zich) hechten* • *(~ to)*
vastmaken aan
attaché [znw] *diplomatenkoffertje*
attachment [znw] • *verbinding*
• *aanhangsel* • *gehechtheid*
attack I [ov ww] *aanvallen* II [znw]

aanval
attain [ov + on ww] • *bereiken*
• *verwerven*
attainable [bnw] • *verkrijgbaar*
• *bereikbaar*
attainment [znw] • *verworvenheid*
• *prestatie* • *talent*
attempt I [ov ww] *pogen* II [znw]
poging
attend [ov ww] • *bijwonen* • *begeleiden*
• *aanwezig zijn* • *(~ to) zorgen voor,*
verzorgen, opletten
attendant I [znw] • *begeleider*
• *bediende* II [bnw] • *aanwezig*
• *begeleidend* • *bedienend*
attention [znw] *aandacht, attentie*
attentive [bnw] *aandachtig*
attenuate [ov ww] • *verzachten*
• *afzwakken* • *verdunnen*
attest [ov ww] • *instaan voor* • *beëdigen*
• *getuigen*
attic [znw] *zolder(kamer)*
attitude [znw] *houding*
attorney [znw] *gevolmachtigde,*
procureur
attract [ov ww] *aantrekken, boeien*
attraction [znw] • *aantrekkingskracht*
• *attractie*
attractive [bnw] *aantrekkelijk*
attributable [bnw] *toe te schrijven*
attribute I [ov ww] • *(~ to)*
toeschrijven aan II [znw] *kenmerk*
auburn [bnw] *kastanjebruin* <vnl.
haar>
auction I [ov ww] *veilen, openbaar bij*
opbod verkopen • *(~ off) bij opbod*
uit-/verkopen II [znw] *veiling*
auctioneer I [ov ww] *veilen* II [znw]
veilingmeester
audacious [bnw] • *dapper*
• *onbeschaamd*
audacity [znw] • *dapperheid*
• *onbeschaamdheid*
audible [bnw] *hoorbaar*
audience [znw] • *toehoorders* • *publiek*
• *audiëntie*

audition [znw] • gehoor • auditie
auditor [znw] • toehoorder • accountant
auditorium [znw] gehoorzaal, aula
augment I [ov ww] doen toenemen
II [on ww] toenemen
August [znw] augustus
aunt [znw] tante
aura [znw] • (atmo)sfeer • uitstraling
aural [bnw] van/via het gehoor, oor-
auspicious [bnw] gunstig
austere [znw] • sober • grimmig, streng
austerity [znw] • soberheid • strengheid
Australian I [znw] Australiër II [bnw]
Australisch
Austrian I [znw] Oostenrijker II [bnw]
Oostenrijks
authentic [znw] • origineel • oprecht
<gevoelens> • rechtsgeldig
• betrouwbaar • echt
authenticity [znw] • echtheid
• betrouwbaarheid
author [znw] • schrijver • schepper
• <jur.> dader
authoritarian [bnw] autoritair,
eigenmachtig
authoritative [bnw] gezaghebbend
authority [znw] • gezag, autoriteit
• expert
authorization [znw] • machtiging,
volmacht • goedkeuring
authorize [ov ww] machtigen
autocrat [znw] alleenheerser
automatic I [znw] • automatisch
wapen • automaat <auto/apparaat>
II [bnw] • automatisch • werktuiglijk,
zonder nadenken • noodzakelijk
• on-/onderbewust
automaton [znw] automaat, robot
autonomous [bnw] autonoom, met
zelfbestuur
autonomy [znw] zelfbestuur,
autonomie
autopsy [znw] lijkschouwing
autumn [znw] herfst
autumnal [bnw] herfstachtig
auxiliary I [znw] • hulpstuk • helper

• <taalk.> hulpwerkwoord II [bnw]
• hulp- • aanvullend
avail I [on ww] baten II [znw] baat, nut
available [bnw] • beschikbaar • geldig
avalanche [znw] lawine
avarice [znw] • hebzucht • gierigheid
avenge [ov ww] wreken
avenue [znw] • laan • toegang • weg
• <AE> brede straat
average I [ov ww] • gemiddeld halen
• schatten • (~ out) gemiddeld op
hetzelfde neerkomen II [znw]
gemiddelde III [bnw] gemiddeld
averse [bnw] afkerig
aversion [znw] afkeer
avert [ov ww] afwenden
aviary [znw] volière
aviation [znw] • vliegsport • vliegkunst
avid [bnw] • begerig • vurig • fervent
avoid [ov ww] vermijden
avoidable [bnw] vermijdbaar
avoidance [znw] • vermijding
• ontwijking
avow [ov ww] • bekennen • erkennen
avowal [znw] (openlijke) bekentenis
await [ov ww] (af)wachten
awake [bnw] wakker
awakening [znw] het ontwaken
award I [ov ww] • toekennen • belonen
• (~ to) toekennen aan II [znw]
• bekroning, prijs • toelage • <jur.>
vonnis, uitspraak
aware [bnw] • bewust • gewaar
away I [bnw] II [bijw] weg
awe I [ov ww] ontzag inboezemen
II [znw] ontzag
awful [bnw] • afschuwelijk
• indrukwekkend
awkward [bnw] • pijnlijk • onhandig
• lastig
awoke [ww] verl. tijd + volt. deelw.
→ awake
awry [bnw + bijw] • scheef • verkeerd
axis [znw] as, middellijn
azure [bnw] hemelsblauw

B

babble I [on ww] • leuteren, babbelen
• kabbelen • verklappen II [znw]
geleuter
babe [znw] • baby • ‹sl.› meisje, liefje
baboon [znw] baviaan
baby I [ov ww] als (een) kind
behandelen II [znw] • baby, kind
• schat • de jongste
babyish [bnw] kinderachtig, kinderlijk
bachelor [znw] • vrijgezel
• ≈ kandidaat ‹universitair›
back I [ov ww] • steunen • wedden op
• (~ up) steunen II [on ww]
achteruitrijden • (~ away)
terugdeinzen • (~ down) zich
terugtrekken, toegeven, terugkrabbelen
• (~ off) terugtrekken, terugdeinzen
• (~ out) terugkrabbelen III [znw]
• rug, achterkant • ‹sport› achterspeler
IV [bijw] • achter • terug
backing [znw] steun
backward [bnw] achterlijk
backwards [bnw + bijw] achteruit
bacon [znw] spek
bacterial [bnw] bacterie-
bacteriology [znw] bacteriologie
bacterium [znw] bacterie
bad [bnw] • slecht, ondeugdelijk
• kwaad • bedorven
bade [ww] verl. tijd → bid
badge [znw] onderscheidingsteken,
insigne, embleem
badger I [ov ww] • tergen • lastig
vallen, zeuren om iets II [znw] das
‹dier›
badly [bnw + bijw]
baffle I [ov ww] • verijdelen
• verbijsteren II [znw] schot, scherm
bag I [ov ww] vangen, schieten,
bemachtigen II [on ww] (op)zwellen
III [znw] • zak, tas • vangst • wal
‹onder oog›
baggy [bnw] uitgezakt
bail I [ov ww] hozen • (~ out) uit de
puree helpen, door borgtocht vrij
krijgen II [znw] • (muur v.) voorhof
• borgtocht
bait I [ov ww] • van aas of voer voorzien
• sarren II [znw] (lok)aas
bake [ov + on ww] bakken
baker [znw] bakker
bakery [znw] bakkerij
balance I [ov ww] • wegen • wikken • in
evenwicht houden/brengen II [znw]
• weegschaal, balans • evenwicht
• saldo, rest
balcony [znw] balkon
bald [bnw] • kaal • nuchter
bale I [ov ww] hozen II [on ww]
• (~ out) met parachute uit vliegtuig
springen, uitstappen
baleful [bnw] • kwaadaardig
• verderfelijk
balk I [ov ww] • voorbijgaan, overslaan
• z. onttrekken aan • verijdelen
• weigeren II [znw] • balk • struikelblok
ball I [ov + on ww] (zich) ballen II [znw]
bal, bol, kogel
ballad [znw] ballade
ballast I [ov ww] bezwaren II [znw]
ballast
ballistic [bnw] ballistisch
balloon I [on ww] • bol staan
• opzwellen II [znw] bol, ballon
ballot I [on ww] • stemmen • balloteren
• loten II [znw] • stembriefje
• stemming • loting
balm [znw] balsem
balmy [bnw] • mild, • stapelgek
bamboo [znw] bamboe
banal [bnw] banaal
banana [znw] banaan
band I [ov ww] strepen II [znw] • bende
• orkest ‹v. blaasinstrumenten›
• band, lint, strook • drijfriem
bandage I [ov ww] verbinden • (~ up)
verbinden II [znw] verband

bandit [znw] (struik)rover
bandy [ov ww] uitwisselen • (~ about)
heen en weer werpen of slaan
bandy-legged [bnw] met o-benen
bane [znw] • vloek, pest • vergif
bang I [ov + on ww] • hard slaan
• smakken, dichtslaan • knallen
• (~ about) ruw behandelen
• (~ away) blijven bonzen of hameren
II [ov ww] recht afknippen <v. pony>
III [znw] • klap, smak, knal • pony
<haar> IV [tw] pats!, bom!
banger [znw] • worstje • vuurwerk
• wrak <auto>
bangle [znw] armring, armband
banish [ov ww] verbannen
bank I [ov + on ww] • indammen
• hellend rijden of vliegen <bij bank>
II [znw] • oever • zandbank • berm
• bank
banker [znw] bankier
banking [znw] bankwezen
bankrupt [bnw] failliet
bankruptcy [znw] faillissement
banner [znw] • banier • spandoek
banquet I [on ww] feesten, smullen
II [znw] feestmaal
baptism [znw] doop
baptize [ov ww] dopen
bar I [ov ww] • versperren, beletten
• grendelen II [znw] • balk • staaf,
tralie, stang • slagboom • reep
<chocolade>, stuk <zeep> • zandbank
<voor haven- of riviermonding>
• buffet, bar • belemmering, bezwaar
• maat(streep)
barb [znw] • baarddraad <v. vis>
• weerhaak
barbarian I [znw] barbaar II [bnw]
barbaars
barbaric, barbarous [bnw] barbaars
barbarity [znw] barbaarsheid,
wreedheid
barbecue I [ov ww] barbecueën
II [znw] • feest, barbecue • groot
braadrooster

barbed [bnw] * ~ wire prikkeldraad
barber [znw] • barbier • kapper
bare I [ov ww] blootleggen, ontbloten
II [bnw] naakt, kaal
bargain I [on ww] • overeenkomen
• marchanderen II [znw] • afspraak
• koop(je)
barge I [on ww] • (~ into) ergens
tegenaanlopen II [znw] • woonschip
• aak, praam • officierssloep,
staatsiesloep
bark I [ov ww] • afschillen • schaven <v.
huid> II [on ww] blaffen III [znw]
• geblaf • schors, bast • bark
barley [znw] gerst
barn [znw] schuur
barnacle [znw] eendenmossel
baroness [znw] barones
baroque [bnw] barok
barrack(s) I [ov ww] • kazerneren
• uitjouwen <cricket> II [znw] kazerne
barrage [znw] • versperring • spervuur
• stuwdam
barrel [znw] • vat • cilinder • loop <v.
geweer>
barren [znw] onvruchtbaar, dor
barricade I [ov ww] barricaderen
II [znw] barricade
barrier [znw] • hinderpaal, slagboom
• dranghek
barring [vz] behoudens
barrister [znw] advocaat, pleiter
barrow [znw] • kruiwagen • berrie
• handkar • grafheuvel
barter I [ov + on ww] ruilhandel drijven
II [znw] ruilhandel
base I [ov ww] baseren II [znw]
• grondgetal • voetstuk, basis • <sport>
honk • <chem.> base III [bnw] laag,
gemeen
baseless [bnw] ongegrond
basement [znw] souterrain
bash I [ov ww] • (in elkaar) rammen
• inslaan, kapot slaan • (~ up) in
elkaar slaan II [znw] slag
bashful [bnw] verlegen, bedeesd

basin [znw] • bekken • bassin • kom
• dok • stroomgebied
basis [znw] basis, grondslag
bask [on ww] z. koesteren
basket [znw] mand, korf
bass I [znw] • (zee)baars • soort bier
II [bnw] • lage frequenties, lage tonen
• bas
bassoon [znw] fagot
bastard I [znw] • schoft • bastaard
II [bnw] onecht
bat I [ov + on ww] batten II [znw]
• vleermuis • slaghout, bat
batch [znw] • partij, groep, stel • baksel
bath I [ov ww] een bad geven II [znw]
• bad • badkuip
bathe [ov + on ww] • baden • natmaken
bather [znw] bader, zwemmer
bathroom [znw] • badkamer • <AE> wc
baton [znw] • dirigeerstok • gummistok
• staf
battalion [znw] bataljon
batten [znw] (vloer)plank
batter I [ov + on ww] • beuken
• rammen • deuken, havenen II [znw]
• beslag • slagman
battery [znw] • (leg)batterij • accu
• aanranding
battle I [ov + on ww] strijden II [znw]
strijd, veldslag
bauble [znw] snuisterij, prul
baulk [ov ww] → balk
bawdy [bnw] liederlijk
bawl [ov + on ww] brullen, schreeuwen
• (~ out) <inf.> de mantel uitvegen
be I [on ww] • (~ for) zijn voor,
voorstander zijn van • (~ in)
aanwezig/binnen, aan slag zijn, aan
het bewind zijn, erbij, in de mode,
opgenomen zijn • (~ off) afgesloten
zijn <elektra/gas/water>, niet in orde
zijn, verwijderd zijn, niet doorgaan,
afgelast zijn, weg zijn, starten,
ervandoor gaan/zijn • (~ on) tipsy
zijn, aan/op zijn <v. kledingstuk>,
doorgaan, bezig zijn, aan de

gang/beurt zijn, meedoen • (~ out)
gepubliceerd zijn, (er)buiten/eruit zijn,
om/weg zijn, in staking zijn, werkloos
zijn, onmogelijk zijn • (~ over)
over/uit/voorbij zijn, op bezoek zijn,
overschieten • (~ through) het niet
meer zien zitten, klaar zijn, erdoorheen
zijn • (~ up) hoger/gestegen zijn,
op/wakker zijn, op/over/voorbij zijn,
aan de gang/hand zijn, ter discussie
staan II [kww] • zijn • bestaan
• worden • liggen, staan
beach [znw] strand
beacon [znw] (vuur)baken, vuurtoren
bead I [ov ww] van kralen voorzien,
rijgen II [znw] • vizierkorrel • kraal
• parel <v. zweet>
beady [bnw] • kraalvormig • parelend
beagle [znw] speurder
beak [znw] • scherpe snavel • <sl.> neus
beaker [znw] beker(glas)
beam I [ov + on ww] • stralen
• uitzenden <op tv> • gluren
II [znw] • balk • drijfstang • straal
• stralenbundel • radiosignaal
bean [znw] boon
bear I [ov ww] • (ver)dragen • dulden
• uitstaan • opbrengen • baren
• (~ (up)on) betrekking hebben op
• (~ down (up)on) afkomen op
• (~ out) bevestigen • (~ up against)
het hoofd bieden aan • (~ with)
geduld hebben met II [znw] beer
bearable [bnw] te (ver)dragen
beard I [ov ww] tarten II [znw] baard
bearded [bnw] met een baard
bearer [znw] • toonder • brenger • stut
• drager • houder
bearing [znw] • gedrag, houding
• verband • invloed
beast [znw] • viervoeter • beest
beaten [bnw] • verslagen • gedreven <v.
goud>
beater [znw] drijver <bij jacht>
beating [znw] pak slaag
beautician [znw] schoonheidsspecialist

beautiful [bnw] *mooi*
beautify [ov ww] *verfraaien*
beauty [znw] *schoonheid*
beaver [znw] • *hoed v. bevervilt* • *bever*
became [ww] *verl. tijd* → **become**
beck [znw] • *wenk, knik* • *beek*
beckon [ov ww] *wenken*
become I [ov ww] *goed staan* II [kww] *worden*
becoming [bnw] • *betamelijk* • *flatterend*
bed I [ov ww] • (~ **down**) *een slaapplaats geven, naar bed brengen* II [on ww] • (~ **down**) *naar bed gaan, gaan slapen* III [znw] • *bed* • *leger* <v. dier> • *bedding* • *(onder)laag*
bedding [znw] • *beddengoed* • *onderlaag*
bedeck [ov ww] *(op)tooien, versieren*
bedevil [ov ww] • *bederven* • *in de war brengen*
bedlam [znw] *gekkenhuis*
bedroom [znw] *slaapkamer*
bee [znw] *bij*
beech [znw] *beuk*
beef I [ov ww] • (~ **up**) <sl.> *versterken, opvoeren, opkalefateren* II [on ww] *klagen* III [znw] • *rundvlees* • *spierkracht*
beefy [bnw] *stevig, gespierd*
beer [znw] *bier*
beet [znw] *biet, kroot*
beetle I [on ww] • (~ **off**) <sl.> *zich uit de voeten maken* II [znw] • *tor* • *stamper* • *heiblok*
befit [ov ww] *betamen*
befitting [bnw] *passend*
before [vz] • *voor* • *tevoren* • *voordat*
beforehand [bijw] *van tevoren*
befriend [ov ww] *een vriend zijn voor*
beg [ov + on ww] *bedelen, smeken* • (~ **for**) *verzoeken om* • (~ **off**) (z.) *verontschuldigen voor het niet nakomen van plicht of afspraak*
beget [ov ww] • *verwekken, voortbrengen* • *veroorzaken*

beggar [znw] • *bedelaar* • *schooier(tje)*
beggarly [bnw] *armoedig, armzalig*
begin [ov + on ww] *beginnen*
beginner [znw] *beginneling*
beginning [znw] *oorsprong, begin*
begot [ww] *verl. tijd* → **beget**
begrudge [ov ww] *misgunnen*
beguile [ov ww] • *bekoren* • *bedriegen*
begun [ww] *volt. deelw.* → **begin**
behalf [znw] * *on your* ~ *namens u*
behaviour [znw] • *werking* • *gedrag*
behead [ov ww] *onthoofden*
beheld [ww] *verl. tijd + volt. deelw.* → **behold**
behind I [znw] *achterste* II [vz] • *achter* • *na*
behindhand [bnw + bijw] • *te traag, te laat* • *achter(op)*
behold [ov ww] *waarnemen, zien*
being I [ww] *tegenw. deelw.* → **be** II [znw] *bestaan, wezen*
belabour [ov ww] • *ervan langs geven* • *te uitvoerig behandelen*
belated [bnw] *te laat, erg laat*
belfry [znw] *klokkentoren*
Belgian I [znw] *Belg* II [bnw] *Belgisch*
belie [ov ww] *verloochenen*
belief [znw] *geloof*
believable [bnw] *geloofwaardig*
believe [ov + on ww] *geloven*
belittle [ov ww] • *verkleinen* • *kleineren*
bell I [ov ww] *de bel aanbinden* II [znw] • *bel* • *klok*
bellicose [bnw] • *agressief* • *oorlogszuchtig*
belligerent I [znw] *oorlogvoerende partij* II [bnw] • *oorlogvoerend* • *agressief*
bellow I [ov + on ww] *loeien, brullen* II [znw] *gebrul*
belly [znw] • *schoot* • *buik*
belong [on ww] *horen bij iets* • (~ **to**) *behoren aan/tot*
belongings [mv] • *eigendom* • *bagage*
beloved I [znw] *geliefde* II [bnw] *geliefd*
below [vz] *onder, (naar) beneden*

belt I [ov ww] • *aangorden* • *afranselen*
II [on ww] *racen* • (~ **up**) *zijn*
veiligheidsriem omdoen III [znw]
• *gordel, riem* • *zone* • *opdonder*
bench [znw] • *bank* • *rechtbank*
• *werkbank*
bend I [ov + on ww] (*zich*) *buigen*
II [znw] *bocht, buiging*
beneath [vz] *onder, beneden*
benediction [znw] • *zegen* • *lof* ‹r.-k.›
benefactor [znw] *weldoener*
benefactress [znw] *weldoenster*
beneficent [bnw] *liefdadig*
beneficial [bnw] *heilzaam*
beneficiary I [znw] • *vazal* • *predikant*
• *begunstigde* II [bnw] *leenroerig*
benefit I [ov + on ww] *baten* • (~ **by**)
voordeel trekken uit II [znw] • *voordeel,*
baat • *toelage* • *uitkering*
benevolence [znw] • *gift*
• *welwillendheid* • *vriendelijkheid*
• *weldadigheid*
benevolent [bnw] • *welwillend*
• *weldadig*
benign [bnw] • *vriendelijk* • *heilzaam*
• *goedaardig* ‹v. ziekte›
bent I [ww] *verl.tijd + volt.deelw.*
→ **bend** II [znw] • *neiging* • *voorliefde*
bequeath [ov ww] *nalaten, vermaken*
bequest [znw] *legaat*
bereavement [znw] • *verlies*
• *sterfgeval*
beret [znw] *alpinomuts*
berry [znw] *bes*
berserk [bnw] *gek van woede*
berth I [ov ww] *meren* II [znw] • *kooi*
• *couchette* • *ankerplaats* • *betrekking*
beseech [ov ww] (*af*)*smeken*
beset [ov ww] • *omringen* • *blokkeren*
‹v. weg› • *aanvallen*
beside [vz] *naast*
besides [vz] *benevens, bovendien*
besiege [ov ww] • *belegeren*
• *overstelpen*
best I [ov ww] *overtreffen*
II [bnw + bijw] *best(e)*

bestial [bnw] *beestachtig*
bestow [ov ww] • (~ **upon**) *schenken*
aan
bet I [ov + on ww] (*ver*)*wedden* II [znw]
• *inzet* • *weddenschap*
betray [ov ww] • *verraden* • *bedriegen*
betrayal [znw] *verraad*
betrothal [znw] *verloving*
better I [ov ww] *verbeteren* II [bnw]
beter
between [vz] *tussen*
beverage [znw] *drank*
bevy [znw] • *troep* • *vlucht* ‹v. vogels›
beware [ov + on ww]
bewilder [ov ww] *verbijsteren*
bewildering [bnw] *verbijsterend*
bewilderment [znw] *verbijstering*
bewitch [ov ww] *betoveren, beheksen*
beyond I [znw] *hiernamaals* II [vz]
• *verder dan* • *aan de andere kant (van)*
• *boven* • *behalve*
bias I [ov ww] *richting of neiging geven*
aan II [znw] • *neiging* • *vooroordeel*
bibliography [znw] *bibliografie*
bicker [on ww] • *kibbelen* • *kletteren* ‹v.
regen› • *kabbelen* • *flikkeren*
bicycle [znw] *rijwiel*
bid I [ov + on ww] • *bieden* • *pogen*
• *bevelen* • *verzoeken* • *wensen* II [znw]
• *bod* • *poging* • ‹AE› *uitnodiging*
bidder [znw] *bieder*
biennial [bnw] *tweejarig*
bier [znw] *lijkbaar*
big [bnw + bijw] • *groot* • *belangrijk*
bigamy [znw] *bigamie*
bigot [znw] • *dweper* • *kwezel*
bigotry [znw] • *dweepzucht* • *kwezelarij*
bike I [on ww] *fietsen* II [znw] *fiets*
bilge [znw] • *buik v. schip of vat* • *onzin*
bilious [bnw] • *galachtig* • *gemelijk*
bill I [ov ww] • *volplakken met biljetten*
• *aankondigen* II [znw] • *rekening*
• *wetsontwerp* • *document* • *lijst*
• *snavel* • *aanplakbiljet* • ‹AE›
bankbiljet
billet I [ov ww] • (~ **on**) *inkwartieren*

bij II [znw] • *kwartier* • *bestemming*
• ‹inf.› *baantje*
billion [znw] • *biljoen* • ‹AE› *miljard*
billow I [on ww] *golven* II [znw] *golf*
bin [znw] • *bak, kist* • *mand* • *wijnrek*
bind [ov ww] • *binden* ‹ook v. saus,
beslag›, *inbinden, vastbinden,
verbinden* • *verplichten* • *bekrachtigen*
binder [znw] • *(boek)binder* • *omslag,
band* • *bindmiddel* • *bint*
• *verbindingssteen*
binding [znw] • *(boek)band* • *boordsel*
binge [znw] *braspartij, drinkgelag, fuif*
biography [znw] *levensbeschrijving*
biological [bnw] *biologisch*
biology [znw] *biologie*
birch [znw] • *roede* • *berk*
bird [znw] • *vogel* • *meisje* • *vent*
birth [znw] • *geboorte* • *ontstaan*
• *afkomst*
birthday [znw] *verjaardag*
biscuit I [znw] • *beschuit, biscuit,
koekje* • *ongeglazuurd porselein*
II [bnw] *lichtbruin*
bisect [ov ww] *in tweeën delen*
bisexual [bnw] *biseksueel*
bishop [znw] • *bisschop* • *bisschopwijn*
• *loper* ‹v. schaakspel›
bishopric [znw] • *bisdom* • *ambt v.
bisschop*
bit I [ww] *verl. tijd* → **bite** II [znw]
• *kleinigheid, beetje, stukje* • *bit* ‹v.
hoofdstel› • ‹comp.› *bit*
bitch I [ov + on ww] • *zaniken*
• *afkraken* • *kankeren* II [znw] • *teef*
• *wijf, griet, del*
bitchy [bnw] *hatelijk, boosaardig,
kattig*
bite I [ov + on ww] • *bedriegen*
• *(uit)bijten* • *happen* • *steken*
• *(~ back) inslikken* ‹v. woorden,
opmerking› II [znw] • *hap, beet*
• *greep* • *scherpte*
biting [bnw] *bijtend, scherp*
bitten [ww] *volt. deelw.* → **bite**
bitter I [znw] • *bitter bier* • *maagbitter*

II [bnw] *bitter, scherp*
bivouac I [on ww] *bivakkeren* II [znw]
bivak
bizarre [bnw] *bizar, grillig*
blab I [ov ww] *eruit flappen, verklappen*
II [znw] *flapuit*
blacken [ov + on ww] *zwartmaken,
zwart worden*
bladder [znw] • *blaas* • *blaaskaak*
blade [znw] • *halm* • *spriet* • *lemmet*
• *scheermesje* • *platte scherpe kant v.
allerlei werktuigen*
blame I [ov ww] *berispen* • *(~ for) de
schuld geven van* II [znw] *schuld*
blameless [bnw] *onberispelijk*
blameworthy [bnw] *afkeurenswaardig*
blanch [ov + on ww] *bleken, (doen)
verbleken*
bland [bnw] • *flauw* • *saai* • *minzaam*
• *poeslief*
blank I [znw] • *streepje* ‹i.p.v. lelijk
woord› • *niet* ‹in loterij› • *open ruimte*
‹op formulier› • *leegte* II [bnw] • *leeg,
blanco* • *bot* • *vruchteloos* • *wezenloos,
verbijsterd, stom* ‹v. verbazing›
blanket I [ov ww] • *met een deken
bedekken* • *sussen* • *jonassen*
• *monopoliseren* II [znw] *wollen deken*
III [bnw] *allesomvattend, insluitend*
blare I [ov + on ww] *schallen, brullen*
II [znw] *gebrul*
blarney [znw] *vleierij*
blaspheme [ov + on ww] *godslasterlijk
spreken (over), spotten (met)*
blasphemous [bnw] *(gods)lasterlijk*
blasphemy [znw] *godslastering*
blast I [ov ww] • *bezoedelen*
• *vernietigen* • *laten springen*
• *verdorren* II [on ww] • *(~ off)
lanceren* ‹v. ruimteschip› III [znw]
• *sterke luchtstroom, windstoot*
• *(luchtdruk bij) explosie*
• *springlading* • *stoot* ‹op
koperinstrument› • *plaag* • *vloek*
• *meeldauw*
blasted [bnw] *vervloekt*

blatant [bnw] • *schaamteloos*
• *opvallend*
blaze I [ov ww] *rondbazuinen*
• (~ **away**) *afvuren* II [on ww]
• *vlammen* • *schitteren* • *uitbarsten*
• (~ **away**) *losbarsten, oplaaien* <v.
vuur> • (~ **up**) *opvliegen* III [znw]
• *merk* <op boom> • *vlam* • *gloed*
• *uitbarsting* • *bles*
blazing [bnw] • (*fel*) *brandend,
verblindend* • <inf.> *overduidelijk*
blazon I [ov ww] • *blazoeneren*
• *verkondigen* II [znw] *blazoen*
bleach I [ov + on ww] *bleken* II [znw]
bleekmiddel
bleak [bnw] • *kaal* • *guur* • *somber,
troosteloos*
bleat I [ov + on ww] *blaten* II [znw]
geblaat
bleed [ov + on ww] *aderlaten, (laten)
bloeden*
bleeding <sl.> [bnw] *verdomd*
bleep I [on ww] *oproepen* II [znw]
• (*elektronische*) *fluittoon*
• *oproepsignaal* • (*tijd*)*sein*
bleeper [znw] *pieper* <om iem. op te
roepen>
blemish I [ov ww] *bevlekken,
bekladden* II [znw] *smet, klad*
blench [on ww] • *verbleken*
• *terugdeinzen*
blend I [ov + on ww] (*zich*) *vermengen*
II [znw] *melange, mengsel*
blender [znw] *mixer, mengbeker*
blessed [bnw] • *zalig, gezegend*
• *vervloekt*
blessing [znw] *zegen*
blew [ww] verl. tijd → **blow**
blight I [ov ww] • *doen verdorren*
• *vernietigen* II [znw] • *meeldauw*
• *brand* • *bladluis* • *verderfelijke
invloed*
blighter [znw] • *ellendeling* • *kerel*
blind I [ov ww] • *verblinden, blind
maken* • *blinderen* II [znw] • *rolgordijn*
• *oogklep* • *camouflage* • *blinde*

granaat III [bnw] • *blind* • *doodlopend*
• *onzichtbaar*
blindfold I [ov ww] *blinddoeken*
II [bnw + bijw] *geblinddoekt*
blink I [ov + on ww] *knipperen* <v. ogen
of licht> II [znw] *glimp*
blissful [bnw] *zalig*
blister I [ov + on ww] • *blaren* (*doen*)
krijgen • *bladderen* <v. verf> II [znw]
• *blaar* • *trekpleister*
blithe [bnw] *blij, vrolijk*
blithering <pej.> [bnw] *stom, aarts-,
ongelooflijk*
blitz [znw] • *Blitz(krieg), bliksemoorlog*
• (*overrompelende*) *actie*
blizzard [znw] *hevige sneeuwstorm*
bloated [bnw] *opgeblazen, pafferig*
bloater [znw] *bokking*
blob [znw] *klodder, druppel*
bloc [znw] *blok, coalitie*
block I [ov ww] *versperren, blokkeren,
afsluiten* • (~ **in**) *insluiten* <v.
geparkeerde auto>, *invullen*
• (~ **in/out**) *in ruwe trekken
schetsen/opzetten* • (~ **out**)
buitensluiten, in de doofpot stoppen
II [znw] • *blok* • *huizenblok*
• *obstructie* • *onaandoenlijk mens*
blockade I [ov ww] • *blokkeren*
• *afzetten* II [znw] *blokkade*
blockage [znw] • *verstopping*
• *stagnatie*
bloke <inf.> [znw] *kerel, vent*
blood [znw] • *bloed* • *sap*
• *temperament*
bloodless [bnw] • *bloedeloos* • *bleek*
• *saai* • *harteloos*
bloody [bnw] • *bloederig* • *bloeddorstig*
• *verdomd*
bloom I [on ww] • *prijken* • *bloeien*
II [znw] • *bloei* • *blos* • *waas* • *bloem*
blooming [bnw] *vervloekt*
blossom I [on ww] *tot bloei komen*
II [znw] *bloesem, bloei*
blot I [ov + on ww] • *bevlekken* • *vloeien*
• (~ **out**) *vernietigen, overstemmen,*

uitwissen • (~ up) absorberen II [znw]
vlek, smet
blotchy [bnw] met vlekken
blotter [znw] vloeiblok
blow I [ov + on ww] • waaien • blazen
• doorslaan • doorbranden • verklikken
• verkwisten • (~ in) binnen komen
waaien • (~ over) voorbijgaan
• (~ up) vergroten <v. foto>, tekeergaan
II [znw] klap, slag
blower [znw] • blazer • orgeltrapper
• ventilatieklep • (gas)uitlaat • <sl.>
telefoon
blubber [ov + on ww] grienen
bludgeon I [ov ww] ranselen II [znw]
knuppel
blue I [ov ww] • blauw maken • erdoor
jagen <v. geld> II [znw] • blauw • lucht
• zee III [bnw] • blauw • neerslachtig,
somber • schunnig
bluff I [ov + on ww] (over)bluffen
II [znw] • steile oever, rots of kaap
• bluf III [bnw] • steil • stomp
• openhartig • joviaal
blunder I [on ww] een flater begaan
• (~ into) onbeholpen ergens tegenaan
lopen • (~ upon) toevallig ontdekken
II [znw] stommiteit
blunt I [ov ww] bot maken II [bnw]
• bot • dom
blur I [ov ww] • uitwissen • bekladden
II [on ww] vervagen III [znw] • veeg
• waas
blush I [on ww] blozen II [znw] • blik
• blos • schaamrood, rode kleur, rose
gloed
bluster I [on ww] • tekeergaan, razen
• snoeven II [znw] • geraas • snoeverij
boar [znw] • wild zwijn • beer <varken>
board I [ov ww] • met planken
betimmeren • aan boord gaan
• aanklampen • stappen in • (~ out)
uitbesteden • (~ with) in de kost doen
bij II [on ww] laveren • (~ out)
buitenshuis eten • (~ with) in de kost
zijn bij III [znw] • plank • bord

• karton • kost • bestuur, commissie
• boord
boarder [znw] • leerling v. kostschool
• kostganger
boarding [znw] • betimmering,
schutting • het inschepen, het aan
boord gaan
boast I [ov ww] (kunnen) bogen op
II [on ww] pochen • (~ about/of)
opscheppen over III [znw]
• grootspraak, bluf • trots
boastful [bnw] pocherig
boat [znw] • boot • sauskom
boatswain [znw] bootsman
bob I [ov ww] • couperen <staart> • kort
knippen II [on ww] • dobberen • korte
buiging maken III [znw] • op en neer
gaande beweging • shilling
• gecoupeerde staart • korte buiging
bobbin [znw] klos, spoel
bode [znw] voorspellen
bodice [znw] • keurslijf • onderlijfje
bodily [bijw] • lichamelijk • in zijn
geheel
body I [ov ww] II [znw] • lichaam • lijk
• persoon • romp • carrosserie
• voornaamste deel • groep • corporatie
• volume • volheid <v. wijn>
bog I [ww] II [znw] moeras, veen
bogey [znw] • boeman • duivel
boggle I [ov ww] verprutsen II [on ww]
• aarzelen • morrelen III [znw] warboel
boggy [bnw] moerasachtig
bogus [bnw] • gefingeerd • pseudo
• vals
boil I [ov ww] aan de kook brengen
• (~ down) inkoken II [znw]
• kook(punt) • steenpuist
bold [bnw] • (stout)moedig, vrij
• onbeschaamd • fors
Bolivian [bnw] Boliviaans
bollard [znw] • meerpaal
• verkeerszuiltje
bolster I [ov ww] • (~ up) steunen, in
stand houden II [znw] kussen

bolt I [ov ww] • *onderzoeken*
• *schrokken* • *grendelen* II [on ww]
ervandoor gaan III [znw] • *bout* • *pin*
• *grendel* • *bliksemschicht* • *rol* ‹stof›
bomb I [ov ww] *bombarderen*
II [on ww] *totaal mislukken* III [znw]
bom
bombard [ov ww] *bombarderen*
bombardment [znw] *bombardement*
bombastic [bnw] *bombastisch,*
hoogdravend
bomber [znw] *bommenwerper*
bonanza I [znw] • *voorspoed* • *grote*
productie ‹v. mijn› II [bnw]
voorspoedig
bond [znw] • *band* • *contract*
• *obligatie* • *entrepot*
bondage [znw] *slavernij*
bone I [ww] *uitbenen* II [znw] *been, bot,*
kluif III [bnw] *van been*
bonkers [bnw] ∗ *raving/stark* ~
stapelgek
bonnet [znw] • *Schotse baret*
• *dameshoed* • *motorkap*
bonus [znw] • *bonus* • *premie, extra*
dividend • *tantième* • *bijslag*
bony [bnw] *mager, benig*
boo I [ov ww] *uitjouwen* II [znw]
boegeroep
boob [znw] • *tiet* • ‹sl.› *domoor, ezel*
book I [ov ww] • *boeken* • *bespreken*
• *noteren* • *een kaartje geven* II [znw]
boek
bookable [bnw] *bespreekbaar, te*
reserveren
bookie [znw] *bookmaker*
booking [znw] *bespreking, reservering*
bookish [bnw] • *geleerd* • *pedant*
booklet [znw] *boekje*
boom I [on ww] • *dreunen* • *grote*
vlucht nemen • *plotseling stijgen* ‹v.
prijzen› II [znw] • *hausse* • *(ge)dreun*
• *versperring*
boon [znw] • *zegen* • *geschenk* • *verzoek*
boor [znw] *boerenkinkel*
boorish [bnw] *lomp*

boost I [ov ww] • *duwen* • *verhogen*
• *opjagen* II [znw] • *duw* • *verhoging*
booster [znw] • *opduwraket* • *aanjager*
• *stroomversterker*
boot I [ov ww] *trappen* II [znw] • *laars*
• *hoge schoen* • *laadbak, bagageruimte*
‹v. auto›
booth [znw] • *tent, kraam* • *telefooncel,*
hokje
booty [znw] *buit*
booze ‹inf.› I [on ww] *zuipen* II [znw]
• *drank* • *zuippartij*
border I [ov + on ww] • *grenzen*
• *omzomen* • (~ **on**) *grenzen aan*
II [znw] • *grens(streek)* • *rand, zoom*
bore I [ww] verl. tijd → **bear**
II [ov ww] • *boren* • *vervelen* III [znw]
• *boorgat* • *vervelende persoon/zaak*
• *vloedgolf*
boredom [znw] *verveling*
boring [bnw] *vervelend*
born I [ww] volt. deelw. → **bear**
II [bnw] *geboren*
borne [ww] volt. deelw. → **bear**
borough [znw] • *stad* • *gemeente*
• *kiesdistrict*
borrow [ov + on ww] • *lenen* • *ontlenen*
bosh [znw] *onzin*
bosom [znw] • *boezem, borst* • *schoot*
boss I [ov ww] • *de baas spelen* • *leiden*
• *commanderen* II [znw] • *baas*
• *kopstuk* • *uitsteeksel* • *knop*
bossy [bnw] • *bazig* • *eigenzinnig*
botany [znw] *plantkunde*
botch ‹inf.› I [ov + on ww] • *verknoeien*
• *slordig verstellen* • (~ **up**) ‹inf.›
verknallen II [znw] *slordige reparatie*
both [bnw + bijw] *beide*
bother I [ov ww] *lastig vallen, kwellen*
II [on ww] • (~ **about**) z. druk maken
over III [znw] • *drukte* • *gezeur, last*
bothersome [bnw] *ergerlijk, vervelend*
bottle I [ov ww] *bottelen* • (~ **up**)
oppotten, insluiten II [on ww]
• (~ **out**) *ergens op het laatste moment*
van afzien III [znw] *fles*

bottom I [ov ww] • v. bodem voorzien
• peilen • doorgronden II [on ww]
• (~ out) het laagste punt bereiken
III [znw] • bodem • zitvlak
• benedeneinde • laagste score, nul
IV [bnw] • onderste • laatste
• fundamenteel
bough [znw] grote dikke tak
bought [ww] verl. tijd + volt. deelw.
→ buy
boulder [znw] • grote steen • kei
bounce I [ov + on ww] • snoeven
• opveren • naar binnen/buiten stuiven
• (~ along) z. levendig gedragen
• (~ back) z. herstellen • (~ off)
terugkaatsen II [znw] • sprong
• opvering • snoeverij
bouncer [znw] uitsmijter <in bar of
disco>
bouncing [bnw] • flink, stevig
• luidruchtig
bound I [ww] verl.tijd + volt.deelw.
→ bind II [ov ww] beperken,
begrenzen III [on ww] • springen
• stuiteren IV [znw] • grens
• veerkrachtige sprong • stuitering
boundary [znw] grens
boundless [bnw] onbegrensd
bounty [znw] • geschenk • premie
• gulheid
bouquet [znw] • ruiker, boeket • geur
<v. wijn>
bourgeois [bnw] burgerlijk
bout [znw] • beurt • tijdje • aanval
bow I [ov + on ww] buigen II [znw]
• strijkstok • strik • beugel, hengsel
• buiging • boeg • boog
bowels [mv] • ingewanden • medelijden
bowl I [ov + on ww] • voortrollen
• werpen <bij cricket> • (~ out)
uitgooien II [znw] • kom, schaal • bal
<bij bowling>
bowler [znw] werper <bij cricket>
boxer [znw] bokser
boxing [znw] het boksen
boy [znw] • jongen • bediende

boycott I [ov ww] boycotten II [znw]
boycot
bra [znw] beha
brace I [ov ww] • steunen, versterken
• opwekken II [znw] • muuranker
• beugel • paar, koppel
bracelet [znw] • armband • handboei
bracing [bnw] verkwikkend
bracken [znw] (adelaars)varen(s)
bracket I [ov ww] • tussen haakjes
zetten • in één naam noemen
• samenkoppelen II [znw] • plank aan
de muur • console • klamp • haakje
• groep, klasse, categorie • <archit.>
karbeel
brackish [bnw] brak
brag I [ov + on ww] snoeven II [znw]
soort kaartspel
braggart I [znw] snoever II [bnw]
snoeverig
braid I [ov ww] • vlechten • omboorden
II [znw] • vlecht • tres
brain I [ov ww] de hersens inslaan
II [znw] hersenen, verstand, brein
brainy <inf.> [bnw] knap
braise [ov ww] smoren <v. vlees>
brake I [ov + on ww] remmen II [znw]
• rem • kreupelhout • egge • varen
bramble [znw] braamstruik
bran [znw] zemelen
branch I [on ww] z. vertakken • (~ off)
afslaan • (~ out) z. uitbreiden <v.
zaken> II [znw] • (zij)tak • branche
• filiaal
brand I [ov ww] brandmerken II [znw]
• brandmerk • soort, merk • fakkel
brandish [ov ww] zwaaien met
brandy [znw] • cognac • brandewijn
brash I [znw] • steenslag • oprisping
van (maag)zuur II [bnw]
onverschrokken, brutaal
brass I [znw] • geelkoper, brons • centen
• brutaliteit • bronzen grafplaat
• <muz.> koperen instrumenten
II [bnw] koperen, bronzen
brassy [bnw] • koperachtig • brutaal

brat [znw] *blaag, jochie*
bravado [znw] *vertoon van moed/lef*
brave I [ov ww] *tarten, trotseren*
II [znw] *indianenkrijger* III [bnw]
dapper, flink
brawl I [on ww] *ruziën* II [znw] *ruzie*
brawny [bnw] *gespierd*
bray I [on ww] *balken* II [znw] *gebalk*
brazen I [ov ww] II [bnw] • *koperen*
• *schel* • *brutaal*
breach I [ov ww] *bres maken* II [on ww]
springen <v. walvis> III [znw] • *bres*
• *breuk* • *stortzee* • *sprong* <v. walvis>
bread [znw] • *brood* • *voedsel* • <sl.>
poen
breadth [znw] • *breedte, breedheid*
• *baan*
break I [ov + on ww] • *(ver)breken*
• *aanbreken, afbreken, losbreken*
• *(laten) springen* <v. bank> • *temmen*
• *overtreden* • *veranderen* • *(~ away)*
zich losrukken, onafhankelijk worden,
wegrennen <v. land> • *(~ down)*
tekortschieten, in tranen uitbarsten,
afbreken, bezwijken, vast komen te
zitten • *(~ in) interrumperen*
• *(~ into) aanbreken, aanspreken* <v.
geld>, inbreken in • *(~ off) pauzeren,*
onderbreken, beëindigen
• *(~ through) doordringen, ontdekt*
worden • *(~ with) (band) verbreken*
met II [znw] • *kans* • *breuk*
• *verandering* • *pauze* • <hand.>
plotselinge prijsdaling
breakable [bnw] *breekbaar*
breakage [znw] • *breuk* • *gebroken*
waar
breakdown [znw] • *instorting* • *defect,*
storing • *specificatie*
breaker [znw] • *vaatje* • *hoge golf*
breakfast I [on ww] *ontbijten* II [znw]
ontbijt
breast I [ov ww] • *worstelen tegen*
• *trotseren* • *doorklieven* II [znw]
• *borst, boezem* • *voorkant*
breath [znw] *adem, zuchtje*

breathe [ov + on ww] • *ademen* • *ruisen*
• *blazen* • *fluisteren*
breather [znw] *korte rust*
breathing [znw] *ademhaling*
breathless [bnw] • *ademloos, buiten*
adem • *bladstil*
bred [ww] *verl. tijd + volt. deelw.*
→ breed
breed I [ov + on ww] • *voortbrengen*
• *kweken, fokken* • *opvoeden* II [znw]
soort, ras
breeder [znw] *fokker*
breeding [znw] *opvoeding, manieren*
breezy [bnw] • *joviaal* • *winderig, fris*
brethren [mv] → brother
brevity [znw] *kortheid, bondigheid*
brew I [ov + on ww] • *brouwen* • *broeien*
• *uitbroeden* II [znw] *brouwsel*
brewer [znw] *brouwer*
briar [znw] → brier
bribe I [ov ww] *omkopen* II [znw]
steekpenning
bribery [znw] *omkoperij*
brick I [ov ww] • *(~ in/up)*
dichtmetselen • *(~ off) ommuren*
II [znw] • *blok* <v. bouwdoos>
• *baksteen* III [bnw] *van bakstenen*
bridal I [znw] *bruiloft* II [bnw] *bruids-*
bride [znw] *bruid*
bridge I [ov ww] *overbruggen* II [znw]
• *brug* • *rug* <v. neus> • *kam* <v. viool>
• *bridge*
bridle I [ov ww] *beteugelen* II [on ww]
het hoofd in de nek werpen III [znw]
hoofdstel en bit
brief I [ov ww] *instrueren* II [znw]
• *dossier* • *instructie* III [bnw] *kort,*
bondig
briefing [znw] • *voorlichting*
• *instructie(s)*
brier [znw] • *wilde roos* • *heidesoort*
• *doornstruik*
bright [bnw] • *helder, schitterend*
• *pienter* • *levendig*
brilliance [znw] *schittering, glans*
brilliant I [znw] *briljant* II [bnw]

briljant, schitterend
brim I [on ww] • (~ **over**) overlopen
II [znw] • boord • rand
brimful(l) [bnw] boordevol
brine I [ov ww] pekelen II [znw] • het
zilte nat • pekel
bring [ov ww] • (mee)brengen,
aanvoeren • indienen • (~ **about**)
veroorzaken • (~ **along**) meebrengen,
aanmoedigen • (~ **back**) (in de
herinnering) terugbrengen • (~ **down**)
neerhalen, verslaan, doen vallen
• (~ **forth**) opleveren, baren,
veroorzaken • (~ **forward**) vervroegen,
naar voren brengen • (~ **in**)
binnenhalen <v. oogst>, inbrengen
• (~ **on**) veroorzaken • (~ **out**) doen
uitkomen, in de handel brengen
• (~ **over**) laten overkomen
• (~ **round**) overtuigen, bijbrengen <v.
bewusteloos iem.> • (~ **through**)
erbovenop helpen • (~ **to**) bijbrengen
• (~ **together**) samenbrengen
• (~ **under**) bedwingen, onderdrukken
• (~ **up**) naar voren brengen, opvoeden
brink [znw] rand
brisk [bnw] • levendig, kwiek
• opwekkend
bristle I [ov + on ww] • overeind gaan
staan • nijdig worden • (~ **with**) vol
zitten met, wemelen van II [znw]
• borstel(haar) • stoppel
bristly [bnw] borstelig, stekelig
Britannic, British [bnw] Brits
brittle [bnw] bros, broos
broach I [ov ww] • aanbreken
• aansnijden <v. onderwerp> II [znw]
• braadspit • torenspits
broad I [znw] <AE> meisje, vrouw
II [bnw] • breed, wijd • plat <v.
taalgebruik> • algemeen • uitgestrekt
broadcast I [ov + on ww] omroepen,
uitzenden II [znw] uitzending
III [bnw] uitgezonden
brocade [znw] brokaat
brogue [znw] • zware schoen

• (Iers/Schots) accent
broil I [ov + on ww] • heet zijn <v. weer>
• <AE> op rooster braden II [znw]
• trammelant • <AE> geroosterd vlees
broiler [znw] • herrieschopper
• braadrooster • braadkip
broke I [ww] verl. tijd → **break**
II [znw] III [bnw] geruïneerd, op zwart
zaad
broken I [ww] volt. deelw. → **break**
II [bnw] gebroken
broker [znw] • uitdrager • makelaar
bronze I [ov + on ww] bruin worden
II [znw] • kunstwerk in brons
• bronskleur III [bnw] • bronzen
• bronskleurig
brooch [znw] broche
brood I [on ww] broeden • (~ **on/over**)
tobben over II [znw] broedsel, gebroed
broody [bnw] broeds
brook I [ov ww] dulden II [znw] beek
broom [znw] • bezem • brem
broth [znw] bouillon
brothel [znw] bordeel
brother [znw] • broer • collega
brotherly [bnw + bijw] broederlijk
brought [ww] verl. tijd + volt. deelw.
→ **bring**
brow [znw] • voorhoofd • wenkbrauw
• top <v. heuvel> • uitstekende rand
brown [bnw] bruin
brownie [znw] • camera • goedaardige
kabouter • kabouter
<padvinder>• gebak met noten
browse I [ov + on ww] • rondneuzen
• grazen • knabbelen • grasduinen
II [znw] twijgen, scheuten <als veevoer>
bruise I [ov ww] • fijnstampen
• kneuzen • kwetsen II [znw] blauwe
plek
brunt [znw] • geweld • schok
brush I [ov + on ww] • vegen • borstelen
• (~ **aside**) opzijschuiven, negeren
• (~ **by**) langssnellen • (~ **down**)
afborstelen • (~ **off**) schoonvegen,
afwijzen • (~ **up**) <inf.> opfrissen <v.

kennis> II [ov ww] • (~ off)
afborstelen, afschepen III [znw]
• *borstel* • *kwast, penseel*
brusque [bnw] *bruusk, kortaf*
brutal [bnw] • *wreed, beestachtig* • *grof*
brutality [znw] • *wreedheid*
• *beestachtigheid*
brutalize [ov ww] *onmenselijk behandelen*
brute I [znw] • *bruut* • *beest* II [bnw]
• *redeloos* • *wreed*
brutish [bnw] *dierlijk*
bubble I [on ww] *borrelen* • (~ over with) *overlopen van* II [znw] *(lucht)bel*
buck I [ov + on ww] *bokken* • (~ up) <inf.> *moed houden/inspreken* II [znw]
• *(ree)bok* • *fat* • <AE> *dollar*
bucket [znw] *emmer*
buckle I [ov + on ww] • *vastgespen*
• *kromtrekken, verbuigen* • *in elkaar zakken* • (~ down to) <inf.> *z. ertoe zetten* II [znw] *gesp*
bud I [ov + on ww] • *uitbotten*
• *ontluiken* • *z. ontwikkelen* • *enten* II [znw] • *knop* • *kiem*
Buddhism [znw] *boeddhisme*
buddy <AE inf.> [znw] *broer, maat, vriend*
budget I [ov + on ww] II [znw] *budget, begroting*
budgetary [bnw] *budgettair*
buff I [ov ww] *polijsten* II [znw]
• *bruingeel leer* • *enthousiasteling, fan*
• *dreun, stoot* III [bnw] *bruingeel*
buffalo [znw] • *bizon, buffel*
• *amfibietank*
buffet I [ov ww] • *worstelen* • *slaan, stompen* II [znw] • *buffet* <v. station>
• *restauratie(wagon)* • *koude maaltijd*
• *klap* <met de hand> • *buffet(kast)*
buffoon <vero.> I [on ww] *de pias spelen* II [znw] *clown, pias*
bug I [ov ww] • *afluisteren* • *hinderen, dwars zitten* II [znw] • *wandluis*
• *insect* • *ziektekiem, bacil, virus*
• *verborgen microfoon* • *storing*

bugger <pej.> I [ov ww]
• (~ about/around) *pesten, sollen met* • (~ up) *verknallen* II [on ww]
• (~ about) *donderjagen, rondklooien* III [znw] • *sodomiet* • *viezerik*
bugle I [ov + on ww] *signaal blazen* II [znw] *signaalhoorn*
build I [ov ww] *bouwen* II [on ww]
• (~ on) *vertrouwen op*
builder [znw] • *bouwer* • *aannemer*
built [ww] verl. tijd + volt. deelw.
→ **build**
bulb I [on ww] *bolvormig opzwellen* II [znw] • *(bloem)bol, knol* • *gloeilamp*
bulbous [bnw] • *bolvormig*
• *uitpuilend* <v. ogen>
Bulgarian I [znw] *Bulgaar* II [bnw] *Bulgaars*
bulge I [ov + on ww] *(doen) uitpuilen* II [znw] *bobbel, uitzetting*
bulk [znw] • *partij* • *het grootste deel*
• *lading* • *massa, omvang*
bulky [bnw] *omvangrijk*
bull I [ov + on ww] *à la hausse speculeren* II [znw] • *stier* • <AE> *smeris*
bullet [znw] • *geweerkogel*
• *loodkogeltje*
bullock [znw] *os*
bully I [ov ww] • *kwellen* • *tiranniseren*
• *pesten* II [znw] • *laffe kwelgeest* • *het kruisen v.d. sticks* <bij hockey> • *tiran* III [bnw] *reuze*
bulwark [znw] • *verschansing* • *bolwerk*
bum <sl.> I [ov ww] *bedelen, bietsen* II [on ww] *rondzwerven* • (~ around) *nutteloos rondhangen* III [znw]
• *achterste* • <AE> *landloper* IV [bnw] *van slechte kwaliteit*
bumf, bumph <inf.> [znw] • *saai (verplicht) reclame-/studiemateriaal*
• <vero.> *closetpapier* • <pej.> *paperassen*
bump I [ov + on ww] • *botsen* • *stoten*
• (~ into) <inf.> *bij toeval ontmoeten, botsen tegen* • (~ off) <inf.>
vermoorden • (~ up) <inf.> *verhogen* <v. prijs> II [ov ww] • (~ up) *opkrikken,*

opvijzelen III [znw] • botsing • bult
bumper [znw] • bumper • buffer <v.
spoorwagen> • vol glas
bumpy [bnw] bultig, hobbelig
bun [znw] • broodje • haarwrong
bunch I [ov + on ww] een bos vormen
II [znw] • troep • bos • tros
bundle I [ov + on ww] • oprollen
• inpakken • (~ **off**) wegwerken <v.
persoon> • (~ **up**) samenvoegen, z.
warm kleden II [znw] bundel, bos, pak
bung I [ov ww] dichtstoppen • (~ **up**)
<inf.> verstoppen II [znw] stop
bungle I [ov + on ww] (ver)prutsen
II [znw] prutswerk
bungler [znw] prutser
bunion [znw] eeltknobbel onder grote
teen
bunk [znw] • kooi, couchette • onzin
bunker [znw] • kolenruim • betonnen
schuilplaats
bunny [znw] konijntje
buoy I [ov ww] • (~ **up**) aanmoedigen,
drijvende houden, kracht geven
II [znw] ton, boei
buoyancy [znw] • opgewektheid
• levendigheid • drijfvermogen
• veerkracht
buoyant [bnw] • drijvend • opgewekt
burden I [ov ww] • belasten • drukken
II [znw] • vracht • last • tonnage
• refrein • hoofdthema
bureau [znw] • schrijfbureau • kantoor
bureaucracy [znw] bureaucratie
burgeon [on ww] snel groeien,
uitbotten
burglar [znw] inbreker
burglary [znw] inbraak
burgle [ov + on ww] inbreken bij/in
burial [znw] begrafenis
burly [bnw] zwaar, stevig
burn [ov + on ww] • (~ **out**)
uitbranden, opbranden
burner [znw] pit <v. fornuis>, brander
burning [bnw] • gloeiend • vurig
burnish [ov ww] • glanzen • polijsten

• bruineren
burnt [ww] verl. tijd + volt. deelw.
→ **burn**
burp <inf.> [ov + on ww] een boer(tje)
laten
burrow I [ov + on ww] • een hol maken
• wroeten II [znw] hol
bursary [znw] • kantoor v.d.
penningmeester • studiebeurs
burst I [ov + on ww] • (open)barsten
• (open)breken • (~ **with**) overlopen
van II [znw] • barst, scheur • vlaag
• opwelling
bury [ov ww] • begraven • verbergen
• (~ **away**) naar een afgelegen oord
verplaatsen
bus I [on ww] met de bus gaan II [znw]
bus
bush [znw] • oerwoud • haarbos
• struik • rimboe
bushel [znw] schepel
bushy [bnw] • ruig • begroeid
business [znw] • taak • zaken • zaak
• beroep • bedrijf • kwestie • agenda
businesslike [bnw] zakelijk
bust I [ov ww] kapot maken • (~ **up**) in
de war sturen, verknallen II [on ww]
kapot gaan • (~ **out**) <inf.> met geweld
ontsnappen • (~ **up**) trammelant
hebben, uit elkaar gaan III [znw] buste
bustle I [ov ww] opjagen II [on ww]
• (~ **about**) druk in de weer zijn
III [znw] • queue • drukte
busy I [znw] detective II [bnw] • druk
bezig • rusteloos • bemoeiziek
but [vw] • behalve • slechts • maar
butane [znw] butaan, butagas
butcher I [ov ww] • slachten
• vermoorden II [znw] • moordenaar
• slager
butt I [ov + on ww] stoten • (~ **in**) in de
rede vallen, z. ergens mee bemoeien
• (~ **up against**) botsen tegen II [znw]
• vat • achtereind • peukje • stronk
• doel, mikpunt
butter I [ov ww] smeren • (~ **up**) vleien

II [znw] • *boter* • *vleierij*
butterfly [znw] *vlinder*
buttery I [znw] *provisiekamer* II [bnw]
als boter
button I [ov + on ww] • (~ **up**)
dichtknopen, afronden II [znw] • *knoop*
• *knop*
buttress I [ov ww] II [znw] *steunbeer,*
stut
buxom [bnw] • *knap* • *mollig*
buy I [ov ww] • (*in*)*kopen* • *omkopen*
• *slikken, geloven, pikken* • (~ **in**)
inkopen • (~ **into**) *z. inkopen* • (~ **off**)
‹*inf.*› *afkopen, uitkopen* • (~ **out**)
uitkopen • (~ **over**) *omkopen* • (~ **up**)
opkopen II [znw] *aankoop*
buyer [znw] • (*in*)*koper* • *klant*
buzz I [ov + on ww] *gonzen*
• (~ **about**) *rondfluisteren,*
ronddraven II [znw] • *telefoontje*
• *soort kever* • *gezoem*
buzzard [znw] *buizerd*
buzzer [znw] • *zoemer* • *stoomfluit*
• *insect*
by [vz] • *door* • *bij* • *volgens* • *langs*
• *van* • *per* • *via* • *ten opzichte van*
• *ten* ‹*v. kompas*›
bye [tw] *tot ziens*
bygone [bnw] *vroeger*

C

cab [znw] • *taxi* • *cabine* • *kap*
cabbage [znw] *kool*
cabin [znw] *hut*
cabinet [znw] *kabinet, ministerraad*
cable I [ov + on ww] *telegraferen*
II [znw] • *kabel, (anker)ketting*
• *kabellengte* ‹185,31 *meter*›
• (*kabel*)*telegram*
cache I [ov ww] *verbergen* II [znw]
verborgen (voedsel)voorraad
cackle I [ov + on ww] • *snoeven*
• *zwammen* II [znw] *gekakel, gesnater*
cadaver [znw] *lijk*
cadaverous [bnw] *lijkkleurig,*
lijkachtig
caddie I [on ww] *als caddie optreden*
II [znw] *caddie*
cadence [znw] *cadans, ritme*
cadre [znw] *kader(lid)*
cafeteria [znw] *cafetaria*
cage I [ov ww] *in een kooi opsluiten*
II [znw] • *kooi* • *gevangenis*
cairn [znw] • *steenhoop* ‹*als grens- of*
grafteken› • *cairnterriër*
cajole [ov ww] *door vleien ompraten*
cake I [ov + on ww] *samenkoeken*
II [znw] • *veekoek* • *gebak(je)*
• ‹*Schots*› *haverbrood*
calamitous [bnw] *rampzalig*
calamity [znw] *ramp(spoed), ellende*
calculate [ov ww] *berekenen, uitrekenen*
calculating [bnw] *weloverwogen,*
berekend
calculation [znw] *berekening*
calculator [znw] • (*be*)*rekenaar*
• *rekenmachine* • *berekeningstafel*
calendar I [ov ww] *registreren* II [znw]
• *kalender* • *register* • ‹*jur.*› *rol*
calf [znw] • *kalf* • *jong* • *kalfsleer* • *kuit*
‹*v. been*›
calibrate [ov ww] • *het kaliber bepalen*

van • van schaalverdeling voorzien,
kalibreren
call I [ov + on ww] • (~ back)
terugbellen II [ov ww]
(aan-/af-/op-/toe)roepen, noemen,
opbellen • (~ down on) uitkafferen,
afsmeken • (~ forth) te voorschijn
roepen • (~ in) binnenroepen, inroepen,
opvragen • (~ off) wegroepen,
afgelasten, uitmaken <v.
verloving>
• (~ over) afroepen, appel houden
• (~ up) doen denken aan, in (zijn)
herinnering roepen, opbellen, oproepen,
wekken III [on ww] (aan)komen
• (~ (up)on) beroep doen op, bezoeken,
aanmanen • (~ for) vereisen, roepen,
vragen om IV [znw] • kreet • premie te
leveren • (op)roep, (oproep tot)
telefoongesprek • bod <kaartspel>
• aanmaning • aanleiding, noodzaak
• vraag • kort bezoek
caller [znw] • bezoeker • beller
calligraphy [znw] • schoonschrift
• kalligrafie
calling [znw] • roeping • beroep
callous [bnw] ongevoelig
callow [bnw] • kaal • groen <fig.>,
onervaren
callus [znw] eelt(plek)
calm I [ov ww] kalmeren, bedaren
II [on ww] • (~ down) kalmeren
III [znw] windstilte, kalmte IV [bnw]
kalm
calumny [znw] laster
calve [ov + on ww] (af)kalven
calves [mv] → calf
cambric I [znw] batist II [bnw] batisten
came [ww] verl. tijd → come
camel [znw] kameel
cameo [znw] • camee • <lit.>
karakterschets
camp I [on ww] • (z.) legeren
• kamperen II [znw] • kamp • <inf.>
nichterig gedrag III [bnw]
• homoseksueel
campaign I [on ww] een

campagne/veldtocht voeren II [znw]
• campagne • <mil.> veldtocht
camper [znw] • kampeerder
• kampeerwagen
campus [znw] • universiteitsterrein • de
academische wereld
can I [ov ww] inblikken II [hww]
kunnen III [znw] • kan • inmaakblik
• <AE inf.> bajes • <AE inf.> wc
Canadian I [znw] Canadees II [bnw]
Canadees
canal [znw] • kanaal • vaart, gracht
canalize [ov ww] kanaliseren
canary I [znw] kanarie II [bnw]
kanariegeel
cancel I [ov ww] • afgelasten, annuleren
• schrappen, doorhalen • afstempelen
• opheffen, intrekken II [on ww]
• (~ out) tegen elkaar wegvallen <v.
factoren> III [znw] • annulering
• doorhaling, het doorgehaalde,
vervanging
cancer [znw] kanker
cancerous [bnw] kankerachtig
candidacy, candidature [znw]
kandidatuur
candidate [znw] kandidaat
candle [znw] kaars
candour [znw] oprechtheid, openheid
candy I [ov ww] confijten, glaceren
II [znw] • chocola • kandij • <AE>
snoepgoed
cane I [ov ww] ranselen II [znw] • riet,
suikerriet • wandelstok • stengel
• scheut
canine [bnw] honds-
canister [znw] trommeltje
canker I [ov ww] aantasten met kanker,
wegvreten II [znw] • bladrups • slechte
invloed • mondkanker • voetzeer
cannery [znw] inleggerij,
conservenfabriek
cannibal [znw] kannibaal
cannibalism [znw] kannibalisme
cannon I [ov + on ww] caramboleren
• (~ into) opbotsen tegen II [on ww]

kanon(nen) afschieten III [znw]
• kanon(nen) • carambole
cannonade [znw] beschieting
cannot [samentr.] /can not/ → can
canny [bnw] • slim, handig, verstandig
• zuinig
canoe I [on ww] kanoën II [znw] kano
canon [znw] • canon • kanunnik
canonize [ov ww] heilig verklaren
canopy [znw] • baldakijn, (troon)hemel
• bedekking
cant I [ov ww] op zijn kant zetten,
kantelen II [on ww] • kwezelen
• huichelachtige of boeventaal spreken
III [znw] • schuine kant, helling • stoot
• kanteling • jargon, boeventaal
• sentimenteel of huichelachtig gepraat
can't [samentr.] /can not/ → can
canteen [znw] • kantine • eetketeltje
• veldfles • cassette <v. bestek> • set
kookgerei
canter I [ov ww] in handgalop laten
gaan II [on ww] in handgalop gaan
III [znw] • kwezelaar, huichelaar
• handgalop
canvas [znw] • zeildoek, tentdoek
• linnen <schildersdoek> • schilderij
canvass I [ov + on ww] • colporteren,
werven, bewerken • onderzoeken,
uitpluizen • bespreken II [znw]
• opinieonderzoek • werving
canyon, cañon [znw] diep ravijn
cap I [ov ww] • een muts opzetten
• promotiegraad verlenen • beslaan
• (be)dekken • voorzien v.e. dop
• overtreffen II [znw] • muts, pet • hoed
<v. paddestoel> • kap(je), dop(je)
• wieldop • klappertje • speler in Ie
elftal • <inf.> pessarium
capability [znw] bekwaamheid
capable [bnw] • bekwaam • begaafd
• vatbaar
capacious [bnw] ruim
capacity [znw] • inhoud, vermogen
• (berg)ruimte • capaciteit • volume
• hoedanigheid • bevoegdheid

cape [znw] • kaap • pelerine, cape, kap
caper I [on ww] bokkensprongen maken
II [znw] • bokkensprong, gril
• (kwajongens)streek
capital I [znw] • hoofdletter • kapiteel
• kapitaal • hoofdstad II [bnw]
• voornaamste, hoofd-, zeer belangrijk
• prachtig, magnifiek III [tw] prima!
capitalism [znw] kapitalisme
capitalize [ov + on ww] • kapitaliseren
• munt slaan uit
caprice [znw] gril(ligheid)
capricious [bnw] grillig
capsize I [ov ww] omwerpen II [on ww]
omslaan III [znw] het omslaan, het
omwerpen
captain [znw] • aanvoerder, leider
• eerste piloot • ploegbaas • <scheepv.>
kapitein • <luchtv.> gezagvoerder
caption [znw] • inleiding <v.
document> • opschrift, onderschrift
captive I [znw] gevangene II [bnw]
gevangen
captivity [znw] gevangenschap
capture I [ov ww] • innemen, veroveren
• gevangennemen II [znw] buit, prijs
car [znw] • auto • wagen, kar(retje)
• schuitje, gondel • <AE> liftkooi • <AE>
spoorwagen, tram
carafe [znw] karaf
caramel I [znw] karamel II [bnw]
karamelkleurig
carat [znw] karaat
carbon [znw] • carbonpapier • koolspits
• <chem.> kool(stof)
carbuncle [znw] • karbonkel
• (steen)puist
carburettor [znw] carburator
carcase, carcass [znw] • lijk
• geraamte • geslacht dier
card [znw] • kaart(je) • <inf.> vent,
snoeshaan
cardiac [bnw] hart-
cardigan [znw] wollen vest
cardinal I [znw] • kardinaal
• kardinaalvogel • (schouder)manteltje

II [bnw] • *voornaamst, essentieel, belangrijk(st)* • *donkerrood*
care I [on ww] • *geven om* • *(wel) willen, (graag) willen* • *(~ about) z. bekommeren om* • *(~ about/for) houden van, geven om* • *(~ for) zorgen voor* II [znw] *zorg, bezorgdheid*
careful [bnw] • *voorzichtig* • *zorgvuldig* • *nauwkeurig*
careless [bnw] • *onvoorzichtig* • *nonchalant, zorgeloos* • *onnauwkeurig*
caress I [ov ww] *liefkozen, strelen* II [znw] *liefkozing*
cargo [znw] • *vracht* • *scheepslading*
caricature I [ov ww] *tot een karikatuur maken* II [znw] *karikatuur*
caries [znw] *cariës, tandbederf*
carnage [znw] *slachting, bloedbad*
carnal [bnw] *vleselijk, zinnelijk*
carnation I [znw] *anjer* II [bnw] *felrose*
carnival [znw] • *carnaval* • *kermis* • *zwelgpartij*
carnivore [znw] *vleeseter*
carnivorous [bnw] *vleesetend*
carouse [on ww] *zwelgen, brassen*
carousel ‹AE› [znw] • *draaimolen* • ‹luchtv.› *draaiende bagageband*
carp I [on ww] • *zeuren* • *vitten* II [znw] *karper*
carpenter [znw] *timmerman*
carpet I [ov ww] • *met tapijt bedekken* • *een uitbrander geven* II [znw] *tapijt, loper*
carriage [znw] • *rijtuig* • *vervoer, vracht(prijs)* • *houding* • *wagon, wagen* • ‹techn.› *slede*
carrier [znw] • *vliegdekschip* • *postduif* • *vrachtrijder, expediteur, bode* • *vrachtvaarder* • *drager v.e. ziekte* • *patroonhouder* • *bagagedrager*
carrion I [znw] *kadaver* II [bnw] *rottend, weerzinwekkend*
carrot [znw] *wortel(tje)*
carroty [bnw] *met rood haar*
carry I [ov ww] • *(ver)voeren,*

mee-/wegvoeren, (mee-/over)brengen, bij z. hebben/dragen, dragen* • *verdragen, houden* • *(be)halen, erdoor halen doorzetten, uitoefenen, (actie) voeren* • *(~ about) ronddragen, met z. meedragen* • *(~ along) meedragen, meeslepen* • *(~ away) wegvoeren, wegdragen, meeslepen, verliezen, verspelen* • *(~ back) terugvoeren* • *(~ off) wegdragen, af-/wegvoeren, (prijs) behalen, het eraf brengen* • *(~ out) uitvoeren, volbrengen, vervullen* • *(~ over) overhalen, transporteren, laten liggen* • *(~ through) volhouden, volvoeren, tot een goed einde brengen* II [on ww] • *dragen, reiken* • *(~ on) z. aanstellen, doorgaan* III [znw] *draagwijdte*
cart I [ov ww] *per kar vervoeren* II [znw] • *kar* • *winkelwagentje*
cartel [znw] ‹hand.› *kartel*
carton [znw] *karton(nen doos)*
cartoon [znw] • *modelblad* • *spotprent* • *tekenfilm*
cartoonist [znw] *spotprenttekenaar*
cartridge [znw] • *patroon* • *cassette*
carve I [ov + on ww] *(voor)snijden* • *(~ up) verdelen* II [ov ww] • *kerven, splijten* • *beeldhouwen, beeldsnijden* • *graveren*
carving [znw] *beeldhouwwerk, snijwerk*
cascade I [on ww] *bruisend/golvend neerstorten* II [znw] *(kleine) waterval*
case I [ov ww] • *in een huls of andere verpakking doen* • *overtrekken* II [znw] • *overtrek, tas(je), etui, kist, koffer, kast, bus, koker* • *geval* • *staat, toestand* • *zaak* • *(rechts)zaak, proces, geding* • *naamval* • *patiënt*
cash I [ov ww] *incasseren* • *(~ in) verzilveren, te gelde maken, wisselen* • *(~ up) opdokken* II [on ww] • *(~ in) sterven* • *(~ in on) munt slaan uit* III [znw] • *kassa, kas* • *(gereed) geld* • *contant(en)*
cashew [znw] *cashewnoot*

cashier [znw] *caissière, kassier*
cashmere [znw] • *cachemir* • *sjaal*
cask [znw] *vat, fust*
casket [znw] *kistje, cassette*
cassock [znw] *soutane*
cast I [ov + on ww] *rekenen, optellen*
• (~ **off**) *losgooien* • (~ **on**) *opzetten*
<v. breiwerk> II [ov ww] • (~ **aside**)
aan de kant zetten, afdanken,
wegwerpen • (~ **away**) *verwerpen,*
verkwisten • (~ **down**) *neerslaan* <v.
ogen>, *terneerdrukken* • (~ **off**)
verstoten, (van z.) afwerpen • (~ **out**)
verjagen, verdrijven • (~ **up**) *(iem.)*
opnemen, aan land werpen, optellen,
berekenen III [on ww] • *indelen,*
toewijzen <v. rollen> • *werpen*
• *af-/neer-/wegwerpen* • *verwerpen,*
afwijzen, wegsturen • *veroordelen*
• *opwerpen* <v. twijfels> • <techn.>
gieten • (~ **about**) *wenden* • (~ **about**
for) *omzien naar* • (~ **back**)
teruggaan IV [znw] • *worp*
• *rolbezetting* • *afgietsel, vorm* • *aard,*
type, soort • *tint(je), zweem(pje)*
• *berekening, optelling*
caste [znw] *kaste*
castellated [bnw] • *kasteelachtig*
• *gekanteeld*
caster [znw] • *werper* • *gieter* • *rekenaar*
• *rolverdeler*
castigate [ov ww] • *kastijden*
• *corrigeren*
castle [znw] *kasteel*
castrate [ov ww] *castreren*
cat [znw] • *kat* • *karwats* • <inf.> *knul,*
jongen, vent
cataclysm [znw] • *overstroming*
• *aardbeving* • *geweldige beroering,*
omwenteling
catalogue I [ov ww] *catalogiseren*
II [znw] • *catalogus* • *lijst* • *reeks*
catalyst [znw] *katalysator*
catapult I [ov ww] *met een katapult*
af-/beschieten II [on ww] *afgeschoten*
worden III [znw] *katapult*

cataract [znw] • *waterval* • <med.>
grauwe staar
catarrh [znw] *ontsteking v.h. slijmvlies,*
neusloop
catastrophe [znw] • *ramp*
• *ontknoping* <v. tragedie>
catastrophic [bnw] *rampzalig*
catch I [ov + on ww] • (~ **up**)
op-/overnemen, in de rede vallen, gelijk
komen met, inhalen II [ov ww]
• *(op)vangen* • *(aan-/vast)grijpen*
• *treffen* <v. gelijkenis> • *aansteken*
<ziekte> • *'doorhebben', begrijpen*
• *boeien, treffen* • *halen* <trein>
• *vatten, betrappen* • *aantreffen*
• *(weg)grissen* III [on ww] • *haken* <aan
*een spijker> • *pakken, sluiten* <v.
grendel> • *om z. heen grijpen*
• *aanstekelijk zijn* • *populair worden*
• (~ **at**) *grijpen naar, aangrijpen,*
betrappen op • (~ **on**) *aanslaan,*
snappen IV [znw] • *vangst* • *vangbal*
• *strikvraag, valstrik* • *haak*
• *aanwinst* • *goede partij* • *lokmiddel*
• *het stokken* <v.d stem>
catching [bnw] • *besmettelijk*
• *pakkend, aanlokkelijk*
catchy [bnw] • *pakkend, aantrekkelijk*
• *goed in het gehoor liggend*
• *misleidend, bedrieglijk*
• *onregelmatig bewegend*
catechism [znw] *catechismus*
categorize [ov ww] *categoriseren*
category [znw] *categorie*
cater [on ww] *provianderen, voedsel*
verschaffen/leveren • (~ **for**) *zorgen*
voor, leveren aan
caterer [znw] • *leverancier* <v.
maaltijden> • *cuisinier*
• *proviandmeester*
caterpillar [znw] • *rups* • *rupsband*
caterwaul I [on ww] *krollen* II [znw]
kattengejank
cathedral [znw] *kathedraal*
cathode [znw] *kathode*
Catholicism [znw] *katholicisme*

cattle [znw] (rund)vee
caucus [znw] • kiescomité • kliek
caught [ww] verl. tijd + volt. deelw.
→ catch
cauldron [znw] • grote ketel
• heksenketel
cauliflower [znw] bloemkool
causal [bnw] causaal, oorzakelijk
causality [znw] causaliteit
cause I [ov ww] • veroorzaken,
teweegbrengen • zorgen dat II [znw]
• motief • reden • oorzaak
caustic I [znw] bijtmiddel II [bnw]
• brandend • bijtend • sarcastisch
caution I [ov ww] waarschuwen
II [znw] • omzichtigheid,
voorzichtigheid
• waarschuwing(scommando)
• berisping
cautionary [bnw] waarschuwend
cautious [bnw] voorzichtig, omzichtig
cavalier I [znw] • (galante) ridder
• royalist <in de 17e eeuw> II [bnw]
• nonchalant • aanmatigend, uit de
hoogte • koningsgezind • zwierig
cavalry [znw] cavalerie
cave I [on ww] • (~ in) instorten,
bezwijken II [znw] • hol, grot • deuk
cavern [znw] hol, spelonk
cavernous [bnw] vol holen,
spelonkachtig
cavil [on ww] vitten
cavity [znw] holte
caw [on ww] krassen <v. raaf, kraai>
cease I [ov + on ww] ophouden
• (~ from) ophouden met II [znw] het
ophouden
ceaseless [bnw] onafgebroken,
aanhoudend
cede [ov ww] afstaan
ceiling [znw] • plafond • maximale
hoogte • prijslimiet, loonlimiet
celebrate [ov + on ww] • vieren
• verheerlijken • loven • de mis
opdragen
celebrated [bnw] gevierd, beroemd

celebration [znw] • viering • feestelijke
herdenking • huldiging • het opdragen
v.d. mis
celebrity [znw] roem, beroemdheid
<persoon>
celery [znw] selderie
celestial [bnw] hemels
cell [znw] • kluis • cel
cellar [znw] kelder
cellular [bnw] celvormig, met cellen
Celt [znw] Kelt
Celtic [bnw] Keltisch
cement I [ov ww] • bevestigen • één
worden • met cement verbinden
II [znw] • cement • bindmiddel • iets
dat verbindt <fig.>
censor I [ov ww] censuur uitoefenen
over, censureren II [znw] censor
censorious [bnw] • bedillerig • vol
kritiek
censure I [ov ww] • berispen • afkeuren
• kritiseren II [znw] • berisping
• afkeuring
census [znw] volkstelling
centenarian I [znw] 100-jarige
II [bnw] 100-jarig
centenary, centennial I [znw]
eeuw(feest) II [bnw] 100-jarig
centigrade [bnw] met/op schaal v. 100
graden Celsius
centimetre [znw] centimeter
centipede [znw] duizendpoot
central I [znw] • centraal geheugen <v.
computer> • <AE> centrale II [bnw]
• centraal, midden- • voornaamste,
hoofd-
centralize [ov + on ww] centraliseren
centre I [ov ww] • in het midden
plaatsen • het midden zoeken/bepalen
van • <sport> voorzetten, naar het
midden spelen II [on ww] z.
concentreren III [znw] • voorzet
• plaats v. samenkomst • basis
• hoofdkwartier • centrum • kern, bron
centrifugal [bnw] middelpuntvliedend
century [znw] • eeuw • 100 runs <bij

cricket> • Romeinse legereenheid v. 100
man • 100 pond
ceramic [bnw] pottenbakkers-
cereal I [znw] graan II [bnw] graan-
cerebral [bnw] hersen-
ceremonial I [znw] ceremonieel, ritueel
II [bnw] plechtig, ceremonieel
ceremonious [bnw] • plechtstatig
• vormelijk
ceremony [znw] • ceremonie,
plechtigheid • vormelijkheid
• formaliteit(en)
certifiable [bnw] • certificeerbaar
• krankzinnig
certificate [znw] • verklaring, attest,
akte, bewijs • diploma
certify [ov ww] • verzekeren, verklaren
• getuigen • waarmerken, attesteren
• krankzinnig verklaren
certitude [znw] zekerheid
cessation [znw] • het ophouden
• stilstand
cesspit, cesspool [znw] beerput
chafe I [ov + on ww] • sarren • z. dood
ergeren • koken <v. woede>
• (warm)wrijven • schuren
• (stuk)schaven II [znw] • schaafwond
• ergernis
chaff I [ov + on ww] • voor de gek
houden, plagen • gekheid maken
II [znw] • kaf • haksel • waardeloos
spul • scherts • plagerij
chagrin I [ov ww] • verdriet doen
• ergeren • kwellen II [znw]
• teleurstelling • verdriet
chain I [ov ww] • (aaneen)ketenen, aan
de ketting leggen • schakelen II [znw]
• ketting • reeks, keten
chair I [ov ww] • in triomf ronddragen
• voorzitten, presideren II [znw] • zetel,
stoel • voorzittersstoel, voorzitterschap
• leerstoel • professoraat
• burgemeesterschap • <AE> de
elektrische stoel
chalice [znw] kelk
chalk I [ov ww] • met krijt inwrijven

• tekenen, merken • (be)schrijven
• (~ out) schetsen, aangeven • (~ up)
opschrijven II [znw] krijt
chalky [bnw] • krijtachtig • krijtwit
• vol krijt
challenge I [ov ww] • eisen, vragen
• uitdagen • betwisten • ontkennen
II [znw] • uitdaging • opwekking
• aanroeping • <jur.> wraking
challenging [bnw] een uitdaging
vormend
chamber [znw] • kamer • <pol.> kamer
chamois [znw] • gemzenleer, zeemleer
• gems
champ I [ov + on ww] • (hoorbaar)
kauwen • knagen • bijten II [znw]
• gekauw • <inf.> kampioen
champion I [ov ww] verdedigen,
krachtig opkomen voor II [znw]
• kampioen • voorvechter
championship [znw]
• kampioenschap • verdediging,
krachtige steun
chance I [ov ww] wagen, riskeren
II [on ww] gebeuren
• (~ across/upon) toevallig
tegenkomen III [znw] • toeval • geluk
• gelegenheid, kans, mogelijkheid
IV [bnw] toevallig
chancel [znw] (priester)koor
chancellor [znw] • kanselier • titulair
hoofd v.e. universiteit
chancy [bnw] gewaagd, riskant
chandelier [znw] kroonluchter
change I [ov + on ww] • veranderen
• (ver)wisselen, (om)ruilen
• omschakelen • overstappen • z.
verkleden • (~ down) terugschakelen
• (~ into) overgaan in, z. verkleden
• (~ over) omschakelen, omzwaaien
• (~ up) naar hogere versnelling
schakelen II [znw] • verandering
• verwisseling, (ver)ruiling • variatie
• overgang • overstap • kleingeld
changeable, changeful [bnw]
veranderlijk

channel I [ov ww] • *groef maken,*
uithollen • *kanaliseren* II [znw]
• *kanaal* • *waterloop* • *stroombed*
• *vaargeul*
chant I [ov + on ww] *reciteren, zingen*
II [znw] • *lied, melodie* • *koraal, psalm*
• *zangerige toon*
chaotic [bnw] *chaotisch*
chap I [ov + on ww] *splijten, scheuren*
II [znw] • *kloof, spleet* • *kaak, kinnebak*
• *kerel, vent*
chapel [znw] • *kapel* • *kerk* • *kerkdienst*
chaplain [znw] • *veldprediker,*
aalmoezenier • *huiskapelaan*
chapter [znw] • *hoofdstuk* • *kapittel*
char I [ov + on ww] *(doen) verkolen,*
branden, schroeien II [znw] • *bergforel*
• *werkster* • *klusje*
character [znw] • *reputatie, goede*
naam • *getuigschrift* • *hoedanigheid,*
rol • *karakter* • *kenmerk* • *merkteken*
• *aard* • *type* • *persoon* • *teken, letter*
• *(hand)schrift*
characteristic I [znw] • *kenmerk*
• ‹wisk.› *index v. logaritme* II [bnw]
kenmerkend
characterless [bnw] *karakterloos*
charade [znw] • *woordspelletje*
• *schertsvertoning*
charcoal [znw] *houtskool*
charge I [ov + on ww] • *in rekening*
brengen • *gelasten, opdragen*
• *losstormen op, aanvallen* • *laden*
• *vullen* • *verzadigen* • (~ **with**)
bezwaren met, beschuldigen, ten laste
leggen II [znw] • *uitgave(n), (on)kosten*
• *prijs* • *belasting* • *taak, plicht, hoede,*
zorg • *pleegkind, pupil* • *instructie*
• *parochie* • *vermaning* • *last, lading*
• *aanval* • ‹jur.› *beschuldiging*
chargeable [bnw] • *schuldig* • *in*
rekening te brengen
chariot [znw] *zegekar*
charitable [bnw] • *liefdadig*
• *welwillend* • *mild*
charity [znw] • *liefdadigheid* • *aalmoes*

• *(naasten)liefde*
• *liefdadigheidsinstelling* • *mildheid*
charlatan [znw] • *kwakzalver*
• *beunhaas*
charm I [ov ww] *betoveren, bekoren*
• (~ **away**) *wegtoveren* II [znw]
• *betovering, bekoring, charme*
• *tovermiddel, toverspreuk* • *amulet*
charmer [znw] • *tovenaar* • *charmeur*
• *verlokker*
charming [bnw] *betoverend,*
charmant, allerliefst
chart I [ov ww] • *in kaart brengen*
• *grafisch voorstellen/nagaan* II [znw]
• *zeekaart* • *grafiek* • *tabel*
charter I [ov ww]
• *octrooi/privilege/recht verlenen aan*
• *charteren, huren* II [znw] • *contract*
• *octrooi* • *voorrecht* • *oorkonde,*
handvest
charwoman [znw] *werkster*
chase I [ov ww] • *jagen* • *achtervolgen,*
vervolgen II [znw] • *jacht* • *jachtterrein*
• *vervolging, achtervolging*
chaste [bnw] *kuis*
chasten [ov ww] *kuisen*
chastise [ov ww] *kastijden, tuchtigen*
chastity [znw] *kuisheid*
chat I [ov + on ww] *babbelen* II [znw]
• *gekeuvel, geklets* • *roddel*
chatter I [on ww] • *kakelen, snateren*
• *klapperen* • *rammelen* II [znw]
• *geklets* • *geklapper*
chatty [bnw] *babbelziek*
cheap [bnw + bijw] • *goedkoop*
• *waardeloos*
cheapen [ov + on ww] • *in prijs*
verminderen • *kleineren* • *afdingen,*
pingelen
cheat I [ov + on ww] • *afzetten* • *vals*
spelen • *spieken* • *bedriegen* • (~ (**out**)
of) *beroven van, door de neus boren*
II [znw] • *bedrog, zwendel* • *bedrieger*
• *valsspeler*
check I [ov + on ww] • *intomen*
• *belemmeren* • *stopzetten* • *inhouden,*

tegenhouden, ophouden • het spoor
bijster raken en blijven staan • schaak
zetten • controleren • <AE>
afgeven/ophalen tegen reçu • (~ in)
aankomen, z. melden • (~ out)
vertrekken • (~ up) controleren
II [znw] • beteugeling, belemmering
• fiche • cheque • (plotselinge) stilstand
• remmende factor • terechtwijzing
• controle(merk) • reçu • <AE> rekening
checked [bnw] geruit
checker [znw] controleur
cheek [znw] • wang • brutaliteit
cheeky [bnw] brutaal
cheer I [ov + on ww] • opvrolijken
• aanmoedigen • (toe)juichen • (~ up)
moed scheppen II [znw] • hoera(atje)
• stemming • vrolijkheid • onthaal
• aanmoediging, bijval
cheerful [bnw] vrolijk, opgeruimd
cheerio(h) [tw] • dag, tot ziens!
• succes! • prosit!
cheerless [bnw] triest, somber
cheery [bnw] vrolijk, opgewekt
cheese I [ov ww] II [znw] kaas
chef [znw] chef-kok
chemical I [znw] scheikundige stof
II [bnw] scheikundig
chemistry [znw] scheikunde
cherish [ov ww] • koesteren • liefhebben
cherry I [znw] • kersenboom,
kersenhout • kers II [bnw] kerskleurig
cherub [znw] • cherub(ijn) • engel
chess [znw] schaakspel
chest [znw] • koffer, kist • kas • borstkas
chestnut I [znw] • kastanje • vos
<paard> II [bnw] kastanjebruin
chic I [znw] stijl, elegance II [bnw] chic
chick [znw] • kuiken(tje), jong vogeltje
• <inf.> grietje
chicken I [on ww] II [znw] • kuiken
• kip • <inf.> lafaard
chicory [znw] • cichorei • Brussels lof
chide [ov + on ww] • berispen
• tekeergaan
chief I [znw] leider, hoofd, chef II [bnw]

voornaamste, leidend(e)
chiefly [bijw] voornamelijk
chieftain [znw] aanvoerder, opperhoofd
child [znw] kind
childish [bnw] kinderachtig
children [mv] → child
chilly [bnw] • kil • huiverig
chime I [ov + on ww] • luiden
• samenklinken, harmoniëren • (~ in
with) overeenstemmen met II [znw]
• klokkenspel • samenklank, harmonie
chimney [znw] • schoorsteen
• lampenglas
chimp, chimpansee [znw]
chimpansee
chin [znw] kin
china [znw] • Chinese thee • porselein
Chinese [bnw] Chinees
chink I [ov + on ww] rinkelen II [znw]
• spleet • gerinkel
chip I [ov ww] • inkerven • (af)bikken,
(af)hakken • stukjes breken uit
II [on ww] schilferen • (~ in) in de rede
vallen, meebetalen III [znw]
• spaan(der), schilfer, splintertje
• plakje, schijfje • fiche • <comp.> chip
chiropodist [znw] pedicure
chirp I [ov + on ww] • tjilpen, kwelen
• opgewekt praten II [znw] getjilp
chirrup I [on ww] • tjilpen
• aanmoedigen door met de tong te
klakken II [znw] getjilp
chisel I [ov ww] • beitelen, beeldhouwen
• bedriegen, beetnemen II [znw] beitel
chit [znw] • hummel • getuigschrift,
briefje, bonnetje • kattebelletje
chivalric, chivalrous [bnw] ridderlijk,
hoofs
chivalry [znw] • ridderschap
• ridderlijkheid
chlorine [znw] chloor
chocolate I [znw] • bonbon
• chocolaatje, chocolade II [bnw]
chocoladebruin
choice I [znw] • keuze • voorkeur • het
puikje, het beste II [bnw] • uitgelezen

• *kieskeurig*
choir [znw] *koor*
choke I [ov ww] • *smoren, verstikken*
• *verstoppen, afsluiten* • *onderdrukken*
• *vernauwen* • (~ **down**)
onderdrukken, inslikken, met moeite
verwerken • (~ **off**) *(iem.) dwingen iets*
op te geven, (iem.) de mond snoeren
• (~ **up**) *verstoppen* II [on ww]
• *verstopt raken* • *zich verslikken*
III [znw] • *verstikking(sgevoel)* • *snik*
• *verstopping* • *vernauwing*
choker [znw] • *wurger* • *dooddoener*
• *hoge stijve boord* • *(strop)das*
choleric [bnw] *opvliegend*
choose [ov + on ww] *kiezen,*
uitverkiezen
chop I [ov + on ww] *(fijn)hakken,*
kappen • (~ **up**) *fijnhakken* II [znw]
• *slag, houw* • *kotelet*
chopper [znw] • *hakmes* • *helikopter*
• *hakker*
choppy [bnw] *vol kloven of barsten*
choral [bnw] * ~ *society*
zangvereniging
chord [znw] • *snaar* • *streng* • <muz.>
akkoord
chore [znw] *karweitje*
choreography [znw] *choreografie*
chorister [znw] *koorzanger, koorknaap*
chortle [on ww] • *schateren* • *grinniken*
chorus [znw] • *koor, rei* • *refrein*
chose [ww] *verl. tijd* → **choose**
chosen [ww] *volt. deelw.* → **choose**
chow [znw] • *chow-chow* • <sl.> *eten*
chowder [znw] *stoofpot met vis*
christen [ov ww] *dopen*
Christendom [znw] *de christenheid*
christening [znw] *doop, het dopen*
Christianity [znw] • *christelijkheid*
• *het christendom*
Christmas [znw] *Kerstmis*
chrome [znw] *chroom*
chromium [znw] *chroom*
chronic [bnw] • *chronisch* • <sl.>
verschrikkelijk

chronicle I [ov ww] *te boek stellen*
II [znw] *kroniek, geschiedenis*
chronologic(al) [bnw] *chronologisch*
chronology [znw] *chronologie*
chubby [bnw] *mollig*
chuck I [ov ww] • *onder de kin*
strijken/aaien • *gooien, smijten* • *de*
bons geven • *klikken* <met tong>
• (~ **away**) *weggooien* • (~ **out**) *eruit*
smijten • (~ **up**) *er de brui aan geven*
II [znw] • *aai, streek* <onder kin>
• *gooi, het van z. afsmijten, worp*
• *geklik* <met tong>
chuckle I [on ww] • *gniffelen,*
grinniken • *z. verkneuteren* II [znw]
lachje
chug I [on ww] *ronken* II [znw] *geronk*
chum I [on ww] • *bij elkaar op kamer(s)*
wonen • *dikke vrienden zijn* II [znw]
goede vriend, gabber
chummy [bnw] *intiem*
chump [znw] • *blok hout* • *dik einde* <v.
lendestuk> • *kop* • *stomkop*
chunk [znw] *homp, blok, stuk*
chunky [bnw] • *bonkig* • *gezet*
church [znw] *kerk*
churlish [bnw] *lomp*
churn I [ov ww] • *omwoelen* • *doen*
schuimen II [znw] • *karn* • *melkbus*
• *het schuimen*
chute [znw] • *stroomversnelling*
• *glijbaan* • *helling* • *parachute*
cigar [znw] *sigaar*
cigarette [znw] *sigaret*
cinch I [ov ww] • *singelen* <v. paard>
• *te pakken krijgen* II [znw] • *iets dat*
zeker is • *makkie*
cinema [znw] *bioscoop*
cinnamon I [znw] *kaneel(boom)*
II [bnw] *geelbruin*
cipher I [ov + on ww] • *cijferen*
• *coderen* II [znw] • *nul* • *cijfer*
• *monogram* • *geheimschrift, code*
circle I [ov ww] *omcirkelen* II [on ww]
rondgaan, ronddraaien, rondzwaaien
III [znw] • *cirkel, (k)ring*

• (omme)zwaai
circuit [znw] • omtrek, omsloten gebied
• tournee, rondgang, rondreis
• kringloop • omweg • ronde baan
• schakeling • ‹techn.› stroombaan
circuitous [bnw] omslachtig
circular I [znw] • circulaire • rondweg
II [bnw] cirkelvormig, rond(gaand)
circulation [znw] • (bloeds)omloop
• circulatie • oplage • omzet
• betaalmiddel
circumcise [ov ww] besnijden
circumference [znw] omtrek v. cirkel
circumlocution [znw] omhaal v.
woorden
circumscribe [ov ww] • omschrijven
• begrenzen
circumspect [bnw] omzichtig
circumspection [znw] omzichtigheid
circumstance [znw] • praal, drukte
• omstandigheid • bijzonderheid
circumstantial [bnw] uitvoerig
circumvent [ov ww] • omsingelen
• ontwijken
cissy [znw] melkmuil, mietje
cistern [znw] • waterreservoir • stortbak
citadel [znw] fort, bolwerk
citation [znw] • dagvaarding • eervolle
vermelding
cite [ov ww] • dagvaarden • aanhalen
citizen [znw] • burger • stedeling
citizenship [znw] burgerschap
city [znw] (grote) stad
civic [bnw] stads-, burger-
civics [znw] burgerlijk recht, staatsbestel
civil [bnw] • privaatrechtelijk • beleefd,
beschaafd • burgerlijk, burger-
civilian I [znw] burger II [bnw] burger-
civility [bnw] beleefdheid
civilization [znw] • beschaving
• beschaafde wereld
civilize [ov ww] beschaven
clack [on ww] ratelen, kletteren
clad [ww] volt. deelw. → clothe
claim I [ov ww] • vorderen • beweren
• aanspraak maken op, (op)eisen

II [znw] • aanspraak, recht, eis,
vordering • claim • concessie ‹in
mijnbouw›
claimant [znw] • eiser • pretendent
clairvoyance [znw] helderziendheid
clam [znw] ≈ mossel
clamorous [bnw] luidruchtig,
schreeuwerig
clamour I [on ww] • schreeuwen
• protesteren • eisen II [znw]
• geschreeuw, misbaar • luid protest
• eis
clamp I [ov ww] • vastzetten, krammen
• ophopen • inkuilen II [on ww]
onderdrukken, de kop indrukken
III [znw] • (muur)anker • klem, kram
clan [znw] • stam ‹in Schotse
Hooglanden› • familie • kliek
clandestine [bnw] clandestien
clang I [ov + on ww] • (laten) klinken
• bellen, rinkelen II [znw] • metalige
klank • klokgelui, belgerinkel
clank I [ov + on ww] rammelen,
kletteren II [znw] metaalgerinkel
clap I [ww] • klappen, klapperen ‹met
vleugels› • applaudisseren, toejuichen
II [znw] • donderslag • klap, slag
• applaus • ‹vulg.› druiper
clapper [znw] • klepel • ratel
claret I [znw] • rode bordeaux(wijn)
• bloed II [bnw] wijnrood
clarify I [ov ww] • ophelderen,
verhelderen • helder/zuiver maken
II [on ww] helder/zuiver worden
clarity [znw] zuiverheid, klaarheid
clash I [ov + on ww] botsen, kletteren
• (~ with) in botsing komen met
II [znw] • botsing, conflict
• tegenstrijdigheid
clasp I [ov + on ww] • sluiten
• (aan)haken, pakken • omhelzen
II [znw] • gesp, broche • slot • beugel
• omhelzing • handdruk
class I [znw] • klas(se) • stand • stijl
• klassestelsel • les(uur), cursus II [bnw]
superieur

classic I [znw] • *klassiek werk, klassieke schrijver* • *classicus* II [bnw] *klassiek*
classical [bnw] *klassiek*
classification [znw] *classificatie*
classified [bnw] • *geclassificeerd* • ‹AE› *geheim*
classify [ov ww] *rangschikken, classificeren*
classy [bnw] *superieur*
clatter I [ov + on ww] *kletteren, ratelen* II [znw] *gekletter, geratel*
claustrophobia [znw] *claustrofobie*
claw I [ov + on ww] • *krabben* • *grissen, grijpen* II [znw] • *klauw, poot* • *(klem)haak*
clay I [znw] *klei, leem* II [bnw] *van klei*
clean I [ov + on ww] *schoonmaken, reinigen* • (~ out) *schoonmaken, leegmaken, opmaken* • (~ up) *schoonmaken, opruimen, winst maken* II [bnw] • *schoon, zuiver, rein* • *zindelijk* • *welgevormd* • *handig* • *glad* • *van de drugs/drank af* III [bijw] *totaal*
cleaner [znw] • *schoonmaker* • *stofzuiger* • *wasserij*
cleanly [bnw] *zindelijk*
cleanse [ov ww] *zuiveren, reinigen*
clear I [ov + on ww] • *ledigen* • *verdwijnen* • *nemen* ‹v. hindernis› • *ophelderen, verhelderen, opklaren, verduidelijken* • *wegnemen* • *vrijspreken, zuiveren* • *opruimen, afruimen* ‹v. tafel› • (~ away) *opruimen, afruimen, optrekken* ‹v. mist› • (~ off) *afdoen, wegtrekken, verdwijnen* • (~ out) *ertussenuit knijpen, wegdoen, opruimen, uitmesten* • (~ up) *opklaren, ophelderen, opruimen* II [bnw + bijw] • *klaar, helder, duidelijk* • *zuiver, onbezwaard* • *vrij* • *veilig* • *netto* • *totaal, helemaal* III [bijw] *totaal, helemaal*
clearing [znw] • *open plek in bos* • *ontginning*
cleavage [znw] *kloof, kloving*

cleave I [ov + on ww] *kloven, splijten* II [on ww] *trouw blijven, (aan)kleven*
cleaver [znw] *hakmes*
clef [znw] *sleutel*
cleft I [ww] *verl.tijd + volt.deelw.* → cleave II [znw] *spleet, barst* III [bnw] *gekloven*
clench [ov ww] • *opeenklemmen* ‹v. tanden› • *ballen* ‹v. vuist› • *vastpakken*
clergy [znw] *geestelijkheid, geestelijken*
clerical [bnw] • *administratief* • *geestelijk* • *van dominee*
clerk I [on ww] *als klerk/secretaris optreden* II [znw] • *kantoorbediende* • *secretaris, griffier* • *koster en voorlezer* • ‹AE› *winkelbediende*
clever [bnw] • *knap, goed bij* • *handig*
click I [ov + on ww] • *verliefd worden* • *het samen goed kunnen vinden* • *klikken, klakken* II [znw] *klik, tik*
client [znw] *cliënt*
cliff [znw] *steile rots(wand) aan zee, klif*
climate [znw] *klimaat*
climatic [bnw] *klimaat-*
climax I [ov ww] • *klaarkomen* • *een hoogtepunt bereiken* II [znw] • *toppunt* • *orgasme*
climb I [ov + on ww] *stijgen, (be)klimmen* • (~ down) *een toontje lager zingen* II [znw] • *klim* • *helling* • *stijgvermogen*
climber [znw] • *klimplant* • *streber* • *(bergbe)klimmer*
clinch I [ov ww] • *klinken* • *beklinken* II [on ww] *elkaar vastgrijpen* III [znw] • *het vastgrijpen* • *klinknagel*
cling [on ww] • *(aan)kleven* • *nauw aansluiten* • *(blijven) aanhangen* • (~ to) z. *vastklampen aan*
clinic [znw] *verpleeginrichting, kliniek*
clinical [bnw] • *geneeskundig, klinisch* • *aan het ziekbed*
clink I [ov ww] *doen klinken* II [on ww] *klinken* III [znw] • *het klinken* • *gevangenis, nor*

clip I [ov ww] • *afknippen, kortknippen,*
uitknippen, knippen • *half uitspreken*
<v. woorden> • **klemmen** II [znw]
• *hoeveelheid geschoren wol* • *klem*
• *knip* • *patroonhouder*
clipper [znw] • *knipper* • *schaar*
clipping [znw] *(kranten)knipsel*
clique [znw] *kliek*
cloak I [ov ww] *omhullen* II [znw]
mantel
clock [znw] *klok*
clod [znw] • *kluit, klont*
• *boerenpummel*
clog I [ov + on ww] • *verstoppen,*
verstopt raken • *klonteren, vastkoeken*
II [ov ww] • *aan het blok leggen*
• *belemmeren* III [znw] • *klompschoen,*
klomp • *blok <aan been>*
cloister [znw] *klooster(gang)*
close I [ov + on ww] • *(~ down)*
sluiten, eindigen II [ov ww] • *besluiten,*
(af)sluiten • *langszij komen* • *(~ up)*
verstoppen, afsluiten III [on ww] *het*
slot vormen van • *(~ (up)on)*
omsluiten, sluiten achter, het eens
worden • *(~ in) insluiten, naderen*
• *(~ up) dichtgaan* • *(~ with)*
naderen, handgemeen worden, akkoord
gaan met IV [znw] • *binnenplaats*
• *speelveld* • *erf* • *terrein* • *hofje*
• *besluit, einde* V [bnw] • *dichtbij*
• *bondig* • *benauwd* • *geheim,*
verborgen • *gierig* • *samenhangend*
• *nauwkeurig* • *innig, intiem*
• *gesloten, dicht* • *nauw* • *nauwsluitend*
closet [znw] • *(privé)kamertje, kabinet*
• *kast*
closure [znw] • *slot* • *sluiting*
clot I [ov + on ww] *klonteren* II [znw]
klont
cloth [znw] • *laken, stof* • *tafellaken*
• *doek, dweil*
clothe [ov ww] *(be)kleden*
clothes [mv] • *kleding* • *(was)goed*
clothing [znw] *kleding*
cloud I [ov + on ww] *bewolken,*

verduisteren, een schaduw werpen over
• *(~ over) somber worden, betrekken*
II [znw] *wolk*
cloudless [bnw] *onbewolkt*
clout I [ov ww] *een klap geven, slaan*
II [znw] • *lap, doek* • *kleren* • *invloed*
• *slag, mep*
clove I [ww] verl. tijd → **cleave**
II [znw] • *kruidnagel* • *anjer*
cloven [ww] volt. deelw. → **cleave**
clover [znw] *klaver*
clown I [on ww] *de clown spelen*
II [znw] *clown*
club I [ov ww] • *met knuppel slaan*
• *zijn steentje bijdragen* II [on ww] (z.)
verenigen III [znw] • *klaverkaart*
• *knuppel* • *golfstick* • *club, sociëteit*
clue I [ov ww] *een tip geven* II [znw]
• *(lei)draad* • *aanwijzing* • *sleutel tot*
oplossing
clump I [ov ww] *bij elkaar*
doen/planten II [on ww] *klossen*
III [znw] *groep <v. bomen>*
clumsy [bnw] *lomp, onhandig*
clung [ww] verl. tijd + volt. deelw.
→ **cling**
cluster I [ov ww] *groeperen* II [on ww]
• *z. groeperen* • *in trossen/bosjes*
groeien III [znw] • *groep* • *bos, tros*
• *zwerm, troep*
clutch I [ov ww] *pakken, grijpen*
II [on ww] • *(~ at) grijpen naar*
III [znw] • *broedsel* • *greep* • *koppeling*
clutter I [ov ww] • *(~ up) rommelig*
maken II [znw] • *bende, rommel*
• *verwarring*
coach I [ov ww] *coachen* II [znw]
• *repetitor* • *koets, rijtuig* • *autobus*
• *coach*
coal [znw] *(steen)kool, kolen*
coalesce [on ww] *samensmelten,*
samenvallen
coalition [znw] *verbond, coalitie*
coarse [bnw] *grof, ruw*
coarsen I [ov ww] *ruw maken*
II [on ww] *ruw worden*

coast I [on ww] • langs de kust varen
• glijden • freewheelen II [znw] • kust
• het freewheelen • ‹AE› bobsleebaan
• ‹AE› het glijden
coastal [bnw] kust-
coaster [znw] • kustvaartuig • bierviltje
coat I [ov ww] • (be)dekken • bekleden
• vernissen • van een laag(je) voorzien
II [znw] • jas, mantel • bedekking,
huid, pels • laag(je)
coating [znw] • bekleding, overtrek
• laag(je)
coax [ov + on ww] vleien • (~ (in)to)
vleiend overhalen om/tot
cobalt [znw] kobalt(blauw)
cobweb I [znw] spinnenweb, rag
II [bnw] ragfijn
cocaine [znw] cocaïne
cock I [ov ww] • scheefzetten/-houden
• (op)steken • (op)zetten II [znw]
• mannetje • leider • belhamel
• opwaartse buiging • haan • ‹vulg.›
pik
cockatoo [znw] kaketoe
cockerel [znw] jonge haan
cockney I [znw] • geboren Londenaar
• Londens dialect II [bnw] cockney
cocky [bnw] verwaand, eigenwijs
coco [znw] kokospalm
cocoa [znw] cacao
coconut [znw] kokosnoot
cocoon I [ov ww] inspinnen II [on ww]
z. inspinnen III [znw] cocon
cod I [ov + on ww] bedotten II [znw]
kabeljauw
code I [ov ww] • coderen • als wet of
regel stellen II [znw] • wet(boek)
• reglement, gedragslijn • code
codify [ov ww] codificeren
coefficient [znw] coëfficiënt
coerce [ov ww] (af)dwingen
coercion [znw] dwang
coexist [on ww] naast elkaar bestaan
coexistence [znw] coëxistentie
coffee [znw] koffie
coffer [znw] (geld)kist

coffin [znw] doodskist
cog [znw] tand ‹v. wiel›
cogency [znw] overtuigingskracht
cogent [bnw] overtuigend
cogitate [ov + on ww] overdenken
cognate [znw] (bloed)verwant
cognizance [znw] • kennis
• competentie • onderscheidingsteken
cohabit [on ww] samenwonen
cohere [on ww] samenhangen
coherent, cohesive [bnw]
samenhangend
coil I [ov ww] oprollen II [on ww] (z.)
kronkelen III [znw] • spiraal(veer)
• tros • kronkel • rol
coin I [ov ww] • munten • verzinnen
II [znw] • munt • geld
coinage [znw] • munt(stelsel) • het
munten
coincide [on ww] • samenvallen
• overeenstemmen
coincidence [znw] toeval
coke [znw] • cokes • cola • ‹inf.› cocaïne
cold I [znw] • kou(de) • verkoudheid
II [bnw] koud, koel
colic [znw] (darm)koliek
collaborate [on ww] • collaboreren
• samenwerken
collaborator [znw] • collaborateur
• medewerker
collapse I [on ww] • invallen,
in(elkaar)zakken • mislukken II [znw]
• ineenstorting • mislukking
collapsible [bnw] opvouwbaar
collar I [ov ww] • een halsband
aandoen • bij de kraag pakken • tot
rollade maken • inpikken II [znw]
• kraag, boord • (hals)keten, (hals)band
• zwaar werk • rollade
collateral I [znw] bloedverwant in
zijlinie II [bnw] • zij aan zij • zijdelings
colleague [znw] collega
collect I [ov ww] • verzamelen • innen,
ophalen • inpikken II [on ww] z.
verzamelen
collection [znw] • zelfbeheersing

• *buslichting* • *verzameling*
collective [bnw] • *samengesteld*
• *verzamelend* • *gemeenschappelijk*
collectivize [ov ww] *tot collectief bezit*
maken
college [znw] • *college* • *zelfstandig*
universiteitsinstituut • *grote kostschool*
collide [on ww] *botsen*
colliery [znw] *kolenmijn*
collision [znw] *botsing*
colloquial [bnw] *tot de spreektaal*
behorend
colloquialism [znw] *alledaagse*
uitdrukking
collusion [znw] *geheime*
verstandhouding
collywobbles [mv] *buikpijn* ‹v.
zenuwen/angst›
colon [znw] • *dikke darm* • *dubbele*
punt
colonel [znw] • *kolonel* • *overste*
colonial [bnw] *koloniaal*
colonize [ov + on ww] *koloniseren*
colonnade [znw] *zuilengalerij*
colony [znw] *kolonie*
colossal [bnw] *kolossaal*
colour I [ov ww] • *verkeerd voorstellen*
• *kleuren, verven* II [znw] • *kleur* • *verf*
• *blos*
colourful [bnw] *kleurrijk*
colouring [znw] • *kleur(sel)* • *schijn*
colourless [bnw] • *kleurloos*
• *oninteressant*
column [znw] • *kolom, zuil* • *colonne*
• *column*
comatose [bnw] • *diep bewusteloos*
• *slaperig*
comb I [ov ww] *kammen* • (~ out)
uitkammen, zuiveren II [znw] • *kam*
• *honingraat*
combat [znw] *gevecht*
combatant [znw] *strijder*
combination [znw] *combinatie*
combine I [ov ww] • *verenigen*
• *combineren* II [on ww] • z. *verenigen*
• *samenwerken, samenspelen* III [znw]

syndicaat
combustible I [znw] *brandbare stof*
II [bnw] *brandbaar*
combustion [znw] *verbranding*
come [on ww] • (aan-/neer-/op)komen,
erbij komen, terechtkomen • *naderen*
• *worden* • *meegaan* • *afleggen* ‹v.
afstand› • ‹vulg.› *klaarkomen*
• (~ about) *gebeuren, tot stand*
komen, overstag gaan, richting
veranderen • (~ across) *tegenkomen,*
aantreffen • (~ after) *komen na,*
achterna komen • (~ along)
voortmaken, eraan komen • (~ apart)
losgaan, uit elkaar vallen
• (~ around) ‹AE› *langs komen,*
bijkomen ‹na flauwte›, *bijtrekken* ‹na
ruzie› • (~ at) *aanvallen, verkrijgen*
• (~ away) *losgaan* • (~ back) *weer*
voor de geest komen, terugkomen, iets
terugzeggen • (~ between)
tussenbeide komen • (~ by)
voorbijkomen, (ver)krijgen, komen aan
• (~ down) *naar beneden komen,*
kalmeren, rustig worden • (~ down
on) *neerkomen op, straffen, uitvaren*
tegen • (~ down to) z. *uitstrekken tot*
• (~ down with) *krijgen* ‹v. ziekte›,
dokken • (~ for) *komen om, afhalen,*
(dreigend) afkomen op • (~ forth) *te*
voorschijn komen • (~ forward) z.
aanmelden, naar voren komen
• (~ from) *komen van/uit, het*
resultaat zijn van • (~ home to)
duidelijk worden • (~ in) *thuiskomen,*
erin komen, aankomen ‹v. post›,
beginnen, eraan te pas komen, aan de
macht komen, binnenkomen • (~ in
for) *(als aandeel) krijgen* • (~ off) *eraf*
gaan/komen, afgeven, uitkomen, uit de
strijd komen, lukken • (~ on)
opkomen, naderen, vorderen, op gang
komen • (~ out) *(er) uitkomen, te*
voorschijn komen, blijken, in staking
gaan, debuteren • (~ over) *komen over,*
overkómen, óverkomen, oversteken

• (~ **round**) aankomen, vóórkomen, bijkomen, weer goed worden
• (~ **through**) doorkomen, overleven, over de brug komen • (~ **to**) bijkomen, bijdraaien • (~ **under**) vallen onder
• (~ **up**) opkomen, bovenkomen, ter sprake komen • (~ **up to**) eropaf komen, de hoogte bereiken van, voldoen aan • (~ **up with**) inhalen, gelijk komen met • (~ **upon**) overvallen, tegen 't lijf lopen, te binnen schieten, ten laste komen van, opkomen bij
comedian [znw] • blijspelspeler • blijspelschrijver
comedy [znw] blijspel
comely [bnw] knap, keurig
comer [znw] • aangekomene, bezoeker • ‹AE inf.› veelbelovend iem.
comet [znw] komeet
comfort I [ov ww] troosten II [znw] • troost, bemoediging • gemak, gerief, comfort • welstand
comfortable [bnw] geriefelijk, gemakkelijk
comforter [znw] • trooster • fopspeen • wollen sjaal
comic I [znw] komiek II [bnw] komisch
coming I [znw] komst II [bnw] • veelbelovend • komend, aanstaand
command I [ov ww] • bevelen, commanderen • het commando voeren over • beheersen • beschikken over II [znw] • beheersing • beschikking • bevel, order • commando
commandeer [ov ww] vorderen
commander [znw] • commandant • gezagvoerder
commanding [bnw] • indrukwekkend • met goed uitzicht
commandment [znw] gebod
commemorate [ov ww] herdenken
commence [ov ww] • beginnen • promoveren
commend [ov ww] prijzen, aanbevelen
commendable [bnw] prijzenswaardig, aanbevelenswaardig

commensurate [bnw] • evenredig • samenvallend
comment I [on ww] • van commentaar voorzien • aan- of opmerkingen maken II [znw] commentaar, kritiek
commentary [znw] • uiteenzetting, commentaar • reportage
commentator [znw] • commentator • verslaggever ‹v. radio/tv›
commerce [znw] handel, verkeer
commercial I [znw] reclameboodschap ‹op radio›, reclamefilm/-spot ‹op tv› II [bnw] handels-, commercieel
commission I [ov ww] • opdragen • machtigen • bestellen • aanstellen II [znw] • opdracht, taak, ambt • commissie • provisie
commit [ov ww] • toevertrouwen • plegen, bedrijven • (z.) compromitteren • verwijzen ‹naar commissie› • binden • (~ **to**) prijsgeven aan
committal [znw] gevangenzetting
committee [znw] • commissie, comité • bestuur
commodious [bnw] ruim en geriefelijk
commodity [znw] handelsartikel
common I [znw] • onbebouwd (stuk) land • gemeenschappelijke wei II [bnw] • gemeenschappelijk • algemeen • openbaar • gewoon • vulgair, ordinair
commoner [znw] • (gewoon) burger • lid v. House of Commons • niet-beursstudent
commotion [znw] opschudding
communal [bnw] gemeente-, gemeenschaps-
commune I [on ww] ‹AE› de communie ontvangen • (~ **with**) z. onderhouden met II [znw] • gemeente • kommune
communicate I [ov ww] • (~ **to**) mededelen aan II [on ww] • communiceren • het Avondmaal ontvangen • (~ **with**) een goede relatie aanknopen/hebben met, in verbinding staan met

communication [znw] • *mededeling,
het mededelen* • *verbinding(sweg)*
communicative [bnw] *mededeelzaam*
communion [znw] • *gemeenschap*
• *verbinding* • *omgang*
• *kerkgenootschap*
communism [znw] *communisme*
communist I [znw] *communist*
II [bnw] *communistisch*
community [znw] *genootschap,
gemeenschap*
commute I [ov ww] • *afkopen en
omzetten* ‹v. schuld of verplichting›
• *verzachten* ‹v. straf› II [on ww]
forenzen
commuter [znw] *pendelaar, forens*
companion [znw] • *makker, metgezel,
deelgenoot* • *gezelschapsdame*
• *bijbehorende deel*
companionable [bnw] *gezellig*
company I [on ww] II [znw]
• *gezelschap* • *vennootschap,
maatschappij* • *bedrijf* • *genootschap*
• *compagnie*
comparable [bnw] *vergelijkbaar*
comparative I [znw] ‹taalk.›
vergrotende trap II [bnw] *vergelijkend*
compare I [ov ww] *vergelijken*
II [on ww] *vergeleken worden*
comparison [znw] *vergelijking*
compartment [znw] • *afdeling* • *coupé*
compartmentalize [ov ww] *in vakken
verdelen, onderverdelen*
compass I [ov ww] • *beramen*
• *omvatten, insluiten* • *begrijpen*
• *volvoeren* • *gaan om* II [znw]
• *kompas* • *gebied, terrein* • *omvang,
draagwijdte* ‹v. stem› • *omweg*
• *omtrek*
compassion [znw] *medelijden*
compassionate [bnw] *meelevend,
medelijdend*
compatriot [znw] *landgenoot*
compel [ov ww] *(af)dwingen,
verplichten*
compelling [bnw] *onweerstaanbaar,*

boeiend, fascinerend
compensate [ov ww] *goedmaken,
vergoeden*
compete [on ww] • *concurreren*
• *mededingen*
competence [znw] • *bevoegdheid*
• *competentie*
competent [bnw] • *geoorloofd*
• *bekwaam, bevoegd*
competition [znw] • *concurrentie*
• *competitie*
competitive [bnw] • *m.b.t. competitie*
• *prestatiegericht*
competitor [znw] *concurrent,
mededinger*
compilation [znw] *samenstelling,
verzameling*
compile [ov ww] *compileren,
bijeenbrengen*
complacent [bnw] *(zelf)voldaan, kalm*
complain [on ww] *klagen*
complaint [znw] *kwaal, (aan)klacht*
complaisant [bnw] *minzaam,
inschikkelijk*
complement I [ov ww] *aanvullen*
II [znw] *aanvulling, complement,
vereist aantal*
complementary [bnw] *aanvullend*
complete I [ov ww] *maken, afmaken,
invullen* II [bnw] *compleet, volkomen,
voltallig*
completion [znw] *voltooiing*
complex I [znw] *complex, samenstel,
geheel* II [bnw] *samengesteld,
ingewikkeld*
complexion [znw] • *gelaatskleur*
• *voorkomen*
complexity [znw] *complexiteit*
compliance [znw] *toestemming,
nakoming, inwilliging*
compliant [bnw] *meegaand, soepel*
complicate [ov ww] *ingewikkeld
maken*
complicated [bnw] *ingewikkeld*
complication [znw] *complicatie*
complicity [znw] *medeplichtigheid*

compliment I [ov ww]
complimenteren II [znw] compliment
complimentary [bnw] gratis
comply [on ww] • (~ with) handelen
overeenkomstig, inwilligen, toestaan
component I [znw] bestanddeel
II [bnw] samenstellend
compose [ov + on ww] • samenstellen
• zetten <drukwerk> • schikken
• kalmeren • componeren
composed [bnw] beheerst, bedaard
composer [znw] componist
composite [bnw] gezamenlijk,
samengesteld
composition [znw] • samenstelling
• compositie • mengsel • opstel • aard
compositor [znw] (letter)zetter
compound I [ov ww] • afkopen
• samenstellen, (ver)mengen II [on ww]
schikken, tot een akkoord komen
III [znw] • kamp • samenstelling,
mengsel IV [bnw] samengesteld,
gecompliceerd
comprehend [ov ww] • insluiten
• begrijpen
comprehension [znw] • omvang
• begrip
comprehensive I [znw] middenschool,
scholengemeenschap II [bnw]
veelomvattend
compress I [ov ww] samendrukken
II [znw] compres
compressor [znw] • drukverband
• compressor
comprise [ov ww]
be-/om-/samenvatten
compromise I [ov ww]
compromitteren II [on ww] tot een
akkoord komen III [znw] compromis,
overeenkomst, middenweg
compulsion [znw] • dwangneurose
• dwang
compulsive [bnw] dwingend
compulsory [bnw] verplicht
compunction [znw] wroeging, spijt
computation [znw] berekening

compute [ov + on ww] (be)rekenen,
calculeren
computer [znw] computer,
elektronisch brein
computerize I [ov + on ww] op de
computer overgaan, computeriseren
II [ov ww] met computer verwerken, in
computer opslaan
comrade [znw] kameraad
con [znw] • zwendel • oplichter
concave I [znw] (hemel)gewelf II [bnw]
hol
conceal [ov ww] verbergen, geheim
houden
concealment [znw] het verborgen
houden
concede I [ov ww] toegeven, toestaan
II [on ww] z. gewonnen geven
conceit [znw] eigendunk, verwaandheid
conceited [bnw] verwaand
conceivable [bnw] denkbaar
conceive I [ov + on ww] z. indenken
II [on ww] zwanger worden
concentrate I [on ww] • samenkomen
• (z.) concentreren II [znw]
geconcentreerde stof
concentration [znw] concentratie
concept [znw] begrip
conception [znw] • bevruchting
• voorstelling <mentaal>
conceptual [bnw] conceptueel, begrips-
concern I [ov ww] aangaan, betrekking
hebben op II [znw] • zaak, firma
• bezorgdheid • deelneming
• betrekking • (aan)deel
concerning [bijw] betreffende
concert [znw] • concert
• overeenstemming
concerto [znw] concert
concession [znw] concessie,
toestemming, inwilliging
conch [znw] schelp(dier)
conciliatory [bnw] verzoeningsgezind
concise [bnw] beknopt
conclave [znw] conclaaf
conclude I [ov ww] concluderen,

beëindigen, (be)sluiten • (~ from)
opmaken uit II [on ww] ten einde
komen, aflopen
conclusion [znw] besluit, conclusie
conclusive [bnw] beslissend,
overtuigend
concoct [ov ww] • verzinnen • bereiden,
brouwen
concord [znw] • verdrag • eendracht,
overeenstemming
concrete I [znw] • beton • concreet
ding/woord II [bnw] • concreet • vast
• v. beton • hard
concubine [znw] bijzit
concur [on ww] • samenvallen
• mee-/samenwerken • 't eens zijn
concurrent [bnw] samenwerkend, in
samenwerking
concussion [znw] • botsing • schol
• hersenschudding
condemn [ov ww] • afkeuren
• veroordelen • onbruikbaar verklaren,
onbewoonbaar verklaren
condemnation [znw]
• veroordelingsgrond • veroordeling
condense [ov + on ww] condenseren,
concentreren, bekorten
condescend [on ww] afdalen, z.
verwaardigen
condescension [znw]
neerbuigendheid, minzaamheid
condiment [znw] kruiderij, bijspijs
condition I [ov ww] • in goede staat
brengen • als voorwaarde stellen,
vereist zijn voor • bepalen II [znw]
• staat, toestand • bepaling
• voorwaarde • conditie • rang, stand
conditional [bnw] voorwaardelijk
condone [ov ww] • goedmaken
• vergeven • gedogen, door de vingers
zien
conducive [bnw] bevorderlijk
conduct I [ov + on ww] geleiden <v.
elektriciteit> II [ov ww] • (aan)voeren,
leiden • dirigeren III [wkd ww] z.
gedragen IV [znw] • optreden, gedrag

• leiding • behandeling
conduction [znw] geleiding
conductor [znw] • dirigent
• conducteur • gids, leider
• bliksemafleider • geleider
conductress [znw] conductrice
conduit [znw] • leiding • kanaal
confection I [ov ww] bereiden II [znw]
• jurk • suikergoed, snoepgoed
• bereiding • mantel • (dames)confectie
confectioner [znw] suikerbakker,
snoepgoedfabrikant
confectionery [znw] suikergoed,
snoepgoed, banket, suikerbakkerij
confederacy [znw] • complot
• (ver)bond, statenbond, federatie
confederate I [on ww] (z.) verbinden,
samenspannen II [znw] • bondgenoot
• medeplichtige III [bnw] in een
federatie verenigd
confederation [znw] (con)federatie
confer I [ov ww] verlenen II [on ww]
beraadslagen
conference [znw] conferentie
confess I [ov + on ww] • bekennen
• erkennen • (~ to) bekennen
II [on ww] biechten
confession [znw] • (geloofs)belijdenis
• biecht, bekentenis
confessional I [znw] biechtstoel
II [bnw] confessioneel, biecht-
confessor [znw] biechtvader
confidant [znw] • vertrouweling
• deelgenoot <v.e. geheim>
confide [ov ww] vertrouwen • (~ in)
vertrouwen op • (~ to) toevertrouwen
aan
confidence [znw] • (zelf)vertrouwen,
vrijmoedigheid • vertrouwelijke
mededeling
confident [bnw] vol zelfvertrouwen,
vertrouwend, vrijmoedig
confidential [bnw] vertrouwelijk
confiding [bnw] vertrouwend, vol
vertrouwen
confine I [ov ww] • opsluiten

• *begrenzen, beperken* II [znw] *grens*
confined [bnw] *nauw* ★ *be* ~ *bevallen*
confinement [znw] • *opsluiting*
• *beperking* • *kraambed, bevalling*
confirm [ov ww] *bevestigen,*
bekrachtigen
confirmation [znw] *bevestiging*
confirmed [bnw] *overtuigd*
confiscate [ov ww] • *afnemen* • *in*
beslag nemen, verbeurd verklaren
conflagration [znw] *grote brand*
conflict I [on ww] *botsen* • (~ with) *in*
tegenspraak zijn met II [znw] *ruzie,*
strijd, conflict
confluence [znw] • *toeloop*
• *samenvloeiing*
conform I [ov ww] *aanpassen* • (~ to)
in overeenstemming brengen met
II [on ww] *inschikkelijk zijn* • (~ to) *z.*
voegen naar, z. richten naar
conformity [znw] • *overeenstemming*
• *gelijkvormigheid*
confound [ov ww] • *verwarren*
• *beschamen* • *verijdelen*
confront [ov ww] • *het hoofd bieden*
• *confronteren* • *tegenover elkaar*
staan/stellen
confrontation [znw] *confrontatie*
confuse [ov ww] *verwarren*
confused [bnw] • *verward, beduusd*
• *rommelig*
congenial [bnw] • *gezellig*
• *sympathiek, geschikt*
congestion [znw] • *verstopping* <v.
wegen> • *ophoping*
• *verkeersopstopping*
conglomerate I [ov + on ww]
conglomereren II [znw] *conglomeraat*
III [bnw] *opeengepakt*
conglomeration [znw] *conglomeraat*
congratulate [ov ww] *feliciteren*
• (~ on) *gelukwensen met*
congratulatory [bnw] *feliciterend*
congregate [ov + on ww] (z.)
verzamelen
congress [znw] *congres*

congressional [bnw] *v.h. congres*
congruent [bnw] *congruent, passend,*
overeenstemmend
conifer [znw] *conifeer*
conjecture I [on ww] *gissen,*
vermoeden II [znw] *gissing, vermoeden*
conjugal [bnw] *echtelijk*
conjunction [znw] • *samenloop*
• <taalk.> *voegwoord*
conjure [ov + on ww] • *aanroepen* <v.
geest> • *toveren, goochelen* • (~ up)
voor de geest roepen
conjurer, conjuror [znw] *goochelaar*
conk I [ov ww] *een opdonder geven*
II [znw] • *kokkerd, harses* • *stomp,*
dreun
connect I [ov ww] *in verband brengen,*
aansluiten II [on ww] *in verband*
staan, (z.) verbinden
connection, connexion [znw]
• *verbinding, aansluiting*
• *koppeling* • *omgang*
• *(familie)relatie, familielid* • *klandizie*
connivance [znw] *samenspanning*
connive [on ww] *samenspannen*
connoisseur [znw] *kenner, fijnproever*
connotation [znw] *bijbetekenis*
connote [ov ww] • *insluiten* • *(ook nog)*
betekenen
conquer [ov + on ww] • *veroveren*
• *overwinnen*
conqueror [znw] *veroveraar,*
overwinnaar
conquest [znw] *verovering*
conscious [bnw] • *bij kennis* • *(z.)*
bewust
conscript I [ov ww] *aanwijzen voor*
militaire dienst
II [znw] *dienstplichtige* III [bnw]
dienstplichtig
conscription [znw] *dienstplicht*
consecrate [ov ww] *heiligen, wijden*
consecutive [bnw] *(opeen)volgend*
consent I [on ww] • (~ to) *toestemmen*
in II [znw] *toestemming*
consequence [znw] *(logisch) gevolg*

consequent I [znw] *gevolg* II [bnw]
• *consequent* • *daaruit*
volgend/voortvloeiend
consequential [bnw] *consequent*
conservation [znw] *natuurbehoud,*
milieubescherming
conservatism [znw] *conservatisme*
conservative I [znw] *lid v.e.*
conservatieve partij, conservatief
II [bnw] *conservatief*
conservatory I [znw] • *broeikas*
• *conservatorium* II [bnw] *conserverend*
conserve [ov ww] *in stand houden,*
bewaren, behouden, goed houden ‹v.
voedsel›
consider I [ov ww] • *overwegen*
• *bedenken* • *in aanmerking nemen* • v.
mening zijn • *beschouwen (als)*
II [on ww] *nadenken*
considerable [bnw] • *belangrijk*
• *aanzienlijk*
considerate [bnw] *attent*
consideration [znw] • *inachtneming*
• *overweging* • *consideratie* • *beloning,*
compensatie • *welwillendheid* • *achting*
considering [bijw] *in aanmerking*
genomen/nemend
consign [ov ww] • *overleveren,*
overdragen • *consigneren* • *zenden*
• *deponeren, storten* ‹v. geld› • (~ **to**)
toevertrouwen aan
consist [on ww] • (**of**) *bestaan uit*
consistence, consistency [znw]
• *consequentie* • *vaste lijn* • *dichtheid,*
vastheid
consistent [bnw] • *consequent*
• *samengaand*
console I [ov ww] *troosten* II [znw]
• *speeltafel van orgel* • *console,*
bedieningspaneel
consolidate I [ov ww] • *bevestigen,*
consolideren • *hecht maken* II [on ww]
hechter worden
consonant [znw] *medeklinker*
consort I [on ww] • (~ **with**) *optrekken*
met, overeenstemmen II [znw] *gemalin,*

gemaal
consortium [znw] *consortium,*
syndicaat
conspicuous [bnw] *in het oog*
springend, opvallend
conspiracy [znw] *samenzwering*
conspirator [znw] *samenzweerder*
conspire [on ww] • *samenwerken*
• *samenzweren, beramen*
constancy [znw] *standvastigheid*
constant [bnw] • *voortdurend*
• *standvastig, trouw*
constellation [znw] • *sterrenbeeld*
• *constellatie*
consternation [znw] *consternatie,*
ontsteltenis
constituency [znw] • *de clientèle*
• ‹pol.› *kiesdistrict, de kiezers*
constituent I [znw] • *lastgever*
• *bestanddeel* • ‹pol.› *kiezer* II [bnw]
• *constituerend* • *afvaardigend*
• *samenstellend*
constitute [ov ww] • *stichten*
• *samenstellen, vormen, uitmaken*
• *instellen* • *aanstellen (tot)*
constitution [znw] • *gestel*
• *staatsbestel, grondwet, reglement*
constitutional [bnw] *m.b.t. de*
grondwet
constrain [ov ww] • *gevangen zetten*
• *af-/bedwingen* • *noodzaken*
constraint [znw] • *(zelf)beheersing*
• *dwang* • *verlegenheid* • *beperking*
constrict [ov ww] *samentrekken*
constriction [znw] *samentrekking*
construct [ov ww] *construeren,*
(op)bouwen, aanleggen
construction [znw] *constructie,*
opbouw, aanleg
constructive [bnw] • *opbouwend* ‹vnl.
v. kritiek› • *af te leiden, niet*
rechtstreeks
construe [ov ww] • *construeren*
• *af-/uitleiden*
consular [bnw] *consulair*
consulate [znw] *consulaat*

consult I [ov ww] • *raadplegen*
• *rekening houden met* II [on ww]
beraadslagen, overleggen
consultant [znw] • *consulterend*
geneesheer • *raadpleger, adviseur*
consultation [znw] • *consult* <bij arts>
• *beraadslaging*
consume I [ov ww] *verbruiken,*
nuttigen II [on ww] *ver-/wegteren*
consumer [znw] *verbruiker, consument*
consummate I [ov ww] *voltooien*
II [bnw] *volkomen, volmaakt*
consumption [znw] • *verbruik,*
consumptie • *tuberculose, tering*
contact I [ov ww] • *z. in verbinding*
stellen met, in contact komen met
• *aanklampen* II [znw] • *contact,*
aanraking, raakpunt • *bacillendrager*
contagion [znw] • *verderf* • *besmetting*
contagious [bnw] *besmettelijk* <m.b.t.
ziekte>
contain [ov ww] • *bevatten* • *z.*
beheersen, bedwingen • *vasthouden*
• *binden* <vijand>
container [znw] • *doos* • *reservoir* • *vat*
• *(diepvries)kast* • *voorwerp dat iets*
be-/omvat • *laadkist* • *bus* • *(plastic)*
fles
contaminate [ov ww] *bevuilen,*
besmetten
contemplate I [ov ww] *beschouwen,*
overpeinzen, overwegen II [on ww]
bespiegelen, peinzen
contemplative [bnw] *beschouwend,*
bespiegelend
contemporaneous [bnw] *gelijktijdig*
contemptible [bnw] *verachtelijk*
contemptuous [bnw] *minachtend*
contend I [ov ww] *beweren* II [on ww]
strijden, twisten, wedijveren
contender [znw] *mededinger*
content I [ov ww] *tevredenstellen*
II [znw] • *inhoud* • *tevredenheid*
III [bnw] *tevreden*
contented [bnw] *tevreden*
contention [znw] *geschil*

contentious [bnw] • *betwistbaar*
• *twistziek*
contentment [znw] *tevredenheid*
contest I [ov ww] • *dingen naar*
• *betwisten, debatteren* • (~ **for**)
wedijveren om, strijden om II [znw]
• *wedstrijd* • *(woorden)twist, geschil*
contestant [znw] *deelnemer* <aan
wedstrijd>
contiguous [bnw] *naburig,*
aangrenzend
continence [znw] • *(seksuele)*
onthouding • *continentie*
• *zelfbeheersing*
continent I [znw] • *werelddeel*
• *Europese vasteland* II [bnw] • *kuis*
• *z. beheersend*
continental I [znw] *bewoner v.h. Eur.*
vasteland II [bnw] *continentaal*
contingency [znw] • *samenloop*
• *onvoorziene uitgave* • *toevallige*
omstandigheid
contingent I [znw] • *bijkomendheid*
• *eventualiteit* • *aandeel, bijdrage*
II [bnw] • *bijkomend* • *onzeker,*
toevallig
continual [bnw] • *herhaaldelijk*
• *voortdurend*
continuance [znw] *verblijf*
continuation [znw] *vervolg,*
voortzetting
continue I [ov ww] *door (laten) gaan*
met, voortzetten II [on ww] *blijven*
(bestaan)
continuity [znw] *continuïteit,*
doorlopend verband
continuous [bnw] *onafgebroken*
contort [ov ww] *(ver)draaien*
contortion [znw] *(ver)draaiing*
contortionist [znw] *slangenmens*
contra [znw] *tegendeel*
contraband I [znw]
smokkelhandel/-waar II [bnw]
smokkel-
contraception [znw] *anticonceptie*
contraceptive I [znw]

voorbehoedmiddel II [bnw]
anticonceptioneel
contract I [ov ww] • *contracteren,*
aannemen • *oplopen* ‹v. ziekte›
• (~ **for**) z. *verbinden tot, aannemen,*
overeenkomen II [on ww] *inkrimpen, z.*
samentrekken III [znw] • *contract,*
verdrag, overeenkomst • *verloving*
contraction [znw] *samentrekking*
contractor [znw] • ‹hand.› *leverancier*
• ‹archit.› *aannemer* • ‹anat.› *sluitspier*
contractual [bnw] *contractueel, m.b.t.*
contract
contradict [ov ww] *ontkennen,*
tegenspreken
contradiction [znw]
• *tegenstrijdigheid* • *tegenspraak*
contradictory [bnw] *tegenstrijdig*
contralto [znw] *alt*
contrary I [znw] *tegengestelde* II [bnw]
• *ongunstig* • *tegen(gesteld)*
• *tegendraads*
contribute [ov + on ww] *bijdragen*
• (~ **to**) *bevorderen*
contribution [znw] *bijdrage*
contributor [znw] *medewerker*
contributory I [znw] *medewerker*
II [bnw] *secundair*
contrivance [znw] • *overleg* • *middel,*
toestel • *vindingrijkheid, vernuft, list*
contrive [ov ww] *het klaarspelen,*
uitdenken
contrived [bnw] *onnatuurlijk,*
gekunsteld
control I [ov ww] • *controleren*
• *beheersen* • *beheren, leiden, besturen*
II [znw] • *toezicht, beheer* • *bediening*
‹v. apparaat›, *besturing* ‹v. voertuig›
• *bedwang* • *macht* • *controle*
• *regelorgaan, stuurorgaan*
controller [znw] *controleur, regulateur*
controversial [bnw] *controversieel*
controversy [znw] • *polemiek*
• *dispuut* • *geschil, twistpunt*
conundrum [znw] *woordraadsel*
conurbation [znw] *agglomeratie*

convalesce [on ww] *herstellende zijn*
convalescence [znw] *herstel(periode)*
convalescent I [znw] *herstellende zieke*
II [bnw] *herstellend* ‹v. ziekte›
convene [ov ww] *oproepen,*
bijeenroepen
convenience I [ov ww] *gerieven*
II [znw] *gerief*
convent [znw] *klooster*
convention [znw] • *afspraak*
• *akkoord* • *conventie, gebruik*
• *bijeenroeping, vergadering*
conventional [bnw] • *vormelijk*
• *(stilzwijgend) overeengekomen,*
gebruikelijk
converge I [ov ww] *in één punt laten*
samenkomen II [on ww] *in één punt*
samenkomen
conversant [bnw] *bedreven*
conversation [znw] *het praten, gesprek*
conversational [bnw] *gespreks-*
converse I [on ww] *converseren* II [znw]
het omgekeerde III [bnw] *omgekeerd*
conversion [znw] • *conversie* • *bekering*
convert I [ov ww] • *bekeren* • *omzetten,*
converteren II [on ww] *veranderen*
III [znw] *bekeerling*
convertible I [znw] *cabriolet* II [bnw]
omkeerbaar, in-/verwisselbaar
convex [bnw] *bol*
convey [ov ww] • *mededelen,*
uitdrukken • *vervoeren*
convict I [ov ww] • *overtuigen* ‹v.
dwaling› • *schuldig bevinden,*
veroordelen II [znw] • *dwangarbeider*
• *gevangene* III [bnw] *straf-*
convince [ov ww] *overtuigen*
convocation [znw] *senaat, synode*
convoy I [ov ww] *begeleiden* II [znw]
konvooi
convulsion [znw] *stuiptrekking*
coo [on ww] *kirren*
cook I [ov + on ww] *koken, bereiden*
• (~ **up**) *verwarmen* II [znw] *kok,*
keukenmeid
cooker [znw]

• kookfornuis/-pan/-toestel • *stoofpeer*
cookery [znw] *kookkunst*
cooking [znw] *het koken, kookkunst*
cool I [ov + on ww] *bekoelen*
• (~ down/off) *afkoelen* II [znw]
koelte III [bnw] • *koel, kalm* • *brutaal*
• *ongeïnteresseerd*
cooler [znw] *koeler*
coop I [ov ww] *opsluiten* • (~ in/up)
opsluiten II [znw] • *fuik*
• *kippenhok/-mand*
cop I [ov ww] *pakken, inrekenen*
II [znw] *smeris*
cope I [ov ww] *bedekken* II [on ww] *'t*
aankunnen • (~ with) *het hoofd*
bieden aan
co-pilot [znw] *tweede piloot*
copious [bnw] *overvloedig,*
(woorden)rijk
copper I [znw] • *koperen ketel* • *smeris*
• *(rood)koper* II [bnw] *koperen*
coppice, copse [znw] *kreupelbosje*
copulate [on ww] • *paren* • z. *koppelen*
copy I [ov ww] • *nabootsen*
• *overschrijven, kopiëren* • (~ out)
letterlijk overschrijven II [znw]
• *exemplaar* • *kopie, afschrift*
• *reclame-inhoud, kopij* • *model*
coral I [znw] *koraal* II [bnw]
• *koraalrood* • *koralen*
cord [znw] *streng, koord*
cordial I [znw] • *likeur*
• *hartversterkend middel* II [bnw]
hartelijk, hartversterkend
cordon I [ov ww] • (~ off) *met een*
kordon afzetten II [znw] • *kordon*
• *ordelint, sierkoord*
core [znw] • *klokhuis* • *binnenste, kern*
cork I [ov ww] *kurken* • (~ up)
(dicht)kurken II [znw] *kurk(eik)*
III [bnw] *kurken-*
cormorant [znw] • *veelvraat*
• *aalscholver*
corn I [ov ww] *zouten* II [znw] • *korrel*
• *likdoorn* • *koren, graan* • ‹AE› *maïs*
• ‹AE› *whisky*

cornea [znw] *hoornvlies*
corner I [ov ww] • *in de hoek*
drijven/zetten • *opkopen om prijzen op*
te drijven • v. *hoek voorzien* II [on ww]
de hoek nemen/omslaan III [znw]
• *hoek* • *hoekschop*
cornice [znw] *(kroon)lijst, lijstwerk*
Cornish I [znw] *taal* v. *Cornwall*
II [bnw] *m.b.t. Cornwall*
corny [bnw] • *sentimenteel* • *flauw* ‹fig.›
coronary I [znw] ‹inf.› *hartinfarct*
II [bnw] *kroonvormig*
coronation [znw] *kroning*
coroner [znw] • = *rechter* v. *instructie*
• *lijkschouwer*
corporal I [znw] *korporaal, corporale*
II [bnw] *lichamelijk*
corporate [bnw] *gemeenschappelijk,*
gezamenlijk
corporation [znw] • *rechtspersoon(lijk*
lichaam) • *onderneming, maatschappij*
• ‹AE› *bedrijf*
corporeal [bnw] *lichamelijk, stoffelijk*
corpse [znw] *lijk*
corpulent [bnw] *zwaarlijvig*
corral [znw] • *wagenkamp* • *omheining*
• *kraal*
correct I [ov ww] • *verbeteren*
• *terechtwijzen, afstraffen* • *verhelpen,*
reguleren II [bnw] • *goed, juist*
• *correct, netjes*
correction [znw] *verbetering*
corrective I [znw] *verbeterend middel*
II [bnw] *verbeterend*
correlate I [ov + on ww] *in onderling*
verband brengen/staan II [znw]
wisselbegrip
correspond [on ww] *corresponderen*
• (~ to) *beantwoorden aan*
correspondent I [znw]
• *correspondent* • *zakenrelatie* II [bnw]
overeenkomend
corresponding [bnw]
corresponderend, overeenkomstig
corridor [znw] *gang*
corroborate [ov ww] *bekrachtigen,*

bevestigen
corroborative [bnw] *bevestigend*
corrode I [ov ww] *aan-/wegvreten*
II [on ww] *wegteren, (ver)roesten,*
oxyderen
corrosion [znw] *roest*
corrupt I [ov ww] • *omkopen*
• *be-/verderven* II [on ww] *ontaarden*
III [bnw] • *omkoopbaar, corrupt,*
be-/verdorven • *verknoeid, vervalst*
corruption [znw] *corruptie, omkoping*
cosine [znw] *cosinus*
cosmetic I [znw] *schoonheidsmiddel*
II [bnw] *schoonheids-*
cosmic(al) [bnw] *kosmisch*
cosmonaut [znw] *ruimtevaarder*
cosmopolitan I [znw] *wereldburger*
II [bnw] *cosmopolitisch*
cosmos [znw] *heelal*
cosset [ov ww] *verwennen*
cost I [ov ww] *kosten* II [znw] *prijs,*
kosten
co-star [znw] *tegenspeler/-speelster* ‹in
film/toneelstuk›
costly [bnw] *duur, kostbaar*
costume I [ov ww] *kleden* II [znw]
kostuum, klederdracht
cosy I [ov ww] *sussen* • (~ **up to**) z.
nestelen bij II [znw] *theemuts* III [bnw]
gezellig, knus
cot [znw] *ledikant(je), krib*
cottage [znw] *huisje, villaatje, hut*
cotton I [on ww] • (~ **on**) *het snappen*
• (~ **up to**) z. *bemind maken bij*
II [znw] *katoen, garen* III [bnw]
katoenen
couch I [ov ww] • *verwoorden,*
formuleren • *neerleggen* II [on ww]
gaan liggen, klaar liggen voor de
sprong III [znw] • *sofa* • *(rust)bed,*
divan
could [ww] *verl. tijd* → **can**
council [znw] • *(raad)svergadering*
• *concilie*
counsel I [ov + on ww] *adviseren*
II [znw] • *advocaten, advocaat*

• *adviseur* • *plan* • *beraadslaging,*
overleg, raad(geving)
counsellor [znw] • *raadgever*
• *welzijnswerker*
count I [ov ww] *(mee-/op)tellen,*
rekenen • (~ **down**) *aftellen* • (~ **in**)
meerekenen • (~ **out**) *uittellen, aftellen*
II [on ww] *meetellen, gelden* • (~ **for**)
meetellen als • (~ **on**) *rekenen op*
III [znw] • *graaf* • *tel(ling), aantal*
countenance I [ov ww] • *goedvinden*
• *steunen, aanmoedigen* II [znw]
• *gelaat(suitdrukking)* • *steun,*
aanmoediging
counterfeit I [ov ww] *vervalsen*
II [on ww] *huichelen* III [znw] *namaak*
IV [bnw] *nagemaakt, vals*
countermand I [ov ww] • *afbestellen,*
annuleren • *een tegenbevel geven*
II [znw] *tegenbevel*
countess [znw] *gravin*
countless [bnw] *talloos*
country [znw] • *land* • *streek*
• *platteland, de provincie*
county [znw] • *graafschap* • ‹AE›
provincie
coup [znw] • *coup* • *goede slag/zet*
coupé [znw] • *tweedeursauto* • *coupé*
• *tweepersoonsrijtuig*
couple I [ov ww] *koppelen* • (~ **with**)
paren aan II [on ww] • *paren* • *paren*
vormen III [znw] *paar(tje), tweetal*
couplet [znw] *twee rijmende versregels*
courage [znw] *moed*
courageous [bnw] *moedig*
courier [znw] *koerier*
course I [ov ww] *jagen op, najagen*
II [on ww] *snellen, stromen* III [znw]
• *loop, (be-/ver)loop* • *kuur* • *reeks*
• *cursus* • *gang* ‹v. maaltijd› • *weg,*
(ren)baan • *gedragslijn, koers*
court I [ov ww] • *streven naar*
• *uitlokken* • *het hof maken* II [on ww]
verkering hebben, vrijen III [znw] • *hof*
• *rechtzitting, rechtbank, gerechtshof*
• *hofhouding* • *vergadering, college*

courtesy [znw] hoffelijkheid
courtier [znw] hoveling
courtly [bnw] hoofs, vleierig
cousin [znw] neef <zoon v. oom en tante>, nicht <dochter v. oom en tante>
cove [znw] inham
covenant I [ov + on ww] overeenkomen II [znw] verbond, verdrag
cover I [ov ww] • beschermen • insluiten • verbergen • v. toepassing zijn op • overstelpen met • z. uitstrekken over • be-/overdekken • (z.) dekken • (~ over) geheel bedekken • (~ up) verbergen, toedekken, in de doofpot stoppen II [on ww] • (~ for) invallen voor III [znw] • bedekking, deksel • buitenband • couvert • dekmantel • boekomslag • bescherming, schuilplaats
coverage [znw] (pers)verslag
covering [znw] dekking
covert I [znw] schuilplaats, struikgewas II [bnw] • impliciet • heimelijk
covet [ov ww] begeren
covetous [bnw] begerig, hebzuchtig
cow [znw] • koe • wijfje <bij zoogdieren>
coward [znw] lafaard
cowardice [znw] lafheid
cowardly [bnw + bijw] lafhartig
cower [on ww] (neer)hurken, ineenkrimpen
coy [bnw] • afgezonderd • bedeesd, zedig
crab I [on ww] mopperen II [znw] • krab • laagste worp <bij dobbelspel> • lier • platluis
crabbed [bnw] • kriebelig <handschrift> • kribbig, nors
crack I [ov ww] • doen barsten • laten knallen • kraken <v. codes>, ontcijferen II [on ww] • knallen • breken/overslaan <v. stem> • geestelijk instorten <onder druk> • snoeven • scheuren, barsten, kraken III [znw] • inbraak • gekraak, (ge)knal, klap • kier, spleet, barst • eersteklas paard/schutter/speler, enz. • inbreker

IV [bnw] prima, eersteklas
cracked [bnw] getikt
cracker [znw] • spetter <persoon> • giller • cracker, dun biscuitje • voetzoeker, knaller • leugen
cracking <sl.> [bnw] • uitstekend, geweldig • snel
crackle I [on ww] knetteren, knappen II [znw] • geknetter • craquelé III [bnw] craquelé
crackling [znw] • gebraden zwoerd • geknetter
cradle [znw] wieg
crafty [bnw] listig
crag [znw] • steile rots • schelpzand
craggy [bnw] • rotsig • woest • verweerd <fig.>
cram I [ov ww] volproppen, inpompen <kennis> II [on ww] (z.) volstoppen III [znw] gedrang
cramp I [ov ww] • verankeren • belemmeren, vastklemmen • kramp veroorzaken (in) • (~ up) in nauwe ruimte opsluiten II [znw] • kramp • muuranker, klemhaak
cramped [bnw] • bekrompen • met kramp • kriebelig, gewrongen
cranberry [znw] veenbes
cranium [znw] schedel
crank I [znw] • zonderling • slinger • kruk(stang) II [bnw] zwak, wankel • (~ up) aanslingeren <v. auto>
cranky [bnw] • excentriek • humeurig • wankel • kronkelend
cranny [znw] scheur, spleet
crap <vulg.> [znw] • gelul • rotzooi, troep
crash I [ov ww] verbrijzelen II [on ww] • te pletter vallen • failliet gaan • daveren • galmen • (~ against/into) aanbotsen tegen III [znw] • botsing • klap • <econ.> krach
crashing <inf.> [bnw] verpletterend, ongelooflijk
crass [bnw] grof, lomp
crate [znw] • krat • tenen mand

crater [znw] • krater • bomtrechter
crave I [ov ww] smeken, verzoeken
II [on ww] hunkeren • (~ for) vurig
verlangen naar
craving [znw] verzoek, smeekbede
crawl I [on ww] • crawlen • (de) hielen
likken • kruipen • langzaam
bewegen/voortgaan • (~ with)
krioelen van II [znw] crawl
crayon [znw] • koolspits • kleurpotlood,
tekenkrijt • pastel(tekening)
craze I [ov ww] • krankzinnig maken
• craqueleren II [on ww] gecraqueleerd
zijn III [znw] manie, rage
crazy [bnw] • gek, krankzinnig
• bouwvallig • grillig, met
onregelmatig patroon
creak I [on ww] piepen, knarsen II [znw]
geknars
creaky [bnw] knarsend
cream I [ov ww] • tot room maken
• afromen • room doen bij II [on ww]
room/schuim vormen III [znw] • room
• crème • crème de la crème, het puikje
creamy [bnw] • smeuïg • zacht, vol
crease I [ov + on ww] vouwen, kreukelen
II [znw] • streep <bij cricket> • vouw,
kreukel
create [ov ww] • scheppen,
teweegbrengen • verheffen tot
• benoemen
creator [znw] schepper
creature [znw] • voortbrengsel
• schepsel, dier
credence [znw] • geloof • credens(tafel)
credentials [mv] geloofsbrieven
credible [bnw] geloofwaardig
credit I [ov ww] • geloven • crediteren
II [znw] • verdienste, eer, merite
• invloed • goede naam • krediet
• credit(zijde) • vertrouwen, geloof
creditable [bnw] eervol,
achtenswaardig
creditor [znw] schuldeiser, crediteur
credulity [znw] lichtgelovigheid
creed [znw] geloof(sbelijdenis)

creek [znw] • kreek • inham • <AE>
riviertje
creep I [on ww] sluipen, kruipen
II [znw] griezel
creeper [znw] • kruiper
• kruipdier/-plant
creepy [bnw] griezelig
cremate [ov ww] cremeren
crept [ww] verl. tijd + volt. deelw.
→ creep
crescent I [znw] • maansikkel, halve
maan • rij huizen in halve cirkel
• halve cirkel II [bnw] • wassend <v.
maan> • halvemaanvormig
cress [znw] tuinkers, waterkers
crest [znw] • hoogtepunt, top
• (schuim)kop op golf • pluim • kuif,
kam
cretin [znw] • idioot • gedrochtje
crevice [znw] spleet, scheur
crew [znw] • bemanning, personeel
• zootje, troep
crib I [ov ww] • gappen • opsluiten
II [on ww] • spieken • plagiaat plegen
III [znw] • hut • krib • plagiaat,
gespiekte vertaling, spiekbriefje
crick [znw] kramp
cricket [znw] • krekel • cricket(spel)
cricketer [znw] cricketspeler
crier [znw] • huiler • omroeper,
schreeuwer
crikey [tw] allemachtig!
crime [znw] misdaad
crimp [ov ww] krullen <v. haar>, plooien
crimson I [ov ww] rood kleuren
II [on ww] rood worden III [znw]
karm(oz)ijnrood IV [bnw]
karm(oz)ijnrood
cringe I [on ww] ineenkrimpen • (~ to)
kruipen voor II [znw] slaafse buiging
crinkle I [ov + on ww] rimpelen,
(ver)frommelen II [znw] kreuk, rimpel
crinkly [bnw] verkreukt, rimpelig
cripple I [ov ww] • verminken
• verlammen, belemmeren II [znw]
kreupele

crisp I [znw] chip II [bnw] • netjes en
verzorgd • levendig • kroes-, gekruld
• kort en bondig • pittig, krachtig • fris
• bros, krokant
criterion [znw] criterium, maatstaf
critic [znw] • vitter • criticus,
beoordelaar
critical [bnw] • hachelijk, kritiek
• vitterig • kritisch
criticism [znw] • kritiek • kritische
bespreking
criticize [ov ww] • bespreken
• beoordelen • aanmerkingen maken op
croak I [ov ww] <sl.> mollen II [on ww]
• krassen, kwaken • ongeluk
voorspellen • <vulg.> kreperen
crochet I [ov + on ww] haken <met wol
of garen> II [znw] haakwerk
crock [znw] pot(scherf)
crockery [znw] aardewerk, serviesgoed
crocodile [znw] krokodil
croft [znw] perceeltje bouwland, kleine
pachtboerderij
crofter [znw] keuterboer, pachtboertje
crone [znw] oud wijf
crony [znw] boezemvriend(in)
crook I [on ww] buigen, z. krommen
II [znw] • kromstaf • oplichter, boef
• kromte, bocht, haak III [bnw]
→ crooked
crooked [bnw] • oneerlijk, onoprecht
• met krom handvat • krom, gebogen
croon I [ov + on ww] • croonen
• neuriën II [znw] • liedje • zacht
stemgeluid
crop I [ov ww] • bebouwen, oogsten,
• afknippen, afsnijden • bijsnijden
II [on ww] opbrengen • (~ out/up)
vóórkomen, (plotseling) opduiken
III [znw] • gewas, oogst, krop
• rijzweepje • zeer kort geknipt haar
cross I [ov + on ww] oversteken, dwars
gaan door II [ov ww] • strepen <v.
cheque> • dwarsbomen • dwars over
elkaar leggen • (~ out) doorhalen
III [on ww] (elkaar) kruisen IV [znw]

• kruis(ing), kruisteken • bedrog,
zwendel V [bnw] • oneerlijk • gekruist
• tegengesteld, dwars • uit zijn humeur
crotch [znw] • kruis <v. menselijk
lichaam> • vertakking
crotchet [znw] • haakje • gril • <muz.>
kwartnoot
crotchety [bnw] grillig, nukkig
crouch [on ww] • neerhurken, z.
bukken • kruipen
crow I [on ww] kraaien • (~ over)
victorie kraaien II [znw] • koevoet
• kraai, gekraai
crowd I [ov ww] samenpakken in,
volproppen • (~ into/out) naar
binnen/buiten dringen II [on ww] (z.
ver)dringen III [znw] menigte,
gedrang, troep, gezelschap, hoop
crowded [bnw] druk, gedrongen, vol
crown I [ov ww] kroon zetten op,
(be)kronen, alles overtreffen II [znw]
• kroon • kruin, hoogste punt • bol <v.
hoed>
crucial [bnw] cruciaal, beslissend,
kritiek
crucible [znw] • vuurproef <fig.>
• smeltkroes
crucifix [znw] kruisbeeld
crucify [ov ww] • kruisigen • kastijden
crude [bnw] onrijp, ruw, onafgewerkt,
grof, rauw
cruel [bnw] wreed
cruelty [znw] wreedheid
cruet [znw] • ampul • azijn-/olieflesje
cruise I [ov ww] bevaren II [on ww]
• kruisen • varen • patrouilleren
III [znw] • cruise • tocht
crumpet [znw] • bol • kop • plaatkoek
crumple I [ov ww] kreuk(el)en,
(op)frommelen II [on ww] in elkaar
schrompelen, zakken
crunch I [ov ww] • doen knerpen
• kapotkauwen II [on ww] knarsen,
knerpen III [znw] geknars
crusade I [on ww] een kruistocht voeren
II [znw] kruistocht

crusader [znw] *kruisvaarder*
crush I [ov + on ww] *dringen,*
verfomfaaien • (~ **into**) (z.) *dringen in*
II [ov ww] *verpletteren, in elkaar*
persen, de kop indrukken • (~ **out**)
uitroeien III [znw] *drukte*
crust I [ov ww] *met een korst bedekken*
II [on ww] *aankoeken, een koek vormen*
III [znw] *korst*
crustacean I [znw] *schaaldier* II [bnw]
m.b.t. schaaldieren
crutch I [ov ww] *steunen* II [znw] *kruk,*
steun
crux [znw] *moeilijkheid, probleem*
cry I [ov + on ww] • *schreeuwen,*
(uit)roepen • *huilen* • *omroepen*
• (~ **for**) *schreeuwen om/van* • (~ **off**)
ervan afzien • (~ **out**) *het*
uitschreeuwen, luid protesteren
II [znw] • *kreet, roep* • *huilbui*
• *(ge)schreeuw, gehuil, geblaf, geluid*
<v. dier> • *gerucht* • *publieke opinie*
crying [bnw] *dringend, ten hemel*
schreiend
crypt [znw] *crypte*
crystal I [znw] *kristal* II [bnw] *kristal-*
crystalline [bnw] *kristallijn*
cub I [on ww] *jongen werpen* II [znw]
welp, jong <v. beer, vos, grote kat>
Cuban I [znw] *Cubaan* II [bnw]
Cubaans
cube [znw] • *blok(je)* • *dobbelsteen*
• *kubus*
cubic(al) [bnw] • *kubiek* • *kubusvormig*
cubicle [znw] *hokje, stemhokje,*
slaaphokje
cubism [znw] *kubisme*
cucumber [znw] *komkommer*
cuddle I [ov ww] *knuffelen* II [on ww]
z. *nestelen, knus tegen elkaar gaan*
liggen III [znw] *knuffel*
cuddly [bnw] *van knuffelen houdend,*
aanhalig
cue [znw] • *biljart-/pool-/snookerkeu*
• *stemming* • *aanwijzing, wenk*
cuff I [ov ww] *klap/stomp geven*

II [znw] • *manchet* • *stomp, klap*
culinary [znw] *keuken-, kook-*
cull I [ov ww] *plukken, selecteren*
II [znw] *sukkel*
culminate [on ww] *op 't toppunt zijn,*
culmineren
culpable [bnw] *schuldig*
cult [znw] • *rage* • *eredienst* • *cultus*
cultivate [ov ww] • *beoefenen*
• *verzorgen, koesteren* • *veredelen,*
beschaven • *kweken, bebouwen*
cultivated [bnw] *beschaafd, ontwikkeld*
cultural [bnw] *cultureel*
culture I [ov ww] → **cultivate**
II [znw] • *kweek* • *cultuur*
cultured [bnw] *ontwikkeld, beschaafd*
cumbersome, cumbrous [bnw]
moeilijk hanteerbaar, omslachtig
cumulative [bnw] *aangroeiend*
cumulus [znw] *stapel(wolk)*
cunning I [znw] *listigheid* II [bnw]
listig, sluw
cup I [ov ww] *tot een kom vormen*
II [znw] • *kelk* • *kom* • *beker, kop(je)*
• *holte*
curable [bnw] *geneeslijk, te genezen*
curate [znw] *hulpprediker, kapelaan*
curator [znw] • *directeur* • *curator,*
conservator
curd I [ov + on ww] → **curdle** II [znw]
curdle I [ov ww] *doen stremmen*
II [on ww] *stollen, stremmen* III [znw]
gestremde melk
cure I [ov + on ww] *genezen, verhelpen*
II [znw] • *genezing* • *kuur*
• *vulcanisatie* • *geneesmiddel*
curfew [znw] *avondklok*
curio [znw] *rariteit*
curiosity [znw] • *rariteit*
• *nieuwsgierigheid*
curious [bnw] • *nauwgezet*
• *merkwaardig, eigenaardig*
• *weetgierig, nieuwsgierig*
curlew [znw] *wulp*
currant [znw] • *krent* • *aalbes*
currency [znw] • *(om)loop(tijd),*

circulatie • valuta, koers, deviezen
• algemene geldigheid
current I [znw] • strekking • stroom,
richting, loop II [bnw] • actueel, lopend
• (algemeen) gangbaar • geldig,
geldend
curriculum [znw] leerplan, cursus
curry I [ov ww] • roskammen • met
kerrie kruiden II [znw] kerrie(schotel)
curse I [ov + on ww] (uit)vloeken
• (~ **with**) bezoeken met II [znw]
(ver)vloek(ing)
cursed [bnw] vervloekt
cursory [bnw] vluchtig
curt [bnw] kort(af), beknopt
curtail [ov ww] korten, beperken
• (~ **of**) beroven van
curtain [znw] gordijn
curvaceous [bnw] met goed gevormde
rondingen <v. (vrouwelijk) lichaam>
curvature [znw] kromming
curve I [on ww] (z.) buigen II [znw]
curve, gebogen lijn
cushion I [ov ww] van kussen voorzien,
met kussen steunen II [znw] • kussen
• (biljart)band
cushy [bnw] • fijn, lekker • <sl.>
gemakkelijk
custodian [znw] bewaarder, voogd
custody [znw] • bewaring, hechtenis
• hoede
custom [znw] gewoonte(recht), gebruik
customary [bnw] gewoonlijk
customer [znw] klant
cut I [ov + on ww] • (~ **back**) snoeien,
inkrimpen II [ov ww] • (~ **down**)
omhakken, beperken, bezuinigen
• (~ **off**) afsnijden, stopzetten,
uitsluiten van, afsluiten van • (~ **out**)
ophouden (met), uitsnijden,
uitknippen, verwijderen, uitschakelen,
verdringen • (~ **up**) kapotsnijden,
uitroeien, afkraken, erg aangrijpen,
opsnijden, vernielen III [on ww]
• kapothakken • verdelen • modelleren
• (bij)slijpen • bijknippen • monteren

<film> • verlagen • negeren • snijden
• versnijden • (af)knippen • (~ **across**)
dwars doorsteken, ingaan tegen,
doorbreken • (~ **at**) uithalen naar,
inhakken op • (~ **into**) aansnijden,
onderbreken, een aanslag doen op
• (~ **out**) weigeren IV [znw] • geul
• snit, coupe, stijl • snede • knip • het
snijden • het (haar) knippen • slag,
houw, jaap • houtsnede • verlaging,
vermindering
cute [bnw] • bijdehand • schattig • <AE>
leuk
cutlet [znw] kotelet
cutter [znw] • sloep, kotter
• montagetechnicus <film> • soort
baksteen • snijder, snijmachine
cutting I [znw] • stek <v. plant>
• af-/uitgeknipt stuk II [bnw]
afgesneden, uitgesneden
cybernetics [mv] cybernetica
cycle I [on ww] fietsen II [znw] • hertz
• periode • (motor)fiets • kringloop
• cyclus
cyclist [znw] fietser
cyclone [znw] cycloon
cylinder [znw] cilinder, rol
cymbal [znw] bekken
cynic I [znw] cynicus II [bnw] cynisch
cynical [bnw] cynisch
cypher [znw] → cipher
cypress [znw] cipres
Cypriot I [znw] Cyprioot II [bnw]
Cyprisch
cyst [znw] • cyste • vruchtvlies • blaas
• abces
czar [znw] tsaar
czarina [znw] keizerin <v. Rusland>
Czech I [znw] Tsjech II [bnw] Tsjechisch
Czechoslovak I [znw]
Tsjecho-Slowaak II [bnw]
Tsjecho-Slowaaks

D

dab I [ov + on ww] *betten* II [znw]
• *veeg(je), likje* <verf> • *schar*
dabbler [znw] • *dilettant* • *beunhaas*
dachshund [znw] *taks(hond)*
dado [znw] • *voetstuk* • *lambrisering*
daffodil [znw] *gele narcis*
daft <vulg.> [bnw] *dwaas, dol*
dagger [znw] • *dolk* • *(het teken)* +
dago [znw] • *Spanjool* • *Portugees*
• *Italiaan*
daily [bnw + bijw] *dagelijks*
dainty I [znw] *lekkernij* II [bnw] • *fijn,
tenger* • *kieskeurig*
dairy [znw] • *zuivelfabriek* • *melkwinkel*
dais [znw] *podium*
daisy [znw] *madeliefje*
dally [on ww] • *dartelen* • *talmen*
• *(~ with) flirten/spelen met*
dam I [ov ww] • *(~ up) afdammen,
indijken* II [znw] • *opgestuwd water*
• *moer* <v. dier> • *dam, dijk*
damage I [ov ww] *beschadigen* II [znw]
schade
damask I [ov ww] *damasceren* II [znw]
damast III [bnw] *damasten*
dame [znw] • *moedertje* • *vrouwe* • <AE>
griet
damn I [ov ww] • *verdoemen*
• *vervloeken* II [bnw + bijw] *vervloekt*
damnable [bnw] *vervloekt*
damnation [znw] • *vervloeking*
• *verdoemenis*
damned [bnw] • *uiterst, totaal*
• *verdomd*
damp I [ov ww] *bevochtigen* II [bnw]
vochtig, klam
damper [znw] • *domper* <fig.>
• *bevochtiger* • *demper* • *regelklep* <v.
kachel>, *sleutel* <v. kachel>
dance I [on ww] • *dansen* • *wiegen*
II [znw] *bal*

dancer [znw] *danser*
dandelion [znw] *paardenbloem*
dandruff [znw] *hoofdroos*
dandy I [znw] *fat* II [bnw] • *fatterig*
• *chic*
Dane [znw] • *Deen* • *Noorman*
• *Deense dog*
danger [znw] *gevaar*
Danish [bnw] *Deens*
dank [bnw] *vochtig*
dapper [bnw] *parmantig, kwiek*
dare [ov + on ww] *durven*
daring I [znw] *vermetelheid* II [bnw]
• *vermetel* • *gewaagd*
dark I [znw] *het donker* II [bnw] *donker*
darken [ov ww] *donker maken,
verduisteren*
darling I [znw] *lieveling* II [bnw]
geliefd
darn I [on ww] *stoppen* <v. sokken>
II [znw] *stop*
dart I [ov ww] *(af)schieten, werpen*
• *(~ out) razendsnel uitsteken*
II [on ww] • *(~ away) wegstuiven*
III [znw] • *schijf* <bij darts> • *pijl(tje),
werpspies* • *angel* • *plotselinge sprong
vooruit* • *worp*
dash I [ov + on ww] *slaan, smijten,
smakken, kletsen* • *(~ against)
(ergens) tegenaan smijten* II [ov ww]
• *(~ in) inslaan/smijten,
binnenstuiven* • *(~ off) wegsnellen*
III [znw] • *gedachtestreepje* • *streep*
• *pennenstreek* • *zwier* • *scheutje, tintje,
tikje*
dashboard [znw] • *spatscherm*
• *dashboard*
dashing [bnw] • *onstuimig* • *kranig,
kloek* • *chic, zwierig*
data [mv] • *informatie* • *gegevens, data*
date I [ov ww] • *dateren* • *ouderdom
vaststellen van* • *afspraakjes hebben
met* • *dagtekenen* II [znw]
• *dadel(palm)* • *datum, jaartal* • <AE>
afspraak(je)
dated [bnw] *gedateerd, ouderwets*

daub I [ov ww] • bepleisteren
• bekladden II [znw] pleisterkalk
daughter [znw] dochter
daunt [ov ww] ontmoedigen, bang
maken
dauntless [bnw] onvervaard
dawdle [on ww] • beuzelen, lummelen
• talmen
dawn I [on ww] • dagen, licht worden
• aanbreken • ontluiken <fig.> II [znw]
dageraad
day [znw] dag
daze I [ov ww] • verbijsteren, doen
duizelen • verblinden II [znw]
verbijstering
dazzle I [ov ww] • verbijsteren
• verblinden II [znw] schittering, pracht
deacon [znw] • diaken • ouderling
dead I [znw] II [bnw] • dood
• uitgedoofd • totaal, volstrekt
III [bijw] • dodelijk • uiterst • volkomen
deaden I [ov ww] • geestelijk doden
• krachteloos maken II [on ww] • glans
verliezen • krachteloos worden
deaf [bnw] doof
deafen [ov ww] doof maken
deal I [ov ww] • handelen • uitdelen
• (~ with) behandelen, handelen over,
klant zijn bij II [znw] • (vuil) zaakje
• transactie
dealer [znw] • dealer • handelaar
dean [znw] • deken • decaan
dear I [znw] liefste II [bnw] • duur,
kostbaar • lief, dierbaar
dearie, deary [znw] lieveling
dearly [bijw] • duur • zeer, dolgraag
deathly [bnw] • dodelijk • doods
debar [ov ww] • uitsluiten • verhinderen
debase [ov ww] • vernederen • vervalsen
debatable [bnw] betwistbaar
debate I [ov ww] • betwisten
• overpeinzen II [on ww] debatteren
III [znw] debat
debauch [ov ww] op 't slechte pad
brengen
debauchery [znw] losbandigheid

debilitate [ov ww] verzwakken
debility [znw] zwakte, zwakheid
debit I [ov ww] • (~ against) debiteren
• (~ with) debiteren voor II [znw]
debetpost, debetzijde
debonair [bnw] vriendelijk, goedig
debrief [ov ww] verslag laten
uitbrengen
debris [znw] • puin • resten
debtor [znw] schuldenaar, debiteur
debug [ov ww] • fouten opsporen en
verwijderen <in
computerprogramma>
• afluisterapparatuur weghalen
debunk [ov ww] ontmaskeren, van zijn
voetstuk stoten
decad(e) [znw] • 10-tal • decennium
decadence [znw] decadentie
decadent I [znw] decadent II [bnw]
• decadent • in verval
decamp [on ww] opbreken, ervandoor
gaan
decant [ov ww] voorzichtig uitschenken
<v. wijn>
decanter [znw] wijnkaraf
decapitate [ov ww] onthoofden
decay I [on ww] vervallen, bederven,
rotten II [znw] • bederf • verval
deceased [bnw] overleden, pas
gestorven
deceit [znw] • misleiding
• bedrieglijkheid
deceitful [bnw] bedrieglijk
deceive [ov ww] bedriegen
decelerate [on ww] vaart minderen
decency [znw] fatsoen
decentralize [ov + on ww]
decentraliseren
deception [znw] bedrog, misleiding
deceptive [bnw] bedrieglijk
decide [ov + on ww] beslissen
decided [bnw] • beslist • uitgesproken
deciduous [bnw] loof <v. boom>
decimal I [znw] • decimaal • <wisk.>
tiendelige breuk II [bnw] • tientallig
• decimaal • <wisk.> tiendelig <v.

breuk>
decimalize [ov ww] *tiendelig maken*
decimate [ov ww] *decimeren*
decipher [ov ww] *ontcijferen*
decision [znw] • *vastberadenheid*
• *beslissing*
decisive [bnw] • *beslissend* • *beslist*
deck I [ov ww] • (~ out) *versieren*
II [znw] • *dek* • *spel kaarten*
declaim [ov + on ww] *declameren*
declaration [znw] *verklaring*
declare [ov ww] • *verklaren*
• *vaststellen* • *aangeven* <bij douane>
decode [ov ww] *decoderen*
decompose [on ww] *rotten*
decomposition [znw] *ontbinding*
decontaminate [ov ww] *ontsmetten*
decorate [ov ww] • *versieren* • *decoreren*
• *schilderen, behangen*
decoration [znw] *decoratie*
decorative [bnw] *decoratief*
decorator [znw] *huisschilder, behanger*
decorous [bnw] *waardig, fatsoenlijk*
decorum [znw] *waardigheid, fatsoen*
decoy I [ov ww] *(in de val) lokken*
II [znw] *lokeend, lokvogel, lokmiddel*
decrease I [ov ww] *verminderen*
II [on ww] *afnemen, dalen* III [znw]
afname
decrepit [bnw] *vervallen, afgeleefd*
dedicate [ov ww] • (~ to) *opdragen*
aan, toewijden aan
dedication [znw] *toewijding*
deduce [ov ww] *nagaan* • (~ from)
afleiden uit
deduct [ov ww] *aftrekken*
deduction [znw] • *aftrek, korting*
• *deductie*
deductive [bnw] *deductief*
deed [znw] • *daad* • *akte*
deem I [ov ww] *achten* II [on ww]
oordelen
deep I [znw] *diepte, zee* II [bnw]
• *diepzinnig, verdiept* • *diep, hoog*
<sneeuw>, *diepliggend*
deepen I [ov ww] *dieper maken*

II [on ww] *dieper worden*
deer [znw] *hert(en)*
deface [ov ww] *schenden, ontsieren*
defamation [znw] *smaad*
defamatory [bnw] *lasterlijk*
defame [ov ww] *belasteren*
default I [on ww] *in gebreke blijven,*
nalatig zijn II [znw] • *gebrek*
• *nalatigheid* • *verzuim* • *wanbetaling*
• *wanprestatie*
defeat I [ov ww] • *verslaan* • *verijdelen*
• *nietig verklaren* • *verwerpen* II [znw]
nederlaag
defeatism [znw] *defaitisme*
defence, defense [znw] • *verdediging*
• *afweermiddel* • *verweer*
defend [ov ww] *verdedigen, beschermen*
defendant [znw] *gedaagde*
defender [znw] *verdediger*
defensible [bnw] *verdedigbaar,*
houdbaar <fig.>
defensive [bnw] *verdedigend, defensief*
defer I [ov ww] *uitstellen* II [on ww]
• (~ to) z. *onderwerpen aan*
deference [znw] • *eerbied* • *eerbiediging*
deferential [bnw] *eerbiedig,*
onderdanig
defiance [znw] • *verzet* • *trotsering,*
uitdaging
defiant [bnw] • *uitdagend, tartend*
• *trotserend*
deficiency [znw] *tekort*
deficient [bnw] • *onvoldoende,*
gebrekkig • *zwakzinnig*
deficit [znw] • *tekort* • *achterstand*
defile I [on ww] • *bevuilen* • *ontwijden,*
onteren II [znw] *(berg)pas*
definable [bnw] *definieerbaar*
define I [ov ww] • *afbakenen, bepalen*
• *beschrijven, omschrijven* II [on ww]
definiëren
definite [bnw] • *bepaald* • *precies*
definition [znw] • *(beeld)scherpte*
• *definitie*
definitive [bnw] *beslissend, definitief*
deflate [ov ww] *laten ontsnappen* <v.

gas>, leeg laten lopen
deflect I [ov ww] doen afwijken, opzij buigen • (~ **from**) afketsen/-schampen van II [on ww] afwijken
deflection [znw] afbuiging
deflower [ov ww] ontmaagden
defoliant [znw] ontbladeringsmiddel
defoliate [ov + on ww] ontbladeren
deforest [ov ww] ontbossen
deform [ov ww] • ontsieren • misvormen
deformation [znw] • verbastering • misvorming
deformity [znw] • mismaaktheid • perversiteit • wangedrocht
defray [ov ww] bekostigen
deft [bnw] • handig, behendig • vlug
defunct [bnw] niet meer bestaand
defuse [ov ww] demonteren <v. explosieven>
defy [ov ww] trotseren, uitdagen (tot)
degenerate I [on ww] degenereren II [znw] gedegenereerde, ontaarde III [bnw] gedegenereerd, ontaard
degradation [znw] • degradatie • ontaarding
degrade [ov ww] • z. verlagen, ontaarden • degraderen
degree [znw] • mate • graad <ook academisch>
dehumanize [ov ww] ontmenselijken
dehydrate [ov ww] (uit)drogen
deify [ov ww] vergoddelijken
deign [ov + on ww] z. verwaardigen
deity [znw] godheid
dejected [bnw] ↓ down, ontmoedigd, neerslachtig
dejection [znw] neerslachtigheid
delay I [ov ww] uitstellen II [znw] vertraging
delectable [bnw] verrukkelijk
delectation [znw] genot
delegate I [ov ww] overdragen II [znw] • afgevaardigde • gemachtigde
delegation [znw] • delegatie • machtiging

delete [ov ww] wissen, schrappen
deliberate I [on ww] overwegen, overleggen II [bnw] • opzettelijk • weloverwogen • bedachtzaam
deliberation [znw] • behoedzaamheid • bedachtzaamheid • overleg, afweging, overweging
deliberative [bnw] beraadslagend
delicacy [znw] • fijngevoeligheid • delicatesse • teerheid
delicate [bnw] • kies, fijn(gevoelig) • zwak, teer • netelig, moeilijk • lekker
delicatessen [mv] • delicatessezaak • delicatessen, comestibles
delicious [bnw] lekker, heerlijk
delight I [on ww] verheugen II [znw] genot, vreugde, genoegen
delightful [bnw] verrukkelijk
delineate [ov ww] • omlijnen • schetsen, tekenen
delinquency [znw] • vergrijp • misdadig gedrag
delinquent I [znw] delinquent II [bnw] • misdadig • schuldig <aan vergrijp>
delirious [bnw] • ijlend • uitzinnig
deliver I [ov ww] • overhandigen, (af)leveren • verlossen II [on ww] bevallen
deliverance [znw] bevrijding
delivery [znw] • bestelling • het afleveren • verlossing • (het houden v.e.) toespraak
delude [ov ww] misleiden
deluge I [ov ww] overstelpen, overstromen II [znw] • (woorden)stroom • wolkbreuk
delusion [znw] • bedrog • zinsbegoocheling
delusive [bnw] misleidend, bedrieglijk
delve [on ww] grondig doorvorsen
demagogue [znw] volksmenner
demand I [ov ww] eisen, verlangen II [znw] • eis • <econ.> vraag
demarcate [ov ww] • demarqueren • afbakenen

demented [bnw] • *krankzinnig*
• *dement*
demerit [znw] • *gebrek* • *minpunt*
demilitarize [ov ww] *demilitariseren*
demise [znw] • *het vermaken,
overdraging* • *overlijden*
demist [ov ww] *ontwasemen*
demobilize, demob [ov + on ww]
‹mil.› *afzwaaien, demobiliseren*
democracy [znw] *democratie*
democrat [znw] *democraat*
democratize [ov + on ww]
democratiseren
demolish [ov ww] *slopen*
demolition [znw] • *vernietiging* • *het
slopen*
demonstrable [bnw] *aantoonbaar*
demonstrate I [ov ww]
• *demonstreren, bewijzen* • *aan de dag
leggen* II [on ww] *demonstreren,
betoging houden*
demonstration [znw] • *demonstratie*
• *actie* • *protestmars* • *vertoon*
• *betoging*
demonstrative I [znw] *aanwijzend
voornaamwoord* II [bnw]
• *aanwijzend, bewijzend* • *z. uitend*
• *demonstratief*
demonstrator [znw] • *demonstrator*
• *betoger*
demoralize [ov ww] *demoraliseren*
demur I [on ww] *bezwaar maken*
II [znw] • *bedenking* • *aarzeling*
den [znw] • *hol* • *hok* • *(werk)kamer*
denationalize [ov ww] *privatiseren*
denial [znw] • *ontkenning*
• *zelfverloochening*
denigrate [ov ww] • *denigreren*
• *belasteren*
denomination [znw] • *coupure,
(munt)eenheid* • *benaming* • *gezindte,
kerkgenootschap*
denominator [znw] ‹wisk.› *noemer*
‹in breuk›
denote [ov ww] • *aanduiden* • *wijzen op*
denounce [ov ww] *aanklagen*

dense [bnw] • *dicht* • *dom*
dent I [ov ww] *deuken* II [znw] *deuk*
dental I [znw] ‹taalk.› *dentaal* II [bnw]
tand-
dentist [znw] *tandarts*
dentistry [znw] *tandheelkunde*
denude [ov ww] *blootleggen*
denunciation [znw] → **denounce**
deny [ov ww] • *ontkennen*
• *(ver)loochenen* • *ontzeggen, weigeren*
depart [on ww] • *vertrekken*
• *heengaan, doodgaan*
department [znw] • *sectie, vakgroep*
• *afdeling* • *departement*
departmental [bnw] • *afdelings-*
• ‹AE› *ministerieel*
departure [znw] *vertrek*
depend [on ww] *eropaan kunnen,
vertrouwen* • *(~ (up)on) afhangen van*
dependence [znw] *afhankelijkheid*
depict [ov ww] • *uitbeelden, afbeelden*
• *afschilderen*
depilatory I [znw] *ontharingsmiddel*
II [bnw] *ontharend*
deplorable [bnw] *betreurenswaardig*
deplore [on ww] *betreuren*
depopulate [ov ww] *ontvolken*
deport [ov ww] • *verbannen*
• *deporteren*
deportment [znw] • *houding* • *gedrag*
depose [ov ww] *afzetten*
deposit I [ov ww] • *deponeren, in
bewaring geven* • *als waarborg storten*
• *(neer)leggen* • *afzetten* II [znw]
• *deposito* • *waarborgsom* • *storting*
• *afzetting, aanslibbing, geologische
laag*
deposition [znw] • *het deponeren*
• *afzetting* • *(aflegging v.) verklaring*
deprave [ov ww] *slecht maken, bederven*
depravity [znw] *verdorvenheid*
deprecate [ov ww] *afkeuren*
depreciate [ov + on ww] *in waarde
(doen) verminderen*
depress [ov ww] • *neerslachtig maken*
• *(neer)drukken* • *verlagen*

depression [znw] • het neerdrukken
• slapte, malaise, depressie
• neerslachtigheid • gebied van lage
luchtdruk
deprivation [znw] • ontbering • verlies
deprive [ov ww] beroven
depth [znw] diepte
deputation [znw] afvaardiging
depute [ov ww] • machtigen
• afvaardigen
deputize I [ov ww] aanstellen als
waarnemer II [on ww] waarnemen
deputy I [znw] • plaatsvervanger • <AE>
hulpsheriff II [bnw] • waarnemend,
plaatsvervangend • gevolmachtigd
• afgevaardigd
derail [ov ww] doen ontsporen
derelict [bnw] • verlaten • vervallen
dereliction [znw] het onbeheerd laten
deride [ov ww] uitlachen
derision [znw] spot
derisive [bnw] spottend
derivation [znw] • afleiding • afkomst
derivative I [znw] • derivaat • afgeleid
woord II [bnw] afgeleid, niet
oorspronkelijk
derive I [ov ww] • (~ from) afleiden
van, ontlenen aan II [on ww]
• (~ from) voortkomen uit,
afstammen van
derogatory [bnw] geringschattend
derrick [znw] • kraan, bok • boortoren
descale [ov ww] ontkalken
descendant [znw] afstammeling
descent [znw] • afdaling • afkomst,
geslacht
describe [ov ww] beschrijven
description [znw] beschrijving
descriptive [bnw] beschrijvend
desecrate [ov ww] ontwijden,
profaneren
desert I [ov ww] in de steek laten,
verlaten II [on ww] <mil.> deserteren
III [znw] woestijn
deserter [znw] deserteur
deserve [ov ww] verdienen

deserving [bnw] waardig
design I [ov + on ww] ontwerpen
II [znw] • schets, ontwerp(tekening)
• vormgeving • aanzien • plan, opzet
designate [ov ww] • (be)noemen,
aanduiden • bestemmen
designation [znw] • benoeming
• bestemming
designer [znw] • intrigant • ontwerper
designing [bnw] intrigerend, sluw
desire I [ov ww] • wensen • begeren
II [znw] • verlangen, wens • begeerte
desist [on ww] stoppen • (~ from)
afzien van, ophouden met
desk [znw] • schrijftafel, lessenaar
• afdeling • balie • <AE> preekstoel
desolate I [ov ww] • verwoesten
• ontvolken II [bnw] • eenzaam
• verwaarloosd • troosteloos
desolation [znw] • eenzaamheid,
verlatenheid • verwoesting
despair I [on ww] wanhopen II [znw]
wanhoop
despairing [bnw] wanhopig
desperate [bnw] • wanhopig • hopeloos
desperation [znw] wanhoop,
vertwijfeling
despicable [bnw] verachtelijk
despise [ov ww] verachten
despite [vz] ondanks, in weerwil van
despondent [bnw] • wanhopig,
vertwijfeld • zwaarmoedig
despot [znw] despoot
despotic [bnw] despotisch
despotism [znw] despotisme, tirannie
destination [znw] bestemming
destitute I [znw] noodlijdende II [bnw]
noodlijdend, behoeftig
destitution [znw] gebrek, armoede
destroy [ov ww] • afmaken <v. dier>
• vernietigen, vernielen
destroyer [znw] • vernietiger
• torpedojager
destruction [znw] vernietiging
destructive [bnw] destructief
desultory [bnw] • zonder vaste lijn

• *onsamenhangend* • *vluchtig*
detach [ov ww] • *detacheren* • *eraf halen, losmaken* • *los raken*
detachable [bnw] *afneembaar*
detached [bnw] • *objectief* • *los* • *emotieloos, afstandelijk* • *vrijstaand* <v. huis>
detachment [znw] • *detachement* • *gereserveerdheid*
detail [znw] • *bijzonderheid, detail* • *bijzaak* • <mil.> *kleine afdeling*
detain [ov ww] • *vasthouden* • *ophouden*
detect [ov ww] • *betrappen* • *bespeuren*
detection [znw] • *waarneming* • *speurwerk*
detective I [znw] • *detective* • *rechercheur* II [bnw] *recherche-*
detention [znw] • *nablijven* <op school> • *het vasthouden*
deter [ov ww] *afschrikken*
detergent [znw] *(af)wasmiddel*
deteriorate [on ww] *slechter worden*
determinant [znw] *beslissende factor*
determination [znw] • *bepaling, besluit* • *vastberadenheid* • *richting*
determine I [ov ww] *vaststellen, bepalen* II [on ww] *besluiten*
determined [bnw] *vastberaden*
deterrent I [znw] *afschrikwekkend middel* II [bnw] *afschrikwekkend*
detest [ov ww] *verafschuwen, haten*
detestable [bnw] *afschuwelijk*
detonate I [ov ww] *doen ontploffen* II [on ww] *ontploffen*
detour [znw] • *omweg* • *omleiding*
detract [on ww] • *(~ from) afbreuk doen aan*
detriment [znw] *nadeel*
detrimental [bnw] *schadelijk*
deuce [znw] • *twee* <op dobbelstenen, speelkaarten> • *40 gelijk* <tennis> • *du(i)vel, de donder*
devalue [ov + on ww] *in waarde (doen) dalen*
devastate [ov ww] *verwoesten*

devastating [bnw] • *ontzettend* • *verwoestend*
develop I [ov ww] • *ontginnen* • *ontwikkelen* II [on ww] • z. *ontwikkelen* • *aan de dag leggen*
developer [znw] • *uitwerker* • <foto.> *ontwikkelaar*
development [znw] *ontwikkeling*
deviant [bnw] *afwijkend, abnormaal*
deviate [on ww] • *afwijken* • *afdwalen*
deviation [znw] *afwijking*
device [znw] • *middel* • *opzet, plan* • *list* • *apparaat, uitvinding, toestel* • *ontwerp* • *devies, motto*
devil [znw] *duivel*
devious [bnw] • *slinks* • *kronkelend*
devise [ov ww] *bedenken, beramen*
devoid [bnw] *verstoken*
devolution [znw] • *delegatie* • *decentralisatie v. bestuur, overdracht van bestuur(sbevoegdheden)*
devolve I [ov ww] *overdragen, afwentelen* II [on ww] *te beurt vallen*
devote [ov ww] *besteden* <v. tijd, aandacht>, *(toe)wijden, geheel geven*
devoted [bnw] *toegewijd*
devotee [znw] • *dweper* • *enthousiast liefhebber*
devotion [znw] • *toewijding* • *godsvrucht*
devotional [bnw] • *godsdienstig* • *devoot*
devour [ov ww] *verslinden*
devout [bnw] • *vroom* • *toegewijd*
dew [znw] *dauw*
dewy [bnw] • *vochtig* • *dauwachtig*
dexterity [znw] • *handigheid* • *rechtshandigheid*
dext(e)rous [bnw] *handig*
dextrose [znw] *druivensuiker*
diabetes [znw] *suikerziekte, diabetes*
diabetic I [znw] *iem. die aan suikerziekte lijdt, diabeticus/-ca* II [bnw] *m.b.t. suikerziekte*
diadem [znw] *diadeem*
diagnose [ov ww] • *constateren* • *de*

diagnose opmaken van
diagnosis [znw] *diagnose*
diagonal I [znw] *diagonaal* II [bnw]
diagonaal
diagram [znw] • *diagram* • *figuur*
• *grafiek*
diagrammatic [bnw] *schematisch*
dialogue [znw] *dialoog*
diameter [znw] *middellijn*
diamond I [znw] • *diamant* • *ruit*
II [bnw] *diamanten*
diaper [znw] *luier*
diaphanous [bnw] *doorschijnend*
diaphragm [znw] • *pessarium*
• *middenrif* • ‹foto.› *diafragma*
diarist [znw] *dagboekschrijver*
diarrh(o)ea [znw] *diarree*
diary [znw] • *dagboek* • *agenda*
diatribe [znw] *felle aanval* ‹met
woorden›
dice I [on ww] • *dobbelen* • *in blokjes
snijden* II [znw] [mv] *dobbelspel,
dobbelstenen*
dicey ‹inf.› [bnw] • *riskant* • *link*
dictate [ov + on ww] • *dicteren*
• *voorschrijven*
dictation [znw] • *het dicteren* • *dictee,
dictaat* • *voorschrift, wet*
dictator [znw] • *dictator* • *dicteelezer*
dictatorial [bnw] *dictatoriaal*
dictatorship [znw] *dictatuur*
diction [znw] • *zegging, voordracht*
• *manier v. uitdrukken*
dictionary [znw] *woordenboek*
dictum [znw] • *gezegde* • *uitspraak*
did [ww] *verl. tijd* → *do*
didactic [bnw] *didactisch*
diddle ‹inf.› [ov ww] • *inpikken*
• *bedotten*
die I [on ww] • *sterven, omkomen*
• *kwijnen* • ‹vulg.› z. *doodlachen*
• (~ **away/down**) *bedaren,
wegsterven* • (~ **for**) *hevig verlangen
naar* • (~ **off/out**) *uitsterven,
wegsterven* • (~ **to**) *ongevoelig worden
voor* II [znw] *dobbelsteen*

diet I [on ww] *op dieet leven* II [znw]
• *voedsel, kost* • *menu* • *dieet*
dietary [bnw] *dieet-*
dietician [znw] • *diëtist(e)*
• *voedingsexpert*
differ [on ww] *verschillen*
difference [znw] *punt v. verschil*
different [bnw] *ander(e)*
differential I [znw] • *differentiaal*
• *loonklasseverschil* II [bnw]
• *kenmerkend* • *differentieel*
difficult [bnw] *moeilijk*
diffidence [znw] *gebrek aan
zelfvertrouwen*
diffident [bnw] *bedeesd*
diffuse I [ov ww] *verspreiden, uitstralen*
II [on ww] z. *verspreiden* III [bnw]
• *diffuus* • *verspreid, verstrooid*
• *omslachtig*
dig I [ov + on ww] *graven* II [ov ww]
• *uitgraven, opgraven* • *duwen, porren*
• ‹AE sl.› *iets snappen, iets/iem. zien
zitten* III [on ww] *ploeteren, blokken*
• (~ **in**) *zich ingraven, aanvallen*
‹opeten› IV [znw] • *por, stoot* • *steek
onder water*
digest I [ov ww] • *verteren, slikken,
verwerken* • *in z. opnemen* II [on ww]
• *voedsel opnemen* • *verteren* III [znw]
• *overzicht* • *compendium*
digestible [bnw] • *verteerbaar*
• *aanvaardbaar*
digestion [znw] • *spijsvertering*
→ **digest**
digestive I [znw] *spijsvertering
bevorderend middel* II [bnw] *de
spijsvertering bevorderend*
digger [znw] ↑ *excavateur*
digit [znw] • *vinger* • *teen* • *cijfer,
geheel getal onder de tien*
• *vingerbreedte*
digital [bnw] *digitaal*
dignify [ov ww] • *waardigheid
toekennen* • *opluisteren*
dignitary [znw] *kerkelijk
waardigheidsbekleder*

digress [on ww] *afdwalen*
dike I [ov ww] *indijken, omwallen*
II [znw] • *dijk* • ‹vulg.› *lesbienne*
dilate I [ov ww] *wijder maken*
II [on ww] • *wijder worden* • (z.)
uitzetten
dill [znw] *dille*
dilute I [ov ww] *met water verdunnen*
II [bnw] *waterig*
dim I [ov ww] • *donker/mat/schemerig*
maken • *ontluisteren, doen beslaan*
II [on ww] *beslaan* III [bnw] • *mat*
• *donker, schemerig* • *flauw, vaag*
dimension [znw] • *dimensie*
• *afmeting* • *omvang*
diminish [ov + on ww] *verminderen*
diminutive I [znw] *verkleinwoord*
II [bnw] • *verkleinend* • *miniatuur*
dimmer [znw] *dimschakelaar, dimmer*
dimple [znw] *kuiltje*
din [znw] • *lawaai* • *gekletter*
dine [on ww] *dineren* • (~ **in**) *thuis*
dineren • (~ **off/on**) *zijn*
(middag)maal doen met • (~ **out**)
buitenshuis dineren
diner [znw] • *restauratiewagen* • *eter*
• ‹AE› *klein (weg)restaurant*
dingy [bnw] *vuil, smerig*
dinner [znw] *diner, middagmaal*
dinosaur [znw] *dinosaurus*
dip I [ov ww] • *(onder)dompelen*
• *dimmen* ‹v. koplampen› II [on ww]
(even) duiken III [znw] • *het*
(onder)dompelen • *bad* • *(dip)saus*
diphtheria [znw] *difterie*
diplomacy [znw] *diplomatie*
diplomat, diplomatist [znw]
diplomaat
diplomatic [bnw] *diplomatisch*
dipper [znw] *pollepel*
dire [bnw] *gruwelijk*
direct I [ov ww] • *regisseren* • *richten,*
adresseren ‹v. post› • *aanwijzingen*
geven II [bnw] • *rechtstreeks* • *zonder*
omwegen • *oprecht*
direction [znw] • *richting* • *bestuur*

• *regie*
directional [bnw] *richtings-*
directive I [znw] *richtlijn* II [bnw]
leidend
directly [bijw] • *rechtstreeks* • *meteen,*
dadelijk
director [znw] • *regisseur*
• *commissaris* ‹v. NV› • *bestuurder*
• *adviseur* • *directeur, hoofd* ‹v.
afdeling›
directorate [znw] *raad v.*
commissarissen
directorship [znw] *directeurschap*
directory I [znw] *gids, adresboek*
II [bnw] *adviserend*
dirge [znw] *klaagzang*
dirt [znw] • *vuil* • *drek* • *modder, drab*
• *grond, aarde*
dirty I [ov ww] *bevuilen* II [bnw] *vuil*
disable [ov ww] • *onbekwaam maken*
• *buiten gevecht stellen*
disadvantage I [ov ww] *benadelen*
II [znw] *nadeel*
disadvantageous [bnw] *nadelig*
disaffection [znw] • *afvalligheid*
• *ontrouw*
disagree [on ww] • *het oneens zijn*
• *niet passen bij*
disagreeable [bnw] *onaangenaam*
disagreement [znw] • *meningsverschil*
• *verschil*
disappoint [ov ww] *teleurstellen*
disappointing [bnw] *teleurstellend,*
tegenvallend
disappointment [znw] *teleurstelling*
disapprove [ov + on ww] • (~ **of**)
afkeuren
disarm I [ov + on ww] *ontwapenen*
II [ov ww] *ontmantelen*
disarrange [ov ww] *in de war brengen*
disarray [znw] *wanorde*
disaster [znw] • *narigheid* • *ramp*
disavow [ov ww] • *ontkennen,*
loochenen • *verwerpen*
disband I [ov ww] *ontbinden*
II [on ww] • *z. ontbinden* • *ontbonden*

worden
disbelief [znw] *ongeloof*
disc [znw] • *grammofoonplaat*
• *parkeerschijf* • *rond bord* • *discus*
• *schijf* • *schotelantenne*
discard [ov ww] • *verwerpen* • *afdanken*
discern [ov ww] • *bespeuren,*
waarnemen • *onderscheiden*
discernible [bnw] *waarneembaar*
discerning [bnw] *scherpzinnig*
discernment [znw] • *vermogen om te*
onderscheiden • *inzicht*
discharge I [ov ww] • *afschieten*
• *ontlasten* • *lossen* • *betalen*
• *ontheffen, ontslaan* • *lozen* II [znw]
• *schot* • *ontslag*
disciple [znw] *leerling, volgeling*
disciplinarian [znw] *tuchtmeester*
disciplinary [bnw] *disciplinair*
disclaim [ov ww] *niet erkennen,*
afwijzen
disclaimer [znw] *ontkenning,*
afwijzing
disclose [ov ww] *onthullen*
discolour I [ov ww] *doen verkleuren*
II [on ww] *verkleuren, verschieten*
discomfit [ov ww] *in verlegenheid*
brengen
discomfiture [znw] *verwarring*
discomfort [znw] • *onbehaaglijkheid*
• *ongemak*
disconcert [ov ww] • *verwarren*
• *ontstellen*
disconnect [ov ww] • *verbinding*
verbreken • *verband verbreken*
• *uitschakelen*
disconsolate [bnw] • *troosteloos*
• *ontroostbaar*
discontent [znw] *ontevredenheid*
discontinue I [ov ww] • *opzeggen*
• *opheffen* II [on ww] • *niet voortzetten*
• *ophouden*
discontinuity [znw] • *onderbreking*
• *discontinuïteit*
discontinuous [bnw] *onderbroken,*
niet doorgaand

discord, discordance [znw]
• *tweedracht* • *wanklank*
discordant [bnw] • *strijdig*
• *wanklanken producerend*
discount I [ov ww] • *korten* • *buiten*
beschouwing laten • *weinig*
geloof/belang hechten aan II [znw]
korting
discourage [ov ww] • *ontmoedigen*
• *afschrikken*
discouragement [znw] *moedeloosheid*
discourse I [on ww] *converseren*
II [znw] • *verhandeling* • *rede* • *preek*
discover [ov ww] *ontdekken*
discoverer [znw] *ontdekker, uitvinder*
discovery [znw] *ontdekking*
discredit I [ov ww] • *niet geloven* • *in*
diskrediet brengen II [znw] • *schande,*
diskrediet • *opspraak*
discreditable [bnw] *schandelijk*
discreet [bnw] • *discreet* • *stemmig*
discrepancy [znw] *discrepantie*
discrete [bnw] • *afzonderlijk* • *zonder*
samenhang
discretion [znw] • *discretie*
• *geheimhouding* • *wijsheid, beleid,*
tact, voorzichtigheid
discriminate I [ov ww] *onderscheiden,*
herkennen II [on ww] *onderscheid in*
acht nemen • (~ **against**) *onderscheid*
maken (ten nadele van)
discriminating [bnw] *scherpzinnig*
discrimination [znw] • *discriminatie*
• *onderscheidingsvermogen* • *inzicht,*
doorzicht
discursive [bnw] • *logisch* • *uitweidend*
discuss [ov ww] *bespreken*
discussion [znw] *discussie*
disdain I [ov ww] *verachten* II [znw]
minachting
disdainful [bnw] *minachtend,*
hooghartig
disease [znw] • *ziekte* • *kwaal*
disembark [ov + on ww] (z.) *ontschepen*
disembowel [ov ww] • *ontweien*
• *openrijten*

disengage [ov + on ww] (z.) *vrijmaken*
disentangle [ov + on ww] (z.) *ontwarren*
disgorge I [ov ww] *uitbraken, uitstorten* II [on ww] z. *uitstorten*
disgrace I [ov ww] • *in ongenade doen vallen* • *degraderen* • *te schande maken* • *ontsieren* II [znw] • *ongenade* • *schande*
disguise I [ov ww] *vermommen, onherkenbaar maken* II [znw] *vermomming*
disgust I [ov ww] *doen walgen* II [znw] *afschuw*
dish I [ov ww] *opdienen* II [znw] • *schotel, schaal* • *schotelantenne* • *gerecht*
dishonest [bnw] *oneerlijk*
dishonesty [znw] *oneerlijkheid*
dishonourable [bnw] *schandelijk*
disillusion I [ov ww] *ontgoochelen* II [znw] *ontgoocheling*
disinclination [znw] *tegenzin*
disinfect [ov ww] *ontsmetten*
disinfectant I [znw] *ontsmettend middel* II [bnw] *ontsmettend*
disingenuous [bnw] *onoprecht*
disinherit [ov ww] *onterven*
disinterested [bnw] • *belangeloos* • *onbevooroordeeld* • *ongeïnteresseerd*
disjointed [bnw] *onsamenhangend*
dislike I [ov ww] *een hekel hebben aan, niet mogen* II [znw] *afkeer*
dislocate [ov ww] • *ontwrichten* • *verplaatsen*
dislocation [znw] • *dislokatie* • *ontwrichting*
dislodge I [ov ww] *loswrikken* II [on ww] z. *losmaken*
disloyal [bnw] *trouweloos*
disloyalty [znw] *trouweloosheid*
dismal [mv] [bnw] *akelig, naar, triest*
dismay I [ov ww] *totaal ontmoedigen, ontstellen* II [znw] *ontzetting, verslagenheid*
dismember [ov ww] *aan stukken hakken*

dismiss [ov ww] • *wegzenden* • *ontslaan* • *van z. afzetten*
dismissal [znw] • *wegzending* • *verwerping* • *ontslag*
dismount [on ww] *afstijgen, afstappen*
disobedience [znw] *ongehoorzaamheid*
disobedient [bnw] *ongehoorzaam*
disobey [ov + on ww] *ongehoorzaam zijn*
disorder [znw] • *oproer* • *wanorde* • *ongesteldheid, kwaal* • *ontregeling*
disorderly [bnw] • *wanordelijk* • *oproerig*
disorganize [ov ww] • *ontwrichten* • *ontredderen*
disown [ov ww] • *(ver)loochenen* • *verwerpen* • *ontkennen*
disparage [ov ww] • *kleineren* • *afgeven op*
disparaging [bnw] *geringschattend, kleinerend*
disparate [bnw] *wezenlijk verschillend*
disparity [znw] *(essentieel) verschil*
dispassionate [bnw] • *onpartijdig* • *bedaard, koel*
dispatch I [ov ww] • *uit de weg ruimen* • *goed en snel afdoen* • *vlug opeten* • *(met spoed) verzenden* II [znw] • *depêche* • *nota* • *spoed* • *sterfgeval*
dispel [ov ww] *verdrijven*
dispensable [bnw] *niet noodzakelijk*
dispensary [znw] *(fonds-/huis)apotheek*
dispensation [znw] *dispensatie*
dispense [on ww] • *uitdelen* • *toedienen* • *(~ from) vrijstellen van* • *(~ with) het (kunnen) stellen zonder*
dispenser [znw] • *apotheker* • *automaat* • *doseerbuisje, houder*
disperse I [ov ww] • *verspreiden* • *verjagen* II [on ww] • z. *verspreiden* • *uiteen gaan*
displace [ov ww] • *verplaatsen* • *verdringen*

displacement [znw] verplaatsing
display I [ov ww] • (ver)tonen
• ontplooien • aan de dag leggen
II [znw] • beeldscherm • uitstalling
• visueel hulpmiddel
displease [ov ww] mishagen
disposable I [znw] wegwerpartikel
II [bnw] • beschikbaar • wegwerp-
disposal [znw] regeling, stemming
dispose [on ww] • (~ of) verkopen,
beschikken over, afdoen (met),
tenietdoen
disposition [znw] neiging, aard,
gezindheid
dispossess [ov ww] • onterven
• onteigenen
disproportion [znw] onevenredigheid
disproportionate [bnw] onevenredig
disprove [ov ww] weerleggen
disputation [znw] dispuut, discussie
dispute I [ov ww] betwisten II [on ww]
redetwisten III [znw] geschil
disqualification [znw] diskwalificatie
disqualify [ov ww] diskwalificeren
disquiet I [ov ww] onrustig maken
II [znw] • ongerustheid • onrust
III [bnw] onrustig
disregard I [ov ww] negéren, z. niets
aantrekken van II [znw]
veronachtzaming
disrepair [znw] vervallen staat
disreputable [bnw] • berucht,
schandelijk • onfatsoenlijk
disrepute [znw] diskrediet
disrespect [znw] gebrek aan eerbied
disrespectful [bnw] oneerbiedig,
onbeschaamd
disrupt [ov ww] ontwrichten
disruption [znw] ontwrichting
disruptive [bnw] ontwrichtend
dissatisfaction [znw] ontevredenheid
dissect [ov ww] ontleden
dissemble I [ov ww] • verhullen
• veinzen • verbergen II [on ww]
huichelen
disseminate [ov ww] verspreiden

dissension [znw] onenigheid
dissent I [on ww] verschillen v. mening
II [znw] verschil v. inzicht
dissenter [znw] andersdenkende
dissertation [znw] verhandeling
disservice [znw] slechte dienst
dissident I [znw] andersdenkende
II [bnw] andersdenkend
dissimilar [bnw] ongelijk
dissimilarity, dissimilitude [znw]
• verschil • ongelijkheid
dissimulate [ov + on ww] • huichelen
• verbergen
dissipate I [ov ww] • verdrijven • doen
verdwijnen • verspillen, verkwisten
II [on ww] verdwijnen
dissipated [bnw] liederlijk
dissipation [znw] losbandigheid
dissociate [ov ww] • (~ from) los
maken/zien van
dissolute [bnw] losbandig
dissolution [znw] • ontbinding • dood
dissolve I [ov ww] • oplossen
• ontbinden, opheffen II [on ww] • z.
oplossen • z. ontbinden
dissonance [znw] • wanklank
• onenigheid
dissuade [ov ww] afraden
distance [znw] • verte • afstand
distant [bnw] • ver (weg) • hautain
distaste [znw] • afkeer • tegenzin
distasteful [bnw] • onaangenaam
• onsmakelijk
distemper [znw] • dierenziekte
• tempera • muurverf
distend [ov + on ww] (doen) opzwellen
distension [znw] zwelling
distil [ov ww] • distilleren • zuiveren
distillery [znw] distilleerderij, stokerij
distinct [bnw] • duidelijk • apart
• onderscheiden
distinction [znw] • onderscheid(ing)
• voornaamheid, aanzien • apartheid
distinctive [bnw] • onderscheidend
• kenmerkend
distinguish I [ov ww] onderscheiden

II [on ww] • (~ **among/between**)
onderscheid maken tussen
distinguishable [bnw] • *(goed) te
onderscheiden* • *duidelijk
waarneembaar*
distortion [znw] *vervorming*
distract [ov ww] • *afleiden* • *verwarren,
verbijsteren*
distraction [znw] • *afleiding*
• *ontspanning* • *waanzin* • *verwarring*
distress I [ov ww] • *benauwen* • *smart
veroorzaken aan* II [znw] • *pijn* • *angst*
• *nood, ellende* • *uitputting*
distressing [bnw] • *pijn/angst
veroorzakend* • *verontrustend*
distribution [znw] *distributie,
verspreiding*
distributor [znw] • *groothandelaar*
• *verdeler*
district [znw] • *district, streek, gebied*
• *wijk*
distrust I [ov ww] *wantrouwen*
II [znw] *wantrouwen*
distrustful [bnw] *wantrouwig*
disturb [ov ww] • *(ver)storen* • *in
beroering brengen*
disturbance [znw] *verstoring*
disuse [znw] *onbruik*
ditch I [ov ww] *achterlaten, in de steek
laten* II [znw] *sloot, greppel*
dither I [on ww] *treuzelen* II [znw]
opgewonden toestand
ditto [znw] *dezelfde, hetzelfde*
ditty [znw] *deuntje, wijsje*
diurnal [bnw] • *overdag* • *gedurende de
dag*
divan [znw] *divan*
dive I [on ww] *duiken* II [znw] *duik*
divergent [bnw] • *divergent*
• *afwijkend*
diverse [bnw] *verschillend*
diversify [ov ww] • *variëren, afwisselen*
• *wijzigen*
diversion [znw] • *afleidingsmanoeuvre*
• *omlegging* • *verstrooiing*
diversity [znw] • *variatie*

• *verscheidenheid*
divert [ov ww] • *een andere richting of
wending geven* • *afleiden* • *vermaken*
divide I [ov ww] • *verdelen, (in)delen*
• *scheiden* II [on ww] z. *verdelen*
divination [znw] • *voorspelling*
• *waarzeggerij*
divinity [znw] • *goddelijkheid*
• *god(heid)* • *godgeleerdheid*
division [znw] • *stemming* <voor of
tegen> • *afdeling* • *branche* • *groep*
• *divisie* • *district, wijk*
divorce I [ov ww] *scheiden van* II [znw]
echtscheiding
divulge [ov ww] *openbaar (bekend)
maken*
dizzy I [ov ww] *duizelig maken* II [bnw]
duizelig
do I [ov ww] • *doen* • *maken* • *(gaar)
koken, bereiden* • *spelen (voor)*
• *uitputten, moe maken* • *ertussen
nemen* • (~ **for**) <sl.> *ruïneren/doden*
• (~ **in**) <inf.> *van kant maken* • (~ **up**)
opknappen, vastmaken II [on ww]
• *doen* • *deugen, genoeg zijn, (ermee
door) gaan* • (~ **away with**)
afschaffen, van kant maken
• (~ **by/to**) *behandelen* • (~ **for**)
dienen als • (~ **without**) *ontberen,
niet nodig hebben* III [znw] • *fuif*
• <muz.> *do*
doc <sl.> [znw] → **doctor**
docile [bnw] • *gedwee* • *volgzaam*
dock I [ov ww] • *korten* • *dokken,
binnengaan* II [on ww] *meren, dokken*
III [znw] • *dok* • *haven*
• *beklaagdenbank* • *zuring*
• *staartwortel*
docker [znw] *dokwerker, havenarbeider*
docket I [ov ww] *labelen* II [znw] *korte
inhoudsaanduiding* <op document>
doctor I [ov ww] • *de graad van doctor
verlenen* • *behandelen* • *dokteren (aan)*
II [znw] • *dokter* • *doctor, geleerde*
doctrinal [bnw] *leerstellig*
document I [ov ww] *documenteren*

II [znw] document, bewijsstuk
documentary [znw] documentaire
documentation [znw] documentatie
dodder I [on ww] • beven
• (voort)sukkelen II [znw] warkruid
dodge I [ov ww] • ontwijken • handig
ontduiken II [on ww] uitwijken
III [znw] • ontwijkende beweging
• smoesje • truc, foefje
dodger [znw] • slimme vos • ‹AE›
strooibiljet
dodgy [bnw] gehaaid, slinks
does [ww] → do
dog I [ov ww] achtervolgen II [znw]
• hond • mannetjeswolf, mannetjesvos
• kerel
dogged [bnw] • hardnekkig, koppig
• nors
doggerel [znw] kreupel vers, rijmelarij
dogmatic [bnw] • dogmatisch
• autoritair
dogmatism [znw] dogmatisme,
dogmatiek
do-gooder ‹iron.› [znw]
wereldverbeteraar
do-it-yourself [bnw] doe-het-zelf
dole I [ov ww] • (~ out) (karig)
uitdelen II [znw] • steun • aalmoes
doleful [bnw] • somber, akelig
• smartelijk
doll I [wkd ww] • (~ up) z. opdirken
II [znw] pop
dollop [znw] • kwak • scheut
dolphin [znw] • dolfijn • dukdalf
dolt [znw] dommerd, stommeling
domain [znw] gebied, domein
dome [znw] • koepel • gewelf
domed [bnw] koepelvormig
domesticity [znw] het huiselijke leven
domicile [znw] woonplaats, domicilie
dominance [znw] dominantie
dominant [bnw] dominant
dominate I [ov ww] overheersen
II [on ww] • heersen, domineren • de
overhand hebben
domineering [bnw] bazig

dominion [znw] • heerschappij
• eigendomsrecht
domino [znw] domino(steen)
don I [ov ww] aantrekken ‹v. kleren›
II [znw] docent aan een universiteit
donate [ov ww] • begiftigen • schenken
donation [znw] schenking, gift
done [ww] volt. deelw. → do
donkey [znw] ezel
donor [znw] • donor • donateur,
schenker
don't [samentr.] /do not/ → do
doodle I [on ww] poppetjes tekenen
II [znw] krabbel
doom I [ov ww] doemen, veroordelen
II [znw] ondergang
door [znw] deur
dope I [ov ww] toedienen • (~ out)
ontdekken • (~ up) behandelen met
dope II [znw] • sufferd • tip, inlichting
• doping • ‹sl.› dope, heroïne
dopey [bnw] • (ver)suf(t) • dom
dormant [bnw] • latent • slapend,
ongebruikt
dormitory [znw] • slaapzaal
• woonwijk
dormouse [znw] relmuis
dorsal [bnw] van/aan de rug, rug-
dosage [znw] • dosering • dosis
dose I [ov ww] • doseren • een dosis
geven II [znw] dosis
dot I [ov ww] • punten plaatsen op
• stippelen II [znw] stip, punt
double I [ov ww] • verdubbelen
• dubbelslaan, dubbelvouwen
• doubleren • een dubbelrol spelen
II [on ww] • (~ back) omdraaien en
terugkomen • (~ up) ineenkrimpen ‹v.
pijn›, een kamer delen III [znw] • 't
dubbele • dubbelganger, duplicaat,
doublure • dubbelspel • looppas
IV [bnw + bijw] • dubbel • niet oprecht
doubly [bijw] dubbel, extra
doubt I [ov + on ww] twijfelen II [znw]
• twijfel • onzekerheid
doubtful [bnw] • weifelend

• *bedenkelijk, precair*
doubtless [bijw] *ongetwijfeld*
dough [znw] • *deeg* • *poen*
dour [bnw] *streng, hard, koel, ongenaakbaar*
douse [ov ww] → **dowse**
dove [znw] *duif(je)*
dovetail I [ov + on ww] • *met zwaluwstaarten verbinden* • *in elkaar sluiten* II [znw] *zwaluwstaart* ‹in timmervak›
dowager [znw] *douairière*
dowdy [bnw] *smakeloos gekleed*
dowel [znw] *deuvel*
down I [znw] • *dons* • *tegenslag* • *hooggelegen land* II [bnw] *benedenwaarts* III [bijw] • *neer, onder, (naar) beneden, af* • *stroomafwaarts* IV [vz] *langs, (naar beneden) in, van ... af*
downy [bnw] *donzig*
dowry [znw] • *bruidsschat* • *talent, gave*
dowse I [ov ww] • *uitdoen* ‹v. licht› • *natgooien* II [on ww] *met de wichelroede lopen*
doyen [znw] *nestor, oudste*
doze I [on ww] *dutten, soezen* • (~ **off**) *indutten* II [znw] *sluimering*
dozen [znw] *dozijn*
dozy ‹inf.› [bnw] *soezerig, loom, slaperig*
drab [bnw] • *vaalbruin* • *saai, eentonig*
draft I [ov ww] • *ontwerpen, opstellen, schetsen* • *detacheren* • *inlijven* II [znw] • *trekking* ‹v. wissel› • *detachement* • *schets, ontwerp, concept, klad* • *het trekken* ‹v. wissel› • *wissel, cheque* • *tocht* ‹luchtstroom› • ‹AE› *dienstplicht*
drag I [ov ww] • *trekken* • *dreggen* • (~ **down**) *omlaaghalen* ‹ook fig.›, *deprimeren* • (~ **out**) *rekken, eruit trekken, ophalen met dreg* II [on ww] • *niet opschieten* • *slepen* • *dreggen* • (~ **on**) (z.) *voortslepen* III [znw] • *dreg* • *sleepnet*

dragon [znw] *draak*
dragoon [znw] *dragonder, huzaar*
drain I [ov ww] • *afwateren, droogleggen, draineren, rioleren* • *leegmaken, opmaken* • *uitputten* • *aftappen, afgieten* II [on ww] • *leeglopen* • *wegtrekken* • *afwateren* III [znw] *afvoerbuis, afvoerpijp, riool*
drainage [znw] *afgevoerd water, rioolwater*
drake [znw] *woerd*
drama [znw] • *toneel* • *toneelstuk* • *drama*
dramatist [znw] *toneelschrijver*
dramatize I [ov ww] • *dramatiseren* • *voor toneel bewerken* II [on ww] z. *aanstellen*
drank [ww] verl. tijd → **drink**
drape [ov ww] • *bekleden* • *draperen* • *omfloersen*
draper [znw] *manufacturier*
drapery [znw] *manufacturen(zaak)*
drastic [bnw] • *drastisch, doortastend* • *ingrijpend*
draught [znw] • *teug, slok* • *tocht, zucht*
draughtsman [znw] • *tekenaar* • *damschijf*
draughty [bnw] *tochtig*
draw I [ov + on ww] • *tekenen, schetsen* • *trekken* • *(op)halen, binnenhalen, uithalen* • *lot trekken, winnen* • (~ (**up**)**on**) *gebruik maken van* • (~ **out**) (uit)rekken • (~ **up**) *vóórrijden, optrekken, opstellen, tot staan brengen/komen* II [ov ww] • *klanten trekken* • *aftappen* • *uithoren* • (~ **forth**) *te voorschijn halen* III [on ww] *pistool/zwaard trekken* • (~ **apart**) *uiteendrijven* • (~ **away**) *terugwijken* • (~ **back**) *terugdeinzen, terugwijken* • (~ **near**) *naderen* IV [znw] • *gelijkspel* • *opmerking om iem. uit te horen* • *het trekken* • *vangst* • *successtuk, succesnummer, succesartikel* • *loterijtrekking*

drawer [znw] lade
drawing [znw] tekening
drawl I [on ww] lijzig spreken II [znw] lijzige manier van praten
drawn I [ww] volt. deelw. → draw II [bnw] * ~ face lang gezicht
dreadful [bnw] vreselijk
dream I [ov + on ww] dromen II [znw] droom
dreamer [znw] dromer
drear(y) [bnw] akelig, somber
dredge I [ov + on ww] • dreggen • baggeren II [znw] • sleepnet • dreg • baggermachine
dredger [znw] baggermachine
dregs [mv] bezinksel
drench [ov ww] doorweken
dress I [ov ww] • kleden • kostumeren • optuigen • aanmaken <v. etenswaren> • bereiden • verbinden <v. wond> • (~ down) een aframmeling/schrobbering geven • (~ up) opsmukken II [on ww] • toilet maken • z. (aan)kleden • <mil.> z. richten • (~ down) z. zeer eenvoudig kleden • (~ out) z. uitdossen • (~ up) z. verkleden, z. opdirken III [znw] • kleding • avondkleding, rok • japon, jurk
dresser [znw] • soort kast • <AE> toilettafel
dressing [znw] • (sla)saus • verband(stoffen)
dressy [bnw] • chic • pronkziek
drew [ww] verl. tijd → draw
dribble I [ov + on ww] • druppelen • <sport> dribbelen (met) II [on ww] kwijlen III [znw] • stroompje • dribbel <bij voetbal>
drier I [znw] droger II [bnw] vergr. trap → dry
drift I [on ww] • afdrijven • afwijken • z. laten meeslepen • (z.) ophopen • doelloos rondzwalken • (~ apart) van elkaar vervreemden II [znw] • stroom, koers • strekking • neiging, hang

• afwijking • opeenhoping, drijvende massa
drifter [znw] iem. die doelloos rondzwalkt
drill I [ov ww] • drillen, africhten • doorboren • (~ in(to)) erin stampen II [on ww] • boren • stampen <v. leerstof> • oefenen III [znw] • drilboor • exercitie, het africhten • oefening • dril <stof> • drilaap
drink I [ov ww] (op)drinken • (~ in) gretig in z. opnemen • (~ up) opdrinken II [on ww] drinken • (~ to) drinken op • (~ up) leegdrinken III [znw] • dronk • borrel • drank
drinker [znw] • drinker • alcoholist
drip I [ov ww] laten druppelen II [on ww] druppelen • (~ with) druipen van III [znw] • druppel • infusie
dripping [znw] braadvet
drive I [ov ww] • slaan <v. bal, paal> • drijven, aandrijven, voortdrijven, (aan)jagen • (be)sturen, mennen • (~ in(to)) aanzetten tot/om te II [on ww] rijden • (~ at) bedoelen • (~ up) vóórrijden, oprijden III [znw] • rit, tocht • drijfjacht • slag • energie • rijweg, oprijlaan
drivel [on ww] • kwijlen • kletspraat verkopen
driven [ww] volt. deelw. → drive
driver [znw] • koetsier, voerman, chauffeur, bestuurder • machinist
dromedary [znw] dromedaris
drool <AE> [on ww] kwijlen
droop [on ww] • (neer)hangen, kwijnen • de moed verliezen
drop I [ov ww] • laten vallen • droppen • vergieten • niet doorzetten, laten verlopen • verliezen • afzetten • afgeven II [on ww] vallen • (~ away) afvallen, een voor een weggaan • (~ behind) achter(op) raken • (~ by) even langskomen, binnenwippen • (~ in) eens komen aanlopen • (~ off)

in slaap komen, insluimeren • (~ *out*)
uitvallen, wegraken III [znw] • *druppel*
• *zuurtje* • *borreltje, slokje* • *helling
naar beneden, daling, achteruitgang,
(ver)val* • *scherm* <v. toneel>
droppings [mv] *uitwerpselen*
dross [znw] • *metaalslak(ken)*
• *verontreiniging(en)*
drought [znw] *droogte*
drove I [ww] verl. tijd → **drive**
II [znw] *samengedreven kudde, menigte*
drown I [ov ww] • *verdrinken*
• *overstromen* • *overstemmen* • (~ *out*)
*overstemmen, met water
verdrijven/uitdrijven, overschreeuwen*
II [on ww] • *verdrinken* • *overstromen*
drowse [on ww] *dutten, soezen*
drowsy [bnw] • *slaperig*
• *slaapverwekkend*
drudge I [on ww] *zwoegen* II [znw]
werkezel, zwoeger
drudgery [znw] • 't *zwoegen* • *saai
werk*
drug I [ov ww] • *bedwelmende
middelen toedienen* • *een drug mengen
in* II [znw] • *medicijn, drankje*
• *bedwelmend middel, drug*
drum I [ov + on ww] *trommelen*
II [znw] • *trom* • *tamboer* • *cilinder*
• *grote bus* • *draadklos* • *(metalen) vat*
• *olievat*
drummer [znw] *tromslager, tamboer*
drunk I [ww] volt. deelw. → **drink**
II [znw] *dronkenman* III [bnw] *dronken*
drunkard [znw] *dronkaard*
drunken [bnw] *dronken*
dry I [ov ww] • (~ *out*) *door en door
droog laten worden, laten afkicken,
uitdrogen* II [on ww] *door en door
droog worden, afkicken* • (~ *up*)
verdrinken, verdorren, vastzitten <v.
toneelspeler> III [bnw] • *droog* • *sec,
niet zoet* • *nuchter* • *saai*
dryer [znw] *droger, (haar)droogkap*
dubious [bnw] *twijfelachtig*
duchess [znw] *hertogin*

duchy [znw] *hertogdom*
duck I [ov ww] *onderdompelen*
II [on ww] • *onderduiken* • z. *bukken*
• (~ *out*) *er onderuit komen, ontkomen
(aan)* III [znw] • *eend(en)* • *schat* • *duik*
duckling [znw] *jonge eend*
duct [znw] *(afvoer)kanaal, afvoerbuis*
dud <sl.> [znw] • *blindganger*
• *vogelverschrikker* • *prul, fiasco* • *valse
cheque, vals bankbiljet*
dudgeon [znw] • *kwaadheid* • *wrok*
due I [znw] *wat iem. toekomt* II [bnw]
• *(ver)schuldig(d)* • *behoorlijk, gepast*
duel I [on ww] *duelleren* II [znw] *duel*
duet [znw] • *duet* • *paar*
duffer [znw] *sufferd, stomkop*
dug I [ww] verl.tijd + volt.deelw.
→ **dig** II [znw] *uier* <v. zoogdier>
duke [znw] • *hertog* • <sl.> *vuist*
dukedom [znw] *hertogdom*
dull I [ov ww] *somber maken* II [on ww]
somber worden III [bnw] • *saai* • *dom*
• *stompzinnig, idioot* • *bot, stomp*
• *lusteloos* • *somber* • *dof*
duly [bijw] → **due**
dumb [bnw] • *dom* • *stom, sprakeloos*
• *zwijgzaam*
dummy I [znw] • *lege verpakking*
• *fopspeen* • *pop* <op schietbaan> • *pop,
modepop, kostuumpop* • *blinde* <bij
kaartspel> • *figurant, stroman*
• *stommerd* • *exercitiepatroon* II [bnw]
namaak-
dump I [ov ww] • *neergooien* • *storten*
<v. vuil> II [znw] • *opslagplaats*
• *vuilnisbelt* • <sl.> *huis, kamer*
dumpling [znw] • *(appel)bol*
• *dikkerdje*
dumpy [bnw] • *kort, gezet* • *dwars*
• *verdrietig*
dun [bnw] *grijsbruin, vaal*
dunce [znw] *domkop, uilskuiken,
stommeling*
dune [znw] *duin*
dung I [ov ww] *bemesten* II [znw] *mest*
dunk [ov ww] *dopen, soppen*

duo [znw] • duo, paar • duet
duodenum [znw] twaalfvingerige darm
dupe I [ov ww] beetnemen II [znw] • dupe, gedupeerde • onnozele hals
duplex [bnw] tweevoudig, dubbel
duplicate I [ov ww] kopiëren, dupliceren II [znw] duplicaat, kopie III [bnw] dubbel
duplicator [znw] kopieermachine
duplicity [znw] onbetrouwbaarheid
durable [bnw] duurzaam
duress(e) [znw] • vrijheidsberoving • dwang
during [vz] gedurende
dusk [znw] schemering
dusky [bnw] duister, donker ‹v. kleur›, schemerig
dust I [ov ww] • afstoffen, afkloppen • bestuiven, stoffig maken • (~ down/off) afkloppen, afstoffen • (~ off) afstoffen, afranselen II [znw] • stof • stuifmeel • pegels, geld
duster [znw] • stofjas • stofdoek
dusty [bnw] • stoffig • dor
Dutch [bnw] Nederlands
duty [znw] • plicht • functie, dienst
dwarf I [ov ww] nietig doen lijken II [znw] dwerg
dwell [on ww] • wonen • verblijven
dwelling [znw] woning
dwindle [on ww] afnemen, kwijnen, achteruitgaan
dying [bnw] stervend, sterf-
dyke [znw] → dike
dynamic I [znw] stuwkracht II [bnw] dynamisch, energiek
dynamism [znw] • dynamisme • dynamiek
dynamite I [ov ww] met dynamiet vernielen II [znw] dynamiet
dynasty [znw] dynastie
dysentery [znw] dysenterie

E

each [onb vnw] elk
ear [znw] • oor • gehoor • aar
earl [znw] graaf
early [bnw + bijw] vroeg
earn [ov ww] • verdienen • behalen
earnest I [znw] ernst II [bnw] ijverig, ernstig
earth I [ov ww] ‹techn.› aarden II [znw] • aarde, grond • hol ‹v. dieren›
earthen [bnw] van aarde(werk)
earthly [bnw] aards
earthy [bnw] laag-bij-de-gronds, platvloers
ease I [ov ww] • op zijn gemak stellen, vergemakkelijken • verlichten • losser maken • vieren II [on ww] • (~ off) gemakkelijker worden, afnemen ‹in ernst› III [znw] gemak
easily [bijw] → easy
east I [znw] het oosten II [bnw] oost
easterly [bnw + bijw] oostelijk
easy [bnw + bijw] • gemakkelijk • meegaand • ongedwongen
eat I [ov + on ww] • (op)eten • verteren • (~ up) helemaal opeten, verslinden ‹ook fig.› II [on ww] • (~ away) wegteren, verteren • (~ into) wegvreten, invreten, uitbijten • (~ out) buitenshuis eten
eatable [bnw] eetbaar
eater [znw] • eter • handappel/-peer
eaves [mv] onderste dakrand
ebb I [on ww] teruglopen, afnemen II [znw] • eb • verval, het afnemen
ebullient [bnw] kokend, (op)bruisend
eccentric I [znw] zonderling, excentriekeling II [bnw] • excentrisch • onregelmatig • zonderling
eccentricity [znw] excentriciteit
ecclesiastic [znw] geestelijke
ecclesiastical [bnw] kerkelijk

eclipse I [ov ww] • *verduisteren*
• *overschaduwen* II [znw]
• *verduistering* • *verdwijning*
ecological [bnw] *ecologisch*
ecology [znw] *ecologie*
economics [mv] *economie*
economist [znw] *econoom*
economize [ov ww] • *spaarzaam*
beheren • *bezuinigen (op)*
economy [znw] • *economie,*
huishoudkunde • *spaarzaamheid*
• *besparing*
ecstasy [znw] *extase, geestvervoering*
ecstatic [bnw] *in vervoering*
ecumenical [bnw] *oecumenisch*
eczema [znw] *eczeem, huiduitslag*
eddy I [ov + on ww] *dwarrelen* II [znw]
• *draaikolk* • *dwarreling*
edge I [ov ww] *begrenzen* II [on ww]
• *zich in (schuine) richting bewegen*
• *langzaam vorderen* • (~ **away**)
‹scheepv.› *afhouden* • (~ **on**)
langzaam vooruitkomen, aanzetten
III [znw] • *scherpe kant* • *rand* • *sne(d)e*
edging [znw] *rand, franje*
edgy [bnw] • *scherp* • *met scherpe*
contouren • *zenuwachtig* • *ongedurig*
edible I [znw] II [bnw] *eetbaar*
edict [znw] *edict, bevelschrift*
edifice [znw] *gebouw*
edify [ov ww] *geestelijk verheffen*
edit [ov ww] • *bewerken en doen*
uitgeven • *redactie voeren* • *monteren*
‹v. film of geluidsband› • *verfraaien,*
aanpassen • (~ **out**) *schrappen*
edition [znw] *editie*
editor [znw] • *bewerker* • *redacteur*
editorial I [znw] *hoofdartikel* II [bnw]
redactioneel
educate [ov ww] • *onderwijzen*
• *opvoeden*
education [znw] *opleiding*
educational [bnw] • *m.b.t. de*
opleiding • *leerzaam*
educator [znw] *opvoeder*
eel [znw] *paling, aal(tje)*

efface [ov ww] • *uitwissen* • *in de*
schaduw stellen
effect I [ov ww] • *teweeg brengen* • *tot*
stand brengen II [znw] *effect*
effective I [znw] ‹AE› *soldaat in*
werkelijke dienst II [bnw] *doeltreffend,*
werkzaam
effectual [bnw] • *doeltreffend* • *bindend*
effeminate [bnw] *verwijfd*
effervescent [bnw] • *borrelend*
• *bruisend*
effete [bnw] *uitgeput, versleten*
efficacious [bnw] • *werkzaam*
• *probaat*
efficacy [znw] • *uitwerking*
• *doeltreffendheid*
efficiency [znw] *efficiëntie*
efficient [bnw] • *bekwaam*
• *voortvarend* • *doeltreffend, doelmatig*
• *krachtig* • *economisch*
effigy [znw] *(af)beeld(ing), beeldenaar*
effort [znw] • *poging*
• *(krachts)inspanning*
effortless [bnw] *moeiteloos,*
ongedwongen
effrontery [znw] *onbeschaamdheid*
effusion [znw] *uitstorting,*
ontboezeming
egg I [ov ww] • (~ **on**) *aanzetten,*
ophitsen II [znw] *ei*
egoism [znw] *zelfzucht*
egoist [znw] *egoïst*
egotism [znw] • *egocentrisme* • *egoïsme*
egotist [znw] • *egoïst* • *egocentrisch*
persoon
Egyptian I [znw] *Egyptenaar* II [bnw]
Egyptisch
eh [tw] *hè*
eight [telw] *acht*
eighteen [telw] *achttien*
eighth [telw] *achtste*
eightieth [telw] *tachtigste*
eighty [telw] *tachtig*
either [bnw + bijw] • *elk (v. beide)*
• *(een van) beide(n)*
ejaculate [ov ww] • *uitroepen*

• *uitstorten*
eject [ov ww] • *verdrijven* • *uitwerpen*
elaborate I [on ww] *uitweiden* II [bnw]
• *nauwgezet* • *met zorg uitgewerkt,*
uitgebreid
elastic I [znw] *elastiek* II [bnw]
• *rekbaar* • *ruim* • *veerkrachtig*
elasticity [znw] *elasticiteit*
elation [znw] *opgetogenheid*
elbow I [on ww] *(met de elleboog)*
dringen II [znw] *elleboog*
elder I [znw] • *oudere, oudste*
• *‹plantk.› vlier* II [bnw] *ouder, oudste*
elderly [bnw] *op leeftijd*
eldest [bnw] *oudste*
elect [ov ww] *(ver)kiezen*
election [znw] *verkiezing*
elective [bnw] • *gekozen* • *kies-* • *met*
kiesrecht
elector [znw] *kiezer, kiesman*
electoral [bnw] *m.b.t. verkiezing*
electorate [znw] *alle kiezers*
electric [bnw] *elektrisch*
electrical [bnw] → *electric*
electrician [znw] *elektricien*
electricity [znw] *elektriciteit*
electrify [ov ww] • *elektrificeren* • *onder*
stroom zetten • *schokken ‹fig.›*
electrocute [ov ww] *elektrocuteren,*
terechtstellen op elektrische stoel
electrode [znw] *elektrode*
electrolysis [znw] *elektrolyse*
elegant [bnw] • *sierlijk, smaakvol*
• *elegant*
elegy [znw] *treurdicht/-zang*
elemental [bnw] • *m.b.t. de elementen*
• *natuur-* • *enorm* • *essentieel*
elementary [bnw] *eenvoudig,*
elementair
elephant [znw] *olifant*
elephantine [bnw] • *als een olifant*
• *plomp*
elevate [ov ww] • *(op-/ver)heffen*
• *veredelen*
elevation [znw] • *verhoging* • *hoogte*
elevator [znw] • *silo* • *‹AE› lift*

eleven I [znw] *elftal* II [telw] *elf*
elevenses [znw] *elfuurtje*
eleventh [telw] *elfde*
elicit [ov ww] *ontlokken*
eligible [bnw] • *verkiesbaar, verkieslijk*
• *wenselijk*
eliminate [ov ww] • *verwijderen*
• *elimineren*
elk [znw] • *eland* • *‹AE› wapiti(hert)*
ellipse [znw] *ovaal, ellips*
ellipsis [znw] *‹taalk.› weglating*
elm [znw] *iep*
elocution [znw] *voordracht*
elongate [ov + on ww] • *(uit)rekken*
• *(z.) verlengen*
elope [on ww] *(van huis) weglopen om*
te trouwen
eloquence [znw] *welsprekendheid*
eloquent [bnw] *welsprekend,*
welbespraakt
else [bnw] *anders*
elucidate [ov ww] *ophelderen,*
toelichten
elude [ov ww] *ontwijken, ontgaan*
elusive, elusory [bnw] • *onvindbaar*
• *ontwijkend*
emancipate [ov ww] *vrij maken,*
emanciperen
embalm [ov ww] • *balsemen* • *geurig*
maken
embankment [znw] • *opgehoogde*
weg • *kade* • *spoordijk*
embargo I [ov ww] *beslag leggen op*
II [znw] • *embargo* • *verbod v. in- of*
uitvoer
embark I [ov ww] *aan boord nemen*
II [on ww] *aan boord gaan*
• *(~ in/upon) z. begeven/wagen in*
embarrass [ov ww] *in verlegenheid*
brengen
embarrassing [bnw] *lastig, pijnlijk*
embarrassment [znw] *verlegenheid*
embassy [znw] *ambassade*
embattled [bnw] • *omringd door*
vijand(en) • *belaagd, in moeilijkheden*
embed [ov ww] *(vast)leggen, insluiten*

embezzle [ov ww] *verduisteren* ‹v.
  geld›
embitter [ov ww] *verbitteren*
emblem [znw] • *symbool* • *embleem*
emblematic [bnw] *symbolisch*
embodiment [znw] *belichaming*
embody [ov ww] • *belichamen* • *vorm
  geven* • *uitdrukken* • *omvatten*
embolden [ov ww] *aanmoedigen*
embrace I [ov ww] • *omvatten*
  • *(elkaar) omhelzen* II [znw] *omhelzing*
embroider [ov ww] *borduren*
embroidery [znw] *borduurwerk*
embroil [ov ww] *verwikkelen*
embryonic [bnw] *nog niet ontwikkeld*
emend [ov ww] *verbeteren*
emerald I [znw] *smaragd* II [bnw]
  • *smaragden* • *smaragdgroen*
emerge [on ww] • *(naar) boven komen*
  • *naar buiten komen*
emergence [znw] • *uitwas* • *het
  verschijnen*
emergency [znw] *nood(toestand)*
emery [znw] *amaril*
eminence [znw] • *hoge positie*
  • *eminentie*
eminent [bnw] *eminent, verheven,
  uitstekend*
emirate [znw] *emiraat*
emission [znw] • *uitstraling,
  uitzending* • *uitlaatgas* ‹v. auto›
emit [ov ww] • *uiten* • *uitgeven/-zenden*
emolument [znw] *emolumenten,
  (bij)verdienste*
emotion [znw] *emotie, ontroering*
emotional [bnw] • *gevoels-*
  • *ontvankelijk, licht geroerd*
emotive [bnw] *roerend*
emperor [znw] *keizer*
emphasis [znw] • *nadruk* • *overwicht*
emphasize [ov ww] *nadruk leggen op*
emphatic [bnw] *nadrukkelijk*
empire [znw] • *(keizer-/wereld)rijk*
  • *heerschappij*
employ I [ov ww] • *gebruiken* • *in
  dienst hebben* II [znw] • *bezigheid*

• *dienst(betrekking)*
employee [znw] *werknemer*
empower [ov ww] • *machtigen* • *in
  staat stellen*
empress [znw] *keizerin*
emptiness [znw] *leegheid, leegte*
empty I [ov ww] *leeg maken/raken*
  II [on ww] *leeg worden* III [bnw] • *leeg*
  • *nietszeggend*
emu [znw] *emoe*
emulate [ov ww] • *wedijveren met*
  • *navolgen*
emulsify [ov ww] *emulgeren*
emulsion [znw] *emulsie*
enable [ov ww] • *in staat stellen*
  • *machtigen*
enact [ov ww] *spelen* ‹v. rol op toneel›
enactment [znw] *verordening*
enamel I [ov ww] *emailleren* II [znw]
  • *vernis* • *email* • *lak*
encamp [on ww] • *(zich) legeren*
  • *kamperen*
encampment [znw] *kamp(ement)*
encase [ov ww] *omhullen, omsluiten*
enchant [ov ww] • *betoveren*
  • *verrukken*
enchanting [bnw] *aantrekkelijk,
  verrukkelijk, charmant, betoverend*
enchantment [znw] *betovering*
enchantress [znw] • *toverkol*
  • *verleidster*
encircle [ov ww] *omringen, insluiten,
  omsingelen*
enclose [ov ww] • *omgeven, omheinen*
  • *insluiten* ‹bij brief›
enclosure [znw] • *eigen terrein,
  omheind gebied* • *bijlage*
encompass [ov ww] • *omgeven*
  • *omvatten*
encore I [znw] *toegift* II [tw] *bis*
encourage [ov ww] • *aanmoedigen*
  • *bevorderen*
encouragement [znw] *aanmoediging*
encouraging [bnw] *bemoedigend*
encroach [on ww] • *(~ (up)on)
  inbreuk maken op*

encroachment [znw] • *aantasting*
• *overschrijding*
encumber [ov ww] • *belemmeren*
• *belasten*
encumbrance [znw] *last* <ook fig.>
endanger [ov ww] *in gevaar brengen*
endear [ov ww] *zich bemind maken*
endearing [bnw] *sympathiek,*
vertederend
endearment [znw] *liefkozing*
endeavour [on ww] • (~ **after**) *streven*
naar
endemic I [znw] *inheemse ziekte*
II [bnw] *inheems*
ending [znw] • *einde* • <taalk.> *uitgang*
<v. woord>
endive [znw] *andijvie*
endless [bnw] *eindeloos*
endorse [ov ww] • *endosseren*
• *onderschrijven*
endorsement [znw] *onderschrijving*
endow [ov ww] • *subsidiëren*
• *begiftigen*
endowment [znw] *talent, gave*
endurance [znw] • *lijdzaamheid,*
geduld • *uithoudingsvermogen*
• *duur(zaamheid)*
endure I [ov ww] *verdragen, uithouden*
II [on ww] *in stand blijven,*
(voort)duren
enema [znw] *lavement, darmspoeling*
enemy I [znw] *vijand* II [bnw]
vijandelijk
energetic [bnw] • *krachtig* • *energiek*
enfold [ov ww] *in-/omwikkelen, hullen*
in
enforce [ov ww] • *kracht bijzetten*
• *streng handhaven* • *(af)dwingen (tot)*
enforceable [bnw] *af te dwingen*
engage I [ov ww] • *bespreken* <v.
plaatsen> • *in dienst nemen* • *op z.*
nemen • *voor zich innemen* II [on ww]
• *(zich) verbinden* • *zich verloven*
• *slaags raken met* • (~ **in**) *z. begeven*
in • (~ **upon**) *beginnen met*
• (~ **with**) *in dienst gaan bij*

engagement [znw] • *afspraak*
• *verloving*
engaging [bnw] *charmant,*
aantrekkelijk
engender [ov ww] *teweegbrengen,*
verwekken
engine [znw] *machine, motor,*
locomotief
engineer I [ov ww] • *construeren* • *op*
touw zetten, bewerken II [znw]
• *aanstichter* • *ingenieur* • *technicus*
• <scheepv.> *machinist* • <AE>
(trein)machinist
engineering [znw]
(machine)bouwkunde
English I [znw] *Engelsen* II [bnw]
Engels
engrave [ov ww] • *graveren* • *inprenten*
engraver [znw] *graveur*
engraving [znw] *gravure*
engulf [ov ww] *verzwelgen*
enhance [ov ww] • *verhogen*
• *versterken*
enjoy [ov ww] *genieten (van)*
enjoyable [bnw] *prettig*
enjoyment [znw] *plezier*
enlarge [ov ww] *vergroten, verruimen*
• (~ **(up)on**) *uitweiden over*
enlargement [znw] *vergroting*
enlighten [ov ww] *toe-/verlichten*
• (~ **about/on**) *inlichten over*
enlightened [bnw] *verlicht*
enlist I [ov ww] • *inlijven* • *te hulp*
roepen II [on ww] (z. laten) *inschrijven*
enliven [ov ww] *verlevendigen*
enmity [znw] *vijandschap*
ennoble [ov ww] • *adelen* • *veredelen*
enormity [znw] • *enormiteit*
• *gruweldaad*
enormous [bnw] *enorm, kolossaal*
enough [bnw + bijw] *genoeg*
enquire [ov + on ww] → **inquire**
enrich [ov ww] *rijk(er) maken, verrijken*
enroll, enrol [ov ww] • *inschrijven*
• *registreren* • (~ **in**) *opnemen in*
enrol(l)ment [znw] *register, lijst*

enshrine [ov ww] • (als heiligdom) bewaren • in-/omsluiten • bevatten
ensign [znw] • vaandel • vaandrig
enslave [ov ww] tot slaaf maken
ensnare [ov ww] verstrikken
ensue [on ww] • volgen • intreden
ensure [ov ww] • verzekeren (van) • waarborgen
entail [ov ww] als gevolg/nasleep hebben
entangle [ov ww] verwikkelen
entanglement [znw] intrige
enter I [ov + on ww] binnengaan/-komen • (~ for) gaan deelnemen aan II [ov ww] boeken • (~ (up)on) aannemen, ter hand nemen III [on ww] • opkomen <op toneel> • (zich laten) inschrijven
enterprise [znw] • onderneming(sgeest), initiatief • waagstuk
enterprising [bnw] ondernemend
entertain [ov ww] • onderhouden • vermaken • gastvrij ontvangen
entertainer [znw] conferencier, kleinkunstenaar
entertaining [bnw] amusant
entertainment [znw] amusement
enthuse I [ov ww] enthousiast maken II [on ww] enthousiast zijn, dwepen
enthusiasm [znw] enthousiasme, geestdrift
enthusiast [znw] enthousiasteling, geestdriftig bewonderaar
enthusiastic [bnw] enthousiast
entice [ov ww] (aan-/ver)lokken
entire [bnw] • (ge)heel • compleet • ongecastreerd
entirely [bijw] helemaal, totaal
entirety [znw] geheel
entitle [ov ww] betitelen • (~ to) het recht geven te/op
entity [znw] • iets bestaands • wezen
entourage [znw] gevolg, begeleiding
entrails [mv] ingewanden, binnenste
entrance I [ov ww] in verrukking of

trance brengen II [znw] • intocht • toegang, ingang • entree • aanvaarding • binnenkomst
entreat [ov ww] dringend verzoeken
entreaty [znw] smeekbede
entrée [znw] entree
entrench [on ww] verschansen
entrepreneur [znw] ondernemer
entrust [ov ww] toevertrouwen
entry [znw] • (binnen)komst • ingang • inschrijving, boeking • notitie <in dagboek>
enumerate [ov ww] opnoemen, opsommen
enunciate [ov ww] • uitspreken • verkondigen • stellen
envelop [ov ww] (in-/om)hullen, omgeven
enviable [bnw] benijdenswaardig
envious [bnw] afgunstig
environment [znw] milieu
environmental [bnw] milieu-
environs [mv] omstreken
envisage [ov ww] beschouwen
envoy [znw] (af)gezant
envy I [ov ww] benijden II [znw] (voorwerp van) afgunst
enzyme [znw] enzym
ephemeral [bnw] van één dag, kortstondig
epic I [znw] episch gedicht II [bnw] episch
epicentre [znw] epicentrum
epidemic I [znw] epidemie II [bnw] epidemisch
epigram [znw] puntdicht
epileptic I [znw] epilepsiepatiënt II [bnw] epileptisch
epilogue [znw] slotwoord, naschrift
Epiphany [znw] Driekoningen
episcopal [bnw] m.b.t. bisschoppelijke hiërarchie
epitaph [znw] grafschrift
epithet [znw] scheldwoord
epitome [znw] • toonbeeld • korte samenvatting

epoch [znw] • tijdvak • tijdstip
equable [bnw] • gelijkvormig
• evenwichtig
equal I [ov ww] • gelijk zijn aan
• evenaren II [znw] gelijke III [bnw]
gelijk
equalize [ov ww] gelijk maken/stellen
equally [bijw] even
equator [znw] evenaar
equatorial [bnw] equatoriaal
equine [bnw] paarden-
equip [ov ww] uit-/toerusten
equipment [znw] uitrusting
equitable [bnw] billijk
equity [znw] billijkheid
equivalent I [znw] equivalent II [bnw]
gelijkwaardig
equivocal [bnw] twijfelachtig,
dubbelzinnig
era [znw] • jaartelling • tijdperk
eradicate [ov ww] uitroeien
erase [ov ww] doorhalen
eraser [znw] • vlakgum • bordenwisser
erasure [znw] uitwissing
erect I [ov ww] • oprichten • stichten
II [bnw] omhoog-/opgericht, overeind
erection [znw] • erectie • gebouw • het
oprichten
ermine [znw] hermelijn
erode [ov ww] • uitbijten <door zuur>
• uitschuren • wegvreten
erosion [znw] erosie
eroticism [znw] erotiek
errand [znw] boodschap
errant I [znw] II [bnw] dolend
erratic [bnw] • dwalend
• onevenwichtig • grillig
erroneous [bnw] onjuist
error [znw] • fout, vergissing • dwaling
erudite [bnw] geleerd
erudition [znw] uitgebreide kennis
erupt [on ww] • uitbarsten • oplaaien
escalate [on ww] • toenemen • escaleren
escalator [znw] roltrap
escape I [on ww] ontsnappen,
ontkomen II [znw] • brandladder

• ontsnapping
escapee [znw] ontsnapte gevangene
escarpment [znw] glooiing, talud
escort I [ov ww] begeleiden II [znw]
escorte, geleide
esoteric [bnw] geheim, voor ingewijden
especial [bnw] bijzonder
espionage [znw] spionage
essay [znw] • essay, korte studie • poging
essayist [znw] essayschrijver
essence [znw] • wezen, kern • extract
• parfum
essential I [znw] • het wezenlijke • het
onontbeerlijke II [bnw] • wezenlijk
• onontbeerlijk
establish [ov ww] • oprichten
• vestigen • instellen, vaststellen
• bewijzen
establishment [znw] • instelling,
organisatie • personeel • handelshuis,
grote zaak
estate [znw] • onroerend goed • boedel,
nalatenschap • landgoed • plantage
esteem I [ov ww] • achten
• beschouwen II [znw] achting
estimation [znw] • oordeel • mening
• achting
etch [ov + on ww] etsen
etching [znw] ets
eternal [bnw] eeuwig
ethereal [bnw] • etherisch • vluchtig
• hemels
ethic(al) [bnw] ethisch
ethnic [bnw] • etnisch, heidens
• volkenkundig
ethnology [znw] volkenkunde
Eucharist [znw] • eucharistie
• Avondmaal
eugenics [mv] eugenetiek
eulogize [ov ww] prijzen
eulogy [znw] lof(rede)
euphemism [znw] eufemisme
euphemistic [bnw] eufemistisch
euphoria [znw] euforie, gelukzalig
gevoel
Eurasian I [znw] Euraziër II [bnw]

Europees-Aziatisch
European I [znw] Europeaan II [bnw]
Europees
euthanasia [znw] euthanasie
evacuate [ov ww] • evacueren
• ontruimen
evacuee [znw] evacué
evade [ov ww] ontduiken/-wijken
evaluate [ov ww] de waarde bepalen
van
evaluation [znw] • waardebepaling
• nabeschouwing
evangelize [ov ww] • het evangelie
prediken • kerstenen
evaporate [ov + on ww] (doen)
verdampen
evasion [znw] ontwijking
evasive [bnw] ontwijkend
eve [znw] • vooravond • dag vóór
even I [ov + on ww] • (~ out)
gelijkmatig verdelen/-spreiden
II [bnw] • effen • even • vlak
• gelijk-/regelmatig III [bijw] zelfs
evening [znw] avond
event [znw] • gebeurtenis • geval
• evenement
eventful [bnw] veelbewogen
eventual [bnw] uiteindelijk
eventuality [znw] mogelijke
gebeurtenis
eventually [bijw] tenslotte
ever [bijw] ooit
evergreen [znw] • altijdgroene plant
• liedje dat populair blijft
everlasting [bnw] eeuwig(durend)
every [telw] ieder
everybody [onb vnw] iedereen
everyday [bnw] • alledaags • dagelijks
everything [onb vnw] alles
everywhere [bnw + bijw] overal
evict [ov ww] uitwijzen/-zetten
eviction [znw] uitzetting, ontruiming
evidence I [ov ww] getuigen (van)
II [znw] • bewijs,
bewijsstuk/-materiaal • getuige(nis)
evident [bnw] duidelijk

evince [ov ww] bewijzen, (aan)tonen
evocation [znw] • evocatie • oproeping
evocative [bnw] beeldend <v.
taalgebruik>
evoke [ov ww] • aanhalen • oproepen
evolution [znw] evolutie
evolutionary [bnw] evolutie-
evolve I [ov ww] ontwikkelen
II [on ww] • zich ontplooien
• geleidelijk ontstaan
ewe [znw] ooi
ewer [znw] • kruik • lampetkan
exact I [ov ww] eisen II [bnw] • precies,
nauwkeurig • juist
exacting [bnw] veeleisend
exactitude [znw] nauwkeurigheid
exaggerate [ov ww] overdrijven
exalt [ov ww] verheffen
exaltation [znw] • verheerlijking
• verrukking
examine [ov + on ww] ondervragen,
onderzoeken
examiner [znw] examinator
example [znw] voorbeeld
exasperate [ov ww] • ergeren • kwaad
maken
excavate [ov ww] op-/uitgraven
excavator [znw] excavateur,
graafmachine
exceed [ov ww] overschrijden/-treffen
exceeding(ly) [bnw] buitengewoon
excel I [ov ww] overtreffen II [on ww]
uitmunten
excellence [znw] uitmuntende
eigenschap
excellent [bnw] uitstekend
except [vz] uitgezonderd, behalve
exception [znw] uitzondering
exceptional [bnw] uitzonderlijk
excerpt [znw] uittreksel
excess [znw] • overmaat • exces
• uitspatting
excessive [bnw] buitensporig
exchange I [ov ww]
• (ver-/uit-/om)wisselen • ruilen
II [znw] • wisselkoers • beurs

• telefooncentrale
excise I [ov ww] uitsnijden II [znw]
accijns
excitable [bnw] prikkelbaar
excite [ov ww] • (op)wekken • prikkelen
• opwinden
excited [bnw] opgewonden
excitement [znw] • opwinding • roes
exciting [bnw] opwindend, spannend
exclaim [ov ww] uitroepen
exclamation [znw] uitroep
exclude [ov ww] uitsluiten, onmogelijk
maken
exclusion [znw] uitsluiting
excommunicate [ov ww] in de
kerkelijke ban doen
excrete [ov ww] afscheiden
excruciating [bnw] folterend,
ondraaglijk
excursion [znw] • excursie • uitstapje
excuse I [ov ww] • excuseren,
verontschuldigen • vrijstellen II [znw]
• verontschuldiging • uitvlucht
execrable [bnw] afschuwelijk
execute [ov ww] • uitvoeren, ten uitvoer
brengen • vervullen • ter dood brengen
executioner [znw] beul
executive I [znw] • directeur
• topambtenaar • uitvoerende macht
• bewindsman II [bnw] uitvoerend,
verantwoordelijk
executor [znw] executeur-testamentair
exemplary [bnw] • voorbeeldig
• kenschetsend
exemplify [ov ww] • als voorbeeld
dienen • met voorbeeld toelichten
exempt I [ov ww] vrijstellen II [bnw]
vrijgesteld
exercise I [ov ww] • (be-/uit)oefenen
• in acht nemen • beweging laten
nemen • <mil.> (laten) exerceren
II [on ww] • oefeningen doen/maken
• sporten III [znw] • oefening
• (lichaams)beweging
exert [ov ww] inspannen, uitoefenen
exertion [znw] • inspanning

• krachtige poging
exhale [ov ww] • uitademen
• uitwasemen
exhaust I [ov ww] • uitputten
• verbruiken II [znw] • uitlaatgassen
• uitlaat <v. motor>
exhaustion [znw] uitputting
exhaustive [bnw] volledig, grondig
exhibit I [ov ww] • (ver)tonen
• tentoonstellen II [znw] • bewijsstuk
• inzending <op tentoonstelling>
• vertoon, vertoning
exhibition [znw] tentoonstelling
exhibitionism [znw] exhibitionisme
exhort [ov ww] aansporen, vermanen
exhume [ov ww] opgraven
exile I [ov ww] verbannen II [znw]
• ballingschap • balling • verbanning
exist [on ww] bestaan • (~ on) bestaan
van
existence [znw] het bestaan
existent [bnw] bestaand
exit I [on ww] (v.h. toneel) verdwijnen
II [znw] • uitgang • dood • vertrek
exodus [znw] uittocht
exorbitant [bnw] buitensporig
exorcism [znw] duivelbezwering
exotic I [znw] uitheemse plant II [bnw]
uitheems
expand I [ov ww]
• uitbreiden/-spreiden • uitwerken <v.
aantekeningen> II [on ww]
• toenemen • uitzetten
expanse, expansion [znw]
• uitgestrektheid • uitbreiding
expansive [bnw] • uitzettings- • wijd
• open <v. karakter>
expatriate [ov ww] verbannen
expect [ov ww] verwachten
expectancy [znw] verwachting,
afwachting, kans
expectation [znw] vooruitzicht
expedient I [znw] (red)middel II [bnw]
• doelmatig, raadzaam
• opportunistisch
expedite [ov ww] bespoedigen,

voorthelpen
expedition [znw] • *expeditie* • *vlotheid*
expeditious [bnw] *vlot*
expel [ov ww] *verdrijven, verjagen, verwijderen*
expend [ov ww] *besteden, uitgeven*
expendable [bnw] *te verwaarlozen*
expenditure [znw] *uitgaven*
expense [znw] *uitgave(n), (on)kosten*
expensive [bnw] *duur*
experience I [ov ww] *ervaren* II [znw] • *mystieke ervaring* • *ondervinding* • *ervaring*
experiment I [on ww] *proeven nemen* II [znw] *proef*
expert I [znw] *deskundige* II [bnw] *deskundig, bedreven*
expiration [znw] *uitademing, expiratie*
expire I [ov + on ww] *uitademen* II [on ww] • *sterven* • *aflopen, vervallen*
explain [ov ww] *uitleggen, verklaren*
expletive [znw] • *verwensing* • *krachtterm*
explicable [bnw] *verklaarbaar*
explicit [bnw] • *expliciet* • *nauwkeurig omschreven* • *uitdrukkelijk* • *stellig* • *duidelijk*
explode [ov + on ww] *(doen) ontploffen*
exploit I [ov ww] • *exploiteren* • *uitbuiten* II [znw] • *heldendaad* • *prestatie*
exploratory [bnw] *verkennend, onderzoekend*
explore [ov ww] • *onderzoeken* • *verkennen*
explorer [znw] *ontdekkingsreiziger, verkenner*
explosion [znw] *explosie*
explosive I [znw] *springstof* II [bnw] • *ontplofbaar* • *ontploffend* • *opvliegend*
exponent [znw] • *exponent* ‹bij algebra› • *vertolker, vertegenwoordiger* • *vertolking*
export I [ov ww] *exporteren* II [znw] *export*

exporter [znw] *exporteur*
expose [ov ww] • *ontmaskeren* • *uiteenzetten* • *tentoonstellen* • (~ **to**) *blootstellen aan*
exposition [znw] *uiteenzetting*
expound [ov ww] *uiteenzetten, verklaren*
express I [ov ww] *uitdrukken* II [znw] • *expresse* • *sneltrein* III [bnw + bijw] • *expresse* ‹post› • *uitdrukkelijk, stellig* • *met opzet*
expression [znw] *uitdrukking*
expressionism [znw] *expressionisme*
expressive [bnw] • *expressief* • *veelzeggend*
expropriate [ov ww] • *onteigenen* • *afnemen*
exquisite [bnw] *voortreffelijk, (ver)fijn(d)*
extemporize [ov ww] *improviseren*
extend I [ov ww] • *uitsteken* • *rekken, verlengen* II [on ww] *zich uitstrekken*
extension [znw] • *uitgebreidheid* • *bijkantoor*
extensive [bnw] • *groots opgezet* • *veelomvattend*
extenuate [ov ww] *verzachten*
exterior I [znw] *buitenkant* II [bnw] • *uiterlijk* • *uitwendig* • *buiten-*
external [bnw] • *uitwendig* • *van buiten af* • *uiterlijk*
extinct [bnw] *uitgestorven*
extinction [znw] *het uitsterven*
extinguish [ov ww] *blussen, (uit)doven*
extinguisher [znw] *blusapparaat*
extort [ov ww] *afdwingen/-persen*
extra I [znw] • *extraatje* • *figurant* ‹in film› II [bnw] *extra* III [voorv] *buiten-*
extract I [ov ww] • *(uit)trekken* • *afdwingen* • *uitpersen* II [znw] • *passage* ‹uit boek› • *extract*
extraction [znw] *afkomst*
extramarital [bnw] *buitenechtelijk*
extraneous [bnw] *buiten de zaak staand*
extraordinary [bnw] *buitengewoon*

extravagance [znw] *extravagantie*
extravagant [bnw] • *buitensporig,*
overdreven • *verkwistend* • *ongerijmd*
extreme I [znw] • *(uit)einde* • *hoogste*
graad II [bnw] • *uiterst, laatst, hoogst*
• *buitengewoon*
extremism [znw] *extremisme*
extremist I [znw] *extremist* II [bnw]
extremistisch
extremity [znw] • *uiterste nood*
• *uiterste maatregel* • *uiterste*
• *uitsteeksel*
extricate [ov ww] • *uit de knoop halen*
• *bevrijden*
exuberant [bnw] • *overvloedig*
• *uitbundig*
exude [ov ww] *uitzweten*
exult [on ww] *juichen* • (~ **over**)
triomferen over
exultant [bnw] • *juichend*
• *opgewonden* • *dol van blijdschap*
eye I [ov ww] *na-/aankijken* II [znw] *oog*

F

fable [znw] • *fabel* • *leugen, praatje*
fabled [bnw] *legendarisch*
fabric [znw] *geweven stof, weefsel*
fabricate [ov ww] • *verzinnen*
• *namaken*
fabrication [znw] • *verzinsel* • *namaak*
fabulous [bnw] *wonderbaarlijk,*
fabelachtig
face I [ov ww] • *uitzicht geven op*
• *onder ogen (durven) zien*
• *liggen/staan tegenover* • (~ **up to**)
flink aanpakken, onder ogen zien
II [znw] • *gelaat, gezicht* • *voorkomen*
• *beeldzijde, voorkant* • *oppervlakte*
• *wijzerplaat*
facet [znw] *facet*
facetious [bnw] *schertsend*
facial I [znw] *gezichtsmassage* II [bnw]
gelaats-
facilitate [ov ww] *vergemakkelijken*
facility [znw] • *gemak* • *voorziening,*
faciliteit
facing I [znw] • *revers* • *(aanbrenging*
van) buitenlaag <op muur > II [vz]
(staande) tegenover
fact [znw] • *feit, gebeurtenis*
• *werkelijkheid*
faction [znw] • *politieke partij*
• *partijgeest*
factitious [bnw] *nagebootst,*
kunstmatig, onecht
factor [znw] *factor*
factory [znw] *fabriek*
factotum [znw] *manusje-van-alles*
factual [bnw] *feitelijk, feiten-*
faculty [znw] • *vermogen* • *faculteit*
fad [znw] *rage, gril*
fade [on ww] • *wegzakken* <v.
radio-ontvangst> • *verwelken*
• *geleidelijk verdwijnen*
• (~ **away/out**) *(doen) verbleken,*

wegkwijnen • (~ **in/up**) *volume regelen, inregelen* ‹v. beeld› • (~ **into**) *overgaan in* • (~ **out**) *uitregelen* ‹v. beeld/film›

faeces [znw] *uitwerpselen*

fag [znw] • *vermoeiend en onaangenaam werk* • ‹inf.› *sigaret* • ‹pej.› *homo*

fail I [ov ww] • *in gebreke blijven* • *laten zakken* ‹bij examen› II [on ww] • *mislukken* • *zakken* ‹bij examen› • *falen* • *opraken* • *wegsterven*

failing I [znw] *gebrek, zwak(te)* II [vz] *bij gebrek aan*

faint I [on ww] *flauwvallen* II [znw] *flauwte* III [bnw] • *zwak* • *vaag*

fair I [znw] • *beurs* • *kermis* • *jaarmarkt* II [bnw] • *mooi* • *blond* • *zuiver* • *eerlijk, geoorloofd* • *tamelijk* • *gunstig*

fairly [bijw] • *eerlijk* • *tamelijk*

fairy I [znw] *fee* II [bnw] *feeachtig, tover-*

faith [znw] • *geloof, vertrouwen* • *leer(stelling)*

faithful [bnw] • *gelovig* • *trouw* • *nauwgezet*

fake I [ov ww] *vervalsen, fingeren* II [znw] • *namaak* • *bedrog, voorwendsel* III [bnw] *vals, nep*

falcon [znw] *valk*

falconer [znw] *valkenier*

falconry [znw] *valkenjacht*

fall I [on ww] • *vallen* • *worden* • *afdalen* • *betrekken* ‹v. gezicht› • (~ **away**) *weg-/uit-/afvallen, verminderen, hellen, verdwijnen* • (~ **back**) *achteropraken, terugvallen* • (~ **behind**) *achteropraken* • (~ **for**) *verliefd worden op* • (~ **in**) *instorten, z. aansluiten* • (~ **in with**) *het eens zijn met* • (~ **into**) *vervallen tot* • (~ **on**) *zich storten op* • (~ **out**) *uitvallen, ruzie krijgen, gebeuren, blijken (te zijn)* • (~ **through**) *in duigen vallen, mislukken* • (~ **to**) *z. toeleggen op, beginnen met* • (~ **upon**) *vallen op,*

aanvallen • (~ **within**) *binnen het kader vallen* II [znw] • *val* • *daling* • *helling* • *verval, ondergang* • *waterval* • ‹AE› *herfst*

fallacious [bnw] *bedrieglijk*

fallacy [znw] • *bedrog* • *drogrede(n)*

fallen [ww] volt. deelw. → **fall**

fallible [bnw] *feilbaar*

fallow [bnw] *braak(liggend)*

false [bnw] • *vals, onjuist* • *ontrouw* • *onecht*

falsehood [znw] *leugen(s)*

falsify [ov ww] *vervalsen, verkeerd voorstellen*

falsity [znw] • *valsheid* ‹in geschrifte› • *oneerlijkheid* • *bedrog* • *onjuistheid*

famed [bnw] *beroemd*

familiar [bnw] • *familiaar* • *vertrouwd, bekend*

familiarity [znw] • *vertrouwdheid* • *familiariteit*

familiarize [ov ww] *bekend/vertrouwd maken met*

family [znw] • *familie, gezin* • *geslacht*

famine [znw] *schaarste, hongersnood*

famous [bnw] *vermaard, beroemd*

fan I [ov ww] • *aanwakkeren* • *koelte toewaaien* II [znw] • *waaier* • *ventilator* • *enthousiast(eling), fan*

fanatic I [znw] *fanatiekeling* II [bnw] *fanatiek*

fanaticism [znw] *fanatisme, dweepzucht*

fanciful [bnw] • *ingebeeld, fantastisch* • *kieskeurig*

fancy I [ov ww] z. *inbeelden, verbeelden* II [znw] • *in-/verbeelding(skracht)* • *gril, zin, voorliefde* III [bnw] • *luxe* • *chic*

fang [znw] *slagtand, giftand*

fanny [znw] • ‹sl.› *kut* • ‹AE sl.› *kont*

fantastic [bnw] • *grillig, vreemd* • *fantastisch*

fantasy [znw] *fantasie*

far [bnw + bijw] *ver, afgelegen*

farcical [bnw] *bespottelijk*

fare [znw] • *vrachttarief* • *vrachtje*
‹taxi› • *kost* ‹eten›
farewell [znw] *vaarwel*
farm I [on ww] *boerenbedrijf uitoefenen*
II [znw] • *landerij, boerderij* • *kwekerij,*
fokkerij
farmer [znw] *boer, pachter*
farming I [znw] *landbouw* II [bnw]
landbouw-
fart I [on ww] *een scheet laten* II [znw]
scheet
farther [bnw + bijw] *vergr. trap* → far
farthest [bnw] *overtr. trap* → far
fascinate [ov ww] • *betoveren*
• *fascineren*
fashion I [ov ww] *vormen, pasklaar*
maken II [znw] • *fatsoen* • *mode*
• *aard, wijze*
fast I [on ww] *vasten* II [znw] *vastentijd*
III [bnw + bijw] • *snel* • *wasecht*
• *onbeweeglijk, vast* • *los* ‹v. zeden›
• *vóór* ‹v. klok›
fasten [ov ww] *bevestigen, sluiten,*
vastmaken • (~ **on**) *vasthouden aan,*
uitkiezen ‹voor kritiek e.d.› • (~ **up**)
vastmaken ‹japon›
fastener [znw] *sluiting*
fastness [znw] • *bolwerk* • → fast
fat I [ww] → fatten II [znw] *het vet(te)*
III [bnw] *vet, dik*
fatal [bnw] • *noodlottig, rampspoedig*
• *fataal, dodelijk* • *onvermijdelijk*
fatalism [znw] *fatalisme*
fatality [znw] • *noodlot,*
voorbeschikking • *ramp, ongeluk met*
dodelijke afloop
fate [znw] *dood, (nood)lot*
fateful [bnw] *noodlottig*
father I [ov ww] • *voortbrengen* • *een*
vader zijn voor II [znw] • *vader*
• *voorvader* • *nestor* • *pater,*
biechtvader • *kerkvader* • *God* • *leider*
fatherly [bnw] *vaderlijk*
fathom I [ov ww] *peilen, doorgronden*
II [znw] *vadem, 3 voet (ca. 1.80 m)*
fathomless [bnw] *peilloos,*

ondoorgrondelijk
fatigue I [ov ww] *vermoeien* II [znw]
vermoeidheid
fatten I [ov ww] *mesten* II [on ww]
dik/vet worden
fatty I [znw] ‹inf.› *dikke(rd)* II [bnw]
vet(tig)
fatuous [bnw] *sullig, idioot*
fault I [ov ww] *aanmerking maken*
II [znw] • *fout* • *schuld* • *overtreding*
• *gebrek*
faultless [bnw] *onberispelijk*
faulty [bnw] • *gebrekkig* • *onjuist*
favour I [ov ww] • *(willen) begunstigen,*
bevoordelen • *goedkeuren, steunen*
• *verkiezen* • *lijken op* • ‹inf.› *ontzien*
II [znw] • *begunstiging, gunst*
• *achting* • *genade, vriendelijkheid*
favourable [bnw] *gunstig*
favourite I [znw] *gunsteling, lieveling*
II [bnw] *lievelings-*
favouritism [znw] *(oneerlijke)*
bevoorrechting
fawn I [on ww] • *kwispelstaarten* ‹v.
hond› • *vleien, kruipen voor* II [znw]
• *jong hert* • *geelbruin*
fear I [ov ww] *bang zijn voor, vrezen,*
duchten • (~ **for**) *bang/bezorgd zijn*
voor II [znw] *vrees, angst*
fearful [bnw] • *vreselijk* • *bang*
fearless [bnw] *onbevreesd*
fearsome [bnw] *vreselijk*
feasible [bnw] • *uitvoerbaar*
• *waarschijnlijk*
feast I [on ww] *feest vieren* • (~ **on**) *z. te*
goed doen aan II [znw] • *kerkelijk feest*
• *feest(maal)*
feat [znw] *heldendaad, prestatie*
feather I [ov ww] *met veren bedekken*
II [znw] *veer*
February [znw] *februari*
fecund [bnw] *overvloedig,*
vruchtbaar
fed [ww] *verl. tijd + volt. deelw.*
→ feed
federal [bnw] *federaal, bonds-*

federation [znw] *statenbond*
fee [znw] • *schoolgeld* • *loon,*
honorarium
feeble [bnw] *futloos, zwak*
feed I [ov ww] *voeden, voederen,*
instoppen <computer> II [on ww] *eten,*
z. voeden III [znw] *veevoer*
feeder [znw] • *eter* • *zijlijn/-tak*
• *aanvoerapparaat*
feel I [ov ww] *voelen, gewaarworden*
II [on ww] *gevoelens hebben, voelen,*
gevoel/tastzin hebben • (~ for) *zoeken*
naar, voelen voor • (~ out) *aan de tand*
voelen • (~ with) *meevoelen met*
III [znw] *gevoel*
feeler [znw] *voelhoorn/-spriet*
feeling [znw] *gevoel(en)*
feet [mv] → foot
feint I [on ww] *doen alsof* II [znw]
• *schijnbeweging* • *voorwendsel*
felicitous [bnw] *goed (gevonden) en*
toepasselijk
felicity [znw] • *groot geluk, zegen(ing)*
• *gelukkige vondst* • *toepasselijkheid*
feline I [znw] *katachtige* II [bnw]
katachtig
fell I [ov ww] *vellen* II [on ww] verl. tijd
→ fall III [znw] • *vel, huid* • *berg*
• *heidevlakte* <N.-Engeland>
fellow I [znw] • *makker* • *kerel, vrijer,*
vent II [bnw] • *-genoot, mede-* • *gelijke*
fellowship [znw]
• *kameraadschappelijke omgang,*
collegialiteit • *broederschap,*
genootschap • *studiebeurs, betrekking*
van wetenschapper
felt I [on ww] verl.tijd + volt.deelw.
→ feel II [znw] *vilt* III [bnw] *vilten*
female I [znw] *wijfje, vrouw(spersoon)*
II [bnw] *vrouwelijk, wijfjes-*
feminism [znw] *feminisme*
feminist [znw] *feminist(e)*
fen [znw] *moeras, ondergelopen land*
fence I [ov ww] *beschutten, omheinen*
• (~ off) *afschermen* II [on ww] <sport>
schermen III [znw] • *hek, omheining*

• *schutting* • <inf.> *heler(shuis)*
fencing [znw] • *omheining*
• *schermkunst/-sport*
fend [ww] • (~ for) *zorgen voor*
• (~ off) *afweren*
fender [znw] • *bescherming,*
haardhekje • *bumper* • <AE> *spatbord*
<v. auto>
fennel [znw] *venkel*
ferment I [on ww] *fermenteren, gisten*
II [znw] *gist, gisting*
fern [znw] *varen(s)*
ferry I [ov ww] *overzetten* II [znw]
veer(boot)
fertile [bnw] *vruchtbaar, rijk (in/aan)*
fertilize [ov ww] • *vruchtbaar maken*
• *met kunstmest behandelen*
• *bevruchten*
fertilizer [znw] *(kunst)mest*
fervent [bnw] *heet, vurig*
fervour [znw] *hitte, drift*
fester [on ww] *zweren*
festive [bnw] *feest-, feestelijk*
festivity [znw] *feestelijkheid,*
feestvreugde
festoon I [ov ww] *versieren met slingers*
II [znw] *guirlande*
fetch [ov ww] • *toebrengen* <slag>
• *halen* • *opbrengen* <prijs>
fetching [bnw] • *innemend*
• *aantrekkelijk* • *pakkend*
fetid [bnw] *stinkend*
fetish [znw] *fetisj*
fetter I [ov ww] *boeien, belemmeren*
II [znw] • *voetboei* • *belemmering*
fettle [znw] *conditie*
fetus [znw] *foetus, vrucht, ongeboren*
kind
feud [znw] *vete*
feudal [bnw] *leen-*
feudalism [znw] *leenstelsel*
fever [znw] • *koorts* • *(koortsachtige)*
opwinding
feverish [bnw] *koorts(acht)ig*
few [onb vnw] *weinige(n)*
fib I [on ww] *jokken* II [znw] *leugentje*

fibber, fibster [znw] jokkebrok
fibre [znw] • karakter • vezelachtige
stof • ‹AE› vezel(s)
fibroid, fibrous [bnw] vezelachtig
fiddle I [ov ww] ‹sl.› bedriegen, knoeien
‹vooral met de boekhouding›
II [on ww] vioolspelen III [znw] • vedel,
viool • knoeierij, bedrog, geklungel
fiddler [znw] • vedelaar • bedrieger
fiddling [bnw] • onbetekenend
• prullerig
fidelity [znw] (ge)trouw(heid)
fidget I [on ww] (z.) zenuwachtig
bewegen • (~ about) niet stil kunnen
zitten II [znw] druk en nerveus persoon
fidgety [bnw] druk, gejaagd
field I [ov ww] • bal vangen • in 't veld
brengen ‹v. team› II [znw] • veld
• slagveld • akker • gebied, terrein
fielder [znw] balvanger
fiend [znw] • duivel • maniak
fiendish, fiendlike [bnw] duivels
fierce [bnw] • woest, onstuimig, hevig
• erg
fiery [bnw] • vurig, opvliegend
• gloeiend
fifteen [telw] vijftien
fifth [telw] vijfde
fiftieth [telw] vijftigste
fifty [telw] vijftig
fig [znw] vijg(enboom)
fight I [ov ww] • vechten tegen • laten
vechten II [on ww] vechten III [znw]
• gevecht, strijd • vechtlust
figment [znw] verzinsel
figurative [bnw] • figuurlijk,
zinnebeeldig • beeld-
figure I [ov ww] ‹AE› geloven • (~ on)
rekenen op, vertrouwen op • (~ out)
uitrekenen, bedenken II [on ww]
verschijnen, voorkomen III [znw]
• figuur, vorm, gestalte • patroon
• bedrag • cijfer
filament [znw] • gloeidraad • vezel
• ‹plantk.› helmdraad
filch [ov ww] gappen

file I [ov ww] • vijlen • in archief
opbergen • indienen ‹v.
eis/klacht/verzoek› II [on ww]
• (~ in/out) achterelkaar naar
binnen/buiten lopen III [znw] • vijl
• briefordener • dossier • gelid
filial [bnw] v. dochter/zoon
fill I [ov ww] • vullen • plomberen
• stoppen ‹pijp› • verzadigen
• bekleden ‹ambt› • (~ in) invullen,
dempen, inlichten • (~ out) opvullen,
inschenken, invullen ‹formulier›
• (~ up) volproppen, tanken, dempen
II [on ww] z. vullen III [znw] • vulling
• bekomst
filler [znw] (op)vulsel
filling [znw] vulling
fillip [znw] aansporing, prikkel, knip
‹met duim en vinger›, tikje
filmy [bnw] • fijn • wazig
filter I [ov ww] filtreren, zuiveren
II [on ww] • (~ through)
door-/uitlekken III [znw] filter
filth [znw] • vuile taal • vuiligheid
filthy [bnw] vuil
fin [znw] • vin • ‹luchtv.› kielvlak
final I [znw] • eindwedstrijd • ‹inf.›
laatste editie v. krant op de dag
II [bnw] • definitief, afdoend • eind-,
slot-, laatste
finalist [znw] • eindexamenkandidaat
• speler in eindwedstrijd
finalize [ov ww] besluiten, afmaken
finance I [ov ww] financieren II [znw]
financieel beheer, financiën,
financiewezen
financial [bnw] financieel
finch [znw] vink
find I [ov + on ww] oordelen, uitspreken
II [ov ww] • (be)vinden • zien,
ontdekken • (gaan) halen • verschaffen,
bekostigen III [znw] vondst
finder [znw] • zoeker ‹op fototoestel›
• vinder
fine I [ov ww] beboeten II [znw]
geldboete III [bnw] • fijn, mooi

• verfijnd, subtiel, zuiver • hard
‹potlood› • scherp ‹pen› • uitstekend
‹conditie› • goed, gelukkig, schoon,
waardig • helder of droog ‹weer›
IV [bijw] prima
finery [znw] • opschik • ‹techn.›
frishaard
finesse [znw] handigheid,
spitsvondigheid
finger [znw] vinger
finicky [bnw] overdreven precies,
pietepeuterig
finish I [ov + on ww] • voltooien,
(be)eindigen • opeten/-drinken/-roken,
enz. • garneren • uitlezen • afwerken,
lakken • v. kant maken II [znw]
• laatste laag, afwerkingslaag,
glanslaag • vernis • finish, einde,
afwerking
finite [bnw] begrensd, eindig
fink [znw] verrader, aanbrenger
Finn [znw] Fin
Finnish [bnw] Fins
fiord [znw] fjord
fir [znw] den(nenboom), dennenhout,
spar
fire I [ov ww] • aanvuren • bakken
‹stenen› • afvuren • ontslaan
• (~ away) er op los schieten, v. leer
trekken, beginnen • (~ off) afvuren
II [znw] vuur, brand, gloed, hitte
firm I [znw] firma II [bnw] • vast, hard
• vastberaden, standvastig
first I [znw] eerste II [bnw] eerst,
belangrijkst III [bijw] • voor 't eerst
• ten eerste • liever
firstly [bijw] ten eerste
fiscal [bnw] fiscaal, belasting-
fish I [ov + on ww] vissen II [znw] vis
fisherman [znw] visser
fishery [znw] visgrond/-plaats
fishing [znw] het vissen
fishy [bnw] • naar vis smakend
• visachtig • ‹inf.› niet helemaal pluis,
verdacht
fission [znw] splijting, celdeling,

splitsing v. atoom
fissure [znw] kloof, spleet
fist [znw] vuist
fit I [ov + on ww] • passen (bij), geschikt
maken • monteren • (~ in) inlassen
• (~ in with) kloppen met • (~ on)
(aan)passen • (~ out) uitrusten ‹bijv.
schip› • (~ up) monteren, uitrusten
• (~ with) voorzien van II [znw] • bui
• aanval, stuip • beroerte • 't
passen/zitten III [bnw] • geschikt,
gepast • gezond, in goede conditie
fitful [bnw] afwisselend, bij vlagen
fitment [znw] wandmeubel
fitter [znw] • monteur • bankwerker
• fitter
fitting I [znw] • pasbeurt • armatuur
II [bnw] passend
five [telw] vijf
fiver ‹inf.› [znw] bankbiljet v. vijf pond
fix I [ov ww] • vastleggen/-maken,
bevestigen, vaststellen ‹v. datum›
• monteren, installeren, fixeren
• repareren • opmaken ‹v. haar›
• aanleggen ‹vuur› • klaarspelen
• (~ up) regelen, organiseren II [znw]
• moeilijkheid, dilemma
• doorgestoken kaart • ‹sl.› shot ‹drugs›
fixation [znw] obsessie
fixed [bnw] vast
fixture [znw] • wat vast is • datum v.
wedstrijd
fizz I [on ww] sissen II [znw]
• champagne • gesis
fizzle [on ww] sissen, sputteren
• (~ out) met een sisser aflopen
flabby, flaccid [bnw] • slap, zwak
• willoos
flag I [ov ww] • (~ down) teken geven
om te stoppen ‹aan auto› II [on ww]
kwijnen, verflauwen III [znw] vlag
flagellate [ov ww] kastijden, geselen
flagon [znw] • schenkkan • fles
flagrant [bnw] • flagrant • opvallend
• schandelijk ‹belediging›
flair [znw] • flair • bijzondere

handigheid
flake I [ov ww] *doen afschilferen*
II [on ww] • *als vlokken vallen*
• *afschilferen* • (~ **out**) *'t bewustzijn
verliezen* III [znw] • *vlok* • *schilfer*
• *plakje*
flaky [bnw] • *vlokkig* • *schilferachtig*
flame I [on ww] • *ontvlammen*
• *vuurrood worden* II [znw] *vlam, vuur*
flaming [bnw] • *zeer heet* • *felgekleurd*
flammable [bnw] *brandbaar*
flan [znw] *vlaai, jamgebak*
flange [znw] *flens*
flank I [ov ww] *flankeren* II [znw] *zijde,
flank*
flannel I [znw] • *flanel* • *flanellen
wrijflap, dweil, washandje* II [bnw]
flanellen
flap I [ov + on ww] • *klapperen,
fladderen* • *klapwieken* • (~ **away/off**)
wegvliegen II [znw] • *klep*
• *neerhangend deel* <v. tafelblad> • *slip*
<jas> • *kieuwdeksel* • *omslag* <v. boek>
flare I [on ww] • *flikkeren, gloeien* • z.
buitenwaarts bollen, uitstaan <v. rok>
• (~ **up**) *oplaaien* II [znw] • *helle vlam*
• *lichtkogel* <met parachute>,
signaalvlam
flash I [ov ww] • *seinen* • *doen flitsen,
laten schijnen, schieten* <vuur v. ogen>
II [on ww] *schijnen, opvlammen,
flitsen* III [znw] • *vlam* • *oogwenk*
• *vertoon* • *vlaag* • *kiekje* • *nieuwsflits*
flasher [znw] • *exhibitionist,
potloodventer* • *knipperlicht* <auto>
flashy [bnw] *opzichtig, fatterig, poenig*
flatten I [ov ww] • *plat maken* • *pletten*
• *klein krijgen* • *met de grond gelijk
maken* II [on ww] *plat/vlak worden*
• (~ **out**) *plat worden*
flatter [ov ww] *vleien, strelen* <v.
ego/ijdelheid>
flatterer [znw] *vleier*
flattery [bnw] *vleierij*
flatulence [znw] • *winderigheid*
• *aanmatiging*

flaunt [ov ww] *pronken met*
flautist [znw] *fluitist*
flavouring [znw] *'t kruiden, kruiderij*
flavourless [bnw] *smakeloos*
flaw [znw] • *regen-/windvlaag* • *barst,
scheur* • *onvolkomenheid, fout*
flawless [bnw] *perfect, onberispelijk,
smetteloos*
flay [ov ww] • *bekritiseren* • *villen*
flea [znw] *vlo*
fleck [znw] *vlek, spat, spikkel*
flee I [ov ww] *vluchten* II [on ww]
ontvluchten
fleece I [ov ww] • *scheren* <schapen>
• *geld afhandig maken* II [znw]
schapenvacht
fleecy [bnw] *wollig, vlokkig*
fleet [znw] • *vloot* • *wagenpark* <auto's>
fleeting [bnw] *snel, vergankelijk,
vluchtig*
Flemish [bnw] *Vlaams*
flesh I [ov ww] • (~ **out**) *nader
preciseren, uitwerken* II [znw] *vlees*
flew [ww] verl. tijd → **fly**
flex I [ov ww] *buigen* II [znw]
(elektrisch) snoer
flexible [bnw] *buigzaam, handelbaar*
flick [ov ww] *tikken, rukken, knippen*
flicker I [on ww] *flikkeren* II [znw]
opflikkering
flight [znw] • *vlucht* • *zwerm*
• *formatie* <vliegtuigen>
flighty [bnw] • *grillig* • *wispelturig*
flimsy [bnw] *ondeugdelijk, zwak, nietig*
flinch [on ww] • *wijken* • *ineenkrimpen*
<v.d. pijn> • (~ **from**) *terugdeinzen
voor*
fling I [ov ww] • *smijten* • *gooien*
II [znw] • *worp* • *onstuimige
hooglandse dans* • *kortstondige,
stormachtige liefdesaffaire, uitspatting*
flint [znw] *keisteen, vuursteen*
flip I [ov + on ww] • (~ **over**)
omdraaien II [ov ww] • *(weg)knippen,
tikken* • *(om) laten kantelen* • *(snel)
omdraaien* • (~ **through**)

doorbladeren III [on ww] • *flippen*
‹door drugs›, *ongunstig reageren op,
door het dolle heen raken,
wildenthousiast worden* • *een salto
maken* IV [znw] • *knip, tik* • *salto*
flippancy [znw] • *spot* • *oneerbiedige
opmerking*
flippant [bnw] *ongepast luchthartig,
zonder de nodige ernst, spottend*
flirt I [on ww] *flirten* • (~ **with**) *spelen
‹met de gedachte›* II [znw] *flirt*
flirtatious [bnw] *koket(terend)*
float I [ov ww] *laten drijven, doen
zweven* II [on ww] • *vlot komen*
• *drijven, zweven* • *doelloos
rondtrekken* III [znw] • *vlotter ‹v.
stoomketel›* • *dobber* • *vlot* • *lage
wagen ‹in optocht›*
floating [bnw] *drijvend, vlottend
‹kapitaal›*
flock I [on ww] *samenstromen* II [znw]
schare, kudde, troep
floe [znw] *drijvende ijsschots(en)*
flog [ov ww] • *slaan* • *verpatsen*
flood I [ov ww] • *(doen) overstromen*
• *overvoeren ‹v.d. markt›* II [on ww]
overstromen III [znw] • *vloed* • *stroom,
overstroming*
floor I [ov ww] • *vloeren, neerslaan*
• *overdonderen, te machtig zijn*
II [znw] • *vloer, bodem* • *verdieping*
• *loonminimum*
flop I [on ww] • *klossen*
• *neerploffen/-smijten* • *mislukking
worden* II [znw] • *plof, plons* • ‹inf.›
flop, fiasco III [bijw] *ineens*
floppy [bnw] *flodderig, zwak*
floral [bnw] *m.b.t. bloemen*
florid [bnw] • *opzichtig* • *blozend*
florist [znw] *bloemist, bloemenkweker*
flotilla [znw] *flotille*
flotsam [znw] • *aanspoelende
wrakgoederen, rommel* • *zwervers*
flounce I [on ww] *woedend (weg)lopen*
II [znw] • *ruk* • *strook*
flounder I [on ww] • *ploeteren ‹door*

modder› • *fouten maken* • *in de war
raken* II [znw] *bot ‹vis›*
flour I [ov ww] *bestrooien met meel*
II [znw] *bloem, meel*
flourish I [ov ww] *wuiven met, gebaren*
II [on ww] *gedijen, in de bloeitijd
leven/zijn* III [znw] • *krul ‹als
versiering›* • *zwierig gebaar*
floury [bnw] *melig, bedekt met meel*
flout [ov ww] *in de wind slaan*
flow I [on ww] • *stromen, golven*
• *opkomen ‹v. getij›* • (~ **from**)
(voort)vloeien uit II [znw] • *vloed*
• *stroming, golving*
flower I [on ww] *(op)bloeien* II [znw]
• *bloem* • *bloei* • *keur*
flowered [bnw] *gebloemd, versierd met
bloemen*
flowery [bnw] *bloemrijk, gebloemd,
bloemen-*
flown [ww] *volt. deelw.* → **fly**
flu ‹inf.› [znw] *griep*
fluctuate [on ww] *golven, op en neer
gaan*
flue [znw] *rookkanaal, vlampijp*
fluency [znw] • *spreekvaardigheid*
• *welbespraaktheid*
fluent [bnw] • *vaardig ‹vnl.
spreekvaardigheid›, welbespraakt*
• *vloeiend, sierlijk*
fluff I [ov ww] • *donzig maken,
opschudden ‹v. bed›* • (~ **out/up**)
laten uitstaan ‹haar› II [znw] • *pluis,
donzig spul* • *onhandige slag* • ‹sl.›
blunder, verspreking
fluffy [bnw] *donzig ‹v. kussen›, pluizig*
fluid I [znw] *vloeistof* II [bnw]
vloeibaar, beweeglijk
fluke [znw] *(gelukkig) toeval*
flummox [ov ww] *versteld doen staan*
flung [ww] *verl. tijd + volt. deelw.*
→ **fling**
flunk ‹inf.› [ov ww] *laten zakken ‹bij
examen›* • (~ **out**) *weggestuurd
worden ‹v. school/universiteit›*
fluorescent [bnw] *fluorescerend*

flurry I [ov ww] *zenuwachtig maken*
II [znw] *(wind)vlaag*
flush I [ov ww] • *doorspoelen* • *opjagen*
‹v. vogels› II [on ww] *blozen* III [znw]
• *gesloten serie* ‹poker› • *doorspoeling*
• *plotselinge stroom* • *opwinding* • *blos*
IV [bnw] • *in één vlak liggend* • *goed
bij kas zijnde*
fluster [ov ww] *gejaagd maken*
flute [znw] *fluit*
flutist [znw] *fluitist*
flutter I [on ww] *fladderen, trillen, vlug
heen en weer bewegen* II [znw] *trilling,
gefladder*
fly I [on ww] *vliegen, zweven* II [znw]
• *vlieg* • *gulp*
flying [bnw] *vliegend*
foal [znw] *veulen*
foam I [on ww] *schuimen* II [znw]
schuim
foamy [bnw] *schuimend*
fob I [ov ww] • (~ off) (met smoesjes)
afschepen II [znw] *horlogeketting*
focal [bnw] *brandpunt(s)-*
focus I [ov + on ww] • *concentreren* ‹v.
gedachten› • *instellen* ‹v. camera›
II [znw] • *brandpunt* • *scherpstelling*
fodder [znw] *stalvoer*
foe [znw] *vijand* ‹dichterlijk›
fog I [ov ww] *vertroebelen, benevelen*
II [znw] *mist*
foggy [bnw] • *mistig* • *vaag*
foible [znw] *zwakke zijde*
foil I [ov ww] *verijdelen, in de war
brengen* II [znw] • *folie* • *zilverpapier*
foist [ov ww] • (~ on/upon) *opdringen*
fold I [ov ww] *vouwen* • (~ up) ‹inf.›
failliet gaan II [znw] • *vouw, kronkel*
• *schaapskooi*
folder [znw] *folder, vouwblad, map*
‹voor documenten›
foliage [znw] *gebladerte, loof*
folk, folks [znw] ‹inf.› *volk, luitjes,
ouders, familieleden*
folksy [bnw] *gezellig, plattelands-,
eenvoudig*

follow I [ov ww] • *uitoefenen* ‹v.
ambacht› • *volgen* • *najagen*
• *begrijpen* II [on ww] *volgen (op/uit)*
• (~ up) *nagaan, werk maken van*
follower [znw] *volgeling*
following I [znw] • *aanhang*
• *volgelingen* • *het volgende* II [bnw]
volgend
folly [znw] *dwaasheid*
foment [ov ww] *aanstoken/-vuren*
fond [bnw] • *dwaas* • *innig, teder*
fondle [ov ww] *liefkozen*
font [znw] • *doopvont* • *wijwaterbakje*
• *oliereservoir* ‹v. lamp› • ‹AE› *lettertype*
food [znw] *voedsel, eten, voedingsartikel*
fool I [ov ww] *bedriegen* • (~ into)
wijsmaken • (~ out of) (iets)
aftroggelen II [on ww]
• (~ about/around) *rondhangen*
III [znw] • *dwaas, gek, nar*
• (kruisbessen)vla IV [bnw] ‹AE inf.›
dwaas
foolhardy [bnw] *roekeloos*
foolish [bnw] • *belachelijk* • *dwaas*
foolscap [znw] • *narrenkap, papieren
muts* • *schrijfpapier* ‹17 x 13,5 in.›
foot [znw] • *voet* • *pas, tred* • *versvoet*
• *voet* ‹ 30,5 cm›
football [znw] • *voetbal* • *rugby*
footballer [znw] • (prof)voetballer
• *rugbyspeler*
footing [znw] • *voet* • 't plaatsen van
de voeten* • *vaste betrekking, vaste voet*
• *verhouding*
foppish [bnw] *fatterig*
for I [vz] • *om, wegens* • *wat aangaat*
• *naar* • *gedurende* II [vw] *want,
aangezien*
forage I [ov ww] *plunderen* II [on ww]
• *fourageren* • *snuffelen in* III [znw]
• *voer* • 't fourageren*
foray I [ov ww] *plunderen* II [znw]
rooftocht
forbear [on ww] z. *onthouden van*
forbearance [znw] *verdraagzaamheid*
forbid [ov ww] *verbieden*

forbidden I [ww] volt. deelw.
→ **forbid** II [bnw] *verboden*
forbidding [bnw] *onaanlokkelijk*
force I [ov ww] • *tot 't uiterste inspannen* • *forceren, doorbreken* • *noodzaken, dwingen tot* • *geweld aandoen, overweldigen* • *(voort)drijven, iem. iets opdringen* • *met geweld nemen* • *(~ from) afdwingen, ontwringen* II [znw] • *kracht, macht* • *invloed* • *strijdkracht* • *overtuigingskracht* • *noodzaak* • *ploeg werklui*
forceful [bnw] *krachtig*
forcemeat [znw] *gehakt*
forceps [znw] *tang* ‹v. chirurg›
forcible [bnw] *krachtig, gedwongen*
fore I [bnw] *voor-* II [bijw] *voor(aan)*
forearm [znw] *voorarm*
foreboding [znw] *(slecht) voorgevoel*
forecast I [ov ww] *voorspellen* II [znw] • *(weers)voorspelling* • *prognose*
forecourt [znw] *voorhof/-terrein*
forefinger [znw] *wijsvinger*
forefoot [znw] *voorpoot*
forefront [znw] *voorste deel, voorste gelederen*
forego [ov ww] *voorafgaan (aan)*
foregoing [bnw] • *bovenvermeld* • *voorafgaand*
foreground [znw] *voorgrond*
forehead [znw] *voorhoofd*
foreign [bnw] • *vreemd* • *buitenlands*
foreigner [znw] *buitenlander*
foreknowledge [znw] *voorkennis*
foreleg [znw] *voorpoot/-been*
forelock [znw] *lok haar op voorhoofd*
foreman [znw] • *voorzitter v. jury* • *meesterknecht, ploegbaas*
foremost [bnw] *voorste, eerste, voornaamste*
forename [znw] *voornaam*
foreshorten [ov ww] *in perspectief afbeelden, verkort weergeven*
foreskin [znw] *voorhuid*
forest I [ov ww] *bebossen* II [znw]

woud, bos
forestry [znw] • *boscultuur* • *bosgrond*
foretaste [znw] *voorproefje*
foretell [ov ww] *voorspellen*
forethought [znw] *overleg*
forever [bijw] • *voor eeuwig/altijd, voortaan* • *de hele tijd, steeds maar (door)*
forewarn [ov ww] *van tevoren waarschuwen*
foreword [znw] *voorwoord*
forfeit I [ov ww] *verspelen* II [znw] • *boete* • *'t verbeurde, pand* III [bnw] *verbeurd verklaard*
forgave [ww] verl. tijd → **forgive**
forge I [ov + on ww] • *smeden* • *verzinnen, vervalsen* II [znw] • *smidse, smidsvuur* • *smeltoven, smelterij* • *vervalsing*
forgery [znw] *valsheid in geschrifte*
forget [ov + on ww] *vergeten*
forgetful [bnw] *vergeetachtig*
forgive [ov ww] *vergeven, kwijtschelden*
forgiveness [znw] *vergeving, vergevingsgezindheid*
forgiving [bnw] *vergevingsgezind*
forgo [ov ww] • *z. onthouden van* • *opgeven, afstand doen van*
fork I [ov ww] • *(~ out) dokken, over de brug komen* II [on ww] *z. vertakken* III [znw] • *vork, gaffel* • *vertakking* • *splitsing* ‹in weg›
forlorn [bnw] • *wanhopig, hopeloos* • *verlaten, troosteloos* • *ellendig uitziend*
form I [ov ww] *vormen* II [on ww] *zich vormen* • *(~ after) (z.) vormen naar* • *(~ up) (z.) opstellen* III [znw] • *vorm, gedaante* • *schoolklas* • *formulier* • *gedrag* • ‹sport› *conditie*
formal [bnw] *formeel, nadrukkelijk*
formalism [znw] *formalisme, vormelijkheid*
formality [znw] *formaliteit*
format I [ov ww] *formatteren* II [znw] • *formaat* • *het formatteren*

formation [znw] *vorming, formatie*
formative [bnw] • *vormend*
• *buigings-, afleidings-*
former [bnw] • *vroeger, voormalig*
• *eerstgenoemde*
formidable [bnw] *ontzagwekkend,
geducht*
formula [znw] • *recept* • *formule* • ‹AE›
babyvoeding
formulate [ov ww] *formuleren*
fornicate [on ww] *ontucht plegen*
forsake [ov ww] *in de steek laten,
verlaten*
forswear [ov ww] *afzweren*
forte [znw] • *sterke kant* • ‹muz.› *forto*
forth [bijw] *voort, uit, weg, buiten*
forthcoming [bnw] • *aanstaande,
komend* • *tegemoetkomend* ‹v.
personen›
forthright [bnw] • *open, eerlijk,
oprecht* • *direct, onmiddellijk*
forthwith [bijw] *onmiddellijk*
fortieth [telw] *veertigste*
fortify [ov ww] *(ver)sterken*
fortitude [znw] *vastberadenheid*
fortnight [znw] *twee weken*
fortnightly [bijw] *iedere twee weken*
fortress [znw] *vesting*
fortuitous [bnw] • *toevallig*
• *fortuinlijk*
fortunate [bnw] *gelukkig*
fortune [znw] *geluk, lot, fortuin* ‹geld›
forty [telw] *veertig*
forward I [ov ww] • *bevorderen,
vooruithelpen* • *(door)sturen,
(ver)zenden* II [znw] ‹sport› *voorspeler*
III [bnw] • *vooruitstrevend*
• *voorwaarts, naar voren* • *vroegrijp,
vroegtijdig* • *vrijpostig* IV [bijw]
voorwaarts, vooruit
fossil I [znw] *fossiel* II [bnw] • *versteend*
• *opgedolven*
foster I [ov ww] *koesteren* II [bnw]
pleeg-
fought [ww] *verl. tijd + volt. deelw.*
→ fight

foul I [ov ww] *bezoedelen* • (~ up)
verprutsen, verknoeien II [on ww] *vuil
worden* III [znw] ‹sport› *overtreding*
IV [bnw] • *walgelijk, stinkend*
• *oneerlijk* • *smerig* ‹weer› • *vuil,
bedorven* ‹lucht›
found I [ww] *verl.tijd + volt.deelw.*
→ find II [ov ww] *stichten*
foundation [znw] • *basis, fundering*
• *oprichting* • *stichting*
founder I [on ww] • *mislukken*
• *vergaan* ‹schip› II [znw] • *oprichter*
• *gieter* ‹v. metaal›
foundling [znw] *vondeling*
foundry [znw] *metaalgieterij*
fount [znw] *bron* ‹dichterlijk›
fountain [znw] • *waterstraal, fontein*
• *bron*
four I [znw] *boot met 4 riemen* II [telw]
vier
fourteen [telw] *veertien*
fourth [telw] *vierde*
fourthly [bijw] *ten vierde*
fowl [znw] • *gevogelte* ‹ook 't vlees›
• *kip, haan*
fox I [ov ww] *onbegrijpelijk zijn voor*
II [znw] • *sluwaard* • *vos*
foxy [bnw] • *sluw* • *aantrekkelijk*
fracas [znw] *herrie, vechtpartij*
fraction [znw] • *breuk* • *onderdeel*
fractional [bnw] • *gebroken,
gedeeltelijk* • *onbeduidend*
fracture I [ov ww] *breken* II [znw]
• *barst* • *botbreuk*
fragile [bnw] *broos, bros, zwak, teer,
breekbaar*
fragment I [ov + on ww] • *verdelen in
(brok)stukken* • *versplinteren* II [znw]
• *fragment* • *scherf, (brok)stuk*
fragmental, fragmentary [bnw]
fragmentarisch
fragrant [bnw] *geurig*
frail [bnw] *broos, zwak*
franchise [znw] • *burgerrecht*
• *stemrecht* • *vrijstelling* • *vergunning*
frank [bnw] *openhartig*

frankincense [znw] *wierook*
frantic [bnw] *razend, krankzinnig*
fraternal [bnw] *broederlijk*
fraternity [znw] • *broederschap* • ‹AE› *studentenclub/-corps*
fraternize [on ww] z. *verbroederen*
fraud [znw] • *fraude, bedrog* • *bedrieger*
fraudulent [bnw] *frauduleus*
fraught [bnw] *beladen, vol van*
fray I [ov + on ww] *rafelen* II [znw] *gekrakeel, strijd*
freak I [on ww] • (~ out) *hallucinaties krijgen* ‹bij drugs› II [znw] • *gril* • *gedrocht, rariteit* • *zonderling, hippie* • *fanaat*
freckle [znw] *sproet*
free I [ov ww] • *bevrijden, los-/vrijmaken* • *ontslaan* ‹v. belofte› II [bnw] • *vrij, onbelemmerd* • *onafhankelijk* • *gratis*
freedom [znw] *vrijheid*
freeze I [ov ww] • *(doen) bevriezen* ‹ook fig.› • *laten stilstaan* ‹beeldband of film› • *stabiliseren* ‹prijzen of lonen› • *(doen) stollen* • (~ out) *uitsluiten, boycotten* II [on ww] • *bevriezen* ‹plotseling onbeweeglijk worden› • *vriezen* • (~ over) *dichtvriezen* III [znw] • *vorst* • *bevriezing* ‹v. loon›
freezer [znw] *diepvries*
freight I [ov ww] • *verzenden* • *laden, bevrachten* II [znw] *vracht(prijs), lading*
freighter [znw] • *bevrachter* • *vrachtboot/-vliegtuig*
French I [znw] *de Fransen* II [bnw] *Frans*
frenetic [bnw] *dwaas, waanzinnig*
frequent I [ov ww] *regelmatig/vaak bezoeken* II [bnw] *veelvuldig*
fresh [bnw] • *nieuw, anders, fris, vers* • *onervaren* • *zoet* ‹water› • *brutaal*
freshen [ov ww] • *ontzouten* • *opfrissen, aanzetten* • (~ up) (z.) *opfrissen*
fret I [ov ww] • *versieren met snijwerk*

• *knagen, in-/wegvreten* • (z.) *ergeren* • *verdrietig zijn, kniezen* II [znw] • *ergernis* • *vingerzetting* ‹v. snaarinstrument›
fretful [bnw] • *verdrietig, gemelijk* • *vingerzetting* ‹v. snaarinstrument› • *stormachtig* ‹weer›
friction [znw] *wrijving*
Friday [znw] *vrijdag*
fridge [znw] *koelkast*
friend [znw] • *vriend(in), kennis* • *relatie*
friendless [bnw] *zonder vrienden*
friendly I [znw] *vriendschappelijke wedstrijd* II [bnw] • *welwillend* • *vriendschappelijk, bevriend* ‹naties›
friendship [znw] *vriendschap*
frieze [znw] *fries* ‹rand v. versiering›
frigate [znw] *fregat*
fright [znw] *schrik, vrees*
frighten [ov ww] *doen schrikken* • (~ away) *verjagen*
frightful [bnw] • *afschuwelijk* • ‹inf.› *ontzaglijk*
frigid [bnw] • *frigide* • *koud, ijzig, kil*
frill [znw] *geplooide strook*
frilly [bnw] *met kantjes/strookjes/prullaria*
fringe [znw] • *franje, zoom, buitenkant, zelfkant* • *ponyhaar*
frippery [znw] *opschik, snuisterijen*
frisk I [ov ww] • *fouilleren* • ‹AE› *zakkenrollen* II [on ww] • *springen* • *dartelen*
fritter I [ov ww] • (~ away) *verklungelen* II [znw] *(appel)beignet*
frivolity [znw] *lichtzinnigheid*
frivolous [bnw] • *dwaas* • *lichtzinnig, wuft*
frizz [ov + on ww] *krullen* ‹haar›
frock [znw] *japon, jurkje*
frog [znw] • *kikker, kikvors* • ‹pej.› *Fransoos*
frolic I [on ww] *rondspringen, pret maken* II [znw] *grap, fuif*
from [vz] • *naar, volgens* • *als gevolg v.,*

wegens, door • *van, weg van, van ... af, uit*

front I [ov ww] *staan tegenover* II [znw] • *front* • *gezicht* • *voorgevel* • *voorhoofd* ‹dichterlijk› • *brutaliteit* • *strandboulevard* • *camouflage* III [bnw] *voorste, voor-*

frontage [znw] • *vóór gelegen terrein* • *front*

frontal [bnw] *front(en)-, voorhoofds-*

frontier [znw] *grens*

frontispiece [znw] • *voorgevel* • *plaat tegenover titelblad* ‹in boek›

frost I [ov ww] • *doen bevriezen* ‹planten› • *glaceren* ‹gebak› • *berijpen* • *mat maken* ‹glas› II [znw] *vorst*

frosting [znw] *glazuur* ‹voor gebak›

frosty [bnw] • *vriezend, ijzig* • *berijpt*

froth [znw] *schuim*

frown I [on ww] *'t voorhoofd fronsen, dreigend kijken* II [znw] *frons, afkeurende blik*

froze [ww] verl. tijd → **freeze**

frozen I [ww] volt. deelw. → **freeze** II [bnw] *bevroren, ijzig*

frugal [bnw] *matig, sober*

fruit [znw] *fruit, vrucht(en)*

fruitful [bnw] *vruchtbaar, resultaat gevend*

fruition [znw] • *verwezenlijking* • *vervulling*

fruitless [bnw] • *onvruchtbaar* • *vruchteloos*

fruity [bnw] • *vrucht-* • *geurig, pikant* • *klankrijk, vol* ‹v. stem›

frump [znw] *slons*

fry I [ov ww] *braden, bakken* II [znw] *jonge vissen*

fuck ‹vulg.› [ov + on ww] *neuken* • (~ **about/around**) *rotzooien, aanklooien*

fudge I [ov ww] *eromheen draaien* II [znw] • *onzin, bedotterij* • *zachte karamel*

fuel I [ov ww] *voorzien v. brandstof* II [znw] *brandstof*

fug [znw] *bedompte atmosfeer* ‹in kamer›

fugitive I [znw] • *voortvluchtige* • *vluchteling* II [bnw] • *kortstondig* • *voortvluchtig*

fulcrum [znw] • *steunpunt, draaipunt* ‹v. hefboom› • ‹plantk.› *aanhangsel*

fulfil [ov ww] • *vervullen, beantwoorden aan* ‹doel› • *uitvoeren*

fulfilment [znw] *bevrediging*

fully [bijw] • *volledig* • *v. ganser harte*

fulminate [ov ww] *uitvaren tegen*

fulsome [bnw] *kruiperig vleiend*

fumble [on ww] *op onhandige manier doen*

fumigate [ov ww] • *ontsmetten* • *doorgeuren*

fun [znw] *pret*

function I [on ww] *functioneren* II [znw] • *functie, beroep* • *plechtigheid, feest*

functional [bnw] *doelmatig, functioneel*

functionary I [znw] • *ambtenaar, beambte* • *functionaris* II [bnw] → **functional**

fund I [ov ww] *bekostigen* II [znw] *fonds, voorraad*

fundamental I [znw] *basis, grondbeginsel, grondtoon* II [bnw] *grond-, fundamenteel*

funeral I [znw] • *begrafenis(stoet)* • ‹AE› *rouwdienst* II [bnw] *begrafenis-, lijk-*

funereal [bnw] • *begrafenis-* • *somber, treur-* • *diepzwart*

fungus [znw] • *paddestoel* • *zwam*

funk I [ov ww] *ontwijken* ‹uit angst› II [znw] • *bangerd* • ‹muz.› *funk*

funnel I [ov ww] *afvoeren door trechter* II [znw] • *trechter* • *lichtkoker, luchtkoker* • *schoorsteen*

funny [bnw] • *grappig, raar* • *bedrieglijk*

fur I [znw] • *bont(werk)* • *aanzetsel* ‹v. wijn›, *beslag* ‹op de tong›, *ketelsteen* II [bnw] *bont(en)-*

furbish [ov ww] • (~ up) oppoetsen, opknappen, vernieuwen
furious [bnw] • woedend • wild
furl [ov ww] reven <zeil>, opvouwen
furlong [znw] 1/8 Eng. mijl <201 m.>
furnace [znw] oven, vuurhaard
furnish [ov ww] • leveren • meubileren • (~ with) voorzien v.
furore [znw] furore, opwinding
furrier [znw] bontwerker, bonthandelaar
furrow I [ov ww] rimpelen II [znw] voor, groef, rimpel
furry [bnw] • met bont bekleed • zacht
further I [ov ww] bevorderen II [bnw + bijw] • verder • meer
furthest [bnw] verst(e)
fury [znw] • woeste vrouw, feeks, furie • woede
fuse I [ov ww] • v. lont voorzien • (samen)smelten II [on ww] doorslaan <v. zekeringen> III [znw] • zekering <v. elektr.> • lont
fuselage [znw] romp v. vliegtuig
fusion [znw] smelting, fusie
fuss I [on ww] • druk maken • zenuwachtig maken • (~ over) z. druk maken over II [znw] drukte, ophef
fussy [bnw] • gejaagd, druk • pietluttig
fusty [bnw] muf
futile [bnw] doelloos, nutteloos, waardeloos
futility [znw] • futiliteit • nutteloosheid
future I [znw] toekomst, toekomende tijd II [bnw] toekomstig, aanstaand
futuristic [bnw] futuristisch
fuzz [znw] • dons • <sl.> politie
fuzzy [bnw] • beneveld, wazig • donzig

G

gab [on ww] praten, kletsen
gabble I [ov + on ww] haastig praten II [znw] haastig gepraat
gable [znw] gevelspits
gadget [znw] • machineonderdeel(tje), instrument(je) • truc, foefje
gadgetry [znw] allerlei spullen
Gaelic I [znw] de Keltische taal II [bnw] Keltisch
gaffe [znw] blunder, ongepaste daad/opmerking
gag I [ov ww] knevelen, de mond snoeren II [on ww] kokhalzen III [znw] • knevel • grap
gaga [bnw] kinds, dement
gaggle I [on ww] snateren II [znw] • vlucht ganzen • het snateren
gaiety [znw] • vrolijkheid • opschik
gaily [bijw] • vrolijk • fleurig
gain I [ov ww] • winnen, behalen, krijgen, verwerven • bereiken • toenemen <v. lichaamsgewicht> • (~ (up)on) inhalen II [znw] winst, voordeel
gainful [bnw] winstgevend
gainsay [ov ww] tegenspreken, ontkennen
gait [znw] manier v. lopen, pas
gaiter [znw] • slobkous • <AE> bottine
gal <inf.> [znw] meisje
galaxy [znw] • de melkweg • schitterende groep/schare/stoet
gale [znw] • storm • <plantk.> gagel
gall I [ov ww] verbitteren, kwetsen II [znw] • gal • bitterheid • (oorzaak v.) verdriet • <AE> arrogantie
gallant I [znw] galante ridder <fig.> II [bnw] • fier, statig • dapper • galant
gallantry [znw] • dapperheid • hoffelijkheid
gallery [znw] • galerij

• (schilderijen)museum • toonzaal
• schellinkje • ‹AE› veranda
galley [znw] • galei • sloep
• scheepskeuken
Gallic [bnw] • Gallisch • Frans
gallivant [on ww] • flaneren • flirten
gallop I [ov + on ww] (laten)
galopperen II [znw] galop
gallows [mv] galg
galvanize [ov ww] • galvaniseren
• opzwepen
gambit [znw] • gambiet • listige zet
gamble I [ov + on ww] dobbelen,
gokken, speculeren II [znw] gok
gambler [znw] gokker
gambol [on ww] dartelen
game I [znw] • spel(letje) • wild
II [bnw] moedig
gammon [znw] gerookte ham
gamut [znw] • het hele register
• toonladder, toonschaal
• (toon)omvang
gander [znw] • gent • ‹inf.› stomme
idioot
gang I [on ww] • (~ up) samenklitten,
een bende vormen • (~ up
against/on) z. collectief keren tegen,
samenspannen tegen II [znw] troep,
bende
gangling [bnw] slungelig
gangrene [znw] gangreen, koudvuur
gangrenous [bnw] gangreneus
gangster [znw] gangster, bendelid
gantry [znw] stellage, seinbrug, rijbrug
‹onder kraan›
gaol [znw] → jail
garb [znw] • kledij • klederdracht
garbage [znw] afval, vuilnis
garden I [on ww] tuinieren II [znw]
tuin
gardener [znw] tuinman, tuinier
gargantuan [bnw] reusachtig
gargle I [ov + on ww] gorgelen II [znw]
gorgeldrank
gargoyle [znw] waterspuwer
garish [bnw] opzichtig, bont

garland I [ov ww] bekransen II [znw]
bloemslinger, bloemkrans
garlic [znw] knoflook
garment [znw] kledingstuk, gewaad
garnet I [znw] granaat(steen) II [bnw]
granaatrood
garnish I [ov ww] versieren, opmaken
II [znw] versiering, garnering
garret [znw] zolderkamer(tje)
garrison I [ov ww] bezetten II [znw]
garnizoen
garrulous [bnw] praatziek
garter [znw] kousenband
gas I [ov ww] vergassen II [on ww]
zwammen III [znw] • gas • gezwam
• ‹AE› benzine
gash I [ov ww] een jaap toebrengen
II [znw] diepe snede, jaap
gasolene, gasoline [znw] • gasoline
• benzine
gasometer [znw] gashouder
gasp I [on ww] • hijgen • II [znw] het
stokken van de adem
gastric [bnw] v.d. maag, maag-
gastronomic [bnw] gastronomisch
gastronomy [znw] gastronomie
gate [znw] • poort • hek • deur ‹ook v.
sluis›
gather [ov + on ww] • (z.) verzamelen
• oogsten, plukken, oprapen • rimpelen,
plooien • afleiden • (~ from) besluiten,
v. iets afleiden
gathering [znw] • vergadering
• bijeenkomst
gauche [bnw] onhandig, lomp
gaudy [bnw] opzichtig
gauge I [ov ww] • meten, peilen
• normaliseren, ijken II [znw]
• standaard (inhouds)maat • omvang,
inhoud • spoorwijdte • regenmeter,
oliedrukmeter
gaunt [bnw] mager, ingevallen
gauntlet [znw] dikke handschoen
gave [ww] verl. tijd → give
gavel [znw] (voorzitters)hamer
gawky [bnw] onhandig, klungelig

gay [bnw] • vrolijk • fleurig
• homo(seksueel), lesbisch
gaze I [on ww] staren II [znw] starende
blik
gear I [ov ww] (op)tuigen • (~ to)
aanpassen aan, afstemmen op II [znw]
• gereedschappen, spullen • raderwerk,
tandwieloverbrenging,
versnelling(smechanisme) • vlotte
kledij, snelle kleren • tuig
geese [mv] → goose
gel I [on ww] (meer) vaste vorm krijgen
II [znw] gel
gelding [znw] ruin
gem [znw] edelsteen, kleinood, juweel
gen I [ov ww] • (~ up) grondig van
informatie voorzien II [on ww]
• (~ up) zich volledig laten inlichten
gender [znw] geslacht
gene [znw] gen
genealogic(al) [bnw] genealogisch
genealogy [znw] • stamboom
• genealogie
genera [mv] → genus
general I [znw] • generaal • strateeg
II [bnw] algemeen, gewoon(lijk)
generality [znw] algemeenheid
generalization [znw] generalisatie
generate [ov ww] • genereren
• voortbrengen
generation [znw] • wording
• generatie, geslacht
generator [znw] • dynamo, stoomketel
• generator
generic [bnw] • algemeen • generisch,
kenmerkend voor de soort
generosity [znw] vrijgevigheid
generous [bnw] • overvloedig • gul
• mild
genesis [znw] ontstaan, oorsprong
genial [bnw] • mild • gezellig, joviaal
genie [znw] geest
genital [bnw] m.b.t. de geslachtsdelen,
voortplantings-
gent <inf.> [znw] meneer
genteel <iron.> [bnw] chic, deftig

gentility [znw] deftigheid
gentle [bnw] • zacht, rustig, matig
• vriendelijk
gentleman [znw] heer
gentry [znw] • lagere adel • ridders en
baronets
genuflect [on ww] de knie buigen
genuine [bnw] • onvervalst, echt
• oprecht
genus [znw] geslacht, soort, klasse
geography [znw] aardrijkskunde
geology [znw] geologie
geometry [znw] meetkunde
geophysics [znw] geofysica
Georgian I [znw] • Georgiër • inwoner
van Georgia II [bnw] • Georgisch
• 18e-eeuws
geriatric [bnw] geriatrisch
germ [ov ww] doen ontkiemen
Germanic [bnw] Germaans
germinate [ov + on ww] (doen)
ontkiemen
gestation [znw] • groeiperiode • dracht
gesticulate [on ww] gebaren maken
gesture I [on ww] gebaren maken
II [znw] • gebaar • geste
get I [ov ww] • krijgen • (te) pakken
(krijgen) • (be)halen • verdienen • ertoe
brengen • snappen • laten • (~ across)
begrijpelijk maken • (~ back)
terugkrijgen • (~ down) deprimeren,
doorslikken, noteren • (~ in)
erin/ertussen komen, instappen
• (~ on) aantrekken • (~ out of)
krijgen/halen uit • (~ over) te boven
komen • (~ through) erdoor krijgen
• (~ to~her) bijeenbrengen • (~ up)
op touw zetten II [on ww]
• terechtkomen • (ge)raken • bereiken
• worden • (~ about) z. verspreiden,
rondlopen • (~ across) begrepen
worden • (~ ahead) vooruitkomen
• (~ along) vorderen • (~ around)
rondreizen • (~ around to) ertoe
komen, tijd vinden om te • (~ at)
bereiken, er komen • (~ away)

wegkomen • (~ **back**) *terugkomen*
• (~ **down**) *naar beneden komen*
• (~ **in**) *binnenhalen* • (~ **into**)
komen/belanden in • (~ **off**) *afstijgen,
er afkomen, uitstappen* • (~ **on**)
opschieten, 't stellen • (~ **out**) *eruit
komen, uitlekken* • (~ **over**) *begrepen
worden, overkomen* • (~ **through**)
erdoor komen • (~ **to**) *komen/krijgen
te, bereiken* • (~ **to~her**) *bijeenkomen*
• (~ **up**) *opstaan*
geyser [znw] • *natuurlijke hete bron,
geiser* • *geiser, heetwatertoestel*
ghastly [bnw] • *gruwelijk, afgrijselijk*
• *doodsbleek*
gherkin [znw] *augurk*
ghetto [znw] *getto*
ghost [znw] *geest, spook*
ghostly [bnw] *spookachtig*
ghoul [znw] • *(lugubere) geest, monster*
• *lijkeneter, grafschender*
giant I [znw] *reus* II [bnw] *reusachtig*
gibber [on ww] *brabbelen*
gibberish [znw] *brabbeltaal*
gibe I [ov + on ww] *(be)spotten, honen*
II [znw] *schimpscheut, spottende
opmerking*
giddy [bnw] • *duizelig*
• *duizelingwekkend* • *wispelturig,
onbezonnen, dwaas*
gig [znw] • *optreden* • *sjees*
gigantic [bnw] *reusachtig*
giggle I [on ww] *giechelen* II [znw]
gegiechel
gild I [ov ww] *vergulden* II [znw]
→ **guild**
gill [znw] *kieuw*
gilt I [ww] *verl.tijd + volt.deelw.*
→ **gild** II [bnw] *verguld*
gimlet [znw] *handboor(tje)*
gimmick [znw] *truc, foefje, vondst*
gin [znw] *jenever*
ginger I [znw] *gember* II [bnw] *rood* <v.
haar>
gingerly [bijw] *behoedzaam*
giraffe [znw] *giraf*

gird [ov ww] • *een gordel omdoen,
(aan)gorden* • *insluiten*
girder [znw] *dwarsbalk*
girdle [znw] *gordel*
girl [znw] *meisje*
girlie [bnw] *met veel vrouwelijk naakt*
girlish [bnw] *meisjesachtig*
girth [znw] • *omvang* • *buikriem, gordel*
gist [znw] • *kern, hoofdzaak* • *strekking*
give I [ov ww] • *geven* • *opleveren*
• (~ **away**) *verklappen, weggeven,
verraden* • (~ **back**) *teruggeven*
• (~ **forth**) *afgeven, verspreiden*
• (~ **in**) *inleveren, erbij geven* • (~ **off**)
afgeven • (~ **out**) *aankondigen,
bekend maken, afgeven* • (~ **over**)
opgeven, laten varen • (~ **up**)
ophouden met II [on ww] • *geven*
• *toegeven, meegeven, 't begeven*
• (~ **in**) *toegeven, zwichten*
• (~ **on(to)**) *uitkomen op* • (~ **out**)
opraken • (~ **up**) *'t opgeven* III [znw] *'t
meegeven, elasticiteit*
given I [ww] volt. deelw. → **give**
II [znw] *gegeven* III [bnw] *bepaald*
glacial [bnw] • *m.b.t. ijs, m.b.t. gletsjers*
• *gekristalliseerd*
glacier [znw] *gletsjer*
glad [bnw] *blij*
gladiator [znw] *zwaardvechter,
gladiator*
glamorize [ov ww] *verheerlijken,
vergulden* <fig.>
glance I [on ww] *(vluchtig) kijken*
• (~ **aside/off**) *afschampen* • (~ **at**)
een blik werpen op, even aanroeren
• (~ **over/through**) *dóórkijken*
II [znw] *(vluchtige) blik*
glandular [bnw] *m.b.t. klier,
klierachtig*
glare I [on ww] • *wild/woest kijken*
• *zinderen, fel schijnen of stralen*
II [znw] • *schittering, fel licht* • *woeste
blik*
glass I [znw] • *glas(werk)* • *spiegel*
• *monocle* • *barometer* II [bnw] *glazen*

glassy [bnw] • *glazen* • *spiegelglad*
glaucoma [znw] *groene staar*
glaze I [ov ww] • *van glas voorzien*
• *verglazen, glazuren, glaceren* <v.
gebak>, *vernissen* • *glazig maken*
II [on ww] *glazig worden* III [znw]
• *glans, vernis, glacé, glazuur* • *waas*
gleam I [on ww] *glimmen, glanzen,
schijnen* II [znw] *glans, schijnsel*
glean [ov ww] *lezen, bijeengaren*
glee [znw] • *vrolijkheid* • *meerstemmig
lied*
gleeful [bnw] *vrolijk*
glen [znw] *nauw dal*
glib [bnw] *rad v. tong, welbespraakt*
glide I [on ww] *glijden, sluipen* II [znw]
glijvlucht
glider [znw] *zweefvliegtuig*
gliding [znw] *het zweefvliegen,
zweefvliegsport*
glimmer I [on ww] *flikkeren, (zwak)
schijnen* II [znw] *zwak licht*
glimpse I [ov + on ww] *even vluchtig
zien/kijken* II [znw] *glimp, vluchtige
blik, kijkje*
glint I [on ww] *glinsteren, blinken*
II [znw] *schijnsel*
glisten [on ww] *glinsteren*
glitter I [on ww] *schitteren, flonkeren,
blinken* II [znw] *glans*
gloat [on ww] • (~ **on/over**) *met
leedvermaak bekijken*
global [bnw] *globaal, wereldomvattend*
globe [znw] • *aarde* • *globe* • *(aard)bol*
• *hemellichaam* • *rijksappel* • *viskom*
globular [bnw] *bolvormig*
globule [znw] • *bolletje*
• *bloedlichaampje*
gloom [znw] • *duisternis* • *somberheid*
glorify [ov ww] *verheerlijken*
gloss I [ov ww] • *glanzend maken*
• *commentariëren* • (~ **over**) *met de
mantel der liefde bedekken, verbloemen*
II [znw] • *glans* • *valse schijn*
• *kanttekening, glosse, tekstuitleg*
glossary [znw] *verklarende woordenlijst*

glossy [bnw] *glanzend*
glove [znw] *handschoen*
glow I [on ww] *gloeien, stralen* II [znw]
gloed
glower [on ww] • (~ **at**) *woedend kijken
naar*
glowing [bnw] • *gloeiend, vlammend*
• *geestdriftig, levendig*
glue I [ov ww] *lijmen* II [znw] *lijm*
glum [bnw] *somber, triest*
glut [ov ww] *verzadigen*
glutinous [bnw] *lijmachtig, kleverig*
glutton [znw] *gulzigaard, veelvraat*
gluttonous [bnw] *vraatzuchtig,
gulzig*
gnash [ov + on ww] *knarsen* <v. tanden>
gnat [znw] *mug*
gnaw [ov + on ww] • *knabbelen (aan),
knagen (aan)* • *(uit)bijten*
gnome [znw] *kabouter, aardmannetje*
gnu [znw] *gnoe, wildebeest*
go I [on ww] • *gaan* • *vertrekken* • *lopen*
• *eropuit gaan, reizen* • *in elkaar
zakken, eraan gaan* • *gelden*
• (~ **about**) *rondgaan, aanpakken*
• (~ **against**) *indruisen tegen*
• (~ **along**) *gaan, heengaan* • (~ **at**)
aanvliegen, aanpakken • (~ **back
from**) *terugkomen op, niet houden*
• (~ **beyond**) *overschrijden, verder
gaan dan, te boven gaan* • (~ **by**)
voorbijgaan, afgaan op • (~ **for**) *te lijf
gaan, kiezen* • (~ **in for**) *gaan doen
aan, z. ten doel stellen, doen in*
• (~ **into**) *ingaan (op)* • (~ **off**)
bederven • (~ **on**) *doorgaan (met),
volhouden, z. aanstellen* • (~ **on at**)
tekeergaan tegen • (~ **over**) *dóórlopen*
<v. thema/huis>, *nakijken*
• (~ **round**) *voldoende zijn (voor
allen)* • (~ **through**) *nagaan,
doorzoeken, doorstaan, beleven*
• (~ **through with**) *doorgaan (met),
volhouden* • (~ **to**) *gaan naar/tot*
• (~ **together**) *(bij elkaar) passen,
samengaan, met elkaar gaan*

• (~ **under**) *ten onder gaan, te gronde gaan* • (~ **up**) *opgaan, stijgen* • (~ **upon**) *afgaan op* • (~ **with**) *passen bij, overeenkomen met, samengaan, het eens zijn met* • (~ **without**) *het stellen zonder* II [kww] *worden* III [znw] • *gang* • *energie* • *poging* • *beurt* • ‹sl.› *zaak*

goad I [ov ww] *prikkelen* II [znw] *prikkel*

goal [znw] • *doel* • *doelpunt* • *bestemming*

goat [znw] *geit, bok*

gobble I [ov ww] *naar binnen schrokken* II [on ww] • *schrokken* • *klokken* ‹v. kalkoen›

goblet [znw] • *glas met hoge voet* • *drinkbeker*

goblin [znw] *kabouter, plaaggeest*

goggle [on ww] *uitpuilen* ‹v. ogen›

going I [znw] • *het vooruitkomen* • *het gaan* II [bnw] *voorhanden*

gold I [znw] *goud* II [bnw] *gouden*

golliwog [znw] *pop met uiterlijk van neger*

golly [tw] *gossie!*

gondola [znw] *gondel*

gone I [ww] volt. deelw. → **go** II [bnw] • *weg, dood* • *bedorven* • *verloren, op*

goo [znw] • *slijmerig spul* • *slijm*

good I [znw] • *goed, welzijn* • *voordeel, nut* • *bestwil* II [bnw] • *goed* • *braaf, zoet* • *flink, best* • *vriendelijk, aardig*

goodly [bnw] • *knap, mooi* • *flink*

goody [znw] *bonbon*

goody-goody [znw] *sul*

gooey [bnw] • *klef, kleverig* • *mierzoet* • *sentimenteel*

goof [znw] *sufferd, halve gare*

goofy [bnw] *niet goed wijs*

goon [znw] • *sul, sukkel* • *boeman*

goose [znw] • *gans* • *uilskuiken*

gooseberry [znw] *kruisbes*

gore I [ov ww] *doorboren, priemen* II [znw] *(geronnen) bloed*

gorge I [ov + on ww] (z.) *volproppen, gulzig (op)eten* II [znw] *bergengte*

gorgeous [bnw] *prachtig, schitterend*

gormless [bnw] *onnozel, stom*

gorse [znw] *gaspeldoorn*

gory [bnw] *bloedig*

gosh [tw] *gossiemijne!, tjemig!*

gosling [znw] *jonge gans*

gospel [znw] • *evangelie* • ‹AE› *gospelmuziek*

gossamer I [znw] • *ragfijn weefsel* • *herfstdraad/-draden* II [bnw] *vluchtig, ragfijn, teder*

gossip I [on ww] *roddelen* II [znw] • *kletskous, roddelaarster* • *geklets, geroddel*

gossipy [bnw] *roddelachtig, praatziek*

got [ww] verl. tijd + volt. deelw. → **get**

Gothic I [znw] *gotiek* II [bnw] *gotisch*

gouge I [ov ww] *gutsen, uithollen* II [znw] • *groef* • *guts*

gourd [znw] *kalebas, pompoen*

gout [znw] • *jicht* • *kleine hoeveelheid, bloeddruppel/-spat*

govern [ov ww] • *leiden* • *bepalen* • *regeren* • *beheersen*

governess [znw] *gouvernante*

government [znw] • *overheid, regering* • *ministerie*

governor [znw] • *gouverneur* • *patroon* • ‹inf.› *ouwe heer*

gown [znw] • *japon* • *toga*

grab I [ov ww] • *grissen* • *inpikken* II [znw] *greep*

grace I [ov ww] *(ver)sieren, opluisteren* • (~ **with**) *vereren met* II [znw] • *genade* • *gratie, elegantie* • *gepastheid, fatsoen* • *gunst*

graceful [bnw] *elegant, sierlijk, gracieus*

graceless [bnw] • *onbeschaamd* • *lomp*

gracious [bnw] • *genadig* • *goedgunstig* • *minzaam, hoffelijk*

gradation [znw] • *onmerkbare overgang, gradatie* • *nuance, trap, stadium*

grade I [ov ww] *beoordelen met cijfer*

II [znw] • graad • klasse • klas • cijfer
<op school> • centigraad • helling
• loonschaal
gradient [znw] • helling • gradiënt
gradual [bnw] geleidelijk
graduate I [ov ww] graad verlenen,
diplomeren II [on ww] • graad behalen
• geleidelijk opklimmen III [znw]
afgestudeerde
graduation [znw] • schaalverdeling
• promotie • progressie • buluitreiking,
het afstuderen
graft I [ov ww] enten II [znw]
• entspleet • transplantatie • entloot
• enting
grain [znw] • korrel • graan • greintje
• korrelstructuur, ruwe kant v. leer
• nerf, draad <v. hout> • aard, natuur
grammar [znw] grammatica
grammatical [bnw] grammaticaal
gramophone [znw] grammofoon
grand [bnw] • voornaam • groot(s),
weids, imposant • prachtig, prima
grandeur [znw] pracht
grandiloquent [bnw] bombastisch,
hoogdravend
grandiose [bnw] grandioos, groots
granite [znw] graniet
granny [znw] (groot)moedertje
grant I [ov ww] • vergunnen, toestaan,
verlenen • toegeven • schenken II [znw]
subsidie, concessie, uitkering, toelage,
(studie)beurs
granular [bnw] korrelig
granule [znw] korreltje
grape [znw] druif
graph [znw] grafiek
graphic [bnw] grafisch
graphite [znw] grafiet
grapnel [znw] • klein anker
• enterhaak • dreg
grapple I [ov ww] aanpakken,
beetpakken II [znw] • klein anker
• worsteling
grasp I [ov ww] • aangrijpen,
vasthouden • begrijpen, inzien II [znw]

• vat, houvast • bereik, volledig begrip
• bevattingsvermogen
grasping [bnw] hebberig, inhalig
grass I [on ww] <sl.> verklikken II [znw]
• gras • <sl.> marihuana, hasjiesj
grassy [bnw] grasachtig
grate I [ov ww] • raspen • knarsen
II [on ww] knarsen III [znw] • rooster
• open haard
grateful [bnw] • dankbaar • weldadig
grater [znw] rasp
grating [znw] tralies, traliewerk
gratitude [znw] dankbaarheid
gratuitous [bnw] • ongegrond
• nodeloos
gratuity [znw] • fooi • gratificatie
grave I [znw] graf II [bnw] ernstig,
somber
gravel [znw] grind, kiezel
gravitate [on ww] • (over)hellen, neigen
• (be)zinken • aangetrokken worden
gravitation [znw] zwaartekracht
gravitational [bnw] gravitatie-
gravity [znw] • gewicht(igheid)
• zwaartekracht
gravy [znw] jus
gray [znw] → **grey**
graze I [ov + on ww] • grazen • weiden
• schaven, schampen II [znw]
schaafwond, schram, schampschot
grease I [ov ww] insmeren, invetten
II [znw] vet
greasy [bnw] vettig
great [bnw] • groot • gewichtig,
voornaam • prachtig
greatly [bijw] zeer, grotelijks
Grecian [bnw] Grieks
greed [znw] begerigheid, hebzucht
greedy [bnw] hebzuchtig
Greek I [znw] Griek II [bnw] Grieks
green I [znw] grasveld II [bnw] • groen
• onrijp • onervaren
greenery [znw] planten
greenish [bnw] groen
greet [ov ww] (be)groeten
greeting [znw] groet

gregarious [bnw] • in kudden levend
• (op) gezellig(heid gesteld)
grenade [znw] handgranaat
grew [ww] verl. tijd → grow
grey I [ov + on ww] grijs maken/worden
II [znw] grijze schimmel III [bnw]
• grijs • somber • vergrijsd, met
ervaring
grid [znw] • rooster • net(werk)
• accuplaat
griddle [znw] bakplaat
grief [znw] verdriet
grievance [znw] grief
grieve [on ww] bedroeven • (~ at/for)
treuren om/over
grievous [bnw] • pijnlijk, smartelijk
• ernstig, afschuwelijk
grill I [ov + on ww] grillen, roosteren
II [ov ww] stevig aan de tand voelen
III [znw] • rooster • grill • geroosterd
vlees • traliewerk
grim [bnw] • grimmig, akelig • streng,
meedogenloos, onverbiddelijk
grime [znw] (vettig) vuil, goorheid
grimy [bnw] goor, vies
grin I [on ww] grijnzen II [znw] brede
glimlach
grip I [ov + on ww] grijpen, pakken
II [ov ww] vat hebben op, boeien
III [znw] • greep • handvat • macht
• beheersing
gripe [on ww] klagen, jammeren
grisly [bnw] griezelig
grist [znw] • koren • mout
gristle [znw] kraakbeen
grit I [ov + on ww] knarsen II [ov ww]
met zand bestrooien III [znw]
• zand(korreltje) • (steen)gruis • pit,
durf
grizzle [ov + on ww] • grienen
• (klagend) zeuren
grizzled [bnw] • grijs • 'peper en zout',
grijzend
grizzly [znw] grijze beer
groan I [on ww] kreunen • (~ under)
zuchten onder II [znw] gekreun

grocer [znw] kruidenier
grocery [znw] het kruideniersvak
groggy [bnw] • beneveld, dronken • niet
vast op de benen
groin [znw] • lies • <archit.> graatrib
groom I [ov ww] verzorgen II [znw]
• stalknecht • kamerheer • bruidegom
groove I [ov ww] een sleuf maken in
II [znw] sleuf, sponning
groovy <sl.> [bnw] gaaf, in (de mode),
tof, blits
grope [ov + on ww] • (~ after/for)
(rond)tasten naar
gross I [ov ww] verdienen II [znw] gros
III [bnw] • grof, lomp, walgelijk,
monsterlijk • vet • bruto
grotesque I [znw] groteske II [bnw]
potsierlijk
grotto [znw] grot
grotty [bnw] • akelig, beroerd • rot,
gammel
grouch I [on ww] mopperen II [znw]
mopperaar
grouchy [bnw] humeurig, met de
bokkenpruik op
ground I [ov ww] • gronden, baseren
• (grondig) onderleggen • aan/op de
grond zetten • aarden <v. elektriciteit>
II [on ww] aan de grond lopen III [znw]
• terrein, park • grondkleur-/toon/-verf
• ondergrond • reden • grond
grounding [znw] basis, vooropleiding,
grondbeginselen
group I [ov + on ww] (z.) groeperen
II [znw] groep
grouping [znw] groepering
grouse I [on ww] kankeren, mopperen
II [znw] • korhoen(deren) • gemopper,
gekanker
grove [znw] bosje
grovel [on ww] z. vernederen, kruipen
<fig.>
grow I [ov ww] verbouwen, kweken
II [on ww] • groeien • worden
grown [ww] volt. deelw. → grow
growth [znw] • groei • gewas • gezwel

grub I [ov ww] *uitgraven, opgraven*
II [on ww] *graven, wroeten* III [znw]
• *larve, made* • *eten*
grubby [bnw] *slonzig, smoezelig,*
smerig
grudge I [ov ww] *misgunnen* II [znw]
wrok
grudging [bnw] *onwillig,*
schoorvoetend, met tegenzin
gruel [znw] *watergruwel*
gruelling [bnw] *hard, meedogenloos*
gruesome [bnw] *ijzingwekkend, akelig*
gruff [bnw] *bars, nurks, nors*
grumble [on ww] *mopperen, grommen*
• (~ **about/at/over**) *zich beklagen*
over
grumpy [bnw] *knorrig, gemelijk*
grunt [on ww] • *knorren* • *grommen*
guarantee I [ov ww] *garanderen*
II [znw] *waarborg, garantie*
guard I [ov ww] *beschermen, bewaken,*
hoeden • (~ **against/from**) *behoeden*
voor, beschermen tegen II [on ww] *z.*
hoeden • (~ **against/from**) *z. hoeden*
voor III [znw] • *bescherming, wacht*
• *hoede, waakzaamheid* • *garde,*
beschermer, bewaker
guarded [bnw] *voorzichtig*
guardian [znw] • *beschermer* • *voogd*
• *curator*
guess I [ov + on ww] *raden* • (~ **at**)
raden naar II [znw] *gissing*
guest [znw] • *gast* • *introducé*
guffaw I [on ww] *schaterlachen*
II [znw] *schaterlach*
guidance [znw] • *(bege)leiding*
• *voorlichting*
guide I [ov ww] • *(bege)leiden*
• *besturen* II [znw] • *gids* • *(reis)leider*
• *leidraad*
guild [znw] *gilde*
guile [znw] *bedrog, list*
guileless [bnw] *argeloos*
guillotine I [ov ww] *onthoofden*
II [znw] *guillotine*
guilt [znw] *schuld*

guise [znw] *uiterlijk, gedaante*
guitar [znw] *gitaar*
gulch [znw] *ravijn*
gulf [znw] • *golf* • *afgrond, kloof*
gull [znw] *zeemeeuw*
gullet [znw] *slokdarm*
gull(e)y [znw] • *ravijn* • *geul, goot,*
afwatering
gullible [bnw] *goedgelovig, onnozel*
gulp I [ov + on ww] *(in)slikken,*
(op)slokken • (~ **down**) *in één keer*
achteroverslaan/opslokken II [on ww]
bijna stikken III [znw] *slok*
gum I [ov ww] *met gom plakken*
II [znw] • *gom(boom)* • *kauwgom*
• *tandvlees*
gummy [bnw] • *gomachtig* • *kleverig*
gun I [ov ww] *schieten* • (~ **down**)
neerschieten II [znw] • *geweer*
• *revolver* • *kanon*
gunner [znw] • *artillerist*
• *boordschutter*
gurgle I [on ww] • *kirren* • *klokken*
• *rochelen* • *murmelen* II [znw] • *gekir*
• *geklok* • *gemurmel*
guru [znw] *goeroe*
gush I [on ww] • *gutsen, stromen*
• *dwepen, sentimenteel doen* II [znw]
• *stroom* • *opwelling* • *sentimentaliteit*
gust [znw] *(wind)vlaag*
gusto [znw] *smaak, genot, animo*
gut I [ov ww] • *uithalen, kaken* <v. vis>
• *leeghalen, uitbranden* <v. huis>
II [znw] • *darm* • <pej.> *pens*
gutless [bnw] *laf, zonder ruggengraat*
<fig.>
gutter I [on ww] *druipen* <v. kaars>
II [znw] *goot*
guttural [bnw] *keel-*
guy [znw] • *stormlijn* <v. tent> • <AE>
vent, kerel
gym [znw] • *gymzaal* • *gymnastiekles*
gymkhana [znw] *gymkana,*
ruiterwedstrijd/-show
gymnasium [znw] *gymnastiekzaal*
gynaecology [znw] *gynaecologie*

gypsy [znw] *zigeuner*
gyrate [on ww] *(rond)draaien, wentelen*
gyroscope [znw] *gyroscoop*

haberdasher [znw]
• *fourniturenhandelaar* • ‹AE› *verkoper van herenmode(artikelen)*
haberdashery [znw]
• *fournituren(zaak/-afdeling)* • ‹AE› *herenmodezaak/-afdeling*
habit [znw] • *gewoonte* • *pij, habijt*
habitable [bnw] *bewoonbaar*
habitat [znw] *verspreidingsgebied* ‹v. dier/plant›, *woongebied*
habitation [znw] • *woning* • *bewoning*
habitual [bnw] *gewoon(lijk)*
hack I [ov + on ww] *(af-/fijn)hakken*
II [on ww] • *computerkraken*
• *(paard)rijden* III [znw] • *huurpaard, rijpaard* • *knol* • *broodschrijver* • ‹AE› *huurrijtuig, taxi*
had [ww] *verl. tijd + volt. deelw.*
→ **have**
haddock [znw] *schelvis*
hadn't [samentr.] /had not/ → **have**
haemoglobin [znw] *hemoglobine*
haemophilia [znw] *hemofilie, bloederziekte*
haemophiliac [znw] *hemofiliepatiënt*
haemorrhoids [znw] *aambeien*
hag [znw] *heks*
haggard [bnw] *verwilderd uitziend, wild*
haggle [on ww] *(af)pingelen*
hail I [on ww] *hagelen* II [znw] • *hagel*
• *welkom, groet* III [tw] *heil!, hoezee!*
hair [znw] *haar, haren*
hairy [bnw] • *harig* • *hachelijk*
hale I [ov ww] *trekken, sleuren, slepen*
II [bnw] *gezond, kras*
half I [znw] • *de helft* • *een halve*
II [bnw] *half* III [bijw] *half*
halibut [znw] *heilbot*
hall [znw] • *zaal, eetzaal* • *hal, vestibule, gang* • *groot huis, gildehuis,*

stadhuis, kasteel
hallucinogenic [bnw] hallucinogeen
halo [znw] stralenkrans, nimbus
halt I [ov ww] halt (laten/doen) houden
II [znw] • halt(e) • rust
halter [znw] • halster • bovenstukje <v.
bikini>, topje
halve [ov ww] halveren
ham [znw] • dij, bil • ham • prulacteur
• zendamateur
hamlet [znw] gehucht
hammer I [ov ww] hameren • (~ out)
(met moeite) bereiken/tot stand doen
komen II [on ww] • hameren • klop
geven • (~ (away) at) erop los kloppen,
zwoegen op III [znw] hamer
hammock [znw] hangmat
hamper I [ov ww] belemmeren,
verwarren II [znw] pakmand,
sluitmand
hand I [ov ww] aanreiken II [znw]
• hand • knecht
handicap I [ov ww] • nadelige invloed
hebben op • belemmeren, hinderen
II [znw] handicap
handicraft [znw] handarbeid,
handwerk
handiwork [znw] schepping, werk,
handwerk
handkerchief [znw] zakdoek
handle I [ov ww] • hanteren • onder
handen nemen • bedienen • aanraken
II [znw] • stuur • handgreep, handvat
• kruk • knop • oor, heft
handler [znw] • africhter, trainer <v.
honden> • afhandelaar <v. bagage>
handsome [bnw] • knap • royaal,
overvloedig
handy [bnw] • handig • bij de hand
hang I [ov ww] hangen, ophangen,
behangen II [on ww] • hangen • niet
opschieten • (~ about) (doelloos)
rondhangen • (~ back) dralen, niet
mee willen komen • (~ behind)
achterblijven • (~ on) met aandacht
luisteren naar, volhouden

• (~ on/onto) z. vastklampen aan
• (~ together) samenhangen • (~ up)
(telefoon) ophangen • (~ upon)
afhangen van
hank [znw] streng <garen>
hanker [on ww] hunkeren
hankering [znw] hunkering, hang
hanky-panky <inf.> [znw] gescharrel
haphazard [bnw] willekeurig, op goed
geluk
happen [on ww] gebeuren, voorvallen
• (~ (up)on) toevallig aantreffen
happening [znw] • gebeurtenis
• manifestatie
happy [bnw] • gelukkig • tevreden • blij
harangue I [on ww] een heftige
toespraak houden II [znw] (heftige)
rede, filippica
harass [ov ww] lastig vallen, teisteren,
bestoken
harbinger [znw] voorbode
harbour I [ov ww] • herbergen
• koesteren II [znw] • haven • (veilige)
schuilplaats
hard [bnw + bijw] • hard • moeilijk
• moeizaam • streng • onbuigzaam
harden [on ww] hard of vast worden,
stollen
hardly [bijw] • met moeite
• nauwelijks, zelden
hardship [znw] last, ongemak,
ontbering
hardy [bnw] • stoutmoedig • sterk,
gehard
hare [znw] haas
hark [on ww] luisteren • (~ back)
(doen) herinneren
harm I [ov ww] kwaad doen, benadelen,
letsel toebrengen II [znw] kwaad, letsel
harmful [bnw] schadelijk, nadelig
harmless [bnw] onschadelijk
harmonic I [znw] flageolettoon
II [bnw] harmonisch
harmonica [znw] (mond)harmonica
harmonize I [ov ww] harmoniseren
II [on ww] harmoniëren

harmony [znw] • harmonie
• eensgezindheid
harness I [ov ww] • inspannen
• benutten II [znw] • paardentuig
• babytuigje
harp I [on ww] op harp spelen • (~ on
(about)) over iets doorzeuren II [znw]
harp
harpoon I [ov ww] harpoeneren
II [znw] harpoen
harpsichord [znw] klavecimbel
harrow [znw] eg
harrowing [bnw] aangrijpend,
schokkend
harry [ov ww] • lastig vallen • zeuren
om
harsh [bnw] • hard(vochtig) • ruw
harvest I [ov ww] oogsten II [znw] oogst
harvester [znw] • oogster
• oogstmachine
has [ww] → have
hash [znw] • hachee • hasj(iesj)
hashish [znw] hasj(iesj)
hasp [znw] knip, klamp, beugel <v.
hangslot>
haste I [on ww] z. haasten II [znw]
haast
hasten I [ov ww] verhaasten II [on ww]
z. haasten
hasty [bnw] • haastig • overhaast
hat [znw] hoed
hatch I [ov ww] (uit)broeden II [on ww]
uitkomen III [znw] • onderdeur
• luikgat • broedsel
hatchery [znw] kwekerij <vnl. vis>
hatchet [znw] bijl(tje)
hate I [ov ww] • een hekel hebben aan
• haten II [znw] haat
hateful [bnw] • erg vervelend, akelig
• hatelijk • haatdragend
hatred [znw] haat
hatter [znw] hoedenmaker/-maakster
haughty [bnw] uit de hoogte,
hooghartig
haul I [ov ww] • (op)halen, slepen
• vervoeren • (~ up) dagvaarden

II [znw] • haal, trek • illegale vangst,
buitenkansje
haunch [znw] lende(stuk), schoft, bil
haunt I [ov ww] • (veelvuldig) bezoeken
• rondspoken in/om • z. ophouden in
II [on ww] rondwaren III [znw] • veel
bezochte plaats • verblijf(plaats) • hol
have I [ov ww] • hebben • houden
• krijgen • beetnemen • (~ on)
beetnemen II [hww] hebben
haven [znw] haven, toevluchtsoord
haven't [samentr.] /have not/ → have
havoc [znw] plundering, verwoesting
haw I [znw] hagendoorn II [tw] ahum
hawk I [ov ww] leuren met, venten
II [on ww] met valken jagen III [znw]
havik, valk
hawker [znw] • valkenier • venter
hawser [znw] kabel
hawthorn [znw] hagendoorn
hay I [on ww] hooien II [znw] hooi
hazard I [ov ww] • riskeren, in de
waagschaal stellen • wagen II [znw]
• gevaar • risico
hazardous [bnw] • onzeker • gewaagd
haze I [ov ww] • benevelen, in nevel
hullen • <AE> treiteren II [znw] • nevel,
waas • zweem
hazel I [znw] • hazelaar • (stok v.)
hazelnotenhout II [bnw] lichtbruin
hazy [bnw] • vaag • aangeschoten
• heiig
he [pers vnw] hij
head I [ov ww] • de leiding
geven/nemen/hebben
• voor-/bovenaan staan • <sport>
koppen • (~ off) de pas afsnijden,
verhinderen II [on ww] gaan • (~ for)
aangaan op, onderweg zijn naar
III [znw] • hoofd, kop • top • chef,
directeur • rector • bovenstuk,
bovenkant • voorste stuk, voorkant
• voorgebergte • schuimkraag
• categorie, rubriek, post • stuk <vee>
header [znw] • duik met hoofd voorover
• kopbal

heading [znw] opschrift, titel, kop, rubriek

heady [bnw] • onstuimig • koppig

heal [ov + on ww] genezen

healer [znw] genezer

health [znw] gezondheid

healthy, healthful [bnw] gezond

heap I [ov ww] • ophopen • laden, beladen, overladen II [znw] hoop

hear I [ov + on ww] horen II [ov ww] • horen, vernemen • luisteren naar • (~ of) horen over • (~ out) aanhoren tot het einde

hearer [znw] toehoorder

hearing [znw] • hoorzitting • publiek • gehoor

hearsay [znw] praatjes

hearse [znw] lijkkoets, lijkauto

heart [znw] • hart • gemoed • moed • kern

hearten [ov ww] bemoedigen

hearth [znw] haard

heartily [bijw] • hartgrondig • van harte • flink

hearty [bnw] • hartelijk • grondig • stevig • gezond

heat I [ov + on ww] heet/warm maken/worden, warmlopen II [ov ww] • (~ up) verwarmen III [znw] • bronst • onderdeel v. wedstrijdtoernooi, loop, manche • hitte, warmte • drift

heated [bnw] verhit, razend, woest

heater [znw] • verwarmer • kacheltje

heath [znw] heide

heathen I [znw] heiden II [bnw] heidens

heather [znw] heide(struik)

heating [znw] verwarming(sinstallatie)

heave I [ov ww] • (op)heffen, optillen • gooien • ophijsen • slaken II [on ww] op (en neer) gaan, deinen • (~ to) <scheepv.> stil gaan liggen, bijdraaien III [znw] hijs, ruk

heaven [znw] hemel

heavenly [bnw] hemels

heavy [bnw + bijw] • zwaar • moeilijk • somber, zwaarmoedig

Hebrew I [znw] • Hebreeër • Hebreeuws <taal> II [bnw] Hebreeuws

heck [tw] verdomme!

heckle [ov ww] • hekelen • (luidruchtig) interrumperen

heckler [znw] querulant

hectic [bnw] • tering- • hectisch, koortsachtig, opgewonden

hector I [ov ww] • overdonderen, intimideren • afblaffen II [znw] • bullebak • schreeuwer

he'd [samentr.] /he had/ /he would/ → have, will

hedge I [ov ww] omheinen II [on ww] • z. gedekt houden • z. dekken III [znw] heg, haag

heed I [ov ww] aandacht schenken aan II [znw] aandacht

heedless [bnw] achteloos

heel [znw] • hiel, hak • <AE> schlemiel

hefty [bnw] • stoer • log • <AE> zwaar

hegemony [znw] hegemonie

heifer [znw] vaars

height [znw] hoogte(punt)

heighten [ov ww] verhogen

heirloom [znw] erfstuk

held [ww] verl. tijd + volt. deelw. → hold

helicopter [znw] helikopter

heliport [znw] helihaven

he'll [samentr.] /he will/ → will

hellish [bnw] hels

hello [tw] hallo

helm [znw] roer

helmet [znw] helm

help I [ov + on ww] • helpen, bijstaan • (be)dienen II [znw] hulp

helpful [bnw] • behulpzaam • handig, nuttig

helping [znw] portie

helpless [bnw] hulpeloos

helter-skelter [bijw] holderdebolder

hem I [ov ww] omzomen • (~ in) insluiten, omsingelen II [znw] zoom

hemisphere [znw] halve bol

hemlock [znw] dolle kervel

hen [znw] *kip*
hence [bijw] • *van hier, vandaar* • *weg*
henchman [znw] *volgeling, trawant*
henna I [ov ww] *met henna verven*
II [znw] *henna*
hepatitis [znw] *hepatitis, geelzucht*
her [pers vnw] *haar*
heraldry [znw] *heraldiek*
herb [znw] *kruid*
herbaceous [bnw] *kruidachtig, met kruiden*
herbal I [znw] *kruidenboek* II [bnw] *kruiden-*
herbalist [znw] • *kruidenkenner* • *kruidendokter*
herbivorous [bnw] *plantenetend*
herd I [ov ww] *hoeden, bijeendrijven <v. kudde>* II [znw] • *kudde* • *hoeder, herder*
here [bijw] *hier(heen)*
hereditary, hereditable [bnw] *erfelijk*
heredity [znw] *erfelijkheid, overerving*
heresy [znw] *ketterij*
heretic [znw] *ketter*
heritage [znw] *erfenis, erfgoed, erfdeel*
hermaphrodite [znw] *hermafrodiet*
hermetic [bnw] *hermetisch*
hermit [znw] *kluizenaar*
hernia [znw] *(ingewands)breuk*
hero [znw] • *held* • *halfgod*
heroic [bnw] *heldhaftig*
heroin [znw] *heroïne*
heroine [znw] • *halfgodin* • *heldin*
heroism [znw] *heldenmoed*
heron [znw] *reiger*
herring [znw] *haring*
hers [bez vnw] • *van haar* • *het/de hare*
herself [wkd vnw] *haar(zelf), zich(zelf)*
he's [samentr.] /he is/ /he has/ → be, have
hesitancy [znw] *aarzeling*
hesitant [bnw] *aarzelend*
hesitate [on ww] • *aarzelen* • *weifelen*
hesitation [znw] *aarzeling*
heterosexual [bnw] *heteroseksueel*
hew [ov + on ww] • *kappen, houwen*

• *hakken*
hexagon [znw] *zeshoek*
heyday [znw] *bloei, fleur*
hi [tw] • *hé, hela* • *hallo*
hiatus [znw] *leemte, hiaat*
hibernate [on ww] *winterslaap doen*
hide I [ov ww] • *(~ from) verbergen voor* II [on ww] *(z.) verbergen* III [znw] • *huid* • *hachje* • *schuilplaats*
hideous [bnw] *afschuwelijk*
hiding [znw] *pak rammel*
hierarchy [znw] *hiërarchie*
hieroglyph [znw] *hiëroglief*
higgledy-piggledy [bnw + bijw] *schots en scheef, overhoop*
high I [znw] *record, hoogtepunt* II [bnw + bijw] • *hoog* • *verheven* • *opgewekt* • *dronken* • *bedwelmd*
highly [bijw] • *zeer, hoogst* • *met lof*
hijack I [ov ww] *kapen* II [znw] *kaping*
hike I [on ww] *rondtrekken* II [znw] *trektocht*
hiker [znw] *wandelaar, trekker*
hilarious [bnw] *vrolijk*
hilarity [znw] *hilariteit*
hill [znw] *heuvel*
hillock [znw] *heuveltje*
hilly [bnw] *heuvelachtig*
hilt [znw] *gevest*
him [pers vnw] *hem*
himself [wkd vnw] • *zich(zelf)* • *zelf*
hind I [znw] *hinde* II [bnw] *achter(ste)*
hinder I [ov ww] *(ver)hinderen, beletten* II [bnw] *achter(ste)*
hindrance [znw] *obstakel, belemmering*
hindsight [znw] • *vizier* • *beschouwing achteraf*
Hindu I [znw] *hindoe* II [bnw] • *hindoes* • *van het hindoeïsme*
Hinduism [znw] *hindoeïsme*
hinge I [on ww] • *rusten op* • *draaien* II [znw] • *scharnier* • *spil <fig.>*
hint I [on ww] • *(~ at) zinspelen op* II [znw] • *wenk, aanwijzing* • *zinspeling*

hinterland [znw] *achterland*
hip I [znw] • *heup* • *rozenbottel* II [bnw]
hip
hippo [znw] *nijlpaard*
hippopotamus [znw] *nijlpaard*
hire I [ov ww] *huren* • (~ **out**) *verhuren*
II [znw] • *huur* • *loon*
hireling [znw] *huurling*
his [bez vnw] *'t zijne, zijn, van hem*
hiss I [ov + on ww] *sissen* II [ov ww]
(uit)fluiten III [znw] *sissend geluid*
historian [znw] • *geschiedschrijver*
• *geschiedkundige*
hit I [ov + on ww] • *raken* • *slaan*
• (~ (**up**)**on**) *toevallig*
aantreffen/stoten op II [ov ww] *treffen*
• (~ **off**) *precies treffen* III [on ww] ‹AE›
(aan)komen (bij/op) IV [znw]
succes(nummer/-stuk)
hitch I [ov ww] *vastmaken, vastraken*
• (~ **up**) *optrekken* ‹met een rukje›
II [on ww] *liften* III [znw] *hapering,*
kink in de kabel
hither [bijw] *hierheen*
hoard I [ov + on ww] *hamsteren*
II [ov ww] *vergaren* III [znw]
• *voorraad* • *spaargeld* • *schat*
hoarding [znw] *aanplakbord*
hoarse [bnw] *schor, hees*
hoary [bnw] • *grijs* • *eerbiedwaardig*
hoax I [ov ww] *een poets bakken*
II [znw] *grap*
hob [znw] *haardplaat*
hobble I [ov ww] *kluisteren* II [on ww]
III [znw] • *strompelgang* • *kluister*
hobby [znw] *liefhebberij*
hock [znw] • *hielgewricht* ‹v. paard›
• *rijnwijn*
hod [znw] *kalkbak*
hoe I [ov + on ww] *schoffelen* II [znw]
schoffel
hog I [ov ww] *voor zich opeisen* II [znw]
• *(slacht)varken* • *zwijn* ‹fig.›
hoist I [ov ww] *(op)hijsen* II [znw]
hijstoestel
hoity-toity [bnw] *nuffig*

hold I [ov ww] • *(be)houden*
• *in-/tegen-/vasthouden* • *eropna*
houden • *(kunnen) bevatten* • *v.*
mening zijn • ‹AE› *gevangenhouden*
• (~ **against**) *kwalijk nemen,*
verwijten • (~ **back**) *aarzelen, z.*
onthouden • (~ **in**) *(z.) inhouden*
• (~ **off**) *uitstellen, op een afstand*
houden • (~ **on**) *niet loslaten* • (~ **up**)
ophouden, omhooghouden,
aanhouden, overvallen II [on ww] • *het*
(uit)houden • *v. kracht zijn*
• *aanhouden* • (~ **aloof**) *z. afzijdig*
houden • (~ **back**) *tegenhouden,*
geheim houden • (~ **by**) *blijven bij, z.*
houden aan • (~ **forth**) *betogen,*
oreren • (~ **off**) *wegblijven* • (~ **on**) *z.*
vasthouden, doorgaan, aanblijven
• (~ **on to**) *vasthouden aan* • (~ **out**)
het uithouden, toereikend zijn
• (~ **with**) *het houden bij/met,*
goedkeuren III [znw] • *houvast, vat,*
greep • ‹scheepv.› *ruim*
holder [znw] • *huurder, pachter*
• *houder*
holiness [znw] *heiligheid*
holler [ov + on ww] *schreeuwen*
hollow I [ov ww] *(uit)hollen, hol*
maken II [znw] • *holte* • *dal, laagte*
III [bnw + bijw] • *hol* • *voos, geveinsd,*
leeg
holly [znw] *hulst*
holy [bnw] *heilig*
homage [znw] *hulde*
home I [znw] • *t(e)huis* • *huis*
• *geboortegrond, vaderland* • *verblijf*
• *honk* II [bnw] • *huis(houd)elijk*
• *eigen* • *binnenlands* • *raak* III [bijw]
• *naar huis, thuis* • *naar/op z'n plaats,*
raak
homeward(s) [bijw] *huiswaarts*
homicidal [bnw] *moord-, moorddadig*
homicide [znw] • *doodslag* • *pleger v.*
doodslag
homing [znw] *het naar huis gaan*
homoeopath [znw] *homeopaat*

homogeneity [znw] *homogeniteit*
homosexual [znw] *homoseksueel*
hone [ov ww] *aanzetten, slijpen*
honest [bnw] • *rechtschapen* • *eerlijk*
• *deugdelijk*
honesty [znw] • *eerlijkheid,*
oprechtheid • ‹plantk.› *judaspenning*
honey [znw] • *honing* • *schat, liefje*
honeyed [bnw] *(honing)zoet*
honeymoon I [on ww] *de*
huwelijksreis/wittebroodsweken
doorbrengen II [znw] *huwelijksreis,*
wittebroodsweken
honorary [bnw] *ere-*
honour I [ov ww] • *eren* • *honoreren*
II [znw] *eer, eergevoel*
honourable [bnw] • *eervol*
• *rechtschapen* • ~ *edelachtbaar*
hood [znw] • *kap, capuchon* • *huif*
• ‹AE› *motorkap*
hoodlum [znw] *vandaal, relschopper*
hoodwink [ov ww] *misleiden, zand in*
de ogen strooien
hoof [znw] *hoef*
hook I [ov ww] • (z.) *vasthaken,*
aanhaken • *aan de haak slaan* • (~ **up**)
aansluiten II [on ww] *blijven haken*
III [znw] • *haak, vishaak* • *sikkel,*
snoeimes, kram
hooked [bnw] • *haakvormig* • *met*
haak • *verslaafd*
hoop [znw] • *hoepel* • *basket* ‹bij
basketbal›, *poortje* ‹bij croquet›
hoot I [ov ww] *uitjouwen* II [on ww]
• *krassen* ‹v. uil› • *toeteren,*
claxonneren • *jouwen* • *(hard) lachen*
III [znw] • *gekras* • *getoeter*
hooter [znw] • *stoomfluit* • *sirene*
hooves [mv] → **hoof**
hop I [on ww] *springen (op), hinken,*
huppelen • (~ **off**) *ophoepelen,*
afspringen (van), afstijgen II [znw]
• *sprong(etje)* • *etappe* • ‹plantk.› *hop*
hope I [ov + on ww] *hopen* II [znw] *hoop*
hopeful [bnw] *hoopvol*
hopefully [bijw] *hopelijk*

hopper [znw] *(graan)schudder*
hormone [znw] *hormoon*
horn [znw] • *hoorn* • *voelhoorn*
• *trompet, kornet* • *claxon*
horned [bnw] *met hoorns*
hornet [znw] *horzel*
horny [bnw] • *hoornachtig, vereelt*
• ‹sl.› *heet, geil*
horoscope [znw] *horoscoop*
horrible, horrid [bnw] *afschuwelijk*
horror [znw] *afgrijzen, gruwel*
horse I [ov ww] *van paard(en) voorzien*
II [on ww] • (~ **around**) *ravotten*
III [znw] • *paard* • ‹inf.› *heroïne*
hose I [ov ww] *(schoon)spuiten*
• (~ **down**) *schoonspuiten* • (~ **out**)
uitspuiten II [znw] *slang, tuinslang,*
brandslang
hosiery [znw] *kousen en gebreide*
artikelen
hospitable [bnw] *gastvrij*
hospital [znw] • *ziekenhuis* • *hospitaal*
hospitality [znw] *gastvrijheid*
hospitalize [ov ww] *in ziekenhuis*
opnemen
host I [ov ww] *gastheer/-vrouw zijn*
II [znw] • *gastheer* ‹ook biologisch›
• *waard* • *hostie* • *menigte*
hostage [znw] • *gijzelaar* • *onderpand*
hostel [znw] *tehuis, jeugdherberg*
hostess [znw] • *gastvrouw* • *waardin*
• *stewardess*
hostile [bnw] *vijandig, vijandelijk*
hot [bnw] • *heet, warm* • *driftig, heftig*
• *pikant* • *kersvers, gloednieuw*
hotelier [znw] *hotelhouder*
hound I [ov ww] *vervolgen* • (~ **out**)
verjagen II [znw] *(jacht)hond*
hour [znw] *uur*
hourly [bnw + bijw] • *per uur* • *van uur*
tot uur, voortdurend
house I [ov ww] • *huisvesten*
• *herbergen* • *stallen* II [znw] • *huis*
• *schouwburg(zaal)* • *firma*
household I [znw] *gezin, huishouden*
II [bnw] *huis-*

householder [znw] • *hoofd v.h. gezin*
• *hoofdbewoner* • *bewoner v.e. eigen*
huis
housing [znw] • *behuizing*
• *bijgebouwen* • *huisvesting* • ‹techn.›
(metalen) kast/ombouw
hove [ww] *verl. tijd + volt. deelw.*
→ **heave**
hovel [znw] *hut, krot*
hover [on ww] • *rondhangen, zwerven,*
zweven • *bidden* ‹v. roofvogel›
how [bijw] • *hoe* • *wat*
however [bijw] • *echter* • *hoe ... ook*
howl I [on ww] *brullen, huilen, janken*
II [znw] *gehuil*
howler [znw] • *brulaap* • *enorme*
blunder
howling I [znw] *gebrul* II [bnw] *enorm*
hub [znw] • *naaf* • *middelpunt*
hubbub [znw] *kabaal, herrie*
huckster [znw] *venter*
huddle I [on ww] *in elkaar duiken*
• *(~ up) zich zo klein mogelijk maken*
II [znw] *dicht opeengepakte groep*
hue [znw] *tint, kleur*
huff I [on ww] *z. nijdig maken* II [znw]
nijdige bui, lichtgeraaktheid
huffy [bnw] *lichtgeraakt*
hug I [ov ww] *omhelzen* II [znw]
omhelzing
huge [bnw] *reusachtig*
hulk [znw] • *bonk (van een vent)*
• *(romp v.) afgetuigd schip* • *log*
schip/gevaarte
hulking [bnw] *log, lomp*
hull I [ov ww] *pellen* II [znw]
(scheeps)romp
hum I [ov + on ww] *neuriën* II [on ww]
zoemen, brommen III [znw] *gezoem,*
gebrom
human [bnw] *menselijk*
humane [bnw] *humaan, menslievend*
humanitarian I [znw] *filantroop*
II [bnw] • *filantropisch* • *humanitair*
humanity [znw] • *menselijkheid*
• *mensdom* • *het mens zijn*

• *menslievendheid*
humanize [ov ww] • *beschaven*
• *vermenselijken*
humble I [ov ww] *vernederen* II [bnw]
• *nederig, onderdanig* • *bescheiden*
humbug [znw] • *branieschopper*
• *zwendel* • *kouwe drukte* • *nonsens*
humdinger [znw] • *kei* ‹fig.›,
geweldenaar • *meesterstukje* • *knaller*
humdrum [bnw] *alledaags, saai*
humid [bnw] *vochtig*
humidity [znw] *vochtigheid*
humiliate [ov ww] *vernederen*
humility [bnw] *nederigheid*
humour I [ov ww] • *zijn zin geven*
• *toegeven (aan)* II [znw] • *humor*
• *stemming* • *humeur*
hump I [on ww] • *krommen* • *(met*
moeite) dragen II [znw] *bult*
hunch I [ov ww] *optrekken* II [on ww]
buigen, krommen III [znw] • *bult*
• *voorgevoel*
hundred [telw] *honderd, honderdtal*
hundredth [telw] *honderdste*
hung [ww] *verl. tijd + volt. deelw.*
→ **hang**
Hungarian I [znw] • *Hongaar(se)* • *het*
Hongaars II [bnw] *Hongaars*
hunger I [on ww] *hongeren* II [znw]
• *honger* • *verlangen*
hungry [bnw] *hongerig*
hunk [znw] *brok, homp*
hunt I [ov ww] • *jagen op* • *afzoeken*
• *(~ down) in 't nauw drijven,*
achterna zitten • *(~ out) opsporen,*
achterhalen II [on ww] • *jagen* ‹met
honden/paard› • *zoeken* III [znw]
• *jacht* • *zoektocht*
hunter [znw] *jager*
hunting [znw] • *jacht* • *zoektocht*
huntsman [znw] *jager*
hurdle [znw] *horde* ‹om over te
springen›
hurl [ov ww] *werpen, smijten*
hurly-burly [znw] *rumoer*
hurricane [znw] *orkaan*

hurried [bnw] *gehaast*
hurry I [ov ww] • *overhaasten* • *tot
haast aanzetten* • (~ **along/on**)
voortjagen, opjagen • (~ **away**) *in
haast wegbrengen* II [on ww] • *z.
haasten* • *haast maken met*
• (~ **along/on**) *voortijlen* • (~ **away**)
wegsnellen • (~ **up**) *haast maken,
voortmaken* III [znw] *haast*
hurt I [ov + on ww] *pijn doen* II [znw]
pijn
hurtful [bnw] *nadelig*
hurtle [on ww] *kletteren, snorren*
husband I [ov ww] *zuinig beheren*
II [znw] *man, echtgenoot*
husbandry [znw] *landbouw en veeteelt*
hush I [ov ww] • *sussen* • *tot zwijgen
brengen* • (~ **up**) *in de doofpot stoppen*
II [on ww] *zwijgen* III [znw] *stilte*
IV [tw] *sst!*
husk I [ov ww] *v. schil enz. ontdoen,
pellen* II [znw] *peul, dop, schil, kaf*
husky [bnw] • *schor* • *potig*
hussy [znw] *brutale meid, feeks*
hustings [mv] *verkiezingsactiviteiten*
hustle I [ov ww] *door elkaar schudden*
II [on ww] • *dringen* • *jachten* III [znw]
gedrang
hustler [znw] *oplichter*
hut [znw] • *hut* • *barak*
hutch [znw] *(konijnen)hok*
hyacinth [znw] *hyacint*
hyaena [znw] *hyena*
hybrid I [znw] *bastaard(vorm)* II [bnw]
bastaard-, hybridisch
hydrant [znw] *brandslang, standpijp*
hydraulic [bnw] *hydraulisch*
hydrogen [znw] *waterstof*
hygiene [znw] *hygiëne*
hygienic [bnw] *hygiënisch*
hymen [znw] *maagdenvlies*
hymn [znw] *lofzang, hymne*
hymnal [znw] *hymneboek,
gezangenboek*
hyphen [znw] *verbindingsstreepje*
hypnosis [znw] *hypnose*

hypnotic [bnw] *hypnotiserend*
hypnotism [znw] *hypnotisme*
hypochondria [znw]
zwaarmoedigheid
hypocrisy [znw] *huichelarij*
hypocrite [znw] *huichelaar*
hypocritical [bnw] *huichelachtig*
hypodermic [bnw] *onderhuids*
hypotenuse [znw] *hypotenusa,
schuine zijde*
hypothesis [znw] *hypothese,
veronderstelling*
hysteria [znw] *hysterie*
hysterical [bnw] *hysterisch*
hysterics [mv] *hysterische aanval*

I

I [pers vnw] ik
ice I [ov ww] glaceren <v. gebak>
 II [on ww] • (~ over/up) vastvriezen,
 met ijs bedekt worden III [znw] (portie)
 ijs
Icelander [znw] IJslander
Icelandic I [znw] IJslands II [bnw]
 IJslands
icing [znw] suikerglazuur
icon [znw] ikoon
iconoclast [znw] beeldenstormer
icy [bnw] • ijsachtig, ijs- • met ijs
 bedekt, vriezend, bevroren • kil,
 afstandelijk
I'd [samentr.] /I had, I should, I
 would/ → have, will, shall
idea [znw] • idee, plan • bedoeling
ideal I [znw] ideaal II [bnw] • ideaal
 • ideëel
idealism [znw] idealisme
idealistic [bnw] idealistisch
idealize [ov ww] idealiseren
identic(al) [bnw] gelijkwaardig,
 identiek
identification [znw] identificatie
identify I [ov ww] identificeren,
 gelijkstellen II [on ww] • (~ with) zich
 identificeren met
identity [znw] identiteit,
 persoonlijkheid
ideological [bnw] ideologisch
ideology [znw] ideologie
idiocy [znw] zwakzinnigheid, idioterie
idiom [znw] idioom
idiomatic(al) [bnw] idiomatisch
idiot [znw] idioot
idiotic(al) [bnw] idioot
idle I [on ww] luieren II [bnw]
 • nutteloos • ongegrond • braak <v.
 land> • lui • niet aan 't werk zijnde
idler [znw] leegloper

idol [znw] • afgod(sbeeld) • idool
idolatrous [bnw] m.b.t. afgoderij
idolatry, idolization [znw] afgoderij
idolize [ov ww] verafgoden
idyl(l)ic [bnw] idyllisch
if [vw] • indien, als, ingeval • of
igloo [znw] iglo
ignite I [ov ww] in brand steken
 II [on ww] ontbranden
ignition [znw] • ontsteking <v. motor>
 • ontbranding
ignoble [bnw] • v. lage komaf • gemeen
ignominious [bnw] • schandelijk
 • oneervol
ignominy [znw] schande, smaad
ignoramus [znw] domkop
ignorance [znw] • onervarenheid
 • domheid
ignorant [bnw] • onkundig • onwetend
ignore [ov ww] negeren
ilk [bnw] soort, slag
ill I [znw] • kwaad • kwaal II [bnw]
 • ziek, misselijk • slecht III [bijw]
 slecht, kwalijk
I'll [samentr.] /I shall/ /I will/
 → shall, will
illegal [bnw] onwettig
illegible [bnw] onleesbaar
illegitimacy [znw] onwettigheid,
 illegitimiteit
illegitimate [bnw] onwettig, onecht
illiberal [bnw] weinig vrijheid
 toestaand
illicit [bnw] onwettig, ongeoorloofd
illiteracy [znw] ongeletterdheid
illiterate I [znw] analfabeet II [bnw]
 niet kunnende lezen
illness [znw] ziekte
illogical [bnw] onlogisch
illuminate, illumine [ov ww]
 • verlichten, licht werpen op
 • verluchten <v. manuscript>
illusion [znw] • illusie • visioen
illustrate [ov ww] • illustreren
 • verduidelijken
illustrator [znw] illustrator, tekenaar

illustrious [bnw] • doorluchtig
• beroemd
I'm [samentr.] /I am/ → be
image [znw] • gelijkenis, beeld,
voorstelling, beeltenis • idee • reputatie
imagery [znw] • beelden • beeldspraak
imaginable [bnw] denkbaar
imaginary [bnw] denkbeeldig
imagination [znw] verbeelding
imaginative [znw] • fantasierijk
• fantastisch
imagine [ov ww] z. voorstellen
imbalance [znw] onevenwichtigheid
imbecile [bnw] imbeciel
imitate [ov ww] nabootsen, navolgen
imitation [znw] imitatie, namaak
imitative [bnw] nabootsend
immaterial [bnw] • onstoffelijk
• onbelangrijk
immature [bnw] onrijp, niet volwassen
immeasurable [bnw] oneindig,
onmeetbaar
immediacy [znw] • nabijheid
• dringendheid
immediate [bnw] onmiddellijk
immediately I [bijw] • onmiddellijk
• rechtstreeks II [vw] meteen als/toen,
zodra
immense [bnw] onmetelijk
immerse [ov ww] onderdompelen,
indopen
immersion [znw] onderdompeling
immigrant I [znw] immigrant
II [bnw] immigrerend
immigration [znw] immigratie
imminent [bnw] dreigend, op handen
zijnde
immobile [bnw] onbeweeglijk
immobilize [ov ww] onbeweeglijk
maken
immoderate [bnw] buitensporig,
onmatig
immodest [bnw] • onbetamelijk
• onbescheiden
immoral [bnw] • immoreel • onzedelijk
immortal I [znw] onsterfelijke II [bnw]

• onsterfelijk • ‹inf.› onverslijtbaar
immortalize [ov ww] onsterfelijk
maken, vereeuwigen
immovable [bnw] onbeweeglijk
immune [bnw] immuun
immunize [ov ww] immuun maken
immutable [bnw] onveranderlijk
imp [znw] • kabouter • stout kind
• duiveltje
impact I [ov ww] indrijven II [znw]
• botsing • invloed • uitwerking • effekt
• slag • stoot
impair [ov ww] • verzwakken
• beschadigen
impale [ov ww] spietsen
impart [ov ww] mededelen
impartial [bnw] onpartijdig
impassable [bnw] • onbegaanbaar
• onoverkomelijk
impassioned [bnw] hartstochtelijk
impassive [bnw] • ongevoelig
• onverstoorbaar
impatience [znw] • ongeduld
• gretigheid • onverdraagzaamheid
impatient [bnw] verlangend,
ongeduldig, vurig
impeach [ov ww] in staat v.
beschuldiging stellen
impeachment [znw] aanklacht en
vervolging
impeccable [bnw] smetteloos, zonder
zonden
impecunious [bnw] • (altijd) arm
• zonder geld
impede [ov ww] verhinderen
impediment [znw] beletsel
impel [ov ww] • aanzetten • dringen
impenetrable [bnw]
ondoordringbaar, ondoorgrondelijk,
onbegrijpelijk
imperative I [znw] II [bnw]
• gebiedend • noodzakelijk
imperceptible [bnw] onmerkbaar
imperfect I [znw] onvoltooid verleden
tijd II [bnw] onvolkomen, onvolmaakt
imperfection [znw] • onvolmaaktheid

• *zonde*
imperial [bnw] • *keizerlijk, keizer(s)-*
• *rijks-*
imperialism [znw] *imperialisme*
imperil [ov ww] *in gevaar brengen*
imperishable [bnw] *onvergankelijk*
impermeable [bnw] *ondoordringbaar*
impersonate [ov ww]
• *verpersoonlijken* • *vertolken* • *nadoen,*
imiteren
impertinence [znw] *onbeschaamdheid*
imperturbable [bnw] *onverstoorbaar*
impervious [bnw] *ondoordringbaar*
impetuous [bnw] *onstuimig, heftig*
impetus [znw] • *bewegingsstuwkracht*
• *stoot*
impiety [znw] • *oneerbiedigheid*
• *goddeloosheid*
impious [bnw] • *goddeloos* • *profaan*
impish [bnw] • *ondeugend*
• *duivelachtig*
implacable [bnw] *onverzoenlijk*
implant [ov ww] • *planten* • *inprenten*
implausible [bnw] *onwaarschijnlijk*
implement I [ov ww] *nakomen*
‹contract› II [znw] *werktuig*
implicate [ov ww] *insluiten, omvatten*
• (~ *in*) *betrekken bij*
implication [znw] *gevolgtrekking*
implicit [bnw] • *onvoorwaardelijk*
• *erin begrepen*
implore [ov ww] *(af)smeken*
imply [ov ww] *suggereren*
impolite [bnw] *onbeleefd*
impolitic [bnw] *onoordeelkundig*
imponderable [bnw] • *onweegbaar*
• *niet te schatten*
import I [ov ww] • *invoeren*
• *betekenen* • *v. belang zijn* II [znw]
• *betekenis* • *belang(rijkheid)* • *invoer*
importance [znw] • *belang*
• *gewicht(igheid)*
important [bnw] • *belangrijk*
• *gewichtig*
importer [znw] *importeur*
importunate [bnw] *lastig, (z.*

op)dringend
importune [ov ww] *lastig vallen*
importunity [znw] *opdringerigheid*
impose [ov ww] • (~ *on*) *imponeren, z.*
opdringen, opleggen ‹v. plicht,
belasting›, *misbruik maken van*
imposing [bnw] • *indrukwekkend*
• *veeleisend*
impossible [bnw] *onmogelijk*
imposture [znw] *bedrog*
impotence [znw] • *onmacht,*
onvermogen • *impotentie*
impotent [bnw] • *machteloos*
• *impotent*
impound [ov ww] • *insluiten* • *in*
beslag nemen
impoverish [ov ww] *verarmen*
impracticable [bnw] • *onbegaanbaar*
• *onuitvoerbaar*
impractical [bnw] *onpraktisch*
impregnable [bnw] *onneembaar*
impress [ov ww] *stempelen, inprenten,*
indruk maken op
impression [znw] • *oplage* • *indruk*
impressionable [bnw] *ontvankelijk*
impressionist [znw] • *impressionist*
• *imitator*
impressionistic [bnw]
impressionistisch
impressive [bnw] *indrukwekkend*
imprint I [ov ww] • *stempelen*
• *inprenten* II [znw] *stempel*
imprison [ov ww] *in de gevangenis*
zetten
imprisonment [znw] *gevangenschap*
improbable [bnw] *onwaarschijnlijk*
improper [bnw] • *onjuist* • *ongepast*
impropriety [znw] *ongepastheid*
improve [ov + on ww] *verhogen,*
verbeteren
improvement [znw] • *beterschap,*
vooruitgang • *hoger bod*
• *(bodem)verbetering*
improvidence [znw] *zorgeloosheid*
improvise [ov ww] *improviseren*
imprudent [bnw] *onvoorzichtig*

impudent [bnw] onbeschaamd,
schaamteloos
impugn [ov ww] betwisten
impulse [znw] • stoot • prikkel
• opwelling
impulsive [bnw] • aandrijvend, stuw-
• impulsief
impunity [znw] straffeloosheid
impure [bnw] • onrein • onkuis
• vervalst
impurity [znw] onreinheid
impute [ov ww] • ten laste leggen
• toeschrijven, wijten (aan)
inability [znw] onbekwaamheid
inaccessible [bnw] ongenaakbaar,
ontoegankelijk
inaccuracy [znw] onnauwkeurigheid,
fout(je)
inaccurate [bnw] onnauwkeurig
inaction [znw] • traagheid
• werkeloosheid
inactive [bnw] • werkeloos • traag
inadequacy [znw] onvolledigheid
inadmissible [bnw] ontoelaatbaar
inadvertent [bnw] • onoplettend
• onbewust
inalienable [bnw] onvervreemdbaar
inane [bnw] • leeg • idioot • zinloos
inapplicable [bnw] niet toepasselijk
inappropriate [bnw] • ongepast
• ongeschikt
inapt [bnw] • ongeschikt • ongepast
inarticulate [bnw] niet uit te spreken
inattention [znw] onachtzaamheid
inattentive [bnw] onoplettend
inaudible [bnw] onhoorbaar
inaugural [bnw] inaugureel
inaugurate [ov ww] • openen
• installeren • inwijden
inauspicious [bnw] onheilspellend,
ongunstig
inborn, inbred [bnw] aangeboren
inbreeding [znw] inteelt
incalculable [bnw] onberekenbaar
incandescent [bnw] gloeiend
incantation [znw] toverformule

incapable [bnw] onbekwaam
incapacitate [ov ww] ongeschikt maken
incapacity [znw] onbekwaamheid
incarcerate [ov ww] gevangenzetten
incarnate I [ov ww] belichamen
II [bnw] vleselijk
incarnation [znw] verpersoonlijking
incautious [bnw] onvoorzichtig
incendiary I [znw] brandbom II [bnw]
brandstichtend
incense I [ov ww] • woedend maken
• bewieroken II [znw] wierook
incentive [znw] • prikkeling • motief
• aansporing
inception [znw] aanvang
incessant [bnw] onophoudelijk
inch I [on ww] z. zeer langzaam
voortbewegen II [znw] Engelse duim
‹2,54 cm›
incidence [znw] aantal gevallen
incident [znw] incident, voorval,
episode
incidental [bnw] bijkomstig
incinerate [ov ww] verassen,
verbranden
incipient [bnw] aanvangs-
incise [ov ww] • insnijden • graveren
incisive [bnw] • scherp • snij-
incisor [znw] snijtand
incite [ov ww] • aansporen • opruien
inclement [bnw] streng ‹v. weer›, guur
inclination [znw] • neiging • aanleg
incline I [ov ww] • geneigd maken
• doen (over)hellen II [on ww]
• (over)hellen • geneigd zijn III [znw]
• hellend vlak • helling
include [ov ww] insluiten, omvatten
inclusion [znw] • insluitsel • insluiting
inclusive [bnw] insluitend, omvattend
incoherent [bnw] • verward
• onsamenhangend
income [znw] inkomsten, inkomen
incoming [bnw] • binnenkomend
• opkomend ‹v. getij›
incommunicado [bnw] (v.d.
buitenwereld) afgeschermd, geïsoleerd

incompatible [bnw] • onverenigbaar
• tegenstrijdig
incomplete [bnw] • onvolledig
• gebrekkig
incomprehensible [bnw]
onbegrijpelijk
inconceivable [bnw] onbegrijpelijk
inconclusive [bnw] niet beslissend,
niet overtuigend
incongruity [znw]
• ongelijksoortigheid • inconsequentie
incongruous [bnw] • ongelijksoortig
• inconsequent
inconsiderable [bnw] onbelangrijk
inconsiderate [bnw] onbedachtzaam,
onattent
inconsistent [bnw] • tegenstrijdig
• inconsequent
inconsolable [bnw] ontroostbaar
inconspicuous [bnw] onopvallend
incontrovertible [bnw] onbetwistbaar
inconvenience I [ov ww] in
ongelegenheid brengen II [znw]
ongemak, ongerief
inconvenient [bnw] • ongeriefelijk
• lastig
incorporate [ov ww] verenigen
• (~ in(to)/with) inlijven bij
incorrect [bnw] onjuist
incorrigible [bnw] onverbeterlijk
incorruptible [bnw] • onkreukbaar
• onvergankelijk
incredible [bnw] ongelofelijk
incredulity [znw] ongeloof
increment [znw] • loonsverhoging
• toename
incriminate [ov ww] • beschuldigen
<v. misdaad> • betrekken in aanklacht
incubate [ov + on ww] (uit)broeden
incubator [znw] • broedmachine
• couveuse
inculcate [ov ww] inprenten
incumbent [bnw] verplicht
incur [ov ww] • oplopen • maken <v.
schulden>
incurable [bnw] ongeneeslijk

incursion [znw] vijandelijke inval,
onverwachte aanval
indebted [bnw] • (ver)schuldig(d)
• verplicht
indecency [znw] onfatsoenlijkheid
indecent [bnw] onzedelijk,
onfatsoenlijk
indecision [znw] besluiteloosheid
indecisive [bnw] besluiteloos
indeed [bijw] trouwens, dan ook, zelfs,
werkelijk, weliswaar, inderdaad
indefatigable [bnw] onvermoeid,
onvermoeibaar
indefensible [bnw] onverdedigbaar
indefinable [bnw] ondefinieerbaar,
niet te bepalen
indefinite [bnw] • onbepaald • vaag
indelible [bnw] onuitwisbaar
indemnity [znw] • schadeloosstelling
• vrijwaring • amnestie, kwijtschelding
indent [ov + on ww] • inspringen <v.
regel> • vorderen <v. goederen>
indentation [znw] inkeping, het
inspringen
independence [znw]
onafhankelijkheid
independent I [znw] iem. die niet
politiek gebonden is II [bnw]
onafhankelijk
indestructible [bnw] onverwoestbaar
Indian I [znw] • Indiër • indiaan
II [bnw] • indiaans • Indisch
indicate [ov ww] • aangeven <v.
richting> • tonen • aanwijzen • wijzen
op
indication [znw] aanwijzing
indicative I [znw] aantonende wijs
II [bnw] aantonend
indicator [znw] • spanningmeter
• richtingaanwijzer
indict [ov ww] beschuldigen, aanklagen
indictable [bnw] vervolgbaar
indifference [znw] onverschilligheid
indigenous [bnw] • inheems
• aangeboren
indigent [bnw] arm, behoeftig

indigestible [bnw] onverteerbaar
indigestion [znw] indigestie
indignant [bnw] verontwaardigd
indignation [znw] verontwaardiging
indignity [znw] belediging
indirect [bnw] • bedrieglijk • indirect, zijdelings
indiscernible [bnw] niet te onderscheiden
indiscreet [bnw] onbezonnen
indiscretion [znw] onbezonnen daad/gedrag
indiscriminate [bnw] • geen verschil makend • in het wilde weg, zo maar
indispensable [bnw] onmisbaar
indisposition [znw] ongesteldheid
indisputable [bnw] onbetwistbaar
indistinct [bnw] onduidelijk
individual I [znw] individu, persoon II [bnw] • individueel, persoonlijk • eigenaardig
individualism [znw] individualisme
individualist I [znw] individualist II [bnw] individualistisch
individuality [znw] individualiteit
individualize [ov ww] individualiseren
indoctrinate [ov ww] indoctrineren
indolent [bnw] lui
indomitable [bnw] ontembaar, onoverwinnelijk
Indonesian I [znw] Indonesiër, Indonesische II [bnw] Indonesisch
indoor [bnw] binnenshuis, huis-
indubitable [bnw] zonder twijfel
induce [ov ww] • bewegen, ertoe krijgen • afleiden
inducement [znw] • beweegreden • lokmiddel
induct [ov ww] installeren, bevestigen <v. predikant>
induction [znw] • installatie • gevolgtrekking • inductie • kunstmatig ingeleide bevalling
inductive [bnw] aanleiding gevend, inductief
indulge I [ov ww] • verwennen

• toegeven (aan) II [on ww] • (~ in) z. overgeven aan
indulgence [znw] overdreven toegeeflijkheid
indulgent [bnw] (al te) toegeeflijk
industrial [bnw] industrieel, bedrijfs-, nijverheids-
industrialist [znw] • industrieel • fabriekseigenaar
industrious [bnw] hardwerkend, arbeidzaam
industry [znw] • industrie, bedrijf • ijver
inebriate I [znw] dronkaard II [bnw] (altijd) dronken
inedible [bnw] oneetbaar
ineffable [bnw] onuitsprekelijk
ineffective [bnw] ondoeltreffend
ineffectual [bnw] • vruchteloos • ontoereikend
inefficient [bnw] • onbekwaam • ondoelmatig
inelegant [bnw] onelegant, niet fraai
ineligible [bnw] niet te verkiezen
inept [bnw] onbekwaam
ineptitude [znw] onbekwaamheid
inequality [znw] • verschil • ongelijkheid
inequitable [bnw] onrechtvaardig, onbillijk
inert [bnw] traag, log
inertia [znw] traagheid
inescapable [bnw] onontkoombaar
inessential [bnw] niet essentieel, bijkomstig
inestimable [bnw] onschatbaar
inevitable [bnw] onvermijdelijk
inexact [bnw] onjuist
inexcusable [bnw] onvergeeflijk
inexhaustible [bnw] onuitputtelijk
inexorable [bnw] onverbiddelijk
inexpensive [bnw] goedkoop
inexperience [znw] onervarenheid
inexperienced [bnw] onervaren
inexpert [bnw] onbedreven, ondeskundig

inexplicable [bnw] onverklaarbaar
inextricable [bnw] onontwarbaar
infallible [bnw] onfeilbaar
infamous [bnw] berucht
infamy [znw] • beruchtheid • schande
infancy [znw] • kindsheid
  • minderjarigheid
infant I [znw] • zuigeling • kind
  beneden 7 jaar • minderjarige II [bnw]
  kinderlijk, kinder-
infanticide [znw] kindermoord
infantile [bnw] kinder-, kinderlijk,
  kinderachtig
infantry [znw] infanterie
infatuation [znw] dwaze verliefdheid
infection [znw] besmetting
infectious [bnw] besmettelijk,
  aanstekelijk
infer [ov ww] gevolg trekken
inference [znw] gevolgtrekking
inferior I [znw] ondergeschikte II [bnw]
  • minder(waardig) • onder- • lager
infernal [bnw] hels, duivels
inferno [znw] hel, onderwereld
infertile [bnw] onvruchtbaar
infest [ov ww] teisteren
infidel I [znw] ongelovige II [bnw]
  ongelovig
infidelity [znw] • ontrouw • ongeloof
infiltrate [ov + on ww] • dóórdringen
  • infiltreren
infinitesimal [bnw] zeer klein
infinitive [znw] onbepaalde wijs
infinity [znw] oneindigheid
infirm [bnw] onvast, zwak
infirmary [znw] ziekenhuis, ziekenzaal
inflame [ov ww] opgewonden maken
inflammable [bnw] ontvlambaar
inflammation [znw] ontsteking
inflammatory [bnw] • ontstekings-
  • opwindend
inflatable [bnw] opblaasbaar
inflate [ov ww] oppompen, opblazen
inflation [znw] inflatie
inflect [ov ww] <taalk.> verbuigen
inflection, inflexion [znw]

• verbuiging • stembuiging
inflexible [bnw] • standvastig
  • onbuigzaam
inflict [ov ww] toedienen/opleggen <v.
  straf>
inflow [znw] binnenstromende
  hoeveelheid
influence I [ov ww] beïnvloeden
  II [znw] invloed
influential [bnw] invloedrijk
influenza [znw] griep
influx [znw] • instroming • toevloed
inform [ov ww] mededelen
informal [bnw] informeel, niet officieel
information [znw] • mededeling
  • inlichtingen
informative [bnw] informatief
informer [znw] • aanklager
  • verklikker
infrastructure [znw] infrastructuur
infrequent [bnw] niet vaak
infringe [ov + on ww] overtreden
infuriate [ov ww] woedend maken
infuse I [ov ww] • laten trekken <v.
  thee> • ingieten II [on ww] trekken <v.
  thee>
infusion [znw] • infusie • aftreksel
ingenious [bnw] vernuftig
ingenuity [znw] vernuft
ingenuous [bnw] onschuldig
ingrained [bnw] diepgeworteld
ingratiate [ov ww] • (~ with) in de
  gunst komen bij
ingratitude [znw] ondankbaarheid
ingredient [znw] bestanddeel
inhabit [ov ww] wonen in
inhabitant [znw] bewoner, inwoner
inhale [ov ww] inademen, inhaleren
inherit [ov ww] erven
inheritance [znw] erfenis, overerving
inhibit [ov ww] remmen, beletten
inhibited [bnw] verlegen, geremd
inhibition [znw] geremdheid
inhospitable [bnw] • ongastvrij
  • onherbergzaam
inhuman [bnw] • onmenselijk

• *monsterlijk*
inhumane [bnw] *wreed*
inhumanity [znw] *wreedheid*
inimical [bnw] • *vijandig* • *schadelijk*
inimitable [bnw] *onnavolgbaar,*
weergaloos
iniquitous [bnw] • *zondig*
• *onrechtvaardig*
iniquity [znw] • *onrechtvaardigheid*
• *zonde*
initial I [ov ww] *paraferen* II [znw]
voorletter III [bnw] *eerste, begin-, voor-*
initiate I [ov ww] • *beginnen*
• *inwijden, inleiden* II [znw] *ingewijde*
III [bnw] *ingewijd*
initiative I [znw] *initiatief* II [bnw]
aanvangs-
inject [ov ww] *inspuiten*
injection [znw] *injectie*
injudicious [bnw] *onverstandig*
injunction [znw] • *dringend verzoek*
• *verbod, bevel*
injure [ov ww] • *verwonden* • *krenken*
injurious [bnw] • *beledigend*
• *schadelijk*
injury [znw] • *belediging* • *letsel, schade*
injustice [znw] *onrecht(vaardigheid)*
ink I [ov ww] *met inkt insmeren* II [znw]
inkt
inkling [znw] *flauw vermoeden*
inky [bnw] *inktachtig*
inlaid [bnw] *ingelegd*
inland I [znw] *binnenland*
II [bnw + bijw] • *binnenlands* • *in of*
naar 't binnenland
inlay I [ov ww] *inleggen* II [znw]
• *mozaïek* • *vulling* <v. kies>
inlet [znw] *inham*
inn [znw] • *herberg, taveerne*
• *(dorps)hotel*
innate [bnw] *aangeboren, natuurlijk*
inner [bnw] *inwendig, innerlijk,*
binnen-
innocence [znw] *onschuld*
innocent I [znw] *onschuldig iem.*
<vooral klein kind> II [bnw]

• *onschuldig* • *onschadelijk*
innocuous [bnw] *onschadelijk,*
ongevaarlijk
innovator [znw] *vernieuwer*
innuendo [znw] • *beledigende*
insinuatie • *verdachtmaking*
innumerable [bnw] *ontelbaar*
inoculate [ov ww] *inenten*
inoculation [znw] *inenting*
inoffensive [bnw] • *geen aanstoot*
gevend • *onschadelijk*
inoperable [bnw] *niet te opereren*
inoperative [bnw] • *niet werkend*
• *ongeldig* <v. wet>
inopportune [bnw] • *ontijdig*
• *ongelegen*
inordinate [bnw] *buitensporig*
inorganic [bnw] *anorganisch*
input [znw] • *invoer van gegevens*
• *toevoer*
inquest [znw] *gerechtelijk onderzoek*
inquire [ov + on ww] *navragen*
• (~ **about/after**) *informeren naar*
• (~ **into**) *onderzoeken*
inquisition [znw] • *onderzoek*
• *inquisitie*
insalubrious [bnw] *ongezond* <v.
omgeving>
insane [bnw] *krankzinnig*
insanity [znw] *krankzinnigheid,*
dwaasheid
insatiable [bnw] *onverzadigbaar*
inscribe [ov ww] • *graveren* • *opdragen*
<v. boek>
inscription [znw] *inscriptie*
inscrutable [bnw] *ondoorgrondelijk*
insect [znw] *insect*
insecure [bnw] *onveilig,*
onbetrouwbaar
insensible [bnw] • *bewusteloos*
• *ongevoelig*
insensitive [bnw] • *ongevoelig*
• *onattent*
inseparable [bnw] *onafscheidelijk, niet*
te scheiden
insert I [ov ww] • *invoegen* • *insteken*

II [znw] *inlas*
inshore [bnw] *naar of dichtbij de kust*
inside I [znw] *binnenkant* II [bnw]
binnen-, binnenste III [bijw] *van/naar
binnen* IV [vz] *binnen, in*
insider [znw] • *lid v. vereniging*
• *ingewijde*
insidious [bnw] *verraderlijk*
insight [znw] *inzicht*
insignificant [bnw] *onbeduidend*
insincere [bnw] *bedrieglijk, oneerlijk*
insinuate [ov ww] *insinueren*
insipid [bnw] • *saai, oninteressant*
• *smakeloos*
insist [ov + on ww] *volhouden, met
klem beweren*
insistence [znw] *aandrang*
insistent [bnw] • *aanhoudend* • *urgent*
insole [znw] *binnenzool*
insolent [bnw] *onbeschaamd*
insoluble [bnw] *onoplosbaar*
insolvency [znw] *insolventie*
insolvent [bnw] • *insolvent* • ‹scherts›
blut
insomnia [znw] *slapeloosheid*
inspect [ov ww] *onderzoeken,
inspecteren, bezichtigen*
inspector [znw] • *onderzoeker*
• *inspecteur* • *opzichter*
inspiration [znw] *inspiratie, ingeving*
inspire [ov ww] *inspireren, bezielen*
instability [znw] *onstandvastigheid*
installation [znw] • *installatie*
• *plaatsing*
instalment [znw] • *termijn* ‹v.
betaling› • *aflevering* • *installatie*
instead [bijw] *in plaats
hiervan/daarvan*
instigate [ov ww] *aansporen,
aanzetten tot*
instil(l) [ov ww] • *doordringen van
gevoelens/ideeën* • *indruppelen*
instinct [znw] • *instinct* • *intuïtie*
instinctive [bnw] *instinctmatig*
institute I [ov ww] *stichten* II [znw]
instelling, instituut

institution [znw] • *instituut,
instelling* • *gesticht* • *wet* • ‹inf.›
bekend of vast voorwerp of persoon
instruct [ov ww] • *onderrichten*
• *bevelen*
instruction [znw] • *aanwijzing,
instructie* • *bevel*
instructive [bnw] *leerzaam*
instructor [znw] • *instructeur* • *docent*
‹aan universiteit›
instrument [znw] *instrument,
werktuig*
instrumental [bnw] *instrumentaal*
instrumentalist [znw] *bespeler v.
instrument*
instrumentation [znw]
instrumentatie
insubordinate [bnw] *ongehoorzaam*
insubstantial [bnw] *onbelangrijk*
insufferable [bnw] *on(ver)draaglijk*
insufficient [bnw] *onvoldoende*
insular [bnw] *bekrompen* ‹v. geest›
insulate [ov ww] • *isoleren* • *afscheiden*
insulation [znw] *isolatie(materiaal)*
insulator [znw] *isolatie(middel)*
insulin [znw] *insuline*
insult I [ov ww] *beledigen* II [znw]
belediging
insuperable [bnw] *onoverkomelijk*
insupportable [bnw] *ondraaglijk*
insurance [znw] *verzekering*
insure [ov ww] *verzekeren*
insurer [znw] *verzekeraar, assuradeur*
insurgent I [znw] *rebel* II [bnw]
oproerig
insurmountable [bnw]
onoverkomelijk
insurrection [znw] *opstand*
intact [bnw] *intact, heel, ongeschonden*
intake [znw] • *nieuwe instroom* ‹v.
personen› • *opname* • *opgenomen
hoeveelheid* ‹v. energie, vermogen›
intangible [bnw] • *ongrijpbaar*
• *onstoffelijk*
integer [znw] *geheel getal*
integral [bnw] *essentieel deel*

uitmakend
integrate [ov + on ww] *integreren*
integrity [znw] • *eerlijkheid*
• *onkreukbaarheid*
intelligence [znw] *verstand, begrip*
intelligentsia [znw] *intellectuelen*
intelligible [bnw] *begrijpelijk*
intemperate [bnw] *overdreven, hevig*
intend [ov ww] • v. *plan zijn*
• *bestemmen*
intended I [znw] *verloofde* II [bnw]
• *aanstaande* • *met opzet*
intense [bnw] *intens, krachtig, vurig,
diep gevoeld*
intent I [znw] *bedoeling* II [bnw]
• *(in)gespannen* • *doelbewust*
• *(~* **(up)on***) vastbesloten*
intention [znw] • *voornemen* • *doel,
bedoeling*
intentional [bnw] *opzettelijk*
inter I [ov ww] *begraven* II [bnw]
tussen, onder
interact [on ww] *op elkaar inwerken*
intercession [znw] *tussenkomst*
interchange I [ov ww] *ruilen,
(uit)wisselen* II [znw] • *verandering*
• *ruil, uitwisseling* • <AE> *oprit naar
viaduct*
interchangeable [bnw] *verwisselbaar*
intercontinental [bnw]
intercontinentaal
intercourse [znw] *(geslachts)verkeer,
omgang*
interdependent [bnw] *onderling
afhankelijk*
interest I [ov ww] • *(~* **in***)
belangstelling wekken voor* II [znw]
• *belangstelling, (eigen)belang* • *rente*
interested [bnw] *geïnteresseerd*
interesting [bnw] *interessant,
belangwekkend*
interfere [on ww] <techn.> *interfereren*
• *(~* **with***) z. bemoeien met, verstoren*
interference [znw] • *bemoeiing,
tussenkomst* • *hinder* • *interferentie,
storing* • <sport> *blokkeren*

interior I [znw] • '*t inwendige,
interieur* • *binnenland* • *binnenste*
II [bnw] • *binnenlands* • *inwendig*
• *innerlijk*
interject [ov ww] *tussenwerpen*
interjection [znw] • *tussenwerpsel*
• *uitroep*
interlock [on ww] *in elkaar sluiten of
grijpen*
interlocutor [znw] *gesprekspartner*
interloper [znw] *indringer*
interlude [znw] • *pauze* • *tussenspel,
intermezzo*
intermarriage [znw] *gemengd
huwelijk*
intermarry [on ww] *huwen tussen
verschillende stammen of volkeren*
intermediary [znw] *bemiddelaar*
intermediate [bnw] *tussenkomend*
interment [znw] *begrafenis*
interminable [bnw] *eindeloos*
intermingle [ov + on ww] *(ver)mengen*
intermission [znw] • *pauze*
• *onderbreking*
internal I [znw] II [bnw] • *inwendig,
innerlijk* • *binnenlands* • *inwonend*
international I [znw] <sport>
*(deelnemer aan) internationale
wedstrijd* II [bnw] *internationaal*
internationalism [znw]
internationalisme
internecine [bnw] *bitter* <in gevecht>
internee [znw] *geïnterneerde*
internment [znw] *internering*
interplay [znw] *wisselwerking*
interpolate [ov ww] *tussenvoegen,
inlassen*
interpose I [ov ww] *plaatsen tussen*
II [on ww] • *tussen beide komen* • *in de
rede vallen*
interpret I [ov ww] • *verklaren,
uitleggen* • *vertolken* II [on ww] *als
tolk fungeren*
interpretation [znw] • *vertolking*
• *uitleg, verklaring*
interpreter [znw] *tolk*

interrelate [ov ww] *onderling verbinden*
interrogate [ov ww] *ondervragen*
interrupt [ov ww] *onderbreken, afbreken*
interruption [znw] *interruptie, onderbreking*
intersect I [ov ww] • *doorsnijden* • *verdelen* II [on ww] *elkaar snijden*
intersection [znw] *snijpunt, kruispunt*
intersperse [ov ww] *hier en daar ertussen zetten*
intertwine [ov ww] *in elkaar vlechten*
interval [znw] • *tussenruimte* • *pauze*
intervention [znw] *interventie*
interview I [ov ww] • *interviewen* • *ondervragen* II [znw] • *onderhoud* • *sollicitatiegesprek* • *vraaggesprek*
interviewer [znw] • *interviewer* • *ondervrager*
interweave I [ov ww] *vervlechten* II [on ww] *zich dooreen weven*
intimacy [znw] *intimiteit*
intimate I [ov ww] *min of meer laten blijken* II [bnw] *intiem, vertrouwelijk*
intimation [znw] • *wenk* • *teken*
intimidate [ov ww] *intimideren*
into [vz] *in, tot*
intolerable [bnw] *on(ver)draaglijk*
intolerant [bnw] *onverdraagzaam*
intonation [znw] *intonatie*
intone [ov ww] *aanheffen*
intoxicant I [znw] *bedwelmend middel, sterkedrank* II [bnw] *bedwelmend*
intractable [znw] *weerspanning*
intransigent [bnw] *onverzoenlijk*
intransitive [bnw] *onovergankelijk*
intravenous [bnw] • *intraveneus* • *in de ader(en)*
intricacy [znw] *ingewikkeldheid*
intricate [bnw] • *ingewikkeld* • *gedetailleerd*
intrigue I [ov + on ww] • *bevreemden* • *intrigeren* II [znw] *intrige*
intrinsic [bnw] • *innerlijk* • *inherent*

introduce [ov ww] • *voorstellen* <v. persoon> • *ter sprake brengen* • *invoeren, inleiden*
introduction [znw] *inleiding, voorwoord*
introductory [bnw] *inleidend*
introspection [znw] *zelfonderzoek*
introspective [bnw] *zelfbespiegelend*
intrude [ov + on ww] • *storen* • *binnen dringen*
intruder [znw] *indringer*
intrusion [znw] *inbreuk*
intrusive [bnw] *indringerig*
intuitive [bnw] *intuïtief*
inundate [ov ww] *onder water zetten, overstromen*
inure [ov ww] • (~ to) *gewennen aan*
invade [ov ww] *binnenvallen* <v. vijand>
invalid I [znw] • *zieke* • *invalide* II [bnw] • *ziek* • *invalide* • *ongeldig*
invalidate [ov ww] *ongeldig maken*
invaluable [bnw] *onschatbaar*
invasion [znw] *inval*
invective [znw] *scheldwoorden*
inveigh [on ww] • (~ against) (*heftig*) *uitvaren tegen, schelden op*
inveigle [ov ww] (*ver*)*lokken*
invent [ov ww] • *uitvinden* • *verzinnen*
invention [znw] *uitvinding*
inventive [bnw] *vindingrijk*
inventor [znw] *uitvinder*
inventory [znw] *inventaris*
inverse I [znw] *'t omgekeerde* II [bnw] *omgekeerd*
inversion [znw] • *omkering* • <taalk.> *inversie*
invert [ov ww] *omkeren*
invertebrate I [znw] *ongewerveld dier* II [bnw] *ongewerveld*
invest I [ov ww] • *beleggen* <v. geld> • *bekleden* • *installeren* II [on ww] *investeren*
investigate [ov ww] *onderzoeken*
investigator [znw] *onderzoeker*
investment [znw] *geldbelegging, investering*

investor [znw] investeerder, belegger
inveterate [bnw] verstokt, ingeworteld
invidious [bnw] • aanstootgevend
• gehaat, hatelijk • jaloers
invincible [bnw] onoverwinnelijk
inviolable [bnw] onschendbaar
invisible [bnw] onzichtbaar
invite I [ov ww] • aanlokken
• uitnodigen II [znw] <inf.> uitnodiging
invocation [znw] • inroeping <v. hulp>
• aanroeping <v. God> • oproeping <v.
geest>
invoice I [ov ww] factureren II [znw]
factuur
invoke [ov ww] inroepen
involuntary [bnw] onwillekeurig
involvement [znw] • verwikkeling
• (financiële) betrokkenheid • (seksuele)
verhouding
inward I [bnw] inwendig, innerlijk
II [bijw] naar binnen
iota [znw] • jota • schijntje
IOU [afk] • (I owe you) schuldbekentenis
Iranian I [znw] Iraniër II [bnw] Iraans
Iraqi [bnw] Irakees
irascible [bnw] opvliegend <v. aard>
irate [bnw] woedend
iridescent [bnw] • met de kleuren van
de regenboog, regenboogkleurig
• weerschijnend
iris [znw] • iris • <foto.> diafragma
Irish I [znw] het Iers II [bnw] Iers
irk [ov ww] • vervelen • vermoeien
irksome [bnw] vervelend
iron I [ov ww] strijken • (~ out)
gladstrijken, oplossing vinden voor
II [znw] • ijzer • beenbeugel
• strijkijzer III [bnw] • ijzeren • niet
wijkend • stevig • meedogenloos
ironing [znw] • het strijken • strijkgoed
irony [znw] ironie, spot
irrational [bnw] irrationeel
irredeemable [bnw] • onherstelbaar
• onaflosbaar • niet inwisselbaar <v.
geld>
irreducible [bnw] • onherleidbaar

• wat niet meer vereenvoudigd kan
worden
irrefutable [bnw] onweerlegbaar
irregular [bnw] • ongeregeld
• onregelmatig
irrelevant [bnw] irrelevant, niet ter
zake doend
irremediable [bnw] onherstelbaar
irreparable [bnw] onherstelbaar
irreplaceable [bnw] onvervangbaar
irrepressible [bnw] niet te
onderdrukken
irreproachable [bnw] onberispelijk,
keurig
irresistible [bnw] onweerstaanbaar
irrespective [bnw]
irresponsible [bnw] • ongeacht
• onverantwoordelijk
irretrievable [bnw] reddeloos (verloren)
irreverent [bnw] oneerbiedig
irrevocable [bnw] onherroepelijk
irrigate [ov ww] bevloeien, irrigeren
irritable [bnw] prikkelbaar
irritant I [znw] prikkelend middel
II [bnw] prikkelend
irritate [ov ww] • irriteren • prikkelen
• ergeren
irritation [znw] • geprikkeldheid
• branderigheid
is [ww] → be
Islamic [bnw] islamitisch
island [znw] eiland
isle [znw] eiland
islet [znw] eilandje
isolate [ov ww] isoleren, afzonderen
isolation [znw] afzondering, isolement
issue I [ov ww] • in circulatie brengen,
uitgeven • verstrekken • uitvaardigen
• (~ with) voorzien van II [on ww]
• uitgaan, uitkomen • afstammen
• (~ forth) verschijnen • (~ from) 't
gevolg zijn van III [znw] • uitgang
• nakomelingen • geschilpunt,
probleem • kwestie • uitgave • oplage
• uitstroming
isthmus [znw] istmus, landengte

it [pers vnw] • *het, hèt* • *het einde*
Italian I [znw] *Italiaan* II [bnw]
Italiaans
itch I [on ww] • *jeuken* • *hunkeren*
II [znw] *jeuk*
item [znw] • *agendapunt,*
programmaonderdeel • *artikel* • *post*
‹op rekening› • *nieuwsbericht*
itemize [ov ww] • *artikelsgewijze*
noteren • *specificeren*
itinerant [bnw] *rondreizend*
itinerary I [znw] • *route*
• *reisbeschrijving* • *gids* II [bnw] *reis-*
it'll [samentr.] /it will/ / it shall/
→ **will, shall**
it's [samentr.] /it is/ /it has/ → **be,**
have
itself [wkd vnw] z.(*zelf*)
I've [samentr.] /I have/ → **have**
ivory I [znw] *ivoor* II [bnw] *ivoren*
ivy [znw] *klimop*

J

jab I [ov ww] *porren, steken* II [znw]
steek
jabber I [on ww] *snateren, wauwelen*
II [znw] *het snateren, het wauwelen*
jack I [ov + on ww] • (~ in) *eraan geven,*
opgeven II [ov ww] • (~ off) ‹vulg.› z.
aftrekken • (~ up) *opvijzelen,*
opkrikken III [znw] • *stekker* • *boer* ‹in
kaartspel› • *dommekracht, krik*
jackal [znw] *jakhals*
jacket I [ov ww] *voorzien v.e.*
mantel/omslag II [znw] • *buis*
• *colbert, jasje* • *omslag* ‹v. boek› • *hoes*
‹v. plaat› • *schil* ‹v. aardappel›
jagged [bnw] • *hoekig, getand*
• *gekarteld*
jail I [ov ww] *gevangen zetten* II [znw]
gevangenis, gevangenisstraf
jam I [ov ww] • *samendrukken,*
vastzetten, versperren • ‹telecom.›
storen II [on ww] • *knellen* • *vastlopen*
‹v. machine› • ‹muz.› *improviseren*
III [znw] • *jam* • *klemming, gedrang,*
(verkeers)opstopping
jamb [znw] *deur-/raamstijl*
jangle I [ov ww] *doen rinkelen*
II [on ww] *ratelen, rinkelen* III [znw]
gerinkel
janitor [znw] • *portier* • ‹AE› *conciërge*
January [znw] *januari*
jar I [ww] • *onaangenaam aandoen* • *in*
strijd zijn met • *knarsen, krassen*
II [znw] • *geknars* • *schok* • *wanklank*
• *onenigheid* • *pot, kruik, fles*
jargon [znw] • *bargoens* • *jargon*
jaundice [znw] *geelzucht*
jaunt I [on ww] *'n uitstapje maken*
II [znw] *uitstapje*
jaunty [bnw] *luchtig, vrolijk*
javelin [znw] *speer*
jaw [znw] • *kaak* • ‹inf.› *geklets*

jay [znw] *Vlaamse gaai*

jazz I [on ww] • (~ up) ‹sl.› *levendiger maken, opvrolijken* II [znw] *jazz*

jazzy [bnw] *lawaaierig, bont, druk, grillig*

jealous [bnw] *jaloers, afgunstig*

jealousy [znw] *jaloezie, naijver, afgunst*

jeans [mv] *spijkerbroek*

jeer I [ww] *honen* II [znw] *hoon, spot*

jell [on ww] • *stollen* • ‹inf.› *vaste vorm aannemen*

jelly [znw] *gelei, pudding*

jemmy [znw] *breekijzer*

jeopard(ize) [ov ww] *in gevaar brengen*

jeopardy [znw] *gevaar*

jerk I [ov + on ww] *rukken, trekken, schokken* • (~ off) ‹sl.› *aftrekken* II [znw] • *ruk, trek, schok, spiertrekking* • ‹sl.› *stomme meid/vent*

jerkin [znw] *wambuis*

jerky [bnw] *met rukken, met horten en stoten*

jersey [znw] *gebreide wollen trui*

jest I [on ww] *schertsen* II [znw] *scherts*

jester [znw] *grappenmaker, nar*

Jesuit [znw] *jezuïet*

jet I [on ww] *per straalvliegtuig reizen* II [znw] • *(water)straal* • *git* • *straalvliegtuig* III [bnw] *gitzwart*

jettison [ov ww] *overboord gooien v. lading, afwerpen v. lading*

jewel [znw] *(edel)steen, juweel*

jeweller [znw] *juwelier*

jewellery, jewelry [znw] *juwelen*

Jewess [znw] *jodin*

Jewish [bnw] *joods*

jib [on ww] • *koppig zijn* • *onverwachts stilstaan* ‹v. paard› • *bezwaar maken*

jibe [znw] → gibe

jiff(y) [znw] *ogenblikje*

jig I [ov + on ww] *bepaalde Schotse dans uitvoeren, huppelen, met korte rukjes bewegen, hossen* II [znw] *soort Schotse dans*

jiggle [ov ww] *schudden, wiegelen, even rukken aan*

jilt [ov ww] *de bons geven*

jingle I [ov + on ww] *(doen) klingelen, (laten) rinkelen* II [znw] • *geklingel* • *deuntje* • *jingle*

jingoism [znw] *chauvinisme*

jinx I [ov ww] *beheksen* II [znw] *doem, vloek*

job [znw] • *werk, karwei* • *klus* • *baan(tje), betrekking, arbeidsplaats, functie, vak*

jodhpurs [mv] *rijbroek*

jog I [ov ww] • *(iem.) aanstoten* • *opfrissen* ‹v. geheugen› II [on ww] • *joggen, trimmen* • *op een sukkeldrafje lopen* • (~ along) *voortsukkelen* III [znw] • *duwtje* • *sukkeldraf*

jogger [znw] • *afstandsloper* • *trimmer*

joggle [ww] *schudden*

join I [ov + on ww] *dienst nemen* ‹in het leger›, *bij elkaar brengen, ontmoeten, (z.) aansluiten bij, meedoen aan/met, lid worden v.* • (~ in) *meedoen* • (~ up) *verbinden, in mil. dienst gaan* • (~ with) z. *aansluiten bij* II [znw] • *verbindingslijn/-punt/-las, enz.* • *naad*

joiner [znw] *meubelmaker*

joinery [znw] *vak/werk v. meubelmaker*

joint I [ov ww] • *verbinden* • *voegen* ‹muur› II [znw] • *verbinding(sstuk), voeg, naad, gewricht, stengelknoop, geleding* • *stuk vlees* • *tent, speelhol, dansgelegenheid* • ‹sl.› *stickie* III [bnw] *gezamenlijk*

joist [znw] *bint*

joke I [ov + on ww] *grappen maken* II [znw] *grap*

joker [znw] • *grappenmaker* • *joker* ‹in kaartspel›

jolliness, jollity [znw] • *festiviteit* • *jool*

jolly I [bnw] *vrolijk* II [bijw] ‹inf.› *heel, zeer*

jostle I [ov + on ww] *duwen, (ver)dringen* II [znw] *drukte, gewoel*

jot I [ov ww] • (~ **down**) vlug opschrijven II [znw] • jota ‹fig.› • kleine hoeveelheid
jotter [znw] aantekenboekje
journal [znw] • dagboek • tijdschrift, dagblad
journalism [znw] journalistiek
journey I [on ww] reizen II [znw] reis
joust [on ww] steekspel houden
jovial [bnw] gezelschaps-, opgewekt, joviaal
jowl [znw] kaak, wang
joy [znw] • succes • vreugde, genot
joyful, joyous [bnw] blij
joyless [bnw] treurig
jubilant [bnw] juichend
jubilation [znw] gejubel
jubilee [znw] jubileum
judder [on ww] hevig schudden
judge I [ov ww] • be-/veroordelen • beslissen II [on ww] • rechtspreken • als scheidsrechter optreden III [znw] • rechter • iem. die beoordeelt, kenner • jurylid
jug [znw] kan, kruik
juggernaut [znw] • moloch • grote vrachtwagen
juggle [ov + on ww] jongleren (met)
juggler [znw] jongleur
jugular I [znw] II [bnw] keel-, hals-
juice [znw] • benzine ‹in motor› • sap, vocht, afscheiding • fut • ‹sl.› elektriciteit
July [znw] juli
jumble I [on ww] door elkaar gooien/rollen, verwarren II [znw] rommel, warboel
jumbo [znw] • jumbojet • olifant
jump I [ov ww] • springen over • toespringen op • overslaan II [on ww] • omhoogschieten • springen III [znw] • sprong • plotselinge beweging • slag ‹bij damspel› • ‹sport› hindernis
jumper [znw] • gebreide (dames)trui • springer, springpaard • ‹AE› slipover
jumpy [bnw] zenuwachtig, opgewonden

junction [znw] knooppunt, kruispunt
juncture [znw] samenloop v. omstandigheden
June [znw] juni
jungle [znw] • rimboe • warwinkel
junior [znw] • junior • jongere, mindere • zoon
juniper [znw] jeneverbes(struik)
junk [znw] • jonk • afval, rommel, oud roest
junket [znw] snoepreisje
jurisdiction [znw] • jurisdictie • rechtspraak
jurisprudence [znw] jurisprudentie
juror [znw] • jurylid • gezworene
jury [znw] jury, gezworenen
just I [bnw] • gegrond • terecht II [bijw] • precies, net • gewoon(weg), alleen maar
justice [znw] rechtvaardigheid, recht
justifiable [bnw] gerechtvaardigd
justification [znw] rechtvaardiging, verantwoording
justify [ov ww] • rechtvaardigen • verdedigen • uitvullen ‹v. tekst›
jut [ov ww] • (~ **out**) uitsteken
juxtaposition [znw] het naast elkaar geplaatst zijn

K

kale [znw] (boeren)kool
kaleidoscope [znw] kaleidoscoop
kangaroo [znw] kangoeroe
kayak [znw] kajak
keel I [on ww] • (~ over) omslaan, kapseizen II [znw] kiel <v. schip>
keen [bnw] scherp(zinnig), doordringend, intens, levendig, vurig
keep I [ov ww] • in orde houden • bijhouden <v. boeken> • hebben <v. winkel/bedrijf> • erop na houden • iem. onderhouden • in voorraad hebben • vasthouden, gevangen houden • (z.) houden (aan) • bewaren • (~ away) uit de buurt houden • (~ back) terug-/achterhouden • (~ down) (onder)drukken • (~ from) verzwijgen voor, verhinderen te, weerhouden van • (~ in) inhouden, binnen houden, school laten blijven • (~ off) op afstand houden, afblijven van, afweren • (~ on) ophouden, blijven houden, aanhouden <bijv. v. huis> • (~ out) buiten houden • (~ under) onderhouden, onderdrukken, bedwingen • (~ up) de moed erin houden, in stand houden, aanhouden <vuur>, wakker houden, ophouden, onderhouden <contact> II [on ww] • goed houden, goed blijven <v. voedsel> • blijven doen, doorgaan met • (~ at) blijven werken aan • (~ away) wegblijven • (~ from) z. onthouden van • (~ in with) <inf.> contact houden met • (~ on) doorgaan, blijven praten • (~ on at) blijven praten tegen, vragen aan, vitten, treiteren • (~ up) bijhouden III [znw] • toren, versterking, fort • hoede, bewaring • onderhoud, kost

keeper [znw] • bewaker, bewaarder, houder • doelverdediger • hoeder, opzichter
keeping [znw] • overeenstemming • hoede
keg [znw] vaatje
kennel [znw] • kennel • hondenhok • meute
kept I [ww] verl.tijd + volt.deelw. → keep II [bnw] (goed) onderhouden
kerb [znw] trottoirband
kernel [znw] kern, pit
kerosene [znw] kerosine
key I [ov + on ww] spannen, stemmen • (~ down) 'n toontje lager (doen) zingen, afzwakken • (~ in) intoetsen • (~ up) verhogen, opdrijven II [znw] • sleutel • toets • grondtoon, toonaard • rif III [bnw] voornaamste, sleutel-
khaki [znw] kaki
kick I [ov + on ww] schoppen, achteruitslaan, trappen • (~ about) ruw behandelen • (~ off) uitgooien <v. schoenen> • (~ out) eruit trappen II [znw] • energie, fut • trap • kick
kidnap [ov ww] ontvoeren
kidney [znw] • nier • gesteldheid, aard
kill I [ov ww] • doden • slachten • overstelpen met • vernietigend oordeel uitspreken <over wetsontwerp> • stoppen <v. bal> • afzetten <v. motor> • (~ off) afmaken <doden> II [znw] (door jager) gedood dier
killer [znw] • slachter • moordenaar
killing I [znw] prooi II [bnw] dodelijk
kiln [znw] kalkoven, stookoven
kilt [znw] kilt, Schotse rok
kin [znw] familie, bloedverwantschap
kind I [znw] soort, aard II [bnw] vriendelijk, aardig
kindergarten [znw] kleuterschool
kindle [ov + on ww] ontsteken, aansteken, aanvuren, vlam vatten, gloeien
kindling [znw] aanmaakhout
kindly I [bnw] gemoedelijk, vriendelijk

II [bijw] *wilt u zo vriendelijk zijn om, alstublieft*
kindness [znw] • *vriendelijkheid* • *iets aardigs*
kindred I [znw] *verwanten* II [bnw] *verwant*
kinetic [bnw] *bewegings-*
king [znw] • *koning, vorst* • *heer* • *magnaat*
kingdom [znw] • *(konink)rijk* • *terrein* • *gebied*
kink [znw] *slag, knik, hersenkronkel*
kinky [bnw] • *kroezend* • *vreemd, ongewoon* • *pervers* • *kronkelig*
kinship [znw] *verwantschap*
kiosk [znw] • *stalletje* • *kiosk* • *telefooncel*
kip ‹inf.› I [on ww] *maffen* • *(~ down) gaan maffen* II [znw] *bed, slaap*
kipper [znw] *gerookte haring*
kiss I [ov ww] *kussen* II [znw] *kus*
kitchen [znw] *keuken*
kitchenette [znw] *keukentje*
kite [znw] • *vlieger* • *wouw*
kittenish [bnw] *speels*
kitty [znw] • *poesje* • *pot ‹bij kaartspel›* • *(huishoud)potje* • *kas*
klaxon [znw] *claxon*
kleptomania [znw] *kleptomanie*
kleptomaniac [znw] *kleptomaan*
knack [znw] *handigheid, slag*
knapsack [znw] *ransel, rugzak*
knave [znw] *boer ‹in kaartspel›*
knead [ov ww] • *kneden* • *masseren*
knee I [ov ww] *een knietje geven* II [znw] *knie(stuk)*
kneel [on ww] *knielen* • *(~ to) knielen voor*
knell [znw] • *(geluid v.) doodsklok* • *aankondiging v. dood of onheil*
knew [ww] *verl. tijd* → **know**
knickers [mv] *onderbroek*
knife I [ov ww] *steken ‹met mes›* II [znw] *mes*
knight I [ov ww] *tot ridder slaan, ridderen* II [znw] • *ridder* • *paard ‹in*

schaakspel›
knighthood [znw] • *ridderschap* • *titel v. ridder*
knightly [bnw] *ridderlijk*
knit [ov + on ww] • *knopen, breien* • *(z.) verenigen* • *fronsen ‹v. wenkbrauwen›* • *(~ up) stoppen ‹v. kousen›, verbinden, eindigen*
knitting [znw] • *'t breien* • *breiwerk*
knives [mv] → **knife**
knob [znw] • *knop, knobbel* • *kluitje, klont(je)*
knobbly [bnw] • *bultig* • *knobbelig*
knock I [ov ww] • *kloppen* • *slaan* • *(~ about/around) toetakelen, afranselen* • *(~ back) achteroverslaan ‹borrel›* • *(~ down) neerslaan, afbreken, verslaan* • *(~ off) afslaan, korting geven, naar de andere wereld helpen, stelen, aftrekken ‹v. kosten›, naaien ‹fig.›* • *(~ out) verslaan, uitkloppen ‹pijp›, k.o. slaan* • *(~ over) omslaan ‹een glas›* • *(~ together) haastig in elkaar zetten* • *(~ up) omhoog slaan, vlug in elkaar zetten ‹huis/plan›, afmatten, zwanger maken* II [on ww] *kloppen ‹ook v. motor›* • *(~ about/around) rondslenteren, ronddolen* • *(~ off) ophouden* • *(~ under) z. onderwerpen* • *(~ up) ‹sport› vooraf inslaan* III [znw] *klop, duw, slag*
knocker [znw] • *deurklopper* • *‹sl.› borst*
knoll [znw] *heuveltje*
knot I [ov ww] *vast-/dichtknopen* II [on ww] *in de knoop raken* III [znw] • *knoest in hout* • *strik, knoop ‹in touw›* • *groep(je)* • *‹scheepv.› knoop*
knotty [bnw] *vol knopen, ingewikkeld*
know I [ov ww] *(her)kennen, weten, merken, bekend zijn met* II [on ww] *weten*
knowing [bnw] *schrander, handig, geslepen*
knowledge [znw] *kennis, wetenschap*

knowledgeable [bnw] *goed ingelicht*
known I [ww] *volt. deelw.* → know
II [bnw] *erkend, berucht, gereputeerd*
knuckle I [on ww] • (~ down) *hard*
aan 't werk gaan • (~ down/under)
z. gewonnen geven II [znw] *knokkel*
Korean I [znw] • *Koreaan* • *het*
Koreaans II [bnw] *Koreaans*

L

label I [ov ww] • *van etiket voorzien*
• *bestempelen (als), beschrijven (als)*
II [znw] *etiket*
laboratory [znw] *laboratorium*
laborious [bnw] • *hardwerkend*
• *moeizaam* • *geforceerd* ‹v. stijl›
labour [znw] • *arbeid, taak, werk,*
inspanning • *arbeidskrachten*
• *barensweeën*
labourer [znw] *arbeider*
laburnum [znw] *goudenregen*
labyrinth [znw] *labyrint, doolhof*
lace I [ov ww] • *scheutje sterkedrank*
toevoegen • *rijgen* • (~ in) *inrijgen*
• (~ up) *vastrijgen* II [znw] • *veter*
• *kant, vitrage* III [bnw] *kanten*
lacerate [ov ww] *(ver)scheuren*
laceration [znw] *scheur, rijtwond*
lachrymose [bnw] • *huilend* • *huilerig*
lackadaisical [bnw] *lusteloos, dromerig*
lackey [znw] *lakei*
laconic [bnw] *kortaf, laconiek*
lacquer I [ov ww] *vernissen, lakken*
II [znw] • *vernis* • *lakwerk*
lacy [bnw] • *kanten* • *kantachtig*
lad [znw] *knaap, jongeman, jongen*
laden [bnw] • *beladen* • *bezwaard*
• *bezwangerd*
ladle I [ov ww] • (~ out) *opscheppen,*
uitscheppen II [znw] • *soeplepel*
• *gietlepel*
lady [znw] • *dame* • *vrouwe*
lag I [ov ww] • *van bekleding voorzien*
‹v. stoomketel› • *isoleren*
• *achterblijven* II [on ww] III [znw]
• *achterstand* • *vertraging* • ‹sl.›
recidivist
lager [znw] *soort bier*
lagging [znw] *isolatiemateriaal*
lagoon [znw] *lagune*
laid [ww] *verl.tijd + volt.deelw.* → lay

lain [ww] volt. deelw. → lie
lair [znw] • leger <v. dier>, hol • <inf.> kamer
laity [znw] • de leken • lekenpubliek
lake [znw] meer
lamb [znw] • lam(svlees) • lammetje <fig.>
lame I [ov ww] kreupel maken II [bnw] • kreupel • stotend <v. metrum> • slapjes, niet overtuigend <v. excuus>
lament I [ww] (be)treuren, lamenteren II [znw] klaaglied
lamentable [bnw] • jammerlijk • betreurenswaardig
lamentation [znw] weeklacht, klaaglied
lamp [znw] lamp, lantaarn
lampoon I [ov ww] aanvallen in een satire II [znw] satire
lance I [ov ww] • met lancet doorprikken • slingeren II [znw] lans, speer
land I [ov ww] • doen landen <v. vliegtuig> • toedienen <v. klap of slag> • ophalen <v. vis> • in de wacht slepen <v. prijs> • doen belanden • (~ with) opschepen met II [on ww] • aankomen, bereiken, terechtkomen • landen III [znw] land(streek), grond, landerij(en)
landau [znw] landauer
landed [bnw] • grond bezittend • ontscheept • in moeilijkheden • grond-, land-
landing [znw] • landingsplaats, losplaats • overloop <tussen twee trappen> • vangst • aanvoer • landing
lane [znw] • landweg, weggetje • rijstrook • steeg • route <v. schepen, vliegtuigen> • (kegel)baan
language [znw] taal, spraak
languid [bnw] traag, lusteloos
languish [on ww] • (weg)kwijnen, verzwakken • smachtend kijken
languor [znw] loomheid
languorous [bnw] • loom • zwoel

lank [bnw] • mager en lang • sluik <v. haar>
lanky [bnw] slungelachtig
lantern [znw] lantaarn
lanyard [znw] • koord om fluit/mes, enz. aan te bevestigen • draagriem <v. kijker>
lap I [ov + on ww] • likken • kabbelen • (~ up) gretig luisteren of aannemen II [znw] • schoot • ronde <bij wedstrijd>
lapel [znw] revers <v. jas>
lapse I [on ww] • (ver)vallen • glijden • verlopen II [znw] • verloop <v. tijd> • vergissing, misstap • afvalligheid • het vervallen <v. recht>
lapwing [znw] kievit
larch [znw] • lariks • larikshout
lard I [ov ww] • larderen • doorspekken II [znw] varkensvet
larder [znw] provisiekast, provisiekamer
large [bnw] groot, veelomvattend, omvangrijk, fors
lark I [on ww] • (~ about) keet trappen, tekeergaan II [znw] • leeuwerik • dolle grap, lolletje • vermakelijk voorval
larva [znw] larve
larynx [znw] strottenhoofd
lascivious [bnw] wellustig, wulps
lash I [ov + on ww] • slaan • zwiepen II [ov ww] • geselen • vastsjorren III [on ww] om z. heen slaan • (~ out) uitvaren tegen IV [znw] • (zweep)slag • zweepkoord • wimper
lashing [znw] • pak slaag • bindtouw • grote hoeveelheid
lassitude [znw] moeheid, traagheid
lasso I [ov ww] met een lasso vangen II [znw] lasso
last I [ov + on ww] • duren • 't uithouden • goed blijven <v. voedsel> • voldoende zijn II [znw] • leest • (de) laatste III [bnw] • laatste • verleden • vorig IV [bijw] het laatst
lasting [bnw] • voortdurend, blijvend • duurzaam

lastly [bijw] *laatst, ten slotte,*
uiteindelijk
latch I [ov ww] *op de klink doen*
II [on ww] • (~ on) *'t begrijpen*
• (~ on to) *begrijpen, zich realiseren,*
niet loslaten, zich vastklampen aan
III [znw] • *klink* • *slot* ‹in deur›
late [bnw + bijw] • *van de laatste tijd*
• *laat* • *te laat* • *wijlen, overleden,*
vorig, vroeger
lately [bijw] • *onlangs, kort tevoren* • *de*
laatste tijd
lateral [bnw] • *zijdelings* • *zij-*
lath [znw] *lat*
lathe [znw] *draaibank*
lather I [ov ww] • *inzepen* • *afrunselen*
II [on ww] • *schuimen* • *schuimend*
zweet afscheiden ‹v. paard› III [znw]
• *zeepsop* • *schuimend zweet* ‹bij paard›
Latin I [znw] • *Latijn* • *Romaan*
II [bnw] *Latijns*
latitude [znw] • *ruime opvatting*
• *omvang* • *vrijheid* • ‹geo.› *breedte*
latter [bnw] *laatstgenoemde* ‹v.d. twee›
laud [ov ww] *loven*
laudable [bnw] *prijzenswaardig,*
lofwaardig
laugh I [ov + on ww] *lachen* • (~ at)
lachen om/tegen, uitlachen • (~ off) *z.*
lachend ergens v. afmaken, door een
lach verdrijven II [znw] *(ge)lach*
laughter [znw] *gelach*
launch I [ov ww] • *werpen, slingeren*
• *afschieten, lanceren* • *uitbrengen, op*
de markt brengen • *te water laten*
• *uitzetten* ‹v. boten› • *loslaten, laten*
gaan • *op touw zetten* • *ontketenen*
• (~ against/at) *naar het hoofd*
slingeren II [on ww] • (~ forth)
beginnen • (~ into) *zich storten in,*
zich begeven in • (~ out) *met*
enthousiasme beginnen aan III [znw]
• *tewaterlating, lancering* • *sloep*
• *boot* • *begin*
launder [ov ww] *wassen (en strijken)*
launderette [znw] *wasserette*

laundry [znw] • *wasserij* • *was(goed)*
laurel [znw] • *laurier* • *lauwerkrans*
lavatory [znw] • *wasvertrek* • *wc*
lavender I [znw] *lavendel* II [bnw]
zacht lila
lavish I [ov ww] *kwistig geven* II [bnw]
verkwistend
law [znw] • *wet* • *recht* • *justitie, politie*
lawful [bnw] *wettig, rechtmatig*
lawless [bnw] • *wetteloos* • *losbandig*
lawn [znw] • *gazon* • *grasperk*
• *grasveld* ‹om op te sporten› • *batist*
lawyer [znw] • *advocaat* • *jurist*
• *rechtsgeleerde*
lax [bnw] • *laks* • *slordig* • *vaag, slap*
laxative I [znw] *laxerend middel*
II [bnw] *laxerend*
lay I [ww] verl. tijd → lic II [ov ww]
• *dekken* ‹de tafel› • *aanleggen* ‹vuur›
• *leggen, zetten, plaatsen* • *beleggen,*
bekleden, bedekken • *bezweren* ‹geest›
• ‹sl.› *pak slaag geven* • (~ aside/by)
opzij leggen, sparen • (~ down)
neerleggen, voorschrijven • (~ in)
voorraad inslaan • (~ low) *verslaan,*
neerslaan • (~ off) *afleggen, z. niet*
inlaten met, ontslaan • (~ on)
opleggen, toedienen ‹klappen›,
aanleggen • (~ out)
klaarleggen/-zetten, afleggen ‹v. lijk›,
aanleggen, ontwerpen, buiten gevecht
stellen • (~ out on) *geld besteden aan*
• (~ to) *wijten aan* • (~ up) *sparen,*
bewaren, uit de vaart nemen, 't bed
doen houden III [on ww] *leggen*
• (~ about) *wild slaan* • (~ over) *een*
reis onderbreken • (~ to) ‹scheepv.›
stilleggen IV [znw] • *lied* • *leg* ‹v. kip›
• *laag* ‹v. metselwerk› • • ‹geo.› *ligging*
V [bnw] *leken-, wereldlijk*
layer I [ov ww] ‹plantk.› *afleggen*
II [znw] • *laag* • *legger* • *legkip*
• ‹plantk.› *aflegger*
laze [on ww] • *luilakken* • *uitrusten*
lazy [bnw] • *lui* • *traag* • *loom*
lead I [ov + on ww] • *leiden, aanvoeren*

• de eerste viool spelen, de toon aangeven • voorspelen <kaartspel> • (~ off) beginnen, openen • (~ off with) uitkomen met • (~ out) ten dans leiden, beginnen • (~ out of) in directe verbinding staan met • (~ up to) aansturen op II [ov ww] • leiden, overreden • in lood vatten, verloden, verzwaren met lood • (~ astray) misleiden, verleiden • (~ away) wegleiden • (~ on) verder leiden, aanmoedigen, uithoren • (~ on to) brengen op, aansturen op III [znw] • leiding, voorbeeld • 't uitkomen <kaartspel> • hondenriem • hoofdrol(vertolker) • hoofdartikel <v. krant> • toevoerleiding • lood, peillood IV [bnw] loden

leaden [bnw] • loden • drukkend • loodkleurig

leader [znw] • (ge)leider • gids • concertmeester • hoofdartikel • voorste paard in een span • <AE> dirigent • <plantk.> hoofdscheut

leadership [znw] • leiding • leiderschap

leaf I [ov ww] doorbladeren II [znw] • blad, gebladerte • deurvleugel • vizierklep

leaflet [znw] blaadje, circulaire

leafy [bnw] • bladachtig • bladerrijk

league I [ov ww] verbinden II [znw] • (ver)bond • 4800 m <op land> • 5500 m <op zee> • (voetbal)competitie

leak I [ov ww] • lekken • laten uitlekken II [on ww] lek zijn, lekken, uitlekken • (~ out) uitlekken III [znw] lek(kage)

leakage [znw] lek(kage)

leaky [bnw] lek

lean I [ov ww] laten steunen II [on ww] • leunen • schuin staan • (~ over) overhellen • (~ towards) begunstigen, meegaan met • (~ upon) steunen op III [znw] schuine stand IV [bnw] • schraal • mager

leaning [znw] neiging

leap I [on ww] springen II [znw] sprong

leapfrog I [on ww] • haasje-over spelen • zich aan een ander ophalen II [znw] haasje-over

learn [ov + on ww] • leren • vernemen, horen, erachter komen

learned I [ww] verl.tijd + volt.deelw. → learn II [bnw] geleerd

learner [znw] leerling, volontair

learning [znw] geleerdheid, wetenschap

lease I [ov ww] (ver)huren, (ver)pachten II [znw] (ver)huur(contract), (ver)pacht(ing)

leash I [ov ww] koppelen II [znw] riem, band

least [bnw] kleinst, geringst, minst

leather I [znw] • leer • leder, leertje • zeemlap • riem v. stijgbeugel II [bnw] leren

leathery [bnw] leerachtig, taai <v. vlees>

leave I [ov ww] • vertrekken • verlaten, nalaten, laten, overlaten, achterlaten • in de steek laten • (~ behind) achterlaten, achter zich laten • (~ off) ophouden (met) • (~ on) laten liggen (op), aan laten (staan) • (~ out) overslaan II [znw] verlof, vakantie

leaven I [ov ww] zuren <v. deeg> II [znw] zuurdeeg, zuurdesem

leavings [mv] afval, kliekjes, wat overblijft

Lebanese I [znw] Libanees II [bnw] Libanees

lecher [znw] geilaard

lecherous [bnw] wellustig, geil

lechery [znw] ontucht, wellust

lectern [znw] lezenaar, lessenaar

lecture I [ov ww] de les lezen II [on ww] college geven • (~ about/on) een lezing houden over III [znw] • lezing • college • berisping

lecturer [znw] • lector • spreker, conferencier

led [ww] verl. tijd + volt. deelw. → lead

ledge [znw] overstekende rand, lijst,

richel
ledger [znw] • grootboek • <AE> register
lee [znw] lijzijde, luwte
leech [znw] bloedzuiger
leek [znw] look, prei
leer I [on ww] • (~ at) lonken naar
  II [znw] wellustige, sluwe blik
leeway [znw] koersafwijking
left I [ww] verl.tijd + volt.deelw.
  → leave II [znw] linkerhand,
  linkerkant III [bnw] links, linker
  IV [bijw] links
leftist <pol.> I [znw] links iem. II [bnw]
  links
leg [znw] • been, poot, schenkel
  • broekspijp • etappe
legacy [znw] • erfenis, nalatenschap
  • legaat
legal [bnw] • wets- • wettelijk, wettig
  • rechtsgeldig • rechterlijk
  • rechtskundig
legality [znw] wettigheid
legalize [ov ww] • legaliseren • wettigen
legation [znw] legatie, gezantschap
legend [znw] • legende • inscriptie
  • legenda
legendary [bnw] legendarisch
leggy [bnw] met lange of mooie benen
legible [bnw] leesbaar
legion [znw] • legioen • enorm aantal,
  legio
legislate [on ww] wetten maken
legislation [znw] wetgeving
legislative [bnw] wetgevend
legislature [znw] wetgevende macht
legitimacy [znw] • wettigheid
  • geldigheid
legitimate I [ov ww] • wettigen • als
  echt erkennen II [bnw] wettig,
  rechtmatig, gerechtvaardigd
leisure [znw] vrije tijd
leisurely [bnw + bijw] • op zijn gemak
  • bedaard, rustig
lemonade [znw] (citroen)limonade
lend I [ov ww] (uit)lenen, verlenen
  II [znw]

lenient [bnw] toegevend, mild
lent [ww] verl. tijd + volt. deelw.
  → lend
lentil [znw] linze
leopard [znw] luipaard
leotard [znw] nauwsluitend tricot,
  gympak
leper [znw] melaatse, lepralijder
leprosy [znw] melaatsheid, lepra
lesbian I [znw] lesbienne II [bnw]
  lesbisch
lesion [znw] <med.> laesie
less I [bnw + bijw] kleiner, minder
  II [vz] min
lessen I [ov ww] doen afnemen
  II [on ww] kleiner worden,
  verminderen, afnemen
lesser [bnw] kleiner, minder
lesson [znw] • les • schriftlezing
let I [ov ww] • laten, toestaan • verhuren
  • (~ down) neerlaten, in de steek laten,
  teleurstellen, uitleggen <v. zoom>,
  verraden • (~ in) binnenlaten • (~ off)
  afvuren, laten ontsnappen, vrijlaten,
  ontslaan van • (~ out) uitlaten,
  verklappen, verhuren, uitleggen
  <kledingstuk> II [on ww] • (~ on)
  <inf.> iets verklappen • (~ up) minder
  streng worden, ophouden III [znw]
  verhindering
lethal [bnw] dodelijk
lethargic [bnw] loom, slaperig
lethargy [znw] • loomheid • apathische
  toestand
letter [znw] • letter • brief
lettered [bnw] • geleerd • voorzien v.
  letters
lettuce [znw] (krop) sla
level I [ov + on ww] • waterpassen
  • aanleggen <geweer>
  • (~ at/against) richten tegen <v.
  kanon/beschuldiging> • (~ off/out)
  vlakmaken, vlak worden, horizontaal
  (gaan) vliegen II [ov ww]
  • gelijkmaken, op gelijke hoogte
  plaatsen • nivelleren, met de grond

gelijkmaken III [on ww] • (~ **with**)
‹sl.› *open/eerlijk spreken* IV [znw]
• *peil, stand, niveau* • *waterpas*
• *vlak(te)* V [bnw + bijw] • *horizontaal*
• *gelijk(elijk)* • *naast elkaar* • *uniform*
• *evenwichtig*
lever I [ov ww] • *met een hefboom
opheffen* • *opvijzelen* II [znw]
• *hefboom* • *versnellingspook*
leverage [znw] • *hefboomwerking,
hefboomkracht* • *invloed, macht*
leveret [znw] *jonge haas*
leviathan I [znw] *krachtpatser,
zeemonster, gevaarte* II [bnw] *reuzen-*
levitate I [ov ww] *doen opstijgen*
II [on ww] *opstijgen*
levity [znw] • *onstandvastigheid,
lichtzinnigheid* • *ongepaste vrolijkheid*
levy I [ov ww] *heffen* II [znw] *heffing* ‹v.
gelden›
lewd [bnw] • *wulps* • *obsceen*
lexicography [znw] *lexicografie*
lexicon [znw] • *woordenboek* • *lexicon*
liability [znw] • *betalingsverplichting*
• *blok aan het been* • *aansprakelijkheid*
liable [bnw] *aansprakelijk*
liar [znw] *leugenaar*
libel I [ov ww] • *valselijk beschuldigen*
• *belasteren* II [znw] *smaadschrift*
libellous [bnw] *lasterlijk*
liberal I [znw] *liberaal* II [bnw] • *mild,
overvloedig* • *van brede opvatting*
• ‹pol.› *liberaal*
liberalism [znw] *liberalisme*
liberalize [ov + on ww] *verruimen*
liberate [ov ww] *bevrijden, vrijmaken*
liberator [znw] *bevrijder*
libertine I [znw] • *vrijdenker* • *losbol*
II [bnw] • *vrijdenkend* • *losbandig*
liberty [znw] *vrijheid*
librarian [znw] *bibliothecaris*
library [znw] *bibliotheek*
lice [mv] → **louse**
licence [znw] • *verlof, vergunning* ‹vnl.
om drank te verkopen› • *vrijheid,
losbandigheid* • *licentie* • *diploma*

• *bewijs v. voorwaardelijke
invrijheidstelling*
licentious [bnw] *ongebreideld,
losbandig*
lichen [znw] *korstmos*
lick I [ov ww] • *likken* • *lekken* ‹v.
vlammen› • *zacht overspoelen* ‹v.
golven› • ‹sl.› *overwinnen* • ‹sl.›
afranselen II [znw] • *lik* • *veeg*
• *snelheid, vaart* • *zoutlik*
licking ‹sl.› [znw] *pak slaag, nederlaag*
lid [znw] • *deksel* • *ooglid*
lido [znw] • *badstrand, lido*
• *openluchtbad*
lie I [on ww] • *liegen* • *liggen*
• *gaan/blijven liggen* • *rusten*
• (~ **about**) *rondslingeren, lui zijn,
niets uitvoeren* • (~ **back**) *achterover
(gaan) liggen* • (~ **by**) z. *rustig houden,
ongebruikt liggen* • (~ **down**) z. *iets
laten welgevallen, liggen te rusten,
gaan liggen* • (~ **in**) *lang uitslapen*
• (~ **up**) *het bed houden* • (~ **with**)
*liggen bij, slapen met, zijn aan,
berusten bij* II [znw] • *leugen* • *ligging,
richting*
lieu [znw] *plaats*
lieutenant [znw] • *luitenant ter zee*
• *plaatsvervanger* • ‹AE› *inspecteur* ‹v.
politie›
life [znw] • *leven* • *energie,
levendigheid, bezieling* • ‹AE sl.›
levenslang ‹gevangenisstraf›
lifeless [bnw] • *levenloos* • *saai,
vervelend*
lift I [ov ww] • *verheffen* • *stelen*
• *opheffen, hijsen* • *opslaan* ‹v. ogen›
II [on ww] • *omhoog getild worden*
• *zich verheffen* • *wegtrekken,
optrekken* ‹v. mist› • (~ **off**) *opstijgen*
‹v. vliegtuig› III [znw] • *hulp, steun*
• *lift* • *opwaartse druk, stijgkracht* ‹v.
vliegtuigvleugel›
ligament [znw] *gewrichtsband*
light I [ov ww] • *lichten, verlichten,
belichten* • *aansteken, opsteken*

• (~ **up**) *aansteken* II [on ww] • *vlam
vatten* • *schitteren* • (~ (**up**)on)
toevallig aantreffen • (~ **up**) *aangaan,
vlam vatten, opvrolijken* ‹v. gezicht›
III [znw] • *(dag)licht* • *vuurtje*
• *verlichting, lamp* IV [bnw + bijw]
• *licht, verlicht, helder* • *licht* ‹v.
gewicht› • *v. lichte kleur* • *luchtig*
• *lichtzinnig*
lighten I [ov ww] • *(ver)lichten*
• *verhelderen* II [on ww] • *lichter
worden* • *opklaren*
lighter [znw] *aansteker*
lighting [znw] *verlichting*
lightning [znw] *bliksem*
like I [ov ww] • *houden van* • *(graag)
willen* II [znw] • *voorliefde* • *gelijke,
weerga* III [bnw] • *gelijk(end)*
• *dergelijk* • *geneigd* IV [vz] *(zo)als*
V [vw] *zoals*
likelihood [znw] *waarschijnlijkheid*
likely [bnw + bijw] • *waarschijnlijk,
vermoedelijk* • *veelbelovend* • *geschikt
(lijkend)* • *aannemelijk*
liken [ov ww] *vergelijken*
likeness [znw] • *gelijkenis* • *portret*
• *getrouwe kopie*
likewise [bijw] *eveneens, bovendien, ook*
liking [znw] *voorkeur, zin, smaak*
lilac I [znw] *sering* II [bnw] *lila*
lilt I [ov + on ww] *(melodieus en
ritmisch) zingen* II [znw] *wijsje*
lily I [znw] *lelie* II [bnw] *wit, lelieblank,
bleek*
limb [znw] • *lid(maat)* • *tak* • *arm* ‹v.
kruis›
limber I [ov + on ww] • (~ **up**) ‹sport›
opwarmen II [bnw] *lenig, buigzaam*
limbo [znw] • *limbo* ‹dans›
• *gevangenis* ‹fig.› • *toestand v.
vergetelheid*
lime [znw] • *kalk* • *limoen*
limit I [ov ww] *begrenzen* II [znw]
grens, limiet
limitation [znw] *begrenzing, grens*
limited [bnw] *begrensd, beperkt*

limitless [bnw] *grenzeloos, onbeperkt*
limousine, limo [znw] *limousine,
grote auto, slee*
limp I [on ww] *kreupel/mank lopen,
hinken* II [znw] *kreupele gang*
III [bnw] • *buigzaam* • *lusteloos*
limpet [znw] *soort zeeslak*
limpid [bnw] *helder, doorschijnend*
linden [znw] *linde(boom)*
line I [ov ww] • *strepen* • *opgesteld
staan langs, opstellen* • *(v. binnen)
bekleden, voeren, als voering dienen*
• *vullen* ‹maag›, *spekken* ‹v. beurs›
• *liniëren* II [on ww] • (~ **up**) z.
opstellen, aantreden III [znw] • *(stuk)
touw, lijn, koord, snoer* • *linie*
• *grens(lijn)* • *rimpel* ‹in gezicht›
• *streep* • *omtrek, contour* • *regel,
versregel* • *briefje* • *lijndienst*
• *afkomst, familie* • *gedragslijn*
• *gedachtegang* • *vak, branche* • *rij*
lineage [znw] • *geslacht* • *voorouders*
lineal [bnw] *afstammend in rechte lijn*
lineament [znw] *(gelaats)trek*
linear [bnw] • *lineair* • *lang, smal en v.
gelijke breedte* • *lengte-, lijn-*
linen [znw] • *linnen* • *linnengoed*
liner [znw] *lijnboot/-vliegtuig*
linger [on ww] • *talmen, dralen, blijven
zitten* • *blijven hangen*
linguist [znw] • *talenkenner*
• *taalkundige*
linguistic [bnw] *taal-, taalkundig*
liniment [znw] *smeersel*
lining [znw] • *voering* • *omlijning*
link I [ov ww] • *schakelen, verbinden*
• *ineenslaan* ‹v. handen› • *steken door*
‹v. armen› II [on ww] *zich verbinden,
zich aansluiten* III [znw] • *schakel,
verbinding, verband* • *manchetknoop*
lint [znw] *pluis, pluksel*
lion [znw] • *leeuw* • *beroemdheid*
lioness [znw] • *leeuwin* • *vrouwelijke
beroemdheid*
lip I [znw] • *lip* • *rand* • ‹sl.› *brutale
praat, onbeschaamdheid* II [bnw]

lip(pen)-
liquefy [ov + on ww] smelten, vloeibaar maken <v. gas>
liquid I [znw] vloeistof II [bnw]
• waterig, vloeibaar • harmonieus of vloeiend <v. klanken> • onvast, vlottend <v. kapitaal>
liquidate [ov ww] • liquideren
• vereffenen <v. schuld> • uit de weg ruimen
liquidity [znw] • onvastheid
• vloeibaarheid • <econ.> liquiditeit
liquidizer [znw] mengbeker
liquor [znw] (sterke)drank
lisp I [on ww] lispelen II [znw] gelispel
list I [ov ww] • lijst opmaken van, catalogiseren • noteren II [on ww]
• overhellen • slagzij maken III [znw]
• lijst, catalogus • het overhellen <bijv. v. muur> • slagzij
listen [on ww] luisteren • (~ in (to)) afluisteren, luisteren naar radiostation
listener [znw] luisteraar
listless [bnw] lusteloos
lit I [ww] verl.tijd + volt.deelw.
→ light II [bnw] verlicht
litany [znw] litanie
literacy [znw] geletterdheid
literal [bnw] • prozaïsch, nuchter
• letterlijk • letter-
literary [bnw] • letterkundig • geletterd
literate [bnw] • kunnende lezen en schrijven • geletterd
literature [znw] • literatuur, letterkunde • de publicaties over een bep. onderwerp • <inf.> propaganda-/voorlichtingsmateriaal
lithe(some) [bnw] lenig, buigzaam
lithography [znw] lithografie, steendrukkunst
Lithuanian I [znw] Litouwer II [bnw] Litouws
litigant [znw] partij voor de rechtbank
litigation [znw] proces(voering)
litigious [bnw] • pleitziek, twistziek
• betwistbaar • proces-

litre [znw] liter
litter I [ov ww] jongen werpen
• (~ about/around/over) bezaaien, door elkaar gooien II [znw]
• draagstoel, draagbaar
• strobedekking • rommelboeltje • afval
• worp <v. dieren>
little [bnw + bijw] • klein • weinig
• beetje • kleinzielig • onbelangrijk
liturgy [znw] liturgie
live I [ov ww] • leven • doorléven • in praktijk brengen • (~ down) te boven komen • (~ out) zijn leven slijten
II [on ww] • leven, bestaan • leven van, aan de kost komen • blijven leven
• wonen • (~ by) leven van • (~ in) inwonend zijn • (~ off) leven (op kosten) van • (~ on) blijven leven
• (~ out) uitwonend zijn
• (~ through) doormaken • (~ up to) naleven, nakomen, waarmaken
III [bnw] • levend, in leven • gloeiend <v. kolen>, onder stroom <v. elektriciteitsdraad> • <scherts> echt
• <telecom.> rechtstreeks uitgezonden
livelihood [znw] levensonderhoud
lively [bnw] • levendig, krachtig
• vrolijk, opgewekt • bedrijvig • helder, fris <v. kleur>
liver [znw] • lever • leverkleur • iem. die leeft, levende • bewoner
liverish [bnw] misselijk
livery [znw] livrei
lives [mv] → life
livid [bnw] • loodkleurig, donkerpaars
• <inf.> razend, boos
living I [znw] • levensonderhoud • leven II [bnw] levend
lizard [znw] hagedis
llama [znw] lama(wol)
load I [ov ww] • inladen, beladen, verzwaren, belasten, laden • vervalsen door zwaarder/sterker te maken <vnl. v. dobbelstenen> • (~ up) (be)laden
II [znw] • last, vracht, lading
• hoeveelheid • druk • belasting

loaded [bnw] • *ingeladen* • *beladen*
• *rijk*
loaf I [ov + on ww] *rondslenteren,*
lummelen II [znw] *brood*
loafer [znw] • *leegloper* • *(comfortabele)*
schoen
loam [znw] • *leem* • *potgrond*
• *bloemistenaarde*
loathe [ov ww] *verafschuwen, walgen*
van
loathing [znw] *afschuw, walging*
loathsome [bnw] *walgelijk*
loaves [mv] → **loaf**
lobby I [ov + on ww] • *lobbyen* • *druk*
uitoefenen op (politieke)
besluitvorming II [znw] • *foyer*
• *portaal, vestibule* • *pressiegroep*
• *(wandel)gang* • ‹AE› *conversatiezaal*
‹in hotel›
lobe [znw] • *(oor)lel* • *lob* • *kwab*
lobster [znw] *zeekreeft*
local I [znw] • *plaatselijke bewoner*
• ‹inf.› *(dorps)café* II [bnw] *plaatselijk,*
gewestelijk, plaats-
locale [znw] *plaats van handeling,*
toneel
locality [znw] • *ligging* • *plaats, streek*
localize [ov ww] • *lokaliseren* • *een*
plaatselijk karakter geven
• *decentraliseren* • *(~ upon)*
(aandacht) concentreren op
locate [ov ww] • *in 'n plaats vestigen*
• *de plaats bepalen van*
location [znw] • *plaats(bepaling)*
• *ligging*
loch ‹Schots› [znw] *meer*
lock I [ov + on ww] *insluiten, omsluiten,*
sluiten II [ov ww] • *op slot doen*
• *vastzetten* ‹v. kapitaal› • *(~ away)*
wegsluiten • *(~ in) insluiten, opsluiten,*
omsluiten • *(~ out) buitensluiten,*
uitsluiten • *(~ up) wegsluiten,*
opsluiten ‹v. patiënt›, *op (nacht)slot*
doen, vastzetten ‹v. geld›, *sluiten*
III [on ww] • *vastlopen* ‹v. wiel›
• *klemmen* • *op slot kunnen* • *(~ on)*

doel zoeken en automatisch volgen ‹v.
raket, radar› IV [znw] • *slot*
• *(haar)lok* • *dol* ‹v. roeiboot› • *sluis*
locker [znw] • *bagagekluis* • *doosje of*
kastje met slot
locket [znw] *medaillon*
locomotion [znw] *(voort)beweging,*
verkeer, vervoer
locomotive I [znw] *locomotief* II [bnw]
z. (voort)bewegend, bewegings-,
beweeg-
locust [znw] *sprinkhaan*
locution [znw] *spreekwijze, manier v.*
(z.) uitdrukken
lodger [znw] *kamerbewoner*
lodging [znw] *logies, verblijf*
loft I [ov ww] *hoog slaan* ‹v. bal bij
golf› II [znw] • *vliering, zolder*
• *tribune, galerij* • *duiventil*
lofty [bnw] • *hoog, verheven*
• *hooghartig*
log I [ov ww] *optekenen in 't logboek*
II [znw] • *logaritme* • *blok hout*
• *logboek*
logarithm [znw] *logaritme*
logical [bnw] *logisch*
loin [znw] *lende(stuk)*
loiter [ov + on ww] *dralen, talmen,*
rondhangen • *(~ about/away)*
rondslenteren
lollipop(s) [znw] *(ijs)lolly*
lollop ‹inf.› [on ww] • *lui*
liggen/hangen • *slenteren* • *zwalken*
lolly [znw] *lolly*
lone [bnw] *eenzaam, verlaten*
long I [on ww] • *(~ for) verlangen naar*
II [bnw] • *lang(gerekt)* • *ver reikend*
longevity [znw] *lang leven*
longing [znw] *verlangen*
longitude [znw] *geografische lengte*
longitudinal [bnw] *lengte-*
loo [znw] ‹inf.› *wc*
look I [ov ww] • *(~ over) doorkijken,*
onderzoeken • *(~ up) opzoeken* ‹v.
woord/persoon› II [on ww] *kijken,*
zien • *(~ about) rondkijken*

• (~ **after**) zorgen voor, waarnemen ‹v. dokterspraktijk› • (~ **ahead**) vooruitzien • (~ **at**) kijken naar, bezien, beoordelen, bekijken, overwegen • (~ **back**) achterom kijken, z. herinneren • (~ **down**) de ogen neerslaan • (~ **for**) zoeken naar, verwachten, vragen om ‹moeilijkheden› • (~ **forward to**) (verlangend) uitzien naar • (~ **in**) aanlopen • (~ **on**) toekijken • (~ **out**) uitkijken • (~ **out (up)on**) uitzicht geven op/over • (~ **out for**) uitzien naar, verwachten • (~ **over**) uitzien op/over • (~ **round**) omkijken, om z. heen zien • (~ **round for**) uitkijken naar • (~ **through**) kijken door, doorkijken, doorzien • (~ **to**) zorgen voor, denken om, vertrouwen • (~ **towards**) uitzien op, overhellen naar • (~ **up**) opkijken • (~ **upon as**) beschouwen als **III** [kww] lijken, uitzien, eruitzien • (~ **like**) eruitzien als, lijken op **IV** [znw] • blik, gezicht • uiterlijk • uitzicht

loom I [on ww] opdoemen **II** [znw] weefgetouw

loop I [ov ww] een lus maken in **II** [znw] • lus, strop • bocht

loose I [ov ww] losmaken, loslaten **II** [bnw] • los • losbandig • slap

loosen I [ov ww] • los(ser) maken • doen verslappen **II** [on ww] • los(ser) worden • losraken • verslappen • (~ **up**) vrijuit praten, opdokken, opwarmen ‹voor het sporten›

loot I [ov ww] plunderen, (be)roven **II** [znw] • buit, plundering • ‹sl.› luitenant, luit

lop [ww] • (~ **away/off**) snoeien • (~ **off**) afhakken

lope I [on ww] • z. met grote sprongen voortbewegen ‹v. dier› • draven **II** [znw] sprong, dravende gang

loquacious [bnw] babbelziek

lordly [bnw] • hooghartig • groots

• vorstelijk • als v.e. heer

lore [znw] traditionele kennis ‹v. bep. onderwerp›

lorry [znw] • lorrie ‹op spoorweg› • vrachtwagen

lose [ov + on ww] • verknoeien ‹v. tijd› • missen ‹v. kans, trein› • (doen) verliezen, verspelen, verlies lijden • (~ **out (with)**) het afleggen (tegen)

loser [znw] verliezer

loss [znw] • verlies • schade

lost [ww] verl.tijd + volt.deelw. → **lose**

lot [znw] • heel wat, een boel • aandeel • partij • stuk grond, perceel • lot

lottery [znw] loterij

lotus [znw] • lotusplant • bep. waterlelie

loud [bnw] • lawaaierig, luid • opvallend, schreeuwend ‹v. kleuren›, opzichtig

lounge I [on ww] • slenteren • lui (gaan) liggen, luieren **II** [znw] • zitkamer • sofa • grote hal ‹in huis/hotel›

louse I [ov ww] ontluizen • (~ **up**) verknoeien, in de soep laten lopen **II** [znw] • luis • ploert

lousy [bnw] • beroerd, laag, gemeen • armzalig

lout [znw] lummel, boerenpummel

lovable [bnw] lief, beminnelijk

love I [ov ww] • houden van, beminnen • dol zijn op, dolgraag doen • liefkozen **II** [znw] • liefde • geliefde • lief(je), schat(je) • nul ‹bij tennis› • groet(en)

lover [znw] • minnaar • bewonderaar

loving [bnw] liefhebbend, teder

low I [ov + on ww] loeien ‹v. koe› **II** [znw] • geloei • lagedrukgebied • laag peil **III** [bnw + bijw] • laag • diep ‹v. buiging› • eenvoudig • (laag)uitgesneden ‹v. japon› • gemeen, ruw, plat • minnetjes • bijna leeg ‹v. batterij› • neerslachtig • zacht ‹v. stem›

lower I [ov ww] • strijken ‹v. vlag, zeil›

• verlagen <v. prijs> • vernederen
• neerlaten II [on ww] • afhellen,
afdalen • dreigend eruit zien <v.
hemel> III [bnw] onder-, onderste-,
beneden-
lowly [bnw] • nederig, bescheiden • laag
loyal [bnw] (ge)trouw, loyaal
loyalist [znw] regeringsgetrouwe
loyalty [znw] loyaliteit, trouw
lozenge [znw] • ruitvormig facet <bijv.
v. diamant> • (hoest)tablet
lubricant [znw] • smeermiddel
• <med.> glijmiddel
lucid [bnw] helder, klaar, stralend
luck [znw] geluk, toeval, succes
luckily [bijw] • toevallig • gelukkig
luckless [bnw] onfortuinlijk
lucky [bnw] • gelukkig, fortuinlijk
• geluk brengend
lucrative [bnw] winstgevend
ludicrous [bnw] koddig, belachelijk
lug I [ov ww] sleuren, slepen
• (~ along) meeslepen • (~ in) met de
haren erbij slepen II [on ww] • (~ at)
rukken aan
luggage [znw] bagage
lugubrious [bnw] luguber,
naargeestig, somber, treurig
lukewarm [bnw] • lauw • onverschillig
lull I [ov ww] in slaap wiegen/sussen
II [on ww] • gaan liggen <v. wind>
• kalm worden III [znw] • tijdelijke
stilte • slapte in bedrijf
lumbago [znw] lendepijn, spit
lumber I [ov ww] • volstoppen met
rommel • opzadelen met II [on ww]
met logge tred gaan, botsen III [znw]
• rommel • ruw timmerhout
luminary [znw] uitblinker
luminous [bnw] lichtgevend, stralend
lump I [ov ww] bij elkaar op een hoop
gooien II [znw] brok, klontje
lumpy [bnw] • klonterig • met bulten
lunar [bnw] v.d. maan, maanvormig,
sikkelvormig
lunatic I [znw] krankzinnige II [bnw]

• krankzinnig • dwaas
lunch I [on ww] lunchen, koffiedrinken
II [znw] • lunch • lichte maaltijd
lung [znw] long
lunge I [ov ww] longeren <v. paard>
II [on ww] vooruitschieten • (~ at)
slaan of stoten naar • (~ for) grijpen
naar • (~ into) binnenvallen III [znw]
• longe <paardensport> • plotselinge
voorwaartse beweging • stoot • uitval
lurch I [on ww] slingeren, wankelen
II [znw] plotselinge slingerbeweging,
plotselinge zijwaartse beweging, ruk
lure I [ov ww] (ver)lokken II [znw]
lokaas, lokstem
lurid [bnw] • fel gekleurd • shockerend
lurk [on ww] • z. schuil houden
• verscholen zijn
luscious [bnw] • heerlijk • zinnelijk
lush [bnw] • weelderig • mals <v. gras>
lust I [on ww] • (~ after/for) haken
naar, begeren, hevig verlangen naar
II [znw] (wel)lust
lustre [znw] schittering, glans
lustrous [bnw] glanzend, schitterend
lusty [bnw] krachtig, flink, vitaal
lute [znw] luit
luxuriance [znw] • luxe • rijkdom
luxuriant [bnw] weelderig, welig
luxuriate [on ww] • zijn gemak er van
nemen • welig tieren • (~ in) genieten
van, zwelgen in
luxurious [bnw] • weelderig • v. alle
gemakken voorzien
luxury I [znw] • luxe, weelde
• luxeartikel • genot(middel) II [bnw]
luxe-
lying I [ww] tegenw. deelw. → lie
II [bnw] leugenachtig, vals
lyre [znw] lier
lyric I [znw] lyrisch gedicht II [bnw]
lyrisch
lyrical [bnw] lyrisch

M

macaroon [znw] bitterkoekje
mace [znw] • foelie • scepter
machine I [ov ww] machinaal
vervaardigen II [znw] • machine,
toestel • automaat
machinery [znw] • machinerie
• mechanisme
machinist [znw] • monteur
• machineconstructeur
• machinebediener
mackerel [znw] makreel
mackintosh [znw] regenjas
macrocosm [znw] macrokosmos, heelal
mad I [on ww] II [bnw] gek, dwaas,
krankzinnig • (~ about/at) woest over
• (~ on) dol op, verliefd op • (~ with)
nijdig op
madam [znw] mevrouw, juffrouw
madden [ov ww] dol/gek maken
maddening [bnw] gek makend
made [ww] verl.tijd + volt.deelw.
→ make
maelstrom [znw] maalstroom
mag [znw] → magazine
magazine [znw] • actualiteitenrubriek
op radio/tv • kruitmagazijn
• tijdschrift
maggot [znw] made
Magi [mv] de drie wijzen uit het oosten
magic I [znw] toverkunst II [bnw]
toverachtig, betoverend, tover-
magician [znw] • tovenaar • goochelaar
magisterial [bnw] • gezaghebbend,
autoritair • magistraats-
magnanimity [znw] grootmoedigheid
magnanimous [bnw] grootmoedig
magnate [znw] magnaat
magnetic [bnw] magnetisch,
onweerstaanbaar
magnetism [znw] magnetisme
magnetize [ov ww] • magnetiseren

• biologeren
magnification [znw] vergroting
magnificence [znw] • grootsheid
• pracht, praal
magnify [ov ww] • vergroten
• overdrijven
magnitude [znw] • grootte
• belangrijkheid
magnum [znw] wijnfles van tweemaal
de normale grootte
magpie [znw] ekster
mahogany [znw] • mahoniehout
• mahonieboom
maid [znw] • meid • ongetrouwd meisje
maiden I [znw] • meisje • maagd
II [bnw] • nieuw • eerst(e) • ongetrouwd
mail I [ov ww] per post verzenden, op de
post doen II [znw] (brieven)post
maim [ov ww] verminken
main I [znw] hoofdleiding II [bnw]
hoofd-, voornaamste
maintain [ov ww] • volhouden,
beweren, handhaven • steunen,
onderhouden, voeren
maintenance [znw] onderhoud,
alimentatie, handhaving
maize [znw] maïs
major I [on ww] • (~ in) <AE> als
(hoofd)vak kiezen, als hoofdvak(ken)
hebben II [znw] • majoor
• sergeant-majoor • meerderjarige
• hoofdvak • <muz.> majeur III [bnw]
• groter, grootste, hoofd- • meerderjarig
• de oudere <v. twee> • <muz.> majeur
majority [znw] • meerderheid
• meerderjarigheid
make I [ov ww] • benoemen tot
• dwingen, laten, zorgen dat • maken,
fabriceren, bereiden, zetten <v. thee,
koffie>, aanleggen <v. vuur>, houden
<v. toespraak> • opmaken <v. bed>
• aankomen te, bereiken, halen <v.
trein, bus> • verdienen, vorderen
• schatten op • (~ out) opmaken,
uitschrijven, begrijpen, beweren
• (~ over) overdragen, vermaken

• (~ **up**) *vergoeden, opmaken, bereiden, verzinnen, z. grimeren, bijleggen*
II [on ww] • (~ **away/off**) *ervandoor gaan* • (~ **for**) *bijdragen tot, gaan naar, aansturen op* • (~ **out**) *'t redden, 't klaar spelen* III [znw] • *gesteldheid, aard, soort* • *(lichaams)bouw* • *maaksel, merk, fabricaat*
maker [znw] *maker, fabrikant, schepper*
making [znw] *fabricage, het maken*
maladjusted [bnw] • *onaangepast* • *onevenwichtig*
maladroit [bnw] *onhandig*
Malay I [znw] • *Maleis* • *Maleier*
II [bnw] *Maleis*
Malaysian I [znw] *Maleier, Maleisiër*
II [bnw] *Maleis*
malcontent I [znw] *ontevredene*
II [bnw] *ontevreden*
male I [znw] • *mannelijk persoon* • *mannetje* II [bnw] *mannen-, mannelijk*
malformation [znw] *misvorming*
malice [znw] *kwaadwilligheid*
malign I [ov ww] *belasteren* II [bnw] *kwaadwillig*
malignancy [znw] *kwaadaardigheid* <ook v. ziekte>, *kwaadwilligheid*
malignant [bnw] *kwaadaardig* <ook v. ziekte>
malinger [on ww] *ziekte voorwenden, simuleren*
malingerer [znw] *simulant*
malleable [bnw] • *pletbaar, smeedbaar* • *gedwee*
mallet [znw] *houten hamer*
malnutrition [znw] *ondervoeding*
malodorous [bnw] *stinkend*
malpractice [znw] *kwade praktijk*
malt I [ov + on ww] *mouten* II [znw] *mout*
Maltese I [znw] *Maltees, Maltezer*
II [bnw] *Maltees*
maltreat [ov ww] *slecht behandelen, mishandelen*
mammal [znw] *zoogdier*

mammary [bnw] *m.b.t./van de borst, borst-*
mammoth [znw] *mammoet*
man I [ov ww] v. *bemanning voorzien, bemannen* II [znw] • *man* • *mens, persoon* • *iem., men* • *bediende, knecht, werkman*
manacle I [ov ww] *boeien* II [znw] *(hand)boei*
manage [ov + on ww] • *het redden* • *leiden, beheren* • *onder controle houden*
manageable [bnw] *te hanteren, handelbaar*
management [znw] • *(bedrijfs)leiding, beheer* • *bestuur, directie*
manager [znw] • *directeur, bedrijfsleider, bestuurder* • *impresario*
manageress [znw] *bestuurster, cheffin*
managerial [bnw] *directeurs-, bestuur-*
mandarin [znw] • *mandarijntje* <vrucht> • *mandarijn* • *Mandarijns* • *bureaucraat*
mandate [znw] *mandaat, bevel, opdracht*
mandatory [bnw] • *verplicht* • *bevel-*
mandible [znw] *(onder)kaak*
mane [znw] *manen*
manganese [znw] *mangaan*
manger [znw] *kribbe, voerbak*
mangy [bnw] • *schurftig* • *sjofel*
manhood [znw] • *mannelijkheid* • *mannelijke leeftijd* • *mannelijke bevolking*
mania [znw] • *manie, rage* • <med.> *waanzin*
maniac I [znw] • *maniak* • *waanzinnige* II [bnw] *maniakaal*
maniacal [bnw] *dollemans-, waanzinnig*
manicurist [znw] *manicure, manicuurster*
manifest I [ov ww] • *openbaar maken* • *aan de dag leggen* II [bnw] *in 't oog vallend, klaarblijkelijk, zichtbaar, duidelijk*

manifestation [znw] manifestatie
manifesto [znw] manifest
manifold [bnw] menigvuldig
manipulate [ov ww] • hanteren
• behandelen, manipuleren • knoeien
met <cijfers, tekst>
manly [bnw] • mannelijk, manhaftig
• manachtig <v. vrouw>
mannequin [znw] • mannequin
• etalagepop
manner [znw] manier, wijze
mannered I [bnw] geaffecteerd
II [in samenst.] met...manieren
mannerism [znw] hebbelijkheid,
aanwensel
mannish [bnw] manachtig <v. vrouw>
manoeuvre I [ov ww] • manoeuvreren
• klaarspelen II [on ww] manoeuvreren
III [znw] • kunstgreep • manoeuvre
manor [znw] • ≈ riddergoed • <sl.>
politiedistrict
manpower [znw] • mankracht
• arbeidskracht(en), personeel
mansion [znw] groot herenhuis
manual I [znw] handboek, handleiding
II [bnw] hand-, handmatig
manufacture I [ov ww] fabriceren
II [znw] • fabricage • fabrikaat
manufacturer [znw] fabrikant
manure [znw] mest
Manx I [znw] • bewoners v.h. eiland
Man • taal v.h. eiland Man II [bnw]
Manx-
many I [onb vnw] vele(n) II [telw] veel,
menige
map I [ov ww] in kaart brengen
• (~ out) voorbereiden, arrangeren,
indelen II [znw] (land)kaart
maple [znw] esdoorn
mar [ov ww] ontsieren, bederven
marble I [znw] • marmer • knikker
II [bnw] marmeren, als marmer
march I [ov ww] • (~ away) wegvoeren
• (~ off) laten afmarcheren • (~ up)
laten aanrukken II [on ww] marcheren
• (~ off) afmarcheren • (~ on)

voortmarcheren • (~ past) defileren
• (~ up) aanrukken III [znw] • mars
• loop, vooruitgang
March [znw] Maart
marchioness [znw] markiezin
mare [znw] merrie
margin [znw] • rand, kant, marge,
grens • overschot, saldo, winst • speling
marginal [bnw] • rand-, kant- • in
grensgebied gelegen, aangrenzend
• bijkomstig, ondergeschikt • weinig
productief
marigold [znw] goudsbloem
marina [znw] jachthaven
mariner [znw] matroos, zeeman
marionette [znw] marionet
marital [bnw] • v.d. echtgeno(o)t(e)
• huwelijks-
maritime [bnw] zee(vaart)-, kust-,
maritiem
marjoram [znw] marjolein
mark I [ov ww] • onderscheiden,
(ken)merken • noteren, nakijken,
cijfer/punt toekennen • bestemmen
• opmerken, letten op • (~ down)
opschrijven, afprijzen, bestemmen
• (~ off) onderscheiden, afscheiden
• (~ out) bestemmen, afbakenen,
onderscheiden • (~ up) de prijs hoger
maken II [on ww] markeren <bij jacht>
III [znw] • onderscheiding • mark
<munt> • aanwijzing, teken, blijk
• zegel, stempel, merk, litteken, vlek
• cijfer, punt • kruisje <i.p.v.
handtekening>
marked [bnw] • opvallend • getekend
<dier>, gemerkt
marker [znw] • iem. die optekent
• merkstift • boekenlegger
market I [ov ww] verkopen,
verhandelen II [znw] • markt
• marktprijs, handel
marketable [bnw] • verkoopbaar
• markt-
marketing [znw] marketing,
commercieel beleid

marmalade [znw] *marmelade*

maroon I [ov ww] • *aan zijn lot*
overlaten, op onbewoonde kust aan
land zetten en achterlaten • *isoleren*
II [bnw] *paarsrood*

marquee [znw] *grote tent*

marriage [znw] *huwelijk*

married [bnw] • *huwelijks-* • *gehuwd*

marrow [znw] • *merg* • *kern* • *(eetbare)*
pompoen, (soort) courgette

marry I [ov ww] • *huwen (met),*
trouwen • *uithuwelijken* • *nauw*
verbinden • *(~ up) samenbrengen*
II [on ww] • *trouwen* • z. *nauw*
verbinden

marsh [znw] *moeras*

marshal I [ov ww] • *rangschikken,*
opstellen • *aanvoeren, leiden* II [znw]
• *maarschalk* • *ceremoniemeester*
• ≈ *griffier* • ‹AE› *hoofd v.d. politie*

marshy [bnw] *moerassig*

marsupial I [znw] *buideldier* II [bnw]
buidelvormig, buideldragend

mart [znw] • *verkooplokaal*
• *handelscentrum* • ‹form.› *markt*

marten [znw] *marter*

martial [bnw] *krijgs-, krijgshaftig,*
krijgslustig

Martian I [znw] *Marsbewoner* II [bnw]
v. Mars, Mars-

martyr I [ov ww] • *de marteldood doen*
sterven • *martelen* II [znw] *martelaar*

martyrdom [znw] • *martelaarschap*
• *marteldood* • *marteling*

marvel I [on ww] z. *afvragen* • *(~ at)* z.
verwonderen over II [znw] *wonder*

marvellous [bnw] *fantastisch*

Marxist I [znw] *marxist* II [bnw]
marxistisch

marzipan [znw] *marsepein*

mascot [znw] *mascotte, talisman*

masculine [bnw] • *mannelijk* ‹ook v.
rijm› • *manachtig* ‹v. vrouw›
• *krachtig*

mash I [ov ww] *fijnstampen* II [znw]
• *warm voer* • *aardappelpuree*

mask I [ov ww] *maskeren, verbergen*
II [znw] *masker*

masochism [znw] *masochisme*

masonry [znw] *metselwerk*

masquerade I [on ww] z. *vermommen*
• *(~ as) vermomd zijn als* II [znw]
• *maskerade* • *valse schijn*

massacre I [ov ww] *een slachting*
aanrichten onder II [znw] *bloedbad,*
slachting

massage I [ov ww] *masseren* II [znw]
massage

massive [bnw] • *massief* • *zwaar, stevig*
• *indrukwekkend, gigantisch*

master I [ov ww] *beheersen,*
overmeesteren, de baas worden, te
boven komen, besturen II [znw]
• *patroon* • *leermeester* • *directeur,*
hoofd ‹v. college› • *gezagvoerder*
• *baas, werkgever* • *heer des huizes*
• *jongeheer* • *mijnheer* • *moederblad,*
origineel III [bnw] *voornaamste, hoofd-*

masterful [bnw] • *meesterlijk* • *bazig*

masterly [bnw + bijw] *meesterlijk*

mastery [znw] *meesterschap*

masticate [ov + on ww] *kauwen*

masturbate [on ww] *masturberen*

mat I [znw] *mat, kleedje* II [bnw] *dof,*
mat

match I [ov ww] • *opgewassen zijn*
tegen, een partij zijn voor, de gelijke
zijn van • *in overeenstemming brengen*
met, iets bijpassends vinden II [on ww]
bij elkaar passen • *(~ up to)*
opgewassen zijn tegen III [znw]
• *gelijke, tegenhanger, evenknie* • *paar*
• *wedstrijd* • *lucifer*

matchless [bnw] *weergaloos, niet te*
evenaren, onvergelijkelijk

mate I [ov ww] • *doen paren* • *mat*
zetten II [on ww] *paren* III [znw]
• *levensgezel(lin)* • *mannetje, wijfje*
• *stuurman* • *schaakmat* • *kameraad*

material I [znw] • *stof* • *materiaal,*
bestanddeel II [bnw] • *stoffelijk,*
materieel, lichamelijk • *wezenlijk,*

essentieel, belangrijk
materialism [znw] *materialisme*
materialize [on ww] *verstoffelijken,
verschijnen, materialiseren*
maternal [bnw] *moederlijk, moeder-, v.
moederszijde*
maternity [znw] *moederschap*
mathematical [bnw] *wiskundig,
wiskunde-*
mathematics, maths [mv] *wiskunde*
matrices [mv] → **matrix**
matriculate [on ww] *als student
toegelaten worden, z. als student
inschrijven*
matrix [znw] • *voedingsbodem
• gietvorm, matrijs • matrix*
matron [znw] • *matrone, getrouwde
dame • directrice, hoofd, moeder <v.
instituut>*
matronly [bnw] *aan de dikke kant <v.
vrouw>*
matt [bnw] *dof, mat*
matter I [on ww] *v. belang zijn,
betekenen* II [znw] • *materie, stof
• zaak, aangelegenheid, kwestie • kopij*
matting [znw] *matwerk*
mattock [znw] *houweel*
mattress [znw] *matras*
mature I [ov ww] *rijpen* II [on ww]
• *volwassen worden, tot ontwikkeling
komen, rijpen • vervallen <v. wissel>*
III [bnw] • *volwassen, volledig
ontwikkeld, rijp • weloverwogen
• vervallen <v. wissel>*
maturity [znw] • *rijpheid • vervaltijd
<v. wissel>*
maudlin [bnw] *overdreven sentimenteel*
maul [ov ww] • *afkraken <door
recensent> • bont en blauw slaan,
toetakelen*
mauve [bnw] *mauve, zachtpaars*
maverick [znw] *politiek dissident,
non-conformist*
maw [znw] *bek, muil*
mawkish [bnw] *overdreven
sentimenteel*

maxim [znw] *stelregel, spreuk, principe*
maximize [ov ww] *maximaliseren, tot
het uiterste vergroten*
may [hww] • *mogen • kunnen
<mogelijkheid>*
May [znw] *mei*
maybe [bijw] *misschien*
mayhem [znw] *chaos, wanorde*
mayonnaise [znw] *mayonaise*
mayor [znw] *burgemeester*
mayoress [znw] *vrouw v.d.
burgemeester*
me [pers vnw] • *mij • <inf.> ik*
meadow [znw] *weide, hooiland,
grasland*
meagre [bnw] *mager, schraal*
meal [znw] • *meel • maal(tijd)*
mealy [bnw] *melig, meelachtig*
mean I [ov ww] • *betekenen • bedoelen,
(serieus) menen • willen • v. plan zijn
• (~ for) bestemmen voor* II [on ww]
bedoelen III [znw] *middelste term*
IV [bnw] • *gemiddeld, middelmatig
• middelste, middel-, tussen- • gemeen,
laag • gering • bekrompen, gierig
• slechtgehumeurd • <AE> onbehaaglijk
• <inf.> beschaamd*
meander I [on ww] • *z. slingeren
• dolen* II [znw] *bocht <in rivier>*
meaning [znw] • *bedoeling • betekenis*
meaningful [bnw] *veelbetekenend,
belangrijk*
meaningless [bnw] • *nietszeggend
• zinloos*
meant [ww] *verl. tijd + volt. deelw.*
→ **mean**
meantime [znw] *tussentijd*
measles [mv] *mazelen*
measly [bnw] *<inf.> armzalig, min,
waardeloos*
measurable [bnw] • *meetbaar
• gematigd*
measure I [ov ww] • *meten, de maat
nemen, bep. lengte hebben • beoordelen
• (~ out) uitdelen* II [on ww] *meten
• (~ up to) voldoen aan* III [znw]

• *grootte, afmeting* • *bedrag, hoeveelheid* • *maatstaf* • *maatregel* • <muz.> *maat*
measured [bnw] • *gelijkmatig* • *weloverwogen*
measurement [znw] *(af)meting*
meat [znw] *vlees*
meaty [bnw] *vlezig, vleesachtig, vlees-*
mechanic [znw] • *werktuigkundige, mecanicien* • *monteur*
mechanical [bnw] • *machinaal, werktuiglijk* • *werktuigkundig*
mechanism [znw] • *mechaniek* • *mechanisme*
mechanize [ov ww] *mechaniseren*
medal [znw] *medaille*
medallist [znw] *medaillewinnaar*
meddler [znw] *bemoeial*
meddlesome, meddling [bnw] *bemoeiziek*
media I [znw] → **medium** II [mv] • *media, kranten, radio en tv*
mediaeval [bnw] → **medieval**
mediate [ov + on ww] *als bemiddelaar optreden*
medical I [znw] *medisch onderzoek* II [bnw] *geneeskundig*
medicament [znw] *geneesmiddel*
medication [znw] • *geneeskundige behandeling* • *geneesmiddel*
medicinal [bnw] *genezend, geneeskrachtig*
medicine [znw] • *geneeskunde* • *geneesmiddelen*
medieval [bnw] *m.b.t. de Middeleeuwen*
mediocre [bnw] *middelmatig*
mediocrity [znw] *middelmatigheid*
meditative [bnw] *nadenkend, bespiegelend*
Mediterranean I [znw] *Middellandse Zee, Middellandse-Zeegebied* II [bnw] *mediterraan*
medium I [znw] • *tussenpersoon* • *medium* • *voertaal* • *oplosmiddel* II [bnw] *gemiddeld*

medley [znw] *mengelmoes, potpourri*
meek [bnw] • *zachtmoedig* • *gedwee* • *deemoedig*
meet I [ov ww] • *ontmoeten, (aan)treffen, kennis maken met* • *afhalen* • *voldoen aan, voorzien in* • *bestrijden* <v. onkosten> II [on ww] • *elkaar ontmoeten* • *samenkomen* • (~ **up with**) *ontmoeten* • (~ **with**) *ervaren, ondervinden, tegenkomen*
meeting [znw] • *wedstrijd, ontmoeting* • *bijeenkomst, vergadering*
megalomania [znw] *megalomanie*
megalomaniac [znw] *megalomaan*
megaphone [znw] *megafoon*
melancholic I [znw] *melancholicus* II [bnw] *melancholiek, melancholisch*
melancholy I [znw] *melancholie, zwaarmoedigheid, droefgeestigheid* II [bnw] *zwaarmoedig, droefgeestig*
mellifluous [bnw] *honingzoet, zoetvloeiend*
mellow I [ov + on ww] • *rijpen, zacht maken/worden* • *benevelen* II [bnw] • *zacht, sappig, rijp* • *vol, zuiver* <v. klank, kleur> • *vriendelijk, hartelijk, joviaal* • *lichtelijk aangeschoten*
melodic [bnw] *melodisch, melodieus*
melodious [bnw] *melodieus, welluidend*
melodramatic [bnw] *melodramatisch*
melody [znw] *melodie*
melon [znw] *meloen*
melt I [ov ww] *doen smelten* • (~ **down**) *versmelten* II [on ww] *smelten, z. oplossen* • (~ **away**) *wegsmelten, verdwijnen* • (~ **into**) *langzaam overgaan in*
member [znw] • *lid* • *lichaamsdeel, (mannelijk) lid* • *afgevaardigde*
membership [znw] • *lidmaatschap* • *ledental*
memento [znw] *herinnering, aandenken*
memo [znw] <inf.> *korte notitie, briefje*
memoir [znw] *gedenkschrift,*

(auto)biografie
memorable [bnw] *gedenkwaardig*
memorandum [znw] • *memorandum*
• *diplomatieke nota*
memorial I [znw] *gedenkteken,*
aandenken II [bnw] *gedenk-,*
herinnerings-
memorize [ov ww] *v. buiten leren*
memory [znw] • *geheugen*
• *herinnering* • *gedachtenis*
men [mv] → **man**
.**menace** I [ov + on ww] *(be)dreigen*
II [znw] • *bedreiging* • *vervelend iem.,*
lastig iets
mend I [ov ww] • *verbeteren*
• *herstellen, repareren, stoppen* <v.
kousen> II [on ww] • *z. (ver)beteren*
• *herstellen*
mendacious [bnw] *leugenachtig*
mendacity [znw] *leugen(achtigheid)*
mending [znw] *verstelwerk*
menial I [znw] <pej.> *bediende, knecht*
II [bnw] • *dienstbaar, dienst-* • *slaafs,*
ondergeschikt, laag
meningitis [znw]
hersenvliesontsteking
menopause [znw] *menopauze*
menstrual [bnw] *menstruatie-*
mental [bnw] • *geestelijk, geest(es)-,*
verstandelijk • <inf.> *zwakzinnig*
mentality [znw] *mentaliteit, denkwijze*
mention I [ov ww] *(ver)melden,*
zeggen, noemen II [znw] *(ver)melding*
mercantile [bnw] *handels-, koopmans-*
mercenary I [znw] *huurling* II [bnw]
geldbelust
merchant I [znw] *groothandelaar,*
koopman II [bnw] *koopmans-,*
koopvaardij, handels-
merciless [bnw] *genadeloos,*
meedogenloos
mercurial [bnw] • *levendig*
• *veranderlijk*
mercury [znw] *kwikzilver*
mercy [znw] • *zegen(ing)* • *genade,*
barmhartigheid

mere [bnw] *louter, alleen maar, niets*
anders dan, (nog) maar
meretricious [bnw] *bedrieglijk*
meridian [znw] *meridiaan*
merit I [ov ww] *verdienen* II [znw]
verdienste
meritocracy [znw] *meritocratie,*
prestatiemaatschappij
mermaid [znw] *(zee)meermin*
merriment [znw] *vreugde, vrolijkheid*
merry [bnw] • *vrolijk* • *aangeschoten*
mesh I [on ww] *in elkaar grijpen*
II [znw] • *maas* • *net(werk)*
mesmerize [ov ww] *magnetiseren,*
hypnotiseren, biologeren
mess I [ov ww] • *(~ up) in de war*
sturen, verknoeien, vuil maken
II [on ww] • *(~ about)*
(rond)scharrelen • *(~ with) z.*
bemoeien met III [znw] • *kantine,*
gemeenschappelijke tafel • *knoeiboel*
• *(vuile) rommel*
message [znw] *bericht, boodschap*
messenger [znw] *bode, boodschapper*
messy [bnw] *vuil, rommelig, verward*
met [ww] *verl. tijd + volt. deelw.*
→ **meet**
metabolic [bnw] *stofwisselings-*
metabolism [znw] *metabolisme,*
stofwisseling
metal [znw] *metaal*
metallic [bnw] *metaal-, metalen,*
metaalachtig
metallurgy [znw] *metallurgie,*
metaalkunde
metamorphosis [znw] *metamorfose*
metaphor [znw] *beeldspraak*
metaphoric(al) [bnw] *figuurlijk*
metaphysical [bnw] *metafysisch,*
bovennatuurlijk
metaphysics [znw] *metafysica*
meteor [znw] *meteoor*
meteoric [bnw] • *meteoor-* • *als een*
komeet, bliksemsnel
meteorite [znw] *meteoorsteen,*
meteoriet

meteorology [znw] *meteorologie,*
weerkunde
meter I [ov ww] *meten* II [znw]
meetinstrument
methane [znw] *methaan(gas)*
method [znw] • *methode*
• *regelmaat*
meticulous [bnw] • *angstvallig*
nauwkeurig, pietluttig • *nauwgezet*
metre [znw] • *metrum* • *meter*
metronome [znw] *metronoom*
metropolis [znw] *wereldstad,*
hoofdstad
metropolitan I [znw] *bewoner v.*
hoofd-/wereldstad II [bnw] • *tot het*
moederland behorend • *tot*
hoofd-/wereldstad behorend
mettle [znw] • *aard* • *vuur, moed*
mew [on ww] *miauwen*
Mexican I [znw] *Mexicaan(se)* II [bnw]
Mexicaans
miaow I [on ww] *miauwen* II [znw]
miauw
microwave [znw] *magnetron*
midday [znw] *12 uur 's middags*
middle I [znw] • *midden* • *middel*
II [bnw] *midden(-), middel-, middelst*
middling I [bnw] *middelmatig, vrij*
goed II [bijw] *tamelijk*
midge [znw] *mug*
midget I [znw] • *klein voorwerp*
• *dwerg* II [bnw] *miniatuur*
midriff [znw] *middenrif*
midst <form.> [znw] *midden*
midwife [znw] *vroedvrouw*
might I [hww] *verl. tijd →* may
II [znw] *kracht, macht*
mightily [bijw] *erg, geweldig, zeer*
mighty I [bnw] *machtig, geweldig*
II [bijw] <inf.> *zeer, verbazend*
migrant I [znw] • *trekvogel* • *migrant,*
zwerver II [bnw] *migrerend, zwervend,*
trek-
migrate [on ww] • *migreren, verhuizen*
• *trekken* <v. vogels>
migratory [bnw] *migrerend, trekkend,*

zwervend, trek-
mike [znw] *microfoon*
mild [bnw] • *mild, zacht* • *kalm en*
warm <v. weer> • *licht* <v. bier, tabak>
• *gematigd* • *onschuldig* <v. ziekte>
mildew [znw] *meeldauw, schimmel*
mile [znw] *mijl* <1609 m.>
militant I [znw] *militant persoon*
II [bnw] *strijdend, strijdlustig,*
strijdbaar
militarism [znw] *militarisme*
military I [znw] *soldaten, leger* II [bnw]
militair
militate [on ww] *strijden*
• *(~ against) bestrijden*
militia [znw] • *militie, burgerwacht*
• *landweer*
milk I [ov ww] *(uit)melken* II [znw]
melk
milky [bnw] • *melkachtig* • *vol melk*
mill I [ov ww] *malen* II [on ww]
• *(~ about/around) krioelen,*
(ordeloos) rondlopen III [znw] • *molen*
• *fabriek* • *(maal)machine*
miller [znw] *molenaar*
millet [znw] *gierst*
milliner [znw] *modiste*
millinery [znw] *dameshoeden*
million [znw] *miljoen*
millipede [znw] *duizendpoot*
mime I [ov ww] • *door gebaren*
voorstellen • *nabootsen* II [znw]
• *gebarenspel* • *mimespeler*
mimic I [ov ww] *nabootsen, naäpen*
II [znw] • *mimespeler* • *nabootser,*
naäper
mimicry [znw] • *mimiek* • *nabootsing,*
naäperij
mince I [ov ww] *fijnhakken* II [on ww]
gemaakt lopen/spreken III [znw]
gehakt <vlees>
mincer [znw] *vleesmolen*
mind I [ov ww] • *denken om, in acht*
nemen • *zorgen voor, bedienen*
<machine> II [on ww] *bezwaren*
hebben • *(~ out (for)) oppassen (voor)*

III [znw] • *geest, verstand* • *zin*
minded I [bnw] *geneigd, van zins*
II [in samenst.] *aangelegd, -bewust,*
-gezind, georiënteerd
mindful [bnw] • *indachtig*
• *voorzichtig*
mine I [ov + on ww] • *graven* ‹v.
onderaardse gang› • *mijnen leggen*
• *in mijn werken* II [ov ww]
ondermijnen, winnen, ontginnen
III [znw] • *mijn* • *bron* ‹fig.›
IV [bez vnw] • *de/het mijne, van mij*
• *de mijnen*
mineral I [znw] *mineraal, delfstof*
II [bnw] *mineraal*
mineralogy [znw] *mineralogie*
mingle [ov + on ww] (z.) (ver)mengen
• (~ with) z. *begeven onder, meedoen*
met
mini I [znw] • *minirok* • *mini* ‹auto›
II [in samenst.] *kort, miniatuur-, klein*
miniature I [znw] *miniatuurportret*
II [bnw] *klein, op kleine schaal*
minim [znw] *halve noot*
minimal [bnw] *minimaal*
minimize [ov ww] • *onderwaarderen*
• *verkleinen*
mining [znw] *mijnbouw*
minion [znw] *onbelangrijke*
medewerker
minister I [on ww] • (~ to) *hulp*
verlenen, bedienen II [znw] • *minister*
• *gezant* ‹beneden rang v.
ambassadeur› • *predikant*
ministerial [bnw] *ministerieel*
ministry [znw] • *geestelijkheid*
• *ministerschap* • *ministerie, kabinet*
mink [znw] • *nerts* • *nerts-/bontmantel*
minnow [znw] *witvis, voorn*
minstrel [znw] *minstreel*
mint I [ov ww] • *munten* • *uitvinden,*
fabriceren II [znw] • *munt*
‹gebouw/instelling› • ‹plantk.› *munt*
minus I [znw] *minteken* II [bnw]
• *min(us), negatief* • ‹scherts› *zonder*
minuscule [bnw] *piepklein*

minute I [ov ww] *notuleren* II [znw]
• *minuut* • *ogenblik* III [bnw] • *zeer*
nauwkeurig, minutieus • *zeer klein,*
nietig
miracle [znw] *wonder*
miraculous [bnw] *miraculeus,*
wonderbaarlijk
mire [znw] • *modder, slijk*
• *moeilijkheden*
mirror I [ov ww] *afspiegelen,*
weerkaatsen II [znw] • *spiegel*
• *afspiegeling*
mirth [znw] *vrolijkheid*
mirthless [bnw] *vreugdeloos, triest,*
somber
misadventure [znw] *tegenspoed,*
ongeluk
misanthrope [znw] *misantroop,*
mensenhater
misanthropic [bnw] *misantropisch*
misapply [ov ww] *verkeerd gebruiken*
misapprehend [ov ww] *verkeerd*
begrijpen
misapprehension [znw] *misverstand*
misappropriate [ov ww] z.
wederrechtelijk toe-eigenen,
verduisteren
misbehaviour [znw] *wangedrag*
miscarriage [znw] • *miskraam*
• *mislukking*
miscarry [on ww] • *mislukken, niet*
slagen • *een miskraam krijgen*
miscast [ov ww] *een niet-passende rol*
geven ‹bij film/theater›
miscellaneous [bnw] • *gemengd*
• *veelzijdig*
miscellany [znw] *mengeling*
mischance [znw] *ongeluk*
mischief [znw] • *streken* • *plaaggeest,*
rakker, onheilstoker • *ondeugendheid*
• *onheil, kwaad*
misconception [znw] *verkeerd begrip,*
dwaling
misconduct [znw] *wangedrag*
misconstruction [znw] *verkeerde*
interpretatie

misdeed [znw] wandaad, misdaad
misdemeanour [znw] • misdrijf
• wangedrag
misdirect [ov ww] • verkeerd
leiden/richten • verkeerde inlichtingen
geven
miser [znw] gierigaard, vrek
miserable [bnw] ellendig, miserabel,
armzalig
miserly [bnw + bijw] gierig, vrekkig
misery [znw] • ellende • zeurpiet
misfire [on ww] mislukken <v. plan>
misfit [znw] buitenbeentje,
mislukkeling in de maatschappij
misfortune [znw] ongeluk, tegenslag
misgiving [znw] twijfel, angstig
voorgevoel, wantrouwen
misguided [bnw] • misplaatst
• misleid
mishap [znw] ongeluk(je)
misinform [ov ww] verkeerd inlichten
misinterpret [ov ww] verkeerd
interpreteren, verkeerd uitleggen
misjudge [ov + on ww] • verkeerd
(be)oordelen • z. vergissen (in)
mislay [ov ww] op verkeerde plaats
leggen, zoek maken
mislead [ov ww] misleiden
misleading [bnw] • misleidend
• bedrieglijk
mismanage [ov ww] verkeerd besturen,
verkeerd beheren, verkeerd aanpakken
mismanagement [znw] wanbestuur,
wanbeheer
misnomer [znw] verkeerde benaming
misogynist [znw] vrouwenhater
misprint [znw] drukfout
mispronounce [ov ww] verkeerd
uitspreken
misquote [ov + on ww] onjuist
aanhalen
misread [ov ww] • verkeerd lezen
• verkeerd interpreteren
misrepresent [ov ww] een verkeerde
voorstelling geven van
miss I [ov ww] missen • (~ out)

overslaan II [on ww] • (~ out (on))
mislopen III [znw] • misstoot, misslag
• (me)juffrouw
misshapen [bnw] mismaakt, misvormd
missile I [znw] • raket • projectiel
II [bnw] werp-
missing [bnw] ontbrekend
mission [znw] • missie • gezantschap
• roeping
missionary I [znw] missionaris,
zendeling II [bnw] zend(el)ings-
mist I [ov ww] benevelen II [on ww]
• beneveld worden • misten III [znw]
• mist, nevel • waas
mistake I [ov ww] verkeerd begrijpen, z.
vergissen II [znw] fout, vergissing,
dwaling
mistaken [bnw] • verkeerd, onjuist
• misplaatst
mister [znw] mijnheer
mistime [ov ww] op het verkeerde
ogenblik doen/zeggen
mistletoe [znw] maretak, vogellijm
mistress [znw] • meesteres • mevrouw
• vrouw des huizes • baas, hoofd
• geliefde, maîtresse • lerares,
onderwijzeres
mistrust I [ov ww] wantrouwen
II [znw] wantrouwen
mistrustful [bnw] wantrouwend
misty [bnw] • vol tranen • vaag
• beslagen, wazig • mistig
misunderstand [ov ww] verkeerd
begrijpen
misuse I [ov ww] • misbruiken
• verkeerd gebruiken II [znw]
• misbruik • verkeerd gebruik
mite [znw] • beetje, zier • dreumes • mijt
miter, mitre [znw] mijter
mitigate [ov ww] • verlichten,
verzachten • matigen <v. straf>
mitt(en) [znw] • want
• vuisthandschoen <als bij honkbal>
mix I [ov ww] • (ver)mengen • kruisen
<v. dieren> • (~ in) (goed) vermengen
• (~ up) verwarren, door elkaar gooien

II [on ww] z. (ver)mengen • (~ with) z.
aansluiten bij, omgaan met III [znw]
mengeling, mengsel
mixed [bnw] gemengd, vermengd
mixture [znw] mengsel, mengeling
mnemonic [znw] geheugensteuntje,
ezelsbruggetje
moan I [ov ww] betreuren II [on ww]
kreunen, jammeren III [znw] gekreun
moat [znw] slotgracht
mob I [ov ww] in een grote groep
omringen II [znw] • (wanordelijke)
menigte • ‹inf.› kring, kliek
mobile I [znw] mobile II [bnw]
• beweeglijk, mobiel • vlottend ‹v.
kapitaal›
mobilize [ov ww] mobiel maken,
mobiliseren
mobster ‹AE› [znw] bendelid, gangster
mock I [ov ww] de spot drijven met
II [on ww] • (~ at) spotten met
III [bnw] zogenaamd, schijn-, onecht,
vals
mockery [znw] • bespotting
• schijnvertoning
modal [bnw] modaal
mode [znw] • manier • gebruik
model I [ov ww] modelleren, vormen,
boetseren • (~ after/upon) vormen
naar II [on ww] als mannequin
fungeren III [znw] • type • maquette,
model • mannequin IV [bnw] • model-
• voorbeeldig
moderate I [ov ww] matigen
II [on ww] • bedaren, z. matigen
• bemiddelen III [znw] gematigde
IV [bnw] gematigd, matig
modernism [znw] • modernisme
• neologisme
modernist [znw] nieuwlichter
modernize I [ov ww] moderniseren
II [on ww] z. aan de moderne tijd
aanpassen
modest [bnw] • bescheiden • ingetogen,
zedig
modicum [znw] een beetje, een weinig

modification [znw] • wijziging
• aanpassing
modify [ov ww] • matigen • wijzigen
modish [bnw] modieus
modulate [ov ww] regelen, moduleren
• (~ to) in overeenstemming brengen
met
module [znw] • maatstaf,
standaardmaat • onderdeel v.
ruimtevaartuig • modulus
Mohammedan I [znw]
mohammedaan II [bnw]
mohammedaans
moist [bnw] vochtig, klam
moisten [ov ww] bevochtigen
molasses [znw] melasse, stroop
mole [znw] • moedervlek • haven(dam),
pier • mol • ‹inf.› spion
molecular [bnw] moleculair
molest [ov ww] • lastig vallen
• aanranden
mollify [ov ww] vertederen, bedaren,
matigen
molten I [ww] volt. deelw. → melt
II [bnw] gesmolten
moment [znw] • ogenblik • belang
momentary [bnw] • gedurende een
ogenblik • vluchtig
momentous [bnw] belangrijk,
gedenkwaardig, gewichtig
momentum [znw] • stuwkracht
• ‹techn.› moment
monarchy [znw] monarchie
monastic [bnw] klooster-
Monday [znw] maandag
monetary [bnw] monetair, financieel-,
munt-
money [znw] geld
moneyed [bnw] vermogend
mongrel [znw] bastaard(hond)
monitor I [ov ww] controleren II [znw]
• iem. die radiouitzendingen afluistert
• monitor
monk [znw] monnik
monkey I [on ww] • (~ about)
donderjagen, klooien

• (~ **about/around**) *streken uithalen*
II [znw] • *aap* • *deugniet*
monochrome [bnw] *zwart-wit,*
monochroom
monogamous [bnw] *monogaam*
monogamy [znw] *monogamie*
monograph [znw] *monografie*
monolith [znw] *monoliet*
monolithic [bnw] *monolitisch*
monopolize [ov ww] • *monopoliseren*
• *totaal in beslag nemen*
monopoly [znw] *monopolie*
monotone I [znw] *eentonige stem of*
geluid II [bnw] *monotoon, eentonig*
monotonous [bnw] *eentonig*
monotony [znw] *eentonigheid*
monsoon [znw] *moesson*
monstrosity [znw]
monster(achtigheid)
monstrous [bnw] *kolossaal,*
monsterlijk
month [znw] *maand*
monthly I [znw] *maandelijks*
tijdschrift II [bnw + bijw] *maandelijks*
monumental [bnw] • *gedenk-,*
monumentaal • *kolossaal, enorm*
moo I [on ww] *loeien* II [znw] *geloei*
mooch I [ov ww] *klaplopen, schooien*
II [on ww] *slenteren* • (~ **about**)
rondhangen, lummelen
mood [znw] • *stemming* • <taalk.> *wijs*
moody [bnw] *humeurig, somber*
gestemd, zwaarmoedig
moon I [on ww] *rondhangen*
• (~ **about**) *rondhangen,*
rondslenteren • (~ **over**) *dagdromen*
over, nalopen II [znw] *maan*
moor I [ov + on ww] *aan-/afmeren*
II [znw] • *heide* • *veen, veengrond*
moose [znw] *Amerikaanse eland*
mop I [ov ww] *zwabberen, dweilen,*
betten • (~ **up**) *opvegen* II [znw]
• *zwabber* • *vaatkwast*
mope [on ww] *kniezen*
moped [znw] *bromfiets*
moral I [znw] *moraal* II [bnw]

zedelijkheids-, moreel, zedelijk
morale [znw] *moreel*
morality [znw] • *zedenleer* • *zedelijk*
gedrag, moraliteit
moralize [on ww] *moraliseren*
morass [znw] *moeras*
moratorium [znw] • *moratorium,*
algemeen uitstel van betaling
• (*tijdelijk*) *verbod/uitstel*
mordant [bnw] *scherp, bijtend*
more I [onb vnw] *meer* II [bijw] *meer,*
verder
moreover [bijw] *bovendien*
morgue [znw] *lijkenhuis*
moribund [bnw] *stervend, zieltogend*
morning [znw] *morgen, voormiddag*
moron [znw] • *zwakzinnige* • <pej.>
imbeciel, rund
morose [bnw] • *gemelijk, knorrig*
• *somber*
morsel [znw] *hapje, stukje*
mortal I [znw] *sterveling* II [bnw]
• *sterfelijk* • *dodelijk* • <inf.>
verschrikkelijk, vreselijk vervelend
mortality [znw] • *sterfelijkheid*
• *sterfte(cijfer)*
mortar [znw] • *vijzel* • *mortier*
• *metselkalk*
mortgage I [ov ww] • *verhypothekeren*
• *verpanden* <fig.> II [znw] *hypotheek*
mortician <AE> [znw]
begrafenisondernemer
mortify [ov ww] *in hevige verlegenheid*
brengen
mortise, mortice [znw] *tapgat*
mortuary [znw] *lijkenhuisje*
mosaic [znw] *mozaïek*
Moslem I [znw] *mohammedaan,*
moslim II [bnw] *mohammedaans*
mosque [znw] *moskee*
moss [znw] *mos*
mossy [bnw] • *met mos bedekt*
• *mosachtig*
most I [onb vnw] *meest, grootst,*
meeste(n) II [bijw] *meest, hoogst, zeer*
mostly [bijw] *meestal, voornamelijk*

moth [znw] • *mot* • *nachtvlinder*
mother I [ov ww] *als een moeder*
zorgen voor II [znw] *moeder*
motherlike, motherly [bnw]
moederlijk
motif [znw] *motief, thema*
motion I [ov + on ww] • *wenken* • *door*
gebaar te kennen geven II [znw]
• *beweging* • *gebaar* • *voorstel, motie*
motivate [ov ww] *motiveren, ingeven,*
aanzetten
motive I [znw] *motief, beweegreden*
II [bnw] *beweging veroorzakend*
motley I [znw] *bonte mengeling*
II [bnw] *bont*
motor I [ov + on ww] *in auto*
rijden/vervoeren II [znw] *motor*
III [bnw] *beweging-, motorisch*
motoring [znw] *(rond)toeren met de*
auto, het autorijden
motorist [znw] *automobilist*
mottled [bnw] *gevlekt, gespikkeld*
motto [znw] *devies, spreuk*
mould I [ov ww] *gieten, kneden*
• (~ **on**) *vormen naar* II [on ww]
beschimmelen III [znw] • *losse*
teelaarde • *(giet)vorm, mal, bekisting*
• *gesteldheid, aard* • *schimmel*
moulder [on ww] • *rotten, vermolmen*
• *vervallen*
moulding [znw] • *(kroon)lijst, fries*
• *afdruk*
mouldy [bnw] *beschimmeld*
moult I [on ww] *verharen, vervellen,*
ruien II [znw] *het ruien*
mound [znw] • *aardverhoging,*
(graf)heuveltje, terp • *wal* • *werpheuvel*
‹*honkbal*›
mount I [ov ww] • *opstellen, plaatsen*
• *zetten* ‹*v. juwelen*› • *bestijgen*
• *monteren* ‹*v. toneelstuk*›
• *opplakken* II [on ww] *stijgen,*
opstijgen • (~ **up**) *oplopen* III [znw]
• *berg* • *rijpaard*
mountain [znw] *berg*
mountaineer [znw] *bergbeklimmer*

mountaineering [znw] *bergsport*
mountainous [bnw] *bergachtig*
mourn I [ov ww] *betreuren* II [on ww]
rouw dragen, rouwen
mourner [znw] *treurende, rouwdrager*
mournful [bnw] *treurig, droevig*
mourning [znw] • *het treuren*
• *weeklacht* • *rouw(kleding)*
mouse [znw] *muis*
mouth I [ov ww] • *in de mond nemen*
• *iets zeggen waarin men zelf niet*
gelooft II [znw] • *monding* • *mond,*
bek, muil • *opening*
mouthful [bnw] • *mond(je)vol* • ‹inf.›
hele mond vol, moeilijk uit te spreken
woord
move I [ov ww] • *bewegen* • *verhuizen,*
verzetten, vervoeren • *opwekken* ‹v.
gevoelens›, *ontroeren, aanzetten tot*
• (~ **down**) *in rang terugzetten, naar*
een lagere klas terugzetten II [on ww]
• *in beweging komen, z. bewegen*
• *optreden, stappen nemen* • *opschieten*
• *verhuizen* • (~ **about**) *heen en weer*
trekken • (~ **down**) *naar een lagere*
klas teruggezet worden, in rang
teruggezet worden • (~ **out**) *verhuizen,*
vertrekken III [znw] • *zet, beurt*
• *beweging* • *maatregel* • *verhuizing*
movement [znw] • *mechaniek*
• *beweging*
mover [znw] • *iem. die iets voorstelt*
• *drijfveer* • *verhuizer*
movie [znw] *film*
moving [bnw] • *bewegend, beweeg-*
• *ontroerend, aandoenlijk*
mow [ov ww] *maaien* • (~ **down**)
neerschieten, neermaaien
mower [znw] *maaier*
Mr [afk] • (Mister) *dhr., meneer*
Mrs [afk] • (Mistress) *mevrouw*
Ms [afk] • (Miss/Mrs)
mejuffrouw/mevrouw
much I [onb vnw] *zeer, ten zeerste, veel*
II [bijw] *veel, zeer*
muck I [ov ww] • (~ **out**) *uitmesten*

• (~ **up**) bederven, verknoeien
II [on ww] • (~ **about/around**)
rondhangen • (~ **in**) ‹inf.› meehelpen
• (~ **in** (**with**)) een handje helpen
III [znw] • mest • vuile boel • iets v.
slechte kwaliteit

mucky [bnw] vuil, smerig

mucus [znw] slijm

mud [znw] • leem • modder

muddle I [ov ww] • benevelen • door
elkaar gooien II [on ww] • (~ **along**)
aanmodderen • (~ **through**) z.
erdoorheen scharrelen III [znw]
warboel, wanorde

muddy I [ov ww] • troebel maken
• bemodderen II [bnw] • modderig
• wazig, troebel

muff I [ov ww] verknoeien II [znw] mof

muffin [znw] soort gebakje, met boter
gegeten

muffle [ov ww] • omfloersen, dempen
‹v. geluid› • inpakken ‹in kleren›

muffler [znw] • das • (geluid)demper

mug I [ov ww] gewelddadig beroven
• (~ **up**) blokken II [znw] • kroes
• smoel • sul

mugger [znw] straatrover

muggy [bnw] benauwd, drukkend ‹v.
weer›

mulberry [znw] moerbei

mule [znw] • muildier • muiltje

mulish [bnw] • weerspannig • (als) v.e.
muildier

mull I [ov ww] • (~ **over**) overdenken
II [on ww] piekeren

multifarious [bnw] veelsoortig,
verscheiden

multiple I [znw] veelvoud II [bnw]
• veelvoudig • veelsoortig

multiplication [znw]
vermenigvuldiging

multiplicity [znw] • veelheid, menigte
• verscheidenheid

multiply I [ov ww] vergroten • (~ **by**)
vermenigvuldigen met II [on ww] z.
voortplanten, z. vermenigvuldigen

multitude [znw] • menigte • groot
aantal

mum I [znw] • stilte, stilzwijgen • ‹inf.›
mamma, mammie II [bnw] stil

mumble I [ov + on ww] mompelen,
prevelen, mummelen II [znw]
gemompel

mummify [ov ww] mummificeren

mummy [znw] • mummie • mammie,
moedertje

mumps [mv] de bof ‹ziekte›

munch [ov + on ww] (hoorbaar)
kauwen (op), knabbelen (aan)

mundane [bnw] alledaags

municipal [bnw] gemeentelijk,
gemeente-, stads-

municipality [znw] • gemeentebestuur
• gemeente

munificent [bnw] gul, mild(dadig)

mural I [znw] muurschildering II [bnw]
muur-, wand-

murder I [ov ww] (ver)moorden
II [znw] • moord • hels karwei, een hel,
gruwel

murderer [znw] moordenaar

murderess [znw] moordenares

murderous [bnw] moorddadig

muscle I [on ww] • (~ **in**) z. indringen
II [znw] • spier • (spier)kracht

muscular [bnw] • spier- • gespierd

muse I [on ww] peinzen • (~ (**up**)**on**)
peinzen over, peinzend kijken naar
II [znw] muze

mush [znw] • pulp • sentimentaliteit
• ‹AE› maïsmeelpap

mushroom I [on ww] z. snel
verspreiden, als paddestoelen verrijzen
II [znw] • champignon, (eetbare)
paddestoel • atoomwolk

mushy [bnw] • papperig • slap,
sentimenteel

music [znw] • muziek • bladmuziek

musical I [znw] musical II [bnw]
• muzikaal • muziek- • melodieus

musician [znw] musicus, muzikant

musk [znw] muskus

musky [bnw] muskusachtig
Muslim I [znw] mohammedaan,
moslim II [bnw] mohammedaans
muslin [znw] • mousseline • <AE> katoen
mussel [znw] mossel
must I [hww] moet(en) II [znw] <inf.>
noodzaak, must
mustard I [znw] • mosterd
• mosterdplant II [bnw] mosterdgeel
muster I [ov ww] bijeenbrengen <voor
inspectie> II [on ww] aantreden <voor
inspectie>, z. verzamelen III [znw]
inspectie
musty [bnw] • schimmelig • muf
mutation [znw] • mutatie
• verandering
mute I [ov ww] • tot zwijgen brengen
• <muz.> dempen II [znw]
• (doof)stomme • <muz.> demper
III [bnw] • zwijgend, stom • sprakeloos
mutilate [ov ww] verminken
mutineer [znw] muiter
mutinous [bnw] muitend, oproerig,
opstandig
mutiny I [on ww] muiten, in opstand
komen II [znw] muiterij, opstand
mutt [znw] • dwaas, sukkel • mormel
mutter I [ov + on ww] mompelen
II [znw] • gemompel • gemopper
mutual [bnw] wederzijds, wederkerig
muzzle I [ov ww] muilkorven II [znw]
• bek, snuit • mond <v. vuurwapen>
• muilkorf
muzzy [bnw] • beneveld <door drank>
• wazig
my [bez vnw] mijn
myopic [bnw] bijziend
myriad I [znw] • tienduizend(tal)
• groot aantal II [bnw] ontelbaar
myself [wkg vnw] • mijzelf • (ik)zelf
mysterious [bnw] mysterieus,
geheimzinnig
mystery [znw] • geheim
• geheimzinnigheid • detectiveroman
mystic I [znw] mysticus II [bnw]
→ mystical

mystical [bnw] verborgen, mystiek
mysticism [znw] • mystiek
• mysticisme
mystify [ov ww] • voor een raadsel
stellen • bedotten
mystique [znw] wereldbeschouwing,
mystiek
myth [znw] mythe
mythology [znw] mythologie

N

nab [ov ww] ‹sl.› betrappen
nadir [znw] • laagste punt • voetpunt, dieptepunt
nag I [ov + on ww] klagen (tegen) • (~ **at**) vitten op II [znw] • gevit • ‹inf.› paard
nail I [ov ww] • (vast)spijkeren • grijpen, betrappen • (~ **down**) vastspijkeren, dichtspijkeren, vastleggen, houden aan ‹belofte› • (~ **up**) vastspijkeren, dichtspijkeren II [znw] • nagel • spijker
naked [bnw] • naakt, bloot • weerloos • kaal, onopgesmukt • niet geïsoleerd ‹v. stroomdraad›
name I [ov ww] (be)noemen II [znw] naam, benaming
namely [bijw] namelijk, dat wil zeggen
nanny [znw] kinderjuffrouw
nap I [on ww] dutten, soezen II [znw] dutje
nape [znw] (achterkant v.d.) nek
napkin [znw] servet
nappy [znw] luier
narcissus [znw] narcis
narcotic I [znw] verdovend middel II [bnw] verdovend
narrate [ov + on ww] vertellen
narrative [znw] verhaal
narrator [znw] verteller
narrow I [ov + on ww] • vernauwen • minderen ‹bij breien› II [ov ww] z. vernauwen III [bnw] • nauw, smal • bekrompen
nasal [bnw] nasaal, neus-
nascent [bnw] wordend, ontluikend
nasturtium [znw] Oost-Indische kers
nasty [bnw] • beroerd ‹v. o.a. weer› • hatelijk • lastig • onsmakelijk • lelijk, gemeen • ernstig
nation [znw] natie, volk

national [bnw] nationaal, volks-, staats-
nationalism [znw] • streven naar nationale onafhankelijkheid • vaderlandsliefde
nationalist I [znw] nationalist II [bnw] nationalistisch
nationality [znw] • nationaliteit • ethnische groep
nationalize [ov ww] onteigenen ‹door de staat›
native I [znw] • iem. uit het land of de plaats zelf • inboorling, inlander • inheems(e) dier of plant II [bnw] • inheems • geboorte- • natuurlijk, aangeboren
natty [bnw] • keurig • handig
natural I [znw] getalenteerd iem. II [bnw] • aangeboren, natuurlijk • gewoon, normaal • eenvoudig, ongekunsteld • onwettig ‹v. kind› • natuur-
naturalism [znw] naturalisme
naturalist [znw] • naturalist • bioloog
naturalistic [bnw] naturalistisch, realistisch
naturalize [ov ww] naturaliseren
naturally [bijw] • van nature • op natuurlijke wijze • vanzelfsprekend
nature [znw] • (de) natuur • aard, soort
naturism [znw] naturisme, nudisme
naught [znw] • nul • niets
naughty [bnw] ondeugend, stout
nausea [znw] • (gevoel v.) misselijkheid • walging
nauseate [ov ww] misselijk maken
nauseous [bnw] walgelijk
naval [bnw] • zee- • scheeps- • vloot- • marine-
nave [znw] • naaf ‹v. wiel› • schip ‹v. kerk›
navel [znw] navel
navigable [bnw] bevaarbaar ‹v. rivier›
navigate I [ov ww] • bevaren • besturen II [on ww] • navigeren • sturen ‹v. schip, vliegtuig›

navigation [znw] *navigatie*
navigator [znw] • *zeevaarder*
• *navigator* ‹v. vliegtuig›
navvy [znw] *polderjongen, grondwerker*
navy I [znw] • *vloot, zeemacht* • *marine*
II [bnw] *marineblauw*
nay I [znw] *neen, weigering* II [bijw] *ja zelfs*
near I [bnw] • *nauw (verwant)* • *intiem*
• *dichtbijzijnd* • *krenterig* • ‹AE›
grenzend aan II [bijw] • *dichtbij*
• *nabij* • *bijna*
nearly [bijw] *bijna, haast*
neat [bnw] • *handig, knap* • *keurig*
• *onvermengd* ‹v. drank›
nebulous [bnw] *nevelachtig, vaag*
necessarily [bijw] *noodzakelijk(erwijs), onvermijdelijk*
necessary [bnw] *noodzakelijk*
necessitate [ov ww] *noodzaken*
necessity [znw] *noodzaak, noodzakelijkheid*
neck [znw] *nek, hals*
necklace [znw] *halssnoer*
née [bnw] * Mrs Smith, née Jones
mevr. Smith, geboren Jones
need I [ov ww] • *nodig hebben, vereisen*
• *moeten* II [hww] *hoeven* III [znw]
• *nood(zaak)* • *armoede, tekort*
needle I [ov ww] *ergeren, prikkelen, lastig maken* II [znw] *naald* ‹ook v. naaldboom of magneet›
needless [bnw] *nodeloos*
needy [bnw] *behoeftig, armoedig*
negate [ov ww] • *tenietdoen*
• *ontkennen*
negation [znw] • *ontkenning*
• *weigering*
negative I [znw] • *ontkenning*
• *negatieve grootheid* ‹in algebra›
• *vetorecht* • ‹techn.› *negatieve pool*
• ‹foto.› *negatief* II [bnw] • *ontkennend*
• *verbods-* • *weigerend* • *negatief*
neglect I [ov ww] • *veronachtzamen, verwaarlozen* • *over 't hoofd zien*
II [znw] • *verzuim* • *verwaarlozing*

neglectful [bnw] • *nalatig*
• *verwaarloosd*
negligence [znw] • *nalatigheid*
• *ongedwongenheid, achteloosheid*
negligent [bnw] *nalatig, achteloos*
negotiable [bnw] • *verhandelbaar* ‹v. effecten› • *oplosbaar* • *bespreekbaar*
• *begaanbaar*
negotiate I [ov ww] • *nemen* ‹v. hindernis› • *onderhandelen over*
II [on ww] *onderhandelen*
negotiation [znw] *onderhandeling*
negotiator [znw] *onderhandelaar*
neigh I [on ww] *hinniken* II [znw]
gehinnik
neighbour, neighbor I [ov ww]
grenzen aan II [on ww] *grenzen, benaderen* • (~ **on**) *grenzen aan*
III [znw] • *buurman, buurvrouw*
• ‹rel.› *naaste* IV [bnw] *naburig*
neighbourhood, neighborhood
[znw] • *buurt* • *omtrek*
neighbouring, neighboring [bnw]
naburig
neighbourly, neighborly [bnw]
• *een goede buur betamend, als buren*
• *gezellig* • *vriendelijk*
neither [bnw + bijw] • *noch, en ... ook niet* • *evenmin* • *geen v. beide* • ‹rel.›
zelfs niet
neolithic [bnw] *neolithisch*
nephew [znw] *neef* ‹zoon v. broer of zuster›, *oom-/tantezegger*
nepotism [znw] *nepotisme*
nerve I [ov ww] *kracht of moed geven*
II [znw] • *zenuw* • *moed, zelfbeheersing*
• ‹inf.› *brutaliteit*
nerveless [bnw] • *krachteloos, lusteloos, zwak* • *zonder zenuwen*
nervous [bnw] • *zenuwachtig* • *zenuw-*
• *bang*
nervy [bnw] *zenuwachtig*
nest I [on ww] *nesten* II [znw] *nest*
nestle I [ov ww] *vlijen* II [on ww] • z. (*neer*)*vlijen* • *half verborgen liggen*
nestling [znw] *nestvogel*

net I [ov ww] • (als) met een net bedekken/omgeven/vangen/afvissen, voorzien v. netwerk • in de wacht slepen II [znw] • net • valstrik • spinnenweb • vitrage, netwerk • netto bedrag/prijs III [bnw] netto

nettle I [ov ww] ergeren, prikkelen II [znw] brandnetel

network [znw] • netwerk • radio-/tv-station

neural [bnw] zenuw-, ruggenmergs-

neuralgia [znw] zenuwpijn

neurology [znw] neurologie

neurosis [znw] neurose

neurotic I [znw] zenuwlijder II [bnw] neurotisch, zenuwziek

neuter [bnw] onzijdig

neutral [bnw] • neutraal • onbepaald, vaag • v.e. grijze kleur

neutralize [ov ww] opheffen, neutraliseren

never [bijw] • nooit • helemaal niet, toch niet

nevertheless [bijw] • niettegenstaande dit/dat • toch

new [bnw] • nieuw, onbekend • vers <v. brood>

news [znw] • nieuws • opzienbarend iets/iem.

newspaper [znw] • krant • krantenpapier

newsy [bnw] <inf.> vol nieuws

newt [znw] watersalamander

next I [bnw] • naast • (eerst)volgende, aanstaande II [bijw] • naast • daarna, de volgende keer, vervolgens III [vz] naast

nexus [znw] band, schakel, verbinding

nib [znw] • punt <v. ganzenpen, gereedschap> • pen

nibble I [on ww] knabbelen II [znw] geknabbel

nice [bnw] • genuanceerd, subtiel • nauwgezet, nauwkeurig, aandachtig • kies • aardig, prettig, leuk • lekker • fatsoenlijk

nicety [znw] • nauwgezetheid, nauwkeurigheid • finesse

niche [znw] • leuke baan • nis • passend plaatsje

nick I [ov ww] • inkepen, kerven • <sl.> arresteren, snappen • <sl.> gappen II [znw] • inkeping, kerf • <sl.> bajes, nor

nickel I [znw] • nikkel • Amerikaans vijfcentstuk II [bnw] nikkelen

niece [znw] nicht <oom-/tantezegger>

Nigerian I [znw] Nigeriaan II [bnw] Nigeriaans

niggardly [bnw + bijw] gierig, karig

niggle [on ww] beuzelen, vitten

night [znw] avond, nacht

nightingale [znw] nachtegaal

nightly I [bnw] nachtelijk, avond- II [bijw] • iedere nacht/avond • 's avonds/nachts

nihilism [znw] nihilisme

nil [znw] niets, nul

nimble [bnw] vlug, handig

nimbus [znw] stralenkrans

nincompoop [znw] lomperd, domoor, stommeling

nine [telw] negen

nineteen [telw] negentien

ninetieth [bnw] negentigste

ninety [telw] negentig

ninny [znw] onnozele hals, sukkel

ninth [bnw] negende

nip I [ov ww] • bijten • knijpen II [on ww] <inf.> snellen, rennen • (~ in) binnenwippen • (~ out) vlug ervandoor gaan III [znw] • kneep • beet • borreltje, hartversterking

nipper [znw] • (klein) ventje • straatjongen

nipple [znw] • tepel • speen • <techn.> nippel

nippy [bnw] frisjes <v. weer>

nit [znw] • neet, luizenei • stommeling, leeghoofd

nitrate [znw] • nitraat, salpeterzuurzout • nitraatmeststof

nitty-gritty [znw] *detail, bijzonderheid*
nitwit [znw] *leeghoofd*
no [bijw] • *geen* • *niet* • *neen*
nobility [znw] *adel, adelstand*
noble I [znw] *edelman* II [bnw]
• *adellijk* • *edel, grootmoedig* • *statig,
indrukwekkend*
nobody [onb vnw] *niemand*
nocturnal [bnw] *nacht-, nachtelijk*
nod I [on ww] *knikken, knikkebollen,
slaperig zijn* • (~ off) *in slaap vallen*
II [znw] *knik*
node [znw] • *knooppunt* • *knoest,
knobbel*
nodule [znw] • *knoestje* • *knobbeltje,
klein gezwel* • *knolletje*
noise [znw] *lawaai, ruis*
noiseless [bnw] • *zonder lawaai*
• *geruisloos*
noisy [bnw] • *schreeuwend* ‹v. kleuren›
• *luidruchtig, druk*
nomad [znw] *nomade*
nomadic [bnw] *nomadisch, nomaden-,
zwervend*
nomenclature [znw] *terminologie*
nominal [bnw] • *naamwoordelijk*
• *nominaal, in naam*
nomination [znw] • *benoeming*
• *voordracht, kandidaatstelling*
nominee [znw] • *benoemde*
• *kandidaat*
nondescript [bnw] • *onbepaald* • *saai,
oninteressant*
none [bnw + bijw] *niemand, niet een,
totaal niet, niets*
nonentity [znw] • *niet-bestaan(d iets)*
• *onbeduidend iem. of iets*
nonsense [znw] *onzin*
nonsensical [bnw] *onzinnig*
noodle [znw] *soort mie, soort vermicelli*
nook, nookery [znw] *(gezellig) hoekje*
noon [znw] *12 uur 's middags*
noose [znw] *lus, schuifknoop, strop*
nope ‹AE inf.› [bijw] *nee*
nor [bijw] • *noch, (en) ook niet*
• *evenmin*

Nordic I [znw] *Noord-Europeaan*
II [bnw] *Noord-Europees*
norm [znw] *standaard, norm, patroon*
normal [bnw] *normaal*
normalize [ov ww] *normaliseren*
Norman I [znw] *Normandiër* II [bnw]
Normandisch
north I [znw] *noorden* II [bnw + bijw]
*noordwaarts, noordelijk, noord(en)-,
noorder-*
Norwegian I [znw] *Noor* II [bnw]
Noors
nose I [ov ww] • *ruiken (aan),
(be)snuffelen* • *met de neus wrijven
tegen* • (~ out) ‹inf.› *ontdekken,
erachter komen* II [on ww] *zijn weg
zoeken* ‹v. voertuig› • (~ about)
rondneuzen, rondsnuffelen III [znw]
• *reuk, geur* • *neus, neusstuk* ‹v.
instrument›
nosh ‹sl.› I [ov + on ww] *eten* II [znw]
eten, voedsel, hapje
nostalgia [znw] *nostalgie, heimwee*
nostalgic [bnw] • *heimwee-*
• *nostalgisch, vol verlangen*
not [bijw] *niet*
notable I [znw] *vooraanstaand
persoon, notabele* II [bnw]
• *merkwaardig, opvallend* • *merkbaar*
‹v. o.a. hoeveelheid›
notation [znw] *schrijfwijze*
note I [ov ww] • *notitie nemen van,
opmerken* • *aantekenen* • *annoteren*
II [znw] • *aantekening* • *(order)briefje*
• *nota* • *bankbiljet* • *aandacht*
• *reputatie, aanzien* • *toon* • *toets* ‹v.
piano› • *noot* • *geluid, gezang* ‹v.
vogels› • *teken, kenmerk*
noted [bnw] *beroemd*
nothing [bnw + bijw] *niets, nul, niet
bestaan(d iets)*
nothingness [znw] • *'t niets (zijn)*
• *nietigheid*
notice I [ov ww] *opmerken* II [znw]
• *recensie* ‹v. boek› • *aankondiging,
waarschuwing* • *aandacht*

- *bekendmaking, mededeling*
- *opzegging* <v. contract> • *convocatie*
noticeable [bnw] • *merkbaar*
- *opmerkelijk*
notifiable [bnw] *die/dat aangegeven moet worden, met aangifteplicht* <v. ziekten>
notification [znw] • *bekendmaking*
- *aankondiging*
notify [ov ww] *aankondigen, verwittigen, aangeven* <v. ziekte>, *bekendmaken*
notion [znw] • *notie* • *idee, begrip*
- *neiging*
notional [bnw] *denkbeeldig, begrips-*
notoriety [znw] • *bekendheid*
- *beruchtheid* • *bekende persoonlijkheid*
notorious [bnw] • *berucht* • *bekend*
notwithstanding I [bijw] *ondanks dat* II [vz] *niettegenstaande*
nougat [znw] *noga*
nought [znw] *niets, nul*
noun [znw] *zelfstandig naamwoord*
nourish [ov ww] • *koesteren* <v. o.a. hoop> • *voeden*
nourishment [znw] *onderhoud, voedsel, voeding*
novel I [znw] *roman* II [bnw] *nieuw, ongebruikelijk*
novelette [znw] *novelle*
novelist [znw] *romanschrijver*
novice [znw] • *novice* • *nieuweling*
now I [znw] *heden* II [bijw] *op 't ogenblik, nu*
nowaday(s) I [znw] *'t heden* II [bnw + bijw] *tegenwoordig*
nowhere [bijw] *nergens*
noxious [bnw] • *schadelijk* • *ongezond*
nozzle [znw] • *pijp, tuit* • <techn.> *mondstuk*
nuance [znw] *nuance, schakering*
nub [znw] • *knobbel* • *kernpunt*
nubile [bnw] *huwbaar*
nuclear [bnw] *nucleair, atoom-, kern-*
nucleus [znw] *kern*
nude I [znw] *naakt(model)* II [bnw] *naakt, bloot*
nudge I [ov ww] *even aanstoten met elleboog* II [znw] *duwtje*
nudism [znw] *nudisme*
nudity [znw] *naaktheid*
nugget [znw] • *juweel(tje)* <fig.> • *goudklomp*
nuisance [znw] *overlast, onaangenaam iets, lastpost*
null [bnw] *niet bindend, ongeldig, nietig*
nullify [ov ww] *opheffen, annuleren, nietig verklaren*
numb I [ov ww] • *verdoven, verzachten* <v. pijn> • *doen verstijven* • *verlammen* <fig.> • *verstommen* II [bnw] *verkleumd, verdoofd, verstijfd*
number I [ov ww] • *tellen, nummeren* • *bedragen* • (~ **among**) *rekenen onder* II [znw] • *nummer* • *aantal*
numeral I [znw] • *getalteken* • *nummer* II [bnw] *getal-*
numerate [bnw] • *bekend met wis- en natuurkundige grondbegrippen* • *kunnende tellen en rekenen*
numerous [bnw] *talrijk*
nun [znw] *non*
nunnery [znw] *nonnenklooster*
nuptial I [znw] II [bnw] *bruilofts-, huwelijks-*
nurse I [ov ww] • *de borst geven* • *koesteren* • *voorzichtig vasthouden* • *verplegen* II [on ww] *de borst krijgen* III [znw] *verpleegster*
nursery [znw] • *pootvijver* • *kinderkamer* • (kinder)bewaarplaats, crèche • *kwekerij* • *verpleging* • *periode v. borstvoeding*
nurture I [ov ww] • *verzorgen, koesteren* • *grootbrengen* II [znw] *'t grootbrengen, verzorging*
nut [znw] • (hazel)noot • *gek, ezel* • *moer* <v. schroef> • <sl.> *hoofd, kop*
nutrient [znw] *voedingsstof/-middel*
nutriment [znw] *voedsel*

nutrition [znw] *voedsel,
voeding(swaarde)*
nutty [bnw] • *nootachtig* • *vol noten*
• *‹sl.› niet goed bij 't hoofd*
nuzzle [on ww] *met de neus wrijven
tegen, besnuffelen*
nymph [znw] • *nimf* • *onvolwassen
vorm v. lager insect*

O

oaf [znw] *pummel*
oak I [znw] *eik(enhout)* II [bnw]
eikenhouten
oar [znw] *roeiriem*
oasis [znw] *oase*
oath [znw] • *eed* • *vloek*
obduracy [znw] • *onverbeterlijkheid*
• *onverzettelijkheid*
obdurate [bnw] *verstokt, verhard*
obedience [znw] *gehoorzaamheid*
obedient [bnw] *gehoorzaam*
obeisance [znw] • *diepe buiging*
• *eerbetoon*
obese [bnw] *corpulent*
obey [ov + on ww] *gehoorzamen (aan)*
object I [on ww] *bezwaar maken*
II [znw] • *object* • *doel* • *voorwerp*
objection [znw] *bezwaar*
objectionable [bnw] • *laakbaar*
• *onaangenaam*
objective I [znw] *doel* II [bnw]
• *objectief* • *voorwerps-*
obligation [znw] • *contract*
• *verbintenis* • *(zware) verplichting*
obligatory [bnw] • *bindend* • *verplicht*
oblige I [ov + on ww] *iem. een plezier
doen* II [ov ww] *(ver)binden, (aan zich)
verplichten*
obliging [bnw] *voorkomend, gedienstig*
oblique I [znw] *schuine streep* II [bnw]
schuin, scheef, indirect
obliterate [ov ww] • *vernietigen*
• *uitwissen*
oblivion [znw] *vergetelheid,
veronachtzaming*
oblong I [znw] *rechthoek* II [bnw]
langwerpig
obnoxious [bnw] • *gehaat,
onaangenaam* • *aanstotelijk*
oboe [znw] *hobo*
oboist [znw] *hoboïst*

obscene [bnw] vuil, onzedelijk
obscenity [znw] iets obsceens
obscure I [ov ww] verduisteren, verdoezelen, verbergen, in de schaduw stellen II [bnw] • donker, duister • obscuur, onbekend, onduidelijk
obscurity [znw] • onbekendheid • vaagheid • duisternis
observable [bnw] waarneembaar
observance [znw] • inachtneming • viering
observant [bnw] opmerkzaam
observation [znw] • aandacht, waarneming • opmerking
observer [znw] waarnemer
obsess [ov ww] vervolgen <v. idee>, kwellen, obsederen
obsession [znw] • obsessie • nachtmerrie <fig.>
obsessive [bnw] • obsederend • bezeten
obsolescent [bnw] in onbruik gerakend
obsolete [bnw] verouderd, overbodig, in onbruik geraakt
obstacle [znw] hindernis, beletsel
obstinacy [znw] koppigheid
obstinate [bnw] koppig, hardnekkig
obstreperous [bnw] lawaaierig, weerspannig
obstruct [ov ww] belemmeren, versperren
obstruction [znw] • beletsel • obstructie
obstructive [bnw] • hinderlijk • obstructievoerend
obtain I [ov ww] verkrijgen, verwerven II [on ww] heersen, algemeen in gebruik zijn
obtainable [bnw] verkrijgbaar
obtrusive [bnw] • opdringerig • opvallend
obtuse [bnw] • stomp, bot • traag v. begrip
obviate [ov ww] verhelpen, uit de weg ruimen
obvious [bnw] klaarblijkelijk, vanzelfsprekend, duidelijk, opvallend

occasion I [ov ww] aanleiding geven tot, veroorzaken II [znw] • plechtige gelegenheid • gelegenheid • grond, aanleiding, reden
occasional [bnw] • toevallig • af en toe plaatsvindend
occult I [znw] het occulte II [bnw] • occult • geheim, verborgen
occupancy [znw] • bezit • bewoning • bezitneming
occupant [znw] bewoner, inzittende
occupation [znw] • beroep, bezigheid • bezetting <ook mil.> • bewoning
occupational [bnw] beroeps-
occupier [znw] bewoner
occupy [ov ww] • bezetten • bewonen • innemen, in beslag nemen <v. tijd>, bezighouden
occur [on ww] gebeuren • (~ to) in gedachte komen bij, opkomen bij
ocean [znw] oceaan
oceanic [bnw] • oceaan- • onmetelijk
oceanography [znw] oceanografie
o'clock [bijw] * five ~ vijf uur
octagon [znw] achthoek
octane [znw] octaan
octave [znw] octaaf, achttal
October [znw] oktober
octogenarian [znw] tachtigjarige
oculist [znw] oogarts
odd [bnw] • oneven <getal> • ongeregeld • vreemd, eigenaardig
oddity [znw] eigenaardig iem./iets
odour [znw] • geur • stank
of [vz] van
off I [bnw] ver(der), verst II [bijw] • weg, (er)af • af, uit III [vz] • van(af) • naast, op de hoogte van
offal [znw] slachtafval
offence, offense [znw] • belediging • <jur.> overtreding, vergrijp
offend [ov + on ww] • beledigen • overtreden <v. wet>
offender [znw] dader, schuldige
offensive I [znw] offensief II [bnw] • aanvals-, aanvallend • beledigend

• weerzinwekkend, kwalijk riekend
offer I [ov ww] (aan)bieden II [znw]
• aanbod, offerte • bod
offering [znw] • offerande, aanbieding
• gift
office [znw] • ambt, taak • dienst
• kerkdienst, mis, officie • kantoor
• ministerie • <AE> spreekkamer
officer [znw] • ambtenaar, beambte
• politieagent • deurwaarder • officier
official I [znw] ambtenaar, beambte
II [bnw] • ambtelijk, officieel • officieel
erkend
officialdom [znw] • de ambtenarij • 't
ambtenarenkorps
officiate [on ww] een ceremonie leiden
officious [bnw] • overgedienstig
• opdringerig • officieus <in
diplomatie>
offing [znw] * in the ~ in het verschiet
offset [ov ww] opwegen tegen,
neutraliseren, compenseren
often [bijw] vaak, dikwijls
oh [tw] o!, och!, ach!
oil I [ov ww] smeren, oliën II [znw]
• olieverf • olie • petroleum
oily [bnw] • olieachtig, olie- • vleiend,
glad v. tong
ointment [znw] smeersel, zalf
old [bnw] • oud, versleten, ouderwets
• vroeger
oligarchy [znw] oligarchie
olive I [znw] • olijf • olijfgroen, olijftak
II [bnw] olijfkleurig
Olympic [bnw] olympisch
omen [znw] voorteken
ominous [bnw] onheilspellend,
dreigend
omission [znw] weglating, 't weglaten,
verzuim
omit [ov ww] • weglaten • verzuimen
omniscient [bnw] alwetend
omnivorous [bnw] • verslindend <vnl.
v. boeken> • <bio.> allesetend
on I [bijw] • (er)op • aan II [vz] • over,
aangaande • op • aan

once I [bijw] eens, een keer II [vw] zodra
one I [znw] een II [onb vnw] • iem.
• men III [telw] • één, enige • een,
dezelfde
oneself [wkd vnw] (zich)zelf
onion [znw] ui
onlooker [znw] toeschouwer
only I [bnw] enig II [bijw] • (alleen)
maar • pas, eerst III [vw] maar, alleen
onrush [znw] toeloop, toestroom,
stormloop
onset [znw] • aanval • begin, eerste
symptomen
onshore I [bnw] aanlandig II [bijw]
• land(in)waarts • aan land
onslaught [znw] woeste aanval
onus [znw] • (bewijs)last, plicht • schuld
onward [bnw] voorwaarts
oodles [mv] massa's
ooze I [ov + on ww] • sijpelen • druipen
van <ook fig.> II [znw] slib, slijk
opacity [znw] duisternis
opal [znw] opaal
opaque [bnw] • mat • ondoorschijnend,
duister • onduidelijk
open I [ov + on ww] openen II [bnw]
open
opening I [znw] • opening, begin
• kans • vacante betrekking II [bnw]
openend, inleidend
openly [bijw] • openlijk • openbaar
• openhartig
operate I [ov ww] • bewerken,
teweegbrengen • <AE> exploiteren, leiden
II [on ww] • opereren • werken,
uitwerking hebben
operation [znw] • operatie • financiële
transactie • exploitatie • werking,
handeling
operative I [znw] • werkman,
fabrieksarbeider • <AE> spion II [bnw]
• in werking • van kracht • praktisch,
doeltreffend
operator [znw] • (be)werker • operateur
• iem. die machine bedient
• telegrafist(e), telefonist(e) • eigenaar

v. bedrijf
operetta [znw] *operette*
ophthalmic [bnw] *oogheelkundig*
opiate [znw] *geneesmiddel dat opium bevat*
opinionated [bnw] • *dogmatisch* • *eigenzinnig*
opponent I [znw] *tegenpartij/-stander* II [bnw] *tegengesteld, strijdig*
opportune [bnw] *gelegen, geschikt*
opportunism [znw] *opportunisme*
opportunity [znw] *(gunstige) gelegenheid, kans*
oppose [ov ww] z. *verzetten (tegen)* • *(~ to) stellen tegenover*
opposed [bnw] *tegengesteld*
opposite I [znw] *tegen(over)gestelde, tegenpool* II [bnw] *tegenovergelegen, overstaand <v. blad of hoek>, ander(e), tegen-, over-* III [vz] • *tegenover* • *aan de overkant*
opposition [znw] • *verzet, oppositie <ook politiek>* • *tegenstelling, plaatsing tegenover*
oppress [ov ww] • *onderdrukken, verdrukken* • *bezwaren, drukken op*
oppression [znw] *verdrukking, onderdrukking*
oppressive [bnw] *verdrukkend, onderdrukkend*
oppressor [znw] *onderdrukker, tiran*
opt [on ww] *opteren, keuze doen* • *(~ out) niet meer (willen) meedoen, z. terugtrekken*
optic [bnw] *gezichts-*
optical [bnw] *gezichts-, optisch*
optician [znw] *opticien*
optimism [znw] *optimisme*
optimum [znw] *optimum, beste, meest begunstigde*
option [znw] • *keus* • *optie*
optional [bnw] *naar keuze, facultatief*
opulent [bnw] *rijk, weelderig, overvloedig*
oracle [znw] *orakel*
oracular [bnw] • *als een orakel*

• *dubbelzinnig*
oral I [znw] *<inf.> mondeling examen* II [bnw] *mondeling, mond-*
orange I [znw] *sinaasappel* II [bnw] *oranje*
oration [znw] *redevoering*
orator [znw] *redenaar*
oratoric(al) [bnw] *oratorisch*
oratory [znw] • *(huis)kapel <r.-k. kerk>* • *welsprekendheid*
orb [znw] • *bol* • *hemellichaam* • *rijksappel* • *<form.> oog(bal)*
orbit I [ov + on ww] *draaien in een baan om* II [znw] • *(gebogen) baan v. hemellichaam* • *invloedssfeer*
orbital [znw] *verkeersweg om voorsteden heen*
orchard [znw] • *boomgaard* • *fruittuin*
orchestra [znw] • *orkest* • *<AE> stalles*
orchid, orchis [znw] *orchidee*
ordain [on ww] • *(tot priester) wijden* • *beschikken, voorschrijven*
ordeal [znw] • *godsgericht* • *beproeving*
order I [ov ww] • *bestellen* • *ordenen, regelen* • *verordenen, bevelen* • *(~ out) wegsturen, laten uitrukken* II [znw] • *rang* • *klasse, stand* • *volgorde* • *order, bevel* • *soort* • *bestelling*
orderly I [znw] *ziekenoppasser* II [bnw] *ordelijk, geregeld*
ordinance [znw] *verordening*
ordinary [bnw] *alledaags, normaal, gewoon*
ordination [znw] *wijding <tot geestelijke>*
ordnance [znw] *tak v. openbare dienst voor mil. voorraden en materieel*
ordure [znw] • *mest, gier* • *uitwerpselen, drek*
ore [znw] *erts*
organ [znw] • *orgaan* • *orgel*
organic [bnw] • *organisch* • *structureel*
organism [znw] *organisme*
organization [znw] *organisatie*
organize [ov ww] *organiseren*
organizer [znw] *organisator*

orgasm [znw] *orgasme*
orgy [znw] *orgie, drinkgelag,*
uitspatting
oriental I [znw] *oosterling* II [bnw]
oosters
orientate [ov ww] • z. *oriënteren* • z.
naar een bepaald punt richten • z. *naar*
de omstandigheden richten
orientation [znw] • *richtingsgevoel*
• *oriëntering*
orifice [znw] *opening, mond(ing)*
origin [znw] *afkomst, oorsprong, begin*
original I [znw] *origineel* II [bnw]
aanvankelijk, oorspronkelijk, origineel,
eerste
originate [ov + on ww] • *voortbrengen*
• *ontstaan (in)* • (~ *from*) *voortkomen*
uit • (~ *with*) *opkomen bij*
ornament I [ov ww] *versieren, tooien*
II [znw] *ornament, sieraad, versiersel*
ornamental [bnw] *decoratief,*
ornamenteel, sier-
ornate [bnw] • *sierlijk, bloemrijk* <v.
taal> • *ornaat*
orphan [znw] *wees*
orphanage [znw] *weeshuis*
orthodox [bnw] • *orthodox* • *algemeen*
geaccepteerd, conventioneel
• *ouderwets, v.d. oude stempel*
orthodoxy [znw] *orthodoxie*
orthography [znw] *spellingsleer,*
orthografie
orthopaedic [bnw] *orthopedisch*
oscillate [on ww] • *schommelen,*
slingeren • *oscilleren* <v. radio>
• *aarzelen*
osier [znw] • *soort wilg* • *rijs*
ossify I [ov ww] *(doen) verstenen*
II [on ww] • *in been veranderen*
• *verharden* <fig.>
ostensible [bnw] *ogenschijnlijk,*
zogenaamd
ostentation [znw] *uiterlijk vertoon*
ostentatious [bnw] *opzichtig, in 't oog*
lopend
osteopath [znw] *(onbevoegd)*

orthopedist, osteopaat
ostrich [znw] *struisvogel*
other I [znw] *de/het andere* II [bnw]
anders, verschillend
otherwise [bijw] • *anders* • (*of*) *anders*
• *verder*
ouch [tw] *au!*
ounce [znw] • *283 gram* • *greintje*
our [bez vnw] *ons, onze*
ours [bez vnw] *het onze, de onze(n)*
ourselves [wkd vnw] *ons(zelf),*
wij(zelf), zelf
out I [bnw] • *in staking* • *in bloei* • *uit*
(op) • *over* • *fout* II [bijw] • *weg, (er)uit,*
(er)buiten • *uit de mode* • *voorbij,*
afgelopen, om • *verschenen, publiek*
• *zonder betrekking, af* <in spel> III [vz]
langs, uit
out- [voorv] *meer, groter, beter, harder*
out-and-out [bnw] *volledig,*
voortreffelijk
outback [znw] *binnenland* <v.
Australië>
outbreak [znw] • *het uitbreken* • *oproer*
outbuilding [znw] *bijgebouw*
outburst [znw] *uitbarsting*
outcast [znw] *verschoppeling*
outclass [on ww] *de meerdere zijn van*
outcry [znw] • *verontwaardiging*
• *geschreeuw*
outdo [ov ww] *overtreffen*
outdoor [bnw] *openlucht-,*
buiten(shuis)
outer [bnw] *buiten-, uitwendig*
outfit [znw] • *kleding* • *uitrusting*
• <inf.> *gezelschap, troep, stel*
<mensen>, *ploeg* <werklui>, *bataljon*
outgoing [bnw] • *extrovert*
• *vertrekkend, aftredend*
outing [znw] *uitstapje*
outlandish [bnw] *vreemd, afgelegen*
outlast [ov ww] *langer duren dan*
outlaw I [ov ww] *vogelvrij verklaren*
II [znw] *vogelvrij verklaarde*
outlay I [ov ww] *besteden, uitgeven*
II [znw] *uitgave(n)*

outlet [znw] • *uitgang/-weg*
• *afvoerbuis* • *afzetgebied* • *afnemer*
• *verkooppunt* • ‹AE› *stopcontact*
outline I [ov ww] *schetsen, in grote
lijnen aangeven* • (~ **against**)
aftekenen tegen II [znw] *(om)trek,
schets*
outlook [znw] *uitkijk/-zicht, kijk*
outnumber [ov ww] *overtreffen in
aantal*
output [znw] • *output* ‹v. computer›
• *productie, prestatie, vermogen* ‹v.
elektriciteit› • *opbrengst, uitkomst*
• *uitvoer*
outrage I [ov ww] • *geweld aandoen,
verkrachten* • *grof beledigen* II [znw]
• *grove belediging* • *verontwaardiging*
• *gewelddaad*
outrageous [bnw] • *beledigend,
ergerlijk* • *schandelijk, verschrikkelijk*
• *extravagant, buitensporig*
outré [bnw] *onbehoorlijk, buitenissig*
outright I [bnw] *totaal* II [bijw]
• *ineens* • *helemaal* • *ronduit*
outside I [znw] • *buiten(kant), uiterlijk*
• *uiterste prijs* ∗ at the ~ *op z'n hoogst*
II [bnw] *buitenste* III [bijw] *naar/van
buiten* IV [vz] • *buiten* • ‹AE› *behalve*
outsider [znw] • *buitenstaander*
• *niet-lid* • ‹sport› *mededinger met
weinig kans om te winnen* ‹vnl. paard›
outspoken [bnw] *openhartig, ronduit*
outstanding [bnw] • *uitstekend,
voortreffelijk* • *onbeslist* • *overduidelijk*
outward(s) [bnw] *buitenwaarts,
uiterlijk, uitwendig*
oval [bnw] *ovaal*
ovary [znw] • *eierstok* • *vruchtbeginsel*
ovation [znw] *ovatie*
oven [znw] *oven, fornuis*
over I [bnw] • *al te groot/veel, enz.*
• *klaar, beëindigd* • *over, opper-*
II [bijw] • *voorbij* • *om, over* • ‹AE›
z.o.z. III [vz] • *over, boven* • *bij,
aangaande* • *over... heen*
over- [voorv] *over-, te*

overall I [znw] • *overall*
• *huishoudschort* II [bnw] *geheel,
totaal, globaal*
overboard [bijw] *overboord*
overcharge [ov ww] • *te sterk laden* ‹v.
batterij› • *overdrijven* • *overvragen, te
veel in rekening brengen*
overcoat [znw] *overjas*
overcome [ov ww] *te boven komen*
overdo [ov ww] • *overdrijven* • *te gaar
koken/worden* • *uitputten*
overflow I [on ww] *overstromen*
II [znw] • *overloop(pijp)*
• *overstroming* • *overvloed*
overhead I [bnw] *boven 't hoofd,
bovengronds* ‹geleiding› II [bijw]
boven 't hoofd
overheads [mv] *vaste bedrijfsuitgaven*
overhear [ov ww] • *toevallig horen*
• *afluisteren*
overjoyed [bnw] *opgetogen, dolblij*
overlap I [ov ww] *gedeeltelijk bedekken,
overlappen* II [on ww] *gedeeltelijk
samenvallen (met)* III [znw] *overlap*
overlook [ov ww] • *uitzien op* • *over
het hoofd zien* • *door de vingers zien*
overly [bijw] *al te, te zeer*
overnight I [bnw] *v.d. avond/nacht*
II [bijw] • *gedurende de nacht* • *in 'n
wip* • *zo maar, ineens*
overpower [ov ww]
overmannen/-weldigen
override [ov ww] • *belangrijker zijn
dan* • *tenietdoen*
overrule [ov ww] • *verwerpen*
• *overstemmen* • *overreden*
overrun [ov ww] • *overstromen* • *geheel
begroeien*
overseas [bnw + bijw] *overzee(s)*
overshoot [ov ww]
voorbijschieten/-streven
oversight [znw] *onoplettendheid,
vergissing*
overt [bnw] *publiek, open(lijk)*
overtake [ov ww] • *inhalen* ‹i.h.
verkeer› • *overvallen*

overtime [znw] overuren/-werk
overtone [znw] • bijbetekenis, ondertoon <fig.> • <muz.> boventoon
overture [znw] • (eerste) voorstel • inleiding • <muz.> ouverture
overweight [bnw] te zwaar <in lichaamsgewicht>
overwhelm [ov ww] overstelpen
overwhelming [bnw] overweldigend, verpletterend
overwrought [bnw] op v.d. zenuwen
ovum [znw] ei(cel)
owe [ov ww] • schuldig/verschuldigd zijn • te danken hebben
owl [znw] uil
owlish [bnw] uilachtig
own I [ov ww] • bezitten, (in eigendom) hebben • toegeven, erkennen • (~ up) <inf.> opbiechten II [bnw] eigen
owner [znw] eigenaar
ownership [znw] eigendom(srecht)
ox [znw] os
oxide [znw] oxide
oxidize [ov + on ww] oxideren
oxygen [znw] zuurstof
oyster [znw] oester
ozone [znw] • ozon • <inf.> frisse lucht

pace I [ov + on ww] • stappen • ijsberen • in telgang lopen • (~ out) afpassen, afmeten II [znw] • stap, pas • gang, tempo • telgang
pacifier [znw] • vredestichter • <AE> fopspeen
pacifism [znw] pacifisme
pacify [ov ww] tot bedaren/rust/vrede brengen
pack I [ov ww] • inpakken, verpakken • omwikkelen • beladen • partijdig samenstellen <vnl. v. jury> • <AE> dragen • (~ up) (in)pakken II [on ww] zijn biezen pakken • (~ up) <sl.> tot stilstand komen <v. machine>, (moeten) stoppen, ophouden III [znw] • bende • veld drijfijs • bepakking • stel, partij • pak(je) • last • zekere hoeveelheid <v. goederen> • meute <v. jachthonden>
package I [ov ww] 'n pak maken van II [znw] • emballage • verpakking • pak
packer [znw] emballeur
packet [znw] • pakje <vnl. v. sigaretten> • pakketboot • <sl.> grote som geld
packing [znw] (ver)pakking
pad I [ov ww] • bekleden • opvullen II [on ww] lopen <vnl. v. dier> III [znw] • (stoot)kussen • vulsel • kladblok, blocnote • poot <v. vos of haas>
paddock [znw] omheind veld <bij paardenstoeterij of renbaan>
paddy [znw] rijstveld
padlock I [ov ww] v. hangslot voorzien II [znw] hangslot
padre <sl.> [znw] aalmoezenier
pagan I [znw] heiden II [bnw] heidens
page I [ov ww] • pagineren • oproepen II [znw] • page • piccolo, bruidsjonkertje • bladzijde

pageant [znw] • (historische) optocht/vertoning • opzienbarend schouwspel
pageantry [znw] praal
pagination [znw] paginering
pagoda [znw] pagode
paid [ww] verl.tijd + volt.deelw.
→ pay
pail [znw] • emmer • ‹AE› eetketeltje
pain I [ov + on ww] pijnigen II [znw] • pijn, lijden • lastpost
painful [bnw] • pijnlijk • moeizaam
painless [bnw] pijnloos
painstaking [bnw] nauwkeurig, zorgvuldig
paint I [ov ww] (be)schilderen, (z.) verven • (~ over) overschilderen II [znw] verf
painter [znw] • vanglijn • schilder
painting [znw] • schildering, schilderij • schilderkunst
pair I [ov + on ww] • (~ off) in paren heengaan, koppelen • (~ off (with)) ‹inf.› trouwen (met) II [znw] • paar • tweede van paar
Pakistani I [znw] Pakistaan, Pakistani II [bnw] Pakistaans
pal ‹sl.› I [on ww] • (~ up (to/with)) vrienden zijn/worden (met) II [znw] (goeie) vriend
palatable [bnw] • smakelijk • aangenaam
palate [znw] • verhemelte • smaak
palatial [bnw] paleisachtig
palaver [znw] over-en-weergepraat
pale I [on ww] verbleken (naast) II [znw] omsloten ruimte III [bnw] bleek, mat, dof, licht
palette [znw] palet
pall I [on ww] vervelend worden II [znw] • pallium • sluier • lijkkleed
pallet [znw] • strozak, stromatras • pallet
pallid [bnw] bleek
pally ‹inf.› [bnw] bevriend
palm I [ov ww] verbergen ‹in de hand›

II [znw] • palm(tak) • handpalm
palmistry [znw] handlijnkunde
palpable [bnw] tastbaar
palpitation [znw] hartklopping
palsy [znw] verlamming
paltry [bnw] verachtelijk, armetierig, armzalig, nietig
pamper [ov ww] te veel geven, verwennen
pamphlet [znw] vlugschrift, brochure
pan I [ov ww] ‹AE› afkammen, vitten op II [on ww] • panoramisch filmen • (goud)erts wassen III [znw] • duinpan, koekenpan, kruitpan • ketel, schaal, toiletpot • ‹AE› gezicht
panacea [znw] panacee, wondermiddel
pancake [znw] pannenkoek
pancreas [znw] alvleesklier
pane [znw] (glas)ruit
panel I [ov ww] lambrisering aanbrengen II [znw] • paneel • tussenzetsel ‹in jurk› • schakelbord • panel
panelling [znw] paneelwerk, lambrisering
pang [znw] pijnscheut
panic I [on ww] in paniek raken II [znw] paniek III [bnw] panisch
pannier [znw] (draag)mand
panoply [znw] • volle wapenrusting • praal
pant [on ww] hijgen • (~ after/for) snakken naar
panthcism [znw] pantheïsme
panther [znw] panter
pantry [znw] provisiekamer, provisiekast
pants [mv] (onder)broek
papacy [znw] • pausschap • pausdom
papal [bnw] pauselijk
paper I [ov ww] behangen II [znw] • papiergeld • wissels • examenopgave • krant, blad • document • opstel • scriptie • voordracht • papillot • papier III [bnw] • op papier • van papier

papery [bnw] *papierachtig*
papyrus [znw] • *papyrus* • *papyrus(rol)*
• *papyrus(plant)*
par [znw] • *gelijkheid* • *pari*
• *gemiddelde*
parabola [znw] *parabool*
parabolic [bnw] *van/zoals een parabool*
parachute I [ov ww] *met parachute
neerlaten* II [on ww] *met parachute
afdalen* III [znw] *valscherm, parachute*
parade I [ov + on ww] • *paraderen*
• *doortrekken, laten marcheren*
• *optocht houden* • *pronken (met)*
II [znw] • *parade* • *promenade,
boulevard* • *vertoon* • *optocht*
paradigm [znw] *paradigma*
paradise [znw] *paradijs*
paradoxical [bnw] *paradoxaal,
tegenstrijdig*
paraffin [znw] *kerosine*
paragon [znw] *toonbeeld* ‹v.
volmaaktheid›
paragraph [znw] *alinea*
parakeet [znw] *parkiet*
parallel I [ov ww] • *evenaren*
• *evenwijdig zijn met* II [znw] *gelijke*
III [bnw] • *evenwijdig* • *analoog, gelijk*
parallelogram [znw] *parallellogram*
paralysis [znw] *verlamming*
paramilitary [bnw] *paramilitair*
paramount [bnw] *opper-, hoogst,
overwegend, opperst*
paranoia [znw] *paranoia,
vervolgingswaanzin*
parapet [znw] • *borstwering* • *muurtje,
stenen leuning*
paraphernalia [mv] *spullen,
uitrusting, rompslomp*
paraphrase I [ov ww] *in andere
woorden weergeven* II [znw] *parafrase*
parapsychology [znw]
parapsychologie
parasite [znw] • *parasiet* • *klaploper*
paratrooper [znw] *para(chutist),
paratroeper*
paratroops [mv] *valschermtroepen*

parboil [ov ww] *blancheren, even aan
de kook brengen*
parcel I [ov ww] • (~ **out**) *verdelen,
uitdelen, kavelen* • (~ **up**) *inpakken*
II [znw] • *partij* ‹v. goederen› • *pak(je)*
• *perceel, kaveling*
parch [ov + on ww] *opdrogen, verdorren*
parchment [znw] *perkament*
pardon I [ov ww] *vergiffenis schenken,
vergeven* II [znw] *vergiffenis,
vergeving, gratie, pardon*
pardonable [bnw] *vergeeflijk*
pare [ov ww] • *besnoeien, beknibbelen*
• *schillen* • *afknippen, afsnijden*
• (~ **away/off**) *afsnijden*
parent [znw] • *ouder* • *vader, moeder*
• *bron*
parentage [znw] *afkomst*
parental [bnw] *ouderlijk*
parenthesis [znw] • *inlassing* • *haakje*
parenthood [znw] *ouderschap*
pariah [znw] *paria, uitgestotene*
parish [znw] *parochie, kerspel,
kerkelijke gemeente*
parishioner [znw] • *parochiaan*
• *gemeentelid*
parity [znw] • *gelijkheid, overeenkomst*
• *pariteit*
park I [ov + on ww] *parkeren* II [ov ww]
deponeren III [znw] • *(artillerie)park*
• *parkeerterrein*
parking [znw] *het parkeren,
parkeergelegenheid*
parky [bnw] *kil*
parlance [znw] *wijze v. zeggen, taal*
parley I [on ww] *onderhandelen*
II [znw] *onderhandeling*
parliament [znw] *parlement*
parliamentarian [znw] *parlementariër*
parliamentary [bnw] • *parlements-*
• *parlementair*
parlour [znw] • *zitkamer* • ‹AE› *salon*
parody I [ov ww] *parodiëren* II [znw]
parodie
parole I [ov ww] *op erewoord vrijlaten*
II [znw] • *parool, erewoord* • ‹AE›

voorwaardelijke invrijheidstelling
paroxysm [znw] *hevige aanval*
parquet [znw] *parketvloer*
parricide [znw] *vadermoord(enaar)*
parrot I [ov ww] *nadoen, napraten*
II [znw] *papegaai*
parry I [ov ww] • *pareren, afweren <v.*
slag> • *ontwijken <v. vraag>* II [znw]
afweringsmanoeuvre
parse [ov ww] *taal-/redekundig*
ontleden
parsimonious [bnw] • *spaarzaam*
• *gierig*
parsimony [znw] *spaarzaamheid,*
gierigheid
parsley [znw] *peterselie*
parsnip [znw] *pastinaak*
parson [znw] *dominee*
parsonage [znw] *pastorie*
part I [ov ww] *van elkaar scheiden,*
scheiding maken <in haar> II [on ww]
• *z. verdelen* • *uit elkaar gaan* • *<sl.>*
betalen • *(~ from/with) afscheid*
nemen van, scheiden van • *(~ with)*
opgeven, v.d. hand doen, afgeven <vnl.
v. hitte> III [znw] • *gedeelte, deel*
• *toneelrol* • *zijde* • *partij* • *(aan)deel*
• *<muz.> stem*
partake [on ww] *deel hebben aan*
partial [bnw] • *partijdig* • *gedeeltelijk*
participant I [znw] *deelgenoot,*
deelnemer II [bnw] *deelhebbend,*
deelnemend
participate [on ww] *delen (in),*
deelnemen aan, deel hebben in
participle [znw] *deelwoord*
particle [znw] • *partikel* • *deeltje*
particular I [znw] *bijzonderheid*
II [bnw] • *veeleisend* • *afzonderlijk,*
speciaal • *nauwkeurig, precies*
particularize [ov ww] • *specificeren*
• *in details treden*
parting [znw] • *afscheid* • *scheiding <v.*
haar>
partisan, partizan [znw]
• *aanhanger, voorstander* • *guerrilla*

partition I [ov ww] *(ver)delen* • *(~ off)*
afscheiden II [znw] • *(ver)deling*
• *tussenschot*
partly [bijw] *gedeeltelijk*
partner I [ov ww] *partner zijn van*
II [znw] • *deelgenoot, (levens)gezel(lin)*
• *partner* • *vennoot, compagnon*
partnership [znw] *vennootschap,*
deelgenootschap
party [znw] • *partij* • *fuif, feestje*
• *gezelschap*
pass I [ov ww] • *gaan (door)* • *inhalen,*
voorbij gaan • *aangeven, doorgeven*
II [on ww] • *gaan* • *verstrijken*
• *(~ away) sterven* • *(~ out)*
flauwvallen III [znw] *pas*
passable [bnw] • *tamelijk, vrij*
behoorlijk • *toelaatbaar*
• *doorwaadbaar, begaanbaar*
passage [znw] • *gang, passage,*
overgang, doorgang • *recht v.*
doorgang • *overtocht* • *stoelgang* • *'t*
aannemen <v.e. wet> • *passage <in*
boek>
passenger [znw] *passagier*
passer-by [znw] *voorbijganger*
passing I [znw] • *'t voorbijgaan*
• *overlijden* II [bnw] *voorbijgaand*
passion [znw] *hartstocht, passie*
passionate [bnw] *hartstochtelijk*
Passover [znw] *joods paasfeest*
passport [znw] • *paspoort* • *toegang*
<fig.>
past I [znw] *verleden (tijd)* II [bnw]
• *voorbij(gegaan)* • *verleden* • *vroeger*
• *gewezen* III [bijw] *voorbij* IV [vz]
• *langs, voorbij* • *over, na*
paste I [ov ww] *(be)plakken* II [znw]
• *deeg <v. gebak>* • *(amandel)spijs*
• *(stijfsel)pap, plaksel* • *simili,*
namaakdiamanten
pastel [znw] • *pastel(tekening)*
• *pastelkleur*
pasteurize [ov ww] *pasteuriseren*
pastime [znw] *tijdverdrijf*
pasting *<inf.>* [znw] *flink pak slaag*

pastor [znw] • geestelijke leider
• zielenherder • <AE> pastoor
pastoral I [znw] pastorale II [bnw]
• herderlijk, herders- • landelijk
pastry [znw] gebak(jes), (korst)deeg
pasture I [on ww] (af)grazen II [znw]
• gras • weide
pasty I [znw] vleespastei II [bnw]
deegachtig
pat I [ov ww] • zachtjes slaan/kloppen
op • aaien • strelen II [znw] • tikje
• klompje, kluitje <vnl. v. boter>
III [bnw + bijw] • klaar • precies v. pas,
toepasselijk
patch I [ov ww] (op)lappen • (~ up)
oplappen, bijleggen <v. geschil>
II [znw] • plek • stukje grond • lap,
pleister
patchy [bnw] • onregelmatig • met
vlekken
patent I [ov ww] • patenteren • patent
nemen op II [znw] • patent • octrooi
III [bnw] • gepatenteerd
• voortreffelijk, patent • open, zichtbaar
paternal [bnw] • vaderlijk, vader-
• van vaderszijde
paternalism [znw] overdreven
vaderlijke zorg
paternity [znw] • vaderschap • bron
<fig.>
path [znw] pad, weg, baan
pathetic [bnw] • aandoenlijk • zielig
• bedroevend
pathological [bnw] pathologisch,
ziekelijk
pathologist [znw] patholoog
pathology [znw] pathologie
pathos [znw] • pathos
• aandoenlijkheid
patience [znw] • patience <kaartspel>
• geduld, lijdzaamheid, volharding
patient I [znw] patiënt, zieke II [bnw]
geduldig, lijdzaam, volhardend
patina [znw] • schijn, waas • glans <op
meubels> • kopergroen
patio [znw] patio, binnenhof

patriarch [znw] • nestor • patriarch,
aartsvader
patrician I [znw] patriciër II [bnw]
patricisch
patricide [znw] → parricide
patrimony [znw] vaderlijk erfdeel,
erfgoed
patriot I [znw] patriot II [bnw]
patriottisch
patriotic [bnw] vaderlandslievend
patriotism [znw] patriottisme,
vaderlandsliefde
patrol I [ov + on ww] patrouilleren, de
ronde doen II [znw] patrouille, ronde
patron [znw] • beschermheilige
• beschermheer • klant, begunstiger
patronage [znw] • beschermheerschap
• recht v. voordracht tot ambt
• klandizie, steun • neerbuigendheid
patronize [ov ww] • beschermen,
begunstigen • neerbuigend behandelen
patronizing [bnw] neerbuigend
patter I [on ww] • trippelen, ritselen
• babbelen, praten • kletteren II [znw]
• (verkoop)praatje • getrippel, geritsel
• gekletter
pattern I [ov ww] schakeren
• (~ after/upon) vormen naar
II [znw] tekening, patroon III [bnw]
model-
patty [znw] pasteitje
paunch [znw] • buik • pens
pauper [znw] armlastige, minder
bedeelde
pause I [on ww] • even ophouden,
pauzeren • nadenken II [znw] pauze,
onderbreking, rust
pavement [znw] stoep, trottoir
pavilion [znw] • tent • paviljoen
• clubhuis
paving [znw] bestrating, plaveisel,
bevloering
paw I [ov + on ww] • aanraken <met
poot> • krabben <met hoef> II [ov ww]
<inf.> betasten III [znw] • poot <met
klauw> • <inf.> 'poot', hand

pawn I [ov ww] *belenen, verpanden*
II [znw] • *onderpand* • *pion* ‹fig.›,
gemanipuleerd persoon • *pion* ‹in
schaakspel›
pay I [ov ww] • *(uit)betalen* • *vergelden*
• *vergoeden* • *schenken* ‹v. aandacht›
• (~ **away**) *uitgeven* ‹v. geld›
• (~ **away/out**) ‹scheepv.› *vieren* ‹v.
kabel› • (~ **back**) *betaald zetten,
terugbetalen* • (~ **into**) *storten* ‹v.
geld› • (~ **off**) *(af)betalen, afrekenen*
• (~ **out**) *(uit)betalen* • (~ **towards**)
bijdragen voor • (~ **up**) *betalen,
volstorten* ‹v. aandelen› II [on ww]
• *betalen, boeten* • *renderen* ‹v. zaak›
III [znw] *betaling, loon, soldij*
payable [bnw] • *te betalen* • *betaalbaar*
payer [znw] *betaler*
payment [znw] • *betaling* • *beloning*
pea [znw] *erwt*
peace [znw] • *vrede* • *rust*
peaceable [bnw] • *vreedzaam* • *vredig*
peaceful [bnw] *vredig*
peach [znw] • *perzik* • ‹inf.› *schat* ‹v.e.
meisje›, *snoes*
peak I [on ww] *hoogtepunt bereiken*
II [znw] • *piek, spits* • *hoogtepunt*
• *klep* ‹v. pet› III [bnw] *hoogste*
peaked [bnw] *puntig, scherp*
peaky ‹inf.› [bnw] *mager* ‹v. gezicht›,
pips
peal I [on ww] *klinken, weergalmen*
II [znw] • *gelui* ‹v. klokken›
• *(donder)slag* • *geschater*
peanut [znw] *pinda*
pear [znw] *peer*
pearl [znw] • *parel* • *juweel* ‹fig.›
pearly [bnw] • *parelachtig* • *vol parels*
peat [znw] • *veen* • *turf*
peaty [bnw] *turfachtig, veenachtig*
peccadillo [znw] *pekelzonde, kleine
zonde*
peck I [ov + on ww] • *hakken*
• *knabbelen* • *pikken* • (~ **at**) *pikken
naar/in, in kleine hapjes verorberen,
vitten op* II [ov ww] *oppervlakkig een*

kus geven • (~ **up**) *oppikken* III [znw]
• *pik* ‹met snavel› • *vluchtige kus*
pecker [znw] • ‹inf.› *moed* • ‹sl.› *penis*
peculiar [bnw] *eigenaardig*
peculiarity [znw] *eigenaardigheid*
pedagogy [znw] *pedagogie*
pedal I [ov + on ww] *fietsen* II [znw]
pedaal
pedant [znw] *muggenzifter*
pedantic [bnw] *pedant*
peddle [ov + on ww] • *venten, verkopen*
‹vnl. drugs› • *opdringen* ‹v.
denkbeelden›
pedestrian I [znw] *voetganger* II [bnw]
• *voet-* • *wandel-* • *prozaïsch, laag bij
de grond*
pedigree [znw] • *stamboom* • *afkomst*
pedlar [znw] *marskramer*
pee ‹sl.› I [on ww] *plassen* II [znw] *plasje*
peek [on ww] *gluren, kijken*
peel I [ov ww] • *(af)schillen* • *villen,
(af)stropen* II [on ww] • *vervellen* • ‹sl.›
bladderen ‹v. verf›, z. *uitkleden*
III [znw] *schil*
peeler [znw] *schilmesje*
peep I [ov ww] • z. *vertonen* • *heimelijk
'n blik werpen op* • (~ **at**) *gluren naar*
II [znw] • *gepiep* • *kijkje*
peer I [on ww] • (~ **at/in(to)**) *turen
naar* II [znw] • *weerga, gelijke*
• *edelman*
peerage [znw] • *adel(stand)* • *boek v.
edelen en hun stamboom*
peeress [znw] • *vrouw v.e. edelman*
• *vrouw met adellijke titel*
peevish [bnw] *knorrig, gemelijk*
peg I [ov ww] *met pennen/knijpers
vastmaken/steunen* • (~ **down** (to))
binden (aan) • (~ **out**) *afpalen,
afbakenen, wasgoed ophangen*
II [on ww] • (~ **away**) *ploeteren op*
• (~ **out**) *het hoekje omgaan,
doodgaan* III [znw] • *kapstok* • *knijper*
• *schroef* ‹v. snaarinstrument›
• *houten nagel, pen* • *haring* ‹v. tent›
• ‹inf.› *houten been*

pejorative [bnw] • ongunstig
• kleinerend
pelican [znw] pelikaan
pellet [znw] • hagelkorrel • balletje,
propje • kogeltje
pellucid [bnw] helder, doorschijnend
pelt I [ov ww] beschieten II [on ww]
• kletteren • rennen III [znw] • vacht,
huid • slag(regen)
pelvis [znw] bekken
pen I [ov ww] • opsluiten
• (op)schrijven, neerpennen II [znw]
• schaapskooi, hok • pen
penal [bnw] straf(baar), straf-
penalize [ov ww] • strafbaar stellen
• benadelen
penalty [znw] straf, boete
penance [znw] boetedoening
pence [mv] → penny
penchant [znw] neiging
pencil I [ov ww] met potlood
merken/(op)schrijven II [znw]
• potlood • stiftje
pendant I [znw] (oor)hanger, pendant
II [bnw] (over)hangend, hangende,
onbeslist
pending I [bnw] hangende, onbeslist
II [vz] • hangende, gedurende • in
afwachting v., tot
pendulous [bnw] • hangend
• schommelend
pendulum [znw] slinger
penetrate [ov + on ww] • doordringen
• doorgronden
penetrating [bnw] • doordringend
• scherpzinnig
penguin [znw] pinguïn
penicillin [znw] penicilline
peninsula [znw] schiereiland
penitence [znw] berouw
penitent I [znw] • boetvaardige
zondaar • biechteling • boeteling
II [bnw] boetvaardig
penitential [bnw] boete-, boetvaardig
penitentiary I [znw]
• verbeteringsgesticht • penitentiarie

II [bnw] straf-, boete-
pennant [znw] wimpel
penniless [bnw] arm, zonder geld
penny I [znw] stuiver II [bnw]
goedkoop, prul-
pension I [ov ww] • (~ off) met
pensioen laten gaan II [znw] • pensioen
• jaargeld • pension
pensionable [bnw]
• pensioengerechtigd • recht gevend op
pensioen
pensioner [znw] pensioentrekker
pensive [bnw] • peinzend
• zwaarmoedig
pentathlon [znw] vijfkamp
Pentecost [znw] • joods Pinksteren
• pinksterzondag
penthouse [znw] <AE> hoogste
verdieping van wolkenkrabber
penultimate [bnw] voorlaatste
penurious [bnw] behoeftig
penury [znw] armoede
peony [znw] pioen(roos)
people I [ov ww] bevolken II [znw]
• mensen • men • volk
pepper I [ov ww] beschieten,
bombarderen II [znw] peper
peppery [bnw] • peperachtig, gepeperd
• driftig
perambulator [znw] kinderwagen
perceive [ov ww] (be)merken,
waarnemen
perception [znw] gewaarwording
perceptive [bnw] opmerkzaam
perch I [ov ww] gaan zitten of plaatsen
op iets hoogs II [on ww] neerstrijken
III [znw] • roest <v. vogel> • hoge plaats
• baars
percolate [ov + on ww] • filtreren
• sijpelen, dóórdringen, doordringen
percolator [znw] koffiezetapparaat
percussion [znw] <muz.> slagwerk
perdition [znw] verderf, verdoemenis
peremptory [bnw] gebiedend,
dictatoriaal
perennial I [znw] overblijvende plant

II [bnw] • *eeuwigdurend* • ‹plantk.›
overblijvend

perfect I [ov ww] *verbeteren,
perfectioneren* II [znw] *voltooid
tegenwoordige tijd* III [bnw]
• *volmaakt, volledig, perfect*
• *volslagen* • *voortreffelijk*

perfection [znw] *perfectie, toppunt*

perfidious [bnw] *trouweloos,
verraderlijk*

perforate [ov ww] *doorboren, perforeren*

perforation [znw] • *doorboring,
perforatie* • *gaatje*

performance [znw]
• *(toneel)voorstelling, optreden*
• *prestatie*

performer [znw] *zanger, iem. die iets
doet of presteert, toneelspeler*

perfume I [ov ww] *parfumeren* II [znw]
geur, parfum

perfunctory [bnw] *oppervlakkig,
nonchalant*

perhaps [bijw] *misschien*

peril [znw] *gevaar*

perilous [bnw] *hachelijk, gevaarlijk*

perimeter [znw] *omtrek*

period I [znw] • *punt* ‹na zin›
• *menstruatie* • *periode* • *duur* • *lesuur*
II [bnw] *behorend tot 'n bepaalde
tijd/stijl*

periodic [bnw] *periodiek*

periodical I [znw] *periodiek, tijdschrift*
II [bnw] *periodiek*

peripatetic I [znw] *iem. die rondtrekt*
II [bnw] *rondtrekkend*

peripheral [bnw] • *perifeer* • *de
buitenkant rakend*

periphery [znw] • *omtrek* • *oppervlak,
buitenkant*

periscope [znw] *periscoop*

perish [on ww] *omkomen of vergaan*

perishable [bnw] • *vergankelijk* • *aan
bederf onderhevig*

perishing [bnw + bijw] ‹sl.›
beestachtig ‹vnl. v. kou›

perjury [znw] *meineed*

perk [on ww] • (~ **up**) *z. oprichten,
opfleuren*

perky [bnw] • *verwaand, zelfbewust,
brutaal* • *zwierig*

perm [znw] *permanent* ‹in haar›

permanent [bnw] *blijvend, duurzaam,
permanent*

permeable [bnw] *doordringbaar*

permeate [ov + on ww] *doordringen*

permissible [bnw] *toelaatbaar,
geoorloofd*

permission [znw] *verlof, vergunning*

permissive [bnw] *(al te) toegeeflijk*

permit I [ov + on ww] *toestaan* II [znw]
vergunning, verlof

pernicious [bnw] • *verderfelijk*
• *kwaadaardig*

peroration [znw] • *slotwoord* • *oratie*

peroxide [znw] *peroxide*

perpendicular I [znw] *loodlijn*
II [bnw] *loodrecht, steil, recht(op)*

perpetrate [ov ww] • *bedrijven,
begaan* • ‹inf.› *z. bezondigen aan*

perpetrator [znw] *dader*

perpetual [bnw] • *eeuwig* • ‹inf.›
geregeld, herhaaldelijk

perpetuate [ov ww] • *bestendigen*
• *vereeuwigen*

perpetuity [znw] *eeuwigheid*

perplex [ov ww] *verwarren, verlegen
maken*

perplexity [znw] *verwarring*

perquisite [znw] *fooi,
neveninkomst(en)*

persecute [ov ww] • *vervolgen*
• *lastigvallen*

persecution [znw] *vervolging*

persevere [on ww] *volharden,
volhouden*

Persian I [znw] • 't *Perzisch* • *Pers*
II [bnw] *Perzisch*

persist [on ww] • *blijven volhouden*
• *voortduren* • (~ **in**) *doorgaan met*

persistent [bnw] • *hardnekkig*
• *blijvend*

person [znw] • *persoon* • *iemand*

personable [bnw] • knap <v. uiterlijk>
• innemend
personage [znw] • personage • persoon
personal I [znw] II [bnw] persoonlijk
personality [znw] persoonlijkheid
personalize [ov ww] verpersoonlijken
personally [bijw] wat mij betreft,
persoonlijk
personify [ov ww] verpersoonlijken
personnel [znw] • personeel
• manschappen
perspective [znw] • perspectief
• vooruitzicht
perspiration [znw] zweet, transpiratie
persuade [ov ww] overreden, overtuigen
persuasion [znw] • overreding(skracht)
• geloof • overtuiging • <scherts> ras,
soort, geslacht
persuasive [bnw] overredend,
overredings-
pert [bnw] vrijpostig, brutaal
pertinacious [bnw] hardnekkig,
volhardend
pertinent [bnw] ter zake, adrem,
toepasselijk
perusal [znw] 't doorlezen
peruse [ov ww] onderzoeken,
aandachtig bekijken, even doorlezen
Peruvian I [znw] Peruviaan II [bnw]
Peruviaans
pervade [ov ww] doordringen
perverse [bnw] • pervers, verdorven,
verkeerd • onhandelbaar
perversion [znw] • verdraaiing <vnl. v.
woorden> • perversie
pervert I [ov ww] • verdraaien <vnl. v.
woorden> • pervers maken II [znw]
pervers iem.
pessary [znw] pessarium
pessimism [znw] pessimisme
pest [znw] • plaag • lastig mens
• schadelijk dier • pest
pester [ov ww] plagen • (~ for) lastig
vallen om
pesticide [znw] pesticide,
verdelgingsmiddel

pestilence [znw] dodelijke epidemie
pet I [ov ww] liefkozen, vertroetelen
II [znw] • lieveling(sdier) • boze bui
III [bnw] lievelings-
petal [znw] bloemblad
petite [bnw] klein en tenger
petition I [ov + on ww] een verzoek
richten tot • (~ for) smeken om
II [znw] smeekschrift, adres,
verzoek(schrift)
petitioner [znw] verzoeker, adressant,
eiser
petrify I [ov ww] • doen verstenen
• versteend doen staan II [on ww]
verstenen
petrochemical I [znw] petrochemische
stof II [bnw] petrochemisch
petrol [znw] benzine
petticoat [znw] (onder)rok
pettifogging [bnw] kleinzielig
pettish [bnw] • humeurig • lichtgeraakt
petty [bnw] • onbeduidend, nietig
• kleinzielig • klein
pew [znw] • kerkbank • <inf.> zitplaats
pewter [znw] tinlegering
phalanx [znw] • slagorde • dicht
aaneengesloten menigte
• teen-/vingerkootje
phallic [bnw] fallisch
phallus [znw] fallus, penis
phantasmagoria [znw] schimmenspel
phantom I [znw] spook,
geestverschijning II [bnw] • schijnbaar
• onbekend • geheim • spook-
pharmaceutical [bnw] farmaceutisch
pharmacist [znw] farmaceut,
apotheker
pharmacology [znw] farmacologie
pharmacy [znw] apotheek, farmacie
phase I [ov ww] • (~ in) gelijdelijk
invoeren II [znw] • schijngestalte <v.d.
maan> • stadium, fase
pheasant [znw] fazant
phenomenal [bnw] enorm,
buitengewoon
phenomenon [znw] • verschijnsel

• *fenomeen* • *wonderbaarlijk iem./iets*
phew [tw] *foei!, hè!*
philanderer [znw] *flirter*
philatelist [znw] *filatelist*
philately [znw] *filatelie*
philology [znw] *filologie*
philosopher [znw] *wijsgeer*
philosophize [on ww] *filosoferen*
philosophy [znw] • *wijsbegeerte*
• *levensbeschouwing*
phobia [znw] *fobie*
phoenix [znw] *feniks*
phone [znw] <inf.> *telefoon*
phonograph [znw] • *fonograaf* • <AE>
grammofoon
phonology [znw] *klankleer*
phosphate [znw] *fosfaat*
phosphorescent [bnw] *fosforescerend*
phosphorus [znw] *fosforus*
photo [znw] *foto*
photogenic [bnw] *fotogeniek*
photograph I [ov + on ww]
fotograferen II [znw] *foto, portret*
photographer [znw] *fotograaf*
photographic [bnw] • *fotografisch*
• *fotografie-*
phrase I [ov ww] *onder woorden*
brengen II [znw] • *uitdrukking,*
gezegde • *bewoording, woorden* • *frase*
phrasing [znw] • *bewoording,*
uitdrukking • <muz.> *frasering*
phut [bijw] * *go phut kapotgaan; niet*
meer functioneren
physical I [znw] <AE> *lichamelijk*
onderzoek II [bnw] • *natuurkundig*
• *materieel, natuur-* • *lichamelijk*
physician [znw] *geneesheer, dokter*
physicist [znw] *natuurkundige*
physiognomy [znw] • *gelaat,*
voorkomen • *aanblik v. iets*
physique [znw] *lichaamsbouw, gestel*
piano I [znw] *piano* II [bnw + bijw]
<muz.> *piano*
picaresque [bnw] *schurken-,*
schurkachtig
pick I [ov + on ww] • *plukken*

• (op)*pikken* • (uit)*kiezen* • *bekritiseren*
• (~ **at/on**) <AE> *vitten/afgeven op*
• (~ **on**) *uitkiezen* • (~ **out**) *uitkiezen*
• (~ **up**) *ontvangen/krijgen* <v.
inlichtingen>, *oprapen, opnemen,*
(aan)*leren, opknappen, beter worden,*
terugvinden <v. spoor>, *aanwakkeren*
<v. wind>, *aanslaan* <v. motor>
II [ov ww] • *uiteenrafelen, pluizen*
• *peuteren* • (~ **off**) *afplukken,*
uitpikken, de een na de ander
neerschieten III [znw] • *houweel*
• *keuze* • 't *beste* • *pluk*
picker [znw] *plukker*
picket I [ov ww] *posten* <v. stakers>
II [znw] • *paal, staak* • *post* <v. stakers>
pickle I [ov ww] • *pekelen* • *inmaken*
II [znw] • *pekel* • *azijn*
picnic I [on ww] *picknicken* II [znw]
picknick
picnicker [znw] *picknicker*
pictorial [bnw] • *beeld-* • *geïllustreerd*
picture I [ov ww] *afbeelden, schilderen*
II [znw] *portret, beeld, voorstelling,*
plaat, toonbeeld, schilderij
picturesque [bnw] • *schilderachtig*
• *beeldend, levendig*
piddle I [on ww] <inf.> *een plasje doen*
II [znw] <inf.> *plasje*
piddling <inf.> [bnw] *onbenullig*
pidgin I [znw] *pidgin(taal)* II [bnw]
pidgin-
pie [znw] • *pastei(tje)* • *taart, gebak*
piebald [bnw] *bont, zwart-wit gevlekt*
<v. paard>
piece I [ov ww] • (~ **together**)
uitvogelen, in elkaar zetten (van
stukjes) II [znw] • *stuk(je)*
• *schaakstuk, damschijf* • *muziekstuk*
pier [znw] • *steiger* • *havenhoofd, pier*
pierce [ov + on ww] *doordringen,*
doorboren
piercing [bnw] *doordringend*
piety [znw] *piëteit, vroomheid*
piffle <inf.> [znw] *onzin*
pig I [wkd ww] *schrokken, veel eten*

II [znw] • varken(svlees) • (wild) zwijn • lammeling • schrokop • smeerlap
pigeon [znw] duif
piglet [znw] big
pigment [znw] kleurstof, verfstof
pike [znw] • piek, spies • snoek
pilchard [znw] soort kleine haring
pile I [ov ww] opstapelen • (~ up) opstapelen, doen toenemen II [on ww] • (~ up) zich opstapelen, toenemen III [znw] • hoop, stapel • pool, nop <op stof> • aambei • (hei)paal • <inf.> fortuin, geld
pilfer [ov ww] gappen
pill [znw] pil
pillage I [ov ww] plunderen, roven II [znw] plundering
pillar [znw] (steun)pilaar, zuil
pillow I [ov ww] op een kussen (laten) rusten II [znw] hoofdkussen
pilot I [ov ww] besturen, loodsen II [znw] • leidsman, gids • piloot • controlelampje • loods III [bnw] test-
pimp [znw] souteneur
pimple [znw] puistje
pimpled, pimply [bnw] puistig
pin I [ov ww] • (op)prikken • vastspelden • (~ up) opprikken <v. insecten>, opspelden II [znw] • speld • pen
pinch I [ov ww] • knijpen • bekrimpen • <sl.> jatten II [on ww] • gierig zijn • (te) strak zitten III [znw] • kneep • kritieke toestand • heel klein beetje, snuifje
pine I [on ww] • (~ after/for) smachten naar • (~ away) wegkwijnen II [znw] grenenhout, vurenhout
pineapple [znw] ananas
pinion [ov ww] vastbinden <v.d. armen>
pink I [on ww] • roze worden • kloppen <v. motor> II [znw] • anjelier • perfectie, puikje III [bnw] • roze • <pol.> met 'rood' sympathiserend
pinkish [bnw] rozeachtig

pinnacle [znw] • torentje • top • hoogtepunt
pint [znw] • pint <6 dl> • glas bier
pioneer I [ov ww] • de weg bereiden • leiden II [znw] pionier, baanbreker
pip I [ov ww] verslaan II [znw] • pit • pip
pipe I [ov ww] door buizen laten lopen II [on ww] met lage stem spreken • (~ down) <sl.> rustig worden III [znw] • pijp • buis
piper [znw] doedelzakspeler, fluitspeler
pipette [znw] pipet
piping I [znw] • pijpen, buizen • biesversiering II [bnw + bijw] • sissend, kokend • fluitend
piquant [bnw] pikant, prikkelend
pique I [ov ww] kwetsen II [znw] wrok
piracy [znw] • zeeroverij • plagiaat
pirate I [ov ww] ongeoorloofd boeken e.d. nadrukken II [znw] • zeerover • plagiaris
piss <sl.> I [ov + on ww] pissen • (~ off) wegwezen II [znw] pis
pissed [bnw] dronken
pistol [znw] pistool
piston [znw] zuiger
pit I [ov ww] • (~ against) stellen tegenover, opzetten tegen II [znw] • kuil, groeve, schacht • putje, kuiltje • diepte • pit <tijdens autorace> • parterre <in schouwburg>
pitch I [ov ww] • gooien, werpen • opslaan <v. tent> II [on ww] • voorovervallen, z. storten • stampen <v. schip> • (~ in) <inf.> een handje helpen • (~ into) <inf.> te lijf gaan III [znw] • toonhoogte • pek • worp • standplaats • <sport> veld
pitcher [znw] • kan, kruik • werper <bij honkbal>
pitfall [znw] • valkuil • valstrik <fig.>
pith [znw] essentie, kern
pithy [bnw] pittig, krachtig
pitiable [bnw] meelijwekkend
pitiful [bnw] • medelijdend • armzalig

• verachtelijk
pitiless [bnw] *meedogenloos*
pity I [ov ww] *medelijden hebben met, beklagen* II [znw] *medelijden*
pitying [bnw] *vol medelijden, medelijdend*
pivot I [on ww] *draaien om spil* II [znw] *spil* ‹ook fig.›
pivotal [bnw] *hoofd-, centraal*
pixie [znw] *fee*
placard [znw] ≈ *spandoek*
placate [ov ww] *tevredenstellen, verzoenen*
place I [ov ww] • *plaatsen* • *herinneren, thuisbrengen* ‹fig.› II [znw] • *plaats, woonplaats* • *zitplaats* • *huis, gebouw, buitengoed* • *pleintje, hofje* • *plek* • *ruimte* • *betrekking, positie*
placid [bnw] *vredig, rustig, kalm*
plagiarism [znw] *plagiaat*
plagiarist [znw] *plagiaris*
plagiarize [ov ww] *plagiaat plegen*
plague I [ov ww] • *bezoeken* ‹fig.› • ‹inf.› *pesten, treiteren* II [znw] • *pest* • *plaag* • *vervelend/lastig iem./iets*
plaice [znw] *schol*
plaid [znw] • *(geruite) reisdeken* • *Schotse omslagdoek* • *(geruite) wollen stof* • *plaid*
plain I [znw] *vlakte* II [bnw] • *duidelijk* • *eenvoudig* • *onversierd* • *openhartig* • *alledaags, gewoon* • *lelijk* ‹v. meisje› • *vlak, glad* ‹v. ring› III [bijw] *gewoon*
plainly [bijw] *ronduit, zonder meer*
plaintive [bnw] *klagend*
plait I [ov ww] *vlechten* II [znw] *vlecht*
plan I [ov ww] • *een plan maken* • *regelen* II [on ww] • (~ **on**) *rekenen op* III [znw] • *plan* • *schema, ontwerp* • *schets, tekening* • *plattegrond*
plane I [ov ww] *schaven* II [znw] • *plataan* • *schaaf* • *vlak* • *niveau, peil, plan* • ‹inf.› *vliegtuig*
planet [znw] *planeet*
plank [znw] • *programmapunt* • *plank*
planking [znw] • *bevloering* • *planken*

planner [znw] *ontwerper*
planning [znw] *planning, regeling, opzet, 't ontwerpen*
plant I [ov ww] • *planten* • *plaatsen, posteren* • *toebrengen* ‹v. slag› • ‹sl.› *verbergen* • (~ **out**) *vanuit pot in de open grond zetten, uitpoten* II [znw] • *plant* • *installatie, materieel* • ‹AE› *fabriek*
plantain [znw] *weegbree*
plantation [znw] *plantage*
planter [znw] • *planter* • *plantage-eigenaar*
plaque [znw] • *(gedenk)plaat* • *tandplak*
plastic I [znw] *plastic* II [bnw] • *van plastic* • *kneedbaar*
plate I [ov ww] *pantseren* II [znw] • *naamplaat, pantserplaat, fotografische plaat* • *nummerbord* • *gravure* • *bord* • *tafelzilver, metalen vaatwerk* • *collecteschaal*
plateau [znw] • *plateau* • *stilstand* ‹in groei›
plateful [znw] *bordvol*
platform [znw] • *podium, spreekgestoelte* • *verhoging* • *perron* • *balkon* ‹v. tram› • ‹AE› *program v. politieke partij*
plating [znw] • *verguldsel* • *pantsering*
platinum [znw] *platina*
platitude [znw] *gemeenplaats*
platoon [znw] *peloton*
platter [znw] • *plat bord of schaal* • *plateau*
plausible [bnw] *aannemelijk, geloofwaardig*
play I [ov ww] • *spelen, bespelen* • *uithalen* ‹v. grap› • *spelen, uitspelen* ‹v. kaart› • (~ **back**) *terugspelen van geluidsband* • (~ **down**) *bagatelliseren, kleineren* • (~ **out**) *uitspelen* II [on ww] *spelen* • (~ **(up)on**) *bespelen, beïnvloeden, misbruik maken van* • (~ **up**) *beginnen te haperen, last bezorgen* • (~ **up to**)

vleien, helpen, steunen III [znw] • *spel*
• *toneelstuk* • *speling,*
bewegingsvrijheid
player [znw] *(beroeps)speler*
playful [bnw] *schertsend, speels*
plaza [znw] *plein*
plea [znw] • *pleidooi, betoog*
• *verontschuldiging*
plead I [ov ww] • *bepleiten, verdedigen*
• *als verontschuldiging aanvoeren*
II [on ww] *pleiten, z. verdedigen*
pleading [bnw] *smekend*
pleasant [bnw] *aangenaam, prettig*
please I [ov + on ww] • *bevallen,*
behagen • *believen* II [bijw] *alstublieft*
pleat I [ov ww] *plooien* II [znw] *plooi*
plebeian I [znw] *plebejer* II [bnw]
plebejisch
pledge I [ov ww] *plechtig beloven*
II [znw] *belofte, gelofte*
plenary [bnw] • *geheel* • *volledig,*
voltallig
plenty I [znw] *overvloed* II [bnw] <AE>
overvloedig III [bijw] <inf.> *ruimschoots*
pleurisy [znw] *pleuris*
pliable [bnw] *plooibaar, volgzaam*
pliers [mv] *buigtang*
plight [znw] • *conditie, (hopeloze)*
toestand • *(onaangename) situatie*
plinth [znw] *plint*
plod I [on ww] *sjokken* • (~ **along/on**)
voortsukkelen II [znw] *gezwoeg*
plodder [znw] *zwoeger, ploeteraar*
plonk I [ov ww] *met 'n smak neergooien*
II [znw] • *plof, smak* • *goedkope wijn*
plop I [ov + on ww] *neerploffen* II [znw]
plons, plof
plot I [ov ww] • *intrigeren, plannen*
smeden/beramen • *in kaart brengen*
II [znw] • *stukje grond* • *plot, intrige*
• *samenzwering*
plotter [znw] *samenzweerder*
plough I [ov ww] *(door)ploegen*
• (~ **in**) *onderploegen* • (~ **up**)
omwoelen II [znw] *ploeg*
plover [znw] *pluvier*

plow → **plough**
ploy <inf.> [znw] *tactische zet*
pluck I [ov ww] *plukken* <ook v.
gevogelte>, trekken (aan) II [znw]
moed, durf
plucky [bnw] *moedig*
plug I [ov ww] • *dichtstoppen, vullen* <v.
tand> • *ophemelen* • <sl.> *neerschieten*
• (~ **in**) *contact maken, de stekker*
insteken II [on ww] • (~ **away**)
doorploeteren, doorzwoegen III [znw]
• *stop, plug, stekker, vulling* • *propje* <v.
tabak> • *bougie*
plum I [znw] *pruim* II [bnw] *paars,*
dieprood
plumage [znw] *gevederte*
plumb I [ov ww] *peilen* II [bnw]
• *volkomen, volslagen* • *precies*
plumber [znw] *loodgieter*
plumbing [znw] *loodgieterswerk,*
sanitair
plume [znw] *pluim, vederbos*
plummy [bnw] • *bekakt* • *dieprood*
plump I [ov ww] *opschudden* • (~ **for**)
als één man stemmen op, z. verklaren
voor II [on ww] *neerploffen*
• (~ **down**) *neerploffen* III [znw] *plof*
IV [bnw] *mollig, vol, vlezig, dik*
plunder I [ov ww] *plunderen, (be)roven*
II [znw] • *plundering* • *buit, roof*
plunge I [ov ww] • *onderdompelen*
• *storten* II [on ww] • *kelderen* <v.
prijzen> • *(z.) storten* III [znw] • *duik*
• *kritiek ogenblik*
plunger [znw] *ontstopper*
plunk I [ov + on ww] *neerploffen*
II [znw] *dof geluid*
plural [bnw] *meervoudig, meervoud(s)-*
pluralism [znw] *pluralisme*
plurality [znw] • *meervoudigheid*
• *meerderheid v. stemmen*
plus I [znw] • *plusteken* • *voordeel*
II [bnw] • *extra* • <wisk.> *positief*
III [vz] *plus*
plush I [znw] *pluche* II [bnw] *piekfijn*
plushy [bnw] <inf.> *chic, luxueus*

plutocracy [znw] *plutocratie*
ply I [ov + on ww] • *(krachtig) hanteren*
‹v. wapen› • *lastig vallen met,*
overstelpen met II [on ww] *pendelen* ‹v.
boot› III [znw] • *laag* • *multiplex*
pneumatic [bnw] • *pneumatisch,*
lucht(druk)- • *geestelijk*
poach [ov ww] • *pocheren* • *stropen* • *op*
oneerlijke manier verkrijgen
poacher [znw] *stroper*
pock [znw] *pok*
pocket I [ov ww] • *in de zak steken*
• *potten* ‹bij poolbiljart› II [znw] • *zak*
• *pocketboek* • ‹mil.› *geïsoleerd gebied*
III [bnw] *in zakformaat, miniatuur*
pocketful [znw] *heel veel*
pod [znw] *dop, peul*
podgy [bnw] *dik, rond*
poem [znw] *gedicht*
poetry [znw] *dichtkunst, poëzie*
poignancy [znw] • *scherpheid*
• *pijnlijkheid*
poignant [bnw] *scherp, pijnlijk,*
schrijnend
point I [ov ww] *richten* • *(~ at) richten*
op • *(~ out) wijzen op* • *(~ up)*
benadrukken II [on ww] *gericht zijn*
• *(~ at) wijzen op* • *(~ to) wijzen op,*
aangeven III [znw] • *het voornaamste,*
kern • *zin, nut* • *punt, decimaalteken,*
stip • *(kompas)streek* • *spits, naald*
• *(doel)punt*
pointed [bnw] • *puntig* • *nadrukkelijk*
pointer [znw] • *wijzer* • *aanwijsstok*
• *staande hond* • ‹inf.› *aanwijzing,*
wenk
pointless [bnw] • *doelloos* • *zinloos,*
nodeloos
poise [znw] • *zelfbeheersing* • *houding*
• *evenwicht*
poison I [ov ww] • *vergiftigen*
• *verpesten, bederven* II [znw] *vergif*
poisonous [bnw] • *vergiftig*
• *verderfelijk*
poke I [ov ww] • *oppoken* • *stoten,*
duwen II [znw] *stoot, duw, por*

poker [znw] • *pook* • *poker*
poky [bnw] *klein en lelijk* ‹v.
onderkomen›
polar [bnw] *polair, pool-*
polarity [znw] *polariteit*
polarize [ov + on ww] *polariseren*
pole [znw] • *paal, stok, staak, mast*
• *pool*
polemic [znw] *polemiek*
police I [ov ww] • *onder politietoezicht*
stellen • *toezicht houden op* II [znw]
politie
policy [znw] • *(staats)beleid* • *polis*
polish I [ov ww] *polijsten, poetsen*
• *(~ off)* ‹inf.› *afmaken, verorberen*
• *(~ up) verfraaien, oppoetsen* II [znw]
• *glans, politoer, poets* • *elegantie*
polite [bnw] • *beleefd* • *beschaafd*
politic [bnw] *politiek, handig*
political [bnw] *staatkundig, politiek*
politician [znw] *politicus*
polity [znw] • *staatsinrichting* • *staat*
poll I [ov ww] • *stemmen behalen*
• *ondervragen* II [znw] *opiniepeiling*
pollen [znw] *stuifmeel*
pollinate [ov ww] *bestuiven*
polls [mv] *verkiezingen*
pollute [ov ww] *verontreinigen* ‹vnl. v.
milieu›
pollution [znw] *verontreiniging,*
vervuiling
polygamy [znw] *polygamie*
polyglot [znw] *polyglot, iem. die veel*
talen beheerst
polytechnic [znw] ≈ *hoger*
beroepsonderwijs
polythene [znw] *polytheen,*
polyethyleen
pom, pommy ‹pej.› [znw] *Engelsman*
pomegranate [znw] *granaatappel-*
(boom)
pomp [znw] *pracht, luister*
pomposity [znw] *gewichtigheid*
pompous [bnw] • *hoogdravend*
• *gewichtig*
ponce [znw] • *pooier* • ‹sl.› *verwijfd type*

pond [znw] *vijver*
ponder I [ov ww] *overpeinzen*
 II [on ww] • (~ **on**) *peinzen over*
ponderous [bnw] • *zwaar, log* • *saai,*
 vervelend ‹v. stijl› • *zwaarwichtig*
pong I [on ww] *stinken* II [znw] *stank*
pontifical [bnw] *pontificaal, pauselijk*
pontificate I [on ww] *gewichtig doen,*
 orakelen II [znw] *pontificaat*
pontoon I [ov ww] *in pontons*
 oversteken II [znw] • *ponton* • *caisson*
 • *eenentwintigen*
poodle [znw] *poedel*
pooh [tw] *bah!*
pool I [ov ww] • *samenbundelen* ‹fig.›
 • *verenigen* • *poolen* II [znw] • *poel,*
 plas • *zwembad* • *reservoir* • *pot* ‹bij
 spel› • *gemeenschappelijk fonds*
poop [znw] • *achtersteven* • *achterdek*
poor I [znw] *de armen* II [bnw]
 belabberd, arm, schraal, armetierig
pop I [ov ww] • *laten knallen* • *laten*
 verschijnen • *even neerzetten/-leggen*
 • ‹AE› *poffen* ‹v. maïs› • (~ **on**) *haastig*
 aantrekken, aanschieten ‹v. kleren›
 II [on ww] • *knallen* • *snel of plotseling*
 gaan of komen • *glippen* • *wippen*
 • (~ **down**) *even naar beneden gaan*
 • (~ **in** (**on**)) *even binnenlopen (bij)*
 • (~ **off**) *wegglippen, de pijp uit gaan*
 • (~ **over/round**) *even aanwippen,*
 even binnenlopen • (~ **up**) *weer boven*
 water komen, opduiken III [znw]
 • *knal, plof, klap* • *gemberbier*
 • *popmuziek* • ‹AE inf.› *papa*
popish [bnw] *paaps*
poplar [znw] *populier*
poppet ‹inf.› [znw] *popje, lieverd*
poppy [znw] *papaver, klaproos*
populace [znw] *gewone volk*
popular [bnw] *populair, volks-*
popularize [ov ww] *populariseren*
population [znw] *bevolking*
populous [bnw] *dichtbevolkt, volkrijk*
porcelain I [znw] *porselein* II [bnw]
 porseleinen

porch [znw] • *portiek* • ‹AE› *veranda*
porcupine [znw] *stekelvarken*
pore I [on ww] • (~ **over**) z. *verdiepen*
 in ‹vnl. boek› II [znw] *porie*
pork [znw] *varkensvlees*
porn(o) [znw] *porno*
pornography [znw] *pornografie*
porous [bnw] *poreus*
porridge [znw] *pap*
port [znw] • *bakboord* • *port*
 • *haven(plaats)*
portable [bnw] *draagbaar*
portal [znw] *ingang, poort*
portend [ov ww] *voorspellen*
portent [znw] *voorteken*
portentous [bnw] • *onheilspellend*
 • *plechtig* • *veelbetekenend*
porter [znw] • *portier* • *kruier, drager,*
 besteller
portico [znw] *zuilengang, portiek*
portion I [ov ww] • (~ **out**) *uitdelen,*
 verdelen II [znw] • *lot* • *(aan)deel,*
 portie
portly [bnw] *gezet* ‹v. persoon›
portrait [znw] • *portret* • *beeld*
 • *levendige beschrijving*
portray [ov ww] *portretteren*
pose I [ov ww] • *plaatsen, opstellen*
 • *stellen* ‹v. vraag of stelling›
 II [on ww] • z. *aanstellen, 'n houding*
 aannemen • z. *uitgeven voor* • *poseren*
 III [znw] *pose, houding, aanstellerij*
poser [znw] • *moeilijke vraag, moeilijk*
 probleem • *poseur*
posh ‹sl.› [bnw] *chic*
position I [ov ww] *plaatsen* II [znw]
 • *stelling, bewering* • *houding,*
 plaats(ing) • *stand, rang* • *toestand*
 • *post, betrekking*
positive [bnw] • *positief* • ‹inf.› *echt,*
 volslagen
posse [znw] • *groep gewapende mannen*
 • *troep*
possess [ov ww] *hebben, beheersen,*
 bezitten
possession [znw] *bezit, bezitting*

possessive I [znw] • *tweede naamval*
• *bezittelijk voornaamwoord* II [bnw]
• *bezit-, bezittelijk* • *aanmatigend*
possessor [znw] *bezitter*
possibility [znw] *mogelijkheid*
possible I [znw] *mogelijkheid* II [bnw]
mogelijk
possibly [bijw] *mogelijkerwijs*
post I [ov ww] • *(aan)plakken, bekend
maken* • *op de post doen* • *posten*
II [znw] • *post(kantoor)* • *post,
(stand)plaats* • *betrekking, post* • *post,
staak, paal* III [voorv] *na, post-*
postage [znw] *porto*
postal [bnw] *post-*
poster [znw] *affiche, aanplakbiljet*
posterior I [znw] *zitvlak* II [bnw]
• *later* • *volgend op*
posterity [znw] *nakomelingschap,
nageslacht*
posthumous [bnw] *na de dood,
postuum*
postpone [ov ww] *uitstellen*
posture I [on ww] *poseren* II [znw]
houding
pot I [ov ww] • *potten* ‹v. plant›
• *stoppen* ‹bij biljart› • *neerschieten*
II [on ww] • *(~ at) schieten op* III [znw]
• *kan, beker, pot* • ‹sl.› *cannabis, hasj,
marihuana*
potassium [znw] *kalium*
potato [znw] *aardappel*
potence, potency [znw] • *macht,
invloed* • *potentie* • *kracht*
potent [bnw] • *potent* • *machtig* • *sterk*
‹v. medicijn›
potentate [znw] *vorst*
potential I [znw] • *potentieel*
• *mogelijkheid* II [bnw] *eventueel,
latent, potentieel, mogelijk*
potentiality [znw] *mogelijkheid*
potion [znw] *drankje* ‹v. medicijn of
vergif›
potted [bnw] • *ingemaakt* • *verkort*
potter I [on ww] • *(~ about)
rondscharrelen* II [znw] *pottenbakker*

pottery [znw] • *aardewerk*
• *pottenbakkerij*
potty I [znw] *po* II [bnw] *gek*
pouch [znw] • *zak* • *wangzak* • *krop,
buikje* • *buidel* ‹v. buideldier› • *wal*
‹onder ogen›
poultry [znw] *pluimvee*
pounce I [on ww] • *(~ on) zich werpen
op* II [znw] *plotselinge
beweging/sprong*
pound I [ov ww] *fijnstampen, beuken*
II [on ww] *bonzen* ‹v. hart›
• *(~ (away) at/on) losbeuken op*
• *(~ along) voortsjokken* III [znw]
• *bons, slag, klap* • *pond* ‹ 454 gram of
373 gram› • *pond sterling* • *omsloten
ruimte* ‹om vee, goederen te bewaren›
pour [ov + on ww] • *gieten, schenken,
storten* • *stortregenen* • (‹ *forth/out)
uitstromen, uitstorten* ‹v. hart› • *(~ in)
binnenstromen*
pout I [ov + on ww] *pruilen* II [znw]
gepruil
poverty [znw] • *schraalheid* • *armoede*
powder I [ov ww] • *poederen*
• *besprenkelen* • *tot poeder maken*
II [znw] *poeder*
power I [ov ww] *drijfkracht verschaffen*
‹aan motor› II [znw] • *macht* • *kracht*
• *volmacht* • *gezag* • *invloed*
• *mogendheid* • *vermogen* • *energie*
• *stroom* • *net(spanning)*
powerful [bnw] • *krachtig, machtig,
invloedrijk* • *indrukwekkend*
pox [znw] • *pokken* • ‹vulg.› *syfilis*
practicable [bnw] • *uitvoerbaar,
doenlijk* • *begaanbaar* • *doorwaadbaar*
• *geschikt (voor)*
practical [bnw] *praktisch, werkelijk*
practicality [znw] *praktische zaak*
practice [znw] • *praktijk* • *gewoonte*
• *toepassing* • *(uit)oefening*
practise I [ov ww] • *studeren* ‹op
muziekinstrument› • *uitoefenen* ‹v.
beroep› • *(~ in) zich oefenen op*
II [on ww] • *(~ (up)on) misbruik*

maken

pragmatic [bnw] *pragmatisch, feitelijk, zakelijk*

pragmatism [znw] *zakelijkheid, praktische zin*

praise I [ov ww] *prijzen, loven* II [znw] *lof(spraak)*

praiseworthy [bnw] *lofwaardig*

pram [znw] *kinderwagen*

prance [on ww] • *steigeren* • *trots stappen* • *z. arrogant gedragen*

prank [znw] *(dolle) streek, poets*

prattle I [ov + on ww] *babbelen* II [znw] *gebabbel*

prawn [znw] *steurgarnaal*

pray [ov + on ww] • *(~ for) bidden om, smeken om*

prayer [znw] • *gebed* • *verzoek*

preach [ov + on ww] *preken* • *(~ at) een preek houden tegen*

preacher [znw] *prediker, predikant*

preamble [znw] *inleiding*

precarious [bnw] *precair, wisselvallig, onzeker*

precaution [znw] *voorzorgsmaatregel*

precautionary [bnw] *voorzorgs-*

precede [ov ww] *(laten) voorafgaan, voorgaan*

precedence [znw] *prioriteit, (recht v.) voorrang*

precedent I [znw] • *precedent* • *traditie* II [bnw] *voorafgaand*

precept [znw] • *voorschrift, bevel* • *lering*

precinct [znw] • *ingesloten ruimte* <vooral om kerk> • *gebied* • *autovrij gebied* • <AE> *politiedistrict, kiesdistrict*

precious I [bnw] • *kostbaar* • *edel* <v. steen of metaal> • *dierbaar* • *gekunsteld* • <inf.> *geweldig* • <iron.> *mooi* • <inf.> *totaal* II [bijw] • *verduiveld* • <inf.> *buitengewoon*

precipice [znw] • *steile rotswand* • *afgrond* <fig.>

precipitate I [ov ww] • *aanzetten, (ver)haasten* • <chem.> *neerslaan*

II [znw] <chem.> *neerslag* III [bnw] • *onbezonnen* • *overhaast*

precipitation [znw] • *onbezonnenheid* • *neerslag*

precipitous [bnw] *steil*

précis [znw] *beknopte samenvatting*

precise [bijw] • *juist* <v. tijdstip>, *nauwkeurig* • *(al te) precies*

precision [znw] *nauwkeurigheid*

preclude [ov ww] • *uitsluiten* • *beletten, voorkómen, verhinderen*

precocious [bnw] *vroegrijp, voorlijk*

preconceived [bnw] *vooraf gevormd*

preconception [znw] *vooroordeel, vooropgezette mening*

precursor [znw] *voorloper*

predator [znw] • *roofdier* • *plunderaar*

predecessor [znw] • *voorganger* • *voorvader*

predestination [znw] • *bestemming* • *voorbeschikking*

predicament [znw] *netelige of moeilijke positie of kwestie*

predicate I [ov ww] *beweren* II [znw] <taalk.> *gezegde*

predict [ov ww] *voorspellen*

predictable [bnw] *voorspelbaar*

prediction [znw] *voorspelling*

predilection [znw] *voorliefde, voorkeur*

predispose [ov ww] • *aanleg hebben* <vnl. voor ziekte> • *neigen tot*

predisposed [bnw] *vatbaar (voor)*

predisposition [znw] *aanleg, neiging*

predominance [znw] *heerschappij, overheersing, overhand*

predominant [bnw] *overheersend*

predominate [ov ww] *overheersen, de overhand hebben*

pre-eminent [bnw] *uitblinkend, uitstekend boven*

pre-empt [ov ww] • *zich toe-eigenen* • *overbodig maken*

pre-emptive [bnw] *voorkomend, preventief*

preen [ov ww] *gladstrijken* <v. veren>

prefab [znw] *montagewoning*

preface I [ov ww] v.e. inleiding
voorzien, inleiden II [znw] inleiding
prefer [ov ww] prefereren • (~ to)
verkiezen boven
preferable [bnw] te verkiezen
preference [znw] voorkeur
prefix [znw] voorvoegsel
pregnancy [znw] zwangerschap
pregnant [bnw] • zwanger • geladen
<fig.>
prehistoric [bnw] voorhistorisch
prejudice I [ov ww] schaden, nadeel
berokkenen • (~ against) innemen
tegen II [znw] • vooroordeel • nadeel,
schade
prejudicial [bnw] schadelijk
prelate [znw] prelaat
preliminary I [znw] inleiding II [bnw]
• inleidend • voorlopig
premature [bnw] • vroegtijdig
• ontijdig • voorbarig
premeditation [znw] opzet
premier I [znw] • premier • eerste
minister II [bnw] <sl.> voornaamste,
eerste
premise I [ov ww] vooropstellen, vooraf
laten gaan II [znw] premisse
premium I [znw] premie II [bnw]
super-
premonition [znw] • waarschuwing
• voorgevoel
preoccupation [znw] iets waar
voortdurend aan gedacht wordt
preoccupy [ov ww] geheel in beslag
nemen
preparation [znw] • huiswerk
• preparaat • voorbereiding
preparatory [bnw] voorbereidend
prepare [ov + on ww] • bereiden <v.
voedsel> • prepareren
• voorbereidingen treffen • instuderen
• (~ for) (z.) voorbereiden op/voor
preponderant [bnw] overwegend
preposterous [bnw] dwaas, belachelijk
prerequisite I [znw] eerste vereiste
II [bnw] allereerst vereist

prerogative [znw] (voor)recht
presage [ov ww] voorspellen
presbytery [znw] pastorie <v. r.-k.
pastoor>
prescience [znw] vooruitziende blik
prescribe [ov + on ww] voorschrijven
prescription [znw] recept <v. dokter>
presence [znw] aanwezigheid
present I [ov + on ww] presenteren
II [znw] • cadeau • het heden III [bnw]
• aanwezig • huidig
presentable [bnw] geschikt om
voorgedragen of voorgesteld te worden,
geschikt als geschenk
presentation [znw] • 't voorstellen
• aanbieding • presentatie
• voorstelling
presentiment [znw] (angstig)
voorgevoel
presently [bijw] • dadelijk, aanstonds
• weldra, kort daarop • nu,
tegenwoordig
preservative I [znw] conserverend
middel II [bnw] conserverend
preserve I [ov ww] • beschermen,
redden, bewaren • goed houden,
conserveren, inmaken • (~ from)
behoeden voor II [znw] • wildpark,
eigen viswater • eigen gebied
preside [on ww] voorzitten, de leiding
hebben
president [znw] • hoofd v. bep. colleges
• president • <AE> directeur <v. bank of
bedrijf>
presidential [bnw] presidents-,
voorzitters-
press I [ov + on ww] • uitpersen,
oppersen • pressen, aandringen (op)
• bestoken <v. vijand> • dringen • z.
verdringen • drukken, de hand drukken
II [znw] pers
pressing [bnw] (aan)dringend
pressure I [ov ww] onder druk zetten
II [znw] • druk • dwang, pressie
prestigious [bnw] gezaghebbend
presume I [ov ww] • aannemen,

vermoeden, geloven • *'t wagen*
II [on ww] • (~ (**up**)**on**) *misbruik maken van, z. laten voorstaan op*
presumption [znw] • *aanmatiging*
• *vermoeden* • *veronderstelling*
presumptive [bnw] *vermoedelijk*
presumptuous [bnw] *aanmatigend*
presuppose [ov ww] *vooronderstellen, insluiten*
presupposition [znw] *vooronderstelling*
pretend [ov + on ww] • *voorwenden, doen alsof* • *(valselijk) beweren*
pretender [znw] *pretendent*
pretension [znw] *aanmatiging*
pretentious [bnw] *aanmatigend*
pretext [znw] • *voorwendsel* • *excuus*
pretty I [bnw] *aardig, mooi* II [bijw] *nogal, tamelijk*
pretzel [znw] *zoute krakeling*
prevail [on ww] • *de overhand krijgen of hebben* • *(over)heersen* • *zegevieren* • *overreden, overhalen*
prevailing [bnw] *heersend, gangbaar*
prevaricate [on ww] *liegen, eromheen draaien*
prevent [ov ww] *(ver)hinderen*
preventative, preventive [bnw] *preventief*
prevention [znw] *'t voorkómen*
preview [znw] *beoordeling vooraf* ‹v. film of boek›
previous [bnw] *voorafgaand*
prey I [on ww] • (~ **upon**) *azen op, aantasten* II [znw] *prooi*
price I [ov ww] • *prijzen* ‹v. goederen› • *schatten* II [znw] • *prijs* • *koers*
priceless [bnw] • *onschatbaar* • ‹sl.› *vermakelijk, kostelijk*
prick I [ov ww] *(door)prikken* II [znw] • *prik* • *stekel* • ‹vulg.› *pik, lul*
prickle I [ov + on ww] *prikk(el)en* II [znw] • *doorntje* • *stekel*
prickly [bnw] • *stekelig* • *kriebelig*
pride I [wkd ww] • (~ **on**) *trots zijn op* II [znw] • *trots, hoogmoed* • *troep* ‹v.

leeuwen›
priest [znw] • *geestelijke* • *priester*
priestess [znw] *priesteres*
priestlike, priestly [bnw] *als 'n priester*
prig [znw] *pedant iem.*
priggish [bnw] *pedant*
prim [bnw] *vormelijk, stijf*
primacy [znw] • *primaatschap* • *voorrang*
primal [bnw] • *oorspronkelijk* • *voornaamst*
primarily [bijw] *allereerst*
primary I [znw] ‹AE› *voorverkiezing voor presidentschap* II [bnw] • *eerst* • *voornaamste* • *oorspronkelijk*
primate [znw] • *primaat* • *aartsbisschop* • *mens(aap)*
prime I [ov ww] • *voorbereiden, inlichten* • *in de grondverf zetten* • *laden* ‹v. vuurwapen› II [znw] • *hoogste volmaaktheid* • *'t beste* • *bloeitijd* • *priemgetal* III [bnw] • *hoofd-* • *prima* • *grond-*
primer [znw] • *boek voor beginners, inleiding* • *grondverf*
primitive [bnw] • *primitief, grond-* • *oer-* • *vroeg, eerste, primair* • *eenvoudig, ruw*
primordial [bnw] *oer-, oorspronkelijk*
primrose [znw] *sleutelbloem*
prince [znw] *prins*
princely [bnw] *prinselijk*
princess [znw] *prinses*
principal I [znw] • *kapitaal* • *rector* II [bnw] *voornaamste, hoofd-*
principle [znw] *principe, grondbeginsel*
print I [ov ww] • *in druk uitgeven* • *bedrukken* • *(laten) drukken* • (~ **out**) *afdrukken* II [znw] • *afdruk, stempel, teken, merk* • *bedrukte stof* • *drukwerk, gedrukt werk, druk* • *reproductie, gravure, plaat, prent*
printing I [ww] *tegenw. deelw.* → **print** II [znw] *(boek)drukkunst*
prior I [znw] *prior* II [bnw + bijw]

vroeger
priority [znw] *voorrang*
priory [znw] *priorij*
prise [ov ww] *openbreken*
prism [znw] • *prisma* • *spectrum*
prison [znw] *gevangenis*
prisoner [znw] *gevangene*
pristine [bnw] *ongerept, zuiver*
privacy [znw] *afzondering*
private I [znw] *gewoon soldaat* II [bnw]
• *geheim* • *privé, persoonlijk,*
vertrouwelijk • *afgelegen, afgezonderd*
• *particulier*
privation [znw] *ontbering, gebrek*
privet [znw] *liguster*
privy I [znw] *privaat, toilet* II [bnw] *op*
de hoogte van
prize I [ov ww] *waarderen* II [znw]
• *prijs, beloning* • *buit* III [bnw]
bekroond ‹op tentoonstelling›
pro I [znw] ‹inf.› → **professional**
II [bnw] *pro, vóór*
probability [znw] *waarschijnlijkheid*
probable I [znw] *vermoedelijke*
winnaar of kandidaat II [bnw]
waarschijnlijk
probation [znw] • *proef(tijd),*
onderzoek • *voorwaardelijke*
veroordeling • *reclassering*
probationary [bnw] *proef-*
probationer [znw]
• *leerling-verpleegster* • *voorwaardelijk*
veroordeelde
probe I [ov ww] • *sonderen*
• *doordringen in, onderzoeken* II [znw]
• *sonde* • *onderzoek*
probity [znw] *oprechtheid, eerlijkheid*
problem [znw] *probleem, vraagstuk*
proboscis [znw] • *slurf* • *zuigmond* ‹v.
insect›
procedural [bnw] *betreffende een*
procedure
procedure [znw] *methode, procedure*
proceed [on ww] *verder (voort)gaan,*
vorderen, vervolgen ‹v. rede›
• (~ **against**) *gerechtelijk vervolgen*

• (~ **from**) *uitgegeven worden door,*
komen uit • (~ **to**) *behalen* ‹v. graad›
• (~ **upon**) *tewerkgaan volgens*
• (~ **with**) *verder gaan*
process I [ov ww] • *behandelen* ‹vnl. v.
stof› • *conserveren* ‹v. voedsel›
• *verwerken* II [znw] • *proces* • *(ver)loop*
• *verrichting, methode, werkwijze*
procession [znw] • *processie, defilé,*
stoet • *opeenvolging, reeks*
proclaim [ov + on ww] *verkondigen*
proclamation [znw] • *proclamatie*
• *verkondiging*
proclivity [znw] *neiging*
procreate [ov ww] *voortplanten*
procure [ov ww] *verkrijgen, bezorgen*
procuress [znw] *bordeelhoudster,*
koppelaarster
prod I [ov + on ww] • *prikken, porren*
• *(aan)sporen* II [znw] • *por* • *(vlees)pen*
prodigal I [znw] *verkwister* II [bnw]
verkwistend
prodigious [bnw] *wonderbaarlijk,*
enorm, abnormaal
prodigy [znw] *wonder(kind)*
produce I [ov ww] • *opleveren* • *te*
voorschijn halen • *opbrengen*
• *aanvoeren* ‹v. bewijs› • *opvoeren* ‹v.
toneelstuk› • *produceren* • *ontwerpen*
‹v. kleding› • *veroorzaken* II [znw]
• *opbrengst* • *producten* ‹v.d. bodem›
• *resultaat*
producer [znw] • *producent*
• *productieleider* ‹v. film, toneel›
• *ontwerper* • *regisseur*
product [znw] • *product* • *resultaat*
production [znw] • *productie* • *product*
productive [bnw] • *producerend*
• *productief*
productivity [znw] *productiviteit*
profess [ov ww] • *betuigen* ‹v.
gevoelens› • *openlijk verklaren*
• *beweren* • *belijden* ‹v. rel.›
professed [bnw] *zogenaamd*
profession [znw] • *beroep* • *verklaring,*
betuiging

professional I [znw] • *beroepsspeler*
• *vakman* II [bnw] • *beroeps-, vak-*
• *tot de gestudeerde stand behorend*
professionalism [znw]
professionalisme, vakbekwaamheid
professor [znw] • *professor* • *belijder*
• ‹AE› *docent*
professorial [bnw] *professoraal*
professorship [znw] *professoraat*
proffer [ov ww] *aanbieden*
proficient [bnw] *bekwaam*
profile [znw] • *profiel* • *korte
levensbeschrijving, karakterschets* ‹in
de journalistiek›
profit I [on ww] *profiteren* II [znw]
• *voordeel, nut* • *winst*
profitable [bnw] • *winstgevend*
• *nuttig*
profiteer [znw] ‹pej.› *iem. die
woekerwinst maakt*
profligacy [znw] *losbandigheid*
profligate I [znw] *losbol* II [bnw]
losbandig
profound [bnw] *diep(gaand), grondig*
profundity [znw] *diepte*
profuse [bnw] *overvloedig*
profusion [znw] *overvloed*
progenitor [znw] • *voorvader*
• *geestelijke vader, voorganger*
progeny [znw] *nageslacht*
prognosis [znw] *prognose*
program(me) I [ov ww]
programmeren II [znw] • *program(ma)*
• ‹AE› *agenda*
progress I [on ww] *vooruitgaan,
vorderen* II [znw] *voortgang,
vordering(en)*
progression [znw] • *vooruitgang,
vordering* • *progressie* • *reeks*
progressive I [znw] *voorstander v.
progressieve politiek* II [bnw]
• *vooruitgaand* • *vooruitstrevend*
• *progressief*
prohibitive [bnw] • *belemmerend*
• *enorm hoog* ‹vnl. v. prijs›
project I [ov ww] • *projecteren*

• *slingeren* II [on ww] *vooruitsteken*
III [znw] • *project, plan, schema*
• *(school)taak*
projectile [znw] *projectiel*
projection [znw] • *uitsteeksel*
• *projectie* ‹in meetkunde› • *'t
projecteren*
projectionist [znw] *filmoperateur*
projector [znw] *projectietoestel*
proletarian I [znw] *proletariër* II [bnw]
proletarisch
proliferate [on ww] *zich snel
vermenigvuldigen, z. verspreiden*
prolific [bnw] *overvloedig*
prolix [bnw] • *uitvoerig* • *langdradig*
prologue [znw] *proloog, inleiding*
prolong [ov ww] *aanhouden* ‹v. noot›,
verlengen
promenade I [on ww] *wandelen*
II [znw] • *wandeling* • *wandelpad*
prominence [znw] • *uitsteeksel,
verhevenheid* • *onderscheiding*
prominent [bnw] • *vooraanstaand*
• *vooruitstekend* • *opvallend*
promiscuity [znw] *vrije liefde*
promiscuous [bnw] • *veel relaties
hebbend* • *gemengd, zonder onderscheid*
promise I [ov + on ww] *beloven,
toezeggen* II [znw] *belofte*
promising [bnw] *veelbelovend*
promontory [znw] • *voorgebergte*
• *kaap*
promote [ov ww] • *bevorderen,
vooruithelpen* • *aanmoedigen*
promoter [znw] • *bevorderaar,
begunstiger* • *oprichter van
maatschappij*
promotion [znw] • *bevordering*
• *reclameactie*
prompt I [ov ww] • *aanzetten,
aanmoedigen* • *souffleren, voorzeggen*
II [znw] ‹comp.› *prompt* III [bnw]
onmiddellijk, vlug, vlot, prompt
IV [bijw] *precies*
prompter [znw] • *iem. die aanmoedigt*
• *souffleur*

promulgate [ov ww] *bekend maken*
prone [bnw] • *vatbaar (voor)*
• *voorover(liggend), plat*
prong [znw] *tand* ‹v. vork›
pronoun [znw] *voornaamwoord*
pronounce [ww] • *uitspreken, uiten*
• *uitspraak doen*
pronouncement [znw] *verklaring*
pronunciation [znw] *uitspraak*
proof I [znw] • *bewijs* • *drukproef*
II [bnw] *bestand*
prop I [ov ww] • *steunen* • *schragen*
• *(~ against) zetten tegen* • *(~ up)*
ondersteunen, overeind houden II [znw]
• *decorstuk* • *stut, steunpilaar*
propagate I [ov ww] • *propageren*
• *voortplanten* • *verbreiden,*
verspreiden II [on ww] • *z. verspreiden*
• *z. voortplanten*
propel [ov ww] *(voort)drijven*
propeller [znw] *propeller, schroef*
propensity [znw] *geneigdheid, neiging*
proper [bnw] • *eigen(lijk)* • *juist, goed*
• *gepast, netjes, fatsoenlijk*
• *onvervalst, echt*
propertied [bnw] *(land) bezittend*
property [znw] • *bezit(ting),*
land(goed) • *eigendom(srecht)*
• *eigenschap*
prophecy [znw] *profetie, voorspelling*
prophesy [ov + on ww] *profeteren,*
voorspellen
prophet [znw] • *profeet* • *voorstander*
prophetess [znw] *profetes*
propitiate [ov ww] *gunstig stemmen*
propitious [bnw] *genadig, gunstig*
proportion [znw] • *evenredigheid*
• *deel* • *verhouding*
proportional [bnw] *evenredig*
proportionate [bnw] *evenredig*
proposal [znw] • *voorstel*
• *huwelijksaanzoek*
propose I [ov ww] *voorstellen, van plan*
zijn II [on ww] *huwelijksaanzoek doen*
proposition [znw] • *bewering*
• *stelling* • *voorstel*

propound [ov ww] *voorstellen*
proprietary [bnw] • *eigendoms-,*
particulier • *bezittend* ‹v. klasse›
• *gepatenteerd*
proprietor [znw] *eigenaar*
proprietress [znw] *eigenares*
propriety [znw] • *juistheid* • *fatsoen,*
welvoeglijkheid
propulsion [znw] • *voortstuwing*
• *stuwkracht*
prosaic [bnw] *prozaïsch*
proscribe [ov ww] • *vogelvrij*
verklaren, verbannen • *verwerpen* ‹v.
bep. praktijk›
proscription [znw] • *verbod*
• *verbanning*
prose [znw] *proza*
prosecute [ov ww] • *vervolgen* • *klacht*
indienen tegen
prosecution [znw] • *vervolging* • *eiser*
prosecutor [znw] *aanklager*
prosper [on ww] *voorspoed genieten,*
gedijen
prosperity [znw] *voorspoed, bloei*
prostitute I [ov ww] • *prostitueren*
• *vergooien, verlagen, misbruiken*
II [znw] *prostituee*
prostitution [znw] • *prostitutie*
• *misbruik*
prostrate I [ov ww] • *ter aarde werpen*
• *(lichamelijk) uitputten* II [bnw]
• *vooroverliggend, uitgestrekt*
• *verslagen, gebroken* ‹v. smart›
• *(lichamelijk) uitgeput*
prosy [bnw] *vervelend, saai, langdradig*
protagonist [znw] • *hoofdpersoon*
• *kampioen, voorvechter*
protect [ov ww] *beveiligen*
• *(~ against) beschermen tegen*
• *(~ from) beschutten tegen,*
beschermen tegen
protection [znw] *bescherming*
protective [bnw] *beschermend*
protector [znw] *beschermer*
protectorate [znw] *protectoraat*
protein [znw] *proteïne, eiwit*

protest I [on ww] • protesteren
• betuigen II [znw] • protest • betuiging
protestation [znw] • protest
• betuiging
protester [znw] iem. die protesteert of
betuigt
protrude [on ww] • (voor)uitsteken
• uitpuilen
protrusion [znw] uitsteeksel
proud [bnw] • fier • trots
prove I [ov ww] bewijzen II [on ww]
blijken (te zijn)
provenance [znw] (plaats v.) herkomst
proverb [znw] • spreekwoord • gezegde
proverbial [bnw] spreekwoordelijk
provide [ov ww] • (~ for) zorgen voor
• (~ with) voorzien van
providence [znw] voorzienigheid
providential [bnw] • v.d.
voorzienigheid • geschikt, te juister
tijd, gelukkig
provider [znw] • kostwinner
• leverancier
provincialism [znw] provincialisme
provision I [ov ww] provianderen
II [znw] • voorziening
• (mond)voorraad • wetsbepaling
provisional [bnw] voorlopig
proviso [znw] • bepaling • voorbehoud
Provo [znw] lid van extremistische
vleugel v.d. IRA
provocation [znw] provocatie
provocative [bnw] • provocerend
• prikkelend
provoke [ov ww] • (op)wekken
• uitlokken, tarten, verlokken
• veroorzaken
provost [znw] • hoofd v. sommige
colleges • ‹Schots› burgemeester
prow [znw] boeg, voorsteven
prowl [ov + on ww] rondzwerven,
rondsluipen
prowler [znw] sluiper
proxy [znw] (ge)volmacht(igde),
procuratie(houder)
prude [znw] preuts iem.

prudence [znw] voorzichtigheid,
omzichtigheid
prudery, prudishness [znw]
preutsheid
prudish [bnw] preuts
prune I [ov ww] snoeien II [znw]
pruimedant
pry I [ov ww] openbreken II [on ww]
gluren • (~ into) zijn neus steken in
psyche [znw] • ziel • geest
psychiatric [bnw] psychiatrisch
psychiatrist [znw] psychiater
psychiatry [znw] psychiatrie
psychological [bnw] psychologisch
psychopath [znw] psychopaat
psychotherapy [znw] psychotherapie
psychotic [bnw] psychotisch
pub ‹inf.› [znw] café, kroeg
puberty [znw] puberteit
pubic [bnw] schaam-
public I [znw] publiek II [bnw] publiek,
openbaar, algemeen staats-
publican [znw] kroegbaas
publication [znw] • afkondiging
• publicatie, uitgave
publicist [znw] • journalist • publicist
publicity [znw] • openbaarheid,
bekendheid • reclame
publish [ov ww] • publiceren, uitgeven
• bekend maken
publisher [znw] uitgever
pucker [ov + on ww] • rimpelen, (z.)
plooien • samentrekken
puddle [znw] poel, plas
puerile [bnw] kinderachtig
puff I [on ww] • puffen, snuiven, blazen,
hijgen • opbollen, opzwellen II [znw]
• rookwolkje • poederdonsje • luchtig
gebak • windstoot, ademstoot • trekje,
pufje
puffy [bnw] dik, opgeblazen, pafferig
pug [znw] mopshond
pugnacious [bnw] strijdlustig,
twistziek
puke ‹inf.› I [ov + on ww] (uit)braken
II [znw] braaksel

pull I [ov ww] • trekken (aan), rukken
• verrekken • (~ back) (doen)
terugtrekken • (~ down) neerhalen,
afbreken, klein krijgen • (~ in)
inrekenen • (~ off) uittrekken,
klaarspelen • (~ on) aantrekken
• (~ out) uithalen, uittrekken • (~ up)
optrekken, inhouden, tot
nadenken/staan brengen, onder
handen nemen II [on ww] trekken,
rukken • (~ at) trekken aan, een flinke
teug nemen • (~ back) terugkrabbelen,
(zich) terugtrekken • (~ in)
binnenlopen <v. trein> • (~ out)
vertrekken <v. trein>, wegrijden, z. uit
iets terugtrekken • (~ over) (naar de
kant rijden en) stoppen, opzij gaan
• (~ round/through) 't halen,
erdoorheen komen • (~ together) één
lijn trekken, samenwerken • (~ up)
stilhouden III [znw] • teug
• aantrekkingskracht • trekkracht
• trek, ruk
pullet [znw] jonge kip
pulley [znw] katrol
pulmonary [bnw] long-
pulp I [ov ww] tot pulp maken II [znw]
• vruchtvlees • merg • houtpap, pulp
pulpit [znw] kansel, preekstoel
pulsate [on ww] kloppen, slaan, trillen
pulse I [on ww] kloppen, slaan, trillen,
tikken II [znw] • pols(slag), slag
• peulvrucht
pulverize [ov ww] • fijnwrijven, doen
verstuiven, tot poeder/stof maken
• volkomen vernietigen
puma [znw] poema
pummel [ov ww] afrossen, toetakelen
pump I [ov + on ww] pompen
II [ov ww] • uithoren • krachtig
schudden <v. hand> • (~ out) in grote
hoeveelheden produceren III [znw]
• pump • pomp
pumpkin [znw] pompoen
pun I [on ww] woordspelingen maken
II [znw] woordspeling

punch I [ov ww] • stompen • ponsen <v.
kaartjes> • (~ in/out) intoetsen
II [znw] • punch • pons • slag, stomp
• <sl.> fut, flink optreden
punctual [bnw] punctueel, precies op
tijd
punctuate [ov ww] • interpungeren
• onderbreken <v. redevoering>
punctuation [znw] interpunctie
puncture I [ov ww] (door)prikken
II [znw] gaatje, lek <in fietsband>
pundit [znw] <scherts> geleerde
pungent [bnw] • scherp • bijtend
• prikkelend
punish [ov ww] straffen
punishable [bnw] strafbaar
punishing [bnw] verpletterend
punishment [znw] straf, bestraffing
punitive [bnw] • straffend • straf-
punk I [znw] punker II [bnw] punk-
punnet [znw] spanen mandje
punt I [ov + on ww] bomen II [znw]
boot met platte bodem
punter [znw] • bomer • beroepswedder
puny [bnw] klein, zwak, nietig
pup [znw] jonge hond
pupil [znw] • leerling, scholier • pupil
puppet [znw] marionet
puppy [znw] jonge hond
purchase I [ov ww] (aan)kopen
II [znw] inkoop, aankoop
purchaser [znw] koper
pure [bnw] • zuiver • louter
purely [bijw] uitsluitend
purgative [znw] purgeermiddel
purgatory [znw] • vagevuur • hel <fig.>
purge I [ov ww] • zuiveren • purgeren
II [znw] zuivering
purify [ov ww] • reinigen, zuiveren,
louteren • klaren <v. vloeistof>
purist [znw] taalzuiveraar
purl I [ov ww] averechts breien II [znw]
averechtse steek
purple [bnw] paars
purplish [bnw] paarsachtig
purport I [ov ww] beweren,

voorwenden II [znw] *strekking, betekenis*

purpose I [ov ww] *van plan zijn* II [znw] • *doel, plan, opzet* • *vastberadenheid*

purposeful [bnw] *doelbewust*

purposeless [bnw] *doelloos*

purposely [bijw] *met opzet*

purr I [on ww] *spinnen* ‹v. kat› II [znw] *gespin*

purse I [ov ww] *samentrekken* ‹v. lippen› II [znw] • *geldprijs* • *fondsen, gelden* • *zak(je), portemonnee, beurs* • ‹AE› *damestas*

purser [znw] *administrateur* ‹vooral op schip›

pursuance [znw] *uitvoering*

pursue [ov ww] • *najagen* ‹v. genot› • *vervolgen, achtervolgen* • *voortzetten* ‹vnl. v. gedragslijn› • *volgen* ‹v. plan› • *uitoefenen, beoefenen*

pursuit [znw] *vervolging*

purvey [ov + on ww] • *leveren* ‹v. voedsel› • *verschaffen*

purveyor [znw] • *verschaffer* • *leverancier* ‹v. levensmiddelen›

push I [ov + on ww] • *handelen in heroïne* • *duwen, stoten* • *schuiven* • *aanzetten* • z. *inspannen, doorzetten* • *pousseren* ‹v. handelsartikel› • (~ **on**) ‹inf.› *verder gaan, zijn weg vervolgen* • (~ **through**) *doorzetten, zich een weg banen* II [on ww] • (~ **in**) *voordringen* III [znw] • *duw* • *stoot, zetje* • *energie*

pushy [bnw] *opdringerig*

pussy [znw] • *poes* • ‹vulg.› *kut*

put I [ov ww] • *brengen, doen, plaatsen, leggen, zetten* • *stellen* • *zeggen, onder woorden brengen* • (~ **about**) *rondstrooien* ‹praatjes› • (~ **across**) *iets duidelijk maken* • (~ **aside**) *opzij leggen/zetten, uitschakelen* • (~ **at**) *de prijs stellen op, schatten op* • (~ **away**) *wegleggen, opzijleggen, sparen, verorberen, gevangen zetten* • (~ **back**)

vertragen, achteruitzetten • (~ **by**) *opzijleggen* • (~ **down**) *neerzetten, neerleggen, onderdrukken* ‹v. opstand›, *op zijn plaats zetten* ‹fig.› • (~ **forth**) *verkondigen* • (~ **forward**) *naar voren brengen, komen met, verkondigen* • (~ **in**) *installeren* • (~ **into**) *erin zetten* • (~ **off**) *uitstellen, afzeggen, misselijk maken, v.d. wijs brengen* • (~ **on**) *voorwenden, aannemen* ‹een houding›, *opvoeren* ‹v. toneelstuk›, *aantrekken, opzetten, opleggen* • (~ **out**) *ontwrichten, irriteren, uitblazen, uitdoen, inspannen, uitvaardigen, uitzetten, uitsteken* ‹v. hand›, *blussen* • (~ **over**) *bedriegen* • (~ **through**) *doorverbinden* • (~ **together**) *samenstellen, samenvoegen, in elkaar zetten, punten maken* ‹cricket› • (~ **up**) *aanplakken, aanbieden, opzenden, opjagen* ‹v. wild›, *opvoeren* ‹v. toneelstuk›, *als jockey laten rijden, opstellen, opslaan, ophangen, verhogen* ‹v. prijs›, *beschikbaar stellen, voordragen* ‹als lid›, *te koop aanbieden, samenstellen, bouwen, opsteken, logies verlenen, stallen* ‹v. paard›, *in de schede doen, opbergen* II [on ww] • (~ **about**) *draaien, de steven wenden* • (~ **forth**) *uitbotten, uitschieten* • (~ **in**) *binnenlopen* ‹v. schip› • (~ **off**) *de zee kiezen* • (~ **out**) *vertrekken* • (~ **up**) *logeren* • (~ **up with**) *tolereren, verdragen* III [znw] → **putt**

putative [bnw] *vermeend*

putrefaction [znw] *(ver)rotting, bederf*

putrefy [on ww] *rotten*

putrid [bnw] • *vuil, (ver)rot* • ‹sl.› *waardeloos*

putsch [znw] *staatsgreep*

putt I [on ww] *(zachtjes) met golfstok tegen bal slaan* II [znw] *zachte slag met golfstok*

putter I [on ww] *liefhebberen* II [znw] *golfstick*

puzzle I [ov ww] *verbijsteren, in de war brengen* II [on ww] *piekeren* III [znw]
• *moeilijkheid, probleem* • *raadsel, puzzle*
puzzlement [znw] *verwarring, verlegenheid*
pygmy I [znw] *pygmee, dwerg* II [bnw] *dwergachtig*
pyramid [znw] *piramide*
pyre [znw] *brandstapel*

Q

quack I [ww] *kwaken* II [znw] *kwakzalver*
quad [znw] → quadrangle
quadrangle [znw] • *vierhoek*
• *(vierkant) binnenplein*
quadrilateral I [znw] *vierhoek*
II [bnw] *vierzijdig*
quadruped [znw] *viervoetig dier*
quadruple I [ov + on ww] (z.) *verviervoudigen* II [znw] *viervoud* III [bnw] *viervoudig*
quail I [on ww] • *de moed verliezen*
• *wijken* II [znw] *kwartel*
quaint [bnw] • *vreemd, eigenaardig, typisch* • *ouderwets*
quake I [on ww] *beven* II [znw] *(aard)beving, trilling*
qualification [znw] • *matiging*
• *geschiktheid* • *voorwaarde, vereiste*
• *kwalificatie*
qualified [bnw] • *bevoegd, bekwaam*
• *getemperd <v. optimisme>*
qualifier [znw] • *beperking* • *bepalend woord*
qualify I [ov ww] • *bevoegd maken*
• *verzachten* • *kwalificeren, kenschetsen, bepalen* II [on ww] *zich kwalificeren*
qualitative [bnw] *kwalitatief*
quality [znw] • *eigenschap, kwaliteit*
• *deugd* • *bekwaamheid*
qualm [znw] • *gevoel v. misselijkheid*
• *angstig voorgevoel* • *wroeging*
quantum [znw] • *kwantum, hoeveelheid* • *klein beetje*
quarantine I [ov ww] *afzonderen in quarantaine* II [znw] *quarantaine*
quarrel I [on ww] • *kritiek hebben*
• *ruzie hebben, ruzie maken* II [znw]
• *ruzie, twist* • *pijl voor kruisboog*
quarrelsome [bnw] *twistziek*

quarry I [ov ww] *(uit)graven* II [znw]
• *prooi, slachtoffer* • *achtervolgd wild*
• *(steen)groeve*
quart [znw] *1/4 gallon (ruim 1 l)*
quarter I [ov ww] • *in vieren delen*
• *inkwartieren* II [znw] • *kwart, vierde
deel* • *kwartier* <v. maan> • *1/4 cwt* < 12
1/2 kg> • *1/4 dollar* • *kwartaal*
• *(wind)streek* • *wijk* <v. stad>
quartz [znw] *kwarts*
quash [ov ww] • *een einde maken aan,
verijdelen, onderdrukken* • <jur.>
vernietigen
quatrain [znw] *vierregelig vers*
quaver I [on ww] *trillen, beven* <v.
stem> II [znw] • *trilling* <v. stem> • *1/8
noot*
quay [znw] *kade*
queasy [bnw] *misselijk*
queen [znw] • *koningin* • *vrouw* <in
kaartspel> • <sl.> *homo, flikker*
queenlike, queenly [bnw] *als een
koningin*
queer I [znw] *homoseksueel* II [bnw]
• *vreemd, eigenaardig* • *homoseksueel*
quell [ov ww] • *onderdrukken* • *met
kracht een einde maken aan*
quench [ov ww] • *lessen* <v. dorst>
• *blussen*
querulous [bnw] *klagend*
query I [ww] • *een vraag stellen*
• *betwijfelen* II [znw] • *vraag*
• *vraagteken* • *twijfel* • *bezwaar*
quest I [ov + on ww] • *speuren (naar)*
• *zoeken* II [znw] *het zoeken, speurtocht*
questionable [bnw] *twijfelachtig*
questioning [bnw] *vragend*
questionnaire [znw] *vragenlijst*
queue I [on ww] *een rij vormen* II [znw]
rij, queue
quibble I [on ww] *chicaneren* II [znw]
onbetekenende ruzie
quick I [znw] *levend vlees* II [bnw]
• *vluchtig* • *levendig* • *vlug* III [bijw]
vlug, snel
quicken [ov + on ww] *versnellen*

quickie [znw] • *iets dat zeer snel of in
korte tijd gebeurt* • *vluggertje*
quid [znw] <sl.> *pond sterling*
quiet I [ov + on ww] • *tot rust brengen,
kalmeren* • *rustig worden* II [znw]
• *rust* • *vrede* III [bnw] • *rustig, kalm*
• *stil* • *stemmig* <v. kleding>
quieten I [ov ww] *kalmeren, tot
bedaren brengen* II [on ww] *rustig
worden, bedaren*
quill [znw] • *slagpen* • *ganzenpen*
• *stekel* <v. stekelvarken>
quilt I [ov ww] *watteren, doorstikken*
II [znw] • *gewatteerde deken* • *sprei*
quince [znw] *kwee(peer)*
quinine [znw] *kinine*
quintessence [znw] • *het zuiverste*
• *het wezenlijke* • *het voornaamste*
quip I [on ww] *geestige of spitsvondige
opmerking maken* II [znw] *geestigheid,
spitsvondigheid*
quirk [znw] • *eigenaardigheid* • *toeval*
quit [ov ww] • *ontslag nemen*
• *ophouden* • *opgeven* • *weggaan*
quite [bijw] • *geheel, volkomen* • *zeer*
• *absoluut*
quitter [znw] *iem. die bij
moeilijkheden ervandoor gaat*
quiver I [on ww] *trillen, beven* II [znw]
• *trilling* • *pijlkoker*
quizzical [bnw] • *vragend* • *spottend*
quotation [znw] • *aanhaling* <v.
passage> • *notering* <v. prijs>,
prijsopgave
quote I [ov ww] • *citeren* • *noteren* <v.
prijs> II [znw] *citaat*
quotient [znw] *quotiënt*

R

rabbit I [on ww] • (~ **on**) wauwelen
II [znw] konijn
rabble [znw] • gepeupel • tuig, gespuis
rabid [bnw] • verbeten • hondsdol
rabies [znw] hondsdolheid
raccoon [znw] wasbeer
race I [ov ww] • laten snellen • om 't
hardst laten rijden/lopen enz.
II [on ww] • snellen, jagen • om 't
hardst rijden/lopen enz. III [znw]
• wedloop • ras
racer [znw] snelle fiets/auto
racial [bnw] ras(sen)-
racing [znw] • het wedrennen • de
rensport
racism [znw] racisme, rassenhaat
rack I [ov ww] folteren, pijnigen,
afbeulen II [znw] • rek • (bagage)net
• pijnbank
racket I [on ww] lawaai maken II [znw]
• (tennis)racket • herrie, lawaai, drukte
• zwendel
racketeer [znw] zwarthandelaar,
bandiet, geldafperser
racketeering [znw]
gangsterpraktijken <afpersing,
chantage, omkoperij>
racquet [znw] (tennis)racket
racy [bnw] pittig, pikant
radial [bnw] • straal- • stervormig
• spaakbeen- • radium-
radiance [znw] straling, schittering
radiant [bnw] stralend
radiate I [ov ww] • uitstralen
• draadloos uitzenden II [on ww]
• stralen • straalsgewijs uitlopen
radiation [znw] straling
radiator [znw] • koeler • radiator
radical I [znw] radicaal II [bnw]
• fundamenteel, grond-, grondig,
wezenlijk • wortel- • radicaal

radicalism [znw] radicalisme
radii [mv] → **radius**
radio I [ov + on ww] uitzenden II [znw]
• radio • radiotelegrafie
radioactive [bnw] radioactief
radish [znw] radijs
radius [znw] • straal • spaak(been)
raft [znw] • (hout)vlot • luchtbed
rafter [znw] • dakspar, balk • vlotter
rag I [ov ww] plagen, treiteren,
ontgroenen II [znw] • vod, lomp(en)
• doek, lap • <pej.> krant
rage I [on ww] woeden, razen • (~ **at**)
tekeergaan tegen II [znw] • woede
• rage, manie
ragged [bnw] • haveloos, gerafeld,
onverzorgd • ruig, ruw • ongelijk
raid I [ov ww] teisteren, afstropen
II [on ww] een inval doen III [znw]
• inval, overval • razzia • rooftocht
• (lucht)aanval
raider [znw] stroper, kaper
rail I [ov ww] omheinen II [on ww]
schelden • (~ **at**) tekeergaan tegen
III [znw] • dwarsbalk, stang, staaf, lat
• hek(werk), leuning, reling • rail
railing [znw] hek, leuning, reling
railroad [znw] <AE> spoorweg
railway [znw] spoorweg
rain I [ov + on ww] regenen, (doen)
neerstromen • (~ **down**) (doen)
neerkomen/-dalen II [onp ww] regenen
III [znw] regen
rainbow [znw] regenboog
rainy [bnw] regenachtig
raise I [ov ww] • rechtop zetten • doen
opstaan/rijzen • verhogen,
aan-/op-/verheffen • doen ontstaan
• oprichten, stichten • lichten
• grootbrengen • fokken, planten,
kweken • wekken II [znw] verhoging,
opslag
raisin [znw] rozijn
rake I [ov ww] • aanharken,
bijeenharken • (door)snuffelen,
doorzoeken • (~ **in**) (met hopen)

binnenhalen • (~ **up**) oprakelen,
optrommelen, opscharrelen **II** [znw]
• hark • losbol, boemelaar • helling
rakish [bnw] • liederlijk, lichtzinnig
• chic
rally I [ov + on ww] • (zich) groeperen
• (zich) verzamelen • zich herstellen
II [znw] • bijeenkomst • (signaal tot)
verzamelen • slagenwisseling <bij
tennis> • sterrit, rally
ram I [ov ww] • rammen, heien
• aan-/vaststampen • stoten **II** [znw]
• ram • stormram
ramble I [on ww] • zwerven,
rondtrekken, ronddolen • tieren, welig
groeien • (~ **on**) raaskallen **II** [znw]
zwerftochtje
rambler [znw] zwerver
rambling [bnw] • onregelmatig
gebouwd • systeemloos,
onsamenhangend
ramification [znw] vertakking
ramp [znw] • glooiing, talud
• oneffenheid, drempel • oprit
• loopplank • vliegtuigtrap
rampage [on ww] razen, rondrennen
rampant [bnw] • alom heersend
• onbeheerst, wild, dolzinnig
ramrod [znw] laadstok
ramshackle [bnw] bouwvallig, gammel
ran [ww] verl. tijd → **run**
rancorous [bnw] haatdragend,
rancuneus
rancour [znw] wrok, rancune
random I [znw] **II** [bnw] willekeurig
randy [bnw] geil
rang [ww] verl. tijd → **ring**
range I [ov ww] • opstellen,
rangschikken, plaatsen • laten gaan
langs/over • (~ **among/with**) indelen
bij **II** [on ww] • zich opstellen • zich
uitstrekken, reiken, bestrijken
• (~ **among/with**) behoren tot
• (~ **between**) z. bewegen tussen,
gevonden worden **III** [znw] • bereik,
gebied, draagwijdte, omvang • sfeer

• (schoots)afstand, schootsveld
• schietbaan • rij, serie • assortiment,
reeks • (berg)keten
• verspreiding(sgebied), sector
• weide-/jachtgebied • (kook)fornuis
ranger [znw] boswachter
rank I [ov ww] • opstellen, in gelid
plaatsen • een plaats geven
• (~ **among**) rekenen tot **II** [on ww]
• een plaats hebben • voorkeurspositie
innemen • (~ **among**) behoren tot
III [znw] • rang • stand • gelid • rij
• taxistandplaats **IV** [bnw] • grof
• overwoekerd • ranzig, sterk
rankle [on ww] knagen, (blijven) pijn
doen
rant [on ww] • fulmineren
• bombastische taal uitslaan
• (~ **against**) uitvaren tegen
rap I [ov + on ww] kloppen • (~ **out**)
blaffen <fig.> **II** [znw] • tik, klop(teken)
• strenge terechtwijzing
rapacious [bnw] roofzuchtig
rapacity [znw] roofzucht
rape I [ov ww] onteren, verkrachten
II [znw] • verkrachting • koolzaad
rapid I [znw] stroomversnelling
II [bnw] snel
rapidity [znw] snelheid
rapist [znw] verkrachter
rapport [znw] • relatie
• verstandhouding
rapt [bnw] • verzonken • in vervoering,
in hoger sferen
rapture [znw] vervoering, extase
rare [bnw] • zeldzaam • dun, ijl
• voortreffelijk • niet gaar
rascal [znw] • schelm • kwajongen
rascally [bnw] schelmachtig
rash I [znw] huiduitslag **II** [bnw]
• overhaast • onbezonnen
rasher [znw] plakje spek of ham
rasp I [ov ww] raspen **II** [on ww]
krassen, schrapen, raspen **III** [znw] rasp
raspberry [znw] framboos
rat I [on ww] • (~ **on**) verraden, in de

steek laten II [znw] • *rat*
• *onderkruiper, overloper*
rate I [ov ww] • *achten, schatten,*
aanslaan • *rekenen tot, waarderen, een*
waarde toekennen • (~ **among/with**)
rekenen tot II [on ww] *gerekend worden*
• (~ **among/with**) *behoren tot*
III [znw] • *tarief, prijs* • *snelheid*
rather [bijw] • *liever* • *nogal*
ratify [ov ww] *bekrachtigen,*
ratificeren
rating [znw] • *taxering* • *klasse,*
classificatie • *aanslag* • *matroos*
ratio [znw] • *verhouding* • *rede*
ration I [ov ww] *rantsoeneren* II [znw]
rantsoen
rational [bnw] • *redelijk, verstandelijk*
• *rationeel* • *rationalistisch*
rationale [znw] • *basis, grond(reden)*
• *redenering* • *argument*
rationalism [znw] *rationalisme*
rationalize [ov + on ww]
• *verstandelijk verklaren*
• *rationaliseren* • *rationalistisch*
beschouwen
rattle I [ov ww] • *doen rammelen,*
rammelen (met) • *nerveus maken,*
opjagen, op stang jagen • (~ **off**)
afraffelen II [on ww] • *rammelen*
• *kletteren* • (~ **away/on**) *erop los*
kletsen, maar door ratelen III [znw]
• *gerammel* • *ratel*
rattling [bnw + bijw] *denderend*
ratty [bnw] *prikkelbaar, nijdig*
raucous [bnw] *rauw, schor*
raunchy [bnw] *geil*
ravage I [ov ww] • *verwoesten* • *teisteren*
• *plunderen* II [znw] *ravage*
rave I [on ww] • *razen, ijlen, dazen*
• *dwepen met* II [znw] *rage* III [bnw]
hip
raven I [znw] *raaf* II [bnw] *ravenzwart*
ravenous [bnw] *uitgehongerd*
ravine [znw] *ravijn*
raving [bnw] *stapel(gek)*
ravish [ov ww] • *meeslepen* ‹fig.›

• *verkrachten*
raw [bnw] • *rauw* • *ruw, onbewerkt,*
puur • *onervaren, ongeoefend* • *pijnlijk,*
gevoelig
ray [znw] • *straal* • *rog* ‹vis›
rayon [znw] *rayon, kunstzijde*
raze [ov ww] *met de grond gelijk maken*
razor [znw] *scheermes*
re I [znw] ‹muz.› *re* II [vz] *betreffende*
reach I [ov ww] • *aanreiken* • *pakken*
• *bereiken, komen bij* II [on ww] *reiken*
• (~ **for**) *grijpen naar* • (~ **forward**)
voorover reiken/leunen • (~ **out**) *de*
hand uitstrekken III [znw] • *bereik*
• *rak* ‹v.e. rivier›
reaction [znw] *reactie*
read I [ov ww] • *lezen, oplezen,*
voorlezen, aflezen • *(kunnen) verstaan,*
horen • *ontvangen* ‹v. radio› • (~ **into**)
(een betekenis) willen leggen in
• (~ **out**) *voorlezen* • (~ **to**) *voorlezen*
• (~ **up**) *(grondig) bestuderen*
II [on ww] • *geschreven staan* • *lezen*
• *studeren*
readable [bnw] • *lezenswaard*
• *leesbaar*
reader [znw] • *(voor)lezer* • *lector*
• *leesboek*
readership [znw] • *lectoraat* • *de lezers*
readily [bijw] *gaarne*
readiness [znw] *gevatheid*
reading [znw] • *(meter)stand* • *lezing*
• *lectuur*
readjust [ov + on ww] *(z.) weer*
aanpassen
ready [bnw] • *klaar* • *bereid(willig)*
• *handig, vlug*
real [bnw + bijw] • *echt, werkelijk* • *reëel*
• *onroerend*
reality [znw] *werkelijkheid, realiteit*
realizable [bnw] *realiseerbaar, te*
verwezenlijken
realize [ov ww] • *verwezenlijken*
• *beseffen, inzien, z. realiseren* • *(te*
gelde) maken • *opbrengen*
really I [bijw] *werkelijk* II [tw]

inderdaad, heus
ream [znw] ● *riem* <papier> ● *grote
hoeveelheid* <informeel>
reap [ov + on ww] *oogsten, maaien*
reaper [znw] ● *oogster* ● *oogstmachine*
reappear [on ww] *weer verschijnen*
reappearance [znw] *herverschijning*
reappraisal [znw] *herwaardering*
rear I [ov ww] ● *bouwen, oprichten*
● *verheffen, opheffen* ● *kweken, fokken,
grootbrengen* II [on ww] *steigeren*
III [znw] ● *achterkant, achterste
gedeelte* ● *achterhoede* IV [bnw]
achter-, achterste
rearmost [bnw] *achterste*
rearrange [ov ww] *herschikken*
reason I [ov ww] *beredeneren*
II [on ww] *redeneren* ● *(~ from)
uitgaan van* III [znw] ● *reden*
● *verstand, rede* ● *redelijkheid,
billijkheid*
reasonable [bnw] ● *redelijk* ● *billijk*
reasonably [bijw] ● *redelijkerwijs*
● *vrij, tamelijk*
reassurance [znw] *geruststelling*
reassure [ov ww] *geruststellen*
rebel I [on ww] *in opstand komen*
II [znw] *opstandeling, oproerling*
rebellion [znw] *opstand, oproer*
rebellious [bnw] *opstandig*
rebirth [znw] *wedergeboorte*
reborn [bnw] *herboren*
rebound [on ww] *terugspringen*
● *(~ (up)on) (weer) neerkomen op*
rebuff I [ov ww] *afwijzen* II [znw]
afwijzing
rebuild [ov ww] *herbouwen*
rebuke I [ov ww] *berispen* II [znw]
berisping
rebut [ov ww] *weerleggen*
rebuttal [znw] *weerlegging*
recalcitrant [bnw] *recalcitrant,
weerspannig*
recall I [ov ww] ● *terugroepen* ● *weer in
't geheugen roepen, weer voor de geest
roepen* ● *herinneren aan* ● *herroepen,*

intrekken, terugnemen II [znw]
● *herinnering* ● <AE> *dwang om af te
treden*
recant [ov ww] *(openlijk) herroepen*
recapture I [ov + on ww] *heroveren,
terugnemen* II [znw] *terugname,
herovering*
recast I [ov ww] ● *omwerken* ● *rol
toewijzen aan andere acteur* II [znw]
● *hervorming* ● *veranderde rolverdeling*
recede [on ww] *achteruitgaan,
(terug)wijken* ● *(~ from) terugkomen
van, z. terugtrekken uit*
receipt [znw] ● *ontvangst* ● *kwitantie,
reçu*
receive I [ov + on ww] *verwelkomen*
II [ov ww] ● *ontvangen, krijgen*
● *opnemen*
receiver [znw] ● *curator*
● *ontvangtoestel, telefoonhoorn*
recent [bnw] ● *kortgeleden* ● *van
onlangs* ● *nieuw*
reception [znw] ● *ontvangst* ● *receptie*
● *erkenning*
receptive [bnw] *ontvankelijk, vatbaar*
recess [znw] ● *nis, alkoof* ● *schuilhoek*
● *reces, vakantie*
recession [znw] *achteruitgang, recessie*
recipe [znw] *recept*
recipient I [znw] *ontvanger,
belanghebbende* II [bnw] *ontvankelijk*
reciprocal [bnw] *wederzijds,
wederkerig, als tegenprestatie*
reciprocate [ov ww] ● *uitwisselen*
● *wederdienst bewijzen, wederkerig van
dienst zijn*
reciprocity [znw] ● *gelijke behandeling
v. weerskanten* ● *wisselwerking*
recital [znw] ● *concert, recital* ● *verhaal*
● *voordracht*
recitation [znw] ● *voordracht* ● *verhaal*
reckless [bnw] *roekeloos*
reckon I [ov ww] *houden voor,
beschouwen* ● *(~ in) meetellen*
● *(~ with) rekening houden met*
II [on ww] *menen*

reckoning [znw] • *berekening*
• *vergelding, verrekening*
reclaim [ov ww] • *terugwinnen* • *weer*
op 't goede pad brengen, beschaven
• *cultiveren* • *droogmaken* <v. land>
• *hergebruiken*
recline [on ww] • *leunen* • *liggen*
• *steunen*
recluse [znw] *kluizenaar*
recognition [znw] • *herkenning*
• *erkenning*
recognizable [bnw] *herkenbaar*
recognize [ov ww] • *herkennen*
• *erkennen*
recoil I [on ww] • *terugdeinzen*
• *terugstoten* <v. vuurwapen>
• (~ **from**) *terugdeinzen voor* • (~ **on**)
z. wreken op II [znw] • *terugslag*
• *reactie*
recollect [ov + on ww] *zich (weten te)
herinneren*
recollection [znw] *herinnering*
recommend [ov ww] *aanbevelen,
adviseren*
recommendation [znw] *aanbeveling*
recompense I [ov ww] • *vergoeden,
vergelden* • *belonen* II [znw] *vergoeding*
reconcile [ov ww] • *verzoenen,
overeenbrengen* • *bijleggen*
• (~ **to/with**) *verzoenen met*
recondite [bnw] *obscuur, diep(zinnig)*
recondition [ov ww] *opkalefateren,
opknappen*
reconnaissance [znw] • *verkenning*
• *verkenningspatrouille*
reconsider [ov + on ww] *heroverwegen*
reconstruct [ov ww] • *opnieuw
opbouwen* • *reconstrueren*
reconstruction [znw] • *reconstructie*
• *wederopbouw*
record I [ov + on ww] • *aantekenen,
registreren, te boek stellen, optekenen*
• *vastleggen* <op geluidsdrager>
• *vermelden* II [znw] • *record*
• *afschrift, document* • *verslag, verhaal*
• *reputatie, antecedenten* • *opname,*

grammofoonplaat
recorder [znw] • *griffier* • *archivaris*
• *(band)recorder* • *blokfluit*
recording [znw] *opname*
recount I [ov ww] *uitvoerig vertellen*
II [znw] *nieuwe telling*
recoup [ov ww] *terugwinnen*
recourse [znw] *toevlucht*
recover I [ov ww] *terugwinnen,
terugkrijgen, terugvinden* II [on ww]
*genezen, herstellen, bijkomen, er weer
bovenop komen*
recoverable [bnw] • *terug te krijgen*
• <jur.> *verhaalbaar*
recovery [znw] *herstel*
recreate [ov ww] • *opnieuw creëren*
• *terugroepen*
recreation [znw] • *speelkwartier*
• *ontspanning, recreatie* • *vermaak*
recreational [bnw] *recreatie-, recreatief*
recrimination [znw] *tegenverwijt*
recruit I [ov ww] *aanwerven, rekruteren*
II [on ww] • *rekruten (aan)werven*
• <vero.> *herstellen, herstel zoeken*
III [znw] *rekruut*
rectangle [znw] *rechthoek*
rectangular [bnw] *rechthoekig*
rectitude [znw] • *rechtschapenheid*
• *correctheid*
rector [znw] • *rector* • *predikant* <v.
angl. kerk>
rectory [znw] • *predikantsplaats*
• *pastorie*
recumbent [bnw] *(achterover)liggend*
recuperate I [ov ww] *doen herstellen, er
weer bovenop brengen* II [on ww]
herstellen, er weer bovenop komen
recur [on ww] *terugkeren, terugkomen,
z. herhalen*
recurrence [znw] • *herhaling*
• *toevlucht*
recurrent [bnw] *telkens terugkerend*
recycle [ov ww] *opnieuw in omloop
brengen, verwerken tot nieuw product*
red [bnw] *rood*
redden [ov + on ww] *rood*

maken/worden
reddish [bnw] roodachtig, rossig
redeem [ov ww] • terugkopen, afkopen, vrijkopen, aflossen, inlossen • loskopen, verlossen • goedmaken
redeemable [bnw] • aflosbaar • inwisselbaar
redemption [znw] • aflossing • verlossing
redouble [ov + on ww] (z.) verdubbelen
redoubtable [bnw] geducht
redress I [ov ww] weer goedmaken, herstellen, vergoeden II [znw] herstel, vergoeding
reduce [ov ww] • verlagen, verminderen, verzwakken • (terug)brengen, herleiden
reduction [znw] vermindering
redundancy [znw] overtolligheid
redundant [bnw] overtollig
reedy [bnw] schel
reef [znw] rif
reefer [znw] • korte jas • <sl.> stickie
reek I [on ww] • stinken, rieken <ook fig.> • dampen, roken II [znw] • stank • damp, rook
reel I [ov ww] • (~ off) afrollen, afraffelen II [on ww] • duizelen • wankelen, waggelen III [znw] • film(strook) • Schotse dans • klos(je), haspel, spoel
re-entry [znw] herintreding
refectory [znw] refter
refer I [ov ww] verwijzen II [on ww] • (~ to) raadplegen, betrekking hebben op, zich wenden tot, zinspelen op
referee [znw] scheidsrechter
referendum [znw] volksstemming
refill I [ov ww] opnieuw vullen II [znw] vulling
refine [ov ww] verfijnen, raffineren, veredelen, zuiveren
refined [bnw] verfijnd, elegant, geraffineerd
refinement [znw] raffinement
refinery [znw] raffinaderij

refit [ov ww] herstellen
reflect [ov ww] • weerspiegelen, weergeven, terugkaatsen • bedenken, (over)peinzen
reflection [znw] • weerschijn, (spiegel)beeld • overdenking, 't nadenken, gedachte
reflective [bnw] nadenkend, peinzend
reflex [znw] reflex(beweging)
reflexive [bnw] wederkerend
reform I [ov ww] hervormen, verbeteren, bekeren, tot inkeer brengen II [on ww] zich bekeren III [znw] beterschap, herziening
reformer [znw] hervormer
refract [ov ww] breken <v. licht>
refractory [bnw] onhandelbaar
refrain I [on ww] z. onthouden • (~ from) afzien van II [znw] refrein
refresh [ov + on ww] (z.) opfrissen, (z.) verfrissen
refreshing [bnw] • verfrissend • aangenaam, verrassend
refreshment [znw] • verversing • verfrissing
refrigerate [ov + on ww] (af)koelen
refuel [ov + on ww] tanken
refuge [znw] • toevlucht(soord) • redmiddel
refugee [znw] vluchteling
refusal [znw] weigering
refute [ov ww] weerleggen
regain [ov ww] herkrijgen, terugwinnen
regal [bnw] koninklijk
regale [ov ww] onthalen • (~ with) vergasten op
regard I [ov ww] beschouwen II [znw] achting
regardless I [bnw] onattent, onachtzaam II [bijw] niettemin, desondanks
regatta [znw] roeiwedstrijd, zeilwedstrijd
regency [znw] regentschap
regicide [znw] koningsmoord(enaar)
regimental [bnw] regiments-

region [znw] *streek, gebied*
regional [bnw] *gewestelijk*
register I [ov + on ww] *registreren*
II [ov ww] • *(laten) inschrijven,
aangeven • uitdrukken, tonen • (laten)
aantekenen ‹v. brief› III [on ww] • z.
(laten) inschrijven • in zich opnemen
IV [znw] register, lijst*
registrar [znw] • *griffier • ambtenaar
v.d. burgerlijke stand • bewaarder der
registers*
registry [znw] • *registratie • archief*
regress [on ww] *achteruitgaan*
regret I [ov ww] *betreuren* II [znw]
spijt, berouw
regretful [bnw] *spijtig, treurig*
regrettable [bnw] *betreurenswaardig*
regroup [ov + on ww] (z.) *hergroeperen*
regular I [znw] *vaste afnemer, vaste
klant, stamgast* II [bnw] • *regelmatig,
geregeld, vast ‹klant› • correct, zoals
het hoort • ‹inf.› echt, doortrapt • ‹AE›
gewoon, normaal*
regularity [znw] *regelmatigheid*
regularize [ov ww] *regulariseren*
regulate [ov ww] *reguleren,
reglementeren, regelen*
regulation [znw] • *voorschrift
• voorgeschreven*
regulator [znw] *regulateur*
regurgitate [ov ww] • *uitbraken
• na-apen*
rehabilitate [ov ww] • *rehabiliteren
• revalideren • renoveren*
rehash I [ov ww] *weer uit de kast halen,
opnieuw brengen* II [znw]
herbewerking, oude kost ‹fig.›
rehearse [ov ww] • *herhalen, weer
opzeggen • repeteren ‹toneel›*
rehouse [ov ww] *een nieuw onderdak
geven*
reign I [on ww] *regeren, heersen*
II [znw] *regering*
reimburse [ov ww] *terugbetalen,
vergoeden*
reindeer [znw] *rendier*

reinforce [ov ww] *versterken*
reinforcement [znw] *versterking*
reinstate [ov ww] *herstellen*
reissue [ov ww] *opnieuw uitgeven*
reiterate [ov ww] *herhalen*
reject [ov ww] *verwerpen, afwijzen*
rejoice [on ww] *zich verheugen*
rejoinder [znw] (bits) *antwoord*
rejuvenate [ov + on ww] *weer jong
maken/worden*
relapse I [on ww] (weer) *instorten,
(weer) terugvallen* II [znw] *instorting,
terugval*
relate I [ov ww] • *vertellen • (onderling)
verband leggen • (~ to/with) in
verband brengen met* II [on ww] *in
verband staan*
relation [znw] • *betrekking,
verhouding • (bloed)verwantschap
• familielid*
relationship [znw] • *verhouding
• verwantschap*
relative I [znw] *familielid* II [bnw]
• *betrekkelijk • in betrekking staand*
relativity [znw] • *betrekkelijkheid
• relativiteit*
relax [ov + on ww] (z.) *ontspannen*
relaxation [znw] *ontspanning*
relay I [ov ww] • *aflossen • relayeren*
II [znw] • *aflossing ‹v. wacht,
paarden› • relais*
release I [ov ww] • *loslaten, bevrijden,
vrijlaten • vrijgeven • voor 't eerst
vertonen ‹film›, op de markt brengen
• (~ from) ontheffen van* II [znw]
• *bevrijding, vrijgeving • nieuwe
film/lp • perscommuniqué*
relegate [ov ww] *degraderen,
overplaatsen*
relent [on ww] *medelijden tonen, z.
laten vermurwen*
relentless [bnw] *meedogenloos*
relevance [znw] *relevantie*
relevant [bnw] *relevant, toepasselijk*
reliable [bnw] *betrouwbaar*
reliance [znw] *afhankelijkheid*

reliant [bnw] *afhankelijk*
relic [znw] • *reliek, relikwie* • *overblijfsel*
relief [znw] • *verlichting, opluchting,*
welkome afwisseling • *steun, hulp*
• *ontheffing* • *aflossing* • *reliëf, plastiek*
religion [znw] *godsdienst*
religious [bnw] *religieus*
relinquish [ov ww] *opgeven, afstand*
doen v.
relish I [ov ww] *genoegen scheppen in*
II [znw] *kruiderij*
relive [ov ww] *opnieuw beleven*
reluctance [znw] *tegenzin*
reluctant [bnw] *onwillig*
remain [on ww] *(over)blijven, nog over*
zijn
remand [znw] • *voorarrest* • *preventief*
gedetineerde
remark I [ov ww] *opmerken* II [on ww]
opmerkingen maken III [znw]
opmerking
remarkable [bnw] *merkwaardig*
remarry [on ww] *hertrouwen*
remedial [bnw] *verbeterend*
remedy I [ov ww] *verhelpen, genezen*
II [znw] • *(genees)middel* • *herstel*
remember I [ov + on ww] *(z.)*
herinneren, nog weten, niet vergeten,
onthouden II [ov ww] • *denken aan*
• *bedenken* ‹met fooi, legaat›
remembrance [znw] • *geheugen*
• *aandenken*
reminder [znw] • *waarschuwing*
• *aanmaning*
reminisce [on ww] *herinneringen*
ophalen, mijmeren
reminiscence [znw] *herinnering*
reminiscent [bnw] *met plezier*
terugdenkend
remiss [bnw] *nonchalant, lui*
remission [znw] • *vermindering*
• *vergeving*
remit I [ov ww] • *overmaken*
• *toezenden* II [znw] *gebied* ‹fig.›
remittance [znw] *geldzending, remise*
remnant [znw] • *rest, restant* • *coupon*

remodel [ov ww] *opnieuw modelleren*
remonstrate I [ov ww] *tegenwerpen*
II [on ww] *protesteren*
remorse [znw] *berouw*
remorseful [bnw] *berouwvol*
remorseless [bnw] *meedogenloos*
remote [bnw] • *ver weg* • *afgelegen*
removal [znw] *verplaatsing,*
verwijdering
remove [ov ww] • *verwijderen,*
afnemen, wegnemen, eraf doen
• *opruimen, uit de weg ruimen*
remover [znw] *vlekkenwater,*
afbijtmiddel, remover ‹v. nagellak›
remunerative [bnw] *lonend*
rename [ov ww] *hernoemen*
rend [ov ww] • *stukscheuren,*
verscheuren • *klieven*
render [ov ww] • *teruggeven*
• *weergeven* • *betuigen, betonen*
• *verlenen*
rendering [znw] *weergave*
rendition [znw] *uitvoering, weergave,*
vertaling
renegade [znw] *afvallige, overloper*
renew [ov ww] • *vernieuwen,*
hernieuwen • *doen herleven* • *hervatten*
• *vervangen, verversen* • *prolongeren,*
verlengen
renewable [bnw] • *vernieuwbaar*
• *verlengbaar*
renewal [znw] • *vernieuwing*
• *verlenging*
rennet [znw] *stremsel*
renounce [ov ww] • *afstand doen v.,*
afzien v. • *verwerpen, verloochenen*
renovate [ov ww] *renoveren*
renowned [bnw] *vermaard*
rent I [ww] *verl.tijd + volt.deelw.*
→ rend II [ov ww] *(ver)huren,*
(ver)pachten, in huur of pacht hebben
III [znw] • *kloof, scheur* • *huur, pacht*
rental [znw] *huursom, pachtsom*
renunciation [znw] *het afstand doen*
reopen [ov ww] *heropenen*
reorganize [ov + on ww] *reorganiseren*

rep [afk] • (representative)
vertegenwoordiger • (repertory)
reprisetheater
repair I [ov ww] • *repareren*
• *vergoeden, weer goedmaken*
II [on ww] • (~ **to**) z. *begeven naar*
III [znw] *onderhoud*
reparation [znw] • *schadeloosstelling,*
herstelbetaling • *reparatie*
repartee [znw] *gevat antwoord*
repatriate [ov + on ww] *naar 't*
vaderland terugkeren/-zenden
repay [ov ww] • *terugbetalen*
• *vergelden, vergoeden*
repayable [bnw] *aflosbaar*
repayment [znw] → **repay**
repeal I [ov ww] *herroepen* II [znw]
herroeping
repeat I [ov ww] • *herhalen* • *opzeggen,*
navertellen II [on ww] *repeteren*
III [znw] • *herhaling* • *bis* • ‹muz.›
herhalingsteken, reprise
repeater [znw] *repeteergeweer*
repel [ov ww] • *terugdrijven* • *afstoten*
repellent I [znw] *afweermiddel*
II [bnw] *weerzinwekkend, onprettig*
repent [ov + on ww] *berouw hebben*
repentance [znw] *berouw*
repentant [bnw] *berouwvol*
repercussion [znw] • *reactie*
• *weerklank*
repetition [znw] *herhaling*
repetitious, repetitive [bnw] (zich)
herhalend
replace [ov ww] • *terugzetten*
• *vervangen*
replaceable [bnw] *vervangbaar*
replacement [znw] *vervanging*
replay I [ov + on ww] *opnieuw laten*
zien/horen, herhalen II [znw]
• *overgespeelde wedstrijd* • *herhaling*
‹v. beeldscène/geluidsfragment›
replenish [ov ww] *bijvullen, aanvullen*
replete [bnw] *vol, verzadigd*
replica [znw] *duplicaat*
reply I [ov + on ww] *antwoorden*

• (~ **to**) *beantwoorden* II [znw]
antwoord
report I [ov ww] • *verslag doen v.,*
rapport uitbrengen v. • *melden*
II [on ww] *verslag doen/uitbrengen,*
rapporteren • (~ **to**) *zich melden bij*
III [znw] • *verslag* • *gerucht* • *knal,*
schot
reportedly [bijw] *naar verluidt*
reporter [znw] • *verslaggever*
• *rapporteur*
repose I [on ww] *rusten* II [znw] *rust*
reprehensible [bnw] *laakbaar*
represent [ov ww] • *voorstellen*
• *vertegenwoordigen*
representation [znw] • *voorstelling*
• *vertegenwoordiging, inspraak*
representative I [znw]
(volks)vertegenwoordiger II [bnw]
• *vertegenwoordigend* • *representatief*
• *kenmerkend, typisch*
repress [ov ww] *onderdrukken,*
bedwingen
repression [znw] • *verdringing*
• *onderdrukking*
repressive [bnw] *onderdrukkend*
reprieve I [ov ww] *gratie verlenen*
II [znw] *gratie*
reprimand I [ov ww] *berispen* II [znw]
officiële berisping
reprint I [ov ww] *herdrukken* II [znw]
herdruk
reprisal [znw] *vergelding, represaille*
reproach I [ov ww] • *verwijten*
• *berispen* II [znw] *verwijt*
reproachful [bnw] *verwijtend*
reprobate [znw] *verworpene*
reproduce I [ov ww] • *weergeven,*
reproduceren, kopiëren • (opnieuw)
voortbrengen II [on ww] *zich*
voortplanten
reproduction [znw] *reproductie*
reproductive [bnw] • *reproducerend*
• *voortplantings-*
reproof [znw] • *verwijt* • *berisping*
• *afkeuring*

reptile [znw] reptiel
republic [znw] republiek
repugnance [znw] afkeer, weerzin
repugnant [bnw] weerzinwekkend
repulse [ov ww] • afslaan, terugslaan
• afwijzen
repulsion [znw] • tegenzin • afstoting
repulsive [bnw] weerzinwekkend
reputable [bnw] fatsoenlijk, goed
bekend staand
reputation [znw] reputatie, (goede)
naam
repute [znw] vermaardheid, (goede)
naam, roep
reputed [bnw] • befaamd • vermeend
request I [ov ww] verzoeken II [znw]
verzoek
requiem [znw] requiem, uitvaartdienst
require [ov ww] • eisen • nodig hebben,
vereisen
requirement [znw] eis, vereiste
requisite I [znw] vereiste II [bnw]
vereist
requisition I [ov ww] vorderen
II [znw] (op)vordering
requite [ov ww] beantwoorden
rescind [ov ww] opheffen, nietig
verklaren
rescue I [ov ww] redden, bevrijden
II [znw] redding
rescuer [znw] redder
research [znw] (wetenschappelijk)
onderzoek
researcher [znw] onderzoeker,
wetenschapper
resemblance [znw] gelijkenis
resemble [ov ww] lijken op
resent [ov ww] kwaad zijn over,
kwalijk nemen
resentful [bnw] • kwaad, boos
• lichtgeraakt
resentment [znw] rancune, wrevel
reservation [znw] • voorbehoud
• (indianen)reservaat • reservering
• reservatie
reserve I [ov ww] reserveren II [znw]

• voorbehoud • gereserveerdheid
reserved [bnw] gesloten, gereserveerd,
zwijgzaam
reservoir [znw] • reservoir
• reservevoorraad
reset [ov ww] <comp.> • zetten <v. bot>
• <comp.> opnieuw opstarten
resettle [ov ww] opnieuw vestigen
reshuffle I [ov ww] herschikken,
opnieuw schudden <kaartspel> II [znw]
herverdeling
reside [on ww] wonen, zijn standplaats
hebben • (~ in) berusten bij
residence [znw] • woning
• woonplaats, standplaats • residentie
resident I [znw] inwoner, vaste
bewoner II [bnw] (in)wonend
residential [bnw] woon-
residual [bnw] resterend
residue [znw] rest, overschot
resign I [ov ww] • afstand doen v.,
overgeven • opgeven II [on ww] ontslag
nemen, aftreden
resignation [znw] • ontslag • berusting
resigned [bnw] gelaten
resilience [znw] veerkracht
resilient [bnw] veerkrachtig
resin [znw] hars
resinous [bnw] harsig
resist I [ov ww] • bestand zijn tegen,
weren • z. verzetten tegen II [on ww]
weerstand bieden, z. verzetten
resistance [znw] • verzet • <techn.>
weerstand
resistant [bnw] weerstand biedend,
immuun, bestand
resolute [bnw] vastberaden
resolution [znw] • besluit • resolutie
• ontknoping • vastberadenheid
resolve I [ov ww] • oplossen
• ontbinden, herleiden II [on ww]
besluiten, beslissen III [znw] besluit
resound [ov + on ww] (doen)
weerklinken, galmen
resounding [bnw] • luid klinkend,
galmend • eclatant, daverend

resource [znw] • hulpbron • middel,
toevlucht, uitweg • vindingrijkheid
respect I [ov ww] eerbiedigen II [znw]
• eerbied, achting, respect • opzicht
respectable [bnw] • fatsoenlijk
• behoorlijk
respectful [bnw] eerbiedig
respective [bnw] onderscheidenlijk,
respectief
respiration [znw] ademhaling
respirator [znw]
• ademhalings-/zuurstofmasker
• gasmasker
respiratory [bnw] ademhalings-
resplendent [bnw] schitterend
respond [on ww] antwoorden • (~ to)
reageren op
response [znw] • antwoord • reactie,
weerklank • tegenzang, responsorium
responsibility [znw]
verantwoordelijkheid
responsible [bnw] • verantwoordelijk
• aansprakelijk
responsive [bnw] • antwoordend
• reagerend • sympathiek
rest I [ov ww] • laten rusten, rust geven
• steunen, liggen II [on ww]
• uitrusten, berusten • blijven III [znw]
• steun, houder, statief • rust
restate [ov ww] herformuleren
restful [bnw] • rustig • kalmerend
restitution [znw] schadeloosstelling
restive [bnw] koppig, prikkelbaar,
onhandelbaar
restless [bnw] • ongedurig • rusteloos
restoration [znw] restauratie
restorative I [znw] herstellend middel
II [bnw] herstellend
restore [ov ww] • herstellen, restaureren
• teruggeven • weer op zijn plaats
zetten
restorer [znw] restaurateur <v.
kunstwerken>
restrain [ov ww] • weerhouden,
bedwingen • beperken
restrained [bnw] beheerst, rustig, kalm

restraint [znw] • beperking
• terughoudendheid
restrict [ov ww] beperken
restriction [znw] beperking
restrictive [bnw] beperkend
result I [on ww] • (~ from) volgen uit
• (~ in) uitlopen op II [znw] • gevolg,
resultaat • afloop, uitkomst
resume [ov + on ww] hervatten
résumé [znw] resumé, samenvatting
resumption [znw] hervatting
resurgent [bnw] terugkerend, herlevend
resurrect [ov ww] doen herleven
resuscitate I [ov ww] weer opwekken,
bijbrengen, reanimeren II [on ww] weer
opleven, bijkomen
retail I [ov ww] • verkopen • uitvoerig
vertellen II [znw] kleinhandel
retailer [znw] kleinhandelaar
retain [ov ww] • nemen <v. advocaat>
• behouden, onthouden • tegenhouden,
vasthouden
retainer [znw] • vooruitbetaald
honorarium • vazal
retake [ov ww] opnieuw nemen
retaliate [on ww] wraak nemen
retaliative, retaliatory [bnw]
vergeldings-
retard [ov ww] vertragen
retch [on ww] kokhalzen
retentive [bnw] vasthoudend
rethink [ov + on ww] heroverwegen,
nog eens bekijken
reticence [znw] • zwijgzaamheid
• terughoudendheid
reticent [bnw] zwijgzaam, gesloten
retinue [znw] gevolg
retire I [ov ww] • terugtrekken,
intrekken • ontslaan II [on ww] • met
pensioen gaan, ontslag nemen • zich
terugtrekken, naar bed gaan
retired [bnw] • eenzaam
• gepensioneerd
retirement [znw] • pensionering
• eenzaamheid
retiring [bnw] • pensioen- • bescheiden

retouch [ov ww] *bijwerken, retoucheren*
retrace [ov ww] *volgen, (weer) nagaan*
retract I [ov ww] *intrekken,*
terugtrekken II [on ww] *ingetrokken*
(kunnen) worden
retractable [bnw] *intrekbaar*
retraction [znw] *intrekking, herroeping*
retread [znw] *gecoverde autoband*
retreat I [on ww] *terugwijken, (zich)*
terugtrekken II [znw] • *wijkplaats*
• *terugtocht* • *afzondering*
• *retraite(huis)*
retribution [znw] *vergelding,*
genoegdoening
retributive [bnw] *vergeldend*
retrieval [znw] *het terughalen*
retrieve [ov ww] • *terugkrijgen,*
terugvinden • *apporteren*
retroactive [bnw] *met terugwerkende*
kracht
retrograde [bnw] • *achteruitgaand*
• *omgekeerd*
retrogressive [bnw] *achteruitgaand*
retrospect, retrospection [znw]
terugblik
return I [ov ww] • *teruggeven,*
terugzetten • *beantwoorden* II [on ww]
terugkomen, teruggaan, terugkeren
III [znw] • *omzet, opbrengst*
• *terugkomst* • *retour(biljet)* • *opgave*
returnable [bnw] *retour-*
reunion [znw] • *hereniging* • *reünie*
reunite [ov ww] *herenigen*
rev [ov + on ww] • *(~ up) plankgas*
geven, sneller draaien <v. motor>
revalue [ov ww] *revalueren,*
herwaarderen
reveal [ov ww] *openbaren,*
bekendmaken
revealing [bnw] *onthullend,*
veelzeggend
revel I [on ww] *fuiven, boemelen,*
feesten • *(~ in) genieten van* II [znw]
pret, feest
revelation [znw] *onthulling,*
openbaring

reveller [znw] *pretmaker*
revelry [znw] *pretmakerij*
revenue [znw] *(staats)inkomen,*
inkomsten, baten
reverberate [ov + on ww]
terugkaatsen, weerkaatsen
revere [ov ww] *(ver)eren, met eerbied*
opzien tegen
reverence [znw] *eerbied, verering*
reverend I [znw] *geestelijke* II [bnw]
eerwaard(ig)
reverent, reverential [bnw] *eerbiedig*
reverie [znw] *mijmering*
reversal [znw] *het wisselen, ommekeer*
reverse I [ov ww] • *omkeren,*
omschakelen • *achteruitrijden*
• *herroepen, intrekken* II [on ww]
achteruitrijden III [znw]
• *tegenovergestelde, omgekeerde*
• *tegenslag* • *achteruit <v. auto>*
IV [bnw] *tegenovergesteld, omgekeerd*
reversion [znw] *terugkeer*
revert [on ww] • *terugkeren,*
terugkomen • *terugvallen <v.e. erfgoed*
aan oorspr. schenker of diens
erfgenamen>
review I [ov ww] • *nog eens onder de*
loep nemen, opnieuw bekijken
• *inspecteren* • *recenseren* • *herzien*
II [znw] • *recensie* • *inspectie, parade*
• *tijdschrift* • *overzicht* • *herziening*
reviewer [znw] *recensent*
revile [ov ww] *uitschelden, tekeergaan*
tegen
revise I [ov + on ww] *blokken* II [ov ww]
nazien, herzien, reviseren
revision [znw] • *herziening* • *herziene*
uitgave
revival [znw] • *opleving* • *reprise*
<toneel>
revive [ov + on ww] *(doen) herleven,*
(doen) bijkomen
revocation [znw] *herroeping*
revoke [ov ww] *herroepen*
revolt I [ov ww] *doen walgen*
II [on ww] • *in opstand komen*

• walgen III [znw] opstand
revolting [bnw] • opstandig
• weerzinwekkend
revolutionary I [znw] revolutionair
II [bnw] revolutionair
revolutionize [ov ww] 'n ommekeer
teweegbrengen in
revolve [ov ww] omwentelen,
(om)draaien
revulsion [znw] walging
reward I [ov ww] belonen II [znw]
beloning
rewarding [bnw] lonend, de moeite
waard
rewind [ov ww] opnieuw opwinden,
terugspoelen
rewrite [ov ww] omwerken
rhapsody [znw] rapsodie
rhetoric [znw] • retorica • retoriek
rhetorical [bnw] retorisch
rheumatic I [znw] reumalijder
II [bnw] reumatisch
rhino [znw] neushoorn
rhubarb [znw] rabarber
rhyme I [on ww] rijmen II [znw]
rijm(pje), poëzie
rhythm [znw] ritme
rib I [ov ww] <inf.> plagen II [znw] • rib
• nerf • richel • balein
ribald [bnw] onbehoorlijk, schunnig
ribbon [znw] lint, strook
rice [znw] rijst
rich [bnw] • kostbaar • machtig <v.
spijzen> • vol, warm <v. kleur, klank>
• rijk • vruchtbaar
richly [bijw] rijkelijk
rick I [ov ww] verrekken II [znw] hoop
hooi, hooimijt
rickets [znw] Engelse ziekte
rickety [bnw] wankel, gammel
ricochet I [on ww] afketsen <v. kogel>
II [znw] verdwaalde kogel
rid [ov ww] bevrijden • (~ of) ontdoen
van
ridden [ww] volt. deelw. → ride
riddle I [ov ww] doorzeven II [znw]

raadsel
ride I [ov + on ww] • rijden • drijven,
varen II [znw] rit, reis, tocht
rider [znw] • ruiter, (be)rijder
• toegevoegde clausule, toevoeging
ridge [znw] • heuvelrug, bergkam
• richel • nok
ridicule I [ov ww] belachelijk maken
II [znw] spot
ridiculous [bnw] belachelijk
rife [bnw] algemeen heersend
rifle I [ov ww] • plunderen
• (~ through) doorzoeken II [znw]
geweer
rift [znw] spleet, scheur
rig I [ov ww] • slinks bewerken,
manipuleren • uitrusten • (~ out)
uitdossen • (~ up) in elkaar flansen
II [znw] • boortoren, booreiland
• aankleding, kledij
rigging [znw] tuigage
right I [ov ww] (iets) rechtzetten
II [znw] • recht • rechts III [bnw]
• recht • juist • goed • passend
IV [bijw] • rechts • meteen
rightful [bnw] • rechtmatig
• rechtvaardig
rightist I [znw] rechtse II [bnw] rechts
(georiënteerd)
rigid [bnw] • stijf • onbuigzaam, streng
rigmarole [znw] rompslomp
rigorous [bnw] streng, hard
rigour [znw] strengheid, hardheid
rile [ov ww] kwaad maken
rim [znw] • rand • (bril)montuur
rimless [bnw] zonder rand
rind [znw] • (kaas)korst, schil
• (spek)zwoerd
ring I [ov ww] • bellen, laten klinken,
luiden • opbellen • ringen, ring
aandoen • omringen • (~ in) inluiden
• (~ out) uitluiden • (~ up) opbellen
II [on ww] • klinken • bellen • gaan <v.
bel>, overgaan <v. telefoon> • (~ for)
bellen (om) • (~ off) neerleggen <v.
telefoon> • (~ with) weerklinken van

III [znw] • ring • kring • kliek, combinatie • circus, (ren)baan • klank • gelui, gebel

ringer [znw] klokkenluider

ringlet [znw] haarkrulletje

rink [znw] • ijs(hockey)baan • rolschaatsbaan

rinse I [ov ww] (om)spoelen II [znw] spoeling

riot I [on ww] oproer maken II [znw] • oproer, rel • vrolijke bende

riotous [bnw] oproerig

rip I [ov + on ww] scheuren • (~ off) bedriegen, stelen • (~ up) verscheuren II [znw] scheur, torn

ripe [bnw] rijp, belegen

ripple I [ov + on ww] rimpelen, golven II [znw] rimpeling, golfje(s)

rise I [on ww] • groter/hoger worden, opkomen, (ver)rijzen, stijgen • (zich) verheffen • uiteengaan ‹v. vergadering› • opstaan • opgaan, omhooggaan • (~ from) ontspringen uit, voortkomen uit • (~ up) in opstand komen II [znw] • helling, verhoging • opslag

riser [znw] * early ~ vroege vogel

rising I [znw] opstand II [bnw] opkomend

risk I [ov ww] wagen, riskeren II [znw] risico, gevaar

risky [bnw] gewaagd

ritual I [znw] ritueel II [bnw] ritueel

rival I [ov ww] wedijveren met, trachten te evenaren II [znw] mededinger, medeminnaar III [bnw] mededingend, concurrerend

rivalry [znw] rivaliteit, wedijver

river [znw] rivier

rivet I [ov ww] • (vast)klinken • boeien ‹ook fig.›, vestigen ‹de ogen›, concentreren ‹de aandacht› II [znw] klinknagel

rivulet [znw] riviertje, beekje

roach [znw] voorn

road [znw] (straat)weg

roam I [ov + on ww] zwerven (door) II [znw] zwerftocht ‹te voet›

roar I [ov + on ww] brullen, bulderen II [znw] gebulder

roaring [bnw] • denderend • bulderend

roast I [ov + on ww] • braden, roosteren • branden II [ov ww] in de maling nemen III [znw] gebraad IV [bnw] geroosterd

rob [ov + on ww] (be)stelen, (be)roven

robber [znw] dief, rover

robbery [znw] roof, diefstal

robe I [ov ww] zich kleden II [znw] • kamerjas • toga, ambtsgewaad • robe, gewaad

robin [znw] roodborstje

robust [bnw] • robuust • inspannend

rock I [ov + on ww] • schommelen, wieg(el)en • (doen) wankelen II [znw] • rots(blok), steen • kandij, suikerstok • rock(muziek)

rocker [znw] • schommelstoel • nozem • gebogen hout onder wieg

rocket I [on ww] omhoog schieten II [znw] • raket • uitbrander • vuurpijl

rocky [bnw] • rotsachtig • gammel, wankel

rod [znw] • staf, staaf, stang • hengel

rode [ww] verl. tijd → ride

rodent [znw] knaagdier

roe [znw] ree

roguish [bnw] schurkachtig

role [znw] rol

roll I [ov ww] (op)rollen • (~ up) oprollen II [on ww] • rollen, rijden • woelen III [znw] • rol • broodje

roller [znw] • roller • wals

rolling [bnw] golvend, deinend

roly-poly [bnw] mollig

Roman I [znw] • rooms-katholiek • Romein II [bnw] • Romeins • rooms(-katholiek)

romantic I [znw] romanticus II [bnw] romantisch

romanticism [znw] romantiek

romanticize [ov ww] romantisch

maken
romp I [on ww] *stoeien, ravotten*
II [znw] *stoeipartij*
roof I [ov ww] *onder dak brengen,*
overdekken II [znw] *dak*
roofing [znw] • *dakbedekking*
• *dekmateriaal*
rook I [ov ww] *afzetten* II [znw] • *roek*
• *toren* ‹schaakspel›
rookie [znw] *rekruut*
room I [on ww] ‹AE› *op (een) kamer(s)*
wonen II [znw] • *kamer, zaal* • *ruimte,*
plaats • *gelegenheid, aanleiding*
roomy [bnw] *ruim, breed*
roost I [on ww] *op stok gaan* II [znw]
roest, (kippen)stok, nachthok
rooster [znw] *haan*
root I [ov ww] *omwroeten* • (~ **out**) *te*
voorschijn brengen, opscharrelen,
opsnorren • (~ **up**) *uittrekken* ‹v.
plant› II [on ww] *inwortelen,*
wortelschieten • (~ **for**) *zich inzetten*
voor III [znw] • *wortel* • *kern, bron,*
grondslag
rope I [ov ww] • *vastbinden* • *vangen*
‹m. lasso› II [znw] *touw*
rosary [znw] *rozenkrans*
rose I [znw] *roos* II [bnw] *rozerood,*
bruinroze
rosemary [znw] *rozemarijn*
rosette [znw] *rozet*
roster [znw] *dienstrooster*
rostrum [znw] *spreekgestoelte,*
podium, publieke tribune
rosy [bnw] • *roze* • *rooskleurig*
rot I [ov ww] *doen rotten, bederven*
II [on ww] *rotten, verrotten, bederven*
III [znw] • *rotheid, rotte plek* • *onzin*
rota [znw] *(dienst)rooster*
rotary [bnw] *roterend*
rotate [ov + on ww] • *draaien, wentelen*
• *rouleren*
rotation [znw] • *rotatie, roulering*
• *vruchtwisseling*
rote [znw] *domme routine*
rotor [znw] *(draai)wiek v.e. helikopter*

rotten [bnw] • *(ver)rot* • *corrupt*
• *waardeloos, beroerd, slecht*
rotter [znw] *mispunt, vent/vrouw van*
niks
rotund [bnw] *mollig, gezet*
rough I [znw] *ruwe klant* II [bnw]
• *ruw, ruig* • *guur, stormachtig*
• *onbeschaafd* • *hard, drastisch*
• *globaal*
roughage [znw] • *ruwvoer* • *vezelrijk*
voedsel
roughen [ov + on ww] *ruw*
maken/worden
round I [ov ww] • (~ **off**) *afronden*
II [znw] • *ronde, reeks* • *sport* ‹v.
ladder› • *canon* • *toer* ‹breien›
III [bnw] • *rond* • *afgerond* IV [bijw]
• *rond, om* • *in 't rond, rondom* V [vz]
rondom
roundabout I [znw] • *draaimolen*
• *verkeersrotonde* II [bnw] *omslachtig,*
wijdlopig
roundly [bijw] *botweg, rondweg,*
ronduit
rouse I [ov ww] • *prikkelen* • *wakker*
maken, (op)wekken, opschrikken
II [on ww] *wakker worden*
rove [ov + on ww] *rondzwerven (door),*
ronddolen (door), dwalen (door)
row I [ov + on ww] *roeien (tegen)*
II [znw] • *rij* • *huizenrij, straat* • *herrie,*
drukte • *ruzie*
rowdy I [znw] *herrieschopper* II [bnw]
lawaaierig
rower [znw] *roeier*
royal I [znw] *lid v. koninklijk huis*
II [bnw] • *konings-, koninklijk*
• *schitterend, heerlijk*
royalty [znw] • *koningschap,*
koninklijke waardigheid • *vorstelijke*
personen • *royalty*
rub I [ov ww] • *poetsen, boenen*
• *inwrijven, afwrijven* • (~ **down**)
afwrijven, stevig afdrogen • (~ **in**)
inwrijven, erin stampen ‹v. les›
• (~ **off**) *eraf wrijven* • (~ **out**)

uitgummen • (~ together) tegen elkaar wrijven II [znw] • moeilijkheid, hindernis • poetsbeurt • robber

rubber I [znw] • wrijfkussen • rubber, gummi, elastiek • robber II [bnw] rubberen

rubbish [znw] • rommel • onzin

rubble [znw] puin

rubicund [bnw] blozend

rubric [znw] rubriek

ruby I [znw] robijn II [bnw] robijnrood

ruck I [on ww] verkreukelen II [znw] • kreukel • (de) massa

rucksack [znw] rugzak, ransel

rudder [znw] roer

ruddy [bnw] • verdomd(e) • rood, blozend • rossig

rude [bnw] • ruw • lomp • primitief, onbeschaafd

rudimentary [bnw] • rudimentair • in een beginstadium

rue [ov ww] berouw hebben over/van, treuren om

rueful [bnw] verdrietig, treurig

ruff [znw] • Spaanse plooikraag • verenkraag

ruffian [znw] bullebak, schurk, woesteling

ruffle [ov ww] • verfrommelen • rimpelen • uit zijn humeur brengen

rug [znw] • (haard)kleedje • (reis)deken

rugged [bnw] • ruw, hobbelig • hoekig • hard, nors • krachtig

ruin I [ov ww] te gronde richten, vernielen, ruïneren II [znw] • ondergang • wrak ‹fig.›

rule I [ov ww] heersen • (~ out) uitsluiten II [on ww] heersen, regeren III [znw] • regel • liniaal • heerschappij, bestuur

ruler [znw] • regeerder, heerser • liniaal

rum I [znw] rum II [bnw] vreemd, raar

rumble I [ov ww] doorhebben II [on ww] rommelen III [znw] • storend signaal, brom ‹elektronica› • geroezemoes

ruminate I [ov ww] (nog eens) overdenken II [on ww] herkauwen

ruminative [bnw] peinzend

rummage I [ov ww] • doorsnuffelen • overhoop halen, rommel maken • (~ out) opscharrelen II [on ww] rommelen, snuffelen

rumour [znw] gerucht

rump [znw] staart(stuk), achterste

rumple [ov ww] in de war maken

rumpus [znw] tumult, herrie, hooglopende ruzie

run I [ov ww] • lopen over • laten lopen, laten gaan, rijden, laten stromen • aan 't hoofd staan van, leiden, sturen • brengen ‹v. artikel, toneelstuk› • rijgen • (binnen)smokkelen • (~ down) overrijden, afgeven op • (~ in) inrekenen • (~ into) laten vervallen tot, steken in • (~ off) laten weglopen • (~ out) afrollen • (~ over) overrijden, laten gaan over • (~ through) doorsteken, doorhalen, erdoor brengen II [on ww] • hardlopen • z. haasten • doorlopen, uitlopen, z. snel verspreiden • een run maken ‹bij cricket› • (~ about) heen en weer lopen, rondsjouwen • (~ across) (toevallig) tegenkomen • (~ after) achternalopen • (~ away) weglopen, ervandoor gaan • (~ down) opraken, uitgeput raken, vervallen • (~ for) kandidaat zijn voor • (~ in) binnenlopen • (~ into) in botsing komen met • (~ off) de benen nemen, weglopen • (~ on) doordraven, doorlopen, doorgaan • (~ out) opraken, verlopen, ongeldig worden • (~ over) overlopen • (~ through) doorlopen, lopen door, doornemen • (~ to) (op)lopen tot, gaan tot • (~ together) in elkaar lopen • (~ up) oplopen III [znw] • (kippen)ren • vrij gebruik, vrije toegang • run ‹bij cricket› • (ver)loop • toeloop, gang • ritje • uitstapje

rung I [ww] volt. deelw. → ring
II [znw] • sport <v. ladder> • spijl
runner [znw] • hardloper • wisselloper,
ordonnans • uitloper, scheut <v. plant>
running [bnw] • doorlopend,
achtereIkaar • strekkend
runt [znw] • dwerg, kriel • uilskuiken
rupture I [ov ww] • een breuk
veroorzaken • doorbreken, verbreken
II [on ww] een breuk hebben III [znw]
breuk, scheuring
rural [bnw] landelijk, plattelands-
rusk [znw] (scheeps)beschuit
russet [bnw] roodbruin
Russian I [znw] • Rus(sin) • het
Russisch II [bnw] Russisch
rust I [on ww] roesten, verroesten
II [znw] roest
rustic [bnw] • landelijk • boers
rustle I [ov ww] doen ritselen
II [on ww] ruisen, ritselen III [znw]
geritsel, geruis
rusty [bnw] • roestig • roestrood
rut [znw] • karrenspoor • groef • (oude)
sleur • bronst
ruthless [bnw] meedogenloos
rye [znw] rogge

S

sabbatical [znw] sabbatsjaar
sable [znw] sabelbont
sabotage I [ov + on ww] saboteren
II [znw] sabotage
sabre [znw] cavaleriesabel
sachet [znw] parfumkussentje
sack I [ov ww] • de bons geven
• plunderen II [znw] zak
sacking [znw] • paklinnen • ontslag
sacred [bnw] • heilig • gewijd
• onschendbaar
sacrifice I [ov ww] (op)offeren
II [on ww] offeren III [znw]
• (op)offering • offerande
sacrificial [bnw] offer-
sacrilege [znw] heiligschennis
sacrilegious [bnw] heiligschennend
sacristy [znw] sacristie
sacrosanct [bnw] • onschendbaar
• heilig
sad [bnw] droevig, treurig
saddle I [ov ww] • opzadelen • belasten,
in de schoenen schuiven II [znw] • zadel
• lendestuk
saddler [znw] zadelmaker
sadistic [bnw] sadistisch
safe I [znw] brandkast II [bnw] • veilig
• betrouwbaar
safety [znw] veiligheid
saffron I [znw] saffraan II [bnw]
saffraangeel
sag I [on ww] • doorbuigen/-zakken
• (scheef)hangen II [znw] • verzakking
• doorhanging
saga [znw] • (lang) verhaal • sage
• familiekroniek
sagacious [bnw] • schrander • wijs
sage I [znw] • wijze • salie II [bnw] wijs
sago [znw] sago(palm)
said I [ww] volt. deelw. → say II [bnw]
voornoemd(e)

sail I [ov ww] (be)zeilen II [on ww]
• (uit)varen • stevenen • zeilen III [znw]
• zeil • zeiltochtje • molenwiek
sailing [znw] • het zeilen • bootreis
• afvaart
sailor [znw] zeeman, matroos
saint [znw] heilige, sint
sainthood [znw] heiligheid
saintlike, saintly [bnw] • vroom
• volmaakt
sake [znw] * for God's sake in
godsnaam * for the sake of terwille van
salable [bnw] → saleable
salacious [bnw] wellustig, wulps
salad [znw] salade, sla
salaried [bnw] bezoldigd
salary [znw] salaris
sale [znw] • verkoop • uitverkoop
• verkoping, veiling
saleable [bnw] verkoopbaar
salient I [znw] saillant II [bnw]
• (voor)uitspringend • in 't oog vallend
saline [bnw] zout(houdend)
saliva [znw] speeksel
salivary [znw] speeksel-
salivate [on ww] kwijlen
salmon [znw] zalm
saloon <AE> [znw] • bar • sedan
salt I [ov ww] zouten, pekelen
• (~ away) wegzetten als appeltje voor
de dorst • (~ down) inpekelen,
wegzetten als appeltje voor de dorst
II [znw] zout III [bnw] zout-
salty [bnw] zout(ig)
salubrious [bnw] gezond
salutation [znw] • (be)groet(ing)
• aanhef <in brief>
salute I [ov ww] begroeten, huldigen
II [on ww] salueren, groeten III [znw]
• groet • saluut(schot)
salvage I [ov ww] bergen, redden
II [znw] geborgen of geredde goederen
salvation [znw] behoudenis, redding
salve I [ov ww] sussen II [znw] • zalf
• pleister <fig.>
salver [znw] presenteerblad

same [vnw] • zelfde • dezelfde, hetzelfde
sameness [znw] • gelijkheid
• eentonigheid
sample I [ov ww] • proeven <v. voedsel>
• een monster geven/nemen v. iets
• keuren • ondervinding opdoen v.
II [znw] monster, staal(tje)
sanctimonious [bnw] schijnheilig
sanction I [ov ww] • bekrachtigen
• sanctie geven aan II [znw] sanctie
sanctity [znw] • heiligheid
• onschendbaarheid
sanctuary [znw] • kerk, heiligdom
• (vogel)reservaat
sand I [ov ww] • (~ down) polijsten,
schuren II [znw] zand
sandal [znw] sandaal
sandwich I [ov ww] inklemmen
(tussen) II [znw] dubbele boterham
sandy [bnw] • zanderig • rossig
sane [bnw] • gezond • verstandig
sang [ww] verl. tijd → sing
sanguinary [bnw] bloedig
sanitary [bnw] gezondheids-,
hygiënisch
sanitation [znw] • sanering
• volksgezondheid
sanity [znw] geestelijke gezondheid
sank [ww] verl. tijd → sink
sap I [ov ww] uitputten II [znw]
(levens)sap
sapling [znw] jonge boom
sapphire I [znw] saffier II [bnw]
saffierblauw
sarcasm [znw] sarcasme
sarcophagus [znw] sarcofaag
sardine [znw] sardientje
sardonic [bnw] cynisch, bitter,
sardonisch
sartorial [bnw] kleermakers-,
(maat)kledings-
sash [znw] • sjerp • schuifraam
sat [ww] verl. tijd + volt. deelw. → sit
satchel [znw] • pukkel <schooltas>
• geldtas
satellite [znw] satelliet

satiate I [ov ww] (over)verzadigen
II [bnw] verzadigd, zat
satin I [znw] satijn II [bnw] satijnen
satirist [znw] • satiricus • hekeldichter
satirize [ov ww] hekelen
satisfaction [znw] • tevredenheid
• voldoening • voldaanheid • genoegen
• genoegdoening
satisfactory [bnw] • bevredigend
• voldoende
satisfy I [ov ww] • overtuigen • tevreden
stellen • bevredigen • stillen <v.
honger> II [on ww] • voldoen(de zijn)
• genoegdoening geven
saturate [ov ww] • verzadigen
• doordrenken
saturated [bnw] • verzadigd • doornat
saturation [znw] (over)verzadiging
Saturday [znw] zaterdag
satyr [znw] sater
sauce [znw] saus
saucy [bnw] brutaal
saunter I [on ww] slenteren, kuieren
II [znw] wandelingetje
sausage [znw] worst(je)
sauté [ov ww] licht (en snel) bakken,
sauteren
savage I [ov ww] • aanvallen,
mishandelen • fel bekritiseren II [znw]
• wilde • woesteling, barbaar III [bnw]
• wild, primitief • wreed, fel • woest
save I [ov ww] • redden • (be-/uit)sparen
II [on ww] sparen III [vz] behalve
saving [znw] besparing
savour I [ov ww] • proeven • genieten
(van) II [on ww] • (~ of) smaken naar,
rieken naar III [znw] • smaak • aroma
savoury I [znw] (pikant) tussengerecht
II [bnw] • smakelijk • hartig, pikant
saw I [ww] verl. tijd → see II [ov ww]
(door)zagen III [on ww] zagen
IV [znw] • zaag • gezegde, spreuk
sax, saxophone [znw] saxofoon
Saxon I [znw] Angelsakser II [bnw]
Angelsaksisch
say I [ov ww] opzeggen II [on ww]

zeggen III [znw] • zegje • zeggenschap
saying [znw] gezegde
scab [znw] • korstje • iem. die werkt
tijdens staking
scabbard [znw] schede
scabby [bnw] met korsten bedekt
scabies [znw] schurft
scaffold [znw] • stellage, steiger
• schavot
scaffolding [znw] stellage, steigers
scald I [ov ww] • branden <aan hete
vloeistof of stoom> • met heet water
uitwassen • tegen de kook aan brengen
II [znw] brandwond
scalding [bnw] kokend (heet)
scale I [ov ww] beklimmen
• (~ down/up) evenredig
verlagen/-hogen II [znw] • schaal
• schub, schilfer • ketelsteen • tandsteen
• toonladder
scallop [znw] • sint-jakobsschelp,
kamschelp • ribbel
scallywag [znw] apenkop
scalp I [ov ww] • scalperen • afmaken
<met kritiek> II [znw] • scalp
• hoofdhuid
scalpel [znw] scalpel, ontleedmes
scaly [bnw] geschubd
scamp [znw] deugniet, rakker
scamper I [on ww] hollen II [znw]
drafje
scampi [znw] • garnalengerecht • grote
garnalen
scandal [znw] schandaal
scandalize [ov ww] ergernis wekken bij,
shockeren
scandalous [bnw] • ergerlijk,
schandelijk • schandalig
Scandinavian I [znw] • Scandinaviër
• Scandinavisch II [bnw] Scandinavisch
scanner [znw] • aftaster • radarantenne
scant [bnw] gering, karig
scanty [bnw] • krap • schaars
scapegoat [znw] zondebok
scar I [ov ww] • een litteken bezorgen
<ook emotioneel> • met littekens

bedekken II [znw] litteken
scarce I [bnw] • schaars • zeldzaam
II [bijw] nauwelijks
scare I [ov ww] bang maken,
verschrikken • (~ away/off) wegjagen
II [on ww] bang worden III [znw]
• schrik, vrees, angst • bangmakerij
scarf [znw] • sjaal • das
scarlet [bnw] scharlaken, (vuur)rood
scary [bnw] schrikaanjagend, eng
scatter [on ww] (z.) verspreiden
scattered [bnw] • sporadisch • her en
der verspreid
scavenge [ov + on ww] • doorzoeken <v.
afval> • aas eten
scavenger [znw] • afvaleter • aaseter
scene [znw] • decor • landschap
• toneel, tafereel • scène
scenery [znw] • natuurschoon,
landschap • decor(s)
scenic [bnw] • schilderachtig
• verhalend, dramatisch
scent I [ov ww] • vermoeden • ruiken
• parfumeren II [znw] • geur, lucht
• parfum • reuk • spoor
sceptic I [znw] scepticus II [bnw]
sceptisch
scepticism [znw] scepticisme
sceptre [znw] scepter
schedule I [ov ww] plannen II [znw]
• bijlage • dienstregeling, rooster
schematic [bnw] schematisch
scheme I [ov ww] • beramen
• intrigeren (tegen) II [on ww] konkelen
III [znw] • plan • schema • stelsel
• (gemeen) spelletje, intrige
schemer [znw] intrigant
schizophrenia [znw] schizofrenie
schizophrenic I [znw] schizofreen
persoon II [bnw] • schizofreen
• gespleten
scholar [znw] • leerling • geleerde
• beursstudent
scholarship [znw] • geleerdheid
• studiebeurs
scholastic [bnw] • schools • school-,

academisch • schoolmeesterachtig
• scholastisch
school I [ov ww] • scholen • trainen
• africhten II [znw] • faculteit • school,
universiteit
schooling [znw] • onderwijs • scholing
• dressuur
schooner [znw] schoener
sciatica [znw] ischias
science [znw] • wetenschap
• natuurwetenschap(pen)
scientific [bnw] wetenschappelijk
scientist [znw] wetenschapper
scion [znw] • ent • spruit, telg
sclerosis [znw] sclerose
scoff [ov ww] • bespotten • gulzig opeten
scold I [ov ww] 'n uitbrander geven
II [on ww] schelden
scone [znw] klein afgeplat broodbolletje
scoop I [ov ww] (uit)scheppen • (~ out)
uithollen • (~ up) opscheppen II [znw]
• scheplepel • schoep • 't scheppen <in
één beweging> • primeur
scoot [on ww] • rennen • 'm smeren
scooter [znw] • step • scooter
scope [znw] • (draag)wijdte, bereik,
strekking, omvang • gelegenheid <tot
ontplooiing>
scorch I [ov ww] (ver)schroeien
II [on ww] • (ver)schroeien • woest
rijden, scheuren III [znw] schroeiplek
scorcher [znw] snikhete dag
scorching [bnw] • snikheet, bloedheet
• gloeiend (heet)
score I [ov + on ww] • scoren
• schrammen, krassen II [znw] • score
• partituur
scorer [znw] (doel)puntenmaker, scorer
scornful [bnw] minachtend
scorpion [znw] schorpioen
scoundrel [znw] schurk
scour [ov ww] • (op)wrijven,
(uit)schuren • reinigen • doorzoeken
scourer [znw] • pannenspons
• vagebond
scourge I [ov ww] teisteren II [znw]

gesel
scout I [ov ww] *verkennen* II [on ww]
op verkenning zijn • (~ (**around**) **for**)
speuren naar III [znw] • *verkenner*
• *padvinder*
scowl I [on ww] *dreigend kijken*
II [znw] *dreigende blik*
scrabble I [on ww] • *krabbelen*
• *graaien* II [znw] *het scrabblespel*
scraggy [bnw] *mager, schriel*
scram [on ww] *opkrassen*
scramble I [ov ww] • *door elkaar*
gooien • *te grabbel gooien* II [on ww]
• *klauteren* • *scharrelen, grabbelen*
III [znw] • *gedrang, wedloop*
• *motorcross* • *klimpartij*
scrap I [ov ww] *afdanken* II [znw]
• *ruzie, herrie* • *stukje* • *zweem, zier*
scrape I [ov ww] • *schuren (langs)*
• *(af)krabben, schrap(p)en* • *krassen*
• (~ **away/off**) (*er*) *afkrabben,*
wegkrabben • (~ **down**) *afschrap(p)en*
• (~ **out**) *uithollen/-krabben*
• (~ **together/up**) *bijeenschrapen*
II [on ww] *krassen* • (~ **through**) *het*
nèt halen III [znw] • *schaafwond*
• *moeilijke situatie*
scrappy [bnw] *onsamenhangend*
scratch I [ov ww] • (*z.*) *krabben*
• *krassen* • *schrammen* • *schrappen*
• *afgelasten* • (~ **out**) *doorhalen,*
wegschrappen II [on ww] *krassen*
III [znw] • *schram* • *kras*
scrawl I [ov + on ww] *(be)krabbelen*
II [znw] *krabbel(tje)*
scream I [on ww] • *gillen* • *krijsen*
• *gieren* II [znw] • *dolkomisch iets of*
iem. • *(ge)krijs, (ge)gil*
scree [znw] *(berghelling met) steenslag*
screech I [on ww] • *krijsen* • *knarsend*
piepen II [znw] • *krijs* • *gil*
screen I [ov ww] • *af-/beschermen*
• *doorlichten* • *vertonen* ‹v. film›
II [znw] • *beeldscherm* • *'t witte doek*
• *bescherming, scherm* • *schot*
screening [znw] *doorlichting*

screw I [ov + on ww]
• *vastdraaien/-schroeven, aandraaien,*
opschroeven • *onder pressie zetten*
• ‹vulg.› *neuken* • (~ **up**)
verfrommelen, verkreukelen, het
verknallen II [znw] *schroef, bout*
screwy [bnw] *getikt*
scribble I [ov ww] • *pennen*
• *(be)krabbelen* II [on ww] • *een beetje*
aan schrijven doen • *krabbelen*
III [znw] • *gekrabbel* • *kattebelletje*
scribe [znw] • *(af)schrijver* • *klerk,*
secretaris • *schriftgeleerde*
scrimmage [znw] • *scrimmage* ‹bij
rugby› • *vechtpartij*
scrimp [on ww] *bezuinigen, karig zijn*
scriptural [bnw] *m.b.t. de bijbel*
scroll [znw] • *(boek)rol* • *krul*
scrotum [znw] *scrotum, balzak*
scrounge [ov ww] *bietsen*
scrounger [znw] *bedelaar*
scrub I [ov ww] • *wassen* • *schrobben*
II [znw] *(terrein met) struikgewas*
scrubby [bnw] *bedekt met struikgewas*
scruff [znw] * ~ *of the neck nekvel*
scrumptious [znw] *verrukkelijk* ‹vnl.
eten›
scruple [znw] *gewetensbezwaar*
scrupulous [bnw] *gewetensvol,*
nauwgezet
scrutinize [ov ww] *nauwkeurig*
onderzoeken
scud [on ww] *(voort)jagen, snellen*
scuff [ov + on ww] *sloffen, schuifelen*
scuffle I [on ww] *vechten, elkaar*
afrossen II [znw] *handgemeen*
scull I [ov + on ww] • *roeien* • *wrikken*
II [znw] • *roeiriem* • *wrikriem*
scullery [znw] *bijkeuken*
sculpt [ov + on ww] → **sculpture**
sculptor [znw] *beeldhouwer*
sculptural [bnw] • *(als) gebeeldhouwd*
• *beeldhouwers-*
sculpture I [ov + on ww] *beeldhouwen*
II [znw] • *beeldhouwwerk*
• *beeldhouwkunst*

scum [znw] • schuim • uitschot
scupper I [ov ww] overrompelen en afmaken II [znw] spuigat
scurrility [znw] schunnigheid, gemeenheid
scurrilous [bnw] • gemeen, schunnig • grof
scurry I [on ww] • vlug trippelen • snellen II [znw] • het getrippel • draf • holletje
scurvy [znw] scheurbuik
scuttle I [on ww] • gejaagd (weg)lopen • z. ijlings uit de voeten maken II [znw] kolenbak
scythe I [ov + on ww] maaien II [znw] zeis
sea [znw] zee
seal I [ov ww] • be-/verzegelen • (dicht)plakken • stempelen • (~ up) sluiten, dichten, dichtsolderen II [znw] • (lak)zegel • bezegeling • stempel • afsluiter, sluiting • zeehond, rob
seam [znw] • naad • <geo.> dunne tussenlaag
seaman [znw] • zeeman • matroos
seamless [bnw] naadloos
seamstress [znw] naaister
seamy [bnw] * the ~ side of life de zelfkant
sear [on ww] • schroeien • verzengen
search I [ov ww] • doorzoeken • nasporen • doordringen in • doorgronden • (~ out) grondig nasporen II [znw] • zoekactie • huiszoeking • visitatie
searching [bnw] onderzoekend
season I [ov ww] kruiden II [znw] • jaargetijde • seizoen • moesson • (geschikte) tijd
seasonable [bnw] • gelegen • op de juiste tijd (komend) • overeenkomstig de tijd v.h. jaar
seasonal [bnw] seizoen-
seasoning [znw] • het kruiden • kruiderij
seat I [ov ww] doen zitten, plaatsen, een

plaats geven II [znw] • zetel • zitting • zitvlak • houding <te paard> • (zit)plaats, stoel, bank
seating [znw] zitplaats(en)
secateurs [znw] snoeischaar
secede [on ww] z. terugtrekken, z. afscheiden
secluded [bnw] afgezonderd
seclusion [znw] afzondering
second I [ov ww] (onder)steunen, helpen II [znw] • de tweede • seconde • begeleiding • secondant III [bnw] • ander • op tweede plaats komend • op een na IV [bijw] ten tweede V [telw] tweede
secondary [bnw] • bij- • bijkomend • secundair • voortgezet <v. onderwijs>
secrecy [znw] geheimhouding
secret I [znw] geheim II [bnw] geheim
secretarial [bnw] van 'n secretaris/secretaresse
secretariat [znw] secretariaat
secretary [znw] • secretaresse • secretaris • minister
secretive [bnw] terughoudend, gesloten
sect I [znw] sekte II [afk] • (section) sectie
sectarianism [znw] • hokjesgeest • sektegeest
section [znw] • partje <v. citrusvrucht> • snede • sectie • paragraaf • afdeling • (ge)deel(te)
sectional [bnw] begrensd
secular [bnw] • seculier • wereldlijk • seculair
secure I [ov ww] • beveiligen • vastleggen/-zetten • bemachtigen II [bnw] • veilig • zeker • vast
security [znw] • zekerheid • waarborg • veiligheid • onderpand
sedan [znw] • draagstoel • sedan
sedate I [ov ww] kalmeren <d.m.v. kalmeringsmiddel> II [bnw] bedaard, rustig, stil
sedation [znw] verdoving
sedative I [znw] kalmeringsmiddel

II [bnw] *kalmerend* ‹medicijn›
sedentary [bnw] *zittend*
sedge [znw] *moerasgras, zegge*
sedimentary [bnw] *sedimentair*
sedition [znw] *opruiing*
seditious [bnw] *oproerig*
seduce [ov ww] *verleiden*
seduction [znw] *verleiding*
seductive [bnw] *verlokkend, verleidelijk*
see I [ov + on ww] • *zien* • *inzien,
snappen* II [ov ww] • *brengen*
• *bezoeken, spreken, naar... gaan*
• *toelaten, ontvangen* • (~ **off**)
wegbrengen • (~ **out**) *uitlaten*
• (~ **through**) *doorzien* III [on ww]
('ns) kijken • (~ **about**) *zorgen voor*
• (~ **to**) *zorgen voor*
seed I [ov ww] *inzaaien* II [on ww] *zaad
vormen* III [znw] *zaad*
seedy [bnw] • *vol zaad* • *sjofel, verlopen*
seek I [ov ww] *trachten te
bereiken/verkrijgen* • (~ **out**)
(op)zoeken II [on ww] • (~ **after/for**)
(af)zoeken naar
seem [on ww] *schijnen*
seeming [bnw] *schijnbaar*
seemly [bnw + bijw] *betamelijk*
seen [ww] *volt. deelw.* → **see**
seep [on ww] *sijpelen*
seer [znw] • *ziener* • *profeet*
segment I [ov ww] *verdelen* II [znw]
segment, deel, stukje
segmentation [znw] *segmentatie*
segragated [bnw] *gescheiden*
segregate [ov ww] • *scheiden*
• *afzonderen*
segregation [znw] • *(af)scheiding*
• *segregatie*
seismic [bnw] *aardbevings-*
seize [ov ww] *(aan)grijpen*
seizure [znw] • *inbeslagname*
• *(machts)greep* • *attaque, vlaag*
seldom [bijw] *zelden*
select I [ov ww] *uitkiezen* II [bnw]
• *gedistingeerd* • *chic* • *select, uitgelezen*
selection [znw] • *keur, keuze*

• *bloemlezing*
selective [bnw] • *(uit)kiezend* • *op
keuze gebaseerd* • *selectief*
selector [znw] • *selecteur, lid van
keuzecommissie* • *keuzeschakelaar*
• *versnellingshendel/-pook*
self I [znw] • *(eigen) ik* • *persoon*
II [voorv] • *zelf-* • *eigen-* • *van/voor
zichzelf*
selfish [bnw] *egoïstisch*
selfless [bnw] *onbaatzuchtig*
sell I [ov ww] *verkopen* • (~ **off**)
uitverkopen II [on ww] *verkocht
worden* • (~ **out**) *iem. verraden*
seller [znw] *verkoper, handelaar*
selves [mv] → **self**
semaphore I [ov + on ww] *met vlaggen
seinen* II [znw] • *seinsysteem met
vlaggen* • *seinpaal*
semblance [znw] • *gedaante* • *schijn*
semen [znw] *sperma*
seminal [bnw] • *primitief* • *kiem-,
zaad-*
seminar [znw] *cursus, studiegroep*
seminary [znw] *seminarie*
Semitic [bnw] *Semitisch*
semolina [znw] *griesmeel*
senator [znw] • *senator* • *lid v.d. Am.
Senaat*
senatorial [bnw] *senaats-*
send I [ov + on ww] *uitzenden*
II [ov ww] *verzenden, op-/versturen*
• (~ **down**) *wegzenden* ‹wegens
wangedrag› • (~ **for**) *laten komen*
• (~ **forth**) *uitgeven/-zenden, afgeven*
• (~ **in**) *inzenden* • (~ **off**)
af-/wegzenden • (~ **on**) *doorsturen*
• (~ **out**) *uitzenden, verspreiden*
sender [znw] *afzender*
senile [bnw] *seniel, ouderdoms-*
seniority [znw] • *hogere leeftijd*
• *anciënniteit*
sensation [znw] • *gewaarwording*
• *sensatie*
sensational [bnw] *sensationeel*
sensationalism [znw] *sensatiezucht*

sense I [ov ww] (aan)voelen, bespeuren
II [znw] • verstand • zintuig
• betekenis • zin • besef • gevoel(en)
senseless [bnw] • bewusteloos • zinloos
sensibility [znw] • gevoeligheid <v.
kunstenaar>, ontvankelijkheid
• lichtgeraaktheid
sensible [bnw] verstandig
sensorial, sensory [bnw] zintuiglijk
sensual [bnw] zinnelijk
sensuous [bnw] de zinnen strelend
sent [ww] verl. tijd + volt. deelw.
→ send
sentence I [ov ww] <jur.> veroordelen,
vonnissen II [znw] • zin • <jur.> vonnis,
oordeel
sententious [bnw] moraliserend,
prekerig
sentient [bnw] met
waarnemingsvermogen/gevoel
sentiment [znw] • gevoel(en)
• sentimentaliteit
sentimental [bnw] • gevoelvol, wat tot
't hart spreekt • weekhartig
• sentimenteel
separate I [ov ww] • (af)scheiden
• afzonderen II [on ww] • uiteengaan
• zich afscheiden III [bnw] gescheiden,
afzonderlijk, apart
separation [znw] • het uit elkaar
gaan/zijn van twee partners zonder
officiële scheiding • het uiteengaan
separatism [znw] separatisme
septic [bnw] geïnfecteerd
sepulchral [bnw] • graf- • begrafenis-
sepulchre [znw] graf
sequel [znw] • vervolg • gevolg,
resultaat
sequence [znw] • volgorde
• opeenvolging • reeks
sequential [bnw] • (erop)volgend • als
gevolg, als complicatie
sequester [ov ww] • afzonderen • <jur.>
beslag leggen op
sequin [znw] lovertje, paillet
serenade I [ov + on ww] een serenade

brengen II [znw] • serenade • pastorale
cantate
serene [bnw] rustig, bedaard, helder
serenity [znw] • sereniteit
• doorluchtigheid
serf [znw] lijfeigene
serfdom [znw] lijfeigenschap
sergeant [znw] • sergeant,
wachtmeester • brigadier <v. politie>
serial I [znw] tv-serie, feuilleton
II [bnw] • serie- • opeenvolgend
serialize [ov ww] in afleveringen
publiceren/uitzenden
series [znw] • serie(s) • reeks(en)
serious [bnw] ernstig
sermon [znw] preek
sermonize [ov + on ww] preken
serpent [znw] slang
serpentine [bnw] • slangachtig
• kronkelend
servant [znw] • bediende, knecht,
dienstbode • diena(a)r(es)
serve I [ov + on ww] • bedienen
• opdienen • <sport> serveren II [ov ww]
• voldoende zijn (voor) • in dienst zijn
(bij) • baten • (~ out) uitdelen,
verstrekken • (~ up) opdienen III [znw]
<sport> serve, service
service I [ov ww] onderhoudsbeurt
geven II [znw] • dienst • service • servies
serviceable [bnw] bruikbaar
serviette [znw] servet
servile [bnw] • slaafs • kruiperig
• slaven-
servitude [znw] • slavernij
• dienstbaarheid
sesame [znw] sesamzaad
session [znw] zitting
set I [ov ww] • aanzetten, scherpen
• bezetten, versieren • zetten, stellen,
plaatsen • instellen • opeenklemmen
<v. tanden> • vaststellen, opstellen
• (~ against) stellen tegenover,
opzetten tegen • (~ apart) reserveren,
scheiden, opzij leggen/zetten
• (~ aside) aan de kant zetten,

afschaffen • (~ **at**) *ophitsen tegen*
• (~ **back**) *achteruitzetten, hinderen,
terugzetten* • (~ **before**) *voorleggen*
• (~ **by**) *terzijde leggen, reserveren*
• (~ **down**) *neerzetten, opschrijven*
• (~ **forth**) *uiteenzetten*
• (~ **forward**) *vooruithelpen,
vooruitzetten, verkondigen* • (~ **off**)
*doen uitkomen, contrasteren, doen
afgaan, aan 't ... brengen, afpassen,
compenseren* • (~ **on**) *ophitsen tegen*
• (~ **out**) *uitstallen, klaarzetten,
uiteenzetten* • (~ **over**) *(aan)stellen
over* • (~ **up**) *rechtop zetten, instellen,
aanheffen, (eropna) gaan houden,
installeren* • (~ **upon**) *aanvallen*
II [on ww] • *(blijven) staan* ‹v. hond›
• *ondergaan* ‹v. zon, maan› • *vrucht
zetten, vast worden, stollen*
• (~ **about**) *aanpakken, beginnen*
• (~ **forth**) *op weg gaan* • (~ **in**)
inzetten • (~ **off**) *vertrekken* • (~ **on**)
oprukken • (~ **out**) *vertrekken,
beginnen, z. ten doel stellen* • (~ **to**)
beginnen, aanvallen • (~ **up**)
erbovenop komen III [znw] • *stand*
• *toestel, installatie, apparatuur*
• *servies* • *ligging* • *rij, stel, serie*
• *filmlokatie* IV [bnw] • *bestendig*
• *gestold* • *vast(gesteld), formeel*
• *opgesteld* • *strak, opeengeklemd*
setter [znw] • *setter* ‹(jacht)hond›
• → **set**
setting [znw] • *achtergrond*
• *arrangement* • *montuur* • *omlijsting,
omgeving* • *tegenwoordig deelwoord*
→ **set**
settle I [ov + on ww] • *vaststellen*
• *afspreken* • *(doen) bedaren*
• (~ **down**) *tot bedaren/rust komen*
• (~ **up**) *vereffenen, afrekenen*
II [ov ww] • *regelen* • *vestigen*
• *koloniseren* • *vereffenen* III [on ww]
• *vaste voet krijgen* • *gaan zitten*
• *rustig worden* • *geregeld gaan leven*
• *z. installeren/vestigen, vaste*

woonplaats kiezen • *bezinken*
• (~ **down**) *geregeld gaan leven,
wennen, vast worden* • (~ **in**) *zich
installeren/vestigen* • (~ **out**)
neerslaan ‹in vloeistof›
settlement [znw] • *verrekening*
• *officiële overeenkomst* • *nederzetting,
kolonie*
settler [znw] *kolonist*
seven [telw] *zeven*
seventeen [telw] *zeventien*
seventh [telw] *zevende*
seventieth [telw] *zeventigste*
seventy [telw] *zeventig*
sever [ov ww] • *verbreken* • *(af)scheiden*
• *afhouwen*
several [bnw] • *verscheiden(e)*
• *afzonderlijk*
severance [znw] • *verbreking*
• *scheiding*
severe [bnw] • *streng* • *sober* • *hevig*
• *meedogenloos, hard*
sew [ov + on ww] *naaien*
sewage [znw] *rioolvuil/-water*
sewer [znw] *riool*
sex [znw] • *seks* • *geslacht* • *het seksuele*
sexist [znw] *seksist*
sexton [znw] • *koster* • *doodgraver*
sexual [bnw] *geslachtelijk, seksueel*
sexuality [znw] *seksualiteit*
shabby [bnw] • *haveloos* • *onverzorgd*
• *gemeen*
shackle I [ov ww] • *boeien* • *kluisteren*
• *belemmeren* II [znw] • *belemmering*
• *boei* • *kluister*
shade I [ov ww] • *beschaduwen,
(over)schaduwen* • *afschermen* • *arceren*
II [on ww] • (~ **into**) *overgaan in*
III [znw] • *schakering, tint* • *nuance*
• *lampenkap* • *scherm* • *zweem(pje),
schijntje* • *schaduw*
shading [znw] • *schaduw(partij)* • *het
schaduwen* ‹in tekeningen› • *nuance,
nuancering*
shadow I [ov ww] *schaduwen* II [znw]
• *schim* • *schijn(tje), zweem* • *schaduw*

• *detective*
shadowy [bnw] *onduidelijk,
schaduwrijk*
shady [bnw] • *schaduwrijk* • *duister*
• *onbetrouwbaar* • *twijfelachtig*
shaft [znw] • *schacht* • *stang* • *steel*
• *pijl, schicht* • *zuil* • *disselboom*
shag [znw] • *(bosje) ruig haar* • *shag*
‹tabak› • *aalscholver*
shaggy [bnw] *ruig(harig)*
shake I [ov + on ww] • *(doen) schudden*
• *schokken* • *trillen, beven* • *wankelen*
• *vibreren* • *(~ down) een uiltje
knappen* • *(~ off) (van z.) afschudden*
• *(~ up) door elkaar schudden, van
streek maken* II [znw] • *milkshake*
• *schok, ruk* • *(t)rilling*
shaky [bnw] • *gammel*
• *onbetrouwbaar* • *zwak*
shale [znw] *zachte leisteen*
shall [hww] *zal, zullen, zult*
shallot [znw] *sjalot*
shallow I [on ww] *ondiep/oppervlakkig
worden* II [znw] *ondiepte* III [bnw]
• *oppervlakkig* • *ondiep*
sham I [on ww] *simuleren, voorwenden*
II [znw] • *namaak, schijn* • *verlakkerij*
• *komediant* III [bnw] • *vals*
• *voorgewend*
shamble I [on ww] *sloffen, schuifelen*
II [znw] *schuifelende gang*
shame I [ov ww] • *beschamen* • *schande
aandoen* II [znw] • *schaamte* • *schande*
shamefaced [bnw] *bedeesd, schuchter*
shampoo I [ov ww] *'t haar wassen*
II [znw] • *shampoo* • *haarwassing,
wasbeurt*
shank [znw] • *schacht* • *steel* • ‹anat.›
(scheen)been
shan't [samentr.] /shall not/ → **shall**
shanty [znw] • *hut, keet* • *matrozenlied*
shape I [ov ww] • *modelleren* • *vormen*
• *(~ to) aanpassen* II [znw] • *vorm,
gedaante* • *(lichamelijke) conditie*
shapely [bnw] *goedgevormd, mooi,
knap*

shard [znw] *scherf*
share I [ov + on ww] *(ver)delen* II [znw]
(aan)deel, portie
shark [znw] • *haai* • *afzetter*
sharp I [znw] ‹muz.› *kruis*
II [bnw + bijw] • *scherp* • *puntig* • *goed
bij, pienter* • *bits, vinnig* • *hevig*
• *gehaaid* • ‹muz.› *te hoog*
sharpen [ov ww] *scherp maken, slijpen*
sharpener [znw]
(punten-/messen)slijper
shatter [ov ww] • *verbrijzelen*
• *vernietigen* ‹ook fig.› • *(in stukken)
breken* • *schokken* ‹v. zenuwen› • *de
bodem inslaan*
shave I [ov + on ww] • *(z.) scheren*
• *schaven* • *(~ off) afscheren* II [znw]
scheerbeurt
shaver [znw] *scheerapparaat*
shawl [znw] • *sjaal* • *omslagdoek*
she I [pers vnw] *zij* II [in samenst.]
• *vrouwelijk* • *wijfjes-*
sheaf [znw] *schoof, bundel*
shear [ov ww] *scheren* ‹v. wol›
sheath [znw] • *schede* • *condoom*
sheaves [mv] → **sheaf**
shed I [ov ww] • *vergieten* • *afwerpen*
• *verliezen* ‹v. haar› • *wisselen* ‹v.
tanden› • *ruien* • *z. ontdoen v.* II [znw]
• *schuur, keet* • *afdak*
she'd [samentr.] /she would/ /she
had/ → **will, have**
sheen [znw] *glans, pracht*
sheep [znw] *schaap, schapen*
sheer I [on ww] *plotseling uitwijken*
II [bnw + bijw] • *louter, puur* • *steil,
loodrecht* • *ijl, doorschijnend*
sheet I [ov ww] *met een laken, enz.
bedekken* II [znw] • *blad* • *vlak(te)* • *vel
(papier)* • *laken*
shelf [znw] • *plank, schap* • *vak*
• *(rots)rand* • *klip, zandbank*
shell I [ov ww] • *schillen, pellen, uit
dop/schaal halen* • ‹mil.› *beschieten,
onder artillerievuur nemen* II [on ww]
• *(~ out) opdokken* III [znw] • *schelp,*

schaal • *dop, peul* • *(om)huls(el)*
• *granaat* • *geraamte, romp* • <AE>
patroon
she'll [samentr.] /she will/ → **will**
shelter I [ov ww] *beschutten* II [on ww]
(z. ver)*schuilen* III [znw] • *beschutting,*
bescherming, onderdak • *schuilplaats*
• *tram-/wachthuisje*
shelve I [ov ww] *op de lange baan*
schuiven II [on ww] *glooien*
shelving [znw] • *(kast)planken,*
schappen • *materiaal voor planken*
shepherd I [ov ww] *hoeden, (ge)leiden*
II [znw] *herder*
sherbet [znw] • *sherbet, bruispoeder*
<voor maken v. frisdrank> • <AE> *sorbet*
she's [samentr.] /she has/ /she is/
→ **have, be**
shield I [ov ww] • *beschermen* • *de hand*
boven 't hoofd houden II [znw]
• *wapenschild* • *bescherming,*
beschermer • *schild*
shift I [ov + on ww] • z. (zien te) *redden*
• *draaien* • *veranderen (van), wisselen*
(van) • *verschuiven, verleggen, (z.)*
verplaatsen • (~ **away**) *wegwerken,*
ertussenuit knijpen II [znw]
• *hulp-/redmiddel* • *truc, list* • *ploeg* <v.
arbeiders> • *verband* <v. metselwerk>
shiftless [bnw] • *zonder initiatief*
• *onbeholpen*
shifty [bnw] *louche, onbetrouwbaar*
shilly-shally [on ww] *aarzelen,*
weifelen
shimmer I [on ww] *glinsteren* II [znw]
glinstering
shin I [on ww] *klauteren* II [znw] *scheen*
shine I [ov ww] • (~ **up**) *(op)poetsen*
II [on ww] • *schijnen* • *(uit)blinken*
• *schitteren* III [znw] *zonneschijn*
shiner [znw] *blauw oog*
shingle [znw] • *dekspaan, plank* <v.
dak> • *kiezelste(e)n(en)* • <AE> *naambord*
shining [bnw] *blinkend, schitterend*
shiny [bnw] *glimmend*
ship I [ov ww] *per schip vervoeren*

II [znw] *schip*
shipment [znw] • *(ver)zending* • *lading*
shipping I [znw] • *scheepvaart* • *de*
schepen II [bnw] • *scheeps-* • *expeditie-*
shire [znw] *graafschap*
shirk [ov ww] • z. *onttrekken aan*
• *lijntrekken*
shirt [znw] • *(over)hemd*
• *overhemdbloes*
shit <vulg.> I [on ww] *schijten* II [znw]
• *stront* • *rotzooi* • *onzin* III [tw] *verrek!*
shitty [bnw] <vulg.> *klotig, klote-*
shiver I [on ww] *rillen, trillen* II [znw]
rilling
shivery [bnw] *rillerig*
shoal [znw] *school* <v. vissen>
shock I [ov ww] • *aanstoot geven*
• *hevig ontstellen* II [znw] • *bos* <haar>
• *schok* • *ontzetting* • *shock(toestand)*
shocker [znw] *gruwelroman/-film*
shocking [bnw] • *schokkend*
• *gruwelijk* • *zeer onbehoorlijk*
shod [ww] volt. deelw. → **shoe**
shoddy [bnw] *prullerig*
shoe I [ov ww] • *schoeien* • *beslaan*
II [znw] • *schoen* • *hoefijzer*
shone [ww] verl. tijd → **shine**
shoo I [ov ww] • (~ **away**) *verjagen,*
wegjagen II [tw] *kssj!*
shook [ww] verl. tijd → **shake**
shoot I [ov ww] • *(af-/uit-/ver)schieten*
• *doodschieten* • *jagen, afjagen*
• *spuiten* <v. heroïne> • <foto.> *filmen,*
kieken II [on ww] *vuren, schieten*
• (~ **ahead of**) *voorbijschieten*
III [znw] • *jacht* • *scheut, loot*
shooting I [znw] *jachtrecht,*
jacht(gebied) II [in samenst.] • *schiet-*
• *jacht-*
shop I [ov ww] *verlinken* II [on ww]
winkelen, boodschappen doen III [znw]
• *werkplaats* • *winkel*
shopper [znw] *koper, klant*
shopping [znw] *boodschappen,*
inkopen
shore I [ww] verl. tijd → **shear**

II [ov ww] *stutten* III [znw] • *schoor,
stut* • *oever* • *strand* • *kust*
shorn [ww] volt. deelw. → **shear**
short I [znw] • *korte voorfilm* • *borrel*
• *kortsluiting* II [bnw] • *te kort,
bekrompen, karig* • *kort, klein* • *kortaf*
III [bijw] • *niet genoeg* • *plotseling,
opeens*
shortage [znw] *tekort*
shorten [ov ww] *(ver)minderen*
shortening [znw] • *verkorting,
verkorte vorm* • *bakvet*
shortly [bijw] • *binnenkort* • *kort
daarna* • *in 't kort* • *kortaf*
shot I [ww] verl.tijd + volt.deelw.
→ **shoot** II [znw] • *stoot* • *slag*
• *hagel* • *kogel(s)* • *schutter* • *borrel*
• *injectie* • *spuitje* <v. heroïne> • *schot*
• <foto.> *(korte) opname, beeldje*
III [bnw] *changeant (geweven)*
should [ww] verl.tijd → **shall**
shoulder I [ov + on ww] *duwen* <met
de schouder>, *dringen* II [ov ww] *op de
schouder(s) nemen* III [znw] *schouder*
shout I [ov + on ww] *schreeuwen*
• (~ **at**) *schreeuwen tegen* • (~ **down**)
overschreeuwen II [znw] *schreeuw*
shove I [ov + on ww] • *duwen*
• *schuiven* • (z.) *dringen* • (~ **off**)
opduvelen II [znw] *zet, duw*
shovel I [ov ww] *scheppen* II [znw]
schop
show I [ov ww] • *blijk geven van*
• *tentoonstellen, laten zien, vertonen,
(aan)tonen, uitstallen* • *wijzen,
bewijzen* • (~ **down**) *de kaarten op
tafel leggen* • (~ **in**) *binnenlaten*
• (~ **off**) *pronken met* • (~ **out**)
uitlaten • (~ **round**) *rondleiden*
• (~ **up**) *in verlegenheid brengen*
II [on ww] *te zien zijn, vertoond
worden, z. laten zien* • (~ off) z.
aanstellen, branie schoppen • (~ **up**) z.
vertonen, verschijnen III [znw]
• *(uiterlijk) vertoon, schijn*
• *tentoonstelling* • *schouwspel* • *revue,*

variété • <inf.> *organisatie, zaak(je),
spul*
shower I [ov ww] • *doen neerstorten,
doen dalen* • z. *uitstorten* II [on ww]
douchen III [znw] • *bui* • *(stort)regen*
• *douche*
showery [bnw] *buiig*
showing [znw] • *voorstelling* • *opgave*
shown [ww] volt. deelw. → **show**
showy [bnw] *opzichtig*
shrank [ww] verl. tijd → **shrink**
shrapnel [znw] *granaatsplinters*
shred I [ov ww] • *aan flarden/repen
scheuren/snijden* • *rafelen* II [znw]
reep, flard
shrewd [bnw] • *schrander* • *gewiekst*
shriek I [ov + on ww] • *gieren* • *krijsen,
gillen* II [znw] • *krijs* • *gil*
shrill I [on ww] *schel/schril klinken*
II [bnw] *schril, schel*
shrimp [znw] • *klein kereltje* • *garnaal*
shrine [znw] • *heiligdom* • *graf v.e.
heilige* • *reliekschrijn*
shrink I [ov ww] *doen krimpen*
II [on ww] • *(in elkaar) krimpen*
• *verschrompelen* • *verminderen*
III [znw] <AE> *zielenknijper*
shrinkage [znw] *be-/inkrimping*
shrivel I [ov ww] *doen
ineenschrompelen* II [on ww]
ineenkrimpen
shroud I [ov ww] • *in doodskleed
wikkelen* • *hullen* • (~ **from**) *verbergen
voor* II [znw] • *doodskleed* • *waas, sluier*
shrub [znw] *heester*
shrubbery [znw] *heesters*
shrug [ov + on ww] *de schouders
ophalen* • (~ **off**) *naast zich
neerleggen, negeren*
shrunk(en) [ww] volt. deelw.
→ **shrink**
shudder I [on ww] *huiveren, rillen*
II [znw] *huivering*
shuffle I [ov ww] • *schuiven* • *schudden*
<v. kaarten> II [on ww] *schuifelen,
sloffen* III [znw] *schuifelende loop,*

geschuifel

shun [ov ww] • *(ver)mijden, ontlopen*
• *links laten liggen*

shunt I [ov ww] *verplaatsen* II [on ww]
*(op zijspoor) rangeren of gerangeerd
worden*

shush [ov ww] *sussen*

shut I [ov ww] • *(z.) sluiten* • *dicht doen*
• *(~ down) stopzetten* • *(~ in)
in-/opsluiten* • *(~ off) af-/uitsluiten*
• *(~ up) op-/in-/afsluiten, de mond
snoeren* II [on ww] *dicht gaan*
• *(~ down) stilliggen* • *(~ up)
ophouden met praten* III [bnw] *dicht*

shutter [znw] • *blind* <voor raam>
• <foto.> *sluiter*

shuttle [znw] • *schietspoel* • *schuitje* <v.
naaimachine>

shy I [ov ww] *gooien* II [on ww] *opzij
springen* • *(~ away from)
(terug)schrikken voor* III [bnw]
• *verlegen* • *schuw*

Siamese I [znw] *Siamees* II [bnw]
Siamees

sibling [znw] • *broer* • *zuster*

sick I [on ww] *braken* • *(~ up)
uitbraken* II [znw] *braaksel* III [bnw]
• *misselijk* • *naar* • *zeeziek* • *ziek*

sicken I [ov ww] • *ziek maken* • *doen
walgen* II [on ww] • *ziek worden*
• *walgen*

sickening [bnw] *misselijkmakend*

sickle [znw] *sikkel*

sickly [bnw] • *ziekelijk* • *ongezond*
• *wee, weeïg* • *bleek*

sickness [znw] • *ziekte* • *misselijkheid*

side I [on ww] • *(~ with) partij kiezen
voor* II [znw] • *kant, zijde* • *zijkant*
• *aspect* • *partij* • *elftal, team*

sideways [bnw + bijw] *naar opzij*

siding [znw] *rangeerspoor*

sidle [on ww] • *zijdelings lopen* • *met
eerbied/schuchter naderen*

siege [znw] • *belegering* • *beleg*

sieve I [ov ww] *zeven* II [znw] *zeef*

sift [ov ww] • *zeven, ziften* • *strooien* <v.

o.a. suiker> • *nauwkeurig uitpluizen,
uithoren*

sigh I [on ww] *zuchten* • *(~ for)
smachten naar* II [znw] *zucht*

sight I [ov ww] *in 't oog krijgen* II [znw]
• *(ge)zicht* • *schouwspel*
• *bezienswaardigheid* • *vizier* • <inf.>
heleboel

sighting [znw] *waarneming*

sign I [ov + on ww] *ondertekenen*
II [on ww] *in gebarentaal spreken*
• *(~ away) schriftelijk afstand doen
van* • *(~ on) stempelen bij de sociale
dienst* • *(~ on/up (for/to))
aanmonsteren (bij), tekenen* <als o.a.
lid> III [znw] • *teken* • *uithangbord*
• *bordje* • *reclameplaat*

signal I [ov ww] • *seinen* • *door
signalen/tekens te kennen geven*
II [znw] • *verkeerslicht* • *sein, signaal*
III [bnw] *opmerkelijk*

signatory [znw] *ondertekenaar*

signature [znw] • *handtekening*
• *signatuur*

significance [znw] • *betekenis*
• *gewichtigheid*

significant [bnw] *veelbetekenend*

silence I [ov ww] *tot zwijgen brengen*
II [znw] • *stilte* • *het zwijgen*

silencer [znw] • *geluiddemper* • *knalpot*

silent [bnw] • *stil* • *zwijgend*
• *zwijgzaam*

silhouette [znw] *silhouet*

silica [znw] *kiezelzuur*

silicon [znw] *silicium*

silk I [znw] • *zijde* • II [bnw] *zijden*

silken, silky [bnw] *zijdeachtig,
zijdezacht*

sill [znw] *vensterbank*

silly [bnw] • *dwaas, idioot* • *flauw,
kinderachtig*

silo [znw] • *(graan)silo* • *kuil voor
groenvoer*

silt I [ov + on ww] • *(~ up) dichtslibben*
II [znw] *slib*

silver I [znw] • *zilver* • *tafelzilver*

II [bnw] • *zilveren* • *zilverachtig*
silvery [bnw] • *met zilveren klank*
• *zilverachtig*
similar [bnw] *gelijksoortig*
similarity [znw] • *gelijkvormigheid*
• *overeenkomst*
simile [znw] *vergelijking* ‹stijlfiguur›
simmer **I** [ov ww] *laten sudderen*
II [on ww] *sudderen* **III** [znw] *gesudder*
simper **I** [on ww] *gemaakt/onnozel*
lachen **II** [znw] *onnozele glimlach*
simple [bnw] • *eenvoudig, enkelvoudig*
• *ongekunsteld* • *gewoon* • *onnozel*
simpleton [znw] • *imbeciel* • *sul*
simplicity [znw] • *eenvoud*
• *ongekunsteldheid*
simplify [ov ww] *vereenvoudigen*
simply [bijw] *simpel(weg),*
eenvoudig(weg), domweg
simulate [ov ww] • *veinzen* • *nabootsen*
simulator [znw] • *simulant* • *simulator*
simultaneous [bnw] *gelijktijdig*
sin **I** [on ww] *zondigen* **II** [znw] *zonde*
sincere [bnw] *oprecht*
sinew [znw] *pees*
sinewy [bnw] • *pezig* • *gespierd, sterk*
sinful [bnw] *zondig*
sing **I** [ov + on ww] *zingen* **II** [ov ww]
bezingen **III** [on ww] *zoemen, suizen*
• (~ **of**) *bezingen* • (~ **out**) *uitzingen,*
brullen
singe [ov ww] *afschroeien, (ver)schroeien*
singer [znw] *zanger(es)*
singing [znw] • *het zingen* • *gezang*
• *zang(kunst)*
single **I** [ov ww] • (~ **out**) *uitkiezen,*
eruit pikken **II** [znw] • *single*
‹grammofoonplaat of cd› • *enkelspel*
• *enkele reis* • *enkele bloem* • ‹taalk.›
enkelvoud **III** [bnw] • *enkel,*
afzonderlijk • *ongetrouwd*
singlet [znw] • *interlockje* • *borstrok*
singular **I** [znw] ‹taalk.› *enkelvoud(ig*
woord) **II** [bnw] • *vreemd, zonderling*
• *uniek* • *enkelvoudig*
sinister [bnw] • *sinister*

• *onheilspellend* • *onguur*
sink **I** [ov ww] • *doen zinken* • *laten*
zakken • *in de grond boren* • *torpederen*
II [on ww] • *zinken, dalen, zakken*
• *boren, graven* • *achteruitgaan,*
bezwijken • *gaan liggen* ‹wind›
• (~ **in**) *tot iem. doordringen, bezinken,*
inzinken **III** [znw] *gootsteen*
sinuous [bnw] *bochtig, kronkelend*
sinus [znw] • *holte* • *schedelholte*
sip **I** [ov + on ww] *nippen, met kleine*
teugjes drinken **II** [znw] *teugje, slokje*
siphon [znw] *sifon*
sir [znw] *mijnheer*
sire **I** [ov ww] *de vader zijn van* ‹bij*
dieren› **II** [znw] • *stamvader,*
(voor)vader • *Sire*
siren [znw] • *sirene* • *zeekoe*
sirloin [znw] *lendestuk v. rund*
sissy [znw] *mietje, fatje*
sister [znw] *zuster*
sisterhood [znw] • *zusterschap*
• *congregatie*
sit [on ww] • *zitten* • *zich bevinden*
• *poseren* • (~ **around**) *nietsdoen*
• (~ **down**) *gaan zitten*
site **I** [ov ww] *plaatsen* **II** [znw]
• *terrein, perceel, kavel* • *plaats, ligging*
sit-in [znw] *bezetting*
sitter [znw] • *model* • *oppas*
sitting [znw] *zittingsperiode*
situate [ov ww] *plaatsen*
situation [znw] • *ligging, stand*
• *toestand, situatie* • *betrekking*
six [telw] *zes*
sixteen [telw] *zestien*
sixth [telw] *zesde*
sixtieth [bnw] *zestigste*
sixty [telw] *zestig*
size **I** [ov ww] • (~ **up**) *taxeren, schatten*
II [znw] • *grootte* • *maat*
sizzle [on ww] *sissen*
skate **I** [on ww] *schaatsen* **II** [znw]
• *schaats* • *vleet* ‹vis›
skater [znw] *schaatser*
skein [znw] • *knot, streng* • *vlucht wilde*

ganzen
skeleton [znw] • *skelet, geraamte*
• *schema, kern*
sketch I [ov + on ww] *schetsen* II [znw]
schets
sketchy [bnw] *oppervlakkig, niet*
afgewerkt
skew I [on ww] *v. koers afwijken*
II [bnw] *schuin*
skewer I [ov ww] *doorsteken* II [znw]
• *vleespen* • *spit*
ski I [on ww] *skiën* II [znw] *ski*
skid I [on ww] • *slippen* • *remmen*
II [znw] *'t slippen, slip*
skier [znw] *skiër*
skilled [bnw] *geschoold, vakkundig*
skillet [znw] *koekenpan*
skim I [ov + on ww] *vluchtig*
doornemen II [ov ww] • *afromen*
• *afschuimen* III [on ww] *scheren* ‹over
(water)oppervlak›
skimp [on ww] *zuinig zijn, bekrimpen*
skimpy [bnw] *krap, karig, krenterig*
skin I [ov ww] • *villen* • *ontvellen*
II [znw] • *huid* • *vlies* • *schil* • *leren*
wijnzak
skinny [bnw] • *vel over been*
• *broodmager*
skint ‹sl.› [bnw] *blut, platzak*
skip I [ov ww] *overslaan* II [on ww]
• *huppelen* • *(touwtje)springen*
• (~ **over**) *overslaan* III [znw]
• *sprong(etje)* • *afvalcontainer*
skipper [znw] • *schipper,*
(scheeps)kapitein • ‹sport› *aanvoerder*
skirmish I [on ww] *schermutselen*
II [znw] *schermutseling*
skirt I [ov ww] • *bewegen langs de rand*
v. • *grenzen aan* • *vermijden* II [znw]
• *rok* • *slip, pand* • ‹sl.› *meid, griet*
skit [znw] *kort satirisch toneelstuk*
skittish [bnw] • *dartel, frivool*
• *schichtig*
skittle [znw] *kegel*
skive [on ww] *zich drukken, niet komen*
werken

skulk [on ww] • *sluipen* • *z. verschuilen*
skull [znw] • *schedel* • *doodskop*
skunk [znw] • *stinkdier* • ‹sl.› *vuns,*
schoft
sky [znw] *lucht, hemel*
slab [znw] • *platte steen* • *plak*
slack I [ov + on ww] • *treuzelen,*
lijntrekken • *lessen* • (~ **away/off**)
vieren • (~ **off**) *verslappen, kalmpjes*
aan (gaan) doen • (~ **up**) *vaart*
minderen, het rustiger aandoen
II [znw] • *slap hangend deel v. touw of*
zeil • *dood tij* • *slapte* III [bnw] • *slap*
• *los* • *lui, traag, laks, loom*
slacken I [ov ww] • *laten vieren* • *slap*
doen worden II [on ww] • *vieren* • *vaart*
minderen • *afnemen* • *slap worden*
slag [znw] • *slons* • *slak(ken)* • *sintel(s)*
slain [ww] *volt. deelw.* —> **slay**
slake [ov ww] • *lessen* • *koelen* • *blussen*
‹v. kalk›
slam I [ov + on ww] *hard dichtslaan*
II [znw] *harde klap* III [bijw] • *met een*
harde klap • *pardoes*
slander I [on ww] *(be)lasteren* II [znw]
laster
slanderous [bnw] *lasterlijk*
slang [znw] • *spreektaal* • *jargon*
• *schuttingtaal*
slant I [ov ww] *schuin houden/zetten*
II [on ww] *schuin lopen/staan*
III [znw] • *helling* • *schuine streep*
• ‹AE› *kijk* ‹op de zaak›
slap I [ov ww] • *slaan* • *klappen, kletsen*
II [znw] • *klap* ‹met de vlakke hand›
• *slag* III [bijw] • *pardoes* • *met een klap*
slash I [ov ww] • *houwen* • *een jaap*
geven • *snijden* • *striemen* II [znw]
• *houw, jaap* • *striem*
slat [znw] *dun latje*
slate I [ov ww] • *met leien dekken*
• *scherp kritiseren, met kritiek afmaken*
• *bestemmen (als)* II [znw] *lei(steen)*
III [bnw] *leien*
slattern [znw] • *slons* • *slet*
slatternly [bnw] *slordig*

slaughter I [ov ww] *(af)slachten*
II [znw] • *slachting* • *'t slachten*
• *bloedbad*
slave I [on ww] z. *afbeulen* II [znw]
• *slavin* • *slaaf*
slaver I [ov ww] *kwijlen* II [znw] *kwijl*
slavery [znw] *slavernij*
slavish [bnw] *slaafs*
slay <vero.> [ov ww] *doden*
sleazy [bnw] *louche en verlopen*
sled I [on ww] *sleeën* II [znw] *slee*
sledge I [on ww] *sleeën* II [znw] • *slee*
• *moker*
sleek [bnw] • *glad* • *glanzend*
sleep I [ov ww] *(kunnen) bergen*
II [on ww] *slapen* • (~ *in*) *lang door*
blijven slapen, z. verslapen • (~ *out*)
buitenshuis overnachten III [znw] *slaap*
sleeper [znw] • *dwarsligger* • *slaper*
• *slaapwagen*
sleepless [bnw] *slapeloos*
sleepy [bnw] • *slaperig* • *dromerig*
sleet I [onp ww] *sneeuwen, hagelen*
II [znw] *hagel met regen, natte sneeuw*
sleeve [znw] • *mouw* • *hoes*
sleeveless [bnw] *zonder mouwen,*
mouwloos
sleigh [znw] *slee*
slender [bnw] • *slank* • *dun* • *karig*
slept [ww] *verl. tijd + volt. deelw.*
→ **sleep**
slew I [ww] *verl. tijd* → **slay**
II [ov + on ww] *slippen*
slice [znw] *plakje*
slick I [ov ww] • (~ *down*)
gladkammen <v. haar>, *plakken*
II [znw] *olievlek* III [bnw] • *vlot*
• *handig* • *glad*
slide I [on ww] • *schuiven* • *(uit)glijden*
II [znw] • *glijbaan/-plank* • *glijbank*
• *dia(positief)* • *objectglaasje* <v.
microscoop> • *schuifje* • *schuifraampje*
• *aardverschuiving* • <foto.> *chassis*
slight I [ov ww] *met geringschatting*
behandelen, kleineren II [znw]
• *geringschatting* • *kleinering* III [bnw]

• *gering* • *tenger* • *klein* • *vluchtig*
• *zwak* • *licht*
slim I [ov ww] *aan de lijn doen* II [bnw]
slank
slime [znw] • *slijk* • *slijm*
slimy [bnw] • *kruiperig* • *glibberig*
sling I [ov ww] • *slingeren* • *gooien*
II [znw] • *(werp)slinger* • *mitella,*
draagverband
slink [on ww] *sluipen*
slip I [ov ww] • *in de hand stoppen*
• *vieren* • *laten glijden* II [on ww]
• *los-/wegschieten, van zijn plaats*
schieten • *(uit)glijden* • *'n fout maken*
• *zich vergissen* • (~ *away/out*)
ertussenuit knijpen • (~ *by*) *ongemerkt*
voorbijgaan • (~ *up*) *zich vergissen*
III [znw] • *vergissing* • *stukje* <v.
papier>, *strook, reep(je)* • *onderjurk*
• *broekje*
slipper [znw] *pantoffel*
slippery [bnw] • *glad* • *glibberig*
• *onbetrouwbaar* • *gewetenloos*
slippy [bnw] *glad*
slit I [ov ww] *af-/opensnijden* II [znw]
spleet
slither [on ww] *glibberen, glijden*
sliver [znw] • *splinter* • *stuk(je)*
slob [znw] *luiwammes, vetzak*
slobber I [ov ww] *bekwijlen* II [on ww]
kwijlen
sloe [znw] • *sleedoorn* • *sleepruim*
slog I [ov ww] *hard slaan* • (~ *away at*)
hard werken aan II [on ww] *moeizaam*
vooruitkomen III [znw] • *moeizame*
voetreis • *taaie klus*
slogan [znw] • *strijdkreet* • *leuze*
• *slagzin*
sloop [znw] *sloep*
slop I [ov ww] *bemorsen* II [on ww]
morsen
slope I [ov ww] • *doen hellen* • *schuin*
zetten II [on ww] • *hellen* • *schuin*
liggen/staan • (~ *off*) *ervandoor gaan*
III [znw] • *helling* • *talud*
sloppy [bnw] • *sentimenteel* • *slordig*

slosh [ov + on ww] • (~ **on**) er dik
opkwakken/-smeren
slot I [ov ww] gleuf maken in II [znw]
gleuf
sloth [znw] • luiheid • luiaard ‹dier›
slouch I [on ww] (slap) naar beneden
hangen • (~ **about**) rondlummelen
II [znw] slungelige gang/houding
slough I [ov ww] • (~ **off**) de huid
afwerpen ‹v. slang, reptiel›, laten
vallen, opgeven II [on ww] vervellen
III [znw] moeras
slovenly [bnw] slordig
slow I [on ww] • (~ **down/ up**)
vertragen, langzamer gaan, rijden of
laten werken, kalm(er) aan (gaan) doen
II [bnw + bijw] • saai • langzaam
• traag ‹v. begrip›
sludge [znw] • slik • drab
slug I [ov ww] een klap geven II [znw]
• (naakt)slak • kogel • slok
sluggish [bnw] • lui • traag(werkend)
sluice I [ov ww] afspoelen II [znw] sluis
slum [znw] slop, achterbuurt
slumber I [on ww] • slapen • sluimeren
II [znw] • slaap • sluimering
slump I [on ww] • plotseling sterk
dalen • kelderen II [znw] • plotselinge
(sterke) prijsdaling • malaise
• achteruitgang in populariteit
slung [ww] verl. tijd + volt. deelw.
→ **sling**
slunk [ww] verl. tijd + volt. deelw.
→ **slink**
slur I [ov + on ww] onduidelijk
schrijven/uitspreken II [on ww] ‹muz.›
legato spelen/zingen, slepen III [znw]
‹muz.› verbindingsboogje, legatoteken
slush [znw] • sneeuwdrab/-modder
• vals sentiment
slushy [bnw] • vals sentimenteel
• modderig
slut ‹pej.› [znw] • slons • slet
sly [bnw] geslepen, sluw
smack I [on ww] • klappen • smakken
• kletsen • (~ **of**) rieken/smaken naar,

doen denken aan II [znw] • smaak(je)
• geur(tje) • tikje, tikkeltje • smak
• klap • 't smakken ‹v. o.a. tong›
• klapzoen • smak ‹schip› III [bijw]
met een klap
small [bnw] • klein • kleingeestig,
flauw • onbenullig • zwak ‹v. stem›
smarmy [bnw] flemerig
smart I [on ww] • pijn doen • z.
gekwetst voelen • lijden II [znw] • pijn
• smart III [bnw] • behoorlijk • pijnlijk
• vinnig • handig • vlug • bijdehand
• gevat • keurig • chic ‹kleding›
smarten [ov + on ww] opknappen
smash I [ov ww] • vernielen • slaan
• verpletteren • keihard slaan ‹bij
tennis› • (~ **up**) kapotslaan II [on ww]
• kapotvallen • te pletter slaan • botsen
III [znw] • smak • hevige klap of slag
• verpletterende nederlaag • botsing
• smash ‹bij tennis› IV [bijw] met een
klap
smasher [znw] • prachtexemplaar
• kanjer
smashing [bnw] denderend, mieters
smattering [znw] heel klein beetje
smear I [ov ww] • besmeren, (in)smeren
(met) • vuil maken II [znw] • veeg
• uitstrijkje
smell I [ov + on ww] ruiken
• (~ **about**) rondsnuffelen • (~ **at**)
ruiken aan • (~ **of**) ruiken naar
• (~ **out**) opsporen, uitvissen II [znw]
• reuk • lucht • geur, stank
smelly [bnw] vies ruikend
smelt I [ww] verl.tijd + volt.deelw.
→ **smell** II [ov ww] smelten III [znw]
spiering
smile I [on ww] glimlachen • (~ **at**)
lachen om, toelachen II [znw] glimlach
smithereens [mv] gruzelementen
smithy [znw] smederij
smock I [ov ww] smokken II [znw]
• kiel • mouwschort
smoke I [ov + on ww] • roken • walmen
• be-/uitroken • (~ **out**) uitroken

II [znw] • *rook* • *walm* • *sigaar, sigaret*
smoker [znw] • *roker* • *rookcoupé*
smoky [bnw] *rokerig*
smooth **I** [ov ww] *glad maken*
• (~ **away/out**) *glad-/wegstrijken, uit de weg ruimen* • (~ **over**) *vergoelijken, goed praten* **II** [bnw + bijw] • *vloeiend*
• *kalm* <v. zee of water> • *glad, effen*
• *vlak*
smother [ov ww] • *smoren, doven*
• *verstikken, doen stikken*
• *onderdrukken* • (~ **with**) *overladen met*
smoulder [on ww] *smeulen*
smudge **I** [ov ww] • *bevlekken* • *vuil maken* **II** [znw] • *veeg, vlek* • *vuile vlek*
smug [bnw] *zelfingenomen*
smuggle [ov ww] *smokkelen*
smut [znw] • *roetdeeltje* • *(zwarte) vlek*
• *vuil(igheid)* • *pornografie*
smutty [bnw] *vuil*
snack [znw] • *snelle hap* • *hapje*
snag **I** [ov ww] *met kleding ergens aan blijven haken* **II** [znw] *moeilijkheid*
snail [znw] *slak*
snake **I** [on ww] *kronkelen* **II** [znw] *slang*
snap **I** [ov + on ww] • *happen, bijten*
• *snauwen* • *(doen) afknappen, breken*
• *klikken* • *knippen (met)* • *kieken*
• (~ **at**) *happen naar, snauwen tegen*
• (~ **off**) *afbijten/-knappen* • (~ **up**) *mee-/wegpikken, gretig aannemen*
II [znw] • *klik, tik* • *kiekje*
• *kaartspelletje* **III** [bnw] *haastig*
IV [bijw] • *knap* • *krak* • *klik* • *pang*
snappy [bnw] • *pittig* • *snauwend*
snare **I** [ov ww] • *strikken* • *vangen*
II [znw] *strik*
snarl **I** [ov ww] • (~ **up**) *vastlopen, in de knoop raken* **II** [on ww] • *grommen*
• *grauwen, snauwen* **III** [znw] *grauw*
snatch **I** [ov ww] • *pakken* • *grissen*
• *pikken* • (~ **away**) *wegrukken*
• (~ **up**) *bemachtigen, oppikken*
II [znw] • *greep* • *(brok)stuk* • <vulg.>

kut
sneak **I** [on ww] • *sluipen* • *klikken*
II [znw] • *gluiperd* • *klikspaan*
sneaker [znw] *schoen met zachte zool*
sneaking [bnw] • *stiekem* • *gluiperig*
sneeze **I** [on ww] *niezen* **II** [znw] *nies(geluid)*
snicker [on ww] *zacht grinniken*
snide [bnw] • *gemeen* • *spottend, sarcastisch*
sniff **I** [ov ww] *opsnuiven* **II** [on ww]
• *snuiven* • *de neus ophalen* • (~ **at**) *ruiken aan, de neus optrekken voor*
III [znw] *snuif(je)*
sniffle **I** [on ww] *snotteren* **II** [znw] *gesnotter*
sniffy [bnw] • *hautain* • *smalend*
snigger **I** [on ww] *(gemeen) grinniken*
II [znw] *gegrinnik*
snip **I** [ov ww] *(af-/door)knippen*
II [znw] • *knip* • *snippertje* • *koopje*
snipe **I** [ov + on ww] *uit hinderlaag (dood)schieten* **II** [znw] *snip(pen)*
sniper [znw] *sluipschutter*
snippet [znw] • *snipper(tje), stuk(je)*
• *fragment*
snitch [on ww] *klikken*
snivel [on ww] *grienen, jengelen, snotteren*
snobbery [znw] *snobisme*
snobbish [bnw] *snobachtig, snobistisch*
snoop <AE> [on ww] *rondneuzen*
snooper [znw] *bemoeial*
snooty <inf.> [bnw] *verwaand*
snooze **I** [on ww] *dutten* **II** [znw] *dutje*
snore **I** [on ww] *snurken* **II** [znw] *(ge)snurk*
snorkel **I** [on ww] *met de snorkel zwemmen/duiken* **II** [znw] *snorkel*
snort **I** [ov + on ww] *snuiven* **II** [on ww]
• *briesen* • *ronken* **III** [znw] *(ge)snuif*
snot <vulg.> [znw] *snot*
snotty [bnw] • *snotterig* • *verwaand*
snout [znw] • *snuit* • *kokkerd*
snow **I** [ov ww] <inf.> *vleien* **II** [onp ww]
sneeuwen **III** [znw] • *sneeuw* • <sl.>

cocaïne
snub I [ov ww] bits/hooghartig
afwijzen II [znw] hatelijke opmerking
III [bnw] stomp
snuff I [ov ww] snuiten <v. kaars>
• (~ out) een eind maken aan,
uitdoven II [znw] • snufje • snuif
snuffle [on ww] snuffelen
snug I [on ww] z. behaaglijk nestelen,
lekker (knus) gaan liggen II [znw]
gezellig plekje III [bnw] • knus,
gezellig, behaaglijk • goed gedekt
so [bijw] • zo, aldus • dus • het, dat
soak I [ov ww] • (door)weken
• doordringen • (~ up) opzuigen,
absorberen II [on ww] • (~ in)
doordringen in • (~ through)
doorsijpelen III [znw] • plensbui
• regen • zatlap
soap I [ov ww] inzepen II [znw] zeep
soapy [bnw] • zeep-, vol zeep
• zeepachtig
soar [on ww] • zich verheffen • zweven
sob I [on ww] snikken II [znw] snik
sober I [on ww] • (~ up) nuchter
worden II [bnw] • nuchter • sober
• stemmig
soccer [znw] voetbal
sociable [bnw] • gezellig • vriendelijk
• prettig in de omgang
social I [znw] gezellig avondje II [bnw]
• sociaal, maatschappelijk • gezellig
socialism [znw] socialisme
socialize I [ov + on ww] socialiseren
II [ov ww] socialistisch inrichten
III [on ww] veel mensen ontmoeten,
gezelligheid zoeken
society I [znw] • (de) maatschappij
• vereniging • genootschap • de grote
wereld II [bnw] • van de grote wereld
• mondain
sociologist [znw] socioloog
sociology [znw] sociologie
sock I [ov ww] slaan II [znw] sok
socket [znw] • stopcontact • (oog)kas
• holte

sod I [on ww] • (~ off) oprotten II [znw]
• rotzak • stakker • zode
soda [znw] • soda • spuitwater • <AE>
frisdrank
sodden [bnw] • klef • doordrenkt
sodium [znw] natrium
sofa [znw] sofa, canapé
soft [bnw + bijw] • zacht, week
• zachtaardig, verwijfd, sentimenteel
soften I [ov ww] • zacht(er) maken
• vermurwen • (~ up) murw maken
II [on ww] zacht(er) worden
softener [znw] wasverzachter
softy [znw] • sukkel • doetje
soggy [bnw] • drassig, nat • klef <brood
of cake>
soil I [ov ww] vuil maken II [znw]
• grond • bodem
solace I [ov ww] troosten II [znw]
(ver)troost(ing)
solar [bnw] zons-, m.b.t. de zon, zonne-
sold [ww] verl. tijd + volt. deelw.
→ sell
solder I [ov ww] solderen II [znw]
soldeer
soldier I [on ww] • (~ on) moedig
volhouden, volharden II [znw] soldaat
sole I [ov ww] (ver)zolen II [znw] • zool
• tong <vis> III [bnw] enig, enkel
solemn [bnw] • plechtig • plechtstatig
• ernstig
solicitor [znw] • ≈ notaris
• ≈ advocaat-procureur • juridisch
adviseur
solicitous [bnw] • bezorgd • gretig
solicitude [znw] • zorg • aandacht
solid I [znw] • vast lichaam
• stereometrische figuur II [bnw]
• stevig • degelijk • vast • massief
solidarity [znw] solidariteit
solidify I [ov ww] in vaste toestand
brengen II [on ww] in vaste toestand
komen
soliloquy [znw] • alleenspraak • 't in
zichzelf praten
solitary [bnw] • eenzaam • enkel

• *alleenlevend*
solitude [znw] *eenzaamheid*
solo I [znw] *solo* II [bnw] *alleen-*
soloist [znw] *solist(e)*
soluble [bnw] *oplosbaar*
solution [znw] • *oplossing* • *solutie*
solvable [bnw] *oplosbaar*
solve [ov ww] *oplossen*
solvent I [znw] *oplosmiddel* II [bnw] ‹hand.› *solvabel*
sombre [bnw] *somber*
some I [bnw] • *sommige* • *ongeveer, een* • *nogal wat, heel wat* • *een of ander(e), een zeker(e)* • *wat, een paar, enige* II [vnw] • *enige(n), sommige(n), een stuk of wat* • *een beetje, wat* III [bijw] *een beetje, een tikje*
somehow [bijw] • *op een of andere manier* • *om de een of andere reden*
someone [vnw] *een of andere persoon, iemand*
someplace [bijw] *ergens*
somersault I [on ww] *duikelen* II [znw] • *duikeling* • *salto mortale*
something [vnw] *iets, wat*
sometime [bijw] • *te zijner tijd, wel 'ns een keer* ‹in de toekomst› • *te eniger tijd* • *vroeger, voorheen*
sometimes [bijw] *soms*
somnambulist [znw] *slaapwandelaar*
somnolent [bnw] • *slaperig* • *slaapwekkend*
son [znw] *zoon*
sonata [znw] *sonate*
song [znw] • *lied(je)* • *gezang*
sonic [bnw] *m.b.t. geluid*
sonority [znw] *sonoriteit*
sonorous [bnw] • *klankvol, sonoor* • *melodieus* • *mooi klinkend*
soon [bijw] *spoedig, weldra, gauw*
soot [znw] *roet*
soothe [ov ww] *sussen, kalmeren*
sooty [bnw] • *roetig* • *roetkleurig*
sop I [ov ww] • (~ **up**) *opnemen/-zuigen* II [znw] • *aanbod* ‹om iem. mee om te kopen› • *concessie*

sophisticated [bnw] • *intellectualistisch* • *ontwikkeld* • *geavanceerd, geraffineerd, subtiel*
soporific [bnw] *slaapverwekkend* ‹middel›
sopping I [ww] *tegenw. deelw.* → **sop** II [bnw] *doorweekt*
soppy [bnw] *sentimenteel*
soprano [znw] *sopraan*
sorcerer [znw] *tovenaar*
sorceress [znw] *tovenares, heks*
sorcery [znw] *toverij, hekserij*
sordid [bnw] • *onverkwikkelijk* ‹kwestie› • *vuil* • *laag* • *gemeen*
sore I [znw] • *zeer* • *pijnlijke plek* • *zweer* II [bnw] • *pijnlijk* • *gevoelig* • *gekrenkt* • *ernstig, dringend*
sorrel I [znw] • *vos* ‹paard› • *zuring* II [bnw] *roodbruin, rossig*
sorrow I [on ww] *bedroefd zijn, treuren* II [znw] • *verdriet, droefheid* • *lijden*
sorrowful [bnw] • *treurig* • *bedroefd*
sorry I [bnw] • *zielig* • *pathetisch* • *spijtig* II [tw] • *sorry* • *pardon*
sort I [ov ww] • *sorteren* • *indelen* • (~ **out**) *uitzoeken, sorteren* II [znw] *soort*
sortie [znw] • *uitje* • ‹mil.› *uitval*
sought [ww] *verl. tijd + volt. deelw.* → **seek**
soul [znw] • *ziel* • *geest*
soulful [bnw] • *zielvol* • *met vuur* • *gevoelvol*
soulless [bnw] *zielloos, dood(s)*
sound I [ov + on ww] • *laten horen* • *polsen* • *onderzoeken* • *luiden* • (doen) *klinken* • *blazen op* • *peilen* • (~ **off**) ‹AE› *zijn mening zeggen, z. laten horen* II [znw] • *geluid, klank* • *peiling* • *zee-engte* III [bnw] • *gezond* • *degelijk, flink* • *solide* • *betrouwbaar*
soundless [bnw] *geluidloos*
soup I [ov ww] • (~ **up**) *opvoeren* II [znw] *soep*
sour I [ov + on ww] *verzuren* II [bnw] *zuur*

source [znw] bron
south I [znw] zuiden II [bnw] • zuid-
• zuiden- • op 't zuiden
southerly [bnw + bijw] zuidelijk,
zuiden-
southern [bnw] • zuidelijk • zuider-
southerner [znw] zuiderling
sovereignty [znw] • soevereiniteit
• oppergezag
sow I [ov ww] zaaien II [znw] zeug
sozzled [bnw] dronken
spa [znw] • badplaats, kuuroord
• geneeskrachtige bron
space [znw] • ruimte • tijdsruimte, poos
• ‹typ.› spatie
spacing [znw] spatiëring, tussenruimte,
spatie
spacious [bnw] ruim, uitgestrekt
spade [znw] • spade, schop
• schoppenkaart • ‹pej.› nikker
span I [ov ww] (om-/over)spannen,
overbruggen II [znw]
• reik-/spanwijdte • vleugelbreedte
spangle I [ov ww] bespikkelen II [znw]
• pailletje, lovertje • glinsterend
spikkeltje
Spaniard [znw] Spanjaard, Spaanse
Spanish [bnw] m.b.t. Spanje, Spaans
spank I [ov ww] slaan ‹met platte
hand›, op achterwerk slaan II [znw]
klap
spanking I [znw] billenkoek, pak voor
de broek II [bnw] • prima • flink
spanner [znw] moersleutel
spar I [on ww] boksen II [znw] paal,
mast
spare I [ov ww] (be)sparen II [znw]
reserveonderdeel/-wiel III [bnw]
• mager, schraal • reserve- • extra
sparing [bnw] • matig • karig, zuinig
spark I [on ww] vonken (uitslaan)
II [znw] • vonk • sprankje
sparkle I [on ww] • sprankelen
• schitteren II [znw] schittering
sparkler [znw] sterretje ‹vuurwerk›
sparrow [znw] mus

sparse [bnw] • dun gezaaid ‹fig.›
• schaars
spasm [znw] • kramp • scheut
spasmodic [bnw] • met vlagen,
onregelmatig • krampachtig
spastic [bnw] • kramp- • spastisch
spat I [ww] verl.tijd + volt.deelw.
–› spit II [znw] slobkous
spate [znw] stroom, (toe)vloed ‹fig.›
spatial [bnw] • ruimtelijk • m.b.t.
ruimte
spatter I [ov ww] besprenkelen,
bespatten II [znw] spat(je)
spatula [znw] spatel
spawn I [ov ww] voortbrengen
II [on ww] kuit schieten III [znw] • kuit
• kikkerdril
speak [ov + on ww] • spreken • zeggen
• tegen elkaar spreken • (~ for) spreken
namens/voor • (~ of) spreken over
• (~ out) vrijuit spreken • (~ up)
harder spreken
speaker [znw] • luidspreker • spreker
speaking [bnw] spreek-
spear I [ov ww] • doorboren • spietsen
• aan de speer rijgen II [znw] • speer
• piek
speciality [znw] • specialiteit
• bijzondere eigenschap • speciaal
onderwerp/vak
specialize [on ww] specialiseren
• (~ in) z. speciaal gaan toeleggen op
specially [bijw] speciaal, (in het)
bijzonder
species [znw] soort(en) ‹levensvormen›
specific [bnw] • specifiek • soortelijk,
soort- • bepaald
specifically [bijw] • specifiek • wat je
noemt
specification [znw] • bestek
• specificatie
specify [ov + on ww] • specificeren
• nader bepalen
specimen [znw] • staaltje, (voor)proef
• voorbeeld, exemplaar
specious [bnw] vals, misleidend

speck [znw] • *vlekje, stip* • *greintje*

speckle I [ov ww] *(be)spikkelen* II [znw] *spikkeltje*

spectacle [znw] *tafereel, schouwspel*

spectacular I [znw] • *schouwspel* • *show* II [bnw] • *opzienbarend, spectaculair* • *opvallend* • *sensationeel*

spectator [znw] *toeschouwer*

spectral [bnw] • *spookachtig* • *spook-* • *spectraal*

speculate [on ww] • *peinzen, mediteren* • *speculeren*

speculative [bnw] *speculatief*

speculator [znw] *speculant*

sped [ww] verl. tijd + volt. deelw. → speed

speech [znw] • *toespraak, rede* • *spraak* • *taal*

speechless [bnw] *sprakeloos*

speed I [on ww] • *z. haasten, spoeden* • *(te) snel rijden* • *(~ up) het tempo opvoeren* II [znw] • *snelheid* • *spoed* • *versnelling* • *amfetamine*

speedometer [znw] *snelheidsmeter*

speedy [bnw] • *snel* • *met spoed* • *spoedig*

spell I [ov + on ww] • *spellen* • *betekenen* • *(~ out) (voluit) spellen* II [znw] • *toverspreuk* • *betovering* • *(korte) periode*

spend [ov ww] • *verspelen* • *uitgeven* • *besteden* • *doorbrengen* • *verbruiken*

spender [znw] • *uitgever* ‹v. geld› • *opmaker*

spent I [ww] verl.tijd + volt.deelw. → spend II [bnw] *uitgeput, op, versleten, leeg* ‹huis›

sperm [znw] *sperma*

spew [ov + on ww] *spuwen, (uit)braken*

sphere [znw] • *bol* • *sfeer* • *terrein*

spheric(al) [bnw] • *bolvormig* • *bol-*

sphinx [znw] *sfinx*

spicy [bnw] • *kruidig, geurig* • *pikant, pittig*

spider [znw] *spin*

spidery [bnw] • *spinachtig* • *spichtig*

spiel [znw] *(verkoop)praatje*

spike I [ov ww] • *spietsen* • *alcohol toevoegen aan* II [znw] • *(ijzeren) punt* • *schoennagel* • *lange bout/spijker* • *piek*

spiky [bnw] • *met scherpe punten* • *stekelig* ‹ook v. personen›

spill I [ov ww] • *morsen* • *gemorst worden* • *overlopen* II [znw] • *gemorste hoeveelheid vloeistof* • *val* ‹v. paard of (motor)fiets›

spilt [ww] volt. deelw. → spill

spin I [ov + on ww] • *spinnen* • *snel ronddraaien, rondtollen* • *(~ out) uitrekken/-spinnen* II [znw] • *spinsel* • *draaiing* • *tochtje, ritje, dans*

spinach [znw] *spinazie*

spinal [bnw] *m.b.t. de ruggengraat*

spindle [znw] • *spoel, klos* • *spil, as, stang*

spindly [bnw] *spichtig*

spine [znw] • *stekel, doorn* • *ruggengraat* • *rug* ‹v.e. boek›

spineless [bnw] *zonder ruggengraat* ‹vooral fig.›, *futloos*

spinner, spinster [znw] *spinner* ‹bij cricket›

spinney [znw] *bosje*

spinster [znw] *oude vrijster*

spiny [bnw] *stekelig*

spiral I [on ww] *spiraalvormig lopen* II [znw] *spiraal* III [bnw] *spiraalvormig, spiraal-*

spire [znw] *(toren)spits*

spirit I [ov ww] • *(~ away/off) heimelijk doen verdwijnen, wegtoveren* II [znw] • *geest* • *spook* • *fut, (levens)moed, energie, pit* • *alcohol, spiritus*

spirited [bnw] *levendig, vurig*

spiritualism [znw] • *spiritualisme* • *spiritisme*

spit I [ov + on ww] *blazen* ‹v. kat›, *sputteren, spuwen* II [ov ww] *doorboren, aan spit steken* III [on ww] • *(~ upon) verachten, spugen op*

IV [znw] • (braad)spit • landtong
• speeksel • spuug
spite I [ov ww] • dwars zitten • kwellen,
pesten, plagen II [znw] • wrevel,
rancune, wrok • boosaardigheid
spiteful [bnw] • rancuneus • hatelijk
• uit haat
spittoon [znw] kwispedoor
splash I [ov + on ww] • (be)spatten
• rondspatten • plenzen II [znw]
• kwak • plons
splay [ov + on ww] • (~ out) uitspreiden
spleen [znw] • milt • woede, gal
splendid [bnw] • prachtig • groots
• prima • schitterend
splendour [znw] • pracht • luister
splice [ov ww] • splitsen <touw> • in
elkaar vlechten • <inf.> trouwen
splint [znw] spalk
splinter I [ov ww] versplinteren
II [znw] splinter
split I [ov + on ww] • splijten • (z.)
splitsen • uiteengaan • (z. ver)delen
• klikken II [znw] • scheur • split
• scheuring, breuk
splitting [bnw] barstend <v. hoofdpijn>
splodge, splotch [znw] • veeg, vlek
• spat
splurge [on ww] • met geld smijten • z.
te buiten gaan (aan)
splutter [on ww] • vochtig praten
• sputteren
spoil I [ov ww] • schaden • in de war
sturen • verwennen • bederven II [znw]
• roof • buit
spoke I [ww] verl. tijd → speak
II [znw] spaak
spoken I [ww] volt. deelw. → speak
II [bnw] spreek-
spokesman [znw] woordvoerder
sponge I [ov ww] afsponsen
• (~ down) afsponsen II [on ww]
parasiteren • (~ off/on) op (iem.s) zak
teren III [znw] • spons • sponsdeeg
sponger [znw] klaploper
spongy [bnw] sponsachtig

sponsor I [ov ww] financieel steunen
II [znw] sponsor
sponsorship [znw] financiële steun v.
sponsor(s)
spontaneous [bnw] • spontaan
• vanzelf, uit zichzelf
spoof [znw] parodie, satire
spook I [ov ww] bang maken II [znw]
spook
spooky [bnw] spookachtig
spool [znw] spoel
spoon I [ov ww] lepelen, scheppen
II [znw] lepel
spoonful [znw] lepel <hoeveelheid>
sporadic [bnw] sporadisch
spore [znw] • spore <v. plant of zwam>
• kiem
sport I [ov ww] dragen, pronken met
II [znw] • sport • spel • vermaak
• fideel/sportief persoon • speelbal <fig.>
sporting [bnw] • sport-, jacht-
• sportief
spot I [ov ww] • in de gaten krijgen
• ontdekken II [znw] • plek, plaats
• spikkeltje • puistje • beetje, tikje
• reclamespotje • vlek
spotless [bnw] smetteloos
spotted [bnw] gevlekt, bont
spotty [bnw] met puistjes
spouse [znw] • echtgenoot, echtgenote
• bruid(egom) • gade
spout I [ov ww] spuiten, gutsen,
stromen II [znw] • tuit • spuit(gat)
• straal
sprat [znw] sprot
sprawl I [on ww] languit (gaan) liggen
II [znw] • luie houding • spreiding
spray I [ov ww] • besproeien
• verstuiven II [znw] • stuifwolk • wolk
<parfum> • spray • sproeier • verstuiver
• vaporisator • twijgje <met bloemen>
• aigrette
sprayer [znw] sproeier
spread I [ov ww] • verspreiden
• verbreiden • (uit)spreiden
• uitstrekken • smeren • (~ out)

uitspreiden II [on ww] • z. verspreiden,
z. verbreiden • z. uitspreiden III [znw]
• breedte • smeerbeleg • omvang, wijdte
spree [znw] vrolijk uitje
sprig [znw] twijgje, takje
sprightly [bnw] • vrolijk • dartel
spring I [ov ww] • helpen ontsnappen
• plotseling aankomen met II [on ww]
• springen • ontspringen • ontstaan,
voortkomen • barsten • (~ up)
plotseling ontstaan III [znw] • lente
• bron, oorsprong • veer, veerkracht
springy [bnw] veerkrachtig
sprinkle [ov ww] (be)sprenkelen,
(be)strooien
sprinkler [znw] strooier, sproeiwagen
sprinkling [znw] → sprinkle
sprint I [ov + on ww] sprinten II [znw]
sprint
sprung I [ww] volt. deelw. → spring
II [bnw] • gebarsten • met veren ‹v.
matras›
spry [bnw] vlug, kwiek, kittig
spud [znw] pieper ‹aardappel›
spun [ww] verl.tijd + volt.deelw.
→ spin
spunk [znw] pit, moed, lef
spunky [bnw] vurig, moedig
spur I [ov ww] de sporen geven • (~ on)
aansporen, aanvuren II [znw] • spoor
• prikkel • uitloper ‹v. berg›
spurious [bnw] vals, niet echt
spurn [ov ww] versmaden
spurt I [ov + on ww] • spuiten • spatten
‹v. pen› II [on ww] spurten III [znw]
• straal • spurt
sputter I [on ww] sputteren, spetteren,
knetteren II [znw] gesputter
spy I [ov + on ww] • (be)spioneren
• (be)loeren • in 't oog krijgen
• (~ (up)on) bespioneren • (~ out)
proberen achter... te komen II [znw]
spion
squabble I [on ww] kibbelen, ruzie
maken II [znw] kibbelpartij
squad [znw] • groep, ploeg

• (politie)patrouille
squalid [bnw] vunzig, smerig
squall I [ov + on ww] • gillen • brallen
II [znw] • windstoot • vlaag
squalor [znw] • vunzigheid, smerigheid
• ellende
squander [ov ww] verkwisten,
vergooien
square I [ov ww] • in kwadraat brengen
• vierkant maken, recht/haaks maken
• in orde maken, afrekenen
• (~ to/with) in overeenstemming
brengen met, aanpassen aan • (~ up)
vereffenen, afrekenen, betalen
II [on ww] • (~ with) kloppen met
III [znw] • ouderwets iem. • vierkant
• kwadraat • plein, exercitieterrein
• huizenblok • carré IV [bnw]
• ouderwets • vierkant • stoer, stevig
• eerlijk, oprecht, betrouwbaar
• ondubbelzinnig • gelijk, quitte V
[bijw] • vierkant • oprecht • vlak,
ronduit
squash I [ov ww] • plat drukken • tot
moes maken/slaan II [znw] • gedrang
• pulp, moes • limonade, kwast
• vruchtvlees v.e. kalebas ‹als groente›
squashy [bnw] zacht
squat I [ov ww] kraken ‹v. huis, stuk
land› II [on ww] hurken III [znw]
gekraakt pand IV [bnw] kort,
gedrongen
squatter [znw] kraker
squaw [znw] (indiaanse) vrouw
squawk I [on ww] krijsen II [znw]
schreeuw
squeak I [on ww] piepen II [znw] gepiep
squeal I [on ww] • gillen • gieren • ‹sl.›
verraden II [znw] gil
squeamish [bnw] • overgevoelig
• (gauw) misselijk
squeeze I [ov ww] • knijpen, uitknijpen
• uitpersen, afpersen • (tegen z.
aan)drukken • eruit dwingen ‹bridge›
II [on ww] (z.) dringen • (~ through)
't met moeite halen III [znw]

• moeilijke situatie • kneep(je)
• gedrang • (hand)druk • hartelijke omhelzing
squelch I [on ww] zuigend geluid maken <als bij lopen door modder> II [znw] zuigend geluid
squid [znw] pijlinktvis
squiggle [znw] golvend lijntje, slangetje
squire [znw] • landjonker • <gesch.> schildknaap
squirm [on ww] • wriemelen, kronkelen • krimpen <v. schaamte>
squirrel [znw] eekhoorn
squirt I [ov + on ww] • spuiten • sprietsen II [znw] • straal • spuitje • branieschopper
stab I [ov + on ww] steken <vnl. met dolk, of v. wond> II [znw] • dolkstoot, doodsteek • (pijn)scheut
stability, stableness [znw] bestendigheid, evenwichtigheid
stabilize [ov + on ww] stabiliseren
stack I [ov ww] stapelen • (~ up) opstapelen, optassen II [znw] • stapel, hoop • groep schoorstenen <op dak> • (schoorsteen)pijp • (hooi)mijt
stadium [znw] • stadion • stadium
staff I [ov ww] van personeel e.d. voorzien II [znw] • (leidinggevend) personeel • staf
stag [znw] (mannetjes)hert
stage I [ov ww] • opvoeren • ensceneren • op touw zetten II [znw] • stage, leertijd • fase, stadium • toneel • podium • etappe, traject
stagger I [ov ww] • ontstellen • (doen) duizelen • zigzagsgewijs of om en om plaatsen II [on ww] • wankelen • waggelen
stagnant [bnw] • stilstaand • traag, dood <fig.>
stagnate [on ww] • stilstaan • op 'n dood punt staan of komen
stagy [bnw] theatraal
staid [bnw] • bedaard, bezadigd

• degelijk
stain I [ov ww] • vlek(ken) maken op • kleuren, verven • beitsen • onteren, bezoedelen II [on ww] • vlekken geven • afgeven <v. stoffen> III [znw] • smet, vlek • blaam • kleurstof, verfstof, beits
stair [znw] • trede • trap
stake I [ov ww] aan paal/staak (op)binden • (~ out) afbakenen II [znw] • inzet • aandeel, belang(en) • paal, staak
stale [bnw] • niet fris meer, muf • verschaald • oud(bakken)
stalemate [znw] • pat(stelling) • schaakmat
stalk I [ov ww] (be)sluipen <v. prooi> II [znw] stengel
stall I [ov + on ww] • vertragen • treuzelen • afslaan <v. motor> II [znw] • afdeling in stal • box • koorbank • koorstoel • stalletje, kiosk, kraam
stallion [znw] hengst
stalwart I [znw] getrouwe, trawant II [bnw] • robuust, stoer, struis • trouw
stamina [znw] uithoudingsvermogen
stammer I [ov + on ww] • stotteren • stamelen II [znw] het stotteren
stamp I [ov + on ww] stampen II [ov ww] • (be)stempelen • frankeren, zegelen • karakteriseren, kenmerken • (~ out) uittrappen, vernietigen, uitroeien III [znw] • stempel, merk • postzegel • (ge)stamp • soort, karakter
stampede I [ov ww] paniek/vlucht veroorzaken II [on ww] massaal op hol slaan III [znw] • massale plotselinge vlucht v. paarden/vee • toeloop, stormloop
stand I [ov ww] • plaatsen, zetten • uithouden, verdragen, uitstaan • bestand zijn tegen • trakteren (op) II [on ww] • blijven staan, er (nog) staan • standhouden, geldig zijn, steekhouden, gehandhaafd blijven • (gaan) staan • (~ back) z. afzijdig

houden • (~ **by**) lijdelijk toezien, klaar
*(gaan) staan om te helpen, een handje
helpen* • (~ **down**) z. *terugtrekken*
• (~ **for**) *steunen, voorstaan,
betekenen, symboliseren, kandidaat
zijn voor* • (~ **in**) *iem. vervangen*
• (~ **out**) *in 't oog vallen, niet
toegeven, standvastig zijn, volhouden*
• (~ **up**) *opstaan, rechtop blijven/gaan
staan, het opnemen (voor)* III [znw]
• *tribune* • *standaard, rek, tafeltje,
statief* • *standplaats* • *standpunt*
• *kraam, kiosk*
standard I [znw] • *standaard* • *vaandel*
• *standaardmaat* • *maatstaf, norm*
• *stander* II [bnw] • *standaard,
normaal* • *algemeen
erkend/gewaardeerd*
standardize [ov ww] *normaliseren*
standing I [znw] • *duur, ouderdom*
• *reputatie, aanzien* II [bnw] • *staand*
• *blijvend, voortdurend, permanent*
stank [ww] verl. tijd → **stink**
staple I [ov ww] *(vast)nieten, krammen*
II [znw] • *hoofdmiddel van bestaan*
• *hoofdexportartikel, hoofdproduct*
• *kern, hoofdschotel* <fig.> • *kram*
• *hechtnietje* III [bnw] • *hoofd-* • *kern-
stapler [znw] *nietmachine*
star I [ov ww] • *met sterren
tooien/versieren* • *sterretjes zetten bij*
• *als ster laten optreden* II [on ww] • *de
hoofdrol spelen* • *als ster optreden*
III [znw] • *ster(retje)* • *gesternte*
IV [bnw] • *ster-* • *hoofd-* • *eerste*
starch I [ov ww] *stijven* II [znw]
• *zetmeel* • *stijfsel*
starchy [bnw] • *zetmeelrijk* • *gesteven*
• *vormelijk*
stardom [znw] *de status van ster*
stare I [ov + on ww] • *grote ogen
opzetten* • *staren* • (~ **at**) *aangapen*
II [znw] • *(hol) starende blik* • *blik*
stark I [bnw] • *absoluut, volkomen*
• *spiernaakt* • *grimmig* II [bijw]
volkomen

starkers [bnw] *spiernaakt*
starlet [znw] *sterretje*
starling [znw] *spreeuw*
starry [bnw] *met sterren bezaaid*
start I [ov + on ww] • *beginnen (met)*
• *starten* II [ov ww] • *startsein geven*
• *aan de gang krijgen* • *op gang/weg
helpen* • *aanzetten* • (~ **up**) *starten,
aanzetten* III [on ww] • *vertrekken*
• *(op)springen* • *(op)schrikken*
• *aanslaan* <v. motor> • (~ **at**)
schrikken van • (~ **for**) *vertrekken naar*
• (~ **from/with**) *uitgaan van*
• (~ **off/out**) *op weg gaan* • (~ **up**)
opspringen, opschrikken IV [znw]
• *vertrekpunt, beginpunt, start*
• *voorsprong*
starter [znw] • *starter* • *deelnemer* <aan
wedstrijd> • *begin* • *voorgerecht*
startle [ov ww] *opschrikken*
starvation [znw] *hongerdood*
starve I [ov ww] *uithongeren* II [on ww]
• *honger lijden, honger/trek hebben*
• *verhongeren*
state I [ov ww] • *verklaren, beweren*
• *uiteenzetten* • *formuleren* II [znw]
• *staat* • *toestand* • *stand* • *staatsie,
praal* III [bnw] • *staats-* • *staatsie-
stately [bnw] • *statig* • *imposant*
statement [znw] *verklaring*
statesman [znw] *staatsman*
statesmanship [znw] *(goed)
staatsmanschap, staatkunde*
static [bnw] *statisch*
station I [ov ww] • *opstellen*
• *stationeren* • *postvatten* II [znw]
• *station* • *(stand)plaats* • *positie* • *post*
• *politiebureau* • *schapenranch* <in
Australië>
stationary I [znw] II [bnw] • *stationair*
• *stilstaand* • *vast* • *onveranderd*
stationery [znw] • *kantoorboekhandel*
• *postpapier*
statistic(al) [bnw] *statistisch*
statue [znw] *standbeeld*
statuesque [bnw] *statig*

statuette [znw] beeldje
stature [znw] gestalte, postuur
statute [znw] • wet • statuut
• verordening • reglement
statutory [bnw] • statutair • volgens de
wet
staunch I [ov ww] stelpen II [bnw]
trouw (aan)
stave I [ov ww] • (~ off) opschorten
II [znw] • notenbalk • staf
stay I [on ww] • blijven • logeren
II [znw] verblijf
stead [znw] plaats
steadfast [bnw] • standvastig,
onwrikbaar • strak <v. blik>
steady I [ov ww] • in evenwicht brengen
• tot bedaren brengen II [on ww]
rustig/kalm worden III [znw] <sl.> vaste
vrijer IV [bnw] • stevig, vast • gestadig
• bedaard, rustig
steak [znw] • runderlap • moot vis
steal I [ov + on ww] stelen II [on ww]
• sluipen, glijden • onmerkbaar gaan of
komen • (~ away) ongemerkt
voorbijgaan • (~ out) er stilletjes
vandoor gaan
stealth [znw] heimelijkheid
stealthy [bnw] • heimelijk • steels
steam I [ov + on ww] • stomen • (~ up)
beslaan II [znw] • stoom • damp
steamer [znw] • stoomboot
• stoomkoker
steamy [bnw] • warm en vochtig • <inf.>
erotisch
steed [znw] • paard • strijdros
steel I [wkd ww] zich vermannen
II [znw] • staal • wetstaal III [bnw]
stalen
steely [bnw] • van staal • staalachtig
steep I [ov + on ww] weken II [ov ww]
(in)dompelen III [bnw] • steil
• abnormaal (hoog) • overdreven
steeple [znw] torenspits
steer I [ov ww] (be)sturen II [znw]
gecastreerde stier
stellar [bnw] sterren-

stem I [ov ww] • stremmen
• tegenhouden, stuiten II [on ww]
• (~ from) teruggaan op III [znw]
• stengel • stam <ook v. woord> • steel
<v. pijp>
stench [znw] stank, (onaangename)
lucht
stencil I [ov ww] stencillen II [znw]
• stencil • sjabloon
stenographer [znw] stenograaf
step I [ov ww] stappen • (~ up)
opvoeren II [on ww] stappen, treden,
opstappen • (~ aside) opzij gaan
staan, afdwalen, een misstap doen
• (~ aside/down) af-/terugtreden
• (~ back) teruggaan <fig.>, z.
terugtrekken • (~ between)
tusenbeide komen • (~ in) erin stappen,
er even tussenkomen III [znw]
• (voet)stap, pas • tred • tree, sport
stereophonic [bnw] stereofonisch
stereotype I [ov ww] stereotyperen
II [znw] stereotype
sterile [bnw] • onvruchtbaar
• onproductief • steriel
sterilize [ov ww] • onvruchtbaar
maken • steriliseren
sterling [bnw] • van standaardgehalte
• onvervalst, echt • degelijk
stern I [znw] • achtersteven • achterste
<v. dier> II [bnw] • streng • hard
sternum [znw] borstbeen
stevedore [ov ww] stuwadoor
stew I [ov + on ww] stoven II [znw]
stamppot <met vlees of vis>
steward [znw] • kelner <aan boord>
• administrateur • rentmeester
• beheerder
stewardess [znw] stewardess
stick I [ov ww] • steken, zetten
• vastplakken • uithouden, uitstaan
• (~ on) plakken op, opplakken
• (~ out) naar buiten/voren steken
• (~ up) overeind zetten II [on ww]
• blijven hangen/steken/zitten, vast
blijven zitten • klitten, kleven, plakken

• (~ **around**) in de buurt blijven
• (~ **at**) volhouden, doorgaan met
• (~ **by**) trouw blijven, z. houden aan
• (~ **out**) naar buiten/voren steken
• (~ **to**) trouw blijven aan, blijven bij,
volhouden • (~ **up**) overeind staan
III [znw] • tak • stok, staaf, steel • rare
snijboon

stickleback [znw] stekelbaarsje
stickler [znw] * a ~ for discipline iem.
die discipline eist
sticky [bnw] • lastig, penibel • kleverig
• kleef-
stiff [bnw] • stijf • onbuigzaam
• vormelijk • moeilijk • stroef • stevig
stiffen I [ov ww] stijf maken II [on ww]
verstijven
stifle I [ov ww] • doen stikken • smoren
• de kop indrukken • onderdrukken
• inhouden II [on ww] (ver)stikken
stigma [znw] • schandvlek • stigma,
wondteken v. Christus • stempel <v.
bloem>
stigmatize [ov ww] • brandmerken
• stigmatiseren
stile [znw] • overstap • deurstijl
stiletto [znw] • stiletto • schoen met
naaldhak
still I [ov ww] • stillen • kalmeren
II [bnw] • stil, rustig • niet mousserend
<v. wijn> III [bijw] • nog • nog altijd
• toch, toch nog
stilt [znw] stelt
stilted [bnw] onhandig, harkerig
stimulant [znw] • prikkel • opwekkend
middel
stimulate [ov ww] • prikkelen
• (op)wekken • stimuleren • aansporen
stimulus [znw] stimulans
sting I [ov + on ww] • steken • prikken
II [ov ww] afzetten, 't vel over de neus
halen III [on ww] pijn doen IV [znw]
• steek, beet • angel • <plantk.>
brandhaar
stingy [bnw] gierig, vrekkig
stink I [on ww] stinken • (~ **of**) stinken

naar II [znw] stank
stinking [bnw] rot, gemeen
stipend [znw] • salaris • bezoldiging
stir I [ov ww] • verroeren • poken
• roeren • in beweging brengen
• (op)wekken • op de verbeelding
werken • (~ **up**) doen opwarrelen,
opruien (tot), doen oplaaien II [on ww]
z. verroeren III [znw] sensatie, herrie
stirring [bnw] ontroerend, prikkelend
stirrup [znw] stijgbeugel
stoat [znw] • hermelijn • wezel
stock I [ov ww] • inslaan • bevoorraden,
voorzien van, uitrusten (met) • in
voorraad hebben II [on ww] z.
bevoorraden, voorraad inslaan
III [znw] • bouillon • stam,
(wortel)stronk • afkomst, geslacht • 't
geheel • voorraad, inventaris, materieel
• grondstof, materiaal • obligatie,
fonds, aandelenkapitaal IV [bnw]
gewoon, stereotiep, afgezaagd
stocking [znw] kous
stockist [znw] leverancier
stocky [bnw] kort en breed
stodge [znw] machtige of zware kost
stodgy [bnw] • zwaar, machtig <v.
eten> • saai, plechtig
stoic I [znw] stoïcijn II [bnw] stoïcijns
stoke [ov ww] • stoken
• brandstof/kolen bijgooien
stole I [ww] verl. tijd → **steal** II [znw]
stola
stolen [ww] volt. deelw. → **steal**
stolid [bnw] • bot • flegmatisch
• onaandoenlijk
stomach I [ov ww] • verteren
• verdragen • (voor lief) nemen II [znw]
• buik • maag
stomp I [ov ww] <AE> stampen
II [on ww] klossen
stone I [ov ww] • stenigen • ontpitten
II [znw] • steen • kei • natuursteen • pit
• Eng. gewichtseenheid III [bnw] stenen
stony [bnw] (steen)hard, hardvochtig
stood [ww] verl. tijd + volt. deelw.

→ **stand**

stooge [znw] • knechtje, slaafje • mikpunt, aangever ‹v. conferencier›

stool [znw] kruk

stoop I [on ww] • z. vernederen/ verwaardigen • voorover lopen/staan/zitten • (z.) bukken II [znw] • kromme rug • ‹AE› stoep

stop I [ov ww] • ophouden met, neerleggen ‹werk› • afzetten, stilleggen, beletten, weerhouden, doen ophouden, stil doen staan • afsluiten, verstoppen, dichtstoppen • versperren, stelpen, tegenhouden, dempen • (~ up) doen verstoppen, dichtstoppen II [on ww] • stoppen, ophouden, niet meer werken/gaan • stil (blijven) staan • logeren, blijven • (~ at) logeren bij/te • (~ in) binnenblijven • (~ out) uitblijven • (~ up) opblijven III [znw] • punt ‹leesteken› • stilstand • stopplaats, halte • register ‹v. orgel›, klep, demper • ‹taalk.› ploffer

stoppage [znw] inhouding, blokkering

stopper [znw] stop ‹op fles›

storage [znw] opslag, 't opslaan

store I [ov ww] opslaan • (~ up) opslaan, bewaren II [znw] • voorraad • hoeveelheid • opslagplaats • ‹AE› winkel

storey [znw] verdieping, etage

stork [znw] ooievaar

storm I [ov ww] bestormen II [on ww] • woeden, razen • ‹AE› stormen • (~ at) tekeergaan tegen III [znw] • (hevige) bui • noodweer • storm

stormy [bnw] • stormachtig • storm- • heftig

story [znw] • verhaal • geschiedenis • gerucht • leugentje • ‹AE› verdieping, etage

stout I [znw] donker bier II [bnw] • krachtig • stevig • dik, gezet

stove [znw] • kachel • fornuis

stow I [ov ww] • (vakkundig) laden • opbergen, wegbergen • (~ away)

opbergen, wegstoppen II [on ww] • (~ away) als verstekeling meereizen

straddle I [ov ww] • over iets heen staan • over een heel gebied verspreid zijn II [on ww] wijdbeens (gaan) lopen/staan/zitten III [znw] spreidstand

straggle [on ww] • achterblijven • verspreid of verward groeien/hangen/liggen • zwerven, afdwalen • (~ behind) achterblijven, niet meekomen

straight I [znw] hetero II [bnw] • eerlijk, oprecht • betrouwbaar • in orde, op orde • puur, onvermengd • recht • rechtstreeks • recht op de man af III [bijw] • recht(streeks) • rechtop • direct • ronduit

straighten I [ov ww] • rechtmaken/-zetten/-leggen • strekken • in orde brengen • (~ up) in orde brengen II [on ww] • recht worden • rechttrekken • (~ up) rechtop gaan staan

strain I [ov + on ww] • zeven • filteren • (~ off/out) uitzeven, filtreren II [ov ww] • verrekken • inspannen • zwoegen • overspannen • (te) veel vergen van • forceren III [on ww] z. inspannen IV [znw] • spanning • belasting • soort, variëteit • melodie

strainer [znw] zeef

strait [znw] zee-engte

strand I [ov ww] aan de grond doen lopen II [on ww] vastlopen, stranden III [znw] • strand • streng • lok, wrong

strange [bnw] • vreemd • raar • eigenaardig

stranger [znw] vreemde(ling)

strangle [ov ww] • wurgen • onderdrukken

strangler [znw] wurger

strangulation [znw] • wurging • economische druk

strap I [ov ww] gespen II [znw] • riem(pje) • band(je) • lus ‹in tram›

strategist [znw] *strateeg*
strategy [znw] *strategie*
stratification [znw] *gelaagdheid*
stratum [znw] *(geologische) laag*
straw I [znw] • *strootje* • *strohoed*
• *stro(halm)* • *rietje* II [bnw] *strooien*
strawberry [znw] *aardbei*
streak I [ov ww] *strepen* II [on ww]
• *snellen, ijlen* • <inf.> *naakt over plein*
e.d. rennen III [znw] • *streep* • *flits*
streaker [znw] *iem. die naakt over plein*
e.d. rent
streaky [bnw] • *gestreept* • *doorregen*
stream I [ov ww] *doen stromen*
II [on ww] • *stromen* • *wapperen*
III [znw] • *beek(je)* • *groep met zelfde*
leerprogram • *stroom*
streamline [znw] *stroomlijn*
streamlined [bnw] *gestroomlijnd*
street [znw] *straat*
strength [znw] • *kracht(en)* • *sterkte*
strengthen I [ov ww] *versterken*
II [on ww] *sterker worden*
strenuous [bnw] *inspannend*
stress I [ov ww] *de nadruk leggen op*
II [znw] • *nadruk* • *gewicht* • *accent*
• *spanning* • *druk*
stretch I [ov ww] • *(uit)strekken*
• *uitrekken, (op)rekken* • *spannen*
• (~ **forth**) *uitsteken* II [on ww] • *zich*
(uit)strekken • *(zich) uitrekken* • *reiken*
(tot) • *lopen tot* • (~ **down to**) *z.*
uitstrekken tot, lopen tot III [znw]
• *uitgestrektheid* • *stuk* • *periode, duur*
• *traject* • *afstand*
stretcher [znw] *brancard*
strew [ov ww] • *bezaaien* • *verspreid*
liggen op • *(be)strooien*
stricken [bnw] • *getroffen* • *geteisterd*
strict [bnw] • *strikt* • *stipt* • *nauwgezet*
• *streng*
stricture [znw] *kritiek*
stride I [on ww] • *grote stappen nemen*
• *schrijden* II [znw] *(grote) stap*
strident [bnw] *hard en schel*
strife [znw] • *strijd* • *conflict*

strike I [ov ww] • *slaan (met), raken*
• *aanslaan* • *aanstrijken, aangaan*
• *opvallen* • *opkomen bij* • (~ **down**)
neerslaan, vellen • (~ **off**) *royeren*
• (~ **out**) *doorhalen* • (~ **up**)
aanheffen II [on ww] • *toeslaan, treffen*
• *staken* • *luiden* • (~ **at**) *slaan naar*
• (~ **out**) *een andere richting inslaan*
• (~ **up**) *inzetten, beginnen te*
spelen/zingen III [znw] • *staking* • *slag*
<honkbal> • <AE> *succes, bof*
striker [znw] • *staker* • <sport>
spitsspeler
string I [ov ww] • *met touw vastbinden*
• *besnaren* II [on ww] • (~ **along**)
meeboemelen III [znw] • *touw(tje)*
• *serie* • *snaar*
stringent [bnw] • *bindend* • *streng*
• *strikt*
stringy [bnw] • *draderig* • *pezig*
strip I [ov + on ww] • *strippen* • *ontdoen*
van II [znw] • *strip* • *(smalle) rand*
• *landingsbaan* • *sportkleding*
stripe [znw] • *streep* • *chevron* • *striem*
striped [bnw] *gestreept*
stripper [znw] *stripteasedanser(es)*
strive [on ww] *z. inspannen*
• (~ **after/for**) *streven naar*
strode [ww] *verl. tijd* → **stride**
stroke I [ov ww] *strijken, aaien, strelen*
II [znw] • *aai* • *klap* • *slag* • *beroerte*
stroll I [on ww] • *slenteren* • *wandelen*
II [znw] *wandeling(etje)*
stroller [znw] *wandelwagentje*
strong [bnw] • *sterk* • *krachtig* • *zwaar*
<v. tabak, bier> • *vast* <v. geldkoers,
prijzen> • *overdreven*
stroppy [bnw] • *tegendraads* • *dwars,*
koppig
strove [ww] *verl. tijd* → **strive**
struck [ww] *verl. tijd + volt. deelw.*
→ **strike**
structural [bnw] *structureel*
structure [znw] • *(op)bouw*
• *bouwwerk* • *structuur*
struggle I [on ww] • *worstelen*

• vechten • tegenspartelen • (~ to) moeite hebben om II [znw] strijd, gevecht

strum I [ov + on ww] trommelen, tjingelen II [znw] getrommel, getjingel

strung [ww] verl. tijd + volt. deelw.
→ **string**

strut I [ov + on ww] trots stappen II [znw] stut

stub I [ov ww] stoten II [znw] • stompje • peukje

stubble [znw] stoppels

stubborn [bnw] • koppig • hardnekkig

stuck [ww] verl. tijd + volt. deelw.
→ **stick**

stud [znw] • fokstal • dekhengst • metalen sierknopje • boordenknoopje, manchetknoopje

student [znw] • student • leerling

studio [znw] • atelier • studio

studious [bnw] • vlijtig, ijverig • studerend

study I [ov ww] • (be)studeren • observeren II [on ww] studeren III [znw] • studie • etude • studeerkamer

stuff I [ov ww] • (vol)stoppen • opvullen • farceren • volproppen • opzetten ‹v. dier› II [znw] • stof, materiaal • spul, goedje • waardeloze rommel • onzin

stuffing [znw] vulling

stuffy [bnw] • benauwd, bedompt • ouderwets

stultify [ov ww] • belachelijk maken • tenietdoen

stumble I [on ww] • struikelen • stuntelen • hakkelen • (~ across/(up)on) toevallig aantreffen, tegen 't lijf lopen • (~ along) voortstrompelen II [znw] misstap, struikeling

stump I [ov + on ww] • (~ up) ‹sl.› betalen, dokken II [ov ww] • af-/uitgooien ‹bij cricket› • sprakeloos doen staan III [on ww] • klossen • onbehouwen lopen IV [znw]

• stomp(je) • (boom)stronk • wicketpaaltje ‹bij cricket›

stumpy [bnw] dik en kort, gezet

stun [ov ww] • verdoven • verbijsteren

stung [ww] verl. tijd + volt. deelw.
→ **sting**

stunk [ww] verl. tijd + volt. deelw.
→ **stink**

stunning [bnw] • verbijsterend • fantastisch

stunt I [ov ww] de groei belemmeren II [znw] stunt

stupefaction [znw] • versuffing • verbijstering

stupefy [ov ww] • afstompen • versuffen • stomverbaasd doen staan

stupendous [bnw] • verbluffend • enorm • kolossaal

stupid [bnw] • dom • stom

stupidity [znw] domheid

stupor [znw] • verdoving • coma • apathie

sturdy [bnw] • struis • fors • flink • stoer

stutter I [ov + on ww] stotteren II [znw] gestotter

sty [znw] • strontje ‹op oog› • stal, kot

style I [ov ww] • noemen • betitelen II [znw] • stijl • distinctie • trant

stylish [bnw] • gedistingeerd • chic

stylist [znw] stilist

stylistic [bnw] stilistisch

stylus [znw] naald ‹v. platenspeler›

stymie [ov ww] dwarsbomen

suave [bnw] • hoffelijk • minzaam

subdue [ov ww] • temperen • onderwerpen • bedwingen

subject I [ov ww] onderwerpen • (~ to) blootstellen aan II [znw] • onderdaan • onderwerp • vak III [bnw] onderworpen

subjective [bnw] • subjectief • onderwerps-

subjugate [ov ww] onderwerpen

subjunctive [znw] aanvoegende wijs

sublimate [ov ww] sublimeren

sublime [bnw] • verheven • subliem

submarine I [ov ww] *torpederen vanuit onderzeeër* II [znw] *onderzeeër* III [bnw] *onderzees*
submerge I [ov ww] • *onder water zetten* • *(onder)dompelen* II [on ww] • *onder water gaan* • *onderduiken*
submission [znw] • *onderdanigheid* • *nederigheid*
submissive [bnw] *onderdanig*
submit I [ov + on ww] (z.) *onderwerpen* II [ov ww] • *voorleggen* • *in het midden brengen*
subnormal [bnw] *beneden de norm, achterlijk*
subordinate I [ov ww] • (~ to) *ondergeschikt maken aan* II [znw] *ondergeschikte* III [bnw] *ondergeschikt*
subscribe [ov ww] *bijeenbrengen* ‹v. geld› • (~ to) z. *abonneren op, onderschrijven*
subscriber [znw] • *abonnee* • *donateur*
subscription [znw] • *donatie* • *abonnement*
subsection [znw] *onderafdeling*
subsequent [bnw] • *(daarop)volgend* • *later*
subservient [bnw] • *onderdanig* • *kruiperig*
subside [on ww] • *(ver)zakken, inzakken* • *bedaren*
subsidize [ov ww] *subsidiëren, geldelijk steunen*
subsidy [znw] *subsidie*
subsist [on ww] • *bestaan* • *(voort)leven*
subsistence [znw] *bestaansminimum*
substance [znw] • *essentie* • *stof* • *substantie* • *hoofdzaak, kern*
substandard [bnw] *beneden de norm*
substantial [bnw] • *stevig* • *aanzienlijk*
substantiate [ov ww] *bewijzen*
substantive [bnw] *iets om het lijf hebbend, wezenlijk*
substitute I [ov ww] *vervangen* II [znw] • *vervanger* • *surrogaat*
substructure [znw] *onderbouw,*
grondslag, fundament
subsume [ov ww] *onder één noemer brengen, opnemen*
subterfuge [znw] *uitvlucht*
subterranean [bnw] • *ondergronds* • *heimelijk*
subtle [bnw] • *subtiel* • *spitsvondig* • *geraffineerd*
subtlety [znw] *subtiliteit*
subtract [ov + on ww] *aftrekken*
subtraction [znw] *aftrekking*
suburb [znw] *voorstad*
suburbia [znw] *de (mensen in/v.d.) buitenwijken*
subversion [znw] *omverwerping*
subversive [bnw] *subversief*
subway [znw] • *tunnel* • ‹AE› *metro, ondergrondse*
succeed I [ov + on ww] *opvolgen* • (~ to) *volgen op* II [on ww] • *slagen* • *succes hebben*
success [znw] *succes*
successful [bnw] • *geslaagd* • *succesrijk*
succession [znw] • *op(een)volging* • *successie*
successive [bnw] • *achtereenvolgend* • *successievelijk*
successor [znw] *opvolger*
succinct [bnw] *beknopt, bondig*
succour I [ov ww] *helpen, te hulp komen* II [znw] *helper*
succulent [bnw] *sappig*
succumb [on ww] *bezwijken* • (~ to) *sterven aan*
such [bnw] • *zulk (een)* • *zo'n* • *zo* • *zodanig, zo groot* • *degenen* • *zulks*
suck I [ov + on ww] *zuigen (op)* • (~ from) *halen uit* • (~ in) *inzuigen, in zich opnemen* • (~ out of) *halen uit* • (~ up) *hielen likken* II [znw] *slokje*
sucker [znw] • *sukkel* • *zuignap* • *spruit*
suckle [ov ww] *zogen*
sudden [bnw] • *plotseling* • *overijld*
suds [mv] *zeepsop*
sue [ov ww] *een proces aandoen*
suet [znw] *niervet*

suffer I [ov ww] • *ondergaan*
• *(toe)laten* • *verdragen* • *uitstaan*
II [on ww] • *beschadigd worden*
• *lijden* • (~ **from**) *lijden aan*
sufferance [znw] • *stilzwijgende*
toestemming, instemming • *toelating*
sufferer [znw] • *lijder* • *slachtoffer*
suffering [znw] *beproeving, ellende*
suffice [ov + on ww] • *voldoende zijn*
(voor) • *tevreden stellen*
sufficiency [znw] *voldoende*
hoeveelheid
sufficient [bnw] *genoeg, voldoende*
suffocate I [ov ww] • *doen stikken*
• *verstikken* II [on ww] *stikken*
suffrage [znw] *stemrecht*
suffuse [ov ww] *overgieten* <vnl. met
licht>
sugar I [ov ww] *(be)suikeren* II [znw]
• *suiker* • *lieveling*
sugary [bnw] • *suikerachtig* • *suikerzoet*
suggest [ov ww] • *suggereren* • *opperen*
• *doen denken aan* • *voorstellen*
suggestible [bnw] *gemakkelijk te*
beïnvloeden
suggestion [znw] • *suggestie* • *zweem,*
spoor
suggestive [bnw] *suggestief*
suicidal [bnw] *zelfmoord-*
suicide [znw] *zelfmoord(enaar)*
suit I [ov + on ww] • *schikken* • *gelegen*
komen • *passen (bij/voor)* • *staan*
II [znw] • *proces* • *pak* • *mantelpak*
• *kleur* <in kaartspel>
suitable [bnw] • *geschikt, gepast*
• *passend*
suitcase [znw] *(platte) koffer*
suite [znw] • *suite* <kamer>
• *ameublement* • <muz.> *suite*
suitor [znw] *aanbidder*
sulk I [on ww] *mokken* II [znw] *boze bui*
sulky I [znw] *sulky* II [bnw] *mokkend*
sullen [bnw] • *nors, knorrig* • *somber*
sully [ov ww] • *bevlekken* • *vuil maken*
sulphur [znw] *zwavel*
sultry [bnw] *drukkend, zwoel*

sum I [ov ww] • (~ **up**) *opsommen,*
optellen, samenvatten II [znw] • *som*
• *totaal*
summarize [ov + on ww] *samenvatten*
summary I [znw] *samenvatting*
II [bnw] • *beknopt* • *summier* • *kort*
summation [znw] *optelling, totaal*
summer [znw] *zomer*
summery [bnw] *zomerachtig*
summit [znw] *top(punt)*
summon [ov ww] • *(op)roepen*
• *bijeenroepen* • *verzamelen*
• *dagvaarden* • (~ **up**) *vergaren,*
bijeenrapen, optrommelen
summons [znw] *meervoud*
• *oproep(ing)* • *dagvaarding*
sump [znw] *oliereservoir*
sumptuous [bnw] • *kostbaar*
• *weelderig*
sun I [ov + on ww] *zonnen* II [znw] *zon*
Sunday [znw] *zondag*
sundry [bnw] • *allerlei* • *diverse,*
verscheiden(e)
sung [ww] volt. deelw. → **sing**
sunk [ww] volt. deelw. → **sink**
sunken [bnw] • *ingevallen*
• *diepliggend* • *hol*
sunny [bnw] *zonnig*
super [bnw] • *super-* • <sl.> *grandioos,*
prima
superabundant [bnw] • *meer dan*
overvloedig • *in rijke mate*
superannuation [znw] *pensionering*
superb [bnw] • *voortreffelijk* • *zeer*
indrukwekkend • *groots* • *meesterlijk*
supercilious [bnw] *verwaand*
superficial [bnw] *oppervlakkig*
superficiality [znw] *oppervlakkigheid*
superfluity [znw] *overtolligheid*
superfluous [bnw] • *overbodig,*
overtollig
superimpose [ov ww] *(er) bovenop*
plaatsen • (~ **(up)on**) *plaatsen op,*
bouwen op
superintend [ov + on ww] • *toezicht*
houden op • *met controle belast zijn op*

superintendent [znw] • *inspecteur*
• *opzichter* • *directeur*
• *hoofdinspecteur* <v. politie>
superior I [znw] • *meerdere* • *overste*
II [bnw] • *uitmuntend* • *bijzonder goed*
• *superieur* • *hooghartig, neerbuigend*
superlative I [znw] *overtreffende trap*
II [bnw] *uitstekend*
supermarket [znw] *supermarkt*
supernatural I [znw] *het*
bovennatuurlijke II [bnw]
bovennatuurlijk
supersede [ov ww] *vervangen*
supersonic [bnw] *supersonisch*
superstition [znw] *bijgeloof*
superstructure [znw] *bovenbouw*
supervise [ov + on ww] *toezicht*
houden op
supervision [znw] *supervisie*
supervisor [znw] • *inspecteur*
• *(afdelings)chef* • *controleur*
• *surveillant*
supervisory [bnw] • *toezichthoudend*
• *toeziend*
supine [bnw] *achteroverliggend*
supper [znw] *souper, avondmaal(tijd)*
supplant [ov ww] • *(listig) verdringen*
• *vervangen*
supplement I [ov ww] • *aanvullen*
• *toevoegen* II [znw] *supplement*
supplementary [bnw] *aanvullend*
supplication [znw] *smeekbede*
supplier [znw] *leverancier*
supply I [ov ww] *bevoorraden* II [znw]
voorraad
support I [ov ww] *(onder)steunen*
II [znw] *steun*
supporter [znw] • *aanhanger*
• *supporter*
suppose [ov ww] • *veronderstellen*
• *menen* • *denken*
supposition [znw] *veronderstelling*
suppress [ov ww] • *de kop indrukken*
• *verbieden* <v. krant, boek>
• *achterhouden*
suppression [znw] *onderdrukking*

suppurate [on ww] *etteren*
supremacy [znw] • *suprematie*
• *hoogste gezag of macht*
supreme [bnw] • *hoogste, opperste*
• *laatst, uiterst*
surcharge [znw] *toeslag*
sure I [bnw] *zeker* II [bijw] <AE> *(ja)zeker*
surely [bijw] • *gerust* • *zeker*
surety [znw] *borg*
surf I [on ww] *surfen* II [znw] *branding*
surface [znw] • *oppervlakte*
• *buitenkant*
surfeit I [ov ww] *oververzadigen*
II [znw] *overlading, oververzadiging*
surge I [on ww] • *(hoog) golven*
• *deinen* • *opwellen, opbruisen* II [znw]
• *stijging* • *opwelling* • *golfslag*
surgeon [znw] *chirurg*
surgery [znw] • *spreekuur* • *chirurgie*
• *operatieve ingreep* • *spreekkamer*
surgical [bnw] *chirurgisch*
surly [bnw] *nors*
surmise I [ov + on ww] • *gissen*
• *vermoeden* II [znw] • *gissing*
• *vermoeden*
surmount [ov ww] • *overtrekken* <v.
berg> • *te boven komen* • *staan op*
surmountable [bnw] *overwinbaar*
surname [znw] *achternaam*
surpass [ov ww] *overtreffen*
surplus I [znw] *teveel, overschot*
II [bnw] *overtollig*
surprise I [ov ww] • *verwonderen*
• *verrassen* • *overrompelen* II [znw]
verrassing III [bnw] *verrassings-*
surprising [bnw] • *verwonderlijk*
• *wonderbaarlijk*
surrender I [ov ww] • *overgeven*
• *opgeven* • *afstand doen v.* II [on ww]
• *capituleren* • *z. overgeven* III [znw]
overgave
surreptitious [bnw] *heimelijk*
(verkregen), clandestien
surrogate [znw] *surrogaat*
surround I [ov ww] • *omringen*
• *omsingelen* • *omgeven* II [znw]

vloerbedekking tussen los kleed en
wanden
surrounding [bnw] naburig
surtax [znw] extra belasting
surveillance [znw] toezicht
survey I [ov ww] • inspecteren
• opmeten • taxeren • in ogenschouw
nemen, bekijken II [znw] • overzicht
• rapport • onderzoek
survive [ov + on ww] • overleven • nog
(voort) leven of bestaan
survivor [znw] • langstlevende
• overlevende
susceptibility [znw] ontvankelijkheid
susceptible [bnw] • ontvankelijk
• gemakkelijk te beïnvloeden
• lichtgeraakt
suspect I [ov ww] • verdenken
• wantrouwen II [on ww] • vermoeden
• geloven III [znw] verdachte IV [bnw]
verdacht
suspend [ov ww] • opschorten
• verdagen • uitstellen • schorsen
• tijdelijk intrekken • (~ from)
ophangen aan, ontheffen van
suspender [znw] • sokophouder
• jarretelle
suspense [znw] • spanning
• onzekerheid
suspension [znw] • schorsing
• uitstelling • suspensie • vering
suspicion [znw] • argwaan
• wantrouwen • verdenking • (flauw)
vermoeden • tikkeltje
suspicious [bnw] • verdacht
• achterdochtig
sustain [ov ww] • steunen • verdragen
• doorstaan • in stand houden
• aanhouden <v. noot>
sustenance [znw] voeding, voedsel
svelte [bnw] • soepel, slank
• welgevormd
swab I [ov ww] zwabberen II [znw]
<med.> dotje watten
swaddle [ov ww] • inbakeren
• inpakken <v. baby>

swagger I [on ww] branieachtig lopen
II [znw] branie
swallow I [ov ww] • (in)slikken
• verslinden • (~ down) inslikken
• (~ up) verzwelgen II [on ww] slikken
III [znw] • slok • slikbeweging
• zwaluw
swam [ww] verl. tijd → swim
swamp I [ov ww] vol of onder water
doen lopen II [znw] moeras
swampy [bnw] moerassig, drassig
swan [znw] zwaan
swank I [on ww] opscheppen II [znw]
opschepperij
swap → swop
swarm I [on ww] zwermen • (~ with)
wemelen van II [znw] • zwerm • troep
swarthy [bnw] • donker(bruin)
• gebruind
swashbuckling [bnw] branieachtig,
blufferig
swastika [znw] swastika, hakenkruis
swat [ov ww] (dood)slaan <v. vlieg>
swathe [ov ww] • zwachtelen
• omhullen
sway I [ov + on ww] • zwiepen
• slingeren • zwaaien II [ov ww]
beïnvloeden III [znw] • zwaai • invloed
• overwicht • heerschappij
swear I [ov + on ww] • onder ede
verklaren • zweren • (~ by) zweren bij
• (~ in) beëdigen II [on ww] vloeken
sweat I [ov + on ww] zweten II [znw]
• zweet • lastig werk
sweater [znw] wollen trui
Swedish [bnw] Zweeds
sweep I [ov ww] • vegen • snellen door,
slaan over, woeden over, teisteren
• bestrijken • afzoeken, afdreggen
• (~ away) wegvagen • (~ up)
opvegen, aanvegen II [on ww] • vegen
• statig schrijden • z. uitstrekken, met
een wijde bocht lopen • gaan, snellen,
woeden • strijken over • (~ over) razen
over, slaan over • (~ through)
gaan/snellen door III [znw] • veeg

• *schoorsteenveger* • *bocht* • *draai, zwaai, slag* • *streek* • *omvang, bereik, sector*

sweeper [znw] • *veger* • *straatveger, schoorsteenveger* • *veegmachine*

sweeping [bnw] • *overweldigend* • *radicaal* • *(te) veelomvattend* • *(te) algemeen* • *z. uitstrekkend over een (grote) oppervlakte*

sweet I [znw] • *bonbon, snoepje* • *dessert* • *het aangename* II [bnw + bijw] • *lief* • *leuk* • *zoet*

sweeten [ov ww] • *zoet maken* • *lijmen* ‹fig.›

swell I [ov ww] • *doen zwellen* • *opblazen* II [on ww] • *uitdijen* • *bol gaan staan* • *zwellen* • *aanzwellen, opzetten, uitzetten* III [znw] • *crescendo* • *deining* IV [bnw] *prima, eersteklas*

swelling [znw] *zwelling*

swelter [on ww] *stikken v.d. hitte*

swept [ww] *verl. tijd + volt. deelw.* → **sweep**

swerve I [ov + on ww] *zwenken* II [znw] *zwenking*

swig I [ov + on ww] ‹sl.› *drinken, zuipen* II [znw] *teug*

swill I [ov ww] • (~ **out**) *uitspoelen* II [on ww] *zuipen*

swim I [ov + on ww] • *zwemmen* • *overzwemmen* II [znw] *zwempartij*

swimmer [znw] *zwemmer*

swimming [bnw] *zwem-*

swimmingly [bnw] ‹inf.› *van een leien dakje*

swindle I [ov ww] • *bezwendelen* • *oplichten* II [znw] • *zwendel* • *oplichterij*

swindler [znw] *oplichter*

swine [znw] *zwijn(en)*

swing I [ov + on ww] • *zwaaien* • *slingeren* • *schommelen* • *swingen* • (~ **from**) *hangen aan, bengelen aan* • (~ **round**) *(zich) omdraaien* II [znw] • *ommekeer* • *schommel* • *vaart, gang* • *slag* • ‹muz.› *swing*

swingeing [bnw] *vernietigend*

swinging [bnw] • *actief, kwiek* • *bruisend* ‹fig.›

swipe I [ov + on ww] • *hard slaan* • ‹sl.› *gappen, wegpikken* II [znw] *harde slag, mep*

swirl I [ov + on ww] *warrelen, wervelen* II [znw] *werveling*

swish I [ov + on ww] *zwiepen* II [on ww] *ruisen* III [znw] *gesuis*

Swiss I [znw] *Zwitser(s)* II [bnw] *Zwitsers*

switch I [ov + on ww] • *aan de knop draaien, (over)schakelen* • *slaan, zwiepen (met)* • (~ **off**) *uit-/afdraaien, uitschakelen* • (~ **on**) *aandraaien, inschakelen* II [znw] • *schakelaar* • *knop* • *twijg*

swivel [ov + on ww] *(om zijn as) draaien*

swollen [ww] *volt. deelw.* → **swell**

swoop I [on ww] • (~ **down** (**upon**)) *neerschieten op* ‹als 'n roofvogel›, *aanvallen* • (~ **up**) *(weg)grissen, (plotseling) klimmen* II [znw] *plotseling duikvlucht*

swop I [ov + on ww] • *verwisselen, (uit)wisselen* • *verruilen, (om)ruilen* II [znw] *ruil*

sword [znw] *zwaard*

swore [ww] *verl. tijd* → **swear**

sworn I [ww] *volt. deelw.* → **swear** II [bnw] • *gezworen* • *beëdigd*

swot I [on ww] • *blokken* • *zwoegen* II [znw] *serieuze student, blokker*

sycamore [znw] • *esdoorn* • ‹AE› *plataan*

sycophant [znw] *vleier*

symbol [znw] • *symbool* • *letter, cijfer*

symbolism [znw] *symboliek*

symbolize [ov ww] *symboliseren*

symmetry [znw] *symmetrie*

sympathetic [bnw] • *hartelijk* • *sympathisch*

sympathize [on ww] • *meevoelen* • *sympathiseren*

sympathizer [znw] • *aanhanger*

• *sympathisant*
sympathy [znw] • *medegevoel*
• *medeleven* • *eensgezindheid*
• *solidariteit(sgevoel)* • *sympathie*
symposium [znw] • *reeks artikelen*
van verschillende schrijvers over zelfde
onderwerp • *kring, bijeenkomst v.*
wetenschappers
symptom [znw] • *symptoom* • *teken*
symptomatic [bnw] *symptomatisch*
synagogue [znw] *synagoge*
synchronize [ov + on ww]
• *samenvallen* • *synchroniseren* • *gelijk*
zetten
syncopate [ov ww] *syncoperen*
syndicate I [ov ww] • *tot syndicaat e.d.*
verenigen • *gelijktijdig in verschillende*
kranten publiceren II [znw]
• *consortium* • *perssyndicaat*
• *syndicaat*
synod [znw] • *synode* • *kerkvergadering*
synonym [znw] *synoniem*
synonymous [bnw] *synoniem*
synopsis [znw] *overzicht, korte*
samenvatting
syntax [znw] *syntaxis*
synthesis [znw] *synthese*
synthesize [ov ww] *synthetisch*
bereiden
synthetic [bnw] • *kunst-* • *synthetisch*
• *onoprecht*
syphilis [znw] *syfilis*
Syrian I [znw] • *Syriër* • *Syrisch* II [bnw]
Syrisch
syringe [znw] • *injectiespuit* • *spuit(je)*
syrup [znw] • *stroop* • *siroop*
system [znw] • *systeem* • *stelsel* • *gestel*
• *maatschappij* • *formatie* ‹in geologie›
systematic [bnw] *systematisch*
systematize [ov ww] *systematiseren*

T

ta [tw] dank u, dank je
tab [znw] • *labeltje* • *metalen lipje*
tabby I [znw] cyperse kat II [bnw]
gestreept
tabernacle [znw] • *tabernakel*
• bedehuis ‹o.a. bij methodisten›
table I [ov ww] • indienen ‹v. voorstel,
motie, enz.› • ‹AE› voorlopig opzij
zetten II [znw] • tafel ‹ook v.
vermenigvuldiging› • plateau • tabel
tableau [znw] • tableau • tableau
vivant
tablet [znw] • tablet • gedenkplaat
tabloid [znw] blad met sensationeel
nieuws en societyroddels
taboo I [znw] taboe II [bnw] verboden,
taboe
tabular [bnw] in tabelvorm
tabulate [ov ww] rangschikken in
tabellen
taciturn [bnw] zwijgend, stil
tack I [ov ww] • vastspijkeren • rijgen
• (~ on) (iets overbodigs) toevoegen
II [on ww] laveren, overstag gaan
III [znw] • gedragslijn • kopspijker
tackle I [ov + on ww] • aanvallen
• aanpakken ‹v. probleem› • ‹sport›
tackelen II [znw] • tuig, uitrusting
• takel
tacky [bnw] • kleverig • slecht gemaakt,
lelijk • ‹AE› haveloos
tact [znw] tact
tactful [bnw] tactvol
tactical [bnw] tactisch
tactician [znw] tacticus
tactile [bnw] • tactiel • tastbaar
tactless [bnw] tactloos, ontactisch
tag I [ov ww] • van labels voorzien
• etiketteren • ‹AE› bestempelen als
II [on ww] • (~ along (with)) op de
voet volgen III [znw] • tikkertje ‹spel›

• *label*
tail I [ov ww] *schaduwen* II [on ww]
• (~ **off**) *geleidelijk afnemen* III [znw]
• *staart* • *(uit)einde* • *pand* ‹v. jas›
tailor I [ov ww] *aanpassen* II [znw]
kleermaker
taint I [ov ww] • *bevlekken, bezoedelen*
• *aantasten* II [znw] • *smet* • *bederf*
take I [ov ww] • *nemen, gebruiken* ‹v.
eten, drinken› • *aannemen* • *afnemen*
• *innemen* • *opnemen* • *meenemen*
• *oplopen, vatten* ‹kou› • *begrijpen,
beschouwen, opvatten, opnemen*
• *aanvaarden* • (~ **apart**) *uit elkaar
halen, demonteren, kritisch analyseren*
• (~ **away**) *wegnemen, meenemen,
afnemen* • (~ **back**) *terugnemen,
terugbrengen* • (~ **down**) *'n toontje
lager doen zingen, afnemen, neerhalen,
opschrijven* • (~ **for**) *houden voor*
• (~ **from**) *aftrekken, afnemen van,
slikken van* • (~ **in**) *onderdak verlenen,
inademen, in z. opnemen, beetnemen,
innemen, binnenkrijgen* • (~ **off**)
*uittrekken, van 't repertoire nemen,
afnemen, afzetten, opheffen,
wegbrengen, karikaturiseren* • (~ **on**)
aannemen, op z. nemen, overnemen
• (~ **out**) *uitnemen, verwijderen,
aanvragen* • (~ **over**) *overnemen*
• (~ **up**) *ingaan op, innemen, in beslag
nemen, beginnen, opnemen* II [on ww]
• *werkzaam zijn* • *aanslaan* ‹v. plant›
• (~ **after**) *aarden naar* • (~ **off**)
afnemen, opstijgen • (~ **on**) *opgang
maken, tekeergaan* • (~ **over**)
overnemen • (~ **to**) *graag mogen,
gewoonte maken van* III [znw] *opname*
taken [ww] volt. deelw. → **take**
tale [znw] • *verhaal* • *sprookje* • *smoesje*
talent [znw] • *talent* • *iem. met talent*
talented [bnw] *begaafd*
talk I [ov ww] *spreken over* • (~ **down**)
tot zwijgen brengen • (~ **into**)
overreden • (~ **round**) *iem. bepraten*
II [on ww] *praten, spreken*

• (~ **about/of**) *praten over* • (~ **back**)
brutaal antwoord geven • (~ **down**)
neerbuigend praten III [znw] • *gepraat*
• *gesprek* • *bespreking* • *praatjes,
gerucht*
talkative [bnw] *praatziek*
talker [znw] *prater*
tall [bnw] • *hoog* • *lang*
tallow [znw] • *talk* • *kaarsvet*
tally I [on ww] *kloppen, stroken met*
II [znw] • *aantal* • *score*
talon [znw] *klauw* ‹v. roofvogel›
tambourine [znw] *tamboerijn*
tame I [ov ww] *temmen* II [bnw] *tam*
tan I [ov ww] • *looien* • ‹sl.› *afranselen*
II [on ww] *bruin worden* ‹v. huid›
III [znw] *bruinere huidskleur als gevolg
v. zonlicht* IV [bnw] *geelbruin*
tang [znw] *sterke smaak of geur*
tangent [znw] • *raaklijn* • ‹wisk.›
tangens
tangential [bnw] • *tangentiaal*
• *oppervlakkig*
tangle I [ov ww] *verwikkelen* II [on ww]
in de war maken/raken/zijn • (~ **with**)
in conflict raken met III [znw]
• *verwarring* • *verwarde toestand*
• *wirwar*
tank [znw] • *reservoir* • *tank*
tankard [znw] *(bier)pul*
tanker [znw] *tankschip*
tanner [znw] *looier*
tannery [znw] *looierij*
tantalize [ov ww] *doen watertanden*
tantamount [bnw] *gelijkwaardig*
tantrum [znw] *woedeaanval*
tap I [ov ww] • *aftappen* • *afluisteren* ‹v.
telefoon› • *aanbreken* ‹v. fles›
• *uithoren* II [on ww] *zacht tikken,
zacht kloppen* III [znw] • *tikje, klopje*
• *kraan*
tape I [ov ww] • *opnemen* ‹op geluids-
of beeldband› • *met lint verbinden*
II [znw] • *geluidsband* • *plakband*
• *lint*
taper I [ov ww] *taps/spits doen toelopen*

• (~ off) uitlopen in punt, scherp
toelopen II [on ww] taps/spits toelopen
III [znw] kaars
tapestry [znw] wandtapijt
tar I [ov + on ww] teren II [znw] teer
tarantula [znw] tarantel, vogelspin,
wolfsspin
tardy [bnw] • te laat • langzaam, traag
target [znw] • schietschijf • mikpunt
• doel • productiecijfer
tariff [znw] (tol)tarief
tarmac [znw] asfalt(weg)
tarn [znw] bergmeertje
tarnish I [ov ww] • mat/dof maken
• bezoedelen II [on ww] mat/dof
worden
tarpaulin [znw] • zeildoek • dekkleed
tarragon [znw] dragon
tarry I [on ww] dralen II [bnw] • teer-
• teerachtig • geteerd
tart I [ov ww] • (~ up) opdirken
II [znw] • taart(je) • ‹sl.› slet III [bnw]
wrang, zuur, scherp
tartan [znw] Schotse ruit
task I [ov ww] veel vergen v. II [znw]
taak
tassel [znw] kwastje
taste I [ov ww] proeven II [on ww]
smaken ‹ook fig.› III [znw] • smaak(je)
• slokje • ‹inf.› 'n weinig
tasteful [bnw] smaakvol, v. goede
smaak getuigend
tasteless [bnw] • v. slechte smaak
getuigend, smakeloos • smaakloos
tasty [bnw] • smakelijk • aantrekkelijk
tat [znw] goedkope rommel
tattered [bnw] haveloos
tattoo I [ov ww] tatoeëren II [on ww]
trommelen III [znw] • taptoe • militair
schouwspel • tatoeage
tatty [bnw] smerig, sjofel, slordig
taught [ww] verl. tijd + volt. deelw.
→ teach
taunt I [ov ww] beschimpen II [znw]
beschimping
taut [bnw] strak, gespannen

tautology [znw] tautologie
tavern [znw] taveerne, café, herberg
tawdry [bnw] • opzichtig • opgedirkt
• smakeloos
tawny [bnw] taankleurig
tax I [ov ww] • belasten • veel vergen v.
• op de proef stellen • (~ with)
beschuldigen v. II [znw] belasting
taxable [bnw] belastbaar
taxation [znw] belasting
taxi I [on ww] taxiën ‹v. vliegtuig›
II [znw] taxi
taxidermist [znw] iem. die dieren opzet
tea [znw] • thee • theemaaltijd
• hoofdmaaltijd
teach [ov + on ww] onderwijzen, leren
teacher [znw] leraar, onderwijzer
teaching I [znw] • het onderwijs • leer
II [bnw] onderwijzend
teak [znw] • teakboom • teakhout
team I [on ww] • (~ up) ‹inf.› samen
een team vormen • (~ up with) ‹inf.›
samenwerken met II [znw] • ploeg,
span ‹paarden› • elftal
tear I [ov ww] • (ver)scheuren • trekken
(aan) • uitrukken ‹v. haren›
• openrijten • (~ apart) verscheuren,
kapotscheuren • (~ at) rukken aan
• (~ down) afbreken ‹v. gebouw›
• (~ up) verscheuren, uitroeien
II [on ww] scheuren • (~ about) wild
rondvliegen III [znw] • traan • druppel
• scheur
tearful [bnw] • vol tranen • betraand
tease I [ov ww] • plagen • kwellen
• ‹vulg.› opgeilen • (~ out) ontwarren
II [znw] • plaaggeest • vrouw die
beurtelings met een man flirt en hem
afwijst
teasel [znw] kaarde
teaser [znw] • plager • ‹inf.› moeilijke
vraag
teat [znw] tepel ‹v. dier›, uier, speen
tech ‹inf.› [znw] technische school,
≈ hogere technische school
technical [bnw] • technisch

• *vaktechnisch*
technicality [znw] *technisch detail*
technician [znw] *technicus*
technique [znw] • *techniek, werkwijze*
• *manier v. optreden, handelen*
technocracy [znw] *technocratie*
technocrat [znw] *technocraat*
technologist [znw] *technoloog*
technology [znw] *technologie*
tedious [bnw] *saai, vervelend*
teem [on ww] • (~ **with**) *wemelen v.*
teeter [on ww] *wankelen*
teeth [mv] → **tooth**
teethe [on ww] *tanden krijgen*
teetotal [bnw] *geheelonthouders-, alcoholvrij*
teetotaller [znw] *geheelonthouder*
telegraphese [znw] *telegramstijl*
telegraphic [bnw] • *telegrafisch*
• *telegram-*
telepathy [znw] *telepathie*
telephone I [ov + on ww] *telefoneren*
II [znw] *telefoon*
telephonist [znw] *telefonist(e)*
teleprinter [znw] *telex*
telescope I [ov + on ww] • *in elkaar schuiven* • *inschuifbaar zijn* II [znw] *verrekijker*
telescopic [bnw] *telescopisch*
television [znw] *televisie*
telex I [ov + on ww] *telexen* II [znw] *telex*
tell I [ov ww] • (op)tellen <v. stemmen in parlement> • uit elkaar houden
• zeggen • vertellen • (~ **off**) berispen
II [on ww] • vertellen • zeggen
• klikken • effect hebben, indruk maken
• (~ **against**) pleiten tegen • (~ **of**) getuigen v.
teller [znw] • *kassier* • *stemopnemer* <lid v.h. parlement>
telling [bnw] • *indrukwekkend*
• *tekenend*
telly [znw] *tv*
temerity [znw] • *onbezonnenheid*
• *roekeloosheid*

temp I [on ww] *werken als uitzendkracht* II [znw] *uitzendkracht*
temper I [ov ww] • *harden* <v. staal>
• *matigen, verzachten* II [znw] • *aard, aanleg, natuur* • *stemming, humeur*
• *boze bui*
temperamental [bnw] • *aangeboren*
• *onbeheerst*
temperance [znw] • *matigheid*
• *(geheel)onthouding*
temperate [bnw] *matig, gematigd*
tempest [znw] *storm*
tempestuous [bnw] *stormachtig, onstuimig*
temple [znw] • *slaap* <v.h. hoofd>
• *tempel, kerk*
temporary [bnw] *tijdelijk*
temporize [on ww] *trachten tijd te winnen*
tempt [ov ww] *verleiden, bekoren*
temptation [znw] *verleiding, bekoring*
tempting [bnw] *verleidelijk*
ten [telw] *tien*
tenable [bnw] *te verdedigen, houdbaar*
tenacious [bnw] *vasthoudend*
tenacity [znw] *vasthoudendheid*
tenancy [znw] *huur, pacht*
tenant [znw] *huurder, pachter*
tend I [ov ww] • *hoeden* <dieren>
• oppassen <op zieke> • zorgen voor
II [on ww] • in de richting gaan v.
• geneigd zijn • (~ **to**) leiden tot, neigen tot
tendency [znw] • *neiging, aanleg*
• *tendens*
tendentious [bnw] *tendentieus*
tender I [ov ww] *aanbieden* II [znw]
• *oppasser* • *tender* <v. locomotief>
• aanbod, offerte III [bnw]
• liefhebbend • mals • teder, zacht
• gevoelig • pijnlijk
tenderize [ov ww] *mals maken* <v. vlees>
tendon [znw] *pees*
tendril [znw] *scheut, rank, dunne twijg*
tenement [znw] *huurflat*

tenet [znw] *dogma, leerstelling*
tenner ‹inf.› [znw] *bankbiljet van tien pond*
tenon [znw] *(houten) pen*
tenor [znw] • *gang* ‹v. zaken› • *geest, strekking, bedoeling* • *tenor* • *altviool*
tense I [ov ww] *spannen* II [znw] ‹taalk.› *grammaticale tijd* III [bnw] *(in)gespannen, strak*
tensile [bnw] *rekbaar, elastisch*
tension [znw] • *(in)spanning* • *spankracht*
tentacle [znw] • *voelhoorn* • *vangarm*
tentative [bnw] • *voorzichtig* • *weifelend*
tenth [telw] *tiende*
tenuous [bnw] • *(te) subtiel, vaag* • *onbeduidend*
tenure [znw] • *(periode v.) bezit* • *(ambts)periode* • *eigendomsrecht*
tepee, tipi [znw] *wigwam*
term I [ov ww] *(be)noemen* II [znw] • *beperkte periode* • *trimester* • *term*
terminal I [znw] • *(pool)klem* ‹elektriciteit› • *einde* • ‹comp.› *eindstation, terminal* II [bnw] • *slot-, eind-* • *dodelijk* ‹v. ziekte›
terminate [ov + on ww] • *beëindigen* • *opzeggen of aflopen* ‹v. contract›
terminus [znw] • *eindstation* • *eind(punt)*
termite [znw] *termiet*
tern [znw] *stern*
terrace [znw] • *bordes* • *terras* • *rij v. rijtjeshuizen*
terrestrial [bnw] • *aards, ondermaans* • *land-*
terrible [bnw] *verschrikkelijk, ontzettend*
terribly [bijw] • *vreselijk, verschrikkelijk, erg* • *geweldig*
terrier [znw] *terriër*
terrific [bnw] *ontzettend (goed), schrikbarend*
terrify [ov ww] • *(doods)bang maken* • *doen schrikken*

territorial I [znw] *soldaat v.d. vrijwillige landweer* II [bnw] • *territoriaal* • *land-*
terror [znw] • *angst* • *verschrikking* • *terreur*
terrorism [znw] *terrorisme*
terrorize [ov ww] *terroriseren*
terse [bnw] *kort, beknopt*
tertiary [bnw] *tertiair*
test I [ov ww] • *beproeven, op de proef stellen* • *overhoren* II [znw] • *proef* • *beproeving* • *proefwerk*
testicle [znw] *testikel, zaadbal*
testify I [ov ww] • *verklaren* • *getuigen v.* • *(~ to) getuigen v., getuigenis afleggen v.* II [on ww] *getuigen*
testimonial [znw] *getuigschrift*
testimony [znw] *bewijs, verklaring onder ede*
testy [bnw] *prikkelbaar*
tetchy [bnw] *gemelijk, prikkelbaar*
text [znw] *tekst*
textile [znw] *textiel*
textual [bnw] • *letterlijk* • *m.b.t. de tekst*
texture [znw] *structuur*
Thai I [znw] • *Thai* • *Thailander* II [bnw] *Thais, Thailands*
than [vw] *dan*
thank [ov ww] *(be)danken*
thankful [bnw] *dankbaar*
thankless [bnw] *ondankbaar*
that I [aanw vnw] *dat, die* II [betr vnw] *die, dat, welke, wat* III [vw] • *opdat* • *dat*
thatch I [ov ww] *met riet dekken* II [znw] • *(dak)stro* • *rieten dak* • ‹inf.› *dik hoofdhaar*
thaw I [ov + on ww] *(doen) (ont)dooien* II [znw] *dooi*
the [lw] *de, het*
theatre, theater [znw] • *theater* • *operatiezaal* • *toneel*
theatrical [bnw] *theatraal, toneel-*
theft [znw] *diefstal*
their [bez vnw] *hun, haar*

theirs [bez vnw] de/het hunne, hare
them [pers vnw] hen, hun, haar, ze, zich
theme [znw] • onderwerp • thema
themselves [wkd vnw] zich(zelf) <mv>
thence [bijw] vandaar, om die reden
theocracy [znw] theocratie
theologian [znw] godgeleerde
theologic(al) [bnw] theologisch
theology [znw] godgeleerdheid
theoretician [znw] theoreticus
theorize [on ww] theoretiseren
theory [znw] theorie
therapy [znw] therapie, behandeling
there [bijw] • daar, er • daarheen
therefore [bijw] • daarom • bijgevolg,
dus
therm [znw] bepaalde warmte-eenheid
thermal I [znw] thermiek II [bnw]
warmte-
thermostat [znw] thermostaat
these [aanw vnw] deze
thesis [znw] • dissertatie • te verdedigen
stelling
they [pers vnw] zij <mv>, men
thick [bnw + bijw] • dik, breed • intiem
• dicht begroeid • onduidelijk klinkend
door slechte articulatie • dom • sterk
<fig.>, kras
thicken I [ov ww] • verdikken • binden
<v. saus, jus, soep> II [on ww] talrijker
worden, dikker
thicket [znw] struikgewas
thickness [znw] • dikte • laag
thief [znw] dief
thieving [znw] diefstal
thigh [znw] dij
thimble [znw] vingerhoed
thimbleful [znw] vingerhoedje, heel
klein beetje
thin I [ov + on ww] dunner worden,
verdunnen II [bnw] • dun • ijl <lucht>
• mager • doorzichtig
think I [ov ww] vinden, achten
• (~ out) uitdenken, ontwerpen <plan>,
overwegen • (~ over) overdenken
• (~ up) <AE> bedenken, verzinnen

II [on ww] • denken • bedenken
• (erover) nadenken • z. voorstellen
• (~ about) denken over • (~ of)
denken aan/over/van
thinker [znw] denker
third [telw] derde
thirst I [on ww] • (~ after/for) dorsten
naar II [znw] dorst
thirsty [bnw] dorstig
thirteen [telw] dertien
thirtieth [telw] dertigste
thirty [telw] dertig
this [aanw vnw] dit, deze <enkelvoud>
thistle [znw] distel
thither [bijw] derwaarts
thorax [znw] • borstkas • borststuk <v.
insect>
thorn [znw] stekel, doorn
thorny [bnw] • doornachtig,
stekelachtig • netelig
thorough [bnw] • volkomen • grondig
• degelijk
those [aanw vnw] • degenen • die <mv>,
zij <mv>
thou <vero.> [pers vnw] gij <enkelvoud>
though I [bijw] maar toch, evenwel
II [vw] ofschoon, niettegenstaande
thoughtless [bnw] gedachteloos,
onnadenkend
thousand [telw] duizend
thread I [ov ww] aanrijgen <kralen>,
een draad doen door II [znw] draad,
garen
threat [znw] bedreiging
threaten [ov ww] • (be)dreigen
• dreigen met
three I [znw] drietal II [telw] drie
thresh [ov ww] dorsen
threshold [znw] • drempel
• grens(gebied)
threw [ww] verl. tijd → throw
thrift [znw] zuinigheid, spaarzaamheid
thrifty [bnw] zuinig
thrill I [ov ww] aangrijpen II [on ww]
• (~ to) aangegrepen/ontroerd worden,
verrukt/zeer enthousiast zijn III [znw]

• *spanning* • *sensatie*
thrilling [bnw] • *sensationeel*
• *spannend*
thrive [on ww] *gedijen, voorspoed hebben*
throat [znw] *keel*
throaty [bnw] *schor*
throb I [on ww] • *pulseren, kloppen, bonzen* • *ronken* ‹v. machine› II [znw] • *(ge)bons* • *(ge)klop*
thrombosis [znw] *trombose*
throne [znw] • *troon* • *soevereine macht*
throng I [on ww] • *z. verdringen* • *opdringen, toestromen* II [znw] • *menigte* • *gedrang*
throttle I [ov ww] *wurgen* II [on ww] • (~ **back/down**) *gas minderen* III [znw] • *smoorklep* • *gaspedaal*
through [vz] *door*
throughout [vz] *door, langs*
throve [ww] *verl. tijd →* **thrive**
throw I [ov ww] • *(uit)werpen, (weg)gooien* • *verslaan* • *maken* ‹scène› • (~ **about**) *heen en weer gooien, smijten* ‹met geld› • (~ **away**) *voorbij laten gaan, weggooien* • (~ **in**) *ingooien, ertussen gooien* ‹opmerking› • (~ **off**) *uitgooien* ‹kleren›, *z. bevrijden v.* • (~ **on**) *aanschieten* ‹kleren› • (~ **out**) *eruit gooien, afgeven* ‹hitte›, *verwerpen* • (~ **over**) *in de steek laten* • (~ **up**) *opgooien, voortbrengen, kappen* ‹met baan› II [on ww] *gooien* • (~ **back**) *oude koeien uit de sloot halen* • (~ **up**) *braken* III [znw] *worp, gooi*
thru ‹AE› → **through**
thrum I [ov + on ww] *ronken* II [znw] *geronk*
thrush [znw] • *lijster* • *spruw*
thrust I [ov + on ww] • *duwen* • *werpen* • *steken* • *stuwen* II [znw] • *stoot* • *steek* • *aanval* • *stuwkracht*
thud I [on ww] *ploffen, dreunen* II [znw] *doffe slag, plof*
thug [znw] *gangster*

thumb I [ov ww] • *liften* • *snel doorbladeren* ‹v. boek› II [znw] *duim*
thump I [ov + on ww] *beuken, stompen, erop slaan* II [znw] • *zware slag* • *stomp*
thumping [bnw] *geweldig*
thunder I [on ww] *donderen* II [znw] *donder*
thundering [bnw] *kolossaal*
thunderous [bnw] *donderend*
thundery [bnw] *met kans op onweer*
Thursday [znw] *donderdag*
thus [bijw] • *op deze/die manier, zo, aldus* • *als gevolg van*
thwack I [ov ww] *een dreun geven* II [znw] *(harde) klap, dreun*
thwart [ov ww] • *dwarsbomen* • *verijdelen*
thy ‹vero.› [bez vnw] *uw*
thyme [znw] *tijm*
thyroid [znw] *schildklier*
tiara [znw] *tiara, diadeem*
tick I [ov ww] *tekentje zetten* • (~ **off**) *aanstrepen* ‹op lijst›, *een standje geven* II [on ww] *tikken* • (~ **over**) *stationair lopen* ‹v. motor› III [znw] • *(ge)tik* • *tekentje* ‹om aan te strepen› • *krediet* • *teek* • *ogenblik*
ticking [znw] *beddentijk*
tickle I [ov ww] • *kietelen* • *amuseren* II [znw] • *gekietel* • *kriebel*
ticklish [bnw] • *kittelig* • *netelig, teer, lastig*
tidbit [znw] → **titbit**
tiddler [znw] *(klein) visje*
tiddly [bnw] • *aangeschoten* • *nietig, klein*
tide I [ov ww] • (~ **over**) *te boven komen* ‹v. tegenslag› II [znw] • *getij* • *stroom*
tidings [mv] *nieuws, bericht(en)*
tidy I [ov ww] • *opruimen* • *in orde brengen* • (~ **up**) (z.) *opknappen* II [znw] • *sponsbakje en zeepbakje* • *iets om allerlei spullen in op te bergen, werkmandje* III [bnw] • *netjes,*

proper • flink <v. bedrag>

tie I [ov ww] • (vast)binden • verbinden
• (~ up) vastmaken, vastmeren,
verbinden, afbinden II [znw]
• onbesliste wedstrijd, gelijke stand
• knoop • das • verbinding, iets dat
bindt

tight [bnw] • strak • precair • dronken
• gierig

tights [mv] [ov ww] panty

tilt I [ov + on ww] schuinhouden, schuin
zijn II [znw] schuine hoek

timber I [znw] • hout • bomen • balk
• spant <v. schip> II [bnw] houten

time I [ov ww] klokken II [znw] • tijd
• periode • keer • gelegenheid • maat

timeless [bnw] • oneindig • tijdloos

timely [bnw] te juister tijd

timid, timorous [bnw] bedeesd,
verlegen

timing [znw] de keuze v.h. juiste
tijdstip

tin I [znw] • tin • blik(je) • trommel
• bakvorm II [bnw] tinnen

tincture [znw] tinctuur

tinder [znw] tondel

ting I [ov + on ww] tingelen II [znw]
getingel

tinge I [ov ww] een tintje geven II [znw]
• tint, kleur • zweem

tingle [on ww] tintelen

tinkle [ov + on ww] tingelen, rinkelen

tinny [bnw] • blikkerig, schel
• derderangs

tinsel I [znw] kerstslingers II [bnw]
schijn-, vals

tint I [ov ww] een tint geven II [znw]
tint

tiny [bnw] (zeer) klein

tip I [ov ww] • fooi geven • doen hellen,
kantelen • doen doorslaan <v.
weegschaal> • wippen <met stoel>
• wenk geven • (~ off) voor iets
waarschuwen • (~ up) schuin zetten
II [on ww] hellen III [znw] • eind(je)
• punt • topje <v. vingers> • mondstuk

<v. sigaret> • fooi • tip • vuilnisbelt

tipple I [ov + on ww] pimpelen II [znw]
sterkedrank

tipster [znw] iem. die tips geeft

tipsy [bnw] aangeschoten, dronken

tire I [ov ww] • vermoeien • vervelen
• tooien • (~ out) afmatten II [on ww]
• (~ with) iets/iem. beu worden,
vermoeid worden v. III [znw] • band
<om wiel> • <vero.> (hoofd)tooi • <AE>
schort

tired [bnw] • vermoeid • versleten
• vervelend

tireless [bnw] onvermoeibaar

tiresome [bnw] vervelend

tiro [znw] beginneling

tissue [znw] weefsel <v. stof of
organisme>

tit [znw] • mees • <vulg.> tiet, tepel

titbit [znw] • lekker hapje
• interessants, juweeltje <fig.>, iets
moois

tithe [znw] tiende deel, tiend

title [znw] • (eigendoms)recht • titel

titled [bnw] met titel

titular [bnw] • in naam • zogenaamd

tizzy [znw] opwinding

to I [bijw] II [vz] • naar, tot, aan, tot aan
• bij • tegen • in • op • van • om te

toad [znw] • pad <dier> • walgelijk
persoon, vuilak

toady [znw] vleier, kruiper

toast I [ov ww] • roosteren • verwarmen
• dronk instellen op II [znw] • populair
iem. • heildronk • geroosterd brood

toaster [znw] broodrooster

tobacco [znw] tabak

tobacconist [znw] • sigarenwinkelier
• sigarenfabrikant

toboggan I [on ww] met slede helling
afgaan, rodelen II [znw] platte slee

today [bijw] • vandaag • tegenwoordig

toddle [on ww] waggelen

toddler [znw] peuter, dreumes

toe [znw] • teen • neus <v. schoen>

together [bijw] • samen, tegelijk

• *aaneen*
togetherness [znw] *saamhorigheid,*
solidariteit
toggle [znw] *dwarshoutje, knevel(tje)*
toil I [on ww] *hard werken* II [znw]
zware arbeid, inspanning
toilet [znw] • *toilet* • *wc*
token I [znw] • *bewijs* • *aandenken*
• *(boeken-/cadeau-/platen)bon*
II [bnw] *symbolisch*
told [ww] *verl.tijd + volt.deelw.* → **tell**
tolerable [bnw] • *draaglijk* • *tamelijk*
tolerance [znw] • *verdraagzaamheid*
• *'t dulden*
tolerant [bnw] *verdraagzaam*
toll I [ov + on ww] *luiden* <v. klok>
II [znw] • *tol(geld)* • *slag* <v. klok>
tomato [znw] *tomaat*
tomboy [znw] *robbedoes, wildebras*
tome [znw] *boekdeel*
tomorrow [bijw] *morgen*
ton [znw] • *2240 Eng. pond* <1016 kg>
• <AE> *2000 Eng. pond* <907 kg>
tonal [bnw] *de toon betreffend*
tonality [znw] • *toonaard* • *toonzetting*
tone I [ov ww] • *(~ down) temperen*
• *(~ up) sterker maken* <v. spieren>
II [on ww] • *(~ down) verflauwen*
• *(~ in) (qua kleur) passen bij* III [znw]
• *tonus* • *toon* • *klank* • *stemming,*
geest • *tint* • *cachet*
toneless [bnw] *toonloos*
tongs [mv] *tang*
tongue [znw] • *tong* • *spraak* • *taal*
tonic [znw] • *tonic* <frisdrank>
• *tonicum, versterkend middel* • <muz.>
grondtoon
tonight [bijw] • *vanavond* • *vannacht,*
komende nacht
tonnage [znw] • *laadruimte in schip*
• *gewicht in tonnen*
tonsil [znw] *amandel* <klier>
tonsure [znw] *tonsuur*
too [bijw] • *(al) te* • *ook, nog wel*
took [ww] *verl. tijd* → **take**
tool [znw] *gereedschap, instrument,*

hulpmiddel, werktuig
toot [on ww] *toeteren*
tooth [znw] *tand, kies*
tootle [on ww] • *kuieren* • *toeteren* <op
instrument>
top I [ov ww] *overtreffen* • *(~ up)*
bijvullen II [znw] • *top, hoogtepunt*
• *bovenkant* • *deksel, dop* • *topje*
topaz [znw] *topaas*
topic [znw] *onderwerp v. gesprek*
topical [bnw] *actueel*
topography [znw] *topografie*
topping I [znw] *toplaag* II [bnw] *tiptop*
topple I [ov ww] • *(~ down/over)*
omvergooien II [on ww]
• *(~ down/over) omvallen*
torch [znw] *fakkel, toorts*
tore [ww] *verl. tijd* → **tear**
torment I [ov ww] *martelen, kwellen*
II [znw] *marteling* <emotioneel,
psychologisch>, *kwelling, plaag*
tormentor [znw] *beul, kwelgeest*
torn [ww] *volt. deelw.* → **tear**
torpedo I [ov ww] *torpederen* II [znw]
torpedo
torpid [bnw] *traag*
torque [znw] • *halssnoer van*
gevlochten metaal • <techn.> *torsie*
torrent [znw] *stroom, stortvloed*
torrential [bnw] *als een stortvloed*
torso [znw] *torso, tors*
tortoise [znw] *landschildpad*
tortuous [bnw] • *verwrongen,*
gedraaid • *slinks*
torture I [ov ww] *martelen, folteren,*
kwellen II [znw] *foltering, marteling,*
kwelling
torturer [znw] *folteraar*
Tory [znw] • *conservatief* • *lid v.d.*
Engelse Conservatieve Partij • <AE>
Britsgezinde
toss I [ov ww] • *gooien* • *mengen* <v.
salade> II [znw] *worp*
tot I [ov ww] • *(~ up) optellen* II [znw]
• *klein kind, hummeltje* • *borreltje,*
glaasje

total I [on ww] *bedragen* II [znw] *totaal*
III [bnw] *totaal, volslagen*
totalitarianism [znw] *totalitarisme,*
eenpartijstelsel
totality [znw] *totaliteit*
totter [on ww] *waggelen, wankelen*
touch I [ov ww] • *(aan)raken,*
(aan)roeren • *betreffen* • *(~ off)*
veroorzaken • *(~ up) retoucheren,*
afmaken, bijwerken II [on ww] *raken*
• *(~ down) neerkomen, landen*
• *(~ on) even aanroeren <v.*
onderwerp> III [znw] • *aanraking,*
betasting • *tastzin* • *vaardigheid*
touched [bnw] • *ontroerd* • *getikt*
touchy [bnw] • *(over)gevoelig*
• *lichtgeraakt* • *teer*
tough I [znw] <AE> *misdadiger* II [bnw]
• *taai* • *hardnekkig* • *moeilijk <v. werk,*
opdracht> • <AE> *gemeen, misdadig*
toughen [ov + on ww] *hard (doen)*
worden
tour I [ov + on ww] *een (rond)reis*
maken (door) II [znw] • *(rond)reis*
• *uitstapje* • *tournee*
tourism [znw] *toerisme*
tourist [znw] *toerist*
tournament [znw] *toernooi*
tout I [on ww] *klandizie trachten te*
krijgen II [znw] *klantenlokker*
tow I [ov ww] *slepen, trekken* II [znw]
sleepboot
towards [vz] *naar ... toe*
towel I [ov + on ww] (z.) *afdrogen*
II [znw] *handdoek*
tower I [on ww] *hoog uitsteken boven,*
z. *hoog verheffen* II [znw] • *verdediger*
• *toren*
towering [bnw] • *verheven* • *torenhoog*
town [znw] *stad*
township [znw] *gemeente*
toxic [bnw] *giftig, vergiftigings-*
toxicology [znw] *toxicologie*
toxin [znw] *toxine*
toy I [on ww] • *(~ with) spelen met*
II [znw] • *(stuk) speelgoed* • *speelbal*

trace I [ov ww] • *nasporen* • *overtrekken*
• *(~ back) terugvoeren* • *(~ out)*
duidelijk en netjes schrijven II [znw]
• *(voet)spoor* • *kleine hoeveelheid*
tracing [znw] *overgetrokken tekening*
track I [ov ww] • *(~ down) volgen,*
opsporen II [znw] • *spoor* • *weg, pad,*
baan • *spoorbaan*
tract [znw] • *gebied, uitgestrektheid*
• *verhandeling* • <anat.>
ademhalings-/spijsverteringsstelsel
tractable [bnw] *gemakkelijk te*
behandelen, volgzaam, gedwee
traction [znw] *tractie, 't*
(voort)getrokken worden
tractor [znw] *tractor, trekker*
trade I [ov ww] *ruilen, verhandelen*
• *(~ in)* <AE> *inruilen* • *(~ off)* <AE>
verhandelen II [on ww] *handel drijven*
• *(~ on) misbruik maken van <iem.'s*
goedheid> III [znw] • *(ruil)handel*
• *ambacht* • *vak, beroep*
trader [znw] *koopman*
tradition [znw] *traditie, overlevering*
traditional [bnw] *traditioneel, volgens*
overlevering, aloud
traffic I [ov + on ww] • *helen* • *drugs*
verkopen II [znw] *(koop)handel*
trafficker [znw] *dealer*
tragedy [znw] *treurspel, tragedie*
trail I [ov + on ww] *slepen* II [ov ww] *de*
sporen volgen van III [znw] • *spoor*
• *pad* • *spoorweg*
train I [ov ww] • *leiden <v. plant in bep.*
richting> • *vormen, trainen* II [on ww]
trainen III [znw] • *sleep* • *nasleep*
• *reeks* • *trein*
trainee [znw] *iem. die getraind wordt,*
leerling
trainer [znw] *trainer, oefenmeester,*
africhter
training [znw] *opleiding*
traipse [on ww] *doelloos rondslenteren,*
zwerven, (rond)zwalken
trait [znw] *(karakter)trek*
traitor [znw] *verrader*

trajectory [znw] baan ‹v. projectiel›
trammel I [ov ww] belemmeren
II [znw] belemmering
tramp I [on ww] sjokken II [znw]
• zware stap • voetreis • landloper • slet
trample [ov ww] vertrappen, met
voeten treden
tranquil [bnw] kalm, rustig
tranquillize [ov ww] kalmeren,
verzachten
tranquillizer [znw] kalmerend middel
transact [ov ww] • verrichten • zaken
doen
transaction [znw] transactie
transatlantic [bnw] transatlantisch
transcend [ov ww] te boven gaan,
overtreffen
transcendence [znw] transcendentie
transcendent [bnw] overtreffend
transcendental [bnw] bovenzinnelijk
transcript [znw] afschrift
transfer I [ov ww] • overdrukken
• vervoeren • overdragen, overbrengen
• overmaken, overschrijven ‹op
rekening› • overplaatsen II [on ww]
overgeplaatst worden III [znw]
• plakplaatje • overdracht,
overbrenging
transferable [bnw] over te dragen
transference [znw] overdracht
transfix [ov ww] doorboren
transgress [ov ww] • overtreden,
schenden • zondigen
transience [znw] vergankelijkheid
transient I [znw] passant II [bnw]
vergankelijk, v. korte duur
transistor [znw] • transistor
• transistor(radio)
transit [znw] • doortocht, doorvoer
• vervoer
transition [znw] overgang(speriode)
transitive [bnw] overgankelijk
transitory [bnw] vergankelijk, tijdelijk
translate [ov ww] • vertalen • omzetten
• uitleggen, verklaren
translation [znw] vertaling

translator [znw] vertaler
translucent [bnw] • doorschijnend
• doorzichtig
transmission [znw] • uitzending,
overbrenging • transmissie
transmit [ov ww] • overbrengen,
overzenden • overleveren • ‹techn.›
geleiden
transmitter [znw] radiozender
transmute [ov ww] • veranderen
• verwisselen
transparency [znw] • doorzichtigheid,
doorschijnendheid • dia
transparent [bnw] doorzichtig
transpire [on ww] ‹inf.› gebeuren
transplant I [ov ww] • verplanten,
overplanten • overbrengen,
transplanteren II [znw] transplantatie
transport I [ov ww] • vervoeren,
transporteren • verrukken II [znw]
• transport • vervoer
transportation [znw] • transport
• openbaar vervoer • ‹AE› middelen v.
vervoer
transporter [znw] vervoerder
transpose [ov ww] • verplaatsen
• omzetten
transverse [bnw] dwars
transvestite [znw] travestiet
trap I [ov ww] • in de val laten lopen
• met vallen vangen II [znw]
• val(strik) • licht rijtuig • ‹sl.› mond
trapper [znw] pelsjager
trash [znw] rommel
trashy [bnw] prullerig
traumatic [bnw] traumatisch
travel I [ov + on ww] • reizen • afleggen
‹v. afstand› • z. voortplanten ‹v.
(geluids)golven› II [znw] 't reizen
traveller [znw] reiziger
traverse [ov ww] • doortrekken
• oversteken
travesty I [ov ww] parodiëren II [znw]
parodie, karikatuur
trawl I [on ww] treilen II [znw] sleepnet
trawler [znw] treiler

tray [znw] presenteerblad
treacherous [bnw] verraderlijk
treachery [znw] verraad
treacle [znw] stroop
tread I [ov + on ww] • stappen
• (be)treden • vertrappen II [znw]
• stap, tred • trede • profiel <v. band>
treason [znw] verraad
treasonable [bnw] verraderlijk
treasure I [ov ww] • waarderen
• bewaren als een schat II [znw]
• schat(ten) • schat <fig.>
treasurer [znw] penningmeester
treasury [znw] schatkist, schatkamer
treat I [ov ww] behandelen • (~ to)
trakteren op II [znw] traktatie
treatise [znw] verhandeling
treatment [znw] behandeling
treaty [znw] verdrag, overeenkomst
treble I [ov ww] verdrievoudigen
II [on ww] z. verdrievoudigen III [znw]
• het drievoudige • sopraan IV [bnw]
• drievoudig • sopraan- • hoge tonen
<v. audioapparatuur>
tree [znw] boom
trek I [on ww] trekken II [znw] lange
tocht
trellis [znw] traliewerk
tremble I [on ww] trillen, rillen, beven
II [znw] trilling
tremendous [bnw] • verschrikkelijk
• reusachtig
tremor [znw] • beving • (t)rilling
• huivering
tremulous [bnw] • bevend • bedeesd
trench [znw] • greppel • loopgraaf
trenchant [bnw] • scherp, snijdend
• krachtig
trend [znw] • neiging • trend
trendy [bnw] • modern, van deze tijd
• modieus
trepidation [znw] opwinding,
bezorgheid
trespass I [on ww] overtreding begaan,
overtreden • (~ upon) misbruik
maken v. II [znw] zonde

trespasser [znw] overtreder
trestle [znw] schraag, bok
trial [znw] • proef • beproeving • <jur.>
proces
triangle [znw] • driepotige takel
• triangel • driehoek
triangular [bnw] • driehoekig
• drievoudig
tribal [bnw] stam-
tribe [znw] • stam • <pej.> troep
tribulation [znw] tegenspoed,
beproeving
tribunal [znw] rechterstoel, rechtbank
tributary I [znw] zijrivier II [bnw] bij-,
zij-
tribute [znw] • bijdrage, schatting
• huldeblijk
trice [znw] ogenblik
trick I [ov ww] bedotten, bedriegen
• (~ out) versieren II [znw]
• aanwensel, hebbelijkheid • poets,
grap • slag <bij kaartspel> • truc, list
• handigheid
trickery [znw] bedotterij
trickle I [on ww] • druppelen • druipen
• sijpelen II [znw] straaltje
trickster [znw] bedrieger
tricky [bnw] • bedrieglijk • <inf.> lastig,
moeilijk
tricycle [znw] driewieler
trifle I [on ww] • (~ with) lichtvaardig
behandelen II [znw] • kleinigheid,
beetje • cake in vla
trifling [bnw] onbeduidend
trigger I [ov ww] • (~off)
teweegbrengen II [znw] trekker <v.
geweer>
trigonometry [znw] driehoeksmeting
trike <inf.> [znw] driewieler
trill I [ov + on ww] • zingen <v. vogel>
• met hoge stem praten II [znw] <muz.>
triller
trilogy [znw] trilogie
trim I [ov ww] • opknappen, versieren
• garneren • bijknippen <v. haar>
• snoeien II [znw] orde III [bnw]

• netjes, goed onderhouden • goed passend
trimmings [mv] garnering
trinket [znw] • goedkoop sieraad • kleinood
trio [znw] trio, drietal
trip I [ov ww] • (~ up) doen struikelen II [on ww] • trippelen • struikelen III [znw] • reis(je) • trip <v. drugsverslaafde>
tripe [znw] • (rol)pens <als voedsel> • onzin
triple I [ov ww] verdrievoudigen II [on ww] z. verdrievoudigen III [bnw] drievoudig, driedelig
triplets [mv] drieling
triptych [znw] triptiek, drieluik
trite [bnw] afgezaagd
triumph I [on ww] triomferen II [znw] triomf
triumphal [bnw] triomferend, triomf-
triumphant [bnw] triomfantelijk, triomferend
trivia [mv] onbelangrijke dingen/zaken
trivial [bnw] onbeduidend
triviality [znw] trivialiteit
trod [ww] verl. tijd + volt. deelw. → tread
trodden [ww] volt. deelw. → tread
Trojan I [znw] Trojaan II [bnw] Trojaans
trolley [znw] wagentje, karretje, serveerwagen, winkelwagentje
trollop [znw] • slons • slet
troop I [on ww] in grote groep lopen II [znw] • troep, menigte • afdeling v. cavalerie
trooper [znw] • cavalerist • <AE> staatspolitieagent
trophy [znw] trofee
trot I [on ww] draven II [znw] draf
trotter [znw] schapenpoot
trouble I [ov ww] • kwellen • lastig vallen • storen II [on ww] z. bekommeren, z. moeite geven III [znw] • pech • probleem • onrust • kwaal,

ongemak • onlusten
trough [znw] • trog • laagte tussen twee golven • dieptepunt
trounce [ov ww] volledig verslaan
troupe [znw] troep <v. toneelspelers, acrobaten>
trout [znw] forel(len)
trowel [znw] • troffel • plantenschepje
truancy [znw] 't spijbelen
truant [znw] spijbelaar
truce [znw] wapenstilstand
truck I [ov ww] vervoeren per vrachtwagen II [znw] omgang
trucker [znw] vrachtwagenchauffeur
trudge I [on ww] sjokken II [znw] gesjok
true [bnw + bijw] • waar • juist • zuiver • recht • echt
truffle [znw] truffel
truism [znw] cliché
truly [bijw] • waarlijk • goed • juist
trumpet I [ov ww] uitbazuinen II [on ww] trompetteren III [znw] trompet, bazuin
trumpeter [znw] trompetter
truncate [ov ww] besnoeien, afknotten
truncheon [znw] gummiknuppel
trundle I [ov ww] doen rollen of rijden II [on ww] • rollen, rijden • kuieren
trunk [znw] • boomstam • romp • slurf <v. olifant> • koffer • <AE> kofferruimte <v. auto>
truss I [ov ww] • (vast)binden, armen langs lichaam binden • opmaken <v. gevogelte, voor het bereiden> II [znw] <med.> breukband
trust I [ov ww] • toevertrouwen • vertrouwen (op) • (v. harte) hopen II [on ww] • (~ in) vertrouwen op III [znw] • stichting • trust • vertrouwen • voor ander beheerde goederen
trustee [znw] beheerder, curator, executeur, regent <v. instelling>
trustful [bnw] vertrouwend
trustworthy [bnw] te vertrouwen,

betrouwbaar
truth [znw] *waarheid*
truthful [bnw] *waarheidlievend*
try I [ov + on ww] *proberen* II [ov ww]
• *beproeven, op de proef stellen*
• *gerechtelijk onderzoeken* • *verhoren*
• *(~ on) passen* ‹v. kleren› • *(~ out)*
(uit)proberen III [znw] *poging*
trying [bnw] • *lastig* ‹v. gedrag›
• *vermoeiend*
tub [znw] • *tobbe* • *badkuip* • *schuit*
tubby [bnw] *rond, corpulent*
tube [znw] • *tube* • *buis* • ‹inf.› *tv,*
metro
tuber [znw] *knol* ‹v. plant›
tuberculosis [znw] *tbc*
tubular [bnw] *buisvormig*
tuck I [ov + on ww] • *(~ in) verorberen*
II [ov ww] • *instoppen* • *stoppen,*
wegzetten, opbergen • *(~ away)*
verstoppen • *(~ in/up) instoppen,*
verorberen III [znw] • *plooi* • *lekkers,*
snoep
Tuesday [znw] *dinsdag*
tuft [znw] *bosje*
tug I [ov + on ww] *rukken (aan), trekken*
II [znw] • *ruk* • *sleepboot*
tuition [znw] • *lesgeld* • *onderricht*
tumble I [ov ww] *ondersteboven gooien*
II [on ww] • *tuimelen* • *duikelen*
• *(~ down) instorten* • *(~ over)*
omvallen • *(~ to)* ‹sl.› *iets snappen*
III [znw] *val*
tumbler [znw] • *bekerglas* • *acrobaat*
tummy ‹kind.› [znw] *buikje*
tumour [znw] *gezwel*
tumultuous [bnw] • *lawaaierig*
• *woelig*
tun [znw] *ton, kuip*
tundra [znw] *toendra*
tune I [ov ww] • *afstemmen, stemmen*
• *afstellen* • *(~ to) afstemmen op,*
aanpassen aan II [on ww] • *(~ in)*
afstemmen ‹bij radio› III [znw] *melodie*
tuneful [bnw] • *welluidend* • *muzikaal*
tuneless [bnw] *onwelluidend*

tuner [znw] • *stemmer*
• *radio-ontvanger*
tunic [znw] *tuniek*
tunnel I [ov ww] *tunnel maken* II [znw]
tunnel
tuppence [znw] *twee pence*
tuppenny [bnw] *van twee pence*
turban [znw] *tulband*
turbid [bnw] *troebel, dik*
turbulent [bnw] *onstuimig*
turd [znw] • *drol* • *rotkerel, rotmeid*
tureen [znw] *soepterrine*
turf I [ov ww] *graszoden leggen*
• *(~ out)* ‹sl.› *(iem.) eruit gooien*
II [znw] • *gras(tapijt)* • *graszode*
turgid [bnw] *gezwollen, hoogdravend*
‹v. taal›
Turkish [bnw] *Turks*
turmoil [znw] *verwarring, herrie,*
opwinding
turn I [ov ww] • *richten* • *afwenden*
• *vormen, doen draaien, doen keren,*
omslaan, omdraaien
• *doen worden, veranderen* • *(~ back)*
omslaan • *(~ down) weigeren, lager*
zetten • *(~ in) inleveren, arresteren*
• *(~ into) veranderen in* • *(~ off)*
uitdraaien, uitzetten • *(~ on)*
aanzetten, (seksueel)
opwinden/prikkelen, opendraaien
• *(~ out) beurt geven* ‹v. kamer›,
produceren, uitdraaien, eruit gooien,
binnenstebuiten keren • *(~ over)*
kantelen • *(~ up) omslaan* II [on ww]
• *z. keren* • *z. richten* • *zuur worden*
• *(~ about) ronddraaien*
• *(~ aside/away/from) z. afwenden*
van • *(~ back) terugkeren* • *(~ down)*
inslaan • *(~ in) naar bed gaan*
• *(~ into) veranderen in, inslaan*
• *(~ off) z. afkeren, afslaan* • *(~ on) z.*
keren tegen, afhangen v. • *(~ out) te*
voorschijn komen, blijken te zijn
• *(~ over) z. omkeren* • *(~ round) z.*
omdraaien • *(~ to) z. wenden tot,*
raadplegen, z. toeleggen op • *(~ up) te*

voorschijn komen III [znw] • draai,
wending, richting, bocht • keerpunt,
verandering • wandelingetje • schok
• beurt • afslag
turning [znw] • (zij)straat • afslag
turnip [znw] raap, knol
turnover [znw] • verloop <v. personeel>
• omzet • appelflap
turpentine [znw] terpentijn
turret [znw] • torentje • geschuttoren
turtle [znw] zeeschildpad
tusk [znw] (slag)tand
tussle I [on ww] vechten II [znw]
worsteling, strijd
tutelage [znw] voogdij(schap)
tutorial [znw] werkcollege
twaddle [znw] kletspraat
twang I [ov + on ww] tjingelen,
tokkelen <op instrument> II [on ww]
snorren <v. pijl> III [znw] getokkel
tweak I [ov ww] • (draaien en) trekken
aan • knijpen II [znw] ruk
tweet I [on ww] sjilpen II [znw] gesjilp
twelfth I [znw] twaalfde deel II [telw]
twaalfde
twelve [telw] twaalf
twentieth [telw] twintigste
twenty [telw] twintig
twerp [znw] sul
twice [bijw] twee keer
twiddle I [ov + on ww] spelen met
<klein voorwerp> II [znw] draai
twig I [ov ww] <inf.> begrijpen, snappen
II [znw] • twijg • wichelroede
twilight [znw] schemering
twin I [ov ww] verbinden met <v. stad>
II [znw] tweelingbroer/-zus III [bnw]
• tweeling- • gepaard • dubbel
twine I [ov + on ww] (z.) draaien om
II [znw] dun touw
twinge [znw] steek, pijnscheut
twinkle I [on ww] • flikkeren
• schitteren <v. pret> II [znw]
schittering <v. pret>
twirl I [ov + on ww] (rond)draaien
II [znw] (snelle) draai

twist I [ov ww] • (in elkaar) draaien
• verdraaien • verrekken II [on ww]
• draaien • kronkelen • vertrekken <v.
gezicht> III [znw] • draaiing
• gedraaid iets • (onverwachte)
verandering • twist <dans>
twister [znw] • bedrieger • lastig
probleem • <AE> cycloon
twit [znw] dom iem.
twitch I [ov ww] rukken of trekken <aan
mouw, om aandacht te trekken>
II [on ww] trekken <v. spier> III [znw]
• ruk • zenuwtrek
twitter [on ww] • sjilpen • met
piepstem spreken
two [telw] twee
tycoon <AE> [znw] groot zakenman,
magnaat
type I [ov + on ww] typen II [znw]
• voorbeeld, type, model • (zinne)beeld
• lettervorm
typhoid [znw] tyfus
typhoon [znw] wervelstorm
typical [bnw] typisch, kenmerkend
typify [ov ww] typeren
typist [znw] typiste
typography [znw] typografie
tyrannize [ov + on ww] tiranniseren
tyranny [znw] tirannie
tyrant [znw] tiran
tyre [znw] band <v. wiel>
tyro [znw] → tiro
tzar [znw] tsaar

U

ubiquitous [bnw] alomtegenwoordig
ubiquity [znw] alomtegenwoordigheid
udder [znw] uier
ugly [bnw] lelijk
ulcer [znw] (maag)zweer
ulterior [bnw] heimelijk
ultimate I [znw] het beste II [bnw]
• ultieme • uiteindelijke
ultimately [bijw] ten slotte
umber I [znw] omber ‹kleur v. aarde›
II [bnw] omberkleurig
umbrage [znw] aanstoot
umbrella [znw] • tuinparasol
• overkoepeling(sorgaan) • paraplu
umpire I [ov + on ww] optreden als
scheidsrechter II [znw] scheidsrechter
umpteen ‹inf.› [telw] • heel wat
• zoveel
umpteenth [bnw] zoveelste
unabashed [bnw] • niet verlegen
• onbeschaamd
unabated [bnw] onverminderd,
onverzwakt
unacceptable [bnw] onaanvaardbaar
unaccompanied [bnw] zonder
begeleiding
unaccountable [bnw]
• onverklaarbaar • niet
verantwoordelijk • ontoerekenbaar
unaccustomed [bnw] • ongewoon
• niet gewend
unacquainted [bnw] onbekend (met)
unaffected [bnw] • niet beïnvloed
• eerlijk, open, natuurlijk,
ongedwongen
unafraid [bnw] niet bang, onversaagd
unaided [bnw] zonder hulp
unalloyed [bnw] onvermengd, zuiver
unalterable [bnw] onveranderlijk
unaltered [bnw] ongewijzigd
unambiguous [bnw] ondubbelzinnig,

helder
unanimity [znw] eenstemmigheid
unanimous [bnw] eenstemmig
unanswered [bnw] onbeantwoord
unapproachable [bnw]
ontoegankelijk
unarmed [bnw] ongewapend
unashamed [bnw] • schaamteloos
• onbeschroomd
unasked [bnw] ongevraagd
unassuming [bnw] niet aanmatigend,
bescheiden
unattached [bnw] • alleenstaand,
ongebonden • extern
unattended [bnw] • niet vergezeld,
zonder gevolg • onbeheerd
• verwaarloosd
unattractive [bnw] onaantrekkelijk
unauthorized [bnw] niet gemachtigd
unavailable [bnw] niet beschikbaar
unavailing [bnw] vergeefs
unavoidable [bnw] onvermijdelijk
unaware [bnw] z. niet bewust v.
unawares [bijw] • onbewust
• onverhoeds
unbalance [ov ww] uit 't evenwicht
brengen
unbalanced [bnw] onevenwichtig
unbearable [bnw] ondraaglijk,
onduldbaar
unbecoming [bnw] • ongepast
‹gedrag› • niet goed staand
unbelievable [bnw] ongelooflijk
unbeliever [znw] ongelovige
unbelieving [bnw] ongelovig
unbend [ov + on ww] z. losser gedragen
unbending [bnw] onbuigzaam
unbidden [bnw] ongenood
unborn [bnw] ongeboren
unbounded [bnw] onbegrensd
unburden [ov ww] • ontlasten • z.
bevrijden van
uncanny [bnw] • geheimzinnig
• griezelig
unceasing [bnw] onophoudelijk
unceremonious [bnw] zonder

plichtplegingen
uncertain [bnw] *onzeker, twijfelachtig,
onbetrouwbaar*
unchallenged [bnw] *onbetwist*
unchanged [bnw] *onveranderd*
uncharitable [bnw] *liefdeloos,
onbarmhartig*
uncharted [bnw] *niet in kaart gebracht*
unchecked [bnw] • *niet gecontroleerd*
• *onbelemmerd*
uncivil [bnw] *onbeleefd*
uncivilized [bnw] *onbeschaafd*
unclaimed [bnw] • *onopgevraagd*
• *niet opgehaald*
unclassified [bnw] • *niet
geclassificeerd, niet geregistreerd* • *niet
(meer) geheim*
uncle [znw] *oom*
unclean [bnw] *onrein, smerig*
unclear [bnw] *onduidelijk*
uncoloured [bnw] *ongekleurd*
uncomfortable [bnw]
• *ongemakkelijk* • *niet op zijn gemak*
uncommitted [bnw] *niet gebonden,
neutraal*
uncommon [bnw] *ongewoon*
uncompromising [bnw]
onverzoenlijk
unconcealed [bnw] *openlijk,
onverholen*
unconcern [znw] *onverschilligheid*
unconcerned [bnw] *onverschillig,
onbezorgd*
unconditional [bnw]
onvoorwaardelijk
unconscionable [bnw] *onredelijk,
schandalig*
unconscious I [znw] *het
onderbewustzijn* II [bnw] • *onbewust*
• *bewusteloos*
unconsidered [bnw] • *onbezonnen*
• *ondoordacht*
uncontrollable [bnw] • *niet te
beïnvloeden* • *niet te beheersen*
uncontrolled [bnw] • *onbeheerst*
• *onbeperkt*

unconvincing [bnw] *niet overtuigend*
uncork [ov ww] *ontkurken,
opentrekken* <v. fles>
uncouth [bnw] *lomp*
uncover [ov ww] *ontbloten, bloot
leggen*
uncritical [bnw] • *onkritisch*
• *klakkeloos*
unctuous [bnw] • *vettig* • *zalvend*
<fig.>
uncultivated [bnw] *onbebouwd*
uncut [bnw] • *ongesnoeid* • *ongeslepen*
<diamant> • *onverkort*
undaunted [bnw] *onverschrokken,
onversaagd*
undecided [bnw] *onbeslist*
undemonstrative [bnw]
terughoudend, gesloten
undeniable [bnw] *ontegenzeglijk*
under I [bnw] *onder, beneden* II [bijw]
hieronder, (daar)onder III [vz] • *onder,
lager/minder dan, beneden* • *krachtens*
• *onder beschutting van*
underground I [znw] • *ondergrondse
spoorweg* • *ondergrondse
verzetsbeweging* II [bnw + bijw]
• *ondergronds* • *geheim*
underneath I [znw] *onderkant*
II [bnw] *onder-* III [bijw] *hieronder,
daaronder, beneden* IV [vz] *onder,
beneden*
understand [ov ww] • *begrijpen*
• *verstaan* • *(ergens uit) opmaken*
understandable [bnw] *begrijpelijk*
understanding I [znw] • *begrip*
• *verstandhouding* • <inf.> *schikking*
II [bnw] *begripvol tegemoetkomend*
understate [ov ww] *te zwak uitdrukken*
understatement [znw] *te zwakke
uitdrukking*
understudy I [ov ww] *doublure zijn
voor, instuderen v.e. rol ter eventuele
vervanging v.e. toneelspeler* II [znw]
doublure
undertake [ov ww] • *op z. nemen*
• *ondernemen* • <AE> *wagen*

undeserved [bnw] *onverdiend*
undesirable I [znw] *ongewenste persoon* II [bnw] *ongewenst*
undeveloped [bnw] *onontwikkeld*
undignified [bnw] *onwaardig, onbetamelijk, ongepast*
undisputed [bnw] *onbetwist*
undistinguished [bnw] *onbetekenend, middelmatig*
undisturbed [bnw] *ongestoord, onverstoord*
undivided [bnw] *ongedeeld, onverdeeld*
undo [ov ww] • *tenietdoen, ongedaan maken* • *losmaken, openmaken* • *ruïneren*
undone [bnw + bijw] • *on(af)gedaan* • *losgemaakt* • *geruïneerd*
undoubted [bnw] *ongetwijfeld*
undress [ov + on ww] (z.) *uitkleden*
undue [bnw] *overdreven*
undulate [ov + on ww] • *(doen) golven* • *(doen) trillen*
unearth [ov ww] • *opgraven, rooien* • *aan 't licht brengen, opdiepen*
unearthly [bnw] • *bovenaards* • *griezelig, spookachtig, akelig*
uneasy [bnw] • *ongerust* • *onrustig* • *ongemakkelijk, onbehaaglijk*
uneducated [bnw] *ongeschoold, onontwikkeld*
unemployable [bnw] *ongeschikt voor werk*
unemployed [bnw] *werkloos*
unemployment [znw] *werkloosheid*
unenviable [bnw] *niet benijdenswaardig, onaangenaam*
unequal [bnw] • *niet opgewassen tegen* • *ongelijk*
unequalled [bnw] *ongeëvenaard*
unequivocal [bnw] *ondubbelzinnig, duidelijk*
unerring [bnw] *onfeilbaar*
uneven [bnw] *ongelijk(matig)*
unexpected [bnw] *onverwacht*
unexplained [bnw] *onverklaard*
unfailing [bnw] *zeker, onfeilbaar*

unfair [bnw] • *oneerlijk* • *onsportief*
unfaithful [bnw] *trouweloos*
unfamiliar [bnw] • *onbekend* • *ongewoon*
unfashionable [bnw] *niet modieus*
unfasten [ov ww] *losmaken, openmaken*
unfathomable [bnw] *ondoorgrondelijk*
unfavourable [bnw] *ongunstig*
unfinished [bnw] *onafgedaan, onafgewerkt, onaf*
unfit [bnw] • *ongeschikt* • *niet in goede conditie*
unflagging [bnw] *onvermoeibaar, onverflauwd*
unflappable [bnw] *onverstoorbaar*
unfold [ov + on ww] • (z.) *ontvouwen,* (z.) *uitspreiden* • *opengaan*
unforeseen [bnw] *onvoorzien*
unforgettable [bnw] *onvergetelijk*
unforgivable [bnw] *onvergeeflijk*
unfortunate I [znw] *ongelukkige* II [bnw] *onfortuinlijk, ongelukkig*
unfounded [bnw] *ongegrond*
unfriendly [bnw] *onsympathiek, nors*
unfulfilled [bnw] *onvervuld, niet in vervulling gegaan*
unfurl [ov + on ww] • (z.) *ontrollen,* (z.) *ontplooien* • *uitspreiden*
unfurnished [bnw] *ongemeubileerd*
ungainly [bnw] • *onbeholpen* • *lelijk*
ungenerous [bnw] • *kleinzielig, hard* • *krenterig, gierig*
ungodly [bnw] • *goddeloos, zondig* • *ergerlijk, onmenselijk*
ungovernable [bnw] *niet bestuurbaar, onhandelbaar*
ungracious [bnw] *onvriendelijk*
ungrateful [bnw] • *ondankbaar* • *onaangenaam*
unguarded [bnw] • *niet beschermd* • *onvoorzichtig* • *onbewaakt*
unhappy [bnw] *ongelukkig, ongepast*
unhealthy [bnw] *ongezond*
unheard [bnw] *niet gehoord*

unhelpful [bnw] *niet hulpvaardig*
unhesitating [bnw] *prompt, zonder
aarzelen*
unhinge [ov ww] *ontwrichten, iem. uit
z'n evenwicht slaan*
unholy [bnw] • *goddeloos, zondig*
• ‹inf.› *verschrikkelijk*
unhook [ov ww] *losmaken, loshaken*
unicorn [znw] *eenhoorn*
unidentified [bnw] *niet geïdentificeerd*
unification [znw] *eenmaking*
uniform I [znw] *uniform* II [bnw]
• *uniform, gelijk* • *onveranderlijk,
eenparig*
uniformed [bnw] *in uniform*
uniformity [znw] *uniformiteit*
unify [ov ww] • *verenigen*
• *gelijkschakelen*
unilateral [bnw] *eenzijdig*
unimaginable [bnw] *ondenkbaar*
unimaginative [bnw] *zonder enige
fantasie*
unimpaired [bnw] *ongeschonden*
unimpeachable [bnw] *onberispelijk*
unimportant [bnw] *onbelangrijk*
uninformed [bnw] *niet op de hoogte
(gebracht), niet ingelicht*
uninspiring [bnw] *oninteressant, niet
inspirerend, saai*
uninterested [bnw] *ongeïnteresseerd*
uninteresting [bnw] *niet interessant*
uninterrupted [bnw] *onafgebroken,
ongestoord*
uninvited [bnw] *ongenood, niet
uitgenodigd*
union [znw] • *eendracht* • *vakbond*
• *vereniging* • *verbinding, verbond*
• ‹form.› *huwelijk*
unionism [znw] • *vakbeweging*
• *beginselen v. unionistische partij*
unionist I [znw] • *lid v.d. vakbond*
• *voorstander v. politieke unie* II [bnw]
• *verenigings-* • *unionistisch*
unique [bnw] • *buitengewoon,
ongeëvenaard* • *uniek, enig* ‹in soort›
• ‹inf.› *opmerkelijk*

unison [znw] *harmonie,
overeenstemming*
unit [znw] • *eenheid* • ‹techn.›
onderdeel • ‹mil.› *afdeling*
unite I [ov ww] *verenigen* • (~ in)
(doen) verenigen in II [on ww] z.
verenigen • (~ with) *iem./iets met z.
verenigen*
united [bnw] • *verenigd* • *eendrachtig*
unity [znw] • *eenheid*
• *overeenstemming*
universal I [znw] *algemeen
begrip/eigenschap/principe* II [bnw]
algemeen
unjust [bnw] *onrechtvaardig*
unjustifiable [bnw] *niet te
rechtvaardigen*
unjustified [bnw] *ongerechtvaardigd*
unkempt [bnw] *slordig, onverzorgd*
unkind [bnw] *onvriendelijk, onaardig*
unknown I [znw] *onbekende* II [bnw]
• *ongekend* • *onbekend*
unlawful [bnw] *onwettig, ongeoorloofd*
unleash [ov ww] *loslaten*
unless I [vz] *behalve* II [vw] *tenzij*
unlike [vz] • *ongelijk* • *anders dan* • *in
tegenstelling met*
unlimited [bnw] • *vrij* • *onbeperkt,
niet begrensd*
unload [ov ww] • *ontladen* • *lossen*
unlock [ov ww] *ontsluiten*
unlooked-for [bnw] *onverwacht*
unlucky [bnw] • *onzalig* • *ongelukkig*
unmade [bnw] • *niet opgemaakt* ‹v.
bed› • *niet gemaakt*
unmanageable [bnw]
• *onhandelbaar, lastig* • *niet te besturen*
unmanned [bnw] *onbemand,
onbeheerd*
unmarked [bnw] *niet v.e. merk
voorzien*
unmarried [bnw] *ongetrouwd*
unmatched [bnw] • *ongeëvenaard,
weergaloos* • *niet bij elkaar passend*
unmoved [bnw] *onbewogen*
unnamed [bnw] *niet met name*

genoemd, naamloos, onbekend
unnatural [bnw] *onnatuurlijk,
geforceerd, tegennatuurlijk*
unnecessary [bnw] • *onnodig*
• *overbodig*
unnerve [ov ww] *v. kracht beroven,
verslappen, ontzenuwen*
unnoticed [bnw] *onopgemerkt*
unobtainable [bnw] *onverkrijgbaar*
unobtrusive [bnw] *niet
in-/opdringerig*
unoccupied [bnw] *onbewoond*
unofficial [bnw] *officieus, niet
geautoriseerd*
unorthodox [bnw] • *ketters*
• *onconventioneel, ongewoon,
ongebruikelijk*
unpack [ov + on ww] *uitpakken*
unpaid [bnw] *niet betaald, onbezoldigd*
unparalleled [bnw] *zonder weerga*
unparliamentary [bnw]
onparlementair
unpleasant [bnw] *onplezierig,
onaangenaam*
unpleasantness [znw] *onprettige
toestand, wrijving*
unpopular [bnw] *impopulair*
unprecedented [bnw] • *zonder
precedent* • *weergaloos*
unpredictable [bnw] *onvoorspelbaar*
unpretentious [bnw] *niet
aanmatigend, bescheiden*
unprincipled [bnw] *gewetenloos*
unproductive [bnw] *onproductief,
weinig opleverend*
unprofitable [bnw] *geen voordeel
opleverend*
unprotected [bnw] *onbeschermd*
unprovoked [bnw] *onuitgelokt*
unqualified [bnw] • *onbevoegd*
• *onvoorwaardelijk* • *totaal, absoluut*
unquestionable [bnw] *onbetwistbaar*
unquestioned [bnw] *onbetwist*
unquestioning [bnw]
onvoorwaardelijk
unquote [tw] *einde citaat*

unreadable [bnw] • *onleesbaar* • *niet
te lezen*
unreal [bnw] *onwerkelijk, irreëel*
unreasonable [bnw] • *onredelijk*
• *ongegrond*
unreasoning [bnw] *onnadenkend*
unrecognized [bnw] • *niet erkend*
• *niet herkend*
unrelated [bnw] • *niet verwant* • *geen
verband met elkaar houdend*
unrelenting [bnw] *meedogenloos,
onverbiddelijk*
unreliable [bnw] *onbetrouwbaar*
unrelieved [bnw] *niet verzacht*
unremitting [bnw] *aanhoudend,
onverdroten*
unrequited [bnw] • *onvergolden*
• *onbeantwoord ‹liefde›*
unreserved [bnw] *openhartig,
vrijmoedig*
unrest [znw] *onrust*
unrestrained [bnw] *onbeperkt,
onbeteugeld*
unrestricted [bnw] *onbeperkt,
onbegrensd*
unrewarding [bnw] *niet lonend,
teleurstellend*
unripe [bnw] *onrijp*
unrivalled, unrivaled [bnw]
ongeëvenaard
unroll [ov + on ww] *ontplooien, (z.)
ontrollen*
unruffled [bnw] • *ongerimpeld, glad*
• *bedaard*
unsafe [bnw] *onveilig, gevaarlijk,
onbetrouwbaar*
unsaid [bnw] *onuitgesproken,
verzwegen*
unsatisfactory [bnw] *onbevredigend*
unscathed [bnw] *ongedeerd,
onbeschadigd*
unscientific [bnw] *onwetenschappelijk*
unscrew [ov ww] *losschroeven*
unscrupulous [bnw] *gewetenloos*
unseat [ov ww] • *uit het zadel gooien*
• *v. functie beroven* • *wegwerken*

unseeing [bnw] *zonder (iets) te zien, blind*
unseemly [bnw] • *ongelegen* • *ongepast*
unseen I [znw] *het onzichtbare* II [bnw] *ongezien*
unselfish [bnw] *onbaatzuchtig*
unsettle [ov ww] • *(beginnen te/doen) wankelen* • *van streek brengen*
unsettled [bnw] • *onzeker* • *zonder vaste woonplaats* • *niet opgelost* • *niet gekoloniseerd*
unsightly [bnw] *afzichtelijk, lelijk*
unskilled [bnw] *ongeschoold*
unsociable [bnw] *ongezellig*
unsophisticated [bnw] • *eenvoudig* • *geestelijk ongezond*
unsound [bnw] • *onbetrouwbaar, ondeugdelijk* • *vals*
unspeakable [bnw] • *onbeschrijfelijk* • *afschuwelijk*
unspecified [bnw] *niet gespecificeerd*
unspoken [bnw] *niet geuit*
unstable [bnw] • *onvast* • *wankelbaar*
unsteady [bnw] *onvast*
unstoppable [bnw] *onstuitbaar, niet te stoppen*
unstuck [bnw] *los*
unsuitable [bnw] • *ongeschikt* • *ongepast*
unsuited [bnw] *ongeschikt*
unsung [bnw] • *niet gezongen* • *niet bezongen*
unsure [bnw] *onzeker*
unsuspected [bnw] • *onverdacht* • *niet vermoed*
unsuspecting [bnw] *geen kwaad vermoedend, argeloos*
unswerving [bnw] *niet afwijkend, onwankelbaar*
unsympathetic [bnw] • *geen belangstelling tonend* • *antipathiek*
untangle [ov ww] *ontwarren*
untapped [bnw] *onaangesproken* ‹fig.›, *(nog) niet aangeboord*
unthinkable [bnw] *ondenkbaar*
unthinking [bnw] *onbezonnen*

untidy [bnw] *slordig*
untie [ov ww] • *bevrijden* • *losmaken*
until I [vz] *tot (aan)* II [vw] *tot(dat)*
untimely [bnw] • *ongelegen, niet op de juiste tijd* • *voortijdig*
untiring [bnw] *onvermoeid, onverdroten*
unto ‹vero.› [vz] *tot, tot aan*
untold ‹form.› [bnw] *onnoemelijk*
untouchable I [znw] *paria* II [bnw] • *onaanraakbaar* ‹hindoeïsme› • *onaantastbaar*
untouched [bnw] *onaangeraakt*
untoward [bnw] *onfortuinlijk*
untrained [bnw] *ongeoefend*
untried [bnw] • *niet geprobeerd* • *onervaren* • ‹jur.› *(nog) niet berecht/verhoord*
untrue [bnw] • *onwaar* • *ontrouw*
untruth [znw] *onwaarheid*
untruthful [bnw] *leugenachtig*
untutored [bnw] *niet onderwezen*
unused [bnw] • *niet gewend* • *ongebruikt*
unusual [bnw] *niet gebruikelijk, ongewoon*
unutterable [bnw] *vreselijk, onuitsprekelijk*
unveil [ov ww] *ontsluieren, onthullen*
unwanted [bnw] • *niet verlangd* • *niet nodig*
unwarranted [bnw] *onverantwoord*
unwelcome [bnw] *niet welkom*
unwell [bnw] *onwel*
unwieldy [bnw] • *log* • *lastig te hanteren*
unwilling [bnw] • *met tegenzin* • *onwillig*
unwind I [ov ww] *afwinden* II [on ww] • *zich ontrollen* • ‹inf.› *kalmeren*
unwise [bnw] *onverstandig*
unwitting [bnw] *onwetend*
unworkable [bnw] *onuitvoerbaar*
unworthy [bnw] *onwaardig, niet passend*
unwrap [ov ww] *loswikkelen*

unwritten [bnw] ongeschreven
unzip [ov ww] openritsen, losmaken <v. ritssluiting>
up I [bnw] • op, omhoog • verstreken, afgelopen • aan de gang II [bijw] op, omhoog, naar boven III [vz] op
upbraid [ov ww] berispen, verwijten
upbringing [znw] opvoeding
update [ov ww] moderniseren
upgrade [ov ww] verbeteren <positie>
upheaval [znw] • omwenteling • ontreddering
uphill I [bnw] moeilijk II [bijw] • moeizaam • bergopwaarts
uphold [ov ww] steunen, verdedigen
upholstery [znw] stoffering, bekleding
upkeep [znw] onderhoud(skosten)
upland [bnw] in/uit/van het hoogland
uplift I [ov ww] • helpen, steunen • verheffen <i.h.b. geestelijk> II [znw] • verheffing • steun
upon [vz] • op • meteen na(dat)
upper I [znw] bovengedeelte v. schoen II [bnw] hoger, boven(ste)
uppish [bnw] verwaand
upright I [znw] verticale post/stut II [bnw] • recht, verticaal • eerlijk, eerbaar, oprecht III [bijw] rechtop
uprising [znw] opstand
uproarious [bnw] • bijzonder grappig • luid lachend
upset I [ov ww] • omverwerpen, omgooien • in de war sturen • v. streek brengen II [bnw] v. streek
upshot [znw] resultaat, eind van 't liedje
upstage [ov ww] in de schaduw stellen, naar de achtergrond dringen
upstairs I [bnw] boven- II [bijw] de trap op, naar boven
upstanding [bnw] oprecht, hoogstaand
upstart I [znw] parvenu II [bnw] opschepperig
upstream [bnw] tegen de stroom op, stroomopwaarts
upsurge [znw] opwelling, plotselinge toename
uptake [znw] • verbruikte hoeveelheid • begrip
uptight [bnw] erg gespannen, zeer nerveus
up-to-date [bnw] bij de tijd, modern
upturn [znw] <hand.> opleving
urban [bnw] stedelijk, stads-
urbane [bnw] hoffelijk, wellevend
urbanize [ov ww] verstedelijken
urchin [znw] schelm, kwajongen
urge I [ov ww] • aansporen, aanzetten, aandrijven • aandringen op • (~ on) aanzetten, voortdrijven II [znw] aandrang, verlangen
urgency [znw] • dringende noodzaak • urgentie
urinal [znw] urinoir
urn [znw] • urn • koffie-/theeketel
us [pers vnw] ons
usage [znw] gebruik, gewoonte
use I [ov ww] gebruiken, benutten • (~ up) opmaken, verbruiken, uitputten II [hww] * I used to smoke vroeger was ik een roker III [znw] • gebruik • nut • gewoonte
used [bnw] • tweedehands, gebruikt • gewoon, gewend
useless [bnw] nutteloos
user [znw] gebruiker, verbruiker
usher I [ov ww] • binnenleiden • aankondigen • als ceremoniemeester/ zaalwachter optreden voor • (~ in) inleiden II [znw] • zaalwachter • ceremoniemeester
usual I [znw] 't gewoonlijke II [bnw] gewoon, gebruikelijk
usurer [znw] woekeraar
usurp [ov ww] z. aanmatigen, z. wederrechtelijk toe-eigenen
utensil [znw] gebruiksvoorwerp
utility [znw] • (openbare) voorziening • nut • bruikbaarheid
utilize, utilise [ov ww] gebruik maken van, benutten
utmost I [znw] 't uiterste II [bnw]

hoogste, uiterste, verste
utter I [ov ww] uiten, uiting geven aan
  II [bnw] volkomen, totaal, volslagen
utterance [znw] • uitspraak • uiting
utterly [bijw] totaal, volkomen

V

vacancy [znw] • lege (hotel)kamer
  • vacature
vacant [bnw] • onbezet, leeg(staand)
  • wezenloos • leeghoofdig, dom • vacant
vacate [ov ww] • neerleggen ‹v. ambt›
  • ontruimen ‹v. huis›
vacation [znw] vakantie
vaccinate [ov ww] inenten
vacuity [znw] • ledigheid
  • wezenloosheid
vacuous [bnw] leeghoofdig, wezenloos, dom
vacuum I [ov + on ww] ‹inf.› stofzuigen
  II [znw] • leegte • het luchtledige
vagabond [znw] landloper, vagebond,
  zwerver
vagary [znw] gril, kuur
vagrancy [znw] landloperij
vagrant I [znw] zwerver, vagebond
  II [bnw] zwervend
vague [bnw] vaag, onbestemd,
  onbepaald
vain [bnw] • ijdel, prat (op) • nutteloos,
  vergeefs
vale [znw] ‹form.› dal
valediction [znw] afscheid
valedictory [bnw] afscheids-
valet [znw] bediende
valiant [bnw] dapper, moedig
valid [bnw] • geldig • gefundeerd,
  deugdelijk
validate [ov ww] • geldig verklaren
  • bekrachtigen, bevestigen
valise [znw] valies
valley [znw] dal
valour [znw] moed, dapperheid
valuable [bnw] erg waardevol, kostbaar
valuation [znw] schatting, taxatie
value I [ov ww] • waarderen, achten
  • schatten, taxeren II [znw] waarde
valve [znw] klep, ventiel
vamp I [ov ww] • (~ **up**) spannender

maken, oplappen, inpalmen II [on ww]
‹inf.› *verstrikken, flirten* III [znw] ‹inf.›
verleidster
vampire [znw] • *vampier* • *uitzuiger*
van [znw] *(bestel-/meubel-/post)wagen*
vanguard [znw] *voorhoede*
vanilla [znw] *vanille*
vanish [on ww] *verdwijnen*
vanity [znw] *ijdelheid, verwaandheid*
vanquish [ov ww] *overwinnen,*
bedwingen
vapid [bnw] *saai, lusteloos*
vaporize I [ov ww] • *doen verdampen*
• *besproeien* II [on ww] *verdampen*
vaporous [bnw] *dampig, damp-*
vapour [znw] *damp*
variable I [znw] *veranderlijke grootheid*
II [bnw] *veranderlijk, ongedurig*
variance [znw] • *onenigheid*
• *tegenspraak*
variant I [znw] *variant* II [bnw]
afwijkend
variation [znw] • *variëteit* • ‹muz.›
variatie
varied [bnw] • *gevarieerd* • *bont* ‹v.
kleur›
variegated [bnw] • *bont* ‹v. kleur›
• *afwisselend*
variety [znw] • *variatie*
• *verscheidenheid* • *soort* • *variété*
various [bnw] *verschillend, verscheiden*
varnish I [ov ww] *vernissen* • (~ *over*)
verbloemen II [znw] • *vernis* • *glazuur*
vary [ov + on ww] • *variëren, veranderen*
• *verschillen*
vascular [bnw] *vaat-*
vase [znw] *vaas*
vassal [znw] • *vazal* • *slaaf*
vast [bnw] • *veelomvattend*
• *onmetelijk, reusachtig*
vault I [ov ww] *springen* ‹steunend op
handen of stok› II [znw] • *wijnkelder,
grafkelder* • *kluis* ‹bank›
veal [znw] *kalfsvlees*
veer [on ww] • *van koers veranderen*
• *omlopen* ‹v. wind› • *draaien*

vegetable I [znw] • *groente* • *plant*
II [bnw] *plantaardig, planten-*
vegetate [on ww] *vegeteren*
vegetation [znw] • *plantengroei*
• *plantenwereld*
vehemence [znw] *heftigheid*
vehement [bnw] *heftig*
vehicle [znw] • *voertuig* • *drager* ‹fig.›
veil I [ov ww] • *sluieren* • *bedekken*
‹fig.›, *vermommen* II [znw] • *sluier,
voile* • *dekmantel*
vein [znw] • *ader* • *nerf, geest* ‹fig.›
velocity [znw] *snelheid*
velvet [znw] *fluweel*
venal [bnw] *omkoopbaar*
vend [ov ww] *verkopen, venten*
vendetta [znw] *bloedwraak*
vendor [znw] *verkoper*
veneer [znw] • *fineer(bladen),
fineerhout* • *vernisje* ‹fig.›
venerable [bnw] • *eerbiedwaardig*
• *hoogeerwaarde* ‹in angl. kerk, als
titel v. aartsdiaken›
venerate [ov ww] *vereren*
vengeance [znw] *wraak*
vengeful [bnw] *wraakgierig*
venial [bnw] *vergeeflijk*
venison [znw] *reebout, wildbraad*
venom [znw] • *vergif* • *venijn*
venomous [bnw] • *(ver)giftig*
• *venijnig*
vent I [ov ww] *lucht geven aan, uiten*
II [znw] • *schoorsteenkanaal* • *uitweg,
opening* • *luchtgat*
ventilate [ov ww] • *luchten* ‹v.
grieven› • *ventileren, luchten* • *in 't
openbaar bespreken*
ventricle [znw] • *holte* ‹in hersenen›
• *hartkamer*
ventriloquism [znw] *het buikspreken*
ventriloquist [znw] *buikspreker*
venture I [ov + on ww] *riskeren, wagen,
op 't spel zetten* • (~ *out*) z. *buiten
wagen* II [znw] • *(riskante)
onderneming* • *avontuurlijke reis*
venturesome [bnw] *stoutmoedig,*

gewaagd
venue [znw] *plaats v. samenkomst*
veracious [bnw] *waarheidlievend*
veracity [znw] *waarheid(sliefde)*
verb [znw] *werkwoord*
verbiage [znw] *woordenstroom*
verbose [bnw] *woordenrijk, breedsprakig*
verdant [bnw] *met weelderige plantengroei overdekt*
verdict [znw] • *uitspraak <v. rechter>* • *oordeel, beslissing*
verge I [on ww] *neigen* • *(~ on) grenzen aan* II [znw] *berm, rand*
verger [znw] *koster*
verifiable [bnw] *verifieerbaar*
verify [ov ww] • *verifiëren* • *bewijzen, bevestigen*
verisimilitude [znw] *waarschijnlijkheid*
veritable [bnw] *echt, waar*
vermin [znw] • *ongedierte* • *schoelje*
verminous [bnw] *vol ongedierte*
vernacular I [znw] *landstaal* II [bnw] *inheems, vaderlands*
versatile [bnw] *veelzijdig*
verse [znw] • *vers(regel)* • *couplet* • *poëzie*
versed [bnw] *ervaren, bedreven*
version [znw] • *lezing, versie* • *bewerking*
vertebra [znw] *wervel*
vertebrate I [znw] <bio.> *gewerveld dier* II [bnw] *gewerveld*
vertical I [znw] *loodlijn* II [bnw] *verticaal*
vertiginous [bnw] *duizelingwekkend*
vertigo [znw] *duizeling <vooral door hoogtevrees veroorzaakt>*
verve [znw] *geestdrift, vuur*
very I [bnw] • *juist, precies* • *zelfde* II [bijw] • *aller-* • *zeer, heel*
vessel [znw] • *vat* • *vaartuig, schip*
vest [znw] • *(onder)hemd* • <AE> *vest*
vestige [znw] *spoortje*
vestry [znw] • *sacristie*

• *consistoriekamer*
vet I [ov ww] *grondig onderzoeken, behandelen* II [znw] • → veterinarian • → veteran
veteran [znw] • *veteraan* • *oud-militair*
veterinarian [znw] *dierenarts*
veterinary [bnw] *dierenarts-*
veto I [ov ww] *verbieden* II [znw] *veto, verbod*
vex [ov ww] *plagen, ergeren, hinderen*
vexation [znw] • *plagerij, kwelling* • *ergernis*
viable [bnw] • *levensvatbaar* • *uitvoerbaar*
vial [znw] *medicijnflesje*
vibrate I [ov ww] *doen vibreren, doen trillen* II [on ww] *vibreren, trillen*
vicar [znw] *dominee* <angl. kerk>, *predikant*
vicarage [znw] • *predikantsplaats* • *pastorie*
vicarious [bnw] *indirect belevend of beleefd*
vice [znw] • *verdorvenheid, fout, gebrek, ondeugd* • *kuur <v. paard>* • *bankschroef*
vicinity [znw] *buurt, nabijheid*
vicious [bnw] *venijnig*
victim [znw] *(slacht)offer*
victimize [ov ww] *tot slachtoffer maken*
victor [znw] *overwinnaar*
Victorian [bnw] • *Victoriaans, uit de tijd v. koningin Victoria* • *v.d. kolonie Victoria*
victorious [bnw] *zegevierend*
victory [znw] *overwinning*
video [znw] *videorecorder, videotape*
vie [on ww] *wedijveren*
view I [ov ww] *bekijken, beschouwen* II [znw] • *(ver)gezicht, uitzicht* • *standpunt* • *idee, denkbeeld* • *bedoeling*
viewer [znw] • *kijker* • *bezichtiger* • *viewer*
vigil [znw] *(nacht)wake*
vignette [znw] • *vignet* • *karakterschets*

vigorous [bnw] *krachtig, vitaal,
energiek*
vigour [znw] *kracht, vitaliteit, activiteit*
vile [bnw] • *walgelijk, verdorven,
gemeen* • *afschuwelijk, vies*
vilify [ov ww] *belasteren, beschimpen*
village [znw] *dorp*
villager [znw] *dorpsbewoner*
villain [znw] *schurk*
villainous [bnw] *schurkachtig, gemeen*
villainy [znw] *schurkerij*
vindicate [ov ww] • *staven* • *het gelijk
bewijzen van*
vindictive [bnw] *rancuneus,
wraakzuchtig*
vine [znw] • *wijnstok* • *klimplant*
vinegar [znw] *azijn*
vintage I [znw] *wijn uit een goed jaar*
II [bnw] *v. goede kwaliteit*
vintner [znw] *wijnhandelaar*
viola [znw] • <muz.> *altviool* • <plantk.>
viooltje
violate [ov ww] • *overtreden* • *breken* <v.
gelofte> • *onteren, ontwijden, schenden*
violence [znw] *geweld(dadigheid),
gewelddaad*
violent [bnw] • *hevig, heftig*
• *gewelddadig*
violet I [znw] *viooltje* II [bnw] *violet*
violin [znw] *viool*
violinist [znw] *violist*
viper [znw] *adder*
virgin I [znw] *maagd* II [bnw]
• *maagdelijk* • *onbevlekt, ongerept*
• *onbetreden* <gebied>
virginal [bnw] *maagdelijk*
virtual [bnw] *feitelijk, eigenlijk*
virtue [znw] • *deugd(zaamheid)*
• *(goede) eigenschap*
virtuoso [znw] *virtuoos*
virtuous [bnw] *deugdzaam*
virulent [bnw] *vergiftig, kwaadaardig*
visa [znw] *visum*
vis-à-vis [vz] *vis-à-vis, (recht) tegenover*
viscosity [znw] *kleverigheid*
viscount [znw] *burggraaf*

viscountess [znw] *burggravin*
viscous [bnw] *kleverig*
visible [bnw] • *zichtbaar* • *duidelijk,
merkbaar*
vision [znw] • *gezicht(svermogen)*
• *visioen, verschijning*
visionary I [znw] • *ziener* • *fantast*
II [bnw] • *fantastisch* • *ingebeeld*
visit I [ov ww] *bezoeken* • (~ (up)on)
teisteren • (~ with) <AE> *bezoeken*
II [znw] *bezoek*
visitation [znw] • *visitatie*
• *huisbezoek* <v. geestelijke>
visitor [znw] *gast, bezoeker*
visor [znw] • *vizier* <v. helm> • *klep* <v.
pet> • *zonneklep* <in auto>
vista [znw] • *vergezicht* • *perspectief*
visual [bnw] • *gezichts-, oog-*
• *zichtbaar*
visualize [ov ww] *zich een beeld
vormen van*
vital [bnw] • *levens-* • *vitaal*
vitality [znw] *vitaliteit, levenskracht*
vitamin [znw] *vitamine*
vitiate [ov ww] • *verzwakken*
• *aantasten* • *ongeldig maken*
vitreous [bnw] *glazen, glasachtig, glas-*
vitriol [znw] • *vitriool* • *venijn*
vitriolic [bnw] • *vitriool-* • *venijnig,
bijtend*
vituperative [bnw] *schimpend*
vivacious [bnw] *opgewekt, levendig*
vivacity [znw] *opgewektheid*
vivisection [znw] *vivisectie*
vivisectionist [znw] *vivisector*
vixen [znw] • *wijfjesvos* • *feeks, helleveeg*
vocabulary [znw] • *woordenlijst*
• *woordenschat*
vocal [bnw] • *mondeling* • *mondig*
• *stem-*
vocalist [znw] *zanger(es)*
vocation [znw] • *roeping* • *beroep*
vogue [znw] *mode, populariteit*
voice I [ov ww] *uitdrukking geven aan*
<gevoelens> II [znw] • *stem* • *geluid*
• *inspraak*

void I [znw] • leegte • (ledige) ruimte
II [bnw] • nietig ‹v. contract›
• onbezet, ledig
volatile [bnw] • vluchtig ‹vloeistoffen›
• wispelturig
volcanic [bnw] vulkanisch
volcano [znw] vulkaan
volition [znw] het willen, wilskracht
voltage [znw] elektrische spanning
voluble [bnw] veel en enthousiast
pratend
volume [znw] • boekdeel • omvang,
volume ‹v. zaken› • geluidssterkte
voluminous [bnw] • (te) groot ‹v.
kleren› • omvangrijk, lijvig
voluntary I [znw] ‹muz.› solo op orgel
II [bnw] • opzettelijk • door de wil
geregeld ‹v. spierbeweging› • vrijwillig
volunteer I [ov ww] ongevraagd iets
geven of doen II [on ww] • aanbieden
iets te doen • in dienst gaan III [znw]
vrijwilliger
voluptuous [bnw] • weelderig ‹v.
vormen› • wellustig • heerlijk
vomit I [ov + on ww] braken II [znw]
• braaksel • braakmiddel
voracious [bnw] gulzig, vraatzuchtig
vortex [znw] draaikolk, maalstroom
vote I [ov + on ww] stemmen (op)
II [znw] stem
voter [znw] • kiezer • stemgerechtigde
vouch [on ww] • (~ for) instaan voor,
borg staan voor
voucher [znw] • (waarde)coupon • bon
• reçu
vouchsafe [ov ww] • in bewaring geven
• verzekeren
vow [znw] eed, gelofte
vowel [znw] klinker(teken)
voyage [znw] (zee)reis
voyager [znw] zeevaarder, (zee)reiziger
voyeur [znw] gluurder, voyeur
vulgar [bnw] vulgair, ordinair, grof,
laag
vulnerable [bnw] kwetsbaar
vulture [znw] gier

wacky [bnw] idioot, vreselijk excentriek
wad [znw] • prop • pakje bankbiljetten
waddle [on ww] waggelen
wader [znw] • waadvogel • waterlaars
wafer [znw] • wafel • hostie
waffle I [on ww] kletsen II [znw] • wafel
• geklets
waft I [ov ww] voeren II [on ww] zweven
III [znw] vleugje
wag I [ov ww] • heen en weer bewegen,
schudden • kwispelen II [on ww]
kwispelen III [znw] grappenmaker
wage I [ov ww] voeren ‹vnl. v. oorlog›
II [znw] loon
wager I [ov + on ww] (ver)wedden
II [znw] weddenschap
waggle [ww] → wag
waif [znw] • zwerver, dakloze
• verwaarloosd kind
wail I [on ww] • jammeren, weeklagen
• huilen, loeien ‹v. wind› II [znw]
jammerende uitroep
waist [znw] taille, middel
wait I [on ww] • wachten • bedienen
‹aan tafel› • (~ (up)on) bedienen, van
dienst zijn • (~ for) wachten op
II [znw] • wachttijd • pauze
waiter [znw] kelner
waitress [znw] serveerster
waive [ov ww] afstand doen van, afzien
van
wake I [ov ww] wekken • (~ up) wakker
maken/schudden II [on ww] wakker
zijn, waken • (~ up) wakker worden
III [znw] (kiel)zog
wakeful [bnw] • slapeloos • waakzaam,
wakker
waken I [ov ww] wakker maken
II [on ww] wakker worden
walk I [ov ww] • lopen/wandelen in/op
• stapvoets doen gaan, laten stappen,

uitlaten **II** [on ww] *lopen, wandelen,*
stapvoets gaan • (~ **into**) *onverwachts*
betrokken raken bij, makkelijk krijgen
‹v. baan› **III** [znw] • *wandeling*
• *manier v. lopen* • *wandelpad*
walker [znw] *voetganger, wandelaar*
wall I [ov ww] • (~ **in**) *ommuren*
• (~ **up**) *afsluiten met een muur,*
dichtmetselen **II** [znw] • *wand, muur*
• *stadswal*
wallaby [znw] *kleine kangoeroe*
wallet [znw] *portefeuille*
wallop I [ov ww] *afranselen* **II** [znw]
mep, opdonder
walloping [znw] *aframmeling*
wallow I [on ww] *rollen* • (~ **in**) *(z.)*
wentelen in **II** [znw] *poel ‹voor dieren›*
walnut [znw] • *walnoot* • *notenhout*
waltz I [on ww] • *walsen* • *ontspannen*
en zelfverzekerd lopen **II** [znw] *wals*
wan [bnw] *bleek, flets*
wand [znw] *(tover)staf*
wander [on ww] • *rondwandelen,*
zwerven, dwalen, ronddolen • *afdwalen*
wanderer [znw] *zwerver*
wane I [on ww] *afnemen, tanen* **II** [znw]
het afnemen
wangle I [ov ww] *voor elkaar krijgen,*
gedaan krijgen **II** [znw] *knoeierij*
want I [ov ww] • *missen, ontberen*
• *nodig hebben* • *wensen, willen*
II [znw] • *behoefte* • *gemis, gebrek*
wanting [bnw] *ontbrekend*
wanton [bnw] • *speels* • *lichtzinnig*
• *baldadig*
war I [on ww] *strijden (tegen), oorlog*
voeren (tegen) **II** [znw] *oorlog*
ward I [ov ww] • (~ **off**) *afweren,*
behoeden voor, pareren **II** [znw] • *zaal,*
afdeling • *curatele, voogdij* • *pupil ‹v.*
voogd› • *stadsdistrict*
warden [znw] • *huismeester* • *bewaker*
• *(parkeer)wacht*
warder [znw] *cipier*
wardrobe [znw] • *kleerkast* • *garderobe*
warehouse [znw] *pakhuis,*

opslagplaats, magazijn
warm I [ov + on ww] *(ver)warmen,*
warm maken/worden • (~ **up**) *warmer*
maken/worden, opwarmen **II** [bnw]
• *warm, heet* • *hartelijk*
warmth [znw] • *warmte* • *hartelijkheid*
warn [ov + on ww] *waarschuwen*
warning [znw] *waarschuwing*
warp I [ov ww] • *doen kromtrekken*
• *vervormen, verkeerd richten,*
(verkeerd) beïnvloeden **II** [on ww]
• *kromtrekken* • *afwijken* **III** [znw]
• *schering* • *kromming* • *(psychische)*
afwijking
warrant I [ov ww] *rechtvaardigen,*
wettigen **II** [znw] • *machtiging*
• *bevel(schrift)*
warrior [znw] *krijger*
wart [znw] *wrat*
wary [bnw] *behoedzaam*
was [ww] *verl. tijd* → **be**
wash I [ov ww] *wassen, spoelen*
• (~ **down**) *wegspoelen* • (~ **out**)
uitwassen • (~ **up**) *afwassen*
II [on ww] • *wassen* • *spoelen/stromen*
langs • (~ **out**) *door wassen eruit gaan*
• (~ **up**) *de afwas doen* **III** [znw]
• *wasbeurt* • *was* • *deining, het spoelen*
• *dun laagje*
washable [bnw] *(af)wasbaar*
washer [znw] • *sluitring, kraanleertje,*
pakking • *wasmachine*
wasp [znw] *wesp*
waspish [bnw] *venijnig, nijdig,*
prikkelbaar
wastage [znw] *verkwisting*
waste I [ov ww] *verkwisten, verknoeien,*
verloren laten gaan **II** [on ww]
• (~ **away**) *wegkwijnen, wegteren*
III [znw] • *verkwisting* • *afval*
• *braakliggend land* **IV** [bnw] • *woest,*
braak • *afval-*
wasteful [bnw] *verkwistend*
watch I [ov ww] • *bekijken, nakijken*
• *in de gaten houden* • *bewaken, zorgen*
voor **II** [on ww] *kijken* • (~ **for**)

uitkijken naar III [znw] • wacht
• nachtwake • horloge
watchful [bnw] waakzaam
water I [ov ww] besproeien, water geven
• (~ **down**) verwateren, verzachten
II [on ww] • wateren <v. mand>
• tranen <v. ogen> III [znw] water
watery [bnw] • waterig • verwaterd
wave I [ov ww] • zwaaien met • met een
gebaar te kennen geven • (~ **aside**)
afwijzen • (~ **away**) beduiden weg te
gaan II [on ww] • golven, wapperen
• zwaaien, wuiven III [znw] • golf
• golving • wuivend gebaar
wavy [bnw] golvend
wax I [ov ww] boenen, met was
inwrijven, poetsen II [on ww]
• toenemen • <vero.> worden III [znw]
• lak • oorsmeer • woedeaanval • was
IV [bnw] was-, wassen
waxen [bnw] wasbleek
waxy [bnw] wasachtig
way [znw] • weg • richting, kant
• eind(je), afstand • wijze, manier (van
doen), methode
we [pers vnw] wij
weaken [ov + on ww] verzwakken,
verslappen
weakness [znw] • zwak punt
• zwakheid
weal [znw] striem
weapon [znw] wapen
wear I [ov ww] • dragen, aanhebben
• afslijten, uitslijten, verslijten
• uitputten, afmatten • (~ **away**)
uitslijten • (~ **down**) afmatten
• (~ **out**) verslijten, afdragen,
uitputten II [on ww] afslijten,
verslijten • (~ **away/off**) slijten, steeds
minder worden • (~ **down**) afslijten
• (~ **on**) langzaam voorbijgaan
• (~ **out**) slijten, uitgeput raken
III [znw] • dracht • slijtage
wearing [bnw] • moeizaam
• vermoeiend
wearisome [bnw] • vervelend

• vermoeiend
weary I [on ww] moe worden II [bnw]
• moe • beu • vermoeiend • vervelend
weasel [znw] wezel
weather I [ov ww] doorstaan
II [on ww] verweren III [znw] weer
weave I [ov ww] • weven • in elkaar
zetten II [znw] weeftrant, patroon,
dessin
weaver [znw] wever
web [znw] • web • zwemvlies
wed [ov + on ww] trouwen
we'd [samentr.] /we should/ /we had/
/we would/ → shall, have, will
wedding [znw]
• huwelijksplechtigheid • bruiloft
wedge I [ov ww] • proppen • een wig
slaan/steken in, vastzetten II [znw]
• wig • stuk kaas, taartpunt • sector
wedlock [znw] • huwelijk • echtelijke
staat
Wednesday [znw] woensdag
weed I [ov ww] wieden II [znw]
• onkruid • <inf.> marihuana • <inf.>
zaadje
weekly I [znw] weekblad
II [bnw + bijw] wekelijks
weep [on ww] • wenen • vocht
afscheiden
weigh I [ov ww] • wegen, z. laten wegen
• overwegen • (~ **down**)
(terneer)drukken, doen (door)buigen
• (~ **out**) afwegen II [on ww] • gewicht
in de schaal leggen, (mee)tellen
• wegen
weight I [ov ww] verzwaren II [znw]
• gewicht • belang • zwaar voorwerp
weighting [znw] toelage, toeslag,
standplaatstoelage
weighty [bnw] • gewichtig, belangrijk
• zwaar
weir [znw] • (stuw)dam • weer
weird [bnw] • akelig, griezelig • vreemd
welcome I [ov ww] verwelkomen in
II [znw] ontvangst, verwelkoming
III [bnw] welkom

weld I [ov ww] • *lassen* • *samenvoegen*
II [znw] *las*
welfare [znw] • *uitkering* • *bestwil*
• *sociale voorzieningen*
well I [on ww] (*omhoog*) *wellen,*
ontspringen II [znw] • *put* • *bron*
III [bnw] • *goed, beter, gezond*
• *in orde* IV [bijw] • *goed, goed en wel*
• *behoorlijk* • *een heel eind*
V [tw] • *nou* • *nou ja* • *och ja*
• *welnu*
we'll [samentr.] /we shall/ /we will/
→ **shall, will**
welt [znw] *striem*
welter [znw] *chaos, verwarring*
went [ww] verl. tijd → **go**
wept [ww] verl. tijd + volt. deelw.
→ **weep**
were [ww] verl. tijd → **be**
we're [samentr.] /we are/ → **be**
weren't [samentr.] /were not/ → **be**
west I [znw] *westen* II [bnw + bijw]
west(en), westelijk
westerner [znw] *westerling*
westernize [ov ww] *westers maken*
wet I [ov ww] *nat maken,*
bevochtigen II [znw] *nat(tigheid)*
III [bnw] *nat, vochtig*
we've [samentr.] /we have/ → **have**
whack I [ov ww] (*erop*) *slaan,*
meppen II [znw] • *smak, klap, mep*
• (*aan*)*deel, portie*
whale [znw] *walvis*
whaler [znw] *walvisvaarder*
whaling [znw] *walvisvangst*
wharf [znw] *kade, laad-/lossteiger*
what I [vr vnw] *wat voor, welk(e), wat*
II [betr vnw] *wat* III [tw] *hè*
whatever, whatsoever [vnw]
• *wat/welke...ook* • *wat/welke...toch*
wheat [znw] *tarwe*
wheedle [on ww] *flemen, vleien,*
bedelen
wheel I [ov ww] *duwen, laten rijden,*
kruien II [on ww] • *rijden, rollen*
• *zwenken* • (~ **round**) (*om*)*zwenken,*

z. *omdraaien* III [znw] • *wiel, rad*
• *stuur* • *spinnewiel*
• *pottenbakkersschijf*
wheeze I [on ww] • *piepen* ‹bij 't
ademhalen› • *hijgen* II [znw] *foefje*
whelp I [on ww] *jongen, werpen*
II [znw] *welp*
when I [bijw] *wanneer* II [vw] • *terwijl*
• *toen* • *als*
whenever I [bijw] *wanneer ook maar*
II [vw] *telkens wanneer*
where I [bijw] *waarheen, waar* II [vw]
terwijl
whereas [vw] *terwijl*
wherever I [bijw] *waar toch (heen)*
II [vw] *waar(heen) ook, overal*
waar(heen)
whet [ov ww] *prikkelen, opwekken,*
slijpen
whether [vw] *of*
which I [vr vnw] *wie, wat, welk(e)*
II [betr vnw] *die, dat, welke, wat,*
hetwelk
whichever I [bnw] *welk(e)..ook*
II [onb vnw] *welk(e)*
whiff [znw] *zuchtje, vleugje*
while I [ov ww] • (~ **away**) *verdrijven v.*
tijd II [znw] *tijd(je), poosje* III [vw]
terwijl, hoewel
whim [znw] *gril, nuk*
whimper I [ov + on ww] *zachtjes*
janken II [znw] *zacht gejank*
whimsical [bnw] • *wispelturig*
• *eigenaardig*
whine I [ov + on ww] • *jengelen,*
dreinen, janken • *gieren* II [znw]
• *gezeur* • *gejammer* • *het gieren*
whinny I [on ww] *hinniken* II [znw]
gehinnik
whip I [ov ww] • *kloppen* • *de zweep*
leggen over, geselen, (*af*)*ranselen, slaan*
• *opzwepen* • (~ **off**) *snel te voorschijn*
halen, eruit flappen • (~ **up**) *haastig in*
elkaar zetten, opzwepen II [on ww]
• *fladderen* • *wippen, schieten*
• (~ **round**) z. *snel omdraaien*

III [znw] *zweep*
whirl I [ov + on ww] • *draaien* • *snel rond draaien, rondtollen* **II** [znw] • *werveling, draaikolk* • *roes*
whirr I [on ww] *gonzen, snorren* **II** [znw] *snorrend geluid*
whisk I [ov ww] • *tikken, zwaaien, zwiepen, slaan* • *(op)kloppen* • *(~ away) in een flits wegvoeren/-werken* **II** [on ww] *z. snel bewegen, wegglippen* • *(~ round) z. plotseling omdraaien* **III** [znw] • *garde, eierklopper* • *tik, veeg, snelle beweging*
whisker [znw] *snorhaar* ‹v. kat/hond›
whisper I [on ww] *fluisteren* **II** [znw] • *gefluister* • *geruis*
whistle I [ov + on ww] *fluiten* **II** [znw] • *fluit(je)* • *gefluit*
whit [znw] *greintje*
white I [znw] *blanke* **II** [bnw] • *wit* • *bleek* • *blank*
whiten I [ov ww] *bleken* **II** [on ww] *wit worden*
whitening [znw] • *krijtpoeder* • *witkalk*
whiting [znw] • *witkalk* • *wijting*
whittle [ov ww] *(af)snijden* • *(~ away) verminderen* • *(~ down) besnoeien, kleiner maken*
who I [vr vnw] *wie* **II** [betr vnw] *die, wie*
whoever [vnw] *wie (dan) ook*
whole I [znw] *geheel* **II** [bnw] • *heel* • *ongeschonden, gezond*
wholesale [bnw] • *massaal, op grote schaal* • *m.b.t. de groothandel*
wholesaler [znw] *grossier*
wholly [bijw] *geheel*
whom [vnw] → *who*
whoop I [ov + on ww] *schreeuwen* **II** [znw] *uitroep*
whopper [znw] • *enorme leugen* • *kanjer, knaap*
whopping [bnw] *enorm, kolossaal*
whore [znw] *hoer*
whorl [znw] *spiraalvorm*
whose [vr vnw] *wier, van wie, v. welke,*

wiens, ervan, waarvan
wicked [bnw] • *slecht, gemeen, vals* • *ondeugend*
wicker [znw] *vlechtwerk, mandwerk*
wicket [znw] *wicket* ‹cricket›
wide I [bnw] • *wijd, breed* • *uitgestrekt, uitgebreid, groot, ruim* **II** [bijw] • *wijdbeens* • *wijd open*
widen [ov + on ww] *verbreden, wijder maken/worden*
widow [znw] *weduwe*
widower [znw] *weduwnaar*
width [znw] • *wijdte, breedte* • *ruimheid*
wield [ov ww] *gebruiken, zwaaien*
wife [znw] *vrouw, echtgenote*
wig [znw] *pruik*
wiggle I [ov ww] *doen wiebelen, (snel op en neer) bewegen* **II** [znw] *gewiebel*
wild [bnw] • *wild* • *woedend* • *enthousiast*
wildcat I [znw] *wilde kat* **II** [bnw] *financieel onbetrouwbaar*
wilful [bnw] • *opzettelijk* • *koppig, dwars*
will I [ov + on ww] *willen* **II** [ov ww] *nalaten, vermaken* **III** [hww] • *zullen* • *willen* **IV** [znw] • *wil, wilskracht* • *testament*
willing [bnw] *bereid(willig), gewillig*
willow [znw] *wilg*
willowy [bnw] *soepel*
willy-nilly [bijw] *goedschiks of kwaadschiks*
wilt I [ww] → **will II** [ov + on ww] *(doen) verwelken, slap doen/gaan hangen*
wily [bnw] *sluw*
wimple [znw] *kap* ‹v. non›
win I [ov ww] • *winnen* • *behalen, verwerven, bereiken* • *(~ back) terugwinnen* **II** [on ww] *winnen* • *(~ out) 't winnen* • *(~ through) te boven komen, z. erdoorheen slaan* **III** [znw] • *overwinning* • *succes*
winch [znw] *lier, windas*

wind I [ov ww] (op)winden, (omhoog) draaien • (~ **down**) naar beneden draaien <v. autoruit>, af laten lopen <v. veer> • (~ **up**) opdraaien <v. mechaniek>, omhoogdraaien, op stang jagen, beëindigen, opwinden II [on ww] zich slingeren • (~ **down**) aflopen <v. veer>, zich ontspannen • (~ **round**) kronkelen • (~ **up**) terechtkomen III [znw] • adem • lucht • wind

windlass [znw] windas, lier

window [znw] • raam • loket • etalage

windscreen [znw] voorruit

windward [bnw] naar de wind gericht

windy [bnw] • winderig • breedsprakig • bang

wine [znw] wijn

wing I [on ww] vliegen II [znw] • vleugel • wiek • spatbord

winged [bnw] met vleugels

wink I [ov + on ww] • knipperen • knipogen • flikkeren • (~ **at**) knipogen naar, oogluikend toelaten II [znw] • knipoog • wenk

winner [znw] • winnaar • succes

winning [bnw] innemend

winsome [bnw] innemend, sympathiek

winter I [ov + on ww] de winter doorbrengen II [znw] winter

wipe I [ov ww] (af)vegen, afdrogen • (~ **away**) wegvegen • (~ **out**) uitvegen, wegvagen, totaal vernietigen • (~ **up**) opvegen II [znw] • veeg

wiper [znw] ruitenwisser

wire I [ov ww] • met draad vastzetten/versterken • telegraferen • <techn.> aansluiten II [znw] • telegram • (metaal)draad

wireless I [znw] radio II [bnw] draadloos

wiry [bnw] • taai • weerbarstig

wisdom [znw] wijsheid

wise I [ov + on ww] • (~ **up**) iets doorkrijgen II [znw] <vero.> wijze, manier III [bnw] wijs, verstandig

wish I [ov + on ww] • wensen, toewensen • verlangen II [znw] wens

wisp [znw] • (rook)sliert • bos(je) • piek <v. haar>

wispy [bnw] piekerig, spichtig

wistful [bnw] treurig, droefgeestig

wit [znw] • geestigheid • geestig persoon

witch [znw] heks

with [vz] • met • van • bij

withdraw I [ov ww] • terugnemen • terugtrekken II [on ww] z. terugtrekken

withdrawal [znw] • het terugtrekken • het terugnemen

withdrawn [bnw] • teruggetrokken • verlegen

wither [ov + on ww] (doen) verwelken, verschrompelen, verdorren, (uit)drogen

withhold I [ov ww] terughouden, niet geven II [on ww] z. weerhouden, z. onthouden

within I [bijw] (van) binnen, in huis II [vz] binnen (in)

without [vz] zonder

withstand [ov ww] weerstaan, weerstand bieden (aan)

witless [bnw] onnozel, stupide, dom

witness I [ov ww] getuige zijn v. II [znw] getuige

witticism [znw] geestigheid

witty [bnw] geestig

wives [mv] → **wife**

wizard [znw] tovenaar

wizardry [znw] toverkunst(en)

wobble [on ww] wiebelen, schommelen

woe [znw] wee

woke [ww] verl. tijd + volt. deelw. → **wake**

woken [ww] volt. deelw. → **wake**

wolf I [ov ww] • (~ **down**) opschrokken II [znw] wolf

wolves [mv] → **wolf**

woman [znw] • vrouw • werkster

womanish [bnw] verwijfd, sentimenteel

womankind [znw] de vrouwen

womanly [bnw] *vrouwelijk*
womb [znw] *baarmoeder, schoot*
women [mv] → **woman**
won [ww] *verl. tijd + volt. deelw.*
→ **win**
wonder I [on ww] • *verbaasd staan*
• *zich afvragen* • *benieuwd zijn* • (~ **at**)
zich verwonderen over II [znw]
• *wonder* • *verwondering*
wonderful [bnw] *prachtig, schitterend*
wonderment [znw] *verwondering*
wondrous [bnw + bijw] *verwonderlijk,*
buitengewoon
wont ‹form.› [bnw] *gewoon, gewend*
won't [samentr.] /will not/ → **will**
woo [ov ww] • *de gunst proberen te*
winnen van • *het hof maken*
wood [znw] • *hout* • *bos*
wooded [bnw] *bebost*
wooden [bnw] *houten, houterig, stijf*
woodwind [znw] *blaasinstrumenten*
woodwork [znw] • *houtwerk* ‹in
gebouw› • *houtbewerking*
woody [bnw] • *bosrijk* • *hout-*
woof I [on ww] *blaffen* II [znw] • *inslag*
• *weefsel* • *blaf*
wool [znw] *wol*
woollen [bnw] *wollen*
woolly I [znw] *wollen trui* II [bnw]
wollig
word I [ov ww] *uitdrukken, verwoorden*
II [znw] • *woord* • *bericht, nieuws*
• *bevel* • *parool, wachtwoord*
wording [znw] *bewoordingen, stijl,*
redactie
wordy [bnw] *woordenrijk, langdradig*
wore [ww] *verl. tijd* → **wear**
work I [ov ww] • *laten werken*
• *bedienen, exploiteren* • *bewerken,*
kneden, smeden • (~ **in**) *erin werken,*
ertussen werken • (~ **into**) *tot ...*
brengen • (~ **off**) *te boven komen,*
afreageren • (~ **out**) *berekenen*
• (~ **over**) *aftuigen* • (~ **up**) *opwerken,*
aanzetten II [on ww] • *werken* • *effect*
hebben, gaan, functioneren • *(nerveus)*

trekken • (~ **on**) *dóórwerken, werken*
op • (~ **out**) *uitkomen, trainen, lukken*
III [znw] • *werk, arbeid* • *naaiwerk,*
breiwerk, borduurwerk • *werkstuk*
workable [bnw] *bruikbaar*
workaday [bnw] *alledaags, saai*
worker [znw] *werker, arbeider*
working I [znw] • *werking* • *mijn*
II [bnw] • *werk-, bedrijfs-* • *werkend,*
praktisch, bruikbaar
world [znw] *wereld*
worldly [bnw] • *aards* • *werelds*
worm I [ov ww] *ontwormen* II [znw]
worm
wormy [bnw] • *wormstekig* • *vol*
wormen
worn I [ww] *volt. deelw.* → **wear**
II [bnw] • *versleten* • *gedragen*
worried [bnw] *bezorgd*
worrisome [bnw] *lastig, vervelend,*
zorgelijk
worry I [ov ww] *lastig vallen, vervelen,*
(aan 't hoofd) zaniken II [on ww]
piekeren, z. zorgen maken III [znw]
• *zorg* • *tobberij*
worrying [bnw] *zorgwekkend, zorgelijk*
worse [bnw + bijw] *slechter, erger*
worsen [ov + on ww] *verergeren*
worship I [ov ww] *aanbidden* II [znw]
• *verering, aanbidding* • *eredienst*
worshipful [bnw] *eerbiedig*
worshipper [znw] • *vereerder*
• *gelovige, kerkganger*
worsted [znw] *wol, kamgaren*
worth I [znw] *waarde* II [bnw] *waard*
worthless [bnw] *waardeloos*
worthy I [znw] *beroemdheid, held*
II [bnw] • *waardig* • *waard*
• *(achtens)waardig, braaf*
would [ww] *verl. tijd* → **will**
wound I [ww] *verl.tijd + volt.deelw.*
→ **wind** II [ov ww] *(ver)wonden,*
krenken III [znw] *wond*
wove [ww] *verl. tijd* → **weave**
woven [ww] *volt. deelw.* → **weave**
wrangle I [on ww] *ruzie*

hebben/maken, kiften, vitten II [znw]
ruzie
wrap I [ov ww] inpakken, wikkelen
• (~ **up**) afronden, inwikkelen
II [on ww] • (~ **up**) z. inpakken
III [znw] • omslagdoek • reisdeken
wrapper [znw] wikkel
wrapping [znw] (in)pakmateriaal
wrath [znw] toom
wreak [ov ww] aanrichten
wreath [znw] krans, guirlande
wreathe [ov ww] • (~ **in**) omkransen,
hullen in
wreck I [ov ww] • doen schipbreuk
lijden, doen verongelukken
• vernietigen II [znw] ruïne,
wrak(stukken), overblijfsel
wreckage [znw] wrakstukken
wrecker [znw] verwoester
wren [znw] winterkoninkje
wrench I [ov ww] • ontwrichten,
verstuiken • wringen, rukken, draaien
II [znw] • ruk, draai • moersleutel
• pijnlijke scheiding
wrest [ov ww] wegrukken
wrestle [ov + on ww] worstelen (met)
wrestler [znw] worstelaar
wrestling [znw] het worstelen
wretched [bnw] • slecht, miserabel
• ellendig, diep ongelukkig
wriggle I [ov + on ww] wriemelen,
(zich) kronkelen • (~ **out of**) ontkomen
aan II [znw] gekronkel, gewriemel
wring I [ov ww] wringen • (~ **out**)
uitwringen II [znw] draai
wringer [znw] mangel
wrinkle I [ov + on ww] rimpelen,
plooien II [znw] rimpel, plooi
wrist [znw] pols
write I [ov ww] schrijven • (~ **down**)
opschrijven • (~ **off**) als afgeschreven
beschouwen • (~ **out**) uitschrijven,
voluit schrijven • (~ **up**) in het net
schrijven II [on ww] schrijven
writer [znw] schrijver
write-up [znw] rapport, recensie

writhe [ov + on ww] (z.) kronkelen
writing I [znw] • schrift • geschrift,
handschrift II [bnw] schrijf-
written I [ww] volt. deelw. → write
II [bnw] schriftelijk
wrong I [ov ww] • verkeerd beoordelen
• onrecht aandoen, onheus behandelen
II [znw] • kwaad, onrecht • iets
verkeerds • ongelijk III [bnw + bijw]
• verkeerd, niet in orde • slecht
wrongful [bnw] • onrechtmatig • fout
wrote [ww] verl. tijd → write
wrung [ww] verl. tijd + volt. deelw.
→ wring

X

xenophobia [znw]
 vreemdelingenhaat/-angst
Xmas [znw] Kerstmis
X-ray I [ov ww] • röntgenfoto maken
 (v.) • nauwkeurig onderzoeken II [znw]
 röntgenfoto
xylophone [znw] xylofoon

Y

yacht [znw] jacht
yachting [znw] zeilsport
yank I [ov ww] plotseling (weg)trekken,
 rukken, trekken aan II [znw] ruk, stoot,
 klap
Yank, Yankee I [znw] inwoner v.d. VS,
 Amerikaan II [bnw] Amerikaans
yap I [on ww] • keffen • kletsen II [znw]
 gekef
yard [znw] • yard (=91 cm)
 • binnenplaats, erf, plaats(je) <bij huis>
 • emplacement, werf
yarn [znw] • garen, draad • sterk verhaal
yaw [on ww] • uit de koers raken
 • slingeren <v. vliegtuig/schip>
yawn I [on ww] gapen, geeuwen
 II [znw] • geeuw • vervelend iets
ye <vero.> I [pers vnw] gij, u II [lw] de,
 het
yea [znw] ja
year [znw] jaar
yearly [bnw + bijw] jaar-, jaarlijks
yearn [on ww] smachten (naar)
yearning I [znw] vurig verlangen
 II [bnw] smachtend
yeast [znw] gist
yell I [on ww] schreeuwen • (~ out)
 uitbrullen II [znw] geschreeuw, gil
yellow I [ov ww] geel maken II [on ww]
 vergelen, geel worden III [bnw] • geel
 • laf
yelp I [on ww] janken II [znw] gejank
yes [tw] ja
yesterday [bijw] gisteren
yet I [bijw] • nog, tot nog toe • toch,
 nochtans • al II [vw] en toch, maar
Yiddish I [znw] de Jiddische taal
 II [bnw] Jiddisch
yield I [ov ww] • op-/voortbrengen,
 opleveren • afstaan • (~ up) opleveren,
 afstaan II [on ww] • toegeven • z.

overgeven • bezwijken III [znw]
• productie • opbrengst • oogst
yielding [bnw] meegaand/-gevend
yippee [tw] jippie!
yodel I [ov + on ww] jodelen II [znw]
gejodel
yoke I [ov ww] • 't juk opleggen
• aanspannen <v. ossen> • verbinden
II [znw] • juk • heup-/schouderstuk <v.
kledingstuk>
yokel [znw] boerenpummel
yolk [znw] eidooier
yonder [bijw] daar(ginds)
you [pers vnw] • jullie, je • gij, u • men
you'd [samentr.] /you would/ /you
had/ → **will, have**
you'll [samentr.] /you will/ /you
shall/ → **shall, will**
young [bnw] jong
youngster [znw] jong mens, kind
your [bez vnw] uw, je
you're [samentr.] /you are/ → **be**
yours [bez vnw] jouwe, de/het uwe
youth [znw] • jeugd • jongeling
youthful [bnw] jeugdig, jong
you've [samentr.] /you have/ → **have**
yowl I [on ww] janken, huilen,
miauwen II [znw] • gejank • gemiauw

Z

zany [bnw] grappig, excentriek
zap I [ov ww] <inf.> doden, doodschieten
II [on ww] snel ergens heengaan
• (~ **through**) snel iets afmaken
zeal [znw] ijver, vuur
zealot [znw] fanatiekeling
zealous [bnw] ijverig
zero I [on ww] • (~ **in/on**) richten op
II [znw] nul(punt) III [bnw] nul-, geen
zest [znw] • vuur • animo
zinc [znw] zink
zip I [ov ww] • (~ **up**) dichtritsen
II [znw] ritssluiting
zipper [znw] ritssluiting
zodiac [znw] dierenriem
zoo [znw] dierentuin
zoology [znw] dierkunde
zoom [on ww] • zoemen • snel in prijs
stijgen • (~ **in** (**on**)) inzoomen (op)

NTC's
Compact
Dutch
and
English
Dictionary

Contents

Lijst van afkortingen . . . 5

Bijzondere tekens . . . 6

Dutch-English Dictionary . . . 7

lijst van afkortingen

aanw vnw	aanwijzend voornaam-woord	neol.	neologisme
adm.	administratie	on ww	onovergankelijk werk-woord
AE	Amerikaans Engels	onb vnw	onbepaald voornaamwoord
astrol.	astrologie	onp ww	onpersoonlijk werkwoord
BE	Brits Engels	onv ww	onvervoegbaar werkwoord
bel.	beledigend	ov ww	overgankelijk werkwoord
betr vnw	betrekkelijk voornaam-woord	p.	persoon/person
		pej.	pejoratief
bez vnw	bezittelijk voornaam-woord	pers vnw	persoonlijk voornaam-woord
bijv.	bijvoorbeeld	plantk.	plantkunde
bijw	bijwoord	pol.	politiek
bio.	biologie	rel.	godsdienst
bnw	bijvoeglijk naamwoord	s.o.	someone
chem.	scheikunde	s.th.	something
comp.	informatica	scheepv.	scheepvaart
econ.	economie	scherts	schertsend
ev	enkelvoud	sl.	slang
fig.	figuurlijk	taalk.	taalkunde
form.	formeel	techn.	techniek
foto.	fotografie	telw	telwoord
geb. wijs	gebiedende wijs	tw	tussenwerpsel
geo.	geografie	uitr vnw	uitroepend voornaam-woord
gesch.	geschiedenis		
hand.	handel	vero.	verouderd
hww	hulpwerkwoord	Vl.	Vlaams
inf.	informeel	volkst.	volkstaal
iron.	ironisch	voorv	voorvoegsel
jur.	juridisch	vr vnw	vragend voornaam-woord
kind.	kindertaal		
kww	koppelwerkwoord	vulg.	vulgair
lit.	literatuur	vw	voegwoord
luchtv.	luchtvaart	vz	voorzetsel
lw	lidwoord	wisk.	wiskunde
m.b.t.	met betrekking tot	wkd vnw	wederkerend voornaam-woord
med.	medisch		
mil.	militair	wkg vnw	wederkerig voornaam-woord
muz.	muziek		
mv	meervoud	ww	werkwoord
nat.	natuurkunde		

6

Bijzondere tekens

Trefwoorden zijn vetgedrukt. Alle informatie die niet cursief is gezet, heeft betrekking op het Nederlands, alle cursieve informatie heeft betrekking op het Engels.

●   Elke betekenisomschrijving van een trefwoord wordt voorafgegaan door een bolletje en staat tussen ronde haken.

· · · ·   Elke specificering van een vertaling staat tussen punthaakjes, evenals vakgebied- en stijlaanduidingen.

[...]   Grammaticale informatie staat tussen rechte haken.

★   Voorbeeldzinnen worden voorafgegaan door een sterretje.

▼   Idiomatische uitdrukkingen worden voorafgegaan door een driehoekje.

I,II enz.   Aanduidingen van grammaticale categorieën (zelfstandig naamwoord, bijvoeglijk naamwoord, soorten werkwoorden enz.) worden voorafgegaan door romeinse cijfers.

~   Een tilde vervangt het trefwoord.

/   Een schuine streep scheidt woorden die onderling verwisselbaar zijn.

↑   Dit teken geeft aan dat de vertaling formeler is dan het vertaalde woord of voorbeeld.

↓   Dit teken geeft aan dat de vertaling informeler is dan het vertaalde woord of voorbeeld.

≈   Dit teken geeft aan dat de vertaling een benadering is van het vertaalde woord of voorbeeld; een exacte vertaling kan in dat geval niet worden gegeven.

A

aaien *stroke,* ‹kat› *pet,* ‹romantisch›
caress
aak *(Rhine-)barge*
aal *eel*
aalbes *redcurrant*
aalmoes *alms* [mv]
aalmoezenier *chaplain,* ‹inf.› *padre*
aambeeld *anvil*
aan I [bijw] • (in werking) *on* • (aan het
lichaam) *on* • (op zekere wijze)
∗ *rustig aan! easy does it!*
• (begonnen) ∗ *het is dik aan tussen
hen they're very close* II [vz]
• (meewerkend vw.) *to* • (op een
plaats) *on/in/at* • (als gevolg van)
from/of • (wat betreft) *of* • (na/naast
elkaar) *by/upon*
aanbellen *ring (the bell)*
aanbesteden *put out to
contract/tender, invite tenders for*
aanbesteding *contract,* (public) *tender*
aanbetaling *down payment*
aanbevelen *recommend*
aanbeveling *recommendation*
aanbidden *adore, worship,* ‹rel.›
worship
aanbidder • (bewonderaar) *admirer*
• (rel.) *worshipper*
aanbieden *present, offer,* ‹telegram›
hand in
aanbieding • (offerte) *offer* • (het
geven) *presentation* • (koopje)
bargain, special offer
aanblijven *stay on,* ‹v. ambt› *remain
in office*
aanblik *sight, scene,* ‹v. persoon›
appearance
aanbod *offer*
aanbouw • (aangebouwd deel)
annex(e), extension • (het bouwen)

building
aanbouwen *build,* ‹uitbreiden› *build
on to*
aanbranden *burn, be burnt*
aanbreken I [ov ww] ‹een brood› *cut
into,* ‹een fles› *open* II [on ww]
• (beginnen) ‹dag› *dawn,* ‹nacht› *fall*
aanbrengen ‹slot› *fix,*
‹veranderingen› *introduce,* ‹verf›
apply
aandachtig *attentive*
aandeel • (portie) *portion, share*
• (bijdrage) *part* • (waardepapier)
share
aandeelhouder *shareholder*
aandenken • (het in de herinnering
houden) *memory, remembrance*
• (souvenir, enz.) *souvenir, keepsake*
aandikken • (overdrijven) *exaggerate,*
‹inf.› *lay it on* (thick) • (dikker
worden) *thicken*
aandoen • (aantrekken) *put on*
• (berokkenen) *cause* • (beroeren)
move, affect
aandoening *disorder*
aandoenlijk *moving, touching*
aandrang *urge, pressure*
aandrijven *drive*
aandringen I [ov ww] • (met klem
betogen) *press the point* II [on ww]
• (naar voren dringen) *advance, press
forward*
aanduiden *indicate, point out,* ‹met
teken› *mark*
aandurven *dare* (to)
aaneen *on end, at a stretch*
aaneenschakeling *chain, sequence,
series* [mv]
aanfluiting *farce, mockery*
aangaan I [ov ww] • (beginnen)
contract, enter into • (betreffen)
concern II [on ww] ‹v. brandhout›
catch fire, ‹v. lampen› *go on*
aangaande *concerning, regarding, as
for/to*

aangapen *gape/stare at*
aangeboren *inborn/inbred,* <v. talent>
innate
aangedaan • (ontroerd) *moved,*
touched • (aangetast) *affected*
aangelegenheid *matter, affair,*
business
aangenaam *agreeable, pleasant,*
pleasing
aangeschoten *tipsy*
aangetrouwd *related by marriage*
aangeven • (doorgeven) *hand, pass*
• (melden) <bijzonderheden> *state,*
<op meetapparatuur> *register*
aangezicht *face, countenance*
aangezien *as, since, because,* <inf.>
seeing (as)
aangifte <v. belasting> *return,* <v.
goederen> *declaration,* <v. misdaad>
report
aangrenzend *adjacent, adjoining*
aangrijpen • (vastpakken) *seize*
• (ontroeren) *move*
aanhalen • (vasttrekken) *tighten*
• (citeren) *quote* • (liefkozen) <v. dier>
pet, <v. mens> *fondle, caress* • (wisk.)
bring down
aanhalig *affectionate*
aanhang *followers, supporters,*
adherents
aanhangen I [ov ww] • (steunen)
follow, support • (ophangen) *attach,*
hang II [on ww] *hang on to, stick to*
aanhanger • (volgeling) *follower,*
supporter • (aanhangwagen)
trailer
aanhangig *pending*
aanhangsel <v. boek/document>
appendix, <v. polis> *slip,* <v.
testament> *codicil*
aanhangwagen *trailer*
aanhankelijk *attached, devoted,*
affectionate
aanhef *opening (words),* <v. brief>
salutation

aanheffen *start, begin*
aanhoren • (beluisteren) *listen to,*
hear • (merken) *hear, tell*
aanhouden I [ov ww] • (in stand
houden) *prolong,* <vriendschap> *keep
up* • (tegenhouden) *stop* • (arresteren)
arrest • (uitstellen) *hold/leave over,* <v.
rechtszaak> *adjourn* II [on ww]
• (volhouden) *keep/go on, persist (in),*
continue
aanhoudend • (zonder ophouden)
continuous, constant, incessant
• (steeds weer) *continual, time and
again*
aanhouding *arrest*
aanjagen <schrik, vrees> *scare, frighten*
aankijken • (bekijken) *look at, regard*
• (afwachten) *wait and see* • (~ op)
blame for
aanklacht *accusation, charge*
aanklagen *accuse (of), charge (with),*
bring charges against
aanklager *accuser,* <jur.> *plaintiff*
aanklampen • (aanspreken) *accost,*
buttonhole • (enteren) *board*
aankleden *dress*
aankloppen • (op deur kloppen)
knock at the door • (~ bij) *appeal to*
aanknopen • (vastknopen aan)
tie/fasten to • (aangaan)
<onderhandelingen> *enter into,*
<zaken> *establish (with)*
aanknopingspunt *starting-point*
aankomen I [ov ww] • (aanraken)
touch • (verkrijgen) ✶ *hoe ben je
eraan gekomen? how did you get it?*
• (~ op) *come to* • (~ met) *come up
with* II [on ww] • (arriveren) *arrive*
• (zwaarder worden) *put on weight*
• (op bezoek komen) *come round, drop
in* • (doel treffen) *hit home*
aankomend *next, coming*
aankomst *arrival*
aankondigen *announce*
aankondiging *announcement*

aankoop • (het gekochte) *purchase*
• (het kopen) *buying, acquisition*
aankruisen *mark, tick, check*
aankunnen • (opgewassen zijn tegen)
cope (with), be a match for • (erop
vertrouwen) *depend/count/rely on*
aanleg • (constructie) *contruction,
building*, <v. tuin> *laying-out*
• (talent) *talent* • (neiging) *tendency*
aanleggen I [ov ww] • (maken,
bouwen) <elektriciteit> *put in*,
<spoorweg> *build*, <tuin> *lay out*,
<voorraad> *build up*, <vuur> *lay, make*,
<weg> *construct* • (aanbrengen)
<maatstaf> *apply*, <verband> *bandage*
II [on ww] • (aanmeren) *moor*
aanleiding *occasion*
aanlengen *dilute*
aanleunen *lean against*
aanlokkelijk *alluring, enticing,
tempting*
aanlokken *lure, entice*, <klanten>
attract
aanloop • (bezoek) *visitors*
• (inleidende loop) <sport> *run-up*, <v.
vliegtuig> *take-off run* • (inleiding)
introduction, preamble
aanlopen • (naderen) ★ komen ~ *come
walking* • (~ tegen) *walk/bump/run
(into), chance (on)*, <fig.> *come (across)*
aanmaak *manufacture, production*
aanmanen *urge, exhort*
aanmaning *reminder*, <voor
belasting> *summons*
aanmatigen *presume, assume*, <form.>
arrogate to o.s.
aanmatigend *presumptuous,
overbearing, arrogant*
aanmelden I [ov ww] • (aandienen)
announce, report • (opgeven) *enter
(for)* II [wkd ww] *come forward*
aanmerkelijk *considerable*
aanmerken • (kritiek leveren) *criticize*
• (beschouwen als) *consider (as),
regard (as)*

aanmerking • (kritiek) *comment,
(critical) remark* • (beschouwing)
consideration
aanmoedigen *encourage*, <sport> *cheer*
aanmonsteren I [ov ww] *engage, sign
on* II [on ww] *sign on*
aannemelijk • (geloofwaardig) *fair*,
<redelijk> *plausible*, <waarschijnlijk>
likely
aannemen • (accepteren) *accept, take*,
<motie> *carry* • (veronderstellen)
assume, suppose • (in dienst nemen)
engage • (geloven) *believe*
• (adopteren) *adopt*
aannemer *contractor, (master)builder*
aanpak *approach*
aanpakken • (vastpakken) *take hold
of, seize* • (ter hand nemen) *deal with,
tackle* • (hard werken) *work hard* ★ hij
weet van ~ *he is a go-getter*
aanpappen ★ ~ met *suck up to; get
matey with*
aanpassen I [ov ww] • (passen) *try on*
• (geschikt maken) *adapt* II [wkd ww]
adapt/adjust o.s. to
aanplakbiljet *poster, placard*
aanplant • (het planten) *planting*
• (het geplante) *new plants, plantings*
aanpoten • (hard werken) *slog away
at, slave away* • (voortmaken) *hurry
(up)*, <inf.> *get a move on*
aanpraten ★ iem. iets ~ *talk s.o. into
s.th.*
aanprijzen *recommend, praise*
aanraden *advise, recommend*, <plan>
suggest
aanraken *touch*
aanraking • (beroering) *touch*
• (contact) *contact*
aanranden *assail/assault s.o., assault
indecently*
aanrecht *kitchen sink (unit)*
aanreiken *pass, hand, reach*
aanrekenen <gunstig> *give credit for*,
<ongunstig> *blame (for), hold (against)*

aanrichten *cause, bring about*
aanrijden I [ov ww] *collide (with), run into* II [on ww] *drive up*
aanrijding *collision, crash, accident*
aanroepen *call, hail*
aanroeren • (ter sprake brengen) *refer to s.th., mention s.th. (in passing)* • (aanraken) *touch (upon)*
aanrukken *advance*
aanschaffen *purchase, acquire, buy*
aanschieten • (licht verwonden) *hit* • (snel aantrekken) *slip into* • (aanklampen) *buttonhole, accost*
aanschouwelijk *clear, graphic*
aanschouwen *see, behold*
aanschrijven *summon, order, instruct*
aanslaan I [ov ww] • (de waarde bepalen) *estimate, rate,* <belasting> *assess* • (kort raken) <snaar> *touch,* <toets> *strike* II [on ww] • (blaffen) *start barking* • (starten v. motor) *start* • (succes hebben) *be a success, catch on*
aanslag • (het aanslaan) *touch* • (belastingaanslag) *assessment* • (aanval) *attack, attempt* • (aanzetting) *deposit*
aanslagbiljet *tax demand,* <inkomsten> *income tax return*
aanslibben *silt (up)*
aansluiten I [ov ww] • (verbinden) *connect* • (aaneen doen sluiten) *close, link up* II [on ww] • (aaneensluiten) <v. treinen> *connect* III [wkd ww] • (z. voegen bij) *join*
aansluiting • (het aansluiten bij iem./iets) *joining* • (verbinding) *connection, junction*
aansnijden • (eerste stuk afsnijden) *cut (into)* • (aankaarten) *broach, bring up*
aanspannen • (voor een voertuig spannen) *harness, hitch up* • (strak trekken) *tighten* • (rechtzaak beginnen) *take legal proceedings (against s.o.)*

aanspoelen I [ov ww] *wash ashore* II [on ww] *be washed ashore*
aansporen <prikkelen> *stimulate,* <v. paard> *spur*
aansporing *incentive, stimulation, stimulus*
aanspraak • (recht om te eisen) *title, claim* • (sociaal contact) *company*
aansprakelijk *responsible, liable*
aansprakelijkheid *liability, responsibility*
aanspreken • (het woord richten tot) *address, speak to* • (gebruiken) <kapitaal> *break into*
aanstaan <tv, enz.> *be (switched) on,* <v. motor> *be running*
aanstalten *preparations*
aanstaren *stare/gaze at*
aanstekelijk *infectious, contagious, catching*
aansteken • (doen branden) *light, set fire to* • (besmetten) *infect*
aansteker *lighter*
aanstellen I [ov ww] *appoint* II [wkd ww] *pose, put on airs*
aanstellerig *affected, theatrical*
aanstellerij *affectation, pose*
aanstelling *appointment*
aanstippen • (kort noemen) *mention briefly, touch on* • (aankruisen) *tick off* • (even aanraken) *touch,* <med.> *dab*
aanstonds *at once, directly,* <straks> *presently*
aanstoot *offence, scandal*
aanstrepen <in tekst> *mark,* <op lijst> *tick off*
aansturen • (sturen naar) *make/head for* • (bedoelen) *drive at*
aantal *number*
aantasten • (aanvallen) *attack* • (aanvreten) *affect, attack*
aantekenen *record,* <v. brief> *register*
aantekening • (notitie) *note* • (noot) *annotation, (foot)note* • (vermelding) *registration*

aantijging *imputation, accusation, allegation*

aantikken I [ov ww] • (even aanraken) *tap* II [on ww] • (oplopen) *mount/tot up*

aantocht *approach, advance*

aantonen • (bewijzen) *prove, demonstrate* • (laten zien) *demonstrate, reveal, show*

aantreden *fall in, line up*

aantreffen *meet (with), find, come across*

aantrekkelijk *attractive, inviting*

aantrekken I [ov ww] • (naar zich toetrekken) *draw,* ‹fig.› *attract* • (vasttrekken) *draw tighter, tighten* • (aandoen) ‹kleren› *put on,* ‹schoeisel› *pull on* • (werven) *employ* II [wkd ww] *take s.th. at heart/ seriously*

aantrekkingskracht • (aantrekkelijkheid) *attractiveness, appeal* • (nat.) *power of attraction,* (gravitational) *pull*

aanvaardbaar *acceptable*

aanvaarden • (accepteren) ‹aanbod› *accept,* ‹commando› *assume* • (beginnen) *begin*

aanval • (offensief) *assault,* ‹ook bij sport› *attack* • (aandoening) *attack, fit*

aanvallen *attack,* ‹plotseling en hevig› *charge*

aanvang *beginning, start,* ‹form.› *commencement*

aanvangen I [ov ww] *begin, commence* II [on ww] *begin*

aanvankelijk I [bnw] *original, first, initial* II [bijw] *initially, at first*

aanvaring *collision*

aanvechtbaar *questionable, debatable*

aanvechten *question,* ‹v. bewering› *challenge*

aanverwant • (nauw betrokken bij) *related* • (aangetrouwd) *related by marriage,*

aanvliegen *fly at (s.o.)*

aanvoelen I [ov ww] *feel, appreciate, sense (the atmosphere)* II [on ww] *feel*

aanvoer • (het aanvoeren) *supply, delivery* • (het aangevoerde) *supply, arrival(s)*

aanvoerder *commander, leader,* ‹sport› *captain*

aanvoeren • (aandragen) ‹bewijs› *submit,* ‹bezwaren› *raise,* ‹redenen› *produce* • (leiden) *lead* • (leveren) *supply, bring*

aanvraag • (verzoek) *application, request* • (bestelling) *order, demand*

aanvragen *apply/ask for*

aanvullen ‹v. leemte› *fill (up),* ‹v. tekort› *supply,* ‹elkaar› *complement*

aanvulling *supplement, addition*

aanvuren *fire, inspire,* ‹sport› *cheer (on)*

aanwaaien ∗ bij iem. komen ~ *drop in on s.o.*

aanwakkeren I [ov ww] • (aanmoedigen) *stimulate* • (verergeren) *stir up, fan* II [on ww] • (heviger worden) ‹v. wind› *increase*

aanwas • (toename) *increase, growth* • (aangeslibde grond) *accretion*

aanwenden *use, apply*

aanwerven *canvass*

aanwezig *present*

aanwezigheid • (presentie) *attendance* • (het aanwezig/ beschikbaar zijn) *availability, presence*

aanwijzen • (wijzen naar) *indicate, point out/to, show* • (toewijzen) *assign (to), designate*

aanwijzing • (indicatie) *indication, sign* • (wenk) ‹bij aanpak› *instructions, pointer, directions,* ‹bij raadsel› *clue*

aanwinst • (verworven bezit) *gain, acquisition* • (verrijking) *gain, asset*

aanwrijven I [ov ww] *blame s.o. (for)* II [on ww] ∗ ~ tegen *rub against*

aanzetten • (in werking zetten)
<motor> start, <tv> switch on
• (aansporen) <tot opstand> incite to
aanzien I [het] • (uiterlijk) aspect, look
• (achting) esteem, prestige II [ov ww]
• (bekijken) look at/(up)on, consider
• (aan het uiterlijk zien) * men ziet
hem zijn leeftijd niet aan he does not
look his age • (~ voor) take for
aanzienlijk • (groot) considerable,
substantial • (voornaam)
distinguished, notable, noble
aanzitten sit at table
aanzoek proposal
aap monkey
aard • (gesteldheid) nature, character
• (soort) kind, sort
aardappel potato
aardbei strawberry
aardbeving earthquake
aardbodem earth's surface, earth,
ground
aardbol • (de aarde) earth • (globe)
globe
aarde • (teelaarde) soil, (leaf) mould
• (aardbol) earth • (techn.) earth
aarden I [bnw] earthen II [ov ww]
• (techn.) earth III [on ww]
• (thuisraken) feel at home • (~ naar)
take after
aardewerk pottery, crockery,
earthenware
aardgas natural gas
aardig I [bnw] • (vriendelijk) <v.
manieren> pleasant, <v. personen>
nice II [bijw] • (vriendelijk) nicely
• (behoorlijk) fairly, pretty (good)
aardigheid • (plezier) fun, pleasure
• (grap) joke, jest
aardkorst earth's crust
aardolie petroleum, crude oil
aardrijkskunde geography
aardrijkskundig geographical
aards terrestrial
aardschok earthquake

aardverschuiving landslide
aartsbisschop archbishop
aartsengel archangel
aartshertog archduke
aartslui bone-idle
aartsvijand arch-enemy
aarzelen hesitate, waver
aas • (kaart) ace • (lokaas) bait • (kreng)
carrion
abces abscess, boil
abdij abbey
abdis abbess
abonnement <lidmaatschap>
subscription, <plaatsbewijs>
season-ticket
aborteren abort
abortus abortion
abrikoos apricot
abrupt abrupt, sudden
absent absent
absentie absence
absolutie absolution
absoluut absolute
absorberen absorb
abstract abstract
abstraheren abstract
absurd absurd, ridiculous
abt abbot
abuis mistake, error
abusievelijk wrongly
academicus university graduate
academie • (hogeschool) university,
<kunst> academy
academisch academic, university
accent • (tongval) accent • (leesteken)
accent • (klemtoon) stress • (nadruk)
emphasis
accentueren accent, stress, emphasize,
accentuate
acceptabel acceptable
accepteren accept
accijns excise (duty)
acclamatie * bij ~ by acclamation
acclimatiseren acclimatize
accolade • (haakje) brace, bracket

• (omarming) *accolade*
accommodatie *accommodation*
accordeon *accordion*
accountant *accountant*
accrediteren • (krediet verschaffen)
give s.o. credit facilities at a bank, give
s.o. credit • (met geloofsbrieven
uitzenden) *accredit* (to)
accuraat *accurate, precise*
accuratesse *accuracy, precision*
acht I [de] • (cijfer) *eight* • (aandacht)
attention, heed II [telw] *eight*
achtbaar *respectable*
achteloos *careless, negligent*
achten • (respecteren) *esteem, respect*
• (vinden) *deem, consider, judge*
achter I [bijw] • (aan de achterkant)
at/in the back/rear • (in achterstand)
behind II [vz] • (na) * ~ elkaar *one*
after the other • (met iets/iem. voor
zich) *at*
achteraan *in the rear, behind, at the*
back
achteraf • (naderhand) *after the event*
• (afgelegen) *in the rear, out of the way*
achterbaks I [bnw] *underhand*
II [bijw] *underhand, secretly*
achterban *rank and file, supporters*
achterblijven • (niet mee kunnen
komen) ‹bij wedstrijden› *fall behind,*
‹in ontwikkeling› *be backward*
• (achtergelaten worden) *be left*
(behind)
achterbuurt *back street, slum*
achterdocht *suspicion*
achterdochtig *suspicious, distrustful*
achtereen *without a pause*
achtereenvolgens *successively, in*
succession
achteren *back, further back/backwards*
achtergrond *background*
achterhalen • (te pakken krijgen)
‹misdadiger› *catch (up with)*
• (terugvinden) *retrieve, recover*
achterhoede *rear(guard),* ‹sport›

defence
achterhoofd *back of the head*
achterhouden *keep back, withhold*
achterin *in/at the back*
achterland *hinterland*
achterlaten *leave (behind)*
achterlijk *backward, retarded*
achterlopen *be behind the times,* ‹v.
klok› *be slow*
achterna *behind, after*
achternaam *family name, surname*
achterneef • (zoon van neef/nicht)
second cousin • (zoon van
oom-/tantezegger) *great nephew*
achterom *round the back*
achterop • (op de achterkant) *at the*
back • (met achterstand) *behind*
achterover *back(wards), on one's back*
achteroverdrukken *pinch, knock off*
achterstallig *back, overdue*
achterstand *arrears*
achterstellen *discriminate against,*
subordinate to, place at a disadvantage
achteruit *backwards, back*
achteruitgaan • (naar achteren gaan)
move/go back • (verslechteren)
decline, deteriorate
achtervoegsel *suffix*
achtervolgen • (steeds lastig vallen)
run after, pursue • (nazetten) *pursue*
achtervolging *pursuit, chase*
achterwaarts I [bnw] *backward*
II [bijw] *back(wards)*
achterwege * ~ blijven (v. zaken) *not*
come off; be omitted * ~ laten *omit;*
drop
achting *regard, esteem, respect*
achtste I [bnw] *eighth* II [telw] *eighth*
achttien *eighteen*
acne *acne*
acrobaat *acrobat*
acrobatisch *acrobatic*
acteren • (toneelspelen) *act, perform*
• (doen alsof) *act, pretend*
acteur *actor*

actie • (handeling) *action*
• (protestactie) * ~ *voeren*
agitate/campaign for/against
actief • (in dienst) *active* • (bezig)
active, energetic
activeren *activate*
activiteit *activity*
actrice *actress*
actualiteit • (het actueel zijn)
topicality • (actueel onderwerp)
topical subjet, ‹gebeurtenis› *current
event*
actueel *current, topical*
acupunctuur *acupuncture*
acuut I [bnw] *acute* II [bijw]
immediately, right away
adder *viper, adder*
adel *nobility*
adelaar *eagle*
adellijk • (edel) *noble* • (bijna
bedorven) *high, gamy*
adelstand *nobility*
adem *breath*
adembenemend *breathtaking*
ademen • (ademhalen) *breathe*
• (lucht doorlaten) *breathe*
ademhaling *breathing, respiration*
ademloos *breathless*
adempauze *breathing-space*
adequaat *adequate*
ader • (bloedvat) *vein* • (bodemlaag)
vein, lode, seam
aderlaten *bleed*
aderlating • (behoorlijk verlies) *drain*
• (gesch.) *bleeding, blood-letting*
aderverkalking *hardening of the
arteries,* ‹med.› *arteriosclerosis*
adhesie • (aanklevingskracht)
adhesion • (instemming) *adhesion,
adherence*
adjudant • (toegevoegd officier)
adjutant, A.D.C., aide-de-camp
• (adjudant-onderofficier) = *warrant
officer* • (vogel) *adjutant bird*
administrateur *administrator,*

‹boekhouder› *accountant, bookkeeper*
administratie • (beheer)
administration, management
• (afdeling) *accounts (department),*
‹mil.› *paymaster's department*
administratief *administrative*
admiraal *admiral*
adopteren • (als kind aannemen)
adopt • (onder zijn hoede nemen)
take up
adoptie *adoption*
adres • (gegevens) *address*
• (verzoekschrift) *petition, address*
adresseren *address,* ‹form.› *direct*
adverteerder *advertiser*
advertentie *advertisement*
adverteren *advertise*
advies *advice, counsel*
adviseren *advise, recommend*
adviseur *adviser, counsellor*
advocaat • (drank) ≈ *eggnog*
• (raadsman) *lawyer*
af I [bnw] • (voltooid) *finished, done*
II [bijw] • (vandaan/weg) *from* • (naar
beneden) *off* • (bij benadering) *to*
• (bevrijd/verlost van) *off*
afbakenen ‹fig.› *define,* ‹v. weg› *mark
out, trace*
afbeelden *represent, portray, depict*
afbeelding • (het afbeelden) *portrayal*
• (beeld) *picture, portrait,* ‹in boek›
illustration
afbellen • (afzeggen) *ring off*
• (iedereen opbellen) *ring round*
afbestellen ‹een order› *cancel,* ‹v.
opdracht› *countermand*
afbetalen • (gedeeltelijk betalen) *pay
on account* • (helemaal aflossen) *pay
(off)*
afbetaling *payment*
afbeulen *work (s.o.) to the bone*
afbijten *bite off,* ‹woorden› *clip*
afbinden • (dichtklemmen) *tie up/off*
• (losmaken) *untie, take off*
afblijven *leave alone, keep one's hands*

afbraak demolition, <chemisch>
degradation
afbraakprijs knock-down price
afbreken • (eraf breken) break off
• (slopen) demolish, pull down, <tent>
strike • (beëindigen) break off
• (afkraken) cry/run down
afbrengen ✴ het er goed/slecht ~ do
well/badly
afbreuk ✴ ~ doen aan damage; be
detrimental to; (do) harm (to)
afdak shelter, lean-to
afdalen go down, descend
afdanken • (wegsturen) dismiss,
<minnaar> ditch • (wegdoen) <kleren>
cast off, <machine, enz.> scrap
afdeling department, <v. leger> unit,
<v. ziekenhuis> ward
afdingen I [ov ww] beat/knock down
II [on ww] haggle, bargain
afdoen • (afhandelen) finish
• (afzetten) take off
afdoend <bewijs> conclusive,
<maatregelen> effective
afdragen • (verslijten) wear out
• (afgeven) hand over
afdrijven I [ov ww] • (aborteren) abort
II [on ww] • (uit koers drijven) drift off
afdrogen dry, wipe (off)
afdruipen • (druipen) trickle down
• (weggaan) slink off
afdruk print
afdrukken print
afdwalen stray (off), <fig.> digress
afdwingen <bekentenis> extort,
<bewondering> compel, command
affaire affair
affiche poster
affiniteit affinity
afgaan • (in werking komen) go off
• (een slecht figuur slaan) lose one's
face • (het er slecht/goed vanaf
brengen) do badly/well • (~ op) make
for, <fig.> rely on

afgang defeat, flop, <inf.> come-down
afgelasten countermand, cancel,
<sport> abandon, postpone
afgelegen distant, remote, out of the
way
afgemeten • (afgepast) measured
• (stijf) formal, stiff
afgevaardigde delegate (to a meeting)
afgeven I [ov ww] • (overhandigen)
hand in, deliver II [on ww] • (vlekken)
run • (~ op) run (s.o./s.th.) down
III [wkd ww] • (~ met) associate o.s.
with
afgezaagd <grap> corny, <uitdrukking>
hackneyed
afgezant envoy, ambassador
afgieten • (beelden gieten) cast
• (vocht verwijderen) pour off, <door
vergiet> strain
afgifte <v. brief> delivery, <v.
document> issue
afgod idol
afgraven dig away, <egaliseren> level
afgrijselijk horrible, ghastly
afgrijzen horror, abhorrence
afgrond precipice, <fig.> abyss, gulf
afgunst jealousy
afgunstig jealous (of)
afhaken I [ov ww] • (loskoppelen)
unhook, <v. wagon> uncouple II [on
ww] • (opgeven) drop out
afhalen <goederen, personen> collect,
<met auto> pick up, <thuis> call for
afhandelen settle, deal with
afhandig ✴ iem. iets ~ maken trick s.o.
out of s.th.; filch s.th from s.o.
afhangen ✴ ~ van depend (on)
afhankelijk dependent (on)
afhouden • (weghouden) keep
off/from, <sport> obstruct • (inhouden)
deduct, withhold
afkammen run down
afkappen • (afhakken) chop/cut off
• (plotseling beëindigen) cut short
afkeer aversion (to), dislike (of/to)

afkeren *turn away, avert*
afkerig *averse (to/from)*
afketsen I [ov ww] *reject, turn down*
II [on ww] • (terugstuiten) *glance off*
• (niet doorgaan) *fall through, fail*
afkeuren • (niet geschikt verklaren)
reject, declare unfit • (veroordelen)
condemn, disapprove (of)
• (verwerpelijk vinden) *frown upon*
afkeuring • (het ongeschikt
verklaren) *rejection* • (het
veroordelen) *condemnation,
disapproval*
afkicken *kick (a habit)*
afkijken • (leren door te kijken) *copy*
• (spieken) *copy, crib*
afkloppen • (schoonmaken) *dust*
• (bezweren) *touch wood*
afknappen • (afbreken) *snap*
• (mentaal instorten) *crack up, break
down*
afknapper *letdown*
afkoelen *cool down*
afkomen • (klaar krijgen) *get finished*
• (afstappen) *get off* • (naar beneden
komen) *come down(stairs)* • (aan iets
ontsnappen) *get away* • (kwijtraken)
get rid of
afkomst *descent, birth, origin*
afkomstig *coming/originating from*
afkondigen *proclaim, declare*
afkopen ‹iem.› *buy out,* ‹iets› *buy off*
afkorten *abbreviate, shorten*
afkraken *slate, run down*
afkunnen *be able to get through,
manage, cope with*
aflaten I [ov ww] • (niet opdoen) *leave
off* II [on ww] • (ophouden) *desist
(from), cease*
afleggen • (afdoen) *take off* • (zich
ontdoen van) *set/put aside* • (doen)
‹eed› *take, swear,* ‹examen› *sit/take*
afleiden • (bezig houden/storen)
divert, distract • (wegleiden)
guide/lead away (from), ‹fig.› *divert*

• (vormen uit iets anders) *derive
(from)* • (~ uit) *conclude, gather (from)*
afleiding • (ontspanning) *diversion*
• (woordvorming) *derivation*
afleren *unlearn*
afleveren *turn out, produce, deliver*
aflevering • (deel van reeks) *issue,* ‹v.
tv-serie› *episode* • (bezorging) *delivery*
aflezen *read*
afloop • (einde) ‹v. vergadering› *end,
close* • (uitkomst) *result,* ‹v. strijd›
outcome
aflopen • (eindigen) *(come to an) end,*
‹v. contract, termijn› *expire* • (afgaan)
go off • (afhellen) *slope (down/away)*
• (~ op) *make for*
aflossen • (vervangen) *relieve*
• (terugbetalen) *pay off*
aflossing • (afbetaling) *repayment*
• (vervanging) *relief*
afluisteren *eavesdrop (on),* ‹v.
telefoon› *tap*
afmaken I [ov ww] • (beëindigen)
finish, complete • (doden) *kill, finish
off* • (afkraken) *pull/tear to pieces*
II [wkd ww] • (~ er) **van**) *dismiss
s.th., shrug s.th. off*
afmatten *exhaust, tire/wear out*
afmelden • (afzeggen) *cancel*
• (vertrek melden) *clock off/out,* ‹in
fabriek› *sign out*
afmeten • (meten) *measure (off)*
• (beoordelen) *judge*
afmeting *dimension, proportion, size*
afmonsteren I [ov ww] • (ontslaan)
pay off II [on ww] • (ontslag nemen)
sign off
afname • (aankoop) *purchase* • (het
afgenomen worden) *sale*
• (vermindering) *decline*
afnemen I [ov ww] • (laten afleggen)
hold, administer • (wegnemen) *take
away* • (afruimen) *clear* • (kopen) *buy*
II [on ww] *decrease,* ‹v. kracht, maan›
wane, ‹v. wind› *subside*

afnemer *buyer, client, customer*
aforisme *aphorism*
afpakken *take/snatch (away)*
afpassen • (afmeten) *pace (out),*
measure • (gepast betalen) *give/pay*
the exact money
afpersen *extort, blackmail*
afpoeieren *brush off*
afprijzen *mark down, reduce*
afraden *dissuade (a person from s.th.),*
advise against
afraffelen ‹vnl. huiswerk› *rush*
through
afranselen *thrash,* ‹als straf› *flog*
afrastering *railings* [mv], *fence*
afreageren *work/let off steam*
afreizen I [ov ww] • (bereizen) *travel*
II [on ww] • (vertrekken) *depart, leave*
(for)
afrekenen *pay/settle one's bill*
afrekening • (het afrekenen)
payment, settlement • (nota) *receipt*
afremmen I [ov ww] • (temperen)
temper, curb II [on ww] • (remmen)
slow down
africhten *train,* ‹paard› *break*
afrijden • (naar beneden rijden) *drive*
down • (rijexamen doen) *do one's*
driving test
Afrika *Africa*
afrit *sliproad,* ‹autoweg› *exit*
afroepen *call out/off*
afromen *cream, skim,* ‹fig.› *cream off*
afronden • (beëindigen) *round off,*
wind up • (rondmaken) *round off*
• (wisk.) * naar boven/beneden ~
round up/down
afruimen *clear the table, clear away*
afrukken • (met ruk aftrekken) *tear*
away, rip off • (masturberen) *jerk/jack*
off, wank (off)
afschaffen *abolish, do away with*
afscheid *parting, departure, leave*
afscheiden • (uitscheiden) *secrete*
• (losmaken) *separate, detach*

afscheiding • (het afsplitsen van)
separation, ‹m.b.t. kerk› *schism*
• (uitscheiding) *secretion*
afschepen *put/fob (s.o.) off*
afschermen *mask, screen, protect from*
afschieten • (afvuren) *fire* • (doden)
shoot
afschilderen • (afbeelden) *paint*
• (uitbeelden) *portray, make out*
afschrift *copy,* ‹v. bankrekening›
statement (of account)
afschrijven • (afboeken) *debit*
• (boekwaarde verlagen) *write off*
afschrijving • (afmelding) *letter of*
cancellation • (verlaging v.
boekwaarde) *depreciation* • (bewijs
van afboeking) *debit note*
afschrikken *discourage, put/scare off,*
deter
afschrikwekkend *deterrent,*
frightening
afschudden *shake off*
afschuiven I [ov ww] • (wegschuiven)
push/move away, shift • (afwentelen)
shift, pass on (to) II [on ww] • (betalen)
fork out, cough up
afschuw *horror, disgust*
afschuwelijk I [bnw] • (afgrijselijk)
horrible, abominable • (heel
slecht/lelijk) *shocking, awful* II [bijw]
frightfully, terribly
afslaan I [ov ww] • (prijs verlagen)
reduce • (afwijzen) ‹aanbod› *decline,*
‹verzoek› *refuse* • (eraf slaan) ‹v.
thermometer› *shake down* II [on ww]
• (v. richting veranderen) *turn (off),*
‹weg› *branch off* • (uitgaan) ‹v.
motor, enz.› *stall*
afslachten • (slachten) *slaughter, kill*
off • (in groten getale doden)
massacre, slaughter
afslag *turn,* ‹v. autoweg› *exit*
afsluiten • (op slot doen) *lock*
• (door-/toevoer staken) ‹door
gasbedrijf› *cut off,* ‹elektriciteit›

disconnect, <gas> *turn off*, <weg> *close*
• (beëindigen) <de boeken> *balance*,
<rekening> *close* • (overeenkomen)
<contract> *conclude*, <verzekering>
effect
afsluiting • (beëindiging) *closing*,
conclusion • (het afsluiten)
<elektriciteit> *disconnection*, <gas>
shut-off
afsnauwen *snap/snarl at*
afsnijden <ook fig.> *cut (off)*
afsnoepen *steal*
afspelen I [ov ww] *play* II [wkd ww]
happen, take place
afspiegelen • (afschilderen) *portray*
• (weerspiegelen) *reflect*
afsplitsen *split off*, <v. weg, leiding>
branch off
afspraak • (overeenkomst) *agreement*
• (ontmoeting) *appointment*,
engagement (to meet s.o.)
afspreken I [ov ww] *agree (on), arrange*
II [on ww] *make an appointment*
afspringen • (naar beneden springen)
jump/leap down • (~ op) *jump at*
afstaan *give (up), hand over*
afstammen *be descended (from)*
afstand • (het opgeven) <v. bezit,
recht> *surrender* • (distantie) *distance*
afstandsbediening *remote control*
afstappen *step down/off*, <v. fiets,
paard> *get off*
afsteken I [ov ww] • (wegsteken) *cut
off/away*, <met beitel> *chisel off*
• (aansteken) <vuurwerk> *let off* II [on
ww] • (~ tegen) *contrast with, stand
out against*
afstellen *set, adjust (to)*
afstemmen • (met stemming
afwijzen) *vote down*, • (doen
overeenstemmen) *attune to*
• (aanpassen) *adjust to*
afstempelen *stamp*
afsterven *die (off)*
afstevenen *make for*, <dreigend> *bear
down on*
afstijgen *get off, dismount*
afstoffen *dust*
afstompen I [ov ww] • (stomp maken)
blunt • (ongevoelig maken) *dull,
numb* II [on ww] • (stomp worden)
become blunt • (ongevoelig worden)
become dull/numb
afstoten I [ov ww] • (tegenstaan) *repel*
• (wegdoen) <v. personeel> *discharge,
lay off*, <v. zaken> *shed, cast off* II [on
ww] *repel*
afstraffen *punish, reprimand*
afstropen *strip (off)*, <villen> *skin*
afstuderen *finish one's studies,
graduate*
aftakelen • (achteruitgaan) *go to seed,
go downhill* • (aftuigen v. schip) *unrig*
aftakking *branch, fork*, <techn.> *shunt*
aftands *decrepit*
aftappen *draw (off)*, <ook telefoon> *tap*
aftasten • (tastend onderzoeken) *feel*,
<fig.> *sound, explore* • (techn.) *scan*
aftekenen I [ov ww] • (voor gezien
tekenen) *sign* • (afbakenen) *outline,
mark off* II [wkd ww] *show (up),
become visible*
aftellen • (uittellen) *count off/out*
• (van 10 tot 0 tellen) *count down*
• (aftelrijmpje opzeggen) *dip for it*
aftocht *retreat*
aftrap *kick-off*
aftrappen I [ov ww] • (wegschoppen)
kick away/off • (verslijten) *wear out*
II [on ww] • (de aftrap doen) *kick off*
aftreden I [het] *resignation* II [on ww]
resign, retire (from office)
aftrek • (korting) *deduction*, <voor
kinderen> *allowance*
aftrekken I [ov ww] • (eraf halen)
draw off/down • (in mindering
brengen) *deduct*, <v. getal> *subtract*
II [wkd ww] • (masturberen) *jerk/jack
off*
aftreksel *extract*

aftroeven • (troefkaart gebruiken) trump • (te vlug af zijn) be too clever for s.o.

aftroggelen wheedle/coax out of

aftuigen • (het tuig afhalen) <v. paard> unharness, <v. schip> unrig • (afranselen) thrash

afvaardigen delegate, depute

afvaardiging delegation, deputation

afval waste, <vuilnis> refuse

afvallen • (uitvallen) drop out • (naar beneden vallen) fall off/down • (lichter worden) lose weight • (ontrouw worden) desert

afvallig disloyal, <v. geloof> lapsed

afvalproduct waste product, by-product

afvloeien • (wegvloeien) flow down/off • (ontslagen worden) be laid off

afvoer • (het afvoeren) <v. goederen> removal, <v. vocht> discharge • (afvoerbuis) drain

afvoeren • (wegvoeren) <v. goederen> remove, <v. water> drain away

afvragen wonder, ask o.s.

afvuren fire (off), discharge, <raket> launch

afwachten I [ov ww] • (op iets/iem. wachten) wait (for) II [on ww] • (geen actie ondernemen) wait (and see)

afwachting expectation

afwas washing-up

afwassen I [ov ww] • (schoonmaken) wash • (verwijderen) wash away/off II [on ww] • (de vaat doen) do the dishes/the washing-up

afweer defence

afwegen • (wegen) weigh • (overwegen) weigh

afwenden I [ov ww] • (afweren) avert • (in andere richting keren) turn away, <blik> avert II [wkd ww] • (zich wegdraaien) turn away

afwennen break/get out of a habit

afwentelen roll off/away/down

afweren • (weghouden) <fig.> fend/ward off, fend off, <v. slag> parry, <vijand, enz.> keep/hold off

afwerken • (afmaken) finish (off), complete, give the finishing touch to • (uitvoeren) get through

afwerpen • (laten vallen) <v. bladeren, bommen> drop • (afgooien) throw off, <ruimtevaart> jettison

afweten ∗ het laten – excuse o.s.; fail to turn up

afwezig • (absent) absent, not in, not at home • (verstrooid) absent-minded

afwezigheid • (het absent zijn) absence • (verstrooidheid) absent-mindedness

afwijken • (andere richting opgaan) <v. gebruik, programma> depart, <v. koers> deviate, <v. lijn> diverge • (verschillen) deviate

afwijking • (het afwijken van een richting) deviation • (gebrek) handicap, defect • (het afwijken van een regel) aberration

afwijzen • (niet toelaten) refuse admittance to, turn away • (weigeren) <v. uitnodiging> decline, <v. verzoek> refuse

afwikkelen • (loswinden) unwind, unroll • (regelen) wind up

afwimpelen pass over

afwisselen <v. mensen> relieve, <v. zaken> vary

afwisseling • (variatie) variety • (opeenvolging) alternation

afzakken • (naar beneden zakken) come down, sag • (minder worden) <v. prestaties> tail off, <v. werk> fall off (in quality)

afzeggen cancel, call off

afzender sender

afzet • (vraag) market • (verkochte waren) sale(s) • (sport) take-off

afzetten • (uitzetten) <motor> shut off, <radio> switch off, <wekker> stop

• (bedriegen) *cheat, swindle* • (afdoen) *take off* • (afleveren) <v. passagier> *drop* • (amputeren) *amputate* • (barricaderen) *block, close off*
afzetter *cheat, swindler*
afzetterij *swindle,* <inf.> *rip-off*
afzetting *cordon*
afzichtelijk *hideous, ghastly*
afzien • (sport) *have a hard/tough time (of it)* • (~ **van**) <plan> *abandon* ⋆ *afgezien van apart from*
afzijdig *aloof* ⋆ *zich ~ houden hold/keep aloof*
afzonderen I [ov ww] • (afzonderlijk plaatsen) *separate (from)* • (in afzondering plaatsen) *isolate* II [wkd ww] *cut o.s. off, seclude o.s. from*
afzondering *separation, isolation, seclusion*
afzonderlijk • (alleen, apart) *individual, single* • (zonder anderen) *private*
afzwaaien *be demobbed*
afzweren <v. drank> *swear off,* <v. geloof> *abjure*
agenda • (notitieboekje) *diary* • (te behandelen onderwerpen) *agenda*
agent • (politieagent) *policeman, constable* • (vertegenwoordiger) *agent*
agentschap *agency*
ageren *agitate, campaign*
agglomeratie *agglomeration*
aggregaat *aggregate*
agitatie • (het opruien) *agitation* • (opwinding) *excitement*
agrariër *agrarian*
agrarisch *agrarian*
agressie *aggression*
agressief *aggressive*
air *air, look, appearance*
akelig • (naar) *dreary, nasty, dismal* • (onwel) *ill, sick*
akkefietje • (onaangename taak) *chore* • (karweitje) *(little) job*
akker *field*

akkerbouw *agriculture*
akkoord I [het] • (overeenkomst) *agreement, settlement* • (samenklank) *chord* II [bnw] • (in orde) *agreed, correct, all right* ⋆ ~ *gaan agree* III [tw] *agreed!, ok!*
akoestiek *acoustics*
akoestisch *acoustic*
akte • (vergunning) *diploma, certificate* • (deel v. toneelstuk) *act* • (stuk) *document,* <v. verkoop> *deed of sale*
aktetas *briefcase*
al I [bijw] • (reeds) *already,* <in vraagzin> *yet* II [telw] *all, every (one of), each* III [vw] *(al)though, even if, even though*
alarm *alarm, alert*
alarmeren • (waarschuwen) *alert* • (ongerust maken) *alarm*
albatros *albatross*
albino *albino*
album *album*
alcohol *alcohol*
alcoholisme *alcoholism*
aldaar *there*
aldoor *all the time, all along*
aldus *thus, in this manner*
alfabet *alphabet*
alfabetisch *alphabetic(al)*
algebra *algebra*
algeheel *total, complete*
algemeen I [het] ⋆ *in het ~ in general; on the whole* II [bnw] ⋆ ~ *bekend common knowledge* ⋆ *met algemene stemmen unanimously* ⋆ *het ~ belang the public interest* ⋆ ~ *kiesrecht universal suffrage*
algemeenheid • (het algemeen zijn) *generality, universality* • (vage uitspraak) *commonplace*
alhier *here*
alhoewel *although*
alias *a.k.a, otherwise known as, also known as, alias*

alibi *alibi*
alimentatie *maintenance allowance,*
  <v. scheiding> *alimony*
alinea *paragraph*
alkoof *alcove*
allebei *both*
alledaags *everyday, ordinary*
alleen I [bnw] • (zonder anderen)
  alone • (eenzaam) *lonely* II [bijw] *only,*
  merely
alleenheerschappij *absolute power*
alleenstaand • (afgezonderd) *isolated,*
  detached • (zonder partner)
  individual, single
allegaartje *hotchpotch, farrago* [mv:
  farragos]
allegorie *allegory*
allemaal *(one and) all, everybody,*
  everyone, <dingen> *everything*
allemachtig I [bnw] *amazingly* II [tw]
  well, I never!, Good God, good heavens
allengs *gradually, by degrees*
allergie *allergy*
allergisch *allergic (to)*
Allerheiligen *All Saints' Day*
allerlei I [het] *miscellany* II [bnw] *all*
  sorts of
allerminst I [bnw] *least of all* II [bijw]
  not in the least
alles *all, everything, anything*
allesbehalve *anything but, far from*
alleszins *highly, in every respect/way*
alliantie *alliance*
allicht *most probably/likely, likely*
allooi *alloy,* <fig.> *quality*
almachtig *omnipotent, all-powerful*
almanak *almanac*
alom *everywhere*
alomtegenwoordig *omnipresent*
alomvattend *all-embracing*
aloud *ancient, time-honoured*
alpinist *alpinist, mountaineer*
als • (zoals) *like, (such) as* • (in de
  hoedanigheid van) *as* • (indien) *if*
  • (wanneer) *when*

alsmede *and also, also, as well as*
alsnog *as yet,* <nu nog> *still*
alsof *as if/though*
alt *alto*
altaar *altar*
alternatief *alternative*
althans *at least, at any rate, anyhow*
altijd *always, ever*
altviool *viola*
aluminium *aluminium,* <AE>
  aluminum
aluminiumfolie *tin foil*
alvast *meanwhile*
alvleesklier *pancreas*
alvorens *before, prior to*
alweer *again, once more*
amandel • (vrucht) *almond* • (klier)
  tonsil
amateur *amateur*
amazone • (paardrijdster)
  horsewoman • (mythologisch figuur)
  Amazon
ambacht *(handi)craft, trade*
ambassade *embassy*
ambassadeur *ambassador*
ambiëren *aspire to*
ambitie • (eerzucht) *ambition* • (ijver)
  zeal
ambitieus • (eerzuchtig) *ambitious*
  • (ijverig) *zealous*
ambt *position, office, function*
ambtelijk *official*
ambtenaar *official, civil servant*
ambtenarij *civil service,* <iron.>
  officialdom, <pej.> *red tape*
ambtsaanvaarding *accession to office*
ambtsgeheim • (geheim) *official*
  secret • (geheimhoudingsplicht)
  official secrecy
ambtshalve *by virtue of one's office, ex*
  officio
ambulance *ambulance*
amendement *amendment*
Amerika *America*
ameublement *furniture*

amfetamine *amphetamine*
amfibie *amphibian*
amfitheater *amphitheatre*
amicaal *amicable, friendly*
ammunitie *ammunition,* ‹inf.› *ammo*
amnestie *amnesty*
amok *amok, amuck*
amoreel *amoral*
ampel *ample*
amper *hardly, scarcely*
ampul *ampoule,* ‹AE› *ampule*
amputatie *amputation*
amputeren *amputate*
amulet *amulet, charm, talisman*
amusant *amusing, entertaining*
amusement *amusement,*
  entertainment
amuseren *amuse, entertain*
analfabeet *illiterate*
analogie *analogy*
analoog *analogous*
analyse *analysis*
analyseren *analyse*
analytisch *analytic(al)*
ananas *pineapple*
anarchie *anarchy*
anarchisme *anarchism*
anarchist *anarchist*
anatomie *anatomy*
anatomisch *anatomical*
anciënniteit *seniority*
ander I [bnw] • (het
  tegenovergestelde) *other*
  • (verschillend) *different* II [onb vnw]
  ‹v. persoon› *another (person)* [mv: *the*
  others], ‹v. zaken› *another thing*
  III [telw] *next*
anderhalf *one and a half*
anders I [bnw] *different, other* II [bijw]
  • (op andere wijze) *differently,*
  otherwise • (zo niet) *else, otherwise*
  • (op andere tijd) *at any other time*
  • (verder) * ~ nog iets? *anything else?*
andersom *the reverse, the other way*
  round, the opposite

anderszins *otherwise*
anderzijds *on the other hand*
andijvie *endive*
anekdote *anecdote*
anemoon *anemone*
anesthesie *anaesthesia*
anesthesist *anaesthetist*
angel • (steekorgaan) *sting* • (vishaak)
  hook
Angelsaksisch *Anglo-Saxon*
angina *angina*
angst *fear (of),* ‹hevig› *terror,*
  ‹zielsangst› *agony*
angstaanjagend *frightening*
angstig *frightened,* ‹predicatief› *afraid*
angstvallig • (nauwkeurig)
  scrupulous, conscientious • (bang)
  timid, ‹form.› *timorous*
angstwekkend *alarming, terrifying*
anijs I [de] • (plant) *anise* • (zaad)
  aniseed II [bnw] *aniseed*
animeren *encourage, stimulate*
animo *zest (for), spirit, gusto (in)*
animositeit *animosity*
anker • (muuranker) *brace*
  • (scheepsanker) *anchor* • (palletje in
  uurwerk) *lever* • (techn.) *armature*
ankeren I [ov ww] *anchor* II [on ww]
  (cast) anchor
annalen *annals*
annex *annex(e)*
annexatie *annexation*
annexeren *annex*
annuleren *cancel,* ‹v. contract› *annul*
anomalie *anomaly*
anoniem *anonymous, faceless*
anonimiteit *anonymity*
ansjovis *anchovy*
antecedent • (voorafgaand feit)
  antecedent, precedent • (taalk.)
  antecedent
antenne • (bio.) *antenna* [mv:
  antennae] • (techn.) *aerial,* ‹AE›
  antenna
antibioticum *antibiotic*

antiek I [het] *antiques* [mv] II [bnw]
   antique, ancient, ‹pej.› *old-fashioned*
antilope *antelope*
antipathie *antipathy, dislike*
antiquair *antique dealer, antiquary*
antiquariaat *antiquarian bookshop*
antiquarisch *antiquarian,*
   second-hand
antiquiteit ‹gebruik› *antiquity,*
   ‹voorwerp› *antique*
anti-semiet *anti-Semite*
antiseptisch *antiseptic*
antistof *antibody*
antraciet *anthracite*
antropologie *anthropology*
antropoloog *anthropologist*
antwoord *answer, reply*
antwoorden *answer, reply,* ‹scherp›
   retort
anus *anus*
apart • (afzonderlijk) *separate, apart*
   • (bijzonder) *special, exclusive*
apartheid *apartheid, racial segregation*
apathie *apathy*
aperitief *aperitif*
apostel *apostle*
apostolisch *apostolic*
apostrof *apostrophe*
apotheek ‹vnl. kliniek› *dispensary,*
   ‹winkel› *chemist's (shop)*
apotheker *(dispensing) chemist,*
   pharmacist
apotheose *apotheosis*
apparaat *machine, appliance*
apparatuur *apparatus, equipment,*
   ‹comp.› *hardware*
appartement *flat,* ‹AE› *apartment*
appel *apple*
appelleren • (appel aantekenen)
   appeal, lodge an appeal • (een beroep
   doen op) *appeal (to)*
appetijtelijk *appetizing*
applaudisseren *applaud*
applaus *applause*
april *April*

a priori *a priori*
aquaduct *aqueduct*
aquarel *watercolour*
aquarium *aquarium*
Arabier *Arab*
Arabisch *Arab(ian),* ‹v. taal en cijfers›
   Arabic
arbeid *labour, work*
arbeiden *labour, work*
arbeider *workman, worker,* ‹voor
   zware arbeid› *labourer*
arbeidsmarkt *labour market*
arbeidsovereenkomst *employment*
   contract
arbeidzaam *hard-working*
arbiter • (jur.) *arbitrator* • (sport)
   referee
arbitrage *arbitration*
archaïsch *archaic*
archaïsme *archaism*
archeologie *archeology*
archief • (gebouw) *record office*
   • (verzameling stukken) *archives, files*
archipel *archipelago*
architect *architect*
architectuur *architecture*
archivaris *archivist*
arctisch *arctic*
are *are*
arena *arena, ring*
arend *eagle*
argeloos • (onopzettelijk) *harmless,*
   inoffensive • (nietsvermoedend)
   unsuspecting, innocent
arglistig *crafty, cunning,* ‹form.›
   guileful
argument *argument*
argumenteren *argue*
argwaan *suspicion*
argwanend *suspicious*
aria *aria*
aristocraat *aristocrat*
aristocratie *aristocracy*
aristocratisch *aristocratic*
arm I [de] • (vertakking) *arm*

• (bevestiging v. lamp) *bracket*
• (lichaamsdeel) *arm* II [bnw]
• (behoeftig) *poor* • (meelijwekkend)
poor, wretched • (~ **aan**) *poor in*
armband *bracelet*
armelijk *poor, shabby*
armoedig • (haveloos) *poor, shabby*
• (karig) *poor, paltry*
armoedzaaier *poor devil,*
down-and-out
armslag *elbow room*
armzalig • (armoedig) *poor*
• (onbeduidend) *paltry*
aroma • (geur) *aroma* • (smaakstof)
flavouring
arrangeren *arrange*
arrest • (hechtenis) *arrest, detention,*
‹voorarrest› *custody*
arrestant • (gedetineerde) *prisoner*
• (gearresteerde) *an arrested person*
arrestatie *arrest*
arresteren • (in hechtenis nemen)
arrest • (beslag leggen) *seize*
• (vaststellen v. notulen) *confirm*
arriveren *arrive*
arrogant *arrogant*
arrogantie *arrogance*
arrondissement *district*
arrondissementsrechtbank *district*
court
arsenaal • (verzameling) *stock*
• (wapenopslag) *arsenal*
arsenicum *arsenic*
articulatie *articulation*
articuleren *articulate*
artiest *(variety) artist, entertainer*
artikel • (geschreven stuk) *article,*
paper • (bepaling) *article,* ‹v. wet›
section
artillerie *artillery*
artisjok *(globe) artichoke*
artistiek *artistic*
arts *physician, doctor*
as • (spil) ‹v. wiel› *axle* • (middellijn)
axis • (verbrandingsresten) *ashes*

asbest *asbestos*
asceet *ascetic*
ascetisch *ascetic*
asfalt *asphalt*
asfalteren *asphalt*
asiel • (bescherming) *asylum*
• (dierenverblijf) *home for lost animals*
asociaal *anti-social*
asperge *asparagus,* ‹inf.› *sparrow-grass*
aspirant • (kandidaat) *candidate,*
applicant • (sport) *junior*
aspiratie *aspiration*
assembleren *assemble*
assistentie *assistance, help*
assisteren *assist, help*
associatie *association*
assortiment *assortment*
assuradeur *insurer,* ‹scheepv.›
underwriter
assurantie *insurance*
astma *asthma*
astrologie *astrology*
astroloog *astrologer*
astronaut *astronaut*
astronomie *astronomy*
astronoom *astronomer*
asymmetrisch *asymmetric(al)*
atelier *studio*
atheïsme *atheism*
atheïst *atheist*
Atlantisch *Atlantic*
atlas *atlas*
atleet *athlete*
atletiek *athletics*
atmosfeer *atmosphere*
atoom *atom*
atoombom *atom(ic) bomb*
attaché *attaché*
attenderen *draw attention to*
attent • (opmerkzaam) *attentive*
• (vriendelijk) *considerate*
attentie • (aandacht) *attention* • (blijk
van vriendelijkheid) *token of*
attention, present
attest *testimonial, certificate*

attractie *attraction*
attractief *attractive*
attribuut *attribute*
aubade *aubade*
audiëntie *audience*
auditorium • (publiek) *audience*
• (zaal) *auditorium*
augurk *gherkin*
augustus *August*
aula *auditorium, great hall*
aureool *aureole, halo*
auspiciën * onder ~ van *under the auspices of*
auteur *author*
authenticiteit *authenticity*
authentiek *authentic*
auto *car*
autobus *bus, couch*
automaat • (distributieapparaat) *vending machine* • (persoon, toestel) *automaton, robot*
automatisch *automatic*
automatiseren *automatize*
autonomie *autonomy*
autonoom *autonomous*
autoritair *authoritarian*
autoriteit *authority*
autosnelweg *motorway,* ‹AE› *freeway*
averechts I [bnw] • (verkeerd) *wrong* II [bijw] (in) *the wrong way*
averij ‹v. motor› *breakdown,* ‹v. schip› *damage*
avond *evening, night*
avondeten *supper, dinner*
avondkleding *evening dress*
avondklok *curfew*
avondmaal • (avondeten) *evening meal, supper, dinner* • (rel.) *the Lord's Supper*
avontuur *adventure*
avontuurlijk *adventurous*
axioma *axiom*
azen *prey (on),* ‹v. personen› *have one's eye on*
azijn *vinegar*

azuren *azure*
azuur *azure*

B

baai • (inham aan de kust) *bay* • (stof)
baize • (tabak) *Virginia*
baal *bale*
baan • (betrekking) *job* • (traject) <v.
hemellichaam> *orbit*, <v. projectiel>
trajectory
baanbrekend *pioneering*,
epoch-making
baanvak *section*
baanwachter *signalman*
baar I [de] • (draagbaar) *stretcher*, <voor
lijk> *bier* • (staaf edelmetaal) *bar*
II [bnw] * baar geld *cash; readies*
baard • (haargroei op kin) *beard*
• (deel v. veer) *vane* • (deel v. sleutel)
bit
baarlijk * ~e nonsens *utter nonsense*
* de ~e duivel *the devil incarnate*
baarmoeder *womb*, <med.> *uterus*
baars *perch, bass*
baas • (chef) *boss*, <inf.> *governor*
• (man, jongen) *bloke, fellow*
baat • (nut, voordeel) *benefit*,
advantage • (opbrengst) *profit, benefit*
babbelen • (gezellig praten) *chat*
• (veel praten) *chatter, babble*, <inf.>
natter
baby *baby*
bacil *bacillus*
bacterie *bacteria* [mv]
bad • (water) *bath* • (badkuip) *bath*
baden I [ov ww] • (in bad doen) *bath*
II [on ww] • (een bad nemen) *bathe*
badgast <in badplaats> *holidaymaker*,
<in kuuroord> *patient*
badkamer *bathroom*
badkuip (bath)*tub*
badmeester *lifeguard*
badplaats *seaside resort*, <kuuroord>
spa

badstof *towelling, terry(cloth)*
bagage *luggage, baggage*
bagagedepot *left-luggage*
bagagedrager *carrier*
bagagekluis *luggage locker*
bagatel *trifle, bagatelle*
bagatelliseren *play down*
bagger *mud, slush*
baggeren I [ov ww] *dredge* II [on ww]
wade
bajes *slammer, nick*
bajonet *bayonet*
bak • (vergaarplaats) <ondiep> *tray*,
<voor eten> *dish*, <voor water> *tank*
• (mop) *joke, lark*
bakbeest *giant*, <inf.> *whopper*
bakboord *port*
baken *beacon*
bakermat *cradle, origin*
bakfiets *carrier bike*
bakkebaard *sideboards, (side-)whiskers*
bakkeleien • (vechten) *tussle, scuffle*,
<inf.> *scrap* • (ruziën) *bicker, quarrel*
bakken <in oven> *bake*, <in pan> *fry*
bakker *baker*
bakkerij *bakery*
bakkes *mug*
baksteen *brick*
bal I [de] • (teelbal) *testicle* • (bol) *ball*
• (snob) *snob, stuck-up person* • (sport)
ball II [het] *ball, dance*
balanceren *balance, poise*
balans • (evenwicht) *balance*
• (weeginstrument) (pair of) *scales*
• (lijst van bezittingen en schulden)
balance sheet
baldadig *unruly, disorderly*
baldadigheid *disorderliness*,
wantonness
balie *counter*
balk *beam*
balken *bray*
balkon *balcony*, <v. tram en trein>
platform
ballade *ballad*

ballast *ballast*
ballen I [ov ww] * de vuisten ~ *clench one's fist* II [on ww] *play ball*
ballet *ballet*
balling *exile*
ballingschap *banishment, exile*
ballon • (omhulsel v. lamp) *globe* • (luchtballon) *balloon*
balorig • (onwillig) *unruly*, ‹form.› *refractory* • (slecht gehumeurd) *peevish, cross*
balpen *ball-point pen, biro*
balsem *balm*
balsemen *embalm*
balustrade *balustrade*, ‹v. trap› *banisters*
bamboe *bamboo*
ban • (excommunicatie) *excommunication* • (betovering) *spell*
banaal *banal, trite, hackneyed*
banaan *banana*
banaliteit • (het banaal zijn) *banality* • (cliché) ‹form.› *platitude*
band • (strook stof) ‹hoed, arm› *band*, ‹lint› *ribbon*, ‹vechtsport› *belt*, ‹verband› *bandage* • (magneetband) *tape* • (radiofrequentie) *(wave)band* • (ring) ‹om wiel› *tyre* • (boekomslag) *binding* • (boekdeel) *volume* • (transportband) * lopende band *conveyor-belt; assembly line*
bandeloos *lawless, disorderly, riotously*
bandiet ‹rover› *bandit*, ‹schurk› *ruffian*
bang • (angstig) * hij was bang *he was afraid* • (ongerust) *anxious*
bangerd *coward*
bangmakerij *intimidation*
banier *banner*
bank • (geldinstelling) *bank* • (zitmeubel) ‹bekleed› *sofa, settee, couch*, ‹onbekleed› *bench*
bankbiljet *banknote*
banket • (feestmaal) *banquet* • (gebak) *(almond) pastry*

banketbakker *pastry cook,* ‹snoepgoed› *confectioner*
bankier *banker*
bankrekening *bank account*
bankroet I [het] *bankruptcy* II [bnw] *bankrupt*
bankschroef *(bench-)vice*
bankstel *3-piece suite*
bankwerker *fitter, bench worker/operator*
bankwezen *banking*
banneling *exile*
bannen ‹gedachten, personen› *banish*, ‹personen› *exile*
bar I [de] *bar* II [bnw] • (dor) *barren* • (koud) *severe* III [bijw] *awfully (bad)*
barbaar *barbarian*
barbaars *barbarous*
barbecue *barbecue*
*barbecueën (Wdl: barbecuen) *barbecue*
baren • (ter wereld brengen) *bear, give birth to* • (veroorzaken) *cause, give*
baret *beret*
bariton *baritone*
barkeeper *barmaid, barman*, ‹AE› *bartender*
barmhartig *charitable, merciful*
barmhartigheid *charity, mercy*
barnsteen *amber*
barok *baroque*
barometer *barometer*
barrevoets I [bnw] *barefooted* II [bijw] *barefoot*
barricade *barricade*
barricaderen *barricade*
bars *grim, stern*, ‹v. stem› *gruff*
barst *crack*, ‹in huid› *chap*
barsten *burst*, ‹v. huid› *chap*, ‹v. ruit› *crack*
bas *bass*
basalt *basalt*
baseren *base, ground (on), ground in*
basilicum *basil*

basiliek *basilica*
basis • (grondslag) *basis, base*
• (steunpunt) *base* • (wisk.) *base*
basisonderwijs *primary education*
basisschool *primary school*
bassin *basin*
bassist *bass player*
bast • (schors) *bark* • (peul) *husk, shell*
• (huid) ‹inf.› *skin*
bastaard *bastard*
bataljon *battalion*
baten I [de] *assets* II [on ww] *avail*
batig * ~ saldo *credit balance; surplus*
batterij • (toestel) *battery*
• (verzameling) *battery*
bauxiet *bauxite*
baviaan *baboon*
bazelen *waffle, talk rubbish*
bazig *masterful, domineering,* ‹inf.›
bossy
bazin *mistress*
bazuin *trumpet*
beambte *official, officer*
beamen *agree* (to)
beantwoorden *answer, reply to*
bebloed *blood-stained*
beboeten *fine*
bebossen *afforest, plant a forest*
bebouwen • (gebouwen neerzetten)
build on • (gewassen kweken)
cultivate
bebouwing • (akkerbouw) *cultivation*
• (het bouwen) *building* • (de
gebouwen) *buildings*
becijferen *calculate, figure out, work
out*
becommentariëren *comment on*
beconcurreren *compete with*
bed *bed*
bedaagd *elderly, getting on in years*
bedaard *calm, composed*
bedacht • (strevend naar) *intent on,
alive to* • (voorbereid op) *prepared for*
bedachtzaam *thoughtful, cautious,
circumspect*

bedanken *thank*
bedaren *calm down*
beddengoed *bedding, bedclothes*
bedding *bed*
bede *entreaty, prayer*
bedeesd *timid, shy*
bedekken *cover* (up)
bedekking *cover(ing)*
bedekt • (afgedekt) *covered* • (niet
openlijk) *covert*
bedelaar *beggar*
bedelen *beg*
bedelven *bury*
bedenkelijk ‹v. middelen, gezicht›
doubtful
bedenken I [ov ww] • (iets schenken)
remember • (overwegen) *consider*
• (uitdenken) *think up, devise, invent*
II [wkd ww] *change one's mind*
bedenking • (overweging)
consideration • (bezwaar) *objection*
bedenktijd *time for reflection, time to
think*
bederf *decay*
bederfelijk *perishable*
bederven I [ov ww] • (verwennen)
spoil • (beschadigen) ‹gezondheid›
ruin, ‹plezier› *mar* II [on ww] ‹v.
etenswaren› *go bad/go off*
bedevaart *pilgrimage*
bedevaartganger *pilgrim*
bediende *servant,* ‹in winkel›
assistant, ‹op kantoor› *clerk*
bedienen • (laten functioneren)
operate • (dienen, helpen) *serve,* ‹aan
tafel› *wait,* ‹in restaurant, enz.› *wait
on,* ‹in winkel› *serve*
bediening • (het laten functioneren)
operation, ‹auto› *controls* • (het
bedienen) *service*
bedillen *find fault with, carp at*
beding *condition*
bedingen *stipulate, insist on,* ‹prijs›
bargain (for)
bedisselen *arrange, manage*

bedlegerig *bedridden, confined to (one's) bed*
bedoelen • (duiden op) *have in view/mind, mean* • (beogen) *aim at, drive at, intend*
bedoeling • (betekenis) *meaning* • (oogmerk) *intention, purpose, aim*
bedompt *close, stuffy*
bedonderen *fool, dupe, con*
bedorven • (niet meer eetbaar) * de melk is ~ *the milk's off* • (verwend) ‹v. kinderen› *spoilt*
bedotten *trick, dupe, fool*
bedrag *amount*
bedragen *amount to*
bedreigen *threaten*
bedreiging *threat*
bedremmeld *confused, embarrassed, taken aback*
bedreven *skilled, skilful*
bedriegen *cheat, deceive, swindle*
bedrieger *swindler, impostor, cheat, fraud*
bedrieglijk ‹v. aard› *deceitful*, ‹v. uiterlijk› *deceptive*
bedrijf • (werking) *operation* • (onderneming) *enterprise, business*, ‹gas, spoorwegen› *service* • (deel v. toneelstuk) *act*
bedrijfschap *trade organization*
bedrijfsleven *business, trade and industry*
bedrijfstak *branch of industry*
bedrijven *commit, perpetrate*
bedrijvig *busy*, ‹hard werkend › *industrious*
bedrijvigheid *activity, busyness, industriousness*
bedroefd *sad, dejected*
bedroevend *sad, saddening, distressing*
bedrog *fraud, deceit, deception*
bedruipen I [ov ww] *to splash with...*, ‹culinair› *baste* II [wkd ww] * zich(zelf) ~ *support o.s.*
bedrukt • (met inkt bedekt) *printed*

• (terneergeslagen) *dejected, depressed*
bedtijd *bedtime*
beducht *fearful (of), apprehensive (about), afraid (of)*
beduiden • (betekenen) *mean, represent* • (aanduiden) *indicate*
beduvelen *sell, swindle, double-cross*
bedwang *restraint, control*
bedwelmen ‹door drank, parfum› *intoxicate*, ‹door narcotica› *drug*
bedwingen *check, control, restrain, contain*
beëdigen • (een eed afnemen) *swear in* • (met een eed bekrachtigen) *swear to (s.th.)*
beëindigen *finish, end*, ‹form.› *conclude*
beek *brook*
beeld • (indruk) *image* • (sculptuur) *statue, sculpture*
beeldbuis ‹techn.› *cathode-ray tube*, ‹televisietoestel› (viewing) *screen*
beeldend *plastic, expressive, evocative*
beeldenstorm *iconoclasm*
beeldhouwer *sculptor*
beeldhouwwerk *sculpture*
beeldscherm *screen*
beeldschoon *gorgeous, stunning, ravishing*
beeldspraak *imagery, metaphor*
beeltenis *image, effigy*, ‹portret› *portrait*
been • (ledemaat) *leg* • (bot) *bone*
beer • (waterkering) *dam, weir* • (muurstut) *buttress* • (schuld) *debt* • (fecaliën) *muck, excrement* • (roofdier) *bear* • (mannetjesvarken) *boar*
beerput *cesspool, cesspit*
beest *animal, beast*
beestachtig • (als een beest) *beastly* • (walgelijk) *bestial* • (wreed) *brutal*
beet • (het bijten) *bite*, ‹wesp, slang, enz.› *sting* • (hap) *bite*
beetje * een ~ *a bit/little*

beetnemen • (beetpakken) *seize, grab, take hold of* • (ertussen nemen) *make a fool of, pull s.o.'s leg*
bef *jabot*
befaamd *famous, famed,* ‹form.› *renowned*
begaafd *gifted, talented*
begaafdheid *gift, talent*
begaan I [bnw] * ~ zijn met *pity; feel sorry for* II [ov ww] • (uitvoeren) ‹misdaad› *commit,* ‹vergissing› *make* • (betreden) *walk on*
begaanbaar *passable,* ‹form.› *practicable*
begeerlijk *desirable*
begeerte *desire,* ‹erotisch› *lust*
begeleiden *escort,* ‹ook muzikaal› *accompany*
begeleider • (vergezeller) *escort, companion* • (muz.) *accompanist*
begeleiding *escort, accompanying,* ‹muz.› *accompaniment*
begeren *desire, wish, long for,* ‹form.› *covet*
begerig • (verlangend) *desirous (of), eager (for)* • (inhalig) *greedy*
begeven I [ov ww] • (verlaten) * het ~ *give out* II [wkd ww] • (gaan) *make one's way (to), go*
begieten *water*
begiftigen *endow (with), present (with)*
begijn *beguine*
begin *beginning, start*
beginnen I [ov ww] • (een begin maken met) *begin, start* • (gaan doen) *do* II [on ww] • (aanvangen) *begin (to)* * begin maar *go ahead!; fire away!* • (zich bezighouden) * daar kunnen we niet aan ~ *(that's) out of the question* • (~ **over**) *bring up, broach*
beginsel • (principe) *principle* • (grondslag) *basics*
begluren *spy on, peep at*
begraafplaats *cemetery, burial ground, graveyard*
begrafenis *funeral*
begrafenisstoet *funeral procession*
begraven *bury*
begrenzen • (de grens vormen) *border* • (beperken) *limit, restrict*
begrijpelijk *comprehensible, understandable, intelligible*
begrijpen *understand, comprehend*
begrip • (denkbeeld) *notion, concept, idea* • (inzicht) *comprehension, understanding*
begroeten *greet, welcome,* ‹form.› *salute*
begroten *estimate (at)*
begroting • (raming) *estimate* • (budget) *budget*
begunstigen *favour*
behaaglijk • (prettig) *comfortable, pleasant* • (gezellig) *cosy, snug*
behaagziek *coquettish, flirtatious*
behaard *hairy*
behagen I [het] *pleasure* II [on ww] *please*
behalen *win, gain, get,* ‹winst› *make*
behalve • (uitgezonderd) *except, but* • (benevens) *besides*
behandelen • (omgaan met) *treat,* ‹een vraag› *handle, deal with* • (uiteenzetten) *discuss*
behandeling *treatment*
behang *wallpaper*
behangen • (met behang bekleden) *wallpaper* • (bedekken) *hang (with)*
behartigen *serve, have at heart, look after*
beheer *management,* ‹toezicht› *control*
beheerder *director,* ‹kantine, enz.› *manager*
beheersen • (kennis hebben van iets) *be fluent in* • (heersen over) *control*
beheksen *bewitch*
behelzen *contain*
behendig *adroit*

behept *afflicted with, -ridden*
beheren *manage*
behoeden *keep (from), guard (from)*
behoedzaam *cautious, wary*
behoefte *want, need*
behoeftig *destitute, needy*
behoeve * ten ~ van *on behalf of*
behoeven I [ov ww] • (nodig hebben) *need, want* II [on ww] • (nodig zijn) * we ~ hem niet te schrijven *we needn't write to him; we don't need to write him*
behoorlijk *proper, decent*
behoren • (betamen) *should, ought to* • (~ aan) *be owned by, belong to* • (~ bij) *go with/together* • (~ tot) *belong to, be among*
behoud *preservation*
behouden I [bnw] * ~ reis! *safe journey!* II [ov ww] *preserve, keep*
behoudend *conservative*
behoudens • (met voorbehoud) *subject to* • (behalve) *except for*
behulp * met ~ van *with the help of*
behulpzaam *obliging, helpful*
beige *beige*
beïnvloeden *influence*
beitel *chisel*
beits *(wood) stain*
bejaard *aged, elderly, old*
bejegenen *treat, use*
bek • (muil) *muzzle*, ‹lange snuit› *snout* • (snavel) *bill*, ‹kort› *beak* • (mond) *mouth, trap*
bekaf *done in*, ‹inf.› *dog-tired, knackered*
bekend * algemeen ~ *common knowledge* * ik ben hier niet ~ *I am a stranger here* * ~ voorkomen *look familiar* * ~ klinken *sound familiar*
bekendheid • (faam) *name, reputation* • (het bekend zijn met) *acquaintance (with)*
bekennen • (uitkomen voor) *confess, own up* • (jur.) *admit*, ‹v.

beschuldigde› *plead guilty*
bekentenis *confession, admission*
beker • (drinkgerei) *cup, mug, beaker* • (sport) *cup*
bekeren I [ov ww] • (tot andere overtuiging brengen) *convert*, ‹in gunstige zin› *reform* II [wkd ww] *be converted (to)*, ‹zich beteren› *mend one's ways*
bekeuren *fine*
bekeuring *fine, ticket*
bekijken • (kijken naar) *look at, examine* • (beschouwen) *look at, consider*
bekken • (kom) *basin* • (bio.) *pelvis* • (muz.) *cymbal*
beklaagde *accused*
bekladden *blotch, blot*, ‹v. reputatie› *smear*
beklag *complaint*
beklagen I [ov ww] *pity* II [wkd ww] • (~ bij) *complain to (s.o.)*
bekleden • (bedekken) *cover, hang on* • (vervullen) *occupy*, ‹ambt› *hold*
bekleding • (het bedekken) *clothing, covering, lining* • (uitoefening) *tenure*
beklemmen *oppress*
beklemtonen *stress*
beklimmen *climb*, ‹form.› *mount*, ‹fig.› *ascend*
beklinken I [ov ww] • (afspreken) *clinch, settle* • (toasten) *drink to* II [on ww] • (inklinken) *set, settle*
beknibbelen *skimp on*, ‹loon› *cut back on*
beknopt *brief, concise*
beknotten *curtail, reduce*
bekocht *cheated, taken in*
bekoelen *cool (down)*
bekogelen *pelt*
bekokstoven *cook up, hatch, contrive*
bekomen I [ov ww] • (krijgen) *receive* II [on ww] • (herstellen van) *recover, get over*
bekommeren *worry*

bekonkelen plot, hatch, scheme
bekoorlijk charming
bekoren charm
bekoring charm
bekorten shorten, cut short
bekostigen pay the cost of, pay for
bekrachtigen confirm
bekrachtiging confirmation, ‹form.›
  ratification
bekritiseren criticize
bekrompen • (niet ruim) confined
  • (kortzichtig) narrow-minded,
  bigoted
bekronen crown (with success)
bekruipen • (opkomen v. gevoelens)
  steal over, come over • (besluipen)
  steal/creep up on
bekwaam capable, able, competent
bekwaamheid capability, ability
bekwamen I [ov ww] train II [wkd
  ww] qualify, prepare (for), train (to be)
bel • (deurbel) bell • (luchtbel) bubble
  • (oorbel) earring
belabberd wretched, rotten, ‹inf.› lousy
belachelijk ridiculous, laughable
beladen load, burden
belagen waylay (s.o.), beset, ‹vrijheid,
  veiligheid, enz.› threaten
belanden land/end up,
belang • (interesse) interest
  • (voordeel) interest, concern
  • (waarde) importance
belangrijk important, ‹aanzienlijk›
  considerable
belangstelling interest
belangwekkend interesting
belastbaar taxable
belasten • (opdragen) charge
  • (belasting opleggen) tax • (een
  lading plaatsen op) load, burden
belasteren slander, ‹form.› defame
belasting • (gewicht) load
  • (geestelijke druk) pressure, burden
  • (verplichte bijdrage) ‹plaatselijk›
  rates, ‹v.h. rijk› tax(es)

belastingaangifte (tax) return
belastingaanslag tax assessment
belastingbiljet tax form
belazeren diddle
beledigen insult, offend, affront
belediging insult, offence, affront
beleefd civil, polite, obliging, courteous
beleefdheid politeness, civility,
  courtesy
beleg • (belegering) siege
  • (broodbeleg) (sandwich) filling
belegen mellow, ‹kaas, wijn› matured
belegeren besiege
beleggen • (bedekken) cover
  • (investeren) invest
belegging • (bedekking) covering
  • (bijeenroeping) ‹form.› convocation
  • (geldinvestering) investment
beleid • (tact) tact • (gedragslijn)
  conduct, policy
belemmeren hamper, hinder
belemmering obstruction,
  interference, impediment, handicap
belendend adjacent, neighbouring
belenen pawn
beletsel obstacle, impediment
beletten prevent, obstruct
beleven • (meemaken) go through,
  experience • (lang genoeg leven om)
  live to see the day
belevenis experience, adventure
belezen well-read
België Belgium
belhamel • (deugniet) rascal, scamp
  • (raddraaier) ringleader
belichamen embody
belichaming embodiment
belichten • (licht laten vallen op)
  light up • (verhelderen) illustrate
  • (foto.) expose
believen I [het] pleasure II [ov ww]
  please
belijden • (bekennen) confess, admit
  • (aanhangen) ‹form.› profess
belijdenis • (kerkgenootschap)

denomination • (getuigenis van
geloof) confirmation • (bekentenis)
confession

bellen • (signaal geven) ring/sound the
bell • (telefoneren) ring, call

bellettrie belles-lettres

belofte promise

belonen • (vergelden) reward
• (betalen) pay, ‹form.› remunerate

beloning ‹voor daad› reward, ‹voor
werk› pay

beloop course, way

belopen • (bedragen) amount to, add
up to, run into (a large sum) • (te voet
afleggen) ★ 't is niet te ~ it's too far to
walk

beloven promise

beluisteren listen to

belust ★ ~ op eager for; keen on

bemachtigen • (buitmaken) capture
• (te pakken krijgen) get hold of,
‹form.› secure

bemannen man

bemanning crew

bemerken notice, spot, ↑ perceive

bemesten ‹organisch› manure, ‹vnl.
met kunstmest› fertilize

bemiddelaar intermediary, ‹inf.›
go-between, ‹bij conflict› mediator

bemiddeld well-to-do, ‹inf.› well off

bemiddelen mediate

bemiddeling mediation

beminnelijk ‹in manieren› amiable,
‹v. aard› lovable

beminnen love

bemoederen mother

bemoedigen encourage, cheer up

bemoeial busybody, nos(e)y parker

bemoeienis • (inmenging)
interference • (bemoeiing) exertion

bemoeilijken obstruct, impede,
hamper, handicap

bemoeizucht meddling,
meddlesomeness

benadelen harm, injure

benaderen come close to, ‹bedrag,
ideaal› approximate (to)

benadering approach, ‹bedrag›
approximation

benadrukken stress, emphasize,
underline

benaming name

benard • (moeilijk) awkward
• (hachelijk) perilous

benauwd • (niet ruim) cramped, ‹inf.›
poky • (drukkend) close, ‹v. weer›
sultry, muggy • (angstig) afraid,
anxious

benauwen • (beklemmen) oppress
• (beangstigen) frighten

bende • (groep) gang • (janboel) mess

beneden I [bijw] • (lager gelegen)
down(stairs), at the bottom II [vz]
• (onder) under, below, beneath

benedenverdieping ground-floor

benepen • (bekrompen) petty
• (verlegen) bashful • (klein van
ruimte) ‹kamer› poky

benevens (together) with, in addition to

bengel little scamp, naughty boy

benieuwd curious (about)

benieuwen ★ het zal mij ~ of I wonder
if

benijden envy

benodigd required, necessary, requisite

benodigdheden necessities (of life),
requisites

benoemen • (naam geven) name
• (aanstellen) appoint

benoeming appointment

benul notion, inkling

benutten make the most of, utilize

benzine petrol, ‹AE› gas(oline)

benzinepomp petrol pump/
station

beoefenaar ‹geneeskunde›
practitioner, ‹taal, muz.› student

beoefenen ‹deugd, kunst› practise,
‹wetenschap› study

beogen aim at, have in mind

beoordelen • (oordeel geven) *judge,*
‹v. examenwerk› *mark* • (inschatten)
estimate, assess
bepaald I [bnw] • (vastgesteld) *specific,*
fixed • (een of ander) *certain* II [bijw]
positively, absolutely
bepakking *pack*
bepalen • (voorschrijven) *fix,*
stipulate, ‹tijdstip, plaats› *appoint*
• (vaststellen) *decide, define*
bepaling • (voorwaarde) *condition*
• (voorschrift) *provision*
beperken *limit, restrict*
beperking *limitation, restriction*
beplanten *plant*
bepleiten *plead, advocate, argue*
bepraten • (overhalen) *persuade*
• (praten over) *discuss*
beproeven • (proberen) *attempt,*
endeavour • (op de proef stellen) *try,*
test
beproeving • (proef) *trial, test*
• (ellende) *trial, ordeal*
beraad *deliberation*
beraadslagen *deliberate (on)*
beraadslaging *consultation,*
consideration, deliberation
beramen • (ontwerpen) *devise, plan*
• (begroten) *estimate*
berechten *try,* ‹form.› *adjudicate*
bereden *mounted*
beredeneren *discuss,* ‹aantonen›
argue
bereid *ready, willing, prepared*
bereiden *prepare*
bereik *reach, range*
bereikbaar ‹doel› *attainable,* ‹plaats›
accessible
bereiken • (aankomen bij) *arrive*
in/at, ‹v. leeftijd› *reach* • (komen tot
iets) *achieve, attain*
bereisd (widely) *travelled*
berekend • (berekenend) *calculating,*
scheming • (geschikt voor) ‹personen›
equal to, ‹zaken› *designed for*

• (uitgerekend) *calculated*
berekenen • (becijferen) *calculate*
• (in rekening brengen) *charge*
berekening *calculation*
berg *mountain*
bergen • (in veiligheid brengen)
rescue, ‹wrak› *recover, salvage*
• (opbergen) *store, put away*
• (onderbrengen) *hold, accommodate,*
put up
berging • (bergruimte) *storeroom*
• (scheepv.) *salvage*
bergpas (mountain) *pass*
bergtop (mountain) *top*
bericht *news, message,* ‹in de krant›
report
berichten *report, inform (s.o. of s.th.)*
berijden • (rijden op) *ride* • (rijden
over) *drive along, ride on*
berispen *rebuke, reprimand*
berisping *rebuke, reprimand*
berm *verge, shoulder*
beroemd *famous, celebrated, renowned*
beroemdheid • (beroemd persoon) *a*
celebrity • (het beroemd zijn) *fame,*
renown
beroep • (betrekking) *occupation, job,*
‹hoger opgeleid› *profession* • (jur.)
appeal ∗ in hoger ~ gaan *appeal (to a*
higher court)
beroepen *call (on), appeal to*
beroepskeuze *choice of career*
beroerd *rotten, miserable, wretched*
beroeren *stir (up), disturb*
beroering • (onrust) *trouble, agitation*
• (commotie) *turmoil*
beroerte *fit, stroke*
berokkenen ∗ iem. verdriet ~ *cause*
s.o. sorrow ∗ iem. schade ~ *harm s.o.*
berooid *penniless,* ‹form.› *destitute*
berouw *remorse, compunction,* ‹rel.›
repentance
berouwvol *penitent,* ‹rel.› *repentant*
beroven ‹fig.› *deprive of,* ‹ook fig.› *rob*
berucht *notorious, disreputable*

berusten • (~ bij) be deposited with, be
in the keeping of • (~ in) acquiesce
in/to, resign to • (~ op) be based on,
rest on
berusting • (gelatenheid) resignation
• (bewaring) custody
bes • (vrucht) berry • (muzieknoot) B
flat
beschaafd cultivated, educated, well
mannered, civilized
beschaamd ashamed
beschadigen damage
beschadiging damage
beschamen • (beschaamd maken)
(put to) shame • (teleurstellen)
<vertrouwen> betray,
<verwachtingen> disappoint
beschaving civilization
bescheiden modest
bescheidenheid modesty
beschermeling protégé
beschermen protect, shield, <tegen
zon/wind> screen
beschermengel guardian angel
beschermheer patron
beschermheilige patron saint
bescherming • (begunstiging)
patronage • (beveiliging) protection
beschieten fire on/at
beschikbaar available
beschikken • (beslissen) arrange
• (~ over) have at one's disposal
beschikking • (besluit) decision,
decree • (macht over iets te
beschikken) disposal
beschilderen paint
beschimpen scoff/jeer/sneer (at)
beschonken intoxicated
beschot • (afscheiding) partition
• (bekleedsel) panelling
beschouwen • (beoordelen) consider,
look at • (houden voor) consider,
regard as
beschouwing • (beoordeling,
overdenking) view, consideration,

contemplation • (uiteenzetting) view
beschrijven • (omschrijven) describe
• (schrijven op) write on (paper)
beschrijving description
beschroomd timid
beschuit biscuit, rusk
beschuldigen accuse (of), charge (with)
beschuldiging accusation, charge
beschutten shelter (from), screen
(from), protect (from/against)
besef • (bewustzijn) awareness,
consciousness • (begrip) notion, idea
beseffen realize
beslaan I [ov ww] • (innemen)
<ruimte> cover, take up II [on ww]
mist over/up, steam up
beslag • (deeg) batter • (het in bezit
nemen) <v. goederen> seizure
beslechten settle, decide
beslissen decide
beslissing decision
beslist I [bnw] decided, resolute
II [bijw] • (stellig) absolutely • (zeker)
definitely, decidedly
besloten private, closed
besluipen creep/steal up on, <wild>
stalk
besluit • (maatregel) order, <v.
overheid> decree • (beslissing)
resolution, decision • (einde)
conclusion, close • (slotsom) conclusion
besluiteloos undecided, <form.>
irresolute
besluiten • (eindigen) finish (up),
wind up (with), end • (concluderen)
conclude • (beslissing nemen) decide
besmeren smear, <met verf> daub
besmettelijk contagious, infectious,
catching
besmetten contaminate, infect
besmeuren smear (on/over), stain
besnoeien * ~ op cut (down on)
besparen save
besparing saving
bespelen • (manipuleren)

manipulate, ‹gevoelens› play on
• (muz.) play
bespeuren perceive, sense, catch sight
of, spot
bespieden spy on, watch
bespiegeling contemplation
bespioneren spy on
bespoedigen accelerate, speed up
bespottelijk ridiculous
bespotten ridicule, mock, deride
bespreken • (behandelen) speak/talk
about, discuss • (recenseren) review,
‹form.› notice • (reserveren) book
bespreking • (recensie) review
• (reservering) booking
• (behandeling) discussion
besproeien ‹land› irrigate, ‹planten›
water
best I [het] best II [bnw] • (goed) very
good, best, ‹zeer goed› excellent
• (aanspreking) dear • (instemming)
* 't is mij best it's fine with me
III [bijw] • (zeer goed) best, very well
• (mogelijkheid) * 't is best mogelijk
it's highly likely * hij kan best thuis
zijn he may well be at home
bestaan I [het] existence II [on ww]
• (er zijn) be, exist • (mogelijk zijn) be
possible • (~ uit) consist of • (~ van)
live on
bestaansminimum subsistence level,
bare minimum
bestand I [het] • (wapenstilstand)
truce • (verzameling gegevens) file
II [bnw] • (~ tegen) ‹regen›
rainproof, ‹vuur› fireproof
bestanddeel element, ingredient
besteden • (uitgeven) ‹geld› spend
• (~ aan) * aandacht ~ aan pay
attention to * tijd ~ aan devote/spend
time on
bestek cutlery
bestelauto delivery van
bestellen • (laten komen) order (from)
• (bezorgen) deliver

besteller postman, ‹v. zaak› delivery
man
bestelling • (opdracht) order
• (bezorging) delivery
bestemmen mean, intend, mark out
bestemming destination
bestemmingsplan development plan
bestempelen • (stempelen) stamp,
• (aanduiden) call, label
bestendig • (duurzaam) ‹kleur›
permanent, ‹materialen› durable
• (niet veranderlijk) stable, ‹karakter›
steady
besterven * je zult het nog ~ it will be
the death of you * ik bestierf 't bijna
van de schrik I nearly jumped out of
my skin; I nearly died of fright * ik
bestierf 't bijna van 't lachen I nearly
died laughing
bestijgen ascend, climb, ‹paard, enz.›
mount
bestoken • (aanvallen) harass, ‹met
granaten› shell • (lastig vallen) pester,
‹met vragen› assail, bombard
bestormen storm, attack
bestraffen • (straffen) punish
• (berispen) reprimand, rebuke
bestralen shine on, ‹med.› give
radiotherapy/-treatment
bestrating pavement
bestrijden • (bevechten) fight
(against) • (aanvechten) dispute (a
point) • (kosten, enz. dekken) cover,
reimburse, ‹form.› defray
bestrijken spread (over), smear, ‹verf›
coat (with)
bestrooien ‹poeder› dust, ‹suiker›
sprinkle
bestuderen study
besturen • (aan het stuur zitten) drive
• (regeren) govern, rule
bestuur • (regering) government
• (beheer) management
bestuurder • (leidinggevende)
governor, director, ruler

• (automobilist) *driver*
bestuurslid <bedrijf> *member of the board of directors*, <instelling> *member of the governors*, <vereniging> *committee member*
bestwil ∗ leugentje om ~ *white lie* ∗ voor uw/je eigen ~ *for your own good; in your own best interests*
betaalmiddel *currency*, <form.> *means of payment*
betalen • (vergelden) *repay* • (de kosten voldoen) *pay (for)*, <schuld> *settle, pay off*
betaling *payment*, <schuld> *settlement*
betalingsbalans *balance of payments*
betamelijk *proper, decent*
betamen *become*
betasten *finger, feel, handle*
betekenen *mean, signify*
betekenis • (inhoud, bedoeling) *sense, meaning* • (belang) *importance, significance*
beter *better*
beterschap *improvement*, <gezondheid> *recovery*
beteugelen *check, curb*
beteuterd *perplexed, dazed, stunned*
betijen ∗ laat hem ~ *leave him alone; let him be*
betitelen *call, style*
betogen • (demonstreren) *demonstrate* • (beredeneren) *argue*
betoging *demonstration*
beton *concrete*
betonen *show, display*
betonmolen *concrete mixer*
betoog *argument*
betoveren • (beheksen) *cast a spell on, bewitch (a person)* • (bekoren) *fascinate, enchant*
betovering • (beheksing) *bewitchment, spell* • (bekoring) *fascination, enchantment*
betrachten *practise*
betrappen *catch*

betreden *set foot on, step onto*
betreffen • (aangaan) *concern, regard* • (betrekking hebben op) *relate to, concern*
betreffende *concerning*
betrekkelijk *relative, comparative*
betrekken I [ov ww] • (zijn intrek nemen) *move into* • (erbij halen) *involve* II [on ww] • (bewolkt worden) *become overcast, cloud over*
betrekking • (baan) *position, job, post* • (verhouding) *relation*
betreuren *regret*, <een verlies> *mourn*
betrouwbaar *reliable, dependable*
betten *bathe, dab*
betuigen *express*, <onschuld> *protest*
betweter <vero.> *wiseacre*
betwijfelen *doubt*
betwistbaar • (te betwisten) *debatable, disputable* • (twijfelachtig) *questionable*
betwisten *challenge, dispute*
beu ∗ het beu zijn *be fed up (with s.th.)*
beugel • (bevestiging) *bracket* • (gebitscorrectie) *brace*
beuk • (boom) *beech* • (dreun) *whack*
beuken *batter, pound, hammer*
beul • (scherprechter) *executioner*, <bij ophanging> *hangman* • (wreedaard) *brute, beast*
beunhaas • (prutser) *cowboy* • (zwartwerker) *moonlighter*
beuren • (geld innen) *receive*
beurs I [de] • (tentoonstelling) *fair* • (portemonnee) *purse* • (studiebeurs) *scholarship* • (econ.) *exchange* II [bnw] • (overrijp) *over-ripe* • (bont en blauw) *bruised*
beursstudent *scholarship student*, <form.> *scholar*
beurt *turn*
beurtelings *in turn*
bevaarbaar *navigable*
bevallen • (aanstaan) *please* • (baren) *have a baby*

bevallig *graceful*
bevalling *birth*, ‹med.› *confinement*
bevangen *overcome, seize*
bevattelijk • (schrander) *intelligent*
• (duidelijk) *intelligible*
bevatten • (inhouden) *contain*
• (begrijpen) *comprehend*
bevattingsvermogen *comprehension*
bevechten *fight (against)*
beveiligen *protect, secure*
(against/from)
bevel • (opdracht) *order, command*
• (bevelschrift) *warrant, writ*
bevelen *order, command*
bevelhebber *commander*
beven ‹ook v. kou› *shake, shiver*, ‹ook
v. woede› *tremble*
bever *beaver*
beverig *trembling, shaking*,
‹handschrift› *shaky*
bevestigen • (bekrachtigen) *confirm*
• (vastmaken) *fix, fasten, attach*
bevinden I [ov ww] • (in
toestand/plaats zijn) *find*
• (vaststellen) *find* II [wkd ww] *find
o.s.*
bevinding *experience*, ‹na onderzoek›
finding
bevlieging *caprice, fancy*
bevloeien *irrigate*
bevochtigen *moisten*
bevoegd • (bekwaam) *qualified*
• (gerechtigd) *authorized*
bevoegdheid • (bekwaamheid)
qualification • (autoriteit) *authority*
bevolken *people*
bevolking *population*
bevolkingsregister • (bureau)
registry-office, registrar • (lijst)
Population Register, ‹in UK› *Register
of Births, Deaths and Marriages*
bevoordelen *benefit, favour*
bevooroordeeld *prejudiced, bias(s)ed*
bevoorrechten *privilege*
bevorderen • (begunstigen) *further,*

‹belangen, enz.› *promote,*
‹gezondheid› *benefit,* ‹groei, eetlust›
stimulate • (promoveren) *promote*
bevorderlijk *conducive (to), good (for)*
bevragen ⋆ te ~ bij *apply to* ⋆ te ~
alhier *apply within*
bevredigen *satisfy,* ‹lust› *indulge,
gratify*
bevrediging *satisfaction*
bevreemden *surprise*
bevreemding *surprise*
bevreesd *afraid (of), scared (of),
frightened (of)*
bevriend *friendly*
bevriezen *freeze*
bevrijden *liberate, free (from),*
‹gevangenen› *set free,* ‹uit gevaar›
rescue
bevrijding *liberation*
bevruchten *fertilize,* ‹zwanger
maken› *impregnate*
bevruchting • (het zwanger maken)
impregnation • (bio.) *fertilization*
bewaarder *keeper,* ‹cipier› *warder*
bewaken • (waken over veiligheid)
guard, watch over • (controleren)
monitor
bewaking • (het waken over) *guard,
watch* • (het controleren) *monitoring*
bewapenen *arm*
bewapeningswedloop *arms race*
bewaren • (niet wegdoen) *keep, save*
• (opbergen) *store, keep,* ‹etenswaren›
preserve • (behoeden) *protect, save
(from)*
beweegreden *motive*
bewegen I [ov ww] • (in beweging
brengen) *move* II [wkd ww] *move, stir*
beweging • (beroering) *commotion*
• (het bewegen) *movement, motion*
beweren *claim, assert*
bewering *assertion,* ‹betwistbaar›
claim, ‹uitspraak› *statement*
bewerken • (behandeling doen
ondergaan) ‹land› *farm, cultivate,*

‹toneelstuk› *rewrite*, ‹voor toneel, film› *adapt (for)* • (bewerkstelligen) *accomplish, bring about* • (beïnvloeden) *manipulate*
bewerking • (het bewerken) *cultivation, process* • (beïnvloeding) *manipulation*, ‹muziekstuk› *arrangement*, ‹voor toneel, film› *adaptation*
bewerkstelligen *bring about, achieve, accomplish*
bewijs *proof, evidence*
bewijzen *prove*
bewind *government, administration*
bewindvoerder *administrator*, ‹bij faillissement› *trustee*
bewogen • (ontroerd) *moved, stirred* • (vol gebeurtenissen) *eventful, stirring*
bewolking *clouds*
bewonderaar *admirer*
bewonderen *admire*
bewondering *admiration (of/for)*
bewonen *inhabit*, ‹huis, enz.› *live in, occupy*
bewoner ‹huis, kamer› *occupant*, ‹v. stad, huis› *resident*
bewust • (betreffende) *concerned, aware, conscious* • (opzettelijk) *intentional, deliberate*
bewusteloos *unconscious, senseless*
bewustheid *consciousness*
bewustzijn *consciousness, awareness*
bezaaien • (bestrooien) *sow* • (bedekken met)* *bezaaid met dotted; studded with; strewn; littered*
bezadigd *sober-minded*, ‹persoon› *steady*
bezegelen *seal*
bezem *broom*
bezeren *hurt, injure*
bezet • (ingenomen) ‹v. hotelkamer› *occupied*, ‹v. persoon› *busy, occupied*, ‹v. plaats› *taken* • (bedekt) *set*
bezeten ‹v.d. duivel› *possessed*, ‹v.e.

gedachte› *obsessed*
bezetten *occupy*
bezetting *occupation*
bezichtigen *inspect, view*
bezielen • (leven geven aan) *animate, breathe life into* • (inspireren) *inspire, animate*
bezieling *animation, inspiration*
bezien • (bekijken) *regard, look at* • (denken over)* *het staat/valt te ~ it remains to be seen*
bezienswaardigheid *sight, place of interest*
bezig *busy, engaged (in), occupied (with)*
bezigheid *work, activity, occupation*
bezighouden *keep busy*
bezinken • (naar bodem zakken) *settle (down)* • (verwerken) *digest, assimilate*
bezinksel *sediment*
bezinnen * zich ~ *change one's mind*
bezinning • (het zich bezinnen) *reflection, contemplation* • (besef) *reflection*
bezit *possession*, ‹eigendom› *property*
bezitten *own, possess*
bezitter *owner*, ‹hotel, huis› *proprietor*
bezitting *property, possession*
bezoek • (het bezoeken) *visit, call* • (personen) *visitors, callers*
bezoeken • (een bezoek brengen aan) *visit, call on*, ‹kerk, school, theater› *attend*
bezoldigen *pay*
bezoldiging *pay, salary*
bezonken *mature, well-considered*
bezorgd • (ongerust) *uneasy (about), anxious, worried* • (vol goede zorg) *concerned (for/about)*
bezorgen • (verschaffen) *get, provide* • (afleveren) *deliver* • ((een uitgave) verzorgen) *edit*
bezuinigen *economize (on), cut down on one's expenses*
bezuren *regret*

bezwaar • (bedenking) *objection*
• (nadeel) *drawback*
bezwaard *weighed down, burdened*
bezwaarlijk I [bnw] *inconvenient*
II [bijw] *hardly, not very well*
bezwaarschrift *petition*
bezwaren *load*, ‹vooral fig.› *burden*
bezweet *perspiring, sweating*
bezweren • (onder ede verklaren)
swear • (uitdrijven) ‹v. kwade
krachten› *exorcize* • (oproepen)
conjure up
bezwering • (het onder eed
bevestigen) *swearing* • (het
uitdrijven) *exorcism* • (het oproepen)
conjuring • (het afwenden) *allying*
• (formule) *incantation*
bezwijken • (sterven) *go under,
succumb* • (niet bestand zijn tegen
iets) *collapse, give way* • (toegeven)
succumb, give in, yield to
bibberen *quiver*, ‹ook v. kou› *tremble,
shiver*
bibliografie *bibliography*
bibliothecaris *librarian*
biceps *biceps*
bidden *pray*, ‹bij maaltijd› *say grace*
biecht *confession*
biechten *confess*
bieden • (aanbieden) *offer*, ‹aanblik›
present • (een bod doen) *(make a) bid*
biefstuk *steak*
bier *beer*
bies • (sierrand) *border* • (plant)
(bul)rush
biet *(sugar)beet*
big *piglet*
bigamie *bigamy*
bij I [de] *bee* II [bnw] • (slim) ✶ hij is
goed bij *he's clever/all there* • (bij
bewustzijn) *conscious* • (zonder
achterstand) *up-to-date* III [vz]
• (toegevoegd aan) *(to go) with*
• (aanwezig) *(present) at* • (in een
bepaald geval) *in case of, at*

• (door/wegens) *by* • (omstreeks) *by*
• (in de buurt van) *near/close to*
• (vergeleken met) ✶ het is daar niets
bij *it's nothing in comparison with/to
that* • (maal) *by* • (met) *by* • (aan) *by*
• (door middel van) *by* • (~ met wkd
vnw) *with* ✶ heb je geld bij je? *have
you any money on/with you*
bijbaantje *sideline*
bijbedoeling *hidden motive*
bijbehorend ✶ met ~e broek *with
trousers to match; matching trousers*
bijbel *bible*
bijbels *biblical*
bijbetalen *pay extra, make an extra
payment*
bijblijven • (op de hoogte blijven)
keep up to date • (bijhouden) *keep
up/pace with*
bijbrengen • (bij bewustzijn
brengen) *bring round* • (leren) *teach*,
‹form.› *impart (to)*
bijdehand *bright, smart*
bijdraaien ‹v. personen› *come round*
bijdrage *contribution*
bijdragen *contribute (to)*
bijeen *together, assembled*
bijeenkomen *meet, come together,
gather*
bijeenkomst *meeting, gathering*,
‹inf.› *get-together*
bijeenroepen *call together*, ‹v.
vergadering› *convene*
bijenhouder *bee-keeper*
bijgaand *enclosed*
bijgebouw *annex(e)*
bijgedachte • (associatie) *association*
• (bijbedoeling) *ulterior motive*
bijgeloof *superstition*
bijgevolg *consequently, as a
consequence*
bijhouden • (bij iets houden) *hold
out* • (bijblijven) *keep up with, keep
pace with* • (niet achter laten raken)
keep up to date

bijkantoor *branch office*
bijkeuken *scullery, pantry, larder*
bijkomen • (bij bewustzijn komen) *come round/to* • (op adem komen) *gain one's breath, pick o.s. up*
bijkomstig • (toevallig) *incidental, accidental* • (als bijzaak) *of minor importance*
bijl *axe*, ‹klein› *hatchet*
bijlage *appendix*, ‹bij brief› *enclosure*
bijles *extra lesson*
bijna *nearly, almost*
bijnaam *nickname*
bijpassen *pay (extra)*
bijproduct *by-product*
bijscholen *retrain*
bijschrift *caption, note in the margin*
bijstellen *adjust*
bijster ∗ 't spoor ~ zijn *be on the wrong track*
bijten I [ov ww] *bite*, ‹v. slang› *sting* II [on ww] • (happen) *bite* • (stekend gevoel geven) *sting*
bijtijds *early*, ‹op tijd› *in time*
bijvak *subsidiary subject*, ‹inf.› *second subject*
bijval *approval, applause*
bijvallen ∗ iem. ~ *back s.o. up; support s.o.*
bijverdienste *extra income*
bijvoegen *add, enclose*
bijvoeglijk *adjectival*
bijvoegsel ‹v. boek› *appendix*, ‹v. brief› *enclosure*
bijvoorbeeld *for example, for instance*
bijwerken • (aanvullen) *bring up to date*, ‹v. tekst› *revise* • (afwerken) *touch up*
bijwonen • (bezoeken) *attend* • (meemaken) *witness*
bijwoord *adverb*
bijzaak *side issue, matter of secondary importance*
bijzetten • (plaatsen) *place* • (ter aarde bestellen) *bury*

bijzijn ∗ in het ~ van *in front of; in the presence of*
bijzin *subordinate clause*
bijzonder I [bnw] • (speciaal) *particular* • (eigenaardig) *peculiar* • (opmerkelijk) *remarkable* II [bijw] • (vooral) *especially* • (zeer) *very*
bijzonderheid • (detail) *particular detail* • (eigenaardigheid) *peculiarity*
bikini *bikini*
bikken *grub, lay into*
bil *buttock*, ‹v. dier› *rump*
biljart • (spel) *billiards* • (tafel) *billiard table*
biljet • (kaartje) *ticket* • (bankbiljet) (bank)*note* • (aanplakbiljet) *poster* • (strooibiljet) *leaflet, handbill*
biljoen *billion*
billijk *fair, reasonable*
billijken *approve (of)*
binair *binary*
binden • (in-/vastbinden) *bind, tie (up)* • (dikker maken) *thicken*
binding *bond*
bindweefsel *connective tissue*
binnen I [bijw] • (in een ruimte) *inside* • (in herinnering) ∗ 't schiet me wel weer te ~ *it will come back to me* II [vz] • (erin) *inside, within* • (minder dan) *within*
binnenband *tube*
binnendringen *penetrate*, ‹met geweld› *force one's way/break into*
binnengaan *go in, enter*
binnenhaven *inner harbour*
binnenhuisarchitect *interior decorator, interior designer*
binnenin *inside*
binnenkant *inside*
binnenkort *before long, soon*
binnenkrijgen *get down*
binnenland • (het inwendige van een land) *interior* • (het eigen land) ∗ in binnen- en buitenland *at home and abroad*

binnenlands domestic, ‹waterwegen› inland

binnenlaten let in, show in

binnenlopen • (op bezoek gaan) drop in (at/on) • (naar binnen gaan) go in(to)

binnenplaats (inner) court(yard)

binnenshuis indoors

binnensmonds under one's breath

binnenstad town/city centre

binnenvallen ‹onverwachts› barge into

binnenwaarts inward(s)

binnenwerk • (inwendige delen) mechanism, innards • (werk binnenshuis) indoor work

binnenzak inside pocket

biochemie biochemistry

biografie biography

biologie biology

biologisch biological

bioloog biologist

bioscoop cinema

biscuit biscuit

bisdom diocese, bishopric

bisschop bishop

bisschoppelijk episcopal

bits snappy

bitter I [het] bitters II [bnw] bitter III [bijw] awfully

bivak bivouac

bivakkeren • (in de open lucht slapen) bivouac • (tijdelijk wonen) stay, be put up

bizar bizarre

bizon bison

blaam blame, censure

blaar blister

blaas • (orgaan) bladder • (luchtbel) bubble

blaasinstrument wind instrument

blaaskaak big head

blad • (deel van plant) leaf • (vel papier) sheet • (tijdschrift) magazine

bladeren ★ in een boek ~ leaf through a book

bladgoud gold leaf

bladgroente greens

bladluis greenfly

bladwijzer bookmark

bladzijde page

blaffen • (geluid v. hond) bark • (tekeergaan) bark (at), snap (at)

blaken burn, ‹zon› blaze

blakeren scorch

blamage disgrace

blameren discredit

blanco open, ‹cheque› blank

blank I [bnw] • (ongekleurd, wit) white II [bijw] • (onder water) ★ ~ staan be flooded

blaten bleat

blauw I [het] blue II [bnw] blue

blauwbekken ★ staan ~ stand in the cold

blauwdruk blueprint

blazen blow

blazer • (bespeler van blaasinstrument) brass player • (jasje) blazer

bleek I [de] • (het bleken) bleach(ing) • (bleekveld) bleach(ing)-field II [bnw] pale, ‹form.› wan

bleken bleach

blij • (verheugd) glad, happy, pleased • (verheugend) joyful

blijdschap gladness, joy (at)

blijheid gladness, joy (at)

blijk token, sign

blijkbaar apparent, evident, obvious

blijken appear (from)

blijkens according to

blijmoedig cheerful

blijspel comedy

blijven remain, stay

blijvend permanent, lasting, enduring

blik I [de] look, ‹lang› gaze, ‹vluchtig› glance II [het] • (stofblik) dustpan • (plaatstaal) tin • (bus, doos) tin

blikken I [bnw] tin II [on ww] look,

glance
blikopener *tin opener*
blikschade *damage to the bodywork*
bliksem *lightning*
bliksemafleider *lightning conductor*
bliksemen I [on ww] *flash* II [onp ww]
lighten
bliksemflits *flash of lightning*
bliksemsnel *as quick as lightning*
blikvanger *eye-catcher*
blind I [het] *shutter* II [bnw] *blind*
blinddoeken *blindfold*
blinde *blind man/woman*
blindedarm *appendix*
blindelings *blindly*
blindengeleidehond *guide dog,* <AE>
seeing-eye dog
blindganger *unexploded shell,* <inf.>
dud
blindheid *blindness*
blinken *shine, glitter*
blocnote *notepad, pad*
bloed *blood*
bloedbad *slaughter, massacre*
bloeddorstig *bloodthirsty*
bloedeigen * ~ *kinderen own flesh*
and blood
bloedeloos • (zonder bloed) *bloodless*
• (slap) *listless*
bloeden *bleed*
bloederig *bloody*
bloedig *bloody*
bloeding *bleeding,* <hevig>
haemorrhage
bloedlichaampje *blood cell,* <med.>
corpuscle
bloedneus *bloody nose*
bloedproef *blood test*
bloedsomloop *(blood) circulation*
bloeduitstorting *bruise*
bloedvat *blood vessel*
bloedvergiftiging *blood poisoning*
bloedverwant *blood relation, relation,*
relative
bloei • (het bloeien) *blossom,*

flowering, bloom • (ontplooiing)
prosperity, <form.> *flower (of youth)*
bloeien • (bloemen dragen) *bloom,*
blossom, flower • (floreren) *flourish,*
bloom
bloem • (plant) *flower* • (meel) *flour*
bloembol *bulb*
bloemist *florist*
bloemkool *cauliflower*
bloemlezing *anthology*
bloemperk *flowerbed*
bloempot *flowerpot*
bloemrijk *flowery*
bloemstuk *bouquet,* <form.> *floral*
tribute
bloes *blouse*
blok *block*
blokfluit *recorder*
blokkade *blockade*
blokken *cram, swot*
blokkendoos *box of bricks*
blokkeren • (de toegang afsluiten)
blockade • (tegenhouden) *lock, jam,*
<cheque> *stop*
blond *blond, fair,* <v. vrouw> *blonde*
bloot *bare, naked*
blootgeven *show one's hand, commit*
o.s.
blootleggen • (van bedekking
ontdoen) *lay bare* • (onthullen)
disclose, reveal
blootshoofds *bareheaded*
blootstaan *be subject to, be exposed to*
blootstellen *expose*
blootsvoets *barefoot*
blos *flush*
blozen <v. gezondheid> *bloom (with),*
<v. opwinding> *flush (with),* <v.
verlegenheid> *blush (with)*
bluf • (het overbluffen) *bluff*
• (opschepperij) *bragging, boast(ing)*
bluffen • (opscheppen) *brag, boast*
(of/about), *swank (about)*
• (overbluffen) *bluff*
blunder *blunder*

blussen *extinguish, put out*
blut *broke,* ‹na spel› *cleaned out*
bluts *dent*
blutsen *dent*
bobbel • (bult) *lump, bump*
• (lucht-/gasbel) *bubble*
bochel • (hoge rug) *hump*
• (gebochelde) *hunchback* • (bobbel) *lump*
bocht I [de] *turn, curve, bend* II [het] *plonk, rubbish*
bochtig *winding, tortuous*
bod *bid, offer*
bode *messenger*
bodem • (onderkant) *bottom* • (grond) *soil* • (grondgebied) *territory*
bodemloos *bottomless*
boedel • (nalatenschap) *estate* • (bezit) *property*
boedelscheiding *division of estate/property*
boef *rogue, rascal,* ‹gevangene› *convict*
boeg *bow(s)*
boei *buoy*
boeien • (in de boeien slaan) *fetter, shackle, handcuff* • (fascineren) *grip, arrest, enthral*
boek *book*
boekbinder *bookbinder*
boekdeel *volume*
boekdrukkunst *printing*
boeken • (behalen) ‹succes› *score,* ‹vooruitgang› *make* • (reserveren) *book*
boekenkast *bookcase*
boekenlegger *bookmark*
boekenlijst *reading list*
boekenplank *bookshelf*
boekenrek *bookshelves*
boeket *bouquet*
boekhandel • (boekwinkel) *bookshop* • (handel in boeken) *book trade*
boekhouden I [het] *bookkeeping* II [on ww] *keep the books*
boekhouder *bookkeeper*

boekhouding • (het boekhouden) *bookkeeping, accountancy* • (boekhoudafdeling) *accounts department*
boekjaar *financial year*
boekstaven *put on record*
boekweit *buckwheat*
boel • (bedoening) * de hele boel *the whole lot* * een mooie boel *a pretty kettle of fish* • (veel) * een (hele) boel *(quite) a lot (of)*
boeman *bogeyman*
boemelen • (feesten) *be out on the town, paint the town red* • (met de boemel reizen) *take the slow train*
boemerang *boomerang*
boenen • (schrobben) *scrub* • (oppoetsen) *polish*
boer • (agrariër) *farmer* • (plattelander) *countryman* • (lomperik) *yokel, country bumpkin* • (oprisping) *belch* • (speelkaart) *jack*
boerderij • (boerenbedrijf) *farm* • (woning) *farmhouse*
boeren • (het boerenbedrijf uitoefenen) *farm* • (een boer laten) *burp, belch*
boerenbedrijf *farming (industry)*
boerenkool *curly kale*
boerin • (vrouwelijke boer) *woman farmer* • (vrouw van de boer) *farmer's wife*
boers *boorish*
boete • (geldstraf) *penalty, fine* • (genoegdoening) * ~ doen *do penance*
boetedoening *penance*
boeten *pay/suffer (for)*
boetiek *boutique*
boetseren *model*
boezem • (borstpartij) *breast,* ‹form.› *bosom* • (binnenste) *heart* • (gemoed, hart) *heart* • (hartholte) *auricle*
bof • (ziekte) *mumps* • (gelukje) *piece of luck*

boffen *be lucky*
bok <geit> *billy goat*, <hert> *buck*, <hert, eland> *stag*
bokaal *goblet*, <als prijs> *cup*
bokkensprong *antics*
bokkig *surly, gruff, morose*
bokking *bloater, smoked herring*, <vers> *white/fresh herring*
boksbeugel *knuckle-duster*, <AE> *brass knuckles*
boksen *box*
bokser *boxer*, <voor geld> *prize-fighter*
bol I [de] • (bolvormig voorwerp) *sphere, ball, globe* • (broodje) *roll* II [bnw] *round*, <wangen> *chubby*
bolleboos *clever/bright person, dab*, <pej.> *clever-clogs*
bollen *bulge, swell (up)*, <v. stof> *billow*
bolster *husk*
bolwerk *bulwark*
bolwerken * *het ~ manage*
bom • (grote hoeveelheid) *load, pile* • (explosief) *bomb*
bomaanslag *bomb attack, bomb-outrage*
bombardement *bombardment*
bombarderen • (beschieten) <fig.> *bombard*, <met bommen> *bomb*, <met granaten> *shell* • (~ *tot*) *be appointed as*
bombast *pompous language*
bombrief *letter-bomb*
bommenwerper *bomber*
bon • (bekeuring) *ticket* • (waardebon) *voucher* • (cadeaubon) *token* • (betalingsbewijs) *receipt*
bonbon *chocolate, sweet*
bond *alliance, league*
bondgenoot *ally*
bondgenootschap *alliance*
bondig *concise, terse*
bonnefooi * *op de ~ on the off chance*
bons • (klap) *thump* • (hoge ome) *big boss*
bont I [het] *fur* II [bnw] • (veelkleurig)

multi-coloured, <was> *coloured* • (met gevlekte vacht) *spotted*, <paard> *piebald*
bontjas *fur coat*
bonus *bonus*
bonzen *thump*
boodschap • (bericht) *message* • (het inkopen) *the shopping*
boodschapper *messenger (boy)*
boog • (boogconstructie) <in gebouw> *arch*, <v. brug> *span* • (kromme lijn) *arc, curve* • (wapen) *bow*
boogschutter • (boogschieter) *archer* • (sterrenbeeld) *Sagittarius*
boom *tree*
boomgaard *orchard*
boomgrens *tree-line*
boomschors *bark*
boomstam *tree-trunk*
boomstronk *stump*
boon *bean*
boor *drill*
boord I [de] • (rand) *border* • (oever) *bank, shore* II [het] • (kraag) *collar* • (scheepv., luchtv.) *board*
boordevol *brimfull, brimming with*
boordwerktuigkundige *flight mechanic, flight engineer*
booreiland *oil-rig*
boormachine *(power) drill*
boos • (kwaad) *angry*, <woedend> *furious* * *boos worden lose one's temper* • (verdorven) *wicked*, <daden, driften> *evil*
boosaardig *malicious*
boosdoener *wrong-doer*
boot *boat*
bootwerker *docker*
bord • (eetgerei) *plate* • (mededelingenbord) *notice board* • (schoolbord) *blackboard* • (speelbord) *board*
bordeel *brothel*
bordes ≈ *(flight of) steps*
borduren *embroider*

boren drill * ~ naar drill for
borg • (persoon) surety, bail
• (onderpand) security
borgsom deposit
borgtocht • (borgstelling) security
• (waarborgsom) bail
borrel drink, drop, ‹Schots› dram
borrelen • (bubbelen) bubble
• (borrels drinken) have a drink
borst • (borstkas) chest
• (vrouwenborst) breast
borstel • (werktuig) brush • (stekels v.
dier) bristle
borstelen brush
borstelig bristly, bushly
borstkas chest
borstwering parapet
bos I [de] ‹bloemen, sleutels› bunch,
‹hout› bundle II [het] wood, ‹groot›
forest
bosbes bilberry
bosbrand forest fire
bosje • (bundeltje) bunch • (groepje
bomen) grove, thicket
boswachter forester
bot I [de] • (vis) flounder II [het] bone
III [bnw] • (niet scherp) dull, ‹mes›
blunt • (onbeleefd) ‹opmerking›
blunt, ‹weigering› flat
boter butter
boteren I [ov ww] • (met boter
besmeren) butter II [on ww] • (tot
boter worden) make butter
boterham (a slice of) bread (and
butter), ‹met beleg› sandwich
botsen • (stoten) collide (with), crash
(into), bump (into) • (in conflict
komen) clash
botsing smash (up), collision, crash
bottelen bottle
botterik • (lomperd) lout • (dom
persoon) dimwit
botvieren * zijn hartstochten ~
indulge one's passions
botweg bluntly, point-blank

boud bold
bougie • (motoronderdeel) spark(ing)
plug • (kaars) candle
bouillon stock
bouillonblokje stock cube
boulevard boulevard, ‹aan zee›
promenade
bout • (schroef) bolt • (strijkijzer) iron
• (stuk vlees) leg, ‹v. gevogelte›
drumstick
bouw • (het bouwen) building,
construction • (postuur) build
bouwdoos • (blokkendoos) box of
bricks • (bouwpakket) do-it-yourself
kit
bouwen • (maken) build • (~ op) rely
on, depend on
bouwgrond • (bouwterrein) building
site • (landbouwgrond) arable land
bouwkunde architecture
bouwkundig architectural
bouwkunst architecture
bouwpakket do-it-yourself kit
bouwstijl architecture, architectural
style
bouwvak I [de] building industry
holiday II [het] building (trade)
bouwval ruin(s)
bouwvallig ramshackle, dilapidated
bouwwerk building
boven I [bijw] • (hoger gelegen) above,
up(stairs) • (erop) on (the) top of * van
~ naar beneden from top to bottom;
(from the top) downward(s) II [vz]
above, over
bovenaan at the top
bovenal above all
bovenarm upper arm
bovenbouw • (de hogere klassen) last
two or three classes of a secondary
school • (bovendeel v. gebouw)
superstructure
bovenbuur upstairs neighbour
bovendien besides, in addition,
moreover

bovengronds ‹leidingen› *overhead,* ‹trein› *overground*
bovenhuis *upstairs flat/apartment*
bovenin *at the top*
bovenkamer *upstairs room*
bovenkomen • (aan de oppervlakte komen) *surface, rise, float to the surface* • (opwellen) *surface* • (een verdieping hoger komen) *come up(stairs)*
bovenleiding *overhead line/cable*
bovenmatig *excessive, extreme*
bovenmenselijk *superhuman*
bovennatuurlijk *supernatural*
bovenop *on top*
bovenstaand ∗ 't ~e *the above*
boventoon *overtone*
bovenuit ∗ zijn stem klonk overal ·· his voice *drowned (out) everything*
box • (babybox) *playpen* • (afgescheiden bergruimte) *box* • (luidspreker) (loud)*speaker*
boycot *boycott*
boycotten *boycott*
braadpan *frying pan*
braaf *good*
braak I [de] *burglary* II [bnw] *fallow*
braakmiddel *emetic*
braam • (oneffen rand) *burr* • (braambes) *blackberry* • (braamstruik) *blackberry (bush), bramble*
brabbelen *jabber*
braden ‹in de oven› *roast, bake,* ‹in de pan› *fry*
brak I [de] *beagle* II [bnw] *brackish*
braken *vomit, be sick, throw up*
brancard *stretcher*
brand *fire*
brandbaar *combustible, inflammable*
brandblaar *blister*
branden I [ov ww] *burn,* ‹door hete vloeistof› *scald* II [on ww] *burn* • (~ van) *burn (with)*
brander • (vlambek) *burner*

• (distilleerder) *distiller*
branderig • (als van brand) *burnt* • (ontstoken) *inflamed, burning*
brandewijn *brandy*
brandgang *firebreak*
brandhout *firewood*
branding *surf,* ‹golven› *breakers*
brandkast *safe*
brandmerk • (merkteken) *brand* • (schandvlek) *stigma*
brandmerken *brand,* ‹fig.› *stigmatize*
brandnetel *nettle*
brandpunt • (snijpunt van stralen) *focus* • (middelpunt) *focus, centre*
brandslang *fire-hose*
brandstapel *funeral pyre*
brandstichter *arsonist, fire-raiser,* ‹AE› *firebug*
brandstof *fuel*
brandvrij *flame/fire resistant, fireproof*
brandweer *fire brigade*
brandweerman *fireman*
brandwond *burn*
bravoure *bravado*
breed • (wijd) *broad, wide* • (ruim) ∗ zij hebben het niet ~ *they are hard up*
breedsprakig *verbose, long-winded*
breedte *width, breadth,* ‹geo.› *latitude*
breedtegraad *degree of latitude*
breedvoerig *detailed, exhaustive*
breekbaar *breakable, fragile*
breekijzer *crowbar*
breien *knit*
brein • (hersenen) *brain* • (verstand) *intellect*
breiwerk *knitting*
breken *break,* ‹v. bot› *fracture*
brem *broom*
brengen • (vervoeren) ‹naar de spreker toe› *bring,* ‹v.d. spreker af› *take* • (doen geraken) *get, bring, make* • (presenteren) *bring* ∗ ten gehore ~ *perform* ∗ iets naar voren ~ *suggest s.th.*

bres *breach, gap*
breuk • (het breken) *breaking*
• (beschadiging) ‹in glas› *crack,* ‹v.
bot› *fracture* • (navelbreuk) *hernia*
• (verbreking van relatie) *rupture,
split* • (wisk.) *fraction*
brevet *certificate,* ‹luchtvaart› *licence*
brief *letter,* ‹form.› *epistle*
briefkaart *postcard*
briefwisseling *correspondence*
bries *breeze*
briesen ‹v. leeuw› *roar,* ‹v. paard› *snort*
brievenbus *mailbox,* ‹aan huis›
letterbox, ‹om te verzenden› *pillar box*
brigade *brigade*
brigadier ‹bij de politie› *(police)
sergeant,* ‹in het leger› *brigadier*
brij *porridge,* ‹fig.› *pulp*
bril • (wc-bril) *seat* • (kijkglazen) *(pair
of) glasses, spectacles*
briljant I [de] *diamond* II [bnw]
brilliant
brillantine *brilliantine*
Brits I [het] *British-English* II [bnw]
British
brochure *brochure*
broeden *brood, sit (on eggs)*
broeder • (broer) *brother* • (verpleger)
(male) nurse • (rel.) *friar*
broederlijk *brotherly*
broederschap • (het broeders zijn)
brotherhood • (vereniging) *fraternity*
broeien • (heet worden) *heat, get
heated* • (drukkend warm zijn) *be
muggy/sultry* • (dreigen) ∗ *er broeit
onweer a (thunder)storm is brewing*
broeierig *close, sultry*
broeikas *hothouse*
broeinest *hotbed*
broek *(pair of) trousers,* ‹AE› *pants*
broekpak *trouser suit*
broer *brother*
brok *chunk, piece,* ‹groot› *lump*
brokkelig *crumbly*
brokstuk *fragment, piece*

brombeer *grumbler*
bromfiets *moped*
brommen • (brommend geluid
maken) ‹dier› *growl (at),* ‹v. motor,
radio› *whirr, hum* • (straf uitzitten)
do time
bron • (opwellend water) *spring*
• (oorsprong) *source, origin*
bronchitis *bronchitis*
brons *bronze*
bronwater *spring water*
bronzen I [bnw] *bronze* II [ov ww]
bronze, tan
brood • (eetwaar) *bread*
• (levensonderhoud) *living*
broodmager *(as) thin as a rake*
broodtrommel *bread-bin*
broodwinning *living, livelihood*
brouwen I [ov ww] • (bereiden) *brew*
• (beramen) *stir up* II [on ww] *speak
with a burr*
brouwsel *brew, concoction*
brug • (sport) *parallel bars* • (scheepv.)
bridge • (gebitsprothese) *bridge(work)*
• (oeververbinding) *bridge*
bruid *bride*
bruidegom *bridegroom*
bruidsjonker ‹v. bruidegom› *best
man*
bruidsmeisje *bridesmaid*
bruidspaar *bride and (bride)groom*
bruidsschat *dowry*
bruikbaar *useful*
bruikleen ∗ *in ~ (hebben) (have) on
loan*
bruiloft • (huwelijksfeest) *wedding*
• (gedenkfeest) *wedding anniversary*
bruin I [het] *brown* II [bnw] *brown,*
‹v.d. zon› *tanned*
bruinen *brown,* ‹door de zon› *tan*
bruisen ‹v. beek› *bubble,* ‹v. drank›
fizz, sparkle
brullen *roar*
brunette *brunette*
brutaal *insolent, cheeky*

brutaliteit *brashness, impudence, insolence, cheek*
bruto *gross*
bruusk *abrupt, brusque*
bruut I [de] *brute* II [bnw] *coarse, brutal*
budget *budget*
buffel *buffalo*
buffer *buffer*
buffet • (opbergmeubel) *sideboard* • (stationsrestauratie) *buffet, refreshment bar*
bui • (neerslag) *shower* • (humeur) *mood*
buigen I [ov ww] • (krom staan) *bend* II [on ww] • (afbuigen) *bend* • (buiging maken) *bow*
buiging • (kromming) *curve, bend* • (groet) *bow*
buigzaam *flexible*
buiig *showery*
buik *belly,* ‹form.› *abdomen*
buikdanseres *belly dancer*
buikloop *diarrhoea*
buikpijn *stomach-ache,* ‹inf.› *bellyache,* ‹kind.› *tummy-ache*
buikriem • (riem) *belt* • (zadelriem) *girth*
buikspreken I [het] *ventriloquism* II [ww] *practise ventriloquism*
buil *lump, swelling*
buis • (pijp) *tube* • (televisie) *telly, box*
buit *booty, spoils, loot*
buitelen *tumble*
buiteling *tumble*
buiten I [bijw] • (buitenshuis) *outside* • (niet betrokken bij) *out of* • ((op) het platteland) (in) *the country* II [vz] • (zonder) *without, out of* • (behalve) *except for* • (niet binnen een plaats) *outside*
buitenboordmotor *outboard motor*
buitenechtelijk ‹kind.› *illegitimate,* ‹verhouding› *extramarital*
buitengaats *off shore*
buitengewoon *extraordinary,*

exceptional
buitenissig *eccentric, strange*
buitenkant *outside*
buitenland *foreign country*
buitenlander *foreigner*
buitenlands *foreign*
buitenlucht ‹buitenshuis› *open air,* ‹op het platteland› *country air*
buitenom ∗ ~ het huis/de stad, enz. gaan *go round the house/town*
buitenshuis *out-of-doors*
buitensluiten *lock out,* ‹fig.› *exclude*
buitenspel ‹sport› *offside*
buitensporig *extravagant*
buitenstaander *outsider*
buitenverblijf *country house*
buitenwijk *suburb*
buitenzijde *outside*
bukken *stoop,* ‹snel› *duck*
bul • (oorkonde) *diploma, degree certificate* • (stier) *bull*
bulderen *roar, bellow*
buldog *bulldog*
bulken ∗ ~ van het geld *be rolling in money*
bullebak *bully*
bult *lump, bump,* ‹bochel› *hump*
bundel • (bos(je) van iets) *bundle* • (verzameling, boekje) *collection*
bundelen *bundle,* ‹krachten› *join,* ‹teksten› *collect*
bungalow *bungalow*
bunker *bunker, pillbox*
bunzing *polecat*
burcht *castle, citadel, fortress*
bureau • (openbaar gebouw) *office* • (schrijftafel) (writing) *desk* • (afdeling) *bureau, office*
bureaucratie *red tape, bureaucracy*
burgemeester *mayor*
burger • (inwoner) *citizen* • (niet-militair) *civilian*
burgerij • (burgerbevolking) *citizens* • (burgerstand) *middle classes*
burgerlijk • (van/voor staatsburgers)

civil • (kleinburgerlijk) *middle-class,*
(petit) *bourgeois*
burgerrecht *civil right(s)*
bus • (autobus) *coach,* ‹stadsbus› *bus*
• (brievenbus) ⋆ *een brief op de bus*
doen post a letter • (trommel) *box,*
caddy
buskruit *gunpowder*
buste • (borstbeeld) *bust* • (boezem)
bust, bosom
bustehouder *bra,* ‹form.› *brassière*
butagas *calor gas*
buur *neighbour*
buurt • (omgeving) *neighbourhood,*
vicinity • (wijk) *quarter,*
neighbourhood, district, area

C

cabaret *cabaret*
cabine • (bestuurderscabine) *cabin*
• (passagiersruimte) *cabin*
• (projectieruimte) *projection room*
• (hokje) *booth*
cacao • (chocolademelk, cacaopoeder)
cocoa • (boom, boon) *cacao*
cactus *cactus*
cadans *rhythm*
cadeau *present, gift*
caféhouder *landlord, pub owner, café*
owner
cafetaria *cafeteria*
calorie *calorie*
calvinisme *Calvinism*
calvinistisch *Calvinistic*
camera *camera*
camoufleren *camouflage*
campagne *campaign*
canon *canon*
canoniek *canonical*
canvas *canvass*
capabel *capable, competent, able*
capaciteit • (vermogen) *capacity,* ‹v.
motor, enz.› *power* • (bekwaamheid)
ability, capability
capitulatie *capitulation*
capituleren *capitulate*
capsule *capsule,* ‹v. fles› *bottle-cap*
caravan *caravan,* ‹AE› *trailer*
cardiogram *cardiogram*
cardioloog *cardiologist*
cargadoor *ship broker*
carnaval *carnival*
carrosserie *coachwork, bodywork*
cassatie *cassation*
cassette *cassette tape*
cassetterecorder *cassette/tape recorder*
castratie *castration*
castreren *castrate,* ‹v. dieren› *geld*

catalogus *catalogue*
catastrofaal *catastrophic, disastrous*
catechisatie *confirmation classes*
catechismus *catechism*
categorie *category*
categorisch *categorical*
causaal *causal*
cavalerie *cavalry*
ceder *cedar*
ceintuur • (riem) *belt* • (gordel van stof) *sash*
cel *cell*
celibaat *celibacy*
cellist *(violon)cellist*
cello *cello*
cellofaan *cellophane*
Celsius *Celsius*
cement *cement*
censuur *censorship*
cent • (munt) *cent* • (kleine waarde) *penny*
centraal *central*
centrale • (elektriciteitscentrale) *power station* • (telefooncentrale) *exchange,* ‹binnen een gebouw› *switchboard*
centrifuge ‹techn.› *centrifuge,* ‹voor de was› *spin-drier*
centrum *centre*
ceremonie *ceremony*
ceremonieel *ceremonial*
certificaat *certificate*
chalet *chalet, Swiss cottage*
champagne *champagne*
chantage *blackmail*
chaos *chaos, disorder, confusion*
chaotisch *chaotic*
charmant *charming, delightful*
charmeren *charm*
charteren *charter*
chassis ‹v. auto› *chassis*
chaufferen *drive (a car)*
chauffeur *driver,* ‹in uniform› *chauffeur*
chef *chief,* ‹inf.› *boss,* ‹directeur›

manager, ‹patroon› *employer,* ‹v. afdeling› *office-manager*
chemicaliën *chemicals*
chemicus *(research) chemist, chemical analyst*
chemie *chemistry*
chemisch *chemical*
cheque *cheque*
chic *stylish, smart*
chimpansee *chimpanzee,* ‹inf.› *chimp*
Chinees I [de] • (persoon) *Chinese* [mv: *Chinese*], ‹bel.› *Chink* • (Chinees restaurant) *Chinese restaurant* II [het] *Chinese* III [bnw] *Chinese*
chip *(computer) chip*
chirurg *surgeon*
chirurgisch *surgical*
chloor *chlorine*
cholera *cholera*
cholesterol *cholesterol*
choreografie *choreography*
christelijk *Christian*
christen *Christian*
christendom *Christianity*
chromosoom *chromosome*
chronisch *chronic*
chroom *chromium*
cijfer • (cijferteken) *figure* • (maatstaf) *mark, grade* • (code) *cipher*
cijferen *calculate*
cilinder *cylinder*
cineast *film director*
circa *about, approximately,* ‹jaartallen› *circa, around*
circulatie *circulation*
circuleren *circulate*
circus *circus*
cirkel *circle*
cirkelen *circle*
citaat *quotation*
citeren *cite,* ‹woordelijk› *quote*
citroen *lemon*
civiel *civil(ian)*
claimen *claim*
clandestien *clandestine, secret,*

‹handel› illicit
classicus classicist, classical scholar
classificatie classification
classificeren classify, class
claustrofobie claustrophobia
clausule clause, stipulation, rider
claxon horn
claxonneren honk, hoot, sound one's horn
clementie clemency, leniency
clerus clergy
cliënt client, customer
climax climax
clinch clinch
clitoris clitoris
closet water-closet, w.c.
clown clown
club club
coalitie coalition
cocaïne cocaine
code code
coderen encode
codicil codicil
cognac cognac, French brandy
coïtus coitus
cokes coke
collecte collection
collecteren collect
collectief collective
collega colleague
college • (les) lecture
 • (bestuurslichaam) board
collegegeld lecture fee, tuition fees
collegialiteit good-fellowship, fellow-feeling
colporteur canvasser, hawker
coltrui turtleneck sweater, polo-neck sweater
coma coma
combinatie combination
combineren combine
comfort comfort
comfortabel comfortable
commandant commander, ‹v. kamp› commandant

commanderen command, order
commando • (gezag) command
 • (bevel) command, order • (soldaat) commando [mv: commandos]
commentaar comment, ‹krant, tv, enz.› commentary
commentariëren commentate on, comment upon
commentator commentator
commercieel commercial
commies • (kantoorbediende) clerk
 • (ambtenaar) civil servant, ‹v. douane› customs officer
commissaris ‹v. politie› Chief Constable, ‹v.d. koningin› provincial governor
commissie • (groep personen) committee • (opdracht) commission
communicatie communication
communicatiesatelliet communications satellite, comsat
communiceren communicate
communie (Holy) Communion
communisme communism
communist communist
communistisch communist
compact compact
compagnie company
compagnon partner
compensatie compensation
compenseren make good, counterbalance, compensate for
competent competent
competentie competence
competitie • (wedijver) competition
 • (sport) league
compleet I [bnw] complete, full
 II [bijw] clean
complex I [het] complex II [bnw] complex, complicated
compliment compliment
complot plot, intrigue
componeren compose
componist composer
compositie composition

compost *compost*
compressie *compression*
computer *computer*
concentratiekamp *concentration camp*
concentreren *focus, concentrate, centre (a)round/on*
concentrisch *concentric*
concept • (ontwerp) *(rough) draft, outline* • (begrip) *concept*
concert • (uitvoering) *concert* • (stuk) *concerto*
concerteren *give a concert*
concessie *concession*
conciërge *caretaker, <grote gebouwen> janitor*
concilie *council*
concluderen *conclude, infer (from)*
conclusie *conclusion*
concreet *concrete*
concurrent *competitor, rival*
concurrentie *rivalry, competition*
concurreren *compete (with)*
conditie • (voorwaarde) *condition* • ((lichamelijke) toestand) *condition, state*
condoleren *condole*
condoom *condom, <inf.> rubber*
conducteur *conductor, <v. trein> guard*
conferentie *conference*
conflict *conflict, dispute*
conform *in conformity/accordance with*
confrontatie *confrontation*
confronteren *confront/face (with)*
congres *congress*
congruent *corresponding, <wisk.> congruent*
conjunctuur *tendency of the market, economic situation*
connectie *connection*
corrector *deputy headmaster, senior master*
consciëntieus *conscientious, scrupulous*
consequent *consistent, logical*

consequentie *consequence*
conservatief I [de] *conservative* II [bnw] *conservative, <pol.> Conservative*
conservatorium *conservatory, school of music*
conserveren • (goed houden) *preserve, keep* • (inblikken) *tin, can*
consideratie *consideration*
consolideren *consolidate*
constateren *ascertain, establish*
constellatie • (stand van zaken) *state of affairs* • (stand van sterren) *constellation*
constitutie *constitution*
constitutioneel *constitutional*
constructie • (het construeren) *construction* • (het bouwen) *building* • (het geconstrueerde) *structure, construction*
constructief *constructive*
construeren • (samenstellen) *construct* • (bouwen) *build* • (ontwerpen) *design*
consul *consul*
consulaat *consulate*
consulent *adviser, <voor belasting, enz.> consultant*
consult *consultation*
consultatiebureau *health centre*
consulteren *consult*
consument *consumer*
consumentenbond *Consumers' Association, <Engeland> Consumer's Council*
consumeren *consume, eat, drink*
consumptie • (voedsel) *refreshment(s)* • (verbruik) *consumption*
contact • (aanraking) *touch, contact* • (persoon) *connection* • (elektrische verbinding) *contact, <v. auto> ignition*
contactdoos *socket*
contactlens *contact lens*
container *container*
contant *cash*

continent *continent*
continentaal *continental*
contingent *contingent*
continubedrijf *continuous working plant, working on a 24-hour basis,* ‹bedrijfstak› *continuous industry*
conto *account*
contract *contract, agreement*
contractueel *contractual*
contrast *contrast*
contrasteren *contrast (with)*
contributie *subscription*
controle • (het beheersen) *control* • (toezicht) *check (on), supervision,* ‹med.› *checkup,* ‹v. kaartjes› *inspection* • (plaats) *ticket gate/barrier*
controleren *check,* ‹v. feiten› *verify,* ‹v. kaartjes› *inspect*
controleur *controller, inspector,* ‹kaartjes› *ticket-inspector*
conventioneel *conventional*
conversatie *conversation*
convocatie *notification,* ‹aankondiging› *notice,* ‹bijeenroeping› *convocation*
coöperatie • (samenwerking) *cooperation* • (vereniging) *cooperative*
coördineren *co-ordinate*
corporatie *corporate body, corporation*
corps *corps, body*
correct *correct*
correctie *correction*
correspondent *correspondent*
correspondentie *correspondence*
corresponderen • (overeenstemmen) *correspond (with/to)* • (schrijven) *correspond (with)*
corrigeren • (verbeteren) *correct* • (nakijken) ‹proefdruk› *(proof)read,* ‹schoolwerk› *mark*
corrupt *corrupt*
corsage *corsage*
corvee • (vervelend werk) *chore, drudgery* • (huishoudelijk karwei) *chores,* ‹mil.› *fatique*

coupé • (ruimte in trein) *compartment* • (auto) *coupé*
couplet *stanza,* ‹v. twee regels› *couplet*
coupon *coupon*
courant *current, marketable*
couvert • (briefomslag) *envelope* • (bestek voor één persoon) *cover*
credit *credit*
crediteren *credit*
creëren *create*
crematie *cremation*
crematorium *crematorium, crematory*
cremeren *cremate*
creperen *kick the bucket*
crisis *crisis*
criterium *criterion* [mv: *criteria*]
criticus *critic*
cruciaal *crucial*
culinair *culinary*
cultureel *cultural*
cultus *cult*
cultuur *culture*
cultuurgeschiedenis *cultural history*
curatele *guardianship*
curator *curator, custodian*
curieus *curious, strange, odd*
curiositeit *curiosity, oddity,* ‹klein voorwerp› *curio*
cursief *italicized, in italics*
cursus *course*
cycloon *cyclone*
cyclus *cycle*
cynicus *cynic*
cynisch *cynical*
cynisme *cynicism*

D

daad *action, act*
daadwerkelijk *actual*
daags I [bnw] *daily* II [bijw]
 * tweemaal ~ *twice a day*
daar *there*
daardoor • (daardoorheen) *through
 that* • (door middel van) *by doing so,
 by these means*
daarentegen ‹keuze› *on the other
 hand,* ‹tegenstelling› *on the contrary*
daarheen *there,* ‹met beweging› *over
 there, that way*
daarin *in it, in there,* ‹met beweging›
 into it
daarlaten *leave s.th. out of
 consideration, leave aside*
daarna *after that, afterwards*
daarnaast *next to it, beside it*
daarom • (om die reden) *therefore*
 • (desondanks) *in spite of..., although*
daaronder • (onder iets) *under that
 (it)* • (onder meer) *among(st) others,
 including*
daarop • (erbovenop) *(up) on it*
 • (vervolgens) *thereupon*
daarover • (eroverheen) *across it,*
 ‹plaats› *over that* • (daaromtrent)
 about that
daartoe *for that purpose, to that end*
daartussen *between (among) them*
daaruit • (eruit) *out of it/that*
 • (daaruit volgend) *from that*
daarvoor • (voor een tijd) *before that*
 • (ten behoeve van) *for that (purpose)*
 • (voor een plaats) *in front of it*
dadel *date*
dadelijk *immediately, directly, at once,*
 ‹straks› *presently*
dader *offender, culprit,* ‹form.›
 perpetrator

dag I [de] *day* [tw] • (groet bij
 ontmoeting) *hello!* • (groet ter
 afscheid) *bye (bye)!*
dagblad *daily (paper)*
dagboek *diary*
dagelijks I [bnw] • (daags) *daily*
 • (gewoon) *everyday* II [bijw] *every
 day, daily*
dagen I [ov ww] • (dagvaarden)
 summon II [on ww] • (dag worden)
 * het begon te ~ *day was
 breaking/dawning*
dageraad *dawn*
daglicht *daylight*
dagloon *daily wages*
dagvaarden *summon,* ‹jur.› *subpoena*
dagvaarding *summons,* ‹jur.›
 subpoena
dak *roof*
dakgoot *gutter*
dakloos • (zonder dak) *roofless*
 • (zonder onderdak) *homeless*
dakpan (roof) *tile*
dal *valley*
dalen *descend,* ‹prijs, temperatuur›
 fall, drop
daling *descent,* ‹prijs, temperatuur›
 fall, drop
dam • (waterkering) *dam* • (dubbele
 damschijf) *king*
damast *damask*
dambord ‹BE› *draughtboard(s),* ‹AE›
 checkerboard
dame *lady*
dammen ‹BE› *play draughts,* ‹AE›
 play checkers
damp *vapour,* ‹schadelijk› *fume,
 smoke,* ‹v. water› *steam*
dampen • (damp afgeven) *steam*
 • (rook afgeven) *smoke, fume*
dampkring *atmosphere*
damschijf ‹BE› *draughtsman,* ‹AE›
 checker
damspel ‹BE› (game of) *draughts,* ‹AE›
 checkers

dan I [bijw] then II [vw] * ouder dan
older than
danig I [bnw] <afgang> severe, <pak
slaag> sound II [bijw] soundly, severely,
terribly
dank thanks
dankbaar thankful, grateful
dankbaarheid gratitude
danken I [ov ww] • (bedanken) thank,
give thanks • (verschuldigd zijn) owe,
be indebted II [on ww] • (bidden) say
grace
dans dance
dansen dance
dapper brave
dapperheid bravery, <v. soldaat>
gallantry, valour
darm intestine, gut
dartel playful, <v. dier> frisky
dartelen frolic, <v. dier> frisk
das • (stropdas) tie • (sjaal van
stof/wol) scarf • (dier) badger
dat I [aanw vnw] that [mv: those]
II [betr vnw] that, which III [vw] that
data data
dateren I [ov ww] date II [on ww] date
back (to/from)
datum date
dauw dew
daveren boom, thunder
de the
debat debate
debet debit
debiel I [de] mentally defective person,
<scheldwoord> moron II [bnw]
backward, mentally defective
debiteren • (als debet boeken) * we
zullen u voor 't bedrag ~ we shall
debit you with the amount
• (vertellen) * 'n grap ~ crack a joke
debiteur debtor
debuteren make one's début, one's first
appearance
debuut début, first appearance
decadentie decadence

december December
decimaal decimal
declameren declaim
declaratie • (aangifte voor belasting)
declaration of income
• (onkostennota) expenses claim,
statement of expenses • (aangifte voor
douane) (customs) declaration
declareren declare
decoderen decode
decor scenery, <fig.> background, <film,
toneel> set
decoratie decoration
decoreren decorate
decreet decree
deductie deduction
deeg dough, <v. gebak> paste
deel I [de] • (dorsvloer) threshing-floor
II [het] • (gedeelte) part, portion, share
deelachtig * ~ zijn participate in;
share * ~ worden obtain; acquire
* iem. iets ~ maken impart s.th. to s.o.
deelbaar divisible
deelgenoot sharer, partner
deelnemen take part (in), join (in),
attend
deelnemer participant, <examen>
candidate, <wedstrijd> competitor
deelneming • (het meedoen)
participation, <aan wedstrijd> entry
• (meeleven) sympathy
deels partly
deelwoord participle
deerlijk pitiful
defect I [het] defect II [bnw] defective,
<opschrift> out of order
defensie defence
defensief defensive
defilé procession
defileren march past
definiëren define
definitie definition
definitief <antwoord> definite,
<besluit> final
deftig <huis> stately, <persoon>

distinguished, ‹stijl› dignified
degelijk I [bnw] solid, sound, thorough
II [bijw] solidly, soundly, thoroughly
degen sword
degene ⋆ ~ die... he/she who... ⋆ ~n
die... those who...
degeneratie degeneration
degenereren degenerate
degradatie degradation, ‹mil.›
demotion
degraderen degrade, ‹mil.› reduce to
(the ranks), demote
deinen roll, heave
dek • (scheepsvloer) deck • (bedekking)
cover
dekbed duvet, ‹donzen› eiderdown
(quilt)
deken blanket
dekken cover ⋆ de tafel ~ set the table
dekmantel ⋆ onder de ~ van under the
cloak of
deksel cover, lid
dekzeil tarpaulin
delegatie delegation
delegeren delegate
delen • (splitsen) divide (by)
• (gemeenschappelijk hebben) share
deler divisor
delfstof mineral
delicaat delicate
delicatesse delicacy
delict offence, delict
deling division
delinquent delinquent
delta delta
delven dig
dementeren I [ov ww]
• (logenstraffen) deny II [on ww]
• (dement worden) grow demented
demilitariseren demilitarize
demobiliseren demobilize, ‹inf.›
demob
democraat democrat
demonstratie demonstration
demonstreren demonstrate

demonteren dissassemble
demoraliseren demoralize
dempen • (dichtgooien) fill up
• (onderdrukken) ‹geluid› muffle,
‹licht› dim
Denemarken Denmark
denkbaar imaginable, conceivable
denkbeeld notion, idea
denken • (nadenken) think, consider
• (van plan zijn) think of/about,
intend to, plan to • (herinneren)
⋆ doen ~ aan remind (one) of;
remember ⋆ denk om het afstapje
mind the step
denker thinker, philosopher
dennenboom fir-tree
deodorant deodorant
departement department
dependance annex(e)
deponeren deposit
deportatie deportation
deporteren deport
deposito deposit
depot depot
derde third
deren hurt, harm
dergelijk such(-like), similar
derhalve so, consequently, therefore
dermate to such an extent
dertien thirteen
dertig thirty
derven miss out on, ‹mislopen› lose,
‹ontberen› lack
des ⋆ des te meer daar... the more so
as... ⋆ des te beter all the better
desalniettemin nevertheless
deserteren desert
deserteur deserter
desinfecteren disinfect
desnoods if need be
desondanks in spite of it
dessert dessert
destijds at the time
detail detail
detective detective

determineren *determine,* ‹bio.›
  identify
detineren *detain*
deugd *virtue*
deugdelijk *sound, reliable*
deugen ⋆ *nergens voor* ~ *be a*
  good-for-nothing ⋆ *die fiets deugt*
  niet that bike is no good
deugniet • *(rakker) scamp*
  • *(slampamper) good-for-nothing*
deuk *dent*
deuken ‹met opzet› *indent,* ‹per
  ongeluk› *dent*
deur *door*
deurknop *door handle, doorknob*
deurwaarder *bailiff*
devaluatie *devaluation, depreciation*
devalueren *devalue*
devies *device, motto*
devoot *pious, devout*
deze *this* [mv: *these*]
dezelfde *the same*
dia *transparency, slide*
diabetes *diabetes*
diafragma *diaphragm*
diagnose *diagnosis*
diagonaal *diagonal*
diaken *deacon*
dialect *dialect*
dialectiek *dialectics*
dialoog *dialogue*
diamant I [de] • *(de edelsteen)*
  diamond II [het] • *(het materiaal)*
  diamond
diameter *diameter*
diametraal *diametral,* ‹fig.›
  diametrical
diarree *diarrhoea*
dicht I [bnw] • *(gesloten) closed, shut*
  • *(opeen) close, dense* II [bijw] *close*
  (to), near
dichtbij *close at hand, near by*
dichtdoen *shut, close*
dichten I [ov ww] • *(dichtmaken)*
  close, ‹gat, enz.› *stop (up)* II [on ww]

• *(in dichtvorm schrijven) write*
  verses/poetry
dichter *poet*
dichterlijk *poetic(al)*
dichtheid *density*
dichtkunst *(art of) poetry*
dichtmaken *close*
dichtspijkeren *nail up*
dictaat • *(aantekeningen) (lecture)*
  notes • *(het gedicteerde) dictation*
dictafoon *dictaphone*
dictator *dictator*
dictatuur *dictatorship*
dictee *dictation*
dicteren *dictate*
didactiek *didactics*
die I [aanw vnw] *that* [mv: *those*]
  II [betr vnw] *that, who, which*
dieet *diet, regimen*
dief *thief*
diefstal *theft*
diegene *he/she who*
dienaangaande *as to that, with*
  respect/reference/regard to that, on
  that score
dienaar *servant*
dienen I [ov ww] • *(in dienst zijn van)*
  serve • *(van dienst zijn)* ⋆ *waarmee*
  kan ik u ~? *what can I do for you?*
  • *(helpen)* ⋆ *dat dient nergens toe*
  that is no good; that is of no use II [on
  ww] • *(gebruikt worden voor iets)*
  • *(~* **als/voor/tot***) serve as/for*
dienovereenkomstig *accordingly*
dienst • *(behulpzame daad) service*
  • *(het dienen) service* • *(het dienen als*
  militair) ⋆ *generaal buiten* ~ *retired*
  general ⋆ *in* ~ *gaan go into the army*
  ⋆ *~ weigeren refuse to serve (in the*
  army) • *(werking, gebruik)* ⋆ *in* ~
  stellen put into service ⋆ *~ doen als*
  serve for/as ⋆ *buiten* ~ *out of order/use*
  ⋆ *ten* ~*e van for the use of*
dienstbode *maid-servant, servant girl*
dienstdoend *on duty,* ‹waarnemend›

acting
dienster *waitress*
dienstmeisje *servant-girl*
dienstplicht *conscription, compulsory*
(military) service
dienstverlening *(rendering of) service*
dienstweigering *conscientious*
objection
dientengevolge *therefore,*
consequently
diep I [bnw] *deep,* ‹fig.› *profound*
II [bijw] *deeply,* ‹fig.› *profoundly*
diepgaand *profound*
diepgang *profundity, depth*
diepte *depth*
diepzinnig *profound*
dier *animal, beast, creature*
dierbaar *dear, beloved*
dierenarts *vet(erinary surgeon)*
dierenbescherming *protection of*
animals
dierenriem *zodiac*
dierenrijk *animal kingdom*
dierentuin *Zoo,* ‹form.› *zoological*
garden(s)
dierkunde *zoology*
dierlijk • (als van een dier) *bestial*
• (van dier) *animal* ∗ ~e vetten
animal fats
dieselmotor *diesel engine*
dievegge *thief*
differentiëren *differentiate*
digitaal *digital*
dij *thigh*
dijbeen *thigh-bone*
dijk *dike, dyke*
dijkbreuk *giving way of a dike,*
bursting of a dike
dik • (niet dun) *thick* • (mollig) *fat,*
plump • (opgezwollen) *swollen*
dikte *thickness*
dikzak *fatty, fatso*
dilemma *dilemma*
dimmen *dim,* ‹koplampen› *dip*
diner *dinner*

dineren *dine*
ding *thing*
dingen • (afdingen) *haggle, bargain*
• (trachten te krijgen) *compete (for)*
dinsdag *Tuesday*
diocees *diocese*
diploma *membership card, certificate,*
diploma
diplomaat *diplomat(ist)*
diplomatie *diplomacy*
diplomatiek *diplomatic*
diplomeren *certificate*
direct I [bnw] *direct* II [bijw] *directly,*
right away
directeur *manager, director,*
‹gevangenis› *governor,*
‹maatschappij› *managing director,*
‹school› *head-master, principal*
directie *management, board of directors*
directoraat *directorate*
dirigeerstok *baton*
dirigent *conductor*
dirigeren • (orkest leiden, enz.)
conduct • (sturen) *direct*
discipel *disciple*
disciplinair *disciplinary*
discipline *discipline*
disconto *(rate of) discount,*
‹bankdisconto› *bankrate*
discotheek • (fonotheek) *record*
library • (dansgelegenheid)
disco(thèque)
discreet • (geheimhoudend) *discreet*
• (bescheiden) *modest* • (kies) *discrete,*
considerate
discretie • (kiesheid) *discretion,*
consideration • (bescheidenheid)
modesty • (geheimhouding) *discretion*
discriminatie *discrimination*
discrimineren *discriminate*
discus *disc,* ‹sport› *discus*
discussie *discussion, debate*
discutabel *debatable, dubious,*
disputable
diskrediet *discredit*

diskwalificeren *disqualify*
dispensatie *dispensation*
dispuut *dispute*
dissertatie *dissertation, thesis*
dissident *dissident*
dissonant *discord*
distel *thistle*
distilleerderij *distillery*
distilleren *distil*
distribueren *distribute, ‹voedsel› ration*
distributie *distribution, ‹voedsel› rationing*
district *district*
dit *this [mv: these]*
ditmaal *this time*
divan *divan, couch*
dividend *dividend*
divisie *division*
dobbelsteen *die [mv: dice]*
dobber *float*
dobberen *bob (up and down)*
docent *master, teacher*
doceren *teach*
doch *but, yet*
dochter *daughter*
doctor *doctor*
doctoraal I *[het] Master's exam,* ≈ *Master's degree* II *[bnw]* ≈ *Master's, (post)graduate*
doctorandus ≈ *‹Letteren› Master of Arts, M.A, ‹exacte wetenschap› Master of Science, M.Sc*
doctrine *doctrine, dogma*
document *document*
documenteren *document*
dode *dead man/woman, ‹jur.› the deceased*
dodelijk *mortal, deadly*
doden *kill, ‹lit.› slay*
doedelzak *bagpipes*
doe-het-zelver *do-it-yourselfer*
doek I *[de] cloth* II *[het]* • *(stof) cloth*
• *(linnen om op te schilderen) canvas*
• *(schilderij) painting*

• *(projectiescherm) screen*
doel • *(reisbestemming) destination*
• *(mikpunt) target* • *(oogmerk) goal, aim, object(ive)*
doelbewust *purposeful*
doeleinde • *(oogmerk) aim, purpose*
• *(bestemming) aim, end*
doellijn *goal-line*
doelloos • *(zonder doel) aimless, useless* • *(nutteloos) pointless*
doelman *goal-keeper, ‹inf.› goalie*
doelmatig *efficient, appropriate, suitable*
doelpunt *goal*
doelstelling *objective, aim*
doeltreffend *effective, efficient*
doelwit *target, butt*
doen I *[ov ww]* • *(verrichten) make, take* • *(functioneren)* ∗ *de remmen doen het niet the brakes don't work* • *(plaatsen) put* • *(aandoen)* ∗ *iem. pijn/verdriet doen hurt s.o.; cause s.o. pain/sorrow* II *[on ww]* • *(zich gedragen)* ∗ *vreemd doen behave oddly* ∗ *doen alsof make believe; pretend* • *(~ over)* ∗ *hoe lang heb je erover gedaan? how long did it take you?* • *(~ aan) go in for*
doenlijk *practicable, feasible*
doetje *softy*
doezelen • *(dommelen) doze, drowse*
• *(dun uitwrijven v. kleur) stump*
doezelig *drowsy*
dof *dull, ‹blik, haren› lacklustre*
dog *bulldog, mastiff*
dogma *dogma*
dok *dock*
dokken • *(in dok leggen) dock*
• *(betalen) fork out (money)*
dokter *doctor, physician, medical man*
dokteren • *(als dokter optreden) practise* • *(onder doktersbehandeling zijn) be under doctor's orders, be under medical treatment* • *(~ aan) tinker at/with*

dokwerker *dock-labourer, docker*
dol I [bnw] • (gek) *mad, frantic, wild*
• (versleten) *worn* • (verzot op) *crazy
about* II [bijw] • (hoogst) *madly*
dolblij *as pleased as Punch*
dolen *wander (about), roam*
dolfijn *dolphin*
dolgraag *with great pleasure*
dolk *dagger*
dollen • (stoeien) *horse around* • (voor
de gek houden) *make fun of s.o.*
dom I [de] *cathedral,* <v. kerk> *dome*
II [bnw] *stupid*
domein *domain*
domheid *stupidity, dullness*
domicilie *domicile*
dominee *rector, vicar*
domineren *dominate*
dominicaan *Dominican*
domino I [de] • (mantel met kap)
domino II [het] *dominoes*
dommekracht • (werktuig) *jack*
• (log en dom persoon) *mindless hulk*
dompelen *dip, plunge*
domper *extinguisher*
donateur *donor, supporter*
donatie *donation*
donder *thunder*
donderdag *Thursday*
donderen I [ov ww] • (lazeren) *fling,
chuck, hurl* II [on ww] • (tekeergaan)
thunder (away), bluster III [onp ww]
thunder
donders I [bnw] *damn(ed), bloody*
II [tw] *dash it!, damn it!*
donderslag *thunderclap, peal of
thunder*
donderwolk *thunder-cloud*
donker I [het] *dark, darkness* II [bnw]
dark, obscure
donor *donor*
dons *down, fluff*
donzen *down*
dood I [de] *death* II [bnw] • (niet
levend) *dead* • (niet meer

functionerend) ∗ *dode hoek dead
angle; blind spot* ∗ *de Dode Zee the
Dead Sea* • (zeer, hevig) ∗ *zich dood
ergeren be utterly annoyed* ∗ *zich
dood lachen die laughing; laugh one's
head off* ∗ *zich dood schrikken be
frightened out of one's wits* ∗ *zich dood
werken work o.s. to death*
doodbloeden *bleed to death,* <fig.>
blow over
dooddoener *silencer, clincher*
doodgaan *die*
doodgeboren *still-born*
doodgewoon I [bnw] *common or
garden* II [bijw] *simply*
doodgraver *grave digger*
doodlopen <v. straat> *come to a dead
end,* <v. zaak> *peter out*
doods *deathly*
doodsangst • (vrees voor de dood)
fear of death • (grote angst) *agony,
mortal fear*
doodsbed *death bed*
doodsbleek *deathly pale, white as a
sheet*
doodshoofd *death's head, skull*
doodslaan *kill, beat to death*
doodslag *manslaughter, homicide*
doodsnood *agony, death-struggle*
doodsteek *death-blow*
doodstil *stock-still, deadly quiet*
doodstraf *capital punishment*
doodsvijand *mortal enemy*
doodvallen • (doodblijven) *fall dead*
• (dodelijke val maken) *fall to one's
death*
doodvonnis *death-sentence*
doodziek *critically/dangerously ill,*
<fig.> *sick to death*
doodzonde *mortal sin*
doodzwijgen <een zaak> *hush up,*
<iem.> *ignore*
doof *deaf*
doofheid *deafness*
doofpot *extinguisher*

doofstom *deaf and dumb*
dooi *thaw*
dooien *thaw*
dooier *yolk*
doolhof *labyrinth, maze*
doop *christening, baptism*
doopceel *certificate of baptism*
doopvont *font*
door I [bijw] *through* II [vz] • (middels) *by* • (wegens) *owing to* • (van a naar b) ⋆ door de kamer *through the room* ⋆ onder de brug door *under the bridge*
doorberekenen *pass on* (to)
doorbijten *bite through,* ‹fig.› *hold on*
doorbladeren *leaf through, flick through*
doorboren • (boren door) *drill through* • (gaatjes maken) *perforate*
doorbraak *break-through,* ‹v. dijk› *burst*
doorbrengen ‹tijd, vakantie› *spend*
doordacht *well-considered*
doordat *because*
doordraven *rattle on*
doordrijven *force/push through*
doordrukken *press through*
dooreen *pell-mell, in confusion*
doorgaan • (door ruimte, enz. gaan) *go through* • (toch gebeuren) *come off, take place* • (verder gaan) *go on* • (voortduren) *continue* • (beschouwd worden als) *pass (for)*
doorgaans *generally*
doorgang *passage*
doorgeefluik *service hatch*
doorgeven *pass on* (to) ⋆ kun je het zout ~? *pass the salt, please*
doorgronden *fathom*
doorhalen • (ergens doortrekken) *pull through* • (doorstrepen) *cross out*
doorheen *through*
doorkijk (open) *view*
doorkomen *come/get through*
doorkruisen • (dwarsbomen) *thwart* • (gaan door) *traverse*

doorlezen I [ov ww] *read through, peruse* II [on ww] *go on reading*
doorlichten • (onderzoeken) *investigate* • (met röntgenstralen onderzoeken) *X-ray*
doorlopen I [ov ww] • (inzien) ⋆ de tekst ~ *run through the text* II [on ww] • (verder lopen) *move, walk on*
doorlopend *continuous, non-stop*
doormaken *go through*
doormidden *in two*
doorn *thorn*
doornat *wet through, soaked*
doornemen *go over/through*
doorregen ⋆ ~ spek *streaky bacon*
doorreis *passage*
doorslaan I [ov ww] *break* II [on ww] • (doordraven) *run on* • (overhellen) *turn, dip* • (doldraaien) *race* • (stukgaan) *blow*
doorslag *carbon copy*
doorsmeren *grease, lubricate*
doorsnijden *cut in two, intersect*
doorstaan ‹pijn› *endure,* ‹toets, kou› *stand,* ‹ziekte› *pull through*
doortastend *energetic*
doortocht • (het doortrekken) ‹mil.› *march through* • (doorgang) *passage, right of way*
doorvaart *passage*
doorvoed *well-fed*
doorvoer *transit*
doorvoeren *carry through,* ‹v. wet› *enforce*
doorwerken I [ov ww] *work through, finish* II [on ww] *work on*
doorwrocht *thorough, elaborate*
doorzakken • (doorbuigen) *sag* • (teveel drinken) *drink to excess,* ‹inf.› *booze*
doorzetten I [ov ww] *carry through* II [on ww] *persevere, carry on*
doorzettingsvermogen *perseverance*
doorzichtig *transparent*
doorzoeken ‹huis› *search,* ‹streek›

comb out
doos *case, box*
dop • (rond omhulsel) <v. ei, noot>
  shell, <v. erwt, boon> *pod* • (dekseltje)
  lid, <v. pen, flacon, fles> *cap*
dopen *baptize, christen*
doperwt *green pea*
doppen <bonen> *shell,* <v. ei> *peel*
dor <bladeren> *withered,* <hout> *dry,*
  <land> *barren*
dorp *village*
dorps *countrified, rustic, parochial*
dorsen *thresh*
dorsmachine *threshing-machine*
dorst *thirst* ★ ~ *hebben be thirsty*
dorsten *thirst (for)*
dorstig *thirsty*
doseren *dose*
dosis *dose*
dot • (bundeltje) *knot* • (iets liefs)
  dream
douane *custom-house, (the) Customs*
doubleren *double,* <een klas> *repeat*
douche *shower*
doven *extinguish, put out*
dozijn *dozen*
draad • (lang en dun geheel) *thread,*
  <metaal> *wire* • (vezel) *fibre*
draadloos *wireless*
draagbaar I [de] *stretcher* II [bnw]
  portable
draagkracht <v. schip, brug, enz.>
  carrying-capacity, <v. stem>
  carrying-power, <v. vliegtuig> *lift,* <v.
  vuurwapen> *range*
draaglijk • (te dragen) *bearable,*
  supportable • (niet slecht) *passable,*
  tolerable
draagvermogen <v. brug, schip, enz.>
  carrying-capacity, <v. vliegtuig>
  carrying capacity, lift
draagvlak *plane,* <fig.> *basis,* <v.
  vliegtuig> *airfoil*
draagwijdte • (bereik) *range,* <v.
  stem> *carrying power* • (strekking)

impact, <v. voorstel> *scope,* <v.
  woorden> *import*
draai *turn,* <v. weg> *bend*
draaibaar *revolving*
draaibank *lathe*
draaiboek *script*
draaideur *revolving door*
draaien I [ov ww] • (afspelen) <een
  plaat, cd> *play,* <film> *show* • (kiezen)
  dial a (telephone) number • (keren)
  turn II [on ww] • (in het rond gaan)
  turn, rotate • (van richting
  veranderen) *shift* • (uitvlucht zoeken)
  prevaricate, hedge III [wkd ww] ★ *zich
  eruit* ~ *wriggle out*
draaierig *giddy*
draaiing <om eigen as> *rotation,* <om
  iets anders heen> *revolution*
draaikolk *vortex, eddy*
draaimolen *merry-go-round,*
  roundabout
draaiorgel *barrel-organ*
draaitol *top, fidgetter*
draak *dragon*
drab *dregs, lees*
dracht • (last) *load* • (kleding) *dress,*
  costume • (reikwijdte) *range of a gun*
  • (drachtig zijn van dier) *gestation*
drachtig *with young*
draf I [de] • (gang) *trot* II [het]
  • (varkensvoer) *swill, pigswill,*
  hogwash
dragen I [ov ww] • (aanhebben) *wear*
  • (bij zich hebben) *carry* • (op zich
  nemen) *bear/take* II [on ww]
  • (reikwijdte hebben) *carry*
drager *carrier,* <in hotel, enz.> *porter,*
  <v. bril, enz.> *wearer*
draineren *drain*
dralen *tarry, delay*
drama *drama*
dramatisch *dramatic*
dramatiseren *dramatize*
drang • (aandrang) *urge* • (druk)
  pressure

drank drink, beverage
draperen drape
drassig marshy, swampy
drastisch drastic
draven trot
dreef • (laan) avenue, lane • (gang) ★ op
~ zijn be in great form ★ op ~ komen
warm up to (a subject); get into one's
stride
dreggen drag
dreigbrief threatening letter
dreigement threat, menace
dreigen I [ov ww] threaten II [on ww]
★ er dreigt onweer it looks like thunder
dreiging threat, menace
dreinen whine
drek dung, filth
drempel threshold
drenkeling drowning person, drowned
person
drenken water
drentelen lounge, saunter
dresseren train
dressuur training
dreumes nipper, toddler
dreun • (het dreunen) boom, rumble
• (klap) smack • (eentonig geluid)
drone
dreunen rumble, boom
dribbelen <v. kind> toddle, <voetbal>
dribble
drie three
driehoek triangle
driehoekig triangular
Driekoningen Epiphany,
Twelfth-night
driekwart three fourths, three quarters
driekwartsmaat three-four time
drieling triplets
drieluik triptych
driemanschap triumvirate
driesprong three-forked road
drietal three, trio
drietand trident
driewieler tricycle

drift • (het (af)drijven) drift
• (woedeaanval) passion, temper
driftig hot-/quick-tempered
drijfjacht battue, drive, <fig.> round-up
drijfkracht <fig.> driving force, <v.
machine, enz.> driving power, <v.
schip> driving power, propelling force
drijfnat soaking wet, dripping
drijfveer • (beweegreden) motive
• (veer) main-spring
drijfzand quicksand(s)
drijven I [ov ww] • (~ tot) drive to
II [on ww] • (kletsnat zijn) be soaked,
be sopping wet • (aan oppervlakte
blijven) float
drillen drill
dringen I [ov ww] • (drang
uitoefenen) push • (dwingen) force,
compel II [on ww] • (een weg banen)
push, press • (duwen) throng
dringend urgent, <afspraak> pressing
drinkbaar drinkable
drinken I [het] • (het drinken)
drinking • (de drank) drink(s),
beverage II [ov ww] drink
droefgeestig I [bnw] melancholy
II [bijw] dolefully, sadly
droesem dregs, lees
droevig sorrowful, sad
drogen dry
drogist • (drogisterij) chemist's, <AE>
drugstore • (winkelier) chemist, <AE>
druggist
drol <volkst.> turd
drom crowd, throng
dromedaris dromedary
dromen I [ov ww] dream II [on ww]
• (een droom hebben) dream
• (mijmeren) daydream
dromer dreamer
dromerig dreamy
drommel ★ arme ~ poor
bastard/devil/sod
drommels good grief!
dronk ★ een ~ uitbrengen propose a

toast

dronken ∗ zij is ~ she is drunk ∗ in een ~ bui *in a drunken fit*

dronkenschap *drunkenness, intoxication*

droog *dry*

droogleggen • (droogmaken) *drain (land, bogs), reclaim* • (verkoop van alcohol verbieden) *make dry*

drooglijn *clothes-line*

droogte • (het droog zijn) *dryness* • (periode van droogte) *drought*

droogtrommel *tumble dryer*

droom *dream*

droombeeld *vision*

drop *liquorice*, ‹AE› *licorice*

druif *grape*

druilerig • (futloos) *moping!* • (regenachtig) *drizzly*

druipen • (~ van) *drip with*

druipnat *dripping/sopping/soaking wet*

druipsteen • (hangend) *stalactite* • (staand) *stalagmite, sinter*

druivensap *grapejuice*

druivensuiker *grape sugar, glucose*

druk I [de] • (aandrang) *pressure* • (oplage) *edition* II [bnw] • (levendig) *busy*, ‹kleuren› *loud* • (opgewonden) *active, excited, fussy* III [bijw] *busily*

drukfout *misprint, printer's error*

drukken I [ov ww] • (duwen) *press, push, squeeze* • (afdrukken) *print* • (verlagen) ∗ de prijzen/kosten ~ *hold/keep the prices/costs down* II [on ww] *press*

drukkend ‹gemoed› *heavy*, ‹hitte› *oppressive*, ‹weer› *sultry*

drukker *printer*

drukkerij *printing-office*

drukpers • (werktuig) *printing-press* • (medium) *press*

drukproef *galley(proof), proof(-sheet)*

drukte • (bedrijvigheid) *bustle, rush* • (ophef) *fuss*

druktemaker *loudmouth, fuss pot, busy body, noisy fellow*

drukwerk *printed matter*

druppel *drop, drip,* ‹med.› *drops*

druppelen I [ov ww] • (in druppels laten vallen) *drip, trickle (of tears)* II [on ww] • (in druppels vallen) *drip, trickle*

dubbel I [het] *duplicate, double* II [bnw] *double* III [bijw] *doubly*

dubbelganger *double*

dubbelspel *doubles* [mv]

dubbelzinnig *ambiguous,* ‹vaak schunnig› *double-meaning*

dubben *be in two minds*

dubieus *doubtful, dubious*

duchten *dread, fear*

duchtig *sound, thorough*

duel *duel, single combat*

duelleren *(fight a) duel*

duet *duet*

duf • (saai) *fusty, stale* • (muf) *musty, stuffy*

duidelijk *clear, plain, obvious*

duiden ∗ ~ op *point to; suggest*

duif *pigeon, dove*

duig *stave*

duikboot *submarine*

duikelen *(take a) tumble, fall head over heels*

duiken *dive*

duiker • (persoon) *diver* • (watergang) *culvert*

duikvlucht ‹luchtv.› *(nose-)dive*

duim • (vinger) *thumb* • (lengtemaat) *inch*

duimstok *(folding) rule*

duin *dune*

duister • (geheimzinnig) *obscure* • (donker) *dark*

duisternis *dark(ness)*

Duits *German*

Duitsland *Germany*

duivelin *she-devil*

duivelskunstenaar • (tovenaar)

magician, sorcerer [v: sorceress] • (erg
handig mens) wizard
duivenmelker pigeon-fancier
duizelen grow dizzy
duizelig dizzy, giddy
duizelingwekkend * ~e hoogte
dizzy heights
duizend a/one thousand
duizendpoot • (geleedpotig dier)
centipede • (iem. die alles kan)
Jack-of-all-trades
duizendste thousandth
dulden • (verdragen) bear, endure
• (toelaten) tolerate
dun • (niet dik) thin • (tenger) slender
dunk opinion
dunken * mij dunkt I think; it seems
to me
duo • (twee personen) duo • (duet) duet
dupe dupe, victim
duperen dupe
duplicaat duplicate
duplo * in ~ in duplicate * in ~
opmaken draw up in duplicate
duren • (tijd in beslag nemen) last
• (voortgaan) continue, go on
durf pluck, daring
durfal dare-devil
durven dare
dus I [bijw] • (bijgevolg) consequently
• (aldus) thus II [vw] therefore
dusdanig I [aanw vnw] such II [bijw]
so, in such a way, <dermate> to such an
extent
dutten doze, snooze
duur I [de] duration, length II [bnw]
dear, expensive, costly
duurte costliness, expensiveness
duurzaam durable, lasting, permanent
dwaalspoor wrong track
dwaas I [de] fool II [bnw] silly, foolish,
absurd
dwaasheid folly, absurdity
dwalen • (dolen) wander, stray
• (zonder doel rondlopen) roam

• (zich vergissen) err
dwaling error, mistake
dwang compulsion, coercion
dwangarbeid hard labour, penal
servitude
dwangbevel warrant
dwangbuis straitjacket
dwars • (haaks op) diagonal, transverse
• (onwillig) contrary, pig-headed
dwarsbomen cross, thwart
dwarsfluit transverse flute
dwarsstraat side-street
dweepziek fanatic(al)
dweil • (doek) (floor)cloth, <aan stok>
mop
dweilen mop, <dek> swab
dwepen be fanatical
dwerg dwarf, pigmy
dwingeland tyrant
dwingelandij tyranny
dwingen force, coerce, compel
dynamiet dynamite
dynamisch dynamic
dynamo dynamo, generator
dynastie dynasty
dysenterie dysentery

E

eb *ebb* ∗ eb en vloed *low tide and high tide*
echec *setback*
echo *echo*
echoën *echo, reverberate*
echt I [de] *marriage, matrimony* II [bnw] *real,* ‹gevoel› *genuine,* ‹schilderij› *authentic* III [bijw] *true, really, genuinely*
echter *however*
echtgenoot *husband, spouse*
echtheid *authenticity*
echtpaar *married couple*
echtscheiding *divorce*
ecologie *ecology*
ecologisch *ecological*
economie • (leer) *economy, economics* • (zuinigheid) *economy*
economisch • (m.b.t. staatshuishoudkunde) *economic* • (zuinig) *economical*
econoom *economist*
eczeem *eczema*
edel *noble*
edelman *nobleman*
edelmoedig *generous*
edelmoedigheid *generosity*
edelsteen *precious stone*
editie *edition*
educatief *educative*
eed *oath*
eekhoorn *squirrel*
eelt *callosity*
een I [telw] *one* II [lw] *a,* ‹voor klinker› *an*
eend • (watervogel) *duck* • (domoor) *fool, silly*
eender *the same*
eendracht *concord*
eendrachtig I [bnw] *united,*

unanimous II [bijw] *in unison*
eenheid • (samenhangend geheel) *unity* • (team) *unit*
eenheidsprijs *unit price,* ‹in winkel› *uniform price*
eenkennig *shy, timid*
eenling *individual,* ‹inf.› *lone wolf*
eenmaal *once, one day*
eens I [bnw] *agreed* II [bijw] • (eenmaal) *once* • (ooit) ‹toekomst› *one day,* ‹verleden› *once* • (als versterking) *just, even*
eensgezind *unanimous*
eensklaps *all of a sudden*
eensluidend *uniform with*
eenstemmig *unanimous,* ‹muz.› *for one voice*
eentonig *monotonous, drab*
eenvormig *uniform*
eenvoud *simplicity*
eenvoudig I [bnw] *plain, simple* II [bijw] *simply*
eenwording *unification*
eenzaam *lonely*
eenzaamheid *seclusion, solitude, loneliness, desolation*
eenzelvig *shy, retiring*
eenzijdig *one-sided, unilateral*
eer I [de] *honour, credit* II [bijw] *before* III [vw] *before*
eerbaar *honourable, virtuous*
eerbied *respect*
eerbiedig *respectful*
eerbiedigen *respect*
eerbiedwaardig *respectable*
eerder *before, sooner, rather*
eergevoel *sense of honour*
eergisteren *the day before yesterday*
eerherstel *rehabilitation*
eerlijk *sincere,* ‹v. mensen› *honest*
eerlijkheid *honesty, fairness*
eerst *first*
eersterangs *first-rate*
eervol *honourable*
eerzaam *respectable*

eerzucht *ambition*
eetbaar *edible*
eetgelegenheid *place to eat,*
eating-place
eetkamer *dining-room*
eetlepel *table-spoon*
eetlust *appetite*
eetzaal *dining-hall*
eeuw • (*periode van honderd jaar*)
century • (*tijdperk*) *age*
eeuwenoud *centuries old, as old as the*
hills
eeuwig *eternal, perpetual, perennial*
eeuwigheid *eternity*
effect *effect*
effectief • (*doeltreffend*) *effective*
• (*werkelijk*) *real*
effen • (*vlak*) *even, smooth* • (*zonder*
uitdrukking) *plain*
effenen *level, smooth*
eg *harrow*
egaal *smooth, level*
egaliseren *equalize, level*
egel *hedgehog*
eggen *harrow*
egoïsme *egoism, selfishness*
egoïst *egoist, self-seeker*
egoïstisch *egoistic(al), selfish*
ei *egg,* ‹bio.› *ovum*
eigen • (*aan iem./iets behorend*) *own*
• (*persoonlijk*) *personal* • (*privé*)
private
eigenaar *owner, proprietor*
eigenaardig I [bnw] *singular, peculiar*
II [bijw] *in a peculiar way, strangely,*
oddly
eigendom *property*
eigendunk *self-conceit, self-esteem*
eigenhandig (*made/done*)*with one's*
own hands
eigenlijk I [bnw] *real, proper* II [bijw]
properly/strictly speaking, really, in
fact, actually
eigenmachtig *high-handed, arbitrary*
eigennaam *proper name*

eigenschap ‹v. dingen› *property,* ‹v.
mensen› *quality*
eigentijds *contemporary*
eigenwijs (*self-*)*opinionated, self-willed*
eigenzinnig *obstinate, stubborn*
eik *oak*
eikel *acorn*
eiland *island*
eileider ‹mensen› *Falopian tube,*
‹vogels› *oviduct*
eind • (*resultaat, afsluiting*)
conclusion, close • (*stuk van iets*) *piece*
• (*uiteinde*) *extremity, end* • (*afloop*)
end
einddiploma *certificate, diploma*
eindelijk I [bnw] *ultimate* II [bijw]
finally, at last
eindeloos • (*zonder einde*) *endless*
• (*prachtig*) *wonderful*
eindexamen *final examination(s)*
eindig *finite*
eindigen *end, finish*
eindproduct *final product*
eindpunt *end,* ‹v. trein, bus› *terminus*
eindstation ‹v. trein, bus› *terminal*
eindstreep *finish*
eis *demand,* ‹voor examen›
requirement, ‹voor schade› *claim*
eisen *claim (from), demand (from/off),*
require of
eiwit *eggwhite,* ‹proteïne› *protein*
ekster *magpie*
eksteroog *corn*
eland *elk*
elasticiteit *elasticity*
elastiek *elastic, rubber band*
elastisch *elastic*
elders *elsewhere*
elegant *elegant, smart*
elektricien *electrician*
elektriciteit *electricity*
elektrisch *electric*
elektronisch *electronic*
elektrotechniek *electro-technics,*
electrical engineering

element *element*
elementair *elementary*
elf I [de] *elf* II [telw] *eleven*
elfde *eleventh*
elftal *eleven*
elimineren *eliminate*
elite *élite*
elk *every, each*
elkaar *each other, one another*
elleboog *elbow*
ellende *misery, distress*
ellendeling *villain, nasty piece of work*
ellendig *miserable, wretched*
ellips *ellipse*
elliptisch *elliptic(al)*
elpee *LP, long-play(ing) record*
els • (priem) *awl* • (boom) *alder*
email *enamel*
emailleren *enamel*
emancipatie *emancipation*
emanciperen *emancipate*
emballage *packing*
embargo *embargo*
embleem *emblem*
embryo *embryo*
emeritaat *superannuation*
emeritus *emeritus*
emigrant *emigrant*
emigratie *emigration*
emigreren *emigrate*
eminent *eminent*
emissie *issue*
emmer *pail, bucket*
emotie *emotion*
emotioneel *emotional*
empirisch *empiric(al)*
en *and*
encyclopedie *encyclop(a)edia*
encyclopedisch *encyclopedic*
endeldarm *rectum*
energie *energy*, ‹elektrisch› *power*
energiek *energetic*
eng • (nauw) *narrow* • (akelig) *scary, creepy*
engel *angel*

Engeland *England*
engelbewaarder *guardian angel*
Engels I [het] *English* II [bnw] *English*
engerd ‹inf.› *creep, crawler*
engte *narrow(s), strait(s)*, ‹bergengte› *defile*, ‹landengte› *isthmus*
enig I [bnw] • (enkel) *only, unique*
• (leuk) *lovely* II [onb vnw] *some*, ‹in vragen› *any*
enigermate *to some extent*
enigszins *somewhat, slightly, rather*
enkel I [de] *ankle* II [bnw] *single*
III [bijw] *simply, only* IV [telw] • (een klein aantal) *a few, one or two*
• (slechts één) ★ geen ~e kans *not a chance*
enkeling *individual*
enkelvoud *singular*
enorm *enormous*
enquête *inquiry*
ensceneren *stage*
enten • (een ent aanbrengen) *graft*
• (inenten) *inoculate*
enteren *board*
enthousiasme *enthusiasm*
enthousiast I [de] *enthusiast* II [bnw] *enthusiastic*
entree • (ingang) *entrance* • (het binnentreden) *entrance, entry*
• (toegangsprijs) ★ ~ betalen *pay for admission* ★ ~ vrij *admission free*
epidemie *epidemic*
epidemisch *epidemic*
epiloog *epilogue*
episode *episode*
epos *epic*
equator *equator*
equatoriaal *equatorial*
er I [pers vnw] ★ hoeveel heb je er *how many do you have?* ★ wat is er? *what's the matter?* ★ is er iets? *is anything the matter?* ★ er werd gedanst *there was a dance (going on)* II [bijw] *there*
erbarmelijk • (meelijwekkend) *pitiful, miserable* • (akelig slecht)

awful, dreadful, abominable
eren honour
erewoord word of honour
erfdeel inheritance, ‹fig.› heritage
erfelijk hereditary
erfelijkheid heredity
erfelijkheidsleer genetics
erfenis inheritance, legacy,
‹voornamelijk fig.› heritage
erfgenaam heir
erfstuk (family) heirloom
erfzonde original sin
erg I [het] * ik had er geen erg in I was
not aware of it * voor je er erg in hebt
before you know where you are II [bnw]
bad III [bijw] very
ergens • (op een plaats) somewhere,
anywhere • (in enig opzicht) somehow
• (iets) something
ergeren I [ov ww] shock, vex, annoy
II [wkd ww] be vexed, get annoyed,
take offence (at)
ergerlijk annoying, aggravating,
shocking
ergernis • (irritatie) annoyance
• (aanstoot) offence
erkennen • (inzien) acknowledge,
recognize • (toegeven) confess, admit
• (als wettig/echt aanvaarden)
recognize
erkenning acknowledgement,
recognition, admission
erkentelijk grateful, thankful
erkentelijkheid gratitude,
appreciation
erker bay window
ernst earnest(ness), seriousness
ernstig ‹gezicht› earnest, ‹ongeluk,
situatie› serious
erotiek eroticism
erotisch erotic
erts ore
ervaren I [bnw] experienced, skilled
II [ov ww] • (ondervinden) experience
• (vernemen) find out, learn

ervaring experience
erven I [de] heirs II [ov ww] inherit
erwt pea
erwtensoep pea-soup
es ash (tree)
escalatie escalation
esdoorn maple (tree)
eskader squadron
eskimo Eskimo
essentieel essential
estafette relay race
esthetisch aesthetic
etage storey, floor
etalage display window, shop-window
etaleren display
etaleur window dresser
etappe stage
eten I [het] • (voedsel) food • (maaltijd)
meal, dinner II [ov ww] eat,
‹avondeten› have dinner, ‹form.› dine
III [on ww] eat
etenstijd dinner-time
eter eater
ether • (drager van radiogolven) air
• (chem.) ether
ethisch ethical
etiket label
etmaal twenty-four hours
etnisch ethnic
ets etching
etsen etch
etter matter, pus
etteren • (pus afscheiden) fester,
‹med.› suppurate • (klieren) be a pain
in the neck
etui case
eucharistie Eucharist
eufemisme euphemism
eufemistisch euphemistic
Europa Europe
euvel • (kwaad) evil • (gebrek) fault
evacuatie evacuation
evacueren evacuate
evaluatie evaluation, assessment
evalueren evaluate, assess

evangelie *gospel*
evangelisch *evangelic(al)*
evangelist *evangelist*
even I [bnw] *even* II [bijw] *just*
evenaar *equator*
evenals *(just) as, (just) like*
evenaren *equal*
evenbeeld *image, (very) picture*
eveneens *as well, likewise, too*
evengoed • (evenzeer) *(just) as well,*
equally well • (toch) *all the same*
evenknie *equal*
evenmin * ik ga niet en mijn
vrienden ~ *I'm not going, and neither
are my friends*
evenredig *proportional (to),
proportionate (to)*
evenredigheid *proportion*
eventjes *(only) a moment, just*
eventueel I [bnw] *any (possible)*
II [bijw] *possible*
evenveel *as much, as many*
evenwel *however, nevertheless, yet*
evenwicht *balance, equilibrium*
evenwichtig *balanced, well-balanced,
steady*
evenwijdig *parallel*
evenzeer • (in dezelfde mate) *(just) as
much as, (just) as great as* • (ook)
likewise
evenzo *likewise*
evolueren *evolve*
evolutie *evolution*
exact *precise*
examen *examination,* ‹inf.› *exam*
examinator *examiner*
examineren *examine*
excellentie *excellency*
excentriek *eccentric*
exclusief I [bnw] *exclusive* II [bijw]
exclusive of, excluding
excursie *excursion, trip*
excuseren *excuse*
excuus • (reden van
verontschuldiging) *excuse*

• (verontschuldiging) *apology*
executeren *execute*
executie *execution*
exemplaar *specimen, sample,* ‹v. boek›
copy
existentialisme *existentialism*
expansie *expansion*
expediteur *forwarding-agent,
shipping-agent*
expeditie • (tocht) *expedition*
• (verzending) *shipping, forwarding*
experiment *experiment*
experimenteel *experimental*
experimenteren *experiment*
expert *expert,* ‹verzekeringsexpert›
assessor
exploderen *explode*
exploitant ‹v. hotel› *owner,* ‹v.
transportlijn› *operator*
exploitatie *exploitation,* ‹v. bedrijf›
running, ‹v. mijn› *working,* ‹v.
transportlijn› *operation*
exploiteren • (gebruikmaken van) ‹v.
krant› *own* • (misbruiken) *exploit*
exponent *exponent*
export *export*
exporteren *export*
exporteur *exporter*
exposeren *exhibit, show*
expositie *exhibition, show*
expres I [de] *express* II [bnw] *express*
III [bijw] *on purpose*
expresbrief *express letter*
extra *extra*
extract • (aftreksel) *extract*
• (uittreksel) *excerpt*
ezel • (dier) *donkey, ass* • (voorwerp)
easel
ezelsoor *ass's ear,* ‹v. boek› *dog's ear*

F

faam *fame, reputation*
fabel *fable*
fabelachtig *fabulous*
fabricage *manufacture*
fabriceren *manufacture, ‹leugens, enz.› fabricate*
fabriek *factory, works*
fabrikaat *product, ‹alleen als meervoud› goods*
fabrikant *manufacturer*
facet • *(geslepen vlak) facet*
• *(gezichtspunt) facet, aspect, angle*
faciliteit *facility*
factor *factor*
factureren *invoice, charge to s.o.'s account*
factuur *invoice*
facultatief *optional*
faculteit *faculty*
fagot *bassoon*
failliet I [de] *bankrupt* II [het] *bankruptcy* III [bnw] *bankrupt*
faillissement *bankruptcy*
fakkel *torch*
falen *fail*
fallus *phallus*
familie *relatives, family*
familielid *member of the family, relation, relative*
familieziek *overly attatched to ones' family*
fanaticus *fanatic, ‹rel.› zealot*
fanatiek *fanatic(al)*
fanatisme *fanaticism*
fanfare *fanfare*
fantaseren *imagine, ‹dagdromen› fantasize*
fantasie • *(muziekstuk) fantasia*
• *(verbeelding(skracht)) imagination, fancy* • *(verzinsel) fantasy*

fantast *fantast, dreamer*
fantastisch *fantastic*
farizeeër *Pharisee*
farmaceutisch *pharmaceutical*
farmacie *pharmacy*
fascisme *fascism*
fase *stage, phase*
fat *dandy, fop*
fataal *fatal*
fatsoen • *(correctheid) decency, good manners* • *(vorm) shape, form*
fatsoeneren *shape, model, fashion*
fatsoenlijk *decent, respectable*
fatsoenshalve *for decency's sake*
fauna *fauna*
favoriet *favourite*
fazant *pheasant*
februari *February*
fee *fairy*
feeëriek *fairytale-like*
feeks *shrew*
feest • *(partij) party* • *(religieuze feestdag) feast, festival*
feestdag *holiday*
feestelijk *festive, ‹form.› festal*
feestmaal *feast, ‹groots› banquet*
feestvieren *feast, celebrate*
feilloos *faultless, ‹regelmaat› unfailing*
feit *fact*
feitelijk I [bnw] *actual* II [bijw] *actually, practically, virtually*
fel *fierce, sharp, ‹brand/zon› blazing, ‹kleur› vivid*
felicitatie *congratulations*
feliciteren *congratulate (on)*
feminisme *feminism*
ferm • *(zeer groot, hevig) ‹portie› generous, ‹v. persoon› strapping* • *(flink) firm*
festiviteit *festivity*
feuilleton *serial (story)*
fiasco *failure, flop, ‹inf.› washout*
fideel *jovial, jolly*
fiducie *faith, confidence*
fier *proud*

fiets *bicycle*, ‹inf.› *bike*
fietsen *cycle*
fietser *cyclist*
fietspad *cycle-track*
fietstocht *cycling-tour*
figuur I [de] • (personage) *figure, character* II [het] • (gestalte) *figure* • (indruk, houding) * *een slecht ~ slaan make a poor figure*
figuurlijk *figurative*
fijn • (klein) *fine* • (niet grof) *fine, tiny* • (verfijnd) *fine, choice* • (prettig) *nice, lovely* • (subtiel) *subtle*
fijngevoelig *sensitive*
fijnhakken *mince*
fijnmaken *pulverize*
fijnproever *connoisseur*
fijntjes *subtly*
fiks ‹borrel, wandeling› *stiff*, ‹pak slaag› *sound*
filantroop *philanthropist*
file *traffic-jam, tailback*
filet *fillet*
filharmonisch *philharmonic*
filiaal *branch*
film *film, feature (film), motion-picture*, ‹AE› *movie*
filmen *film*
filmopname *shot*
filmster *film-star*
filologie *philology*
filosoferen *philosophize*
filosofie *philosophy*
filosofisch *philosophic(al)*
filosoof *philosopher*
filter *filter*, ‹voor koffie› *percolator*
finale *finale*, ‹sport› *final(s)*
finalist *finalist*
financieel *financial*
financiën • (geldwezen) *finance, financial system* • (geld) *finances*
financier *financier, sponsor*
financieren *finance*
fingeren *feign, simulate, fake*, ‹ensceneren› *stage*

Finland *Finland*
firma *firm, concern*
firmant *partner*
fiscaal *fiscal*
fiscus *exchequer, treasury, revenue*
fixeerbad *fixing-bath*
fixeren *fix*
fjord *fjord*
fladderen • (bewegen) *flap* • (vliegen) *flutter*
flakkeren *flicker*, ‹in de tocht› *waver*
flanel • (stof) *flannel* • (kledingstuk) *singlet*
flaneren *lounge, stroll*, ‹inf.› *mooch (about)*
flank *flank, side*
flankeren *flank*
flat • (flatgebouw) *block of flats*, ‹AE› *apartment building* • (appartement) *flat*, ‹AE› *apartment*
flater *blunder, howler*
flatgebouw *block of flats*, ‹AE› *apartment building*
flatteren *flatter*
flauw • (kinderachtig) *silly* • (niet levendig) *dull* • (zwak gebogen) *gentle/slight* • (met weinig smaak) *tasteless* • (zwak) *feeble, weak* • (niet geestig) *silly*, ‹grap› *feeble*
flauwerd • (flauwerik) *a silly person, spoilsport* • (lafaard) *chicken, sissy*
flauwiteit *silly joke/remark*
flauwte *faint, fainting fit*
flegma *phlegm*
flemen *cajole, coax*
fles *bottle*
flessentrekker *swindler*
flessentrekkerij *con, swindle, swindling*
flets • (ongezond) *wan, pale* • (niet helder) ‹kleur› *dull*, ‹kleuren› *faded*, ‹ogen› *lacklustre*
fleurig *blooming, gay*
flikkeren • (schitteren) *glint*, ‹v. kaars› *flicker*, ‹v. ogen› *glitter*, ‹v.

sterren> twinkle • (smijten) dump
• (vallen) tumble
flikkering flicker, twinkle
flikkerlicht flashlight
flink I [bnw] • (stevig) robust, sturdy,
stout, <klein kind> strapping
• (moedig) brave, plucky II [bijw]
soundly, firmly, considerably
flirt flirtation, <persoon> flirt
flirten flirt
flits flash
flitsen flash
flodder • (patroon) blank, dummy
floers • (stof) crape, crêpe • (waas) veil,
shroud
flonkeren twinkle, sparkle
floreren flourish, prosper
floret foil
fluim phlegm, <inf.> gob (of spit)
fluisteren whisper
fluit flute, <blokfluit> recorder,
<signaalfluit> whistle
fluiten <op fluit> play the flute, <v.
mond of fluitje> whistle, <v. vogel>
warble
fluitist flautist, <AE> flutist
fluitketel whistling kettle
fluor fluor
fluweel velvet
fluwelen velvet
fobie phobia
foedraal case
foei shame (on you)!, <m.b.t. kinderen>
naughty, naughty!
foeilelijk as ugly as sin
foeteren storm, rage (at)
foetus foetus, fetus
fokken rear, breed
fokker breeder
folklore folklore
folteren torture
fondant fondant
fonds fund, capital
fondue fondue
fonetiek phonetics

fonetisch phonetic
fonkelen sparkle
fonkelnieuw brand(-)new
fontein fountain
fooi tip, gratuity
foppen fool, kid
fopspeen dummy, <AE> comforter
forceren <de ogen, stem> strain, <een
deur> force
forel trout
forens commuter, non-resident
formaat size, format
formaliteit formality
formatie formation
formeel formal
formeren form
formule formula
formuleren phrase, formulate, put
(into words)
formulier form
fornuis cooking-range, kitchen-range,
cooker
fors robust
fort • (vesting) fort(ress) • (sterke zijde)
strong point
fortuin fortune, (good) luck
fortuinlijk lucky
fosfor phosphorus
fossiel I [het] fossil II [bnw] fossil
foto photograph, picture, snap(shot),
<inf.> photo
fotoalbum photo(graph) album
fotogeniek photogenic
fotograaf photographer
fotograferen photograph
fotografisch photographic
fototoestel camera
fout I [de] • (schuld) fault
• (vergissing) mistake • (gebrek) defect
II [bnw] wrong
fraai beautiful, fine
fractie • (politieke partij) group, party
• (deeltje) fraction
fractuur fracture, break
fragment fragment

fragmentarisch *fragmentary, sketchy*
framboos *raspberry*
franciscaan *Franciscan*
franco *post-free*
franje *fringe,* <fig.> *frill(s)*
frank I [de] *franc* II [bnw] *frank*
Frankrijk *France*
Frans I [het] *French* II [bnw] *French*
frapperen *strike, cool,* <v. drank> *chill*
frase *phrase*
frater *(lay) brother, friar*
fraude *fraud*
frauduleus *fraudulent, bent, not on
  the level,* <inf.> *crooked*
fregat *frigate*
frequentie *frequency*
fresco *fresco*
fret • (boor) *(twist)auger, gimlet* • (dier)
  ferret
frezen *mill*
friemelen *fumble*
Friesland *Friesland*
friet *chips*
frigide *frigid*
frik *pedant,* <inf.> *beak*
fris *fresh*
frisheid *freshness*
frisjes *chilly, cool, nippy*
frivool *frivolous*
frommelen • (kreukelen) *crumple*
  • (friemelen) *fumble*
frons *frown,* <boos> *scowl*
fronsen *frown,* <boos> *scowl*
front *front*
frontaal *frontal*
fruit *fruit*
fruiten *fry*
frustratie *frustration*
frustreren *frustrate, thwart*
fuif *party*
fuik *bow-net, fish-trap*
fuiven *feast, revel, make whoopee*
functie *function*
functionaris *functionary, official*
functioneel *functional*

functioneren *function*
fungeren * ~ als *act/officiate as*
fusie *fusion, merger, amalgamation*
fusilleren *shoot*
fust *barrel,* <vat> *cask*
fut *go, spirit, grit, spunk*
futiliteit *futility, triviality*
futloos *spiritless*
fysica *physics*
fysicus *physicist*
fysiek I [het] *physique* II [bnw] *physical*
fysiologie *physiology*

G

gaaf • (ongeschonden) *whole, perfect* • (geweldig) *super, great*

gaan I [on ww] • (zich bewegen) *go* • (weggaan) *go, leave* • (functioneren) ⋆ *de telefoon gaat the (tele)phone rings* • (lukken, kunnen) ⋆ *'t gaat niet it won't work; it's impossible* • (beginnen met) *go* ⋆ *gaan wandelen go for a walk* • (~ **met**) *go out with* • (~ **over**) *be (about)* ⋆ *wie gaat hierover? who is in charge of this?* II [onp ww] • (vergaan) ⋆ *hoe gaat het? how are you (getting on)?; how is it going* ⋆ *'t gaat nogal/wel not too bad* ⋆ *'t ga je goed good luck to you* • (~ **om**) *be (about)* ⋆ *'t gaat erom of the question/point is whether* ⋆ *daar gaat het niet om that's beside the point*

gaande • (in beweging) *going* • (aan de hand) *going on*

gaandeweg *gradually*

gaar • (niet rauw) *done, cooked* • (duf) *done, tired*

gaarkeuken *soup kitchen*

gaarne *willingly, gladly*

gaas • (weefsel) *gauze, net(ting)* • (vlechtwerk van metaal) *wire netting*

gadeslaan *watch, observe*

gading ⋆ *dat is niet van mijn ~ it is not in my line; it is not to my taste* ⋆ *ik kon niets van mijn ~ vinden I couldn't find anything I fancied/wanted*

gaffel (two-pronged) *fork*, ‹hooivork› *pitchfork*

gage *salary, pay*

gal *bile*

gala *gala*

galant *gallant*

galblaas *gall bladder*

galei *galley*

galerij *gallery*, ‹v. flatgebouw› *walkway*

galg *gallows*

galgenhumor *grim humour*

galgenmaal *last meal*

galm *resonance*, ‹zwaar› *boom*

galmen • (zwaar en luid klinken) *resound, boom* • (weerkaatsen van klank) *echo, reverberate* • (luid zingen/schreeuwen) *bawl (out)*

galop *gallop*

galopperen *gallop*

galsteen *gallstone*

galvaniseren *galvanize*

gamma • (Griekse letter) *gamma* • (reeks) *gamut, spectrum*, ‹v. tonen› *scale*

gammel *rickety*, ‹v. huis› *tumbledown*

gang • (doorloop) *corridor* • (onderdeel van menu) *course* • (steeg) *alley* • (manier van gaan) *walk, gait* • (werking, beweging) ⋆ *aan de gang blijven keep going* ⋆ *aan de gang gaan set to work* ⋆ *aan de gang zijn be in progress; have begun; be at work* ⋆ *op gang komen get going* • (vlugge vaart) ⋆ *goed op gang well under way* ⋆ *in volle gang in full swing* • (gedrag, handelen) ⋆ *zijn eigen gang gaan go one's own way* ⋆ *ga uw gang! go ahead!; do as you please!*

gangbaar ‹v. betaalmiddel› *current*, ‹v. theorie› *accepted*

gangmaker ‹op een feest, enz.› (the) *life and soul*

gangster *gangster*, ‹inf.› *mobster*

gans I [de] • (vogel) *goose* [mv: *geese*] • (dom persoon) *goose* II [bnw] *whole, entire* III [bijw] *wholly, entirely*

gapen *yawn*

gappen *pinch, pilfer*

garage *garage*

garanderen *guarantee*

garant *guarantor*
garantie *guarantee*
garde • (lijfwacht) *guard(s)*
• (keukengerei) *whisk* • (roede) *rod*
garderobe *wardrobe*, ‹in theater, enz.›
cloakroom
gareel *collar, harness*
garen I [het] *thread, yarn* II [ov ww]
collect, gather
garnaal *shrimp*, ‹steurgarnaal› *prawn*
garneren *garnish*
garnering *garnishing*
garnituur *decoration, trimmings*, ‹v.
juwelen› *set of jewels*
garnizoen *garrison*
gas *gas*
gasbedrijf *gas company*
gasfitter *gas fitter*
gasfles *gas cylinder*
gasfornuis *gas cooker*
gaskachel *gas heater/fire*
gaskamer *gas chamber*
gaskraan *gas tap*
gasleiding ‹in huis› *gas pipes*, ‹in
straat› *gas main*
gasmeter *gas meter*
gaspedaal *accelerator*
gaspit *gas jet*
gast • (bezoek) *guest, visitor* • (persoon)
fellow
gastarbeider *(im)migrant/foreign
worker*
gastheer *host*
gasthuis *hospital*
gastvrij *hospitable*
gastvrijheid *hospitality*
gastvrouw *hostess*
gat • (opening) *gap, hole*
• (achterwerk) *bum, backside,*
↑ *bottom* • (afgelegen plaatsje) *hole*
gauw I [bnw] *quick, swift* II [bijw]
quickly, soon
gauwigheid *rush, hurriedness*
gave • (geschenk) *gift* • (talent) *talent,
gift*

gazon *lawn*
geaardheid *disposition*
geacht *esteemed, respected*
geadresseerde *addressee*
geaffecteerd *affected, mannered*
geanimeerd *animated*
gearmd *arm in arm*
gebaar *gesture*
gebarentaal *sign language*
gebed *prayer*
gebeente *bones*
gebelgd *incensed, enraged*
gebergte *mountain range*
gebeten ★ ~ zijn op iem. *bear s.o. a
grudge*
gebeuren I [het] *event*, ‹inf.›
happening II [on ww] • (gedaan
worden) ★ 't moet ~ *it has to be done*
★ 't is zo gebeurd *it will only take a
minute* • (plaatsvinden) *happen, occur*
• (overkomen) *happen, occur*
gebeurtenis *event, occurrence*
gebied • (grondgebied) *territory*
• (streek) *area* • (tak v. wetenschap)
domain • (jur.) *jurisdiction*
gebieden I [ov ww] • (voorschrijven)
order, command II [on ww] • (heersen)
rule
gebit *teeth*
gebladerte *foliage*
gebloemd *flowered*
geblokt *chequered*
gebod *order, command*
geboorte *birth*
geboortedag *birthday*
geboortejaar *year of (one's) birth*
geboortebeperking *family planning,
birth control*
geboren • (van nature) *born, natural*
• (ter wereld gebracht) *born*
gebouw *building*, ‹form.› *edifice*
gebrand • (geroosterd) *roasted*
• (~ op) *be keen on*
gebrek • (tekort) *want, lack, shortage*
• (mankement) *defect* • (kwaal)

infirmity
gebrekkig *defective, faulty,* <v.
lichaam> *crippled*
gebroeders * de ~ A *the A.* brothers
gebruik • (het benutten) *use*
• (verbruik) *consumption*
• (gewoonte) *custom*
gebruikelijk *usual*
gebruiken • (aanwenden) *use*
• (nuttigen) *eat,* <v. maaltijd> *have*
gebruiker *user,* <verbruiker> *consumer*
gebruiksaanwijzing *directions for use*
gebruiksvoorwerp <gereedschap>
implement, <in keuken> *utensil*
gecompliceerd *complicated*
gedaante *shape, figure*
gedachte *thought, idea*
gedachtegang *train of thought*
gedachtenis * ter ~ van *in memory of*
gedachtewisseling *exchange of views*
gedeelte *part, section*
gedeeltelijk I [bnw] *partial* II [bijw]
partially, partly
gedegen • (degelijk) *solid* • (grondig)
thorough
gedelegeerde *delegate*
gedenkboek *memorial volume*
gedenkdag *anniversary*
gedenken *remember, commemorate*
gedetineerde *prisoner*
gedicht *poem*
gedienstig *obliging*
gedierte *animals*
gedijen *prosper, thrive*
geding • (rechtszaak) *lawsuit, case*
• (punt van discussie) * in het ~ zijn
be at issue
gedistilleerd *spirits*
gedistingeerd *refined, distinguished*
gedoe *business, goings on*
gedogen *tolerate, allow*
gedonder • (geluid) *thunder* • (gezeur,
geduvel) *bullying, nagging* • (ellende)
trouble
gedrag *conduct, behaviour*

gedragen I [bnw] • (plechtstatig) *lofty*
• (al eerder gebruikt) *worn* II [wkd
ww] *behave/conduct o.s.*
gedrang *crowd, crush*
gedrocht *monster*
gedrongen • (opeengepakt) *squashed*
• (kort en breed) *stocky, thick-set*
• (summier) *terse*
gedrukt • (in zetletters) *printed*
• (neerslachtig) *down*
geducht *formidable, enormous*
geduld *patience*
geduldig *patient*
gedurende *during, for*
gedurfd *daring*
gedurig • (telkens weer) *continual*
• (onafgebroken) *continuous*
gedwee *meek, docile*
geel I [het] • (eidooier) *yolk* • (kleur)
yellow II [bnw] *yellow*
geen *none,* <bijvoeglijk gebruikt> *no,*
<zelfstandig gebruikt> *not one*
geenszins *by no means, not at all*
geest • (denkwijze, sfeer) *spirit*
• (onstoffelijk wezen) *spirit, ghost*
• (ziel) *soul*
geestdodend *monotonous*
geestdrift *enthusiasm*
geestdriftig *enthusiastic*
geestelijk • (mentaal) *spiritual,
mental* • (kerkelijk) *clerical* • (rel.)
spiritual
geestelijkheid *clergy*
geestesgesteldheid *mentality*
geestig *witty*
geestigheid *witticism*
geestkracht *energy, strength of mind*
geestverwant I [de] *kindred spirit,
sympathizer* II [bnw] *kindred,
congenial*
geeuw *yawn*
geeuwen *yawn*
gegadigde *interested party, prospective
buyer,* <bij sollicitatie> *applicant*
gegeven *data* [ev/mv], *datum*

gehaast *hurried, hastened*
gehakt *minced meat,* ‹inf.› *mince*
gehalte • (hoeveelheid) *percentage,* ‹v. alcohol› *degrees proof*
• (hoedanigheid) *quality, standard*
geheel I [het] *whole* II [bnw] *whole, entire* III [bijw] * ~ de uwe *yours faithfully/sincerely; yours truly*
geheelonthouder *teetotaller*
geheim *secret*
geheimhouding *secrecy*
geheimschrift *cipher*
geheimzinnig *mysterious*
geheimzinnigheid *mysteriousness*
geheugen *memory*
geheugenverlies *loss of memory, amnesia*
gehoor • (het horen) *hearing* * op het ~ *by ear* • (toehoorders) *audience*
gehoorapparaat *hearing aid*
gehoorsafstand * op ~ *within earshot*
gehoorzaam *obedient*
gehoorzaamheid *obedience*
gehoorzamen *obey*
gehorig *noisy*
gehouden *obliged to, bound to*
gehucht *hamlet*
gehumeurd * goed/slecht ~ *good-/ill-tempered*
geijkt • (gebruikelijk) * ~e uitdrukking *set phrase* • (voorzien van ijkmerk) * ~e maten *legally stamped measures*
geil *lascivious*
gein • (lol) *fun, humour* • (grapje) *joke*
geiser • (warme bron) *geyser, hot spring* • (warmwatertoestel) *geyser, (gas) water heater*
geit *(she)goat*
gejaagd *agitated*
gek I [de] • (onnozele) *fool* • (krankzinnige) *madman, lunatic* II [bnw] • (onnozel) *silly, foolish* • (krankzinnig) *mad, crazy* • (raar) *funny, strange, queer* • (~ op) *mad on,*

crazy about
gekant * tegen iets ~ zijn *be opposed to s.th.*
gekheid • (krankzinnig zijn) *madness* • (dwaasheid) *folly, (tom)foolery* • (grapje) *joke*
gekkenhuis *madhouse*
gekkenwerk *madness, folly*
gekleed • (keurige kleren dragend) * het staat ~ *it is dressy* • (met kleren aan) *dressed*
geknipt * ~ voor *cut out for*
gekunsteld *artificial,* ‹bij spreken› *affected*
gelaat *countenance, face*
gelach *laughter*
gelag *score*
gelagkamer *tap-room, bar (room)*
gelang * naar ~ van *according to*
gelasten *order*
gelaten *resigned*
gelatine *gelatin(e)*
geld *money,* ‹inf.› *dough*
geldbelegging *investment*
geldelijk *financial, monetary*
gelden • (beschouwd worden als) *count* • (aangaan) *concern* • (van kracht zijn) *be in force, apply*
geldgebrek *lack of money*
geldig *valid*
geldigheid *validity*
geldingsdrang *assertiveness*
geldmarkt *money market*
geldmiddelen • (financiële situatie) *finances* • (inkomsten) *(financial) means*
geldschieter *moneylender, financier, sponsor*
geldstuk *coin*
geleden *ago* * heel kort ~ *quite recently* * lang ~ *long ago*
geleding • (verbindingsplaats) *joint* • (deel) *section*
geleed *jointed,* ‹v. kust› *indented* * een gelede bus *an articulated bus*

geleerd scholarly, learned
geleerdheid scholarship, erudition
gelegen ● (liggend) situated
● (geschikt) convenient
gelegenheid ● (gunstige omstandigheid) opportunity
● (gebeurtenis) occasion
● (eetgelegenheid, plaats) place, café, restaurant
gelei jelly
geleide ● (het vergezellen) attendance, ‹mil.› escort, ‹scheepv.› convoy ● (de vergezellende personen) guard
geleidehond guide-dog
geleidelijk gradual, progressive
geleiden ● (begeleiden) lead, escort
● (overbrengen) conduct
geleider ● (begeleider) guide
● (overbrenger) conductor
geleiding leading, conduction
gelid ● (gewricht) joint ● (rij) rank
geliefd beloved, dear
geliefkoosd favourite, pet
gelijk I [het] right II [bnw]
● (hetzelfde) same, equal, ‹alleen pred.› alike, ‹gelijkend› similar, ‹op gelijk niveau› equal, ‹precies gelijk› identical ★ alle mensen zijn ~ all men are equal ★ een-een ~ one all ● (effen) level, smooth III [bijw] ★ ~ handelen act alike IV [vw] as
gelijkelijk equally
gelijken resemble, look like ★ een goed ~d portret a good likeness
gelijkenis ● (overeenkomst) resemblance, likeness ● (parabel) parable
gelijkheid equality
gelijklopen run parallel (to), ‹v. klok› keep time
gelijkluidend identical
gelijkmaken equalize, ‹v. grond› level
gelijkmaker equalizer
gelijkmatig even, ‹v. klimaat› equable
gelijknamig of the same name

gelijkschakelen coordinate (with), standardize
gelijksoortig similar
gelijkspelen draw
gelijkstaan ● (evenveel punten hebben) ‹sport› be level (with)
● (gelijk zijn) be equal
gelijkstellen ● (gelijk achten) put on a par (with) ● (gelijke rechten geven) give equal rights
gelijkstroom direct current
gelijktijdig simultaneous
gelijkvloers on the ground floor, ‹AE› on the first floor
gelijkwaardig equal (to), equivalent (to)
gelijkzetten set (watch), synchronize
gelijkzijdig equilateral
gelofte vow
geloof ● (vertrouwen) belief, faith
● (godsdienst) religion
geloofsbelijdenis creed
geloofwaardig credible
geloven believe, think ★ 't is niet te ~ it's incredible
gelovig religious
geluid sound
geluiddemper silencer
geluiddicht soundproof
geluidloos soundless, without sound
geluidsinstallatie audio/sound system
geluimd ★ goed ~ good-humoured
★ slecht ~ bad-tempered
geluk ● (aangename toestand) happiness, bliss ● (fortuin) fortune
● (gunstige omstandigheid) ★ van ~ mogen spreken count o.s. lucky ★ ~ hebben be in luck
gelukkig I [bnw] ● (fortuinlijk) lucky, fortunate ● (blij) happy
● (voorspoedig) ★ een ~ nieuwjaar a happy New Year ★ ~ kerstfeest merry Christmas II [bijw] ★ ~ (maar)! thank goodness!

geluksvogel *lucky dog*
gelukwens *congratulation*
gelukwensen *congratulate (on)*
gelukzalig *blessed*
gemaakt • (gekunsteld) *affected, pretentious* • (geveinsd) *artificial, pretended*
gemaal I [de] *consort* II [het] *pumping-engine/station*
gemachtigde *deputy,* ‹v. postwissel, enz.› *endorsee*
gemak • (kalmte) *ease* • (moeiteloos) *ease* • (wat gemak verschaft) *comfort, convenience* • (toilet) w.c., *(public) convenience*
gemakkelijk • (niet moeilijk) *easy* • (onbezorgd) *easy* • (gerieflijk) *comfortable*
gemakzucht *indolence, laziness*
gemakzuchtig *indolent, lazy*
gemalin *consort*
gematigd *moderate,* ‹v. klimaat› *temperate*
gember *ginger*
gemeen I [bnw] • (slecht) *vile, bad* • (laag-bij-de-gronds) *low, mean,* ‹v. aard› *wicked* • (gemeenschappelijk) *common* II [bijw] *meanly, beastly*
gemeengoed *common property*
gemeenplaats *commonplace, platitude*
gemeenschap • (groep, maatschappij) *community* • (seks) *(sexual) intercourse*
gemeenschappelijk I [bnw] • (van meer dan 1 persoon) *common* • (gezamenlijk) *joint* II [bijw] *jointly, together*
gemeenschapszin *public spirit*
gemeente • (bestuurlijke eenheid) *municipality* • (parochie) *parish*
gemeentebestuur *municipality, corporation*
gemeentehuis *town hall*
gemeenteraad *local council*
gemeentesecretaris ≈ *town clerk*

gemeentewerken *municipal works*
gemeenzaam *familiar*
gemelijk *peevish, sullen*
gemenebest *commonwealth*
gemiddeld I [bnw] *average* II [bijw] *on an average*
gemis *lack, want*
gemoed *mind, heart*
gemoedelijk *kind(-hearted), genial,* ‹v. sfeer› *cosy*
gemoedsrust *tranquillity, peace of mind*
gems *chamois*
genaamd *called, named*
genade • (gratie) *mercy,* ‹gerechtelijk› *pardon,* ‹godsdienst› *grace* • (gave, gunst) *favour*
genadeslag *finishing stroke, deathblow*
genadig • (vol genade) *merciful* • (neerbuigend) *condescending, gracious*
gene *that*
geneesheer *physician, medical practitioner*
geneeskrachtig *healing*
geneeskunde *medical science, medicine*
geneeskundig *medical*
geneesmiddel *remedy, medicine*
geneeswijze *cure, treatment*
genegen *inclined, willing*
genegenheid • (geneigdheid) *inclination* • (goedgezindheid) *affection*
geneigd *inclined (to),* ‹tot kwaad› *prone (to)*
geneigdheid *inclination, disposition*
generaal I [de] *general* II [bnw] *general*
generaliseren *generalize*
generatiekloof *generation gap*
generator *generator*
generen ∗ zich ~ *feel embarrassed*
genezen I [ov ww] *cure s.o. of* II [on ww] *recover (from),* ‹v. wond› *heal*
geniaal ∗ een ~ idee *a brilliant idea*
genie I [de] ‹mil.› *the Royal Engineers*

II [het] *genius* [mv: *geniuses*]
genieten I [ov ww] • (ontvangen)
receive • (plezier beleven) *enjoy* II [on
ww] *enjoy o.s.*
genodigde *guest*
genoeg I [bijw] *enough* II [telw]
enough, sufficient
genoegdoening *satisfaction*
genoegen • (voldoening) *satisfaction*
• (plezier) *pleasure, joy*
genoeglijk *pleasant*
genoegzaam *sufficient*
genootschap *society*
genot *pleasure, delight, enjoyment*
genotmiddel *luxury, stimulant*
geografie *geography*
geografisch *geographic(al)*
geologie *geology*
gepaard *by twos, in pairs*
gepast • (fatsoenlijk) *proper, becoming*
• (afgepast) *exact*
gepeins *meditation, reverie*
gepeupel *mob, populace*
gepikeerd *piqued, sore* (at)
geprononceerd *pronounced*
geraakt • (ontroerd) *moved*
• (gepikeerd) *offended, nettled*
geraamte *skeleton*
geraas *din, noise*
geraden *advisable*
geraffineerd *refined*
gerant *manager*
gerecht I [het] • (schotel) *dish* • (gang
v. maaltijd) *course* • (rechtbank) *court
(of justice), tribunal* II [bnw] *just, due*
gerechtelijk ∗ ~e dwaling *judicial
error* ∗ iem. ~ vervolgen *take legal
proceedings against s.o.*
gerechtigd *qualified, entitled*
gerechtshof *court (of justice)*
gereed *ready,* <af> *finished*
gereedheid *readiness*
gereedschap *tools, instruments*
gereedschapskist *tool-box*
gereformeerd <rel.> *Calvinist(ic),*

<kerk> (Dutch) *Reformed*
geregeld • (regelmatig) *regular*
• (ordelijk) ∗ een ~ leven leiden *lead
an orderly life*
gereserveerd • (terughoudend)
reserved, reticent • (besproken)
reserved, booked
geriatrie *geriatrics*
gerief *convenience, comfort*
gering *scanty, slight, small*
Germaan *Teuton*
Germaans I [het] *Germanic* II [bnw]
Germanic
geronnen *clotted*
geroutineerd *experienced, practised*
gerst *barley*
gerucht • (geluid) *noise* • (praatje)
rumour, report
geruchtmakend *sensational*
geruis • (geluid) *noise* • (geritsel) *rustle*
geruisloos *noiseless*
geruit *checked, chequered*
gerust *easy, quiet, calm*
geruststellen *reassure, set (s.o.'s mind)
at ease*
geruststelling *reassurance*
geschenk *gift, present*
geschieden • (gebeuren) *happen,
occur* • (overkomen) *befall*
geschiedenis • (historie) *history*
• (verhaal) *story*
geschiedkundig *historical*
geschiedschrijver *historian*
geschift *curdled,* <fig.> *dotty, crazy*
geschikt • (met de juiste kwaliteiten)
fit, suitable • (aardig) *decent*
geschil *difference, dispute*
geschilpunt *point at issue, controversy*
geschoold *trained, schooled*
geschreeuw *shouting, cries*
geschrift *(piece of) writing, pamphlet*
geschut *artillery, guns*
gesel *whip, scourge*
geselen *flog*
geseling *flogging*

geslacht • (familie) *race, family, generation* • (sekse) ‹bio.› *genus,* ‹taalk.› *gender*

geslachtsrijp *sexually mature*

geslachtsziekte *venereal disease, V.D.*

geslepen *sly, cunning*

gesp *buckle, clasp*

gespen *buckle,* ‹met riem› *strap*

gespierd *muscular*

gespikkeld *speckled*

gesprek *conversation, talk,* ‹over telefoon› *call*

gespuis *rabble, scum, riff-raff*

gestalte • (uiterlijke vorm) *figure* • (gedaante) *shape*

gesteente *stone*

gestel *constitution*

gesteld I [bnw] ▲ ik ben erg op hem ~ *I'm very fond of him* II [bijw] ★ ~ dat hij kwam *suppose he came*

gesteldheid *state, condition, constitution*

gestemd *disposed*

gesternte • (alle sterren) *stars* • (sterrenbeeld) *constellation*

gesticht I [het] *asylum, institution, mental home* II [bnw] ‹rel.› *edified*

gesticuleren *gesticulate*

gestreept *striped*

getal *number*

getand • (met tanden) *toothed,* ‹v. wiel› *cogged* • (met insnijdingen) *indented, notched*

getapt *popular (with)*

getikt *crazy, balmy, mad*

getrouw • (nauwkeurig) *true, faithful, exact* • (trouw) *loyal, faithful, true*

getto *ghetto*

getuige *witness,* ‹bij huwelijk› *best man*

getuigen I [ov ww] *testify* II [on ww] • (getuigenis afleggen) *appear as a witness, give evidence* • (blijk geven) ★ het getuigt van grote moed *it shows great courage*

getuigenis *evidence, testimony*

getuigschrift *certificate,* ‹v. personeel› *testimonial*

geul • (watergeul) *gully, channel* • (gleuf) *ditch, gap, furrow*

geur *scent, odour, smell*

geuren • (ruiken) *smell* • (~ met) *sport, show off*

geurig *fragrant*

geus (Sea) *Beggar, Protestant*

gevaar • (gevaarlijke toestand) *peril, danger* • (risico) *risk*

gevaarlijk *risky, dangerous*

gevaarte *monster, colossus*

geval *case*

gevarendriehoek *hazard/breakdown triangle*

gevat *quick-witted, sharp, on the ball*

gevecht *fight, action*

gevel *façade, front*

geven • (schenken) *give* • (gesteld zijn op) *care for/about* • (hinderen) *matter* • (aanreiken) *hand, give,* ‹kaartspel› *deal* • (toekennen) *give, grant* • (opleveren) *give,* ‹v. rente› *yield,* ‹v. warmte› *give out* • (opgeven) *give up* • (veroorzaken) ‹aanstoot› *give,* ‹hoop› *raise,* ‹moeilijkheden› *cause*

gever ‹bij kaartspel› *dealer*

gevlamd *flamed,* ‹v. hout› *grained*

gevlekt *spotted*

gevleugeld *winged*

gevlij ★ bij iem. in het ~ komen *humour s.o.*

gevoeglijk *decently, properly*

gevoel • (lichamelijk gevoel, tast) *touch, feeling, sensation* • (innerlijk gevoel) *feeling, sense* • (gevoeligheid) *sentiment, feeling* • (besef) ★ ~ voor humor *sense of humour*

gevoelen *feeling, opinion*

gevoelig • (ontvankelijk) *sensitive* • (lichtgeraakt) *touchy* • (pijnlijk) *tender, sore*

gevoelloos *unfeeling, callous,*

insensitive, ‹v. lichaamsdeel› *numb*
gevogelte *fowls, poultry*
gevolg • (personen) *retinue, train*
• (resultaat, uitwerking) *consequence, result*
gevolgtrekking *conclusion*
gevuld • (mollig) *full, plump* • (met vulling) ‹v. gevogelte, enz.› *stuffed,* ‹v. portemonnee› *well-filled*
gewaad *robe, garment*
gewaarworden • (opmerken, zien) *perceive, notice* • (merken) *become aware of,* ‹te weten komen› *find out*
gewaarwording • (ondervinding) *sensation,* ‹v. zintuigen› *perception* • (indruk) *feeling, impression*
gewag ★ geen ~ maken van iets *keep quiet about s.th.*
gewas • (soort plant) *plant* • (plantengroei) *vegetation* • (oogst) *crops*
geweer *rifle, gun*
geweerschot *rifle-shot, gunshot*
geweervuur *rifle-fire, gunfire*
gewei *antlers* [mv: *antlers*]
geweld *violence, force*
strelddaad *act of violence, outrage*
gewelddadig *violent*
geweldenaar • (sterk, bekwaam persoon) *superman,* ‹kundig› *crack* • (dwingeland) *tyrant, bully*
geweldig • (ontzaglijk) *enormous, tremendous* • (goed) *great*
geweldpleging *violence*
gewelf *vault, arch*
gewennen I [ov ww] *accustom* (to), *habituate* (to) II [on ww] *get used/accustomed to*
gewest *province, region*
gewestelijk *regional,* ‹accent› *local*
geweten *conscience*
gewetenloos *unscrupulous*
gewetensbezwaar *scruple*
gewetenswroeging *remorse, compunction*

gewezen *former, ex-*
gewicht *weight*
gewichtig I [bnw] *weighty, important, momentous* II [bijw] ★ ~ doen *behave pompously*
gewiekst *cunning, smart, shrewd, astute*
gewijd • (geheiligd) *consecrated* • (liturgisch) *sacred*
gewild • (in trek) *much sought after, popular,* ‹v. product› *in demand*
gewillig *willing, ready*
gewoel • (drukte) *turmoil, bustle* • (het woelen) *tossing and turning*
gewoon I [bnw] • (gebruikelijk) *normal, usual, customary* • (alledaags) *ordinary, common, plain* • (gewend aan) *accustomed/used to* II [bijw] *just, simply*
gewoonlijk *usually*
gewoonte • (gebruik) *custom, usage* • (persoonlijk gebruik) *custom, habit*
gewoonterecht *common law*
gewoonweg *downright, simply, just*
gewricht *joint*
gezag • (macht) *authority* • (overtuigende kracht) *authority* • (overheid) *authorities*
gezaghebbend *authoritative*
gezagvoerder ‹scheepv.› *commander, captain,* ‹luchtv.› *captain*
gezamenlijk I [bnw] • (collectief) *combined, joint, collective* II [bijw] *together*
gezang • (het zingen) *singing* • (lied) *song,* ‹rel.› *hymn*
gezant *envoy, ambassador*
gezegde • (spreekwoord) *proverb, saying* • (taalk.) *predicate*
gezel • (leerling-vakman) *mate* • (makker) *fellow, mate*
gezellig *enjoyable, pleasant,* ‹v. personen› *companionable, sociable,* ‹v. vertrek› *cosy, snug*
gezelligheid ★ voor de ~ *for fun*

gezelschap • (samenzijn) *company*
• (groep) *company, society*
gezelschapsspel *party/round game*
gezet • (dik) *stout, corpulent*
• (geregeld) * op ~te tijden *at set times*
gezeten • (met vaste woonplaats)
settled, resident • (welgesteld)
substantial
gezicht • (gezichtsvermogen)
(eye)sight, vision • (aangezicht) *face*
• (aanblik) *view, sight*
gezichtsbedrog *optical illusion*
gezichtspunt *point of view, viewpoint,*
angle
gezichtsveld *field of vision*
gezichtsvermogen *(eye)sight*
gezien *in view of, considering*
gezin *family*
gezind *disposed*
gezindheid • (stemming) *disposition*
• (rel.) *conviction, persuasion*
gezindte *denomination*
gezinshoofd *head of the family*
gezinshulp *home help*
gezinszorg *family-welfare (services),*
home help
gezocht • (gekunsteld) *contrived* • (in
trek) * zeer ~ *much sought after; in*
great demand
gezond *healthy,* ‹v. voedsel› *wholesome*
gezondheid I [de] • (gesteldheid)
health • (heilzaamheid) ‹v. klimaat›
healthiness, ‹v. voedsel›
wholesomeness II [tw] *Bless you!*
gezondheidsredenen *considerations*
of health
gezondheidszorg *health care*
gezusters * de ~ A. *the A. sisters*
gezwel • (opzwelling) *swelling, lump*
• (tumor) *tumour*
gezwollen *swollen*
gids ‹boek› *guide(book),* ‹persoon›
guide
gier • (vogel) *vulture* • (mest) *liquid*
manure

gieren • (brullen) ‹lachen› *scream,* ‹v.
wind› *whistle, howl*
gierig *stingy*
gierigaard *miser*
gieten *pour*
gieter *watering-can*
gieterij *foundry*
gift *present, gift*
giftig • (vergiftig) *poisonous, toxic*
• (venijnig) ‹boos› *touchy,* ‹v.
mensen› *venomous*
gij *thou*
gijzelaar *hostage*
gijzelen *take hostage,* ‹voor geld›
kidnap
gil *scream, yell, shriek*
gillen *shriek, scream, yell*
ginds *over there*
gips • (mineraal) *gypsum*
• (gipsverband) *plaster*
gipsverband *plaster cast*
gireren *pay/transfer by giro*
giro *giro, clearing, transfer*
girobetaalkaart *Giro cheque card*
gissen *guess, conjecture*
gist *yeast*
gisten *ferment*
gisting *ferment, fermentation*
gitaar *guitar*
glaceren *glaze,* ‹v. gebak› *ice*
glad I [bnw] • (glibberig) *slippery*
• (strak) *smooth,* ‹v. haar› *sleek,* ‹v.
ring› *plain,* ‹v. water› *calm* • (sluw)
cunning, clever • (vlot) *smooth*
II [bijw] *smoothly*
gladheid • (effenheid) *smoothness*
• (glibberigheid) *slipperiness*
gladiator *gladiator*
glans • (weerschijn) *gloss, lustre, shine*
• (luister) *splendour*
glansrijk *glorious, splendid*
glanzen *shine, shimmer, gleam,*
‹vochtig glanzen› *glisten*
glas • (materiaal) *glass* • (ruit)
(window)pane • (brillenglas) *glass,*

lens • (drinkglas) *glass*
glashelder *crystal-clear*
glazen *glass(y)*
glazenwasser *window-cleaner*
glazig *glassy*, ‹v. aardappel› *waxy*
glazuren *glaze*, ‹v. gebak› *ice*
gletsjer *glacier*
gleuf *groove*, ‹v. automaat› *slot*, ‹v. brievenbus› *slit*
glibberen *slither*
glibberig *slippery, slithery*
glijbaan *slide*
glijden • (voortbewegen) ‹op ijs› *slide*, ‹op water› *glide*
• (weg-/uit-/afglijden) *slip*
glijvlucht ‹v. vliegtuig› *glide*, ‹v. vogels› *gliding flight*
glimlach *smile*
glimlachen *smile (at)*
glimmen *glimmer, shine, gleam*, ‹v. zweet› *glisten*
glimp *glimpse*
glinsteren *sparkle, glitter, twinkle*
glinstering *glitter(ing), sparkle*
glippen *slip*
globaal *rough, broad*
globe *globe*
gloed *glow*
gloednieuw *brand-new*
gloeien • (stralen van hitte) *glow*
• (branden zonder vlam) *smoulder*
gloeilamp *light bulb*
glooiing *slope*
gloren *glimmer*, ‹v.d. dag› *dawn*
glorie *glory*
glucose *glucose*
gluiperig *shifty, sneaky*
glunderen *beam, radiate*
gluren *peep*, ‹wellustig› *leer*
glycerine *glycerine*
gnuiven *gloat (over), chuckle (over/at)*
goddank *thank God*
goddelijk *divine*
goddeloos • (atheïstisch) *godless, ungodly* • (zondig) *wicked, unholy*

godgeklaagd *disgraceful*
godgeleerdheid *theology*
godheid • (goddelijk wezen) *deity, divine/celestial being*
• (goddelijkheid) *divinity, godhead*
godsdienst *religion*
godsdienstig • (vroom) *pious, devout*
• (religieus) *religious*
godsdienstoefening *divine service, (practice of) worship*
godsdienstvrijheid *freedom of religion/worship*
godvergeten *God-forsaken*
goed I [bnw] • (gezond) *good, well*
• (juist) *right* • (uitstekend) *good*
• (goedhartig) *kind* II [bijw] • (juist) *well, right* • (flink) *thoroughly*
• (behoorlijk) *properly*
goedaardig *good-natured, kind-hearted, mild*, ‹v. ziekten, gezwel› *benign*
goeddeels *largely, for the greater part*
goedgeefs *generous, liberal, open-handed*
goedgelovig *credulous, gullible*
goedgezind *well-disposed*
goedig *good-natured, kind-hearted*
goedkeuren *approve (of)*
goedkeuring *approval*
goedkoop *inexpensive*, ‹ook fig.› *cheap*
goedmaken *make good, make up for, put right, make amends for*
goedmoedig *good-natured*
goedpraten *gloze over, explain away*
goedschiks *with a good grace, willingly*
goedvinden • (goedkeuren) *consent, approve of* • (nuttig vinden) *think fit*
gokken • (om geld spelen) *gamble*
• (speculeren) *take a chance* • (raden) *guess*
golf • (van water) *wave*, ‹grote golf› *roller* • (wijde baai) *gulf, bay*
• (balspel) *golf*
golfbeweging *undulation*

golflengte *wave-length*
golfslag *wash of the waves, surge*
golven *wave, undulate,* <v. haar> *flow,* <v. vlakte> *roll*
gom • (lijmstof) *gum* • (vlakgom) *rubber,* <AE> *eraser*
gondel *gondola*
gong *gong*
gonzen <v. insect> *hum, buzz*
goochelaar *conjurer, magician*
goochelen • (toveren) *conjure*
• (handig omspringen met) *juggle*
goochem *knowing, smart*
gooi *throw, cast*
gooien *throw, fling,* <hard en gericht> *pitch*
goot • (dak-/straatgoot) *gutter*
• (stortgoot) *chute, shoot*
gootsteen (kitchen) *sink*
gordel • (riem) *belt, girdle* • (kring) *circle* • (geo.) *zone*
gordelroos *shingles*
gordijn *curtain*
gorgelen *gargle*
gorilla *gorilla*
gort <gebroken> *groats,* <gepeld> *pearl barley*
gortig * het te ~ maken *go too far*
gotiek *Gothic*
gotisch *Gothic*
goud *gold*
gouden *gold*
goudsmid *goldsmith*
goudvis *goldfish*
graad *degree*
graaf *count, earl*
graafschap • (status) *countship, earldom* • (landstreek) *county, shire*
graag I [bnw] *eager, hungry* II [bijw] *gladly, with pleasure, willingly*
graaien *grab*
graan *corn, grain*
graat *fish-bone*
grabbel * geld te ~ gooien *throw away money*

grabbelen *grabble* (in), *grope* (about)
gracht • (waterweg) *canal,* <om kasteel> *moat* • (straat langs gracht) ≈ *quay*
gracieus *graceful, elegant*
gradueel • (trapsgewijs opklimmend) *gradual*
graf *grave*
grafiek • (kunst) *graphic art* • (wisk.) *graph, diagram*
grafiet *graphite*
grafisch *graphic*
grafkelder (family) *vault*
grafschennis *desecration of tombs*
grafschrift *epitaph*
grafsteen *tombstone, gravestone*
grafstem *sepulchral voice*
gram *gram(me)*
grammatica *grammar*
grammaticaal *grammatical*
grammofoon *gramophone*
grammofoonplaat (gramophone) *record*
granaat I [de] *shell, grenade* II [het] *garnet*
grandioos *magnificent*
graniet *granite*
granieten *granite*
grap • (mop) *joke,* <v. komiek> *gag*
• (grappige streek) *practical joke, hoax*
grapjas *joker, funny-man*
grappig *funny, amusing*
gras *grass*
grasduinen *browse*
grasmat *turf*
grasperk *lawn*
grasveld *lawn,* (grass) *field*
grasvlakte *stretch of grass, grassy plain*
graszode *turf*
gratie • (sierlijkheid) *grace* • (gunst) *favour* * bij de ~ Gods *by the grace of God* • (kwijtschelding) *pardon*
gratificatie *bonus*
gratis I [bnw] *free, gratis* II [bijw] *gratis, free of charge, for free*

grauw I [de] *snarl* II [het] *rabble*
III [bnw] *grey*
graveerkunst *(art of) engraving*
graven *dig*
graveren *engrave*
gravin *countess*
gravure *engraving*
grazen *graze*
greep • (onopzettelijke keus) *pick*
• (handvat) *handle* • (graai) *grip, grasp*
grenadier *grenadier*
grendel *bolt*
grendelen *bolt*
grens • (scheidingslijn) *border*
• (limiet) *limit, boundary*
grensgeval *borderline case*
grenspost *border crossing*
grensrechter *linesman*
grenzeloos *boundless*
grenzen * ~ aan *be bounded by; border
on*
greppel *ditch, trench*
gretig *eager*
grief *grievance, offence*
Griekenland *Greece*
Grieks I [het] *Greek* II [bnw] *Greek*
grienen *blubber, whimper*
griep *influenza, (the) flu*
grieven *grieve, hurt*
griezel *creep, horror*
griezelen *shudder, get the creeps,*
‹Schots› *get the heebie-jeebies*
griezelig *creepy, eerie*
grif *promptly*
griffie *record-office,* ≈ *registry*
griffier ‹v. rechtbank› *clerk of the
court, clerk,* ≈ *registrar*
grijpen I [ov ww] *seize, grip, catch,
grasp* II [on ww] • (~ naar) *reach for,
grab/snatch at*
grijper *grab, grip(per)*
grijs • (kleur) *grey* • (oud) *hoary,
ancient*
grijsaard *(grey) old man*
grijzen *(turn) grey*

gril *caprice, whim*
grillen I [ov ww] *grill,* ‹AE› *broil* II [on
ww] *shudder*
grillig *capricious, whimsical, fanciful,*
‹v. weer› *changeable*
grimas *grimace*
grimeren *make up*
grimeur *make-up artist*
grimmig *grim*
grind *gravel*
grissen *snatch*
groef *groove*
groei *growth*
groeien • (groter worden) *grow*
• (ontwikkelen) *grow*
groen I [het] *green(ery)* II [bnw] *green*
groente *(green) vegetables, greens*
groenteboer *greengrocer*
groep *group*
groeperen *group*
groepering • (het groeperen)
grouping • (groep) * een politieke ~ *a
(political) faction*
groet *greeting,* ‹mil.› *salute*
groeten *greet,* ‹mil.› *salute*
groeve *pit,* ‹steengroeve› *quarry*
groezelig *dingy, grubby*
grof • (onbeleefd) *rude* • (niet fijn)
coarse, rough
grofheid • (grof zijn) *coarseness,
roughness* • (botheid) *rudeness*
grommen • (grommend geluid
maken) *growl* • (morren) *grumble*
grond • (bouwgrond) *site* • (bodem
onder water) *bottom* • (kern) *ground,
foundation* • (aarde) *ground, earth, soil*
• (motief) *ground, reason*
grondbegrip *fundamental/basic idea*
grondbelasting *land-tax, property tax*
gronden • (baseren op) *found,* ‹v.
hoop› *ground (on),* ‹v. mening›
base/ground (on)
grondgebied *territory*
grondgedachte *basic/underlying idea*
grondig *profound, thorough*

grondlegger *founder*
grondregel *principle*
grondslag • (fundament) *foundation* • (basis, beginsel) *basis, foundations*
grondstof • (onbewerkt materiaal) *raw material* • (hoofdbestanddeel) *(starting) material, component*
grondverf *undercoat, primer*
grondvesten I [de] *foundations* II [ov ww] *found, base (on)*
grondwater *ground/subsoil water*
grondwet *constitution*
grondwettelijk *constitutional*
groot I [het] ✶ ~ en klein *great and small* ✶ in 't ~ *on a large scale* II [bnw] • (volwassen) *grown(-up)* • (belangrijk) *great* • (van afmeting) ✶ 3 cm ~ *3 cm in size* • (omvangrijk) *big, great* • (uitgestrekt) *large, vast* • (lang, hoog) *tall* III [bijw] ✶ ~ gelijk *quite right*
grootbrengen *bring up, raise*
groothandel • (bedrijf) *wholesale house, wholesaler* • (handelsvorm) *wholesale trade*
groothandelaar *wholesale dealer, wholesaler*
grootheid • (het groot zijn) *magnitude,* ‹v. geest› *greatness* • (belangrijk persoon) *man/woman of consequence, celebrity,* ‹inf.› *big shot* • (wisk.) *quantity,* ‹veranderlijk› *variable*
groothertogdom *grand duchy*
grootje *granny*
grootkapitaal *big business, high finance*
grootmeester *Grandmaster*
grootmoedig *magnanimous*
grootouders *grandparents*
groots • (prachtig) *grand(iose)* • (indrukwekkend) *spectacular*
grootspraak *boast(ing)*
grootte *size,* ‹lichaamslengte› *height*
grootvader *grandfather*

gros • (12 dozijn) *gross* • (grootste deel) *majority*
grossier *wholesale dealer*
grot *cave,* ‹groot en diep› *cavern*
grotendeels *mainly, largely*
grotesk *grotesque*
gruis *grit*
gruwel • (iets gruwelijks) *horror* • (watergruwel) *(water)gruel*
gruwelijk • (afschuwwekkend) *atrocious, gruesome*
gruwen *shudder*
guillotine *guillotine*
guitig *roguish, arch*
gul *generous*
gulden I [de] *guilder, Dutch florin* II [bnw] *golden*
gulheid *generosity*
gulp *fly*
gulpen *gush*
gulzig *greedy*
gummi (india) *rubber*
gunnen • (toewijzen) *place, award* • (verlenen) *grant, allow* • (toewensen) ✶ 't is je (van harte) gegund *you are (heartily) welcome to it*
gunst • (goede gezindheid) ✶ ten ~e van *on behalf of; in favour of* ✶ iem. een ~ vragen *ask a favour of s.o.* ✶ in de ~ komen bij *find favour with* ✶ uit de ~ raken *fall out of favour* • (vriendelijk gebaar) ✶ iem. een ~ bewijzen *do s.o. a favour*
gunstig *favourable*
gutsen I [on ww] *gush,* ‹v. zweet› *pour (down)* II [onp ww] *pour (down)*
guur ‹v. weer› *raw*
gymnasiast ≈ *grammar school pupil*
gymnasium ≈ *grammar school*
gymnastiek *physical education, P.E., gymnastics*
gynaecologie *gynaecology*
gynaecoloog *gynaecologist*

H

haag • (heg) hedge • (rij mensen/
dingen) row
haai • (vis) shark • (persoon) shark
• (vrouw) shrew
haak hook, ‹leesteken› bracket, ‹v.
kapstok› peg
haaks square
haakwerk crochet(ing)
haal • (ruk) pull • (streep) stroke
haan • (dier) cock, ‹AE› rooster • (pal in
vuurwapen) cock • (weerhaan)
weathercock
haar I [de] • (fractie) hair • (haarvezel)
hair II [het] • (haardos) hair III [pers
vnw] her IV [bez vnw] her, hers
haarband headband, ‹lint› ribbon
haard • (open haard) hearth, fireplace
• (kachel) stove
haardos (head of) hair
haardvuur fire (burning in the hearth)
haarfijn I [bnw] ‹fig.› minute, subtle
II [bijw] minutely
haarspeld hairpin
haarstukje hairpiece
haas • (dier) hare • (vlees) fillet
• (bangerd) coward • (sport) pacemaker
haast I [de] • (snelheid) haste • (drang
tot spoed) hurry II [bijw] • (bijna)
almost, nearly • (gauw) soon
haasten hurry
haastig I [bnw] hasty, hurried II [bijw]
hurriedly, in a hurry, hastily
haat hatred
haatdragend vindictive, spiteful,
resentful
hachelijk critical, precarious
hachje skin, life
hagedis lizard
hagel • (neerslag) hail • (jachthagel)
shot

hagelbui hailstorm
hagelen hail
hagelsteen hailstone
hagelwit as white as snow
hak • (hiel) heel • (hielstuk v. schoen)
heel • (houw) cut • (werktuig) hoe
hakblok butcher's block, chopping
board
haken I [ov ww] • (vastmaken) hook,
hitch II [on ww] • (handwerken)
crochet • (blijven haken) catch
• (~ naar) hanker after
hakenkruis swastika
hakkelen stammer, stutter
hakken I [ov ww] • (in stukken
hakken) chip, cut (up) • (sport) back
kick with the heel II [on ww]
• (houwen) hack • (vitten) pick holes
in, find fault with
hakmes chopper, chopping knife
hal • (vestibule) (entrance) hall, ‹v.
hotel, theater› foyer, lobby • (zaal) hall
halen • (ophalen) fetch, get • (naar zich
toe trekken) pull • (behalen) obtain
• (bereiken) ★ dat haalt (het) er niet
bij it can't compare with it ★ jij haalt
de 90 wel you'll live to be 90 ★ hij
haalde het net he scraped through; he
barely made it ★ de trein ~ catch the
train
half I [bnw] • (de helft zijnd) half,
semi- • (een groot deel) ★ de halve
wereld half the world • (halverwege)
★ half een half past twelve;
twelve-thirty ★ half mei the middle of
May II [bijw] half
halfbakken half-baked
halfbloed I [de] • (mens van gemengd
bloed) halfbreed • (kruising)
crossbreed II [bnw] halfbreed, ‹v.
dieren› crossbred
halfbroer half-brother
halfdood half dead
halfjaarlijks half-yearly, biannual
halfrond I [het] hemisphere II [bnw]

• (cirkel) *semicircular* • (bol)
hemispherical
halfslachtig *half-hearted*
halfstok *half-mast*
halfweg *halfway*
hallucinatie *hallucination*
halm *stalk*, ‹v. gras› *blade*
hals • (halsopening v. kleding)
neckline • (nek) *neck* • (persoon)
★ onnozele hals *sucker*
halsband *collar*
halsdoek *scarf*
halsmisdaad *capital crime*
halsstarrig *obstinate, headstrong,*
stubborn
halster *halter*
halswervel *cervical vertebra*
halter ‹kort› *dumbbell,* ‹lang› *barbell*
halvemaan *half-moon, crescent*
halveren • (in tweeën delen) *divide*
into halves • (met de helft
verminderen) *halve*
halverwege I [bijw] *halfway* II [vz]
half-way, midway
ham *ham*
hamer *hammer*
hameren I [ov ww] *hammer* II [on ww]
• (~ op) ★ ergens op blijven ~ *keep*
going on about s.th.
hamster *hamster*
hamsteren *hoard (up)*
hand *hand*
handbal I [de] • (bal) *handball* II [het]
• (sport) *handball*
handboek *manual, handbook*
handbreed ★ geen ~ wijken *not yield*
handdoek *towel*
handdruk *handshake*
handel • (zaak) *business* • (het
kopen/verkopen) *trade, commerce,*
business
handelaar *merchant,* ‹auto's, drugs›
dealer
handelbaar • (handzaam)
manageable, handy, easy to use

• (meegaand) *tractable, manageable*
handelen • (doen) *act* • (handel
drijven) *trade* • (~ over) *deal with,*
treat (of)
handeling *act*
handelsmerk *trademark*
handelsverdrag *commercial treaty*
handenarbeid • (schoolvak)
handicraft • (werk met de handen)
manual labour
handgebaar *gesture, motion*
handgeklap *applause, handclapping*
handgeld • (voorschot) *handsel,*
earnest money • (eerste verdienste)
first money of the day
handgemeen *scuffle*
handgranaat (hand) *grenade*
handgreep • (foefje) *trick, dodge*
• (handvat) *handle, grip* • (handvol)
handful • (handigheid) *knack, trick*
handhaven I [ov ww] *maintain*
II [wkd ww] *maintain o.s.*
handicap *handicap, disability*
handig • (behendig) *skilful, clever*
• (makkelijk te hanteren) *handy*
handigheid • (hanteerbaarheid)
handiness • (foefje) *knack, trick* • (het
handig zijn) *skill, cleverness*
handlanger • (medeplichtige)
accomplice, tool • (ondergeschikte
helper) *assistant*
handleiding *manual, handbook*
handomdraai ★ in een ~ *in a trice; in*
less than no time
handpalm *palm of the hand*
handrem *handbrake*
handschoen *glove*
handschrift • (geschreven tekst)
manuscript • (manier v. schrijven)
handwriting
handtastelijk • (slaags) *violent*
• (vrijpostig) *free*
handtekening *signature*
handvest *charter, covenant*
handvol *handful*

handwerk • (ambacht) *trade, craft*
• (met de hand gemaakt) *handwork, handiwork*
handzaam • (handelbaar) *manageable*
• (praktisch) *handy*
hangbrug • (hangsteiger) *cradle*
• (opgehangen brugdek) *suspension bridge*
hangen I [ov ww] *hang (up)* II [on ww]
• (slap hangen) *hang,* <bloemen> *droop* • (vastzitten) *stick to*
• (rondlummelen) *loll* • (nog niet afgedaan zijn) *hang* • (van iets afhangen) *hang*
hanger • (sieraad dat hangt) *pendant*
• (kleerhaak) *hanger*
hangerig *drooping, listless*
hangkast • (klerenkast) *wardrobe,* <AE> *closet* • (hangende kast) *hanging cupboard*
hangmat *hammock*
hangplant *hanging plant*
hangslot *padlock*
hansworst *buffoon, clown*
hanteerbaar *manageable*
hanteren • (in de hand nemen) *manage* • (omgaan met) *handle*
hap • (afgehapt stuk) *morsel* • (stuk) *bit* • (boel) *lot* • (beet) *bite*
haperen • (blijven steken) *stick,* <v. stem> *falter* • (mankeren) ∗ *er hapert iets there's s.th. wrong (with)*
happen • (bijten) *bite* • (tot zich nemen) *take a bite* • (reageren) *take the bait*
happig *eager (for), keen (on)*
hard I [bnw] • (niet zacht) *hard*
• (hevig) <regen> *heavy*
• (meedogenloos) *stern, harsh*
• (vaststaand) *hard* • (luid, schel) *loud*
• (kalkrijk) *hard* II [bijw] • (snel) *fast*
• (niet zacht, hevig) *hard* • (luid) *loud*
• (meedogenloos) *hard* • (hevig) *hard*
harden • (hard maken) *harden,* <staal> *temper,* <v. persoon> *steel*

• (uithouden) *stand, bear*
hardhandig *rough*
hardleers • (moeilijk lerend) *dull, dense, thick-skulled* • (eigenwijs) *obstinate, stubborn*
hardlopen I [het] *running* II [on ww] *run*
hardloper *runner,* <op korte afstand> *sprinter*
hardnekkig *obstinate, dogged, stubborn,* <v. gerucht> *persistent*
hardop (out) *loud, aloud*
hardrijden *race, speed*
hardvochtig *callous, harsh, heartless*
harig *hairy*
haring • (pin v. tent) *peg* • (vis) *herring*
hark • (gereedschap) *rake* • (stijf persoon) ∗ *stijve hark dull old stick*
harken *rake*
harkerig *stiff, clumsy*
harmonica • (mondharmonica) *harmonica* • (accordeon) *accordion*
harmonie *harmony*
harmoniëren *harmonize*
harmonisch *harmonious*
harnas *armour*
harp *harp*
harpoen *harpoon*
harpoeneren *harpoon*
harrewarren *squabble, bicker*
hars *resin*
hart *heart*
hartaanval *heart attack*
hartelijk *cordial, hearty*
harteloos *heartless, callous*
harten *hearts*
∗**hartenlust** (Wdl: hartelust) ∗ *naar ~ to one's heart's content*
hartgrondig I [bnw] *heartfelt, cordial* II [bijw] *cordially, wholeheartedly*
hartig • (pittig, gekruid) *hearty, tasty*
• (zout) *salt, savoury*
hartinfarct *coronary*
hartklopping *palpitation (of the heart)*

hartroerend I [bnw] *touching* II [bijw]
pathetically
hartslag *heartbeat*
hartstocht *passion*
hartstochtelijk *passionate*
hartverlamming *heart failure*
hartverscheurend *heartrending*
hartzeer *heartache*
haspel *reel*
haspelen I [ov ww] • (met haspel
winden) *reel* • (verwarren) *mix up,
mess (up)* II [on ww] *bicker*
hatelijk • (boosaardig) *nasty, hateful*
• (krenkend) *spiteful, nasty*
hatelijkheid • (het hatelijk zijn)
malice, nastiness • (hatelijke
opmerking) *nasty remark*
haten *hate*
have *property, stock*
haven • (aanlegplaats) *harbour,* <grote
haven> *port* • (toevluchtsoord) *haven*
havenarbeider *dock worker*
havenmeester *harbour master*
havenstad *port*
haver *oats*
havik • (vogel) *hawk* • (begerig mens)
vulture, vampire • (pol.) *hawk*
haviksneus *hook-nose*
hazelaar *hazel*
hazelnoot *hazelnut, nut*
hazenlip *harelip*
hebbelijkheid *way, mannerism, habit*
hebben I [het] ∗ hun hele ∼ en
houden *all their belongings* II [ov ww]
• (beschikken over) *have* • (in
bepaalde omstandigheden verkeren)
∗ het goed/slecht ∼ *be well/badly off*
• (krijgen) ∗ daar heb je het nou!
there you are! • (verdragen) ∗ ik kan
veel ∼ *I can take a lot* • (behandelen)
∗ het over iets ∼ *talk about s.th.*
∗ daar heb ik het niet over *that's not
the point* ∗ iedereen heeft het erover
it's the talk of the town ∗ Ad weet
waar hij het over heeft *Ad knows*

what he's talking about • (voelen)
∗ wat heb je? *what's wrong with you?*
• (∼ aan) ∗ daar heb ik niets aan
that's (of) no use to me ∗ je weet nooit
*wat je aan hem hebt you never know
what to expect of him* ∗ wat heb je
daaraan? *what use is it?*
hebberig *greedy, covetous*
Hebreeuws I [het] *Hebrew* II [bnw]
Hebrew
hebzucht *greed*
hebzuchtig *greedy*
hecht *strong, firm*
hechten I [ov ww] • (vastmaken)
attach, fasten, <med.> *stitch, suture*
• (toekennen) *attach* II [on ww]
• (gesteld zijn op) *be attached to, be
devoted to* • (blijven kleven) *adhere,
stick* III [wkd ww] • (∼ aan) *attach o.s.
to, become attached to*
hechtenis *custody, detention*
hechting *stitch, suture*
hechtpleister *elastoplast, sticking
plaster, bandage*
hectare *hectare*
heden I [het] *present* II [bijw] *today*
hedendaags *modern, present-day*
heel I [bnw] • (niet kapot) *whole, entire*
• (in z'n geheel) *entire, whole* • (veel,
groot) *quite* II [bijw] • (volstrekt)
quite, completely • (geheel en al) *quite,
wholly, completely, entirely* • (zeer)
very
heelal *universe*
heelhuids *without injury, unhurt*
heen • (naar toe) *away* • (heenweg)
∗ heen en weer *to and fro; up and
down* ∗ heen en terug *there and back*
• (weg) ∗ hij is ver heen *he is far gone*
heengaan • (vertrekken) *go away,
leave* • (sterven) *pass away*
heenkomen ∗ een goed ∼ zoeken *run
to safety*
heenreis *outward journey,* <per schip>
outward voyage

heer • (meester) *lord* • (figuur in kaartspel) *king* • (God) ⋆ Onze-Lieve-Heer *our Lord* • (beschaafd man) *gentleman*
heerlijk • (aangenaam) *delightful, wonderful,* <v. weer> *lovely* • (lekker) *delicious*
heerlijkheid • (iets lekkers) *delicacies* [mv] • (gelukzaligheid) *bliss* • (gebied) *manor*
heerschap *master, gent*
heerschappij *mastery, dominion, lordship*
heersen • (regeren) *rule,* <v. vorst> *reign* • (aanwezig zijn) *prevail*
heerser *ruler*
heerszuchtig *imperious, domineering*
hees *hoarse*
heester *shrub*
heet • (warm) *hot* • (overdadig gekruid) *spicy*
heethoofd *hothead*
hefboom *lever*
heffen • (tillen) *raise, lift* • (opleggen) <belasting> *impose,* <boete> *fine*
heffing • (het heffen) *lifting* • (vordering) *levying, imposition*
heft *handle, haft*
heftig *vehement*
heftruck *fork-lift truck*
hegemonie *hegemony*
heibel • (ruzie) *row* • (lawaai) *racket*
heide • (gebied) *heath, moor* • (plant) *heather*
heiden *heathen, pagan*
heidens • (niet christelijk) *pagan, heathen* • (ontzettend) *atrocious*
heien *ram, drive*
heiig *hazy*
heil • (voordeel) *good* • (redding) *safety, refuge* • (zielenheil) *salvation* • (welzijn) *welfare*
heilig *holy*
heiligdom • (plaats) *sanctuary, shrine* • (voorwerp) *relic*

heilige *saint*
heiligen • (louteren) *sanctify* • (wijden aan) *dedicate to* • (wijden) *hallow, sanctify* • (eerbiedigen) *keep holy*
heiligschennis *sacrilege*
heiligverklaring *canonization*
heilloos • (goddeloos) *sinful, wicked* • (geen geluk brengend) *fatal*
heilzaam • (geneeskrachtig) *curative, healing* • (weldadig) *beneficial, salutary*
heimelijk *secret, furtive*
heimwee *homesickness,* <naar vroeger> *nostalgia*
heinde ⋆ van ~ en verre *from far and near*
heipaal *pile*
hek • (poort) *gate* • (omheining) *railing(s), fence* • (versperring) *barrier* • (horde) *hurdle*
hekel *dislike*
hekeldicht *satire*
hekelen • (vlas over de hekel halen) *hackle* • (bekritiseren) *criticize*
heks • (tovenares) *witch* • (lelijk wijf) (old) *hag*
heksen *practise witchcraft*
hel I [de] *hell* II [bnw] *vivid,* <v. kleur> *bright,* <v. licht> *glaring*
helaas *unfortunately,* <form.> *alas*
held *hero*
heldendicht *heroic poem, epic poem*
heldenmoed *heroism*
helder *bright,* <water> *clear*
heldhaftig *heroic*
helemaal • (geheel en al) *quite, all, entirely, altogether* • (aanduiding van afstand) ⋆ ~ van/naar Groningen *all the way from/to Groningen*
helen I [ov ww] • (gestolen goederen kopen) *receive,* <inf.> *fence* • (genezen) *heal* II [on ww] *cure, heal*
heler *receiver,* <inf.> *fence*
helft • (groot deel) *half* • (elk v. twee*

gelijke delen) *half*
helikopter *helicopter*
helium *helium*
Helleens *Hellenic*
hellen • (schuin aflopen) *slope*
• (overhangen) *slant, slope*
helleveeg *hellcat, shrew*
helling • (het overhellen) *inclination*
• (glooiing, talud) *slope*
helm • (hoofddeksel) *helmet*
• (plantk.) *marram*
helpen *aid, help*
hels • (van de hel) *hellish, infernal*
• (kwaad) *furious*
hem *him,* <m.b.t. dier, ding> *it*
hemd • (onderkleding) *vest*
• (overhemd) *shirt*
hemdsmouw *shirtsleeve*
hemel • (luchtruim) *sky, heaven*
• (hiernamaals) *heaven* • (God)
Heaven
hemelhoog *sky-high*
hemellichaam *heavenly body*
hemels • (van de hemel) *heavenly*
• (goddelijk) *sublime, divine*
hemelsbreed I [bnw] • (zeer groot)
enormous • (in rechte lijn) ∗ 5 mijl ~ 5
miles as the crow flies II [bijw] ∗ *ze
verschillen* ~ *they are as different as
chalk and cheese; they are poles apart*
hemeltergend *outrageous, appalling*
Hemelvaartsdag *Ascension day*
hen I [de] *hen* II [pers vnw] *them*
hengel *fishing rod*
hengelaar *angler*
hengelen • (vissen) *angle* • (~ **naar**)
fish/angle for
hengsel • (beugel) *handle* • (scharnier)
hinge
hengst • (mannelijk paard) *stallion*
• (dreun) *thump*
hennep *hemp*
hens ∗ *alle hens aan dek all hands on
deck*
herademen *breathe more freely*

herbergen *house, lodge*
herboren *reborn, born again*
herdenken *commemorate*
herdenking *commemoration*
herder • (hoeder) <v. koeien> *cowherd,*
<v. schapen> *shepherd* • (hond)
<Duitse> *Alsatian*
herdershond *sheepdog*
herdruk *reprint*
herenboer *gentleman farmer*
herenhuis *mansion, large house*
herexamen *re-examination*
herfst *autumn,* <AE> *fall*
herhaald *repeated*
herhalen *repeat*
herhaling *repetition,* <film> *repeat,*
<televisie> *replay*
herhalingsoefening *revision exercise,*
<mil.> *retraining*
herinneren I [ov ww] *remind* II [wkd
ww] *remember, recollect*
herinnering • (geheugen) *memory*
• (het herinneren) *recollection*
• (souvenir) *memento, souvenir* • (wat
doet herinneren) *reminder* • (wat
men herinnert) *recollection, memory*
herkauwen *ruminate, chew the cud,*
<fig.> *go on about s.th.*
herkenbaar *recognizable*
herkennen • (terugkennen) *recognize*
• (onderscheiden) *identify*
herkenning *recognition, identification*
herkiesbaar *eligible for re-election*
herkiezen *re-elect*
herkomst *origin, source*
herleiden *reduce (to), convert (into)*
herleven *revive*
hermetisch *hermetic, airtight*
hernieuwen *renew*
heroïne *heroin, smack,* <inf.> *horse*
heropenen *reopen*
heroveren *reconquer, recapture*
herrie • (lawaai) *noise, din, racket, row*
• (ruzie) *row* • (drukte) ∗ ~ *schoppen
cause trouble; kick up a row*

herrijzen *rise again*
herroepen ‹v. besluit› *revoke*, ‹v. bevel› *countermand*
herscholen *retrain*
hersenen • (orgaan) *brain* • (verstand) *brains* [mv] • (hersenpan) *skull*
hersenschim *chimera, fantasy*
hersenschudding *concussion*
hersenspoeling *brainwashing*
hersenvliesontsteking *meningitis*
herstel • (het herstellen) ‹v. economie, gezondheid› *recovery* • (reparatie) *repair*
herstellen I [ov ww] • (repareren) *repair, mend* • (in de oude toestand brengen) *re-establish*, ‹orde, vrede› *restore* II [on ww] *recover, convalesce* III [wkd ww] *recover (o.s.)*
herstellingsoord *sanitorium, convalescent home*
hert *deer* [mv: *deer*], ‹mannetje› *stag*
hertenkamp *deer park/forest*
hertog *duke*
hertogdom *dukedom, duchy*
hervatten *resume*
hervormen *reform*
hervorming • (het hervormen) *reform* • (rel.) *Reformation*
herwaarderen *revalue*
herwinnen *regain, recover*, ‹techn.› *recycle*
herzien *revise*
herziening *revision*
het I [pers vnw] ∗ ben jij het? *is it you?* ∗ ik ben het *it is me* II [onb vnw] *it* III [lw] *the*
heten I [ov ww] ∗ iem. welkom ~ *wish/bid s.o. welcome* II [on ww] • (de naam dragen, aanduiden) *be called/named* • (beweerd worden) *be reputed*
heterdaad ∗ iem. op ~ betrappen *catch s.o. in the act; catch s.o. red-handed*
heterogeen *heterogeneous*

hetgeen I [aanw vnw] *what, that which* II [betr vnw] *which*
hetze *witch hunt*, ‹gestook› *smear campaign*
hetzelfde *the same*
hetzij *either*
heugen ∗ dàt zal u ~ *you will be sorry for this; you won't forget this*
heulen *collaborate*
heup *hip*, ‹v. dier› *haunch*
heus I [bnw] • (echt) *real* • (beleefd) *courteous, polite* II [bijw] *really, indeed*
heuvel *hill*
hevig I [bnw] • (heftig) *violent, vehement* • (intens) ‹haat, enz.› *intense*, ‹pijn› *severe* II [bijw] *violently, intensely*
hiaat *hiatus, gap*
hiel *heel*
hier • (op deze plaats) *here* • (alsjeblieft) *here* • (hierheen) *here*
hiërarchie *hierarchy*
hierbij *herewith*
hierdoor • (hierdoorheen) *through here/this* • (daardoor) *because of this, owing to this*
hierheen *this way, here*
hierin *in this*, ‹plaats› *in here*
hierna • (tijd) *after this*, ‹form.› *hereafter* • (plaats) *below*
hiernaast *alongside*, ‹buren› *next door*
hiernamaals *hereafter*
hierom • (hieromheen) *around this* • (daarom) *for this reason, because of this*
hieromtrent • (hier in de buurt) *hereabout(s), around here* • (hierover) *about this*
hieronder • (verderop) *below* • (erbij zijnd) *among these* • (onder het genoemde) *by this*
hierop • (hierbovenop) (up)on this • (hierna) *upon this*, ‹form.› *hereupon*
hiertoe • (voor dit doel) *for this purpose* • (m.b.t. plaats) (up to) *here*

hieruit • (uit het genoemde) *from this* • (uit deze plaats) *out of here*

hiervoor • (in ruil voor) (in return) *for this* • (voor het genoemde) <m.b.t. plaats> *in front of this,* <m.b.t. tijd> *before this* • (tot dit doel) *for this purpose, to this end*

hij I [de] *he* II [pers vnw] *he*

hijgen *pant, gasp for breath*

hijsen I [ov ww] • (omhoog trekken) *hoist* II [on ww] • (zuipen) *booze*

hik *hiccup*

hikken *hiccup*

hinde *hind, doe*

hinder *nuisance, bother, impediment*

hinderen • (belemmeren) *hinder, hamper* • (bezwaarlijk zijn) *matter* • (ergeren) *annoy, bother*

hinderlaag *ambush*

hinderlijk • (storend) *troublesome, disturbing* • (belemmerend) *inconvenient* • (ergerlijk) *annoying, aggravating*

hindernis *obstacle, hindrance*

hinderpaal *obstacle*

hinderwet ≈ *nuisance act*

hinkelen *hop,* <spel> *play hopscotch*

hinken *limp*

hinniken • (geluid v. paarden) *neigh, whinny* • (lachen) *bray (with laughter)*

hippie *hippy, hippie*

historicus *historian, student of history*

historisch • (erg belangrijk) *historic* • (als uit de historie) *historical* • (waar gebeurd) *historical, not legendary*

hit • (succes) *hit* • (pony) *pony, cob* • (dienstmeisje) *servant, maid*

hitte *heat*

hittegolf *heat wave*

hobbelen • (schommelen) *rock,* <in rijtuig> *jolt* • (hobbelig zijn) *be bumpy*

hobbelig *rough, bumpy*

hobbelpaard *rocking-horse*

hobo *oboe*

hoboïst *oboist*

hockey *hockey*

hoe • (op welke wijze) *how* • (in welke mate) *how* • (als voegwoord) *how* • (welk) *what* • (waardoor) *how*

hoed *hat, bonnet*

hoedanigheid • (aard) *quality* • (functie) ∗ *ik spreek in de* ~ *van I speak in the capacity of*

hoede • (bescherming) *care* • (voorzichtigheid) *guard*

hoef *hoof*

hoefijzer *horseshoe*

hoegenaamd ∗ ~ *niets absolutely nothing*

hoek • (deel v. vertrek) *corner* • (kant) *side* • (verborgen hoekje) *nook* • (straathoek) *corner* • (stoot bij boksen) *hook* • (vishaak) *hook, fishhook* • (wisk.) *angle*

hoekhuis *corner house, house on the corner*

hoekig • (met hoeken) *angular* • (stuntelig) *awkward*

hoeksteen • (steen op de hoek) *cornerstone* • (fundament) *foundation*

hoektand *eyetooth, canine tooth*

hoen *hen, fowl*

hoenderhok *chicken coop*

hoepel *hoop*

hoepelen *play with a hoop, trundle a hoop*

hoer *whore, prostitute*

hoes *cover,* <boek> *slip cover, book jacket,* <grammofoonplaat> *sleeve*

hoest *cough*

hoestbui *coughing fit*

hoesten *cough*

hoeve *farm, farmstead*

hoeveel *how much/many*

hoeveelheid *quantity, amount*

hoeveelste • (verhouding) *what part* • (rangorde) ∗ *de* ~ *is het what is today's date?*

hoeven I [ov ww] ∗ *dat had je niet* ~ *doen you shouldn't have done that*

II [on ww] *need, be necessary*
hoewel *although, though*
hoezeer I [bijw] *how much* II [vw]
however much, as much as
hof I [de] *garden* II [het] *court* ∗ *'t hof
maken court*
hoffelijk *courteous*
hofhouding *royal household*
hofje ∙ (binnenplaats) *courtyard*
∙ (tuin) *garden* ∙ (huis) *almshouse*
hofleverancier *purveyor to the Royal
Household*
hogeschool *college, academy*
hok ∙ (bergruimte) *shed* ∙ (kamer) *den*
hokken ∙ (samenwonen) *shack up*
(with) ∙ (op één plek blijven) ∗ *bij
elkaar ~ huddle together*
hol I [het] ∙ (grot) *cave, cavern*
∙ (schuilplaats) *den, haunt* II [bnw]
∙ (leeg klinkend) *hollow* ∙ (niet bol)
<lens> *concave*, <ogen> *gaunt* ∙ (leeg)
hollow, <maag> *empty*
Holland *Holland*
Hollander *Dutchman, Hollander*
Hollands *Dutch*
hollen I [ov ww] *hollow (out)* II [on
ww] *run*
holster *holster*
holte ∙ (holle ruimte) *cavity*, <v.d.
hand> *hollow* ∙ (diepte) *draught*
hom *milt, soft roe*
homeopaat *homoeopath(ist)*
homeopathie *homoeopathy*
hommel *bumblebee*
homogeen *homogeneous*
homoseksualiteit *homosexuality*
homoseksueel *homosexual, gay*
homp *lump, chunk, hunk*
hond *dog, mutt*, <jachthond> *hound*,
<jong> *pup(py)*, <straathond> *mongrel,
cur*
hondenhok *doghouse*
hondenweer *beastly weather*
honderd *a/one hundred*
honderdduizend *a/one hundred*

thousand
honderdste *hundredth*
honds *churlish, surly, brutal*
hondsdolheid *rabies*
honen *gibe/jeer at*
Hongarije *Hungary*
honger ∙ (behoefte aan eten) *hunger*
∙ (begeerte) *lust*
hongerdood *death from starvation*
hongeren ∙ (honger lijden) *starve*
∙ (~ naar) *be hungry (for)*
hongerig *hungry*
hongerloon *starvation wages*
hongersnood *famine*
hongerstaking *hunger strike*
honk ∙ (thuis) *home*
∙ (honkbalkussen) *base*
honkbal *baseball*
honorarium *fee*
honoreren ∙ (accepteren) *honour*
∙ (belonen) *pay, remunerate*
hoofd ∙ (leider) <v. groep, partij> *chief*,
<v. school> *headmaster* ∙ (bovenste
gedeelte) *heading* ∙ (voorste deel)
head, front ∙ (lichaamsdeel) *head*
∙ (verstand) ∗ *zich het ~ breken over
cudgel one's brains about; racking
one's brains about* ∗ *uit 't ~ leren
learn by heart* ∗ *uit 't ~ rekenen do
mental arithmetic* ∙ (persoon)
∗ *bedrag per ~ amount per head*
hoofdartikel *leading article, leader,
editorial*
hoofdbestuur <v. bedrijf> *board of
directors*, <v. instelling>
general/executive committee
hoofdbureau *head office*, <v. politie>
police headquarters
hoofddeksel *headgear*
hoofdelijk ∗ *~ stemmen vote by call*
∗ *~e stemming roll-call vote* ∗ *~e
omslag poll tax*
hoofdgerecht *main course*
hoofdinspecteur *chief inspector*
hoofdkantoor *head office*

hoofdkussen *pillow*
hoofdkwartier *headquarters*
hoofdletter *capital (letter)*
hoofdpijn *headache*
hoofdprijs *first prize*
hoofdredacteur *editor-in-chief*
hoofdrekenen *mental arithmetic*
hoofdschotel *main course*
hoofdstad *capital*
hoofdsteun *head rest*
hoofdstuk *chapter*
hoofdvak *main subject, major*
hoofdzaak *main point/issue*
hoofdzakelijk *chiefly, mainly*
hoog • (niet laag) *high(-pitched)*,
  ‹boom, gebouw› *tall, ‹stem› high*
  • (hoog in rang, status) *exalted*
  • (aanzienlijk) *advanced*
hoogachten *esteem highly*
hoogachting *esteem, respect*
hoogbejaard *aged*
hoogconjunctuur *boom*
hoogdravend *high-flown, pompous,*
  ‹inf.› *highfalutin*
Hooggeacht ∗ ~e Heer *(Dear) Sir*
hooggebergte *high mountains*
hooggeplaatst *high(-up), highly*
  placed
hooghartig *haughty*
hoogheid *highness*
hoogleraar *professor*
hooglopend ∗ een ~e ruzie *flaming*
  row
hoogmis *high mass*
hoogmoed *pride*
hoogmoedig *haughty, proud*
hoognodig *highly necessary*
hoogoven *blast furnace*
hoogspanning *high tension*
hoogst I [het] *highest, top* II [bijw]
  highly, extremely
hoogstaand *high-principled*
hoogstens *at best, at most, at the*
  utmost
hoogte • (verheffing) *height, elevation*

• (afmeting omhoog) *height* • (peil,
  niveau) *level, height* • (klank) *pitch*
  • (ligging, plaats) ∗ ter ~ van Dover
  off Dover
hoogtepunt *height, acme, zenith*
hoogtevrees *fear of heights*
hoogtezon *sun(ray) lamp*
hoogverraad *high treason*
hoogvlakte *uplands, plateau*
hoogvlieger *high-flier*
hoogwaardig *highgrade*
hooi *hay*
hooiberg *haystack*
hooien I [het] *haymaking* II [ov ww]
  make hay
hooikoorts *hay fever*
hooimijt *haystack*
hooivork *pitchfork, hayfork*
hooiwagen • (kar) *hay wagon/cart*
  • (insect) *daddy longlegs*
hoon *scorn*
hoop • (hoopvolle verwachting) *hope*
  (of) • (stapel) *heap, pile* • (veel) *lot of,*
  great deal of, great many
hoopvol *hopeful*
hoorapparaat *hearing aid*
hoorbaar *audible*
hoorn I [de] • (uitsteeksel aan kop)
  horn • (telefoonhoorn) *receiver*
  • (muz.) *horn, bugle* II [het] *horn*
hoornen *horn*
hoorspel *radio play*
hop I [de] • (plant) *hop* • (vogel) *hoopoe*
  II [tw] *come on, let's go*
hopeloos *hopeless*
hopen *hope*
hopman *chief, scoutmaster*
hor *wire gauze, screen, mesh*
horde • (troep) *horde* • (vlechtwerk)
  hurdle • (sport) *hurdle*
hordeloop *hurdles(race)*
horen I [ov ww] • (vernemen) *hear*
  • (met gehoor waarnemen) ∗ van ~
  zeggen *by/from hearsay* ∗ ~ en zien
  verging je *the noise was deafening*

• (luisteren) ∗ hoor eens listen; look here II [on ww] • (behoren) should, ought to • (toebehoren) belong (to) • (thuishoren) ∗ die stoel hoort hier niet that chair does not belong here
horloge watch
horoscoop horoscope
hort I [de] jerk, jolt II [tw] ∗ hort! gee-up!; giddy-up!
horzel horsefly, gadfly, ‹wespachtige› hornet
hospes landlord
hospitaal hospital
hospiteren do one's teaching practice
hossen • (dansen) jig • (hobbelen) jolt
hostie host
hotel hotel
hotelhouder innkeeper, hotel manager
houdbaar • (verdedigbaar) tenable • (te bewaren) ∗ tenminste ~ tot... best before...
houden I [ov ww] • (doen plaatsvinden) ‹toespraak› make/deliver, ‹vergadering› hold • (nakomen) keep • (uithouden) keep, maintain • (erop na houden) keep • (behouden) keep • (vast-/tegenhouden) hold • (in toestand laten blijven) ∗ rechts ~ keep to the right II [on ww] • (~ van) love, like, be fond of III [wkd ww] • (schijn aannemen) pretend • (~ aan) keep to, adhere to
houder • (beheerder) keeper • (klem) holder • (voorwerp om iets in te bewaren) holder, container
houding • (lichaamshouding) carriage, bearing, posture • (voorgewend gedrag) pose • (opstelling) attitude, manner
hout • (timmerhout) timber • (stuk hout) piece of wood • (houtgewas) wood
houten wooden
houtgravure wood engraving, wood cut
houthakker woodcutter, lumberjack
houtlijm joiner's glue, glue for joining wood
houtskool charcoal
houtvester forester
houtvesterij forestry
houtwol wood wool
houtzagerij sawmill
houvast hold, ‹fig.› grip
houw • (slag met bijl) gash • (snee) cut
houweel pickaxe
houwen • (hakken) hew, cut, slash • (bewerken) hew, carve
hovaardig presumptuous
hozen I [ov ww] bail, bale, scoop II [onp ww] pour (down)
huichelaar hypocrite
huichelachtig hypocritical
huichelarij hypocrisy
huichelen I [ov ww] simulate, sham II [on ww] dissemble, give a false impression
huid • (vel) skin • (afgestroopt dierenvel) hide
huidarts dermatologist
huidig present(-day), at the present time
huifkar covered waggon
huig uvula
huilbui fit of crying/weeping
huilebalk crybaby
huilen • (wenen) cry • (janken, loeien) howl
huilerig tearful
huis • (woning) house • (gebouw) house • (komaf) house • (firma) house
huisarrest house arrest
huisarts family doctor, physician
huisbaas landlord
huisbezoek house call
huisdier pet
huisgenoot • (gezinslid) member of the family • (medebewoner) roommate, housemate, flatmate

huisgezin *family, household*
huishoudelijk • (het huishouden betreffend) *domestic* • (m.b.t. dagelijkse gang van zaken) *domestic*
huishouden I [het] • (gezin) *family, household* • (huishouding) *housekeeping, management* II [on ww] • (een huishouden besturen) *keep house* • (tekeergaan) *carry on*
huishoudgeld *housekeeping money*
huishouding • (organisatie v.e. huishouden) *housekeeping* • (bewoners van huis) *household*
huishoudschool *School of Domestic Science, School of Home Economics*
huishoudster *housekeeper*
huisjesmelker *slumlord, rackrenter*
huiskamer *living room*
huismoeder *housewife, mother*
huismus • (vogel) *house sparrow* • (persoon) *stay-at-home*
huisraad *furniture, furnishings*
huisschilder *house painter*
huisvesten *house, lodge, <tijdelijk> accommodate*
huisvesting *accommodation, lodging*
huisvlijt *home industry*
huisvredebreuk *unlawful entry, trespassing*
huisvrouw *housewife*
huiswaarts *homeward(s)*
huiswerk • (werk in huis) *housework* • (schoolwerk) *homework*
huiszoeking *house search*
huiveren • (rillen) <v. afgrijzen> *shudder*, <v. koude> *shiver* • (terugschrikken) *shrink from*
huiverig • (rillerig) *shivery* • (angstig) ★ hij was er ~ voor *he was hesitant to do it*
huivering • (rilling) <v. afgrijzen> *shudder*, <v. koude> *shiver(s)*
huiveringwekkend *horrible*
huizen *live, be housed*, <tijdelijk> *lodge*
hulde *tribute, homage*

huldigen *pay homage to*
hullen *wrap (up) in*
hulp • (bijstand) *help, aid, assistance* • (persoon) ★ hulp in de huishouding *household help*
hulpbehoevend *helpless*, <door ouderdom> *infirm*
hulpbron *resource*
hulpmiddel • (bron) *resource* • (gereedschap) *tool* • (uitkomst) *expedient*
hulppost *aid station, first-aid post*
hulpvaardig *helpful*
hulpwerkwoord *auxiliary*
huls • (peul) *pod, cod* • (omhulsel) *case, cover*, <v. kogel> *cartridge case*
hulst *holly*
humaan *humane*
humanisme *humanism*
humeur • (stemming) *temper, humour, mood* • (temperament) *temper*
humeurig *moody*
humor *humour*
humorist *humorist*
humoristisch *humorous*
humus *humus*
hun I [pers vnw] *them* II [bez vnw] *their*
hunebed *megalithic tomb*
hunkeren • (~ naar) *yearn/long for*
huppelen *skip, frisk*
huren *hire, rent*
hut • (huisje) *cottage*, <armoedig> *hut, hovel* • (cabine op schip) *cabin*
hutkoffer *cabin trunk*
huur • (het huren) *lease* • (de huursom) *(house) rent*
huurauto *rented/hire(d) car*
huurcontract *lease*
huurder *renter*, <v. woonruimte> *tenant*
huurhuis *rented house*
huurkoop *hire-purchase*
huwbaar *marriageable*

huwelijk • (echtverbintenis)
marriage, matrimony
• (huwelijksvoltrekking) marriage,
wedding
huwelijksaankondiging
wedding-announcement
huwelijksaanzoek proposal of
marriage
huwelijksreis honeymoon
huwen marry
hyacint hyacinth
hydraulisch hydraulic
hyena hyena
hygiëne hygiene
hygiënisch hygienic
hypnose hypnosis
hypnotiseren hypnotize
hypothese hypothesis
hypothetisch hypothetic(al)
hysterie hysteria

I

ideaal I [het] ideal II [bnw] ideal
idealiseren idealize
idealisme idealism
idealist idealist
idealistisch idealistic
idee idea, notion, opinion
ideeënbus suggestion box
identiek identical
identificatie identification
identificeren identify
identiteit identity
ideologie ideology
idioom idiom
idioot I [de] idiot, imbecile II [bnw]
idiotic
idylle idyl(l)
idyllisch idyllic
ieder everybody, anyone, anybody,
everyone, any, ‹bijvoeglijk gebruikt›
every, ‹zelfstandig gebruikt› each
iedereen everyone, everybody
iel thin
iemand someone, somebody
Ierland Ireland
iets I [onb vnw] something, anything
II [bijw] a little, somewhat
ijdel • (vergeefs) ‹hoop› idle, ‹hoop,
poging› vain • (behaagziek) vain, ‹v.
personen› conceited
ijdelheid vanity
ijdeltuit ∗ een ~ a vain creature
ijken stamp and verify, calibrate
ijl I [de] ∗ in aller ijl posthaste II [bnw]
thin, rare
ijlen • (van koorts) be delirious, rave
• (haasten) hasten, hurry
ijlings in great haste
ijs • (roomijs) icecream • (bevroren
water) ice
ijsbaan skating rink

ijsbeer *polar bear*
ijsberen *pace up and down, walk back and forth*
ijsberg *iceberg*
ijsbreker *icebreaker*
ijscoman *ice-cream vendor*
ijselijk *horrible*
ijsje *ice cream (cone)*
ijskast *refrigerator, icebox, ‹inf.› fridge*
ijskoud *ice cold, icy, ‹bedaard› cool, ‹fig.› frosty*
IJsland *Iceland*
ijstijd *Ice Age*
ijszee *polar sea*
ijver *diligence, industry*
ijveren • *(~ voor) advocate zealously* • *(~ tegen) oppose*
ijverig *diligent, industrious*
ijzel *glazed frost*
ijzelen ∗ *het ijzelt it is icing up; it is freezing over*
ijzen *shudder (at)*
ijzer *iron*
ijzerdraad *(iron) wire*
ijzeren *iron*
ijzerhandel *ironmongery, iron/hardware trade, hardware business, hardware dealer*
ijzersterk *(as) strong as iron*
ijzerwaren *hardware, ironware*
ijzig *icy*
ik I [het] ∗ *het ik the self; the ego* II [pers vnw] I
illegaal *illegal*
illegaliteit *illegality, resistance movement*
illusie *illusion*
illustratie *illustration*
illustreren *illustrate*
imaginair *imaginary*
imbeciel I [de] *imbecile* II [bnw] *imbecile*
imitatie *imitation*
imiteren *imitate*
imker *beekeeper, apiculturist*

immens *immense*
immer *ever*
immers ∗ *je kent hem ~? you know him, don't you?*
immigrant *immigrant*
immigratie *immigration*
immigreren *immigrate*
immoreel *immoral*
immuniteit *immunity*
immuun *immune (from, to)*
impasse *impasse, deadlock*
imperiaal *imperial, ‹AE› luggage rack, ‹op auto› roof rack*
imperium *empire, imperium*
impliceren *imply*
imponeren *impress*
import *import*
importeur *importer*
impotent *impotent*
impotentie *impotence*
improductief *unproductive*
improvisatie *improvisation*
improviseren *improvise*
impuls *impulse*
impulsief *impulsive*
in • *(op een bep. plaats) in(side), ‹richting› into* • *(op/binnen een bep. tijd) (with)in* • *(per) to, in*
inachtneming *observance*
inademen *inhale, breathe (in)*
inaugureel *inaugural (address)*
inbaar *collectable*
inbeelding *fancy, imagination*
inbegrepen *included*
inbegrip ∗ *met ~ van including*
inbinden *bind*
inblazen *blow into*
inboedel *furniture, furnishings*
inboeten *lose*
inboezemen *inspire*
inboorling *aborigine, native*
inborst *disposition, nature*
inbouwen *build in*
inbraak *burglary, housebreaking*
inbreken *break into a house*

inbreker burglar, ‹inf.› cracksman
inbreng portion, contribution
inbrengen • (naar binnen brengen) bring/take in • (~ **tegen**) ∗ daar valt niets tegen in te brengen that argument is unanswerable
inbreuk infringement, ‹op rechten› encroachment, ‹op wet› violation
inburgeren naturalize, acclimatize
incasseren collect, ‹een cheque› cash
incident incident
incidenteel incidental
incognito incognito
incompetent incompetent
inconsequent inconsistent
incourant unsalable
indachtig mindful of
indammen dam, embank
indelen class(ify), ‹in groepen› divide
indeling division, classification, incorporation
inderdaad indeed, in (point of) fact
inderhaast in haste
indertijd formerly, at the time
indeuken dent, indent
index index
indexcijfer index figure
indexeren index
India India
indien if, in case
indienen present, ‹klacht› lodge, ‹motie› move, ‹ontslag› tender
indijken dike, embank
indirect indirect
Indisch • (Indiaas) (East) Indian • (Indonesisch) of the former Dutch East Indie
individu individual
individueel individual
indoctrinatie indoctrination
indoctrineren indoctrinate
indommelen drop/nod off
Indonesië Indonesia
indringen penetrate (into)
indruisen clash/conflict (with), run counter (to)
indruk impression
indrukken ∗ een knop ~ push in a button; press a button
indrukwekkend impressive
industrialiseren industrialize
industrie industry
industrieel I [de] industrialist II [bnw] industrial
indutten doze off
ineen together
ineenkrimpen ‹bij pijn› double up, ‹meestal fig.› wince
ineens suddenly, all at once
ineenschrompelen shrivel up
ineenstorten collapse
inenten vaccinate
infanterie infantry
infarct infarct
infecteren infect
infectie infection
infiltreren infiltrate
inflatie inflation
influenza influenza, ‹inf.› flu
influisteren whisper, suggest
informant informant
informeel informal
informeren I [ov ww] inform II [on ww] inquire (after/about)
infrastructuur infrastructure
ingaan • (binnengaan) go into, ‹kamer› enter • (van kracht worden) ‹maatregel› come into force, take effect, ‹vakantie, enz.› begin • (~ **tegen**) go against • (~ **op**) go into
ingang entrance, entry
ingebeeld • (verwaand) (self-)conceited • (imaginair) imaginary
ingenieur engineer
ingenomen ∗ ~ met pleased with
ingetogen quiet, modest
ingeven • (toedienen) administer • (in gedachten geven) inspire, suggest, dictate

ingeving *inspiration, brainwave, prompting*
ingevolge *in accordance with*
ingewijde *adept,* <inf.> *insider*
ingewikkeld *intricate*
ingezetene *resident, inhabitant*
ingooi *throw in*
ingooien • (breken) *smash, break* • (sport) *throw in(to)*
ingrediënt *ingredient*
ingreep *intervention,* <med.> *operation, surgery*
ingrijpen *intervene, interfere*
inhaalverbod <op bord> *no overtaking*
inhakken ∗ ~ op *pitch into*
inhalen • (passeren) *overtake* • (inlopen) *make up for*
inhalig *grasping, greedy, covetous*
inham *inlet, creek, bay*
inheems <gebruiken> *native*
inhoud • (volume) *capacity* • (datgene waarover iets handelt) *contents* • (strekking) *purport*
inhouden I [ov ww] • (bevatten) *hold, contain* • (betekenen) *imply, mean* • (bedwingen) *restrain* II [wkd ww] *check o.s., restrain o.s.*
inhouding *stoppage*
inhoudsmaat *cubic measure*
inhuldigen *inaugurate, install*
inhuren *hire*
initiatief *initiative*
injectie *injection*
inkeer • (zelfbeschouwing) *introspection* • (berouw) *repentance*
inkijken *look in, have a look at, dip into, glance through*
inklaren *clear*
inklaring *clearance*
inkleden *word, express*
inkomen I [het] *income* II [on ww] *come in*
inkomstenbelasting *income tax*
inkoop *purchase*
inkopen *buy, purchase*

inkorten *shorten, curtail*
inkrimpen I [ov ww] *cut down/back, reduce* II [on ww] *shrink, contract*
inkt *ink*
inktvis *inkfish, squid, cuttlefish*
inkuilen <aardappels> *clamp,* <veevoer> *ensilage*
inkwartieren *billet*
inladen • (zich volstoppen) *stuff o.s.* • (beladen) *load*
inlander *native*
inlands *native, homemade*
inlassen *insert*
inlaten I [ov ww] *let in, admit* II [wkd ww] *take up with, concern o.s. with (s.th.), associate with (s.o.)*
inleggen • (invoegen) *inlay* • (geld inbrengen) *put in, deposit,* <bij gokken> *stake*
inlegvel *supplementary sheet*
inleiden • (binnenleiden) *lead/usher in* • (introduceren) *introduce*
inleiding *introduction*
inleveren *hand in, submit*
inlichten • (~ **over**) *inform about, enlighten on*
inlijsten *frame*
inlijven *incorporate* (in), <gebied> *annex*
inlopen *walk into,* <een gebouw> *enter,* <een straat> *turn into*
inlossen *repay*
inmaak • (het inmaken) *bottling, conserving, preserving,* <in zuur> *pickling* • (ingemaakte groenten) *preserved vegetables, pickles*
inmaken • (wecken) *preserve, tin, can,* <in azijn> *pickle,* <in zout> *salt* • (verslaan) *slaughter*
inmenging *interference*
inmiddels *meanwhile, in the mean time*
innemen • (binnenhalen) *take in,* <kaartjes> *collect* • (gebruiken, slikken) *take* • (bezetten) *occupy,*

\<ruimte> *take up*
innemend *winning, captivating,*
prepossessing
innen \<cheque> *cash,* \<huur> *collect*
innerlijk *inner*
innig *profound, heartfelt,* \<vurig>
fervent
inpakken • (opbergen, verpakken) \<in
koffer> *pack,* \<in papier, enz.> *wrap up*
• (warm kleden) *wrap (o.s.) up*
inpalmen • (binnenhalen) *rope in*
• (voor zich winnen) *win over, charm,*
get round
inpassen *fit in*
inperken *restrict, curtail*
inpikken • (pakken) *snap up, grab*
• (stelen) *pinch*
inpolderen *reclaim land, impolder*
inpompen • (iem. iets bijbrengen)
drill/drum into • (pompen) *pump into*
inprenten *impress (upon), drum into*
inrekenen • (arresteren) *pull in,* \<inf.>
run in
inrichten • (regelen) *arrange, organize*
• (toerusten) *furnish*
inrichting • (meubilering, stoffering)
furnishing • (samenstelling) *structure,*
\<huis> *layout* • (instelling) *institution*
• (regeling) *organization, arrangement*
inrijden *drive in(to),* \<op de fiets> *ride*
in(to)
inrit *entry, entrance, driveway*
inroepen *call in, invoke*
inruilen *exchange (for),* \<v. auto>
trade-in
inruimen ★ plaats ~ *make room*
inrukken *break ranks,* \<militair>
dismiss, \<v. brandweer, politie>
withdraw
inschakelen \<stroom> *switch on*
• (doen meewerken) *enlist*
inschenken \<glas> *fill,* \<kopje thee>
pour
inschepen *ship*
inschieten ★ er geld bij ~ *lose money*

over it ★ er zijn leven bij ~ *lose one's*
life in it
inschikkelijk *accommodating,*
obliging
inschrijven • (opgeven) \<geboorte,
huwelijk> *register,* \<voor wedstrijd>
enter • (intekenen op iets) *subscribe*
insect *insect, bug*
insgelijks I [bijw] *likewise* II [tw] *(the)*
same to you!
inslaan • (ingaan) *turn (into)* • (in
voorraad nemen) *stock up, lay in*
• (stukslaan) *smash (in)*
• (inhameren) *drive/hammer in*
inslag • (het inslaan) *impact*
• (karakter(trek)) ★ humoristische ~
humoristic streak • (weefsel) *weft*
inslapen • (in slaap vallen) *fall asleep,*
drop off • (sterven) *pass away*
inslikken *swallow*
insluimeren *doze off, drop off (to sleep)*
insluipen *steal in(to),* \<fig.> *creep in*
insluiten • (omgeven) *surround,*
encircle • (inhouden) *imply*
• (bijsluiten) *enclose* • (opsluiten) *lock*
in • (omvatten) *include*
insmeren • (~ met) \<met boter, vet>
grease, \<met lotion, enz.> *rub with*
insneeuwen *snow in*
inspannen I [ov ww] \<ogen> *strain*
II [wkd ww] *exert o.s., make an effort*
inspanning *effort, exertion,* \<te grote>
strain
inspecteren *inspect*
inspecteur *inspector*
inspectie *inspection*
inspelen I [ov ww] • (muz.) *play in*
II [on ww] • (~ op) *anticipate* III [wkd
ww] • (sport) *warm-up, play o.s. in*
inspiratie *inspiration*
inspireren *inspire*
inspraak *voice, say*
inspreken *record*
inspringen • (inkomen met een
sprong) *leap in(to)* • (terugwijken) \<v.

regel> *indent* • (vervangen) *substitute*
inspuiten *inject*
instaan *be responsible, guarantee*
installateur *installer,* <v. elektriciteit>
electrician
installatie • (stereo) *stereo*
• (apparatuur) *equipment* • (techn.)
installation
installeren • (inrichten) <school, enz.>
equip • (techn.) *install*
instandhouding *maintenance*
instantie • (orgaan) *authority, body*
• (jur.) *instance, resort*
instappen <auto, trein> *get in,* <bus>
get on
insteken *put in*
instellen • (oprichten) *establish,*
institute • (voor gebruik afstellen)
<camera> *focus,* <instrument> *adjust*
instelling *institution,* <houding>
attitude
instemmen *fall in with, agree/concur*
(with)
instemming *agreement,* <bijval>
approval
instinct *instinct*
instituut *institution,*
<wetenschappelijk, sociaal> *institute*
instoppen • (toedekken) *tuck in*
• (indoen) * *stop 't hier maar in put it*
in here
instorten *fall down, collapse*
instructeur *instructor*
instructie • (onderricht) *instruction,*
tuition • (aanwijzing) *direction,* <voor
een vlucht, enz.> *briefing*
instrueren *instruct*
instrument *instrument*
instrumentaal *instrumental*
instuderen <muz.> *practise,* <rol>
study, <stuk> *rehearse*
insturen • (inzenden) *send in(to)*
• (naar binnen sturen) *steer in(to)*
integendeel *on the contrary*
integraal *integral*

integratie *integration*
intekenen *subscribe* (to, for)
intellect *intellect*
intellectueel *intellectual*
intelligent *intelligent*
intelligentie *intelligence*
intens *intense*
intensief *intensive*
intensiteit *intensity*
intensiveren *intensify*
intercom *intercom*
interen *eat into one's capital*
interesseren I [ov ww] *interest* II [wkd
ww] *be interested*
intermezzo *intermezzo, interlude*
intern *internal,* <aangelegenheden>
domestic, <inwonend> *resident,*
-patiënt- *in-patient*
internaat *boarding school*
internationaal *international*
internist *internal medical specialist,*
<AE> *internist*
interpellatie *interpellation*
interpelleren *interpellate,* <in
Engeland> *question*
interpunctie *punctuation*
interrumperen *interrupt*
interruptie *interruption*
interval *interval*
interventie *intervention*
interview *interview*
interviewen *interview*
intiem *intimate*
intimiteit *intimacy*
intocht *entry*
intomen *curb, check, restrain*
intransitief *intransitive*
intrappen <deur> *kick in/down*
intreden *enter* (upon), <v. vriesweer,
toestand> *set in*
intrek * zijn ~ bij iem. nemen *move
in with s.o.* * zijn ~ nemen in een
hotel *put up at a hotel*
intrekken I [ov ww] • (naar binnen
trekken) *draw in* • (herroepen) <een

bevel> *revoke,* <verlof, een opdracht> *cancel* II [on ww] • (binnentrekken) *march into, move in(to)* • (gaan inwonen) *move in*

intrige *intrigue, scheming*

intrigeren *intrigue, scheme*

introducé *guest*

introduceren *introduce*

introductie *introduction*

intuïtie *intuition*

intussen *meanwhile*

inval • (het invallen) <v. politie> *raid,* <v. vijand> *invasion* • (idee) *idea, brain wave*

invalide I [de] *invalid, disabled person* [mv: *disabled*] II [bnw] *invalid*

invaliditeit *invalidity, disablement*

invallen • (binnenvallen v. land) *invade* • (beginnen) <v. dooi, enz.> *set in,* <v. nacht> *fall* • (instorten) *cave in,* <v. huis> *fall down, collapse* • (plaatsvervangen) *deputize,* <sport> *stand in* • (muz.) *join in*

invaller *substitute, reserve*

invalshoek • (gezichtspunt) *angle* • (nat.) *angle of incidence* • (luchtv.) *angle of attack*

invasie *invasion*

inventaris • (lijst) *inventory* • (goederen) *equipment, furniture (and fittings)*

inventarisatie *stocktaking*

inventariseren *make an inventory of*

investeren *invest*

investering *investment*

invetten *grease, oil*

invitatie *invitation*

inviteren *invite (to)*

invloed *influence,* <uitwerking> *effect*

invloedrijk *influential*

invoegen I [ov ww] *insert, put in* II [on ww] *merge*

invoegstrook *merging lane*

invoer *import,* <computer> *input,* <goederen> *imports*

invoeren • (importeren) *import* • (introduceren) *introduce*

invorderen • (innen) *collect* • (betaling eisen) *demand payment*

invriezen *freeze*

invrijheidstelling *release*

invullen <formulier> *fill in/up,* <naam> *fill in*

inwendig *inner, inward, interior*

inwerken I [ov ww] * iem. ~ *teach s.o. the job* II [on ww] • (~ op) *act upon, affect*

inwijden • (in gebruik nemen) *inaugurate* • (op de hoogte brengen) *initiate*

inwijding *inauguration*

inwilligen *comply with*

inwinnen * inlichtingen ~ *make inquiries*

inwisselen *change, exchange for*

inwonen *live-in*

inwoner *resident,* <v. stad> *inhabitant*

inwrijven *rub in*

inzage *perusal, inspection*

inzakken *collapse, sag*

inzamelen *collect*

inzameling *collection*

inzegenen <huwelijk> *celebrate,* <kerk> *consecrate*

inzenden *send in, contribute*

inzet • (wat op het spel staat) <spel> *stake(s)* • (toewijding) *devotion, dedication* • (deel van kaartje, enz.) *inset (map), insert* • (begin) *start*

inzetten • (geld inleggen) *stake* • (beginnen) *start*

inzicht • (begrip) *insight* • (mening) *opinion*

inzien • (vluchtig bekijken) *glance over* • (beseffen) *see, realize*

inzinking • (het verzakken) *subsidence* • (achteruitgang) *slump* • (instorting) *relapse*

inzitten *be worried, worry about*

iris *iris*

ironie *irony*
ironisch *ironical*
irrigatie *irrigation*
irritatie *irritation*
irriteren *irritate*
ischias *sciatica*
islam *Islam*
islamiet *Islamite*
islamitisch *Islamic*
isolatie • (isolement) *isolation* • (het isoleren) *insulation*
isolement *isolation*
isoleren • (afzonderen) *isolate* • (nat.) *insulate*
Italië *Italy*
item *item*
ivoor *ivory*

J

ja I [het] *yes* II [tw] *yes*
jaar *year*
jaarbeurs *industries fair, trade fair*
jaarboek • (kroniek, almanak) *yearbook* • (annalen) *annals, chronicles*
jaargang *volume*, <v. wijn> *vintage*
jaarlijks I [bnw] *yearly, annual* II [bijw] *every year, annually*
jaartal *date, year*
jaartelling *era*
jacht I [de] • (het jagen) *hunting* • (jachtpartij) *hunt* • (het najagen) *pursuit* II [het] *yacht*
jachten I [ov ww] *hurry, rush, hustle* II [on ww] *rush, hustle, hurry*
jachthaven *marina*
jachtig *hurried*
jacquet *morning coat*, <inf.> *tails*
jagen I [ov ww] *hunt*, <klein wild> *shoot* II [on ww] • (streven) *pursue* • (snel bewegen) *rush, race*
jager • (iem. die jaagt) *hunter* • (jachtvliegtuig) *fighter*
jak I [de] *yak* II [het] • (overjasje) *jacket* • (bloes) *smock*
jakhals *jackal*
jakkeren *rush*, <vnl. m. auto> *tear along*
jaloers *jealous*
jaloezie • (jaloersheid) *jealousy* • (zonwering) *Venetian blind*
jam *jam*
jammer I [het] *misery* II [bijw] *a pity*
jammeren *lament, wail, moan*, <inf.> *yammer*
jammerlijk *woeful, pitiful*
jampot *jam jar*
Jan *John*
janken • (huilen) *cry, whine* • (klagend blaffen) *yelp, whimper, whine*

januari *January*
Japan *Japan*
japon *dress*
jarenlang I [bnw] *many years'* II [bijw] *for years*
jargon *jargon*
jarig * *wanneer ben je ~? when is your birthday?*
jas • (mantel) *coat* • (colbert) *jacket*
jasmijn *jasmine*
jaszak *coat pocket*
jawoord *consent*
je I [pers vnw] *you* II [bez vnw] *your* III [onb vnw] *you*
jegens *to(wards)*
jekker *reefer, jacket*
jenever *gin*
jengelen *whimper, whine*
jeugd *youth*
jeugdherberg *youth hostel*
jeugdig *youthful*
jeuk *itch*
jeuken *itch*
jicht *gout*
Jiddisch *Yiddish*
jij *you*
jobstijding *bad news/tidings*
jodelen *yodel*
jodendom • (het joodse volk) *Jewry, Jews* • (godsdienst) *Judaism*
jodium *iodine*
joelen *shout, howl, roar*
jokken *fib, tell tales/lies*
jolig *jolly*
jong I [het] • (zeer jong dier) *young one* • (jongen) *kid, child* II [bnw] • (niet oud) *young* • (recent) *recent, latest*
jongeheer *young gentleman,* <met naam> *Master*
jongelui *young people, youngsters*
jongen I [de] *boy, lad* II [on ww] *give birth,* <v. hond> *have pups,* <v. kat> *have kittens*
jongensachtig *boyish*
jongleren *juggle*

jonker *(young) nobleman, esquire*
jood *Jew*
joods *Jewish*
journaal • (dagboek) *journal, diary, log book* • (nieuws) *news*
journalist *journalist, newspaperman*
journalistiek I [de] *journalism* II [bnw] *journalistic*
jouw *your*
joviaal *jovial, genial*
jubelen *shout with joy, exult (at), be jubilant*
jubilaris *a person celebrating his/her jubilee/anniversary*
jubileren *celebrate one's jubilee/anniversary*
jubileum *anniversary, jubilee*
juffrouw • (ongehuwde vrouw) *Miss* • (schooljuffrouw) *teacher* • (pej.) *lady*
juichen *cheer, be jubilant, shout with joy*
juist I [bnw] • (correct) *right, correct* II [bijw] • (zojuist) *just* • (precies) *just, exactly*
juistheid *rightness, correctness, exactness*
juk *yoke*
jukbeen *cheekbone*
juli *July*
jullie I [pers vnw] *you, you people* II [bez vnw] *your*
juni *June*
junior *junior*
junta *junta*
juridisch *legal*
jurist • (rechtsgeleerde) *jurist, lawyer* • (student in de rechten) *law student*
jurk *dress*
jury *jury*
jurylid *member of the jury*
justitie • (rechtswezen) *justice* • (rechtspraak) *justice, judicature* • (rechterlijke macht) *judiciary,* <inf.> *the law*
justitieel *judicial*

jute *jute*
juweel • (sieraad) *jewel, gem*
  • (prachtexemplaar) *treasure, gem*
juwelier *jeweller*

K

kaak • (kaakbeen) *jaw* • (kieuw) *gill*
kaal • (zonder bedekking) *bare,*
  ‹velden› *barren* • (zonder haar)
  ‹hoofd› *bald* • (afgesleten) *worn*
kaap *cape, headland*
kaarsrecht *as straight as an arrow, as*
  straight as a die
kaarsvet *candle wax, tallow*
kaart • (visite-/menukaart, enz.) *card,*
  ‹verzekering› *green card*
  • (toegangsbewijs) *ticket* • (landkaart)
  map
kaarten *play at cards*
kaartspel • (het kaarten) *playing cards*
  • (een pak kaarten) *pack of cards,* ‹AE›
  deck of cards
kaas *cheese*
kaatsen • (terugstuiten) *bounce*
  • (sport) *play at fives*
kabaal *din, row*
kabbelen *ripple, babble, lap*
kabel *cable,* ‹elektriciteit› *wire*
kabelbaan *cable-railway, cable car*
kabeljauw *cod*
kabelnet • (elektriciteitsnet) *electric*
  mains • (kabeltelevisienet) *cable*
  network/grid
kabeltelevisie *cable television*
kabinet • (meubel) *cabinet*
  • (expositiezaal) *gallery* • (regering)
  cabinet
kachel *stove, heater, (electric)fire*
kadaster *land registry,* ‹kantoor› *land*
  registry office
kadaver ‹lijk› *corpse,* ‹rottend dier›
  carrion, ‹voor dissectie› *cadaver*
kader *framework*
kadetje *roll*
kaf *chaff*
kaffer • (lomperd) *boor, lout*

• (Bantoeneger) *Kaffir*
kaft (*paper*) *cover*
kaften *cover*
kajak *kayak*
kajuit *cabin*
kakelen • (roepen van kip) *cackle*
  • (kwebbelen) *blabber, chatter, rattle*
kaki *khaki*
kakkerlak *cockroach*
kalender *calendar*
kalf *calf*
kaliber *calibre*
kalk *lime,* ‹geblust› *slaked lime,*
  ‹metselkalk› *mortar,* ‹ongeblust›
  quick lime, ‹pleisterkalk› *plaster*
kalken • (bepleisteren) *plaster*
  • (witten) *whitewash*
kalkoen *turkey*
kalksteen *limestone*
kalm *calm, quiet*
kalmeren I [ov ww] *calm, soothe* II [on
  ww] *calm down, compose o.s.*
kalmte *calm(ness), composure,*
  tranquillity, quiet
kalverliefde *puppy love*
kam *comb,* ‹v. vogel› *crest*
kameel *camel*
kameleon *chameleon*
kamer • (hartholte) *ventricle*
  • (vertrek) *room, chamber*
kameraad *comrade, pal, mate,* ‹inf.›
  chum
kameraadschappelijk I [bnw]
  companiable, friendly, ‹inf.› *chummy,*
  pally II [bijw] *friendly*
kamerjas *dressing gown*
kamermeisje *chambermaid*
kamermuziek *chamber music*
kamerplant *houseplant*
kamerscherm *room-divider, screen*
kamertemperatuur
  room-temperature
kamfer *camphor*
kamgaren *worsted*
kamille ‹plantk.› *camomile*

kammen *comb*
kamp I [de] *fight, struggle* II [het] *camp*
kampeerder *camper*
kampen *contend, fight*
kamperen *camp (out)*
kamperfoelie *honeysuckle*
kampioen *champion*
kampioenschap *championship*
kampvuur *camp fire*
kan *jug, can*
kanaal *channel,* ‹waterweg› *canal*
kanaliseren *canalize*
kandelaar *candlestick*
kandidaat • (gegadigde) *candidate*
  • (sollicitant) *applicant*
kandidatuur *candidature, nomination*
kandij *candy*
kaneel *cinnamon*
kangoeroe *kangaroo*
kanjer *whopper*
kanker *cancer*
kankeraar *grouser, bellyacher*
kankeren *grouse, grumble,* ‹inf.› *chew*
  the rag
kankergezwel *cancerous*
  tumour/growth
kannibaal *cannibal*
kano *canoe*
kanon *gun, cannon*
kans • (waarschijnlijkheid) *chance*
  • (gelegenheid) ★ de kans doen keren
  turn the tide ★ die kans komt nooit
  weer it's the chance of a life-time ★ de
  kans schoon zien see one's chance
  • (risico, gok) ★ een kans wagen *take a*
  chance ★ de kans lopen om te *run the*
  risk of
kansel *pulpit*
kanselier *chancellor*
kanshebber *favourite*
kansspel *game of chance*
kant I [de] • (zijde) *side* • (uiterste
  rand, zijkant) *border,* ‹oever› *edge*
  • (richting) *way, direction* • (aspect,
  visie, partij) *side, aspect*

• (verwantschap) ∗ van moeders kant *on the mother's side* II [het] • (weefsel) *lace*

kantelen I [ov ww] *tilt, overturn, flip (over)* II [on ww] *topple/turn over,* ‹v. schip› *capsize*

kanten I [on ww] *square* II [wkd ww] *oppose*

kantine *canteen*

kantje • (bladzijde) *page, side*

kantlijn *margin, marginal line*

kantongerecht ‹BE› ≈ *magistrates court,* ‹Schotland› *district-court*

kantoor *office*

kantoorboekhandel *stationer's (shop)*

kanttekening • (aantekening in de marge) *marginal note, annotation* • (commentaar) *short/marginal comment*

kap • (hoofddeksel) ‹v. monnik› *cowl,* ‹v. non› *wimple* • (bedekking, bovenstuk) ‹v. auto› *hood,* ‹v. lamp› *shade*

kapel • (insect) *butterfly* • (muziekkapel) *band* • ((uitbouw v.) kerk) *chapel*

kapelaan ‹hulppriester› *curate,* ‹in tehuis, enz.› *chaplain*

kapen • (overmeesteren van een vliegtuig, enz.) *hijack* • (stelen) *pinch* • (gesch.) *capture*

kaper *hijacker*

kapitaal I [het] *capital* II [bnw] *capital, excellent*

kapitaalkrachtig *substantial*

kapitein *captain*

kapittelen ∗ iem. ~ *read s.o. a lecture*

kaplaars *top-boot, jackboot*

kapot • (defect) *broken, gone to pieces,* ‹v. auto› *broken down,* ‹v. machine› *out of order* • (versleten, enz.) ‹v. kous› *in holes,* ‹v. schoenen› *worn out* • (afgemat, doodmoe) *frayed, on edge* • (onder de indruk) ∗ ik ben er niet ~ van *I'm not wild about it*

kappen I [ov ww] • (hakken) ‹hout› *chop,* ‹v. bomen› *fell, cut down* • (haar opmaken) *style, dress, model* II [on ww] • (inf.) *quit*

kapper *hairdresser, barber*

kapseizen *capsize, keel over*

kapsel *haircut, hair-style*

kapstok ‹aan muur› *hat-rack,* ‹haak› *peg,* ‹staand› *hatstand*

kar *cart,* ‹handkar› *barrow*

karaat *carat*

karabijn *carabine*

karaf *decanter*

karakter *character, nature*

karakteriseren *characterize*

karakteristiek I [de] *characterization, description* II [bnw] *characteristic*

karate *karate*

karavaan *caravan*

karbonade *chop, cutlet*

kardinaal I [de] *cardinal* II [bnw] *cardinal*

karig • (sober) *scanty, frugal* • (zuinig) *parsimonious, mean*

karikatuur *caricature*

karkas *carcass, skeleton*

karnemelk *buttermilk*

karnen *churn*

karper *carp*

karpet *carpet*

karren *cart*

karton • (verpakking) *carton* • (gelaagd bordpapier) *cardboard*

kartonnen *cardboard*

karwei *job*

kas • (betaalplaats) *pay-desk* • (geldmiddelen) *cash, funds* • (broeikas) *hothouse,* ‹voor planten› *greenhouse* • (holte voor oog, enz.) *socket*

kassa ‹v. supermarkt› *check-out,* ‹v. theater› *box office*

kassier *cashier*

kast • (ombouw, omhulsel) *case* • (bergmeubel) *cupboard,*

‹boekenkast› *bookcase,* ‹klerenkast› *wardrobe*
kastanje *chestnut*
kaste *caste*
kasteel *castle*
kastekort *deficit*
kastelein *innkeeper, landlord*
kastijden ‹het vlees› *mortify*
kat • (huisdier) *cat* • (standje, bitse opmerking) *reprimand*
katapult *catapult*
kater • (mannetjeskat) *tomcat* • (gevolg van alcoholgebruik) *hangover* • (teleurstelling) *disillusionment*
katoen *cotton*
katrol *pulley*
kattebelletje *scribbled note*
kattenbak *cat's box,* ‹v. auto› *dickey seat*
kattenkwaad *mischief*
katterig *chippy, hung over, ropy*
kattig *catty, bitchy*
kauwen *chew*
kauwgom *chewing gum*
kavel *parcel, lot*
kaviaar *caviar*
kazerne ‹mil.› *barracks,* ‹brandweer› *station*
keel *throat*
keelgat *gullet*
keelontsteking *inflammation of the throat, throat infection*
keelpijn *sore throat*
keer • (maal) *time* • (wending, kentering) *turn, change*
keerkring *tropic*
keerpunt *turning point*
keet • (schuurtje) *shed, shanty* • (chaos) *row, racket*
keffen *yap, yelp*
kegel • (wiskundige figuur) *cone* • (voorwerp) *cone* • (figuur in kegelspel) *pin, skittle (pin)* • (kegelspel) *ninepin* • (slechte adem)

bad breath, breath like a brewery
kegelbaan *skittle/bowling alley*
kegelen I [ov ww] *toss(out)* II [on ww] *play at skittles/ninepins*
kei • (steen) *boulder,* ‹straatkei› *cobble(-stone)* • (uitblinker) *crack*
keihard *as hard as nails, rock hard, hard-boiled*
keizer *emperor*
keizerlijk *imperial*
keizerrijk *empire*
kelder *cellar*
kelderen • (in waarde dalen) *slump* • (vergaan) *sink, founder*
kelen *cut the throat of*
kelk • (beker) *cup, chalice* • (plantk.) *calyx*
kelner *waiter*
kemphaan *fighting-cock*
kenbaar *familiar*
kenmerk *feature, characteristic, distinguishing mark*
kenmerken *characterize, mark*
kenmerkend *distinctive, characteristic (of)*
kennel *kennel*
kennelijk I [bnw] *obvious, apparent* II [bijw] *clearly, obviously*
kennen *know*
kenner • (deskundige) *authority* • (fijnproever) *connoisseur, judge*
kennis • (het kennen van iets of iem.) *knowledge, acquaintance* • (wat men weet) *knowledge, learning* • (bewustzijn) *consciousness* • (bekende) *acquaintance*
kennisgeving *notice, announcement*
kennismaking *acquaintance*
kennisneming *inspection, perusal*
kenschetsen *characterize*
kenteken ‹v. auto› *licence number*
kentekenbewijs ≈ *registration document(s)/card*
kenteren • (veranderen) *turn* • (kapseizen) *turn over, capsize*

kentering *turn, change*
kerel *fellow, chap, bloke*
keren I [ov ww] *turn* II [on ww]
  turn(about) III [wkd ww] • (~ tegen)
  turn against
kerf *notch, nick*
kerk *church*
kerkdienst *mass*
kerkelijk *ecclesiastical, church(ly)*
kerkenraad • (bestuur van gemeente)
  church council • (vergadering) *church
  council meeting*
kerker *jail, gaol, dungeon*
kerkganger *churchgoer, chapel-goer*
kerkgenootschap *denomination*
kerkhof *churchyard, graveyard*, <niet
  bij kerk> *cemetery*
kermen *moan, groan, whine*
kermis *(fun)fair, carnival*
kern • (binnenste) <v. atoom> *nucleus*,
  <v. noot> *kernel*, <v. pruim, kers> *stone*
  • (essentie) *heart, root, nucleus*
kernachtig *pithy, terse, concise*
kerngezond *perfectly healthy*
kernkop *nuclear warhead*
kerrie *curry*
kers *cherry*
kerstavond <24 dec.> *Christmas Eve*,
  <24, 25 dec.> *Christmas evening*
kerstdag <eerste> *Christmas Day*,
  <tweede> *Boxing Day*
kerstfeest *Christmas (feast)*
kerstlied *Christmas carol*
kersvers *quite fresh, brand new*
kervel *chervil*
kerven *carve, notch*
ketel • (voor theewater, enz.) *kettle*
  • (groot formaat pan) *cauldron*
  • (stoomketel) *boiler*
keten *chain*
ketenen *chain*
ketsen I [ov ww] *turn down*, <voorstel>
  defeat II [on ww] *glance off*, <bij
  biljart> *miscue*
ketterij *heresy*

ketting *chain*
kettingbotsing *chain collision*,
  pile-up
kettingkast *chain guard*
kettingreactie *chain reaction*
keu • (biljartstok) *cue* • (varken) *pig*
keuken • (plaats) *kitchen* • (kookstijl)
  cuisine
Keulen *Cologne*
keur • (keuze) *choice, pick* • (keurmerk)
  hall-mark
keuren *inspect, test*, <med.> *examine*,
  <voedsel, drank> *sample*
keurig *neat, dainty, trim*
keuring *test*, <med.> *examination*, <v.
  voedsel> *inspection*
keuringsdienst ≈ *Food Inspection
  Department*
keurkorps *crack troops*, <regiment>
  crack regiment
keus • (voorkeur) *choice*
  • (recht/mogelijkheid tot kiezen)
  choice, option • (waaruit men kan
  kiezen) *choice, selection*
keuvelen *chat, natter*
keuzevak *optional subject*
kever *beetle*
kibbelen *squabble, bicker, barney*
kidnappen *kidnap*
kidnapper *kidnapper*
kiel • (kledingstuk) *blouse* • (scheepv.)
  keel
kiem *germ*
kiemen • (ontkiemen) *germinate*
  • (beginnen te groeien) *sprout, come
  up*
kier *chink*
kies *molar, back tooth*
kieskeurig *choosy, fastidious,
  particular*, <inf.> *pernickety*
kiespijn *toothache*
kiesrecht *suffrage, franchise, right to
  vote*
kiestoon *dialling tone*
kietelen *tickle*

kieuw gill
kiezel gravel, <op strand> shingle
kiezen • (keus doen) single out, select, choose • (stem uitbrengen) vote
kiezer voter, constituent
kijk view * er is geen kijk op verbetering there is no hope of improvement
kijken I [ov ww] • (~ naar) look at * naar een film ~ watch a film II [on ww] look, have a look
kijker • (persoon) looker-on, spectator, <televisie> viewer • (verrekijker) binoculars, <toneel> opera-glass(es)
kijven brawl, quarrel, wrangle
kik * ze gaf geen kik she didn't utter a sound
kikker frog
kil chilly, cold
kilometer kilometre
kim horizon
kin chin
kind child, <inf.> kid
kinderachtig childish
kinderarts children's doctor, paediatrician
kinderbescherming child care and protection
kinderbijslag family allowance/credit, child benefit
kinderboek children's book
kinderlijk childlike, <pej.> childish
kindermeisje nanny
kinderrechter juvenile court magistrate
kinderspel • (spel) children's game • (makkie) a piece of cake
kinderverlamming <vero.> infantile paralysis, <med.> poliomyelitis, <inf.> polio
kinderwagen <form.> perambulator, <inf.> pram, <AE> buggy
kinds doting, senile
kinine quinine
kinkhoest whooping-cough

kiosk kiosk, <kranten> newspaper stand
kip hen, chicken
kiplekker fit as a fiddle, on top of the world, as right as rain
kippengaas chicken-wire
kippenhok hen/chicken house
kippensoep chicken soup
kippenvel goose flesh/pimples
kippig short-sighted
kirren coo
kist • (verpakking) packing-case, box, case • (doodkist) coffin
kisten (lay in a) coffin
kittig smart, spirited
klaaglied lamentation(s)
klaar • (helder, duidelijk) <stijl> limpid, <water> clear • (afgewerkt) finished • (gereed voor gebruik) ready
klaarblijkelijk evident, obvious
klaarheid clarity, clearness
klaarkomen • (gereedkomen) be finished, finish • (orgasme krijgen) come
klaarmaken get ready, prepare, <eten> make, <warm eten> cook
klaarspelen * 't ~ manage; pull off
klaarstaan stand/be ready
klaarstomen * iem. ~ voor een examen cram s.o. for an exam
klacht complaint
klad rough draught
kladden doodle, <schilderen> daub, <schrijven> scrawl, scribble
klagen complain
klager complainer, complainant, <jur.> plaintiff
klakkeloos I [bnw] gratuitous II [bijw] * iets ~ aannemen accept s.th. without thinking
klam clammy, damp, moist
klandizie • (het klant zijn) custom • (klanten) customers
klank sound
klankbord sound(ing) board
klankkast soundbox

klant *customer*
klap • (fel geluid) *bang* • (slag) *blow,
slap* • (tegenslag) ∗ *een zware klap
krijgen be hard hit*
klapband *blow-out, burst tyre*
klaplopen *sponge (on s.o.),* <AE>
freeload
klappen • (in/met de handen
klappen) *clap* • (barsten, springen)
∗ uit elkaar ~ *burst; explode*
klapper • (register) *index* • (ordner)
folder, file • (uitschieter) *hit*
klapperen <v. tanden> *chatter,* <v. zeil>
flap
klappertanden ∗ ik stond te ~ *my
teeth were chattering*
klaproos *poppy*
klapstoel • (opvouwbare stoel)
folding-chair • (stoel die
omhoogklapt) *tip-up seat*
klapstuk • (vlees) *rib-piece*
• (hoogtepunt) *crowning piece*
klaren ∗ hij zal het wel ~ *he'll manage*
klarinet *clarinet*
*klassestrijd (Wdl: klassenstrijd)
class-struggle
klassiek *classic(al)*
klassikaal (in) *class*
klateren *splash*
klatergoud *tinsel*
klauteren *clamber*
klauw • (nagel) *claw,* <v. roofvogel>
talon • (poot) *paw, claw*
klavecimbel *harpsichord*
klaver *clover*
klaverblad *cloverleaf*
klavier • (toetsenbord) *keyboard*
• (piano) *piano*
kleden *dress, clothe*
klederdracht *traditional/national
costume/dress*
kleed *carpet, rug*
kleedkamer *changing/dressing room*
kleefpleister *sticking plaster*
kleerhanger *coat hanger*

kleermaker *tailor*
klef • (klam) *sodden, clammy*
• (kleverig) *sticky*
• (vervelend/hinderlijk aanhalig)
clinging
klei *clay*
klein • (niet groot) *small, little* • (jong)
∗ v. ~ af *aan from a little boy/girl* ∗ de
~e *the little one* • (nederig, benepen)
∗ iem. ~ *houden keep s.o. down* ∗ iem.
~krijgen *break s.o. in* • (niet geheel)
∗ een ~e tien gulden *a little under ten
guilders*
kleinbedrijf *small business*
kleindochter *granddaughter*
kleingeestig *petty, narrow-minded*
kleinhandel *retail trade*
kleinigheid *trifle*
kleinkind *grandchild*
kleinmaken *cut up,* <geld> *change*
kleinood *jewel, gem, valuables* [mv]
kleintje • (jong kind/dier) *little one*
• (klein ding) *small one, short one*
kleinzerig • (bang voor pijn)
frightened of pain • (lichtgeraakt)
touchy, over-sensitive
kleinzielig *petty, narrow-minded*
kleinzoon *grandson*
klem I [de] • (val) *catch, trap* • (nadruk)
emphasis, stress • (ziekte) *lockjaw*
• (benarde omstandigheid) ∗ in de
klem zitten *be in a hole* ∗ in de klem
raken *get into a hole; get in a
scrape/jam* II [bnw] *jammed, stuck*
klemmen I [ov ww] *jam,* <lippen>
tighten II [on ww] *jam,* <v. deur> *stick*
klemtoon *stress*
klep <v. motor, enz.> *valve,* <v. pet>
peak, visor, <v. zak, enz.> *flap*
klepel *clapper*
kleppen • (klepperen) *clatter*
• (kletsen) *chatter*
klepperen *clapper, rattle*
klerikaal *clerical*
klerk *clerk*

klets • (slag) smack, slap • (gezwam) twaddle, rot
kletsen • (praten) chat(ter) • (zwammen) gas, talk rot
kletskous chatterbox
kletsnat soaking (wet)
kleumen shiver, freeze, chill(to the bone)
kleur • (wat het oog ziet) colour • (kaartspel) suit • (gelaatskleur) complexion
kleurboek colouring/painting-book
kleurecht fast-dyed, colour fast
kleuren • (kleur aannemen) colour • (blozen) blush • (~ bij) match
kleurenblind colour blind
kleurenfilm technicolour film
kleurentelevisie colour television
kleurig colourful
kleurkrijt coloured chalk
kleurling coloured person
kleurloos colourless
kleurpotlood crayon, coloured pencil
kleurstof pigment, ‹verf› dye
kleuter tot, toddler
kleuterleidster nursery (school) teacher
kleuterschool infant/nursery school
kleven adhere, stick, cling
kleverig sticky
kliek • (groepje) clique • (etensrestjes) scraps
klier • (orgaan) gland • (akelig persoon) pain in the neck, pain in the ass ‹AE› ‹vulg.›
klieven cleave
klikken • (verklappen) tell tales • (goed contact hebben) ∗ het klikt tussen hen they hit it off
klim climb
klimaat climate
klimmen climb, ‹op paard› mount
klimop ivy
klimplant climbing-plant
klimrek climbing frame

kliniek clinic, clinical hospital
klinisch clinical
klink latch
klinken I [ov ww] rivet, nail II [on ww] • (geluid maken) sound, ring • (toasten) clink to
klinker • (steen) clinker, brick • (taalk.) vowel
klinkklaar sheer, rank
klinknagel rivet
klip rock, reef
klodder clot, blob
klodderen clot, ‹met verf› daub
kloek I [de] mother-hen II [bnw] • (fors, flink) sturdy, ‹volume› stout • (dapper) bold
klok • (uurwerk) clock • (bel) bell • (stolp) bell-glass, bell-jar
klokgelui bell-ringing, chiming
klokhuis core
klokken • (geluid) cluck, chuck, ‹v. kalkoen› gobble, ‹v. water› gurgle • (tijd opnemen) ‹bij aankomst› clock in, ‹bij vertrek› clock out
klokkenspel chimes
klokkentoren bell tower
klokslag stroke of the clock
klomp • (brok) lump, slug • (houten schoen) wooden shoe, clog
klont ‹suiker› lump
klonteren clot, curdle
kloof cleft, gap, ‹huid› chap
klooster cloister, convent, ‹mannen› monastery, ‹vrouwen› nunnery
kloosterling ‹man› monk, ‹vrouw› nun
kloot • (teelbal) ball • (aardkloot) globe
klop • (doffe tik) knock, tap • (hartklop) beat
klopgeest poltergeist, rapping spirit
klopjacht battue, ‹korhoen› drive
kloppen • (een klop geven) knock, tap, pat • (klutsen) ‹eieren› beat (up) • (verslaan) beat • (overeenstemmen) ∗ ja, dat klopt! yes, that's right! ∗ dat

klopt met *fits in with*
klos • (stukje hout) *reel, spool*
• (elektriciteitsspoel) *coil*
klossen *stump*
klotsen • (spatten) *dash* • (tikken van biljartballen) *kiss*
kloven *cleave, split*
klucht *farce*
kluchtig *farcical*
kluif *bone*
kluis *safe, strong-room*
kluisteren *fetter*
kluit *clod, lump, pat*
kluiven *pick (a bone), gnaw at*
kluizenaar *hermit*
klungelen *bungle*
klutsen ‹eieren› *whisk*, ‹room› *whip*
kluwen *ball, clew*
knaagdier *rodent*
knaap • (jongen) *lad, boy*
• (klerenhanger) *coat-hanger*
• (kanjer) *a whopper*
knabbelen *nibble*
knagen *gnaw*
knak *bend*
knakken *break, crack*
knakworst ‹AE› *frankfurter*, ‹BE› *hot dog (in brine)*
knal *crack*, ‹v. kurk› *pop*
knallen ‹v. geweer, zweep› *crack*, ‹v. kanon› *bang*, ‹v. kurk› *pop*
knalpot *silencer*
knap I [bnw] • (aantrekkelijk) *handsome, personable, good-looking*
• (slim) *clever* II [bijw] • (slim) *cleverly*
• (nogal) *rather, quite, pretty*
knappen *crack*, ‹v. touw› *snap*
knapperd *clever fellow*, ‹inf.› *brain*
knarsen • (piepen) ‹v. scharnier› *creak*
• (knarsend geluid maken) ‹v. grind› *crunch*, ‹v. tanden› *grind*
knarsetanden *gnash/grit one's teeth*
knauw *bite*
knauwen *gnaw, munch, maul*
knecht *servant, man*

knechten *enslave*
kneden *knead*
kneep • (het knijpen) *pinch*
• (handigheidje) *dodge, trick*
knel ∗ in de knel zitten *be in a scrape*
∗ knel zitten tussen *be wedged between*
knellen I [ov ww] *squeeze, press* II [on ww] *squeeze, pinch*
knelpunt *bottleneck*
knetteren *crackle*, ‹v. donder› *crash*
kneuzen *bruise*
kneuzing *bruise*
knevel • (snor) *moustache*
• (mondprop) *gag* • (dwarspen) *toggle*
knevelen *gag*
knibbelen *haggle*
knie *knee*
kniebuiging ‹gymnastiek› *knee bend*, ‹in kerk› *genuflection*, ‹v. vrouw› *curts(e)y*
knieholte *hollow of the knee*
kniekous *knee stocking*, ‹nylons› *popsock*
knielen *kneel*
knieschijf *knee-cap*, ‹med.› *patella*
kniesoor *grump, grouch*
knieval *genuflection*
kniezen *mope, fret, worry*
knikkebollen *nod (off)*
knikken *nod*
knikker *marble*
knikkeren I [ov ww] ∗ iem. eruit ~ *chuck s.o. out* II [on ww] *play (at) marbles*
knip • (sluiting) *catch, clasp*
knipmes *clasp-knife*
knipogen *wink*
knippen I [ov ww] ‹coupons› *clip*, ‹haar› *cut*, ‹heg› *trim*, ‹nagels› *pare* II [on ww] • (knippend geluid maken) ‹met de vingers› *snap*
knipperen *flicker, blink*
knipperlicht *flashing light, flasher*
knipsel *cutting, clipping*

knobbel *bump*
knobbelig *knotty, gnarled*
knoei * in de ~ zitten *be in a jam*
knoeiboel • (bedrog) *swindle*
• (smeerboel) *mess*
knoeien • (morsen) *make a mess*
• (slecht werken) *bungle*
• (zwendelen) *swindle*
knoeier *bungler, swindler*
knoeiwerk *bungle, blunder*
knoest *knot*
knoet *knout*
knoflook *garlic*
knokken *scrap*
knol • (bol, stengel) <aardappel> *tuber*,
<raap> *turnip* • (paard) *jade*
knoop • (sluiting) *button*
• (snelheidsmaat) *knot*
• (verstrikking) * in de ~ raken *knot*
* een ~ leggen *tie a knot*
knooppunt <v. spoorw.> *junction*
knoopsgat *button-hole*
knop • (klink) *knob* • (schakelaar)
button, <v. elektr. licht> *switch*
• (bloem-/bladknop) *bud*
knopen • (een knoop leggen) *tie, knot*
• (dichtknopen) *button*
knorren • (brommen) *grunt* • (slapen)
kip
knorrepot *growler, grumbler*
knorrig *grumbling, peevish*
knot <haar> *bun*, <wol> *skein*
knots *club, bludgeon*
knotwilg *pollard-willow*
knuffelen *cuddle, hug*
knuist *fist*
knul *chap, fellow, guy*
knuppel *cudgel*, <stuurknuppel>
joy-stick
knutselaar *handyman*
knutselen I [ov ww] * in elkaar ~ *put
together* II [on ww] *potter*
koddig *droll*
koe *cow*
koehandel *horse trading*

koeioneren *bully, dragoon*
koek • (zoet gebak) *gingerbread*, = *cake*
• (koekje) <BE> *biscuit*, <AE> *cookie*
koekeloeren *stare, gaze*
koekenpan *frying-pan*
koekoek *cuckoo*
koel • (koud) *cool, cold, chilly* • (kalm)
cool, calm
koelbloedig I [bnw] *cold-blooded,
imperturbable* II [bijw] *cold-bloodedly,
in cold blood*
koelen I [ov ww] • (koel maken) *cool,*
<drank> *ice* • (afreageren) * zijn
woede ~ vent *one's rage (on)* II [on
ww] *cool (down)*
koelkast *refrigerator*, <inf.> *fridge*
koelte *coolness*
koelwater *cooling water*
koepel *dome*
koeren *coo*
koers • (richting) *course* • (geldkoers)
rate
koesteren I [ov ww] *cherish*, <een
mening> *entertain*, <verdenking>
harbour II [wkd ww] *bask*
koeterwaals *gibberish*
koets *coach, carriage*
koetsier *driver, coachman*
koevoet *crowbar*
koffer • (valies) (suit)case, briefcase*,
<voor geld> *coffer* • (bed) * de ~
induiken *jump in the sack; get
between the sheets*
koffie *coffee*
koffieboon *coffee bean*
koffiedik *coffee grounds*
koffiepauze *coffee break*
koffiezetapparaat *coffee
maker/percolator*
kogel <v. geweer> *bullet*, <v. kanon> *ball*
kogellager *ball bearing*
kogelstoten I [het] *shot-put(ting)*
II [on ww] *put the shot*
kogelvrij *bulletproof*
kok *cook*

koken I [ov ww] • (voedsel bereiden) *cook* • (laten koken) *boil* II [on ww] • (kwaad zijn) *seethe, fume* • (op het kookpunt zijn) * 't water kookt *the kettle is boiling*

koker • (houder) *case* • (stortkoker) *shoot*

koket *coquettish*

kokhalzen *retch*

kolder • (onzin) *giddy nonsense* • (ziekte) *staggers*

kolenmijn *coalmine*, <BE> *colliery*

kolenschop *coal shovel*

kolf • (handvat van vuurwapen) *butt* • (fles) <chem.> *receiver* • (vrucht van maïs) *cob*

kolibrie *hummingbird*

koliek *colic*, <inf.> *gripes*

kolk • (draaikolk) *eddy, whirlpool* • (luchtzak) (*air-*)*pocket*

kolken *eddy, swirl*

kolom *column*

kolonel *colonel*

koloniaal I [de] *colonial soldier* II [bnw] *colonial*

kolonie *colony*

kolonisatie *colonization*

koloniseren *colonize*

kolonist *colonist*

kolos *colossus*

kolossaal *colossal, huge*

kom • (beker) *bowl, basin* • (deel van gemeente) * bebouwde kom *built up area*

komaf *descent*

komediant • (aansteller) *play actor* • (acteur in komedie) *comedian*

komedie *comedy*

komeet *comet*

komen • (aankomen, bezoeken) * hoe kom ik daar? *how do I get there?* • (oorzaak vinden in) * hoe komt het dat... *how is it that...* * dat komt zo *well, it's like this* * zo komt het dat... *that is why...* • (gebeuren, zullen zijn) * daar komt niets van in *that's out of the question* * er komt nooit iets van *it never gets done* * iets te weten ~ *find out s.th.* • (geraken aan) * aan een baan ~ *get a job* * hoe ben je hieraan gekomen? *how did you come by this?* • (zich begeven) *come*

komiek I [de] *comedian* II [bnw] *comical*

komisch *comic(al)*

komkommer *cucumber*

komkommertijd *quiet/dull/slack/silly season*

komma *comma*

kommer *distress, trouble, sorrow*

kompas *compass*

kompres *compress*

komst *coming, arrival*

konfijten *preserve*

konijn *rabbit*, <inf.> *bunny*

koning *king*

koningin *queen*

koningschap *kingship*

koningsgezind *royalist*

koninklijk • (van het koningshuis) *royal* • (majestueus) *kingly*

koninkrijk *kingdom*

konkelen *intrigue*

konvooi *convoy*

kooi • (traliehok) *cage* • (hok) *pen* • (slaapplaats) *berth*

kooien *cage*

kook * aan de kook brengen/komen *bring/come to the boil*

kookplaat <elektra> *hot plate*, <gas> *gas ring*

kookpunt *boiling-point*

kool • (groente) *cabbage* • (steenkool) *coal*

koolhydraat *carbo-hydrate*

koolraap *Swedish turnip, swede*

koolwaterstof *hydrocarbon*

koolzaad *cole-seed, rape-seed*

koolzuur *carbonic acid*

koop *purchase*

koopakte *title deed*
koopavond *(late) shopping night*
koophandel *commerce, trade*
koopkracht *purchasing power*
kooplust *inclination to buy*
koopman *merchant,* <op straat> *seller, hawker*
koopvaardij *merchant navy, mercantile marine*
koopwaar *merchandise*
koor • *(zangkoor) choir* • *(koorzang) chorus*
koord *cord, string*
koorddanser *rope walker*
koorknaap *chorister*
koorts *fever*
koortsachtig *feverish*
koosjer *kosher*
kop • *(hoofd) head,* <inf.> *loaf, nut, pate* • *(bovenschrift) headline* • *(bovenste deel) top,* <v. golf> *crest* • *(voorste deel) head,* <v. vliegtuig> *nose* • *(drinkgerei) cup*
kopbal *header*
kopen *buy, purchase*
koper I [de] *buyer, purchaser* II [het] *copper*
koperen I [bnw] *copper, brass* II [ov ww] *copper*
kopergravure *copper-plate*
koperwerk *copperware, brassware*
kopie *copy, duplicate*
kopiëren *copy*
kopij *copy*
koplamp *headlight*
koppel *couple*
koppelbaas *recruiter, labour broker*
koppelen *couple, join*
koppeling • *(het koppelen) coupling, joining* • *(verbindingsdelen, overbrenging) clutch*
koppelteken *hyphen*
koppelwerkwoord *copula*
koppen <een bal> *head*
koppig • *(halsstarrig) obstinate*

• *(sterk) heady*
kopschuw *shy*
kopstuk • *(bovenstuk) headpiece* • *(belangrijk persoon) big man/shot, boss*
koptelefoon *headphone(s), earphone(s)*
kopzorg *worry*
koraal • *(bio.) coral* • *(muz.) choral*
koralen *coral(line)*
koran *Koran*
kordaat *resolute, firm*
kordon *cordon*
koren *corn*
korenbloem *cornflower*
korenschuur *granary*
korf *basket,* <bijenkorf> *hive*
kornuit *comrade, crony*
korporaal *corporal*
korps *corps*
korrel • *(bolletje) grain, pellet* • *(vizierkorrel) bead*
korrelig *granular*
korset *corset*
korst *crust,* <kaas> *rind,* <op wond> *scab*
kort *short,* <v. tijd> *brief* ∗ *sinds kort recently*
kortaangebonden *short-tempered, curt*
kortademig *short-winded,* <tijdelijk> *short of breath*
kortaf *short, curt*
korten I [ov ww] • *(korter maken) shorten* • *(inhouden) cut (down)* II [on ww] *shorten*
kortharig *short-haired*
korting • *(inhouding) reduction (of)* • *(prijsverlaging) discount*
kortlopend *short-term*
kortom *in short, in brief*
kortsluiting *short-circuit*
kortstondig *brief, ephemeral, short-lived*
kortweg • *(in het kort) shortly, promptly* • *(kortaf) summarily*
kortwieken *clip the wings*

kortzichtig *short-sighted*
korzelig *crusty*
kosmisch *cosmic*
kosmonaut *cosmonaut*
kosmopolitisch *cosmopolitan*
kost ★ kost en inwoning *board and lodging* ★ aan de kost komen *make a living*
kostbaar *expensive, valuable, precious*
kostelijk *exquisite, splendid, glorious*
kosteloos I [bnw] *gratis, free* II [bijw] *gratis, free of charge*
kosten I [de] *expense(s)* II [on ww] *cost*
koster *sexton, verger*
kostganger *boarder*
kostgeld *board*
kosthuis *boardinghouse*
kostprijs *cost price*
kostschool *boarding school*
kostuum *suit*
kostwinner *bread-winner, wage earner*
kostwinning *livelihood*
kot ● (hok) ‹schapenkot› *pen*, ‹varkenskot› *sty* ● (gevangenis) *clink, nick*
kotelet *cutlet, chop*
kotsen *retch, puke*
kotter *cutter*
koud *cold*
koukleum *(house)tomato, a p. who feels the cold easily*
kous *stocking*
kouwelijk *chilly*
kozak *Cossack*
kozijn *window frame*
kraag *collar*
kraai ● (vogel) *crow* ● (doodbidder) *undertaker's man*
kraaien *crow*
kraakactie *squat*
kraakbeen *cartilage, gristle*
kraal ● (bolletje) *bead* ● (ompaald stuk land) *kraal, corral*
kraam *booth, stall*
kraambezoek *lying-in visit, visit to mother who has given birth*
kraamverpleegster *maternity nurse, midwife*
kraamvrouw ‹bij bevalling› *woman in childbed*, ‹na bevalling› *new mother*
kraan ● (hijskraan) *crane, derrick* ● (uitblinker, kei) *dab, crack* ● (tap) *cock, tap*, ‹AE› *faucet*
kraanvogel *crane*
krab ● (kras) *scratch* ● (schaaldier) *crab*
krabbel *scrawl*
krabben *scratch*
kracht ‹die men bezit› *strength*, ‹die men gebruikt› *force*, ‹v. motor› *power*
krachtdadig *energetic*
krachteloos *powerless*
krachtens *by virtue of, on the strength of*
krachtig ● (sterk) *strong, powerful* ● (de maag vullend) *nourishing*
krachtsinspanning *effort, exertion*
krachtsport *power sport*
kraken I [ov ww] ● (openbreken) *crack* ● (vernielen) *wreck* II [on ww] *crack*, *(s)crunch*, ‹v. deur, schoenen› *creak*, ‹v. grind› *crunch*, ‹v. sneeuw› *crackle*
kraker *squatter*
kram *staple, cramp*
kramp *cramp*
krampachtig *spasmodic, convulsive*
kranig *plucky*
krankzinnig *insane, mad*
krankzinnigengesticht *mental home, lunatic asylum*
krans *wreath, garland*
krant *(news)paper*
krantenknipsel *press cutting*
krap ● (te klein) *tight* ● (met weinig geld) ★ zij hebben 't krap *they are hard up* ● (met weinig marge) ★ iets krap berekenen *cut s.th. very fine* ★ krap meten *measure on the short side*
kras I [de] *scratch* II [bnw] *robust, strong*
krassen ● (een kras maken) *scrape, scratch* ● (rauw keelgeluid maken)

screech, <v. kraai> caw, <v. raaf> croak,
<v. uil> hoot
krat crate
krater crater
krediet credit, <inf.> tick
kredietwaardig credit worthy, solvent
kreeft • (schaaldier) <rivierkreeft>
crayfish, <zeekreeft> lobster
• (sterrenbeeld) Cancer, the Crab
kreek creek
kreet cry, shout
krekel cricket
kreng <ding> blighter, <vrouw> bitch
krenken offend, hurt
krent currant
krenterig niggling, mean, stingy
kreukelig creased
kreunen groan
kreupel lame (of one leg)
kreupelhout thicket
kribbig peevish
kriebel itch
kriebelen I [ov ww] tickle II [on ww]
itch
kriebelig • (kriebelend) ticklish
• (kregel) nettled • (krabbelig)
squiggly
krijgen • (in een toestand
terechtkomen) * ik krijg het koud I
am getting cold • (getroffen worden
door) <schade> sustain, <verkoudheid>
catch • (ontvangen) get, receive
• (terechtkomen in) get, <regen> have
• (verkrijgen) <baby> have, <recht>
secure, <reputatie, wetenschap>
acquire • (in een toestand brengen)
* een vlek eruit ~ get out a stain
krijger warrior
krijgertje * ~ spelen play tag/tig
krijgsdienst military service
krijgsgevangenschap captivity,
imprisonment
krijgshaftig warlike
krijgsmacht (military) force
krijgsraad council of war, <mil.

rechtbank> court-martial
krijt • (delfstof) chalk • (geologisch
tijdperk) Cretaceous period
• (strijdperk) lists [mv]
krijtwit I [het] chalk dust II [bnw]
chalk-white
krik jack
krimpen shrink, <v. pijn> writhe
kring • (cirkel) circle, ring, <v. ster>
orbit • (gezelschap) * in alle ~en in all
walks of life
kringloop • (cyclus) cycle • (omloop)
circular course, circle
krioelen teem, swarm
kristal crystal
kristalhelder crystal-clear
kristallen crystal(line)
kristalliseren crystallize
kritiek I [de] criticism (of) II [bnw]
critical
kritisch critical
kritiseren criticize
kroeg public-house, pub
kroes I [de] • (mok) mug • (smeltkroes)
crucible II [bnw] crisp, frizzy
kroezen frizz
krokodil crocodile
krokus crocus
krols in heat
krom • (gebogen) crooked, <lijn>
curved, <neus> hooked, <plank>
warped, <rug> bent • (gebrekkig)
* krom Engels bad English
kromliggen pinch and scrape
krommen curve, bend
kromming bend, curve
kromtrekken warp
kronen crown
kroniek chronicle
kroning coronation
kronkel twist, coil, <in touw> kink
kronkelen wind, wriggle, <v. rivier>
meander
kroon crown, <v. boom> top
kroongetuige chief witness for the

Crown
kroonkurk *crown cap*
kroos *duckweed*
kroost *issue, offspring*
krot *hovel*
kruid *herb*
kruiden *spice, season*
kruidenier *grocer*
kruidig *spicy*
kruidnagel *clove*
kruien *wheel, trundle*
kruier *porter*
kruik • (kan) *jar, stone bottle*
• (bedfles) * warme ~ *hot-water bottle*
kruimel *crumb*
kruimelen *crumble*
kruin *top,* ‹op hoofd› *crown,* ‹top v. golf› *crest*
kruipen *creep,* ‹v. dier› *crawl,* ‹vleierig› *grovel*
kruiperig *cringing, servile*
kruis • (kruisfiguur) *cross*
• (lichaamsdeel) *crotch,* ‹v. broek› *fork*
• (stuit v. dier) *croup,* ‹v. paard› *crupper* • (zwaar lot) *nuisance, affliction* • (zijde van munt) *tails*
• (toonverhoging) *sharps*
kruisbeeld *crucifix*
kruisbes *gooseberry*
kruisen I [ov ww] • (over elkaar slaan) *cross* • (bevruchten) *interbreed* II [on ww] *cruise*
kruiser *cruiser*
kruisigen *crucify*
kruising • (bevruchting) *crossbreeding* • (kruispunt) *crossing*
kruispunt *intersection, crossing*
kruissnelheid *cruising speed*
kruistocht *crusade*
kruisvaarder *crusader*
kruisverhoor *cross-examination*
kruit *powder, gunpowder*
kruitdamp *(gun)powder-smoke*
kruiwagen *(wheel)barrow*
kruk • (zitmeubel) *stool* • (zitplaats v.

vogel) *perch* • (klink) *handle* • (as v. machine) *crank* • (sukkel) *bungler*
• (steunstok) *crutch*
krul • (haarlok) *curl* • (houtsnipper) *shaving* • (versiersel) *scroll* • (sierlijke pennenstreek) *flourish*
krulhaar *curly hair*
krullen I [ov ww] *curl* II [on ww] *curl*
kubiek *cubic*
kubus *cube*
kuch *(dry) cough*
kuchen *cough*
kudde *herd,* ‹schapen› *flock*
kuddedier *herd animal*
kuif *quiff,* ‹v. vogel› *tuft*
kuiken • (jong van kip) *chicken* • (dom persoon) *ninny, simpleton*
kuil • (gat) *pit, hole* • (scheepv.) *waist*
kuip *tub*
kuis *chaste*
kuisen • (schoonmaken) ‹Vl.› *chasten*
• (censureren) *bowdlerize*
kuisheid *chastity*
kuit • (klomp viseitjes) *spawn*
• (achterkant v. onderbeen) *calf*
kunde *knowledge*
kundig *able*
kundigheid *ability*
kunne *sex*
kunnen I [on ww] • (vermogen hebben) *can, be able to* • (mogelijk zijn) *may* II [hww]
• (mogelijk/wenselijk zijn) * 't kan waar zijn *it may be true*
kunst • (creatieve activiteit) *art*
• (kneep, foefje) *trick* • (toer) *feat*
kunstacademie *school/academy of art(s)*
kunstenaar *artist*
kunstgebit *(a set of) false teeth, denture*
kunstgeschiedenis *history of art*
kunstgreep *artifice*
kunstig *ingenious*
kunstmaan *satellite*
kunstmatig *artificial*

kunstmest *fertilizer*
kunstnijverheid *applied art*
kunstrijden *circus-riding*, ‹op schaatsen› *figure-skating*
kunstschilder *painter, artist*
kunststuk *masterpiece*, ‹gevaarlijk werk› *stunt*
kunstwerk *work of art*
kurk *cork*
kurkdroog *bone-dry, quite dry*
kurken I [bnw] *cork* II [ov ww] *cork*
kurkentrekker *corkscrew*
kus *kiss*
kussen I [het] *cushion*, ‹hoofdkussen› *pillow* II [ov ww] *kiss*
kussensloop *pillowcase*
kust *coast, shore*
kustvaart *coasting trade*
kut ‹vulg.› *cunt*
kuur • (gril) *caprice, whim* • (gezondheidskuur) ‹med.› *cure*
kwaad I [het] *evil, wrong* II [bnw] • (slecht) *evil*, ‹geweten› *bad* • (boos) *angry* III [bijw] *badly*
kwaadaardig *vicious, malicious*, ‹gezwel› *malignant*
kwaadspreken *talk scandal*
kwaadwillig *malevolent*
kwaal *ailment, complaint, disease*
kwadraat *square*
kwajongen *urchin*
kwajongensstreek *monkey trick, practical joke, prank*
kwaken ‹v. eend› *quack*, ‹v. kikker› *croak*
kwakkelen *be ailing*
kwakken *dump, hurl*
kwakzalver *quack*
kwal *jelly-fish*
kwalificatie *qualification*
kwalificeren *qualify*
kwalijk • (bezwaarlijk) *ill* • (nauwelijks) *hardly*
kwaliteit • (hoedanigheid) *quality* • (waarde van schaakstuk) *value*

kwark *quark*
kwart • (vierde deel) *quarter, fourth part* • (kwartier) * ~ over/voor vijf *a quarter past/to five*
kwartaal *quarter*
kwartel *quail*
kwartet *quartet(te)*
kwartier • (deel v. uur) *quarter of an hour* • (huisvesting v. militairen) ‹mil.› *quarters* • (wijk) *quarter*
kwartje *25 cents*
kwarts *quartz*
kwartshorloge *quartz watch*
kwast • (raar persoon) *weirdo* • (citroendrank) *lemon-squash* • (verfkwast) *brush* • (noest) *knot*
kwebbelen *chatter*
kweekreactor *breeder (reactor)*
kweekschool *teacher training (college)*
kweken *grow, cultivate, breed, foster*
kweker *grower*, ‹bloemen, planten› *nurseryman*, ‹groenten› *horticulturist*
kwekerij *nursery*
kwellen • (pijn/leed aandoen) *torment, vex* • (obsederen) *haunt, torment, vex*
kwelling *vexation, torment*
kwestie *question*, ‹zaak› *issue, matter*
kwetsbaar *vulnerable*
kwetsen • (verwonden) *injure, wound* • (beledigen) *grieve, wound, offend*
kwetteren *twitter*
kwiek *spry, sprightly*
kwijlen *slaver*
kwijnen *languish*, ‹v. bloem› *wilt*
kwijt * ik ben het ~ *I have lost it*
kwijten • (voldoen) * een schuld ~ *pay a debt*
kwijtschelden *remit*
kwik *mercury*
kwinkslag *witticism*
kwintessens *quintessence*
kwintet *quintet(te)*
kwistig *lavish, liberal*
kwitantie *receipt*

L

la • (schuifbak) → lade
• (muzieknoot) la
laadruim *cargo hold, freight/cargo compartment*
laag I [de] *layer*, ‹geo.› *stratum*, ‹dun film, ‹v. verf› coat* II [bnw] • (niet hoog) *low* • (gemeen, minderwaardig) *base, mean*
laaghartig *vile, mean*
laagland *lowland*
laagte • (hct laag zijn) *lowness* • (laag terrein) *depression, dip*
laagvlakte *lowlands*
laakbaar *reprehensible*
laan *avenue*
laars *boot* ∗ rubberlaarzen *wellies*
laat *late*
laatdunkend *conceited, disdainful, arrogant*
laatst I [bnw] *last*, ‹meest recente› *latest* II [bijw] *lately, the other day, recently*
labiel *unstable, unbalanced*
laboratorium *laboratory*, ‹inf.› *lab*
labyrint *labyrinth*
lach *laugh, laughter*, ‹brede glimlach› *grin*, ‹glimlach› *smile*, ‹inwendig› *chuckle*
lachbui *fit of laughter*
lachen *laugh*
lachwekkend *laughable, ridiculous, absurd*
laconiek *laconic*
lacune *gap, break*
ladder *ladder*
lade *drawer*, ‹v. kassa› *till*
laden *load*
lading • (elektrische lading) *charge*
• (last) *cargo, load*
• (vuurwapens/explosieven) *charge, loading*
laf • (niet moedig) *cowardly* • (flauw) *insipid*
lager ‹techn.› *bearing(s)*
lak *lacquer*
lakei *footman, lackey*
laken • (stof) *cloth* • (bedekking) ‹v. bed› *sheet*, ‹v. tafel› *cloth*
lakken *lacquer*
laks *remiss, lax, slack*
laksheid *slackness, laxity*
lam I [het] *lamb* II [bnw] • (verlamd) *paralysed* • (v. schroef) *stripped* • (vervelend) *awkward, annoying*
lama *lama*
lambrisering *wainscot(ting)*
lamheid *paralysis*
lamlendig • (lui) *lazy* • (beroerd) *wretched*
lamp *lamp*, ‹peertje› *bulb*
lampenkap *lamp shade*
lampion *Chinese lantern*
lamsvlees *lamb*
lanceren *launch*
lancet *lancet*
land • (grond) *land* • (droge, vaste grond) *land* • (staat) *country* • (platteland) *country* • (akker) *field*
landaard *national character*
landbouw *agriculture*
landbouwbedrijf *farm, agriculture*
landbouwhogeschool *agricultural college*
landbouwkunde *agriculture*
landelijk • (van het platteland) *rural* • (nationaal) *national*
landen *land*
landengte *isthmus*
landerig *listless*, ‹inf.› *blue*
landgenoot *countryman, compatriot*
landgoed *(country) estate*
landhuis *country house*
landing *landing*
landingsgestel *landing gear, undercarriage*

landkaart *map*
landloper *tramp, vagabond, vagrant,* <AE> *bum*
landmacht *land forces*
landmeter *surveyor*
landschap *landscape*
landstreek *region, district*
landtong *spit (of land)*
landverraad *high treason, treason against the state*
landweg • *(landelijke weg) country road* • *(route over land) overland route*
lang I [bnw] • *(v. gestalte, boom) tall* • *(een tijd durend) long* II [bijw] *long*
langdradig *long-winded*
langdurig <afwezigheid, verblijf> *prolonged,* <vriendschap> *lasting*
langharig *long haired*
langs I [bijw] • *(in de lengte naast/over)* * *de kerk ~ en dan rechts past the church and then right* * *bij iem. ~ gaan drop in on s.o.* II [vz] • *(via) through, via* • *(in de lengte naast/over) along*
langspeelplaat *long-playing record, L.P., album*
languit *(at) full length*
langwerpig *oblong*
langzaam *slow*
langzamerhand *little by little, gradually*
lantaarn *lantern*
lantaarnpaal *lamp-post*
lanterfanten *idle, loaf (about)*
lap *rag, patch* <op kledingstuk> <grond>, <vlees> *slice,* <wrijfdoek> *cloth*
lapmiddel *expedient, makeshift*
lappen • *(repareren) mend, repair,* <kleren> *patch* • *(ramen zemen) clean* • *(klaarspelen)* * *hij heeft het hem gelapt he has pulled it off; he has done it*
lappendeken *patchwork quilt*
larderen *lard*
larie *bullshit, nonsense, rubbish,* <AE>
boloney
larve *larva, grub*
las *joint, weld*
lassen *weld*
lasso *lasso,* <AE> *lariat*
last • *(overlast) trouble, nuisance* • *(bevel) order* • *(vracht)* <scheepv.> *cargo, load,* <fig.> *burden* • *(geldelijke verplichting)* * *ten laste komen van be chargeable to* • *(beschuldiging)* * *iem. iets ten laste leggen charge s.o. with s.th.*
lastdier *beast of burden*
laster *calumny, slander, defamation (of character), smear*
lasteren *slander, defame, insult*
lastig • *(veeleisend) exacting, troublesome* • *(moeilijk) difficult*
lat • *(stuk hout) slat* • *(sport) crossbar*
laten I [ov ww] • *(toestaan) let, permit* • *(in een toestand laten) leave* • *(nalaten) leave off, refrain from* • *(zorgen dat iets gebeurt) make, cause, have, get* • *(bevelen) tell, order* II [hww] *let*
latent *dormant, latent*
Latijn *Latin*
Latijns *Latin*
latwerk • *(raamwerk) lath-work, lathing* • *(hekwerk) lattice,* <v. bomen, planten> *trellis*
laurier *laurel, bay*
lauw • *(niet erg warm) tepid* • *(mat, slap) lukewarm, halfhearted*
lauweren I [de] *laurels* II [ov ww] *crown with laurels*
lauwerkrans *laurel wreath*
lava *lava*
laven *quench one's thirst*
lavendel *lavender*
laveren • *(wankelend lopen) reel, stagger (about)* • *(schipperen) manoeuvre, steer a middle course* • *(scheepv.) tack*
lawaai *noise, din, racket*

lawine *avalanche*
laxeren *purge*
lazaret *military hospital*
lectuur *reading (matter)*
ledematen *limbs*
ledigheid *idleness*
ledikant *bedstead*
leed • (verdriet) *grief, sorrow* • (letsel) *injury, harm*
leedvermaak *gloating, malicious enjoyment*
leedwezen *regret*
leefbaar *livable, habitable, fit to live in*
leefregel *regimen*
leeftijd *age*
leeftijdsgrens *age limit*
leeg • (zonder inhoud) *empty, vacant,* ‹fietsband, accu› *flat,* ‹huis› *unoccupied*
leeghoofd *rattlebrain, featherbrain,* ‹AE› *airhead*
leeglopen • (leegstromen) ‹v. fietsband, accu› *go flat* • (nietsdoen) *idle, loaf (about/around)*
leegte *emptiness*
leek *layman*
leem *clay,* ‹grond› *loam*
leemte *gap*
leen ‹gesch.› *fief*
leenheer *feudal lord, liege lord*
leep *cunning*
leer I [de] • (ladder) *ladder* • (doctrine) *doctrine, theory* • (het leren) *lesson, apprenticeship* II [het] *leather*
leerboek *textbook*
leergang • (cursus) *course (of instruction)* • (methode) *(teaching/educational) method*
leergeld *tuition fees*
leergierig *studious, eager to learn*
leerjaar *schoolyear, year's course,* ‹AE› ≈ *class*
leermeester • (docent) *teacher* • (iem. die wordt nagevolgd) *master*
leerplan *curriculum*

leerplichtig *of school age*
leerschool *school*
leerstelling *doctrine*
leerstoel *chair, professorship*
leerstof *subject matter*
leerzaam *instructive*
leesbaar • (wat te lezen is) *legible* • (aangenaam om te lezen) *readable*
leesboek • (boek om te leren lezen) *reader* • (boek om te lezen) *recreational/light reading*
leeslamp *reading lamp*
leest • (taille) *waist* • (gereedschap v. schoenmaker) *last*
leesteken *punctuation mark*
leeszaal *reading room*
leeuw *lion, the Lion,* ‹astrol.› *Leo*
leeuwerik *(sky)lark*
lef *pluck, guts*
leg *laying*
legaliseren *legalize*
legendarisch *legendary*
legende *legend*
leger • (rustplaats v. dier) *lair* • (mil.) *army*
leges *legal dues/charges*
leggen *lay*
legio *countless, legion*
legioen *legion*
legitimatie *identification*
legitimeren I [ov ww] *legitimize* II [wkd ww] *identify o.s., prove one's identity*
lei *slate*
leiband *leading strings* [mv]
leiden *lead*
leider *leader*
leiding • (het leiden) *guidance, leadership, conduct* • (het bestuur) *management* • (buis) *pipe* • (draad) *wire*
leidraad *guide(line)*
leien *slate*
leisteen *slate*
lek I [het] *leak(age),* ‹v. band› *puncture*

II [bnw] *leaky*, <v. band> *punctured* ★ een lekke band hebben *have a flat tire*
lekkage *leak(age)*
lekken *leak*, <v. schip> *make water*
lekker I [bnw] • (smakelijk) *good, delicious, tasty* • (aangenaam) *nice* II [bijw] ★ ~ rustig hier *nice and quiet here* ★ ~ puh! *serve you right!; pooh (with knobs on)!*
lekkerbek *gourmet*
lekkernij *delicacy, tasty morsel*
lelie *lily*
lelijk *plain*, <afstotend> *ugly*
lelijkerd • (lelijk persoon) *ugly fellow/bloke* • (gemeen persoon) *brute*, <inf.> *ugly bastard*
lenen • (uitlenen) *lend (to)* • (te leen krijgen) *borrow (from)*
lengen *lengthen*
lengte *length*, <v. personen> *height*
lengtemaat *linear measure*
lenig *lithe, supple*
lenigen *relieve, ease*
lening *loan*
lens I [de] *lens* II [bnw] *empty, dry*
lente *spring*
lepel *spoon*
lepra *leprosy*
leraar *teacher*
leren I [bnw] *leather* II [on ww] • (onderrichten) *teach* • (studeren) *study* • (kennis, kundigheid verwerven) *learn*
lering *instruction*
les *lesson, lecture*
lesbisch *lesbian*
lesrooster *timetable*
lessen *quench*
lessenaar *desk*, <in kerk> *lectern*
letsel *injury*
letter • (lettertype) *font* • (letterteken) *character*
lettergreep *syllable*
letterkunde *literature*

letterkundig *literary*
letterlijk *literal*
letterteken *character*
leugen *lie*, <form.> *falsehood*
leugenaar *liar*
leugenachtig *lying, false*, <form.> *mendacious*
leuk • (aardig, prettig) *nice* • (amusant) *amusing, funny*
leunen *lean (on/against)*
leuning • (trapleuning) *banisters, rail* • (leuning van stoel) <arm> *arm rest*, <rug> *back*
leuren *hawk, peddle*
leus *slogan, catchword*
leuteren *drivel*
leven I [het] *life* [mv: *lives*] ★ een druk ~ leiden *lead a busy life* II [on ww] *live*
levend *living*, <predikatief> *alive*
levendig • (vol leven) *lively*, <persoon> *vivacious* • (duidelijk) <beschrijving> *vivid*
levenloos *lifeless*
levensbehoefte *vital necessity*
levensduur *life (span)*
levensgroot *life-size, as large as life*
levenslang *lifelong*
levenslicht *light (of day)*
levensloop • (leven) *course of life* • (curriculum vitae) *career, curriculum vitae*
levensmiddelen *food(s), foodstuffs*
levensonderhoud • (het voorzien in levensbehoefte) *support, sustenance* • (kost) *livelihood*
levensvatbaar *viable*
levensverzekering *life insurance*
levensvreugde *joy of living*
lever *liver*
leverancier *purveyor*, <algemeen> *supplier*, <winkelier> *tradesman*
leverantie • (koopwaar) *supply* • (levering) *delivery, supply*
leverbaar *ready for delivery, available*
leveren • (verschaffen, bezorgen)

supply, ‹afleveren› deliver
• (klaarspelen) *fix* • (aandoen) *try on*
levering *supply, delivery*
leverpastei *liver pie*
leverworst *liver sausage*
lexicon *lexicon*
lezen *read,* ‹vluchtig› *skim through*
lezer *reader*
lezing • (het lezen) *reading*
• (verhandeling) *lecture*
• (voorstelling v. zaken) *version*
libel *dragonfly*
liberaal *liberal*
licentie *licence*
lichaam *body*
lichaamsbeweging *(physical) exercise*
lichaamsbouw *physique, build*
lichamelijk *bodily*
licht I [het] • (schijnsel) *light*
• (opheldering) ∗ er gaat mij een ~ op
*the penny has dropped; I'm beginning
to see the light* ∗ ~ werpen op
throw/shed light on • (openbaarheid)
∗ aan het ~ komen *come to light*
II [bnw] • (niet donker) *bright, light*
• (niet zwaar) ‹maal› *light,* ‹muz.›
light, ‹sigaar› *mild* • (onbeduidend)
slight III [bijw] • (enigszins) *slightly*
• (gemakkelijk) *easily* • (soepel,
helder) *lightly*
lichtbron *source of light*
lichtbundel *pencil/shaft/beam of light*
lichtelijk *slightly*
lichten I [ov ww] • (weghalen) ∗ iem.
van het bed ~ *drag s.o. from his bed;
arrest s.o. in his bed* • (legen) ∗ de bus
~ *collect the letters/post; empty the
letter box* II [on ww] • (licht geven)
light (up), glow III [onp ww]
• (weerlichten) *lighten*
lichtgelovig *credulous, gullible*
lichtgeraakt *touchy*
lichtgevend *luminous*
lichtgewicht *lightweight*
lichting • (rekrutering) *conscription*

• (opgeroepen soldaten) *class*
• (postlichting) *collection*
lichtjaar *light-year*
lichtmatroos *ordinary seaman*
lichtnet *(electric) mains*
lichtpunt *power point, socket,* ‹fig.›
bright spot
lichtreclame • (reclame) *illuminated
advertisement* • (reclamebord)
sky-sign
lichtsterkte *brightness, intensity of
light*
lichtstraal *ray/beam of light*
lichtvaardig *rash*
lichtzinnig • (ondoordacht) *frivolous,
light-hearted* • (los van zeden) *loose*
lid • (beweegbaar lichaamsdeel)
‹lidmaat› *limb,* ‹v. oog› *lid* • (clublid)
member
lidmaatschap *membership*
lidwoord *article*
lied *song*
lieden *people, folk*
liederlijk ‹persoon› *debauched,* ‹v.
taal› *obscene*
lief I [bnw] • (geliefd) *dear*
• (beminnelijk) *sweet, nice*
• (dierbaar) *fond* II [bijw] *dear, sweet*
liefdadig *charitable*
liefde *love*
liefdeloos *loveless*
liefderijk *loving*
liefdevol *loving*
liefhebben *love*
liefhebber *lover*
liefhebberij *hobby*
liefkozen *caress, fondle*
lieftallig *sweet, pretty*
liegen *lie, tell a lie*
lier • (hijstoestel) *winch* • (muz.) *lyre*
lies *groin*
liesbreuk *(groin)rupture, hernia*
lieveheersbeestje *lady bird*
lieveling *darling, pet*
liever *rather, sooner*

lieverd *darling*
lift • (cabine van hijsinstallatie) *lift,
elevator* • (het meerijden) *lift*
liften *hitchhike*
lifter *hitchhiker*
liga *league*
liggeld *harbour-dues*
liggen • (uitgestrekt zijn) ∗ blijven ~
stay in bed; sleep in ∗ gaan ~ *lie down;
drop* ∗ op sterven ~ *be dying*
• (rusten) ∗ het werk is blijven ~ *the
work has been left over* ∗ iets laten ~
leave s.th. • (zich bevinden) *lie, be
situated* • (~ **aan**) *depend* (on)
ligging *situation, position*
ligplaats *berth*
ligstoel *reclining chair*
lij *lee*
lijdelijk *passive, resigned*
lijden I [het] *suffering(s)* II [ov ww]
suffer ∗ pijn ~ *be in pain* III [on ww]
• (~ **aan**) *suffer* (from)
lijdensweg *agony,* ‹v. Christus› *Way
of the Cross*
lijder • (iem. die lijdt) *sufferer*
• (patiënt) *patient*
lijdzaam *patient, resigned*
lijdzaamheid *patience*
lijf • (deel v. kledingstuk) *bodice*
• (lichaam) *body*
lijfarts *personal physician*
lijfelijk *bodily, physically*
lijfrente *annuity*
lijfspreuk *motto*
lijk *corpse, dead body*
lijken • (schijnen) *seem, appear*
• (aanstaan) *suit* • (~ **op**) *resemble,
look like*
lijkkist *coffin*
lijkrede *funeral oration*
lijkschouwing *autopsy, post-mortem
examination,* ‹jur.› *inquest*
lijm *glue*
lijmen • (plakken) *glue* • (bepraten)
talk round

lijn • (omtrek) ∗ in grote lijnen
broadly speaking • (route) *line*
• (touw, koord) *line,* ‹v. hond› *lead,
leash* • (streep) *line*
lijnen I [ov ww] *line* II [on ww] *go on a
diet*
lijnolie *linseed oil*
lijnrecht I [bnw] (dead) *straight*
II [bijw] ∗ ~ staan tegenover *be
diametrically opposed to*
lijnzaad *linseed*
lijst • (register) *list, register*
• (omlijsting) *frame*
lijster *thrush*
lijvig • (omvangrijk) *bulky* • (dik)
corpulent
lijzig *drawling*
lik • (het likken) *lick* • (slag) *lick, slap*
likdoorn *corn*
likeur *liqueur*
likken *lick*
lila *lilac*
limiet *limit*
limonade *lemonade,* ‹met prik› *fizzy
lemonade*
linde *lime (tree)*
lingerie *lingerie, women's underwear*
linguïstiek *linguistics*
linie *line*
linker *left, left-hand*
links I [bnw] • (aan de linkerkant) *on
the left hand side* • (onhandig)
awkward • (pol.) *left-wing, leftist*
II [bijw] • (aan linkerkant) *to/on/at
the left*
linksaf *to the left*
linnen *linen*
linnenkast *linen cupboard*
linoleum *linoleum*
lint *ribbon*
lintworm *tapeworm*
linze *lentil*
lip *lip*
liplezen I [het] *lipreading* II [ww]
lip-read, read s.o.'s lips

lippenstift lipstick
liquidatie liquidation, winding-up,
<effectenbeurs> settlement
liquideren • (afwikkelen) settle
• (opheffen) liquidate, wind up, go
into liquidation • (uit de weg ruimen)
eliminate
list trick
listig cunning, crafty
litanie litany
liter litre
litteken scar
liturgie liturgy
livrei livery
locomotief engine, locomotive
loden lead(en)
loeder bitch
loef luff
loeien • (bulken) <v. koe> low, <v. stier>
bellow • (huilen) <v. sirene> shriek
loensen squint
loep magnifying glass, loupe
loeren leer (at), spy
lof I [de] praise II [het] chicory
loffelijk laudable
loflied hymn/song of praise
lofrede eulogy
lofzang ode
log <ding> unwieldy, <tred> heavy
logaritme logarithm
logboek log (book)
loge • (zitplaats in theater) box
• (vereniging v. vrijmetselaars) lodge
• (verenigingsgebouw v.
vrijmetselaars) (freemasons') lodge
logeerkamer visitor's room, spare room
logement lodging-house
logen steep in lye
logenstraffen <hoop> belie
logeren stay, <inf.> stop
logica logic
logies accommodation, lodging(s),
<scheepv.> living quarters
logisch logical, rational
logopedie speech therapy

lok lock
lokaal I [het] room II [bnw] local
lokaas bait
lokaliseren • (tot plaats beperken)
localize • (plaats bepalen) locate
lokaliteit room, hall, premises [mv]
loket • (opbergvakje) pigeon hole, box
• (raamvormige opening) ticket
window, <v. kantoor> counter, <v.
theater, bioscoop> booking/box office
lokken • (verleiden te komen) lure,
entice • (aantrekken) tempt
lol fun, laugh
lollig funny
lommerd pawnshop
lomp • (onhandig) clumsy
• (onbeleefd) rude
lonen be worth, pay
long lung
longontsteking pneumonia
lonken ogle
lont fuse
loochenen deny
lood • (metaal) lead • (schietlood)
plummet, plumb line
loodgieter plumber
loodlijn ✶ een ~ oprichten/neerlaten
erect/drop a perpendicular
loodrecht perpendicular
loods • (keet) shed, <v. vliegtuig>
hangar • (gids voor schepen) pilot
loodsen pilot
loodzwaar leaden, heavy (as lead)
loof foliage
loofboom deciduous tree
looien tan
looier tanner
loom • (futloos) languid, listless
• (traag) heavy
loon • (geldelijke betaling) wages, pay
• (beloning) reward
loonbelasting P.A.Y.E., pay as you
earn, income-tax
loondienst paid/salaried employment
loonlijst payroll

loonstop *wage freeze*
loonsverhoging *wage/pay rise*
loop • (vlucht) *run* • (het lopen) *walk, gait* • (verloop) *course, development* • (deel v. geweer) *barrel*
loopbaan *career*
loopbrug *footbridge,* ‹v. schip› *gangway*
loopgraaf *trench*
loopje • (korte loop) (*short) run* • (muz.) *run*
loopjongen *errand boy*
looppas *run, jog*
loopplank ‹v. schip› *gangway*
loops *in heat*
looptijd *term*
loos • (vals) *false* • (leeg) *empty*
loot • (uitloper) *shoot* • (nakomeling) (*off)shoot,* ‹form.› *scion*
lopen • ((te voet) gaan) *walk, go, run* • (z. ontwikkelen) ⋆ *het boek loopt goed the book sells well* ⋆ *het liep heel anders it turned out quite differently* • (z. uitstrekken) ⋆ *deze weg loopt naar A this road leads/goes to A* ⋆ *de weg liep langs de rivier the road followed the river* • (in werking zijn) ⋆ *1 op 7 ~ do 7 kilometres to the litre*
lopend • (voortbewegend) *running* • (voortgang hebbend) ⋆ *~e orders standing orders* ⋆ *~e schulden running debts* ⋆ *~e zaken current affairs*
loper • (sleutel) *master key* • (schaakstuk) *bishop* • (tapijt) *carpet*
lor • (vod) *rag* • (prul) (*a piece of) junk*
los • (losbandig) ‹zeden› *loose, lax* • (apart, vrij, afzonderlijk) *detachable* • (niet vast, niet stevig) *loose* • (niet strak) *loose, slack* • (niet stijf) *relaxed, easy*
losbandig *lawless, loose, licentious*
losbarsten *break out, burst (out)*
losbladig *loose-leaf*
losbreken *break loose,* ‹v. onweer, applaus› *burst out*
losgaan *come loose, come undone*
losgeld *ransom*
losjes *loosely,* ‹fig.› *lightly*
loskomen • (z. uiten) *let o.s. go, express o.s.* • (losraken) *come loose/off,* ‹vliegtuig, enz.› *get off the ground* • (vrijkomen) *be set free*
loskoppelen *detach, uncouple, disconnect*
loskrijgen • (in bezit krijgen) *secure* • (losmaken) *get loose/undone*
loslaten • (vrijlaten) *let loose, set free* • (laten blijken) *reveal* • (met rust laten) *let go (of)*
loslippig *indiscreet*
loslopen • (vrij rondlopen) *walk about freely,* ‹v. honden› *run free* • (meevallen) ⋆ *dat zal wel ~ that is sure to come right*
losmaken *unfasten, undo,* ‹schoenen› *unlace*
losprijs *ransom*
losrukken *tear loose*
losscheuren *tear loose*
losschroeven *unscrew, screw off*
lossen • (uitladen) *unload* • (afschieten) *discharge, fire* • (sport) *fall behind*
losweken *soak off,* ‹door stoom› *steam open*
lot • (loterijbriefje) (*lottery) ticket* • (levenslot) *fate, lot*
loten I [ov ww] *draw lots (for)* II [on ww] *draw by lot*
loterij *lottery*
lotgenoot *partner in distress, fellow-sufferer*
loting *drawing lots, draw*
louter I [bnw] *sheer* II [bijw] *only, purely*
louteren *purify, chasten*
loutering *purification, chastening*
loven *praise, commend*
lover *foliage*

loyaal *loyal*
loyaliteit *loyalty*
lozen • (spuien) *drain off* • (urineren)
pass (water) • (z. ontdoen van) ∗ iem.
~ *get rid of/ditch s.o.*
lucht • (dampkring) *air* • (adem) *air*
• (hemel) *sky* • (reuk) *smell*
luchtballon *(hot-air) balloon*
luchtbed *air mattress, Lilo*
luchtbel *air bubble*
luchtdicht *airtight*
luchten • (uiten) *vent* • (ventileren)
air, ventilate
luchter • (kroonluchter) *chandelier*
• (kandelaar) *candelabrum*
luchthartig *light-hearted*
luchthaven *airport*
luchtig I [bnw] • (lucht doorlatend)
light • (niet compact) *light, airy*
II [bijw] *airy, light-hearted*
luchtkasteel *castle in the air, illusion*
luchtkoker *air shaft*
luchtledig *void of air, vacuous*
luchtmacht *air force*
luchtpijp *windpipe,* ‹med.› *trachea*
luchtruim • (territoriaal gebied)
airspace • (dampkring) *atmosphere*
luchtschip *airship*
luchtvaart *aviation*
luchtvaartmaatschappij *air line*
(company)
lucifer *match*
lucratief *lucrative*
lui I [de] *people, folk* II [bnw] *lazy, idle*
luiaard • (persoon) *lazy-bones* • (dier)
sloth
luid *loud*
luiden I [ov ww] *ring* II [on ww]
• (inhouden) *read, run* • (klinken)
ring, peal
luidkeels *at the top of one's voice,*
loudly
luidruchtig *clamorous, noisy*
luidspreker *loudspeaker*
luilak *lazybones*

luilekkerland *(land of) Cockaigne,*
land of plenty
luipaard *leopard*
luis *louse* [mv: *lice*]
luister *lustre*
luisteraar *listener*
luisteren *listen* ∗ ~ naar *listen to*
luisterrijk *glorious, magnificent*
luit *lute*
luitenant *lieutenant*
luitenant-kolonel ‹luchtmacht›
wing commander
luiwagen *scrubbing-brush*
lukken *succeed*
lukraak I [bnw] *random, haphazard*
II [bijw] *haphazardly*
lul • (klootzak) *sod, prick* • (penis) *cock,*
prick
lullen *(talk) bullshit*
lummel *lout, oaf*
lummelen *hang about*
lunch *lunch(eon)*
lunchroom *tearoom*
lurken *suck noisily*
lus *loop,* ‹in tram› *strap,* ‹v. touw›
noose
lust • (verlangen) *desire* • (plezier)
delight • (zinnelijke lust) *lust*
lusteloos *listless*
lusten *like, enjoy*
lusthof • (paradijs) *(garden of) Eden*
• (tuin) *pleasure garden*
lustig • (krachtig) *lusty* • (vrolijk)
cheerful
lustrum • (vijfjarig bestaan) *lustrum*
• (viering) *fifth, etc., anniversary*
luwen ‹v. ijver› *flag,* ‹v. vriendschap›
cool down, ‹v. wind, boosheid› *die*
down
luwte *lee, shelter*
luxe *luxury*
luxueus *sumptuous, luxurious*
lyceum ‹BE› ≈ *grammar school,* ‹AE›
high school
lynchen *lynch*

lyriek *lyric poetry*
lyrisch *lyric(al)*

M

ma *mama, mum, mummy*
maag *stomach,* ‹inf.› *tummy*
maagbloeding *gastric h(a)emorrhage*
maagd • *(meisje) maid(en), virgin*
• *(Maria) the Virgin* • *(astrol.) Virgo*
maagdelijk *virginal*
maagzuur *gastric acid, stomach acid*
maagzweer *gastric ulcer*
maaien *mow,* ‹v. gras› *cut*
maaier *mower, reaper*
maaimachine *mowing-machine,*
‹voor gras› *lawnmower*
maak *be under repair/construction*
maakloon *cost of making*
maaksel *make*
maakwerk *work made to order*
maal I [de] *time* II [het] *meal*
maalstroom *whirlpool, maelstrom*
maalteken *multiplication sign*
maaltijd *meal*
maan *moon*
maand *month*
maandag *Monday*
maandblad *monthly*
(review/magazine)
maandelijks *monthly*
maandverband *sanitary towel*
maansverduistering *eclipse of the*
moon
maar I [de] *but* II [bijw] *but, only*
III [vw] *but*
maarschalk *marshal*
maart *March*
maarts *(of) March*
maas *mesh,* ‹in wet› *loophole*
maat • *(muzikaal ritme) measure,*
time, ‹op muziekbalk› *bar* • *(iets*
waarmee men meet) measure
• *(kameraad) mate, comrade,* ‹inf.›
chum • *(afmeting) measure,* ‹v.

kleding> size • (gematigdheid) ⋆ maat
houden keep within bounds ⋆ met
mate in moderation
maatgevoel sense of rhythm
maatglas measuring-glass, <AE>
graduate
maatje • (0,1 liter) decilitre
• (kameraad) mate, chum
maatregel measure
maatschappelijk social
maatschappij society, <handel>
company
maatschappijleer social science
maatstaf standard, norm
maatwerk goods made to measure
machinaal mechanical, automatic
machine machine
machinebankwerker engineering
fitter
machinegeweer machinegun
machinekamer engine-room
machinist (engine) driver
macht • (grote hoeveelheid) a great
deal • (vermogen) power, might
• (heerschappij) power, authority
• (gezag) dominion, power • (wisk.)
power
machteloos powerless, helpless
machthebber ruler, man in power
machtig I [bnw] • (het vermogen
hebbend) powerful, mighty,
tremendous • (zwaar op de maag
liggend) rich II [bijw] powerfully
machtigen authorize
machtiging authorization
machtsmiddel weapon, means of
power
machtsvertoon display of power
made maggot, grub
madonna Madonna
maffen kip ⋆ gaan ~ hit the sack/hay;
turn in
magazijn • (ruimte voor patronen)
magazine • (opslagruimte)
warehouse, storehouse

mager <fig.> meagre, <v. personen>
thin, <v. vlees> lean
magiër magician
magisch magic(al)
magistraal masterly
magistraat magistrate
magnaat magnate, <inf.> tycoon
magneet magnet
magneetnaald magnetic needle
magnesium magnesium
magnetisch magnetic
magnetiseren • (magnetisch maken)
magnetize • (hypnotiseren) mesmerize
magnetisme magnetism
magnifiek magnificent
maïs maize, <AE> (sweet) corn
majesteit majesty
majesteitsschennis lèse-majesté,
lese-majesty
majestueus majestic
majeur major
majoor major
mak tame, gentle
makelaar broker
makelaardij brokerage
makelij make
maken • (vervaardigen) make • (in een
toestand brengen) render
• (repareren) repair, mend
• (verdienen) make • (doen) ⋆ het
maakt niets uit it makes no difference;
it does not matter
maker maker, author
makker comrade, mate
makreel mackerel
mal I [de] mould II [bnw] silly, foolish
malaise slump, depression
malaria malaria
malen I [ov ww] • (fijnmaken) grind
II [on ww] • (~ om) worry, care
maling ⋆ iem. in de ~ nemen pull
s.o.'s leg
mals tender
mammoet mammoth
man • (mannelijk persoon) man

• (echtgenoot) *husband* • (persoon) *person*
management *management*
manche <sport> *heat*, <whist> *game*
manchet *cuff*
manco • (tekort) *shortage* • (gebrek) *flaw*
mand *basket, pannier*
mandaat • (opdracht) *mandate* • (volmacht) *power of attorney*, <tot betaling> *pay-warrant*
mandarijn *mandarin*
mandoline *mandolin*
manege *manège, riding-school*
manen I [de] *mane* II [ov ww] • (aanmanen) *dun* • (~ tot) *urge*
maneschijn *moonlight*
mangel *mangle, wringer*
mangelen *mangle*
manhaftig *manly*
maniak *maniac, fiend*
manicure • (verzorger v. handen) *manicurist* • (verzorging v. handen) *manicure*
manie *mania, rage, craze, fad*
manier *manner, fashion, way*
manifest I [het] *manifesto* II [bnw] *manifest*
manifestatie *demonstration*
manifesteren I [ov ww] *manifest* II [on ww] *demonstrate* III [wkd ww] *manifest o.s.*
manipulatie *manipulation*
manipuleren *manipulate*
mank *lame, crippled*
mankement *defect, fault*
mankeren *fail, be absent*
manmoedig *manly, manfully*
mannelijk • (m.b.t. geslacht) *male* • (als v.e. man) *masculine* • (dapper) *manly* • (taalk.) *masculine*
mannequin *mannequin*
mannetje • (kleine man) *little fellow/man* • (mannelijk dier) *male*
manoeuvre *manoeuvre*

manometer *pressure gauge, manometer*
mans * ik ben mans genoeg om... *I am man enough to...*
manspersoon *male, man*
mantel • (jas) <damesmantel> *coat*, <zonder mouwen> *cloak*
mantelpak *coat and skirt, lady's suit*
manufacturen *drapery, dry goods*
manuscript *manuscript*
manwijf <form.> *virago*
map <voor documenten> *folder*, <voor tekeningen> *portfolio*
marcheren *march*
marconist *wireless operator*
mare *news, report*
marechaussee *military police*
maretak *mistletoe*
margarine *margarine*, <inf.> *marge*
marge *margin*
marihuana *marihuana*, <inf.> *pot, grass*
marine *navy*
marinebasis *naval base*
marineblauw *navy blue*
marinier *marine*
marionet *marionette, puppet*
marjolein *marjoram*
markant *striking, outstanding*
markeren *mark*
markies • (markgraaf) *marquis, marquess* • (zonneluifel) *awning*
markt *market*
marmelade *marmalade*
marmer *marble*
marmeren I [het] *marbling, graining* II [bnw] *marble* III [ov ww] *marble, grain*
marmot *marmot, woodchuck*, <cavia> *guinea-pig*
mars *march*
marskramer *pedlar, hawker*
martelaar *martyr*
martelaarschap *martyrdom*
marteldood *martyrdom*

martelen *torture*
marter *marten*
marxisme *Marxism*
mascotte *mascot*
masker *mask*
massa • (hoeveelheid) *mass* • (groot aantal) *mass, loads* • (volk) *mass, crowd* • (nat.) *mass*
massaal *massive*
massage *massage*
massagraf *mass grave*
massamoord *mass murder*
massaproductie *mass production*
masseren *massage*
masseur *masseur*
massief • (niet hol) *solid* • (stevig) *massive*
mast *mast*, ‹hoogspanningsmast› *pylon*
mat I [de] *mat* II [bnw] • (vermoeid) *weary, languid* • (gematteerd) ‹foto› *mat(t)*
matador • (stierendoder) *matador* • (uitblinker) *crack (at, in), past master (in)*
mate *measure*
mateloos *unlimited*
materiaal *material(s)*
materialisme *materialism*
materie *matter*
materieel I [het] *materials* II [bnw] *material*
matglas *frosted glass*
mathematisch *mathematical*
matig *moderate*
matigen • (intomen) *moderate* • (verzachten) *mitigate*
matiging *moderation, mitigation*
matras *mattress*
matrijs *matrix*
matroos *sailor*
matrozenpak *sailor suit*
mattenklopper *carpet-beater*
mausoleum *mausoleum*
maximaal I [bnw] *maximum, top*

II [bijw] *at most*
maximum *maximum*
maximumsnelheid • (toegestane snelheid) *speed limit* • (topsnelheid) *top speed*
mayonaise *mayonnaise*
mazelen *measles*
mazen *darn*
mazzel *stroke/piece of luck*
mecanicien *mechanic*
mechanica *mechanics*
mechaniek *mechanism*
mechanisch *mechanical*
mechanisme *mechanism*
medaille *medal, medallion*
mededeelzaam *communicative*
mededeling (piece of) *information, announcement*
mededinging *competition*
mededogen *compassion*
medelijden *pity, compassion*
medelijdend *compassionate*
medemens *fellow-man*
medestander *supporter*
medewerker *colleague, fellow-worker*, ‹aan tijdschrift› *contributor*
medewerking *co-operation, collaboration*
medeweten ★ met ~ van *with the knowledge of*
medezeggenschap *workers' participation*
medicijn *medicine*, ‹iron.› *physic*
medicus *medical man, doctor, physician*
medisch *medical*
meditatie *meditation*
mediteren *meditate*
medium *medium*
mee ★ de wind mee hebben *have a tail wind* ★ ga je mee? *are you coming?*
meedoen *join (in)*, ‹aan examen› *go in for*, ‹aan race› *compete*
meedogenloos *pitiless, ruthless*
meegaand *accommodating, compliant*

meekomen • (bijblijven) *keep up*
• (komen) *come (along, with)*
meel *meal,* ‹bloem› *flour*
meelokken *entice, lure*
meelopen ∗ met iem. ~ *accompany s.o.*
meemaken ∗ zij heeft veel
meegemaakt *she's been/gone through
a lot*
meenemen *take along/with*
meepraten • (meedoen in het
gesprek) *join in the conversation, put
in a word* • (naar de mond praten)
∗ met iem. ~ *play up to a person*
meer I [het] *lake* II [bijw] *more*
III [telw] ∗ onder meer *amongst others*
∗ zonder meer *simply; merely*
meerderheid *majority*
meerderjarig *of age*
meervoud *plural*
meervoudig *plural*
meerwaarde *surplus value*
mees *titmouse*
meesmuilen *smile ironically*
meespelen • (een rol spelen) *play a
part* • (meedoen) *join in the game*
meespreken • (meebeslissen) ∗ mag
ik ook een woordje ~? *may I put in a
word?; may I have a say in the matter?*
• (deelnemen aan gesprek) *take part
in a conversation*
meest I [bnw] *most* II [bijw]
• (meestal) *mostly* • (in hoogste mate)
most
meestal *mostly*
meestbiedende *highest bidder*
meester *master*
meesteres *mistress*
meesterlijk *masterly*
meesterschap *mastership, mastery*
meetellen I [ov ww] • (meerekenen)
include, count in II [on ww] • (van
belang zijn) *count (for anything)*
meetkunde *geometry*
meeuw *gull, sea-gull*
meevallen *exceed one's expectations*

mei *May*
meid • (jonge vrouw) *girl*
• (dienstbode) *servant, maid-servant,
maid*
meidoorn *hawthorn*
meineed *perjury*
meisje • (jonge vrouw) *girl*
• (verloofde) *fiancée, girl-friend,* ‹inf.›
sweetheart
meisjesachtig *girlish*
melaats *leprous*
melaatsheid *leprosy*
melden I [ov ww] • (aankondigen)
mention, state • (berichten) *report*
II [wkd ww] *report (to)*
melding *mention*
melig • (van meel) *mealy* • (grappig)
dull, slow
melk *milk*
melkachtig *milky*
melken *milk*
melkkoe *dairy-cow, milch cow*
melkpoeder *powdered milk, dried milk*
melktand *milk tooth*
melodie *melody*
melodieus *melodious, tuneful*
melodrama *melodrama*
meloen *melon*
memorandum *memorandum*
memoreren *recall to memory, mention*
memorie *memory*
memoriseren *commit to memory,
learn by heart*
men *a man, people, they, we, you, one*
meneer *mister*
menen • (bedoelen) *mean* • (denken)
think, fancy
mengeling *mixture*
mengelmoes *medley, jumble, farrago*
mengen I [ov ww] *mix, mingle, blend*
II [wkd ww] • (~ in) *interfere in*
mengsel *blend, mixture*
menie *red-lead, minium*
menig *many (a)*
menigeen *many a man*

menigmaal *many a time*
menigte *crowd, multitude*
mening *opinion*
meningsverschil *disagreement, difference of opinion*
mennen *drive*
menopauze *menopause*
mens I [de] *human being, man* II [het] • (vrouwelijk persoon) ★ *'t arme mens the poor soul*
mensaap *man-ape,* ‹bio.› *primate, anthropoid (ape)*
mensdom *mankind*
menselijk *human*
menselijkheid *humanity*
menseneter *man-eater*
mensengedaante *human shape*
mensenhater *misanthrope*
mensenheugenis ★ *sinds ~ within living memory*
mensenkennis *knowledge of human character*
mensenschuw *unsociable*
mensheid *humanity, mankind*
menslievend *humane, philantropic, charitable*
menstruatie *menstruation*
menswaardig *worthy of a human being, decent*
mentaliteit *mentality*
menthol *menthol*
menu *menu*
menuet *minuet*
mep *blow, crack, slap*
meppen *slap*
merel *blackbird*
meren *moor*
merendeel ★ *'t ~ the greater part/number*
merg *marrow*
mergel *marl*
meridiaan *meridian*
merk • (keur) *hall-mark* • (soort) *brand* • (handelsmerk) *trade-mark* • (teken) *mark* • (fabrikaat) *make*

merkbaar *noticeable*
merken • (van een merk voorzien) *stamp, brand* • (bemerken) *perceive, notice*
merkteken *mark, sign*
merkwaardig *remarkable*
merrie *mare*
mes *knife*
messing *brass*
messteek *knife-thrust*
mest *dung, manure*
mesten • (grond vruchtbaar maken) *dress, manure* • (dier vet maken) *fatten*
met • (op zekere wijze) *with* • (in gezelschap van) *with* ★ *we zijn met z'n zevenen we're seven* • (op zeker tijdstip) *at, in* • (voorzien van) *with* • (door middel van) *by, with*
metaal *metal*
metafysica *metaphysics*
metalen *metal*
metamorfose *metamorphosis*
meteen • (zo dadelijk) *at once* • (tegelijk) *at the same time*
meten *measure,* ‹land› *survey*
meteoor *meteor*
meteorologisch *meteorological*
meter • (lengtemaat) *metre* • (toestel om te meten) *meter* • (peetmoeder) *godmother* • (iem. die meet) *measurer, gauger*
methode *method*
methodiek *methodology*
methodisch *methodical*
meting *measurement, measuring*
metrum *metre*
metselaar *bricklayer, mason*
metselen *lay bricks*
metselwerk *masonry,* ‹v. bakstenen› *brickwork*
metten *matins*
metterdaad *actually*
mettertijd *in course of time*
meubel *piece/article of furniture* [mv: *furniture*]

meubelmaker *cabinet-maker*
meubilair *furniture*
meubileren *furnish*
meubilering • (de meubels) *furniture* • (het meubileren) *furnishing*
meug ⋆ ieder zijn meug *every man to his taste*
meute • (troep honden) *pack (of hounds)* • (groep mensen) *crowd*
mevrouw *Mrs., lady, Madam*
miauwen *miaow, mew*
mica *mica*
microbe *microbe*
microfilm *microfilm*
microfoon *microphone*
microscoop *microscope*
microscopisch *microscopic*
middag • (midden van de dag) *midday, noon* • (namiddag) *afternoon*
middageten *midday meal, lunch*
middel • (taille) *waist* • (iets om een doel te bereiken) *means, device* • (remedie) *remedy* • (bezittingen) *means* ⋆ mijn ~en laten dit niet toe I *can't afford this*
middelbaar *medium, average*
Middeleeuwen *middle ages*
middeleeuws *medi(a)eval*
middellijn *diameter*
middelmaat *medium size*
middelmatig • (gemiddeld) ‹v. lengte› *medium*, ‹v. prijs› *moderate* • (niet bijzonder) *mediocre*
middelpunt *centre*
middelpuntvliedend *centrifugal*
middelvinger *middle finger*
midden I [het] *middle, midst*, ‹v. stad e.d.› *centre* II [bijw] • (~ in) *in the middle of*
middenberm *central reservation*, ‹AE› *median*
middendoor *in two*
middengolf *medium wave*
middenstand *middle classes*
middenweg *middle course*

middernacht *midnight*
mier *ant*
mierenhoop *ant-hill*
miezerig • (nietig) *measly* • (regenachtig) *drizzly, dull, dreary*
migraine *migraine*
mijden *avoid, shun*
mijlpaal *mile-stone*
mijmeren *muse*
mijn I [de] • (kolenmijn, enz.) *mine, pit* • (mil.) *mine* II [bez vnw] *my*
mijnenlegger *minelayer*
mijnerzijds *on my part*
mijnheer *Mr., mister, Sir, gentleman*
mijnschacht *mineshaft*
mijt • (insect) *mite* • (stapel) *stack, pile*
mijter *mitre*
mijzelf *myself*
mikken (take) *aim (at)*
mikpunt *aim, target*, ‹v. spot, enz.› *butt*
mild • (zacht) *gentle* • (zachtaardig) *mild* • (royaal) *liberal, generous*
milieu I [het] • (leefklimaat) *environment* • (sociale kring) *milieu* II [voorv] *environmental*
militair I [de] *military man, soldier* [mv: the military] II [bnw] *military*
militant *militant*
militarisme *militarism*
militie *militia*
miljard *a thousand millions*, ‹AE› *billion*
miljardair *multi-millionaire*, ‹AE› *billionaire*
miljoen *(a/one) million*
miljoenennota *budget*
miljonair *millionaire*
millimeter *millimetre*
milt *spleen, milt*
mimiek *mimic art, mimicry*
min I [bnw] • (gering) *poor* • (gemeen) *mean* II [bijw] ⋆ min of meer *more or less* ⋆ zes min drie *six minus three*

minachten *disdain, slight*
minachting *contempt for/of*
minaret *minaret*
minder I [bnw] • (kleiner) *less*
• (geringer in waarde) *inferior*
• (zwakker) *worse* II [bijw] *less*
III [telw] • (niet telbaar) *less*
• (telbaar) *fewer*
mindere *inferior*
minderen I [ov ww] *decrease* II [on
ww] *diminish, decrease*
minderheid *minority*
mindering * in ~ brengen *deduct*
minderwaardig *inferior*
mineraal *mineral*
mineraalwater *mineral water*
mineur *minor*
miniatuur *miniature*
miniem *slight, insignificant*
minimaal *minimum, minimal*
minimaliseren *minimalize*
minimum *minimum,
minima* [meervoud]
minimumloon *minimum-wage*
minister *minister,* <USA> *secretary*
ministerie • (gezamenlijke ministers)
the Cabinet • (departement) *ministry,
department, Office*
ministerieel *ministerial*
ministerraad *cabinet council*
minnaar *lover*
minst I [bnw] *least, fewest,* <slechtst>
worst II [bijw] *least* III [telw] <niet
telbaar> *least,* <telbaar> *fewest*
minstens *at (the) least*
minteken *minus sign*
minus I [het] *deficit* II [bijw] *minus, less*
minuut *minute*
minzaam *affable, bland*
miraculeus *miraculous*
mirakel *miracle*
mis I [de] *mass* II [bijw] • (onjuist)
wrong, amiss • (niet raak) *out* • (niet
gering van betekenis) * dat is lang
niet mis *that is not half bad*

misbaar I [het] *clamour, uproar*
II [bnw] *dispensable*
misbaksel <fig.> *freak,* <v. aardewerk>
misfire
misbruik *abuse*
misbruiken *abuse, misuse*
misdaad *crime*
misdadig *criminal, wicked*
misdadiger *criminal*
misdeeld *poor, destitute*
misdienaar *server, acolyte*
misdrijf *criminal offence,
misdemeanour*
miserabel *miserable, wretched*
misgreep *mistake*
misgunnen *(be)grudge*
mishandelen *ill-treat, manhandle*
mishandeling *ill-treatment*
miskennen *misjudge, neglect*
miskleunen *slip up, blunder*
miskraam *miscarriage*
misleiden *deceive, mislead*
mislopen I [ov ww] *miss* II [on ww] *go
wrong*
mislukkeling *misfit, failure*
mislukken *fail*
mislukking *failure, flop, break-down*
mismaakt *deformed*
mismoedig *dejected, disheartened*
misnoegd *displeased (at/with)*
misnoegen *displeasure*
misoogst *bad harvest*
misplaatst *mistaken*
misschien *perhaps, maybe*
misselijk • (misselijk voelend) *sick*
• (misselijk makend) *sickening,
disgusting*
missen *miss* * zij mist enthousiasme
she lacks spirit * kun je een vijfje ~?
can you spare a fiver?
misser • (het missen) *miss* • (mislukte
poging) *fiasco*
missie *mission*
missionaris *missionary*
misslag • (slag die niet raak is) *miss*

• (vergissing) error
misstaan be unbecoming, ‹v. kleding› not suit
misstand abuse
misstap • (verkeerde stap) misstep
• (vergissing) false step, lapse
mist fog, ‹nevel› mist
mistig foggy
mistlamp fog lamp
misvatting misconception
misverstand misunderstanding
mitrailleur machine-gun
mits provided (that)
mixen mix
mixer mixer
mobiel mobile
mobilisatie mobilization
mobiliseren mobilize
mobilofoon radiotelephone
modder mud, ‹met sneeuw› slush
modderen • (baggeren) dredge
• (knoeien) mess about, bungle
mode fashion, style
modeblad fashion-paper, fashion-magazine
model model
modepop ‹man› fop, dandy, ‹vrouw› doll
modern modern, modernist
moderniseren modernize
modeshow fashion show/parade
modieus fashionable, stylish
moduleren modulate
moe I [de] mother II [bnw] tired, weary
moed • (dapperheid) courage • (goede hoop) courage
moedeloos despondent
moeder mother
moederlijk maternal, motherly
moederschap motherhood
moedertaal mother tongue, native language
moedervlek birthmark
moedig plucky, brave, courageous
moedwil wantonness, wilfulness

moedwillig wanton, wilful
moeheid weariness, fatigue
moeilijk I [bnw] arduous, difficult, hard II [bijw] • (met moeite) with difficulty • (bezwaarlijk) hardly
moeilijkheid trouble, difficulty
moeite • (last) difficulty, trouble
• (inspanning) trouble, pains
moeizaam laborious
moer nut
moeras marsh, bog, swamp
moes I [de] mums II [het] pulp
moesson monsoon
moestuin kitchen garden
moeten • (verplicht zijn) must, have to, be obliged to • (behoren) should, ought to • (willen) want
• (noodzakelijk zijn) must
• (aannemelijk zijn) must
mof • (losse mouw) muff • (Duitser) Hun, Jerry, Kraut
mogelijk possible
mogelijkheid possibility
mogen I [ov ww] like II [hww]
• (toestemming hebben) be allowed
• (wenselijk zijn) should • (kunnen) may, be allowed
mogendheid power
moker sledge
mokken sulk
mol • (dier) mole • (muz.) flat
molecule molecule
molen mill
molenaar miller
molenwiek wing/sail of a mill
molesteren importune, molest
mollig plump, chubby
molm • (vergaan) mould • (vezels v. turf) peat-dust
molshoop mole-hill
mom mask
moment moment
momenteel I [bnw] momentary II [bijw] at the moment
momentopname snapshot

mompelen *mutter*
monarch *monarch*
monarchie *monarchy*
mond *mouth*
mondeling I [het] *viva*, ‹inf.› *oral*
II [bnw] ‹afspraak› *verbal*,
‹overlevering› *oral* III [bijw] *orally, by word of mouth*
mondharmonica *mouth-organ*
monding *mouth*
mondjesmaat I [de] *scanty measure*
II [bijw] *parsimoniously, in dribblets*
mondstuk *mouth-piece*
mondvol *mouthful*
monetair *monetary*
monitor *monitor*
monnik *monk*
monnikenwerk *drudgery*
monoloog *monologue*
monopolie *monopoly*
monotoon *monotonous*
monster ● (eng wezen) *monster, freak*
● (staal) *sample*
monsterachtig *monstrous*
monsteren ● (scheepv.) *sign on*
● (inspecteren) *inspect*
montage *assembling*, ‹v. film› *montage*
monter *brisk, lively, sprightly*
monteren *assemble*, ‹film› *edit, cut*
monteur *mechanic*
montuur *frame*
monument *monument*
monumentaal *monumental*
monumentenzorg ≈ *Department of the Environment Historic Buildings Bureau*
mooi *beautiful, handsome, fine, pretty, nice*
moord *murder*
moordaanslag *attempted murder*
moorddadig *murderous*
moorden *(commit) murder, kill*
moordenaar *murderer, killer*
moordpartij *massacre*

moot *slice*, ‹v. vis› *chunk*
mop ● (grap) *joke, hoax* ● (zwabber) *mop*
mopperaar *grumbler*
mopperen *grumble about/at*
moraal *moral*
moralist *moralist*
moreel I [het] *morale* II [bnw] *moral*
morfine *morphia, morphine*
morgen I [de] *morning* II [bijw] *tomorrow*
morgenavond *tomorrow evening*
morgenmiddag *tomorrow afternoon*
morgenochtend *tomorrow morning*
morgenrood *red morning-sky*
morgenstond *early morning*
morrelen *fumble*
morren *grumble (at)*
morsdood *stone-dead*
morsen I [ov ww] *mess* II [on ww] *spill*
morsig *dirty, grubby*
mortel *mortar*
mortier *mortar*
mos *moss*
mosgroen *moss-green*
moskee *mosque*
mossel *mussel*
most *must*
mosterd *mustard*
mot *moth*
motel *motel*
motie *motion, vote*
motief ● (beweegreden) *motive*
● (muz.) *motif*
motiveren *motivate*
motor ● (aandrijfmachine) *motor*, ‹v. vliegtuig, auto› *engine* ● (motorfiets) *motorcycle*
motoragent *motorcycle policeman*, ‹inf.› *speed cop*, ‹AE› *motor cop*
motorboot *motorboat, motor launch*
motorfiets *motor bicycle, motorbike*
motorisch *motorial*
motoriseren *motorize*
motorkap *bonnet*, ‹AE› *hood*

motorrijder *motorcyclist*
motregen *drizzle*
motregenen *drizzle*
motto *motto, device*
mout *malt*
mouw *sleeve*
mozaïek *mosaic*
mud *hectolitre*
muf <geur> *musty*, <v. kamer> *stuffy*
mug *gnat, mosquito*
muggenbeet *mosquito-bite*
muggenziften *split hairs*
muil • (bek) *muzzle* • (pantoffel) *slipper*
muilezel *hinny*
muis • (dier) *mouse* [mv: *mice*] • (deel
   v.d. hand) *ball of the thumb*
muiten *rebel, mutiny*
muiter *mutineer*
muiterij *mutiny*
muizenval *mouse-trap*
mul I [het] *mould* II [bnw] *loose*
mummelen *mumble*
mummie *mummy*
munitie *ammunition, munition*
munt *coin*
munten *mint, coin*
muntstuk *coin*
murmelen *murmur*, <v. stroompje>
   babble
murw *tender, soft*
mus *sparrow*
museum *museum, gallery*
musiceren *make music*
musicus *musician*
muskiet *mosquito*
muskus *musk*
muts *cap, bonnet*
muur *wall*
muurvast <fig.> *deep-rooted*,
   <letterlijk> *as firm as a rock*
muze *muse*
muziek *music*
muziekinstrument *musical
   instrument*
muzikaal *musical*

muzikant *musician*
mysterie *mystery*
mysterieus *mysterious*
mystiek I [de] *mysticism* II [bnw]
   mystic(al)
mythe *myth*
mythologie *mythology*

N

na I [bijw] • (behalve) ★ op een gulden na *less one guilder* ★ op twee na de grootste *the third biggest* • (later/toe) *after* • (na-/dichtbij) ★ zij stond hem zeer na *she was very dear to him* II [vz] • (later dan, achter) *after* • (over) *after*

naad *seam*

naaf *hub*

naaidoos *sewing box*

naaien *sew*

naaimachine *sewing machine*

naaister *seamstress*

naakt I [het] *nude* II [bnw] *bare, naked,* ‹persoon› *nude*

naald *needle*

naaldhak *stiletto heel*

naam • (benaming) *name* • (reputatie) *name, reputation*

naamgenoot *namesake*

naamloos • (anoniem) *nameless, anonymous* • (onnoemelijk) ★ ~ verdriet *untold misery*

naamval *case*

naamwoord *noun*

na-apen *mimic, ape*

naar I [bnw] *nasty, unpleasant* II [vz] ★ naar Londen gaan *go to London* ★ naar de dokter gaan *see the doctor* ★ naar huis lopen *walk home* ★ naar Frankrijk vertrekken *leave for France*

naargeestig *gloomy*

naarmate *as*

naarstig *industrious*

naast • (behalve) *as well as* • (terzijde van) ★ ~ elkaar *side by side* ★ de vrouw ~ haar *the woman next to her*

naaste *fellow man*

naastenliefde *neighbourly love,* ‹bijbels› *charity*

nabeschouwing *commentary, review,* ‹militair, diplomatiek› *debriefing*

nabestaande *relation, (surviving) relative*

nabij *near, close*

nabijgelegen *neighbouring, adjacent*

nabijheid • (het nabij zijn) *nearness* • (omgeving) *neighbourhood*

nablijven *stay behind*

nabootsen *imitate, copy*

naburig *neighbouring, nearby*

nacht *night*

nachtbraken ‹laat werken› *burn the midnight oil,* ‹uitgaan› *make a night of it*

nachtclub *nightclub*

nachtdienst *night shift*

nachtegaal *nightingale*

nachtelijk *nightly,* ‹form.› *nocturnal*

nachtkastje *night/bedside table,* ‹AE› *nightstand*

nachtrust *night's rest*

nachtvorst *night frost*

nadat *after*

nadeel *disadvantage, drawback*

nadelig *disadvantageous*

nadenken I [het] *thought, reflection* II [on ww] *think (about), reflect (upon), consider*

nader • (dichterbij) *nearer, closer* • (uitvoeriger) *closer,* ‹bijzonderheden› *further*

naderbij *closer, nearer*

naderen *approach, draw near*

naderhand *afterwards, later on*

nadien *since*

nadoen *imitate*

nadruk • (kracht, klemtoon) *emphasis, stress* • (herdruk) *reprint*

nadrukkelijk *emphatic*

nagaan • (volgen) *follow* • (controleren) *check (up on)* • (concluderen) *work out*

nagedachtenis *memory*

nagel *nail,* ‹v. dier› *claw*

nagellak *nail polish*

nagenoeg *almost, nearly*
nagerecht *dessert*
nageslacht • (nakomelingen)
offspring • (latere geslachten) *posterity*
nageven * dat moet ik hem ~ *I'll say
that (much) for him*
naïef *naive*
naijver *jealousy, envy*
naïviteit *naivety*
najaar *autumn,* ‹AE› *fall*
najagen I [het] *pursuit* II [ov ww]
pursue
nakijken *correct*
nakomeling *descendant*
nakomen ‹v. belofte› *keep,* ‹v.
contract, regel› *observe*
nalaten *refrain from,* ‹verzuimen› *omit*
nalatenschap *inheritance,* ‹boedel›
estate
nalatig *negligent*
nalatigheid *negligence*
naleven *observe, live up to*
nalopen • (controleren) *check*
• (achternalopen) *run after, follow*
namaken *copy, counterfeit, imitate*
namelijk • (te weten) *namely*
• (immers) * ik heb ~ geen geld *as it
happens I have no money*
nameloos *indescribable, untold*
namens *on behalf of*
namiddag *afternoon*
napraten I [ov ww] *repeat, echo* II [on
ww] *stay and talk (over)*
nar *jester, fool*
narcis *daffodil*
narcose *narcosis, anaesthesia*
narekenen *check*
narigheid *trouble*
naschrift *postscript*
naslaan ‹in naslagwerk› *consult,* ‹v.
woord› *look up*
naslagwerk *reference book*
nasleep *aftermath*
nasmaak *aftertaste*
nastreven • (streven naar) *strive for,*

pursue • (proberen te evenaren)
emulate
nat *wet*
natekenen *copy*
natellen *check, count over*
natie *nation*
nationaal *national*
nationalisatie *nationalization*
nationaliseren *nationalize*
nationalisme *nationalism*
nationalistisch *nationalist(ic)*
nationaliteit *nationality*
natrium *sodium*
nattigheid • (vochtigheid) *dampness*
• (vocht) *damp, moisture*
natura * in ~ *in kind*
naturalisatie *naturalization*
naturaliseren *naturalize*
naturalisme *naturalism*
natuur *nature*
natuurgetrouw *true to nature*
natuurkunde *physics*
natuurlijk I [bnw] *natural* II [bijw] *of
course, naturally*
natuurschoon *scenery, natural/scenic
beauty*
nauw I [het] • (zeestraat) *narrows,
strait(s)* • (moeilijkheid) *tight spot*
II [bnw] *narrow, tight* * 't nauw
nemen *be very particular*
nauwelijks *scarcely, hardly*
nauwgezet *scrupulous, painstaking*
nauwkeurig *accurate, precise*
navel *navel,* ‹kind.› *belly button*
navelstreng *umbilical cord*
navertellen *retell, repeat*
navolgen *imitate,* ‹v. voorbeeld› *follow*
navolging *imitation*
navraag *inquiry*
nawerken • (overwerken) *work
overtime* • (zijn werking doen gelden)
have a lasting effect
nazaat *descendant*
nazeggen *repeat, say after*
nazien • (volgen met blik) *follow with*

one's eyes • (controleren) check

nazomer late summer, ‹mooie nazomer› Indian summer

nederig humble

nederlaag defeat

Nederland the Netherlands

nederzetting settlement

neef cousin, ‹oom-/tantezegger› nephew

neer down

neerbuigend condescending

neerdalen descend

neergooien throw down

neerhalen • (naar beneden halen) take/pull down • (slopen) pull down • (afkammen) run down

neerkomen • (vallen) come down • (betekenen) * erop ~ come/boil down to

neerlaten let down, lower

neerleggen I [ov ww] • (op iets leggen) lay/put down • (afstand doen van) lay down II [wkd ww] • (~ bij) put up with, resign o.s. to

neerschieten shoot (down)

neerslaan • (naar beneden slaan) ‹v. ogen› lower • (tegen de grond slaan) knock down

neerslachtig dejected, depressed

neerslag • (weerkundig verschijnsel) precipitation, ‹regen› rain(fall) • (bezinksel) sediment, deposit

neerstorten plunge down, ‹v. vliegtuig› crash

neerstrijken • (neerdalen) alight • (zich vestigen) settle (on) • (gaan zitten) descend (on)

neervallen fall down, drop

neerzien • (naar beneden kijken) look down • (~ op) look down (up)on

negatief negative

negen I [de] nine II [telw] nine

negentien nineteen

negentig ninety

neger black, ‹gesch.› negro [v: negress],

‹bel.› nigger

neigen I [ov ww] bow, bend II [on ww] • (overhellen tot een mening) incline/tend (to/towards) • (omlaaggaan) incline

neiging inclination, leaning, tendency

nek neck

nekken • (doden) kill (s.o.) • (kapotmaken) wreck, ruin

nekkramp spotted fever, ‹med.› cerebro-spinal meningitis

nekslag deathblow

nemen • (aanpakken) take • (zich verschaffen) get • (nuttigen) have

neon neon

nerf vein

nergens • (op geen enkele plaats) nowhere • (niets) * hij geeft ~ om he cares for nothing * ~ goed voor good for nothing * dat slaat ~ op that makes no sense at all

nering • (handel) (retail) trade • (klandizie) custom

nerveus nervous

nest • (moeilijkheden) spot, fix • (bed) * naar zijn nest gaan turn in; hit the sack • (broedplaats) nest • (nuffig meisje) chit (of a girl) • (een worp) litter

nestelen I [on ww] nest II [wkd ww] lodge o.s., ensconce o.s.

net I [het] • (netwerk) network, system, ‹elektrisch› mains • (televisiezender) channel • (weefsel met mazen) net II [bnw] • (schoon) tidy, clean • (keurig) smart, neat • (fatsoenlijk) decent, nice III [bijw] • (keurig) neatly • (precies) just • (zojuist) just

netel nettle

netelig thorny

netheid • (fatsoenlijkheid) respectability • (ordelijkheid) neatness, cleanliness

netjes • (net, orderlijk) neat, clean, tidy • (fatsoenlijk) proper

netnummer *dialling code*, <AE> *area code*
netto *net(t), after tax*
netvlies *retina*
netwerk *network*
neuriën *hum, croon*
neurose *neurosis*
neurotisch *neurotic*
neus *nose*
neusgat *nostril*
neusholte *nasal cavity*
neushoorn *rhinoceros*
neusverkoudheid *cold*
neutraal *neutral*
neutraliseren *neutralize*
neutraliteit *neutrality*
neuzen *browse, nose (around)*
nevel • (mist) *haze*, <dichte nevel> *mist*
• (sterrennevel) *nebula*
nicht • (homoseksueel) *queer*
• (familierelatie) *cousin*,
<oom-/tantezegster> *niece*
niemand *nobody, no one, none*
nier *kidney*
niet I [de] • (lot waar niets op valt) *blank* • (nietje) *staple* II [het] *nothingness* III [onb vnw] *nothing* IV [bijw] *not*
nietig • (ongeldig) *void*
• (onbeduidend, gering) *insignificant, paltry*, <v. reden> *futile*, <v. zaak> *trivial* • (klein, schriel) *diminutive*, <v. persoon> *puny*
nietigverklaring *nullification*
niets I [onb vnw] *nothing* II [bijw] *not at all*
nietsnut *good-for-nothing*
nietszeggend *meaningless*
niettemin *nevertheless, nonetheless*
nieuw • (volgend op iets anders) *new, modern* • (pas ontstaan) *new*
nieuwbakken • (vers) *freshly baked*, <fig.> *newfangled*
nieuweling *newcomer*
nieuwigheid *novelty, innovation*

nieuwjaar *New Year*
nieuwlichter *modernist*
nieuws • (actualiteiten) *news*
• (nieuwsuitzending) *news*
nieuwsbericht *news item/bulletin*
nieuwsblad *newspaper*
nieuwsgierig *inquisitive, curious*,
<inf.> *nosey*
nieuwsgierigheid *inquisitiveness, curiosity*
nieuwtje • (bericht) *news (item)*
• (nieuwigheid) *novelty*
niezen *sneeze*
nihil *nil*
nijd • (jaloezie) *envy, jealousy*
• (woede) *malice, spite*
nijdig *angry, cross*, <inf.> *huffy*
nijgen • (buigen) *bow, curts(e)y*
• (overhellen) *incline, lean (over)*
nijging *curts(e)y, bow*
nijptang *(pair of) pincers*
nijver *industrious*
nijverheid *industry*
nikkel *nickel*
niks *nothing*
nimf *nymph*
nimmer *never*
nippen *sip/nip (at)*
nis *niche*
niveau *level*
nivelleren *level (out/off)*
nobel *high-minded, noble*
noch *nor, neither*
node ∗ node vertrekken *go reluctantly*
nodeloos *unnecessary, needless*
nodig I [het] *what is necessary* II [bijw]
• (noodzakelijk) *necessary, needful*
• (dringend) *necessarily*
noemen • (een naam geven) *name, call* • (vermelden) *mention*
noemer *denominator*
nog • (tot nu toe) ∗ nog altijd *still* ∗ tot nog toe *so far; as yet* • (geteld vanaf nu) ∗ nog twee dagen *two more days*
• (opnieuw) ∗ nog een ei *another egg*

⋆ (wil je) nog thee? *more tea?* ⋆ nog
vele jaren *many happy returns* ⋆ is er
nog melk? *is there any milk left?* ⋆ nog
eens *once more*
noga *nougat*
nogal *rather,* ‹inf.› *pretty*
nogmaals *once more/again*
nok • (daknok) *ridge* • (scheepv.)
  yardarm
nominaal *nominal*
nominatie *nomination*
non *nun*
nonchalant *nonchalant, careless,*
  off-hand
nonsens *nonsense, rot*
nood • (gevaar) *distress* • (gebrek) *need*
  • (dringende omstandigheid)
  necessity
noodgedwongen *out of/from*
  necessity, ‹form.› *perforce*
noodklok *alarm (bell)*
noodkreet *cry of distress*
noodlanding *forced/emergency*
  landing
noodlijdend • (behoeftig) *distressed,*
  destitute • (niet renderend) ⋆ ~e
  fondsen *defaulted securities* ⋆ ~e
  wissel *dishonoured bill*
noodlot *fate, destiny*
noodlottig *fatal*
noodrantsoen *emergency ration*
noodrem *emergency brake*
noodtoestand *state of emergency*
nooduitgang *emergency exit*
noodweer I [de] *self-defence* II [het]
  heavy weather
noodzaak *necessity*
noodzakelijk • (beslist nodig)
  necessary • (onontkoombaar)
  unavoidable
noodzaken *compel, force*
nooit *never*
Noor *Norwegian*
noord *north*
noordelijk *northern,* ‹v. wind›

northerly
noorden • (windstreek) *north*
  • (noordelijke gebieden) *North*
noordenwind *north wind*
noorderbreedte *north latitude*
noorderkeerkring *tropic of Cancer*
noords *northerly,* ‹v. volkeren› *Nordic*
Noorwegen *Norway*
noot • (vrucht) *nut* • (aantekening)
  note • (muz.) *note*
nootmuskaat *nutmeg*
nopen *compel, induce*
norm *norm, standard*
normaal I [de] *normal* II [bnw] *normal*
normalisatie *regulation,*
  normalization
normaliseren • (regelmatig maken)
  normalize • (standaardiseren)
  standardize
normaliter *normally*
nors *gruff, surly*
nota • (geschrift) *note, memorandum*
  • (rekening) *bill, invoice*
notariaat • (notarispraktijk) *notary's*
  practice • (notarisambt) *profession of*
  notary
notarieel *notarial*
notaris *notary*
notenbalk *staff* [mv: *staves*]
notendop *nutshell*
notenkraker *nutcracker, a pair of*
  nutcrackers
noteren • (aantekenen/boeken) *note*
  (down) • (opgeven/vaststellen) *quote,*
  list
notering ‹v. effecten› *price,* ‹v. prijs›
  quotation
notie *notion*
notitie • (aantekening) *note*
  • (aandacht) *notice*
notulen *minutes*
notuleren I [ov ww] *enter in the*
  minutes II [on ww] *minute*
novelle *short story*
november *November*

nu I [bijw] *now, at present* II [vw] *now
that* III [tw] *now, well*
nuance • (onderscheid) *nuance, shade
of meaning* • (kleurschakering) *shade*
nuanceren *modify, nuance, shade*
nuchter *sober* ∗ op de ~e maag *on an
empty stomach*
nucleair *nuclear*
nuf *prim/conceited girl*
nuffig *affected, haughty, conceited*
nuk *whim, caprice*
nukkig *whimsical, capricious*
nul I [de] • (cijfer) *nought, zero*
• (onbeduidend persoon) *nobody*
II [telw] *nought, zero, nil*
nulpunt *zero*
numeriek *numerical*
numero *number*
nummer • (cijfer) *number*, <v.
tijdschrift> *issue*
• (programmaonderdeel) *number,
item*, <v. circus, variété> *act* • (liedje)
number, <op cd, enz.> *track*
nummeren *number*
nurks I [de] *grumbler* II [bnw] *surly*
nut *use, benefit, profit*
nutteloos • (vergeefs) *fruitless, futile*
• (onbruikbaar) *useless, pointless*
nuttig *useful*
nuttigen *take, consume*, <form.>
partake of

oase *oasis*
o-benen *bandy-legs*
object *object*, <mil.> *objective*
objectief *objective*
objectiviteit *objectivity*
obligatie *bond, debenture*
obsceen *obscene*
observatie *observation*
observatorium *observatory*
obsessie *obsession*
obstinaat *obstinate*
obstructie *obstruction*
oceaan *ocean*
och *oh!*
ochtend *morning*
octaaf *octave*
octrooi <machtiging> *charter*, <op
uitvinding> *patent*
oecumenisch *ecumenic(al)*
oedeem *oedema*
oefenen I [ov ww] • (ergens in
bekwamen) *practise* • (betrachten)
exercise II [on ww] *practise*
oefening • (het oefenen) *practice,
exercise* • (opgave) *exercise*
oeroud *ancient*
oertijd *prehistoric times*
oerwoud *primaeval forest*
oester *oyster*
oever <v. meer> *shore*, <v. rivier> *bank*
of • (bij tegenstelling) *or*
• (gelijkstellend) *or* • (toegevend)
whether • (bij twijfel) *if, whether* • (na
ontkenning) *but* • (alsof) *as if*
• (bevestigend) ∗ nou en of! *rather!;
you bet!*
offensief I [het] *offensive* II [bnw]
offensive
offer • (offerande) *sacrifice*
• (slachtoffer) *victim* • (opoffering)

sacrifice
offerande • (offer) *offering, sacrifice*
• (deel v.d. mis) *offertory*
offeren • (ten offer brengen) *sacrifice*
• (bijdragen) *make an offering*
• (wijden aan) *sacrifice (to)*
offerte *quotation*
officier *officer*
officieus *unofficial*
ofschoon *(al)though*
ogenblik • (even) *moment, instant*
• (tijdstip) *moment*
ogenblikkelijk I [bnw] *immediate*
II [bijw] *immediately, at once*
ogenschouw ★ in ~ nemen *inspect;*
review
oker *ochre*
oksel • (lichaamsdeel) *armpit*
• (plantk.) *axil*
oktober *October*
olie *oil*
oliedom *as thick as a brick, as dumb as*
an ox
oliën *oil, ‹form.› lubricate*
olieraffinaderij *oil refinery*
oliesel *unction*
olieverf *oil paint*
olifant *elephant*
olijf *olive*
olijfolie *olive oil*
olijk *shy, roguish*
olm *elm*
om I [bnw] • (voorbij/langs) ★ de tijd is
om *time is up* ★ nog voor de week om
is *before the week is out* II [vz]
• (afwisselend) ★ om de beurt *turn*
and turn about ★ om de dag *every*
other day • (rond, rondom) *round,*
about • (doel) *to, in order to, so as to*
• (op zeker tijdstip) *at* • (vanwege) *on*
account of, for, because of
oma *grandma, granny*
omarmen *embrace*
ombrengen • (doden) *kill, murder*
ombudsman *ombudsman*

ombuigen I [ov ww] • (verbuigen)
bend • (veranderen) *adjust* II [on ww]
bend (over)
omdat *because*
omdoen *put on*
omdopen *rename*
omdraaien I [ov ww] ★ zich ~ *turn*
round II [on ww] • (draai maken) *turn*
• (omkeren) *turn back* • (van mening*
veranderen) change (one's mind)
omelet *omelette*
omgaan • (rondgaan) *go round*
• (gebeuren) *happen* • (verstrijken)
pass • (~ met) *mix with, ‹mensen›*
associate with
omgang • (sociaal verkeer) *(social)*
intercourse, contact • (rondgang)
procession
omgangstaal *everyday speech, ‹form.›*
colloquial language
omgangsvormen *manners*
omgekeerd • (ondersteboven) *upside*
down • (tegenovergesteld) *reverse(d)*
★ 't ~e *the reverse*
omgeven *surround, envelop*
omgeving • (kennissenkring)
environment, acquaintances • (buurt)
neighbourhood, environs, vicinity
omgooien • (omvergooien) *overturn,*
upset • (omdraaien) *shift* • (omdoen)
throw... round • (veranderen) *change*
omhaal • (wijdlopigheid) *wordiness*
• (krul aan letter) *flourish* • (drukte,
omslag) *fuss, ado, ceremony* • (sport)
overhead kick
omhakken *fell, cut down*
omhelzen *embrace*
omhoog • (boven) *up* • (naar boven)
up/upwards
omhullen *wrap up, ‹form.› envelop*
omhulsel *covering, wrapping, casing*
omkeren I [ov ww] *turn (over)* II [on
ww] *turn back/round*
omkijken • (zorg, aandacht besteden)
look after, worry about • (omzien) *look*

back/round • (uitkijken) *look round/out*
omklemmen *hug, clasp*
omkomen • (ergens omheen komen) *come round* • (sterven) *die, perish*
omkoopbaar *corruptible*
omkopen *bribe, corrupt*
omlaag • (beneden) *below, down* • (naar beneden) *down(wards)*
omliggend *neighbouring, surrounding*
omlijnen • (omcirkelen) *(en)circle* • (afbakenen) *outline*
omloop *orbit* • (galerij) *gallery* • (verspreiding) *circulation*
omlopen I [ov ww] • (omverlopen) *knock over* II [on ww] • (rondlopen) *go round* • (langere weg volgen) *walk/go round* • (van richting veranderen) *shift/move round*
ommezien *moment*
ommezijde *back*
omploegen • (onderploegen) *plough (under)* • (ploegen) *plough (up)*
ompraten *talk/bring round*
omrekenen *convert*
omrijden I [ov ww] • (omverrijden) *run/knock down* II [on ww] • (een omweg maken) *go a long way round* • (ergens omheen rijden) *go round,* <met auto> *drive round*
omringen *surround*
omroep • (het uitzenden) (radio) *broadcast(ing)* • (omroepvereniging) *broadcasting corporation*
omroepen *page*
omroeper • (radio-omroeper) *announcer* • (gesch.) *town-crier*
omschakelen • (overschakelen) *change/switch over* • (aanpassen) *change (to), switch over (to)*
omschrijven • (beschrijven) *describe* • (definiëren) *define*
omschrijving • (beschrijving) *description* • (definitie) *definition*
omsingelen *surround, besiege*

omslaan I [ov ww] • (omverslaan) *knock down* • (omdoen) *put on* • (omkeren) <v. bladzij> *turn over,* <v. broekspijp> *turn up,* <v. mouwen> *tuck up* II [on ww] • (veranderen) <v. stemming> *turn,* <v. weer> *break* • (kantelen) *overturn,* <v. boot> *capsize*
omslachtig *roundabout*
omslag <losse omslag> *jacket,* <v. boek> *cover* • (verandering) *turn,* <v. weer> *break*
omsluiten *enclose*
omspannen • (omvatten) *span, enclose* • (spannend omsluiten) *fit tightly around/over*
omspitten *dig up*
omspringen ★ met iem./iets weten om te springen *know how to manage s.o./s.th.*
omstander *bystander*
omstandig I [bnw] *detailed, circumstantial* II [bijw] *in detail*
omstandigheid • (situatie) *circumstance* • (breedvoerigheid) *elaborateness*
omstreeks *about, round (about)*
omtrek • (afmeting) <v. cirkel> *circumference,* <v. veelhoek> *perimeter* • (buurt) *vicinity, neighbourhood*
omtrent I [bijw] *near* II [vz] • (omstreeks) *round (about)* • (betreffende) *about, concerning,*
omvallen *fall over/down*
omvang *size,* <v. schade> *extent*
omvangrijk *sizeable, extensive*
omvatten • (omsluiten) *enclose* • (bevatten) *include, comprise*
omver *down, over*
omvormen *convert, transform*
omweg *detour*
omwenteling • (draaiing om as) *revolution, rotation* • (ommekeer) *revolution*
omwerken • (herzien) <boek, artikel> *rewrite, redraft* • (grond omspitten)

dig up
omwisselen *change*
omwonend *neighbouring*
omzet • (koop en verkoop) *turnover*
• (geldsom) *sales*
omzetten • (veranderen) *turn/convert*
(into) • (verhandelen) *turn over*
• (anders neerzetten) *change* • (in
andere stand zetten) *turn over*
omzichtig *cautious, wary*
omzien • (een oogje houden op) *look
after, take care of* • (omkijken) *look
back* • (uitkijken) *look out*
omzwerving *wandering, ramble*
onaangedaan *unmoved*
onaantastbaar *unassailable*
onaanzienlijk • (zonder aanzien)
modest, ‹komaf› *humble* • (nietig)
insignificant, ‹som geld›
inconsiderable
onachtzaam *inattentive, careless*
onafgebroken *continuous, unbroken*
onafhankelijk *independent (of)*
onafhankelijkheid *independence*
onafscheidelijk *inseparable*
onafzienbaar *vast, immense*
onbaatzuchtig *disinterested, unselfish*
onbedaarlijk *uncontrollable*
onbeduidend *insignificant,* ‹reden,
enz.› *trivial*
onbegonnen * een ~ werk *a hopeless
task*
onbegrensd *unlimited*
onbegrijpelijk • (niet te begrijpen)
incomprehensible • (onvoorstelbaar)
incredible
onbehaaglijk • (niet op zijn gemak)
ill at ease • (onaangenaam) *unpleasant*
onbeholpen *awkward*
onbehouwen *boorish*
onbekend • (niet bekend) *unknown*
• (onwetend) *ignorant (of),
unacqainted (with)*
onbekommerd *carefree, unconcerned*
onbekwaam • (incompetent)

incompetent, incapable • (dronken)
incapacitated
onbeleefdheid • (onbeleefd zijn)
rudeness, impoliteness • (onbeleefde
uiting) *incivility*
onbemiddeld *without means,* ‹form.›
impecunious
onbenullig • (nietszeggend) *trivial*
• (dom) *vapid, inane*
onbepaald • (onbestemd) *vague,
uncertain* • (onbegrensd) *indefinite*
onbeproefd *untried*
onberaden *ill-advised*
onberekenbaar • (niet te berekenen)
incalculable • (onvoorspelbaar)
unpredictable
onberispelijk *irreproachable, faultless*
onbeschaamd *insolent, impudent*
onbeschoft *impudent*
onbesproken • (niet behandeld)
undiscussed • (niet gereserveerd) *not
reserved, not booked* • (onberispelijk)
irreproachable, blameless
onbesuisd *rash, reckless*
onbetaalbaar • (onschatbaar)
invaluable • (kostelijk) *priceless* • (niet
te betalen) *prohibitive*
onbetuigd * zich niet ~ laten *keep
one's end up; be quick to respond; do
justice to a meal*
onbetwist *undisputed*
onbetwistbaar *indisputable*
onbevangen • (onbevooroordeeld)
unprejudiced, open-minded
• (vrijmoedig) *frank, candid*
onbewaakt *unguarded*
onbeweeglijk • (roerloos) *motionless*
• (onwrikbaar) *immovable*
onbewogen • (onbeweeglijk)
motionless • (onaangedaan) *unmoved*
onbewoonbaar *uninhabitable*
onbewust • (niet bewust) *unconscious*
• (onwillekeurig) *unwitting,
unintentional*
onbezonnen *rash*

onbezorgd *carefree*
onbreekbaar *unbreakable*
onbruik *disuse*
ondank *ingratitude*
ondankbaar *ungrateful*
ondanks *despite, in spite of*
ondeelbaar • (niet deelbaar) *indivisible* • (zeer klein) *infinitesimal*
onder I [bijw] *underneath, below* II [vz] • (minder/lager dan) *under* • (dichtbij) *nearby* • (tijdens) *during* • (te midden van) *among(st)* • (tussen dingen/personen) <meer dan twee> *among*, <twee> *between* • (beneden) *under*
onderaan *at the foot of*
onderaards *underground, subterranean*
onderarm *forearm*
onderbouw • (fundament) *substructure* • (v. school) *lower school*
onderbreken *interrupt*
onderbreking • (het onderbreken) *interruption* • (pauze) *break*, <film> *intermission*
onderbrengen *lodge, house*
onderbroek *underpants*
onderbuik *abdomen*
onderdaan *subject*
onderdak *shelter, accommodation*
onderdanig *submissive*
onderdeel *part*, <v. seconde> *fraction*
onderdirecteur *assistant director/manager*, <v.e. school> *assistant/deputy head*
onderdoen ★ niet ~ voor *hold one's own with* ★ voor niemand ~ *be second to none*
onderdompelen *immerse*
onderdoor *under, underneath*
onderdrukken • (ondergeschikt houden) *oppress* • (bedwingen) <gevoel> *suppress*, <lachen, geeuw> *stifle*, <snik, tranen> *choke back*
onderdrukking *oppression*

onderduiken • (duiken) *dive, take a nosedive* • (verschuilen) *go underground, go into hiding*
ondergang • (het ten onder gaan) *(down)fall* • (het ondergaan) *setting*
ondergeschikt • (van lagere rang) *subordinate* • (van minder belang) ★ van ~ belang *of minor importance*
ondergetekende ★ (de) ~ *the undersigned; yours truly*
ondergoed *underwear*
ondergraven *undermine*
ondergronds • (onder de grond) ★ de ~e *the underground (railway)*; <AE> *subway* • (clandestien) ★ de ~e beweging *the resistance movement*
onderhandelaar *negotiator*
onderhandelen *negotiate*
onderhandeling *negotiation*
onderhavig ★ 't ~e geval *the present case*
onderhevig *liable/subject (to)*
onderhoud • (gesprek) *interview* • (verzorging) *maintenance, upkeep, keep*
onderhoudend *entertaining*
onderhuids *subcutaneous*
onderin *at the bottom*
onderkaak *lower jaw*
onderkant *bottom*
onderkennen • (onderscheiden) *distinguish* • (herkennen) *recognize*
onderkin *double chin*
onderlaag • (onderste laag) *bottom layer*, <verf> *undercoat* • (basis) *foundation*
onderlegd ★ goed ~ zijn in *have a good grounding in*
onderlegger <onder matras> *underlay*, <op tafel> *table/place mat*, <vloeipapier> *blotting-paper*
onderlijf *lower part of the body*
onderling ★ ~ beraadslagen *consult one another*

onderlopen *be flooded/swamped*
ondermijnen *undermine*
ondernemen *undertake*
ondernemer *entrepreneur*
onderneming • *(karwei) undertaking*
• *(bedrijf) business, concern*
ondernemingsraad *works/company council*
onderofficier *non-commissioned officer*
onderonsje *tête-à-tête, informal chat*
onderpand *pledge, security*
onderricht *instruction*
onderrichten *instruct*
onderschatten *underrate*
onderscheid • *(verschil) difference*
• *(inzicht, begrip) distinction*
onderscheiden I [ov ww] • *(verschil maken) distinguish* • *(een onderscheiding verlenen) decorate*
II [wkd ww] *distinguish o.s.*
onderscheiding • *(het onderscheiden) distinction* • *(respect) distinction* • *(eerbewijs) decoration*
onderscheppen *intercept*
onderschrift *caption, legend*
onderschrijven *subscribe to, endorse*
onderspit * 't ~ delven *get the worst of it*
onderstaand *below, hereunder*
onderstel *undercarriage*
ondersteunen *support*, <voorstel> *back up*
onderstrepen • *(ergens een streep onder zetten) underline* • *(met nadruk zeggen) stress*
ondertekenaar *signer*, <v. verdrag> *signatory*
ondertekenen *sign*
ondertrouw * in ~ gaan *have the banns published; take out a marriage license*
ondertussen • *(toch) yet* • *(in de tussentijd) meanwhile*
onderuit *from below*

ondervangen <bezwaren> *meet*, <gevaar, moeilijkheid> *remove*
onderverhuren *sublet*
ondervinden *experience, meet with*
ondervinding *experience*
ondervoeding *malnutrition*
ondervragen *question, examine*
ondervraging *interrogation, examination*
onderweg *on the way*
onderwereld *underworld*
onderwerp • *(waarover gesproken wordt) subject, topic* • *(taalk.) subject*
onderwerpen • *(doen gehoorzamen) subject to* • *(voorleggen) submit (to)*
• *(blootstellen aan) subject to*
onderwijs • *(onderricht) education, instruction* • *(onderwijsinstelling) education*
onderwijzen *teach*
onderwijzer *(school)teacher*
onderzeeboot *submarine*
onderzoek • *(bestudering) inquiry, examination, investigation*, <wetenschappelijk> *research* • *(med.) check-up*, <v. lichaamsfuncties> *test*
onderzoeken *examine, investigate*, <wetenschappelijk> *research, study*
onderzoeker *investigator*, <wetenschap> *researcher, research worker*
ondeugd • *(slechte daad) vice*
• *(persoon) scamp* • *(ondeugendheid) mischief*
ondeugdelijk *unsound*
ondeugend *naughty*
onding • *(iets onmogelijks) absurdity*
• *(prul) trash*
ondoorgrondelijk *inscrutable*
ondraaglijk *unbearable*
ondubbelzinnig *unequivocal*
onecht • *(niet echt) not genuine, spurious, false, counterfeit*
• *(buitenechtelijk) illegitimate (child)*
oneens * 't ~ zijn met *disagree with*

oneerbaar *indecent*
oneerlijk *dishonest, unfair*
oneffenheid *roughness*
oneigenlijk ★ ~ gebruik van iets *improper use of s.th.*
oneindig ● (zonder einde) *infinite* ● (buitengewoon) *infinite*
onenigheid *discord*
oneven *odd*
onevenredig *disproportionate*
onfeilbaar *infallible, foolproof*
onfris ● (niet fris) ‹bedompt› *stuffy*, ‹oud› *stale* ● (dubieus) *unsavoury, fishy*
ongaarne *unwillingly, reluctantly*
ongeacht I [bnw] *unesteemed* II [vz] *in spite of*
ongebreideld *unbridled*
ongedaan *undone*
ongedeerd *unhurt*
ongedierte *vermin*
ongeduld *impatience*
ongeduldig *impatient*
ongedurig *fidgety, restless*
ongedwongen ● (ongekunsteld) *natural, easy* ● (vrijwillig) *unconstrained*
ongeëvenaard *unequalled, unrivalled*
ongegrond *unfounded*
ongehoord ● (onvoorstelbaar) *unprecedented, unheard-of* ● (buitengewoon) *strange* ● (niet gehoord) *unheard*
ongehoorzaamheid *disobedience*
ongekend *unprecedented*
ongekunsteld *unaffected, artless*
ongelegen *inconvenient*
ongeletterd ● (analfabeet) *illiterate* ● (zonder onderricht) *uneducated*, ‹lit.› *unlettered*
ongelijk *wrong* ★ ~ hebben *be (in the) wrong* ★ ik geef je geen ~ *I can't blame you*
ongelofelijk *incredible*
ongeloof *disbelief*, ‹rel.› *unbelief*

ongeloofwaardig *incredible, implausible*
ongelovig ● (iets niet gelovend) *incredulous* ● (niet gelovig) ‹rel.› *unbelieving*
ongeluk ● (gemoedstoestand) *unhappiness* ● (tegenspoed) *misfortune* ● (ongeval) *accident*
ongelukkig ● (niet gelukkig) *unhappy* ● (rampspoedig) *unfortunate*, ‹door pech› *unlucky* ● (gehandicapt) *handicapped*
ongemak ● (hinder) *discomfort, inconvenience* ● (euvel) *trouble*
ongemakkelijk ● (ongerieflijk) *uneasy, uncomfortable* ● (ongelegen) *awkward, inconvenient* ● (moeilijk in de omgang) *difficult*
ongemanierd *ill-mannered*
ongemeen ● (ongewoon) *uncommon* ● (buitengewoon) *extraordinary*
ongemerkt I [bnw] ● (zonder merkteken) *unmarked* ● (niet bemerkt) *unnoticed* II [bijw] *imperceptibly*
ongemoeid *undisturbed*
ongenaakbaar *unapproachable*
ongenade *disgrace*
ongenadig *merciless*
ongeneeslijk *incurable*
ongenietbaar ‹v. eten, drinken› *indigestible*, ‹v. persoon› *disagreeable*
ongenoegen *displeasure*
ongeoorloofd *unlawful, illicit*
ongepast ● (onfatsoenlijk) *improper, unbecoming* ● (misplaatst) *inappropriate*
ongerechtigheid ● (onrechtvaardigheid) *iniquity* ● (fout) *flaw*
ongeregeld ‹leven› *disorderly*, ‹studie› *haphazard*, ‹v. tijd› *irregular*
ongerept *intact*, ‹natuur, schoonheid› *unspoilt*
ongerief *inconvenience*

ongerijmd *absurd*
ongerust *uneasy, anxious*
ongeschonden *undamaged*
ongeschoold *untrained, unskilled*
ongesteld ⋆ zij is ~ *she is having her period*
ongesteldheid • (menstrueren) *menstrual period* • (onwel zijn) *indisposition*
ongestraft *unpunished*
ongeval *accident*
ongeveer *about, roughly*
ongewild *unintentional, not intended*
ongezond *unhealthy, unwholesome*
ongezouten • (zonder zout) *unsalted* • (openhartig) *straight*
onguur *unsavoury, sinister*
onhandelbaar *unmanageable*
onhandig *clumsy, awkward*
onhebbelijk *rude, offensive*
onheil *disaster, calamity*
onheilspellend *ominous*
onherbergzaam *inhospitable*
onherroepelijk *irrevocable*
onherstelbaar *irreparable, irretrievable*
onheus *discourteous, unkind, ungracious*
onkies *indelicate*
onklaar *out of order*
onkosten *charges, expenses*
onkreukbaar • (van stof) *uncrushable* • (integer) *unimpeachable*
onkruid *weeds*
onkunde *ignorance*
onkundig *ignorant*
onlangs *recently, the other day*
onleesbaar *illegible*
onmacht *impotence*
onmatig *immoderate*
onmens *brute*
onmenselijk *inhuman*
onmiddellijk I [bnw] • (meteen) *immediate* II [bijw] *immediately, at once, straight away*

onmin *discord*
onmisbaar *indispensable*
onmiskenbaar *unmistakable*
onmogelijk I [bnw] • (niet uitvoerbaar) *impossible* • (onverdraaglijk) *impossible* • (potsierlijk) *impossible, preposterous* II [bijw] *impossibly, not possibly*
onmogelijkheid *impossibility*
onmondig • (minderjarig) *under age* • (niet mondig) ⋆ ~ houden *keep in a state of tutelage*
onnadenkend *thoughtless*
onnatuurlijk • (niet natuurlijk) *unnatural* • (gekunsteld) *affected*
onnozel • (dom) *stupid, silly* • (argeloos) *innocent* • (lichtgelovig) *gullible* • (onervaren) *green*
onomstotelijk *incontrovertible*
onomwonden *plain*
onontbeerlijk *indispensable*
onontkoombaar *inevitable*
onooglijk *unsightly*
onophoudelijk *unceasing*
onoverkomelijk *insuperable*
onpartijdig *impartial*
onpasselijk *sick*
onraad *danger*
onrecht *wrong, injustice*
onrechtmatig *unlawful, illegal, wrongful*
onrechtvaardig *unjust*
onregelmatig *irregular*
onregelmatigheid *irregularity*
onroerend ⋆ ~e goederen *real estate; immovables*
onrust • (beroering) *unrest, agitation* • (rusteloosheid) *restlessness*
onrustbarend *alarming*
onrustig *restless,* ‹v. slaap› *fitful, uneasy*
onruststoker *trouble-stirrer*
ons I [het] *100 grammes, hectogram,* ‹Engels ons› *ounce* II [pers vnw] *us* III [bez vnw] *our*

onsamenhangend *incoherent*
onschatbaar *invaluable*
onschendbaar • (niet te schenden) *inviolable* • (geen verantwoording hoeven af te leggen) *immune*
onsmakelijk *unsavoury, distasteful*
onsterfelijk *immortal*
onstuimig ‹v. persoon› *impetuous,* ‹v. zee› *turbulent*
ontbieden *summon*
ontbijt *breakfast*
ontbijten *have breakfast*
ontbinden *dissolve*
ontbinding • (het opheffen) *dissolution* • (rotting) *decomposition*
ontboezeming *outpouring, unburdening*
ontbranden *take fire, ignite*
ontbreken *be absent, be missing*
ontcijferen *decipher*
ontdaan *dismayed, upset*
ontdekken *discover,* ‹v. fout› *detect*
ontdoen • (vrijmaken) *strip* • (uit de weg ruimen) *dispose of, get rid of*
ontdooien ‹ingevroren voedsel› *defrost,* ‹ook fig.› *thaw*
ontegenzeglijk *unquestionable*
onteigenen *expropriate*
ontelbaar *innumerable, countless*
ontembaar *indomitable*
onteren • (van eer beroven) *dishonour* • (verkrachten) *rape, violate* • (schenden) *violate*
onterven *disinherit*
ontfermen *take care of*
ontfutselen ∗ iem. iets ~ *filch/pilfer s.th. from s.o.*
ontgaan *escape*
ontgelden ∗ hij moest het ~ *he had to pay for it*
ontginnen ‹fig.› *explore,* ‹v. bos› *clear,* ‹v. land› *reclaim,* ‹v. mijn› *exploit*
ontglippen *slip from one's hands*
ontgoochelen *disillusion*
onthaal *reception*

onthalen • (ontvangen) *welcome* • (vergasten op) *treat (to), regale (with),* ‹inf.› *do s.o. proud*
ontharen *remove hair, depilate*
ontheffen • (vrijstellen) *release* • (ontslaan) *discharge, dismiss*
onthoofden *behead*
onthouden I [ov ww] • (niet vergeten) *remember* • (achterhouden) *deny* II [wkd ww] *abstain (from)*
onthouding *abstinence,* ‹v. stemming› *abstention,* ‹vnl. v. geslachtsverkeer› *continence*
onthullen • (tonen) *unveil* • (bekendmaken) *reveal*
onthulling • (wat bekendgemaakt wordt) *revelation* • (het tonen) *unveiling* • (bekendmaking) *revelation*
ontijdig *untimely, premature*
ontkennen *deny*
ontkenning • (het ontkennen) *denial,* ‹form.› *negation* • (taalk.) *negation*
ontketenen ‹v. aanval› *launch,* ‹v. oorlog, reactie› *spark off*
ontkiemen *germinate, sprout*
ontknoping *dénouement, outcome*
ontkomen *escape, elude*
ontkoppelen *uncouple,* ‹motor› *declutch*
ontkurken *uncork*
ontladen I [ov ww] *unload* II [wkd ww] ‹emoties› *release*
ontlasten I [ov ww] • (van een last ontdoen) *unburden, relieve* II [wkd ww] *defecate, empty one's bowels*
ontlasting • (het ontlasten) *relief, discharge* • (stoelgang) *motion* • (uitwerpselen) *stools, faeces*
ontleden *analyse,* ‹dier, lijk, plant› *dissect*
ontlenen • (overnemen uit) *borrow/take from* • (te danken hebben aan) *derive from*

ontlokken elicit/draw (from)
ontlopen avoid
ontluiken • (uit de knop komen) open
• (zich ontwikkelen) bud
ontmantelen dismantle
ontmaskeren ‹fig.› expose, ‹ook fig.›
unmask
ontmoedigen discourage
ontmoeten • (tegenkomen) meet,
‹per toeval› come across, run into
ontmoeting meeting, encounter
ontnemen take (away) from, deprive of
ontnuchteren sober up, ‹fig.›
disenchant
ontoereikend inadequate
ontploffen explode
ontploffing explosion, detonation
ontplooien unfold, ‹v. zaak› expand
• (tentoonspreiden) display
ontreddering ‹v. persoon›
desperation, ‹v. situatie› upheaval,
disorder
ontroeren move, touch
ontroering emotion
ontroostbaar inconsolable
ontrouw • (niet loyaal) disloyal
• (overspelig) unfaithful
ontruimen evacuate, clear
ontrukken snatch/wrest from
ontschepen ‹goederen› discharge,
‹passagiers› disembark
ontschieten • (per ongeluk zeggen)
escape, slip out • (vergeten) * het is
mij ontschoten it slipped my memory
ontsieren mar, disfigure
ontslaan • (ontslag geven) dismiss,
‹inf.› fire • (laten vertrekken) ‹uit
gevangenis› release, ‹uit ziekenhuis›
discharge
ontslag discharge
ontsluieren unveil, reveal
ontsluiten • (openen) open, unlock
• (blootleggen) open up
• (toegankelijk maken) open
ontsmetten disinfect

ontsnappen escape, get away
ontspannen relax
ontspanning relaxation
ontsporen be derailed, ‹fig.› go off the
rails
ontspruiten • (uitspruiten) sprout
• (afkomstig zijn) * ~ uit arise from
ontstaan I [het] origin II [on ww] arise
ontsteken I [ov ww] • (aansteken)
light, ‹techn.› ignite II [on ww]
• (med.) become inflamed
ontsteking • (het ontsteken) ‹techn.›
ignition • (med.) inflammation
ontsteltenis alarm, dismay
ontucht vice, ‹bijbel› fornication
ontvallen • (verliezen) * zijn moeder
is hem ~ he has lost his mother • (per
ongeluk zeggen) * het ontviel me it
just slipped out
ontvangen receive
ontvanger • (iem. die iets ontvangt)
receiver • (inner van belasting) tax
collector • (ontvangtoestel) receiver
ontvangst • (het ontvangen) receipt
• (radio-/tv-ontvangst) reception
• (onthaal) reception, welcome
ontvankelijk * ~ voor susceptible to;
open to
ontvlambaar inflammable
ontvlammen inflame
ontvluchten escape
ontvoerder kidnapper
ontvoeren carry off, kidnap
ontvouwen unfold
ontvreemden steal
ontwaken • (wakker worden) awake,
wake up • (tot leven komen) arouse
ontwapenen disarm
ontwarren disentangle, straighten out
ontwenningskuur cure for addiction
ontwerp design
ontwerpen design
ontwijken evade, avoid
ontwikkelen develop
ontwikkeling • (groei) development

• (het doen ontstaan) *generation*
• (het ontwikkeld zijn) *education*
• (gang van zaken) *development*
ontwikkelingshulp *development aid*
ontworstelen *wrest from*
ontwrichten • (v. ledematen) *dislocate* • (ontregelen) *unsettle*
ontzag *respect, awe*
ontzaglijk • (ontzagwekkend) *awesome* • (zeer groot) *enormous*
ontzagwekkend *awe-inspiring*
ontzeggen I [ov ww] • (weigeren) *deny* • (iets niet toekennen) ∗ *gevoel voor humor kan men hem niet ~ it can't be denied that he has a sense of humour* II [wkd ww] ∗ *zich elk genoegen ~ deny o.s. all pleasure*
ontzenuwen *refute*
ontzet I [het] *relief* II [bnw] • (ontsteld) *appalled, aghast* • (ontwricht) *twisted, buckled*
ontzetten • (bevrijden) ‹persoon› *rescue,* ‹stad› *relieve* • (verbijsteren) *appal, horrify* • (ontwrichten) *twist, buckle*
ontzettend *dreadful, awful*
ontzetting • (bevrijding) ‹persoon› *rescue,* ‹stad› *relief* • (ontslag uit ambt) *removal* • (verbijstering) *dismay*
ontzien *spare*
onuitputtelijk *inexhaustible*
onuitsprekelijk *unspeakable, inexpressible*
onuitstaanbaar *insufferable*
onvast • (niet stevig) *unsteady* • (onbestendig) *unsettled*
onveranderlijk I [bnw] *unchanging* II [bijw] *invariably*
onverantwoord • (niet te verantwoorden) *unwarranted, irresponsible* • (niet gespecificeerd) *unaccounted for*
onverbeterlijk *incorrigible*
onverbiddelijk • (onvermurwbaar)

inexorable • (onvermijdelijk) *unrelenting*
onverbloemd *plain*
onverdeeld *undivided*
onverdraaglijk *unbearable, intolerable*
onverdraagzaam *intolerant*
onverenigbaar *incompatible*
onvergankelijk • (niet vergaand) *imperishable* • (blijvend) *everlasting*
onvergeeflijk *unforgivable, unpardonable*
onverhoeds *unexpected*
onverholen I [bnw] *unconcealed* II [bijw] *candidly, openly*
onverhoopt I [bnw] *unexpected* II [bijw] *in the unlikely event that*
onverkort • (niet ingekort) *unabridged* • (ongewijzigd) *uncurtailed*
onverkwikkelijk *distasteful, unpalatable,* ‹onderwerp› *unsavoury*
onvermijdelijk *inevitable*
onverminderd *undimished*
onvermoeibaar *indefatigable*
onvermogen • (onmacht) *impotence, incapacity, inability* • (v. schuldenaar) *insolvency*
onvermurwbaar *inexorable*
onversaagd *undaunted*
onverschillig *careless* • (~ voor) *indifferent to*
onversneden ‹v. vaste stoffen› *unadulterated,* ‹v. vloeistof› *undiluted*
onverstandig *unwise*
onverstoorbaar *imperturbable*
onvertogen *improper*
onvervaard *undaunted, fearless*
onvervalst • (door en door) *unmitigated* • (niet vervalst) *unadulterated, unalloyed*
onverwacht *unexpected*
onverzadigd • (niet tevreden) *not satiated, unsatisfied* • (chem.) *unsaturated*

onverzettelijk *inflexible, immovable*
onvindbaar *untraceable, not to be found*
onvoldaan • (niet betaald) *unpaid*, ‹schulden› *outstanding* • (niet tevreden) *unsatisfied*
onvolkomen *imperfect*
onvolprezen *one and only, unsurpassed, unparalleled*
onvoltooid *unfinished*
onvoorwaardelijk *unconditional*
onvoorzien *unforeseen*
onvruchtbaar *infertile, barren*
onwaar *untrue, false*
onwaardig • (iets niet waard zijnd) *unworthy* • (verachtelijk) *undignified*
onwaarheid • (het onwaar zijn) *untruthfulness* • (leugen) *lie, untruth*
onweer *thunderstorm*
onweerlegbaar *irrefutable, unanswerable*
onweersbui *thundery rain*
onweerstaanbaar *irresistible*
onwel *unwell*
onwennig *unaccustomed*
onweren *thunder*
onwetend • (onbewust) *unknowing* • (iets niet wetend) *ignorant*
onwetendheid *ignorance*
onwettig • (v. kind) *illegitimate* • (tegen de wet) *illegal, unlawful*
onwijs I [bnw] *unwise, foolish* II [bijw] *extremely*
onwil *unwillingness*
onwillekeurig *involuntary*
onwillig *unwilling*
onwrikbaar • (onomstotelijk) *irrefutable* • (rotsvast) *immovable, unshakable*
onzacht *rough, rude*
onzedelijk • (onkuis) *indecent, obscene* • (immoreel) *immoral*
onzeker • (niet vaststaand) *uncertain* • (niet zelfverzekerd) *insecure*
onzekerheid • (twijfel) *uncertainty*

• (onvastheid) *unsteadiness*
• (onzekere zaak) *uncertainty, insecurity*
onzent ★ te ~ *at our house* ★ om ~ wil *for our sake*
onzerzijds *on our part*
onzichtbaar *invisible*
onzijdig *neutral*, ‹taalk.› *neuter*
onzin *nonsense*
onzinnig *absurd*
onzuiver *impure*, ‹v. toon› *false, out of tune*
oog *eye*
oogappel *apple of one's eye*
oogarts *eye-specialist, ophthalmic surgeon*
ooghoek *corner of the eye*
oogklep *blinker*
ooglid *eyelid*
oogluikend ★ ~ toelaten *ignore*
oogopslag *look, glance*
oogpunt *angle, point of view*
oogst • (het oogsten) *harvesting* • (het geoogste) *harvest, crop(s)*
oogsten *reap, harvest*
oogverblindend *dazzling*
ooievaar *stork*
ooit *ever, at any time*
ook • (evenzo) *also, as well, too* • (zelfs) *even* • (immers) *thus, therefore* • (misschien) *perhaps, by any chance* • (als versterking) *again, whatever*
oom *uncle*
oor • (gehoororgaan) *ear* • (oorschelp) *ear* • (handvat) *handle*
oorbel *earring*
oord • (plaats) *region, place* • (verblijf) *residence*
oordeel • (vonnis) *judgment, sentence* • (mening) *judgment, opinion*
oordelen I [ov ww] • (menen) *deem, judge* II [on ww] • (concluderen) *judge* • (rechtspreken) *judge, pass judgement*
oorkonde *document, charter*

oorlog *war*
oorlogsinvalide *war invalid*
oorlogsverklaring *declaration of war*
oorsprong *origin, source*
oorspronkelijk • (origineel)
innovative • (v.d. oorsprong) *original*
oorverdovend *deafening*
oorzaak *cause, origin*
oorzakelijk *causal*
oost *east* ⋆ de Oost *the East*
Oost-Duits *East German*
Oost-Duitsland *East Germany,
German Democratic Republic*
oosten • (windstreek) *east* ⋆ ten ~ van
(to the) *east of* • (gebied) ⋆ 't ~ *the
East; the Orient* ⋆ 't Midden-Oosten
the Middle East
Oostenrijk *Austria*
oostenwind *east wind*
oosterling *Oriental*
oosters *eastern, oriental*
ootmoedig *humble*
op I [bijw] • (uit bed) *up (and about)*
• (uitgeput) *exhausted* • (verbruikt)
⋆ het water is op *we've run out of
water* • (omhoog) ⋆ op en neer *up and
down* ⋆ trap op, trap af *up and down
the stairs* II [vz] • (bovenop) *on* • (in)
in • (tijdens) *on* • (verwijderd van)
⋆ op drie km afstand *at three
kilometers' distance* • (uitgezonderd)
⋆ op twee na *all but two* • (met) ⋆ op
gas koken *cook with gas* ⋆ op
waterstof lopen *run on hydrogen*
opa *grandpa, grandad*
opaal *opal*
opbellen *call/phone/ring up, give (s.o.)
a ring*
opbergen *put away,* <documenten>
file, <in pakhuis> *store (away)*
opbeuren *lift up,* <fig.> *cheer (up)*
opbiechten *confess, own up*
opbieden ⋆ ~ tegen *outbid; bid
against*
opblaasbaar *inflatable*

opblijven *stay up*
opbloei *flourishing, revival*
opbloeien • (gaan bloeien) *bloom*
• (beter gaan bloeien) *flourish, revive*
opbod • (hoger bod) *higher bid* • (het
opbieden) ⋆ bij ~ verkopen *sell by
auction*
opborrelen *bubble up*
opbouw • (het gebouwde)
superstructure • (structuur) *structure*
• (totstandkoming) *building,
construction*
opbouwen • (bouwen) *build up,
construct* • (opzetten) *set/build up*
opbreken *strike camp, break up*
opbrengen • (opleveren) *bring in,
yield* • (betalen) *pay*
opbrengst <v. oogst, belasting> *yield,*
<v. productie> *output,* <v. winst>
proceeds, revenue
opdagen *turn up*
opdat *so that, in order that*
opdienen *serve (up)*
opdirken *dress up*
opdissen *serve/dish up*
opdoeken I [ov ww] *do away with,*
<zaak> *shut up shop* II [on ww]
• (weggaan) *clear out*
opdoemen *loom (up)*
opdoen • (opzetten) *put on*
• (aanbrengen) *put on* • (verkrijgen)
acquire, <v. ervaring> *gain* • (oplopen)
catch
opdonderen ⋆ donder op! *get lost!*
opdraaien I [ov ww] • (opwinden)
wind up II [on ww] • (~ voor)
⋆ ergens voor ~ *suffer for it*
opdracht • (levenstaak) *mission*
• (opdracht in boek) *dedication*
• (bevel) *charge, instruction*
opdrachtgever <jur.> *principal,* <v.
aannemer> *client, customer*
opdragen • (opdracht geven) *charge,
instruct* • (verslijten) *wear out*
• (~ aan) *dedicate to*

opdreunen rattle off
opdrijven • (opdrijven) drive • (laten stijgen) force up
opdringen I [ov ww] * iem. iets ~ force s.th. on s.o. II [on ww] press forward III [wkd ww] • (~ aan) inflict o.s. on
opdringerig obtrusive, intrusive
opdrinken empty, drink (up), finish
opdrogen dry up
opdruk print
opdrukken • (van opdruk voorzien) impress on • (omhoogdrukken) press up • (sport) do press/push-ups
opduiken • (boven water komen) surface, emerge • (verschijnen) turn up
opeen together, ‹boven op elkaar› one on top of another
opeenhoping • (het opeenhopen) ‹v. verkeer› congestion, ‹v. werk› accumulation • (hoeveelheid) ‹v. mensen› crowd, mass, ‹v. sneeuw› snowdrift
opeenvolging succession
opeisen claim, demand
open • (niet dicht) open, ‹v. kraan› on • (nog niet bezet) vacant • (onbedekt) open
openbaar public
openbaarheid publicity
openbaren reveal, disclose
openbaring • ('t openbaar maken) disclosure • (rel.) revelation
openbreken break/force open
openen open (up), ‹kraan› turn on
opener opener
opengaan open
openhartig outspoken, frank
openheid openness, frankness
opening • (het openen) opening • (begin) beginning • (gat) opening
openleggen lay open, disclose
openlijk open, public
openmaken ‹v. deur› open, unlock, ‹v. pakje› undo

openspringen burst (open), ‹v. huid/lippen› chap
openstaan be open • (~ voor) be open to
openstellen open
openvallen • (opengaan) fall open • (vacant komen) fall vacant
opera opera
operatie operation
operatief operative
operatiekamer (operating) theatre
operationeel operational
opereren I [ov ww] operate II [on ww] work
operette operetta, musical comedy
opeten eat (up), finish
opfleuren brighten (up), cheer up
opfokken • (grootbrengen) breed, rear • (op stang jagen) work up
opfrissen I [ov ww] refresh, ‹fig.› brush up II [on ww] freshen (up)
opgaan • (omhooggaan) go up, ‹v. zon› rise • (juist zijn) hold good • (in elkaar overgaan) merge into
• (verdiept zijn in) be absorbed in
• (opgaan voor examen) sit for
• (verbruikt worden) be finished
• (wisk.) terminate
opgang • (opkomst) success, ‹fig.› rise • (trap) staircase
opgave task, ‹bij examen› paper
opgeblazen • (opgezwollen) puffy, swollen • (verwaand) puffed up, conceited
opgeruimd cheerful
opgeschoten lanky, gangling
opgetogen elated, delighted
opgeven • (zich, iets gewonnen geven) abandon • (overgeven) spit, bring up • (mededelen) give, state, ‹v. inkomen› declare • (opdragen) ‹v. raadsel› ask, ‹v. taak› set
• (aanmelden) enter
opgewassen * hij is er niet tegen ~ het can't cope with it

opgewonden *excited*
opgooien *toss (up)*
opgraven *dig up*
opgraving *excavation*
opgroeien *grow up*
ophaalbrug *drawbridge*
ophalen • (omhooghalen) *draw up, pull up*, <v. anker> *weigh*, <v. gordijn> *raise*, <v. neus> *sniff* • (komen halen) *collect* • (in herinnering roepen) * oude herinneringen ~ *revive old memories*
ophanden *at hand*
ophangen I [ov ww] • (bevestigen) *hang (up)* • (ter dood brengen) *hang* II [on ww] • (telefoongesprek beëindigen) *hang up, ring off*
ophebben • (dragen) *wear, have on* • (genuttigd hebben) <v. drank> *have drunk*, <v. eten> *have eaten* • (~ met) * veel ~ met iem. *be fond of s.o.* * met zichzelf ~ *be complacent*
ophef *fuss, song and dance*
opheffen • (optillen) *lift (up), raise* • (beëindigen) *discontinue*, <v. partij, zaak> *liquidate*
opheffing *cancellation, lifting, raising*, <dienst, zaak> *removal*, <praktijken, verbod> *abolition*
ophelderen I [ov ww] *clear up, explain, clarify* II [on ww] *clear (up)*, <v. gelaat, weer> *brighten*
opheldering • (uitleg) *explanation* • (opklaring) *brightening*
ophemelen *extol*
ophitsen • (opruien) *incite, stir up* • (aanmoedigen) *set on*
ophoepelen *get lost*
ophogen *raise*
ophouden I [ov ww] • (tegenhouden) *hold up* • (niet afzetten) *keep on* • (omhooghouden) *hold up* • (vasthouden aan) *uphold* II [on ww] • (stoppen) *stop, come to an end* III [wkd ww] • (ergens zijn) *stay*,

<rondhangen> *hang around* • (~ met) *deal in lies*
opinie *opinion*
opium *opium*
opjagen • (opdrijven) <v. persoon> *hunt*, <v. wild> *put up* • (opjutten) *rush* • (omhoog doen gaan) *blow up*, <stof, enz.> *raise*
opkijken • (omhoogkijken) *look up (at)* • (verrast worden) *surprise*
opkikkeren *buck/cheer up*
opklapbed *foldaway bed*
opklaren *clear/brighten up*
opklaring *bright interval/period*
opklimmen • (omhoogklimmen) *climb (up), mount* • (in rang stijgen) *rise*
opknappen I [ov ww] • (netjes maken) *tidy up, smarten up* • (verrichten) *fix* II [on ww] *improve*
opkomen • (ontstaan) <v. onweer> *come on*, <v. wind> *rise* • (omhoogkomen) *rise, come up* • (op toneel komen) *come on (stage)* • (in gedachten komen) *occur*, <vraag> *arise, crop up* • (~ voor) *stand up for*
opkomst • (het opkomen) *rise* • (komst na oproep) *attendance*
opkopen *buy up*
opkoper *wholesale buyer*, <v. oude rommel> *junk dealer*
opkrabbelen *scramble to one's feet*, <fig.> *recover, pick up*
opkroppen *bottle up*
oplaaien *flare/blaze up*
opladen *charge*
oplappen *patch up*
oplaten *fly*
opleggen *impose*
oplegger *trailer*
opleiden *train, educate, school*
opleiding *education, training*
opletten *pay attention, attend (to)*
oplettend *attentive*
opleven *revive*

opleveren • (voortbrengen) *furnish, produce* • (opbrengen) *yield, bring in* • (werk afleveren) *deliver*

opleving *revival,* ‹econ.› *recovery*

oplichten I [ov ww] • (optillen) *lift (up), raise* • (afhandig maken) *swindle* II [on ww] *lighten*

oplichter *fraud, swindler, con (wo)man/artist*

oplopen I [ov ww] ‹v. schade› *sustain,* ‹v. straf› *incur,* ‹v. verkoudheid› *catch,* ‹v. ziekte› *contract* II [on ww] • (naar boven lopen) *go/walk up,* ‹trap› *mount* • (naar boven gaan) *rise,* ‹schuin› *slope up* • (toenemen) *rise,* ‹prijzen› *increase,* ‹v. spanning› *mount*

oplosbaar *soluble,* ‹fig.› *solvable*

oplosmiddel *solvent*

oplossen I [ov ww] • (de uitkomst vinden) *solve* • (chem.) *dissolve* II [on ww] *dissolve*

oplossing *solution*

opluchten *relieve*

opluchting *relief*

opluisteren *grace, add lustre to*

opmaak • (druk) *layout* • (make-up) *make-up*

opmaken • (verbruiken) *consume,* ‹v. geld› *spend,* ‹v. voedsel› *eat,* ‹v. voorraad› *use up* • (in orde maken) ‹v. bed› *make,* ‹v. haar› *dress,* ‹v. schotel› *garnish* • (opstellen) ‹v. rekening› *make out* • (concluderen) *gather*

opmerkelijk *striking*

opmerken • (bemerken) *notice* • (opmerking maken) *observe, remark*

opmerking *observation, remark, comment*

opname • (registratie) *recording* • (het opnemen in ziekenhuis) *admission*

opnemen I [ov ww] • (laten doordringen) *take in* • (meten) *take* • (oppakken) *lift (up),* ‹fig.› *take up* • (vastleggen) ‹v. film› *shoot,* ‹v.

geluid› *record* • (van tegoed halen) *take up, withdraw* • (opbreken) *take up* • (beantwoorden) *answer* • (een plaats geven) ‹v. artikel› *insert,* ‹v. patiënt› *admit* • (absorberen) *absorb* • (in ogenschouw nemen) *size up, survey* • (noteren) *take down* • (opvatten) *take* II [on ww] *catch on*

opnieuw *again, once more*

opnoemen *name, mention*

opofferen *sacrifice*

opoffering *sacrifice*

oponthoud • (verblijf) *stay*

oppakken • (bijeenpakken) *pack up* • (arresteren) *run in*

oppas *baby-sitter*

oppassen I [ov ww] • (iets passen) *try on* • (verzorgen) *take care of, nurse* II [on ww] • (voorzichtig zijn) *be careful, look out* • (zich goed gedragen) *behave well* • (babysitten) *babysit*

oppasser *keeper, caretaker*

opperbevel *supreme command*

opperbevelhebber *commander-in-chief*

opperen *propose, suggest*

opperhoofd *chief(tain)*

oppermachtig *supreme*

oppervlak *surface*

oppervlakkig *superficial*

oppervlakte • (gebied) *area* • (maat) *surface area* • (bovenkant) *surface*

oppoetsen *polish*

opponent *opponent*

opportunisme *opportunism*

oppositie *opposition*

oprapen *pick up*

oprecht *sincere*

oprichten • (stichten) *establish* • (overeind zetten) *erect, set up (right), raise (up)*

oprichter *founder*

oprichting *foundation,* ‹v. zaak› *establishment*

oprijden ‹met auto› *drive up*, ‹met fiets, paard› *ride up*
oprijlaan *drive, sweep*
oprijzen *rise*
oprisping *belch*
oprit • (oprijlaan) *drive* • (invoegstrook) *access*
oproep ‹om hulp› *call, appeal*, ‹voor betrekking› *notice*
oproepen ‹v. geesten› *conjure up*, ‹v. herinnering› *evoke, recall*
oproer *rebellion, revolt*
oprollen • (in elkaar rollen) *roll up* • (arresteren) *round up*
opruien *incite, stir up*
opruimen *clear (away)*
opruiming • (schoonmaak) *clearing away/up* • (uitverkoop) *clearance (sale)*
oprukken *advance (on)*
opscharrelen *pick up, hunt out*
opschepen ★ iem. met iets ~ *saddle s.o. with s.th.*
opscheppen I [ov ww] • (eten opscheppen) *ladle out, dish out* II [on ww] • (pochen) *show off, brag*
opschepper *show off*
opschepperij *boasting*
opschieten • (zich haasten) *hurry up* • (~ met) *get on/along*
opschorten ‹v. beslissing› *postpone*, ‹v. vergadering› *adjourn*
opschrift *inscription*
opschrijven *note/write down*
opschrikken I [ov ww] *startle* II [on ww] *start*
opschroeven • (iets ergens op schroeven) *screw up* • (opdrijven) *drive up* • (overdrijven) *force up, inflate*
opschudding *commotion, stir*
opschuiven I [ov ww] • (opzij schuiven) *push up, shift* • (uitstellen) *put off* II [on ww] *move up/over*
opslaan • (bergen) ‹in pakhuis› *store*, ‹v. voedsel› *lay in* • (opzetten) ‹kamp›

pitch, ‹tent› *put up* • (omhoogdoen) *raise*
opslag • (verhoging) *rise* • (berging) *storage*
opsluiten *lock/shut up*
opsluiting *confinement*
opsnuiven *inhale, sniff*
opsommen *sum up, enumerate*
opsomming *enumeration, summing up*
opsparen *save up*
opsporen *trace, track (down)*, ‹v. vermisten› *locate*
opsporing *tracing*
opspraak *scandal*
opstaan *get up, rise*
opstand • (verzet) *rising, rebellion, revolt* • (geboomte) *stand*
opstandeling *rebel, insurgent*
opstandig *rebellious*
opstanding *resurrection*
opstapelen I [ov ww] *pile up, stack* II [wkd ww] *accumulate*
opstappen • (op iets stappen) ‹op fiets› *get on* • (weggaan) *go away, push off* • (ontslag nemen) *resign*
opsteken • (omhoogdoen) ‹haar› *pin up*, ‹v. hand› *put up* • (aansteken) *light (up)* • (te weten komen) *learn, pick up*
opstel *essay, paper*
opstellen I [ov ww] • (ontwerpen) *draw up, draft* II [wkd ww] *line up*, ‹fig.› *adopt an attitude*
opstelling • (plaatsing) *placing* • (houding) *attitude* • (het ontwerpen) *drafting* • (sport) *line-up* • (mil.) *deployment, formation*
opstijgen • (omhooggaan) *rise*, ‹v. vliegtuig› *take off* • (paard bestijgen) *mount*
opstoken • (harder stoken) *stir/poke (up)* • (geheel verbranden) *burn (up)* • (ophitsen) *incite*
opstootje *disturbance*

opstopping *traffic jam, congestion*
opstrijken • (gladstrijken) *iron*
• (ontvangen) *rake in*
opstropen *tuck up*
opsturen *send, post*
optekenen *record, note down*
optellen *add (up)*
optelling *addition*
optie *option*
optillen *lift up*
optimisme *optimism*
optimist *optimist*
optimistisch *optimistic*
optisch *optical*
optocht *procession,* ‹gesch.› *pageant*
optornen ★ ~ tegen *cope/battle with*
optreden I [het] • (uitvoering)
appearance • (handelwijze)
‹houding› *attitude,* ‹v. politie› *action*
II [on ww] • (op toneel verschijnen)
enter, go on • (zich voordoen) *appear*
• (handelen) *act*
optrekken I [ov ww]
• (omhoogtrekken) *pull up, raise,* ‹v.
schouders› *shrug* • (verhogen) *raise*
II [on ww] • (wegtrekken) *lift*
• (accelereren) *accelerate, pick up speed*
• (~ met) *hang around with*
optuigen • (van tuig voorzien) ‹v.
paard› *harness,* ‹v. schip› *rig*
• (versieren) *decorate*
opvallen *attract attention, strike*
opvallend *striking, marked*
opvangen • (vangen) *catch, receive*
• (horen) *pick up,* ‹v. gesprek› *overhear*
opvatten • (opnemen) *take up* • (gaan
koesteren) *conceive* • (beschouwen)
understand, conceive
opvatting • (idee) *conception*
• (mening) *opinion, notion, idea*
opvissen *fish up*
opvliegen • (driftig uitvallen) *flare up*
• (omhoogvliegen) *fly up*
opvoeden *educate, bring up, raise*
opvoeding • (het opvoeden)

upbringing • (vorming) *education*
opvoedkundig *pedagogic(al)*
opvoeren • (verhogen) ‹v. productie›
increase, step up • (motorvermogen
vergroten) *tune up* • (ten tonele
voeren) *perform*
opvoering *performance*
opvolgen I [ov ww] ‹v. advies› *follow,*
‹v. bevel› *obey* II [on ww] *succeed*
opvolger *successor*
opvouwbaar *folding,* ‹v. bed›
collapsible
opvouwen *fold up*
opvragen *claim, ask for, reclaim,*
‹gegevens› *retrieve,* ‹v. geld v.
rekening› *withdraw,* ‹v. hypotheek›
recall
opvreten I [ov ww] *devour* II [wkd ww]
• (~ van) *be consumed with*
opvrolijken *cheer (up), enliven*
opvullen *fill up*
opwaarts *upward(s)*
opwachten *wait for,* ‹met vijandige
bedoeling› *waylay*
opwachting ★ zijn ~ maken bij *pay
one's respect to*
opwarmen I [ov ww] • (opnieuw
verwarmen) *heat/warm up*
• (enthousiast maken) *inspire* II [on
ww] *warm up*
opwegen *be equal to*
opwekken *arouse,* ‹gevoelens› *evoke,*
‹v. eetlust› *stimulate*
opwellen *well up*
opwelling *impulse,* ‹v. woede› *surge,
fit*
opwerken • (naar boven brengen)
work up • (bewerken) *touch up*
opwerpen I [ov ww] • (bouwen) *erect*
• (opgooien) *throw up* • (opperen)
raise II [wkd ww] ★ zich ~ als *set o.s.
up as*
opwinden • (oprollen) *wind*
• (spannen) *wind (up)* • (geestdriftig
maken) *excite*

opwinding *excitement*

opzeggen • (voordragen) <v. gedicht> *recite*, <v. les> *read* • (doen ophouden) *terminate*, <v. betrekking> *resign*

opzet • (plan) *design* • (doelbewust) ⋆ met ~ *on purpose*

opzettelijk *intentional, deliberate*

opzetten • (op het vuur zetten) *put on* • (overeind zetten) *set up, put up*, <v. kraag> *turn up* • (iets beginnen) *set up, start* • (opdoen) *put on* • (prepareren) *stuff* • (~ tegen) *set on*

opzicht • (oogpunt) ⋆ in dit ~ *in this respect* ⋆ in zeker ~ *in a way* ⋆ ten ~e van *with regard to*

opzichter *overseer, supervisor*, <v. park> *keeper*

opzichtig <v. kleren> *flamboyant, showy*, <v. kleuren> *loud*

opzien I [het] ⋆ ~ baren *cause a sensation; make a splash* II [on ww] • (opkijken) *look up* • (~ tegen) ⋆ ik zie er tegen op *I'm not looking forward to it*

opzienbarend *sensational*

opzitten *sit up*, <v. hond> *beg*

opzoeken *look up*

opzuigen • (naar boven zuigen) *suck in/up*, <met stofzuiger> *hoover* • (absorberen) *absorb*

opzwellen *swell (up)*

opzwepen *whip up*

orakel *oracle*

oranje *orange*, <v. stoplicht> *amber*

orchidee *orchid*

orde *order* ⋆ er is iets niet in orde *there is s.th. wrong* ⋆ orde houden *keep order* ⋆ in orde! *all right!; righto!*

ordeloos *disorderly*

ordenen • (rangschikken) *put s.th. in order* • (regelen) *order, arrange* • (iem. in een orde opnemen) *ordain*

ordening • (regulering) *planning* • (rangschikking) *arrangement*

ordentelijk • (fatsoenlijk) *decent*

• (billijk) *fair, reasonable*

order • (bevel) *order, command* • (bestelling) *order*

ordinair *common, vulgar*

orgaan *organ*

organisatie *organization*

organisator *organizer*

organisch *organic*

organiseren *organize*

organisme *organism*

organist *organist, organ-player*

orgasme *orgasm*

orgel *organ*

orgie *orgy*

originaliteit *originality*

origineel I [het] *original* II [bnw] • (oorspronkelijk) *original* • (apart) *strange, original*

orkaan *hurricane*

orkest *orchestra*

ornaat ⋆ in vol ~ *in state; in full vestments*

ornament *ornament*

orthodox *orthodox*

os • (persoon) *ass* • (dier) *ox* [mv: oxen]

otter *otter*

oud *old*, <v. brood> *stale*

oudbakken *stale*

ouder I [de] *parent* II [bnw] *older, elder*

ouderdom • (leeftijd) *age* • (hoge leeftijd) *old age*

ouderlijk *parental*

ouderling *elder*

ouderwets I [bnw] • (uit de mode) *old-fashioned, out of date* • (degelijk) *proper* II [bijw] *in an old-fashioned way*

oudgediende • (ex-militair) *veteran, ex-serviceman* • (ervaren persoon) *old hand*, <inf.> *old-timer*

oudheid *antiquity*

oudheidkunde *archaeology*

oudoom *great uncle*

outillage *equipment*

ouwelijk *oldish, elderly*

ovaal *oval*
ovatie *ovation*
oven *oven*
over I [bijw] • (van/naar een andere plaats) *across, over* • (resterend) *left*
• (opnieuw) *again* • (afgelopen) *over, finished* II [vz] • (bovenop/-langs) *across, over* • (via) *by way of, via*
• (meer/langer dan) *over, past* • (na)
* vandaag over een week *a week today*
* over enige tijd *after some time*
• (betreffende) *about, concerning*
• (van/naar een andere plaats) *across, over*
overal *everywhere,* ‹inf.› *all over the place*
overbevolking *overpopulation*
overbevolkt *overpopulated*
overblijfsel ‹afval, restanten› *remains,* ‹vnl. etensresten› *left-overs* [mv]
overboord *overboard*
overbrengen • (transporteren) *bring, take, move* • (doorgeven) ‹boodschap› *take,* ‹groeten› *give* • (overdragen) *carry* • (overboeken) *transfer* • (techn.) *transmit*
overbrenging • (middel van overbrenging) *transmission* • (het overbrengen) *transport, transfer, removal*
overbruggen *bridge,* ‹fig.› *tide over*
overbrugging *bridging*
overcompleet *surplus*
overdaad *excess*
overdadig *excessive*
overdag *during the day, in the daytime*
overdekken *cover (over)*
overdenken *reflect on, consider*
overdenking *reflection, consideration*
overdoen • ((iets) opnieuw doen) *do (s.th.) over again* • (overdragen) *transfer, take over* • (verkopen) *sell (off)*
overdonderen *browbeat*
overdracht *transfer*

overdrachtelijk *metaphorical*
overdragen • (vervoeren) *carry/take (over/across)* • (overgeven) *hand over,* ‹taak› *delegate* • (overbrengen) *pass on, transmit*
overdreven *exaggerated, gushing*
overdruk • (hogere druk) *overpressure* • (wat over iets gedrukt is) *overprint* • (postzegel) *overprint*
overduidelijk *manifest, obvious*
overdwars *across, crosswise*
overeenkomen I [ov ww]
• (afspreken) *agree (on)* II [on ww]
• (overeenstemmen) *correspond (to)*
• (samengaan) *go together*
overeenkomst • (gelijkenis) *correspondence, resemblance*
• (afspraak) *agreement*
overeenkomstig I [bnw] • (volgens) *consistent with* • (gelijk) *similar, corresponding* II [vz] *in accordance with*
overeenstemmen • (het eens zijn) *agree* • (gelijk zijn aan) *correspond to*
overeenstemming • (het overeenstemmen) *agreement*
• (gelijkenis) *correspondence, resemblance* • (afspraak) *agreement*
overeind • (rechtop) *upright, on end* • (staand) *standing*
overgaan • (oversteken) *cross*
• (bevorderd worden) *move up*
• (voorbijgaan) ‹v. bui› *blow over,* ‹v. pijn› *pass off* • (~ in) *pass into*
• (~ tot) *proceed to*
overgang • (oversteekplaats) ‹spoorlijn› *(level)crossing,* ‹v. rivier› *crossing* • (menopauze) *change of life, menopause* • (tussenvorm) *link*
overgankelijk *transitive*
overgave • (overdracht) *transfer, delivery* • (capitulatie) *surrender* • (toewijding) *devotion, dedication*
overgeven I [ov ww] • (overdragen) *hand (over), pass* II [on ww] *vomit* III [wkd ww] *surrender*

overgevoelig *hypersensitive, over-sensitive*
overgordijn *curtain*
overhalen • (trekken aan) *pull* • (overreden) *persuade, talk (s.o.) into*
overhand ⋆ de ~ hebben *have the upper hand*
overhandigen *hand (over), deliver*
overhebben ⋆ dat heb ik er wel voor over *it's worth it*
overheen *over, across*
overheersen I [ov ww] *dominate* II [on ww] *predominate*
overheersing *domination*
overheid *government*
overheidswege ⋆ van ~ *by the authorities* ⋆ van ~ wordt verklaard *the authorities announce*
overhellen • (hellen) *lean over, incline* • (neigen) *tend*
overhemd *shirt*
overhoop *in disorder,* ‹fig.› *at odds*
overhoren *test*
overhouden *have s.th. left,* ‹v. geld› *save*
overig *remaining*
overigens • (trouwens) *for that matter, indeed* • (voor het overige) *for the rest*
overjas *overcoat*
overkant *opposite/far side*
overkoken *boil over*
overladen • (te zwaar beladen) *overload* • (overstelpen) *shower, heap on*
overlangs *lengthwise*
overlappen *overlap*
overlast *annoyance, nuisance*
overlaten • (doen overblijven) *leave* • (toevertrouwen) *leave*
overleden *dead, deceased*
overleg • (bedachtzaamheid) *discretion, judgement* • (beraadslaging) *deliberation,* ‹bespreking› *consultation*

overleven • (blijven leven) *survive* • (langer leven dan iets/iem.) *outlive*
overlevende *survivor*
overleveren • (overdragen) *hand over* • (doorgeven) *hand down*
overlevering *tradition*
overlijden I [het] *death,* ‹form.› *decease* II [on ww] *die, pass away*
overloop • (bovenportaal) *landing* • (het overstromen) *flooding* • (overloopbuis) *overflow*
overlopen • (naar andere partij gaan) *defect, desert* • (overstromen) *run over,* ‹fig.› *brim over*
overloper *deserter, defector, turncoat*
overmaat *excess*
overmacht • (grotere macht) *superior forces/numbers* • (force majeure) *circumstances beyond one's control, an Act of God*
overmaken • (opnieuw maken) *redo, do over again* • (overschrijven) ‹v. geld› *transfer*
overmannen *overpower*
overmatig *excessive*
overmeesteren *overcome, overpower*
overmoed *recklessness*
overmoedig *reckless*
overmorgen *the day after tomorrow*
overnachten *stay the night*
overname • (koop) *taking over, purchase* • (ontlening) *borrowing*
overnemen • (uit handen nemen) *take over* • (kopen) *buy* • (opschrijven) *copy*
overpeinzing • (het overpeinzen) *meditation* • (wat overdacht wordt) *reflection*
overplaatsen *transfer*
overproductie *over-production*
overreden *persuade*
overredingskracht *power of persuasion*
overrompelen (take by) *surprise*
overschaduwen • (schaduw op iets

werpen) *overshadow* • (overtreffen)
eclipse
overschakelen • (andere verbinding
maken) *switch over* • (overstappen op)
switch over • (in andere versnelling
gaan) *change gear*
overschatten *overrate*
overschot • (restant) *remainder*, <aan
geld> *balance* • (teveel) *surplus*
overschreeuwen ★ iem. ~ *shout s.o.
down*
overschrijden • (over iets heen
stappen) *cross* • (te buiten gaan)
exceed
overschrijven • (overmaken) <v. geld>
transfer • (opschrijven) *copy (out)*
overslaan I [ov ww] • (voorbij (laten)
gaan) *omit, miss (out)*, <bij uitdeling>
pass over II [on ww] • (op iets anders
overgaan) *jump over, spread to* • (van
toon veranderen) <v. stem> *break,
catch*
overspannen I [bnw] • (te gespannen)
overstrained • (doorgedraaid)
overwrought II [ov ww] • (overdekken)
span • (te sterk spannen) *overstrain*
overspel *adultery*
overspringen *jump/leap over*
overstaan ★ ten ~ van *before; in the
presence of*
overstappen • (van trein wisselen)
change • (op iets anders overgaan)
change over
overste • (mil.) *lieutenant-colonel*
• (rel.) *prior* [v: prioress]
oversteekplaats *crossing*
oversteken • (naar overkant gaan)
cross • (ruilen) *exchange*
overstelpen • (bedelven) *shower, heap*
• (overmannen) *overwhelm*
overstemmen • (meer lawaai maken)
drown out • (meerderheid van
stemmen behalen) *outvote*
overstroming *flood*
overstuur *upset*

overtocht *passage, crossing*
overtollig *superfluous*
overtreden *break, infringe*, <form.>
offend against
overtreffen *exceed, surpass, outstrip*
overtrek *cover*
overtroeven • (aftroeven) *overtrump*
• (overtreffen) *outdo, outwit*
overtuigen *convince, satisfy*
overtuiging *conviction*
overval <v. politie> *raid* ★ gewapende ~
armed robbery
overvallen • (onverhoeds aanvallen)
<v. bank, winkel, enz.> *hold up*, <v.
personen> *assault* • (verrassen)
surprise
overvleugelen *outstrip*
overvloed *abundance, plenty, profusion*
overvloedig *abundant, plentiful,
copious*
overvloeien • (overstromen) *overflow*
• (in elkaar opgaan) *flow over*
• (~ van) *brim (with)*
overvoeren • (te veel voeren) *overfeed*
• (v. markt) *glut, oversupply*
overvol *crowded, overcrowded,
crammed (with)*
overwegen I [ov ww] • (overdenken)
consider, weigh II [on ww] • (de
doorslag geven) *prevail*
overwegend I [bnw] *paramount*
II [bijw] *predominantly, mainly*
overweging • (overdenking)
consideration • (beweegreden)
ground, reason
overweldigen • (overmeesteren)
overpower • (overstelpen) *overwhelm*
overwicht • (hoger gewicht)
overweight • (invloed) *preponderance*
overwinnaar *victor, conqueror*
overwinnen • (verslaan) *gain the
victory, conquer* • (te boven komen)
overcome
overwinning *victory*, <sport> *win*
overwinteren *hibernate, winter*

overzees *overseas*
overzetten *take across,* <met pont>
ferry (across)
overzicht • *(het overzien) survey*
• *(samenvatting) summary*
overzichtelijk *well-organized, clear*
overzien *look over, survey*
oxidatie *oxidation*
oxideren *oxidize*
ozon *ozone*

P

paaien I [ov ww] *placate, appease* II [on
ww] *spawn*
paal *pole, post*
paalwoning *pile dwelling*
paar • *(klein aantal) couple* • *(koppel)*
couple, pair
paard • *(dier) horse* • *(schaakstuk)*
knight • *(sport) (vaulting) horse*
paardensport *equestrian/hippic sport*
paardrijden *ride (horseback)*
paars *purple*
paarsgewijs *in pairs*
paartijd *mating season*
paasdag *Easter Day*
pacht • *(huurovereenkomst) lease*
• *(pachttermijn) tenancy*
• *(pachtgeld) rent*
pachten • *(huren) rent* • *(een recht*
kopen) farm
pachter *leaseholder, lessee,* <v.
boerderij> *tenant*
pacifisme *pacifism*
pad I [de] *toad* II [het] *path*
paddestoel • *(zwam) mushroom,*
<altijd giftig> *toadstool* • *(wegwijzer)*
road marker
padvinder <jongen> *(boy) scout,*
<meisje> *girl guide,* <AE> *girl scout*
padvinderij *(boy) scout movement*
paf I [de] *bang* II [bnw] ∗ *daar sta ik paf*
van I'm staggered III [tw] *bang!*
paffen *puff*
pagina *page*
pak • *(verpakking) package,* <klein>
packet • *(kostuum) suit*
pakezel • *(lastdier) pack donkey*
• *(persoon) dogsbody*
pakhuis *warehouse*
pakken I [ov ww] • *(aanhouden) catch,*
seize • *(boeien) grip* • *(beetpakken)*

catch, <omhelzen> *hug* • (inpakken)
pack, do up • (te voorschijn halen) *get,
fetch, take* II [on ww] <v. sleutel> *bite*,
<v. sneeuw> *ball*, <v. verf> *take*
pakket *parcel, packet*
pakking *packing, gasket*
pakpapier *wrapping paper*
pal I [de] *catch* II [bijw] • (onwrikbaar)
firmly • (precies, vlak) *directly*
paleis *palace*
palet *palette*
paling *eel*
paljas *buffoon, clown*
palm • (boom) *palm* • (handpalm)
palm
palmboom *palm (tree)*
pamflet *pamphlet*
pan • (kookpan) *pan* • (duinpan)
hollow, dip • (dakpan) *tile* • (janboel)
mess
pand • (onderpand) *security*
• (gebouw) *property, building*, <huis
en erf> *premises* • (slip v. jas) *tail*
pandverbeuren *game of forfeits*
paneel *panel*
paneren *coat with breadcrumbs*
paniek *panic, scare*
panisch *frantic, panic*
panklaar *oven-ready, ready for cooking*
pannenkoek *pancake*
panorama *panorama*
pantalon *trousers*, <AE> *pants*
panter *panther*
pantoffel *slipper*
pantoffelheld • (man onder de plak)
henpecked husband • (lafaard) *coward*
pantomime *dumb show, mime*
pantser • (stalen bekleding)
armour-plate, armour-plating • (huid
v. dier) *armour*
pantseren *armour, steel*
panty *tights, panty hose*
pap • (voedsel) *porridge* • (papachtig
mengsel) *pulp*
papa *dad(dy)*

papaver *poppy*
papegaai *parrot*
paperassen *papers*
papier *paper*
papieren • (van papier) *paper* • (niet
werkelijk) *paper*
pappen I [ov ww] <v. ontsteking>
poultice, <v. stoffen> *dress* II [on ww]
become pulpy
paprika • (vrucht) *pepper, paprika*
• (plant) *paprika*
papzak *fatty*
paraaf *initials*
paraat *ready, prepared*
parabel *parable*
parabool *parabola*
parachute *parachute*
parachutist *parachutist*
parade *review, parade*
paraderen • (parade houden) *parade*
• (pronken) *show off, make a show of*
paradijs *paradise*
paradox *paradox*
paraferen *initial*
paraffine *paraffin*
paragraaf • (onderdeel v. tekst) *section*
• (paragraafteken) *paragraph*
parallel I [de] *parallel* II [bnw] *parallel*
paraplu *umbrella*
parasiet • (soort plant, dier) *parasite*
• (klaploper) *sponger*
parasiteren *parasitize*
parasol *parasol, sunshade*
pardoes *bang, slap, smack*
pardon I [het] *pardon* II [tw] ∗ ~! (I beg
your) *pardon; pardon me*
parel • (sieraad) *pearl* • (kostbaar
iets/iem.) *jewel* • (parelvormig
voorwerp) *bead*
parelen I [ov ww] *pearl* II [on ww]
• (bellen, druppels vormen) *pearl,
bead*, <v. vloeistof> *sparkle* • (zuiver
klinken) *ripple*
parelhoen *guinea fowl* [v: *guinea hen*]
paren I [ov ww] • (tot paar maken)

pair off • (doen samengaan) *combine (with)*, *couple (with)* II [on ww] *mate with, copulate*
pareren *parry, ward off*
parfumeren *scent, perfume*
paria *pariah*
paring • (het koppels vormen) *pairing* • (de copulatie) *mating, copulation*
pariteit *parity*
park *park*
parkeermeter *parking meter*
parkeerplaats • (parkeervak) *parking place*, ‹langs weg› *lay-by* • (parkeerterrein) *car park*
parkeerterrein *parking place/space*, ‹AE› *parking lot*
parkeren *park*
parket • (rang in theater) *parquet* • (bureau v.h. Openbaar Ministerie) *office of the Public Prosecutor*
parkiet *parakeet*
parlement *parliament*
parlementair • (beleefd) *parliamentary, civil* • (m.b.t. het parlement) *parliamentary* • (m.b.t. onderhandelaar) *parliamentary*
parlementslid *Member of Parliament, MP*
parochiaan *parishioner*
parochie *parish*
parodie *parody*
parodiëren *parody*
parool • (wachtwoord) *password* • (leus) *slogan* • (erewoord) *parole*
part I [de] ∗ je geheugen speelt je parten *your memory is playing tricks on you* II [het] *part, share*
parterre • (benedenverdieping) *ground floor*, ‹AE› *first floor* • (rang in theater) *pit*
participatie *participation*
particulier I [de] *private person* II [bnw] *personal*, ‹v. secretaresse, school, enz.› *private*
partij • (onbepaalde hoeveelheid) *set,*

bunch, ‹v. goederen› *lot* • (gezamenlijk spel) *game* • (feest) *party* • (belangengroep) *party* • (deelhebber) *party* • (muz.) *part*
partijdig *partial, bias(s)ed*
partijgenoot *party-member*
partituur *score*
partizaan *partisan*
partner *partner*
parvenu *upstart, parvenu*
pas I [de] • (stap) *step, pace* • (bergpas) *pass* • (legitimatiebewijs) *pass, permit* II [bnw] • (passend) *fit* • (waterpas) *level* III [bijw] • (niet meer/eerder/verder dan) *just* • (in hogere mate) ∗ dat is pas lekker *that's really delicious!*
Pasen *Easter*, ‹joods› *Passover*
pasfoto *passport photo*
paskamer *fitting room*
pasklaar • (zo gemaakt dat het past) *made to measure* • (gereed om gepast te worden) *ready for trying on*
paspoort *passport*
passage *passage*, ‹in de bergen› *pass*, ‹winkelgalerij› *arcade*
passagier *passenger*
passen I [ov ww] • (juiste maat proberen) *try on, fit* • (juist plaatsen) ∗ aan/in elkaar ~ *fit together/in* II [on ww] • (de juiste maat hebben) *fit* • (betamen) *become* • (schikken) *suit* • (~ bij) *fit, match, suit, become*
passend • (v.d. goede maat) *fitting* • (geschikt) *fit, suitable* • (gepast) *proper, appropiate*
passer *compass, (pair of) compasses*
passeren • (door-/overtrekken) *pass through, cross* • (gaan langs) *pass (by)* • (inhalen) *overtake*
passie • (het lijden v. Christus) *Passion* • (hartstocht) *passion*
passief *passive*
pasta • (dik smeersel) *paste* • (deegwaar) *pasta*

pastei *pie*
pastel *pastel*
pasteuriseren *pasteurize*
pastille *pastille*
pastoor *priest*
pastoraal • (m.b.t. pastor/pastoraat) *pastoral* • (m.b.t. het landleven) *pastoral, rustic*
pastorie ‹protestants› *parsonage, vicarage,* ‹rooms-katholiek› *presbytery*
pat *stalemate*
patent I [het] ‹voor bedrijf› *licence,* ‹voor uitvinding› *(letters) patent* II [bnw] *first-rate, excellent*
pater *father*
paternoster I [de] *rosary, paternoster* II [het] *paternoster, Lord's Prayer*
pathetisch *pathetic*
pathologisch *pathological*
pathos *pathos*
patiënt *patient*
patriarch *patriarch*
patriarchaal *patriarchal*
patriarchaat ‹rechtstoestand› *patriarchy,* ‹waardigheid, gebied› *patriarchate*
patriciër *patrician*
patrijs *partridge*
patrijspoort *porthole*
patronaat • (beschermheerschap) *patronage* • (kath. jeugdvereniging) *confraternity*
patroon I [de] • (huls met springlading, inkt, enz.) *cartridge* • (beschermheer) *patron* • (beschermheilige) *patron saint* • (baas) *employer, master* II [het] • (model, voorbeeld) *pattern* • (dessin) *pattern, design*
patrouille *patrol*
patrouilleren *patrol*
pats I [de] *slap* II [tw] *wham*
pauk *kettledrum*
paus • (geestelijk leider) *pope* • (bazig

persoon) *autocrat*
pauselijk *papal, pontifical*
pauw *peacock* [v: *peahen*]
pauze *pause,* ‹in schouwburg, enz.› *interval,* ‹AE› *intermission,* ‹in wedstrijd› *half-time,* ‹op school› *break*
pauzeren *pause, stop, have a break*
paviljoen • (buitenverblijf) *pavilion* • (bijgebouw) *outbuilding*
pech • (panne, mankement) *trouble, breakdown* • (tegenspoed) *bad luck*
pechvogel *unlucky person*
pedaal *pedal*
pedaalemmer *pedal bin*
pedagogisch *pedagogic(al),* ‹opvoedend› *educational*
pedagoog • (leermeester) *pedagogue* • (opvoedkundige) *educationalist*
pedant *pedantic, conceited*
pedanterie *pedantry*
pedicure • (voetverzorging) *pedicure* • (voetverzorger,-ster) *chiropodist*
pee ∗ de pee hebben aan *hate*
peen *carrot*
peer • (vent) *guy, bloke* • (vrucht) *pear* • (lamp) *bulb*
pees • (bindweefsel) *tendon, sinew* • (boogpees) *string*
peil *level*
peilen • (bepalen) ‹v. diepte› *sound, fathom,* ‹v. gehalte, inhoud› *gauge,* ‹v. positie› *take (one's) bearings* • (onderzoeken) ‹v. gedachten› *fathom, probe, sound out,* ‹v. kennis› *test, gauge*
peiling ‹ter oriëntatie› *bearing,* ‹v. gehalte› *gauging,* ‹v. hoogte, diepte› *sounding*
peillood *plumb line*
peilloos *unfathomable*
peinzen *ponder, brood*
pek *pitch*
pekel • (strooizout) *salt* • (zoutoplossing) *brine, pickle*

pekelen • (zouten) *pickle*
• (bestrooien) *salt*
pekelvlees *salt(ed) meat*
pelgrim *pilgrim*
pelikaan *pelican*
pellen *peel*, ‹v. noten› *shell*
peloton • (sectie) *platoon* • (sport) *pack*
pels • (vacht) *pelt* • (bewerkt bont) *fur*
pelsjager *trapper*
pen • (klem, knijper) *peg* • (schrijfpen) *pen*
pendant *pendant, counterpart, opposite number*
pendelaar *commuter*
pendeldienst *shuttle service*
pendelen *commute*
penibel *awkward*
penicilline *penicillin*
penis *penis*
pennen • (vastzetten bij schaken) *pin* • (schrijven) *pen, scribble, jot down*
pennenlikker *penpusher, inkslinger*
pennenstrijd *controversy*
pennenvrucht *product of one's pen*
penning *medal*, ‹v. koffieautomaat, enz.› *token*, ‹v. politieagent› *badge*
penningmeester *treasurer*
pens • (etenswaar) *tripe* • (buik) *paunch*
penseel *brush*
pensioen *pension*, ‹v. militairen› *retirement pay*
pensioenfonds *pension fund*
pensioengerechtigd *pensionable*
pension • (kosthuis) *boarding house* • (kostgeld) *board* • (kost en inwoning) *bed and board* • (dierenverblijf) *kennel*
pensioneren *pension off*
peper *pepper*
peperduur *very expensive*
peperen *pepper*
pepermunt *peppermint*
pepernoot ≈ *gingernut*
per • (vanaf) *from* • (door middel van,

met) *by* • (in/voor) *per, by*
perceel *property*, ‹kaveling› *lot*, ‹land› *plot*
percent *per cent*
percentage *percentage*
perenboom *pear tree*
perfect *perfect*
perfectie *perfection*
perforeren *perforate*
pergola *pergola*
periode *period*
periodiek I [de] • (tijdschrift) *periodical* • (salarisverhoging) *increment* II [bnw] *periodical*
periscoop *periscope*
perk • (stuk tuin) *bed, flowerbed* • (grens) *bound, limit*
perkament *parchment*
permanent I [de] *permanent (wave)* II [bnw] *permanent*
permissie *permission, leave*
permitteren *allow, permit*
perplex *perplexed, baffled*
perron *platform*
pers • (toestel om te persen) *press* • (drukpers) (printing) *press* • (kranten, tijdschriften, journalisten) *press* • (tapijt) Persian *carpet/rug*
persbureau *news agency*
persen *press*
personage • (persoon) *person* • (rol, figuur, karakter) *personage, character*
personeel I [het] *personnel, staff, employees* II [bnw] *personal*
personenauto *passenger car*
personificatie *personification*
personifiëren *personify*
persoon • (individu) *person* • (personage) *figure, character, role*
persoonlijk I [bnw] • (van/voor een persoon) *personal, private* • (in eigen persoon) *personal* • (met persoonlijk karakter) *individual, private* II [bijw] *personally*

persoonlijkheid personality
persoonsbewijs identity card, ID
perspectief I [de] • (uitbeelding in
plat vlak) perspective II [het]
• (gezichtspunt) perspective, point of
view • (vooruitzicht) perspective,
prospect • (context) perspective, context
persvrijheid freedom of the press
pertinent positive
perzik peach
pessimisme pessimism
pest • (ziekte) plague • (plaag) pest,
blight • (vervelend) rotten
pesten plague, badger, pester
pestkop bully, tormentor
pet I [de] (peaked) cap II [bnw] lousy
petekind godchild
peterselie parsley
petitie petition
petrochemie petrochemistry
petroleum ‹gezuiverd› paraffin, ‹AE›
kerosene, ‹ruw› petroleum
petto * iets in ~ houden have/keep
s.th. in reserve
peul • (doosvrucht) pod • (soort erwt)
mange-tout
peuter toddler
peuteren • (pulken) pick • (friemelen)
fumble, fiddle • (~ aan) tamper (with)
peuterig • (klein) finicky • (prutserig)
slapdash
peuzelen munch, nibble
piano piano
piccolo • (hotelbediende) bellboy,
buttons, ‹AE› bellhop • (kleine
dwarsfluit) piccolo
piek peak, summit
piekeren puzzle over, brood, worry, fret
piekfijn ‹v. uiterlijk› spruce, natty
pienter bright, clever, smart
piepen ‹v. adem› wheeze, ‹v. muizen›
squeak, ‹v. scharnier› creak
pieper • (oproepapparaat) bleeper
• (aardappel) spud
piepjong extremely young

pier • (worm) earthworm • (landhoofd)
pier, ‹golfbreker› jetty • (loopbrug)
pier
pietlut niggler
pietluttig niggling, petty
pigment pigment
pij (monk's) habit
pijl arrow, ‹klein› dart
pijler pillar, column, ‹v. brug› pier
pijlsnel (as) swift as an arrow
pijn • (lichamelijk lijden) pain,
‹aanhoudend› ache, ‹plotseling› pang
pijnbank rack
pijnboom pine (tree)
pijnigen torment
pijnlijk • (pijn doend) painful
• (onaangenaam) awkward • (zeer
nauwgezet) painstaking
pijnloos painless
pijnstillend soothing
pijp • (deel v.e. broek) leg • (rookgerei)
pipe • (buis) tube
pijpleiding pipeline
pik • (wrok) spite, grudge • (penis) cock
pikant • (scherp) piquant, savoury
• (prikkelend) salty, racy
pikdonker I [het] pitch darkness
II [bijw] pitch-dark
pikhouweel pickaxe
pikken pick
pikzwart pitch-black
pil pill
pilaar pillar, column
piloot pilot
pimpelen booze, tipple
pin • (staafje, pen) peg, pin • (pinnig
mens) shrew
pincet (pair of) tweezers
pinda peanut
pindakaas peanut butter
pingelen • (tikken v. automotor) pink
• (afdingen) haggle, chaffer, dicker
• (dribbelen) dribble
pink • (vinger) little finger • (kalf)
yearling • (vissersboot) smack

pinken blink
Pinksteren Whitsun(tide),
  <pinksterzondag> Pentecost
pinnig • (bits) tart, sharp • (zuinig)
  mingy, stingy
pion counter, <bij schaken> pawn
pionier pioneer
pipet pipette
pips off colour
piraat • (zeerover) pirate • (illegale
  zender) pirate (station)
piramide pyramid
pis piss, ⁺ urine
pistache • (noot) pistachio • (bonbon)
  cracker
piste • (circusarena) ring • (skipiste)
  (ski) run
pistool pistol
pit • (energie) spirit • (kern v. vrucht)
  stone, <v. appel> pip • (gaspit) jet,
  burner • (lont) wick
pitten I [ov ww] stone II [on ww] sleep,
  <inf.> snooze
pittig spicy
plaag nuisance, pest, plague
plaagziek teasing
plaat • (grammofoonplaat) record
  • (prent) picture, plate
plaats • (waar iem./iets zich bevindt)
  place, position • (ruimte) room, space,
  <zitplaats> seat • (functie, post) post,
  place • (woonplaats) town, <dorp>
  village
plaatsbepaling • (lokalisatie)
  position-finding, <luchtvaart> fix
  • (taalk.) adjunct of place
plaatsbespreking booking
plaatsbewijs ticket
plaatselijk local
plaatsen place
plaatsgebrek lack of space
plaatsruimte room, accommodation
plaatsvervangend substitute
plaatsvervanger replacement,
  substitute, <v. dokter> locum (tenens)

plagiaat plagiarism, plagiary
plaid plaid
plak slice, <chocolade> slab, <v. spek>
  rasher
plakband adhesive, sticky tape
plakboek scrapbook
plakkaat • (aanplakbiljet) placard,
  poster • (vlek, klodder) blotch, blob
plakken I [ov ww] paste, stick, glue
  II [on ww] stick
plakker • (plakstrookje) sticker • (iem.
  die lang blijft hangen) sticker • (iem
  die plakt) paster, sticker
plamuren fill
plan plan
planeet planet
planetarium planetarium
plank plank, <dun> board
plankenkoorts stage fright
plankgas * ~ geven step on the gas
planmatig systematic
planning plan(ning)
plant plant
plantaardig vegetable
plantage plantation, estate
planten plant
plantengroei vegetation
planter planter
plantkunde botany
plantsoen public garden(s)
plas • (urine) * een plas doen go to the
  toilet • (stilstaand water) pool, puddle,
  <meer> lake • (natte plek) puddle
  • (hoeveelheid) puddle
plassen I [ov ww] • (in plassen doen
  stromen) splash, spatter II [on ww]
  • (in een vloeistof bewegen) splash,
  paddle • (urineren) pass water, go to
  the loo
plastic I [het] plastic II [bnw] plastic
plastiek
  • (boetseer-/beeldhouwkunst) plastic
  art(s), <beeldhouwen> sculpture
  • (voorwerp) <gebeeldhouwd>
  sculpture, <geboetseerd> model

plat I [het] • (plat vlak) *plateau, shelf*
• (platte kant) *flat* • (dakterras) *sun
roof, terrace(roof)* II [bnw] • (vlak en
ondiep) *flat, low, shallow* • (niet in
bedrijf) *closed, shut down*
• (platvloers) *coarse, vulgar*
• (dialectisch) *broad*
platenspeler *record player*
platform *platform,* ‹v. vliegveld›
tarmac, apron
platina *platinum*
plattegrond • (kaart) *street plan/map*
• (tekening van huisindeling)
floor/ground plan
platteland *country(side)*
platvoet *flat foot*
platweg *bluntly, straight out*
platzak *broke*
plaveien *pave*
plaveisel *pavement*
plavuis *tile,* ‹v. steen› *flag(stone)*
plechtig *solemn, stately, ceremonious*
plechtigheid • (ceremonie) *solemnity,
ceremony* • (het stemmige) *solemnity*
plechtstatig *solemn, stately*
plegen *do, perform,* ‹v. misdaad›
perpetrate, commit
pleidooi *plea(ding)*
plein *square*
pleister I [de] (sticking) *plaster,* ‹AE›
band-aid II [het] • (kalkmengsel)
plaster
pleisteren I [ov ww] • (een pleister
plakken op) *put a plaster/band-aid on*
• (met gipskalk bestrijken) *plaster*
II [on ww] • (onderweg ergens
rusten) *stop (for refreshment)*
pleisterplaats • (plaats waar men
even blijft) *port of call* • (plaats waar
men reis onderbreekt) *stopping place*
pleisterwerk *plaster work, stucco*
pleitbezorger *advocate*
pleiten *plead*
pleiter • (pleitbezorger) *advocate*
• (iem. die een rechtsgeding voert)

litigant • (advocaat) *counsel*
plek • (vlek) *stain* • (plaats) *spot, place*
pletten *flatten*
pletter * te ~ slaan *smash* * te ~
vallen *plunge to (one's) death* * zich te
~ vervelen *be bored to tears*
pleuris *pleurisy*
plezier *pleasure, fun*
plezierig *pleasant*
plicht *duty, obligation*
plichtpleging *ceremony, compliment*
plint *skirting board*
ploeg • (landbouwwerktuig) *plough*
• (team) *team* • (arbeiders in
ploegendienst) *shift*
ploegen I [ov ww] • (met de ploeg
omwerken) *plough* II [on ww]
• (moeizaam vooruitkomen) *plough,
plod*
ploert *cad, bastard*
ploeteren • (spetteren) *splash*
• (zwoegen) *toil, plod*
plof *thud, flop*
ploffen I [ov ww] • (neergooien)
dump, chuck II [on ww] • (met een
plof vallen) *thud, flop* • (geluid van
ontsnappend gas geven) *pop, bang*
plomberen • (kiezen vullen) *fill*
• (met lood verzegelen) *seal with lead*
plomp *plump,* ‹mens› *squat*
plonzen *splash*
plooi • (rimpel in huid) *wrinkle, line*
• (kreukel) *crease* • (rimpel in stof)
fold, pleat
plooibaar *pliable*
plooien *fold, pleat*
plooirok *pleated skirt*
plug *plug,* ‹in vat, enz.› *bung*
pluim *feather, plume*
pluimage *plumage*
pluimvee *poultry*
pluis *fluff*
pluizen I [ov ww] • (iets uitrafelen)
fluff II [on ww] • (gaan rafelen)
become fluffy, fluff up

pluk • (bosje) *tuft* • (oogst) *pickings, crop* • (het plukken) *picking*
plukken I [ov ww] • (grijpen) *pluck* • (van veren ontdoen) *pluck* • (oogsten) *gather, pick* • (beroven) *fleece, pluck* II [on ww] • (peuteren aan) *pull (at), pick/pluck (at)*
plunderen *plunder, loot*
plunje • (kleding) *duds, togs* • (bagage) *kit, gear*
plunjezak *kit bag*
plus I [het] • (het teken +) *plus* II [bijw] • (boven nul) *plus, over*
pluspunt *advantage*
pneumatisch *pneumatic*
pochen *boast, brag*
podium *platform, dais,* <v. toneel> *stage*
poedel • (misgooi, -stoot) *missthrow,* <biljart> *miscue* • (hond) *poodle*
poedelnaakt *stark naked*
poeder I [de] • (geneesmiddel) *powder* II [het] • (fijn verdeelde vaste stof) *powder*
poederdoos (powder) *compact*
poederen *powder*
poeha *fuss*
poel • (ondiepe plas) <op straat> *pool, puddle* • (broeiplaats) *cesspool*
poelier *poulterer*
poen • (patser) *show-off,* <vero.> *bounder* • (geld) *dough, bread*
poenig *flashy*
poep *crap,* <v. hond, enz.> *mess,* <v. koe, enz.> *dung*
poepen (have a) *crap,* <kind> *do a jobby*
poes • (kat) (pussy)*cat* • (mooie meid) ↓ *pussycat*
poeslief *smooth,* <glimlach, woorden> *sugary,* <woorden> *honeyed*
poesta *puszta*
poëtisch *poetic(al)*
poets *trick, prank*
poetsen *clean,* <v. schoenen> *polish,* <v. tanden> *brush*

poetskatoen *waste cotton*
poëzie *poetry*
pofbroek *knickerbockers* [mv]
poffen I [ov ww] • (in de schil stoven) *roast,* <maïs> *pop* II [on ww] • (op krediet kopen) *buy on credit/tick* • (op krediet verkopen) *sell on tick*
poffertje ≈ *tiny puff-pancakes*
pogen *endeavour, try, attempt*
pogrom *pogrom*
polair • (van de polen) *polar* • (chem.) *dipolar*
polarisatie *polarization*
polariseren *polarize*
polder *polder*
polemiek *polemic(s), controversy*
polemisch *polemic(al), controversial*
Polen *Poland*
poliep • (dier) *polyp, polipite* • (med.) *polyp, polypus*
polijsten *polish*
polikliniek *polyclinic, out-patients' clinic*
polis *policy*
politicus *politician*
politie *police*
politiek I [de] • (overheidsbeleid) *politics* • (tactisch beleid) *policy* II [bnw] • (m.b.t. tactisch beleid) *politic, diplomatic* • (m.b.t. overheidsbeleid) *political* III [bijw] *political*
politiseren *politicize*
pollepel *ladle*
pols • (gewricht) *wrist* • (polsslag) *pulse*
polshorloge *wristwatch*
polsslag *pulse*
polsstok *jumping/vaulting pole*
polyester *polyester*
polygaam *polygamous*
pomp • (tankstation) *petrol station,* <langs autoweg> *service station* • (werktuig) *pump*
pompbediende *petrol/service station attendant*

pompen *pump*
pompoen *pumpkin*
pompstation • (gebouw voor het oppompen v. water) *pumping-station* • (tankstation) *filling/service station*
pond • (gewichtseenheid) *pound* • (Eng. munteenheid) *pound*
poneren *postulate, put forward*
ponsen *punch*
ponskaart *punch(ed) card*
pont *ferryboat*
pontificaal *pontifical*
pony • (paardenras) *pony* • (haardracht) *fringe, bang*
pook • (vuurpook) *poker* • (versnellingshendel) *(gear)stick*
pool • (uiteinde van magneet) *pole* • (poolstreek) *pole* • (opstaande haren van stoffen) *pile*
poolshoogte *latitude*
poolster *polar star*
poolzee *polar sea*
poort • (hoofdingang) *gate* • (nauwe doorgang) *alley(way)* • (boogvormige doorgang) *gate(way)*
poos *while, time*
poot • (lidmaat) *leg* • (voet) ‹v. dier› *paw, foot* • (steun van een voorwerp) *leg*
pootjebaden *paddle*
pop *doll,* ‹paspop› *dummy* • (marionet) *puppet* • (ingesponnen larve) *pupa*
popelen *be anxious to*
poppenkast • (de kast) *puppet theatre, tomfoolery* • (poppenspel) *Punch and Judy show, puppet show*
popperig *doll-like*
populair • (algemeen bekend) *familiar* • (algemeen geliefd) *popular* • (algemeen begrijpelijk) *popular*
populariteit *popularity*
populier *poplar*
por *prod*
poreus *porous*

porie *pore*
porren *prod*
porselein *porcelain, china*
porseleinen *china, porcelain*
portaal *porch, hall*
portefeuille *portfolio,* ‹voor geld› *wallet*
portemonnee *purse*
portie • (aandeel) *share, portion, part* • (hoeveelheid eten) ‹aan tafel› *helping*
portiek *porch*
portier I [de] • (conciërge, enz.) *door-/gatekeeper,* ‹bank, hotel› *porter* II [het] *door*
porto *postage*
portret • (afbeelding van iem.) *portrait, photo(graph)* • (persoonsbeschrijving) *portrait*
portretteren *portray*
Portugal *Portugal*
poseren • (gemaakt doen) *pose (as), masquerade (as)* • (model zijn) *sit (for one's portrait), pose*
positie • (maatschappelijke stand) *position* • (lichaamshouding) *position, posture* • (innerlijke houding) *position, attitude* • (plaats) *position* • (toestand) *situation* • (betrekking) *position, post*
positief • (bevestigend) *positive,* ‹antwoord› *affirmative* • (stellig) *definite* • (gunstig) *positive, favourable* • (niet negatief) *positive*
post *post,* ‹poststukken› *mail*
postbode *postman*
postduif *carrier/homing pigeon*
postelein *purslane*
posten I [ov ww] • (op de post doen) *post* II [on ww] • (op wacht staan) *stand guard,* ‹v. stakers› *picket*
posteren *post, station*
posterijen *postal services, the Post Office*
postgiro *post office giro, national giro*

postkantoor *post office*
postmerk *post mark*
postpakket *postal parcel*
poststuk *postal packet/parcel*
postuur • *(gestalte) figure, build*
• *(houding) posture*
postwissel *postal/money order*
postzegel *(postage) stamp*
postzegelverzamelaar *stamp collector, philatelist*
pot • *(pot om iets in te bewaren)* <v. aardewerk> *pot,* <v. glas> *jar* • *(po) (chamber) pot* • *(kookpot) cooking pot, saucepan* • *(inzet) pool, stakes* • *(marihuana) pot*
potdicht *locked, sealed, hermetically closed,* <eigenschap v. iem.> *as closed as an oyster*
potentaat *potentate*
potentie *power,* <ook seksueel> *potency,* <seksueel> *virility*
potentieel I [het] *potential, capacity* II [bnw] *potential*
potig *burly, robust, husky*
potlood • *(grafiet) black lead* • *(schrijfgerei) pencil*
potpourri *potpourri,* <muz.> *medley*
potsierlijk *clownish, grotesque*
potten • *(sparen) hoard* • *(in potten doen) pot*
pottenbakker *potter*
pottenbakkerij *pottery*
pottenkijker *nosy parker, snooper*
potverteren *squander money*
potvis *sperm whale*
pover *poor*
praal *pomp, splendour*
praat • *(het spreken) talk* • *(wat gezegd wordt) talk*
praatje • *(gerucht) rumour, story* • *(gesprekje) talk, chat* • *(kleine voordracht) talk*
praatjesmaker *gasbag, boaster*
praatpaal *emergency telephone,* <fig.> *confidant*

praatziek *talkative, chatty*
pracht • *(grote schoonheid) splendour, magnificence* • *(prachtig exemplaar) beauty*
prachtig • *(heel mooi) splendid, magnificent* • *(heel goed) fine, wonderful*
praktijk • *(gewoonte) practice* • *(beroepsuitoefening) practice* • *(toepassing) practice*
pralen *parade, flaunt*
prat *proud*
praten *talk*
precair *precarious*
precedent *precedent*
precies • *(geheel en al) precise, exact* • *(nauwkeurig)* ∗ ~ *op tijd right on time* ∗ ~ *in het midden right smack in the middle* ∗ *om tien uur* ~ *at ten precisely/sharp*
preciseren *define, state precisely, specify*
predestinatie *predestination*
predikant* <anglicaans> *vicar,* <protestant> *clergyman,* <rooms-katholiek> *preacher*
preek • *(leerrede) sermon* • *(vermaning) sermon, lecture*
preekstoel *pulpit*
prei *leek*
preken *preach*
prelaat *prelate*
prematuur *premature*
premie *premium*
premier *premier, prime minister*
premisse *premise*
prent • *(afdruksel v. plaat) print, picture* • *(bekeuring) ticket*
prentbriefkaart *picture postcard*
prenten *impress, fix*
preparaat *preparation*
prepareren *prepare*
present I [het] • *(cadeau) present* II [bnw] *present*
presentator *presenter*

presenteerblad *salver, tray*
presenteren • (iem. voorstellen)
present, introduce • (iets aanbieden)
present, offer • (introduceren op tv)
host
presentexemplaar <als geschenk>
presentation copy, <extra> *free copy*
presentielijst *roll, attendance
list/register*
pressie *pressure*
pressiegroep *pressure group*
prestatie *performance, achievement*
presteren • (iets verrichten) *achieve,
perform*
prestige *prestige*
pret *fun, pleasure*
pretentie • (aanspraak) *claim,
pretension* • (aanmatiging) *pretension*
pretentieus *pretentious*
prettig *pleasant, nice*
preuts *prudish, prim*
prevelen *mutter*
preventief *preven(ta)tive,
precautionary*
prieel *summerhouse, gazebo*
priem *awl, bodkin*
priemen *pierce*
priemgetal *prime number*
priester *priest* [v: *priestess*]
prijken *figure*
prijs • (kostprijs) *price* • (prijskaartje)
price (tag) • (gewonnen beloning)
prize, award • (uitgeloofde beloning)
reward • (buit) *prize* • (lof) *praise*
prijsbewust *cost-conscious*
prijsgeven *abandon, give up,*
<geheimen> *divulge*
prijsvraag *prize contest, competition*
prijzen • (de prijs aangeven) *price,
ticket* • (loven) *praise, commend*
• (achten) *prize*
prijzig *expensive,* <inf.> *pricey*
prik • (limonade) *pop, fizz* • (steek)
prick, stab • (injectie) *injection*
prikkel • (doorn) *prickle*

• (aansporing) *incentive, stimulus,
spur* • (prikkeling) *tingle,* <bio.>
stimulus
prikkelbaar • (lichtgeraakt) *irritable,
touchy* • (bio.) *sensitive*
prikkeldraad *barbed wire*
prikkelen I [ov ww] • (aanzetten)
stimulate, excite • (ergeren) *irritate,
nettle* • (prikken) *prickle* II [on ww]
• (prikkelend gevoel geven) *tingle*
prikkeling *stimulation*
prikken I [ov ww] • (steken) *prick*
• (injectie geven) *inject*
• (vastprikken) *stick to/on* II [on ww]
• (tintelen) *tingle*
pril *early, tender*
prima • (eerste) *prime* • (uitstekend)
excellent, great, first-rate
primaat I [de] • (titel van geestelijke)
primate • (aapachtig zoogdier)
primate II [het] *primacy*
primair *primary*
primeur <v. journalist> *scoop*
primitief *primitive*
primula *primrose, primula*
primus *primus (stove)*
principieel *essential, fundamental*
prins *prince*
prinselijk *princely*
prioriteit *priority*
prisma *prism*
privaatrecht *private law*
privé *private, personal*
pro *pro*
probaat *approved, effective*
probeersel *experiment*
proberen *try, attempt*
probleem *problem*
problematiek *problem(s), question at
hand*
procédé *process*
procederen • (een proces voeren)
litigate • (te werk gaan) *proceed*
procent *per cent*
proces • (rechtszaak) *trial* • (wijze

waarop iets verloopt) *process*
processie *procession*
proclamatie *proclamation*
proclameren *proclaim*
procuratiehouder *confidential clerk,
deputy manager*
procureur *solicitor, attorney*
producent *producer*
produceren *produce*
productie • (de opbrengst) *output*
• (het produceren) *production*
productief *productive*
productiviteit *productivity*
proef • (onderzoek) *test* • (experiment)
test, experiment • (bewijs) *test, proof*
• (voorlopig product) *proof* • (staal)
try, sample • (keur) *sample (test)*
proefdier *laboratory animal,* ‹fig.›
guinea pig
proefdraaien *(give a) trial/test run*
proefkonijn *laboratory rabbit,* ‹fig.›
guinea pig
proefneming *experiment*
proefondervindelijk • (door middel
van experiment) *experimental* • (op
grond van experiment) *empirical*
proefrit *trial run, test drive*
proefschrift *thesis*
proeftijd *probation*
proefwerk *test paper*
proeven *taste,* ‹een beetje v. iets›
sample
profaan *profane*
profeet *prophet* [v: *prophetess*]
professor *professor*
profetie *prophecy*
profetisch *prophetic*
profiel • (loopvlak op band) *tread*
• (profielschets) *profile* • (zijaanzicht)
profile
profijt *profit, gain*
profiteren *profit (by/from), benefit
(by/from), avail o.s. of, take advantage
(of)*
prognose *prognosis*

programma *programme*
programmeren *program*
progressie • (trapsgewijze
toeneming) *progression*
• (vooruitgang) *progress*
progressief *progressive*
project *project*
projecteren *project*
projectie *projection*
projectiel *missile, projectile*
projector *projector,* ‹v. dia's› *slide
projector*
proletariaat *proletariat*
proletariër *proletarian*
proletarisch *proletarian*
proloog *prologue*
prominent *prominent*
promotie • (bevordering naar hogere
rang) *promotion, rise*
• (verkoopbevordering) *promotion*
• (doctor worden) *taking one's
Ph.D./doctor's degree,* • (ceremonie)
degree (of doctorate) ceremony
promotor • (zakelijk) *promoter*
• (hoogleraar) ≈ *supervisor of a Ph.D.
student*
promoveren I [ov ww] • (iem. de
doctorstitel verlenen) *doctor, confer a
degree of doctor on* II [on ww] • (de
doctorstitel verwerven) *take a
doctor's degree* • (sport) *be promoted*
prompt I [bnw] • (punctueel)
punctual, prompt • (vlot) *prompt,
quick* II [bijw] *promptly, at once*
pronken *show (o.s./s.th.) off, flaunt
(o.s./s.th.)*
pronkstuk *showpiece*
prooi • (buit van een roofdier) *prey*
• (slachtoffer) *prey, victim*
proost *bottoms up!, cheers!,* ‹bij
niezen› *bless you!*
prop *wad,* ‹in de mond› *gag,* ‹papier›
ball
propaganda *propaganda*
propagandistisch *propagandist(ic)*

propedeuse *foundation course*
propeller *propeller*
proper • (netjes) *neat* • (schoon) *clean*
proportie • (onderlinge verhouding) *proportion* • (afmeting) *proportion, dimension*
proportioneel *proportional*
proppen *stuff, cram*
propvol *chock-full, packed, chock-a-block*
prostituee *prostitute*
prostitutie *prostitution*
protectie • (bescherming) *protection* • (steun) *influence*
protectionisme *protectionism*
protest *protest*
protesteren *protest*
prothese *prosthesis,* ‹v. ledemaat› *artificial limb,* ‹v. tanden› *dentures, false teeth*
protocol • (verslag/proces-verbaal) *protocol, record* • (diplomatieke etiquette) *protocol*
proviand *provisions*
provinciaal *provincial*
provincie *province*
provisie • (mondvoorraad) *provisions, stock of food* • (procentueel commissieloon) *commission,* ‹makelaar› *brokerage*
provocatie *provocation*
provoceren *provoke*
proza *prose*
prozaïsch *prosaic*
pruik • (vals haar) *wig* • (haardos) *mop of hair*
pruilen *pout, sulk*
pruim • (vrucht) *plum* • (plukje kauwtabak) *quid*
pruimen • (pruimtabak kauwen) *chew* • (accepteren) ⋆ ik kan die man niet ~ *I can't stand that man*
pruimtabak *chewing tobacco*
prul *trash, gimcrack*
prutsen • (knutselen) *tinker*

(about/with), *mess about with*
• (klungelen) *bungle*
prutswerk • (knutselwerk) *fiddling work* • (knoeiwerk) *bungle, shoddy work, botch(-up)*
psalm *psalm*
pseudoniem *pseudonym*
psyche *psyche*
psychiater *psychiatrist*
psychiatrisch *psychiatric*
psychisch *psychic(al)*
psychoanalyse *psychoanalysis*
psychologisch *psychological*
psycholoog *psychologist*
psychopaat *psychopath*
psychose *psychosis*
puber *adolescent*
puberteit *puberty*
publiceren *publish*
publiciteit *publicity*
publiek I [het] • (toeschouwers) *public,* ‹v. culturele gebeurtenis› *audience,* ‹v. sport› *crowd* • (het volk) *public* II [bnw] • (algemeen bekend) *public* • (voor iedereen) *public*
publicatie *publication*
pudding *pudding*
puf *energy*
puffen • (zuchten) *puff, pant* • (tuffen van motor) *chug*
pui *front,* ‹winkel› *shopfront*
puik • (van goede kwaliteit) *choice* • (voortreffelijk) *great*
puilen *bulge*
puin *debris, rubbish, rubble*
puinhoop *mess*
puist • (zweer) *pustule* • (pukkel) *pimple*
pul • (vaas) *vase, jug* • (bierpul) *tankard*
pulken *pick*
pulp *pulp*
punaise *drawing pin,* ‹AE› *thumbtack*
punctueel *punctual*
punt I [de] • (leesteken) *full stop, period,* ‹decimaalpunt› *decimal*

(point) • (waarderingseenheid) *point, mark* • (stuk taart, pizza) *slice,* ‹groot› *wedge* • (spits uiteinde) *tip, point,* ‹v. zakdoek, tafel› *corner* ‖ [het] *point*

punten • (een punt maken aan) *point, sharpen* • (de punten verwijderen) *trim*

puntenslijper *pencil sharpener*

puntig • (spits) *pointed, sharp* • (snedig) *pointed, sharp, witty*

puntje • (kleine punt) *tip, dot* • (broodje) *roll*

puntsgewijs *point by point*

pupil • (onderdeel v.h. oog) *pupil* • (kind onder voogdij) *pupil, ward* • (leerling) *pupil, student* • (sport) *junior*

puree *puree*

put • (waterput) *well* • (kuil) ‹ook fig.› *pit*

putten • (water halen) *draw* • (iets ontlenen aan) *draw (from/on)*

puur *pure, straight,* ‹alcoholische dranken› *neat,* ‹chocola› *plain*

puzzel *puzzle*

pygmee *pygmy*

pyjama *(pair of) pyjamas*

quarantaine *quarantine*

quasi *quasi, pseudo, mock*

quatre-mains ⋆ à ~ *for four hands* ⋆ een ~ *a (piano) duet* ⋆ ~ *spelen play (piano) duets*

querulant *querulous person,* ‹inf.› *grouser*

quitte *quits*

quota *quota, contingent, share*

quotiënt *quotient*

R

ra *yard*
raad • (advies) *advice, counsel*
• (adviserend orgaan) *council*
raadgeving *advice*
raadhuis *town hall*, ‹v. stad› *city hall*
raadplegen • (inlichtingen inwinnen) *consult* • (advies vragen) *consult, to seek advice*
raadsel • (opgave, vraag) *riddle* • (iets onbegrijpelijks) *mystery, puzzle, enigma*
raadselachtig *enigmatic, mysterious*
raadsheer • (raadsman) *councillor* • (schaakstuk) *bishop*
raadslid *councillor*
raadsman • (raadgever) *adviser*, ‹jur.› *counsel* • (advocaat) *counsel*
raadzaam *advisable, wise*
raaf *raven*
raak • (treffend juist) *to the point* • (het doel treffend) ∗ raak schieten *hit the mark*
raakvlak • (gemeenschappelijk gebied) *interface* • (wisk.) *tangent plane*
raam • (venster) *window* • (lijst) *frame* • (kader) *context, frame*
raap • (gewas) *turnip* • (afgevallen fruit) *windfall*
raar *strange, odd, weird*
raaskallen *rave, talk gibberish*
raat *honeycomb*
rabarber *rhubarb*
race *race*
racen • (aan een race deelnemen) *race* • (zeer snel gaan) *speed*
radeloos *desperate*
raden • (gissen) *guess* • (raad geven) *advise, counsel*
raderwerk *wheels*, ‹v. klok› *clockwork*

radiator • (koelelement) *radiator* • (verwarmingselement) *radiator*
radicaal I [de] *radical* II [het] • (bewijs van aanspraak) *entitlement* • (chem.) *radical* III [bnw] • (extremistisch) *radical* • (drastisch) *drastic*
radijs *radish*
radio • (radiotoestel) *radio* • (radio-uitzending) *radio* • (radio-omroep) *radio*
radioactief *radioactive*
radioactiviteit *radioactivity*
radiografisch *radiographic*
radiostation *radio station*
radiozender *radio transmitter*
radium *radium*
rafel *frayed end, loose end*
rafelig *frayed, unravelled*
raffinaderij *refinery*
raffineren *refine*
rag *cobweb*
rage *craze, rage, trend*
rail *rail*
rakelings ∗ iem./iets ~ voorbijgaan *brush past s.o./a thing*
raken I [ov ww] • (treffen) *hit* • (aanraken) *touch* • (ontroeren) *touch, move* II [on ww] ∗ in moeilijkheden ~ *get into difficulties*
raket • (projectiel) *rocket* • (vuurpijl) *rocket*
rakker *rascal, scamp*
ram • (mannetjesschaap) *ram* • (sterrenbeeld) *Aries, the Ram* • (klap) *whack, thump* • (gesch.) *battering ram*
ramen *estimate*
raming *estimate*
rammelaar • (speelgoed) *rattle* • (mannetjeskonijn) *buck rabbit*
rammelen *rattle*, ‹v. geld› *jingle*
rammen *ram*
ramp *catastrophe, disaster*
rampspoed *adversity, misfortune*
rampzalig *disastrous*

rand *edge*, ‹richel› *ledge*, ‹v. cilindervormig voorwerp› *brim*, ‹v. kopje› *rim*
rang *rank*
rangeren *shunt*
ranglijst *list*
rangorde *order of rank, hierarchy*
rangschikken *arrange*
rangtelwoord *ordinal*
rank I [de] *tendril* II [bnw] *slender*
ransel ● (knapzak) *knapsack* ● (slaag) *hiding*
ranselen *thrash, flog, beat*
rantsoen *ration*
rap *quick*
rapen ● (oppakken) *pick up* ● (verzamelen) *gather*
rapport ● (verslag) *report* ● (cijferlijst) *report*
rapporteren ● (verslag uitbrengen) *report* ● (melden) *report*
rariteit *curiosity*
ras ‹v. dieren› *breed*, ‹v. mensen› *race*, ‹v. planten› *variety*
rasecht ● (echt) *born* ● (raszuiver) *thoroughbred*
rasp ● (keukengereedschap) *grater* ● (vijl) *rasp*
raspen I [ov ww] *grate* II [on ww] *rasp*
raster ● (puntenpatroon) *screen* ● (hekwerk) *fence*, ‹v. hout› *picket fence*
rat *rat*
ratel *rattle*
ratelen *rattle*
ratelslang *rattlesnake*
ratificatie *ratification*
rationeel *rational*
rauw *raw*
rauwkost *raw/uncooked food, raw vegetables*, ‹als gerecht› *vegetable salad*
ravijn ● (afgrond) *ravine, gorge* ● (holle weg) *sunken road*
ravotten *romp*
rayon ● (werkgebied) *area*

● (kunstzijde) *rayon*
razen ● (tekeergaan) *rage, rave* ● (zoeven) *race*
razend ● (woedend) *furious* ● (hevig) ★ ~e honger *ravenous appetite*
razernij ● (woede) *frenzy, rage* ● (krankzinnigheid) *madness*
razzia *raid, round-up*, ‹gesch.› *razzia*
reactie ● (antwoord) *reaction* ● (tegenkracht) *reaction* ● (chemisch proces) *reaction*
reactionair I [de] *reactionary* II [bnw] *reactionary*
reactor *reactor*
reageren ● (reactie vertonen) *react* ● (chem.) *react*
realisme *realism*
realistisch *realistic*
realiteit *reality*
rebel *rebel*
rebelleren *rebel*
rebellie ● (opstand) *rebellion* ● (opstandigheid) *rebelliousness*
rebels *rebellious*
recensent *reviewer, critic*
recensie *review, criticism*
recept ● (doktersrecept) *prescription* ● (keukenrecept) *recipe*
receptie *reception*
receptionist *receptionist*
reces *recess*
recessie *recession*
recherche ● (afdeling) *criminal investigation department* ● (team) *team of detectives*
rechercheur *detective*
recht I [het] ● (bevoegdheid) *right* ● (aanspraak) *right, claim* ● (rechtsgeleerdheid) ‹inf.› *law*, ‹form.› *jurisprudence* ● (rechtsregels) *law* ● (gerechtigheid) *right, justice* II [bnw] ● (niet krom of scheef) *straight* ● (rechtstreeks) *direct, straight* III [bijw] *straight, right*
rechtbank ● (college van rechters) *law*

court, court of justice
• (gerechtsgebouw) court
rechtens by right(s)
rechter I [de] judge, justice II [bnw]
   * de ~ voet the right foot
rechterlijk judicial
rechtgeaard right-minded
rechthebbende (rightful) claimant
rechthoek rectangle
rechthoekig • (m.b.t. hoek) right
   angled • (m.b.t. vorm) rectangular
rechtlijnig • (strikt logisch) * ~
   denken linear thought
rechtmatig rightful, legitimate
rechtop upright, erect
rechts • (conservatief) right-wing
   • (aan/naar rechterkant) on/to/at the
   right • (rechtshandig) right-handed
rechtsaf to the right
rechtsbijstand legal aid
rechtschapen righteous, honest
rechtsgeldig legal, valid
rechtsgevoel sense of justice
rechtsgrond legal ground
rechtshandig right-handed
rechtskundig legal
rechtsorde legal system
rechtspersoon legal body, statutory
   body, <vereniging> corporation
rechtspraak • (jurisdictie) jurisdiction
   • (jurisprudentie) jurisprudence
rechtspreken administer justice
rechtsstaat constitutional state
rechtstandig perpendicular
rechtstreeks • (zonder tussenkomst)
   direct • (zonder omwegen) direct
rechtsvervolging prosecution
rechtsvordering • (procesrecht) <het
   proces v.h. recht> legal procedure,
   <onderdeel v. rechtswetenschappen>
   procedural law • (vordering) legal
   action, legal claim
rechtswege * van ~ by law; legally
rechtswetenschap jurisprudence
rechtszaak lawsuit

rechtszitting session in court, court
   case
rechtuit • (rechtdoor) straight on
   • (ronduit) outright
rechtvaardig just
rechtvaardigen justify, warrant
rechtvaardigheid justice
rechtzetten • (recht/overeind zetten)
   adjust • (rectificeren) rectify
rechtzinnig orthodox
recidivist recidivist, backslider, <m.b.t.
   misdrijf> hardened offender
reciteren recite, <met passie> declaim
reclame • (aanprijzing) advertising,
   publicity • (middel, voorwerp) neon
   sign, <advertentie> advertisement,
   <radio, tv> spot • (vordering) claim
   • (bezwaar) protest
reclameren * betaling ~ request a
   refund * ~ bij afzender demand
   remittance
reclasseren rehabilitate
reclassering • (heraanpassing)
   rehabilitation of discharged prisoners
   • (reclasseringsdienst) probation
   officer and social services
record record
recordhouder record-holder
recreatie recreation
rector • (hoofd v. school) headmaster
   • (hoofd v. academisch bestuur) rector
   • (hoofd v. de senaat) rector • (hoofd v.
   klooster) rector
redacteur editor
redactie • (het redigeren) editorship
   • (de redacteur(en)) editors
   • (afdeling) editorial office
redactioneel editorial
reddeloos irretrievable, beyond repair
redden I [ov ww] • (in veiligheid
   brengen) save, rescue II [wkd ww]
   * hij redt zich wel he'll manage
redder • (iem. die redt) rescuer
   • (verlosser) saviour
redding • (het redden) rescue

• (verlossing) *deliverance* • (uitkomst) *salvation, redemption*

rede ∗ iem. in de rede vallen *interrupt s.o.*

redelijk I [bnw] • (met verstand) *rational* • (verstandig) *sensible* • (billijk) *reasonable, fair* • (vrij goed) *passable, tolerable* II [bijw] *rather*

redelijkheid • (billijkheid) *fairness* • (verstandigheid) *reasonableness*

redeloos *irrational, senseless*

reden • (beweegreden) *reason, motive* • (motief, argument) *ground, cause* • (wisk.) *ratio*

redenaar *orator*

redeneren *reason, argue*

redenering • (gedachtegang) *reasoning, argument* • (betoog) *argument,* ‹form.› *discourse*

reder *ship owner*

rederij • (onderneming) ‹v. goederenvervoer› *shipping company,* ‹v. passagiersvervoer› *shipping line*

redetwisten *dispute*

redevoering *speech*

redmiddel *remedy*

reduceren *reduce*

reductie *reduction*

ree *roe(-deer),* ‹vrouwelijk› *doe*

reeds *already*

reëel • (werkelijk) *real* • (zakelijk) *realistic*

reeks *row, series,* ‹woorden, cijfers› *string*

reep • (strook) *strip* • (tablet chocola) *bar*

reet • (spleet) *crack, chink, fissure* • (achterwerk) *arse*

referaat • (verslag) *report* • (voordracht) *lecture*

referendum *referendum*

reflecteren • (weerspiegelen) *reflect* • (~ **op**) ‹advertentie, aanbod› *answer* • (~ **over**) *reflect upon,* ‹voorstel› *entertain*

reflector *reflector*

reflex *reflex*

reformatie *reformation*

reformeren *reform*

refrein *refrain, chorus*

regel • (tekstregel) *line* • (voorschrift) *rule*

regelbaar *adjustable*

regelen *arrange*

regeling *arrangement*

regelmaat *regularity*

regelmatig *regular*

regelrecht *straight*

regen *rain*

regenachtig *rainy*

regenboog *rainbow*

regenbui *shower*

regenen • (het vallen v. regen) *rain* • (veel voorkomen) ∗ 't regende klachten *complaints poured in*

regenjas *raincoat, mackintosh*

regent • (autoritaire bestuurder) *dictator* • (gesch.) *governor*

regentschap *rule,* ‹v. vorst› *reign*

regenval *rainfall*

regenvlaag *squall*

regeren *rule*

regering *government*

regeringswege ∗ van ~ *officially; by the government*

regie *direction, production*

regime • (staatsbestel) *regime* • (leefregels) *regimen*

regiment *regiment*

regisseren *direct*

regisseur *director*

register • (lijst) *register* • (index) *index* • (toonomvang) *register* • (orgelregister) *stop, organ stop*

registratie *registration*

registreren • (inschrijven) *register* • (vastleggen) *register* • (waarnemen) *register, notice*

reglement *rules,* ‹geschreven› *regulations*

reglementair I [bnw] *prescribed* II [bijw] *as prescribed/laid down, according to the regulations/rules*
reglementeren *regulate*
reguleren *regulate*
regulier *regular*
rehabilitatie *rehabilitation*
rei • (reidans) *round/choral dance* • (koor) *chorus*
reiger *heron*
reiken *reach*
rein • (schoon) *clean* • (zuiver) * de reinste dwaasheid *sheer/utter folly*
reinigen *clean*, ‹wond› *cleanse*
reis *journey*, ‹op zee› *voyage*, ‹rondreis› *trip, tour*
reisbureau *travel bureau/agency, tourist office*
reischeque *traveller's cheque*
reisgenoot *travelling companion*
reisgezelschap *party (of travellers)*
reisgids *guide*
reizen *travel, journey*
reiziger • (iem. die reist) *traveller* • (handelsreiziger) *commercial traveller*
rek • (klimrek) *climbing frame* • (opbergrek) ‹v. bagage, enz.› *rack*
rekbaar *elastic*
rekenen I [ov ww] • (tellen) *count* • (schatten) *reckon, estimate* • (als betaling vragen) *charge* II [on ww] • (met getallen werken) *calculate, work out, cipher*, ‹sommen maken› *do sums* • (~ op) *depend/count (on)*
rekening • (nota) *bill* • (bankrekening) *account*
rekenkunde *arithmetic*
rekenkundig *arithmetical*
rekenmachine *calculator*
rekenschap *account*
rekken • (uitrekken) *stretch* • (lang aanhouden) *prolong*
rekruteren *recruit*
rekruut *recruit*, ‹AE› *draftee*

rekstok *horizontal bar*
rel *riot*
relaas • (verhaal) *story* • (verslag) *account*
relatie • (zakenrelatie) *business aquaintance/contact* • (onderlinge betrekking) *relationship, connection* • (liefdesrelatie) *relationship, (love) affair*
relatief *relative*
reliëf *relief*
religie *religion*
religieus *religious*
relikwie *relic*
reling *rail(ing)*
rem *brake*
remblok *brake block, shoe*
rembours * onder ~ *C.O.D.; cash on delivery*
remedie *remedy*
remise • (loods) *depot* • (overmaking v. geld) *remittance* • (onbesliste dam-/schaakpartij) *draw*
remmen I [ov ww] • (afremmen) *stop, brake* • (belemmeren) *inhibit, brake, hinder* II [on ww] *put on the brake(s), brake*
remming *restraint, inhibition*
renaissance *renaissance*
renbaan ‹atletiek› *race track*, ‹autosport› *speedway*, ‹motorsport› *race circuit*, ‹paardensport› *racecourse*
rendabel *paying, profitable*
renderen *pay (its way)*
rendez-vous *rendez-vous*
rendier *reindeer*
rennen *run*, ‹hard› *race*
renner ‹coureur› *racing driver*, ‹te voet› *runner*
renovatie *renovation*
renoveren *renovate*
rentabiliteit *earning capacity*, ‹econ.› *return*
rente • (vergoeding voor lenen) *interest* • (inkomsten uit kapitaal)

interest

renteloos • (rentevrij) *without interest*
• (geen rente gevend) * ~ kapitaal
idle capital

rentenieren *live of one's investments*

rentmeester *manager, steward, estate
agent*

reorganisatie *reorganization*

reorganiseren *reorganize*

reparateur *repairman*

reparatie *repair(s)*

repareren *fix, mend, repair*

repeteren I [ov ww] *rehearse* II [on
ww] *repeat*

repetitie • (proefwerk) *test* • (het
repeteren van toneel/muz.) *rehearsal*
• (herhaling) *repetition*

repliek • (weerwoord) *reply*
• (antwoord op het eerste verweer)
reply, ‹jur.› *replication*

reportage *report, commentary*

reppen I [on ww] • (gewag maken van
iets) *mention* II [wkd ww] • (zich
haasten) *hurry*

representatie *representation*

representatief *representative (of)*

repressief *repressive*

reproduceren *reproduce*

reptiel *reptile*

republiek *republic*

reputatie *reputation*

requiem *Requiem (mass)*

reservaat *reserve*

reserve • (voorbehoud) *reservation*
• (noodvoorraad) *reserve*

reserveren • (in reserve houden)
reserve, set aside • (voorbehouden)
reserve • (bespreken) *book*

resideren *reside*

resolutie *resolution*

resoluut *resolute*

respect *respect, regard*

respectabel • (aanmerkelijk)
considerable • (eerbiedwaardig)
respectable

respecteren • (achten) *respect*
• (naleven) *observe*

respectievelijk *respectively*

ressorteren * ~ onder *come under*
* dat ressorteert niet onder ons *that's
outside our province*

rest *rest, remainder*

restant *remainder, remnant*

restaurant *restaurant*

restaurateur • (hersteller) *restorer*
• (restauranthouder) *restaurateur*

restauratie • (eetgelegenheid)
restaurant, ‹in trein, e.d.› *buffet*
• (herstel) *restoration*

restaureren *restore*

resten *remain, be left*

restitutie *restitution*

restrictie *restriction*

resultaat • (gevolg) *result* • (gunstige
uitkomst) *result, outcome*

resumé *résumé, summary,* ‹v. rechter›
summing-up

retoriek *rhetoric*

retorisch *rhetorical*

retort *retort*

retoucheren *retouch, touch up*

retraite *retreat*

reuk *smell*

reukwater *scent, perfume*

reünie *reunion*

reus *giant*

reusachtig I [bnw] • (zeer groot)
gigantic, huge • (zeer goed) *grand,
great* II [bijw] *immensely, enormously*

reutelen *rattle*

reuzel *lard*

revalidatie *rehabilitation*

reveil *revival*

reviseren *overhaul*

revisie • (controlebeurt v. motor)
overhaul • (herziening) ‹tekst›
revision, ‹v. vonnis› *review*

revolutie *revolution*

revolutionair *revolutionary*

revolver *revolver*

revue *revue*
ribbenkast *ribcage*
richel *ledge*, <opstekende rand> *ridge*
richten I [ov ww] • (in een richting laten gaan) *direct* • (instellen op een doel) <v. camera> *point (at)*, <v. kijker> *train (on)*, <v. wapen> *aim* II [wkd ww] • (~ **naar**) *conform to* • (~ **op**) *concentrate on* • (~ **tot**) *address*
richting *direction*
richtlijn *guideline*
richtsnoer *guide*
ridder *knight*
ridderlijk *chivalrous*
ridderorde • (ridderstand) *knighthood* • (onderscheiding) *decoration*
riem • (band) *strap*, <v. hond> *lead*, *leash* • (ceintuur) *belt* • (roeiriem) *oar*
riet *reed*, <dik> *cane*
rieten *reed*
rietje • (stokje) *cane* • (limonaderietje) *straw*
rietsuiker *cane sugar*
rif *reef*
rij • (reeks in rechte lijn) *row, line*, <v. mensen> *file, queue* • (reeks) *row*
rijbaan *roadway*, <rijstrook> *lane*
rijbewijs *(driving) licence*, <AE> *driver's license*
rijden I [ov ww] • (besturen en rijden) <auto, bus, enz.> *drive*, <v. fiets, paard> *ride* II [on ww] • (zich voortbewegen) *ride* • (op en neer bewegen) *fidget (about)*
rijdier *mount*
rijexamen *driving test*
rijgen • (met grote steken naaien) *baste, tack* • (met snoer vast-/dichtmaken) *lace* • (aan een snoer rijgen) *string, thread*
rijglaars *lace-up boot*
rij-instructeur *driving instructor*
rijk I [het] • (soevereine staat) *state*, <internationaal> *empire*, <koninkrijk>

kingdom II [bnw] • (vermogend) *rich, wealthy, well-to-do, well off* • (overvloedig) *abundant, rich*, <v. maaltijd> *sumptuous, lavish*
rijkaard *rich/wealthy person*
rijkdom • (kostbaar bezit) *riches* • (het in overvloed aanwezig zijn) *abundance, richness, wealth* • (het rijk zijn) *affluence, wealth*
rijkelijk • (overvloedig) *rich(ly)* • (in te ruime mate) *excessive, ample*
rijksambtenaar *public servant, government official*
rijksdaalder *two-and-a-half guilder coin*
rijkswege * van ~ *by authority of the government; by/from the state*
rijles <auto> *driving lesson*, <te paard> *riding lesson*
rijm • (overeenkomst in klank) *rhyme* • (gedicht) *poem, verse*
rijmen I [ov ww] • (~ **met**) *reconcile* II [on ww] • (rijm hebben) *rhyme* • (rijmen maken) *rhyme* • (in overeenstemming zijn) *be in accordance with, tally with*
rijp I [de] (white) *frost, hoarfrost* II [bnw] • (geheel ontwikkeld) <bomen, personen, wijn, zaken> *mature*, <gewassen, vruchten> *ripe* • (~ **voor**) *fit/ready/ripe for*
rijpaard *mount, (riding) horse*
rijpen • (rijp doen worden) <personen, zaken> *mature*, <vruchten> *ripen*
rijpheid *maturity, ripeness*
rijs • (rijshout) *brushwood* • (twijg) *sprig, twig*
rijschool <v. autorijden> *driving school*, <v. paardrijden> *riding school*
rijst *rice*
rijstebrij *rice pudding*
rijstrook *lane*
rijsttafel *(Indonesian) rice table*
rijtuig • (koets) *carriage* • (treinstel) *carriage*

rijweg *carriageway, road(way)*
rijwiel *bicycle,* ‹inf.› *bike*
rijzen • (omhoogkomen) *rise* • (zich voordoen) *occur, arise*
rijzig *tall*
rijzweep (riding) *crop, riding whip*
rillen ‹v. angst› *shudder,* ‹v. kou› *shiver*
rilling *shiver, shudder*
rimboe • (wildernis) *jungle*
 • (afgelegen gebied) *wilds, back of beyond*
rimpel • (plooi) *wrinkle,* ‹diep› *furrow*
 • (rimpeling op water) *ripple*
rimpelen ‹v. gezicht› *wrinkle,* ‹v. water› *ruffle, ripple*
rimpelig *wrinkled,* ‹v. gezicht› *lined*
rimpeling ‹golfje› *ripple*
ring *ring, circle*
ringbaard *fringe of beard*
ringeloren *bully*
ringslang *grass snake*
ringvinger *ring finger*
rinkelen *jingle, tinkle,* ‹glas, metaal› *rattle,* ‹v. bel, telefoon› *ring*
riolering *sewerage*
riool *sewer,* ‹vanaf huis› *drain*
risico *risk*
riskant *risky*
riskeren • (op het spel zetten) *risk*
 • (gevaar lopen) *run the risk of*
rit ‹in auto› *drive,* ‹in trein, bus› *ride,* ‹v. trein› *run*
ritme *rhythm*
ritmisch *rhythmic(al)*
ritselen I [ov ww] • (regelen) *fix, wangle* II [on ww] • (geluid maken) *rustle*
ritueel *ritual*
ritus *rite*
rivier *river*
rivierpolitie *river police*
rob *seal*
robbedoes ‹jongetje› *wild boy,* ‹meisje› *hoyden, tomboy*
robijn *ruby*

robot *robot*
robuust *robust,* ‹v. gestalte› *sturdy*
rochelen • (ophoesten) *cough, hawk up, spit* • (reutelen) *rasp,* ‹v. stervende› *rattle*
roddelaar *backbiter, gossip*
roddelen *backbite, gossip*
rododendron *rhododendron*
roebel *rouble*
roeiboot *rowing boat*
roeien *row,* ‹sport› *scull*
roeier *oarsman* [v: *oarswoman*], *rower*
roekeloos *reckless, rash*
roem *fame, glory*
roemen I [ov ww] *praise, speak highly of* II [on ww] * ~ *op boast of*
Roemenië *Romania*
roemrijk *glorious*
roep *call,* ‹vogel› *cry*
roepen I [ov ww] *call* II [on ww] *call (out), cry (out), shout*
roeping • (het geroepen zijn) *call(ing), vocation* • (levenstaak) *mission*
roer • (roerblad) *rudder*
 • (stuurinrichting) *helm*
roeren I [ov ww] • (ontroeren) *move, touch* • (mengen) *stir, mix* II [on ww] * goed ~ *stir well*
roerend *moving, touching*
roerganger *helmsman*
roerig • (beweeglijk) *lively, restless* • (oproerig) *turbulent,* ‹massa› *riotous*
roerloos *motionless*
roes • (bedwelming) *intoxication,* ‹v. drank, drugs› *high* • (euforie) *flush*
roest *rust*
roesten *rust*
roestvrij *rustproof*
roet *soot*
roffel *roll*
roffelen • (een roffel slaan) *roll* • (knoeiwerk leveren) *scamp, do (things) by halves*
rog *ray*
rok • (kledingstuk v. vrouwen) *skirt*

• (rokkostuum) *dress coat,* ‹inf.› *tails*
roken I [ov ww] *smoke* II [on ww]
• (rook afgeven) *smoke*
roker *smoker*
rol • (voorwerp) *roll, cylinder*
• (register) *list, roll* • (hoeveelheid)
coil • (toneelrol) *part, role* • (functie)
role
rolgordijn (roller) *blind,* ‹AE›
(window) *shade*
rollade *meat roll*
rollen *roll*
rollenspel *role-playing, role play*
rolluik *roll-down shutter*
rolstoel *wheelchair*
roltrap *escalator*
Romaans ‹taalk.› *Romance,* ‹kunst›
Romanesque
roman *novel*
romanist *student of Romance*
languages, Romanist
romanschrijver *novelist*
romantiek I [de] • (stroming in de
kunst) *Romanticism* • (romantisch
gevoel) *romance* II [bnw] *romantic*
romantisch *romantic*
Rome *Rome*
rommel • (waardeloze prullen)
rubbish • (vuile boel) *mess,*
‹achtergelaten rommel› *litter*
rommelen • (zoekend overhoop
halen) *rummage* • (dof rollend geluid
maken) *rumble, roll* • (prutsen)
mess/fart about/around
rommelig *messy, untidy*
rommelkamer *lumber/junk room*
romp • (torso) *trunk* • (casco) *body*
rompslomp • (gedoe) *bother, fuss*
rond I [het] *round* II [bnw]
• (bol-/cirkelvormig) *round*
• (afgerond) *round* • (gevuld) ∗ ronde
vormen *rounded shapes* III [bijw]
• (met een cirkelbeweging) ∗ de
wereld rond *around the world* ∗ het
gerucht ging rond *rumour had it*

• (afgerond, voltooid) *completed*
IV [vz] • (om(heen)) *(a)round*
• (ongeveer, in de buurt van) *around*
rondbazuinen *trumpet, noise abroad,*
broadcast
rondborstig *candid, frank*
rondbrengen *deliver*
ronddraaien *turn* (round), *rotate*
ronddwalen *wander about*
ronde *round*
rondedans *round dance*
rondgaan • (de ronde doen) *go round*
rondhangen *hang around, stand*
about
ronding *curve, rounding*
rondje ∗ een ~ geven *buy a round of*
drinks
rondkijken *look about*
rondkomen *make ends meet, manage*
rondleiden *lead round*
rondlopen *walk about*
rondom I [bijw] • (overal) *all around*
• (eromheen) *on all sides* II [vz] • (in
de buurt van) ∗ ~ het centrum van
de stad *around the town centre* • (om
... heen) ∗ ~ het vuur *around the fire*
rondreis *tour, round trip*
rondrit *tour*
rondschrijven *circular* (letter)
rondte ∗ in de ~ *in a circle*
ronduit I [bnw] *straightforward*
II [bijw] *frankly, plainly*
rondvliegen • (in een kring vliegen)
fly round, circle • (alle kanten
opvliegen) *fly about/around*
rondvraag *matters arising,* ‹als punt
op agenda› *any other business*
rondweg *bypass, orbital motorway*
rondzwerven *wander about*
ronken • (snurken) *snore* • (ronkend
geluid maken) ‹v. motor› *throb,* ‹v.
vliegtuig› *roar*
ronselen *press-gang, recruit*
röntgenfoto *X-ray*
rood *red*

roodborstje *robin (redbreast)*
roodgloeiend *red-hot*
roodharig *ginger, red-haired*
roodhuid *redskin*
roodvonk *scarlet fever*
roof *robbery*
roofbouw • (overdadige landbouw) *overcropping* • (exploitatie) ‹fig.› *exhaustion, overuse,* ‹v. landbouw› *depletion of the soil*
roofdier *beast of prey, predator*
roofoverval *hold-up, armed robbery*
roofvogel *bird of prey*
rooien • (uit de grond halen) *dig (up),* ‹v. aardappels› *lift* • (bolwerken) *manage*
rook *smoke*
rookcoupé *smoker, smoking compartment*
rookgordijn *smoke screen*
rookvlees *smoked beef*
room *cream*
roomboter *(full-cream) butter*
roomijs *ice cream*
roos • (bloem) *rose* • (huidschilfers op hoofd) *dandruff* • (afleesschijf v. kompas) *rose, card* • (middelpunt van schietschijf) *bull's eye*
rooskleurig *rosy,* ‹form.› *roseate*
rooster • (raamwerk) *grid,* ‹braadrooster› *grill* • (schema) ‹lesrooster› *timetable,* ‹werkrooster› *roster*
roosteren *roast,* ‹v. brood› *toast,* ‹v. vlees› *grill*
ros I [het] *steed* II [bnw] ∗ de rosse buurt *the red-light district*
rosbief *roast beef*
rossen *career, ride recklessly*
rossig *ginger, reddish, sandy-haired*
rot I [het] *rot, decay* II [bnw] *rotten,* ‹rottend› *putrid*
roteren *rotate*
rotonde • (rond gebouw) *rotunda* • (verkeersrotonde) *roundabout*

rots *rock,* ‹aan zee› *cliff,* ‹steil› *crag*
rotsachtig *rocky*
rotstuin *rock garden, rockery*
rotsvast *solid as a rock*
rotten *decay, rot*
rotting • (het bederf) *rot, decay* • (stok) *cane*
rotzooi • (slechte waar) *rubbish, junk* • (rommel) *mess*
roulatie *circulation*
rouleren • (in omloop zijn) *circulate* • (bij toerbeurt gedaan worden) *take turns,* ‹m.b.t. ploegendienst› *work in shifts*
roulette *roulette*
route *route, way*
routine • (sleur) *routine* • (geoefendheid) *practice*
rouw *mourning*
rouwen • (treuren) *grieve, mourn* • (in de rouw zijn) *be in mourning*
rouwig ∗ ik ben er niet ~ om *I'm not sorry about it; I don't regret it*
roven *rob*
rover *robber*
royaal *generous* ∗ een ~ inkomen *an ample income*
roze *pink*
rozengeur *scent of roses*
rozenkrans • (krans van rozen) *garland of roses* • (bidsnoer) *rosary*
rozet *rosette*
rozig *rosy*
rozijn *raisin*
rubber *rubber*
rubriceren • (indelen) *classify* • (in rubrieken onderbrengen) *class (under)*
rubriek • (vast stuk in krant) *column* • (opschrift) *heading* • (categorie) *category, class, division*
ruchtbaar *known, public*
ruchtbaarheid *public knowledge, publicity*
rug • (deel van lichaam) *back* • (bovenvlak) ‹bergrug› *ridge,* ‹v.

neus> bridge

rugby *rugby (football),* <inf.> *rugger*

ruggelings I [bnw] *backward* II [bijw] • (achterwaarts) *backwards* • (op de rug) *on one's back*

ruggengraat • (wervelkolom) *backbone, spine, spinal/vertebral column* • (wilskracht) *backbone, determinaton*

ruggenmerg *spinal cord*

ruggensteun • (steun in de rug) *back support* • (hulp) *support, backing*

ruggenwervel *dorsal vertebra*

ruggespraak *consultation*

rugleuning *back rest*

rugzak *backpack,* <klein> *rucksack*

rugzijde *back*

rui *moulting*

ruig *rugged, rough*

ruiken I [ov ww] *smell* II [on ww] • (geur dragen) *smell* • (~ **naar**) *smack of*

ruiker *bouquet,* <klein> *nosegay*

ruil *exchange,* <inf.> *swop*

ruilen *exchange,* <inf.> *swop*

ruilhandel *barter*

ruilverkaveling *legal re-division and re-allotment of land*

ruim I [het] *hold* II [bnw] • (veel ruimte biedend) *large, spacious* • (uitgebreid) *extensive* • (meer dan voldoende) ⋆ *ruim inkomen comfortable/liberal income* ⋆ *zij had het niet ruim she was not well off* ⋆ *ruime keus wide/large choice* III [bijw] • (meer dan) ⋆ *ruim zestig (well) over sixty*

ruimen I [ov ww] • (leegmaken) *empty* • (schoonmaken) *clear out* II [on ww] *veer*

ruimschoots *abundantly, amply*

ruimte • (heelal) *space* • (plaats) *room, space* • (vertrek) *room*

ruimtelijk • (driedimensionaal) *three-dimensional* • (de ruimte

betreffend) *spatial*

ruimtevaart *space travel*

ruïne • (vervallen bouwwerk) *ruin* • (resten) *ruins*

ruïneren *ruin*

ruisen <v. water> *murmur,* <v. wind, bladeren, kleren> *rustle*

ruit • (geometrische figuur) *diamond* • (motief) *check* • (glasplaat) *pane*

ruitensproeier *windscreen washer,* <AE> *windshield washer*

ruitenwisser *windscreen wiper,* <AE> *windshield wiper*

ruiter *horseman, rider*

ruiterij *cavalry*

ruiterlijk *frank*

ruiterpad *bridle path*

ruk • (trekkende beweging) *jerk, pull, tug* • (tijdsduur) *period* • (afstand) *distance*

rukken I [ov ww] • (met een ruk trekken) *snatch* II [on ww] • (hard trekken) *jerk, pull, tug*

rukwind *squall*

rum *rum*

rumoer • (lawaai) *noise* • (ophef) *uproar, commotion*

rumoerig • (onstuimig) *boisterous* • (lawaaiig) *noisy*

run *run*

rund • (dier) <koe> *cow* [mv: *cattle*], <os> *ox* [mv: *cattle*], <stier> *bull* • (stommeling) *idiot*

rundvlees *beef*

rups *caterpillar*

Rusland *Russia*

Russisch I [het] *Russian* II [bnw] *Russian*

rust • (pauze in muziekstuk) *rest* • (pauze tijdens wedstrijd) *half-time, interval* • (ontspanning) *rest* • (kalmte) *calm, quiet* • (nachtrust, slaap) *repose*

rusten • (uitrusten) *repose, rest* • (steunen op) *rest (upon)* • (begraven

liggen) * hier rust... *here lies...*
rustig • (in rust) *peaceful, quiet*
• (ongestoord) *quiet, untroubled*
• (bedaard) *calm* • (vredig) *peaceful,
tranquil*
rustplaats *resting place*
rustpunt *pause, rest*
rustverstoorder ‹herrieschopper›
hooligan, ‹ordeverstoorder› *rioter*
ruw • (niet glad) *rough,* ‹huid› *coarse*
• (onbeschaafd) *coarse* • (onbewerkt)
crude, raw • (onbehouwen) *rough*
• (globaal) *rough*
ruzie *quarrel, row*
ruzieachtig • (twistziek) *quarrelsome*
• (als bij ruzie) *argumentative*

S

saai I [het] *serge* II [bnw] *tedious,
boring, dull, slow*
sabbat *sabbath*
sabbelen *suck*
sabel I [de] *sword* II [het] • (bont) *sable*
• (kleur) *sable*
sabotage *sabotage*
saboteren *sabotage*
sacrament *sacrament*
sadisme *sadism*
saffraan *saffron*
sage *saga*
salade *salad*
salamander *salamander*
salaris *salary, pay*
saldo *balance*
salon • (kapper) *hair salon, hairdressers*
• (zitkamer) *drawing room*
salpeter *saltpetre, potassium nitrate*
salueren *salute*
salvo • (van schoten) *salvo, volley*
• (stortvloed) *volley*
samen *together*
samenhang *connection, connexion*
samenhangen *be connected*
samenleving *society*
samenloop • (samenkomst van
invloeden e.d.) *concurrence*
• (samenvloeiing) *convergence,* ‹v.
rivieren› *confluence*
samenpakken I [ov ww] *pack up*
II [wkd ww] *gather*
samenraapsel *jumble, hotchpotch*
samenscholing • (het samenscholen)
gathering • (menigte) *assembly*
samensmelten I [ov ww] *melt
together, fuse* II [on ww] • (door
smelten een geheel worden) *fuse*
• (samengaan) *amalgamate*
samenspannen *plot, conspire*

samenspel ‹muz.› *ensemble*, ‹sport›
teamwork
samenstellen • (onderdelen tot
geheel vormen) *arrange* • (opstellen)
compose
samensteller *compiler, assembler,
composer*
samenstelling • (het samenstellen)
compilation • (manier van
samenstellen) *composition*, ‹v.
programma› *arrangement*
samentrekken *contract*
samenvallen • (tegelijk gebeuren)
coincide • (samenkomen) *converge*
samenvatten • (bij elkaar pakken)
take together • (kort weergeven)
summarize, sum up
samenvatting *summary*
samenvoegen *join, combine, unite*
samenwerken • (samenlopen)
combine • (met elkaar werken)
*work/act/pull together, co-operate,
collaborate*
samenwerking *cooperation*
samenwonen *live together*
samenzijn *gathering, meeting*
samenzweerder *conspirator*
samenzweren *plot, conspire*
samenzwering *plot*
sanatorium *sanatorium*
sanctie *sanction*
sandaal *sandal*
saneren • (onderhouden) *put in order*
• (op orde brengen) *clean up*, ‹bedrijf›
reorganize, ‹buurt› *redevelop*
sanitair • (badkamer-/toiletartikelen)
sanitary • (hygiënisch) *sanitary*
sap • (vocht v. plant) *sap*
• (vruchtensap) *juice*
sappig • (vol sap) *tender*, ‹fruit› *juicy*,
‹plant› *sappy*, ‹vlees› *succulent*
• (levendig) *juicy*
sarcasme *sarcasm*
sarcastisch *sarcastic*
sarren *nag, bait, tease*

sas ∗ in zijn sas zijn *be in high spirits*
Satan *Satan*
satanisch *satanic*
satelliet • (hemellichaam) *satellite*
• (kunstmaan) *satellite* • (persoon)
henchman
satire *satire*
satirisch *satiric(al)*
saucijzenbroodje *sausage roll*
sauna *sauna*
saus *sauce*
sausen • (van smaak voorzien) *sauce*
• (verven) *whitewash*
saxofoon *saxophone*
scalperen *scalp*
scenario • (draaiboek) *scenario, film
script, script* • (plan) *scenario*
scenarioschrijver *scriptwriter,
scenarist*
scepter *sceptre*
scepticisme *scepticism*
sceptisch *sceptical*
schaaf • (schuurgereedschap) *plane*
• (plakjessnijder) *slicer*
schaak I [het] *chess* II [tw] ∗ ~! *check!*
schaakbord *chessboard*
schaakmat *checkmate*
schaal • (schotel) *dish, bowl*
• (schaalverdeling) *scale*
schaalverdeling *scale division*
schaambeen *pubic bone*
schaamrood *blush*
schaamte *shame*
schaamteloos • (zonder
schaamtegevoel) *shameless*
• (onbeschaamd) *unashamed*
schaap *sheep* [mv: *sheep*]
schaapachtig *sheepish*
schaapherder *shepherd*
schaapskooi *sheepfold*
schaar (pair of) *scissors*
schaars I [bnw] *scarce, rare* II [bijw] ∗ ~
gekleed *scantily dressed*
schaats *skate*
schacht *shaft*

schade • (verlies, nadeel) *loss*
• (beschadiging) *damage, injury, harm*
schadelijk *harmful*
schaden *damage, harm, hurt*
schadepost *loss*
schadevergoeding *compensation, indemnification*
schaduw *shadow* ∗ in de ~ *in the shade*
schaduwen • (schaduw aanbrengen) *shade* • (volgen) *shadow*
schaduwrijk *shadowy, shady*
schaften *take time off (for a meal)*
schakel *link*
schakelaar *switch*
schakelbord *switchboard*
schakelen *change gear*
schakeling ‹elektriciteit› *circuit*
schaken I [ov ww] *abduct (a girl)* II [on ww] *play chess*
schaker • (iem. die schaakt speelt) *chess player* • (ontvoerder) *abductor*
schakeren • (kleuren schikken) *variegate* • (afwisselen) *pattern*
schakering • (afwisseling) *variegation* • (nuance) *shade*
schalks *roguish*
schallen *sound, resound*
schamel *poor*
schamper *scornful*
schampschot *graze*
schandaal *scandal*
schandalig *scandalous, shameful, outrageous*
schande • (oneer) *disgrace, shame, ignominy* • (oneervolle toestand) *shame, disgrace*
schandelijk *disgraceful, shameful, ignominious*
schandvlek *stain, blemish, stigma,* ‹persoon› *disgrace, dishonour*
schans • (bolwerk) *entrenchment* • (springschans) *ski jump*
schapenvacht *sheepskin*
schapenvlees *mutton*
schappelijk *fair, reasonable*

scharen *range, draw up*
scharnier *hinge*
scharrelen I [ov ww] *scrape together* II [on ww] • (rommelen) *grub (about)* • (flirten) *flirt* • (moeizaam bewegen) *stumble along*
schat • (overvloed) *wealth, treasure* • (geliefd persoon) *dear, darling, love, honey* • (verzameling kostbaarheden/geld) *treasure* • (waardevol bezit) *treasure*
schateren *roar with laughter*
schatkamer *treasury*
schatkist • (geldkist) *treasure chest* • (staatskas) *exchequer, The Treasury*
schatrijk *wealthy*
schatten • (waarderen) *value* • (waarde bepalen) *estimate*
schattig *sweet*
schatting • (raming) *estimation* • ('t geraamde) *estimate* • (heffing) *tribute*
schaven *plane*
schavot *scaffold*
schede • (omhulsel) *sheath* • (vagina) *vagina*
schedel *skull*
scheef • (niet recht) *crooked,* ‹het hoofd› *cocked,* ‹ogen› *slanting* • (asymmetrisch) *lopsided*
scheel *squinting, cross-eyed*
scheen *shin*
scheepslading *shipload*
scheepsrecht *maritime law*
scheepvaart • (bedrijf) *shipping* • (het varen) *navigation*
scheerapparaat *electric shaver*
scheerkwast *shaving brush*
scheermes *razor*
scheiden I [ov ww] • (uit elkaar halen) *part* II [on ww] *separate, part,* ‹v. gehuwd paar› *divorce*
scheiding *separation* • (haarscheiding) *parting* • (verbreking v. relatie) *separation,* ‹echtscheiding› *divorce*

scheidsrechter ‹tennis› *umpire*, ‹voetbal› *referee*
scheikunde *chemistry*
scheikundig *chemical*
schel ‹geluid› *shrill*, ‹licht› *glaring*
schelden I [ov ww] *call names, scold, rail at* II [on ww] *curse, swear, use abusive language*
scheldnaam *term of abuse, nickname*
scheldwoord *term of abuse*
schelen *make a difference, differ*
schelm *rascal*
schelp *shell*
schelvis *haddock*
schema • (tijdsplanning) *schedule* • (tekening) *diagram* • (weergave van hoofdpunten) *outline*
schematisch *schematic*
schemer *twilight, dusk*
schemeren ‹'s avonds› *turn to dusk*, ‹'s morgens› *dawn*
schemering *twilight, dusk*
schemerlamp *floor/table lamp*
schenden • (ontheiligen) *desecrate* • (verminken) *mutilate* • (verbreken) ‹v. rechten› *violate*, ‹wet› *infringe*
schending • (ontering) *violation* • (ontheiliging) *desecration* • (overtreding) *transgression* • (verminking) *mutilation*
schenken • (gieten) *pour* • (serveren) *serve* • (geven) *give, grant, make a present of*
schenking *gift, donation*
schep *scoop, shovel*
schepnet *landing net, scoop net*
scheppen • (opscheppen) *scoop*, ‹eten› *ladle*, ‹papier› *dip* • (maken) *create* • (ontlenen) *take*
schepper *creator*
schepping *creation*
schepsel *creature*
scheren *shave*
scherf *splinter*, ‹aardewerk› *potsherd*
schering *warp*

scherm *screen*, ‹zonnescherm› *awning*
schermen • (sport) *fence* • (~ met) *talk big*
schermutseling *skirmish*
scherp *sharp* ∗ ~ stellen *focus*
scherpen *sharpen*
scherpschutter *sharpshooter*
scherpte *sharpness*
scherpzinnig • (intelligent) *acute* • (vernuftig) *shrewd*
scherts *joke, fun*
schertsen • (grappen maken) *jest, joke* • (spotten) *make fun of*
schets • (kort verhaal) *sketch* • (tekening) *sketch* • (beschrijving in hoofdlijnen) *outline*
schetsboek *sketchbook*
schetsen • (tekenen) *sketch* • (in hoofdlijnen beschrijven) *outline*
scheur • (spleet) *crack*, ‹in kleding› *tear* • (mond) *big mouth*
scheurbuik *scurvy*
scheuren I [ov ww] *tear* II [on ww] • (een scheur krijgen) *tear*, ‹v. ijs, enz.› *crack* • (hard rijden) *speed*
scheuring • (het scheuren) *tearing, rupture* • (splitsing) *rupture, split*, ‹kerkelijk› *schism*
scheurkalender *block-calendar*
scheut • (steek v. pijn) *twinge* • (hoeveelheid vloeistof) *dash* • (loot) *shoot, sprig*
scheutig • (vrijgevig) *liberal* • (bereidwillig) *willing*
schicht *flash (of lightning)*
schichtig *shy, skittish*
schielijk • (snel) *quick* • (plotseling) *sudden*
schiereiland *peninsula*
schietbaan *rifle range*
schieten *shoot*
schietlood *plummet*
schietschijf *target*
schietstoel *ejector seat*
schiettent *shooting gallery*

schiften I [ov ww] *sift, sort (out), separate, sort through* II [on ww] *curdle*
schijf *disk*
schijn *appearance*
schijnbaar I [bnw] *seeming, apparent* II [bijw] *evidently*
schijnbeweging *feint*
schijndood I [de] *apparent death, suspended animation* II [bnw] *apparently dead, seemingly in a state of suspended animation*
schijnen • (stralen) *shine* • (lijken) *seem*
schijnheilig *hypocritical*
schijnsel *shine, radiance, glimmer*
schijnwerper *floodlight,* ‹toneel› *spotlight*
schijt *shit*
schijten *shit*
schik • (plezier) *fun* • (tevredenheid) ★ hij was er erg mee in zijn ~ *he was very pleased with it*
schikken I [ov ww] *arrange* II [on ww] *suit* III [wkd ww] ★ zich ~ in zijn lot *resign o.s. to one's fate*
schikking • (ordening) *arrangement* • (vergelijk) *agreement, arrangement, settlement*
schil ‹banaan, sinaasappel› *peel,* ‹meloen, sinaasappel› *rind,* ‹v. bessen, druiven, bananen› *skin,* ‹v. ei› *shell*
schild *shield*
schilder *painter*
schilderachtig *picturesque*
schilderen I [ov ww] • (verven) *paint* • (beschrijven) *paint, picture* II [on ww] *stand guard*
schilderij • (iets schilderachtigs) *picture* • (geschilderde afbeelding) *picture, painting*
schildklier *thyroid gland*
schildpad I [de] *tortoise,* ‹zeeschildpad› *turtle* II [het] *tortoiseshell*

schildwacht *sentry, sentinel*
schilfer *flake, scale*
schilferen *peel off, flake*
schillen *peel*
schim • (vage gedaante) *shadow, shade* • (geest) *shade, ghost* • (schaduwbeeld) *silhouette*
schimmel • (uitslag) *mould, mildew* • (zwam) *fungus* • (paard) *grey*
schimmelen *become/get mouldy*
schimmelig • (beschimmeld) *mouldy* • (schimmelachtig) *fungoid*
schimpscheut *gibe*
schip • (boot) *ship, vessel* • (middenbeuk v. kerk) *nave*
schipbreuk *shipwreck*
schipbreukeling *shipwrecked person*
schipper *master, skipper,* ‹v. binnenvaartuig› *bargeman,* ‹v. kleine boot› *boatman*
schipperen I [ov ww] *manage* II [on ww] *give and take*
schitteren *shine,* ‹v. ogen, diamanten, enz.› *glitter, sparkle*
schitterend • (glinsterend) *glittering, sparkling* • (fantastisch) *brilliant, splendid*
schittering • (het schitteren) *brilliance* • (pracht) *lustre, splendour*
schizofreen *schizophrenic*
schmink *paint, make up*
schminken *make up*
schoeisel *footwear*
schoen *shoe*
schoener *schooner*
schoenmaker *shoemaker*
schoenpoetser *shoeblack, shoeshine boy, shoeshine machine*
schoffel *hoe, shovel*
schoffelen • (tackelen) *chop* • (onkruid) *hoe, weed*
schoft • (klootzak) *cad, scoundrel, bastard* • (schouder v. dier) *withers*
schok *shock*
schokbeton *vibrated concrete*

schokbreker *shock absorber*
schokgolf *shock wave*
schokken I [ov ww] • (choqueren) *shock* • (doen wankelen) *shake* II [on ww] *shake, jerk*
schol *plaice*
scholen • (onderwijzen) *school, teach* • (samenscholen) *flock together*
scholengemeenschap *comprehensive school, community school*
scholier *pupil, <AE> student*
scholing *schooling*
schommel • (speeltuig) *swing* • (dikkerd) *fat person, fatty*
schommelen *rock, <v. boot> roll*
schommeling *swing, fluctuation*
schommelstoel *rocking chair*
schoof *sheaf*
schooien *beg*
schooier • (zwerver) *beggar, bum, tramp* • (schoft) *bastard*
school *school*
schoolblijven I [het] *detention* II [on ww] *be kept in*
schoolboek *schoolbook, textbook*
schoolgeld *tuition*
schoolhoofd *principal, headmaster, headmistress*
schooljaar • (leerjaar) *school year* • (jaar op school) *scholastic year*
schoollokaal *classroom*
schoolmeester • (leerkracht) *schoolmaster* • (schoolmeesterachtig type) *pedant*
schools *scholastic*
schoolslag *breaststroke*
schooltas *schoolbag, <over schouder> satchel*
schooltijd • (schooltijdjaren) *schooldays* • (lestijd) *school hours, school time*
schoon I [bnw] *clean* II [bijw] ★ er ~ genoeg van hebben *be sick and tired of it*
schoondochter *daughter-in-law*

schoonheid *beauty*
schoonhouden *keep clean*
schoonmaak *cleaning, <voorjaar> spring-cleaning*
schoonmaakbedrijf *cleaning firm*
schoonmaken *clean*
schoonmoeder *mother-in-law*
schoonouders *parents-in-law, in-laws*
schoonvader *father-in-law*
schoonzoon *son-in-law*
schoorsteen *chimney, <v. stoomboot> funnel*
schoorsteenmantel *mantelpiece*
schoorsteenveger *chimney sweep*
schoorvoetend *reluctant*
schoot • (baarmoeder) *womb* • (binnenste) *insides* • (rok v. kledingstuk) *skirt* • (uitloper) <plantk.> *shoot* • (voorkant v. bovenbenen) *lap* • (touw) <scheepv.> *sheet*
schop • (spade) *shovel, spade* • (trap) *kick*
schoppen I [de] *spades* II [ov ww] *kick (at)*
schor I [de] *salt marsh* II [bnw] *hoarse*
schorem I [het] *scum, riffraff* II [bnw] *shabby*
schorpioen • (dier) *scorpion* • (sterrenbeeld) *Scorpio, the Scorpion*
schors *bark, rind*
schorsen • (buiten dienst stellen) *suspend* • (tijdelijk opheffen) *adjourn*
schorsing • (tijdelijke uitsluiting) *suspension* • (uitstel v. vergadering) *adjournment*
schort *apron, <overgooier> pinafore*
schorten ★ wat schort er aan? *what is wrong?*
schot • (ontlading v. vuurwapen) *shot, crack, <knal> report* • (trap tegen bal) *shot* • (tussenschot) *partition* • (vaart) ★ er zit geen ~ in *things are at a standstill*
schotel • (serviesstuk) *saucer*

• (gerecht) *dish*
Schotland *Scotland*
schots *(ice-)floe*
schouder *shoulder*
schouderband *shoulder strap*
schouderblad *shoulder blade*
schouderophalen *shrug*
schouw • (stookplaats) *fireplace*
• (binnenvaartuig) *scow* • (inspectie
v. wegen) *survey*
schouwburg *theatre*
schouwspel *spectacle, scene*
schraag *trestle*
schraal • (guur) *bleak* • (mager) *lean,
thin* • (karig) *scant(y)* • (uitgedroogd)
‹v. huid› *irritated, rough*
schraapzucht *stinginess*
schrammen *scratch*
schrander *clever, smart, bright*
schranderheid *cleverness, smartness,
brightness*
schransen *stuff, gorge*
schrap ∗ zich ~ zetten *brace o.s.*
schrapen *scrape*
schrappen *delete,* ‹naam› *strike out*
schrede *step, pace*
schreef • (lijn) *scratch, line*
• (dwarsstreepje v. drukletter) *serif*
schreeuw *shout, cry*
schreeuwen • (hard roepen) *shout*
• (~ om) *cry out for*
schreeuwend • (roepend) *crying*
• (opzichtig) *loud*
schreeuwerig *noisy, clamorous*
schreien *weep, cry*
schriel ∗ een ~ mannetje *a skinny
little man*
schrift I [de] ∗ de Heilige Schrift *Holy
Scripture* II [het] • (handschrift)
handwriting, script • (het
geschrevene) *writing* • (cahier)
notebook
schriftelijk I [bnw] *written* II [bijw] *in
writing*
schrijden *stride, stalk*

schrijfmachine *typewriter*
schrijftaal *written language*
schrijfwijze • (spelling) *spelling,* ‹v.
getallen› *notation* • (handschrift)
handwriting
schrijlings *astride*
schrijnen *smart*
schrijven I [het] *letter* II [ov ww]
• (opschrijven) *write down* ∗ iem. ~
write to s.o. III [on ww] *write*
schrijver • (briefschrijver) *writer*
• (klerk) *clerk, secretary* • (auteur v.
een boek) *author, writer*
schrik • (vrees) *terror, dread*
• (plotseling angstgevoel) *fright,
alarm*
schrikaanjagend *terrifying*
schrikbarend • (angstaanjagend)
terrifying • (ontzettend) *appalling*
schrikbeeld *spectre, bogey*
schrikbewind *reign of terror*
schrikdraad *electric wire, electric fence*
schrikkeljaar *leap year*
schrikken *be frightened,*
‹opschrikken› *start*
schril *shrill*
schrobben *scrub*
schrobber *scrubbing brush*
schrobbering *scolding, dressing down*
schroef • (draaiende beweging) *screw*
• (pin met schroefdraad) *tuning peg,
screw* • (aandrijfwerktuig) *propeller*
• (bankschroef) *vice*
schroefdop *screw-top*
schroefdraad *thread*
schroeien I [ov ww] *singe,* ‹haar›
scorch II [on ww] *singe, burn*
schroeven *screw*
schroevendraaier *screwdriver*
schrokken *gorge, gobble*
schromelijk *gross*
schromen • (vrezen) *fear* • (aarzelen)
hesitate
schroot I [de] *lath* II [het]
• (metaalafval) *scrap iron* • (als

schietlading) *grapeshot, shrapnel,
pellet*
schuchter *shy*
schudden *shake*
schuif • (grendel) *bolt* • (luik) *slide,* ‹v.
kachel› *damper,* ‹v. machine› *valve*
schuifdak *sliding roof,* ‹v. auto›
sunroof
schuifdeur *sliding door*
schuifelen • (schuivend
voortbewegen) *shuffle* • (dansen)
smooch
schuilen • (beschutting zoeken) *take
shelter* • (zich verbergen) *hide*
schuilgaan • (zich verbergen) *hide*
• (~ **achter**) *be hidden behind*
schuilkelder *air-raid shelter*
schuilnaam *pen name, pseudonym*
schuim *foam,* ‹op bier, enz.› *froth,* ‹op
soep, enz.› *scum,* ‹v. zeep› *lather*
schuimen I [ov ww] *skim* II [on ww]
foam, ‹v. bier› *froth,* ‹v. zeep› *lather*
schuimrubber *foam rubber*
schuin I [bnw] • (scheef) *slanting,
sloping, oblique* • (schunnig) *broad*
II [bijw] *obliquely, slantwise, aslant,
awry*
schuinte • (helling) *slope* • (schuine
richting) *bias*
schuit *boat, barge*
schuiven I [ov ww] *push, shove* II [on
ww] • (voortschuiven) *slide*
• (betalen) *shell out*
schuld • (geldelijke verplichting) *debt*
• (fout, tekortkoming) *guilt, fault,
blame*
schuldbekentenis • (promesse) *IOU,
bond* • (bekennen van schuld)
confession of guilt
schuldbesef *sense of guilt*
schuldeiser *creditor*
schuldenaar *debtor*
schuldig • (verschuldigd) *owing*
• (schuld hebbend) *guilty, culpable*
schulp *shell*

schunnig ‹taalgebruik› *filthy*
schuren I [ov ww] • (schrapend
schuiven) *scour, grate* • (met
schuurpapier bewerken) *sand(paper)*
II [on ww] *chafe*
schurft *scabies,* ‹v. dieren› *mange*
schurftig *scabby,* ‹dieren› *mangy*
schurk *scoundrel, villain*
schut *lock*
schutter *marksman, shot*
schutterig *awkward, clumsy*
schutting *fence*
schuur *barn,* ‹klein› *shed*
schuurpapier *sandpaper*
schuw *shy, timid*
schuwen *shun, shrink (from),* ‹form.›
eschew
schuwheid *shyness*
scooter *scooter*
scoren *score*
scrupule *scruple*
scrupuleus *scrupulous*
seconde *second*
secondewijzer *second hand*
secretariaat *secretary's office,
secretariat*
secretaris • (ambtenaar v.
gemeentebestuur) ≈ *town clerk*
• (adm.) *secretary*
sectie • (deel/afdeling) *section,* ‹v.
school, enz.› *department* • (med.) ‹op
kadaver› *dissection,* ‹op lijk› *autopsy*
sector *sector*
secundair *secondary*
secuur • (veilig) *safe, secure* • (precies)
accurate, precise
segment *segment*
sein • (waarschuwing, hint) *tip, hint*
• (teken) *sign, signal* • (voorwerp
waarmee men seint) *signal*
seinen I [ov ww] *radio, flash* II [on ww]
signal
seinpaal *semaphore*
seizoen *season*
sekse *sex*

seksueel *sex, sexual*
sekte *sect*
selectie *selection*
selectief *selective*
semantiek *semantics*
semester *term of six months,* <AE>
semester
seminarie *seminary*
senaat *senate*
senator *senator*
senior *senior*
sensatie • *(gewaarwording) sensation*
• *(opschudding) thrill, sensation*
sensueel *sensual*
sentimenteel *sentimental,* <inf.>
sloppy
separaat *separate*
seponeren *dismiss*
september *September*
sergeant *sergeant*
sergeant-majoor *sergeant-major*
serie *series*
serpent • *(slang) serpent* • *(persoon)*
shrew, bitch
serpentine *(paper) streamer*
serre • *(vertrek) sun lounge/room*
• *(broeikas) conservatory*
serum *serum*
serveren • *(opdienen) serve* • *(sport)*
serve
servet *(table) napkin, serviette*
servies *dinner-service,* <theeservies>
tea-set
sextant *sextant*
sextet *sextet*
sfeer *atmosphere*
sfinx *sphinx*
sherry *sherry*
Siberisch *Siberian*
sidderen *tremble, shake*
siddering *shudder*
sier *show*
sieraad • *(juweel) jewel, (piece of)*
jewellery • *(opschik) ornament*
sieren • *(tot sieraad zijn) adorn*

• *(versieren) decorate*
sierlijk *graceful*
sigaar *cigar*
sigaret *cigarette*
sigarettenpijpje *cigarette holder*
signaal *signal*
signalement *description*
signaleren • *(attenderen op) point*
out, draw attention to • *(opmerken)*
observe
signatuur • *(handtekening) signature*
• *(kenmerk, aard) nature, character*
sijpelen *seep, ooze, trickle, filter*
sik • *(puntig baardje) goatee* • *(geit)*
goat
sikkel • *(sikkelvormig mes) reaping*
hook, sickle • *(v. maan) crescent, sickle*
silhouet *silhouette*
silo *silo*
simpel • *(eenvoudig) simple*
• *(onnozel) silly, simple*
simultaan *simultaneous*
sinaasappel *orange*
sinds I [vz] • *(vanaf tijdstip) since*
• *(gedurende) for* II [vw] *since*
singel • *(gracht) moat* • *(weg)*
boulevard • *(gordel) girdle*
sint • *(Sinterklaas) Saint Nicholas*
• *(heilige) saint*
sintel *cinder*
sintelbaan *cinder-track,* <vnl. v.
motoren> *dirt-track*
sinterklaas *feast of St Nicholas*
Sinterklaas *St Nicholas*
sip *glum, crestfallen*
sirene *siren*
siroop *treacle, syrup*
sissen • *(iets sissend zeggen) hiss*
• *(sissend geluid maken) sizzle*
sisser *squib*
situatie *situation*
sjaal *shawl, scarf*
sjacheren *haggle, barter*
sjalot *shallot*
sjeik *sheik(h)*

sjerp *sash*
sjezen • (studie of loopbaan staken)
drop out • (hard lopen/rijden) *tear*
• (zakken) *be ploughed*
sjilpen *chirp, cheep*
sjirpen *cheep, chirp*
sjofel *shabby, shoddy*
sjokken *trudge*
sjorren • (vastbinden) *lash (down)*
• (trekken) *lug*
sjouwen *lug*
skelet *skeleton*
ski *ski*
skiën I [het] *skiing* II [on ww] *ski*
skiër *skier*
sla • (salade) *salad* • (groente) *lettuce*
slaaf *slave*
slaag ∗ een stevig pak ~ geven *give a good hiding/beating*
slaags ∗ ~ raken met iem. *come to blows with s.o.*
slaan I [ov ww] • (slagen geven) *strike, hit,* ‹herhaaldelijk› *beat,* ‹met platte hand› *spank* • (bij bordspel) *take, capture* • (in toestand brengen) *strike, beat* II [on ww] • (slaande beweging maken) *hit out, strike out* • (door slagen geluid maken) *strike* • (~op) *refer (to)*
slaap • (rust) *sleep* • (neiging tot slapen) *sleepiness* • (afscheiding in ooghoeken) *sleep* • (zijkant van het hoofd) *temple*
slaapdronken *half asleep, drowsy*
slaapkamer *bedroom*
slaapkop • (slaperig persoon) *sleepyhead* • (sukkel) *dope*
slaapmiddel *sedative, sleeping pill,* ‹med.› *opiate*
slaapwandelaar *sleepwalker*
slaapwandelen I [het] *sleepwalking* II [on ww] *sleepwalk*
slaapzaal *dormitory*
slaapzak *sleeping bag*
slachten • (doden v. slachtvee) *kill,*

slaughter • (afslachten v. mensen) *butcher, massacre*
slachter *slaughterer*
slachthuis *slaughterhouse*
slachting • (het slachten) *slaughtering* • (moordpartij) *slaughter*
slachtoffer • (persoon) *victim* • (offerdier) *sacrifice, sacrificial animal*
slag • (het slaan) ‹v. hart, pols› *beat,* ‹v. klok› *stroke* • (klap, knal) *blow* • (mil.) *battle*
slagader *artery*
slagboom *barrier*
slagen • (succes hebben) *succeed* • (examen halen) *pass, qualify*
slager *butcher*
slagerij *butcher's shop*
slagorde *battle array*
slagregen *downpour*
slagroom ‹na het kloppen› *whipped cream,* ‹voor het kloppen› *whipping cream*
slagschip *battleship*
slagtand ‹v. hond, wolf› *fang,* ‹v. olifant› *tusk*
slagvaardig • (voortvarend) *decisive* • (strijdvaardig) *ready for battle* • (gevat) *quick-witted, on the ball, adroit*
slagveld *battlefield*
slagwerk • (slaand werk in uurwerk) *striking-mechanism* • (muz.) *percussion instruments*
slagzin *slogan*
slak *snail,* ‹naaktslak› *slug*
slaken • (uiten) *give, utter* • (losmaken) *loosen*
slang • (dier) *snake* • (buis) *tube, hose*
slank *slender, slim*
slaolie *salad oil*
slap *weak,* ‹slap hangend› *limp,* ‹v. bier› *thin,* ‹v. touw› *slack*
slapeloos *sleepless, wakeful*
slapeloosheid *sleeplessness, insomnia*
slapen *sleep, be asleep*

slaper • (logé) *guest (for the night)*
• (dijk) *inner-dike* • (iem. die slaapt)
sleeper
slaperig *sleepy, drowsy*
slappeling *weakling, softie, wimp*
slapte *slackness*
slavenarbeid • (werk als voor een
slaaf) <op het werk> *slave labour,*
<thuis> *drudgery* • (slavenwerk)
slavery, slave labour
slavernij • (onderworpenheid)
bondage, slavery • (het stelsel) *slavery*
slecht I [bnw] • (moreel slecht) *evil,*
wicked • (ongunstig) *bad* • (niet
deugdelijk) *bad* II [bijw]
• (nauwelijks) *badly, ill, hardly*
• (ongunstig) *badly*
slechten • (effen maken) *level*
• (slopen) *demolish, level/raze (to the
ground)*
slechthorend *hard of hearing*
slechts *only, merely, just*
slee • (slede) *sledge* • (grote auto) *big
car, limousine* • (vrucht) *sloe*
sleeën *sleigh, sledge*
sleep *train*
sleepboot *tug, tug boat*
sleepkabel <auto> *towrope*
sleeptouw *towrope*
slenteren *saunter*
slepen I [ov ww] • (voortslepen) *haul,
drag* • (op sleeptouw nemen) *tow*
II [on ww] • (over de grond gaan)
drag • (traag voortgaan) *drag on*
slet *slut, trollop*
sleuf • (gleuf) *groove* • (opening) *slot,*
<lang> *slit*
sleur *routine, rut*
sleuren *drag*
sleutel • (werktuig dat slot opent) *key*
• (gereedschap) *spanner, wrench*
• (middel tot oplossing) *key, clue,
secret* • (muz.) *clef*
sleutelbeen *collarbone*
sleutelbos *bunch of keys*

sleutelgat *keyhole*
slib *silt, slime*
slijk *dirt, mud, mire*
slijm • (fluim) *phlegm*
• (huidbedekking) *slime*
slijmerig • (slijmachtig) *slimy*
• (vleierig) *grovelling, slimy*
slijmvlies *mucous membrane*
slijpen I [ov ww] • (scherp maken)
grind, sharpen • (polijsten) *polish,*
<edelstenen> *cut* • (graveren) *cut* II [on
ww] *grind, polish,* <v. edelstenen> *cut*
slijpsteen *grindstone*
slijtage *wear and tear*
slijten I [ov ww] • (verslijten) *wear out*
• (doorbrengen) *pass, spend*
• (verkopen) *sell* II [on ww] *wear out,*
<fig.> *wear off/away*
slikken • (doorslikken) *swallow*
• (accepteren) *put up with, stomach,
swallow*
slim *cunning, clever,* <pej.> *sly*
slimheid *astuteness*
slimmerd *smart cookie, a sly one*
slinger • (feestdecoratie) *paper chain,*
<v. bloemen> *garland* • (zwaai) *swing*
• (voorwerp v. klok) *pendulum*
• (hefboom) *handle*
slingeren I [ov ww] • (zwaaiende
beweging maken) *swing* • (werpen)
fling, hurl II [on ww] • (bewegen v.
schip) *roll* • (zwaaien) *swing, oscillate*
• (kronkelen v. pad, rivier) *wind*
• (overal liggen) *lie about* III [wkd
ww] *meander, wind*
slinken *shrink, run low,* <door koken>
boil down, <v. voorraad> *dwindle*
slip • (ondergoed) *briefs,* <dames>
panties, <heren> *men's (short) pants*
• (afhangend stuk v. kledingstuk)
lappet, tail, coat-tail, flap
slippen • (wegglijden) *slip*
• (uitglijden v. voertuig) *skid*
slippertje * een ~ maken *go off on the
sly*

slobberen I [ov ww] *eat/drink noisily, slobber, slurp* II [on ww] *bag, sag*

sloddervos *slob, grub*

sloep • (kleine boot) *boat, smack* • (reddingsboot) *sloop*

slof • (pantoffel) *slipper* • (het sloffen) *shuffle* • (pak met pakjes sigaretten) *carton* • (spanblokje aan strijkstok) *nut* • (mandje) *punnet* • (briket) *briquette*

sloffen • (manier van lopen) *shuffle, shamble* • (nalatig zijn) *slack*

slok • (een keer slikken) *gulp* • (teug) *draught,* ‹inf.› *swig,* ‹groot› *pull* • (borreltje) *drop, dram*

slokdarm *gullet,* ‹med.› *oesophagus*

slons *frump*

slonzig *dowdy, slovenly*

sloof *drudge*

sloom *slow, listless*

sloop • (kussensloop) *pillowcase* • (het slopen) *demolition*

sloot • (waterloop) *ditch* • (grote hoeveelheid) *gallons*

slop *alley,* ‹doodlopend› *blind alley*

slopen *demolish,* ‹huis› *pull down*

slordig *untidy, careless, sloppy*

slot • (kasteel) *castle, manor-house* • (einde) *end, conclusion* • (sluitmechanisme) *lock*

slotsom *result, upshot*

sloven *drudge, toil*

sluier *veil*

sluik *lank*

sluikhandel ‹illegaal› *illicit trade,* ‹smokkel› *smuggling*

sluimeren *slumber*

sluipen • (voorzichtig lopen) *sneak, steal* • (ongemerkt opkomen) *creep*

sluis ‹schutsluis› *lock,* ‹uitwateringssluis› *sluice*

sluiten I [ov ww] • (verbieden) *close* • (dichtmaken) *shut, close,* ‹op slot doen› *lock* • (buitensluiten) *lock out* • (aansluiten) *close* • (aangaan)

conclude • (afsluiten) *close* • (opmaken) *close, balance* II [on ww] • (dichtgaan) *shut, close* • (aansluiten) *close,* ‹v. kleding› *fit* III [wkd ww] *close*

sluiting • (het sluiten) *closing* • (sluitingsmechanisme) *fastening, clasp, lock*

slungel *beanpole*

slungelig *lanky, gangling*

slurf • (flexibele buis) *hose,* ‹m.b.t. vliegtuig› *pneumatic gateway* • (snuit v. olifant) *trunk*

sluw *sly, cunning, sneaky*

smaad *defamation*

smaak *taste,* ‹wat men proeft› *flavour*

smaakvol *tasteful, in good taste*

smachten • (kwijnen) *languish* • (~ naar) *yearn/long (for)*

smadelijk • (vernederend) *humiliating* • (beledigend) *insulting, opprobrious*

smak • (val) *fall* • (bons) *thud, crash* • (smakkend geluid) *smack(ing)* • (grote hoeveelheid) *heap*

smakelijk • (lekker) *savoury, tasty* • (met graagte) *vivid, merry*

smakeloos *tasteless,* ‹fig.› *in bad taste*

smaken • (smaak hebben) *taste* • (naar de zin zijn) ∗ *smaakt het? do you like it?* • (~ naar) *taste of*

smakken I [ov ww] *dash* II [on ww] • (geluid maken met de lippen) *smack* • (vallen) *crash*

smal *narrow*

smaldeel *squadron*

smalfilm 8/16mm. *film, cine film*

smaragd *emerald*

smart • (leed) *sorrow, grief, affliction* • (verlangen) *yearning*

smartegeld *smart money, compensation*

smartelijk *painful, smarting*

smeden *forge,* ‹aan elkaar› *weld*

smeekbede *appeal, plea*

smeer • (smeersel) *grease, fat,*

‹schoensmeer› polish • (vlek) *smear*

smeerboel *mess*

smeerkaas *cheese spread*

smeerlap • (gemeen persoon) *swine, bastard* • (smeerpoets) *slob* • (vunzige vent) *dirty fellow, pervert*

smeerlapperij • (viezigheid) *filth* • (gemeenheid) *dirty tricks*

smeerolie *lubricating oil*

smeersel • (zalf) *ointment*, ‹vloeibaar› *liniment* • (beleg voor boterham) *(sandwich) spread*

smeken *beg, entreat, implore*

smelten *melt*

smeltkroes *melting pot*

smeren • (insmeren) ‹met olie› *lubricate, oil*, ‹met vet› *grease*, ‹v. lichaam› *rub in* • (uitsmeren) *smear* • (met boter bestrijken) *butter*

smerig *dirty*

smeris *cop(per)*

smet • (vlek) *spot, stain* • (schandvlek) *blot, blemish*

smetteloos *spotless, immaculate*

smeuïg • (zacht) *smooth*, ‹soep› *thick* • (pikant) *savoury*, ‹roddels, anekdotes› *racy*

smeulen *smoulder*

smid *blacksmith*

smijten *fling, throw, dash*

smikkelen ∗ iets ~ *tuck into s.th.*

smoezelig *dingy, grubby*

smoezen *whisper*

smoking *dinner jacket*

smokkelen I [ov ww] *smuggle* II [on ww] *cheat, dodge*

smokkelwaar *contraband*

smoor ∗ Mathilde was ~ op hem *Mathilde had a crush on him* ∗ hij had er de ~ in *he was fed up*

smoorheet *sweltering, broiling hot*

smoren I [ov ww] • (gaar laten worden) *braise* • (onderdrukken) *smother, strangle* II [on ww] • (sudderen) *braise* • (stikken) *stifle,*

choke

smullen *feast (upon)*, ‹fig.› *lap up, revel in*

smulpaap *gourmet*

snaak *joker*

snaar *string*, ‹v. harp› *chord*, ‹v. trommel› *snare*

snackbar *snack bar*

snakken • (smachten) *yearn for* • (naar adem happen) *gasp*

snappen I [ov ww] • (begrijpen) *get*, ‹inf.› *twig* • (betrappen) *nick, catch out* II [on ww] *snap (at)*

snars ∗ 't kan me geen ~ schelen *I couldn't care less; I don't give a toss* ∗ hij weet er geen ~ van *he hasn't got a clue*

snateren *chatter*, ‹v. ganzen› *gaggle*

snauw *snarl*

snauwen *snarl (at), snap (at)*

snavel *bill*, ‹krom› *beak*

snedig *witty, smart*

sneeuw *snow*

sneeuwen *snow*

sneeuwketting *snow chain*

sneeuwklokje *snowdrop*

sneeuwwit *snow-white*

snel • (vlug) *quick, fast, swift, rapid* • (modern) *trendy*

snelbuffet *quick-service buffet*

snelheid *speed*, ‹v. licht, geluid› *velocity*

snellen *rush, hurry*

sneltrein *fast train*

snelweg *motorway*, ‹AE› *freeway*

snerpen • (striemen) *cut, bite* • (schril klinken) *shriek, shrill*

snert • (erwtensoep) *pea soup* • (troep) *trash, tripe*

sneu *hard, disappointing*

sneuvelen • (omkomen) *fall in battle, be killed* • (kapotgaan) *break*

snibbig *snappish*

snijboon *French bean*

snijden • (in-/uit-/afsnijden) *cut*, ‹aan

stukken> cut up, <hout, vlees> carve, <in plakken> slice

snijpunt intersection

snijtand incisor

snik • (ademtocht) gasp • (schokkende ademhaling) sob

snikheet stifling hot, sweltering

snikken sob

snip • (vogel) snipe • (briefje van honderd) one-hundred guilder note

snipper shred

snit cut

snoeien <bomen> prune, <struik> trim, clip

snoek • (vis) pike • (misslag bij 't roeien) crab

snoep sweets [mv], <AE> candy

snoepen I [ov ww] eat sweets/candy II [on ww] (have a) nibble

snoepreisje jaunt, <afkeurend> junket

snoer • (draad) rope, cord • (elektriciteitsdraad) flex, <netsnoer> mains lead • (geregen draad) string

snoeren <kralen, enz.> string, <vast rijgen> lace

snoeshaan * rare ~ queer fish/customer

snoet • (snuit) snout • (gezicht) face, <inf.> mug

snoezig sweet, lovely

snood malicious, wicked

snor moustache, <v. dieren> whiskers

snorren • (snel voortbewegen) whiz • (brommend geluid maken) buzz, hum, <v. kat> purr, <v. machine, enz.> whirr

snot (nasal) mucus/discharge, <inf.> snot

snotneus • (snotaap) brat, (arrogant) youngster • (loopneus) runny nose, <vulg.> snotty nose

snotteren • (huilen) snivel, blubber • (neus snuiten) blow one's nose, snivel • (neus ophalen) sniffle

snuffelen • (ruiken) sniff • (speuren) nose, <in boek> browse

snufje • (nieuwigheidje) novelty

• (klein beetje) touch

snugger smart, bright, <inf.> brainy

snuisterij trinket, knick-knack, bauble

snuit snout, muzzle

snuiten • (uitsnuiten) blow one's nose • (pit van kaars knippen) snuff

snuiter chap, guy

snuiven sniff, snort

snurken snore

sober sober, frugal

sociaal • (maatschappelijk) social • (in groepsverband levend) social • (maatschappelijk verantwoord) socially minded

sociaal-democraat social democrat

socialisme socialism

sociëteit • (gezelligheidsvereniging) association, club • (verenigingsgebouw) club-house • (genootschap) society

sociologie sociology

socioloog sociologist

soda • (natrium(bi)carbonaaat) soda • (sodawater) soda (water)

soep • (gerecht) soup • (rommeltje) mess

soepballetje forcemeat ball

soepel • (buigzaam) pliable • (lenig) supple • (niet streng) flexible • (gemakkelijk) smooth

soeplepel • (pollepel) soup ladle • (eetlepel voor soep) soup spoon

soeverein I [de] ruler, sovereign II [bnw] sovereign

soevereiniteit sovereignty

soezen • (dommelen) doze • (mijmeren) daydream

soezerig drowsy

soja soy sauce

sok • (korte kous) sock • (techn.) socket • (bio.) sock

sokkel pedestal

solarium solarium

soldaat soldier, private (soldier)

soldeer solder

soldeerbout *soldering bolt*
solderen *solder*
soldij *pay*
solidair *sympathetic*
solidariteit *solidarity*
solide *solid*
solist • (iem. die alleen optreedt) *solo performer* • (muz.) *soloist*
sollen *trifle* (with)
sollicitant *candidate, applicant*
sollicitatie *application*
solliciteren *apply*
solo *solo*
som *sum*
somber *gloomy,* <v. kleur> *sombre*
sommeren • (aanmanen) *summon* • (wisk.) *find the sum of, sum*
soms • (af en toe) *sometimes, now and then* • (misschien) *perhaps*
sonate *sonata*
sonnet *sonnet*
soort I [de] • (bio.) *species* II [het] *sort, kind*
soortelijk *specific*
soortgelijk *similar*
soortgenoot *one of the same kind*
sop • (zeepsop) *suds, soapsuds* • (zee) *blue, deep*
soppen • (boenen) *wash* • (in vloeistof dopen) *dunk*
sopraan *soprano*
sorbet *ice-cream soda,* <met vruchten> *knickerbocker glory*
sorteren *sort*
sortering • (kwaliteit) *grade* • (het sorteren) *sorting* • (collectie) *assortment, selection*
souffleur *prompter*
souteneur *pimp*
souterrain *basement*
souvenir • (aandenken) *keepsake* • (geschenk) *souvenir*
spaarbank *savings bank*
spaarbankboekje *savings account book, savings account*

spaarpot • (busje) *money-box* • (gespaard geld) een ~je maken *put a little money by*
spaarzaam • (zuinig) *thrifty, sparing, economical* • (schaars) *sparse*
spaarzegel <v. bank> *savings stamp,* <v. winkel> *trading stamp*
spade *spade*
spalk *splint*
spalken *splint*
span *team (of horses)*
spandoek *banner*
Spanje *Spain*
spankracht • (veerkracht) *elasticity* • (door spanning opgewerkte kracht) *tension*
spannen I [ov ww] • (strak trekken, strekken) *tighten, stretch,* <fig.> *strain,* <v. spieren> *strain* • (uitrekken) *stretch* II [on ww] • (nauw zijn) *be tight* • (spannend zijn) het zal erom ~ *it will be a tense struggle*
spannend *exciting, thrilling,* <v. moment> *tense*
spanning • (gespannen sfeer) *tension,* <onzekerheid> *suspense* • (elektrische spanning) *voltage*
spar *spruce*
sparen • (niet uitgeven) *save* (up) • (ontzien) *spare, save* • (verzamelen) *collect* • (uitsparen) *save*
spartelen *thrash, struggle, flounder*
spat • (vlek) *speck, spot* • (spetter) *drop, splash*
spatbord *mudguard,* <v. auto> *wing*
spatie *space*
spatten I [ov ww] • (bespatten) *splatter, splash* • (spetteren) *splash, spatter* II [on ww] *splash, splutter*
specerij *spice*
specht *woodpecker*
speciaal I [bnw] *special, particular* II [bijw] *in particular*
specialiseren *specialize*
specialist *specialist, expert*

specialiteit *speciality, specialty*
specie *mortar*
specificatie *specification*
specificeren *specify, itemize*
specifiek I [bnw] *specific* II [bijw]
specifically, particularly
spectrum *spectrum* [mv:
spectrums/spectra]
speculatie *speculation*
speculeren *speculate*
speech *speech*
speeksel *saliva, spit(tle)*
speelbal • (speelgoed) *player's/playing
ball* • (weerloos slachtoffer) *toy,
plaything* • (biljartbal) *cue ball*
speelgoed *toy(s)*
speelkameraad *playmate*
speelruimte • (speling) *elbow-room,
latitude,* ‹tussen onderdelen› *play*
• (ruimte om te spelen) *play area*
speels *playful*
speeltuin *playground, recreation area*
speen • (tepel) *teat* • (dop op fles)
dummy
speenvarken *sucking pig*
speer *spear,* ‹sport› *javelin*
speerpunt *spearhead*
speerwerpen I [het] *the javelin (event)*
II [onv ww] *javelin throwing*
spek *bacon,* ‹vers› *pork*
spektakel • (drukte) *uproar, hubbub*
• (schouwspel) *spectacle, show*
• (lawaai) *racket*
spel *game,* ‹v. muz., toneel›
performance
speld *pin*
spelden *pin*
speldenprik *pinprick*
spelen I [ov ww] • (zich vermaken)
play, have a game (of) • (aanpakken)
play • (bespelen) *play* II [on ww]
• (speculeren) *gamble, speculate (on)*
• (lichtzinnig omgaan met) *trifle
with* • (zich afspelen) * *het stuk
speelt in... the scene is set in...*

spelenderwijs *without effort*
speler *player,* ‹gokker› *gambler,*
‹toneel› *actor* [v: *actress*]
spelfout *spelling mistake*
speling • (speelruimte) *play* • (marge)
margin, leeway • (toevalligheid) * ~
der natuur *freak of nature*
spellen *spell*
spelling *spelling*
spelonk *cave, cavern*
spelregel • (regel voor spel) *rule of the
game* • (taalk.) *spelling rule*
sperma *sperm*
spervuur *barrage*
sperwer *sparrowhawk*
speuren I [ov ww] *detect, sense* II [on
ww] *investigate, track*
spichtig *lanky, weedy*
spieden *spy*
spiegel • (weerkaatsend glas) *mirror,
looking-glass* • (med.) *level*
spiegelbeeld • (omgekeerd beeld)
(mirror) image • (teruggekaatst beeld)
reflection
spiegelei • (gebakken ei) *egg sunny
side up* • (seinstok) *signalling disc*
spiegelen I [on ww] *mirror, reflect*
II [wkd ww] • (~ aan) *take warning
by, take an example from*
spiegelglad ‹weg› *slippery, icy*
spieken *crib, copy*
spier *muscle*
spiering *smelt*
spiernaakt *stark naked*
spierpijn *muscular pain, aching
muscles*
spierwit *as white as a sheet*
spijbelen I [het] *truancy* II [on ww]
dog/skip school, play truant, ‹AE› *play
hooky*
spijker *nail*
spijkerbroek *jeans*
spijkeren *nail*
spijkerschrift *cuneiform writing*
spijl *bar*

spijs • (voedsel) *food, fare* • (mengsel voor vulling) *paste*
spijskaart *menu*
spijsvertering *digestion*
spijt *regret, remorse*
spijten *regret, be sorry*
spijtig *regrettable, unfortunate*
spiksplinternieuw *brand new*
spil *pivot, axis*
spin • (dier) *spider* • (snelbinder) *spinbinder*
spinazie *spinach*
spinnen I [ov ww] *spin* II [on ww] *purr*
spinnenweb *cobweb*
spinnewiel *spinning wheel*
spinnijdig *furious*
spinrag *cobweb*
spiraal • (schroeflijn) *spiral* • (spiraalvormig voorwerp) *coil* • (ontwikkeling) *spiral*
spiritisme *spiritualism*
spiritus (methylated) *spirit(s)*
spit • (pen) *spit* • (med.) *lumbago*
spits I [de] • (top) *point,* ‹v. berg› *peak,* ‹v. toren› *spire* • (spitsuur) *rush hour,* ‹m.b.t. tarieven› *peak hour* • (sport) *forward, striker* II [bnw] • (puntig) *pointed, sharp* • (spits toelopend) *tapering*
spitsuur ‹m.b.t. tarieven› *peak hour,* ‹v. verkeer› *rush hour*
spitsvondig *smart, clever, ingenious*
spitten *dig*
spleet *chink, crack, crevice*
splijten I [ov ww] *split, cleave* II [on ww] *split, crack*
splijtstof *fissionable material,* ‹AE› *fissile material*
splinter *splinter,* ‹v. glas› *sliver*
splitsen I [ov ww] *split, divide* II [wkd ww] *split (up),* ‹v. weg› *branch off*
splitsing *bifurcation*
spoed *haste, speed*
spoedgeval *emergency (case)*
spoedig I [bnw] *speedy* II [bijw] *soon, speedily*

spoel *spool,* ‹v. film, tape› *reel*
spoelen I [ov ww] • (wassen) *wash, rinse* • (opwinden) *reel* II [on ww] *wash*
spoeling *rinse,* ‹v. toilet› *flush*
spoken I [on ww] *haunt, prowl* II [onp ww] * het spookt in dat huis *the house is haunted*
sponning ‹v. raam› *runway*
spons *sponge*
sponsoren (be) *sponsor (for)*
spontaan *spontaneous*
spook • (geest) *ghost* • (schrikbeeld) *spectre* • (hersenschim) *phantom*
spookachtig *ghostly*
spookhuis • (huis waar het spookt) *haunted house* • (kermisattractie) *ghost train*
spoor I [de] *spur* II [het] • (afdruk) *track,* ‹geurspoor› *scent,* ‹v. voet› *footprint* • (overblijfsel) *sign, vestige, trace* • (v. taperecorder, film, enz.) *track* • (rails) *rail(s), track*
spoorbaan *railway*
spoorboekje *rail(way) guide, timetable*
spoorloos *without a trace, trackless*
spoorslags *at full speed*
spoorweg *railway*
spoorwegovergang *level crossing*
sporadisch *sporadic*
sporen • (in hetzelfde spoor lopen) *track* • (met het spoor reizen) *go by rail*
sport • (tree) *rung* • (lichaamsoefening) *sport*
sportief • (de sport betreffend) *sporty* • (van sport houdend) *fond of sports* • (eerlijk) *sportsmanlike*
spot • (hoon) *mockery, ridicule* • (lamp) *spotlight*
spotgoedkoop *dirt cheap*
spotprijs *bargain/basement price*
spotten • (schertsen) *joke* • (belachelijk maken) *mock, scoff, sneer*

spotter *mocker*
spraak • (het vermogen te spreken) *speech* • (manier van spreken) *language*
spraakgebrek *speech impediment*
spraakkunst *grammar*
spraakvermogen *power of speech*
spraakzaam *talkative, ‹inf.› chatty*
sprake * *er is ~ van there is (some) talk of* * *geen ~ van! out of the question!* * *iets ter ~ brengen raise a subject*
sprakeloos *speechless, dumb*
sprankelen *sparkle*
spreekbeurt *talk*
spreekbuis • (vertolker v. mening) *mouthpiece* • (spreekhoorn) *megaphone*
spreekkamer *consulting room*
spreektaal *spoken language, vernacular*
spreekuur *office hours, ‹v. huisarts› surgery, ‹v. welzijnswerker› consulting hour(s)*
spreekwoord *proverb*
spreekwoordelijk *proverbial*
spreeuw *starling*
sprei *bedspread, counterpane*
spreiden *spread*
spreiding *spreading*
spreken *speak*
sprekend * *~ lijken op be the spitting image of*
spreker *speaker, lecturer*
sprenkelen *sprinkle*
spreuk *motto, aphorism*
spriet • (grasspriet, enz.) *blade (of grass)* • (haarpiek) *wisp* • (voelhoorn) *antenna [mv: antennae], feeler*
springconcours *show jumping contest*
springen *spring, jump, leap, ‹met handen/polsstok› vault*
springlading *explosive charge*
springlevend *alive and kicking, very much alive*
springplank *springboard*

springstof *explosive*
springvloed *spring tide*
sprinkhaan *locust, grasshopper*
sproeien *water, sprinkle, ‹tegen ongedierte› spray*
sproeier • (sproeitoestel) *sprinkler, sprayer* • (v. carburateur) *nozzle* • (verstuiver op een fles) *spray nozzle*
sproet *freckle*
sprokkelen *gather wood*
sprong *jump, leap*
sprookje *fairy tale*
sprookjesachtig *fairy-tale like*
spruit • (groente) *Brussels sprout* • (kind) *sprig, sprout* • (uitloper) *sprout, shoot*
spruiten • (uitlopen) *sprout, shoot* • (voortkomen uit) *spring/descend from*
spugen • (speeksel uitspugen) *spit* • (braken) *throw up, be sick, ‹inf.› spew*
spuien I [ov ww] • (uiten) *unload, spout, get (s.th.) off one's chest* • (lozen) *sluice, drain (off)* II [on ww] *let in fresh air, ventilate*
spuigat *scupper(hole)*
spuit • (injectienaald) *needle, syringe* • (injectie) *injection* • (werktuig om mee te spuiten) *squirt, ‹tegen insecten› sprayer*
spuiten I [ov ww] • (naar buiten persen) *spout, spurt, squirt* • (bespuiten) *spray* II [on ww] • (med.) *inject*
spuitwater *soda(-water)*
spul *stuff*
spurten *spurt, sprint*
sputteren • (pruttelen, spetteren) *sp(l)utter* • (mopperen) *mutter*
spuug *spittle, saliva*
spuwen • (braken) *vomit, spew* • (spugen) *spit, spew*
staaf *rod*
staak *stake, pole, beanpole*
staal • (monster) *sample* • (metaal) *steel*

staan • (rechtop staan) *stand* • (passen)
suit • (opgeschreven staan) ∗ *het
staat in de brief/krant dat... it says in
the letter/paper that...* • (~ **op**) *insist
on*
staand ∗ ~e lamp *standard lamp* ∗ ~e
klok *long-case clock*
staanplaats • (plaats om te staan)
standing room • (standplaats) ‹op
markt› *stand*, ‹v. taxi› *taxi rank*
staar *cataract*
staart • (eindstuk v. ruggengraat) *tail*
• (neerhangend haar) *pigtail*
• (uiteinde) *tail(end)* • (nasleep)
aftermath
staat • (toestand) *condition, state*
• (rijk) *state* • (lijst) *list* • (rang) *rank*
• (gelegenheid) ∗ in ~ stellen *enable*
∗ in ~ zijn *be able; be capable*
staathuishoudkunde *political
economy*
staatkundig *political*
staatsblad ≈ *Government Gazette*
staatsgreep *coup d'état*
staatsie *state, pomp, ceremony*
staatsrechtelijk *constitutional*
staatssecretaris *State Secretary*
stabiel *stable*
stabiliseren *stabilize*
stabiliteit *stability*
stad • (plaats) *town*, ‹grote stad› *city*
• (stedelijke gemeente) *borough*
stadhouder *stadtholder*
stadhuis *town hall*
stadion *stadium* [mv: stadiums]
stadium *stage, phase*
staf • (leiding) *staff* • (stok) *staff*
• (toverstaf) *wand* • (bisschopsstaf)
crosier
stafkaart *ordnance (survey) map*
stagnatie *stagnation*
stagneren *stagnate*
staken I [ov ww] • (stoppen) *stop,
cease*, ‹voor korte tijd› *suspend* II [on
ww] *go on strike*

staker *striker*
staking • (het ophouden met iets)
suspension • (het gelijk staan) *tie*
• (werkstaking) *stoppage (of work),
strike*
stal *stable*, ‹v. koeien› *cowshed*, ‹v.
varkens› *pigsty*
stalen *steel*
stallen *stable, stall*, ‹v. auto› *garage*
stalles *stalls*
stalling ‹overdekte fietsenstalling›
shelter, ‹v. auto's› *garage*
stam • (volksstam) *tribe* • (plantk.)
‹plant› *stem*, ‹v. boom› *trunk*
stamboom *genealogical/family tree,
pedigree*
stamelen I [ov ww] *stammer* II [on
ww] *falter, stammer*
stamgast *regular (customer)*
stammen • (afstammen van) *stem
(from)* • (taalk.) *derive*
stampen *pound*, ‹met voet› *stamp*, ‹v.
aardappels› *mash*, ‹v. machine›
thump
stamper • (bio.) *pistil*
stamppot *hotchpotch*
stampvoeten *stamp one's foot/feet*
stampvol *crowded, packed (full)*
stamvader *ancestor*
stand • (toestand) *state* • (wijze van
staan) ‹v. maan› *phase*, ‹v. water,
barometer› *height* • (houding)
posture, bearing, ‹gymnastiek›
position • (maatschappelijke stand)
rank, station, standing • (ruimte op
tentoonstelling) *stand* • (bestaan)
∗ in ~ blijven *survive; endure* ∗ in ~
houden *maintain* ∗ tot ~ brengen
bring about; achieve • (sport) *score*
standaard *standard*
standbeeld *statue*
standje • (berisping) *scolding, talking
to* • (houding) *position*
standplaats • (vaste plaats) *stand*,
‹taxi› *taxi rank*, ‹v. venter› *pitch*

standpunt *standpoint, point of view*
standvastig • (volhardend) *firm, steadfast* • (onveranderlijk) *constant*
stang *rod, bar,* ‹v. fiets› *crossbar*
stank *stench, bad/foul smell*
stap • (pas) *step, footstep* • (maatregel) *step, measure*
stapel I [de] *stack, heap, pile* II [bnw] • (~ op) *crazy about*
stapelen *pile (up), stack, heap*
stapelgek *stark raving mad, bonkers*
stappen • (lopen) *step, walk* • (uitgaan) *go out for a drink*
stapvoets *at walking pace*
star *stiff, rigid*
staren *stare, gaze*
start *start, starting point*
startbaan *runway*
starten I [ov ww] *start* II [on ww] • (vertrekken) *start,* ‹v. vliegtuig› *take off*
starter *starter*
statiegeld *deposit*
statig • (waardig) *stately* • (plechtig) *solemn*
station *station*
stationair ∗ ~ *lopen tick over; idle*
stationeren *station*
statistiek • (methode) *statistics* • (tabel) *statistics,* ‹officieel› *returns*
status • (positie) *status* • (med.) *case history*
statuut • (voorschrift) *statute, charter* • (grondregels) ∗ *statuten articles of association; regulations*
staven • (bewijzen) *substantiate* • (bekrachtigen) *support, corroborate, confirm*
stedelijk • (van de stad) *municipal* • (stads) *urban*
steeds I [bnw] *townish* II [bijw] • (telkens) *always, ever* • (voortdurend) *continuously, all the time*
steeg *alley(way), lane*

steek • (stoot v. iets scherps) ‹v. insect› *sting,* ‹v. mes, dolk› *stab,* ‹v. zwaard› *thrust* • (pijnscheut) *pang,* ‹in de zij› *stitch*
steekhoudend *sound, valid*
steekproef *spot check*
steekspel • (discussie) *sparring match* • (gesch.) *joust*
steekvlam *tongue/jet of flame*
steekwapen *pointed weapon*
steel • (handvat) *handle* • (stengel) *stem*
steels *stealthy*
steen • (natuurlijke steen) *stone* • (bouwsteen) ‹baksteen› *brick,* ‹natuursteen› *stone*
steenbok • (dier) *ibex* • (teken van de dierenriem) *Capricorn*
steengroeve *quarry*
steenkool *coal*
steenkoud • (ijskoud) *stone-cold, freezing* • (gevoelloos) *stony, ice-cold*
steenpuist *boil*
steenslag • (vallend gesteente) *broken stones, rubble* • (voor wegverharding) *roadmetal*
steenworp *stone's throw*
steevast *regular*
steiger • (bouwsteiger) *scaffolding* • (landingssteiger) *landing stage*
steigeren • (op de achterste benen gaan staan) *rear* • (protesteren) *get up on one's hind legs*
steil *steep*
stek • (plekje) *niche* • (takje) *cutting*
stekeblind *stone-blind*
stekel *prickle,* ‹v. egel› *quill*
stekelbaars *stickleback*
stekelig • (hatelijk) *caustic, sharp* • (met stekels) *prickly*
stekelvarken *porcupine*
steken I [ov ww] • (uitspitten) *dig* • (met iets scherps raken) ‹met mes› *stab,* ‹v. insect› *sting* • (grievend zijn) *sting* • (in genoemde plaats/toestand*

brengen) put into, plug in II [on ww]
• (gevoel als van prikken
veroorzaken) ‹v. zon› burn, ‹wond›
sting • (vastzitten) ∗ blijven ~ get
stuck ∗ daar steekt wat achter there is
s.th. behind it
stekker plug
stel ∗ 'n aardig stel a nice couple
stelen steal
stellage stand, stage, scaffolding
stellen • (formuleren) put, pose
• (beweren) posit, declare, postulate
• (plaatsen) place, put, ‹v. machine›
erect • (afstellen) set
• (veronderstellen) suppose
• (vaststellen) fix, make
stellig positive
stelling • (steiger) scaffolding
• (stellage) rack
stelpen staunch, stem, stop
stelregel principle, maxim
stelsel system
stelselmatig systematic(al)
stelt • (om op te lopen) stilt • (lang,
dun been) pin
stem • (spraakvermogen) voice
• (voorkeur bij stemming) vote
stembiljet ballot(paper)
stembureau polling station
stembus • (de stemming) poll • (bus)
ballot box
stemgerechtigd ‹v. burgers›
enfranchised, ‹v. lid› entitled to vote
stemhokje voting/polling booth
stemmen I [ov ww] • (in zekere
stemming brengen) ∗ gunstig ~
placate ∗ optimistisch gestemd zijn
be in an optimistic mood • (muz.) tune
II [on ww] • (stem uitbrengen) vote,
(go to the) poll
stemmig quiet
stemming • (het stemmen) vote
• (gemoedsstemming) mood • (muz.)
tuning
stempel stamp, ‹v. post› postmark

stempelen I [ov ww] stamp, ‹v. post›
postmark II [on ww] sign the register,
be on the dole, sign(ing) on
stemrecht franchise, suffrage
stemvork tuning fork
stencil stencil, handout
stenen • (gemaakt van steen)
‹baksteen› brick, ‹natuursteen› stone
• (als van steen) stone
stengel stalk, stem
stenigen stone
stenografisch shorthand, stenographic
step • (autoped) scooter • (voetsteun)
footrest • (danspas) step
steppe steppe
ster • (hemellichaam) star
• (beroemdheid) star, celebrity
sterfbed deathbed
sterfdag day of s.o.'s death
sterfgeval death
sterftecijfer death/mortality rate
steriel • (onvruchtbaar) barren • (vrij
van ziektekiemen) sterile • (doods)
sterile, unimaginative
steriliseren sterilize
sterk • (krachtig) strong, powerful
• (kras) ∗ ~ verhaal tall story
• (alcoholisch) ∗ ~e drank spirits;
liquor
sterken strengthen, fortify
sterkte strength, power
sterrenbeeld • (groep sterren)
constellation • (teken van de
dierenriem) sign of the zodiac
sterrenkunde astronomy
sterveling mortal
sterven I [on ww] • (doodgaan) die,
expire • (afsterven) die, fade II [onp
ww] be swarming with
steun • (stut) support, prop • (hulp)
help, support • (bijstandsuitkering)
unemployment benefit
steunen I [ov ww] support, back (up)
II [on ww] • (kreunen) moan, groan
• (~ op) lean on, ‹fig.› relie on

steunpilaar • (pilaar) pillar
• (persoon) pillar, mainstay
steunpunt • (punt waarop iets
steunt) point of support, <v. hefboom>
fulcrum • (mil.) base
stevig • (solide) solid, strong, <v.
persoon> sturdy, <v. vlees, weefsel>
firm • (krachtig) <v. maal> hearty,
substantial, <v. wind> stiff
stichtelijk • (verheffend) edifying
• (vroom) pious
stichten found
stichter • (oprichter) founder
• (aanstichter) instigator
stichting • (rechtsvorm) corporation,
foundation • (het oprichten)
establishment • (geestelijke
verheffing) edification
stiefmoeder stepmother
stiekem I [bnw] • (achterbaks)
underhand, devious, <inf.> dodgy • (in
het geheim) furtive, underhand, sly
II [bijw] on the sly
stiekemerd sneak
stier • (teken van de dierenriem)
Taurus, the Bull • (dier) bull
stierlijk ★ zich ~ vervelen be bored to
tears
stift • (staafje) peg, pin • (viltstift)
felt-tip
stijf • (niet buigzaam) stiff, rigid
• (houterig) awkward, wooden
• (vormelijk) formal, starchy
• (koppig) stubborn
stijfsel starch, <behanglijm> paste
stijgbeugel stirrup
stijgen • (naar hogere plaats gaan)
rise, <v. vliegtuig> climb • (stijgen in
rangorde) rise, go up • (toenemen) rise
stijl • (schrijfstijl) style • (vormgeving)
style, tradition • (handelwijze) style
• (raam-/deurpost) post, jamb • (spijl)
baluster
stijlvol stylish
stijven • (stijf maken) stiffen

• (sterken) stiffen, strengthen • (met
stijfsel behandelen) starch
stikdonker I [het] pitch darkness
II [bnw] pitch-dark
stikken choke
stikstof nitrogen
stil • (geluidloos) silent • (rustig) quiet
• (niet geuit) silent • (roerloos) still
• (verborgen) secret
stilhouden I [on ww] stop II [wkd
ww] keep quiet
stillen allay
stilletjes • (zachtjes) quietly
• (heimelijk) secretly • (ongestoord) in
peace
stilleven still life
stilstaan • (niet bewegen) stand still
• (niet vooruitkomen) stagnate, stand
still • (buiten bedrijf zijn) be/lie idle
• (~ bij) ★ ~ bij 'n feit dwell on a fact
★ zij heeft er nooit bij stilgestaan dat
... it has never occurred to her that ...
stilstand • (bewegingloosheid)
standstill, stoppage • (stagnatie)
stagnation
stilte • (zonder ruchtbaarheid) quiet,
secrecy • (geluidloosheid) silence,
quiet, stillness • (rust) calm,
tranquillity
stilzwijgen I [het] silence II [on ww]
keep silent
stimulans • (aanmoediging) stimulus
• (opwekkend middel) stimulant
stimuleren stimulate, encourage
stinken stink, smell
stip dot, <op kleding> polka dot
stippelen dot, speckle
stipt punctual
stiptheidsactie work-to-rule action
stoeien • (ravotten) romp • (speels
omgaan met) play with
stoel chair, seat
stoelgang bowel movement, defecation
stoeltjeslift chairlift
stoep • (stenen opstapje) doorstep

• (trottoir) *pavement*
stoer * ~ doen *show off; act tough*
stoet *procession*
stof I [de] • (substantie) *matter*
• (weefsel) *material, stuff*
• (onderwerp) *subject matter* II [het]
dust
stoffelijk • (de materie betreffend)
material • (materieel) *material,*
tangible
stoffen I [bnw] *cloth* II [ov ww] *dust*
stoffer *brush, duster*
stofferen • (bekleden) *upholster*
• (aankleden van een huis, enz.)
decorate, furnish with carpets, etc.
stoffering *upholstery*
stofwisseling *metabolism*
stofzuiger *vacuum cleaner, hoover*
stok *stick*
stokdoof *stone deaf*
stoken I [ov ww] • (laten branden)
stoke • (als brandstof gebruiken) *burn*
• (distilleren) *distil* II [on ww]
• (verwarmen) *heat, have a fire*
• (opruien) *make trouble, stir things up*
stoker • (machinestoker) *stoker,*
fireman • (distilleerder) *distiller*
• (opruier) *firebrand, agitator*
stokken <v. motor> *stall,* <v. spreker>
break down
stokstijf • (roerloos) *stock-still*
• (halsstarrig) *stubborn* • (geheel stijf)
stiff as a rod
stokvis *stockfish*
stola *stole*
stollen *coagulate, congeal,* <v. bloed>
clot, <v. jus, gelei> *set*
stolp *glass cover, bell glass*
stom • (zonder spraakvermogen) *mute*
• (dom) *stupid* • (vervelend) *stupid,*
tedious • (zonder geluid) * stomme
film *silent film* • (toevallig) * stom
toeval *pure chance*
stomdronken *dead/blind drunk*
stomen I [ov ww] • (gaar maken)

steam • (reinigen) *dry-clean* • (met
stoom losweken) *steam off* II [on ww]
steam
stomheid • (het niet kunnen
spreken) *dumbness* • (stommiteit)
stupidity
stommelen *clatter (about)*
stommeling *idiot, blockhead*
stomp I [de] • (overblijfsel) *stump*
• (stoot) *punch* II [bnw] • (bot) *blunt,*
dull
stompen *thump, punch*
stomvervelend *deadly dull*
stookolie *fuel oil*
stoom *steam*
stoomboot *steamer, steamship*
stoomcursus *crash/intensive course*
stoornis *disturbance, disorder*
stoot *push,* <bij biljart> *shot*
stop • (afsluiter) <v. bad> *plug,* <v. fles>
stopper, <v. vat> *bung* • (zekering) *plug*
• (pauze) *stop, break*
stopbord *stop sign*
stopcontact *(plug-)socket, power-point*
stoplicht • (verkeerslicht) *traffic light*
• (remlicht) *brake light/lamp*
stopnaald *darning-needle*
stoppen I [ov ww] • (opvullen) *plug up*
• (gat in sok repareren) *darn*
• (tegenhouden) *stop* II [on ww] *stop*
stoptrein *stop(ping) train, slow/local*
train
stopverbod <op bord> *no stopping*
stopverf *putty*
stopzetten *stop,* <voor korte tijd>
suspend
storen I [ov ww] *disturb, interfere with,*
interrupt, <v. radio> *jam* II [wkd ww]
* stoor je niet aan hem *don't mind*
him; don't bother about him
storing • (onderbreking) *disturbance*
• (zenderstoring) <atmosferisch>
atmospherics, <v. radio> *interference,*
jamming
storm *storm, gale*

stormachtig • (met storm) *stormy*
• (heftig) *tempestuous, tumultuous*
stormen ⋆ 't stormt *there is a gale*
⋆ het gaat ~ *it is blowing up a gale*
stormloop • (run) <op kaartjes> *rush,*
<op winkels> *run* • (aanval) *assault*
stortbad *shower*
stortbui *downpour*
storten I [ov ww] • (laten vallen)
dump, shoot • (geld overmaken) *pay*
II [on ww] *fall, plunge* III [onp ww]
⋆ het stort *it is pouring*
storting • (het storten) <v. afval>
dumping • (overmaken) *payment*
stortplaats *dump, dumping ground*
stortvloed *torrent*
stoten I [ov ww] • (duwen) *push*
• (bezeren) *bump* II [on ww]
• (schokken) *jolt* • (botsen met) *bump*
III [wkd ww] *bump*
stotteren *stutter, stammer*
stout • (ondeugend) *naughty*
• (moedig) *bold*
stouterd *naughty child*
stoven *stew, simmer*
straal *stream*
straaljager *fighter jet*
straalvliegtuig *jet*
straat • (weg) *street, waterweg* ⋆ ~ van
Malakka *strait of Malacca*
straatarm *penniless*
straathond *stray dog*
straatweg *highroad*
straf *punishment*
strafbaar *punishable*
strafbepaling • (clausule) *penalty*
clause • (het bepalen) *determining the*
punishment
straffeloos *with impunity*
straffen *punish*
strafrecht *criminal law*
strafschop *penalty (kick)*
strak *tight, <touw> taut*
stralen • (licht, enz. uitzenden) *beam,*
radiate • (uitdrukking van geluk

tonen) *shine, beam* • (zakken) *flunk,*
fail
straling *radiation*
stram • (stijf) *stiff, rigid* • (fier) *ramrod*
strand *beach, seaside*
stranden • (mislukken) *strand, fail*
• (op reis blijven steken) *be stranded*
• (aanspoelen) *be washed ashore*
• (scheepv.) *run ashore*
strandstoel *beach-chair, beehive chair*
streek • (strijkende beweging) <op
viool> *bow,* <v. pen> *stroke*
• (windstreek) *point* • (landstreek)
region, district • (omgeving v. orgaan)
region • (poets) *trick*
streekroman *regional novel*
streep *line*
strekken *stretch, extend*
strekking <v. betoog> *tenor,* <v.
verhaal> *drift*
strelen • (aaien) *caress, stroke, fondle*
• (aangenaam aandoen) *gratify, flatter*
streling • (aai) *caress* • (aangename
gewaarwording) *gratification*
stremmen • (schiften) *coagulate,* <v.
melk> *curdle* • (belemmeren) *obstruct*
stremming • (stagnatie) *obstruction*
• (het stremmen) *curdling*
streng I [de] • (bundel draden) *twine,*
<v. garen, wol> *skein* • (iets wat
geregen is) *string* II [bnw] • (strikt)
strict • (hard) *severe,* <v. uitdrukking>
stern
streven I [het] *endeavour* II [on ww]
• (~ naar) *strive after/for, aim at*
striem *weal, welt*
striemen • (striemen toebrengen)
welt, slash • (pijn doen) *lash*
strijd *struggle, fight*
strijdbaar *warlike, militant*
strijdbijl *battle-axe, hatchet*
strijden • (vechten) *fight, struggle*
• (wedijveren) *compete, contend*
strijder *warrior*
strijdig • (in strijd) *contrary (to)*

• (tegenstrijdig) *conflicting*
strijdkrachten *armed (military) forces*
strijdperk • (slagveld) *battleground*
• (arena) *arena*
strijken • (strijkend over iets gaan)
stroke, brush, ‹op 'n snaar› *bow*
• (gladmaken met strijkijzer) *iron*
• (laten zakken) ‹v. vlag› *lower,* ‹v.
zeil› *strike*
strijkinstrument *stringed instrument*
strijkplank *ironing board*
strijkstok *bow*
strik • (valstrik) *snare* • (soort knoop)
knot, ‹met schuifknoop› *noose*
• (gestrikt lint) *bow*
strikken • (knopen) *tie* • (vangen)
snare • (overhalen) *ensnare*
strikt *strict*
strikvraag *trick/catch question*
stripverhaal *strip (cartoon)*
stro *straw*
stroef *stiff*
strofe *strophe*
stroken *agree (with)*
stroman *straw man*
stromen • (vloeien) *pour, flow, stream*
• (in groten getale komen) *stream,
pour*
stroming • (stroom) *current*
• (denkwijze) *tendency, trend* • (het
stromen) *flowing*
strompelen *stumble, stagger, hobble*
stronk • (boomstomp) *stump*
• (koolplant) *stalk*
stront • (poep) *dung, shit, muck, filth*
• (ruzie) *row, kick up*
strooien *strew, scatter,* ‹poeder›
sprinkle
strook *strip*
stroom • (stromende vloeistof) *stream*
• (elektrische spanning) *current*
• (rivier) *stream*
stroomlijnen *streamline*
stroomversnelling • (versnelling v.
stroom) *rapid(s)* • (versnelling v.

ontwikkeling) *acceleration*
stroop *treacle*
strooplikker *toady, lickspittle*
strooptocht *raid*
strop • (lus) *noose* • (pech) *bad/tough
luck,* ‹verlies› *loss*
stropdas *(neck)tie*
stropen • (illegaal jagen) *poach*
• (villen) *skin* • (oprollen) ‹mouwen›
roll up
stroper *poacher*
stroperij *poaching*
strot • (keel) *throat* • (strottenhoofd)
larynx
strottenhoofd *larynx*
strubbeling • (moeilijkheid)
difficulty, trouble • (onenigheid)
squabble, bickering
structureel *structural*
structuur *structure*
struik *bush, shrub*
struikelblok *stumbling block*
struikelen • (ergens over vallen) *trip
(over), stumble* • (zijn positie
verliezen) *falter, founder* • (een
misstap doen) *trip up*
struikgewas *brushwood, shrubs*
struikrover *highwayman*
struis *sturdy, robust*
struisvogelpolitiek
head-in-the-sand politics
studeerkamer *study*
studeren I [ov ww] • (studie volgen)
study, ‹op universiteit› *go to
college/university* • (muz.) *practise*
II [on ww] *study*
studie • (opleiding) *study* • (het
bestuderen van iets) *study*
• (onderzoeksverslag) *study, paper,
essay* • (schets) *study, sketch*
studiebeurs ‹als beloning›
scholarship, ‹v. regering› *student grant*
studieboek *textbook*
studiejaar • (cursusjaar)
academic/school year • (jaar van

iemands studie) ∗ hij is van mijn ∼
he's in my year
studietoelage scholarship, student
grant
studio studio
stug • (niet soepel) stiff, tough • (niet
aardig) surly
stuifmeel pollen
stuip • (stuiptrekking) convulsion
• (krampaanval) fit
stuiptrekken twitch, be convulsed
stuiptrekking convulsion, spasm
stuiten I [ov ww] arrest, stop, stem
II [on ww] • (kaatsen) bounce • (∼ op)
encounter, chance, happen upon, meet
(up) with
stuitend shocking
stuiven • (opwaaien) blow, fly about
• (met grote snelheid gaan) rush, dash
stuiver five cent piece
stuk I [het] • (gedeelte) piece, part,
fragment, <op broek, mouw> patch
• (exemplaar) piece • (geschrift)
document • (schaakstuk, damsteen)
piece • (aantrekkelijk persoon) <v.
man> hunk, <v. vrouw> beauty,
darling • (hoeveelheid) ∗ op geen
stukken na not nearly; not by a long
shot ∗ 'n heel stuk beter quite a lot
better • (kunst) <muz.> piece of music,
<toneel> play, piece II [bnw] broken,
<defect> out of order
stukadoor plasterer
stukloon piece-rate
stuntelig clumsy, bungling
sturen I [ov ww] • (besturen) steer,
<auto> drive • (bedienen) operate
• (zenden) <v. brief> send, post II [on
ww] steer
stut prop, support
stutten prop, buttress, support
stuur <v. auto> wheel, <v. fiets>
handlebar
stuurboord starboard
stuurknuppel control column, <inf.>
joystick
stuurloos out of control
stuurman • (scheepsofficier)
chief/first mate • (roerganger)
helmsman, <sport> cox
stuurs surly
stuwdam dam, weir
stuwen • (voortbewegen) drive, propel
• (water keren) dam (up) • (scheepv.)
stow
stuwkracht propulsion
subiet • (dadelijk) right away, at once
• (zeker) certainly
subject subject
subjectief subjective
subliem • (groots) sublime
• (fantastisch) fantastic
subsidie subsidy, grant
subsidiëren subsidize
substantie substance, matter
substantieel substantial
substituut substitute
subtiel subtle, delicate
subtropisch subtropical
subversief subversive
succes • (gunstig resultaat) success,
luck • (iets dat geslaagd is) success
succesvol successful
sudderen simmer
suf drowsy
suffen • (suf zijn) doze • (soezen)
day-dream, drowse
suggereren suggest
suggestie suggestion
suiker • (zoetstof) sugar
• (suikerziekte) diabetes
suikerbiet sugar beet
suikergoed confectionery, sweetmeats
suikeroom rich uncle
suikerriet sugar cane
suikerziekte diabetes
suite • (kamers) suite • (muz.) suite
suizen <v. regen> rustle, <v. wind> sigh
sujet fellow
sukade candied peel

sukkelen • (sjokken) *jog, trudge*
• (ziekelijk zijn) *be ailing*
sukkelgangetje *jogtrot*
sul • (goedzak) *softy* • (sufferd) *mug, dope*
sullig • (goeiig) *soft, goody-goody*
• (dom) *goofy*
summier • (bondig) *brief, concise, summary* • (gering) *summary, scanty*
superieur *superior*
superioriteit *superiority*
supermarkt *supermarket*
supersonisch *supersonic*
supplement *supplement*
suppoost ‹in museum› *attendant*
surfen • (windsurfen) *surf*, ‹in branding› *go surfing* • (plankzeilen) *go windsurfing*
Suriname *Surinam*
surplus *surplus*
surprise *surprise*
surrogaat *surrogate, substitute*
surveillance *surveillance*
surveilleren I [ov ww] *supervise*, ‹bij examen› *invigilate* II [on ww] ‹leraar, politieman› *be on duty*, ‹politiewagen› *patrol*
sussen ‹kind› *soothe*, ‹ontevredenheid› *appease*, ‹ruzie› *hush up*
symboliek • (het symbolische) *symbolism* • (leer van de symbolen) *symbolics*
symbolisch • (zinnebeeldig) *symbolic(al)* • (een teken vormend) *token*
symboliseren *symbolize*
symbool *symbol*
symfonie *symphony*
symmetrie *symmetry*
sympathie • (genegenheid) *sympathy*
• (medegevoel) *sympathy, affinity*
sympathiek *sympathetic, likeable*
sympathiseren *sympathize*
symptoom *symptom*

synagoge *synagogue*
syndicaat *syndicate*
syndroom *syndrome*
synode *synod*
synoniem I [het] *synonym* II [bnw] *synonymous*
syntaxis *syntax*
synthese *synthesis*
synthetisch *synthetic*
systeem *system*
systematiek • (systeemleer) *systematics, taxonomy*
• (ordeningsprincipe) *system*
systematisch *systematic*

T

taai *tough*
taaiheid *toughness*
taak *task*, ‹inf.› *job*, ‹officieel
toegekend› *assignment*
taal *language, speech*
taaleigen *idiom*
taalfout *grammatical error/mistake*
taalgebruik *usage*
taalkunde *linguistics*
taalkundig *linguistic, grammatical*
taalonderwijs *language teaching*
taart • (gebak) *cake, tart*, ‹AE› *pie*
• (vrouw) *frump*
tabak *tobacco*
tabaksdoos *tobacco tin*
tabel *chart, table*
tabernakel *tabernacle*
tableau *tableau, picture*
tablet *tablet*
taboe *taboo*
tachtig *eighty*
tact *tact*
tacticus *tactician*
tactiek *tactics*
tactisch *tactical*
tactloos *tactless*
tactvol *tactful*
tafel *table*
tafelblad *table-top*
tafelkleed *tablecloth*
tafeltennis *table tennis*
tafereel *scene, picture*
taille *waist*
tailleren *cut in*
tak *branch*
takel *tackle, pulley block*
takelen • (optuigen) *rig* • (ophijsen)
hoist (up)
taks • (hoeveelheid) *portion, share*
• (dashond) *dachshund, basset*

tal *number*
talent *talent*
talentvol *talented*, ‹form.›
accomplished
talisman *talisman, amulet*
talk *tallow*
talkpoeder *talcum/powder, talc*
talloos *countless, innumerable*
talmen *linger, delay*
talrijk *numerous*
tam *tame*, ‹dieren› *domesticated*
tamboerijn *tambourine*
tamelijk I [bnw] *fair* II [bijw] *fairly,
rather, pretty*
tampon *tampon*
tamtam • (trommels) *tomtom*
• (ophef, poeha) *fuss, to-do*
tand *tooth* [mv: *teeth*]
tandarts *dentist*
tandem *tandem*
tandenborstel *tooth brush*
tanen I [ov ww] *tan* II [on ww] *be on
the wane, fade*
tang • (gereedschap) (pair of) *tongs*, ‹v.
chirurg› *forceps* • (kwaadaardige
vrouw) *hag*
tango *tango*
tanig *tawny*
tank *tank*
tanken *(re)fuel*
tankstation *petrol station*
tante *aunt*
tap • (kraan) *tap* • (spon) *bung*
tapijt *carpet*
tapkast *bar*
tappen • (bier tappen) *tap/draw/pull
beer* • (vertellen) * moppen ~ *crack
jokes*
taps *tapering*
taptoe • (parade) *tattoo* • (signaal) *last
post*
tarbot *turbot*
tarief *tariff, rate*, ‹prijs› *charge*
tarten • (trotseren) *defy, brave*
• (uitdagen) *challenge, dare*

• (overtreffen) *defy, baffle*
tarwe *wheat*
tarwebloem *wheat flour*
tarwebrood *wheat bread*
tas *bag,* ‹aktetas› *brief-case*
tastbaar *tangible, palpable*
tasten I [ov ww] *touch, feel* II [on ww] *grope, fumble for*
tastzin *sense of touch*
tatoeëren *tattoo*
taxateur *assessor, valuer,* ‹v. huis› *surveyor*
taxatie *valuation, appraisal, assessment*
taxeren *value, appraise, estimate, assess,* ‹v. huis› *survey*
taxi *taxi(cab)*
taxichauffeur *taxi driver*
taxistandplaats *taxi/cab rank*
te I [bijw] • (meer dan gewenst) *too* II [vz] • (in/op) *at, in* • (voor infinitieven) *to*
technicus *technician*
techniek • (werktuigkundige bewerking) *technology, engineering* • (vakkunde) *technique*
technisch *technical*
tederheid *tenderness*
teef *bitch*
teelaarde *earth, soil*
teelbal *testicle*
teelt *culture, cultivation,* ‹v. vee› *breeding*
teen • (wilgentwijg) *willow shoot* • (deel van voet) *toe*
teer I [de] *tar* II [bnw] • (broos) *delicate, fragile* • (gevoelig) *tender, delicate*
tegel *tile*
tegemoetkoming • (toelage) *allowance* • (vergoeding) *compensation* • (concessie) *accommodation, concession*
tegen I [het] *contra, disadvantage* II [bijw] • (anti) *against* • (niet mee) *against* III [vz] • (in tegengestelde richting) *against* • (in aanraking met)* het staat ~ de muur *it's against the wall* • (bijna) *towards, by* • (ter bestrijding van) *against* • (in strijd met) *against, contrary to* • (in ruil voor) *against, for* • (jegens) *to(wards), with* • (aan) *to*
tegenaan *against*
tegenaanval *counter-attack*
tegendeel *contrary, opposite, reverse*
tegengaan *prevent, fight, discourage*
tegengesteld *opposite, contrary*
tegenhanger *counterpart*
tegenhouden • (stoppen) *check, arrest, stop* • (vertragen) *hold up*
tegenkomen *meet, come across*
tegenligger *oncoming car/ship*
tegenlopen *go wrong*
tegennatuurlijk *unnatural*
tegenover I [bijw] *across (from), opposite* II [vz] • (aan de overkant)* ~ het station *opposite the station*
tegenovergesteld *opposite*
tegenpartij *opposite side,* ‹tegenstander› *opponent*
tegenpool *opposite*
tegenprestatie *quid pro quo, compensation*
tegenslag *reverse, set back, hitch*
tegenspartelen *raise objections, resist*
tegenspoed *adversity*
tegenspraak *contradiction*
tegenspreken *contradict, deny*
tegenstaan * het eten/idee staat mij tegen *the food/idea puts me off* * alles stond hem tegen *he was sick of everything* * zoiets gaat ~ *that sort of thing palls on one*
tegenstand *resistance*
tegenstander *opponent, adversary*
tegenstelling *antithesis, contrast*
tegenstribbelen *resist*
tegenstrijdig *contradictory, conflicting*
tegenstrijdigheid *inconsistency, contradiction*
tegenvallen *be disappointing*

tegenvaller *disappointment, bit of bad luck*
tegenvoeter • (iem. aan andere kant van de wereld) *antipodean* • (tegenpool) *opposite, antipode*
tegenvoorstel *counter-proposal, counter-suggestion*
tegenwerken *cross*, ‹iem.› *work against*, ‹v. plannen› *thwart*
tegenwerking *opposition*
tegenwerpen *object*
tegenwerping *objection*
tegenwicht *counterpoise*
tegenwoordig I [bnw] • (aanwezig) *present* • (huidig) *present-day, current* II [bijw] *at present, nowadays*
tegenwoordigheid *presence*
tegenzin *dislike (of), aversion (to)*
tegoed *balance*
tehuis *home, shelter, refuge*
teil • (teiltje) *bowl* • (wasteil) *washtub*
teisteren *afflict, ravage, harass, sweep*
teken • (aanduiding) *sign, token, indication*, ‹signaal› *signal* • (kenmerk) *symptom*
tekenaar *draughtsman*
tekenen • (een afbeelding maken) *draw, sketch* • (ondertekenen) *sign* • (kenmerken) *stamp, characterize*
tekenfilm *cartoon*
tekening *drawing*
tekort *shortage, deficiency*
tekortkoming *shortcoming*
tekst *text*
tel • (het tellen) *count* • (aanzien) ★ niet in tel zijn *be of no account*
telefoneren *telephone, phone*
telefonisch *by telephone*
telefoon • (toestel) (tele)phone • (gesprek) ★ er is ~ voor je *there's a phone-call for you* ★ ik geef je wel een ~tje *I'll give you a ring*
telefoongesprek *telephone conversation/call*
telefoonnummer *telephone number*

telegraaf *telegraph*
telegraferen *wire, telegraph*
telegrafisch *telegraphic*
telegram *telegram, wire*
telegramstijl *telegram style*
telelens *tele-lens*
telen ‹dieren› *breed*, ‹gewassen› *grow*
telescoop *telescope*
teleurstellen *disappoint*
teleurstelling *disappointment*
televisie *television, TV*, ‹inf.› *telly*
televisietoestel *television (set)*
telex • (dienst) *telex (teleprinter exchange)* • (bericht) *telex* • (apparaat) *teleprinter*
tellen *count*
teller • (persoon) *counter* • (wisk.) *numerator*
telling *count(ing)*
temmen *tame*
tempel *temple*
temperament *temperament, temper*
temperatuur *temperature*
temperen ‹m.b.t. geestdrift› *damp*, ‹v. geluid› *subdue, soften*, ‹v. licht› *dim*, ‹v. pijn› *ease*, ‹v. staal, hitte› *temper*
tempo • (snelheid) *pace, speed, tempo* • (muz.) *tempo, time*
tendens *tendency*
tendentieus *tendentious, bias(s)ed*
tenger *slight, slender*
tenminste *at least*
tennis *tennis, lawn-tennis*
tennissen *play tennis*
tent *ridge tent*
tentamen *exam*
tentoonstellen *exhibit, display*
tentoonstelling *exhibition, show*
tenue *dress, uniform*
tenzij *unless*
tepel *nipple, teat*
teraardebestelling *funeral, burial*, ‹form.› *interment*
terdege *thoroughly*

terecht I [bnw] ∗ zeer ~ quite rightly
II [bijw] • (met recht) justly, rightly
• (teruggevonden) ∗ mijn fiets is ~
my bicycle has been found • (op de
juiste plaats) ∗ ben ik hier ~ bij A.?
does A. live here? ∗ je kunt daar nu
niet ~ it's closed now ∗ met Engels
kun je overal ~ you can get by
everywhere in English

terechtkomen • (teruggevonden
worden) turn up • (in orde komen)
turn out all right • (belanden) fall,
land, end up/in/at

terechtstellen execute

terechtstelling execution

terechtwijzing reprimand

teren I [ov ww] • (met teer insmeren)
tar II [on ww] • (leven van) live on/off

tergen provoke

terloops casual, incidental

term • (benaming) term • (reden)
ground

termijn • (periode) term, period
• (tijdslimiet) deadline • (deel van
schuld) ∗ in ~en betalen pay by/in
instalments

terpentijn turpentine

terras terrace

terrein • (grond) ground,
<bouwterrein> (building-)site,
<landschap> terrain, <om gebouw>
grounds

territoriaal territorial

territorium territory

terroriseren terrorize

terrorisme terrorism

terstond at once, forthwith

terts third

terug • (weerom) back • (geleden) back
• (achteruit) back

terugbetalen pay back, refund

terugblik retrospect

terugbrengen • (weer op de plaats, in
de toestand brengen) bring/take
back, return • (~ tot) reduce to

terugdeinzen shrink back

teruggaan • (terugkeren) go back,
return • (ontstaan zijn uit) date back
to

teruggetrokken retiring

teruggeven give back, restore, return

terughoudend reserved, reticent, aloof

terugkeer return

terugkeren return, come back

terugkomen come back, return
• (~ op) get back to, <een belofte,
oordeel> go back on

terugkomst return

terugkrabbelen back out

terugkrijgen recover, get back

teruglopen walk back

terugnemen take back, withdraw

terugreis return-journey

terugroepen recall, call back

terugschrikken recoil

terugslag • (terugstoot) backlash, <v.
wapen> recoil • (nadelig gevolg) <fig.>
repercussion

terugtocht retreat, return journey

terugtrekken I [ov ww] withdraw
II [on ww] retreat, fall back III [wkd
ww] withdraw, <uit zaken, naar zijn
kamer> retire, <v. leger> retreat

terugverlangen want back

terugvinden find again

terugweg way back

terugwinnen win back, regain

terwijl as, while

terzijde aside

test test

testament • (laatste wil) (last) will
• (bijbeldeel) Testament

testen test

teug draught

teugel rein, <met hoofdstel> bridle

teuten dawdle

tevens • (ook) also, besides
• (tegelijkertijd) at the same time

tevergeefs in vain, vainly

tevoren • (van tevoren) beforehand

• (vroeger) *before, previously*
tevreden ‹over iets› *satisfied,* ‹v. aard›
contented
tevredenheid *satisfaction*
tewaterlating *launching*
teweegbrengen *bring about, cause*
textiel • (stof) *textile* • (industrie)
textiles [mv]
thans *at present, now*
theater *theatre*
theatraal • (melodramatisch) * ~
gedrag histrionics • (het toneel
betreffend) *theatrical*
thee *tea*
theelichtje *tea warmer*
theepot *teapot*
thema • (onderwerp) *theme, subject*
(matter) • (oefening) *translation*
exercise
theologie *theology*
theoloog *student training for the*
ministry, ‹geleerde› *theologian,*
‹student› *theological student*
theoreticus *theorist*
theoretisch *theoretical*
theorie *theory*
therapeut *therapist*
therapie *therapy*
thermometer *thermometer*
thermosfles *thermos (flask)*
thuis I [het] *home* II [bijw] *at home*
thuisfront *home front*
thuishaven *home port,* ‹fig.› *home base*
thuiskomst *homecoming*
thuisreis *homeward journey/voyage*
thuiswedstrijd *home match*
tien *ten*
tiener *teenager (boy/girl)*
tiental *decade, ten*
tientje • *ten-guilder note, ten guilders*
tieren • (razen) *rage* • (gedijen) *thrive*
tiet *tit*
tij *tide*
tijd • (tijdsduur) *time* • (tijdvak) *time,*
period, season • (tijdstip) *time*

• (grammaticale tijd) *tense*
tijdbom *time bomb*
tijdelijk • (voorlopig) *temporary*
• (vergankelijk) ‹form.› *temporal*
tijdens *during*
tijdgeest *spirit of the age*
tijdperk *period,* ‹gesch.› *age*
tijdrekening *chronology, era*
tijdrovend *time-consuming*
tijdschrift *periodical, magazine*
tijdsein *time signal*
tijdstip (point in) *time*
tijdvak *period,* ‹gesch.› *age, era*
tijdverdrijf *pastime*
tijger *tiger*
tijm *thyme*
tik *tap,* ‹harde tik› *rap*
tikje • (klopje) (light) *tap* • (een beetje)
a touch
tikken • (geluid geven) *tick*
• (kloppen) ‹bij tikkertje› *touch,*
‹tegen ruit, deur› *tap/rap* • (typen)
type
til • (duiventil) *dovecot(e)* • (het tillen)
lifting
tillen *lift*
timmeren I [ov ww] *build, knock*
together II [on ww] *hammer*
timmerman *carpenter*
tin *tin,* ‹legering› *pewter*
tinctuur *tincture*
tint • (kleur) *tint, hue* • (gelaatskleur)
complexion
tintelen • (flonkeren) ‹v. geest, wijn›
sparkle, ‹v. sterren, ogen› *twinkle*
• (prikkelen) *tingle*
tinten *tint, tinge*
tip *tip*
tippelen • (lopen) *tramp, walk*
• (prostitutie bedrijven) *walk the*
streets, solicit
tiptop *tip-top, A 1*
tiran *tyrant*
tirannie *tyranny*
tiranniek *tyrannical*

tiranniseren *tyrannize (over), bully*
titel • (benaming) *title* • (waardigheid) *title*
titelblad *title page*
titelhouder *title holder*
tjilpen *chirp, twitter*
tjokvol ‹inf.› *chock-full*
tl-buis *fluorescent light*
toast *toast*
tobbe *tub*
tobben • (sloven) *slave* • (piekeren) *worry*
toch • (desondanks) *yet, still, for all that, all the same* • (bij nader inzien) ⋆ *hij heeft het toch maar gedaan he did it after all*
tocht • (reis) *journey, trip, expedition* • (wind) *draught*
tochten ⋆ *het tocht there is a draught*
tochtig • (met veel tocht) *draughty* • (bio.) *on heat*
tochtstrip ‹binnen en buiten› *draught-excluder*, ‹buitenkant› *weather-strip*
toe I [bijw] • (dicht) *shut, closed* • (richting) ⋆ *waar ga je naar toe? where are you going?* ⋆ *naar het oosten toe towards the east* II [tw] ⋆ *toe maar go ahead*
toebehoren I [het] *accessories* II [on ww] • (~ **aan**) *belong to*
toebrengen ‹letsel, nederlaag› *inflict*, ‹schade› *do*, ‹slag› *deal*
toedekken *cover up*
toedienen *administer*
toedoen *close, shut*
toedracht *facts*
toe-eigenen *appropriate, annex*
toegang • (ingang) *entrance, entry, access* • (mogelijkheid tot toegang) *admittance, admission, access*
toegangsbewijs *entry ticket*
toegangsweg *access (road), approach*
toegankelijk *open, accessible*
toegedaan ⋆ *'n mening ~ zijn hold an opinion/view* ⋆ *iem. ~ zijn be devoted to a person*
toegeeflijk *indulgent*
toegeven I [ov ww] • (erkennen) *admit, grant*, ‹form.› *concede* • (extra geven) *throw in, add* • (inschikkelijk zijn) *indulge, humour* II [on ww] *give in, yield*
toegift *encore*
toehoorder *auditor, hearer*
toejuichen *applaud, cheer*
toekennen *allow*
toekijken *look on*
toeknikken *nod to*
toekomen • (rondkomen) *get by* • (toebehoren) *belong to* • (toezenden) ⋆ *doen ~ send* • (aan toekomen) ⋆ *ergens aan ~ get round to s.th.* • (naderen) ⋆ *~ op come up to; make for*
toekomst *future*
toelaatbaar *acceptable*, ‹te dulden› *tolerable*, ‹v. bewijs(stuk)› *admissible*
toelachen • (zich gunstig voordoen) ‹v. fortuin› *smile on*, ‹v. idee› *appeal to* • (naar iem. lachen) *smile at*
toelage *allowance*, ‹beurs› *grant*
toelaten • (toestaan) *allow, permit* • (binnenlaten) *admit* • (laten slagen) *pass*
toelating • (toestaan) *permission, leave* • (binnenlaten) *admission, admittance*
toelatingsexamen *entrance examination*
toeleggen I [ov ww] • (meer betalen) *add (to)* • (moeite doen) *be bent (on)* II [wkd ww] • (~ **op**) *apply o.s. to*
toelichten *explain*, ‹met voorbeelden› *illustrate*
toelichting *comment, explanation, illustration*
toeloop *rush*
toelopen • (komen aanlopen) *walk up to, come up to* • (uitlopen) ⋆ *spits ~*

taper
toen I [bijw] then II [vw] when
toenadering approach
toename increase
toenemen increase, grow
toenmalig of the day, of that time
toepasselijk appropriate, suitable
toepassen apply
toepassing application
toer • (reis) tour • (omwenteling) turn, revolution
toerbeurt turn
toeren take a trip/ride
toerental number of revolutions
toerisme tourism
toerist tourist
toernooi tournament
toeschietelijk accommodating, forthcoming
toeschouwer onlooker, spectator
toeschrijven * ~ aan attribute to
toeslaan I [ov ww] • (dichtslaan) <deur> slam II [on ww] • (aanvallen) strike
toeslag <op rekening> additional charge, <trein> excess fare
toespeling allusion
toespitsen I [ov ww] • (aanscherpen) aggravate II [wkd ww] become acute
toespraak speech, <form.> address
toespreken speak to, address
toestaan • (goedkeuren) allow, permit • (verlenen) grant, <form.> concede
toestand • (situatie) <leef-/werksituatie> condition, <v. zaken> state of things/affairs, <v.h. ogenblik> situation, position • (nare situatie) muddle
toestel • (apparaat) apparatus • (vliegtuig) machine
toestemmen agree/consent (to)
toestemming consent
toestoppen • (instoppen) tuck in • (geven) slip • (dichtmaken) plug,
toestromen pour/flood in

toet face
toetakelen • (afranselen) beat up • (verfomfaaien) crumple (up)/rumple
toetasten • (aanpakken) take action • (eten) fall to
toeten toot
toeter hooter, <claxon> horn
toetreden * ~ tot join
toets • (examen) test • (figuurlijk) test • (muz.) key
toetsen test
toetssteen touchstone
toeval • (ziekte) an epileptic fit • (samenloop van omstandigheden) accident, chance
toevallen • (dichtvallen) fall to • (v. bezit) devolve to/on
toevallig I [bnw] accidental, fortuitous II [bijw] by chance/accident
toevertrouwen * iem. iets ~ (en)trust s.o. with s.th.
toevloed influx
toevlucht refuge, resort
toevoegen add
toevoeging addition
toevoer supply
toewijding devotion
toewijzen <v. deel> allot, <v. taak> assign
toezeggen promise
toezegging promise
toezicht supervision
toezien • (toekijken) look on • (oppassen) take care, see to it
tof great
toga gown, <v. Romein> toga
toilet • (het zich kleden en opmaken) toilet • (wc) lavatory, toilet
toilettafel dressing table
tol • (speelgoed) top • (tolhuis) toll house • (tolgeld) toll • (tolboom) <AE> turnpike
tolerantie toleration, tolerance
tolk interpreter
tollen • (met een tol spelen) spin a top

• (snel ronddraaien) *spin round*
tolvrij *toll-free*
tomaat *tomato*
ton • (gewicht, maat) *ton* • (vat) *cask, barrel* • (geld) *a hundred thousand guilders*
toneel • (podium) *stage* • (genre) *drama* • (tafereel) *scene*
toneelgezelschap *theatre/theatrical company*
toneelschool *drama school/college*
toneelschrijver *playwright, dramatist*
toneelspel • (stuk) *play* • (het spelen) *acting*
toneelspeler *actor*
toneelstuk *play*
tonen I [ov ww] • (laten zien) *show, <uitstallen> display* • (aantonen) *prove, demonstrate, manifest* II [on ww] *look*
tong • (smaakorgaan) *tongue* • (vis) *sole*
tongval *accent, dialect*
tonijn *tunny, <AE> tuna*
tonnage *tonnage*
tonsuur *tonsure*
tooien *decorate*
toom • (teugel) *bridle* • (kippen) *brood*
toon *tone, sound*
toonaangevend *leading*
toonaard *key*
toonbaar *presentable, fit to be seen*
toonbeeld *model, paragon*
toonder *bearer*
toonladder *scale*
toonzaal *showroom*
toorn *wrath, rage*
toorts *torch*
top *top, <v. berg> summit*
topaas *topaz*
topconferentie *summit meeting/conference*
topografie *topography*
topprestatie *a record/top-notch performance/achievement*

toppunt • (uiterste) *top, peak, summit* • (hoogtepunt) *climax*
topsnelheid *top speed*
topvorm *top form*
topzwaar *top-heavy*
tor *beetle*
toren *tower, <met spits> steeple*
torenklok *church bell/clock*
tornado *tornado*
tornen I [ov ww] *unsew, unstitch, rip* II [on ww] *meddle with*
torpederen *torpedo*
torpedo *torpedo*
torsen *bear, carry*
tot I [vz] • (als/voor) *to, for* • (tegen) ⋆ *tot elke prijs at any price* • (zo ver als) *to, until* II [vw] ⋆ *hij sliep tot het donker werd he slept until dusk*
totaal I [het] *sum total* II [bnw] *total*
totalisator *totalizator, <inf.> tote*
totdat *till, until*
touringcar *coach*
tournee *tour*
touw *rope*
touwladder *rope ladder*
touwtrekken *tug of war*
tovenaar *magician*
toveren *practise witchcraft, <goochelen> conjure*
toverij *magic*
traag *slow*
traagheid *slowness, slow-wittedness, obtusity*
traan *tear*
traangas *tear gas*
traanklier *tear gland*
trachten *attempt, try, <form.> endeavour*
traditie *tradition*
traditioneel *traditional*
tragedie *tragedy*
tragisch *tragic*
trainen *train*
trainingspak *tracksuit*
traject *<v. weg, spoorlijn> section*

traktaat • (verdrag) *treaty*
• (verhandeling) *tract*
traktatie *treat*
trakteren I [ov ww] *treat (s.o. to)* II [on
ww] ∗ ik trakteer *this one's on me*
tralie *bar*
tram *tram (car)*
tramhalte *tram stop*
tranen *water*
transactie *transaction*
transatlantisch *transatlantic*
transformatie *transformation*
transformator *transformer*
transparant I [het] *transparency*
II [bnw] *transparent*
transpireren *perspire*
transplantatie *transplant(ation)*
transplanteren *transplant*
transport *transport*
transporteren *transport*
trant *style, manner*
trap • (alle treden) *stairs, staircase*
• (schop) *kick*
trapeze *trapeze*
trapezium *trapezium*
trapgevel *step gable*
trapleuning *banisters*
trappelen *trample*
trappen I [ov ww] • (schoppen) *kick*
II [on ww] • (op of in iets stappen)
tread/step on • (fietsen) *pedal*
trapper *pedal*
trapportaal *landing*
trauma *trauma*
traumatisch *traumatic*
travestie *travesty*
trechter *funnel*
tred *step, pace*
trede ‹v. ladder› *rung,* ‹v. trap› *step*
treden *step, tread*
tredmolen *treadmill*
treffen I [het] *engagement, encounter*
II [ov ww] • (raken) *hit,* ‹bliksem›
strike, ‹maatregel› *affect*
• (aantreffen) *meet (up with), come*

across • (ontroeren) *move* • (opvallen)
strike
treffend *striking*
treffer • (raak schot, enz.) *hit* • (toeval)
stroke/bit of luck
trefwoord *catchword,* ‹inf.› *buzz word*
trein *train*
treinstel *train*
treiteren *nag*
trek • (het trekken) ‹v. vogels›
migration • (gelaatstrek) *feature*
• (kenmerk) *trait, feature* • (tocht)
draught • (zin, eetlust) *appetite*
trekken I [ov ww] • (slepen) *pull,
draw, tow* • (in genoemde toestand
brengen) *draw, pull* • (aantrekken)
attract, ‹v. publiek, klanten› *draw*
• (eruit halen) *pull out* II [on ww]
• (reizen, gaan) *travel,* ‹te voet› *hike*
• (vervormd worden) *warp*
• (spierbeweging maken) *twitch*
trekker • (onderdeel v. vuurwapen)
trigger • (wandelaar) *hiker* • (auto)
truck, lorry
trekking *draw*
trekkracht *traction, pull*
trekpleister • (attractie) *attraction,*
‹inf.› *draw* • (pleister) ≈ (blistering)
plaster
trekvogel *migratory bird, bird of
passage*
treuren *mourn, grieve*
treurig *sad, mournful*
treurspel *tragedy*
treurwilg *weeping willow*
treuzelen *dawdle (over)*
triangel *triangle*
tribunaal *tribunal*
tribune *stand*
tricot • (materiaal) *tricot*
• (ballet-/gympakje) *leotard*
trillen • (heen en weer gaan) *tremble,
quiver, vibrate* • (beven) *tremble*
triller ‹muz.› *trill*
trilling *trembling, quiver(ing),*

vibration
trio trio
triomf triumph
triomfboog triumphal arch
triomftocht triumphal procession
trip • (uitstapje) outing, trip • (effect van drugs) trip
trippelen patter, scurry
troebel muddy, murky, cloudy
troef • (kleur die troef is) trumps • (troefkaart) trump (card)
troep • (groep) troop, ‹honden› pack, ‹mensen› crowd • (rommel) mess
troepenmacht military forces
troetelnaam pet name
troeven (play) trump
trofee trophy
troffel trowel
trog trough
trolleybus trolley bus
trom drum
trombone trombone
trombose thrombosis
tromgeroffel drum roll
trommel • (slaginstrument) drum • (doos) box, tin • (cilinder) drum, barrel
trommelen (beat the) drum
trommelrem drum brake
trommelvlies eardrum
trompet trumpet
trompetten trumpet
tronen throne, sit enthroned
tronie mug
troon throne
troonopvolger heir to the throne
troonrede speech from the throne, king's/queen's speech
troonsafstand abdication
troost comfort, consolation
troosteloos • (mistroostig) disconsolate, drab, dreary • (ontroostbaar) disconsolate
troosten I [ov ww] comfort, console II [wkd ww] comfort o.s. (with)

tropen tropics
tropisch tropical
tros bunch
trots I [de] pride II [bnw] proud
trotseren • (het hoofd bieden) defy, brave • (bestand zijn tegen) stand up (to)
trottoir pavement
trouw I [de] fidelity, loyalty II [bnw] faithful, loyal, true
trouwdag wedding day
trouwen I [ov ww] marry II [on ww] get married
trouwens for that matter, by the way, mind you
trouwpartij wedding party
trouwring wedding ring
truc trick
truffel truffle
trui sweater, jumper, jersey
trust trust
T-shirt T-shirt, tee shirt
tube tube
tuberculose tuberculosis
tucht discipline
tuchtschool borstal, institution/prison for young offenders
tuig • (hoofdstel van paard) harness • (vistuig) gear, tackle • (scheepstuig) rigging • (plebs) scum
tuimelen tumble
tuimelraam pivot window, flap-window
tuin garden
tuinbouw horticulture
tuinder market gardener
tuinieren garden
tuinman gardener
tuinslang (garden) hose
tuit • (schenktuit) spout • (spits einde) nozzle
tuiten I [ov ww] ★ de lippen ~ purse one's lips II [on ww] ★ mijn oren ~ my ears are ringing
tuk ★ tuk zijn op be keen on ★ iem. tuk

hebben pull s.o.'s leg
tulband • (hoofddeksel) turban
• (gebak) fruitcake
tulp tulip
tulpenbol tulip bulb
tumor tumour
tumult tumult
tunnel tunnel
tureluurs mad
turen peer (at)
turf peat
turfmolm peat dust
Turkije Turkey
turkoois turquoise
Turks I [het] Turkish II [bnw] Turkish
turnen practise/do gymnastics
turven score, keep a tally
tussen ‹tussen meer› among, ‹tussen twee› between
tussendeur communicating door
tussendoor • (tussen twee door) through it/them • (tussentijds) in between
tussenhandel intermediate trade
tussenin in between
tussenkomst intervention
tussenlanding stop(over)
tussenpersoon intermediary, ‹bij geschil› mediator, ‹handel› middleman
tussenpoos interval
tussenruimte space, ‹v. tijd› interval
tussentijd ‹form.› interim
tussentijds I [bnw] ∗ ~e vacature casual vacancy ∗ ~e verkiezing by-election ∗ ~e vakantie half-term holiday II [bijw] between times
tussenuit ∗ er ~ knijpen do a bunk
tussenvoegen insert, put in
tutoyeren be on first-name terms
twaalf twelve
twaalfuurtje midday meal/snack, lunch
twee two
tweede second

tweedehands secondhand
tweederangs second-rate
tweedracht discord
tweegevecht duel
tweeling(en) (pair of) twins, ‹sterrenbeeld› Gemini
tweeslachtig • (ambivalent) ambiguous, ambivalent • (hermafrodiet) hermaphrodite, ‹v. planten› androgynous • (amfibisch) amphibious
tweespalt discord
tweesprong cross-roads [mv]
tweestrijd internal conflict
tweetal two, pair
tweetalig bilingual
twijfel doubt
twijfelachtig doubtful, dubious
twijfelen doubt
twijg twig
twintig twenty
twist quarrel, dispute
twisten • (redetwisten) dispute • (ruzieën) quarrel
twistgesprek argument, dispute
twistpunt point of contention, (point at) issue
type type
typen type(write)
typeren typify
typisch • (typerend) typical (of) • (eigenaardig) curious

U

ui • (bolgewas) onion • (grap) joke
uier udder
uil • (nachtvogel) owl • (sukkel) fool
uilskuiken nincompoop, silly fool,
‹inf.› idiot
uit I [bnw] • (niet thuis) out • (op de
markt) out II [bijw] • (beëindigd) out,
finished • ((naar) buiten) out • (niet
populair (meer)) out • (niet
brandend) out III [vz] • (vanwege) out
of • ((naar) buiten) out (of)
• (van(daan)) from
uitademen • (adem uitblazen)
breathe out • (uitwasemen) exhale
uitbannen • (verbannen) banish
• (verdrijven) drive away, ‹geesten›
exorcize
uitbarsten burst out, ‹v. vulkaan›
erupt
uitbarsting outburst, ‹v. vulkaan›
eruption
uitbeelden portray, depict
uitbesteden • (in de kost doen) board
out • (aan anderen overdragen)
contract out
uitbetalen pay, ‹v. cheque› cash
uitblazen I [ov ww] blow out II [on
ww] * even ~ take a breather
uitblijven • (wegblijven) ‹v. regen,
enz.› hold off • (achterwege blijven)
fail to occur
uitblinken shine, excel
uitblinker star, brilliant person,
‹kind› prodigy
uitbloeien * uitgebloeid zijn be out of
flower * uitgebloeide rozen overblown
roses
uitbouw • (aanbouwsel) annex(e)
• (het uitbouwen) extension
uitbouwen extend

uitbraak escape (from prison)
uitbrander reprimand
uitbreiden I [ov ww] expand, extend
II [wkd ww] spread, expand
uitbreken break out
uitbrengen • (zeggen, uiten) say,
utter • (kenbaar maken) ‹geheim›
reveal, ‹rapport› deliver • (op de
markt brengen) launch, bring out,
‹film, muz.› release
uitbroeden hatch
uitbuiten exploit
uitbundig exuberant, ‹gejubel›
enthusiastic
uitdagen challenge, ‹tarten› defy
uitdager challenger
uitdaging challenge
uitdelen distribute, deal (out), hand out
uitdenken devise, contrive, invent
uitdeuken ‹auto› panel-beat
uitdiepen deepen
uitdijen expand
uitdoen • (uittrekken) take off
• (uitschakelen) switch/turn off
uitdossen dress up
uitdraaien • (uitdoen) turn off, switch
off, turn/put out • (uitschroeven)
unscrew • (printen) run off,
‹computer› print (out)
uitdragen • (verbreiden) ‹ambtelijk›
proclaim, ‹informatie, kennis›
disseminate, ‹nieuws, boodschap›
spread, ‹standpunt› propagate • (naar
buiten dragen) carry out
uitdrijven drive/cast out, exorcise
uitdrogen dry out, ‹bron, rivier› dry
up, ‹med.› dehydrate
uitdrukkelijk express, explicit
uitdrukken express
uitdrukking expression
uitdunnen thin (out)
uiteengaan separate, part, ‹in alle
richtingen› disperse
uiteenlopen • (niet dezelfde kant
uitlopen) diverge • (verschillen) differ,

vary, diverge
uiteenzetten *explain*
uiteenzetting • (uitleg) *explanation, statement* • (het uiteenzetten) *exposition, description*
uiteinde *extremity, (far) end*
uiteindelijk I [bnw] *ultimate, final,* ‹doel› *eventual* II [bijw] *eventually*
uiten I [ov ww] *express, voice,* ‹klanken, woorden› *utter* II [wkd ww] *express o.s.*
uiteraard *naturally, of course*
uiterlijk I [het] • (voorkomen) *(outward) appearance, looks, exterior* II [bnw] *external, outward* III [bijw] • (op zijn laatst) *at the latest* • (van buiten) *outwardly*
uitermate *exceedingly, extremely*
uiterst I [bnw] • (het meest verwijderd) *out(er)most, extreme, farthest* • (grootst) *utmost, utter* • (laatste) *final, last* II [bijw] *extremely, exceedingly*
uitgaan • (naar buiten gaan) *go out, leave* • (zich ergens gaan vermaken) *go out* • (als uitgangspunt nemen) *depart (from)*
uitgang • (doorgang naar buiten) *exit, way out* • (einde v. woord) *ending* • (techniek) *output*
uitgave • (kosten) *expense* • (druk) *edition*
uitgebreid • (van grote omvang) *extensive* • (veelomvattend) *comprehensive, elaborate* • (uitvoerig) *detailed*
uitgebreidheid • (grootte) *extent* • (grote omvang) *extensiveness*
uitgelaten *elated, exuberant*
uitgeleide ★ iem. ~ doen *show s.o. out; see s.o. off*
uitgelezen *choice, select*
uitgemaakt ★ dat is een ~e zaak *that is a foregone conclusion*
uitgerekend ★ ~ vandaag *today of all*

days
uitgeslapen • (uitgerust) *refreshed, wide awake* • (pienter) *shrewd, smart*
uitgestrekt *extensive, vast*
uitgestrektheid • (oppervlak) *expanse* • (uitgebreidheid) *extensiveness*
uitgeven I [ov ww] • (publiceren) *publish* • (besteden) *spend* • (in omloop brengen) *emit,* ‹aandelen, geld› *issue* • (uitdelen) *distribute* II [wkd ww] *pass o.s. off as*
uitgever *publisher*
uitgeverij *firm of publishers, publishing house*
uitgezonderd *barring, except,* ‹form.› *save*
uitgifte *issue*
uitglijden *slip, lose one's footing*
uitgraven *dig out, excavate*
uitgroeien *outgrow*
uithalen • (ergens iets uitnemen) *extract, draw/pull out* • (los-/leeghalen) *clean/clear out,* ‹breiwerk› *unpick* • (uitvoeren) *play* • (baten, helpen) *help*
uithangbord *signboard*
uithangen • (naar buiten hangen) *hang out* • (zich voordoen als) *play*
uitheems *foreign, exotic*
uithoek *remote/out-of-the-way place*
uithollen *hollow out*
uithoren *question, interrogate*
uithouden • (verduren) *bear, endure* • (volhouden) ★ het ~ *hold out; stand it; stick it out*
uithoudingsvermogen ‹lichamelijk› *stamina,* ‹mentaal› *endurance*
uithuilen *cry one's heart out, have a good cry*
uithuizig *gadding about, always out*
uiting *utterance* ★ ~ van *expression of*
uitje • (uitstapje) *outing* • (zilveruitje) *cocktail onion*

uitjouwen hoot (at), boo, jeer (at)
uitkeren pay
uitkering benefit
uitkienen puzzle out, ‹een plan› think out
uitkiezen choose, select
uitkijk lookout
uitkijken • (verlangen naar) look forward to • (steeds kijken) be on the lookout (for) • (oppassen) watch, look out • (uitkijken op) look out over, overlook
uitkijktoren watchtower
uitklaren clear
uitkleden undress
uitknijpen squeeze (out)
uitkomen • (terechtkomen) arrive at • (toegang geven tot) ‹deur› open onto, ‹v. kamer› give on • (uit ei komen) hatch (out) • (opgaan/kloppen) prove to be correct, ‹som› come/work out, ‹v. droom› come true • (verschijnen) appear, ‹boek› come out • (rondkomen) make (both) ends meet • (bekend worden) transpire, emerge, come out • (gelegen komen) suit • (niet verbergen) * voor zijn mening ~ be candid; speak one's mind • (plantk.) come out, sprout • (sport) play, ‹bij kaartspel› lead
uitkomst • (resultaat) result • (redding) relief, solution
uitkopen • (vrijkopen) buy out • (afkopen) buy off
uitkramen talk, ‹geleerdheid› parade
uitlaat exhaust
uitlaatklep exhaust valve, ‹fig.› outlet
uitlachen laugh at
uitladen unload
uitlaten I [ov ww] • (naar buiten laten) ‹bezoeker› show out, ‹persoon, dier› let out • (niet aantrekken) leave off II [wkd ww] express o.s. on, give one's opnion on
uitlating utterance

uitleg explanation, interpretation
uitleggen • (verklaren) explain, interpret, expound • (uitspreiden) spread out
uitlekken • (wegsijpelen) leak (out) • (bekend worden) leak out, ‹form.› transpire
uitlenen lend (out), loan
uitleven let o.s. go
uitleveren hand over, ‹aan ander land› extradite
uitlevering ‹personen› extradition, ‹zaken› surrender
uitlezen • (tot aan het eind lezen) read from cover to cover, finish (reading), read to the end • (comp.) read out
uitlokken provoke, elicit
uitlopen • (uitkomen op) end in, lead to • (leiden tot) result/end in • (meer tijd kosten) overrun
uitloper • (uitgroeisel) offshoot, runner • (deel van gebergte) foothill(s)
uitloten • (bij loting aanwijzen) draw (out) • (door loting uitsluiten) eliminate by lottery
uitloven offer
uitmaken • (afbreken) end, ‹relatie› break off • (doven) put out • (vormen) form, constitute • (invloed hebben) matter, be of importance
uitmeten • (afmeten) measure (out) • (uitvoerig bespreken) * breed ~ enlarge on
uitmonden discharge into, flow into
uitmonsteren • (versieren) trim • (uitdossen) dress up, ‹inf.› doll up • (uitrusten) equip
uitmoorden massacre, slaughter
uitmunten excel, stand out
uitmuntend excellent, outstanding
uitnodiging invitation
uitoefenen practise, exercise
uitpakken ‹bagage› unpack, ‹uit verpakking› unwrap

uitpersen *press out, squeeze*
uitpluizen ‹gegevens› *sift (out)*, ‹raadsel› *unravel*
uitpraten *have one's say*
uitpuilen *bulge*, ‹v. ogen› *goggle*
uitputten *exhaust*
uitputting *exhaustion*
uitreiken *distribute*, ‹paspoort› *issue*, ‹prijs› *present*
uitrekenen *figure out, calculate*
uitrekken *stretch (out)*
uitrukken I [ov ww] *pull/pluck out* II [on ww] *march (out)*, ‹brandweer› *turn out*
uitrusten I [ov ww] *equip, fit out* II [on ww] *(have a) rest*
uitrusting *equipment*, ‹v. reiziger› *outfit*
uitschakelen • (afzetten) *switch off, disconnect* • (elimineren) *eliminate, rule out*
uitscheiden I [ov ww] *secrete* II [on ww] *stop, leave off*
uitschelden *call (s.o.) names, swear at s.o., abuse*
uitschieten I [ov ww] • (haastig uittrekken) *slip/throw off* II [on ww] • (een plotselinge beweging maken) *shoot/dart out*
uitschieter *highlight*, ‹naar beneden› *dip*, ‹naar boven› *peak*
uitschot *scum, riff-raff*
uitschrijven ‹cheque, recept› *write out*
uitschuiven *pull out, extend*, ‹tafel, enz.› *draw out*
uitslaan I [ov ww] • (uitkloppen) *beat/shake out* • (naar buiten slaan) *knock/beat/strike out*, ‹vleugels› *spread* • (uitvouwen) *unfold* II [on ww] • (met aanslag bedekt worden) ‹brood, enz.› *become/grow mouldy*, ‹muur› *sweat* • (naar buiten komen) *break/burst out*
uitslag • (puistjes) *rash* • (afloop) *result*
uitslapen *sleep in*

uitsluiten *exclude*, ‹mogelijkheid› *rule out*
uitsluitend *only, exclusively*
uitsluiting *exclusion*
uitsluitsel *definite/decisive answer*
uitsmeren *spread*
uitsmijter • (portier) *bouncer* • (gebakken eieren met brood, kaas of ham) *fried bacon, cheese and eggs on slice of bread*
uitspannen *unharness*
uitspansel *firmament*
uitsparen • (besparen) *save* • (open laten) *leave open*
uitspatting *excess*, ‹drank, seks› *debauchery*
uitspelen • (tot het eind spelen) *play out*, ‹spel› *finish* • (in het spel brengen) *lead*
uitspraak • (wijze van uitspreken) *pronunciation*, ‹v. persoon› *accent* • (verklaring) *pronouncement, utterance* • (jur.) *judg(e)ment, verdict, sentence*
uitspreiden *spread (out)*
uitspreken I [ov ww] • (in spraakklanken weergeven) *pronounce*, ‹duidelijk› *articulate* • (uiten) *express, utter* • (bekendmaken) *declare*, ‹vonnis› *pronounce* II [on ww] ∗ laat mij ~ *let me finish*
uitstaan *stand, bear*
uitstallen *show, display*
uitstalling *display, shop window display*
uitstappen • (eruit stappen) *get off/out* • (ermee ophouden) *quit*
uitsteeksel *projection, protuberance*
uitstek ∗ bij ~ *geschikt om exceptionally suited for* ∗ bij ~ *pre-eminently*
uitsteken I [ov ww] • (naar buiten/voren steken) *stick out*, ‹hand› *hold out*, ‹vlag› *put out*

• (uitstrekken) *extend,* ‹hand, voet›
stretch out II [on ww] • (omhoog/naar
buiten steken) *stick out, project,
protrude* • (zichtbaar zijn) *rise/tower
above, excel,* ‹fig.› *tower above*
uitstel *postponement, delay*
uitstellen *postpone, put off*
uitsterven *die out, become extinct*
uitstorten *pour out*
uitstoten ‹gassen, rook› *emit*
uitstralen *radiate*
uitstrekken I [ov ww] *stretch (out)*
II [wkd ww] • (lengte/oppervlakte
beslaan) *stretch (out), lie down*
• (gelden) *extend*
uitsturen *send out*
uittekenen *draw*
uittocht *exodus*
uittreden *resign (from), retire (from)*
uittrekken • (door trekken
verwijderen) *pull out,* ‹vooral v. kies›
extract • (uitdoen) *take off*
uittreksel • (verkorte versie) *extract,*
‹v. boek› *summary* • (akte) *certificate*
uitvaardigen *issue,* ‹jur.› *enact*
uitval *outburst*
uitvallen • (wegvallen) *fall out,*
‹sport› *drop out,* ‹v. trein› *be
cancelled,* ‹verbinding› *break down*
• (tot resultaat hebben) *turn/work out*
• (agressief spreken) *fly (at)* • (sport)
lunge (at)
uitvaren • (de zee kiezen) *sail (out),
put to sea* • (uitvallen) *fly at*
uitvechten *fight out*
uitverkoop *sale, clearance sale*
uitverkoren *chosen, elect*
uitvinden • (iets nieuws uitdenken)
invent • (te weten komen) *find out,
discover*
uitvinder *inventor*
uitvinding *invention*
uitvissen *fish out, dig/ferret out*
uitvloeisel *result, consequence*
uitvlucht *pretext, evasion, subterfuge*

uitvoer • (export) *export*
• (exportgoederen) *exports*
• (uitvoering) ✴ ten ~ brengen *carry
out; execute*
uitvoerbaar *practicable, feasible*
uitvoeren • (exporteren) *export*
• (volbrengen) *implement,* ‹jur.›
execute, ‹belofte› *fulfil,* ‹besluit,
instructies, plan› *carry out,* ‹functie,
plicht, taak› *perform* • (vertonen,
spelen) ‹kunst› *perform,* ‹muz.›
execute • (verrichten) ✴ niets ~ *do
nothing*
uitvoerig I [bnw] *detailed,
comprehensive, full* II [bijw] *in detail,
comprehensively, fully*
uitvoering *execution,* ‹toneel, muz.›
performance
uitvragen • (uithoren) *question,* ‹inf.›
pump • (uitnodigen) *ask out*
uitvreten *be up to s.th.*
uitwaaien • (uitgeblazen worden) *be
blown out* • (frisse lucht happen) *get a
breath of fresh air*
uitwas • (ongewenste ontwikkeling)
excess • (uitgroeisel) *outgrowth*
uitwedstrijd *away game*
uitweg *way out*
uitweiden • (lang spreken) *dwell*
• (afdwalen) *digress (on)*
uitwendig *outward, external*
uitwerken ‹plan› *work out, devise,*
‹theorie› *develop*
uitwerking • (resultaat) *effect, result*
• (het uitwerken) *working out (of a
plan)*
uitwijken • (uit de weg gaan)
turn/step aside, ‹voertuig› *swerve*
• (emigreren) *emigrate (to)*
uitwijzen • (aantonen) *show, prove*
• (verdrijven) *expel,* ‹form.› *extradite*
uitwisselen *exchange*
uitwissen *wipe out*
uitwringen *wring out*
uitzaaien • (zaaiend verspreiden) *sow,*

‹fig.› *sow, disseminate* • (med.)
metastasize, ‹inf.› *spread*
uitzendbureau ≈ *(temporary)*
employment agency
uitzenden *broadcast, transmit*
uitzending *broadcast, transmission*
uitzet ‹v. baby› *layette,* ‹v. bruid›
trousseau
uitzetten I [ov ww] • (buiten iets
zetten) *expel,* ‹uit land› *deport*
• (verspreid zetten) *set,* ‹vis› *plant*
• (op interest plaatsen) *put out* II [on
ww] • (groter worden) *swell*
uitzicht • (gelegenheid naar buiten te
kijken) *view* • (vooruitzicht) *outlook,*
prospect
uitzien • (uitkijken naar) *look out*
• (verlangen naar) *look forward to*
• (zicht geven op) *look out (over)*
uitzingen • (volhouden) ∗ ik kan het
nog wel even ~ *I can hold out for a*
while; I can swing it; I can carry on for
some time
uitzinnig *mad, crazy, delirious, out of*
one's wits
uitzitten *sit out*
uitzoeken • (kiezen) *select, pick out*
• (sorteren) *sort (out)* • (te weten
komen) *find out*
uitzonderen *exclude*
uitzondering *exception*
uitzonderlijk *exceptional*
uitzuigen • (uitbuiten) *bleed*
white/dry, ‹werkgever› *sweat*
• (zuigend verwijderen) *suck (out)*
uitzwermen *swarm*
ultimatum *ultimatum*
unie *union*
uniform I [het] *uniform* II [bnw]
uniform
universeel *universal*
universiteit *university*
uranium *uranium*
urgent *urgent, pressing*
urgentie *urgency*

urine *urine*
urineren *urinate*
urinoir *urinal*
utopie *utopia*
utopisch *utopian*
uur • (tijdsaanduiding) ∗ om één uur
at one o'clock • (tijdmaat) *hour*
uurloon *hourly wage(s)*
uurwerk • (klok) *timepiece* • (het
binnenwerk van een klok) *movement,*
clockwork
uw *your*
uwerzijds *on your part*

V

vaag • (niet goed zichtbaar) *vague, hazy, dim* • (onduidelijk) *vague*
vaak I [de] *sleepiness* II [bijw] *often, frequently*
vaal *faded*
vaalbleek *sallow, pallid*
vaandel *colours, standard, banner*
vaandrig *ensign,* <v. cavalerie> *cornet*
vaardig • (bedreven) *skilled, skilful, adroit, proficient* • (gereed) *ready*
vaargeul *channel, fairway,* <in mijnenveld> *(sea-)lane*
vaars *heifer*
vaart • (snelheid) *speed* • (kanaal) *canal* • (scheepv.) *navigation*
vaartuig *vessel, craft*
vaarwater • (vaargeul) *channel, fairway* • (waterweg) *waterway*
vaarwel I [het] *farewell* II [tw] *farewell*
vaas *vase*
vaatdoek *dishcloth*
vaatwerk • (keukenvaatwerk) *plates and dishes* • (vaten) *casks*
vacant *vacant*
vacature *vacancy*
vacht *fur, coat,* <v. schaap> *fleece*
vacuüm *vacuum*
vader *father*
vaderland *(native) country, homeland*
vaderlands • (v. het vaderland) ★ ~e liederen/geschiedenis *national songs/history* ★ ~e bodem *native soil* • (nationalistisch) ★ ~ gevoel *patriotic feeling*
vaderlijk *fatherly*
vaderschap *paternity, fatherhood*
vadsig *indolent, lazy*
vagebond *vagabond, tramp*
vagevuur *purgatory*
vagina *vagina* [mv: *vaginae, vaginas*]

vak • (door rechte lijnen begrensd vlak) *section,* <v. kast, enz.> *compartment* • (beroep) *profession, trade* • (tak v. wetenschap) *subject*
vakantie *holiday(s), vacation*
vakantiedag *holiday*
vakantieganger *holidaymaker, tourist*
vakbeweging • (de vakorganisaties) *trade unions,* <AE> *labor unions* • (streven zich te organiseren) *trade unionism*
vakbond *trade(s) union*
vakcentrale *federation of trade unions*
vakgroep • (deel v.e. vakvereniging) *union branch* • (deel v.e. faculteit) *department*
vakkennis *professional knowledge*
vakkundig *skilled, professional*
vakman *expert,* <in ambacht> *craftsman*
vakopleiding *vocational training,* <hogere beroepen> *professional training*
vakterm *specialist term, technical term*
vakvereniging *trade(s) union,* <v. werkgevers> *employer's association*
vakwerk • (werk v.e. vakman) *professional job* • (wandconstructie) ★ ~ *huizen half-timbered houses*
val • (het vallen) *fall,* <v. vliegtuig> *crash* • (daling) *fall* • (vangtoestel) *trap* • (hinderlaag) *trap* • (ondergang) ★ *ten val brengen overthrow; bring down*
valeriaan *valerian*
valhelm *crash helmet*
valk *falcon*
valkuil *pitfall*
vallei *valley*
vallen I [het] *fall,* <v. avond> *nightfall* II [on ww] • (ten onder gaan) *fall* • (sneuvelen) *fall* • (neervallen) *fall, drop* • (neerhangen) *hang* • (terechtkomen) *fall* ★ ~ *onder fall/come under* • (op bepaalde wijze

zijn) * dat valt nog niet te zeggen
that can't be said yet * er viel een
stilte there was a hush • (~ **op**) fancy,
take (to)
valluik trapdoor
valreep gangway, gangplank
vals I [bnw] • (gemeen) vicious, nasty,
savage • (namaak) false, ‹scherts›
bogus (antique) • (oneerlijk) false
• (onzuiver) false • (verkeerd) false
II [bijw] • (onzuiver) out of key
• (bedrieglijk) falsely
valscherm parachute
valselijk falsely
valsheid falseness • (het vervalsen) * ~
in geschrifte forgery
valstrik • (strik om te vangen) snare
• (hinderlaag) trap, snare
valuta • (munt) currency • (koers) (rate
of) exchange
vampier vampire
van I [bijw] • (over) of, about • (weg)
from, of • (door) by, from II [vz]
• (door) by, of, with • (in bezit van,
toebehorend aan) of • (bestaande uit)
of • (gebeurend met/aan) of
• (afkomstig van) from, of • (wat ...
betreft) of • (vanaf) from
vanaf • (met ingang van) from, as from,
since • (daar vandaan) from
vanavond tonight, this evening
vandaag today
vandaan • (weg van) * blijf er ~ keep
away from it • (aanduiding v.
herkomst) * ik kom er juist ~ I just
came from there * waar ~? from where?
vandaar • (daarom) that's why, ‹form.›
hence • (daar vandaan) from there
vandalisme vandalism
vangen • (opvangen) catch
• (gevangen nemen) capture
• (vervatten) capture
vangrail crash barrier, guard-rail,
safety-fence
vangst • (buit) haul • (het vangen)

catch
vanille vanilla
vannacht • (afgelopen nacht) last
night • (komende nacht) tonight
vanouds of old
vanwaar • (waarvandaan) from where,
‹form.› whence • (waarom) why
vanwege • (van de zijde van, namens)
on the part of, on behalf of • (wegens)
because of, on account of, owing to, due
to
vanzelf • (uit eigen beweging) of
itself [mv: of themselves],
automatically • (vanzelfsprekend)
naturally
vanzelfsprekend I [bnw] self-evident
II [bijw] as a matter of course
varen I [de] fern, ‹heidevaren› bracken
II [on ww] • (per vaartuig gaan) sail,
navigate • (~ **op**) trade to * laten ~
abandon
variatie • (afwisseling) variation
• (verscheidenheid) variety
variëren I [ov ww] diversify II [on ww]
vary
variëteit • (verscheidenheid) variety
• (afwijkende vorm) variety
varken pig
vaseline vaseline
vast I [bnw] • (onveranderlijk)
permanent • (scherp afgetekend)
definite • (niet los) fast, fixed • (stevig)
firm, ‹niet vloeibaar› solid
• (bestendig) steady • (onwankelbaar)
firm II [bijw] • (stevig) fast, firmly
• (onveranderlijk) regularly, steadily
• (stellig) * vast (en zeker) certainly
vastberaden resolute
vastbinden fasten, tie up
vasteland • (landmassa) continent
• (de vaste wal) mainland
vasten fast
Vastenavond Shrove Tuesday
vastgrijpen grip, catch hold of, clutch
vasthechten attach, fasten

vastheid *firmness, solidity, stability*
vasthouden I [ov ww] • (in handen houden) *hold (fast)*, ‹in arrest› *detain* • (in bezit houden) *retain*, ‹v. goederen› *hold up* II [on ww] *stick to*
vasthoudend *tenacious*
vastigheid *certainty*
vastleggen • (registreren) *record* • (vastmaken) *fix, fasten*, ‹v. boot› *moor*
vastliggen • (vastgesteld zijn) *be laid down* • (vastgebonden zijn) *be (firmly) fixed, be fastened*, ‹v. schip› *be moored*
vastlopen • (blokkeren) *jam* • (vast komen te zitten) *get stuck*
vastmaken *fasten*
vastroesten *rust*
vastschroeven *screw down*
vaststaan ∗ ~d feit *established fact*
vaststellen • (bepalen) *determine* • (constateren) *conclude*
vastzetten *fix, fasten*, ‹v. wiel› *chock*
vastzitten • (bevestigd zijn) *stick* • (gevangen zitten) *be in prison* • (klem zitten) ‹fig.› *be stuck*, ‹v. deur, stuur› *be jammed*, ‹v. schip› *be aground* • (~ aan) ∗ dan zit je eraan vast *then you are committed to it*
vat I [de] *hold, grip* II [het] • (ton) *barrel, cask* • (bio.) *vessel*
vatbaar *susceptible*
Vaticaan *the Vatican*
vatten • (in iets vastzetten) *mount, embed*, ‹v. juweel› *set* • (beetpakken) *catch, seize* • (begrijpen) *understand, see* • (opdoen) ∗ kou ~ *catch cold*
vazal *vassal*
vechten *fight*
vechtlust *fighting spirit, combativeness, eagerness to fight*, ‹form.› *pugnacity*
vechtpartij *scuffle, scrap*
vedergewicht *featherweight*
vee *cattle*

veearts *veterinary surgeon*, ‹inf.› *vet*
veeg *wipe*
veel I [onb vnw] ‹voor enkelvoud› *much*, ‹voor meervoud› *many* II [bijw] • (in ruime mate) *much* • (vaak) ∗ hij komt hier veel *he often comes here* III [telw] ∗ veel boeken lezen *read a lot of books; read many books*
veelal *mostly*
veelbelovend *promising*
veelbetekenend *significant*
veelbewogen *stirring*
veeleer *rather, sooner*
veeleisend *exacting, demanding*
veelheid *multitude*
veelhoek *polygon*
veelkleurig *multi-coloured*
veelomvattend *comprehensive*
veelsoortig *varied*, ‹form.› *manifold*
veelstemmig ‹muz.› *polyphonic*
veelvoud *multiple*
veelvoudig • (in veelvoud) *multiple* • (veelvuldig) *frequent*
veelvraat *glutton*
veelvuldig *frequent*
veelzeggend *significant*
veemarkt *cattle market*
veen *peat*
veer I [de] • (slag-/staart-/vleugelpen) *feather* • (spiraalvormig draad) *spring* II [het] *ferry*
veerboot *ferry*
veerkracht *elasticity*, ‹fig.› *resilience*
veerkrachtig *elastic*, ‹fig.› *resilient*
veerman *ferryman*
veertien *fourteen*
veertig *forty*
veestapel *livestock*
veeteelt *cattle-breeding*
vegen I [ov ww] • (met borstel/bezem reinigen) ‹v. kleed› *brush*, ‹v. vloer› *sweep* • (af-/wegvegen) *wipe* II [on ww] *brush*
veger • (bezem, stoffer) *brush*

• (persoon) *sweeper*
vegetariër *vegetarian*
vegetarisch *vegetarian*
vegeteren • (leven als een plant) *vegetate*, ‹fig.› *lead a vegetative live* • (parasiteren) *sponge on s.o.*
vehikel *vehicle*
veilen *put up for auction*
veilig *safe*
veiligheid *safety* • (beveiliging) *security*
veiligheidsdienst *security services*
veiligheidshalve *for safety('s sake)*
veiligheidsspeld *safety pin*
veiling *auction, public sale*
veinzen I [ov ww] *simulate, feign* II [on ww] *feign, dissemble*
vel • (huid) *skin* • (afgestroopte huid) *hide* • (vlies) *skin* • (blad papier) *sheet*
veld • (vakgebied) *field* • (vlakte) *field* • (vlak) *field*, ‹sportveld› *ground*, ‹v. schaakbord› *square*
veldbed *camp-bed*, ‹AE› *cot*
veldfles *flask*, ‹mil.› *canteen*
veldheer *general*
veldmaarschalk *field marshal*
veldsla *corn salad*
veldslag *battle*
veldtocht *campaign*
velen *stand, endure*
velg *rim*
vellen *fell*
venijn *venom*
venijnig *venomous, vicious*
vennoot *partner*
vennootschap *partnership*
venster *window*
vent *fellow, chap*, ‹AE› *guy*
venten *hawk, peddle*
venter *hawker, huckster*, ‹v. groente, fruit› *coster(monger)*
ventiel *valve*
ventilatie *ventilation*
ventilator *ventilator, fan*
ventileren *ventilate*

ver I [bnw] *far* II [bijw] • (punt v. voortgang) ∗ *hoe ver ben je? how far have you got?*
verachtelijk • (laag) ∗ ~ *gedrag contemptible conduct* • (minachtend) ∗ ~e *blik contemptuous look*
verachten • (minachten) *despise, scorn* • (trotseren) *scorn*
verachting *contempt, scorn*
verademing *relief*
veraf *far (away)*
verafgoden *idolize*
verafschuwen *detest*, ‹form.› *abhor*
veralgemenen *generalize*
veranda *verandah*
veranderen *change*
verandering *change*
veranderlijk • (kunnende veranderen) *variable* • (geneigd tot veranderen) *changeable*
verankeren ‹v. schip› *moor*
verantwoordelijk *responsible*
verantwoordelijkheid *responsibility*
verantwoorden *answer/account for*
verantwoording • (rekenschap) *account* • (verantwoordelijkheid) *responsibility*
verarmen I [ov ww] *impoverish* II [on ww] *become impoverished*
verbaasd *astonished, surprised*
verbaliseren • (verwoorden) *put into words* • (proces-verbaal opmaken) ∗ *iem. ~ take s.o.'s name and address*
verband • (zwachtel) *bandage, dressing* • (samenhang) *connection, context*
verbannen • (uitwijzen) *exile* • (verjagen) *banish*
verbasteren I [ov ww] *corrupt* II [on ww] • (vervormd worden) *be corrupted* • (ontaarden) *degenerate*
verbazen *astonish, surprise*
verbazend *surprising, astonishing*
verbeelden I [ov ww] *represent* II [wkd ww] • (zich voorstellen) *imagine,*

fancy • (inbeelden) ∗ hij verbeeldt zich heel wat *he fancies himself a great deal* ∗ wat verbeeld jij je wel? *who do you think you are?*

verbeelding • (voorstellingsvermogen) *imagination, fancy* • (verwaandheid) *conceit, self-conceit* • (inbeelding) *imagination*

verbeeldingskracht *imagination*

verbergen *hide, conceal*

verbeten *grim*

verbeteren I [ov ww] • (beter maken) *(make) better, improve,* ‹zedelijk› *reform* • (herstellen) *correct* • (corrigeren) *revise, correct* • (overtreffen) ∗ een record ~ *break a record* II [on ww] *improve*

verbetering • (het beter worden) *improvement* • (correctie) *correction*

verbeuren ∗ een recht ~ *forfeit a right*

verbieden *forbid,* ‹v. rechtswege› *prohibit*

verbijstering *bewilderment, perplexity*

verbijten I [ov ww] *stifle, suppress* II [wkd ww] ∗ zich ~ van woede *rage/burn inwardly; steam with anger*

verbinden • (verband aanleggen) *dress* • (aansluiten) *join, connect, link up* • (telefonisch aansluiten) • (~ **met**) *connect with, put through to* ∗ verkeerd verbonden *wrong number*

verbinding • (relatie, contact) *connection, contact* • (aansluiting) *communication,* ‹elektriciteit› *connection* • (samenvoeging) *combination, connection* • (chem.) *compound*

verbintenis • (verplichting) *engagement* • (overeenkomst) *agreement*

verbleken • (bleek worden) ‹v. gezicht› *(grow) pale,* ‹v. kleuren› *fade*

verblijden *gladden, cheer*

verblijf • (het verblijven) *stay* • (het

wonen) *residence* • (verblijfplaats) *residence, abode, home*

verblijfplaats *residence,* ‹form.› *abode*

verblijven *stay, remain*

verblinden • (obsederen) *infatuate, dazzle* • (als blind maken) *blind, dazzle*

verbloemen *disguise, camouflage, veil*

verbolgen *incensed*

verbond • (vereniging) *league,* ‹v. politieke machten› *alliance* • (verdrag) *pact, treaty,* ‹bijbels› *covenant*

verbouwen *grow, cultivate*

verbouwereerd *perplexed, bewildered*

verbouwing • (het anders bouwen) *rebuilding* • (het telen) *cultivation, growth*

verbranden I [ov ww] *burn* II [on ww] • (door vuur verteerd worden) *be burnt* • (rood worden door de zon) *get sunburnt*

verbrandingsmotor *internal combustion engine*

verbrassen *dissipate, squander*

verbreden *widen*

verbreiden *spread*

verbreken *break*

verbrijzelen *smash, shatter*

verbroederen *fraternize*

verbrokkelen *crumble*

verbruik ‹v. energie› *expenditure,* ‹v. voedsel› *consumption*

verbruiken *use,* ‹v. voedsel› *consume*

verbuigen • (ombuigen) *bend, twist, buckle* • (vervoegen) *decline*

verdacht • (onder verdenking) *suspected* • (aanleiding gevend tot verdenking) *suspicious, open to suspicion, suspect* • (~ **op**) *prepared for*

verdachtmaking *insinuation*

verdagen *adjourn*

verdampen *evaporate, vaporize*

verdedigen *defend*

verdediger • (voorvechter) *defender*

• (sport) *defender, back* • (jur.) *counsel (for the defence)*

verdediging *defence* • (het verdedigen) *defence*

verdekt ‹mil.› *under cover*

verdelen • (in delen scheiden) *divide* • (uitdelen) *divide/distribute (among)*

verdelgen *exterminate*

verdenken *suspect*

verdenking *suspicion*

verder • (meer verwijderd) *farther, further* • (voorts) *further* • (overigens) ∗ ~ *nog iets? anything else?* • (met iets voortgaand) ∗ ~ eten/lezen/rijden *eat/read/drive on* ∗ ga‥! *go on!; proceed!*

verderf *ruin, destruction*

verderfelijk *pernicious, noxious*

verdienen • (als loon krijgen) *earn, make* • (waard zijn) *deserve*

verdienste *merit*

verdienstelijk *deserving, meritorious*

verdiepen I [ov ww] *deepen* II [wkd ww] • (~ **in**) ∗ verdiept zijn in *be absorbed in*

verdieping • (etage) *floor, storey,* ‹AE› *story* • (het verdiepen) *deepening*

verdisconteren • (incalculeren) *discount, allow for* • (verkopen v. wissels) *negotiate*

verdoemen *damn*

verdoemenis *damnation*

verdoen ‹v. tijd› *waste*

verdoezelen *obscure*

verdommen • (vertikken) ∗ ik verdom het (I'm) *damned if I do/will* • (schelen) ∗ het kan me niks ~ *I couldn't care less*

verdonkeremanen ‹v. geld› *embezzle*

verdorren I [ov ww] *scorch* II [on ww] *wither*

verdorven *depraved, wicked*

verdoven ‹door een slag› *stun,* ‹v. pijn› *deaden,* ‹voor operatie› *anaesthetize*

verdoving • (het verdoven) *anaesthesia* • (gevoelloosheid) *stupor*

verdraagzaam *tolerant*

verdraaid I [bnw] ∗ ~ hard *damned hard* II [tw] ∗ wel ~! *damn it!*

verdraaien *twist*

verdraaiing *distortion, perversion*

verdrag *treaty, pact*

verdragen *endure, stand, suffer, bear*

verdriet *sorrow, distress, grief*

verdrietig *sorrowful, sad, mournful*

verdrijven *drive away*

verdringen I [ov ww] • (naar de achtergrond dringen) ‹v. gedachte, gevoel› *cut out,* ‹v. persoon› *repress* • (wegdringen) *push aside, crowd out* • (v. plaats dringen) *supersede, drive out, oust* II [wkd ww] *crowd (round)*

verdrinken I [ov ww] • (doen omkomen in water) *drown* II [on ww] • (de verdrinkingsdood sterven) *be drowned, drown*

verdrogen *dry up*

verdrukking *oppression*

verdubbelen I [ov ww] *(re)double* II [on ww] *double*

verduidelijken *explain, illustrate*

verduisteren • (donker maken) *darken,* ‹bij luchtaanval› *black out* • (stelen) *embezzle*

verduistering • (het donker maken) *darkening,* ‹in de oorlog› *black-out* • (eclips) *eclipse* • (het stelen) *embezzlement*

verdunnen *dilute*

verdunning • (graad v. verdunning) *dilution* • (het verdunnen) *thinning,* ‹v. gas› *rarefaction,* ‹v. vloeistof› *dilution*

verduren *endure, bear*

verdwalen *lose one's way, get lost*

verdwijnen *disappear,* ‹langzaam› *fade away,* ‹snel, geheel› *vanish*

veredelen *ennoble,* ‹v. vee, fruit› *improve*

vereenvoudigen *simplify*
vereenzamen *become lonely*
vereenzelvigen *identify*
vereeuwigen *immortalize*
vereffenen • (voldoen) *settle*
• (bijleggen) *settle*
vereisen *require, demand*
vereiste *requirement, requisite*
veren I [bnw] *feather* II [on ww] • (zich verend bewegen) *be springy*
• (veerkrachtig zijn) *be elastic/springy*
verenigbaar *consistent, compatible*
verenigen *combine, join, unite*
vereniging • (het verenigen) *union*
• (club) *society, club, association*
vereren • (aanbidden) *honour, revere, worship* • (eer bewijzen) *honour (with)*
verergeren I [ov ww] *aggravate, worsen* II [on ww] *grow worse, worsen*
verering *worship*
verf ‹in lagen aan te brengen› *paint*, ‹voor verfbad› *dye*
verfijnen *refine*
verfilmen *film*
verflauwen *fade*
verfoeien *abominate, detest*
verfoeilijk *detestable, abominable*
verfomfaaien *crumple, dishevel*
verfraaien *embellish, beautify*
verfrissen *refresh*
verfrissing *refreshment*
vergaan I [het] ‹v. materiaal› *decay*, ‹v. schip› *wreck* II [on ww] • (ten onder gaan) *perish*, ‹v. schip› *be wrecked*
• (verteren) *decay*
vergaarbak • (reservoir) *receptacle*, ‹voor vloeistof› *reservoir*
• (verzamelplaats) *repository*
vergaderen I [ov ww] *gather, collect* II [on ww] *meet, assemble*
vergadering *meeting*
vergallen ‹v. pret› *spoil*
vergankelijk *transitory*
vergapen I [ov ww] *waste/fritter away* II [wkd ww] *gape/goggle at*

vergaren *gather, collect*
vergassen I [ov ww] • (met gas doden) *gas* • (in gas omzetten) *gasify* II [on ww] *gasify*
vergasten *treat (to), regale (with)*
vergeeflijk *pardonable*
vergeefs I [bnw] *idle, vain, futile* II [bijw] *in vain, vainly*
vergeetachtig *forgetful*
vergelden *repay*
vergeldingsmaatregel *retaliatory measure, reprisal*
vergelijk *compromise, agreement*
vergelijkbaar *comparable, similar*
vergelijken *compare (with/to), liken (to)*
vergelijking • (het vergelijken) *comparison* • (taalk.) *simile* • (wisk.) *equation*
vergemakkelijken *make easier*, ‹form.› *facilitate*
vergen *ask, require, demand*
vergetelheid • (het vergeten zijn) *oblivion* • (het vergeten) *forgetfulness*
vergeten I [ov ww] *forget* II [wkd ww] *forget*
vergeven • (vergiffenis schenken) *forgive*, ‹form.› *pardon* • (weggeven) *give away* • (vergiftigen) *poison*
vergevensgezind *forgiving*
vergeving • (vergiffenis) *forgiveness*, ‹form.› *pardon* • (het weggeven) *giving away*
vergezellen ‹v. gelijken› *accompany*, ‹v. meerderen› *attend*
vergezicht *prospect*, ‹doorkijk› *vista*
vergezocht *far-fetched*
vergiffenis *forgiveness*, ‹form.› *pardon*
vergiftig *poisonous*, ‹v. dieren› *venomous*
vergiftigen *poison*
vergissing *mistake, error, slip*
vergoeden *compensate for, refund*, ‹v. verlies, kosten› *make good*
vergoeding • (het vergoeden)

compensation • (beloning)
recompense, reward
• (schadeloosstelling) *damages*
vergoelijken <v. fouten> *smooth/gloss over*, <v. gedrag> *excuse*
vergooien *throw away*
vergrijp *offence, delinquency*
vergrijzen *grow grey*
vergroeien *grow together*
vergrootglas *magnifying glass*
vergroten • (vermeerderen) *increase*
• (groter maken) *enlarge*, <door kijkglas> *magnify*
vergroting • (het vergroten) *enlargement* • (foto) *blow-up*
verguizen *abuse*, <form.> *vilify*
vergulden • (met goud bedekken) *gild* • (verblijden) *please*
vergunnen *permit, allow, grant*
vergunning *permit*, <v. café> *licence*
verhaal *story, tale*
verhalen *tell, relate, narrate*
verhandelen • (handelen in) *deal in, sell*, <v. wissel> *negotiate*
• (behandelen) *discuss*
verhandeling *treatise, essay*, <mondeling> *lecture*
verharden I [ov ww] *harden* II [on ww] *harden*
verharen <v. dier> *moult*, <v. vacht> *shed hair*
verheerlijken *glorify*
verheffen I [ov ww] • (naar boven brengen) *lift, raise* II [wkd ww] • (verrijzen) *rise*
verhelderen I [ov ww] *clarify* II [on ww] *brighten, clear up*
verhelen *conceal, hide*
verhelpen *set to rights, remedy*
verhemelte • (gehemelte) *palate* • (baldakijn) *canopy*
verheugd *glad, pleased, happy*
verheugen ⋆ zich ~ op *look forward to*
verheven • (hoogstaand) *elevated, exalted, lofty* • (hoger liggend) *raised*

verhinderen *prevent*
verhindering • (het verhinderen) *prevention* • (beletsel) *hindrance, obstacle* • (het verhinderd zijn) ⋆ bericht van ~ *apology* ⋆ ~ wegens ziekte *absence through illness*
verhitten *heat*
verhoeden *prevent*
verhogen *raise*
verhoging • (het vermeerderen) *increase, rise* • (verhoogde plaats) <in terrein> *rise*, <podium> *dais, platform* • (het hoger maken) *heightening, raising* • (lichte koorts) *temperature*
verhongeren *starve (to death)*
verhoor *questioning, interrogation, trial*
verhoren • (vervullen) <v. wens> *grant* • (ondervragen) *question*
verhouding • (betrekking) *relation(s)* • (liefdesrelatie) (love) *affair* • (evenredigheid) *proportion, ratio*
verhuizen I [ov ww] *move* II [on ww] *move*
verhuizer *remover*
verhuren *let out (for hire), hire out*
verhuurder <op huurcontract> *lessor*, <v. huis> *landlord*
verijdelen *frustrate, defeat, foil*
vering *springs*, <v. auto> *suspension*
verjaardag *birthday*, <v. gebeurtenis> *anniversary*
verjagen *drive/chase away, expel*
verjaren <v. misdrijf> *go out of date*
verjongen I [ov ww] *rejuvenate* II [on ww] *become young again*
verkavelen *parcel out*
verkeer • (gebruik v. wegen) *traffic* • (voertuigen, personen) *traffic* • (omgang) *intercourse*
verkeerd • (niet juist) *wrong* • (slecht) *bad*
verkeersbord *road sign*
verkeersdrempel *sleeping policeman, judder bar, speed hump*

verkeersleider air-traffic controller
verkeerslicht traffic light
verkeersopstopping traffic jam
verkeerstoren control tower
verkennen survey, explore, ‹mil.›
reconnoitre
verkenner • (verspieder) scout
• (padvinder) (Boy) Scout [v: Girl
Scout]
verkenning reconnoitring
verkeren * in gevaar ~ be in danger
* aan 't hof ~ move in court circles
verkering courtship
verkiesbaar eligible
verkiezen • (prefereren) prefer (to)
• (door keuze aanwijzen) elect, choose
• (liever willen) choose
verkiezing • (het stemmen) election
• (keuze, voorkeur) choice, preference
verkijken • (verkeerd beoordelen)
misjudge • (~ op) be mistaken in
verkikkerd * ~ op iets keen on s.th.
* ~ op een meisje crazy about a girl;
sweet on a girl
verklaarbaar explicable
verklaren • (formeel mededelen)
state, declare • (uitleggen) explain
verklaring • (uitleg) explanation
• (getuigenis) statement
verkleden • (omkleden) change, get
dressed • ((zich) vermommen)
disguise, dress up
verkleinen reduce
verkleinwoord diminutive
verkleumen get numb with cold
verkleuren fade, lose colour
verklikken squeal on a person
verklikker • (verrader) snitch, ‹inf.›
telltale, ‹politiespion› informer
• (alarmtoestel) alarm
verkneukelen * zich ~ in revel in;
‹ongunstig› gloat over
verknippen • (in stukken knippen)
cut up • (met knippen bederven) cut
to waste

verknocht devoted, attached
verknoeien spoil, ruin, ‹v. werk›
bungle
verkondigen proclaim, preach
verkoop sale
verkoopbaar saleable
verkopen sell
verkoper salesman
verkorten shorten
verkouden * ~ zijn have a cold
verkoudheid cold
verkrachten • (tot geslachtsgemeenschap dwingen) rape,
(sexually) assault • (schenden)
violate
verkrijgbaar obtainable
verkrijgen get, acquire, obtain
verkroppen stomach, swallow
verkruimelen crumble
verkwanselen barter away
verkwikken refresh
verkwisten squander, waste
verlagen I [ov ww] • (minder maken)
reduce • (lager maken) lower II [wkd
ww] debase o.s.
verlammen paralyse
verlamming • (lamheid) paralysis
• (het verlammen) crippling
verlangen I [het] desire, longing II [ov
ww] • (wensen) desire, want • (eisen)
demand III [on ww] • (~ naar) long for
verlaten I [bnw] • (afgelegen,
onbewoond) lonely, deserted • (in de
steek gelaten) lonely II [ov ww]
• (weggaan) leave • (in de steek laten)
abandon, desert • (later komen) delay,
postpone III [wkd ww] • (later komen)
be late • (~ op) rely on, put one's trust
in
verlatenheid loneliness, desolation
verleden I [het] past II [bnw] * ~ week
last week * ~ tijd past tense
verlegen • (schuchter) shy, bashful
• (geen raad wetend) embarrassed
(with) • (~ om) in want of, in need of

verlegenheid • (het verlegen zijn)
shyness, bashfulness • (moeilijke
omstandigheid) *embarrassment*
verleggen *shift, move*
verleidelijk *tempting, alluring,
seductive*
verleiden • (tot zonde verleiden) *lead
astray* • (tot geslachtsgemeenschap
brengen) *seduce* • (verlokken) *tempt*
verleiding *seduction, temptation*
verlenen *grant*
verlengen • (langer maken) *lengthen*
• (prolongeren) *extend, prolong,* ‹v.
officieel document› *renew*
verlenging • (waarmee verlengd
wordt) *extension,* ‹sport› *extra time*
• (het verlengen) *lengthening,
prolongation, renewal*
verleren *forget (how to)*
verlevendigen *revive, enliven*
verlichten • (v. licht voorzien) *light
(up)* • (verzachten) ★ pijn ~
relieve/ease pain
verlichting • (licht) *lighting* • (het
minder zwaar maken) *lightening*
• (opbeuring, opluchting) *relief, ease*
• (gesch.) *enlightenment*
verliefd • (liefde voelend) *in love
(with), enamoured* • (liefde tonend)
amorous
verliefdheid *being in love*
verlies *loss*
verliezen *lose*
verlof *leave*
verlokken *tempt, allure*
verloochenen *renounce, repudiate*
verloop • (het verstrijken) *course,
lapse* • (ontwikkeling) *progress,* ‹v.
ziekte, enz.› *course* • (teruggang)
falling off • (wisseling van personeel)
wastage
verlopen I [bnw] • (verliederlijkt) ‹v.
persoon› *seedy,* ‹v. zaak› *run-down*
• (ongeldig) *expired* II [on ww]
• (verstrijken) *pass (away), elapse*

• (geldigheidsduur overschrijden)
expire • (achteruitgaan) *decline, decay,*
‹v. staking› *peter out* • (zich
ontwikkelen) *pass off*
verloren *lost*
verloskunde *obstetrics,* ‹v.
vroedvrouw› *midwifery*
verloskundige ‹arts› *obstetrician,*
‹vroedvrouw› *midwife*
verlossen • (bevrijden) *deliver,* ‹rel.›
redeem • (bij bevalling helpen) *deliver*
verlosser *deliverer, liberator*
verlossing • (bevrijding) *deliverance,*
‹rel.› *redemption* • (bevalling) *delivery*
verloten *raffle*
verloven ★ zich ~ met *get engaged to*
verloving *engagement,* ‹form.›
betrothal
verluiden ★ naar verluidt *reputedly; it
is rumoured that*
vermaak *entertainment, pleasure,
amusement*
vermaard *famous,* ‹form.› *renowned*
vermageren I [ov ww] *emaciate* II [on
ww] *become thin, lose weight*
vermaken • (amuseren) *amuse,
entertain* • (veranderen) *alter*
• (~ aan) *bequeath*
vermanen *admonish, warn*
vermaning *admonition, warning*
vermannen *pull (o.s.) together*
vermeend *supposed, alleged*
vermeerderen *increase,* ‹form.›
augment
vermelden *mention, report*
vermelding *mention*
vermengen *mix,* ‹v. aroma's› *blend*
vermenigvuldigen I [ov ww]
• (verveelvoudigen) *duplicate*
• (wisk.) *multiply* II [wkd ww]
multiply, reproduce
vermenigvuldiging • (het
vermenigvuldigen) *multiplication*
• (voortplanting) *reproduction*
vermetel *audacious*

vermicelli *vermicelli*
vermijden *avoid*
verminderen *reduce*
vermissen *miss*
vermoedelijk *presumable, probable*
vermoeden I [het] *suspicion* II [ov ww]
• (veronderstellen) *suspect, suppose*
vermoeid *tired, weary,* ‹form.› *fatigued*
vermoeidheid *tiredness, weariness,*
‹form.› *fatigue*
vermoeien *tire, weary,* ‹form.› *fatigue*
vermogen • (bezit) *property,* ‹v. geld›
fortune • (macht) *power* • (capaciteit)
power, capacity
vermogend • (rijk) *wealthy*
• (invloedrijk) *influential*
vermommen *disguise*
vermomming *disguise*
vermoorden *murder*
vermorzelen *crush, pulverize*
vermurwen *soften, mollify*
vernauwen *narrow*
vernederen *humiliate, humble*
vernedering *humiliation*
vernemen *hear, learn, understand*
vernielen *destroy, smash (up)*
vernieling *destruction*
vernielzucht *destructiveness*
vernietigen • (verwoesten) *destroy,*
annihilate • (nietig verklaren) *annul,*
quash
vernieuwen • (moderniseren)
renovate • (vervangen) *renew*
vernissen *varnish*
vernuft *genius, ingenuity*
vernuftig *ingenious*
veronachtzamen • (verwaarlozen)
neglect • (negeren) *disregard, ignore*
veronderstellen • (vermoeden)
suppose, assume • (uitgaan v.)
(pre)suppose, assume
veronderstelling *supposition,*
assumption
verongelukken *die in an accident, be*
in a fatal accident

verontreinigen *pollute*
verontrusten *disquiet, disturb, alarm*
verontschuldigen I [ov ww] *excuse*
II [wkd ww] *apologize*
verontschuldiging *apology, excuse*
verontwaardiging *indignation*
veroordelen • (een vonnis vellen)
sentence • (afkeuren) *condemn*
• (~ tot) *condemn to,* ‹in vonnis›
sentence to
veroorloven *allow, permit*
veroorzaken *cause, bring about,*
‹form.› *occasion*
verorberen *dispatch, dispose of*
verordenen • (bevelen) *order*
• (wettelijk voorschrijven) *ordain,* ‹in
wet› *provide*
verordening *regulation*
verouderen I [ov ww] *age* II [on ww]
• (in onbruik raken) *become obsolete*
• (oud worden) *grow old, age*
veroveraar *conqueror*
veroveren *conquer*
verovering *conquest*
verpachten *lease (out)*
verpakken *pack/wrap (up)*
verpakking • (verpakkingsmateriaal)
packing • (het verpakken) *packing*
verpanden • (belenen) *pawn,*
‹onroerend goed› *mortgage* • (op het
spel zetten) *pledge*
verpatsen *flog*
verpesten *spoil*
verplaatsen I [ov ww] *move, shift*
II [wkd ww] *move*
verplanten *transplant, plant out*
verplegen *tend, nurse*
verpleging *nursing*
verpletteren • (vermorzelen) *crush,*
smash • (overweldigen) *shatter*
verplicht • (voorgeschreven)
compulsory • ((dank) verschuldigd)
obliged
verplichten *oblige*
verplichting *obligation, commitment*

verpotten *repot*
verprutsen *spoil*
verraad *treason, treachery, betrayal*
verraden I [ov ww] • (verraad plegen)
betray • (verklappen) *give away*
II [wkd ww] *give o.s. away*
verrader *traitor, betrayer*
verraderlijk • (als een verrader)
treacherous • (gevaarlijk) *tricky,*
treacherous • (iets verradend) *telltale*
verrassen *surprise, take by surprise*
verrassing *surprise*
verregaand *far-reaching, extreme*
verrekenen I [ov ww] *settle* II [wkd
ww] *miscalculate*
verrekijker • (telescoop) *telescope*
• (kijker met twee lenzen) *binoculars*
verrekken I [ov ww] *sprain* II [on ww]
⋆ verrek! *damn!*
verreweg *by far, far and away*
verrichten *perform, do*
verrichting • (uitvoering)
performance • (handeling) *action,*
activity, ‹zakelijk› *transaction*
verrijken *enrich*
verrijzen • (oprijzen) *arise,* ‹v.
industrie, stad› *spring up* • (opstaan)
rise
verrijzenis *resurrection*
verroeren *stir, move, budge*
verroesten *rust, get rusty*
verruilen *exchange/swap (for)*
vers I [het] *poem* II [bnw] *fresh*
verschaffen *provide/supply (with)*
verschalen *go flat/stale*
verschalken • (te slim af zijn) *outwit,*
outmanoeuvre, get round
• (verorberen) *polish off, dispose of*
verschansen *entrench*
verscheiden I [het] *decease* II [bnw]
diverse, various III [on ww] *depart*
IV [telw] *several*
verscheidenheid • (verschil) *variety,*
diversity • (gevarieerde veelheid)
range

verschepen • (per schip verzenden)
ship • (overladen in ander schip)
transship
verscherpen *sharpen*
verscheuren • (in stukken scheuren)
tear (apart/up), tear to pieces
• (verslinden) *maul* • (pijnlijk
aandoen) *rend, lacerate* • (verdelen)
tear (apart)
verschiet • (toekomst) *offing, prospect*
• (verte) *distance*
verschieten I [ov ww] *use up, shoot*
II [on ww] • (verbleken) ‹v. gezicht›
change colour, ‹v. kleur› *fade*
• (wegschieten) *shoot*
verschijnen • (zich vertonen) *make
one's appearance, appear* • (komen
opdagen) *appear, turn up*
• (uitkomen) *come out, be published*
• (vervallen) *fall due, expire*
verschijning • (het verschijnen)
appearance • (persoon) *figure, person*
verschijnsel *phenomenon*
verschil • (onderscheid) *difference,
distinction* • (uitkomst v. aftreksom)
difference
verschillen *differ (from)*
verschillend I [bnw] *different (from)*
II [telw] • (verscheiden) *several*
• (allerlei) *various*
verschonen *change*
verschoning • (schoon goed) *change
(of linen)* • (verontschuldiging) *excuse*
verschoppeling *outcast, pariah*
verschrikkelijk *terrible, dreadful*
verschrikking *terror, horror*
verschroeien *scorch,* ‹door zon› *parch*
verschrompelen I [ov ww] *shrivel*
II [on ww] • (rimpelig worden) *shrivel
(up)* • (ineen schrompelen) *shrink*
verschuiven I [ov ww] • (uitstellen)
postpone • (verplaatsen) *shove (away),
shift, move* II [on ww] *shift*
verschuldigd ⋆ ik ben haar dat ~ *I
owe it to her*

versie *version*
versieren • (verfraaien) *decorate*
• (voor elkaar krijgen) *fix*
• (verleiden) *pick up*
versiering • (het versieren)
adornment, decoration • (decoratie)
decoration
versjacheren *flog*
versjouwen *drag away*
verslaafd *addicted* (to), ‹inf.› *hooked*
(on)
verslag *report, account*
verslagen • (overwonnen) *defeated*
• (terneergeslagen) *dismayed*
verslaggever *reporter*
verslapen • (te lang slapen) *oversleep*
• (slapend doorbrengen) *sleep away*
verslappen I [ov ww] *relax, slacken*
II [on ww] *weaken, slacken*
versleten *worn* (out), ‹v. textiel,
kleding› *threadbare*
verslijten *wear out*
verslinden *devour*
verslonzen *allow to go to pot, neglect*
versmaden *despise, disdain, scorn*
versmallen *narrow*
versmelten *blend*
versnapering *snack*
versnellen I [ov ww] *accelerate, speed
up* II [on ww] *quicken*
versnelling • (schakelinrichting) *gear*
• (het versnellen) *acceleration*
versnellingsbak *gearbox*
versnijden • (in stukken snijden) *cut
up* • (aanlengen) *dilute, adulterate*
versnipperen *shred*
verspelen • (verbeuren) *lose, forfeit*
• (vergokken) *gamble away*
versperren *block, bar*
verspillen *squander, waste*
versplinteren I [ov ww] *splinter,
sliver, smash* (up) *into matchwood*
II [on ww] *splinter, shatter*
verspreiden *spread,* ‹v. geur› *give out*
verstaan • ((kunnen) horen) *hear*

• (begrijpen) *understand*
verstand • (vermogen te denken)
mind, intellect, intelligence
• (vermogen te oordelen) *judgement,
understanding,* ‹kennis› *knowledge*
verstandelijk *intellectual*
verstandhouding *understanding,
relations*
verstandig • (verstand hebbend)
reasonable, intelligent • (v. inzicht
getuigend) *sensible*
verstandskies *wisdom tooth*
verstandsverbijstering *mental
derangement, insanity*
verstarren I [ov ww] *make rigid, stiffen*
II [on ww] *become rigid*
verstek • (verzuim) *default* • (techn.)
mitre
verstekeling *stowaway*
versteld ∗ ~ *staan be dumbfounded* ∗ ~
doen staan stupefy s.o.
verstellen • (repareren) *mend, patch*
• (stand veranderen) *adjust*
verstenen *petrify*
versterken *strengthen,* ‹m.b.v. een
versterker› *amplify*
versterker • (radio) *amplifier* • (foto.)
intensifier
versterking • (het versterken)
*fortification, reinforcement,
intensification, strengthening,* ‹v.
geluid› *amplification*
verstijven *stiffen*
verstikken I [ov ww] *stifle, suffocate,
choke* II [on ww] *choke, suffocate*
verstoken I [bnw] *devoid* (of) II [ov
ww] *burn up*
verstommen *fall silent, die down*
verstoord *annoyed*
verstoppen • (blokkeren) ‹v. buis›
clog, ‹v. doorgang› *obstruct/block*
• (verbergen) *hide*
verstoppertje ∗ ~ *spelen play
hide-and-seek*
verstopping • (het verstopt zijn)

blockage • (obstipatie) *constipation*
verstoren ∗ de openbare orde/rust ∼ *disturb the peace*
verstoten *cast off*
verstrakken *set, tighten*
verstrekken *provide/supply with,* ‹mil.› *issue*
verstrijken *pass (by), go by*
verstrikken • (in strik vangen) *ensnare* • (doen vastlopen) *entangle*
verstrooid • (verspreid) *scattered* • (afwezig) *absent-minded*
verstrooien • (iem./zich afleiding bezorgen) *entertain* • (verspreiden) *scatter, disperse*
verstrooiing • (verspreiding) *dispersion* • (ontspanning) *diversion*
verstuiken *sprain*
verstuiven I [ov ww] *vaporize, spray* II [on ww] *be blown away*
verstuiving • (het verstuiven) *dispersion, scattering, spraying* • (zandverstuiving) *sand-drift*
vertalen *translate*
vertaler *translator*
vertaling *translation*
verte *distance*
vertederen *soften, mollify*
verteerbaar *digestible*
vertegenwoordigen • (handelen namens) *represent* • (uitdrukken) *stand for* • (equivalent zijn met) *represent*
vertegenwoordiging • (het vertegenwoordigen) *representation* • (delegatie) *representative(s)*
vertellen *tell*
verteller *story-teller, narrator*
vertelling *story, tale*
verteren I [ov ww] • (voedsel afbreken) *digest* • (doen vergaan) *corrode, eat away* II [on ww] ‹v. voedsel› *digest,* ‹wegteren› *waste (away)*
verticaal *vertical*

vertier *entertainment, amusement*
vertikken *refuse flatly*
vertillen *strain o.s. (in) lifting*
vertoeven *stay,* ‹tijdelijk› *sojourn*
vertolken • (vertalen) *interpret* • (weergeven) *voice, express* • (uitbeelden) *render, play, impersonate*
vertonen I [ov ww] • (laten zien/blijken) *exhibit, display* • (opvoeren) *show, present* II [wkd ww] *show (o.s.), appear, show up*
vertoning *show, display*
vertoon • (het vertonen) *showing, producing* • (tentoonspreiding) *demonstration, manifestation*
vertragen *slow down*
vertrappen *tread/trample on/down*
vertrek • (kamer) *room* • (het weggaan) *departure*
vertrekken *leave,* ‹v. boot› *sail,* ‹v. vliegtuig› *take off*
vertroebelen I [ov ww] *make turbid/muddy,* ‹fig.› *confuse, obscure* II [on ww] *become/get muddy/turbid*
vertroetelen *baby, pamper,* ‹pej.› *(molly)coddle*
vertrouwd • (vertrouwen genietend) *reliable* • (wat gewoon is) *familiar* • (wat veilig is) *safe*
vertrouwelijk • (blijkgevend van vertrouwen) *intimate, familiar* • (geheim) *confidential*
vertrouweling *confidant* [v: confidante]
vertrouwen I [het] *confidence, faith* II [ov ww] *trust* III [on ww] *trust (in), rely on*
vertwijfeling *despair, desperation*
vervaardigen *manufacture,* ↓ *make*
vervaarlijk *awful, tremendous*
vervagen I [ov ww] *blur, dim* II [on ww] *fade (out/away), become blurred*
verval • (het vervallen) *decline, deterioration, decay* • (hoogteverschil)

drop, fall • (het niet meer geldig zijn) maturity

vervallen I [bnw] • (niet onderhouden) dilapidated, ramshackle • (verlopen) ravaged, wasted • (verstreken) due • (afgeschaft) lapsed II [on ww] • (eigendom worden van) fall to • (bouwvallig worden) fall into disrepair • (afnemen) decay, decline • (verstreken zijn) expire, ‹polis› lapse, ‹v. wedstrijd› be cancelled • (invorderbaar worden) mature, become/be payable, fall due

vervalsen • (namaken) forge, counterfeit • (met kwade opzet veranderen) doctor, tamper with

vervalsing • (het vervalsen) forging, counterfeiting • (het vervalste) forgery, counterfeit, ‹inf.› fake

vervangen replace

vervanging replacement, substitution

vervelen I [ov ww] • (ergeren) annoy • (verveling veroorzaken) bore II [wkd ww] be bored

vervelend • (saai) boring, tedious, tiresome • (onplezierig) tedious, annoying • (onhebbelijk) annoying

verveling boredom, ↑ tedium

vervellen peel

verven • (schilderen) paint • (kleuren) dye

verversen • (weer vers maken) refresh • (vervangen) change

vervlakken • (afstompen) become numb • (verflauwen) wane, ‹v. kleuren› fade (away) • (vlakmaken) make smooth/even

vervliegen • (verdampen) evaporate • (verdwijnen) vanish

vervloeken curse, damn, ‹rel.› ↑ anathematize

vervoegen I [ov ww] conjugate II [wkd ww] ‹bij een persoon› report to, ‹m.b.t. plaats› apply (at)

vervoer transport

vervoeren carry, transport

vervoering ecstasy, rapture

vervolg • (de volgend tijd) future • (voortzetting) continuation • (het vervolgen) continuation

vervolgen • (doorgaan) continue • (achtervolgen) pursue, ‹vanwege een overtuiging› persecute • (jur.) prosecute

vervolgens further, next

vervolging • (het voortzetten) pursuit, continuation • (het vervolgd worden) persecution • (rechtsvervolging) prosecution

vervolmaken perfect

vervormen distort

vervreemden ∗ ~ van alienate from; ‹persoon› estrange from

vervroegen bring/move/put forward, advance, ‹betalingen, enz.› accelerate

vervuilen pollute, ‹v. voedsel/water› contaminate

vervullen fulfil

vervulling fulfilment, accomplishment, ‹v. droom, wens› realization

verwaand conceited, cocky

verwaarlozen neglect

verwachten expect, ‹v. gebeurtenis› anticipate

verwachting expectation, anticipation

verwant ∗ ~ aan related to

verwantschap • (het verwant zijn) relation(ship), kinship • (overeenkomst) relationship, affinity

verward • (onordelijk) ‹haar› tousled, ‹v. draden› tangled (up) • (in de war) confused

verwarmen heat, warm

verwarming • (het verwarmen) heating, warming • (installatie) heating (system), heater

verwarren • (in de war maken) confuse, ‹v. draden› tangle (up)

• (verwisselen met elkaar) *confuse,
mix up*
verwarring • (het verwarren)
confusion, entanglement • (het
verward zijn) *muddle, confusion*
verwateren I [ov ww] *dilute* II [on ww]
• (waterig worden) *become diluted*
• (verslappen) *lose vigour*
verwedden • (inzetten bij wedden)
bet, wager, gamble • (vergokken)
gamble (away)
verweer *defence,* ‹jur.› *plea*
verwekken *father*
verwelken *wither, wilt*
verwelkomen *welcome*
verwennen *spoil, pamper, coddle*
verwensen *curse*
verwensing *curse*
verweren I [on ww] ‹ook v. steen›
weather, ‹steen› *erode* II [wkd ww]
defend o.s.
verwerkelijken *realize*
verwerken • (opnemen) ‹informatie›
digest • (emotioneel te boven komen)
cope with • (maken tot) *process*
verwerpelijk *reprehensible,
objectionable*
verwerpen *reject*
verwerven *acquire*
verwezenlijken *realize,* ‹v. hoop,
wens› *fulfil*
verwijden *widen*
verwijderd *remote, distant, far off*
verwijderen I [ov ww] *remove* II [wkd
ww] *leave*
verwijdering • (de toestand) ‹ook
fig.› *estrangement* • (het verwijderen)
removal, ‹fig.› *alienation,* ‹v.
school/universiteit› *expulsion*
verwijfd *effeminate, womanish, sissy*
verwijt *reproach, blame,* ‹form.› *reproof*
verwijten *blame, reproach*
verwijzen *refer (to),* ‹pej.› *relegate*
verwijzing • (het verwijzen) *reference*
• (verwijzingsbriefje van arts) *referral*

verwikkelen *involve, mix up,* ‹vnl. in
lijdende vorm› *entangle*
verwikkeling • (de moeilijkheid)
entanglement [alleen ev], ‹jur.›
complication • (plot van boek)
plot [alleen ev], *complication* • (het
verwikkelen) *involvement,*
‹scandaleus› *entanglement*
verwilderen *go wild*
verwisselbaar *exchangeable,*
‹onderling› *interchangeable*
verwisselen • (omruilen) *exchange*
• (verwarren) *confuse, mistake*
verwittigen *notify, advise, inform*
verwoed *ardent, passionate, avid*
verwoesten *destroy, devastate, ruin*
verwoesting *destruction, devastation*
verwonden I [ov ww] *injure, hurt,*
‹met opzet› *wound* II [wkd ww]
hurt/injure o.s.
verwonderen I [ov ww] • (verrassen)
surprise • (verbazen) ‹in grote mate›
astonish, amaze II [wkd ww] ✶ zich ~
over marvel at
verwondering • (verrassing) *surprise*
• (verbazing) *wonder, astonishment*
verwonderlijk *surprising,
astonishing,* ‹zonderling› *strange*
verwonding *injury*
verworden *decay, degenerate*
verwringen *distort, twist*
verzachten *ease*
verzadigen *satisfy,* ‹chem.› *saturate*
verzaken I [ov ww] • (niet nakomen)
neglect • (afvallen) ‹v. geloof›
renounce, ‹v. vriend› *desert, forsake*
II [on ww] ‹in kaartspel› *revoke*
verzakken *sag,* ‹v. bodem› *subside*
verzamelaar *collector*
verzamelen I [ov ww] *gather, collect*
II [wkd ww] *gather, assemble*
verzameling • (het verzamelen)
collection, gathering • (collectie)
collection
verzamelnaam *collective noun*

verzamelplaats *meeting place, rallying point*

verzanden *silt up*

verzegelen *seal (up)*

verzekeraar *insurer*

verzekeren I [ov ww] • (stellig verklaren) *guarantee, ensure* • (assureren) *insure* II [wkd ww] *ensure*

verzekering • (stellige verklaring) *guarantee, assurance* • (assurantie) *insurance*

verzenden *send, dispatch,* ‹per post› *mail*

verzengen *scorch*

verzet *resistance*

verzetsbeweging *resistance (movement)*

verzetten I [ov ww] • (elders zetten) *move* • (wegwerken) ‹werk› *get through* II [wkd ww] *resist*

verzilveren • (met zilver bedekken) *(coat/plate with) silver* • (innen) *cash*

verzinken I [ov ww] • (met zink overtrekken) *galvanize* • (diep leggen) *sink* II [on ww] *sink*

verzinnen • (uitvinden) *invent* • (fantaseren) *make up*

verzinsel *invention*

verzoek *request,* ‹form.› *petition*

verzoeken • (vragen) *request, beg, ask* • (tarten) *tempt*

verzoeking *temptation*

verzoekschrift *petition, appeal*

verzoenen *reconcile, conciliate*

verzoening *reconciliation*

verzolen *resole*

verzorgd ‹v. kleding› *well-groomed,* ‹v. maaltijd› *excellent,* ‹v. taalgebruik› *polished,* ‹v. tuin› *well-kept*

verzorgen *look after, take care of,* ‹v. dier, zieke› *tend*

verzorger *attendant*

verzot ∗ ~ op *crazy/mad/wild about*

verzuchten *sigh*

verzuchting *sigh,* ‹klacht› *lamentation*

verzuim • (nalatigheid) *neglect, omission* • (het wegblijven) ‹op 't werk› *absenteeism,* ‹op school› *non-attendance, truancy*

verzuimen I [ov ww] • (nalaten, veronachtzamen) *neglect, omit* II [on ww] • (niet opdagen) ‹v. school› *be absent*

verzuipen I [ov ww] • (doen verdrinken) *drown* • (uitgeven aan drank) ↑ *squander one's money on drink* II [on ww] *drown, be drowned*

verzwakken I [ov ww] *weaken, enfeeble* II [on ww] *weaken, grow weak*

verzwaren • (versterken) ‹v. dijken› *strengthen* • (zwaarder maken) *make heavier*

verzwelgen ‹drank› *guzzle,* ‹eten› *gobble*

verzwijgen • (verbergen) *conceal* • (achterhouden) *suppress*

verzwikken *sprain, twist*

vesper • (gebed) *vespers* • (avonddienst) *vespers, evensong*

vest • (onderdeel v. pak) *waistcoat,* ‹AE› *vest* • (gebreid jasje) *cardigan*

vestibule *(entrance-)hall, lobby*

vestigen • (nederzetten) *establish* • (~ op) *focus*

vestiging • (het vestigen) *establishment* • (filiaal) *establishment, branch*

vesting *fortress, stronghold*

vet I [het] • (smeer) *grease* • (weefsel tussen vlees) *fat* II [bnw] • (rijk aan vet) *fat* • (dik gedrukt) *bold*

vete *feud*

veter *lace*

veteraan *veteran*

vetgehalte *fat content*

vetmesten *fatten (up)*

veto *veto*

vettig • (vet bevattend) *fatty* • (met

vet bedekt) *greasy*
veulen *foal*, ‹hengst› *colt*, ‹merrie› *filly*
vezel *fibre, thread, filament*
via • (over, langs) *via* • (door
bemiddeling van) *via, by way of*
viaduct ‹bij elkaar kruisende wegen›
flyover, ‹voor weg of spoor› *viaduct*
vibreren *vibrate*
videocassette *video cassette*
vier I [de] *four* II [telw] *four*
vierde I [bnw] *fourth* II [telw] *fourth*
vieren *celebrate*
viering *celebration*
vierkant *square*
vierling *quadruplets, quads*
viersprong *crossroads*
vies • (vuil) *dirty* • (schunnig) *obscene,
filthy* • (onsmakelijk) *nasty*
viezerik *slob*, ‹seksueel› *pervert*
vignet • (boekversiering) *vignette*
• (handelsmerk) *device, logo*
vijandelijk *hostile, enemy*
vijandig • (vijandelijk) *enemy*
• (agressie vertonend) *hostile*
vijandschap *hostility, enmity*
vijf I [de] *five* II [telw] *five*
vijfkamp *pentathlon*
vijftien *fifteen*
vijftig *fifty*
vijg • (vrucht) *fig* • (paardenvijg)
horsedung
vijgenblad *fig leaf*
vijl *file*
vijlen *file*
vijver *pond*
vijzel • (krik) *jack(screw)* • (stampvat)
mortar
villa *villa*
villen • (huid afstropen) *skin, flay*
• (afpersen) *fleece*
vilt *felt*
vilten *felt*
viltstift *felt-tip (pen)*
vin *fin*
vinden • (menen) *find, think*

• (aantreffen) *find, discover*
vinding • (het vinden) *finding*
• (uitvindig) *invention, discovery*
vindingrijk *inventive, resourceful*
vindplaats • (plaats van een vondst)
place where s.th. is found • (plaats van
opgraving) *site of find/discovery*
vinger *finger*
vingerafdruk *fingerprint*
vingerhoed *thimble*
vingertop *fingertip*
vingerwijzing *hint, clue*
vink • (vogel) *finch* • (vleeswaar)
★ blinde vinken *veal/beef olives*
vinnig *sharp, snappy*
violet *violet*
violist *violinist*
viool *violin*
virtuoos *virtuoso*
virtuositeit *virtuosity*
vis *fish*
visafslag *fish auction, fish market*
visboer *fish dealer, fishmonger*
visie • (mening) (point of) *view*
• (zienswijze) *vision*
visioen *vision*
visionair *visionary*
visite • (het bezoeken) *visit*, ‹kort› *call*
• (personen op bezoek) ★ ~
hebben/verwachten *have/expect
visitors/guests*
visitekaartje *business/calling card*
vissen I [de] • (astrol.) *Pisces* II [on ww]
fish, ‹sport› *fish, angle*
visser • (beroepsvisser) *fisherman*
• (sportvisser) *angler*
visserij *fishery*
visueel *visual*
visum *visa*
vitaal *vital*
vitamine *vitamin*
vitrage • (stof) *net* • (gordijn) *net
(curtain)*
vitten *find fault (with), carp/cavil (at)*
vivisectie *vivisection*

vizier I [de] *vizier* II [het] • (klep op
helm) *visor* • (deel van vuurwapen)
sight
vla • (toetje) = *custard* • (vlaai) *flan*
vlaag • (windstoot) *gust* • (opwelling)
fit
Vlaams I [het] *Flemish* II [bnw] *Flemish*
Vlaanderen *Flanders*
vlag *flag, colours*
vlaggen • (de vlag uithangen)
hang/put out the flag(s) • (sport) *raise
the flag*
vlaggenschip *flagship*
vlaggenstok *flagstaff/-pole*
vlak I [het] • (platte kant) *surface*, <v.
hand, zwaard> *flat* • (gebied) *field*,
<niveau> *level* • (wisk.) *plane* II [bnw]
• (glad) *flat, level* • (niet
contrasterend) *flat* III [bijw] *right*
vlakte *plain*
vlaktemaat *square measure, surface
measurement*
vlam • (vuur) *flame* • (tekening in
hout) *grain*
Vlaming *Fleming*
vlammenwerper *flame-thrower*
vlas *flax*
vlasblond *flaxen(-haired),
tow-coloured*
vlassen I [bnw] *flaxen* II [on ww] * ~
op iets *look forward to s.th.; be eager
for s.th.*
vlecht *plait, braid*
vlechten *plait*, <AE> *braid*, <v. krans>
wreathe, <v. manden> *make*, <v.
matten> *weave*
vlechtwerk <v. mand> *wicker-work*
vleermuis *bat*
vlees • (voedsel) *meat* • (weefsel) *flesh*
vleesboom *fleshy growth*, <med.>
fibroid, myoma
vleeskleurig *flesh-coloured*
vleesmolen *mincer*
vleeswaren *meat-products, meats*
vleet *herring net*

vlegel • (vlerk) *lout, yob* • (kwajongen)
brat • (dorsvlegel) *flail*
vleien *flatter*
vleierij *flattery*
vlek *stain*, <veeg> *smear, smudge*
vlekkeloos • (smetteloos) *spotless*
• (feilloos) *perfect, immaculate*
vlekken *stain, soil*
vleselijk • (lichamelijk) *physical*
• (zinnelijk) *carnal*
vleugel • (vlerk, deel gebouw) *wing*
• (piano) *grand piano*
vleugellam *broken-winged*
vleugelmoer *wing/butterfly nut*
vlezig *fleshy, meaty, plump*
vlieg *fly*
vliegbasis *air base*
vliegbrevet *pilot's licence*
vliegdekschip *aircraft carrier*
vliegen *fly*
vliegengaas (window/door) *screen(ing)*
vlieger • (speelgoed) *kite* • (vliegenier)
pilot, flyer
vliegtuig *airplane, aircraft*
vliegtuigkaping *hijacking*
vliegveld <groot> *airport*, <klein>
airstrip
vliering *attic, loft*
vlies *skin, membrane*, <op vloeistof>
film
vlijmscherp *razor sharp*
vlijt *diligence, industry*
vlijtig *diligent, industrious*
vlinder *butterfly*
vlinderslag *butterfly stroke*
vlo *flea*
vloed • (grote hoeveelheid) *flood*
• (getijde) (high) *tide*
vloedgolf *tidal wave*
vloeibaar *liquid, fluid*
vloeien *flow*
vloeiend *flowing*, <v. taal> *fluent*
vloeipapier • (dun papier) *tissue paper*
• (absorberend papier) *blotting-paper*
vloeistof *liquid*

vloek • (verwensing) *curse*
• (vloekwoord) *oath, curse*
vloeken • (krachttermen uiten) *swear,
curse* • (~ **met**) * deze kleuren ~ met
elkaar *these colours clash*
vloer *floor*
vloerbedekking *floor-covering*
vloeren *floor, knock down*
vloerkleed *carpet,* <klein> *rug*
vlok *flake*
vlonder • (slootplank) *plank bridge*
• (losse vloer) *planking*
vlooien *flea*
vloot • (groep vaar-/vlieg-
/voertuigen) *fleet* • (oorlogsvloot)
fleet, navy
vlot I [het] *raft* II [bnw]
• (gemakkelijk) *smooth*
• (ongedwongen) *easy-going*
vlotten *go smoothly*
vlotter *float*
vlucht • (het vluchten) *flight*
• (vliegtuigreis) *flight* • (spanwijdte)
wing-span • (troep vogels) *flock, flight*
vluchteling • (voortvluchtige)
fugitive • (dissident) *refugee*
vluchten • (toevlucht zoeken) *flee,
take refuge* • (ontvluchten) *escape, flee*
vluchtheuvel *traffic island*
vluchtig • (haastig, oppervlakkig)
cursory • (snel vervliegend) *volatile*
vluchtstrook *hard shoulder*
vlug • (in snel tempo) *quick, fast*
• (snel en handig) <m.b.t.
lichaamsbeweging> *agile,* <v. geest>
bright • (spoedig) *quick*
vlugschrift *pamphlet*
vlugzout *sal volatile, smelling salts*
vocht • (vloeistof) *liquid,* <med.> *fluid*
• (vochtigheid) *moisture, dampness*
vochtig • (ietwat nat) *moist,* <klimaat>
humid • (onprettig vochtig) *damp*
vod *rag, tatter*
voeden I [ov ww] *feed* II [on ww] *be
nourishing*

voeding *food, nutrition,* <voor baby,
dieren> *feed*
voedingsbodem <fig.> *breeding
ground,* <v. bacteriën> *medium*
voedingsleer *dietetics*
voedingsmiddel (article of) *food,
foodstuff*
voedingswaarde *food/nutritional
value*
voedsel *food*
voedselpakket • (ingepakt eten) *food
parcel* • (keuze in voedingsmiddelen)
food range
voedzaam *nutritious, nourishing*
voeg *joint*
voegen I [ov ww] • (verenigen met)
join • (opvullen met specie) *point*
• (voegen bij) *add (to)* • (verbinden)
join II [on ww] • (betamen) *become*
• (gelegen komen) *suit* III [wkd ww]
* zich ~ naar *adjust/conform (to)*
voegwoord *conjunction*
voelbaar *tangible, perceptible, palpable*
voelen I [on ww] *feel* II [wkd ww]
* zich goed/ziek ~ *feel well/ill*
voelhoorn *tentacle*
voeling *feeling, touch*
voer *feed, food*
voeren • (verrichten) *carry on,*
<onderhandelingen> *conduct*
• (voeden) *feed* • (v. voering voorzien)
line • (op stang jagen) *bait, badger*
• (leiden) *lead, bring (s.o.)*
voering *lining*
voertaal *official language, medium of
communication*
voertuig *vehicle*
voet *foot*
voetbal I [de] *football* II [het] *football,
soccer,* ↑ *Association football*
voetballen *play football*
voetballer *football player, footballer*
voetganger *pedestrian*
voetlicht *footlights*
voetpad *footpath*

voetreis *walking-trip*
voetspoor *footprint, track*
voetstap *footstep*
voetstoots *out of hand, without further ado*
voetstuk *pedestal*
voetzoeker *firecracker, jumping jack*
voetzool *foot sole, sole (of one's foot)*
vogel • (dier) *bird* • (persoon) *customer, character*
vogelkooi *birdcage*
vogelverschrikker *scarecrow*
vogelvlucht *bird flight*
vogelvrij *outlawed*
voile • (sluier) *veil* • (materiaal) *voile*
vol *full* ＊ vol met *filled with*
volbloed I [de] *thoroughbred* II [bnw] *full-blooded, pedigree*
volbrengen *fulfil*
voldaan *satisfied, content*
voldoen I [ov ww] • (betalen) *pay, settle* II [on ww] • (aan verwachting beantwoorden) *be satisfactory* • (~ aan) *satisfy*
voldoening • (tevredenheid) *satisfaction* • (betaling) *payment, settlement*
voldragen *full-born, full-term*, <fig.> *mature*
volgeling *follower*, <rel.> *disciple*
volgen *follow*
volgens • (naar mening van) *according to* • (overeenkomstig) *in accordance with*
volgooien *fill (up)*
volgorde *order, sequence*
volgroeid *full(y)-grown, mature*
volgzaam *docile*
volharden *persevere, persist (in)*
volheid *fullness*
volhouden I [ov ww] • (doorgaan met) *carry on, keep up* • (blijven beweren) *maintain, insist* II [on ww] *hold on*
volk *people*

volkenkunde *cultural anthropology*, <beschrijvend> *ethnography*, <vergelijkend> *ethnology*
volkenrecht *international law*
volkomen I [bnw] • (volmaakt) *perfect* • (totaal) *complete* II [bijw] *absolutely, completely*
volkorenbrood *wholemeal bread*
volksgezondheid *public health*
volkslied • (nationaal lied) *national anthem* • (traditioneel, overgeleverd lied) *folk-song*
volksmond ＊ in de ~ *in everyday/popular language* ＊ in de ~ noemt men dit *it is popularly called*
volksstam • (volk) *tribe* • (menigte) *crowd, horde*
volkstelling *census*
volksuniversiteit ≈ *adult education centre*
volksverhuizing • (het trekken van een volk) *migration of a nation* • (gesch.) *the migration of the nations*
volksvertegenwoordiger *representative (of the people), member of parliament*, <AE> *Congressman*, <BE> M.P.
volksvertegenwoordiging • (parlement) *house of representatives, parliament* • (het vertegenwoordigen) *representation of the people*
volledig *complete, full*
volleerd • (volledig geschoold) *fully qualified* • (doorkneed) *accomplished, consummate, perfect*
vollopen *get filled, fill (up)*
volmaakt *perfect*
volmacht *power, authority, mandate*, <jur.> *power (of attorney)*
volmondig *full, whole-hearted, unconditional, frank*
volop *plenty of, in abundance*
volslagen *complete, utter*
volstaan • (voldoende zijn) *do, be sufficient, suffice* • (~ met) *limit o.s.*

volstrekt *complete, absolute*
volt *volt*
voltallig *complete*
voltooien *finish, complete*
voltooiing *completion*
voltreffer *direct hit*
voltrekken I [ov ww] <v. huwelijk>
perform, <v. vonnis> *execute* II [wkd
ww] *occur, happen*
voluit *in full*
volume *volume*
volvet *full-cream*
volwaardig <v. lid> *full,* <v. munt>
sound
volwassen *adult*
volzin *(complete) sentence,* <taalk.>
period
vondeling *abandoned child*
vondst • (ontdekking) *discovery* • (het
gevondene) *find* • (het vinden)
discovery, finding
vonk *spark*
vonnis • (uitspraak v. rechter)
judg(e)ment • (strafmaat) *sentence*
• (oordeel) *verdict*
vonnissen I [ov ww] *pass sentence on*
II [on ww] *pass sentence, condemn*
voogdij *custody, guardianship*
voor I [bijw] • (ten gunste van) *for*
• (aan voorzijde) *in front*
• (voorafgaand in tijd) *before* II [vz]
• (plaatsbepaling) *in front of*
• (tijdsbepaling) *before* • (gedurende)
for • (ten voordele van) *for* III [vw]
before
vooraan *in front*
vooraanstaand *leading, prominent*
vooraf *beforehand, previously*
voorafgaan *precede, go before*
vooral *especially, particularly*
vooralsnog *as yet, for the time being*
voorarrest *detention on remand*
vooravond • (avond voor belangrijke
dag) *eve* • (eerste deel van de avond)
early evening

voorbaat ∗ bij ~ *in anticipation; in
advance*
voorbarig • (te vroeg) *premature*
• (onbezonnen) *hasty, rash*
voorbeeld • (illustratie) *instance,
specimen, example* • (iets dat
nagevolgd kan worden) *example,
model, pattern*
voorbeeldig *exemplary*
voorbehoedmiddel *contraceptive*
voorbehoud • (beperking) *reserve,
reservation* • (voorwaarde) *reservation*
voorbehouden *reserve*
voorbereiden *prepare, be ready*
voorbereiding *preparation*
voorbeschikken *predestine*
voorbestemmen *predetermine,
predestine*
voorbij I [bijw] • (voor iets/iem. langs)
past, by • (verleden tijd) *over* • (verder
dan) *beyond* II [vz] • (verder dan) *past,
beyond* • (langs) *past*
voorbijgaan *pass (by), go by*
voorbijgaand *passing, transitory*
voorbijganger *passer-by*
voorbijstreven *outstrip, outpace,
surpass*
voorbode *forerunner, herald,*
<voorteken> *omen*
voordeel *benefit, advantage*
voordeur *front door*
voordoen I [ov ww] *show, demonstrate*
II [wkd ww] • (plaatsvinden) *occur,
turn up,* <v. vraag, omstandigheid>
arise • (zich gedragen/uitgeven als)
present o.s., pose as, make o.s. out
voordracht • (aanbevelingslijst) *short
list, list of candidates* • (aanbeveling)
nomination • (lezing) *lecture, speech*
• (poëzie-/muziekvoordracht) <muz.>
recital, <v. gedicht> *recitation* • (wijze
v. voordragen) *execution,* <v.
toespraak> *delivery*
voordragen <v. gedicht> *recite*
voorgaan • (eerst komen/gaan)

precede • (de weg wijzen) *lead the way*
• (de voorrang hebben) *take
precedence*
voorgaand *preceding, former, last*
voorganger • (iem. die men opvolgt)
predecessor • (rel.) *pastor, minister*
voorgerecht *first course,* ‹form.› *entrée*
voorgeschiedenis ‹v. pers.› *past
history,* ‹v. zaak› (*previous*) *history*
voorgevel • (voorzijde) *face, façade*
• (boezem) ‹inf.› *boobs*
voorgeven • (voorwenden) *pretend,
make out, claim* • (als voorsprong
geven) *give odds/points, grant a
handicap*
voorgevoel *presentiment,* ‹inf.› *hunch*
voorgoed *for good, once and for all*
voorgrond *foreground*
voorhanden *available*
voorhebben • (dragen) *have on*
• (bedoelen) *mean, intend*
• (tegenover z. hebben) * *wie denk je
dat je voor je hebt? who*(m) *do you
think you are talking to?* • (als
voordeel hebben) * *dat heeft hij op je
voor there he has the advantage of you*
voorheen *formerly*
voorhistorisch *prehistoric*
voorhoede • (voorste legertroepen)
advance guard • (voorvechters)
vanguard • (sport) *forward-line*
voorhoofd *forehead*
voorhouden • (wijzen op) *impress
(upon), confront • (omhooghouden)
hold (s.th.) *before* (s.o.) • (aanhouden)
keep on
voorhuid *foreskin*
voorin ‹in bus, enz.› *in front*
vooringenomen *prejudiced, biased*
voorjaar *spring*
voorkamer *front room*
voorkant *front*
voorkennis *foreknowledge*
voorkeur *preference*
voorlaatst *last but one, penultimate*

voorleggen *submit* (to), *lay/put before*
(s.o.)
voorletter *initial* (letter)
voorlezen ‹aan kinderen› *read* (to),
‹aankondiging› *read* (out)
voorlichten • (onderrichten) *inform,
enlighten* (on) • (seksuele
voorlichting geven) *tell s.o. the facts
of life*
voorlichting *information, guidance,
advice*
voorliefde *preference, predilection*
voorliegen *lie* (to)
voorlopen • (voorop lopen) *walk in
front* • (te snel gaan) *be fast, gain*
voorloper *precursor, forerunner*
voorlopig I [bnw] *provisional,
temporary* II [bijw] *for the time being,
for now*
voormalig *former*
voorman • (leider) *leader* • (ploegbaas)
foreman
voormiddag • (ochtend) *morning*
• (vroeg in de middag) *early afternoon*
voornaamwoord *pronoun*
voornamelijk *mainly, principally,
chiefly*
voornemen I [het] *resolve, resolution,
intention* II [wkd ww] *resolve,
determine, make up one's mind* (to)
voornoemd *above-/afore-mentioned*
vooronderzoek *preliminary
investigation*
vooroordeel *prejudice, bias*
voorop • (aan het hoofd) *in front, in
the lead* • (aan de voorkant) *in front*
voorover *forward, prostrate, head first,
headlong*
voorpagina *front page*
voorpoot *foreleg, forepaw*
voorportaal *vestibule, porch*
voorpost *outpost*
voorraad *stock, supply, store*
voorradig *in stock, in store*
voorrang • (prioriteit) *precedence,*

priority • (recht vóór te gaan in verkeer) *right of way*
voorrangsweg *major road, main road*
voorrecht *privilege*, ‹form.› *prerogative*
voorruit *windscreen*
voorschieten *advance*
voorschijn * te ~ komen *appear*
voorschot *advance, loan*
voorschrift *prescription*
voorsorteren • (voorlopig sorteren) *presort* • (rijbaan kiezen) *get in lane*
voorspel *foreplay*
voorspelen I [ov ww] *play* II [on ww] *lead*
voorspiegelen * iem. iets ~ *hold out false hopes to s.o.*
voorspoed *prosperity*
voorspoedig *prosperous, successful, flourishing*
voorspraak • (bemiddeling) *intercession (with), mediation* • (persoon) *advocate, intercessor, mediator*
voorsprong (head)*start, lead*, ‹fig.› *advantage*
voorstaan • (voorstander zijn van) ‹v. doel› *champion*, ‹v. idee› *advocate* • (voor iets staan) *be in front*
voorstad *suburb*
voorstander *advocate, champion*
voorstel *suggestion, proposal*
voorstellen I [ov ww] • ('n voorstel doen) *propose, suggest, make a suggestion* • (de rol spelen) *represent* • (verbeelden) *depict, represent* • (introduceren) *introduce* II [wkd ww] • (zich een denkbeeld vormen van iets) *imagine* • (v. plan zijn) *intend, mean*
voorstelling • (beeld) *representation* • (vertoning) *show, performance*
voorstellingsvermogen *imagination*
voorsteven *stem*
voort *on, onwards, forward*
voortaan *from now on, in future,*

‹form.› *henceforth*
voortand *front tooth*
voortbestaan I [het] *survival,* (continued) *existence* II [on ww] *survive*
voortbewegen I [ov ww] *drive, propel* II [wkd ww] *move (on)*
voortbrengen • (doen ontstaan) *produce, create* • (opleveren) *bring forth* • (veroorzaken) *generate*
voortbrengsel *product*
voortduren *continue, last, wear/drag on*
voortdurend • (aanhoudend) *constant, continual* • (doorlopend) *continuous*
voorteken *sign, omen*
voortgaan *go on, continue*
voortgang • (vordering) *progress* • (voortzetting) *advancement, continuation* • (het voortgaan) *continuation*
voortijdig *premature*
voortkomen *stem from*, ‹form.› *proceed/spring/arise from*
voortleven *live on*
voortmaken *hurry (up), make haste*
voortplanten • (zich vermenigvuldigen) *reproduce, multiply, propagate* • (zich verbreiden) *be transmitted, travel*
voortreffelijk *excellent*
voortrekken *favour, give preference to*
voorts *furthermore, besides, moreover*
voortslepen I [ov ww] *drag along* II [wkd ww] *linger*, ‹fig.› *drag on*
voortspruiten *spring/stem/result from*
voortstuwen *drive on, propel*
voortvarend *dynamic*
voortvloeien *result (from), arise (out of/from)*
voortvluchtig *fugitive*
voortzetten *continue, go on with, carry on, proceed with*
voortzetting *continuation*, ‹na pauze› *resumption*

vooruit I [bijw] • (verder) *forward*
• (van te voren) *in advance,*
beforehand II [tw] *come on!, go ahead!*
vooruitgaan • (vóórgaan) *lead the*
way • (beter worden) *improve* • (v.
tevoren gaan) *go on ahead*
vooruitgang • (verbetering) *progress,*
improvement • (het voorwaarts gaan)
advance, progress
vooruitkomen *make headway, get*
on/ahead
vooruitlopen • (voor anderen uit
lopen) *go on ahead* • (~ op) *anticipate*
vooruitstrevend *progressive,*
go-ahead
vooruitzicht *prospect, outlook*
vooruitzien I [ov ww] *foresee* II [on
ww] *look ahead/forward, anticipate*
voorvader *ancestor, forefather*
voorval *incident*
voorvallen *happen, occur*
voorvechter *champion, advocate*
voorwaarde *condition, terms* [mv]
voorwaardelijk *conditional*
voorwaarts *forward*
voorwenden *feign, pretend*
voorwendsel *pretext, pretence,* ‹inf.›
blind
voorwerp *object*
voorwiel *front wheel*
voorwoord *preface, foreword*
voorzetsel *preposition*
voorzetten • (voor iets/iem. zetten)
put (s.th.) before (s.o.) • (voor laten
lopen) *put/set forward* • (sport) *centre,*
feed
voorzichtig *cautious, careful,* ‹form.›
prudent
voorzichtigheid *prudence, care,*
caution
voorzichtigheidshalve *by way of*
precaution
voorzien • (verwachten) *anticipate*
• (~ van) *provide/supply with* • (~ in)
‹behoefte› *meet, supply*

voorzienigheid *providence*
voorziening • (maatregel) *provision,*
supply • (faciliteit) *facilities* • (het
voorzien) *provision*
voorzijde *front*
voorzitten *chair, preside*
voorzorg *precaution*
voos • (saploos, taai) *withered,*
dried-out • (niet deugend) *rotten*
vorderen I [ov ww] • (eisen) *demand,*
claim • (opeisen door overheid)
requisition II [on ww] *make progress*
vordering *progress*
voren * nooit te ~ *never before*
vorig *previous, last*
vork *fork*
vorkheftruck *forklift (truck)*
vorm *form, shape*
vormelijk *formal*
vormen • (doen ontstaan) *form*
• (uitmaken) *make up, constitute*
• (een vorm geven) *shape, mould*
vormgeving *design*
vorming • (het vormen) *moulding*
• (geestelijke ontwikkeling)
education, training
vorsen *investigate, research*
vorst • (heerser) *sovereign, monarch*
• (het vriezen) *frost*
vorstelijk *royal*
vorstendom *principality*
vorstenhuis *dynasty, royal house*
vos • (roofdier) *fox* [v: vixen] • (paard)
sorrel, bay • (bont) *fox stole* • (sluw
mens) *fox*
vouw *fold,* ‹in broek, papier› *crease*
vouwblad *folder*
vouwen *fold*
vraag • (handeling v. vragen) *question,*
query • (verzoek) *request* • (kooplust)
demand • (vraagstuk) *question, issue*
vraagbaak • (bron van informatie)
source of information, ‹persoon› *oracle*
• (informatief boek) *encyclopedia*
vraaggesprek *interview*

vraagstuk problem, ‹ter discussie›
issue
vraagteken • (leesteken) question
mark, interrogation mark • (niet
opgeloste vraag) question mark
vraatzucht gluttony, ‹med.› bulimia
(nervosa)
vraatzuchtig ‹lit.› voracious, ‹v.
mensen› gluttonous
vracht load, ‹v. voertuig› cargo, freight
vrachtbrief waybill, ‹v. schip› BL, bill
of lading, ‹v. schip, trein, vliegtuig›
consignment-note
vrachtschip freighter, cargo ship
vrachtwagen lorry, truck
vragen I [ov ww] • (een vraag stellen)
ask, inquire (after) • (verlangen,
verzoeken) want • (uitnodigen) ask
II [on ww] • (~ naar) ask, inquire
(after) • (~ om) ask (for)
vragenlijst questionnaire
vrede peace
vredelievend peace loving, peaceful
vredestijd peacetime
vredig peaceful, quiet
vreedzaam peaceable, peaceful
vreemd • (uitheems) foreign, exotic,
alien • (onbekend) strange, alien
• (raar) strange, odd,
vreemdsoortig odd, peculiar, singular
vrees fear
vrek miser, skinflint
vreselijk dreadful, terrible, frightful
vreten feed
vrezen I [ov ww] fear, dread II [on ww]
* ~ voor fear for
vriend friend, chum, pal
vriendelijk I [bnw] • (aardig) kind,
friendly • (aangenaam) pleasant,
cheerful II [bijw] kind
vriendendienst friendly turn
vriendenkring circle of friends
vriendschap friendship
vriendschappelijk I [bnw] friendly,
amicable II [bijw] in a friendly way

vriespunt freezing (point)
vriesweer frosty weather
vriezen freeze
vrij I [bnw] free II [bijw] • (tamelijk)
rather, pretty • (~ van) free from, ‹v.
plichten› exempt from
vrijaf off
vrijage courtship, ‹inf.› necking,
snogging, ‹seksueel› love-making
vrijblijvend non-committal, free of
obligations
vrijbrief licence, permit
vrijbuiter • (zeerover) freebooter
• (ongebonden persoon) ‹negatief›
libertine, ‹positief› free spirit
vrijdag Friday
vrijdenker freethinker
vrijelijk freely
vrijen • (de liefde bedrijven) make love
• (kussen en knuffelen) neck, pet
vrijer lover, sweetheart
vrijetijdsbesteding leisure activities,
recreation
vrijgeleide safe-conduct
vrijgeven I [ov ww] release, ‹hand.›
decontrol II [on ww] give a holiday,
give a day off
vrijgevig liberal, generous
vrijgevochten • (tuchteloos)
undisciplined, lawless • (ongebonden)
easy-going, unconventional
vrijgezel I [de] bachelor II [bijw] single
vrijhandel free trade
vrijhaven free port
vrijheid liberty, freedom
vrijheidsberoving deprivation of
freedom
vrijhouden reserve, ‹v. tijd› set aside
vrijkaart free ticket, free pass
vrijkomen • (vrijgelaten worden) be
released • (beschikbaar komen)
become available
vrijlaten release
vrijmaken I [ov ww] • (beschikbaar
maken) liberate, (set) free • (apart

zetten) reserve II [wkd ww] free (o.s.)
vrijmetselarij Freemasonry
vrijmoedig frank, free, bold, candid
vrijpleiten clear (of), <form.> exculpate
vrijpostig impertinent, bold, <inf.> saucy
vrijspraak acquittal
vrijspreken acquit (from), clear
vrijstellen <v. lessen> excuse from, <v. plichten> exempt from
vrijstelling exemption
vrijuit freely, frankly
vrijwaren * ~ tegen protect against
vrijwel practically, nearly, almost
vrijwillig voluntary
vrijwilliger volunteer
vrijzinnig liberal
vroedvrouw midwife
vroeg • (eerder dan verwacht) early, soon, premature • (aan het begin) early
vroeger I [bnw] • (voorheen) earlier, former, previous • (vorig) former, previous II [bijw] formerly, earlier
vroegrijp precocious
vroegte * in de ~ early in the morning * in alle ~ at the crack of dawn
vroegtijdig • (bijtijds) early, timely • (eerder dan verwacht) premature, <v. dood> untimely
vrolijk • (blij) merry, cheerful, gay • (aangenaam) cheerful
vrolijkheid • (het vrolijk zijn) gaiety, cheerfulness • (vermaak) mirth, merriment
vroom pious
vrouw • (vrouwelijk persoon) woman • (echtgenote) wife, <jur.> spouse • (speelkaart) queen • (bazin) mistress
vrouwenarts gynaecologist
vrucht • (fruit) fruit • (resultaat) fruit, result • (ongeboren kind) foetus
vruchtafdrijving abortion
vruchtbaar • (in staat tot voortplanten) fertile • (productief) fruitful

vruchtbeginsel ovary
vruchteloos fruitless, vain, ineffectual
vruchtensap fruit juice
vruchtgebruik usufruct
vruchtvlees pulp
vuil I [het] dirt, grime, filth II [bnw]
• (vies) dirty, grimy, grubby
• (bedorven) rotten • (onaangenaam) foul • (vulgair) <taal> foul, scurrilous, <v. grap, verhaal> dirty, smutty
• (laaghartig) dirty • ((nog) ongezuiverd) gross • (nijdig) dirty
vuilnis dirt, rubbish, <AE> garbage
vuilnisbak dust-bin, <AE> trashcan, garbage can
vuilnisman refuse-collector, <AE> garbage collector
vuiltje speck of dust, grit
vuilverbranding incineration of refuse
vuist fist
vuistslag punch, thump, blow with the fist
vulgair vulgar
vulkaan volcano
vulkanisch volcanic
vullen fill
vulling • (vulling in gebit) filling, inlay • (het vullen) filling • (vulsel) filling, stuffing
vulpotlood propelling pencil
vuren I [bnw] deal, pine, fir II [on ww] fire (at)
vurig passionate
vuur • (brand) fire • (het schieten) fire • (enthousiasme) ardour, warmth • (bederf in hout) dry rot • (brand in koren) blight
vuurdoop baptism of fire
vuurmond • (kanon) gun • (uiteinde van de loop) muzzle
vuurpeloton firing squad
vuurpijl rocket
vuurproef trial by fire, <fig.> crucial test, ordeal
vuurrood (as) red as a beetroot

vuurtoren *lighthouse*
vuurvast *fireproof, heat resistant*
vuurwapen *firearm*
vuurwerk • (materiaal) *firework*
 • (voorstelling v. vuurwerk) *fireworks*
vuurzee *sea of fire*

waag • (weegschaal) *balance*
 • (gcbouw) *weigh-house*
waaghals *dare-devil*
waagstuk *bold venture, risky
 undertaking*
waaien *blow*
waaier *fan*
waakhond *watchdog*
waaks *watchful*
waakvlam *pilot light*
waakzaam *watchful, wakeful, vigilant*
Waal *Walloon*
Waals *Walloon*
waan *delusion*
waanzin • (krankzinnigheid)
 madness, insanity • (absurditeit)
 nonsense
waanzinnig *insane, mad, demented,
 deranged*
waar I [de] *merchandise, goods, wares*
 II [bnw] • (waarheidsgetrouw) *true,
 real* III [bijw] *where*
waarachtig I [bnw] *true, real* II [bijw]
 truly, really, indeed
waarborg *guarantee, warrant,
 safeguard*
waarborgen *warrant, safeguard,
 guarantee*
waard I [de] • (kastelein) *landlord*
 II [bnw] *worth*
waarde *value*
waardebon *gift coupon*
waardeloos *worthless, valueless*
waardeoordeel *value judgement*
waarderen *value,* ‹op prijs stellen›
 appreciate
waardering *appreciation*
waardevast *stable price, index-linked*
waardevermindering *depreciation,*
 ‹v. geld› *devaluation*

waardevol *valuable*
waardig • (eerbiedwaardig) *dignified* • (waard) *worthy*
waardigheid *dignity*
waarheen *where, where to*
waarheid *truth*
waarin *in which/what*
waarlangs *past/along which*
waarlijk *truly, actually, really*
waarmaken • (bewijzen) *prove* • (verwezenlijken) *fulfil*
waarna *after which*
waarnaar *to which*
waarneembaar *perceptible, discernible*
waarnemen • (gewaarworden) *discern, perceive, observe,* ‹gadeslaan› *watch* • (benutten) * *zijn kans ~ take one's chance* • (tijdelijk vervullen) *perform*
waarneming • (observatie) *observation, perception* • (vervanging) *deputizing*
waarom *why*
waaronder *including*
waarop *on which*
waarover • (over welke) *about/over which* • (over iets heen) *across which*
waarschijnlijk *probable, likely*
waarschijnlijkheid *probability, likelihood*
waarschuwen • (verwittigen) *warn* • (vermanen) *warn, caution (against)*
waarschuwing *warning, admonition, demand*
waas *haze,* ‹voor de ogen› *mist*
wacht • (wachter(s)) *watchman, guard,* ‹militair› *sentry* • (wachthuis) *guard-house* • (wachtdienst) *guard*
wachten I [ov ww] *expect* II [on ww] *wait*
wachter *watchman,* ‹in park› *keeper*
wachtgeld *reduced pay, redundancy pay*
wachtkamer *waiting room*
wachtmeester *sergeant*

wachtpost • (plaats waar men wacht houdt) *watch post, guard post* • (wacht) *sentry*
wachtwoord • (herkenningswoord) *password* • (leus) *catchword, motto, slogan*
wad *mud-flat*
waden *ford, wade*
wafel *wafer, waffle*
wagen I [de] *carriage, coach,* ‹auto› *car* II [ov ww] • (riskeren) *risk, venture, hazard* • (durven) *venture, hazard* III [wkd ww] *venture (upon)*
wagenwijd *wide(open)*
waggelen • (wankelend voortbewegen) *totter, stagger, reel,* ‹v. klein kind› *toddle* • (wiebelen) *wobble*
wagon *carriage*
waken • (wakker zijn) *wake, stay awake* • (opletten) *watch, keep vigil/watch* • (~ over) *watch over*
wakker • (niet slapend) *awake* • (flink) *smart* • (waakzaam) *alert, watchful*
wal • (dijkje) *embankment, bank* • (verdikking onder de ogen) *bag* • (het vasteland) *shore*
walgen * *ik walg ervan I loathe it; it makes me sick* * *tot ~s toe ad nauseam*
walging *loathing, disgust*
walm (dense) *smoke, smother*
walmen *smoke*
walnoot *walnut*
walrus *walrus*
wals • (dans) *waltz* • (pletter) *roadroller*
walsen I [ov ww] *roll* II [on ww] *waltz*
walvis *whale*
wanbeheer *mismanagement*
wanbetaler *defaulter*
wand *wall,* ‹v. rots, berg› *face*
wandelen *walk*
wandeling *walk, stroll*
wandelpad *footpath*
wandelstok *walking stick, cane*
wanen *imagine, fancy*
wang *cheek*

wangedrag misbehaviour, misconduct
wanhoop despair
wanhopen despair
wanhopig desperate, despairing
wankel • (onzeker) shaky, insecure
• (onvast) unsteady, unstable, tottering
wankelen • (onzeker lopen, staan)
totter, stagger, sway • (weifelen) waver
wanklank discordant sound,
dissonance, ‹fig.› jarring/discordant
note
wanneer I [bijw] when II [vw]
• (indien) if • (als) when
wanorde disorder
wanordelijk disorderly
wansmaak bad taste
want I [de] mitten II [het] rigging
III [vw] for, because
wantoestand abuse
wantrouwen I [het] distrust, mistrust
II [ov ww] distrust, mistrust
wanverhouding discrepancy,
disproportion, ‹misstand› abuse
wapen weapon, arms [mv]
wapenen arm, ‹v. beton› reinforce
wapenfeit feat of arms
wapenstilstand armistice, cease-fire
wapperen ‹v. vlag› fly
war muddle, confusion, mix-up, mess
warboel muddle, mess, confusion
warempel actually, really, indeed
warenhuis department store
warhoofd scatterbrain
warm hot, warm
warmbloedig • (temperamentvol)
hot-blooded, passionate • (bio.)
warmblooded
warmen warm, heat
warmte • (het warm zijn) warmth,
‹nat.› heat • (hartelijkheid) warmth
warrelen whirl
wars averse
wartaal gibberish, ravings
warwinkel chaos, muddle, mess
was I [de] • (het wassen) wash(ing)

• (wasgoed) laundry II [het] wax
wasdom growth
wasem steam, vapour
wasemen steam
wasgoed washing, laundry
washandje face cloth/flannel, ‹AE›
wash cloth
waslijst laundry list
wasmand laundry basket
wasmiddel detergent
wassen I [bnw] wax(en) II [ov ww]
• (reinigen) wash III [on ww]
• (groeien) grow • (toenemen) ‹v.
maan› wax, ‹v. waterpeil› rise
wasserette launderette
wasserij laundry
wastafel washbasin
wat I [vr vnw] • (in vragen en
uitroepen) what II [betr vnw] what,
which, that III [onb vnw] ‹bijvoeglijk
gebruikt› some, any, ‹zelfstandig
gebruikt› anything, something
IV [bijw] • (iets, enigszins) a little
• (erg) very, jolly V [tw] what
water water
waterafstotend water-repellent
waterbouwkunde hydraulic
engineering, hydraulics
waterdicht waterproof
wateren make/pass water, urinate
watergolf artificial curl, wave
waterig watery
waterkant waterside, ‹in stad, enz.›
waterfront
waterkering embankment, dam, dike
waterkraan water tap
waterleiding waterworks
waterlelie water lily
waterpas I [het] spirit level II [bnw]
level
waterpokken chickenpox
waterpolo water polo
waterput well
waterskiën water-skiing
watersnood flood(s)

watertanden ⋆ 't doet mij ~ it makes
my mouth water
waterval waterfall
waterverf watercolour(s), water-based
paint
watervliegtuig hydroplane, seaplane
watervrees hydrophobia
waterweg waterway
watje • (propje watten) wad of cotton
wool • (halfzacht persoon) softy
watt watt
watten I [de] wadding, cotton wool
II [bnw] cotton wool
watteren wad, quilt, pad
wauwelen waffle, blather (on)
wazig hazy, foggy
we we
wedde salary, pay
wedden bet, lay a wager
weddenschap bet, wager
wederdienst service in return
wedergeboorte rebirth
wederhelft ‹inf.› better half
wederkerend reflexive
wederkerig mutual, reciprocal
wederom again, once more
wederopbouw reconstruction,
rebuilding, redevelopment
wederopstanding resurrection
wederrechtelijk unlawful, illegal,
wrongful
wedervaren I [het] adventures II [on
ww] befall
wedervraag ≈ counter-question
wederzijds mutual, reciprocal
wedijveren compete
wedloop race
wedstrijd competition, match, contest
weduwe widow
wee I [de] ⋆ weeën labour pains;
contractions II [bnw] faint,
‹geur/smaak› sickly, ‹onwel› shaky
weefgetouw loom
weefsel • (stof) texture, fabric
• (celweefsel) tissue

weegschaal • (weeginstrument) (pair
of) scales, balance • (sterrenbeeld)
Libra
week I [de] • (periode) week • (het
weken) ⋆ de was in de week zetten
put the clothes in to soak II [bnw] soft,
‹weekhartig› weak
weekblad weekly magazine/journal
weeklagen wail, lament
weekloon weekly wages
weelde • (overvloed) profusion, wealth,
abundance • (luxe) luxury
weelderig ⋆ ~(e) haar/groei luxuriant
hair/growth ⋆ ~e vegetatie lush
vegetation ⋆ ~ leventje luxurious life
weemoed melancholy, sadness
weemoedig melancholy, sad
weer I [het] weather II [bijw]
• (opnieuw) again • (terug) back
weerbaar able-bodied
weerbarstig unruly, obstinate,
recalcitrant, intractable
weerga equal, peer, match
weergalmen reverberate, echo, resound
weergaloos matchless, unequalled,
unparalleled
weergave reproduction
weergeven • (vertolken) perform
• (reproduceren) reproduce
weerhaak barb
weerhaan weathercock
weerklank echo
weerklinken resound, ring out
weerleggen refute, counter
weerlicht blazes, summer lightning,
like hell
weerloos defenceless
weerschijn lustre, reflection
weersgesteldheid weather conditions
weerskanten ⋆ aan ~ on both sides
weerslag repercussion
weerspannig recalcitrant, refractory
weerspiegelen reflect
weerstaan resist
weerstand resistance

weersverwachting *weather forecast*
weerwil ∗ in ~ van *in spite of*
weerzien I [het] *meeting again,
reunion* II [ov ww] *see again*
weerzin *reluctance, repugnance (to)*
weerzinwekkend *repulsive, revolting,
repugnant*
wees *orphan*
weeshuis *orphanage*
weet ∗ het is maar een weet *it's only a
knack* ∗ aan de weet komen *find out*
weetgierig *inquisitive, eager to learn*
weg I [de] • (pad, straat) *path, road*
• (traject, juiste route) *way, course*
• (doortocht) *way* II [bijw] • (afwezig)
away • (vertrokken) *gone* • (verloren)
gone, lost
wegbereider *pioneer*
wegblijven *stay away*
wegbrengen • (naar een andere
plaats brengen) *take away (s.th.)*
• (iem. begeleiden) *see (s.o.) off*
wegcijferen *ignore*
wegdek *road-surface*
wegdenken *think away*
wegdoen • (afdanken) *dispose of, scrap*
• (opbergen) *put away*
wegdragen *carry away/off*
wegduiken *dive/duck away*
wegen *weigh*
wegenaanleg *road building*
wegens *because of, on account of, owing
to, due to*
wegenwacht • (dienst) *A.A. (rescue)
service, R.A.C.* • (monteur) *A.A.-man,
R.A.C.-man, road-scout*
weggaan *go away, leave*
weggeven • (ten beste geven)
give/offer s.th. • (cadeau geven) *give
away*
weggooien • (wegdoen) *throw/fling
away* • (afwijzen) *discard*
wegjagen *drive off, chase away*
wegkomen *get/come away*
wegkruipen *creep away*

wegkwijnen *pine away, languish*
weglaten *leave/miss out, omit*
wegleggen *lay/put aside*
wegligging <v. auto> *roadholding*
weglopen • (naar elders lopen) *walk
away* • (ervandoor gaan) *run away*
wegmaken • (verdoven) *anaesthetize*
• (zoekmaken) *lose, mislay*
• (verduisteren) *embezzle*
• (verwijderen) *remove*
wegnemen *take away, remove*
wegpesten *freeze s.o. out*
wegraken *be mislaid, get lost*
wegrestaurant *roadhouse*
wegscheren I [ov ww] *shave off*
II [wkd ww] *make off*
wegsmelten *melt away*
wegsterven • (wegkwijnen) *die away*
• (verdwijnen v. geluid) *fade away,
trail off*
wegstoppen • (opbergen) *put away*
• (verstoppen) *hide, conceal*
wegsturen *send away, dismiss*
wegtrekken I [ov ww] *draw/pull away*
II [on ww] *withdraw,* <v. bui> *blow
over,* <v. mist> *lift,* <v. pijn> *ease,* <v.
toeristen> *leave*
wegvagen *sweep away, wipe out*
wegvallen • (uitvallen) *fall/drop off*
• (weggelaten worden) *be left out, be
omitted*
wegverkeer *road traffic*
wegvoeren *carry off*
wegwijs *familiar*
wegwijzer • (richtingbord) *sign(post)*
• (gids) *guide*
weiden *graze*
weids *magnificent, stately, grand*
weifelaar *waverer, wobbler*
weifelen *waver, hesitate*
weigeren I [ov ww] • (niet willen
doen) *refuse* • (afslaan) *decline* II [on
ww] *refuse,* <v. rem, enz.> *fail*
weigering *refusal*
weinig I [onb vnw] *little, not much*

II [bijw] • (nauwelijks) *little* • (zelden) *rarely, seldom* **III** [telw] *few, not many*
wekelijks *weekly*
weken *soften, soak*
wekken • (wakker maken) *wake*
• (opwekken) ‹belangstelling› *excite*, ‹hoop, argwaan› *raise*
wekker • (klok) *alarm (clock)*
wel **I** [bnw] *well* **II** [bijw] ∗ ik denk het wel *I think so* ∗ ik houd er wel van *I rather like it*; I do like it ∗ wel wat duur *rather expensive*
• (waarschijnlijk) ∗ het kan wel (waar) zijn *it may be (true)*
• (minstens) ∗ wel 1000 mensen *as many as 1000 people* • (tamelijk) ∗ het was wel aardig *it was quite nice*
• (vragend) ∗ komt hij wel? *is he coming?*
welbehagen *pleasure, well-being*
welbekend *well-known*
welbespraakt *eloquent, fluent, voluble*
weldaad • (goede daad) *benefaction, boon* • (genoegen) *blessing*
weldadig • (liefdadig) ‹v. instelling› *charitable*, ‹v. persoon› *benevolent*
• (aangenaam) *pleasant, soothing*
weldenkend *right-thinking*
weldoen *do good*
weldoener *benefactor*
weldra *soon, presently*
welgemanierd *well-mannered, well-bred*
welgemeend • (gemeend) *sincere*
• (goed bedoeld) *well-meant, well-meaning*
welgemoed *cheerful*
welgeschapen *well-made, shapely*
welgesteld *well-to-do, comfortably off*
welgevallen **I** [het] *pleasure* **II** [onv ww] ∗ zich iets laten ~ *put up with s.th.; submit to s.th.*
welgezind *well-disposed (towards)*
welig *luxuriant*
welingelicht *well-informed*

weliswaar *it is true, indeed*
welk **I** [vr vnw] *which, what* **II** [betr vnw] *which, that* **III** [onb vnw] *whatever, whichever*
welkom **I** [het] *welcome* **II** [bnw] *welcome*
welletjes ∗ zo is 't ~ *we'll call it a day; that will do*
wellicht *perhaps, maybe*
welluidend *harmonious, melodious*
wellust *sensuality, lasciviousness, lust*
wellustig *lustful, sensual, lascivious*
welnemen ∗ met uw ~ *by your leave*
welp *cub*
welslagen *success*
welstand • (welvaren) *well-being*
• (welvaart) *prosperity*
welvaart *prosperity, affluence*
welvarend • (voorspoedig) *prosperous, thriving, flourishing* • (gezond) *healthy*
welven *arch, vault*
welving ‹v. lichaam› *curve*
welwillend *kind, sympathetic, obliging, benevolent*
welzijn *welfare, well-being*
wemelen *swarm/teem (with)*
wenden **I** [ov ww] *turn* **II** [wkd ww] ∗ zich ~ tot *turn to*
wending *turn*
wenen *weep, cry*
wenk • (gebaar, blik) *sign*
• (aanwijzing) *hint*
wenkbrauw *eyebrow*
wenken *beckon*
wennen **I** [ov ww] *accustom to* **II** [on ww] *get used/accustomed to*
wens • (verlangen) *wish, desire*
• (gelukwens) *wish*
wenselijk • (gewenst) *desirable*
• (raadzaam) *advisable*
wensen • (verlangen) *wish, want, desire* • (toewensen) *wish*
wentelen **I** [ov ww] *roll (over), turn about, revolve* **II** [on ww] *turn, rotate,*

revolve
wenteltrap *winding/spiral staircase*
wereld *world*
wereldberoemd *world-famous*
wereldbeschouwing *world view,*
outlook (on life)
wereldbol *globe*
wereldburger *world citizen*
werelddeel *continent, part of the world*
wereldkundig *known all over the*
world, public
wereldlijk *worldly, secular*
wereldoorlog *world war*
wereldrecord *world record*
werelds * ~e genoegens *worldly*
pleasures
wereldschokkend *world-shaking*
wereldvrede *world peace*
weren I [ov ww] *avert, prevent* II [wkd
ww] • (zich inspannen) *exert o.s.*
• (zich verdedigen) *defend o.s.*
werf • (scheepswerf) *shipyard* • (kaai)
quay, wharf
werk • (arbeid) *work* • (betrekking)
employment, job • (taak) *duty*
• (product) *work* • (daad) *work*
• (mechanisme) *works, mechanism*
werkbank *workbench, bench*
werkdag *working day*
werkelijk *real*
werken • (arbeid verrichten) *work,*
<techn.> *operate* • (beroep/bedrijf
uitoefenen) *work* • (in werking zijn)
function, <v. fontein> *play,* <v.
machine> *work* • (effect hebben)
work, act, be effective • (vervormen)
warp
werker *worker*
werkgelegenheid *employment*
werkgever *employer*
werking • (het in werking zijn)
action, working, operation, <v.
vulkaan> *activity* • (effect) *effect*
• (vervorming van hout) *warping*
• (het van kracht zijn) * buiten ~

stellen render inoperative * in ~
treden *come into force; come into
operation*
werkkamer *study*
werkkamp *labour camp*
werkkracht • (werknemer) *employee,
worker* • (arbeidsvermogen) *energy*
werkkring • (werkomgeving) *working
environment* • (ambt) *job, position,
post*
werklust *willingness to work, zest for
work*
werknemer *employee*
werkplaats *workshop*
werkster • (schoonmaakster)
charwoman, cleaning lady
werkstudent *student working his/her
way through college*
werkstuk *piece of work,* <school> *paper*
werktafel *worktable,* <werkbank>
bench
werktijd *working hours,* <v. ploeg
werklieden> *shift*
werktuig *instrument, tool, implement*
werktuiglijk *mechanical*
werkvergunning *work permit*
werkverschaffing (unemployment)
relief work
werkwijze *working-method, procedure,
method*
werkwoord *verb*
werkzaam • (werkend) *working,
employed* • (arbeidszaam) *active,
industrious* • (uitwerking hebbend)
effective
werpen *throw,* <met een zwaai> *fling,
hurl*
wervel *vertebra* [mv: vertebrae]
wervelstorm *cyclone, hurricane*
werven • (in dienst nemen) *recruit,*
<soldaten> *enlist* • (trachten te
winnen) <v. klanten> *attract,* <v.
leden> *bring in,* <v. stemmen> *canvass*
wesp *wasp*
wespennest *wasps' nest*

west I [de] *West* II [bnw] *west*
westelijk *westerly, western*
westen *west*
westerling *Westerner*
westers *western, occidental*
wet *law*
wetboek *code (of law)*
weten *know*
wetenschap • (kennis, regels) *learning*, ‹exact› *science* • ('t weten) *knowledge*
wetenschappelijk *scientific*
wetenswaardig *interesting, informative*, ‹inf.› *worth knowing*
wetenswaardigheid *information*
wetgevend *legislative*
wetgever *legislator*
wetgeving *legislation*
wethouder *alderman*
wetsbepaling *statutory/legal provision*
wetsontwerp *bill*
wettelijk *legal, statutory*
wetten *whet, sharpen*
wettig *legal, lawful, legitimate*
weven *weave*
wezel *weasel*
wezen • (schepsel) *being, creature* • ('t wezenlijke) *essence*
wezenlijk • (essentieel) *essential* • (werkelijk) *real*
wezenloos *vacant, blank, expressionless*
wichelroede *divining rod*
wicht • (kind) *baby, child* • (meisje) *chit*
wie I [vr vnw] ‹keuze uit twee of meer› *which*, ‹onderwerp› *who*, ‹voorwerp› *whom*, ‹wiens› *whose* II [betr vnw] ‹met antecedent› *who, whose*, ‹na vz› *whom* III [onb vnw] *whoever*
wiebelen *wobble*
wieden *weed*
wieg • (babyledikant) *cradle* • (bakermat) *birthplace*

wiegen *rock*
wiek • (vleugel) *wing* • (molenwiek) *sail*
wiel *wheel*
wieldop *wheel cover, hub cap*
wielerbaan *cycling track*
wielersport *cycling*
wielrenner *racing cyclist*
wier *seaweed*
wierook *incense*
wij *we*
wijd I [bnw] *wide, spacious, large, broad* II [bijw] *wide(ly)*
wijdbeens *with legs wide apart*
wijden ∗ ~ aan *dedicate/devote to*
wijdte *breadth, width*
wijf *bitch*
wijfje ‹v. dier› *female*
wijk • (stadsdeel) *neighbourhood, district* • (rayon) ‹kiesdistrict› *ward*, ‹v. melkboer, enz.› *round*, ‹v. politieagent› *beat*
wijken *give way (to)*
wijkplaats *refuge, asylum, sanctuary*
wijlen I [bnw] *late, deceased* II [on ww] *sojourn*
wijn *wine*
wijnbouw *wine growing, viniculture*
wijnbouwer *viniculturalist, wine grower*
wijngaard *vineyard*
wijnoogst *vintage*
wijnstok *vine*
wijs I [de] • (melodie) *melody, air, tune* II [bnw] • (wetend) *wise* • (van inzicht getuigend) *wise, sensible*
wijsbegeerte *philosophy*
wijselijk *wisely*
wijsgeer *philosopher*
wijsgerig *philosophic(al)*
wijsheid *wisdom*
wijsneus *wiseacre, know-all*
wijsvinger *forefinger, index finger*
wijten *attribute/impute (to)*
wijwater *holy water*

wijze ‹taalk.› mood • (wijs persoon)
 wise person, sage • (manier) way,
 manner, fashion
wijzen • (aanduiden) indicate
 • (~ naar) point at/to
wijzer pointer, ‹v. klok› hand
wijzerplaat dial, ‹v. klok› face
wijzigen modify, alter, change
wikkelen wrap (up), ‹v. draad› wind
wikken weigh
wil will, wish, desire
wild I [het] game II [bnw] wild
wilde savage
wildernis wilderness
wildvreemd * een ~e a perfect stranger
wilg willow
willekeur arbitrariness
willekeurig arbitrary, random
willen I [het] volition II [ov ww]
 • (verlangen) want, wish, choose,
 ‹graag willen› like, ‹v. plan zijn›
 intend • (genegen zijn) be willing, will
 III [hww] • (uitdrukking van
 gebod/vraag) will, would • (zullen)
 will
willens deliberately, on purpose
willig willing, obedient
willoos apathetic
wilsbeschikking last will, testament
wilskracht willpower, energy
wimpel pennant
wimper (eye)lash
wind • (luchtstroom) wind • (scheet)
 fart • (opgewekte luchtstroom) wind,
 draught
windbuks air gun
winden wind, twist
winderig • (met veel wind) windy,
 blowy • (opgeblazen) flatulent
windhond greyhound
windhoos whirlwind, ‹zwaar› tornado
windkracht wind force
windmolen windmill
windscherm windshield
windstil calm

windstreek quarter, point of the
 compass
windtunnel wind tunnel
wingerd ‹wijnstok› vine
winkel shop, store
winkelcentrum shopping centre,
 ‹verkeersvrij› shopping precinct
winkelen shop, go/be out shopping
winkelhaak • (scheur) tear
 • (gereedschap) try-square
winkelstraat shopping street
winnaar winner, ‹form.› victor
winnen • (verwerven) harvest, mine,
 extract, ‹land› reclaim, ‹tijd› gain
 • (zegevieren) win • (behalen) win
winning winning, production, ‹v.
 kolen› extraction
winst profit, gain, benefit, ‹bij spel›
 winnings
winstbejag pursuit of gain, profit
 seeking
winstdeling profit-sharing
winstgevend profitable, lucrative
winter winter
winters wintry
wintersport winter sports
wip • (sprongetje) skip, hop
 • (nummertje) lay • (speelgoed)
 seesaw
wipneus turned-up nose
wippen • (op een wip spelen) seesaw
 • (vrijen) bonk
wiskunde mathematics, ‹inf.› maths
wiskundig mathematical
wispelturig fickle, inconstant
wissel points, ‹toestel› switch
wisselbeker challenge cup
wisselen I [ov ww] exchange, ‹v. geld›
 change, ‹v. tanden› shed II [on ww]
 change, vary
wisselgeld (small) change
wisselkantoor exchange office
wisselstroom alternating current
wisselvallig unstable
wisselwerking interaction

wissen *wipe*
wissewasje *trifle*
wit I [het] *white* II [bnw] *white*
wittebrood *white bread*
wittebroodsweken *honeymoon*
witten *whitewash*
woede *rage, fury, anger*
woeden *rage*
woekeren • (woeker drijven) *profiteer*
 • (groeien) ‹v. kwaad› *be
 rampant/rife*, ‹v. onkruid› *be/grow
 rank*
woekering *uncontrolled/rampant
 growth*
woelen *toss about*
woelig *turbulent*
woensdag *Wednesday*
woensdags *on Wednesdays, Wednesday*
woerd *drake*
woest • (ongecultiveerd)
 ‹onbebouwd› *waste*, ‹onbewoond›
 deserted, desolate • (wild) *savage*,
 ‹strijd› *fierce*, ‹zee› *wild, turbulent*
 • (woedend) * ~ worden *see* red
woestenij *wasteland, wilderness*
woestijn *desert*
wol *wool*
wolf *wolf*
wolk *cloud*
wolkbreuk *cloudburst, downpour*
wolkeloos *cloudless*
wolkenkrabber *skyscraper*
wond *wound, injury*
wonder I [het] • (iets buitengewoons)
 marvel, prodigy, wonder
 • (bovennatuurlijke zaak) *miracle*
 II [bnw] *strange*
wonderdokter *quack*
wonderkind *infant prodigy*
wonderlijk *strange, odd*
wonderolie *castor oil*
wonen *live, reside*, ‹form.› *dwell*
woning *dwelling, house*
woninginrichting
 • (benodigdheden) *home-furnishings*

• (het inrichten) *furnishing*
woningnood *housing shortage*
woonachtig *resident*
woonkamer *living room, sitting room,
 lounge*
woonplaats *dwelling-place, place of
 residence*
woord • (spraakklank, uiting) *word,
 term* • (erewoord) *word, honour* • (het
 spreken) *word*
woordelijk *literally, word for word*
woordenboek *dictionary*
woordenlijst *vocabulary*
woordenschat *vocabulary*
woordenwisseling *altercation,
 disagreement*
woordspeling *pun*
woordvoerder *spokesman*
worden I [hww] *be* II [kww] ‹met
 bnw› *grow, get, go, turn*, ‹met bnw &
 znw› *become*
wording *origin, genesis*
worm • (pier) *worm* • (made) *grub,
 maggot*
wormstekig *wormy, worm-eaten*
worp • (gooi) *throw* • (nest jongen)
 litter
worst *sausage*
worstelaar *wrestler*
worstelen • (sport) *wrestle* • (~ met)
 struggle with
wortel • (plantorgaan) *root* • (peen)
 carrot • (wisk.) *root*
wortelen * ~ in *be rooted in*
woud *forest*
wraak *revenge, vengeance*
wraakzuchtig *(re)vengeful*
wrak I [het] *wreck* II [bnw] *rickety,
 shaky*
wrang • (zuur) *sour, tart* • (bitter)
 unpleasant, wry
wrat *wart*
wreed *cruel*
wreef *instep*
wreken *revenge, avenge*

wreker *avenger, revenger*
wrevel • (wrok) *resentment*
• (knorrigheid) *peevishness*
wrevelig • (misnoegd) *resentful*
• (prikkelbaar) *peevish*
wriemelen *wriggle, squirm*
wrijven • (strijken) *rub* • (boenen)
polish • (fijnmaken) *grind*
wrijving *friction*
wrikken • (heen en weer bewegen)
pry, wrench • (een boot
voortbewegen) *scull*
wringen I [ov ww] *wrench, wring,
wrest, twist* II [on ww] • (knellen)
pinch • (kronkelen) ∗ zich in allerlei
bochten ~ *wriggle; squirm*
wroeging *remorse, compunction*
wroeten *grub, root*
wrok *grudge, resentment*
wrong *bun, knot*
wuft *frivolous, flighty*
wuiven *wave*
wulps *voluptuous, salacious*
wurm • (pier) *worm* • (kind) *mite*

X/Y/Z

x-as *x-axis*
xylofoon *xylophone*

y-as *y-axis*
yoghurt *yogurt*

zaad • (kiem) *seed* • (sperma) *semen,
sperm*
zaag *saw*
zaagsel *sawdust*
zaak • (kwestie) *affair, business, matter*
• (bedrijf, handel) *business* • (winkel)
shop • (transactie) *deal, transaction*
• (onderwerp) ∗ ter zake komen
come/get to the point ∗ niet ter zake
doend *irrelevant*
zaakgelastigde *agent, proxy,
representative,* ‹diplomatieke
zaakgelastigde› *chargé d'affaires*
zaakregister *index of subjects*
zaakwaarnemer *solicitor*
zaal • (vertrek) *room* • (aula) *hall,
auditorium* • (ziekenhuisafdeling)
ward
zacht • (niet snel) *slow* • (niet streng)
mild • (niet hard) *soft* • (zachtaardig)
gentle • (niet luid) *soft, low*
zachtaardig *gentle, sweet, mild
tempered*
zachtjes *softly, gently, slowly*
zachtmoedig *meek*
zadel *saddle*
zadelen *saddle*
zagen I [ov ww] *saw* II [on ww] • (vals
viool spelen) *scrape (on the violin)*
zak • (verpakking) *bag,* ‹groot› *sack*
• (bergplaats op kleding) *pocket*
zakboekje *notebook*
zakdoek *handkerchief*
zakelijk • (nuchter, bondig) *concise*

• (m.b.t. zaken) *commercial,*
‹houding› *business-like*
zakelijkheid • (het zakelijk zijn)
objectivity, pragmatism
• (bondigheid) *soberness, conciseness*
zakenman *businessman*
zakgeld *pocket money*
zakken • (niet slagen) *fail* • (dalen)
sink • (in niveau dalen) *fall, drop*
zakkenroller *pickpocket*
zaklopen I [het] *sack race* II [ww] *run a
sack race*
zakmes *pocketknife*
zalf *ointment, salve*
zalig *glorious, divine,* ‹m.b.t. voedsel,
drinken› *delicious*
zaliger *late, deceased*
zaligheid • (iets verrukkelijks)
delight, bliss • (staat van geluk)
bliss(fulness), happiness • (rel.)
beatitude, ‹verlossing› *salvation*
zaligmakend *soul-saving, beatific*
zalm *salmon*
zalmkleurig *salmon, salmon-coloured*
zalven • (wijden) *anoint* • (wond, enz.)
rub with ointment
zalvend *unctuous*
zand *sand*
zandbak *sand pit/box*
zandbank *sandbank, shallow*
zandloper *hour-glass*
zandsteen *sandstone*
zang • (het zingen) *singing,* ‹vogels›
warbling • (gezang) *song*
zanger *singer*
zangerig *melodious, tuneful*
zangkoor *choir*
zangstem *singing voice*
zangvereniging *choir, choral society*
zangvogel *song bird*
zaniken *bother, nag*
zat I [bnw] • (verzadigd) *satiated*
• (dronken) *pissed, tight* • (beu) ∗ ik
ben 't zat *I'm fed up with it* II [bijw]
plenty

zaterdag *Saturday*
zaterdags *on Saturdays*
ze • (enkelvoud) *she* • (meervoud) *they*
‹lijd. vw.› *them*
zebra • (dier) *zebra* • (oversteekplaats)
zebra crossing
zebrapad *zebra crossing*
zede *custom*
zedelijk *moral*
zedelijkheid *morality*
zedeloos *immoral*
zedenbederf *corruption (of morals)*
zedenleer *ethics, morality*
zedenmeester *moralist*
zedenpolitie *vice squad*
zedig ‹ingetogen› *demure,* ‹kleding›
modest
zee *sea, ocean*
zeebeving *seaquake*
zeebodem *seabed, oceanfloor*
zee-engte *straits* [mv]
zeef *sieve*
zeegat (tidal) *inlet/outlet,* ‹Schots›
lochan
zeehaven *seaport*
zeeklimaat *maritime/oceanic climate*
zeelucht *sea air*
zeem *shammy, chamois (leather)*
zeemacht *naval forces, navy*
zeeman *seaman, sailor*
zeemeermin *mermaid*
zeemeeuw *(sea) gull*
zeemijl *nautical mile*
zeemogendheid *naval/maritime
power*
zeep *soap*
zeepbel *soap bubble*
zeeppoeder *washing powder*
zeepsop *soap suds*
zeer I [het] *sore, ache* II [bnw] *painful,
aching, sore* III [bijw] *very, (very)
much, extremely*
zeereis *sea voyage*
zeerob • (dier) *seal* • (persoon) *sea dog*
zeerover *pirate*

zeeschip *sea/ocean-going vessel*
zeeschuimer *pirate*
zeester *starfish*
zeestraat *straits* [mv]
zeevaarder *navigator, seafarer*
zeevaart *navigation*
zeevaartschool ‹marine› *naval college*, ‹zeevaart› *nautical college*
zeevarend *seafaring*
zeevis *salt-water fish*, ‹bio.› *marine fish*
zeewaardig *seaworthy*
zeewaarts *seaward*
zeewater *seawater*
zeeweg *sea route*
zeeziek *seasick*
zege *triumph, victory*
zegel I [de] *stamp* II [het] • (zegelafdruk) *seal* • (stempel) *seal, stamp* • (papier) *paper seal*
zegelen *seal (up)*
zegelring *signet ring*
zegen *blessing*
zegenen *bless*
zegening *blessing*
zegenrijk *salutary, beneficial*
zegeteken *trophy*
zegetocht *triumphal march*
zegevieren *triumph*
zeggen • (beduiden, betekenen) * dat wil ~ (d.w.z.) *that is (i.e.)* • (vertellen) *say*
zeggenschap *(right of) say, control*
zeggingskracht *eloquence, expressiveness*
zegsman *informant*
zegswijze *saying, phrase, expression*
zeil • (vloerbedekking) *lino(leum)* • (dekkleed) *tarpaulin* • (scheepv.) *sail*
zeilboot *sailing boat*
zeildoek *canvas*
zeilen *sail*
zeilschip *sailer, sailing ship*
zeilsport *yachting*
zeilwedstrijd *sailing match/race*
zeis *scythe*

zeker *certain, sure*
zekering *fuse*
zelden *seldom, rarely*
zelf *self*
zelfbedrog *self-deceit*
zelfbeheersing *self-control, self-restraint*
zelfbehoud *self-preservation*
zelfbestuur *self-government*
zelfbewust *self-assured, confident*
zelfde *same*
zelfgenoegzaam *self-satisfied*
zelfkant • (buitenkant van stof) *selvage, list* • (dubieus grensgebied) *seamy side (of life)*
zelfkennis *self-knowledge*
zelfmoord *suicide*
zelfrespect *self-respect*
zelfs *even*
zelfstandig *independent, self-employed*
zelfstandigheid • (onafhankelijkheid) *independence, autonomy* • (entiteit) *entity, being*
zelfstudie *self-directed learning*
zelfverdediging *self-defence*
zelfvertrouwen *self-confidence*
zelfverzekerd *self-confident*
zelfvoldaan *complacent, smug*
zelfwerkzaamheid *self-motivation*
zelfzuchtig *egotistic, self-centred, selfish*
zemelen I [de] *bran* [ev] II [on ww] *bother*
zemen I [bnw] (chamois) *leather* II [ov ww] *shammy*
zendeling *missionary*
zenden • (overseinen) *transmit, broadcast* • (sturen) *send*
zender • (zendapparaat) *transmitter* • (iem. die zendt) *sender* • (zendstation) *broadcasting station*
zending • (het zenden) *sending* • ('t gezondene) *shipment, consignment* • (missie) *mission*
zendingswerk *mission work*

zendstation broadcasting/radio station
zenuw • (zenuwvezel) nerve • (psychische gesteldheid) nerves
zenuwachtig nervous
zenuwarts neurologist
zenuwinrichting mental institute
zenuwontsteking neuritis
zenuwpees fusspot, bundle of nerves
zerk tombstone
zes I [de] six II [telw] six
zestien sixteen
zestig sixty
zet • (het zetten, handeling) move • (duw) push, shove
zetel seat
zetelen • (gevestigd zijn) be registered/established • (gezeten zijn) reside
zetfout printer's error, misprint
zetmeel starch, farina
zetpil suppository
zetten • (plaatsen) put, place • (bereiden) ∗ thee/koffie ~ make tea/coffee
zetter typesetter, compositor
zeug sow
zeulen drag, lug
zeuren • (talmen) dawdle • (kletsen) waffle, rabbit on
zeurkous bore, waffler, whinger
zeven I [ov ww] sift, sieve II [telw] seven
zeventien seventeen
zeventig seventy
zich himself, herself, itself, oneself [mv: themselves]
zicht • (gezichtsveld, uitzicht) sight, view • (beoordeling) sight
zichtbaar • (waarneembaar) visible • (merkbaar) perceptible
ziek sick, <predikatief> ill
ziekbed sickbed
ziekelijk • (sukkelend) sickly, ailing • (abnormaal) morbid, sickly
ziekenauto ambulance

ziekenbezoek <door arts> house call, <door familie, enz.> visit to a patient
ziekenboeg sickbay
ziekenfonds National Health Service
ziekenhuis hospital, <AE> infirmary
ziekenverpleger (male) nurse
ziekte • (het ziek zijn) sickness, illness • (vorm van het ziek zijn) disease • (kwaal) complaint • (v. planten) disease, blight • (v. dieren, vooral hond en konijn) distemper
ziektekiem germ, pathogen
ziekteverlof sick leave
ziekteverzuim sick leave, <verschijnsel> sickness absenteeism
ziel soul
zielenheil salvation
zielenrust peace of mind
zielig pitiful, pathetic
zieltogen be dying
zien I [het] sight, vision II [ov ww] • (waarnemen, opmerken) see • (inzien) interpret • (als uitkomst verwachten) see • (proberen) see III [on ww] • (niet blind zijn) see • (uitzicht geven op) look (out) on
zienderogen visibly
zier whit, iota, least bit
ziezo all right, that's it
zigzag zigzag
zij I [de] • (zijde) ∗ zij aan zij side by side II [pers vnw] • (enkelvoud) she • (meervoud) they
zijdelings I [bnw] sidelong, sideways II [bijw] sideways
zijden silk
zijderups silkworm
zijdeur side door
zijkamer side room
zijlijn • (zijspoor) branch line • (sport) sideline, <rugby> touch-line
zijn I [het] being II [on ww] be III [hww] • (van tijd) have • (van de lijd. vorm) be IV [bez vnw] his, <m.b.t.

dingen, dieren› *its*, ‹m.b.t. niet nader
aangeduide persoon› *one's*
zijpad *side-path*
zijrivier *tributary*
zijspoor *siding*
zijstraat *side street, turning*
zijwaarts *sideways*
zijweg *crossroad*
zijwind *crosswind*
zilver *silver*
zilveren *silver*
zilvergeld *silver coins*
zilverwerk *silver ware, silver plate*
zin • (zintuig) *sense* • (betekenis)
meaning, sense • (lust) *mind* ∗ ik heb
er geen zin in *I don't feel like it*
• (mening, wil, streven) *mind* • (doel,
nut) *sense, meaning* • (verstand) *senses*
• (gevoel) *sense* • (volzin) *sentence*
zindelijk ‹v. hond, enz.›
house-trained, ‹v. kind› *toilet-trained*
zingen *sing, chant*
zink *zinc*
zinken I [bnw] *zinc* II [on ww]
• (ondergaan) *sink*
zinnebeeld *symbol*
zinnelijk *sensual, sensuous*
zinnen *muse, ponder*
zinnig *sane, sensible*
zinsbouw *sentence structure*
zinsnede *passage, phrase*, ‹vnl.
taalkunde› *clause*
zinspelen *allude (to), hint (at)*
zinsverband *context*
zinswending *turn of phrase*
zintuig *sense (organ/faculty), (organ
of) sense*
zintuiglijk *sensory*
zionisme *Zionism*
zit ∗ een hele zit *a long time to sit; a
long haul*
zitkamer *sitting room, living room*
zitplaats *seat*
zitten *sit* • (verblijven) ∗ waar zit die
jongen? *where is that boy?* • (~ **aan**)

touch
zittenblijver *repeater*
zittend *sitting, seated*
zitting *seat*
zitvlak *bottom, seat*
zo I [bijw] • (aldus, op die wijze) *so, in
this way, like this* • (aanstonds)
presently, in a minute • (in
overeenstemming met maat, graad)
as, so • (op bepaalde wijze) *so, thus*
• (zeer) *so* II [vw] • (zoals) *as* • (indien)
if III [tw] *well*
zoals I [bijw] *how much, the
way/manner* II [vw] *as, such as, like*
zodanig I [aanw vnw] *such* II [bijw] *so,
in such a way*
zodat *so that*
zode *sod, turf*
zodoende • (op die manier) *thus, in
this/that way* • (derhalve)
consequently, accordingly
zodra *as soon as*
zoek *missing, gone*
zoeken *look/search for*
zoeklicht *searchlight, spotlight*
zoemen *buzz, hum*
zoemer *buzzer*
zoen *kiss*
zoenen *kiss*
zoet *sweet*, ‹m.b.t. water› *fresh*
zoethout *liquorice*
zoetig *sweetish*
zoetigheid • (wat zoet is) *sweetness*
• (snoep) *sweets*
zoetsappig *sugary*
zoetzuur I [het] *(sour and) sweet
pickles* II [bnw] *sweet and sour*
∗**zoëven** (Wdl: zo-even) *just now, a
moment ago*
zog • (moedermelk) *(mother's) milk*
• (kielzog) *wake*
zogen *suckle, nurse*
zogenaamd I [bnw] *self-styled,
would-be, so-called* II [bijw] *ostensibly*
zogezegd • (bij wijze v. spreken) *so to*

say, so to speak • (vrijwel) all but, as good as

zolang so long as, as long as

zolder garret, loft, attic

zoldertrap attic/loft-stairs

zomen hem

zomer summer

zomers summery

zomin as little as

zon sun

zondaar sinner

zondag Sunday

zonde I [de] sin II [tw] * ~! pity!

zondebok scapegoat

zonder without • (~ te) * ~ te klagen without complaining

zonderling I [de] eccentric, freak II [bnw] odd, singular, peculiar

zondeval * de ~ the Fall

zondig sinful

zondigen sin, offend

zondvloed ‹fig.› deluge

zone zone

zonnebaden sunbathe

zonnebril sunglasses

zonneklaar obvious, crystal clear

zonnen sunbathe, sun o.s.

zonnescherm sunshade, parasol

zonneschijn sunshine

zonnesteek sunstroke, touch of the sun

zonnetje * Janneke is een ~ in huis Janneke is a ray of sunshine; Janneke is our little ray of sunshine * iem. in 't ~ zetten make s.o. the centre of attention; poke fun at s.o.

zonnig sunny

zonsondergang sunset

zonsverduistering solar eclipse

zoogdier mammal

zooi • (troep) lot, heap • (rommel) mess

zool sole

zoölogie zoology

zoom • (omgenaaide rand) hem • (buitenrand) edge

zoon son

zootje • (hoeveelheid) lot, heap, load • (vuile boel) mess

zorg • (verzorging) care • (bezorgdheid) concern, anxiety, solicitude • (last) trouble

zorgen • (verzorging geven) care for, look after, take care of • (oppassen) see (to), take care (to) • (regelen) take care of, see to

zorgvuldig • (met zorg) careful • (nauwkeurig) meticulous, painstaking

zorgwekkend alarming, critical

zot I [de] fool II [bnw] foolish, silly

zout I [het] salt II [bnw] • (zoutig) salt • (gezouten) salted

zouteloos insipid

zouten salt

zoutzuur hydrochloric acid

zoveel • (een zeker getal of bedrag) as much/many • (onbepaald getal of bedrag) so much/many, as much/many

zowat about

zowel * ~ als as well as; both... and...

zozeer so much

zucht • (diepe uitademing) sigh • (begeerte) desire (for), craving (for), longing (for)

zuchten • (diep uitademen) sigh • (begeren) sigh, yearn

zuchtje * er is geen ~ wind there is not a breath of wind

zuid south

zuidelijk I [bnw] • (in het zuiden) southern • (uit het zuiden) south(ern), ‹wind› southerly II [bijw] southward(s)

zuiden south * op het ~ liggen face south * ten ~ van (to the) south of

zuiderbreedte south(ern) latitude

zuidpool south pole, antarctic

zuidwaarts southward

zuigeling baby, infant, suckling

zuigen • (opzuigen) suck • (stofzuigen) vacuum, ‹inf.› hoover

zuiger • (v. motor, enz.) piston • (etter)

badger
zuigfles *feeding bottle*
zuil *pillar, column*
zuinig *economical,* <persoon> *thrifty*
zuinigheid *economy, thrift*
zuipen I [ov ww] *swill* II [on ww]
booze, tipple
zuivel *dairy produce*
zuivelfabriek *dairy factory*
zuiver *pure*
zuiveren *clean*
zuivering *cleaning, cleansing,*
purification, <politieke> *purge*
zuiveringsinstallatie *purifying plant*
zuiveringszout *bicarbonate of soda*
zulk • (zodanig) *such* • (groot) *this, that*
zullen <I, we> *shall,* <you, he, they> *will*
zurig *sourish*
zus I [de] • (zuster) *sister,* <inf.> *sis*
• (meisje) *girl* II [bijw] *thus*
zuster • (zus) *sister* • (verpleegster)
nurse
zuur I [de] • (iets in zuur) *pickle*
• (maagzuur) *heartburn, indigestion*
• (chem.) *acid* II [bnw] • (smaak) *sour*
• (onprettig) *hard* • (chem.) *acid*
zuurkool *sauerkraut*
zuurpruim *sourpuss, grouch*
zuurstof *oxygen*
zuurstofapparaat *oxygen-apparatus,*
resusitator
zuurtje *acid drop*
zwaai *swing, sweep,* <met armen> *wave*
zwaaien I [ov ww] • (heen en weer
bewegen) *wave* II [on ww] • (heen en
weer bewogen worden) *sway, swing*
• (zwalken) *sway*
zwaailicht *flashing light*
zwaan *swan*
zwaar I [bnw] *heavy* II [bijw] *heavily*
zwaargebouwd *heavily built, massive*
zwaarlijvig *corpulent, stout*
zwaarmoedig *melancholy*
zwaarte *heaviness, weight*
zwaartekracht *gravity, gravitation*

zwaartepunt • (hoofdzaak) *main*
point • (nat.) *centre of gravity*
zwaarwichtig *weighty*
zwabber *swab, mop*
zwabberen I [ov ww]
• (schoonmaken) *mop, swab* II [on
ww] *lead a loose life*
zwachtel *bandage*
zwachtelen *bandage, swathe*
zwager *brother-in-law*
zwak • (weinig kracht hebbend) *weak,*
feeble • (weinig presterend) *weak,*
poor, <poging> *feeble*
zwakheid *weakness, feebleness, frailty*
zwakjes *weakly*
zwakkeling *weakling*
zwakstroom *weak current*
zwakte *weakness*
zwakzinnig *mentally handicapped,*
feeble-minded
zwalken *drift/wander about*
zwaluw *swallow*
zwam *fungus*
zwammen *drivel*
zwanger *pregnant*
zwangerschap *pregnancy*
zwangerschapsverlof *maternity leave*
zwart • (m.b.t. de kleur) *black*
• (onwettig) *black* • (somber) *black*
zwartgallig *melancholic, pessimistic*
zwavel *sulphur*
zwavelzuur *sulphuric acid*
Zweden *Sweden*
zweefmolen *giant('s) stride*
zweefvliegen I [het] *gliding, soaring*
II [on ww] *glide, soar*
zweefvliegtuig *glider*
zweem *hint*
zweep *whip*
zweepslag • (slag met zweep) *lash*
• (spierblessure) *whiplash*
zweer *ulcer, sore*
zweet • (transpiratie) *sweat,*
perspiration • (vochtuitslag) *moisture*
zwelgen I [ov ww] • (gulzig eten en

drinken) *guzzle*, ‹drank› *swill* II [on ww] • (volop hebben) *wallow*
zwellen *swell, expand*
zwelling *swelling*
zwembad *swimming pool*
zwemmen *swim*
zwemmer *swimmer*
zwempak *swimsuit*
zwemvest *life-jacket*
zwemvlies • (vlies tussen tenen) *web* • (duikschoeisel) *flipper*
zwendel *swindle, fraud*
zwendelaar *swindler, fraud*
zwendelen *swindle*
zwengel • (arm van hefboom) *handle* • (draaikruk) *crank*
zwenken *turn/face about, swing round*
zweren I [ov ww] • (onder ede verklaren) *swear* II [on ww] • (geïnfecteerd zijn) *fester* • (eed afleggen) *swear*
zwerftocht *ramble*
zwerm *swarm*
zwerven • (ronddwalen) *wander, ramble, roam, rove* • (rondslingeren) *lie about/around*
zwerver • (iem. zonder vaste verblijfplaats) *wanderer, traveller* • (landloper) *vagabond, tramp* • (dier) *stray*
zweten • (transpireren) *sweat, perspire* • (vochtig uitslaan) *sweat*
zweterig *sweaty*
zwetsen • (dom kletsen) *blether* • (pochen) *brag, boast*
zweven *float, hover*
zwichten *submit to, yield, give in (to)*
zwiepen • (krachtig slaan) *swish, lash* • (doorbuigen) *sway*
zwier • (zwaai) *flourish* • (gratie) *grace* • (allure) *jauntiness, dash*
zwieren • (slingerend lopen, rijden, enz.) ‹over ijs› *glide*, ‹v. dansers› *whirl about* • (heen en weer zwaaien) *sway*
zwierig *dashing*

zwijgen I [het] *silence* II [on ww] • (niet spreken) *be silent, keep silence* • (zich niet meer doen horen) *keep silent*
zwijgzaam • (niet spraakzaam) *taciturn* • (terughoudend) *reticent*
zwijm *faint*
zwijmelen *feel giddy, swoon*
zwijn • (varken) *swine* • (vuilak) *swine* • (gelukje) *fluke*
zwijnerij • (vuiligheid) *filth* • (smerige taal) *smut*
zwikken *sprain*
Zwitserland *Switzerland*
zwoegen *toil, slave, labour*
zwoel *sultry*
zwoerd (pork-/bacon-)*rind*